**Bellmann/Benker/Kober/Rademacher/Schönert/
Schulenburg/Späth/Waldschmidt**

Arbeitsplatz ReFa: Der Allrounder

Arbeitsplatz ReFa: Der Allrounder

Kanzleiorganisation – Mandatsbetreuung – Sachbearbeitung

5. Auflage 2025

Begründet von

Gundel Baumgärtel, Michael Brunner-Ovadia und **Ivana Bugarin**

Fortgeführt von

Katharina Bellmann, Birgit Benker, Martina Kober, Christoph Rademacher, Daniela Schönert, Wolf Schulenburg, Mareike Späth und **Gabriele Waldschmidt**

ZAP

Zitiervorschlag:
Bellmann/Benker/Kober/Rademacher/Schönert/Schulenburg/Späth/Waldschmidt,
Arbeitsplatz ReFa: Der Allrounder, § 1 Rn 1

Benutzer-Hinweis für Muster
Für den Download der Mustertexte gehen Sie auf
https://www.zap-verlag.de/refaallrounder
Dort erhalten Sie Zugriff auf das zip-Archiv: zap_0021_musterdownload.zip

Hinweis
Die Ausführungen in diesem Werk wurden mit Sorgfalt und nach bestem Wissen erstellt. Sie stellen jedoch lediglich Arbeitshilfen und Anregungen für die Lösung typischer Fallgestaltungen dar. Die Eigenverantwortung für die Formulierung von Verträgen, Verfügungen und Schriftsätzen trägt der Benutzer. Herausgeber, Autoren und Verlag übernehmen keinerlei Haftung für die Richtigkeit und Vollständigkeit der in diesem Buch enthaltenen Ausführungen.

Anregungen und Kritik zu diesem Werk senden Sie bitte an

service@zap-verlag.de

Autoren und Verlag freuen sich auf Ihre Rückmeldung.

www.zap-verlag.de

Satz: Reemers Publishing Services, Krefeld
Druck: Hans Soldan Druck GmbH, Essen
Umschlaggestaltung: gentura, Holger Neumann, Bochum
ISBN 978-3-7508-0021-2

Bibliografische Information der Deutschen Nationalbibliothek
Die Deutsche Nationalbibliothek verzeichnet diese Publikation in der Deutschen Nationalbibliografie; detaillierte bibliografische Daten sind im Internet abrufbar über http://dnb.d-nb.de.

Geleitwort

Im Jahr 2008 entwickelte Gundel Baumgärtel die Idee, ein praxisorientiertes Fachbuch zu verfassen. Sie konnte Ivana Bugarin und mich sofort für das Projekt gewinnen. Bereits in der Anfangsphase wurde deutlich, wie unterschiedlich unser Arbeitsalltag in den jeweiligen Kanzleien gestaltet war. Dennoch vereinte uns die Vielfalt der zu bewältigenden Aufgaben. In unseren Kanzleien waren wir stets erste Ansprechpartner für fachliche und technische Fragestellungen – echte „**Allrounder**" eben. So ergab sich der Titel des Buches beinahe selbstverständlich.

Die Erstauflage des „Allrounders" erschien 2009 und richtete sich an Auszubildende, Rechtsanwaltsfachangestellte, Rechtsfachwirte sowie Rechtsanwälte. Mit zahlreichen Mustern und Praxistipps leistete das Werk einen wesentlichen Beitrag zur Arbeitserleichterung im Kanzleialltag. Innovativ war insbesondere die Integration technischer Anwendungen, beispielsweise Tipps für Excel, Word oder EGVP (dem Vorläufer des beA) neben klassischen Fachthemen wie dem RVG oder der Zwangsvollstreckung sowie praxisrelevanten Hinweisen aus dem Bereich Personalmanagement.

Der Schreibstil hob sich bewusst von anderen Fachbüchern ab: Jeder Autor brachte seinen eigenen Stil ein, was das Werk besonders lebendig machte.

Die positive Resonanz auf unser Buch führte zum kontinuierlichen Fortschreiben des Projekts; so erschien 2018 bereits die 4. Auflage.

Seither sind einige Jahre vergangen, in denen wir uns persönlich und beruflich weiterentwickelt und neuen Projekten gewidmet haben. Dennoch bleibt der „Allrounder" immer in unseren Herzen und erinnert an eine wundervolle Reise.

Umso mehr freuen wir uns, dass das Projekt „Allrounder" fortgesetzt wird und ein neues Autorenteam die Aktualisierung übernommen hat. Mit dieser fünften, überarbeiteten Ausgabe erwarten Sie erneut praxisnahe Themen rund um den Arbeitsalltag in einer Kanzlei.

Dem neuen Autorenteam wünschen wir viel Erfolg und Freude bei der Erstellung der Inhalte und Ihnen wünschen wir eine anregende Lektüre und interessante Einblicke in die vielfältigen Themen rund um unseren facettenreichen und sich stetig weiterentwickelnden Beruf.

Berlin, Juli 2025 *Michael Brunner-Ovadia*

Vorwort 2025

Das Werk **„Arbeitsplatz ReFa: Der Allrounder“** ist nun bereits in **5. aktualisierter Auflage** erschienen, diesmal mit neuem Autorenteam.

Die begründenden Autoren, Gundel Baumgärtel, Michael Brunner-Ovadia und Ivana Bugarin, haben dieses Fachbuch nur „Der Allrounder“ genannt, denn das ist es: Ein Fachbuch für Auszubildende, Rechtsanwaltsfachangestellte, Rechtsfachwirte und auch Rechtsanwälte, das eine wesentliche Arbeitserleichterung bei Büroabläufen und alltäglichen Problemen der anwaltlichen Praxis für Sie bringen wird. Die Erfahrung der Autoren aus dem Berufsalltag in der anwaltlichen Kanzlei fließt dabei in die Ausführungen ein. Der „Allrounder“ ist **aus der Praxis für die Praxis** geschrieben und spiegelt Strukturen aus unterschiedlichen Kanzleien wieder; das macht ihn so wertvoll.

Ziel war es, alle typischen Tätigkeiten in einer klassischen Anwaltskanzlei abzubilden: Von A wie Aktenanlage bis Z wie Zwangsvollstreckung. Wir haben Wissenswertes aus den Bereichen Büroorganisation, Mahnverfahren, Zwangsvollstreckung, RVG, Verfahrensrecht und besondere Verfahrensarten sowie Berufs- und Personalrecht für Sie zusammengestellt.

In der neuen Auflage wurden alle Kapitel um rechtliche, technische und organisatorische Neuheiten ergänzt.

So wurden z.B. Aktualisierungen zur Verschwiegenheitspflicht, zur Vertretung eines Anwalts und zur Rechtsform der Partnerschaftsgesellschaft vorgenommen. Neuerungen zum Geldwäschegesetz werden erläutert und organisatorische Fragen in der Kanzlei besprochen, z.B. das Thema elektronische Akten vs. Papierakten.

Die Ausführungen zur Rechnungsstellung und zur gerichtlichen Geltendmachung der Vergütung wurden auf den neuesten Stand gebracht. Schrittweise ist die Pflicht zur E-Rechnung für Anwaltskanzleien in Kraft getreten. Auch hinsichtlich Umsatzsteuer, Betriebskosten, Reisekosten und Auslagen gab es Änderungen im Rechnungswesen.

Auch beim beA hat sich in den letzten Jahren einiges getan. Die neue Auflage gibt weitere Informationen über Aspekte, über die man gut Bescheid wissen sollte, z.B. Berechtigungen, Erstellung und Versand von Nachrichten und was bei Störungen zu tun ist. Auch auf Auswirkungen der Digitalisierung der Justiz, u.a. beim elektronischen Mahnantrag, wird eingegangen.

Die mehrfach geänderten Zwangsvollstreckungsformulare haben viele Kanzleien beschäftigt. Die aktuellen Fassungen werden mithilfe vieler Abbildungen und Beispiele detailliert erläutert.

Auf die längst überfällige Gebührenerhöhung und mehrfach verschobenen Änderungen im RVG haben alle Kanzleien bereits gewartet: Nunmehr wurden durch das am

1.6.2025 in Kraft getretene KostBRÄG u.a. die Betragsrahmengebühren des Vergütungsverzeichnisses, die Beträge für die Wertgebühren (§ 13 RVG) und die Kappungsgrenze bei den Gebühren aus der Staatskasse (§ 49 RVG) erhöht. Das Kapitel zum Kosten- und Gebührenrecht wurde dementsprechend umfänglich überarbeitet und dabei die Änderungen berücksichtigt.

Überarbeitet wurden u.a. auch die Abschnitte zum Verfahren bei der Familiengerichtsbarkeit mit Anwalts- und Gerichtsgebühren und zu den Rechtsmitteln im Nachverfahren beim Urkundenprozess.

Im Kapitel zum Personalwesen wurden u.a. die Ausführungen zur Gewinnung neuer Mitarbeiter, Vergütung, Nachweisgesetz, Urlaub, Entgeltfortzahlung und Jobticket ergänzt und aktualisiert.

Unser Beruf ist spannend, diese Spannung haben wir durch Beispiele und Muster im gesamten Allrounder aufrechterhalten.

Leider konnten wir nicht alle Fragen beantworten, die in diesem **Traumberuf** auftreten. Immer dann, wenn wir ein Problem behandelt haben, haben wir dies intensiv und sorgfältig getan. Aber der Allrounder ist kein Kommentar und in bestimmten Fällen (Strafrecht) müssen Sie zumindest für schwierige Probleme auf weitere Literatur zurückgreifen. Den kanzleiüblichen Standard haben wir dargestellt.

Unser Ziel ist es, dass Sie immer, wenn Sie ein Problem haben, zum Allrounder greifen, um dann hoffentlich schnell fündig zu werden.

Ihr Autorenteam

Katharina Bellmann, Birgit Benker, Martina Kober, Christoph Rademacher, Daniela Schönert, Wolf Schulenburg, Mareike Späth, Gabriele Waldschmidt

Juli 2025

Inhaltsübersicht

Autorenverzeichnis

Katharina Bellmann
ist gelernte Rechtsanwaltsfachangestellte und seit 2016 geprüfte Rechtsfachwirtin. Nach ihrer Ausbildung und mehreren Jahren beruflicher Tätigkeit in verschiedenen Hamburger Rechtsanwaltskanzleien zog es sie nach Bremen, wo sie als Rechtsfachwirtin in einem Anwaltsnotariat tätig ist. Daneben ist sie Vorstandsmitglied des RENO Bremen e.V. und engagiert sich ehrenamtlich im Prüfungs- und im Berufsbildungsausschuss der RAK Bremen.

Birgit Benker
ist seit 2003 geprüfte Rechtsfachwirtin sowie seit 2010 geprüfte Bilanzbuchhalterin und arbeitet seit 1994 als Büroleiterin in einer mittelständischen Kanzlei. Ihre Interessensschwerpunkte sind das Gebührenrecht, die Büroorganisation und insbesondere die Buchhaltung. Seit 2010 ist sie als Dozentin mit dem Schwerpunkt Buchhaltung in der Anwaltskanzlei für verschiedene Seminaranbieter tätig, sowohl in Form klassischer Seminare als auch in Form von Inhouse-Schulungen. Auch als Autorin ist sie mit Fachbeiträgen aktiv. Daneben ist sie Vorstandsmitglied des RENO Franken e.V.

Martina Kober
ist Rechtsanwaltsfachangestellte und arbeitet seit 2002 als Büroleiterin in einer Kanzlei. Ihr Interessenschwerpunkt ist die Büroorganisation sowie das Verfahrensrecht. Daneben prüft sie seit 2015 für die RAK Bamberg die angehenden ReFas und ist ständige Autorin von Beiträgen für die Fachzeitschrift RENOpraxis. Sie ist stellvertretendes Mitglied im Berufsbildungsausschuss der RAK Bamberg und seit 2019 Vorstandsmitglied des RENO Würzburg e.V.

Christoph Rademacher
ist geprüfter Rechtsfachwirt seit 2022 und verfügt über ein erfolgreiches Grundstudium der Rechtswissenschaften. Seine berufliche Laufbahn begann er 2012 zunächst als studentische Aushilfskraft und später als Auszubildender in einer auf Familienrecht spezialisierten Kanzlei. 2018 wechselte er in eine englische Großkanzlei und ist seit 2022 bei einer führenden deutschen Großkanzlei in Düsseldorf tätig. Dort ist er neuerdings einer von zwei Teamleitern einer standortübergreifenden zentralen Abteilung für alle Aufgabenschwerpunkte für Rechtsanwaltsfachangestellte. Er ist Ausbilder und engagiert sich ehrenamtlich im Deutschen Roten Kreuz mit den Schwerpunkten Verbreitungsarbeit, Katastrophenschutz und Vorstandsarbeit. Christoph Rademacher ist ebenfalls ehrenamtliches Vorstandsmitglied im neu gegründeten RENO Nordrhein e.V.

Daniela Schönert
ist Rechtsanwaltsfachangestellte aus Dresden. Ihr Interessenschwerpunkt ist das Zwangsvollstreckungsrecht, die Büroorganisation und die Ausbildung von Auszubildenden. Sie ist Seminardozentin bei der RAK Sachsen und seit 2014 als Ausbildungsbeauftragte in verschiedenen Kanzleien tätig gewesen. Sie engagiert sich für einen höheren Bekanntheitsgrad des Ausbildungsberufes der Rechtsanwaltsfachangestellten und betreibt seit 04/2020 die Instagram-Accounts zu.recht.refa und zu.recht.refa_nachhilfe mit großem Erfolg.

Wolf Schulenburg
ist von der NotK Berlin geprüfter Notarfachwirt (2010) und von der RAK Berlin geprüfter Rechtsfachwirt (2013). Seine Interessensschwerpunkte liegen im anwaltlichen und notariellen Kosten- und Gebühren- sowie Zwangsvollstreckungsrecht. Er arbeitet seit über 25 Jahren in einer vor allem auf Familienrecht spezialisierten Kanzlei in Berlin. Daneben ist er seit rd. 10 Jahren für das Fernstudieninstitut der BHT Berlin im Fernstudiengang „Rechtsfachwirt/in" im Kosten- und Gebührenrecht und für das IWW Institut in Würzburg mit Beiträgen in „RVG professionell" und „Vollstreckung effektiv" tätig.

Mareike Späth
ist geprüfte Rechtsfachwirtin und war jahrelang als Büro- und Referatsleiterin in überwiegend familienrechtlichen Kanzleien tätig. Ende 2023 wechselte sie zu einer großen auf Versicherungsrecht spezialisierten Kanzlei und ist dort im Zentralen Abrechnungsteam in allen Bereichen des Gebührenrechts tätig.

Gabriele Waldschmidt
ist geprüfte Rechtsfachwirtin und als Büroleiterin in einer Wuppertaler Kanzlei tätig. Sie ist Mitherausgeberin der Fachzeitschrift „Das Juristische Büro" und Mitautorin des „Kölner Kommentar Vollstreckung und Vorläufiger Rechtsschutz" und des Kommentars „AnwaltFormulare Zwangsvollstreckung". Daneben ist sie seit vielen Jahren als Referentin für Zwangsvollstreckungsrecht tätig.

Literaturverzeichnis

Anders/Gehle, Zivilprozessordnung: ZPO, Kommentar, 83. Auflage 2025

Baumgärtel/Hergenröder/Houben, RVG, 16. Auflage 2014

Brox/Walker, Zwangsvollstreckungsrecht, 12. Auflage 2021

Feuerich/Weyland, Bundesrechtsanwaltsordnung, Kommentar, 11. Auflage 2024

Gerold/Schmidt, Rechtsanwaltsvergütungsgesetz, Kommentar, 26. Auflage 2023

Henssler/Prütting, BRAO, Kommentar, 6. Auflage 2024

Hintzen, Forderungspfändung, 6. Auflage 2023

Jessnitzer/Blumberg, Bundesrechtsanwaltsordnung, Kommentar, 9. Auflage 2000

Kraemer/Goebel, AnwaltFormulare Zwangsvollstreckung, 6. Auflage 2025

Schneider/Volpert, AnwaltKommentar RVG, 9. Auflage 2021

Toussaint, Kostengesetze, Kommentar, 55. Auflage 2025

von Eicken/Asperger/Bestelmeyer/Dörndorfer, RVG – Rechtsanwaltsvergütungsgesetz, 8. Auflage 2021

Zimmermann, Zivilprozessordnung, Kommentar, 10. Auflage 2015

Zöller, Zivilprozessordnung, Kommentar, 35. Auflage 2024

Literaturverzeichnis

[illegible]

Abkürzungsverzeichnis

A

ABL	Amtsblatt
Abs.	Absatz
abzgl.	abzüglich
a.E.	am Ende
a.F.	alte Fassung
AG	Amtsgericht/Aktiengesellschaft
AGG	Allgemeines Gleichbehandlungsgesetz
AktG	Aktiengesetz
Alt.	Alternative
AnfG	Anfechtungsgesetz
AO	Abgabenordnung
ArbGG	Arbeitsgerichtsgesetz
Arg.	Argumentum
Art.	Artikel
AUG	Auslandsunterhaltsgesetz
AVAG	Anerkennungs- und Vollstreckungsausführungsgesetz
AZ	Aktenzeichen

B

BAG	Bundesarbeitsgericht
BaySchlG	Bayerisches Schlichtungsgesetz
BDSG	Bundesdatenschutzgesetz
beA	Besonderes elektronisches Anwaltspostfach
BEEG	Bundeselterngeld- und Elternzeitgesetz
BerHG	Beratungshilfegesetz
BeurkG	Beurkundungsgesetz

BFH	Bundesfinanzhof
BGB	Bürgerliches Gesetzbuch
BGBl.	Bundesgesetzblatt
BGH	Bundesgerichtshof
BMJ	Bundesjustizministerium
BRAO	Bundesrechtsanwaltsordnung
BSG	Bundessozialgericht
Bsp.	Beispiel
Buchst.	Buchstabe
BUrlG	Bundesurlaubsgesetz
BV	Bestandsverzeichnis
BVerfG	Bundesverfassungsgericht
bzgl.	bezüglich

C

ca.	circa

D

d.h.	das heißt
DSGVO	Datenschutz-Grundverordnung
DVO	Durchführungsverordnung

E

EBAO	Einforderungs- und Beitreibungsanordnung
e.G.	eingetragene Genossenschaft
EGStGB	Einführungsgesetz zum Strafgesetzbuch
ESt	Einkommensteuer
EStG	Einkommensteuergesetz

EU	Europäische Union
EUGFVO	Verordnung (EG) Nr. 861/2007 des Europäischen Parlaments und des Rates vom 11. Juli 2007 zur Einführung eines europäischen Verfahrens für geringfügige Forderungen
EUGVVO	Verordnung (EG) Nr. 44/2001 des Rates vom 22. Dezember 2000 über die gerichtliche Zuständigkeit und die Anerkennung und Vollstreckung von Entscheidungen in Zivil- und Handelssachen
EuMVVO	Verordnung (EG) Nr. 1896/2006 des Europäischen Parlaments und des Rates vom 12. Dezember 2006 zur Einführung eines europäischen Mahnverfahrens
EUVTVO	Verordnung (EG) Nr. 805/2004 des Europäischen Parlaments und des Rates vom 21. April 2004 zur Einführung eines europäischen Vollstreckungstitels für unbestrittene Forderungen
EuUntVO	Europäische Verordnung über die Anerkennung und Vollstreckung von Entscheidungen und die Zusammenarbeit in Unterhaltssachen
e.V.	eidesstattliche Versicherung
EZB	Europäische Zentralbank

F

FA	Finanzamt
Fa.	Firma
FamG	Familiengericht
FamFG	Gesetz über das Verfahren in Familiensachen und in den Angelegenheiten der freiwilligen Gerichtsbarkeit
ff.	fortfolgende
FlSt.	Flurstück
FlNr.	Flurstück Nummer

G

ggü.	gegenüber
GenG	Gesetz betreffend die Erwerbs- und Wirtschaftsgenossenschaften (Genossenschaftsgesetz)
gem.	gemäß
gez.	gezeichnet
GG	Grundgesetz
GKG	Gerichtskostengesetz
GmbH	Gesellschaft mit beschränkter Haftung
GmbHG	Gesetz betreffend die Gesellschaften mit beschränkter Haftung
grds.	grundsätzlich
GV	Gerichtsvollzieher
GVG	Gerichtsverfassungsgesetz
GVGA	Geschäftsanweisung für Gerichtsvollzieher
GVO	Gerichtsvollzieherverordnung
GwG	Geldwäschegesetz

H

Halbs.	Halbsatz
HGB	Handelsgesetzbuch
h.M.	herrschende Meinung

I

i.d.R.	in der Regel
i.H.d.	in Höhe des/der
i.H.v.	in Höhe von
insbes.	insbesondere
InsO	Insolvenzordnung
InsVV	Insolvenzrechtliche Vergütungsverordnung

i.R.d.	im Rahmen der/des
i.S.d.	im Sinne der/des
i.S.v.	im Sinne von
i.Ü.	im Übrigen
i.V.m.	in Verbindung mit

J

JurBüro (Zs)	Juristisches Büro
JBeitrO	Justizbeitreibungsordnung

K

Kfz	Kraftfahrzeug
KFB	Kostenfestsetzungsbeschluss
KG	Kommanditgesellschaft
KGaA	Kommanditgesellschaft auf Aktien
KI	Künstliche Intelligenz
KostBRÄG 2025	Kosten- und Betreuervergütungsrechtsänderungsgesetz
KostO	Kostenordnung
KVGKG	Kostenverzeichnis Gerichtskostengesetz

L

LG	Landgericht
LGVÜ	Luganer Vollstreckungsübereinkommen

M

Max	Maximal
MRRG	Melderechtsrahmengesetz
m.w.N.	mit weiteren Nachweisen

N

NachwG	Nachweisgesetz
n.F.	neue Fassung
NJW (Zs)	Neue Juristische Wochenschrift
NJW-RR (Zs)	NJW-Rechtsprechungs-Report Zivilrecht

O

OG	Obergeschoss
OLG	Oberlandesgericht
OVG	Oberverwaltungsgericht
OWiG	Ordnungswidrigkeitengesetz

P

P-Konto	Pfändungsschutzkonto
PartG	Partnerschaftsgesellschaft
PfÜB	Pfändungs- und Überweisungsbeschluss
PKH	Prozesskostenhilfe
Pkw	Personenkraftwagen

R

RA	Rechtsanwalt
Rdn	Randnummer innerhalb des Werks
Rn	Randnummer in anderen Veröffentlichungen
RPfleger (Zs)	Rechtspfleger
RPflG	Rechtspflegergesetz
RSB	Restschuldbefreiung
RVG	Rechtsanwaltsvergütungsgesetz

S

S.	Satz
s.	siehe
s.a.	siehe auch
SchlG	Schlichtungsgesetz
SCHUFA	Schutzgemeinschaft für allgemeine Kreditsicherung
SGB	Sozialgesetzbuch
s.o.	siehe oben
sog.	sogenannte
StGB	Strafgesetzbuch
StPO	Strafprozessordnung
s.u.	siehe unten

U

u.a.	unter anderem
Urt. v.	Urteil von
Ust	Umsatzsteuer
UStG	Umsatzsteuergesetz
usw.	und so weiter
u.U.	unter Umständen

V

v.a.	vor allem
VGH	Verwaltungsgerichtshof
vgl.	vergleiche
VV RVG	Vergütungsverzeichnis Rechtsanwaltsvergütungsgesetz
VwGO	Verwaltungsgerichtsordnung

W

WEG	Wohnungseigentumsgesetz

Z

z.B.	zum Beispiel
ZPO	Zivilprozessordnung
Zs	Zeitschrift
z.T.	zum Teil
ZVG	Gesetz über die Zwangsversteigerung und Zwangsverwaltung
ZwV	Zwangsvollstreckung
ZwVwV	Zwangsverwalterverordnung

Musterverzeichnis

§ 1 Berufsrecht

Inhalt

A. Verschwiegenheitspflicht

Martina Kober/Michael Brunner-Ovadia

Die Verschwiegenheitspflicht des RAs gehört zu den Grundsäulen des Mandanten-Anwalts-Verhältnisses in einer Demokratie und bedarf daher gesonderten Schutzes. **1**

Daher ist gem. § 43a Abs. 2 Bundesrechtsanwaltsordnung (BRAO) die Rechtsanwaltsfachangestellte vom RA zur Verschwiegenheit zu verpflichten und anzuhalten.

Und wer kennt sie nicht, die berühmte Verschwiegenheitserklärung, die man bei Aufnahme einer Tätigkeit unterzeichnen muss?

Praxistipp: **2**

Wenn bisher keine Verschwiegenheitsverpflichtung unterschrieben worden ist, so sollte dies unbedingt nachgeholt werden.

I. Form

Der Rechtsanwalt hat die von ihm beschäftigten Personen in Textform zur Verschwiegenheit zu verpflichten. Dabei ist auch über die strafrechtlichen Folgen einer Pflichtverletzung zu belehren (§ 43a Abs. 2 S. 4 BRAO). **3**

4 Vielfach wird eine zusätzliche Verpflichtung auch in den **Anstellungsvertrag** eingearbeitet. Eine mögliche **Vertragsklausel** könnte wie folgt aussehen:

5 ▼

Muster 1.1: Erklärung zur Verschwiegenheitspflicht

1.1

§ (fortlaufende Nummer des Anstellungsvertrages) **Verschwiegenheitspflicht**

Der Arbeitnehmer nimmt zur Kenntnis, dass in der Kanzlei vertrauliche und persönliche Daten der Mandanten besprochen und verwahrt werden. Der Arbeitnehmer verpflichtet sich, über alle geschäftlichen Angelegenheiten, die ihm im Rahmen seiner Tätigkeit zur Kenntnis gelangen, jederzeit – auch nach Beendigung des Anstellungsverhältnisses – Stillschweigen zu bewahren. Diese Verpflichtung besteht gegenüber jedermann, so auch

- gegenüber Familienangehörigen,
- gegenüber Arbeitskollegen, soweit eine Mitteilung nicht aus dienstlichen Gründen erfolgt, und
- gegenüber Personen, die von der betreffenden Tatsache bereits Kenntnis erlangt haben.

▲

II. Personenkreis

6 Nicht nur die Mitarbeiter des RA, sondern auch alle sonstigen Personen, die bei der beruflichen Tätigkeit des Anwalts mitwirken, unterliegen der Verschwiegenheitspflicht.

Hierzu gehören unzweifelhaft

- Auszubildende,
- Praktikanten,
- Referendare,
- freie Mitarbeiter,

aber eben auch (und leider gerne vergessen)

- Reinigungsfachkräfte und
- externe Systemadministratoren.

7 In § 2 Abs. 4 BORA wird auch klargestellt, dass **kein Verstoß** gegen die Verschwiegenheitspflicht vorliegt, soweit das Verhalten des RAs

- mit Einwilligung des Mandanten,
- in Ausübung berechtigter Interessen oder
- im Rahmen der Arbeitsabläufe der Kanzlei einschließlich der Inanspruchnahme von Leistungen Dritter erfolgt und objektiv einer üblichen, von der Allgemeinheit gebilligten Verhaltungsweise im sozialen Leben entspricht (sogenannte Sozialadäquanz).

Ohne Zweifel fallen hierunter externe Reinigungskräfte und Systemadministratoren, da weder vom RA verlangt werden kann, seine Kanzlei selbst zu reinigen noch sich selbst umfassende IT-Kenntnisse anzueignen.

III. Eigene Rechte und Pflichten der Rechtsanwaltsfachangestellten

Um die Verschwiegenheitspflicht des RA nicht durch seine Mitarbeiter auszuhöhlen, haben 8
diese eigenständige Rechte und Pflichten:

- § 203 Abs. 3 StGB sieht eine Gleichstellung der Rechtsanwaltsfachangestellten zum RA vor, mit der Folge, dass diese wegen Geheimnisverrates mit Freiheitsstrafe bis zu einem Jahr oder Geldstrafe bestraft werden könnten, wenn sie die Verschwiegenheit brechen. Sollte die Verschwiegenheit jedoch gegen Entgelt gebrochen worden sein, so kommt sogar eine Freiheitsstrafe bis zu zwei Jahren oder eine Geldstrafe infrage.
- § 53a Abs. 1 StPO hingegen räumt den Rechtsanwaltsfachangestellten ein berufliches Zeugnisverweigerungsrecht ein, wobei jedoch über die Ausübung dieses Rechtes der RA entscheidet. Ist der RA von seiner Mandantschaft von der Schweigepflicht bereits entbunden, so gilt dies automatisch auch für seine Mitarbeiter.
- In allen anderen Gerichtszweigen (z.B. Zivil-, Verwaltungs-, Sozial- oder Arbeitsgerichtsprozess) ist ein entsprechendes Zeugnisverweigerungsrecht geregelt.
- Insbesondere die Vorschriften des § 203 StGB und des § 53a StPO wurden durch das Gesetz zur Neuregelung des Schutzes von Geheimnissen bei der Mitwirkung Dritter an der Berufsausübung schweigepflichtiger Personen vom 30.10.2017 mit Wirkung zum 9.11.2017 auch auf die sonstigen mitwirkenden Personen (sprich: externe Dienstleister) ausgeweitet.

IV. Formulierung

Es gibt unterschiedlich lange Verschwiegenheitsverpflichtungserklärungen, die alle ihren 9
Zweck erfüllen. Die meisten Rechtsanwaltskammern haben entsprechende Formulare auf ihren Seiten ins Netz gestellt. Die Verschwiegenheitsverpflichtungserklärung der Bundesrechtsanwaltskammer finden Sie auf der Homepage www.recht-clever.info/wp-content/uploads/2021/04/Verschwiegenheitsverpflichtung_2021.pdf

Zu Dokumentationszwecken reicht die nachstehende Kurzvariante völlig aus.

▼ 10

Muster 1.2: Verschwiegenheitsverpflichtungserklärung 1.2

Verschwiegenheitsverpflichtungserklärung

Herr/Frau , derzeit wohnhaft ,

verpflichtet sich, über alle Angelegenheiten und Vorgänge, die ihm/ihr im Rahmen

seiner/ihrer Tätigkeit in der Kanzlei ______ zur Kenntnis erlangen, während und nach der Beendigung des Anstellungsverhältnisses gegenüber jedermann strengstes Stillschweigen zu bewahren.

Über die gesetzlichen Bestimmungen zum Zeugnisverweigerungsrecht sowie über die Strafbarkeit der Verletzung der Schweigepflicht (siehe Anlage) wurde ich belehrt.

(*Als Anlage wird sodann das nachstehende Formblatt beigefügt.*)

11

Muster 1.3: Hinweisblatt zur anwaltlichen Verschwiegenheitspflicht
1.3 **Vorschriften zur anwaltlichen Verschwiegenheit**

I. Verschwiegenheitspflicht

§ 43a Abs. 2 BRAO (Auszug)

(2) [1]Der Rechtsanwalt ist zur Verschwiegenheit verpflichtet. [2]Diese Pflicht bezieht sich auf alles, was ihm in Ausübung seines Berufes bekanntgeworden ist. [3]Dies gilt nicht für Tatsachen, die offenkundig sind oder ihrer Bedeutung nach keiner Geheimhaltung bedürfen.

§ 2 BORA (Auszug)

(1) [1]Rechtsanwältinnen und Rechtsanwälte sind zur Verschwiegenheit verpflichtet und berechtigt. [2]Dies gilt auch nach Beendigung des Mandats.

(2) [1]Die Verschwiegenheitspflicht gebietet es der Rechtsanwältin und dem Rechtsanwalt, die zum Schutze des Mandatsgeheimnisses erforderlichen organisatorischen und technischen Maßnahmen zu ergreifen, die risikoadäquat und für den Anwaltsberuf zumutbar sind.

(3) Ein Verstoß gegen die Pflicht zur Verschwiegenheit (§ 43a Abs. 2 Bundesrechtsanwaltsordnung) liegt nicht vor, soweit Gesetz und Recht eine Ausnahme fordern oder zulassen.

(4) Ein Verstoß ist nicht gegeben, soweit das Verhalten der Rechtsanwältin oder des Rechtsanwalts

a) mit Einwilligung erfolgt oder

b) zur Wahrnehmung berechtigter Interessen erforderlich ist, z.B. zur Durchsetzung oder Abwehr von Ansprüchen aus dem Mandatsverhältnis oder zur Verteidigung in eigener Sache, oder

c) im Rahmen der Arbeitsabläufe der Kanzlei, die außerhalb des Anwendungsbereichs des § 43e Bundesrechtsanwaltsordnung liegen, objektiv einer üblichen, von der Allgemeinheit gebilligten Verhaltensweise im sozialen Leben entspricht (Sozialadäquanz).

(5) Die Vorschriften zum Schutz personenbezogener Daten bleiben unberührt.

II. Strafbarkeit der Verletzung von Privatgeheimnissen

§ 203 StGB (Auszug)

(1) Wer unbefugt ein fremdes Geheimnis, namentlich ein zum persönlichen Lebensbereich gehörendes Geheimnis oder ein Betriebs- oder Geschäftsgeheimnis, offenbart, das ihm als

3. Rechtsanwalt, Kammerrechtsbeistand, Patentanwalt, Notar, Verteidiger in einem gesetzlich geordneten Verfahren, Wirtschaftsprüfer, vereidigtem Buchprüfer, Steuerberater, Steuerbevollmächtigten,

3a. Organ oder Mitglied eines Organs einer Wirtschaftsprüfungs-, Buchprüfungs- oder einer Berufsausübungsgesellschaft von Steuerberatern und Steuerbevollmächtigten, einer Berufsausübungsgesellschaft von Rechtsanwälten oder europäischen niedergelassenen Rechtsanwälten oder einer Berufsausübungsgesellschaft von Patentanwälten oder niedergelassenen europäischen Patentanwälten im Zusammenhang mit der Beratung und Vertretung der Wirtschaftsprüfungs-, Buchprüfungs- oder Berufsausübungsgesellschaft im Bereich der Wirtschaftsprüfung, Buchprüfung oder Hilfeleistung in Steuersachen oder ihrer rechtsanwaltlichen oder patentanwaltlichen Tätigkeit,

anvertraut worden oder sonst bekannt geworden ist, wird mit Freiheitsstrafe bis zu einem Jahr oder mit Geldstrafe bestraft.

(3) [1]Kein Offenbaren im Sinne dieser Vorschrift liegt vor, wenn die in den Absätzen 1 und 2 genannten Personen Geheimnisse den bei ihnen berufsmäßig tätigen Gehilfen oder den bei ihnen zur Vorbereitung auf den Beruf tätigen Personen zugänglich machen. [2]Die in den Absätzen 1 und 2 Genannten dürfen fremde Geheimnisse gegenüber sonstigen Personen offenbaren, die an ihrer beruflichen oder dienstlichen Tätigkeit mitwirken, soweit dies für die Inanspruchnahme der Tätigkeit der sonstigen mitwirkenden Personen erforderlich ist; das Gleiche gilt für sonstige mitwirkende Personen, wenn diese sich weiterer Personen bedienen, die an der beruflichen oder dienstlichen Tätigkeit der in den Absätzen 1 und 2 Genannten mitwirken.

(4) [1]Mit Freiheitsstrafe bis zu einem Jahr oder mit Geldstrafe wird bestraft, wer unbefugt ein fremdes Geheimnis offenbart, das ihm bei der Ausübung oder bei Gelegenheit seiner Tätigkeit als mitwirkende Person oder als bei den in den Absätzen 1 und 2 genannten Personen tätiger Datenschutzbeauftragter bekannt geworden ist. [2]Ebenso wird bestraft, wer

1. als in den Absätzen 1 und 2 genannte Person nicht dafür Sorge getragen hat, dass eine sonstige mitwirkende Person, die unbefugt ein fremdes, ihr bei der Ausübung

oder bei Gelegenheit ihrer Tätigkeit bekannt gewordenes Geheimnis offenbart, zur Geheimhaltung verpflichtet wurde; dies gilt nicht für sonstige mitwirkende Personen, die selbst eine in den Absätzen 1 oder 2 genannte Person sind,

2. als im Absatz 3 genannte mitwirkende Person sich einer weiteren mitwirkenden Person, die unbefugt ein fremdes, ihr bei der Ausübung oder bei Gelegenheit ihrer Tätigkeit bekannt gewordenes Geheimnis offenbart, bedient und nicht dafür Sorge getragen hat, dass diese zur Geheimhaltung verpflichtet wurde; dies gilt nicht für sonstige mitwirkende Personen, die selbst eine in den Absätzen 1 oder 2 genannte Person sind, oder

3. nach dem Tod der nach Satz 1 oder nach den Absätzen 1 oder 2 verpflichteten Person ein fremdes Geheimnis unbefugt offenbart, das er von dem Verstorbenen erfahren oder aus dessen Nachlass erlangt hat.

(5) Die Absätze 1 bis 4 sind auch anzuwenden, wenn der Täter das fremde Geheimnis nach dem Tod des Betroffenen unbefugt offenbart.

(6) Handelt der Täter gegen Entgelt oder in der Absicht, sich oder einen anderen zu bereichern oder einen anderen zu schädigen, so ist die Strafe Freiheitsstrafe bis zu zwei Jahren oder Geldstrafe.

III. Zeugnisverweigerungsrecht

§ 53 StPO (Auszug)

(1) Zur Verweigerung des Zeugnisses sind ferner berechtigt

3. Rechtsanwälte und Kammerrechtsbeistände, Patentanwälte, Notare, Wirtschaftsprüfer, vereidigte Buchprüfer, Steuerberater und Steuerbevollmächtigte, Ärzte, Zahnärzte, Psychotherapeuten, Psychologische Psychotherapeuten, Kinder- und Jugendlichenpsychotherapeuten, Apotheker und Hebammen über das, was ihnen in dieser Eigenschaft anvertraut worden oder bekanntgeworden ist; für Syndikusrechtsanwälte (§ 46 Absatz 2 der Bundesrechtsanwaltsordnung) und Syndikuspatentanwälte (§ 41a Absatz 2 der Patentanwaltsordnung) gilt dies vorbehaltlich des § 53a nicht hinsichtlich dessen, was ihnen in dieser Eigenschaft anvertraut worden oder bekanntgeworden ist;

(2) [1]Die in Absatz 1 Satz 1 Nr. 2 bis 3b Genannten dürfen das Zeugnis nicht verweigern, wenn sie von der Verpflichtung zur Verschwiegenheit entbunden sind.

§ 53a StPO

(1) [1]Den Berufsgeheimnisträgern nach § 53 Absatz 1 Satz 1 Nummer 1 bis 4 stehen die Personen gleich, die im Rahmen

1. eines Vertragsverhältnisses einschließlich der gemeinschaftlichen Berufsausübung,
2. einer berufsvorbereitenden Tätigkeit oder
3. einer sonstigen Hilfstätigkeit

an deren beruflicher Tätigkeit mitwirken. [2]Über die Ausübung des Rechts dieser Personen, das Zeugnis zu verweigern, entscheiden die Berufsgeheimnisträger, es sei denn, dass diese Entscheidung in absehbarer Zeit nicht herbeigeführt werden kann.

(2) Die Entbindung von der Verpflichtung zur Verschwiegenheit (§ 53 Absatz 2 Satz 1) gilt auch für die nach Absatz 1 mitwirkenden Personen.

§ 383 ZPO (Auszug)

(1) Zur Verweigerung des Zeugnisses sind berechtigt:

> 6. Personen, denen kraft ihres Amtes, Standes oder Gewerbes Tatsachen anvertraut sind, deren Geheimhaltung durch ihre Natur oder durch gesetzliche Vorschrift geboten ist, in Betreff der Tatsachen, auf welche die Verpflichtung zur Verschwiegenheit sich bezieht.

(3) Die Vernehmung der unter Nummern 4 bis 6 bezeichneten Personen ist, auch wenn das Zeugnis nicht verweigert wird, auf Tatsachen nicht zu richten, in Ansehung welcher erhellt, dass ohne Verletzung der Verpflichtung zur Verschwiegenheit ein Zeugnis nicht abgelegt werden kann.

§ 385 ZPO (Auszug)

(2) Die im § 383 Nr. 4, 6 bezeichneten Personen dürfen das Zeugnis nicht verweigern, wenn sie von der Verpflichtung zur Verschwiegenheit entbunden sind.

Das Zeugnisverweigerungsrecht ist für die anderen Gerichtszweige und auch für Verwaltungsverfahren genauso wie für den Zivilprozess und den Strafprozess geregelt.

Vergleiche:

§ 29 Gesetz über die Angelegenheiten der freiwilligen Gerichtsbarkeit

§§ 46, 80 Arbeitsgerichtsgesetz

§ 98 Verwaltungsgerichtsordnung

§ 118 Sozialgerichtsgesetz

§ 84 Finanzgerichtsordnung

§ 28 Bundesverfassungsgerichtsgesetz

§ 65 Verwaltungsverfahrensgesetz

§ 102 Abgabenordnung

▲

V. Bewusstsein entwickeln

12 Hin und wieder sollten Kanzleiabläufe überdacht werden, insbes., ob diese dem Erfordernis der Verschwiegenheit genügen. So ist es durchaus problematisch, wenn sich der Wartebereich direkt vor dem Schreibtisch der Rechtsanwaltsfachangestellten befindet und der wartende Mandant bei Telefonaten Teile des Gesprächs mit anderen Mandanten mithören kann. Auch sollte man Auskünfte an Freunde oder Ehepartner des Mandanten nur nach ausdrücklicher schriftlicher Entbindung von der Schweigepflicht erteilen.

13 ▼

Muster 1.4: Schweigepflichtentbindungserklärung

Hiermit entbinde ich,

(Name des Mandanten),

Herrn Rechtsanwalt (Name des Anwalts)

von seiner Schweigepflicht in Sachen (Bezeichnung der Angelegenheit) gegenüber folgender Person

– (vollständiger Name der Person)

Herr Rechtsanwalt (Name des Rechtsanwalts) ist von mir ermächtigt über den Sachstand, über Schriftsätze sowie über den Inhalt der Akte an die vorstehende Person Auskunft zu erteilen. Sofern keine Beschränkungen von mir bestimmt werden, ist die Auskunft ebenso umfassend, wie die, die mir als Mandant selbst erteilt wird.

Datum, Unterschrift des Mandanten

▲

14 Aber auch Gespräche mit Kollegen von fremden Kanzleien (z.B. in fachbezogenen Informationsgesprächen im örtlichen ReNo-Verein oder in Seminarpausen) bergen Gefahren in sich, da manchmal ein Fall gerade zum Geschehen passt. Hier ist äußerste Diskretion geboten.

B. Belehrungspflichten

15 Bereits bei Mandatsannahme obliegen dem RA diverse Belehrungspflichten gegenüber seinem Auftraggeber. Alle Belehrungspflichten sind jedoch eng mit dem Vergütungsanspruch des RA verbunden und werden daher ausführlich und mit Mustern unter § 8 Rdn 2 ff. behandelt.

C. Berufshaftpflichtversicherung für RA

Gem. § 51 BRAO ist das Abschließen einer Berufshaftpflichtversicherung für RA Pflicht und muss sowohl bei der Erstzulassung als auch während der gesamten Dauer der Anwaltstätigkeit nachgewiesen werden. In dem abzuschließenden Vertrag ist die Versicherung zu verpflichten, der zuständigen Rechtsanwaltskammer den Beginn und die Beendigung des Vertrags sowie jede Änderung mitzuteilen. 16

Solange der Rechtsanwaltskammer kein Nachweis über die Berufshaftpflichtversicherung vorliegt, erteilt sie dem Anwalt auch nicht seine Erstzulassung. Sollte die Kammer hingegen später von einer Beendigung bzw. Änderung des Vertrags Mitteilung bekommen, so wird der betreffende RA um Klärung und Nachweis des bestehenden Versicherungsschutzes gebeten. Erfolgt dies nicht in einer gesetzten Frist, kann die Zulassung entzogen werden.

Es gehört daher auch zu den Aufgaben des Sekretariats, für die jährliche fristgerechte Überweisung der **Versicherungsprämie** Sorge zu tragen. 17

Die Versicherungssumme muss derzeit mindestens 250.000,00 EUR pro Versicherungsfall betragen und kann gem. § 51 Abs. 4 S. 2 BRAO innerhalb eines Versicherungsjahres für alle erbrachten Leistungen auf den vierfachen Betrag der Mindestversicherungssumme begrenzt werden, somit auf 1.000.000,00 EUR.

In den meisten Fällen ist die **Mindestversicherungssumme** ausreichend. Sollte Ihnen jedoch bei der Aktenanlage auffallen, dass aufgrund des **Streitwerts** die Versicherungssumme in einem bestimmten Fall nicht ausreichend erscheint, so könnten und sollten Sie Ihren Arbeitgeber auf folgende Möglichkeiten hinweisen:

- Die Versicherungssumme könnte im konkreten Fall erhöht werden. Durch eine schriftliche Vereinbarung mit dem Mandanten könnte diese zusätzliche Versicherungsprämie dem Mandanten nach Nr. 7007 VV RVG in Rechnung gestellt werden (vgl. § 9 Rdn 13).
- Mit dem Mandanten könnte schriftlich vereinbart werden, dass im Schadensfall die Entschädigungssumme begrenzt wird.

§ 52 BRAO stellt dabei Mindestanforderungen an die Haftungsbeschränkungen. Mit **Individualvereinbarung** kann die Haftung auf 250.000,00 EUR beschränkt werden, mehr ist möglich, weniger nicht. Bei vorformulierten Allgemeinen Vertragsbedingungen beträgt die Mindestsumme hingegen 1 Mio. EUR. 18

Weitere Voraussetzung ist, dass Versicherungsschutz in dieser Höhe und auch dem Grunde nach besteht.

Mit Individualvereinbarungen kann ferner die Haftung für jede Fahrlässigkeit beschränkt werden, mit vorformulierten Bedingungen nur für einfache Fahrlässigkeit (eine Haftung für grobe Fahrlässigkeit ist ausdrücklich zu erwähnen).

Eine Individualvereinbarung ist daher insbes. in den kleinen bis mittelständischen Kanzleien vorzuziehen, wo Fälle mit einem extrem großen Gegenstandswert und damit hohem Haftungsrisiko eher selten vorkommen.

19 *Hinweis:*

Das Entwerfen einer solchen Individualvereinbarung fällt, wie die Ausarbeitung vorformulierter Allgemeiner Vertragsbedingungen, ausschließlich in den Zuständigkeitsbereich des RAs und gehört nicht zu den Aufgabengebieten von Rechtsanwaltsfachangestellten.

Dies liegt v. a. auch daran, dass für eine Individualvereinbarung die nachfolgenden Punkte eingehalten werden müssen:

- Die Vereinbarung muss ausgehandelt werden (d.h., der Mandant muss eine Einflussmöglichkeit auf die Gestaltung der Vereinbarung gehabt haben). Eine Wahlmöglichkeit, die nur darin besteht, den Vorschlag des Anwalts anzunehmen oder sich einen anderen Anwalt zu suchen, reicht nicht aus.
- Jede Klausel muss einzeln und für jedes Mandat neu verhandelt werden.

20 In der Literatur wird z.T. die Möglichkeit eines **Tarifwahlprinzips** akzeptiert, bei der der Mandant die Wahl hat, gegen ein höheres Honorar eine Haftungsbeschränkung auf eine höhere Summe zu vereinbaren oder gegen ein geringeres die niedrigere Summe hinzunehmen.

D. Partnerschaftsgesellschaft mit beschränkter Berufshaftung

21 Seit dem 19.7.2013 gilt das PartGG, mit dem die Partnerschaftsgesellschaft mit beschränkter Berufshaftung eingeführt worden ist. Bei der PartGmbB kann die Haftung für Verbindlichkeiten **aus Schäden wegen fehlerhafter Berufsausübung** auf das Gesellschaftsvermögen begrenzt werden (§ 8 Abs. 4 PartGG). Hinsichtlich anderer Verbindlichkeiten (z.B. aus Arbeitsverhältnissen oder Mietforderungen) gilt diese Beschränkung nicht, die Partner haften hierbei auch weiterhin neben dem Gesellschaftsvermögen mit ihrem Privatvermögen.

22 Mit Abschluss eines Partnerschaftsvertrages wird die PartGmbB im Innenverhältnis begründet. Jedoch ist die **Eintragung** ins Partnerschaftsregister **konstitutiv,** d.h. im Außenverhältnis entsteht die Partnerschaftsgesellschaft erst mit Eintragung in das Partnerschaftsregister. Bis zur Eintragung ist die PartGmbB im Verhältnis zu Dritten noch keine wirksame juristische Person.

Bis 31.12.2023 bedurfte der Partnerschaftsvertrag der Schriftform. Seit 1.1.2024 ist § 3 PartGG gestrichen. Es gelten nunmehr die Regelungen für die Gesellschaft bürgerlichen

Rechts. Danach wird die Partnerschaftsgesellschaft durch einen formlosen Gesellschaftsvertrag errichtet, wobei ein schriftlicher Vertrag eindeutig empfehlenswert ist. Hierin sollten u.a. folgende Punkte enthalten sein:

- Gesellschaftszweck,
- Name und Sitz der Gesellschaft,
- Geschäftsführung und Vertretung,
- Haftungsverteilung, Gewinn- und Verlustverteilung,
- Wettbewerbsverbot,
- Ausscheiden und Tod eines Gesellschafters, evtl. Abfindung.

Die **Anmeldung zum Partnerschaftsregister** muss dann gem. §§ 5 Abs. 2 PartGG, 12 Abs. 1 S. 1 HGB in **öffentlich beglaubigter Form**, d.h. Beglaubigung der Unterschriften durch den Notar, eingereicht werden.

Die Umwandlung von einer PartG in eine PartGmbB ist unproblematisch, da nur der bestehende Gesellschaftsvertrag hinsichtlich der Haftungsbeschränkung durch eine Beschlussfassung geändert werden muss. 23

Anders sieht es bei einer „Umwandlung" von einer **GbR** zu einer PartGmbB aus. Die „Umwandlung" gleicht einer Neugründung und es muss ein neuer Vertrag geschlossen werden. Da es sich hier jedoch um einen **identitätswahrenden Rechtsformwechsel** außerhalb des Umwandlungsgesetzes (UmwG) handelt, ist hier eine Liquidation der GbR nicht notwendig und das Gesellschaftsvermögen der GbR geht in das Gesellschaftsvermögen der PartGmbB über.

Gem. § 2 Abs. 1 PartGG muss der Name der Partnerschaft den Zusatz „und Partner" oder „Partnerschaft" enthalten. Nach § 8 Abs. 4 S. 3 PartGG muss bei der PartGmbB der Name der Partnerschaft den Zusatz „mit beschränkter Berufshaftung" oder die Abkürzung „mbB" oder eine andere allgemein verständliche Abkürzung dieser Bezeichnung enthalten.

Es ist insbesondere darauf zu achten, dass der Namenszusatz auch auf dem Briefkopf gem. § 7 Abs. 3 PartGG angeben werden muss.

Da die PartGmbB nur mit dem Gesellschaftsvermögen für Verbindlichkeiten aus fehlerhafter Berufsausübung haftet, sieht § 59o BRAO eine **deutlich höhere Mindestversicherungssumme** bei der Berufshaftpflichtversicherung vor. Die Mindestversicherungssumme für jeden Versicherungsfall beträgt **2,5 Mio. EUR**. Allerdings können die Leistungen des Versicherers für alle innerhalb eines Versicherungsjahres verursachten Schäden auf den Betrag der Mindestversicherungssumme, **vervielfacht mit der Zahl der Partner**, begrenzt werden. Die Jahreshöchstleistung muss sich gem. § 59o Abs. 4 S. 3 BRAO jedoch **mindestens auf den vierfachen** Mindestversicherungsbetrag belaufen. 24

Nachstehend drei Beispiele für die Berechnung der zulässigen Jahreshöchstleistung:

3 Partner	2,5 Mio. EUR x 3 Partner = 7,5 Mio. EUR **Achtung:** wegen § 59o Abs. 4 S. 3 BRAGO muss die Jahreshöchstleistung jedoch mindestens die vierfache Mindestversicherungssumme betragen → **10 Mio. EUR**
4 Partner	2,5 Mio. EUR x 4 Partner = **10 Mio. EUR**
6 Partner	2,5 Mio. EUR x 6 Partner = **15 Mio. EUR**

25 Mandate, die bereits vor der „Umwandlung" geschlossen worden sind, fallen nur unter die zukünftige Haftungsbeschränkung,

- wenn der Mandant über den Wechsel **informiert** worden ist und
- in die Haftungsbeschränkung für berufliche Fehler **eingewilligt hat.**

26 Buchhalterisch weist die **PartGmbB** keine Besonderheiten zur GbR oder normalen PartG auf, es kann auch weiterhin eine **Einnahmenüberschussrechnung (EÜR)** erstellt werden. Die PartGmbB muss somit weder Gewerbesteuer zahlen noch bilanzieren (anders als die GmbH).

27 *Praxistipp:*

Es sollte auch rechtzeitig mit der Hausbank die **Umstellung der Geschäftskonten** besprochen werden, da es bei den Banken unterschiedliche interne Dienstvorschriften hierzu gibt.

Bei einigen Banken werden die Konten nach Eintragung der PartGmbB in das Partnerschaftsregister einfach auf die Partnerschaftsgesellschaft umgestellt, bei anderen Banken gilt dies immer als „Neugründung" mit der Folge, dass erneut ein Kontoeröffnungsantrag gestellt werden muss und unter Umständen sogar eine neue Kontonummer für das Geschäftskonto zugeteilt wird, was nach Möglichkeit vermieden werden sollte.

E. Fortbildungsnachweis bei Fachanwälten

28 Rechtsanwaltsfachangestellte, die bei einem Anwalt tätig sind, der eine oder mehrere **Fachanwaltsbezeichnungen** führt, müssen beachten, dass der Rechtsanwalt jedes Jahr sich entsprechend der jeweiligen Fachrichtung qualifiziert. Dies kann durch die Teilnahme an fachspezifischen Fortbildungen oder alternativ dazu durch Dozieren eines eigenen fachspezifischen Seminars oder durch Publizieren erfolgen.

Seit **1.1.2015** sieht § 15 FAO vor, dass mindestens **15 Zeitstunden** für Fortbildung gegenüber der Rechtsanwaltskammer nachgewiesen werden müssen.

Durch die letzte Änderung wird neuerdings auch die Teilnahme an **interdisziplinären** Veranstaltungen akzeptiert.

Die klassische Fortbildung erfolgte in der Vergangenheit meist durch die Teilnahme an 29
Seminaren in **Präsenzform**. In den letzten Jahren kamen aber verstärkt auch **Online-Seminare** hinzu. Die Anforderungen an diese wurden nunmehr in § 15 Abs. 2 FAO konkretisiert, wobei die Kriterien bereits in der Vergangenheit von den jeweiligen Veranstaltern eingehalten worden sind. Die Online-Veranstalter müssen garantieren, dass eine Interaktion zwischen dem Referenten und den Teilnehmern sowie zwischen den Teilnehmern untereinander möglich ist und dass eine gängige Teilnahme des Teilnehmers dokumentiert wird (dies erfolgt meist durch Zwischenfragen, wo jeder Teilnehmer einen Button drücken muss).

Nach § 15 Abs. 4 FAO können **5** von den 15 **Zeitstunden im Selbststudium** erbracht 30
werden. Dabei erhält der RA das Selbststudium-Material (DVD, Artikel) vorab zugesandt und kann frei entscheiden, wann er sich das Wissen aneignet. Zum Nachweis erfolgt im Abschluss ein schriftlicher Test, wobei die Testfragen zu einem frei bestimmbaren Zeitpunkt abgefordert werden und dann die Antworten innerhalb eines engen Zeitfensters an den Fortbildungsanbieter zurückgeschickt werden müssen.

Nachstehend noch einmal der vollständige Gesetzestext in seiner aktuellen Version. 31

> **§ 15 FAO**
>
> (1) [1]Wer eine Fachanwaltsbezeichnung führt, muss kalenderjährlich auf diesem Gebiet wissenschaftlich publizieren oder an fachspezifischen der Aus- oder Fortbildung dienenden Veranstaltungen hörend oder dozierend teilnehmen. [2]Die hörende Teilnahme setzt eine anwaltsorientierte oder interdisziplinäre Veranstaltung voraus. [3]Bei dozierender Teilnahme ist die Vorbereitungszeit in angemessenem Umfang zu berücksichtigen.
>
> (2) Bei Fortbildungsveranstaltungen, die nicht in Präsenzform durchgeführt werden, müssen die Möglichkeiten der Interaktion des Referenten mit den Teilnehmern sowie der Teilnehmer untereinander während der Dauer der Fortbildungsveranstaltung sichergestellt sein und der Nachweis der durchgängigen Teilnahme erbracht werden.
>
> (3) Die Gesamtdauer der Fortbildung darf je Fachgebiet 15 Zeitstunden nicht unterschreiten.
>
> (4) Bis zu fünf Zeitstunden können im Wege des Selbststudiums absolviert werden, sofern eine Lernerfolgskontrolle erfolgt.
>
> (5) [1]Die Erfüllung der Fortbildungspflicht ist der Rechtsanwaltskammer durch Bescheinigungen oder andere geeignete Unterlagen unaufgefordert nachzuweisen. [2]Fortbildung im Sinne des Absatzes 4 ist durch Bescheinigungen und Lernerfolgskontrollen nachzuweisen.

Bereits mit der FAO-Reform zum 1.3.2010 wurde das damals geltende Stichtagsprinzip 32
aufgegeben. Seit 2010 müssen die Fortbildungsnachweise immer **kalenderjährlich** zum Jahreswechsel (31.12.) für das abgelaufene Jahr der entsprechenden Rechtsanwaltskammer vorgelegt werden.

33 Der Einwand, dass es sich um eine allgemeine Berufspflicht des RA handelt und er selber hierfür zuständig ist, greift nicht. Entsprechende Fristen zu notieren und ggf. den RA rechtzeitig daran zu erinnern, gehört zum Gebiet der allgemeinen Büroorganisation, für das grds. Rechtsanwaltsfachangestellte zuständig sind.

Durch sorgfältige Fristbeachtung vermeiden Sie es, dass verstärkt kurz vor Fristablauf Seminare besucht werden, um auf die entsprechende Anzahl der Zeitstunden zu kommen.

Pausenzeiten werden übrigens herausgerechnet, sodass genau auf die Formulierung in der Bescheinigung zu achten ist. So manches Seminar, das für sechs Stunden angesetzt ist, erweist sich in der Praxis als effektive fünf Zeitstunden Fortbildung i.S.v. § 15 FAO. Eine mögliche Formulierung wäre z.B., „das Seminar umfasste effektiv 5 Zeitstunden".

34 *Praxistipp:*

Es hat sich bewährt, dass für den Nachweis der Fortbildung nach § 15 FAO gegenüber der Rechtanwaltskammer zwei Fristen notiert werden, und zwar einmal die eigentliche Nachweispflicht und weiterhin noch eine Frist ein halbes Jahr früher, um ggf. den Anwalt an die Teilnahme an Seminaren zu erinnern.

35 In Ausnahmefällen, wenn ein Seminar kurz nach Ende der eigentlichen Nachweispflicht stattfinden soll, sollte man ein kurzes Schreiben an die jeweilige Rechtsanwaltskammer mit der Bitte um Fristverlängerung stellen. Die Kammern sind hierbei meistens sehr kulant.

36 ▼

1.5

Muster 1.5: Verlängerung der Nachweisfrist nach § 15 FAO

Rechtsanwaltskammer (*Ort*)

Anschrift

Nachweis der Fortbildung gemäß § 15 FAO

Sehr geehrte Damen und Herren Kollegen,

ich bitte Sie, die in § 15 FAO genannte Jahresfrist um einen weiteren Monat zu verlängern, da ich leider erst am (genaues Datum der Veranstaltung) an einem fachspezifischen Seminar teilnehmen kann.

Die Seminarbescheinigung gemäß § 15 FAO wird umgehend nach Beendigung des Seminares an Sie übersandt werden.

Mit freundlichen kollegialen Grüßen

Rechtsanwalt

▲

Für den Fall, dass Sie in einer Kanzlei tätig sind, in der mehrere Fachanwälte arbeiten, bietet es sich an, eine entsprechende Fachanwaltsliste zu führen, wie nachstehend abgedruckt: 37

▼ 38

Muster 1.6: Liste Nachweis Fachanwälte

Name RA	Besuchte Seminare mit Zeitstunden	Stichtag für Nachweis	Erledigungsvermerk
RA A	1. BGH-Rechtsspr. SozR: 4 Std	jeweils 31.12.	
RAin B	1. ArbR aktuell 10 Std 2. BAG-Rechtspr. 5 Std.	jeweils 31.12.	Nachweis erbracht 05.01.?

▲

F. Anwaltsvertretung im Krankheitsfall und Urlaubsvertretung

Martina Kober/Ivana Bugarin

Jeder hat das Bedürfnis nach Erholung und Urlaub – so auch der RA. Während dieser Zeit sollte er sich für gewöhnlich nicht in der Kanzlei aufhalten, sondern dort, wo Entspannung und Erholung vom Arbeitsalltag garantiert sind. Es kommt aber auch vor, dass der RA wegen Krankheit gehindert ist, in der Kanzlei anwesend zu sein und seinen Beruf auszuüben. 39

Um aber einen reibungslosen Ablauf des Kanzleibetriebs zu ermöglichen, sind während der urlaubs- oder krankheitsbedingten Abwesenheit des RA Vorkehrungen wegen einer Vertretung des RA zu treffen, die gerade aus haftungsrechtlichen Gesichtspunkten zwingend notwendig sind. 40

Unproblematisch ist die Lösung des Problems in den Kanzleien, in denen Partner oder angestellte RA für den „Fall der Fälle" aushelfen und einspringen können. Viele Kollegen und Kolleginnen sind zudem in der Lage, einen plötzlichen Ausfall des Chefs kurzzeitig zu überbrücken, weil sie den Betrieb auf dem Laufenden halten können. Selbstverständlich stoßen auch die versiertesten Kollegen an ihre Grenzen; darüber hinaus können viele Aufgaben aus Haftungsgründen ausschließlich vom RA erledigt werden. 41

Jeder von Ihnen kennt das einer Ladung zum Termin zur mündlichen Verhandlung oder das einem Urteil beigefügte **Empfangsbekenntnis**. Mit seiner Unterschrift/Signatur bestätigt der RA, an einem bestimmten Tag, Kenntnis (und nicht Zugang) von dem Schriftstück erhalten zu haben. Wussten Sie z.B., dass Sie nicht befugt sind, dieses Empfangsbekenntnis zu unterzeichnen/abzugeben? Dieses Empfangsbekenntnis (das, sofern es noch per Post kommen sollte, auch nicht mit einem Eingangsstempel versehen werden 42 sollte) ist ausschließlich von dem RA oder seinem Vertreter zu unterzeichnen/signieren und mit dem Datum zu versehen, an dem er Kenntnis von dem Schriftstück erlangt hat.

43 Bei Zustellungen gegen Empfangsbekenntnis trifft ausschließlich den RA eine echte Mitwirkungspflicht. Ob eine Mitwirkung konkret erforderlich ist, hängt davon ab, ob die Zustellung ordnungsgemäß erfolgt ist oder nicht. Die Prüfung obliegt dem RA nach den einschlägigen Zustellungsvorschriften, wobei ausschließlich eine Prüfung nach objektiven Kriterien zu erfolgen hat. Eine subjektive Beurteilung steht dem RA nicht zu.

> *Beispiel:*
> *Ist der RA nicht zustellungsbevollmächtigt oder ist ein Schriftstück nicht vollständig zugegangen, ist eine ordnungsgemäße Zustellung nicht erfolgt.*

Bei Vorliegen einer ordnungsgemäßen Zustellung ist der RA in der Pflicht, das Empfangsbekenntnis unverzüglich i.S. des § 121 BGB, somit ohne schuldhaftes Verzögern, mit Unterschrift/Signatur und Datumsangabe zu versehen und zurückzusenden. Wie bereits erwähnt, ist das pflichtauslösende Ereignis nicht das Datum der Zustellung, sondern der Zeitpunkt der Kenntnisnahme durch den RA. Dies gilt im Übrigen auch dann, wenn der Absender die Zustellung anderweitig, z.B. durch Vorliegen eines Zustellungsvermerks eines Boten nachweisen kann.

Im Falle einer nicht ordnungsgemäßen Zustellung kann der RA die Mitwirkung verweigern. Er ist aber verpflichtet, dem Absender den Grund der fehlenden Mitwirkung mitzuteilen.

> *Beachte:*
> Ein Empfangsbekenntnis ist nur dann wirksam im Sinne von § 175 ZPO erteilt, wenn es eigenhändig durch den Rechtsanwalt unterzeichnet/signiert wurde. Die Unterzeichnung durch eine Rechtsanwaltsfachangestellte oder einen Rechtsreferendar genügt diesem Erfordernis nicht.

Nach einer Entscheidung des BGH, Urt. v. 26.10.2015, GeschäftsZ: AnwSt (R) 4/15, ist die in § 14 BORA geregelte Mitwirkungspflicht nur gegenüber Gerichten und Behörden geregelt. Nach dieser Entscheidung besteht keine berufsrechtliche Verpflichtung, bei einer Zustellung von Anwalt zu Anwalt gem. § 195 ZPO mitzuwirken.

Der RA hat zur Erfüllung seiner Mitwirkungspflicht die notwendigen organisatorischen Voraussetzungen zu erfüllen und ggf. für eine Vertretung Sorge zu tragen.

Eine Vertretung ist zulässig

- durch einen Kanzleisozius,
- bei urlaubsbedingter Abwesenheit länger als zwei Wochen durch einen Vertreter (§ 53 BRAO),

- bei krankheitsbedingter Abwesenheit länger als eine Woche durch einen Vertreter (§ 53 BRAO),
- durch einen Zustellungsbevollmächtigten gem. § 30 BRAO,
- durch den Kanzleiabwickler gemäß § 55 BRAO.

> *Beachte:*
>
> Im Falle einer Mandatsniederlegung bleibt der RA in Anwaltsprozessen so lange für den Empfang zuständig und in der Mitwirkungspflicht des § 14 BORA, bis sich ein neuer RA für die Partei meldet.[1]

In der BRAO ist geregelt, wann der RA für einen Vertreter sorgen muss, wenn er sich **von der Kanzlei entfernen** will oder er **gehindert ist, seinen Beruf auszuüben**. 44

Die einschlägige Vorschrift ist in § 53 BRAO geregelt.

§ 53 BRAO (Auszug)

(1) Der Rechtsanwalt muss für seine Vertretung sorgen, wenn er

1. länger als eine Woche daran gehindert ist, seinen Beruf auszuüben, oder
2. sich länger als zwei Wochen von seiner Kanzlei entfernen will.

> *Hinweis:* 45
>
> Gemäß § 53 Abs. 2 BRAO kommen als Vertreter des RA ausschließlich in Betracht:
>
> 1. zugelassener RA,
> 2. andere Personen, die die Befähigung zum Richteramt erworben oder mindestens 12 Monate des Vorbereitungsdienstes absolviert haben.

Die Bestellung des Vertreters kann 46

- entweder durch den RA selbst erfolgen, wenn der Vertreter ebenfalls zugelassener Rechtsanwalt ist,
  oder
- durch die zuständige Rechtsanwaltskammer, wenn die Vertretung durch eine andere Person erfolgt oder der Rechtsanwalt keine Vertretung findet (§ 53 Abs. 3 BRAO).

Eine Vertretungsanzeige wegen urlaubsbedingter Abwesenheit gegenüber der zuständigen Rechtsanwaltskammer muss nicht mehr erfolgen. 47

Die Vertretung des RA erfolgt **ausschließlich für die anwaltliche Tätigkeit**. Gem. § 54 Abs. 1 BRAO stehen dem Vertreter dieselben Befugnisse zu wie dem Vertretenen. 48

So ist der Vertreter in Prozessen für den Vertreter Prozess-/Verfahrensbevollmächtigter. Höchstpersönliche Bereiche (z.B. Abschluss eines Mietvertrags über neue Gewerberäume oder die Abgabe einer Einkommensteuererklärung) sind von der Vertretung nicht erfasst.

1 BGH v. 25.1.2011 – VIII ZR 27/10, §§ 87 Abs. 1, 172 ZPO.

Der Vertreter tritt auch nicht in die zwischen dem vertretenen RA und seinen Mandanten geschlossenen Anwaltsverträge ein. Er ist vielmehr ein **Erfüllungsgehilfe** und gesetzlicher Vertreter des vertretenen RA (§ 278 BGB).

Der Vertreter kann neue Mandate annehmen, diese darf er jedoch nicht als eigene behandeln.

49 *Praxistipp:*

Um etwaige Missverständnisse oder Nachfragen zu vermeiden, sollte der Vertreter in Schriftsätzen, die er unterzeichnet, mit dem Zusatz

Rechtsanwalt/Rechtsanwältin …

„als allgemeine/r Vertreter/in"

oder

„als amtliche/r Vertreter/in" (im Fall der Bestellung durch die Rechtsanwaltskammer)

benannt werden.

50 Ist der RA krankheitsbedingt nicht in der Lage, seinen Beruf länger als eine Woche auszuüben, so gilt auch in diesem Fall das oben Gesagte.

51 Gerade im Hinblick auf die Einlegung und Begründung von Rechtsmittelfristen muss der RA – auch im Falle von Krankheit – alles ihm Zumutbare tun, damit diese Fristen gewahrt werden.

Beispiel:

Der RA begibt sich von Freitag bis Sonntag zu einer Familienfeier 600 km entfernt vom Kanzleisitz. An diesem Wochenende leidet er plötzlich unter starkem Fieber. Als sein gesundheitlicher Zustand sich nicht verbessert, begibt er sich am Sonntag in das Krankenhaus, wo er sich die nächsten zwei Tage aufhalten muss. Er informiert Sie, dass er am Donnerstag in der Kanzlei erscheinen wird. Am Freitag läuft die Frist zur Einlegung der Berufung ab. Den Auftrag hat der Mandant erteilt. Am Dienstagabend verschlechtert sich leider der gesundheitliche Zustand des RA, sodass er nicht wie geplant am Donnerstag aus dem Krankenhaus entlassen wird. Es ist ungewiss, ob er am Freitag pünktlich in der Kanzlei erscheinen wird.

Zwar liegt hier zunächst die Zeit, in der RA nicht in der Lage ist, seinen Beruf auszuüben, unterhalb der in § 53 Abs. 1 BRAO genannten Frist – dies ändert jedoch nichts daran, dass die Berufung spätestens am Freitag eingelegt werden muss.

52 *Praxistipp:*

Treffen Sie für solche unerwarteten Fälle Vorkehrungen im Hinblick auf die Vertretung. Der RA sollte deshalb mit mindestens einem Rechtsanwaltskollegen (oder einer zur Vertretung berechtigten Person) eine dahin gehende Vereinbarung schließen, dass dieser für ihn als Vertreter auftritt.

Gem. § 53 Abs. 3 BRAO kann ein Vertreter nämlich von Vornherein für sämtliche Verhinderungsfälle, die es dem RA nicht ermöglichen, seinen Beruf auszuüben, von dem RA bestellt werden. Diese Bestellung des RA kann gem. § 53 Abs. 5 BRAO jederzeit widerrufen werden. **53**

Beispiel:

Der RA ist aufgrund seiner Erkrankung nicht in der Lage, am Freitag im Büro zu erscheinen. Er bittet Sie, seinen Vertreter mit der Einlegung der Berufung zu beauftragen. Dieser fertigt die Berufungsschrift, signiert sie und sendet sie über sein elektronisches Anwaltspostfach fristgerecht an das Rechtsmittelgericht. Die Frist ist „gerettet“.

Sofern der RA nicht in der Lage sein sollte, selbst einen Vertreter zu bestellen, können Sie die zuständige Rechtsanwaltskammer über die Umstände informieren. In diesem Fall wird die Rechtsanwaltskammer einen **amtlichen** Vertreter bestellen. **54**

Hinsichtlich der **Vergütung** hat der RA an den amtlich bestellten Vertreter eine angemessene Vergütung zu zahlen. Dies ergibt sich aus § 54 Abs. 4 BRAO. **55**

Praxistipp: **56**

Wegen der Bestimmung der Vergütung des Vertreters können Sie bei der zuständigen Rechtsanwaltskammer nach der üblichen Vergütung des Vertreters Auskünfte einholen.

§ 2 Kanzleiorganisation

Inhalt

A. Kurzüberblick Kanzleimitarbeiter

Daniela Schönert/Ivana Bugarin

1 So vielseitig Ihr Beruf ist, so vielseitig sind auch die Berufsbilder der Mitarbeiter einer Anwaltskanzlei. Folgende Mitarbeiter sind in Anwaltskanzleien vertreten:

1. RA,
2. Angestellte RA/Freie Mitarbeiter,
3. Bürovorsteher/Rechtsfachwirte,
4. Referendare,
5. Rechtsanwaltsfachangestellte/Rechtsanwalts- und Notariatsfachangestellte,
6. Buchhalter,
7. Auszubildende zum Rechtsanwaltsfachangestellten/Rechtsanwalts- und Notariatsfachangestellten,
8. Fremdsprachensekretäre,
9. Systemtechniker,
10. Schreibkräfte.

2 Die Kompetenzen der einzelnen Mitarbeiter sind von Kanzlei zu Kanzlei sehr unterschiedlich und können daher nicht pauschal dargestellt werden. Der Hierarchieaufbau kann von Kanzlei zu Kanzlei verschieden sein.

Dennoch ist es sinnvoll und nützlich, für die Mitarbeiter in der Kanzlei eine konkrete Kompetenzzuordnung vorzunehmen und ggf. einen sog. „Hierarchiestammbaum" aufzunehmen.

Nachfolgend wird ein möglicher Hierarchieaufbau einer Kanzlei dargestellt.

Je größer die Kanzlei ist, umso genauer müssen die einzelnen Arbeitsbereiche den jeweiligen Mitarbeitern zugeordnet werden. Dies ist vor allem für neu eingestiegene Mitarbeiter wichtig und sollte in einem ständig aktualisierten Organigramm festgehalten werden.

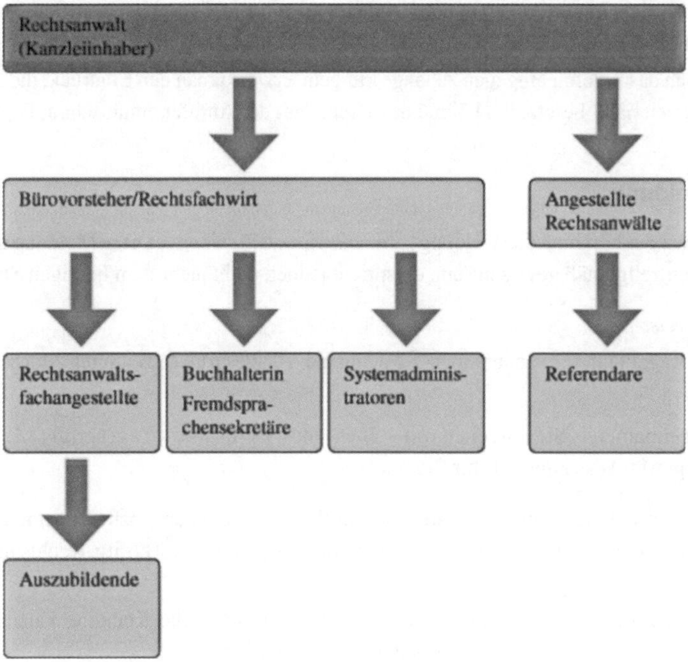

B. Richtiges Telefonieren

Daniela Schönert/Michael Brunner-Ovadia

Eigentlich könnte man meinen, telefonieren kann jeder. Die Telefon-Praxis ist jedoch allzu häufig sehr ernüchternd. Gerade das Telefon spielt in der Anwaltskanzlei eine bedeutende Rolle, da der Mandant meist mit einem Telefonat den ersten Kontakt mit der Kanzlei aufnimmt. Und der erste Eindruck entscheidet häufig, ob ein Mandat erteilt wird. 3

I. Annahme des Telefonats

I.d.R. sollte das Telefonat nach dem zweiten und vor dem fünften Klingeln angenommen werden. 4

Mit dem ersten Klingeln wäre man zu schnell am Hörer und würde signalisieren, man hätte nichts anderes zu tun und würde nur vor dem Telefon sitzen und warten. Außerdem sollte man sich für den Anrufer auch Zeit nehmen und einmal durchatmen, bevor man ans Telefon geht.

Lässt man das Telefon hingegen zu lange klingeln, erweckt man den Eindruck, die Kanzlei wäre zurzeit nicht besetzt. Es könnte passieren, dass der Anrufer enttäuscht auflegt.

II. Meldung

5 Immer wieder hört man die Meldung *„Anwaltsbüro, Guten Tag“*. Diese Meldung mag vor 20 Jahren zeitgemäß gewesen sein, entspricht jedoch nicht mehr dem heutigen Standard.

6 *Hinweis:*

Die Regel lautet: Firmennamen – Nachname – Tagesgruß (z.B. Guten Morgen)

oder

Firmennamen – Sie sprechen mit – Vor- und Nachname – Tagesgruß (z.B. Guten Morgen) – Was kann ich für Sie tun?

7 Wichtig ist dabei, immer langsam und deutlich zu sprechen, insbes. wenn sich der Firmenname aus einer freien Buchstabenkombination wie z.B. „itg Rechtsanwälte“ zusammensetzt.

Im Rahmen der Corporate Identity (Firmenidentität) sollte die Kennung kanzleiintern festgelegt sein und von allen Mitarbeitern benutzt werden.

Bei Sozietäten mit mehreren RA sollte sich auf eine möglichst kurze, prägnante Firmenkennung geeinigt werden. Nichts ist für den Anrufer, der ein wichtiges Anliegen hat, belastender als eine endlose Meldung am Telefon.

Letztendlich ist dies jedoch eine Entscheidung der Chefs und kann von den KollegInnen nur durch Vorschläge unterstützt werden.

8 Ein weit verbreiteter Einwand bei der Kennung ist ferner: *„mein Vorname geht niemanden etwas an“*.

Der eigentliche Grund dafür ist nicht wirklich ersichtlich.

I.d.R. verbessert sich das Telefonverhalten der Anrufer deutlich, wenn eine vollständige persönliche Namensnennung erfolgt.

Dies liegt wohl daran, dass

- man sich Namen sehr viel besser merken kann, wenn man Vor- und Nachnamen kennt. Insbes. ausländische Mandanten können sich so Namen besser merken und sprechen Sie gezielt an.
- man zeigt mit der Nennung des Vornamens mehr Präsenz und signalisiert mehr Fachkompetenz. Bedenken Sie, letztendlich ist der Vorname Ihres Chefs auch bekannt.

Insbes. im Rahmen funktionierender Chefentlastung und Assistenz erleichtert die Nennung des Vornamens die Gesprächsführung. In den Augen des Mandanten ist Frau A „nur“ die Sekretärin, die Telefonate weiterverbindet und Kaffee kocht. Doch der Job von Rechtsanwaltsfachangestellten ist eben weit mehr, – eben auch Sachbearbeitung und assistierende Tätigkeiten. Assistenten werden jedoch (auch gerade in der Wirtschaft) mit **Vor- und Namen** vorgestellt.

- man durch die Nennung des Vornamens noch einmal den Anrufer ein Signal setzt, dass dieser nunmehr besonders aufpasst, um Ihren Namen zu verstehen.

III. Lächeln am Telefon

Immer wieder in Telefonseminaren gefordert ist ein Lächeln am Telefon. 9

Damit ist gemeint, dass sich Ihre allgemeine Stimmung auf den Anrufer überträgt und somit den weiteren Gesprächsverlauf beeinflusst und Sie daher in einer freundlichen Grundstimmung ans Telefon gehen sollten.

Sie werden vielleicht bereits gemerkt haben, dass Sie, wenn Sie gut gelaunt ans Telefon gehen, der Gesprächsverlauf – auch bei möglichen Beschwerden – meist viel erfreulicher verläuft. Callcenter hängen deshalb Spiegel an die Telefonkabine, um so ihren Mitarbeitern die Kontrolle des Lächelns zu ermöglichen.

Hintergrund hierfür ist, dass jede Kommunikation über den eigentlichen Wortsinn weit hinausgeht. Jede Botschaft besteht zunächst einmal aus einem verbalen (den eigentlichen Worten) und einem nonverbalen Teil (Intonation oder Körperhaltung). Dabei bestimmt auch die Körperhaltung am Telefon durchaus die Intonation des Gesagten.

> *Praxistipp:* 10
>
> Eine interessante Übung hierzu können Sie gern einmal mit Ihren Kollegen ausprobieren:
>
> Sagen Sie den Satz. „Was kann ich für Sie tun“ mit folgenden Grundstimmungen:
>
> 1. Eilig
> 2. Aggressiv
> 3. Müde
> 4. Freundlich
>
> Und fragen anschließend Ihre Kollegen, wie sie den jeweiligen Satz empfunden hat.

Soweit die Theorie, die Praxis sieht jedoch in den Anwaltskanzleien meist anders aus. In 11
den wenigsten Kanzleien (meistens nur in den Großkanzleien) gibt es nur Telefonistinnen oder reine Empfangsmitarbeiterinnen. Die Rechtsanwaltsfachangestellten sind klassischer Weise Allrounder, die gleichzeitig Mandanten bewirten, Akten abrechnen,

Zwangsvollstreckung betreiben, Bänder schreiben und eben auch telefonieren – am besten auf mehreren Leitungen gleichzeitig. In diesem Multitasking-Stress bleibt häufig das Lächeln auf der Strecke.

12 *Praxistipp:*

Was jedoch fast immer hilft: Nehmen Sie sich vor der Annahme des Anrufes die Zeit kräftig durchzuatmen. Dadurch wird der Stress minimiert und das Finden eines „Lächelns" wird einfacher.

IV. Richtiger Mitarbeiter

13 Besonders wichtig ist ferner, dass ein Anrufer möglichst direkt – ohne weitere Umwege – mit dem zuständigen Sachbearbeiter verbunden wird, denn nichts ist nerviger als mehrfach weiterverbunden zu werden und andauernd in die Warteschleife zu kommen. Zudem bekommt der Anrufer dabei den Eindruck, das Büro wäre schlecht organisiert, da man ihm nicht sofort weiterhelfen konnte.

Besonders in mittleren bis größeren Kanzleien bietet es sich an, evtl. auch gesonderte Durchwahlnummern für einzelne Dezernate einzurichten, damit der Mandant immer sofort mit einer für dieses Fachgebiet kompetenten ReFA verbunden ist. Auch können ständig aktualisierte Telefonlisten oder Schnellwahltasten an den Telefonen eine große Unterstützung sein. Ferner sollten Urlaubsvertretungen entsprechend innerhalb der Kanzlei kommuniziert werden, um Missverständnisse wie „Die Kollegin ist doch aber gerade im Urlaub" zu vermeiden.

V. Telefonnotiz

14 Sollte der RA einmal nicht telefonisch erreichbar sein, so sollte in den meisten Fällen über den Anruf eine ausführliche Telefonnotiz angefertigt werden. Dies gilt insbes. für Anrufe von Mandanten und Gerichten. Dabei ist nicht nur der Name des Anrufers, sondern auch die Telefonnummer, die Akte und ggf. auch die Erreichbarkeit des Anrufers und das Anliegen zu notieren.

Die meisten Rechtsanwaltsprogramme bieten spezielle Lösungen an, um diese Notizen direkt im Computerprogramm anzufertigen und in einer **speziellen „Job- bzw. Telefonliste"** anzuzeigen, sodass der RA, sobald er wieder telefonisch verfügbar ist, die Liste abtelefonieren kann.

VI. Vermeidbare Fehler

Nicht zu jeder Zeit kann der Mandant seinen Anwalt sprechen, da dieser z.T. vormittags bei Gericht ist oder nachmittags Besprechungstermine hat. In solchen Fällen ist jedoch wichtig, den anrufenden Mandanten das Gefühl zu geben, dass sein Anliegen dennoch Gehör findet. 15

Problematisch sind daher z.B. folgende Formulierungen: 16

„Es tut mir leid, Herr RA R diktiert gerade eine wichtige Klage."

„Es tut mir leid. Frau RAin R ist gerade in einem wichtigen Besprechungstermin."

Bei beiden Formulierungen wird dem anrufenden Mandanten das Gefühl gegeben, dass seine Sache weniger wichtig ist. Dies ist jedoch zu vermeiden.

Allzu häufig wird als Notlüge auch angegeben, dass der RA sich gerade auf einer Fortbildung befindet. Diese Aussage sollte man jedoch mit Vorsicht verwenden, auch wenn sie der Tatsache entsprechen sollte. Der Mandant, der dies mehrfach im Jahr hört, könnte so den Eindruck erlangen, sein RA hätte Defizite, die dieser durch Fortbildungen ausgleichen muss.

VII. Telefonzeiten und Anrufbeantworter

Das Thema Telefonzeiten führt grds. zu Konflikten. 17

Unter Servicegesichtspunkten ist eine möglichst umfangreiche Telefonzeit wünschenswert und entspricht wohl auch der **Tendenz zum gehobenen Dienstleistungsbüro**. In Anbetracht der geänderten Arbeitswelt gibt es immer mehr Anwaltskanzleien, die von morgens 09.00 Uhr bis abends um 20.00 Uhr erreichbar sind.

Dagegen spricht jedoch, dass in **telefonfreien Zeiten** die Aktenbearbeitung sowohl bei RA als auch bei Rechtanwaltsfachangestellten **effektiver** ist.

Jede Kanzlei muss daher ihre eigene Lösung finden, mit dem vorhandenen Personal die gewünschten Telefonzeiten abzudecken und dennoch eine effektive Sachbearbeitung zu garantieren.

Viele Anwaltskanzleien benutzen in den telefonfreien Zeiten eine Mailbox, einen Anrufbeantworter oder einen externen Sekretariatsservice. Aus haftungsrechtlichen Gründen sollte jedoch lediglich ein Begrüßungstext verwendet werden, der die üblichen Sprechzeiten nennt. Die Möglichkeit, Nachrichten zu hinterlassen, sollte ausgeschlossen sein.

Sollte in einer Kanzlei gewünscht sein, auch Nachrichten auf dem Anrufbeantworter zu hinterlassen, so ist besondere Sorgfalt geboten, dass zeitnah alle Nachrichten abgehört und bearbeitet werden. Das Risiko einer Haftung ist hier besonders hoch, da evtl. durch ein technisches Problem Nachrichten verloren gehen können.

Wird ein Sekretariatsservice verwendet, werden die Anrufe entgegengenommen und sodann an eine anzugebende Mailadresse als Telefonnotiz weitergeleitet. Gerade für

Urlaubsabwesenheiten oder hohe Krankenstände im Team kann dies eine geeignete Lösung sein. Weiterhin gibt es auch Unternehmen, die einen Telefonservice anbieten, der ähnlich wie in einem Callcenter Anrufe an die Kanzlei entgegennimmt. Dieser Service wird durch eine Rufumleitung aktiviert und ist meistens individuell buchbar, z.B. kann man festlegen, dass die Weiterleitung nach einer bestimmten Anzahl des Klingelns oder zu einer bestimmten Zeit erfolgen soll. Die Mitarbeiter des jeweiligen Service nehmen die Anrufe sodann entgegen, als wären sie Mitarbeiter der Kanzlei, melden sich also auch entsprechend mit Kanzleinamen und nehmen das Anliegen Ihrer Mandanten entgegen. Je nachdem, was Sie mit dem Unternehmen vereinbaren, können auch Anrufe durchgestellt werden oder Sie vereinbaren nur die Entgegennahme und Weiterleitung des Anliegens.

VIII. Konfliktbewältigung durch aktives Zuhören

18 In Telefonschulungen wird „aktives Zuhören“ zur Konfliktbewältigung empfohlen.

Dabei liegt die eigene Konzentration ganz aufseiten des Gesprächspartners. Aktives Zuhören besteht dabei aus drei Schritten:

1. Aufmerksam zuhören,
2. das Gesagte auf den Punkt bringen und
3. die vermuteten Gefühle und Bedürfnisse des Gesprächspartners ansprechen.

Bei der Zusammenfassung sollte der Gesprächspartner das Gefühl haben, das Gesagte mit einem einfachen „Ja, so ist es“ bestätigen zu können.

Wichtig ist es ferner, keine Bewertungen des Verhaltens des Anrufers abzugeben. Eine Konfliktbewältigung sollte nach dem aktiven Zuhören auch eine Lösung anbieten.

> *Beispiel:*
>
> *Sollte z.B. ein nicht zahlender Mandant aufgebracht in der Kanzlei anrufen, da er nunmehr nach der dritten Mahnung einen Mahnbescheid zugestellt bekommen hat, so könnte man zunächst einmal durch aktives Zuhören die Gründe für die ausbleibende Zahlung herausfinden und somit Verständnis für seine Situation signalisieren. Meistens dürfte sodann das Gesprächsklima etwas freundlicher werden. Im zweiten Schritt könnte man nunmehr als Lösung eine Ratenzahlung vorschlagen, die sowohl für die Kanzlei angemessen als auch vom Mandanten tragbar ist.*

Sollten Sie einmal einen wütenden Anrufer am Telefon haben, bedenken Sie:

- Recht auf Wut: Menschen haben das Recht dazu, wütend zu sein. Die Wut an sich ist nicht das Problem. **Wütende Personen dürfen Sie aber nicht anschreien, herunterputzen, beleidigen oder niedermachen**.

- Ruhig bleiben: Es ist schwierig, wenn das Gegenüber wütend ist, und es liegt nahe, ebenfalls in der Lautstärke hochzugehen und wütend zu reagieren. Aber Feuer kann nicht mit Feuer bekämpft werden. Achten Sie deshalb darauf, so gelassen wie irgend möglich in der Situation zu bleiben und sachlich zu sprechen.
- Nachfragen: „Was ist genau passiert?" Signalisieren Sie, dass Sie es wirklich wissen und verstehen möchten und zeigen Interesse. Wütende Menschen möchten mit ihren Emotionen gesehen, gehört und verstanden werden. Übrigens: Das „genau" in der Frage ist wichtig, denn wütende Menschen neigen dazu, zu übertreiben und zu verallgemeinern, Wörter wie „immer", „nie", „permanent" und „ständig" zu benutzen. Nehmen Sie das nicht persönlich.

IX. Englisch am Telefon

Europa wächst zusammen mit der Folge, dass in den letzten Jahren immer mehr fremdsprachige Mandanten auch in den kleinen und mittleren Kanzleien betreut werden und nicht nur in den großen international agierenden Wirtschaftskanzleien. 19

Die nachstehende Liste soll nur einen kleinen Überblick über häufige Sätze am Telefon geben. In den letzten Jahren werden spezielle Englischkurse u.a. bei den örtlichen RENO-Vereinen angeboten, um evtl. Schulenglischkenntnisse aufzufrischen und die Hemmschwelle zum Englisch-Reden abzubauen. 20

Anfang	**Beginning**
ITG Rechtsanwälte, Sie sprechen mit Michael Brunner. Wie kann ich Ihnen helfen?	ITG law office. Michael Brunner is speaking. What can I do for you?
Bleiben Sie bitte kurz dran, ich habe noch einen weiteren Anruf auf der anderen Leitung.	Hold on a moment, please. I've got a call on the other line.
Ich bitte vielmals um Entschuldigung, ich muss Sie aus Versehen aus der Leitung geworfen haben.	I'm awfully sorry for having cut you off.
Könnten Sie bitte etwas lauter sprechen, ich kann Sie kaum verstehen.	Could you speak up, please? I can hardly hear you.
Die Verbindung ist sehr schlecht und ich kann Sie kaum verstehen. Könnten Sie es bitte noch einmal versuchen.	This is a bad connection and I can barely hear you. Could you try it again, please?
Ok, die Verbindung ist jetzt viel besser. Können Sie mich jetzt einigermaßen verstehen?	Ok, the connection is a lot better now. Can you hear me well enough?
Würden Sie bitte Ihren Namen wiederholen?	Could you repeat your name, please?
Können Sie das kurz buchstabieren?	Could you spell that, please?

Anfang	**Beginning**
Könnten Sie mir bitte Ihre Aktennummer sagen?	Could you tell me your file number, please?
Verbindung und Rückrufe	**Connection and recalls**
Einen Moment bitte, ich verbinde Sie mit Herrn Müller.	Just a moment, please. I'll put through to Mr. Müller.
Es tut mir leid, Herrn Müllers Leitung ist belegt. Seine Durchwahl ist 222.	I'm afraid Mr. Müllers line is engaged. His extension is 222.
Noch einen kleinen Augenblick bitte. – Herr Müller kann jetzt Ihren Anruf annehmen.	Hold on a second. – Ok, Mr. Müller can take your call now.
Soll ich ihn um Rückruf bitten oder möchten Sie es später selbst noch einmal versuchen?	Do you want me to ask him to give a call back or do you try it again later?
Ich kann Sie jetzt leider nicht durchstellen, da Herr Müller gerade in einer Besprechung ist.	I'm afraid but I can't put you through right now as Mr. Müller is in a meeting.
Er ist leider gerade nicht da. Möchten Sie eine Nachricht hinterlassen?	I'm afraid he's not here at the moment. Would you like to leave a message?
Ok, ich habe das notiert. Lassen Sie mich kurz Ihre Rufnummer wiederholen.	Ok, I've jotted that down. Let me just repeat your phone number, please.
Es tut mir leid, sie ist wohl gerade gegangen, sollte aber in 2 Stunden wieder zurück sein.	I'm afraid, she must have just left, but she should be back in two hours.
Es tut mir schrecklich leid, aber ich darf Ihnen die Mobilfunknummer nicht geben.	I'm terribly afraid, but I can't give you the cell number.
Er kommt leider erst heute Nachmittag nach fünf Uhr zurück?	I'm afraid but he won't be back before 5 pm.
Er ist heute leider außer Haus. Darf ich Sie mit seinem Kollegen/Assistenten verbinden?	I'm afraid he's out of the office today. Do you want me to put you through to his colleague/his assistant?
Darf ich fragen, worum es geht? Ist es sehr dringend?	May I ask why you're calling? Is it very urgent?
Ich sage ihr, dass sie Sie anrufen soll, sobald sie wieder im Büro ist.	I'll tell her to call you back as soon as she returns to the office.
Wann kann Frau Schulz Sie am besten erreichen?	When would be a good time for Mrs. Schulz to call you back?
Dafür bin ich leider nicht zuständig, ich verbinde Sie mit Frau Schulz, die für diesen Aufgabenbereich zuständig ist.	I think you've got the wrong person. I will connect you with Mrs. Schulz, who is responsible for this area.
Wir benötigen Ihre Anfrage schriftlich, um diese an die Fachabteilung weiterzuleiten.	We need your request in written format so that we can forward it to the appropriate department.

Anfang	**Beginning**
Terminierung	**Termination**
Sie benötigen einen Termin bei Rechtsanwalt Müller?	Do you want an appointment by attorney Müller?
Wann würde es Ihnen passen?	When would suit you?
Haben Sie nächste Woche Zeit?	Have you got time next week?
Wie wäre es mit Dienstag? Sagen wir 17:00 Uhr?	How about Tuesday? Shall we say 5 pm.?
OK, dann sehen wir uns nächsten Freitag um 15:00 Uhr in unserem Büro.	All right then. We'll see us at 3 pm. in our office.
Ende	**Finish**
Rufen Sie mich einfach an, wenn Sie weitere Hilfe benötigen.	Just give me a call if you need any further help.
Ich rufe Sie zurück, sobald ich weitere Informationen von Herrn Müller erhalte.	I'll call you back as soon as I receive some more information from Mr. Müller.
Auf Wiedersehen.	Good bye. You're welcome.
Eigene Anrufe	**Own calls**
Hallo, hier ist Michael Brunner von itg Rechtsanwälte. Kann ich bitte mit Herrn Schmidt sprechen?	Hello, this is Michael Brunner from itg law office. May I speak to Mr. Schmidt, please?
Sagen Sie ihm bitte, dass er mich unter 030/222444666 zurückrufen möchte.	Please ask him to call me back on 030/222444666,
Die Landesvorwahl für Deutschland lautet 0049.	The national code of Germany is 0049.
Würden Sie ihm bitte ausrichten, dass ich nur noch bis 14 Uhr zu erreichen bin.	Please, would you tell him that I'll be in the office until only 2 pm.
Hallo Frau Meyer, ich rufe an, weil ich gerne einen Termin zwischen Ihnen und Rechtsanwalt Müller vereinbaren möchte.	Hello Mrs. Meyer, I'm calling to schedule an appointment between you and attorney Müller.
Sie haben am nächsten Montag einen Termin bei Rechtsanwalt Müller. Würde es Ihnen etwas ausmachen, den Termin zu verschieben?	You have an appointment with attorney Müller next Monday. Would you mind if we postponed the appointment?

Praxistipp: I'm afraid und I'm sorry (2x „Es tut mir leid") 21

Der englische Muttersprachler verwendet „I'm afraid" und „I'm sorry" in unterschiedlichen Situationen.

Mit „I'm sorry" drückt er sein persönliches Bedauern aus, er übernimmt somit die persönliche Verantwortung für eine Handlung. z.B. „Es tut mir leid, dass ich Sie verletzt habe." – I'm sorry that I hurt you."

Mit „I'm afraid" hingegen drückt der Muttersprachler sein Bedauern aus, für das er persönlich nichts kann und das unveränderlich für ihn ist. z.B. „Es tut mir leid, aber Herr Müller ist gerade nicht im Büro." – „I'm afraid but Mr. Müller is not in the Office now."

22 *Praxistipp:*

Vermeiden Sie Missverständnisse bei der telefonischen Mitteilung von Telefonnummern! Im Englischen ist es üblich, die Zahlen einzeln auszusprechen.

Beispiel: 312964 = three one two nine six four (und nicht etwa – wie manchmal unter deutschen Gesprächspartner gebräuchlich – in Zweiergrüppchen: thirty-one twenty-nine sixty-four).

Kommt in einer Gruppe eine Zahl zweimal vor, wird meist das Wort *double* verwendet (im amerikanischen Englisch wird die Zahl i.d.R. zweimal genannt).

Beispiel: 312775 – three one two double seven five (amer.: three one two *seven seven* five

Die Zahl Null wird *„oh"* ausgesprochen.

Beispiel: 105 – one oh five

X. Private Telefonnutzung

23 Die private Telefonnutzung kann grundsätzlich zu einem Konflikt zwischen Arbeitnehmer und Arbeitgeber führen, wobei die gleichen Grundsätze wie für die private Email-/Internetnutzung gelten (vgl. Rdn 189).

C. Mandatsbeginn/Mandantenbetreuung

Daniela Schönert/Ivana Bugarin

I. Allgemeines

24 Ein nicht zu unterschätzender Aufgabenbereich in einer Anwaltskanzlei ist die Betreuung und der Umgang mit Mandanten. So sind in erster Linie Sie **Kontaktperson** und **Ansprechpartner der Mandanten**.

25 So wie Sie erwarten, höflich behandelt zu werden, wenn Sie Dienstleistungen in Anspruch nehmen, so hat auch der Mandant selbstverständlich einen Anspruch darauf, von Ihnen in erster Linie freundlich, zuvorkommend und hilfsbereit behandelt zu werden.

Für den Mandanten, der sich mit der Klärung eines rechtlichen Falls an einen RA wendet, geht es dabei oft um sehr viel. Er sollte das Gefühl haben, in Ihrer Kanzlei genau richtig zu sein. Frei nach dem Motto: Der Kunde ist König. Durch einen positiven ersten

Eindruck schaffen Sie die beste Grundlage dafür, dass sich der Mandant in Ihrer Kanzlei gut aufgehoben fühlt und automatisch eine Vertrauenssituation geschaffen wird, die dem Mandanten das Gefühl vermittelt, weiterhin (auch fachlich) gut aufgehoben zu sein. Denn der Mandant ist i.d.R. derjenige, der dazu beiträgt, dass Ihr Job sicher ist und Ihr Lohn gezahlt wird. In Zeiten zunehmender Zulassungszahlen und steigender Konkurrenz entscheidet nicht nur der Erfolg der Dienstleistung, sondern vielmehr die Art und Weise wie wir mit dem Mandanten umgehen.

Sie sind das **Aushängeschild der Kanzlei**, denn der erste Umgang des Mandanten findet i.d.R. mit Ihnen statt. Der Eindruck, den Sie auf den Mandanten hinterlassen, sollte insgesamt stimmig sein.

Auch in gestressten Situationen wird ein entsprechendes Auftreten nichts an der Situation 26
ändern, vielmehr kommt nur ein weiteres Problem hinzu, das die Lage noch weiter verschlechtert: Ein verärgerter Mandant.

Stellen Sie sich vor, der Mandant ruft in Ihrer Kanzlei an und bittet Sie, ihm die Kopie des 27
letzten gegnerischen Schriftsatzes zuzusenden, da er das Schriftstück verlegt hat und nicht wieder auffinden kann. In diesem Telefonat treten Sie dem Mandanten freundlich gegenüber und versprechen ihm die umgehende Zusendung des besagten Schreibens. Genauso wichtig wie Ihre telefonische Zusage ist die umgehende Umsetzung der Anfrage, also des Zusendens der Kopien.

Auch zwischen den einzelnen Sachgebieten einer Kanzlei ist deshalb auf Einheitlichkeit 28
und Stimmigkeit besonderen Wert zu legen. Wenn Sie dem Mandanten z.B. zusagen, dass der RA ihn zurückruft, dann muss dieser Rückruf erfolgen.

So ist es zwingend notwendig, dass Sie und der RA dahingehend klare Regelungen und Anweisungen treffen, wie in solchen Fällen vorzugehen ist.

Unser Beruf bedeutet nicht nur, fit im RVG, der Zwangsvollstreckung und der übrigen 29
Sachbearbeitung zu sein, nein, eine außerordentliche Voraussetzung ist, dass wir **Freude am Umgang mit Menschen** haben. Dass nicht alle Mandanten einfach sondern vielmehr schwierige „Kaliber" sein können, ist bekannt. Hier kommt das eigene Selbstvertrauen zum Tragen: mögen Sie sich und kennen Sie Ihren eigenen Wert, so fällt es mit einer gesunden Portion Selbstbewusstsein leicht, die schwierigsten Situationen zu meistern.

Arbeiten Sie stets an sich, bemühen Sie sich um sich, denn wer Selbstvertrauen hat, strahlt das aus.

Der erste Eindruck ist entscheidend. Achten Sie 30

- auf ein gepflegtes Äußeres,
- auf eine sympathische Ausstrahlung,
- eine offene Körperhaltung (gehen Sie auf den Mandanten zu) und
- auf eine freundliche Stimmlage.

Wussten Sie, dass – laut Umfragen – sympathischen Menschen eher eine fachliche Kompetenz unterstellt wird, als unfreundlichen und ungepflegten Menschen?

31 Der eine oder andere kennt sicherlich folgende Situationen:

32 *Beispiel: Missverständnis bei Terminabsprache*

Sie vereinbaren telefonisch mit dem Mandanten am Donnerstag, 15.00 Uhr, einen Besprechungstermin. Sie notieren den Termin im Terminkalender. Einen Tag vorher, am Mittwoch, erscheint der Mandant um 15.00 Uhr zu dem Besprechungstermin. Ein ungünstiger Zeitpunkt, der Chef ist im Stress, das Wartezimmer voll besetzt, Fristenschriftsätze müssen heute noch diktiert werden.

- Suchen Sie nach einer Lösung und schicken Sie den Mandanten nicht sofort weg. Sofern die Möglichkeit besteht, sollte der RA, sofern er in der Kanzlei ist, den Mandanten empfangen – auch wenn nur kurz aber dafür persönlich.
- Sagen Sie dem Mandanten, dass er aufgrund des Versehens und wegen anderer Termine leider Wartezeit in Kauf nehmen muss und fragen Sie ihn, ob er damit einverstanden ist.
- Bieten Sie ihm eine Tasse Tee, Kaffee oder ein Wasser an und seien Sie stets freundlich.

33 *Beispiel: Rückrufbitte*

Der Mandant ruft in der Kanzlei an und möchte mit dem RA sprechen. Der RA ist gerade in einer Besprechung. Im Wartezimmer warten bereits andere Mandanten.

- Sagen Sie dem Mandanten nicht, der RA wird **versuchen**, ihn im Laufe des Tages zurückzurufen. Sagen Sie dem Mandanten vielmehr, dass der RA gerade in einer Besprechung ist und ihn zurückrufen wird.
- Sollte der RA aber nicht in der Lage sein, den Mandanten zurückzurufen, dann ist es **Ihre Aufgabe**, den Mandanten zurückzurufen und ihm zu erklären, dass ein Rückruf heute leider nicht möglich ist, der RA ihn aber morgen in der Zeit von … bis … zurückrufen wird.

34 *Beispiel: Auskunft zur Sache*

Der Mandant ruft Sie an und bittet um Mitteilung, ob die Zwangsvollstreckungsmaßnahme gegen den Schuldner bereits Erfolg hatte. Sie sind in der Telefonzentrale und bearbeiten keine Zwangsvollstreckungssachen.

Sagen Sie dem Mandanten nicht, dass Sie ihm nicht helfen können, da eine andere Kollegin bzw. ein anderer Kollege die Akte bearbeitet. Sagen Sie ihm vielmehr, dass die Kollegin K Ansprechpartnerin ist und ihm gerne weiterhelfen wird. Bitten

Sie den Mandanten um einen Moment Geduld und verbinden Sie ihn dann mit der zuständigen Sachbearbeiterin.

Beispiel: Anruf in der Mittagspause 35

Der RA ist gerade beim Mittagessen, als der Mandant anruft.

Sagen Sie dem Mandanten nicht, dass der RA zu Tisch ist, sondern geben Sie ihm vielmehr Auskunft darüber, wann der RA wieder zu erreichen ist.

II. Erster Kontakt mit einem „Neumandanten"

I.d.R. erfolgt der Erstkontakt telefonisch. Der „Neumandant" kann sich aber ebenso schriftlich oder persönlich bei Ihnen vorstellen. 36

Die Entscheidung, ob der RA das Mandat annimmt, obliegt nicht den Kanzleimitarbeitern, es sei denn, dass es sich um ein Rechtsgebiet handelt, das in der Kanzlei nicht bearbeitet wird. Aber auch in diesen Fällen muss vorher eine Regelung getroffen sein, dass eine entsprechende Annahme des Mandats aus diesem Grunde nicht infrage kommt.

Bei „Neumandaten" sind folgende Informationen einzuholen und folgende Regeln einzuhalten: 37

- Erfassen des Vor- und Nachnamens mit Anschrift
- Telefonnummer und E-Mail-Adresse
- Informationen zu Rechtsschutzversicherung oder Beratungshilfe/Prozesskostenhilfe
- Kollisionsprüfung,
- Information über das Rechtsgebiet,
- Prüfung dahingehend, ob Fristen/Termine in Bezug auf das mögliche Neumandat vorhanden sind. Ggf. sind diese vorsorglich sofort zu notieren.
- Fertigung eines Vermerks über das Neumandat und Vorlage an den RA.

Insbes. im Umgang mit dem Mandanten (allerdings nicht nur mit dem Mandanten) sollten Sie über folgende Eigenschaften verfügen, die Sie i.Ü. als qualifizierte/n Mitarbeiterin/Mitarbeiter auszeichnen: 38

1. Freundlichkeit,
2. Höflichkeit,
3. Hilfsbereitschaft,
4. Zuverlässigkeit,
5. Glaubwürdigkeit,
6. Aufmerksamkeit,
7. Einfühlungsvermögen.

III. Umgang mit Beschwerden

39 Es lässt sich leider nicht immer vermeiden, dass sich einige Mandanten beschweren. Vielleicht kennen Sie das auch: häufig rechnet man, wenn man sich beschwert, mit einer „Abwehrhaltung“ des anderen – frei nach dem Motto: Angriff ist die beste Verteidigung. Wie angenehm überrascht ist man, wenn genau das Gegenteil eintrifft.

40 Folgende Dinge sollten Sie berücksichtigen:

- Bereits bei dem **ersten Anzeichen einer Beschwerde**, sollten Sie dem Mandanten „den Wind aus den „Segeln“ nehmen. Bedanken Sie sich zunächst freundlich für die vorgetragene Beschwerde.
- Versuchen Sie nicht, mit dem Mandanten **zu diskutieren**, suchen Sie vielmehr nach einer Lösung des Problems und geben Sie dem Mandanten das Gefühl, dass Sie seine Beschwerde ernst nehmen und Verständnis haben – ohne Zugeständnisse zu machen.
- Je nach **Art der Beschwerde** besprechen Sie das mit dem RA oder einem Vorgesetzten.
- Geben Sie dem Mandanten ein „**Feedback**“, in dem Sie ihm eine Lösung seiner Beschwerde unterbreiten. Der Mandant, der vielleicht eher mit einem „Angriff“ und nicht mit so einer positiven Reaktion gerechnet hat, behält dies in guter Erinnerung. Dieser Mandant wird die Kanzlei, auch wenn er sich beschwert hat, anderen Mandanten weiterempfehlen, weil er zufrieden ist. Selbstverständlich dürfen Beschwerden nicht die Regel sein. Sonst können Sie so freundlich wie möglich sein, wenn ein bestimmtes Maß an Beschwerden erreicht wird, kommt der Mandant nicht mehr wieder. Die Regel ist, dass es keine Beschwerden geben darf.
- Schlimmer als eine Beschwerde ist **die nicht geäußerte Kritik von Mandanten**, die stillschweigend zu einem anderen Anwalt wechseln. Um das zu verhindern, sollten Sie gegenüber dem Mandanten, wie zuvor ausgeführt, in einer freundlichen, hilfsbereiten und zuvorkommenden Weise auftreten und Einfühlungsvermögen zeigen. So wird der Mandant keine Scheu davor haben, sich wegen einer Beschwerde an Sie zu wenden.

IV. Mandanten-Aufnahmebogen

41 Zu Ihren Aufgaben zählt auch, den RA mit ihrem Wissen und ihren Fähigkeiten in der Weise zu unterstützen, dass Sie ihm eine Reihe von Aufgaben abnehmen können, damit er in der Lage ist, sich auf seine eigentliche Arbeit zu konzentrieren.

42 Stellen Sie sich vor, ein neuer Mandant betritt die Kanzlei. Der RA hat gerade Zeit und bittet den Mandanten in das Besprechungszimmer. Noch bevor der Mandant sein Anliegen schildert, benötigt der RA sehr viele persönliche Informationen über den Mandanten. Zudem müssen vergütungsrechtliche Aspekte geklärt werden. Diese Informationen können Sie im Vorfeld einholen. Damit ersparen Sie dem RA sehr viel Zeit und der Mandant hat nicht das Gefühl, von dem RA mit Fragen überzogen zu werden, bis er „endlich zum Punkt“ kommen kann.

Praxistipp: 43

An dieser Stelle ist dringend zu empfehlen, dass keine Beratung des Mandanten erfolgen sollte, ohne dass wichtige „Eckdaten“ des Mandanten bekannt sind oder dass hinsichtlich einer Vergütung eine Abrede erfolgte.

Hier kommen Sie zum Einsatz. Mit dem sog. „**Mandanten-Aufnahmebogen**“ können Sie sehr viele Informationen über den Mandanten einholen. 44

- Dieser Aufnahmebogen sollte jedem neuen Mandanten vorgelegt werden, mit der Bitte, diesen vollständig auszufüllen.
- Teilen Sie dem Mandanten freundlich mit, dass seine Angaben in diesem Aufnahmebogen es Ihnen ermöglichen, das Mandat bestmöglich zu betreuen und dass Sie diese Informationen zum Anlegen der Akte benötigen.
- Lassen Sie dem Mandanten bei der Ausfüllung des Fragebogens Zeit und verlassen Sie das Wartezimmer.
- Sagen Sie dem Mandanten, dass Sie bei Rückfragen zu dem Fragenbogen gerne zur Verfügung stehen.

Der Mandanten-Aufnahmebogen sollte folgende wesentliche Punkte beinhalten, die zum reibungslosen Führen eines Mandates notwendig sind: 45

1. **Persönliche Daten des Mandanten**
   - Vorname, Name, ggf. Geburtsname,
   - Geburtsdatum/Geburtsort,
   - Anschrift,
   - Telefon, Telefax, E-Mail, (geschäftlich und privat),
   - Vorsteuerabzugsberechtigung.
2. **Rechtsschutzversicherung**
   - Name der Versicherungsgesellschaft,
   - Versicherungsschein-Nr.
3. **Bankverbindung**
   - Name des Kreditinstitutes,
   - Konto-Nr.,
   - Bankleitzahl.

Praxistipp:

Wegen der Angabe der Bankverbindung können Sie den Mandanten darauf hinweisen, dass diese Angabe dazu dient, Gelder von dem Gegner oder Dritten an ihn weiterzuleiten.

4. **Information darüber, wie der Schriftwechsel geführt werden soll:**
   - per Post oder per Mail

   Praxistipp:

   Zu empfehlen ist die Aufnahme des Zusatzes, ob eine abweichende Anschrift als die Anschrift des Mandanten für die Zusendung der Post gewünscht ist.

   - per Mail,
   - per Telefax.

   Praxistipp:

   Räumen Sie dem Mandanten die Möglichkeit ein, auch mehrere Alternativen anzukreuzen. Entscheidet sich der Mandant für Telefax oder E-Mail, so können Sie zwischen einer der beiden Alternativen wählen. Da der Schriftverkehr via E-Mail der kostengünstigere Weg ist, entscheiden Sie sich für diesen.

5. **Information darüber, wie der Mandant auf sie aufmerksam geworden ist:**
   - Empfehlung,
   - Internet-Suchmaschine (z.B. Anwalt24 u.Ä.),
   - Kanzlei-Homepage,
   - Telefonbuch/Gelbe Seiten/Branchenbuch,
   - Sonstiges.

   Hinweis:

   Diese Information ist sehr wichtig für die Kanzlei. Denn so können Sie auswerten, inwieweit Sie Mandanten-Werbung verstärken und ausbauen können.

   Wenn Sie z.B. feststellen, dass sehr wenige Mandanten auf Empfehlung zu Ihnen kommen, so kann dieses Problem in Angriff genommen werden. (Analyse: Sind Mandanten ggf. unzufrieden und warum? Was kann verändert werden?)

   Für den Fall, dass Sie z.B. viel Geld für eine Anzeige in den Gelben Seiten/Branchenbücher aufwenden und kaum Mandanten auf diesem Weg auf Sie aufmerksam werden, ist zu überlegen, ob der Kostenpunkt hier ggf. reduziert werden kann.

   An dieser Stelle können Sie den Mandanten auch um Information darüber bitten, ob und inwieweit er mit der telefonischen Mandatsannahme, Freundlichkeit etc. zufrieden war. Dies ist eine Geschmackssache. Der Mandant sollte nicht mit zu vielen Fragen konfrontiert werden.

6. **Hinweis/Belehrung/Zustimmung: elektronische Speicherung der Daten**
   Gem. § 33 BDSG (Bundesdatenschutzgesetz) ist der Mandant vor einer Speicherung seiner Daten und der Zweckbestimmung der Speicherung der Daten zu informieren.

Daneben besteht für den RA gem. § 50 BRAO die Verpflichtung, die Handakte des Mandanten fünf Jahre nach Beendigung des Auftrags aufzubewahren.
Diese Aufbewahrungspflicht entfällt, wenn der RA den Mandanten vor Ablauf dieses Zeitraums auffordert, die Handakte in Empfang zu nehmen. Kommt der Mandant dieser Aufforderung nicht nach, kann der RA die Handakte nach Ablauf von sechs Monaten seit der Aufforderung, die Akte in Empfang zu nehmen, vernichten.

> *Praxistipp:*
>
> Für den Fall der verkürzten Aufbewahrungspflicht ist dringend zu empfehlen, dem Mandanten die Aufforderung schriftlich – gegen Empfangsbekenntnis – auszuhändigen. Wenn der Mandant die Akte innerhalb von sechs Monaten nicht abholt, können Sie die Handakte vernichten.

▼ 46

Muster 2.1: Hinweis zu der Speicherung der Daten

Wir weisen Sie darauf hin, dass die regelmäßige Aufbewahrungsfrist von Handakten grundsätzlich fünf Jahre nach Beendigung des Auftrags beträgt. Diese Verpflichtung entfällt vor Ablauf dieses Zeitraums, wenn Sie von uns schriftlich gebeten werden, die Handakte in Empfang zu nehmen.

Wir weisen Sie darauf hin, dass nach Ablauf von sechs Monaten seit der schriftlichen Benachrichtigung die Handakte hier vernichtet wird.

Hinweis § 33 BDSG:

Hinsichtlich der von Ihnen erteilten Daten in diesem Aufnahmebogen erfolgt eine elektronische Speicherung. Die Speicherung der Daten hat ausschließlich den Zweck, Ihre Angelegenheit sachgerecht und umfassend zu bearbeiten. Eine Weitergabe ohne Ihre Zustimmung an Dritte erfolgt nicht. Für den Fall, dass Sie die Speicherung Ihrer Daten nicht wünschen, bitte ich um einen Hinweis. In diesem Fall erfolgt eine Löschung gem. den gesetzlichen Vorschriften.

Mit Ihrer Unterschrift erklären Sie sich mit der Speicherung Ihrer Daten einverstanden.

(*Datum*)

(*Unterschrift Mandant*)

▲

Ein Muster für einen Mandanten-Aufnahmebogen können Sie wie folgt gestalten. Je mehr Informationen umso besser. Achten Sie aber darauf, dass Sie den Mandanten nicht mit all zu vielen Fragen überfordern. 47

48 ▼

Muster 2.2: Mandanten-Aufnahmebogen

Persönliche Daten

Anrede:		Titel:	
Vorname:		Name:	
Geburtsdatum:		Geburtsort:	

Anschrift

Straße/Haus-Nr.:	
ggf. Zusatz:	
Postleitzahl:	
Ort:	

Kontaktdaten

Festnetztelefon:		Mobiltelefon:	
Telefax:		E-Mail:	

Welche Versendungsform des Schriftverkehrs wünschen Sie? Das Zutreffende bitte ankreuzen

☐ Post ☐ E-Mail ☐ Fax

ggf. von Anschrift abweichende Postanschrift:

Bankverbindung

Kontoinhaber/in		Konto-Nr.	
Name der Bank		Bankleitzahl	

Rechtsschutzversicherung – falls vorhanden –

Name		Versicherungs-Schein-Nr.	
Selbstbeteiligung	☐ Ja	in Höhe von EUR	
	☐ Nein		

Zutreffendes bitte ankreuzen

Sind Sie zum Vorsteuerabzug berechtigt?	☐ Ja	☐ Nein

Zutreffendes bitte ankreuzen

Wie sind Sie auf unsere Kanzlei aufmerksam geworden?

☐ Ich war/bin bereits Mandant
☐ Persönliche Empfehlung
☐ Homepage
☐ Gelbe Seiten
☐ Anwalt-Suchservice
☐ Internet-Suchmaschine
☐ Sonstiges

Hinweis § 33 BDSG:

Hinsichtlich der von Ihnen erteilten Daten in diesem Aufnahmebogen erfolgt eine elektronische Speicherung. Die Speicherung der Daten hat ausschließlich den Zweck, Ihre Angelegenheit sachgerecht und umfassend zu bearbeiten. Eine Weitergabe ohne Ihre Zustimmung an Dritte erfolgt nicht. Für den Fall, dass Sie die Speicherung Ihrer Daten nicht wünschen, bitten wir um einen Hinweis. In diesem Fall erfolgt eine Löschung gem. den gesetzlichen Vorschriften.

Mit Ihrer Unterschrift erklären Sie sich mit der Speicherung Ihrer Daten – bis auf Widerruf – einverstanden.

Datum Unterschrift

▲

D. Aktenverwaltung und Aufbewahrungsfristen

S. hierzu die Ausführungen unter Rdn 82 ff. 49

E. Postein- und Postausgang

I. Allgemeines

50 Die Bearbeitung des Postein- und auch Postausgangs ist eine Aufgabe, die keinesfalls unterschätzt werden darf und aufgrund Ihrer großen Bedeutung ausschließlich in den Aufgabenbereich einer ausgebildeten und mit der Kanzlei vertrauten Fachkraft fallen sollte. Insbes. die **Fristenberechnung** und **Terminverwaltung** bei der Eingangspost darf nur von einer ausgebildeten Fachkraft ausgeführt werden.

51 Wichtig bei der Postbearbeitung ist,

- den Überblick zu behalten,
- konzentriert
- und mit größter Sorgfalt zu arbeiten.

52 Sofern möglich, sollte die mit der Postbearbeitung betraute Fachkraft ausschließlich dieser Tätigkeit nachgehen und nicht durch andere Arbeiten abgelenkt werden. Gerade im Hinblick auf die Fristen- und Terminpost sollte der Mitarbeiter weder durch Telefon, Mandantenempfang noch durch andere Einflüsse gestört werden. Während dieser Tätigkeit sollten keine anderen Aufgaben zur Erledigung übertragen werden, da anderenfalls eine große Gefahrenquelle im Hinblick auf haftungsrechtliche Folgen entsteht, da Fehler bei Notieren von Fristen und Terminen unterlaufen können.

Die Kollegen und Kolleginnen, die „**Einzelkämpfer**" sind, können sich bei der Postbearbeitung nicht vom Telefonklingeln, Mandantenempfang, eiligen Rückfragen des Chefs entziehen. Sie müssen im besonderen Maße konzentriert arbeiten.

II. Arbeitsanweisung Posteingang

53 Bei der Bearbeitung des Postein- und -ausgangs sollten **zwingend Arbeitsanweisungen** getroffen werden. Angefangen vom Öffnen der Post, Heraussuchen aktenbezogener Post sowie der Bearbeitung von Post mit Fristen und Terminen.

54 Eine Arbeitsanweisung sollte folgende Punkte enthalten. Sie kann beliebig erweitert und ergänzt werden.

1. Zuständige Bearbeiter des Posteingangs

55
- Welche Mitarbeiter (Vertreter) sind für die Bearbeitung des Posteingangs zuständig – einschließlich der Ermittlung, Berechnung und Notierung von Fristen, der Notierung von Terminen sowie Überwachung und Kontrolle von Fristen und Terminen beim Postausgang?

Bei dem Postbearbeiter muss es sich um eine ausgebildete Fachkraft handeln. Dieser Mitarbeiter ist auch regelmäßig der Fristensachbearbeiter der Kanzlei.

- Welcher Mitarbeiter (Vertreter) sucht die aktenbezogene Post heraus?
- Wer kontrolliert den Posteingang und legt ggf. die Post der Postbearbeiterin/dem Postbearbeiter vor?

In einer aktuellen Entscheidung des BGH[1] wurde wieder einmal zur Frage der Fristennotierung entschieden. Hierzu weist der BGH an, dass zu einem bestimmten Zeitpunkt immer nur eine bestimmte qualifizierte Fachkraft, nicht mehrere oder sogar alle Fachkräfte der Kanzlei, mit der Fristennotierung beauftragt werden dürfen. Ist diese eine bestimmte Fachkraft aus welchen Gründen auch immer abwesend, ist es die Verpflichtung des Anwalts, eine zuverlässige und gleichwertige Vertretung und Bearbeitung sicherzustellen. Es ist schon allein deshalb die Pflicht des Anwalts, eine Vertretung im Falle der Abwesenheit der mit dem Fristenwesen beauftragten qualifizierten Fachkraft zu bestimmen, da er sich nicht darauf verlassen darf, dass seine Mitarbeiter die Vertretung eigenmächtig regeln.

2. Nicht zu öffnende Post

Ob und inwieweit **private Post** oder **Kontoauszüge** geöffnet werden dürfen, sollte vorher 56
von dem RA mitgeteilt werden. Der Posteingangsbearbeiter ist darüber zu informieren.

3. Kontrolle des Posteingangs

Der Posteingang findet nicht nur am Vormittag statt, wenn der Briefträger im günstigsten 57
Fall die Eingangspost auf Ihren Schreibtisch legt, sondern über den ganzen Tag verteilt – auch außerhalb der Bürozeiten. Sicherlich kennen Sie die Flut von **E-Mails** und **Telefaxen**, die zunächst an einem Montagmorgen im Büro warten.

Mittlerweile gibt es auch **private Postzusteller**, die zu anderen Tageszeiten die Post zustellen. Neben der Zusendung von Schriftstücken per Telefax findet der Posteingang im Zeitalter des Internets und des elektronischen Rechtsverkehrs zudem auch via E-Mail statt.

Sehr viele Mandanten machen ebenfalls von dieser Art der Kommunikation Gebrauch.

Aus diesen Gründen ist ein besonders großes Maß an Sorgfalt und Kontrolle beim Posteingang an den Tag zu legen. Zu berücksichtigen sind:

- Posteingang durch den Briefträger in den Kanzleiräumen,
- Posteingang durch private Zusteller in den Kanzleiräumen,

1 BGH v. 26.9.2024 – III ZB 55/23.

- Posteingang durch Einwurf in den Briefkasten,
- Posteingang durch Boten/Kurier,
- Posteingang via Telefax,
- Posteingang via E-Mail,
- Posteingang in einem bei der Post unterhaltenen Postfach,
- Posteingang durch persönliche Übergabe von Mandanten/Dritten,
- Posteingang via beA

Die Kontrolle des Posteingangs hat in der Weise zu erfolgen, **dass regelmäßig täglich** der Briefkasten sowie das beA-Postfach aller Rechtsanwälte der Kanzlei auf Posteingang kontrolliert und geleert wird.

58 *Praxistipp:*

Hier könnte ein Vordruck verwendet werden, wann welche Mitarbeiterin zu welcher Uhrzeit den Briefkasten auf Posteingang kontrolliert und ggf. geleert hat. Der letzte Kontrollgang zum Briefkasten und die letzte Leerung sollten kurz vor dem Ende der Bürozeiten erfolgen.

In dem Vordruck können Sie die Uhrzeit der Leerung, den Wochentag sowie das Ergebnis der Kontrolle angeben. Der Mitarbeiter, der die Kontrolle vorgenommen hat, sollte die Angaben mit einem Handzeichen versehen.

Dies gilt natürlich auch für die Kontrolle der digitalen Posteingänge, wie E-Mail und beA. Sachgerecht ist es bei den digitalen Postein- und -ausgängen, klar zu regeln, welche Mitarbeiterin damit betraut ist und eine Vertretung dafür zu bestimmen. Eine Regelung des Abrufens ist vor allem wichtig, wenn ein nicht persönliches Postfach genutzt wird. Sofern neben den persönlichen Accounts der Mitarbeiter eine allgemeine E-Mail-Adresse in der Kanzlei genutzt wird, sollte eine klare Regelung der Kontrolle der digitalen Postein- und -ausgänge festgelegt und nachweislich dokumentiert werden, wenn ein Abruf erfolgt ist. Für den Posteingang im beA können Sie sich eine Benachrichtigungsfunktion einstellen, sodass bei jeder eingehenden Nachricht im beA-Posteingang eine E-Mail an die von Ihnen gewählte E-Mail-Adresse versandt wird und somit eine Information an die mit dem Posteingang betraute Fachkraft einhergeht.

59 Ein entsprechender **Vordruck, wann wer den Briefkasten auf Posteingang kontrolliert** hat, kann wie folgt gestaltet werden:

In dem Beispiel wird eine Kontrollerfassung durch die Mitarbeiter, deren Handzeichen Ma. und Be. lauten, bis zum Dienstag notiert.

▼ 60

Muster 2.3: Vordruck Posteingangskontrolle
Kontrolle/Leerung Briefkasten

2.3

für die Zeit von

Montag (*Datum*) bis Freitag (*Datum*)

Wochentag	**Uhrzeit/Handz. Mitarbeiter**	**Uhrzeit/Handz. Mitarbeiter**	**Uhrzeit/Handz. Mitarbeiter**
Montag	9.00 Uhr Leerung Ma.	14.30 Kein Post-E Ma.	17.30 Kein Post-E Ma.
Dienstag			
Mittwoch			
Donnerstag			
Freitag			

▲

Ihrer Fantasie bei dem Erstellen eines solchen Vordrucks sind keine Grenzen gesetzt. Achten Sie bei dem Entwurf darauf, dass die Uhrzeit notiert ist und dass Sie den Wochentag mit Datum, Unterschrift/Handzeichen angeben. Achten sie auch darauf, dass 61

- das Telefaxgerät auf Posteingang kontrolliert wird.
- das E-Mail-Postfach auf Posteingang kontrolliert wird.
  Hier ist zu empfehlen, auch den sog. „Spam-Filter" auf Posteingang zu kontrollieren, da es durchaus passieren kann, dass Post dort eingeht.

Das LG Bonn hat festgestellt,[2] dass täglich der Spamordner kontrolliert werden muss.

- das beA-Postfach auf Posteingang kontrolliert wird.
  Hier können Sie sich eine Benachrichtigungsfunktion einstellen, welche Sie über Posteingänge per E-Mail informiert. Beachten Sie, dass Sie hier nur die reine Information über den Posteingang erhalten, nicht aber von welchem Absender der Posteingang kommt.

4. Posteingang bei Akten im Umlauf

Des Weiteren muss eine Regelung darüber getroffen werden, wie mit den Akten zu verfahren ist, die im Umlauf sind: 62

2 LG Bonn, Urt. v. 10.1.2014 – 15.O.189/13.

- Hier könnte die Regelung getroffen werden, dass eine „Haftnotiz" mit einem entsprechenden Vermerk „Akte x./.y befindet sich beim Posteingang" deutlich sichtbar an die entsprechende Stelle, wo sich die Akte befand, angebracht wird.
- Es könnte auch eine Liste/Vordruck mit der Überschrift „Akten befinden sich bei dem Posteingang" mit der Bezeichnung der jeweiligen Akten angefertigt werden.
- Werden Akten z.B. vom Banddiktat entfernt, könnte wie oben beschrieben verfahren werden. Bei diesen Akten ist bei Vorlage der Post an den RA zudem ein Vermerk anzubringen, dass die Akte wieder ggf. zum Banddiktat zurückgereicht werden soll.
- Nach Möglichkeit sollte eine „zentrale Postbearbeitungsstelle" vorhanden sein. Dort sollte sich auch stets der Papier-Kalender befinden.

Sofern vonseiten des RA oder Sachbearbeiters nicht gewünscht ist, dass die Akte, die sich im Umlauf befindet, von ihrem Ort entfernt wird, muss eine Regelung dahingehend getroffen werden, dass diese Akte zum Posteingang verbracht werden muss. (Fristen und Termine sind immer mit der Akte zu notieren).

63 *Praxistipp:*

In diesem Fall kann der Posteingang in die Akte gelegt werden und mit einem Haftnotizzettel deutlich sichtbar an der Akte angebracht werden „Achtung Posteingang, Bitte die Akte Frau/Herrn … zwecks Postbearbeitung vorlegen".

III. Bearbeitung des Posteingangs

1. Vollständigkeit

64 Der Posteingang ist immer auf Vollständigkeit zu überprüfen. Sind in dem Schriftstück **Anlagen** aufgeführt, ist sofort zu überprüfen, ob die betreffenden Anlagen beigefügt sind. Ist ein **Empfangsbekenntnis** beigefügt, sind die in dem Empfangsbekenntnis genannten Anlagen mit den übersandten Schriftstücken auf Vollständigkeit und Richtigkeit zu überprüfen.

Wenn Sie hier Nichtübereinstimmungen feststellen, sollten Sie dies sofort auf einem Beizettel (ggf. ein sog. Haftnotizzettel) notieren und so an das Schriftstück anbringen, dass es für den RA oder den Bearbeiter der Akte sofort erkennbar ist.

2. Eingangsstempel

65 Original-Urkunden und Dokumente, Kontoauszüge, Schecks sollten nicht mit einem Eingangsstempel versehen werden. Verwenden Sie hierfür ein Beiblatt, das Sie an das betreffende Dokument anheften und versehen Sie dieses Beiblatt mit einem Eingangsstempel.

Sie können wahlweise anstelle des Beiblattes auch den Briefumschlag, mit dem das Dokument übersandt wurde, verwenden.

3. Briefumschläge

Vernichten Sie Briefumschläge nicht sofort. Oftmals kann der auf dem Briefumschlag versehene **Posteingangsstempel** vom Datum des Briefes erheblich abweichen und könnte als Nachweis oder Information dienen. 66

Überprüfen Sie stets das Kuvert, ob es geöffnet oder beschädigt ist und vermerken Sie dies. Dies könnte letztlich als Beweisfunktion dienen. Nehmen Sie sodann eine „Leerkontrolle" vor, indem Sie überprüfen, ob Sie auch alles aus dem Kuvert entnommen haben. Schließlich sollten Sie auch eine Datumskontrolle vornehmen, indem Sie das Briefdatum mit dem aktuellen Kalenderdatum vergleichen. Fallen die Daten stark auseinander, sollten Sie auch dies vermerken, gerade im Hinblick auf fristgebundene Post. 67

Sofern auf dem Posteingang der Absender des Schriftstücks nicht zweifelsfrei erkennbar ist, sollten Sie den Briefumschlag ebenfalls aufheben. In diesem Fall dient der Briefumschlag, auf dem der Absender vermerkt ist, der leichteren Zuordnung der Akte.

> *Beispiel:*
> *Der Mandant übersendet ein unterzeichnetes Vollmachtsformular ohne Anschreiben.*

4. Empfangsbekenntnis

Vom Gericht oder Behörden übermittelte Empfangsbekenntnisse sind nicht mit einem Posteingangsstempel zu versehen. 68

Die Zustellung eines Schriftstücks per Empfangsbekenntnis gilt dann als zugestellt, wenn der RA Kenntnis von dem Schriftstück erlangt hat. Dies ist für die Praxis – gerade im Hinblick auf die Berechnung von Fristen – von erheblicher Bedeutung, denn der Zeitpunkt des Posteingangs in der Kanzlei kann von dem der Kenntnisnahme des Schriftstücks durch den RA abweichen.

Die **Frist** beginnt jedoch erst dann an zu laufen, wenn der RA **Kenntnis von diesem Schriftstück erlangt hat**. 69

Damit ist jedoch nicht der Weg eröffnet, den Lauf von Fristen zu verzögern. Dem stehen standesrechtliche Verpflichtungen des RA entgegen (§ 14 BORA):

> **§ 14 BORA Zustellungen**
>
> Der Rechtsanwalt hat ordnungsgemäße Zustellungen entgegenzunehmen und das Empfangsbekenntnis mit dem Datum versehen unverzüglich zu erteilen. Wenn der Rechtsanwalt bei einer nicht ordnungsgemäßen Zustellung die Mitwirkung verweigert, muss er dies dem Absender unverzüglich mitteilen.

70 Das Empfangsbekenntnis ist vom RA mit Datum und Unterschrift zu versehen. Dasselbe gilt auch für Empfangsbekenntnisse, die mittels Telefax, E-Mail oder beA versandt werden.

71 Die für die Praxis von großer Bedeutung geregelte Vorschrift des § 175 ZPO, welcher zum 1.1.2022 neugefasst wurde, lautet wie folgt:

§ 175 Zustellung von Schriftstücken gegen Empfangsbekenntnis

(1) Ein Schriftstück kann den in § 173 Absatz 2 Genannten gegen Empfangsbekenntnis zugestellt werden.

(2) [1]Eine Zustellung gegen Empfangsbekenntnis kann auch durch Telekopie erfolgen. [2]Die Übermittlung soll mit dem Hinweis „Zustellung gegen Empfangsbekenntnis" eingeleitet werden und die absendende Stelle, den Namen und die Anschrift des Zustellungsadressaten sowie den Namen des Justizbediensteten erkennen lassen, der das Dokument zur Übermittlung aufgegeben hat.

(3) Die Zustellung nach den Absätzen 1 und 2 wird durch das mit Datum und Unterschrift des Adressaten versehene Empfangsbekenntnis nachgewiesen.

(4) Das Empfangsbekenntnis muss schriftlich, durch Telekopie oder als elektronisches Dokument (§ 130a) an das Gericht gesandt werden.

72 Für den Nachweis der erfolgreichen Zustellung einer beA-Nachricht an den Zustellungsempfänger muss ein sog. eEB, ein elektronisches Empfangsbekenntnis, unverzüglich gemäß den Vorgaben in § 14 BORA und § 53 BRAO abgegeben werden.

Für die Rücksendung des eEB ist der vom Gericht mit der Zustellung zur Verfügung gestellte strukturierte Datensatz zu verwenden. Fehlt er, ist das eEB dem Gericht als elektronisches Dokument gemäß § 130a ZPO zu übermitteln.

Ist der zur Abgabe verpflichtete Rechtsanwalt länger als zwei Wochen verhindert, so muss er einen Vertreter bestimmen und ihm die Rechte im beA zur Kenntnisnahme und Abgabe von Erklärungen einräumen, § 54 BRAO.

73 In Bezug auf Zustellungen hat der Gesetzgeber zum 1.1.2022 weitere Änderungen durch das Gesetz zum Ausbau des elektronischen Rechtsverkehrs vorgenommen und hierdurch die nunmehrige Nutzungspflicht des beA der Rechtsanwälte in der ZPO angepasst. Sofern weiterhin keine Zustellungsfiktion an Rechtsanwälte existiert, sollten Sie im Verwaltungsverfahren aufpassen, denn hier sieht das VwZG im Gegensatz zur ZPO diese eben vor, sodass ein elektronisches Dokument am vierten Tag nach der Absendung an den vom Empfänger hierfür eröffneten Zugang (beA-Postfach des Anwalts) als zugestellt gilt. Dies gilt nicht, wenn der Empfänger nachweist, dass das Dokument nicht oder zu einem späteren Zeitpunkt zugegangen ist.

74 Der neu gefasste § 173 ZPO lautet nunmehr wie folgt:

§ 173 ZPO n.F. Zustellung von elektronischen Dokumenten

(1) Ein elektronisches Dokument kann elektronisch nur auf einem sicheren Übermittlungsweg zugestellt werden.

(2) Einen sicheren Übermittlungsweg für die elektronische Zustellung eines elektronischen Dokuments haben zu eröffnen:

1. Rechtsanwälte, Notare, Gerichtsvollzieher, Steuerberater sowie sonstige in professioneller Eigenschaft am Prozess beteiligte Personen, Vereinigungen und Organisationen, bei denen von einer erhöhten Zuverlässigkeit ausgegangen werden kann, sowie
2. Behörden, Körperschaften oder Anstalten des öffentlichen Rechts.

(3) Die elektronische Zustellung an die in Absatz 2 Genannten wird durch ein elektronisches Empfangsbekenntnis nachgewiesen, das an das Gericht zu übermitteln ist. Für die Übermittlung ist der vom Gericht mit der Zustellung zur Verfügung gestellte strukturierte Datensatz zu verwenden. Stellt das Gericht keinen strukturierten Datensatz zur Verfügung, so ist dem Gericht das elektronische Empfangsbekenntnis als elektronisches Dokument (§ 130a) zu übermitteln.

(4) An andere als die in Absatz 2 Genannten kann ein elektronisches Dokument elektronisch nur zugestellt werden, wenn sie der Zustellung elektronischer Dokumente für das jeweilige Verfahren zugestimmt haben. Die Zustimmung gilt mit der Einreichung eines elektronischen Dokuments im jeweiligen Verfahren auf einem sicheren Übermittlungsweg als erteilt. Andere als natürliche Personen können die Zustimmung auch allgemein erteilen. Ein elektronisches Dokument gilt am vierten Tag nach dem auf der automatisierten Eingangsbestätigung ausgewiesenen Tag des Eingangs in dem vom Empfänger eröffneten elektronischen Postfach als zugestellt. Satz 4 gilt nicht, wenn der Empfänger nachweist, dass das Dokument nicht oder zu einem späteren Zeitpunkt zugegangen ist.

Gemäß Abs. 1. Nr. 2 des neu gefassten § 173 ZPO haben Rechtsanwälte (und andere als zuverlässig geltende Berufsgruppen) nunmehr einen sicheren Übermittlungsweg für die elektronische Zustellung zu eröffnen, damit diese elektronische Zustellungen vollziehen können. **75**

Das LAG Schleswig-Holstein[3] stellt dazu klar:

„Ein Rechtsanwalt ist als Inhaber eines besonderen Anwaltspostfachs (beA) nicht nur verpflichtet, die technischen Einrichtungen zum Empfang von Zustellungen und Mitteilungen über das beA lediglich vorzuhalten, vielmehr ist der Rechtsanwalt zugleich verpflichtet, sich die Kenntnisse zur Nutzung dieser technischen Einrichtungen anzueignen, damit er die über beA zugestellten Dokumente auch gemäß § 31a Abs. 6 BRAO zur Kenntnis nehmen kann. Die Gerichte sind nicht verpflichtet, den Rechtsanwälten Handlungsanweisungen zum Öffnen der über beA zugesandten Dokumente zu erteilen."

Beachten Sie weiterhin, dass auch der neue § 130 Abs. 1 ZPO regelt, dass elektronische Dokumente nur auf einem sicheren Übermittlungsweg zugestellt werden können. Diese sicheren Übermittlungswege sind in § 130 Abs. 4 ZPO definiert. Das beA gehört eindeutig dazu. **76**

5. Posteingang mit Fristen und Terminen

Posteingang mit Fristen und Terminen sollten Sie gesondert trennen und sofort bearbeiten. **77**

3 LAG SH, Beschl. v. 19.9.2019 – 5 Ta 94/19.

IV. Postarten

78 Nach dem Öffnen der Post und der Zuordnung der aktenbezogenen Eingangspost, sollten Sie die Post aufgliedern.

Die Aufteilung des Posteingangs ist wie folgt möglich:

- **Aktenbezogene Post:**
  Bei dem aktenbezogenen Posteingang können Sie den Posteingang trennen nach:
  - Posteingang mit Fristen und Terminen,
  - Posteingang ohne Fristen und Termine.

  Der Posteingang mit Fristen und Terminen sollte sofort als erstes bearbeitet werden. Dies gilt auch für Posteingang mit Fristen und Terminen bei nicht aktenbezogener Post und/oder ungeklärtem Posteingang.
- **Ungeklärter Posteingang:**
  Dies kann Posteingang sein, der nicht sofort zugeordnet werden kann. Ggf. kann es sich bei ungeklärtem Posteingang um Unterlagen ein **Neumandat** betreffend handeln.
  Der Posteingang ist auf Fristen und Termine zu prüfen und die Notierung von Fristen und Terminen hat umgehend zu erfolgen. Diese Post ist dem RA unverzüglich vorzulegen mit einem Vermerk hinsichtlich einer weiteren Arbeitsanweisung.
- **Rechnungen/Kontoauszüge**
- **Private Post**
- **Fachzeitschriften/Bücher**
- **Werbepost**

79 *Praxistipp:*

Zu empfehlen ist, neben einer Postbearbeitungsstelle einen festen Platz zu bestimmen, an dem die dem RA vorzulegende Post nach Einteilung der Postarten vorgelegt wird.

Dies kann in der Weise geschehen, dass z.B. ein Sideboard, ein Regal, ein Beitisch oder dergleichen eigens zur Vorlage des Posteingangs dient.

Auf keinen Fall sollte der Posteingang einfach zwischen anderen Akten auf den Arbeitstisch des RA vorgelegt werden.

Für den RA oder den Sachbearbeiter der Post muss klar erkennbar sein, dass die auf diesem bestimmten Platz befindlichen Akten der aktuelle Posteingang sind.

V. Posteingang mit Fristen und Terminen

80 Die Bearbeitung des Posteingangs einschließlich der Fristen- und Terminspost ist von einer ausgebildeten Fachkraft auszuführen. Dabei muss es sich um eine erfahrene Fachkraft

handeln. Keinesfalls ist diese Tätigkeit Auszubildenden oder Kollegen, die die Ausbildung gerade abgeschlossen haben, zu übertragen.

Fristen- und Terminspost ist, wie in Rdn 15 aufgeführt, gesondert von der anderen Post zu trennen und sofort, mit Vorlage der Akte zu bearbeiten. Ohne Akte sind keine Termine und Fristen zu notieren, es sei denn, dass es sich dabei um nicht aktenbezogene Frist- und Terminspost handelt oder um „ungeklärte" Post, die ebenfalls Termine und Fristen enthalten kann. 81

1. Fristen

a) Allgemeines

Im Hinblick auf die Ermittlung, Berechnung und Notierung von Fristen muss zunächst eine **Arbeitsanweisung** erfolgen, welche Fristen von dem Fristensachbearbeiter ermittelt, berechnet und notiert werden und welche Fristen von dem RA zu ermitteln und zu berechnen sind. 82

Zu unterscheiden ist dabei zwischen den in Ihrer Kanzlei **gängigen** Fristen und den Fristen, die in Ihrer Kanzlei demzufolge **unüblich** sind. 83

> *Beispiel:*
>
> *RA R hat sich auf strafrechtliche Mandate spezialisiert. Er vereinbart regelmäßig mit seinen Mandanten Vergütungsvereinbarungen. In einem Ausnahmefall war RA R für einen Mandanten in einer zivilrechtlichen Angelegenheit tätig. Das Gericht hat den Streitwert durch Beschluss festgesetzt. Gegen diesen Beschluss beabsichtigt RA R sofortige Beschwerde einzulegen.*

Bei dieser Frist (sofortige Beschwerde) dürfte es sich um eine nicht übliche Frist handeln. In diesem Fall ist die Frist von dem RA zu ermitteln und zu berechnen. Ob und inwieweit „unübliche Fristen" vorab von dem Posteingangs- und Fristensachbearbeiter zu ermitteln, berechnen und notieren sind und eine gesonderte Prüfung durch den RA zu erfolgen hat oder ob diese Post unverzüglich dem RA vorgelegt werden muss, ist in einer **Arbeitsanweisung** festzuhalten. In jedem Fall muss der RA die Ermittlung und Berechnung der Frist vornehmen.

Bei den Fristen in strafrechtlichen Verfahren dürfte es sich gem. dem o.g. Fallbeispiel dagegen um übliche Fristen handeln.

> *Praxistipp:* 84
>
> Es ist zu empfehlen, dass der RA gemeinsam mit dem Fristensachbearbeiter eine Liste der gängigen bzw. üblichen Fristen erstellt.

b) Arbeitsanweisung Posteingang mit üblichen Fristen

aa) Ermittlung der Fristen

85 Die üblichen Fristen sind von der Posteingangsbearbeiterin, die gleichzeitig Fristensachbearbeiterin ist, unter Verwendung der „Üblichen Fristenliste" zu ermitteln.

Bei nicht üblichen Fristen ist die Akte dem RA vorzulegen, mit einem deutlich gekennzeichneten Zusatz „Achtung, Prüfung/Ermittlung unüblicher Frist". Die Ermittlung und Berechnung der Frist erfolgt sofort durch den RA oder seinen Vertreter. Die Akte ist der Fristensachbearbeiterin nach Berechnung der Frist zwecks Notierung der Frist umgehend vorzulegen.

bb) Reihenfolge der Notierung von Fristen

86 Nach der Ermittlung der üblichen Frist, ist diese in der nachfolgenden Reihenfolge wie folgt zu notieren:

1. Notieren der Frist im Papierkalender unter Angabe der Aktenbezeichnung und Aktennummer. Die Frist ist zu benennen (z.B. Berufung, sofortige Beschwerde usw.). Das Handzeichen des Fristenbearbeiters ist anzugeben.
2. Notfristen, Ausschlussfristen und Berufungsbegründungsfristen sind mit einem roten, wasserfesten Stift im Papierkalender zu notieren. Alle anderen Fristen sind mit einem schwarzen/blauen, wasserfesten Stift zu notieren.
3. Bei Notfristen, Ausschlussfristen und Berufungsbegründungfristen sind zudem angemessene Vorfristen zu ermitteln, zu berechnen und notieren.
4. Notieren der Frist im elektronischen Kalender.
5. Nach dem Notieren der Frist im elektronischen Kalender ist ein Fristenzettel auszudrucken und die Akte abzuheften.
6. Notieren der Frist auf dem Handaktenvorblatt.
7. Notieren der Frist auf dem Schriftstück, in dem die Frist mitgeteilt ist.

> *Hinweis:*
>
> Auf dem Schriftstück ist zudem das Handzeichen des Mitarbeiters mit dem Vermerk „not." (notiert) anzugeben. An dieser Stelle ist anzumerken, dass dies nicht der letzte Schritt sein muss, Sie können auf dem Schriftstück als erstes die Frist ermitteln und notieren und, wie oben ausgeführt, die weiteren Notierungen der Fristen vornehmen.
>
> Sofern Sie in einem papierlosen Büro arbeiten, können einige Schritte weggelassen oder verändert werden. Zum Beispiel können Sie in dem elektronischen Dokument direkt die Fristennotierung vornehmen und sodann der jeweiligen Akte und ggf. auch direkt einem Sachbearbeiter zu ordnen. Der Ausdruck eines Fristenzettel sowie das Notieren auf dem Aktenvorblatt wird sodann entfallen.

c) Arbeitsanweisung Fristen/Termine bei Terminsprotokollen

In vielen Terminen wird dem RA ein Terminsprotokoll ausgehändigt. In diesem Protokoll können Fristen und Termine enthalten sein. **87**

In solchen Fällen ist eine Arbeitsanweisung zu treffen, wie zu verfahren ist. So könnte die Reihenfolge der Arbeitsschritte z.B. wie folgt aussehen:

1. Der RA muss die Akte der Posteingangs- und Fristenbearbeiterin sofort vorlegen.
2. Die Posteingangs- und Fristensachbearbeiterin prüft das Protokoll auf vorhandene Fristen und Termine, ermittelt und berechnet diese und notiert diese, wie bereits ausgeführt.
3. Nach der Notierung der Fristen/Termine erfolgt die Vorlage an den RA zur weiteren Bearbeitung.

d) Arbeitsanweisung Posteingang bei „versteckten" Fristen

Ein besonderes Augenmerk muss auf „versteckte Fristen" gerichtet sein. Akten mit „versteckten Fristen" müssen einer täglichen Kontrolle unterliegen. **88**

> *Beispiel für eine „versteckte Frist"*
> *In einem zivilrechtlichen Verfahren vertreten Sie den Beklagten. Im Anschluss an die mündliche Verhandlung erlässt der Richter den nachfolgenden Beschluss, der dem Beklagten und Ihnen in den folgenden Tagen zugestellt wird:*
> 1. *Dem Kläger wird eine Frist zur Erwiderung des Schriftsatzes des Beklagten vom … (Datum) innerhalb von drei Wochen gesetzt.*
> 2. *Dem Beklagten wird eine Frist zur Stellungnahme auf den zu erwartenden Schriftsatz des Klägers innerhalb von weiteren drei Wochen gesetzt.*

Für den Kläger in dem Verfahren ist es unproblematisch, die ihm gesetzte Frist zu ermitteln und zu berechnen. Für den Beklagten (in Ihrem Fall) kann keine zutreffende Frist ermittelt werden, da Sie zum einen nicht wissen, wann dem Kläger der Beschluss zugestellt wurde und sie zum anderen demzufolge nicht wissen können, wann die Stellungnahme des gegnerischen RA zugestellt werden wird.

Zunächst können Sie tagtäglich eine **Sonderwiedervorlagen-Frist** für diese Akte notieren. So ist gewährleistet, dass Ihnen die Akte täglich zur Kontrolle und Prüfung vorliegt. **89**

Es ist zu empfehlen, auf die versteckte Frist hinzuweisen. Dies sollte nicht mit einem kleinen Klebezettel oder kurzen Satz erfolgen. Vielmehr ist zu empfehlen, für den Fristen-Vermerk einen DIN-A4-Bogen zu verwenden. Dieser ist fest an die Akte anzubringen. Ggf. klammern Sie ihn an der Akte fest, um zu verhindern, dass sich der Zettel von der Akte löst.

Die Akte darf nicht in den Schrank gehängt werden, sondern muss sich an einem festen Platz befinden. Sie darf nicht mit anderen Akten „zugestapelt" werden. Sie sollte sich am Arbeitsplatz der Fristensachbearbeiterin befinden. Sobald der RA die Akte zwecks Bearbeitung benötigt, muss eine Arbeitsanweisung regeln, dass diese Akte wieder an ihren Ursprungsort (der Arbeitsplatz der Sachbearbeiterin) zurückgelegt wird, sowie dass die Fristensachbearbeiterin schriftlich über die Wegnahme der Akte zwecks Bearbeitung zu informieren ist.

Da „versteckte Fristen" in Kanzleien nicht unüblich sind, sollte eigens für diese Akten ein besonderes Fach oder Ablageort eingerichtet werden. In einer Arbeitsanweisung kann festgehalten werden, dass dieses Fach täglich zu prüfen und zu kontrollieren ist.

90 Ein Hinweiszettel für eine versteckte Frist könnte wie folgt lauten:

▼

Muster 2.4: Hinweiszettel für versteckte Frist

ACHTUNG!!!!!!

VERSTECKTE FRIST

FRISTABLAUF

Sobald in dieser Akte ein Schriftsatz der Gegenseite eingeht, ist sofort die gem. Beschluss des Amtsgerichts vom ____ (*Datum*) gesetzte und genannte Frist unter Nr. 2. zu notieren.

Der Gegenseite wurde durch Beschluss des Amtsgerichts vom ____ (*Datum*) eine Frist zur Stellungnahme auf unseren Schriftsatz vom ____ (*Datum*) innerhalb von drei Wochen gesetzt.

Auf diesen zu erwartenden Schriftsatz der Gegenseite hat uns das Gericht eine Frist zur Stellungnahme innerhalb von drei Wochen seit Zustellung gesetzt.

1. Sobald der Schriftsatz der Gegenseite eingeht, ist zu prüfen, ob es sich um den Erwiderungsschriftsatz der Gegenseite handelt.
2. In diesem Fall ist sofort die Frist zu ermitteln, zu berechnen und zu notieren.
3. Die Akte darf nicht ohne Rücksprache mit dem Fristensachbearbeiter von ihrem Standort entfernt werden. Ist eine Rücksprache mit dem Fristensachbearbeiter nicht möglich, ist der Fristensachbearbeiter schriftlich, durch Hinterlegung einer Benachrichtigung in dem Fach darüber zu informieren, wer die Akte aus dem Fach entnommen hat und wo sie sich befindet.
4. Sofern es erforderlich ist, die Akte von diesem Standort zu entfernen, ist sie nach erfolgter Bearbeitung unverzüglich wieder dorthin zurück zu bringen.

____, ____

(*Name Fristensachbearbeiter*), (*Datum*)

▲

e) Arbeitsanweisung bei Fristen im Zusammenhang mit Neumandaten

Bei Fristen im Zusammenhang mit Neumandanten ist ebenfalls eine klare Arbeitsanweisung zu treffen, wie in diesen Fällen vorzugehen ist. 91

Stellen Sie sich folgende Situation vor: Sie erreicht ein Briefumschlag mit diversen Unterlagen. Unter anderem ist den Unterlagen eine Klageschrift nebst richterlichen Verfügungen beigefügt sowie eine Ladung zum Termin. Daneben hat der Absender ein Schreiben an den RA beigefügt, in dem er ihn um die Vertretung in diesem Verfahren bittet.

Zwar ist zwischen dem Anwalt und dem Absender kein Anwaltsvertrag geschlossen – unabhängig davon sind die Schriftstücke auf Fristen und Termine zu prüfen.

Die Fristen und Termine sind vorsorglich zu notieren. Die Unterlagen sind dem RA zur sofortigen Bearbeitung – unter Hinweis auf laufende Fristen und Termine – vorzulegen.

2. Termine

Das Notieren von Terminen erfolgt in derselben Reihenfolge wie das für die Fristen beschriebene, siehe Rdn 86. Bei der Notierung von Terminen jeglicher Art ist eine sofortige Prüfung hinsichtlich von **Terminskollisionen** durchzuführen (Terminsüberschneidung, Abwesenheit/Verhinderung RA/Urlaub). In diesem Fall ist die Akte mit einem zusätzlichen Vermerk, unter Beifügung eines Ausdrucks des Terminszettels dem RA vorzulegen mit der Bitte, hinsichtlich eines Verlegungsantrags oder Beauftragung eines Vertreters, weitere Anweisung zu erteilen. 92

VI. Postausgang

1. Allgemeines

Unter Postausgang ist nicht nur das Kuvertieren und Frankieren von Briefen zu verstehen, die sodann in den Briefkasten eingeworfen werden. Die **Postausgangskontrolle** findet viel früher statt. Sie muss, ebenso wie der Posteingang, strengen Maßstäben unterliegen. Die Rechtsprechung des BGH im Hinblick auf Anforderung an die Postausgangskontrolle ist eindeutig.[4] 93

2. Arbeitsanweisung Postausgang

Auch beim Postausgang ist eine Arbeitsanweisung zu empfehlen, die ausnahmslos sowohl für die Mitarbeiter als auch für die RA verbindlich ist. 94

4 Z.B. BGH, Beschl. v. 10.12.2008 – XII ZB 132/08, Beschl. v. 17.7.2008 – IX ZB 165/08.

95 Die Arbeitsanweisung kann bspw. in folgende Punkte unterteilt werden:

a) Benennung der zuständigen Mitarbeiter

96 Um einen reibungslosen Ablauf des Postausgangs zu gewährleisten, ist zu empfehlen, dass ausgebildete Fachkräfte für die Bearbeitung und Kontrolle des Postausgangs zuständig sind. Sie sollten namentlich benannt werden und im Fall einer Verhinderung des zuständigen Postausgangs-Bearbeiters sollte eine Vertretung feststehen.

b) Benennung eines festen Postausgangs-Arbeitsplatzes

97 Es ist zu empfehlen, einen festen Arbeitsplatz einzurichten, an dem ausschließlich der Postausgang bearbeitet wird. An diesem Arbeitsplatz sollten sich Postausgangskörbe/-fächer/-regale oder dergleichen befinden und/oder die Unterschriftenmappen rechtzeitig zur Postausgangsbearbeitung bereitgelegt werden.

In unmittelbarer Nähe dieses Postausgangs-Arbeitsplatzes sollten sich sämtliche zur Postausgangsbearbeitung dienenden Arbeitsmittel und -geräte befinden (Telefaxgerät, Briefmarken, Stempel, Frankiermaschine, Terminkalender, elektronischer Kalender, Postausgangsbuch, Briefwaage etc.).

c) Benennung der Zuständigkeit für Briefkasten mit Spätleerung

98 Dringend zu empfehlen ist, die Post, sofern Sie nicht auf eine besondere Versendungsart verschickt wird, in einen Briefkasten mit Spätleerung aufzugeben. So ist i.d.R. gewährleistet, dass bei rechtzeitiger Aufgabe die Postlaufzeit bei einem bis max. zwei Tagen liegt (ausgenommen Weihnachtsfeiertage, an denen üblicherweise mit einer viel längeren Postlaufzeit zu rechnen ist). Es sollte auch festgehalten werden, wer die Post zu dem Briefkasten mit Spätleerung bringt (z.B. Auszubildende).

99 Zu empfehlen ist weiterhin, sofern dies organisatorisch möglich ist, dass die Post während der Arbeitszeit zum Briefkasten gebracht wird und der Mitarbeiter wieder nach dem Gang zum Briefkasten in der Kanzlei erscheint. So können Sie gewährleisten und sicherstellen, dass die Post z.B. nicht mit nach Hause genommen wird oder in einen Briefkasten ohne Spätleerung eingeworfen wird, der sich auf dem Nachhauseweg befindet. Letzteres soll keine „Unterstellung" der Autorin an die Mitarbeiter sein, die die Post zum Briefkasten bringen. Doch unter besonderen Umständen (Stress, Zeit- und Termindruck) kann nicht immer ausgeschlossen werden, dass die Post nicht rechtzeitig in den nach der Arbeitsanweisung zugewiesenen Briefkasten mit Spätleerung eingeworfen wird.

d) Checkliste der einzelnen Arbeitsabläufe

100 **Checkliste Arbeitsabläufe Postausgang**

- ☐ Ist das Schriftstück unterzeichnet/signiert?
- ☐ Ist die Unterschrift leserlich? Achten Sie darauf, ob die Unterschrift, gerade bei fristwahrenden Schriftstücken (gerade in Rechtsmittelverfahren) leserlich ist.

- ☐ Ist die beiliegende Vergütungsberechnung unterzeichnet? Bei Anschreiben, denen Vergütungsberechnungen des RA beiliegen, ist zu prüfen, ob auch diese unterzeichnet ist.
- ☐ Ist die beglaubigte Abschrift unterzeichnet? Bei Gerichtspost ist zu prüfen, ob neben dem Schriftsatz an das Gericht, die beglaubigte Abschrift ebenfalls unterzeichnet ist.
- ☐ Sind die in den Schriftstücken aufgeführten Anlagen vollständig beigefügt?
- ☐ Stimmen die Anlagen mit den in dem Schriftstück aufgeführten Anlagen überein?
- ☐ Ist/Sind einer beglaubigten Abschrift die Anlage(n) ebenfalls vollständig beigefügt?
- ☐ Sind die Kopien von ausreichend guter Qualität? Bei Anlagen, die in Kopie beifügt werden, ist zu prüfen, ob diese lesbar sind.
- ☐ Ist eine bestimmte Versendungsform eines Schriftstücks vorgeschrieben, um den Zugang des Schriftstücks nachzuweisen? Z.B. Einschreiben-Rückschein, Zustellung durch Gerichtsvollzieher, Telefax, Kurier, Zustellung von Anwalt zu Anwalt gegen Empfangsbekenntnis.
- ☐ Handelt es sich bei dem Postausgang um ein fristwahrendes Schriftstück, das einer besonderen Versendungsform und Postausgangskontrolle bedarf?
- ☐ Einkuvertieren der Briefe, ordnungsgemäßes Abwiegen der Briefe.
- ☐ Gang zum Briefkasten und Einwurf der Post.

3. Schriftstücke mit besonderer Versendungsform

Bei Schriftstücken mit besonderer Versendungsform handelt es sich um solche, bei denen ein zeitlicher Nachweis darüber zu führen ist, **101**

- dass dem Empfänger das Schriftstück zugestellt wurde,
- wann das Schriftstück dem Empfänger zugestellt wurde.

Es ist in keinem Fall ausreichend, ein empfangsbedürftiges Schriftstück frankiert in den Briefkasten einzuwerfen, denn wie wollen Sie im Streitfall nachweisen, dass der Empfänger das empfangsbedürftige Schriftstück erhalten hat?

Bei dieser Versendungsform sollte vorher eine **Anweisung** des RA oder des zuständigen Sachbearbeiters erfolgen, welche Versendungsform für das jeweilige Schriftstück zu erfolgen hat.

Generell sollten empfangsbedürftige Schriftstücke, sofern möglich, vorab per beA oder Telefax, übermittelt werden.

Beachten Sie jedoch, dass eine Übermittlung von Schriftstücken nicht immer die Wirkung hat, dass eine ordnungsgemäße Zustellung erfolgte. Wenn in dem Gesetz die Schriftform eines Schriftstücks vorgeschrieben ist (§ 126 BGB), so muss dieses Schriftstück dem Empfänger im Original vorliegen. Zwar hat der Empfänger Kenntnis von dem **102**

Schriftstück. Dies ändert jedoch nichts daran, dass die gesetzlich vorgeschriebene Form nicht eingehalten wurde. Solange dem Empfänger das Schriftstück lediglich per Telefax vorliegt, muss es von ihm nicht beachtet werden. Die Übermittlung per Telefax hat keinerlei Wirkung. Vielmehr hat die Nichteinhaltung der Schriftform die Nichtigkeit des Rechtsgeschäfts zur Folge (§ 125 BGB).

> *Beispiel:*
>
> *M beauftragt RA R mit der Kündigung eines Wohnraummietverhältnisses. Die Kündigung des Wohnraummietverhältnisses ist gem. vertraglicher Vereinbarung spätestens am dritten Werktag eines Kalendermonats für den Ablauf des übernächsten Monats zulässig. M beauftragt den RA am 27.09. mit der Kündigung des Mietverhältnisses. Um eine wirksame Kündigung des Mietverhältnisses Ende Dezember dieses Jahres zu erreichen, muss die Kündigung des Mietverhältnisses spätestens am 03.10. in Schriftform an den Vermieter erfolgen. Liegt dem Vermieter das Kündigungsschreiben jedoch am 03.10. lediglich per Telefax vor, so ist keine wirksame Kündigung des Mietverhältnisses erfolgt. Die Kündigung eines Wohnraummietverhältnisses bedarf der Schriftform (§ 568 Abs. 1 BGB).*

103 Mögliche Versendungsformen empfangsbedürftiger Schriftstücke:

a) Versendung durch die Post

104 Beim Versenden mittels Einschreiben gegen Unterschrift beim Empfänger erhalten Sie den Nachweis über die Einlieferung des Briefes bei dem Empfänger.

Die Auslieferung an den Empfänger erfolgt nur gegen Unterschrift an den Empfänger, seinen Bevollmächtigten oder einen anderen Empfangsberechtigten.

105 Folgende Arten Einschreiben gibt es:

- **Einschreiben-Rückschein**
  Zusätzlich zu dem Einlieferungsnachweis von der Post, erhalten Sie eine Empfangsbestätigung mit der Originalunterschrift des Empfängers/Empfangsberechtigten, die den Erhalt der Briefsendung dokumentiert. Wird der Empfänger der Sendung jedoch nicht angetroffen, wird eine Benachrichtigungskarte hinterlegt. Das Schriftstück ist von dem Empfänger oder von einem zum Empfang der Sendung Bevollmächtigten bei der Post abzuholen. Bei fristwahrenden oder empfangsbedürftigen Schriftstücken ist zu beachten, dass das Schriftstück erst dann zugestellt ist, wenn die persönliche Übergabe bzw. die Abholung des Schriftstücks durch den Empfänger (oder Bevollmächtigten) erfolgte. Holt der Empfänger das Schriftstück nicht innerhalb von sieben Tagen ab, wird es an den Absender zurück gesandt.

- **Einwurf-Einschreiben**
  Hier erfolgt ein Nachweis darüber, dass die Sendung in den Briefkasten (oder Postfach) des Empfängers eingeworfen wurde. Nach einer Entscheidung des OLG Koblenz[5] reicht das Einwurf-Einschreiben als Nachweis nicht aus, da keine persönliche Aushändigung des Schriftstücks an den Adressaten erfolgt. Im Streitfall kann nicht bewiesen werden, dass das Schriftstück den richtigen Empfänger erreicht hat.
- **Einschreiben-Eigenhändig**
  Bei dieser Versendungsform wird die Sendung nur an den Empfänger persönlich oder an einen von dem Empfänger ausgewählten Bevollmächtigten übergeben.

> *Hinweis:* 106
>
> Keine der genannten Versendungsformen durch die Post ist m.E. aufgrund der ausgeführten Folgen bei Nichtantreffen der Parteien (Benachrichtigungskarte und Rücksendung nach sieben Tagen bzw. fehlender Nachweis der Zustellung an den richtigen Empfänger) bei fristwahrenden und/oder empfangsbedürftigen Schriftstücken zu empfehlen.

b) Versendung durch Boten/Kurier

Der Vorteil eines Boten- oder Kurierdienstes besteht darin, dass eilige Sendungen grds. 107
schnell gegen Nachweis zugestellt werden.

Zu empfehlen ist bei dieser Versendungsform die Anforderung, dass der Kurierdienst – i.d.R. erfolgt dies gegen einen Preisaufschlag – unter seiner namentlichen Benennung die Zusendung des Schriftstücks schriftlich bestätigt.

Der Auftrag an den Boten-/Kurierdienst sollte zunächst dahin gehend lauten, dass eine persönliche Zustellung an den Empfänger versucht werden soll und anderenfalls die Sendung in den Briefkasten/Briefkastenschlitz an der Tür einzuwerfen ist.

> *Hinweis:* 108
>
> Sofern in eiligen Angelegenheiten eine persönliche Zustellung durch den RA oder seinen Mitarbeiter erfolgen soll, ist zu empfehlen, dass ein Zeuge anwesend ist.

Nach der unmittelbaren Zustellung ist ein **Zustellungsvermerk** anzufertigen. Der Zustel- 109
lungsauftrag sollte so präzise wie möglich angefertigt werden.

Dieser könnte wie folgt lauten: 110

▼

Muster 2.5: Zustellungsvermerk

Ich habe heute, am ______ (*Datum*), um ______ (*Uhrzeit*) das Schreiben vom ______ 2.5
(*Datum*), gemeinsam mit ______ (*Name des Zeugen*) in den Briefkasten ______ (*zwei-*

5 OLG Koblenz, Urt. v. 11.1.2006 – 11 WF 1013/04.

ter von unten links) eingeworfen. Auf dem Briefkasten befand sich ein Namensschild mit der Aufschrift (*Name*). Der Briefkasten machte auf mich den Eindruck, dass er regelmäßig geleert wird.

Der Briefkasten befindet sich in dem Hinterhof des Gebäudes der (*Straße, Haus-Nr.*) und befindet sich im Treppenhaus auf der rechten Wandseite.

(*Ort, Datum, Unterschrift*)

▲

c) Zustellung durch Gerichtsvollzieher

111 Die Zustellung durch den Gerichtsvollzieher dürfte die sicherste Form der Zustellung sein. Sie können den Nachweis darüber führen, welches Schriftstück dem Empfänger zugestellt worden ist.

Dies erfolgt in der Weise, dass Sie das Schriftstück unverschlossen dem Zustellungsauftrag an den Gerichtsvollzieher beifügen.

Es ist zu empfehlen, das zuzustellende Schriftstück in dem Zustellungsauftrag an den Gerichtsvollzieher zu benennen.

Richten Sie den Zustellungsauftrag per beA an die **Gerichtsvollzieherstelle** des AG. Im Fall von Urlaub, Krankheit oder anderer Abwesenheit des Gerichtsvollziehers von seinem Büro ist nicht gewährleistet, dass das Schriftstück zügig zugestellt wird. Aufgrund der Vielzahl von Aufträgen ist der Gerichtsvollzieher i.d.R. in der Praxis mit Vollstreckungshandlungen beschäftigt.

Bei der Gerichtsvollzieherverteilerstelle des AG werden, sofern der zuständige Gerichtsvollzieher verhindert ist, die in seinem Fach hinterlegten Aufträge an einen **Vertreter** des Gerichtsvollziehers zur Auftragsbearbeitung weitergegeben.

112 *Hinweis:*

Auch wenn die Zustellung über einen Gerichtsvollzieher ggf. teurer ist als die zuvor genannten Versendungsmöglichkeiten, sollte die Beauftragung eines Gerichtsvollziehers dennoch in Erwägung gezogen werden. Im Hinblick auf die Bedeutung der Beweisfunktion des Nachweises von empfangsbedürftigen Schriftstücken ist diese Verfahrensweise sogar sehr zu empfehlen.

113 *Praxistipp:*

Sie können auf der folgenden Internetseite einsehen, in welcher Höhe der Gerichtsvollzieher Kosten berechnet: https://www.gesetze-im-internet.de/gvkostg/

▼ 114

Muster 2.6: Zustellungsauftrag an den Gerichtsvollzieher 2.6

Amtsgericht
– Gerichtsvollzieherverteilerstelle –
Anschrift

Zustellungsauftrag

Sehr geehrte Frau Obergerichtsvollzieherin/Gerichtsvollzieherin,

sehr geehrter Herr Obergerichtsvollzieher/Gerichtsvollzieher,

Sie werden hiermit beauftragt, das beiliegende Schriftstück:

Kündigungsschreiben vom (*Datum*)

(Ordentliche Kündigung des Arbeitsverhältnisses)

an den Zustellungsempfänger

(*Vorname, Name*)

(*Straße, Haus-Nr.*)

(*Postleitzahl/Ort*)

amtlich zuzustellen.

Ihre Kostenrechnung bitte ich, zusammen mit dem Zustellungsnachweis, aufzugeben.

Mit freundlichen Grüßen

Rechtsanwalt/Rechtsanwältin

▲

Diesem Auftrag fügen Sie das betreffende Schriftstück bei. Achten Sie zwingend darauf, 115
dass nicht nur der Auftrag an den Gerichtsvollzieher signiert ist, sondern vielmehr auch das betreffende Schriftstück. Prüfen Sie zudem, ob auch ggf. erwähnte Anlagen beigefügt sind (z.B. Vollmacht).

Sie können zur Beauftragung eines Gerichtsvollziehers auch die aktuell gültigen Zwangsvollstreckungsformulare nutzen und dort das Modul „Zustellung" wählen. Viele Rechtsanwaltsprogramme haben diese hinterlegt.

4. Versendungsform fristwahrender Schriftstücke

Die Versendung von fristwahrenden Schriftstücken ist mit größter Sorgfalt zu bearbeiten. 116
Bei dem Postausgang fristwahrender Schriftstücke müssen Sie einen Nachweis darüber führen,

- wann das betreffende Schriftstück abgesandt wurde,
- wann das betreffende Schriftstück bei dem Empfänger zugegangen ist.

Diese Schriftstücke sollten grds. aufgrund der aktiven Nutzungspflicht seit dem 1.1.2022, sofern möglich immer per beA, übermittelt werden. Sofern technische Gründe vorliegen, die eine elektronische Zustellung verhindern, ist ausnahmsweise eine Zustellung per Fax möglich. Die technische Störung muss dem Gericht unverzüglich mitgeteilt und begründet werden.

117 Erst wenn Sie alle zwingend notwendigen und erforderlichen Arbeitsabläufe, die an die Versendung von fristwahrenden Schriftstücken gestellt werden, erfüllt haben, ist diese Post zu kuvertieren, ordnungsgemäß und richtig abzuwiegen, mit dem zutreffenden Porto zu versehen und zur Post zu bringen (ggf. ist zu prüfen, ob nach dem Versand des Schriftstücks – vorab per Telefax – eine besondere Versendungsform zu beachten ist.

118 Für den Postausgang fristwahrender Schriftstücke ist daher ebenfalls eine **Arbeitsanweisung** zu treffen, die folgende Punkte beinhalten sollte:

▼

Muster 2.7: Arbeitsanweisung Postausgang fristwahrende Schriftstücke

1. Jedes fristwahrende Schriftstück ist von dem Postausgangs- und Fristensachbearbeiter darauf zu prüfen, ob es unterzeichnet ist.

2. Es ist eine Prüfung vorzunehmen, ob die Unterschrift lesbar ist.

3. Das Schriftstück ist auf Vollständigkeit der Seitenzahlen zu prüfen und darauf, ob die in dem Schriftstück genannten Anlagen beigefügt sind.

4. Das Schriftstück ist darauf zu prüfen, ob der Empfänger richtig bezeichnet ist. Die aktuelle Anschrift ist ebenfalls zu überprüfen.

5. Jedes fristwahrende Schriftstück ist vorab per beA oder Telefax an den Empfänger zu übermitteln. Die Bedienung von **Kurzwahlspeichernummern** ist untersagt, da leicht versehentlich eine falsche Kurzwahlnummer gewählt werden kann und zudem die Aktualität der Telefax-Nr. mangels Kontrolle nicht gewährleistet ist.

   Die Eingabe der Telefaxnummer erfolgt unter Verwendung der zum Zeitpunkt der Fristversendung aktuellen Telefaxnummer des Empfängers. Hierbei ist eine „doppelte Prüfung“ vorzunehmen.

   Bei fristwahrenden Schriftstücken an das Gericht ist nunmehr eine Übersendung per beA verpflichtend. Hier ist besonders darauf zu achten, dass man das richtige Gericht in die Suchmaske eingibt und ggf. auch Außenstellen achtet.

6. Bei der Eingabe der Empfänger-Telefaxnummer ist vor dem Versand durch Abgleich zu prüfen, ob diese identisch mit der Telefaxnummer des Empfängers ist (z.B. Vergleich mit vorliegenden Adressdaten).

7. Während der Übertragung des Schriftstücks per Telefax an den Empfänger hat der Postausgangs- und Fristensachbearbeiter die Übersendung des Schriftstücks zu beaufsichtigen. Er darf sich nicht von dem Telefaxgerät entfernen.

   Insbes. ist zu prüfen, ob nicht mehrere Seiten gleichzeitig „eingezogen" werden. In diesem Fall ist die Faxübermittlung abzubrechen und sofort zu wiederholen.

8. Nach der Übermittlung des Schriftstücks per Telefax hat sofort eine Kontrolle zu erfolgen, ob die Telefaxnummer auf dem Sendebericht identisch ist mit der Telefaxnummer des Empfängers.
9. Des Weiteren ist zu kontrollieren, ob die auf dem Sendebericht aufgezeigte Seitenanzahl identisch ist mit der Seitenanzahl des fristwahrenden Schriftstücks.
10. Nach der Übermittlung des fristwahrenden Schriftstücks und den durchgeführten Kontrollen ist das Schriftstück zu kuvertieren und ausreichend frankiert zum Postausgangsfach zu legen. Der Fristensachbearbeiter hat dahingehend abschließend eine Kontrolle durchzuführen.
11. Zur Nachvollziehbarkeit und zum Nachweis sollte der Sendebericht aus dem beA heruntergeladen werden und der entsprechenden Akte entweder im Ausdruck oder in elektronischer Form zugeordnet werden.
12. Nach Ausführung der Schritte 1 bis 10 sind von dem Fristensachbearbeiter die entsprechenden Vermerke auf dem Fristenzettel einzutragen. Die Frist ist sodann im Papierkalender und im Fristenkalender als erledigt zu notieren.

▲

5. besonderes elektronisches Anwaltspostfach (beA)

a) Allgemeines

Seit dem 1.1.2022 besteht die aktive Nutzungspflicht des besonderen elektronischen Postfaches für Anwälte in Bezug auf die Kommunikation mit den Gerichten in Deutschland. Besonderes Augenmerk sollte deshalb auch auf Postein- und -ausgänge in diesem Bereich gelegt werden. Jeder Rechtsanwalt und jede Rechtsanwältin hat somit eigenverantwortlich dafür zu sorgen, dass Postein- und -ausgänge entsprechend kontrolliert werden; dies unabhängig davon, ob das beA über die Weboberfläche oder direkt über das Anwaltsprogramm benutzt wird. **119**

Auf der Website der Bundesrechtsanwaltskammer (BRAK) wird Ihnen Hilfe und Support bei Fragen oder technischen Schwierigkeiten angeboten sowie ein Handbuch, in welchem alle Schritte detailliert erklärt werden. Hilfreiche Informationen können Sie sich jederzeit in einem Newsletter der Bundesrechtsanwaltskammer zukommen lassen: https://www.brak.de/anwaltschaft/bea-erv/ **120**

121 Sie können sich die Überprüfung des Posteinganges vereinfachen, indem Sie sich in der jeweiligen Profilverwaltung persönliche Benachrichtigungen einstellen. In diesem Bereich können Sie unter „Alternative E-Mail-Adresse" einstellen, an welche E-Mail-Adresse Benachrichtigungen zum Posteingang versandt werden sollen. Wenn Sie die Benachrichtigungen aktivieren, erhalten Sie bei jedem Posteingang in dem entsprechenden beA-Postfach eine E-Mail an die von Ihnen hinterlegte E-Mail-Adresse mit dem Hinweis, dass sich in diesem Postfach eine neue Nachricht befindet.

122 Zu empfehlen ist es, sich Postein- und -ausgänge herunterzuladen/zu exportieren und der entsprechenden Akte (je nachdem, ob Sie digitale oder analoge Akten führen) zuzuführen. Besonderes Augenmerk sollten Sie dabei auf den Nachweis des Prüfprotokolls legen, aus welchem sich der Übertragungszeitpunkt ergibt. Dieses wird im Falle des Falles von Bedeutung sein, wenn es z.B. Störungen im beA gibt oder der Zugang von Rechtsmittelschriften nachgewiesen werden muss. Sollten Sie das Exportieren vergessen, haben Sie innerhalb von 90 Tagen Zeit dies nachzuholen. Andernfalls werden die Nachrichten nach 90 Tagen in den Papierkorb verschoben und nach weiteren 30 Tagen endgültig gelöscht.

123 Eine ausdrückliche Pflicht zum Export von beA-Nachrichten besteht nicht, dennoch sollten Sie Ihre Handakten immer vollständig halten. Handakten müssen nach § 50 Abs. 1 BRAO für den Zeitraum von mindestens sechs Jahren aufbewahrt werden; hierzu gehört auch die elektronische Kommunikation mit den Gerichten. Es wird daher empfohlen, jede Nachricht, egal ob Postein- oder -ausgang zu exportieren und in der jeweiligen Akte zu archivieren.

124 In dem zur versandten Nachricht gehörenden Prüfprotokoll können Sie nachprüfen, ob Ihre Nachricht versandt wurde und allen Zertifikats- und Signaturprüfungen entsprochen hat. Dieses Prüfprotokoll ist im Zweifel Ihr Nachweis, wenn es um die Glaubhaftmachung von Fristwahrungen geht. Das beA-Postfach ist nicht als Langzeitarchiv für eingegangene und versandte Nachrichten anzusehen, da diese nach Ablauf von 120 Tagen endgültig und unwiederbringlich aus dem Postfach gelöscht werden. Für den Export wird ein ZIP-Container erstellt, welcher die eigentliche Nachricht, das Prüfprotokoll, das Absenderprotokoll sowie weitere Anhänge enthält, die Ihnen zum Nachweis des Zugangs dienlich sind.

b) Signatur von Schriftsätzen

125 Die durch das beA vorgenommene elektronische Signatur soll der eigenhändigen Unterschrift des Rechtsanwalts entsprechen und zum Nachweis der Authentizität und Integrität dienen. Die Signatur wird als eigene zusätzliche Datei mit der Datenbezeichnung „.p7s" zu den Originaldateien abgelegt, sodass Sie nach dem Signieren zwei Anhänge in Ihrer beA-Nachricht vorfinden.

c) Dateibezeichnung von Schriftsätzen

Bei der Bezeichnung Ihrer Schriftsätze sollten Sie folgendes beachten: 126

- Keine Leerzeilen in der Dateibezeichnung – Unterstriche zur Worttrennung
- Max. Länge des Dateinamens 84 Zeichen
- Max. Größe der Datei 200 MB oder 1000 Anhänge

d) Elektronisches Empfangsbekenntnis (eEB)

Im Posteingang können Sie mit einem Blick erkennen, für welche Nachrichten ein eEB 127 angefordert worden ist. Diese Nachrichten sind mit dem gelben Dreieck gekennzeichnet und erfordern die Abgabe eines eEB durch den Rechtsanwalt. Wird dieses eEB sodann durch den Rechtsanwalt abgegeben, ändert sich das Symbol in ein grünes Symbol oder aber, wenn die Abgabe des eEB abgelehnt wurde, in ein rotes Symbol.

e) PIN-Weitergabe durch den Rechtsanwalt

Der BGH hat entschieden,[6] dass eine Weitergabe des beA-PIN an Kanzleimitarbeiter zu 128 einer unwirksamen Einreichung führt und das ggf. eingereichte Rechtsmittel formunwirksam eingereicht worden ist. Dies gilt unter anderem auch, wenn sich der Rechtsanwalt im Urlaub befindet oder erkrankt ist.[7]

Die Form des sicheren Übermittlungsweges ist für Rechtsanwälte nur gewahrt, wenn sie 129 entsprechende Form einhalten und Schriftsätze persönlich unter Verwendung des PIN aus dem eigenen Postfach versenden. Bitte beachten Sie, dass § 26 Abs. 1 RAVPV die Weitergabe der beA-Karte und der PIN an andere Personen untersagt.

Eine ausführliche Darstellung zum beA finden Sie in § 4 Rdn 3 ff. 130

F. Termine/Fristen

I. Allgemeines

Jede Kanzlei für sich ist verschieden – bedingt durch die Rechtsanwälte/Rechtsanwältinnen 131 und ihre Mitarbeiter, die der Kanzlei eine persönliche und individuelle Note geben, durch die Größe der Kanzlei und nicht zuletzt durch die vielen verschiedenen Rechtsgebiete. Einige Kanzleien spezialisieren sich auf bestimmte Rechtsgebiete und andere Kanzleien sind „Wald- und Wiesenkanzleien", die Dienstleistungen für fast alle Bereiche anbieten.

So viele Unterschiede es auch gibt, so hat jede Kanzlei, ob es eine große Wirtschaftskanz- 132 lei oder die Kanzlei eines „Einzelkämpfers" ist, eines gemeinsam: Der tägliche Umgang mit **Terminen** und **Fristen**.

6 BGH, Beschl. v. 20.6.2023 – 2 StR 39/23.
7 BSG, Beschl. v. 27.9.2023 – B 2 U 1/23 R.

133 Eine der wichtigsten „Säulen“, auf die eine Kanzlei gestützt ist, ist die **Kanzleiorganisation**. Insbes. die Organisation im Umgang mit Terminen und Fristen. Um dieses Arbeitsgebiet erfolgreich zu führen, ist eine effiziente und zuverlässige Büroorganisation unabdingbar. Klare Arbeitsanweisungen, die einzuhalten sind, sind ein Muss.

134 Etwa ⅓ der Haftpflichtfälle betrifft die Folgen von fehlerhafter Fristen- und Terminsführung. Dabei muss das eigentlich nicht sein. Vielmehr könnte dies im Falle einer perfekt geführten Büroorganisation vermieden werden.

135 Es ist primär Ihre Aufgabe, die Verwaltung von Terminen und Fristen so zu steuern, dass kein Grund gegeben ist, **Wiedereinsetzungsverfahren** vor Gerichten zu führen oder wegen anderer versäumter Termine und Fristen die Haftpflichtversicherung einzuschalten.

Tagtäglich muss das Ziel erfüllt werden, eine zuverlässige und erfolgreiche Fristen- und Terminverwaltung zu gewährleisten.

In der Praxis bieten sich dazu eine Vielzahl von Hilfsmitteln und Arbeitsschritten.

Gehen Sie, gerade im Umgang mit Terminen und Fristen, mit der größten Sorgfalt und Genauigkeit vor.

Es geht nicht immer um Schnelligkeit, sondern vielmehr um Sorgfalt, Zuverlässigkeit und Genauigkeit. Wenn Sie als Fristensachbearbeiter eingesetzt sind, spricht dies für einen Vertrauensbeweis des RA oder Ihres Vorgesetzten. Schätzen Sie diesen Vertrauensbeweis und zeigen Sie sich Tag für Tag für das entgegengebrachte Vertrauen erkenntlich, in dem Sie sich auf diesem Gebiet, das sicherlich nur eines von vielen weiteren Arbeitsgebieten Ihrer Tätigkeit darstellt, unschlagbar und sozusagen unbezahlbar machen.

Finden Sie nicht auch, dass die Vielseitigkeit dieses Berufes das besondere „Quäntchen“ im Vergleich zu anderen Berufen ist?

II. Termin- und Fristenkalender

136 Der Termin- und Fristenkalender ist das **elementarste Organisationsmittel einer Kanzlei**.

137 Ein Termin- und Fristenkalender besteht i.d.R. aus einem

- Kalender in Papierform (nachfolgend P-Kalender genannt),
- Kalender in elektronischer Form (nachfolgend E-Kalender genannt).

138 Der Termin- und Fristenkalender gibt Ihnen auf den ersten Blick sofort Auskunft über anstehende:

- Gerichtstermine,
- Ortstermine,
- Fristen,
- Vorfristen,

- Wiedervorlagen,
- Mandantentermine,
- Dauertermine.

Des Weiteren zeigt er Ihnen auf, 139

- wann Fristen zu bearbeiten sind,
- wann Termine wahrgenommen werden müssen,
- wann und welche Wiedervorlagen bearbeitet werden müssen,
- inwieweit der RA ausgelastet ist,
- inwieweit Terminskollisionen (Gerichtstermine) gegeben sind,
- Abwesenheit des RA von der Kanzlei.

So können Sie sofort die erforderlichen Maßnahmen einleiten. 140

1. Papier-Kalender

Im Hinblick auf die Führung und den **Umgang des P-Kalenders** sollten folgende **Arbeitsanweisungen** getroffen werden: 141

a) Stammplatz

Es ist dringend zu empfehlen, für den P-Kalender einen festen „Stammplatz" in der Kanzlei zu bestimmen. Nach Möglichkeit sollte dies der Postein- und -ausgangsarbeitsplatz sein. So weiß jeder Mitarbeiter der Kanzlei, wo sich der P-Kalender befindet. Der Fristensachbearbeiter erspart sich dadurch (gerade in Großkanzleien) das zeitaufwändige Suchen des Kalenders. 142

b) Verantwortlicher/Vertreter

Es sollten Fristensachbearbeiter (mit Vertretung) genannt werden. Ausschließlich diese Mitarbeiter nehmen Eintragungen in dem P-Kalender vor. Bei diesen Mitarbeitern muss es sich um ausgebildete Fachkräfte handeln. Sinnvoll ist, dass es sich bei diesen Mitarbeitern um die für die Postein- und -ausgangskontrolle zuständigen Fachkräfte handelt, s.a. Rdn 96, 55. 143

Sofern durch besondere Umstände keiner dieser Mitarbeiter anwesend ist, fällt die Verwaltung und Führung des P-Kalenders in den Aufgabenbereich des **Bürovorstehers/ Rechtsfachwirts/Büroleiters** und im Falle seiner Verhinderung in den Aufgabenbereich des RA. In keinem Fall darf diese Tätigkeit einem Auszubildenden anvertraut werden.

Regelmäßig wird vom BGH[8] zu Recht die Auffassung vertreten, dass die Fristenbearbeitung voll ausgebildetem, zuverlässig arbeitendem Fachpersonal obliegt. Denn für eine erfolgreiche Ermittlung, Berechnung und Notierung von Fristen sind fundierte Kenntnisse notwendig. Weiterhin obliegt die letzte Kontrolle der Fristen dem RA. 144

8 Beschl. v. 5.2.2003 – VIII ZB 115/02, NJW 2003, 1815; Beschl. v. 17.1.2007 – XII ZB 166/05, NJW 2007, 1453; OLG Frankfurt a.M., Urt. v. 8.3.2007 – 4 U 74/03.

c) Rangfolge

145 Alle Eintragungen, unabhängig davon, ob es sich um eine Frist, einen Gerichtstermin, allgemeinen Termin, Besprechungstermin usw. handelt, erfolgen immer und ausschließlich zuerst in dem P-Kalender.

d) Erledigte Fristen

146 Erledigte Fristen werden in der Weise gekennzeichnet, dass Sie mit einem Häkchen (✓) oder dem Vermerk „erl.", dem Handzeichen sowie Datum der Erledigung durch den Fristensachbearbeiter versehen werden.

e) Änderungen/Korrekturen

147 Sofern eine Änderung von bereits eingetragenen Terminen und Fristen aufgrund von Fristverlängerungen oder Terminsaufhebungen und -verlegungen erfolgt, sind die hinfälligen Termine und Fristen in der Weise zu vermerken, dass sie gestrichen werden und mit einem entsprechenden **Erledigungsvermerk** versehen werden.

Die Termine und Fristen dürfen nicht durch Tipp-Ex unkenntlich gelöscht werden.

> *Beispiel:*
>
> *Am 23.1.2018 ist eine Frist wie folgt notiert:*
>
> *Mustermann ./. Mustermann, 500/09 (Prozessregister-Nr.), Berufungsbegründung,*
>
> *Dem Antrag des RA, die Frist zur Begründung der Berufung bis zum 23.2.2018 zu verlängern, gibt das LG fristgerecht statt. Die Frist zur Berufungsbegründung läuft am 23.2.2018 ab.*

148 Sie gehen wie folgt vor:

1. Sie streichen den Termin: *Mustermann ./. Mustermann, 500/09 (Prozessregister-Nr.), Berufungsbegründung.*
2. Geben Sie den Grund für die Streichung des Termins an: z.B. *Fristverlängerung LG Berlin v. 15.1.2018*
3. Notieren Sie das Datum der Streichung mit Handzeichen.

f) Zentraler Einzelkalender

149 Es sollte immer nur ein P-Kalender vorhanden sein. Mehrere Kalender sind nicht zu empfehlen – auch nicht in Großkanzleien, da im Hinblick auf die Verwaltung von Fristen und Terminen mit mehreren Kalendern einige Gefahren lauern.

Beispielhaft nenne ich folgende:

- Die Kalender können bei der Eintragung von Fristen, auch wenn sie farblich voneinander getrennt sind, verwechselt werden.

- Erfolgt die Notierung eines Gerichtstermins und/oder einer Frist in einem von mehreren Einzelkalendern ist keine Kontrolle über Terminskollisionen gewährleistet. Ist der zuständige RA unvorhersehbar verhindert, kann es, weil keine zentrale Ermittlung der Gerichtstermine und Fristen erfolgte, leicht zu Fristversäumnissen oder „geplatzten" Terminen führen. Die Ermittlung eines Vertreters innerhalb der Kanzlei aufgrund mehrerer Einzelkalendern erschwert die zeitliche Lösung des Problems. Die Termine/Fristen des RA, der verhindert ist, müssen dann in dem Kalender des Vertreters erneut eingetragen werden.
- Die Fristensachbearbeiter benötigen eine umfassende Übersicht über alle Termine und Fristen „auf einen Blick". Bei mehreren Kalendern ist dies nicht arbeitsfördernd und vielmehr unübersichtlich.

Das bedeutet nicht, dass die einzelnen RAe auf einen Einzelkalender verzichten müssen. Vielmehr kann das Problem in der Weise gelöst werden, dass jeder RA über den elektronischen Kalender einen Einzelkalender einrichten kann, auf den er, neben dem P-Kalender, Zugriff hat. Hierbei ist dennoch die Regel, dass Fristen und Termine von dem Fristensachbearbeiter notiert und auf den elektronischen Einzelkalender übertragen werden.

g) Aufbewahrung nach Büroschluss

Ein weiterer wesentlicher Punkt ist die Aufbewahrung des P-Kalenders nicht nur während **150**
der Bürozeit, sondern auch danach.

Es muss gewährleistet und sichergestellt sein, dass der P-Kalender so aufbewahrt wird, dass unbefugte Dritte ihn nicht einsehen oder entwenden können. Des Weiteren sollte der P-Kalender in der Weise aufbewahrt werden, dass er „wind-, wasser- und feuergeschützt" ist.

2. Elektronischer Kalender

Der E-Kalender ist der Beikalender des P-Kalenders. Bitte bedenken Sie stets, dass im **151**
Falle eines Systemausfalls der E-Kalender keinerlei Funktion erfüllen kann. Sofern Sie keinen P-Kalender neben dem E-Kalender führen, sind sie im Fall der Fälle hilflos. Bis der System-Administrator das Problem behoben hat, können im schlimmsten Fall Fristen und Termine versäumt werden.

Der P-Kalender hat größte Priorität. Wie bereits unter Rdn 145 ausgeführt, sind alle Eintragungen zuerst im P-Kalender auszuführen.

Für den E-Kalender sollten ebenfalls klare Anweisungen getroffen werden, die von allen Mitarbeitern der Kanzlei (einschließlich der RAe) einzuhalten sind.

a) Zuständigkeit

Eintragungen in dem zentralen E-Kalender werden, wie bereits unter Rdn 149 dargestellt, **152**
von denselben dort genannten Fristensachbearbeitern (und Vertretern) ausgeführt.

b) Übertragung zentraler Kalender

153 Sofern Einzel-Kalender geführt werden, hat der Fristensachbearbeiter neben der Eintragung der Termine und Fristen im zentralen P-Kalender die Pflicht, die für den zuständigen E-Kalender betreffenden Termine und Fristen zu notieren. I.d.R. erfolgt dies über die Auswahl des im E-Kalender aufgeführten Sachbearbeiters durch Bestätigen des Namensfeldes. Üblicherweise erfolgt eine **dezentrale** Erfassung der Termine, sodass bei entsprechender Eingabe der Termin/die Frist sowohl im zentralen P-Kalender als auch im zuständigen Einzelkalender eingetragen ist.

c) Löschung erledigter Termine

154 Termine, insbes. Gerichtstermine, die sich erledigt haben (z.B. Terminsverlegung) können Sie, anders als bei Fristen, im E-Kalender löschen. Sie können (einige RA-Programme bieten das auch an) diese Termine als „erledigt" löschen.

> *Beispiel:*
>
> *Im E-Kalender wird, nachdem zuvor im P-Kalender eine Eintragung erfolgte, folgender Gerichtstermin eingetragen:*
>
> *15.1.2018, 11.00 Uhr, Saal 205, AG Schöneberg, MV (Mündliche Verhandlung).*
>
> *Das Gericht hebt den Termin wegen krankheitsbedingter Abwesenheit des Vorsitzenden Richters auf.*

Diesen Termin können Sie in der Weise löschen, dass der Termin als erledigt notiert wird. Als Grund können Sie z.B. Terminsaufhebung notieren.

d) Löschung erledigter Fristen

155 Erledigte Fristen dürfen im E-Kalender nicht gelöscht werden.

156

> *Beispiel 1:*
>
> *Nachdem ein fristwahrendes Schriftstück zutreffend an den Empfänger (nach eingehender Kontrolle) übermittelt wurde, das Schriftstück kuvertiert und frankiert zum Postausgang gegeben wurde, hat der Fristensachbearbeiter die Frist im P-Kalender als erledigt notiert.*

157

> *Beispiel 2:*
>
> *Unter dem 23.1.2018 ist eine Frist wie folgt notiert:*
>
> *Mustermann ./. Mustermann, 500/09 (Prozessregister-Nr.), Berufungsbegründung,*
>
> *Dem Antrag des RA, die Frist zur Begründung der Berufung bis zum 23.2.2018 zu verlängern, gibt das LG fristgerecht statt. Die Frist zur Berufungsbegründung läuft nun-*

mehr am 23.2.2018 ab. Die neue Frist wurde im P-Kalender, Aktenvorblatt, Schriftsatz des LG sowie im E-Kalender notiert.

Zu Beispiel 1: **158**

Die erledigte Frist ist im E-Kalender als erledigt zu notieren. Dies erfolgt in der Weise, dass das Datum der Erledigung der Frist und sofern möglich, der Name des Fristensachbearbeiters eingegeben wird.

Zu Beispiel 2: **159**

Die hinfällige Frist vom 23.1.2018 darf nicht gelöscht werden. Vielmehr ist sie als „erledigt“ im E-Kalender zu notieren.

In keinem Fall, dürfen Fristen in dem E-Kalender gelöscht werden. Es muss jederzeit der Verlauf der Fristen im E-Kalender nachvollzogen werden können und wer diese Frist wann bearbeitet hat. **160**

III. Fristen

Bei den Fristen im Zivilverfahren wird zwischen **161**

- gesetzlichen Fristen,
- richterlichen Fristen,
- Ausschlussfristen,
- Notfristen,
- gewöhnlichen Fristen

unterschieden.

Im Zivilprozess sind die allgemeinen Vorschriften über die Fristen in den §§ 221 bis 229 ZPO geregelt. **162**

Nachstehend soll ein Überblick über die in einer Kanzlei wichtigsten Fristen im Zivilprozess dargestellt werden. Wegen der besonderen Einzelheiten zu den Fristen verweise ich auf die Ausführungen unter Rdn 131 ff. **163**

Rechtsmittel/Rechtsbehelfe	**Frist/Gesetzliche Vorschriften**
Berufung	§§ 511, 517 ZPO
Berufungsbegründung	§ 520 ZPO
Revision	§§ 542, 548, 551 ZPO
Sprungrevision	§ 566 ZPO
Anschlussrevision	§ 554 ZPO
Nichtzulassungsbeschwerde	§ 544 ZPO
Sofortige Beschwerde, Anschlussbeschwerde	§§ 567, 569, 793 ZPO

Rechtsmittel/Rechtsbehelfe	Frist/Gesetzliche Vorschriften
Rechtsbeschwerde, Anschlussrechtsbeschwerde	§§ 574, 575 ZPO
Erinnerung	§ 573 ZPO
Einspruch gegen Versäumnisurteil	§§ 338, 339 ZPO
Nichtigkeitsklage	§§ 579, 586 ZPO
Restitutionsklage	§§ 580, 586 ZPO
Widerspruch gegen Mahnbescheid	§ 694 ZPO
Einspruch gegen Vollstreckungsbescheid	§ 700 ZPO
Wiedereinsetzung in den vorigen Stand	§§ 233, 234 ZPO
Berichtigung des Tatbestands	§ 320 ZPO
Ergänzung des Urteils	§ 321 ZPO

G. E-Mailverkehr/Outlook

Daniela Schönert/Michael Brunner-Ovadia

164 Mittlerweile hat fast jede Kanzlei einen internetfähigen Rechner und zumindest eine eigene E-Mail-Adresse. Der Fortschritt kommt also auch in den Kanzleien an.

165 Die meisten Kanzleien verwenden derzeit wohl **Outlook 2019/2021** bzw. **Outlook 365** als E-Mail-Programm, so dass nachstehend die Einstellungen anhand dieser Versionen dargestellt werden. Die theoretischen Grundüberlegungen dahinter geltend natürlich für alle Versionen.

> *Hinweis:*
>
> In immer mehr Kanzleien setzt sich zwischenzeitlich das Modell Office 365 durch. Im Gegensatz zum klassischen Office zahlen Sie bei „Office 365" monatlich oder jährlich einen Abonnement-Betrag, erhalten dabei aber immer **die aktuelle Version**. Microsoft erlaubt weiterhin, dass Sie Office 365 pro Benutzer auf bis zu fünf Rechnern gleichzeitig installieren. Der Rechtsanwalt kann somit z.B. mit einer Lizenz seinen Tower im Büro, seinen Laptop und sein Tablet ausstatten.

166 Zunächst wird kurz der Aufbau des Outlook 2019/2021 dargestellt. Neben dem Menüband gibt es einen Ordnerbereich, eine Nachrichtenliste und einen Lesebereich. Über die Navigationsoptionen kann man im Übrigen zwischen den weiteren Funktionen von Outlook wie Kalender, Personen etc. wechseln.

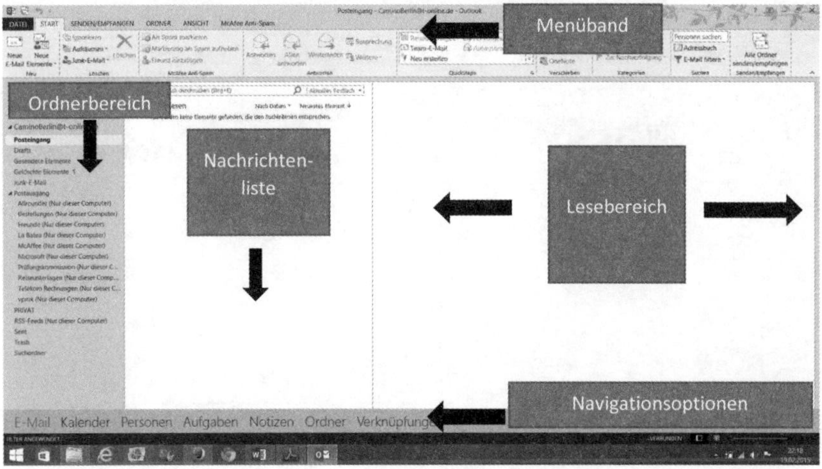

Das Outlook 2019/2021 ist sehr anpassungsfähig und es können weitere Funktionen über das Menüband → Ansicht und dann Aufgabenleiste (Layout) zur Outlook-Startseite hinzugefügt werden, wie z.B. der Kalender. **167**

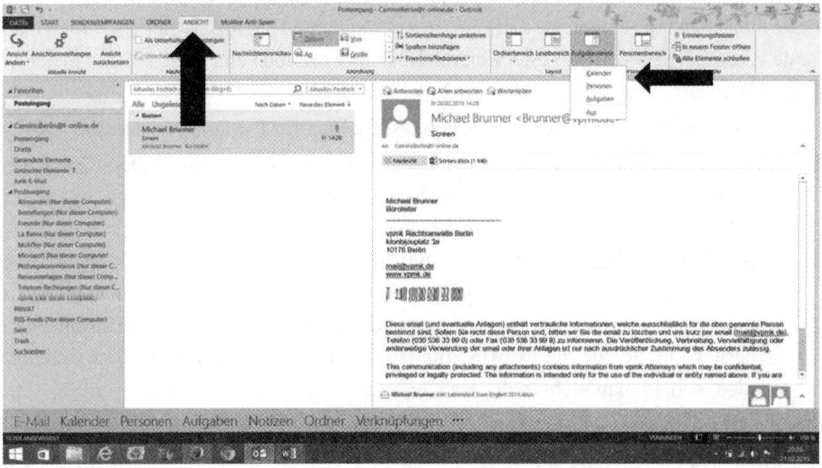

Danach erscheint der Kalender bei jedem Start rechts neben dem Lesebereich. **168**

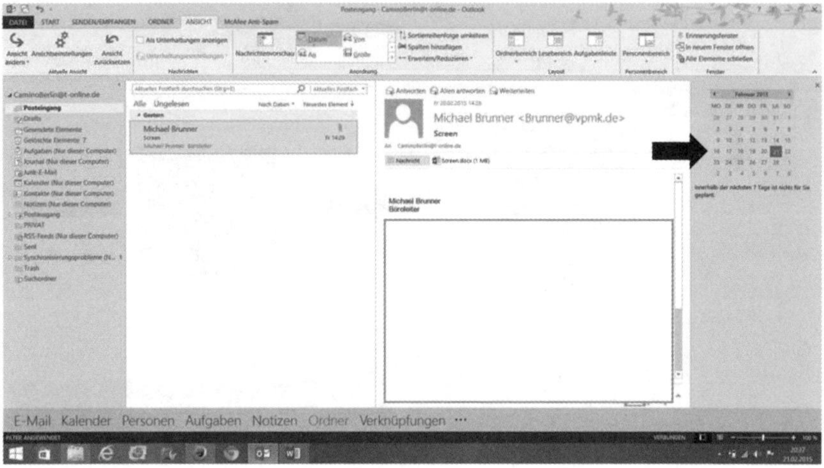

I. Schnelligkeit und Ordnung

169 Durch Einsatz von Internet und E-Mails ist jedoch das Kanzleileben schneller geworden. Hatte man noch vor Jahren eine Anfrage an den Mandanten per Post gestellt, so erhält man heute z.T. innerhalb von kürzester Zeit die Rückantwort und kann diese z.T. am gleichen Tag weiterbearbeiten.

170 Doch immer wieder werden die Handhabungspflichten für E-Mails verkannt:

- Grds. kann bei einfachen Anfragen erwarten werden, dass diese der Schnelligkeit des Mediums entsprechend im Laufe des Tages, zumindest am nächsten Tag beantwortet werden. (Dies gilt übrigens auch bei Faxen).
- Ist die E-Mail-Adresse auf dem Briefbogen enthalten, so ist meines Erachtens eine zeitnahe Kontrolle des E-Maileinganges über den gesamten Tagesverlauf angebracht und nicht nur zweimal am Tag morgens und abends. Bei persönlichen E-Mail-Postfächern sollte ferner die **Abwesenheitsnotiz**/der Abwesenheitsassistent aktiviert werden, sobald man nicht in der Kanzlei ist.

171 Um die Schnelligkeit zu gewähren und das E-Mail-Postfach in den Griff zu bekommen, muss man den Posteingang unbedingt ordnen. Es bietet sich daher an, verschiedene Ordner anzulegen und eingehende Emails ggf. entsprechend zu verschieben. Als Ziel sollte man sich setzen, dass am Abend der E-Mail-Posteingang völlig leer ist.

172 Die Anlage eines neuen Ordners erfolgt in Outlook 2019/2021 über den Ordnerbereich. Mit einem rechten Mouseklick öffnet sich eine Optionsleiste.

Wählen Sie dort den Befehl Ordner → Neuer Ordner:

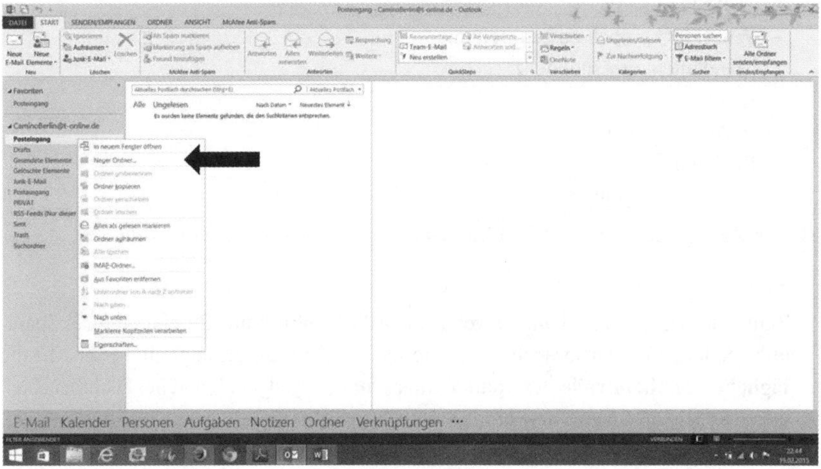

Sie können nunmehr den neuen Ordner benennen. 173

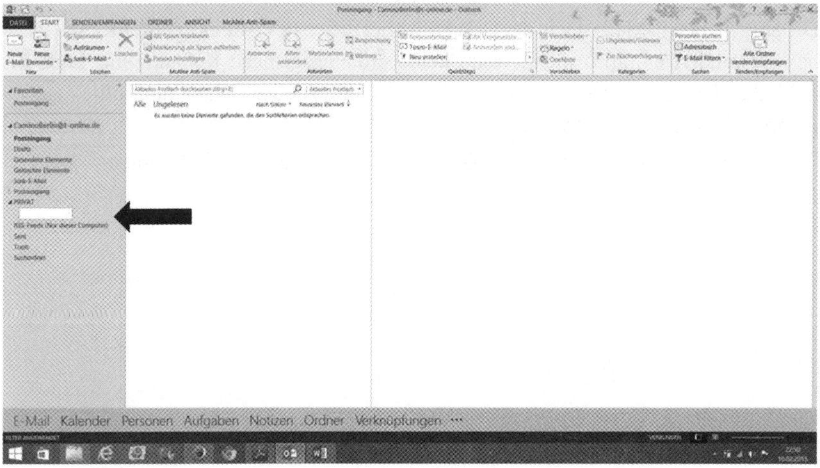

Neben den üblichen Ordnern, die bereits in Outlook vorangelegt sind, wie 174

- Posteingang,
- Postausgang,
- gesendete Objekte,
- Entwürfe,

könnte man z.B. folgende Unterordner einrichten:

- beim Posteingang:
  - WICHTIG – noch zu bearbeiten,
  - Mandantenkorrespondenz,
  - Internes,
- beim Archivordner:
  - Rechnungen,
  - Kanzleiverfügungen.

175 Mit der Zeit werden Sie sicherlich Ihr eigenes Ordnungssystem entwickeln.

176 *Hinweis:*

Zum Thema Ordnung in Outlook gehört auch die Kontrolle und Bereinigung des Spamordners. Ich möchte insbesondere auf die ständige Rechtsprechung[9] hinweisen, die die **tägliche Emailkontrolle des Spamordners** für notwendig hält und bei Nichtbeachten dieser Regel von einem Versäumnis des Rechtsanwalts und einer evtl. Haftung ausgeht.

II. Ordnungsgemäße Kennung

177 Die ausgehende E-Mail ist wie der Geschäftsbrief die erste **Visitenkarte** der Kanzlei. Daher verwundert es umso mehr, wenn keine ordnungsgemäße Kennung am Ende der E-Mail enthalten ist. Diese ist recht einfach in Outlook einzurichten und sollte kanzleiintern einheitlich formatiert sein.

178 Gehen Sie hierzu im Menüband auf Datei und dort auf den Befehl Optionen.

9 Vgl. LG Bonn, Urt. v. 10.1.2014 – 15.O.189/13.

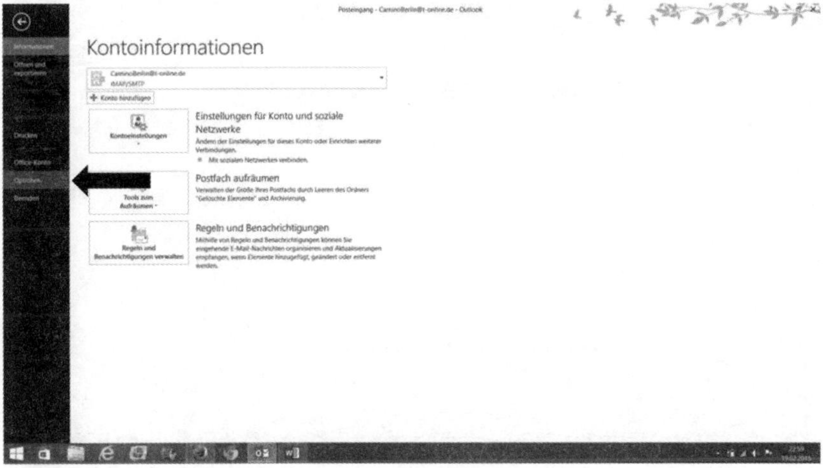

Es öffnet sich nunmehr ein weiteres Fenster mit Outlook-Optionen. Wählen Sie dort unter Emails → Nachrichten verfassen → Signaturen aus. **179**

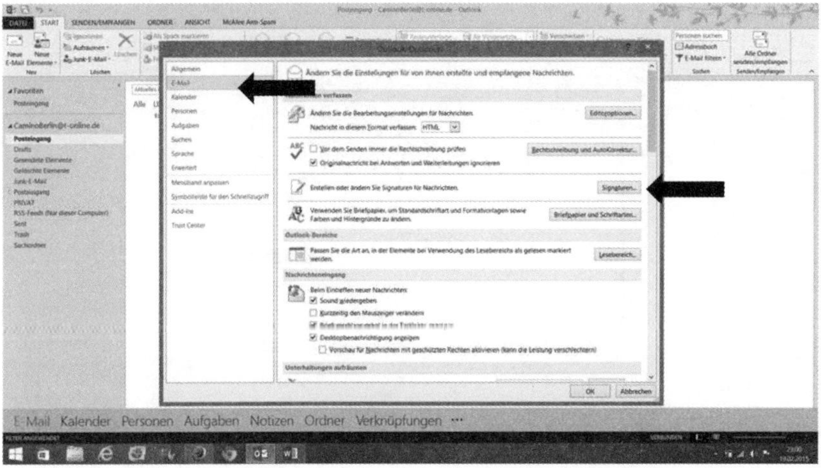

Klicken Sie auf der Registerkarte E-Mail-Signaturen nunmehr auf den Button Neu und geben Sie einen Namen für die Signatur ein. **180**

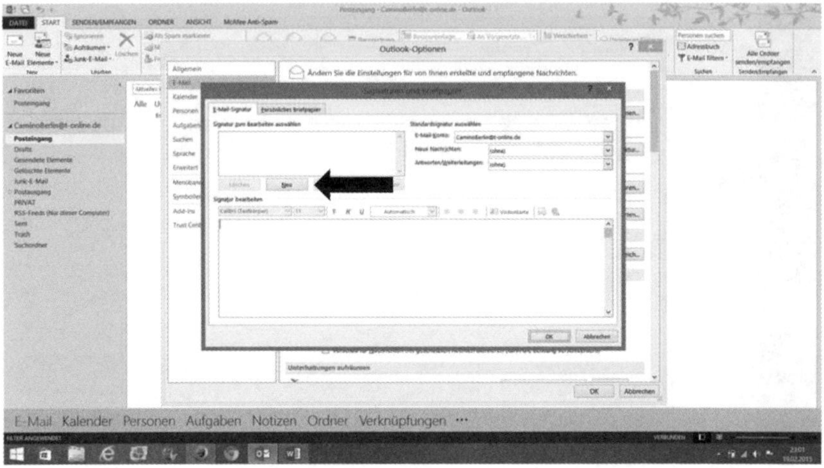

181 Im Feld Signaturen bearbeiten können Sie den Text der Signatur eingeben und formatieren.

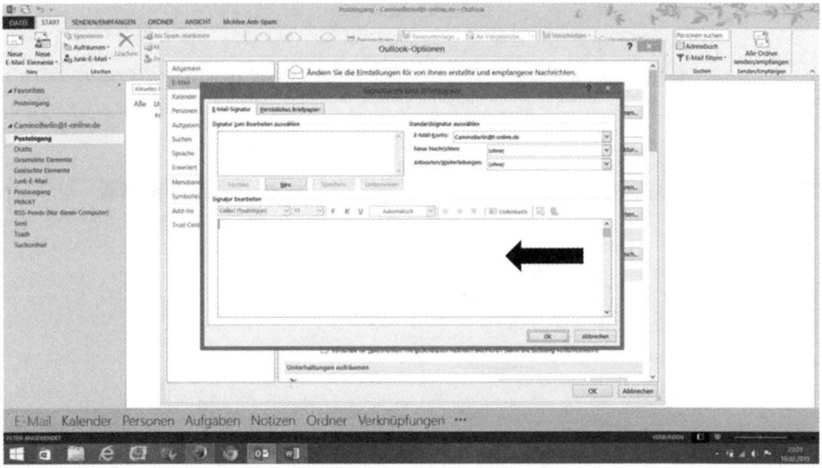

182 Eine mögliche Signatur könnte wie folgt aussehen:

▼ 183

Muster 2.8: Signatur

Petra Muster (Name ReFa)
Sekretariat
itg Rechtsanwälte Berlin
Fasanenstraße 81 B
10623 Berlin
mail@itg.de
www.itg.de
T +49 (0)30 98 98 – 0
F +49 (0)30 98 98 – 600

Diese E-Mail (und eventuelle Anlagen) enthält vertrauliche Informationen, welche ausschließlich für die oben genannte Person bestimmt sind. Sofern Sie nicht diese Person sind, bitten wir Sie die E-Mail zu löschen und uns kurz per E-Mail (mail@itg.de), Telefon (030 98 98 – 0) oder Fax (030 98 98 – 600) zu informieren. Die Veröffentlichung, Verbreitung, Vervielfältigung oder anderweitige Verwendung der E-Mail oder ihrer Anlagen ist nur nach ausdrücklicher Zustimmung des Absenders zulässig.

This communication (including any attachments) contains information from itg Attorneys which may be confidential, privileged or legally protected. The information is intended only for the use of the individual or entity named above. If you are not the intended recipient, you are hereby notified that any review, disclosure, copying, distribution or use of the contents of this communication is strictly prohibited. If you have received this electronic transmission in error, please notify us by telephone (+49 – 30 – 98 98 – 0) or fax (+49 – 30+98 98 – 600) or by E-Mail to mail@itg.de, and immediately destroy all copies of this transmission.

▲

Damit die Signatur jedoch immer automatisch an Ihre E-Mails angefügt wird, ist es notwendig, die entsprechende Signatur zuzuordnen. Dies geschieht über Standardsignatur auswählen, jeweils für Neue Nachrichten und Antworten/Weiterleiten. Mit OK wird die Signatur letztendlich gespeichert. 184

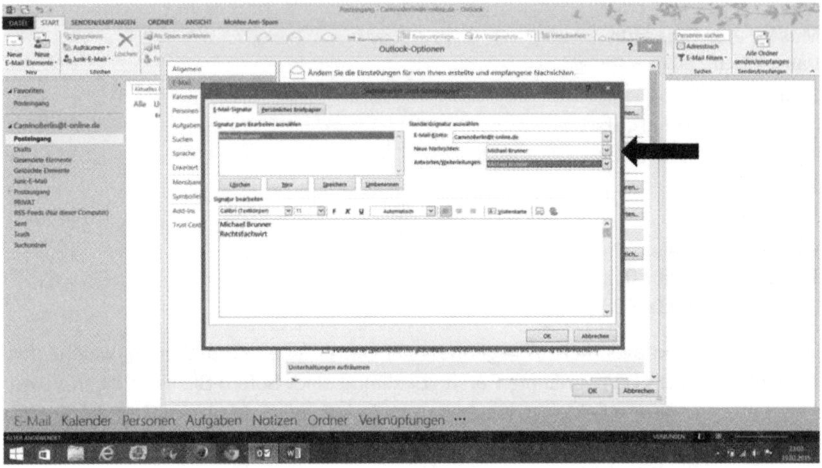

III. Abwesenheitsassistent

185 Bereits ab einem Tag Abwesenheit sollte der Abwesenheitsassistent aktiviert werden. Erhalten Sie nach der Aktivierung in Ihrer Abwesenheit eine E-Mail, so wird der Absender zumindest über Ihre Abwesenheit informiert.

186 Der Assistent ist wie folgt einzustellen: Gehen Sie hierzu im Menüband auf Datei und erscheint ein neues Fenster mit Kontoinformationen. Gehen Sie dort auf Automatische Antworten → Automatische Antworten senden und wählen dann Ihre Optionen aus. Diese Funktion setzt allerdings ein Microsoft Exchange Server-Konto voraus, das allerdings in den meisten Kanzleien verwendet wird,

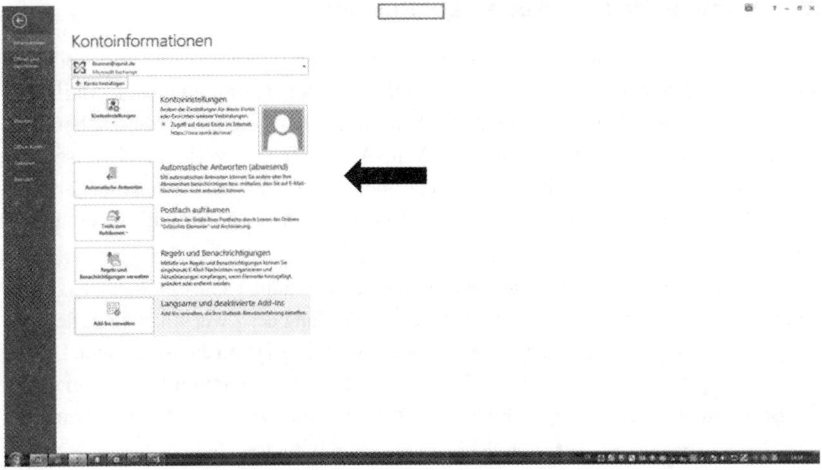

Markieren Sie dann den Punkt „Automatische Antworten senden“. Im darunterliegenden Feld können Sie Ihren individuellen Text für die Abwesenheitsnachricht eingeben und zwar ab Outlook 2013 getrennt für außerhalb und innerhalb der Organisation. 187

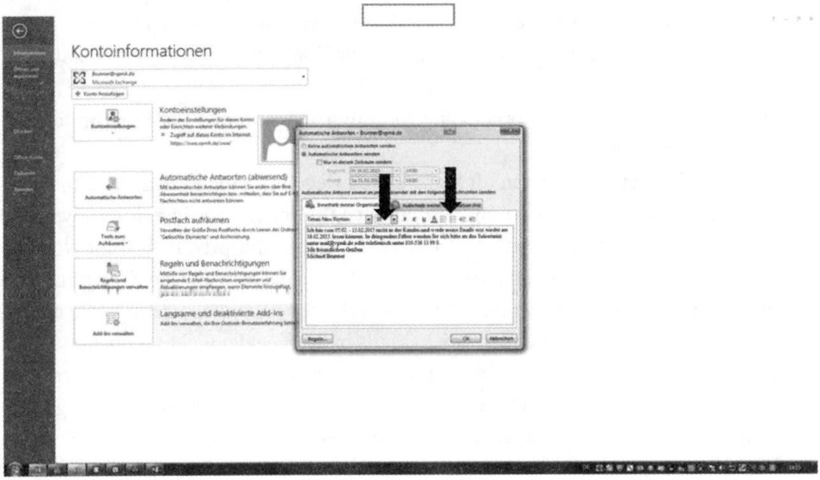

Schließen Sie dann den Assistenten mit dem OK-Button. Die Aktivierung ist erfolgt. 188

IV. Private E-Mail- (und Internet-) Nutzung

189 Inzwischen verfügen die meisten Kanzleien über einen Internetzugang und viele Kolleginnen und Kollegen haben einen Arbeitsplatz mit Netzanbindung. Da E-Mails häufig zur internen Kommunikation innerhalb der Kanzleien genutzt werden, haben viele Kolleginnen und Kollegen eine eigene E-Mail-Anschrift. Dies verleitet teilweise dazu, vom Arbeitsplatz aus privat E-Mails zu schreiben und im Internet privat zu surfen. Dieses Verhalten kann grds. zu einem Konflikt zwischen Arbeitgeber und Arbeitnehmer führen.

190 Die Nutzung von E-Mails und Internet ist immer dann erlaubt, wenn ein Bezug zu dienstlichen Aufgaben besteht. Dabei findet keine Überprüfung der Zweckmäßigkeit der Nutzung statt und sogar eine private Kommunikation via E-Mail kann dienstlich sein. Dies ist z.B. dann gegeben, wenn man seinem Lebenspartner per E-Mail mitteilt, dass man wegen der Bearbeitung einer wichtigen Fristsache später als vorgesehen nach Hause kommt.

191 Liegt hingegen eine private Nutzung vor, kommt es auf die Regelung in der entsprechenden Kanzlei und ggf. auch auf die Regelungen im Arbeitsvertrag an. Dabei sind drei Varianten möglich:

- **Ausdrückliches Verbot**
  Der Arbeitgeber als Inhaber des Internetzugangs kann grds. jedwede private Nutzung von E-Mails und Internet verbieten. Ein Verbot wird manchmal auch nur teilweise ausgesprochen, z.B., dass man zum Schutz vor Computerviren keine Anhänge privater E-Mails öffnen darf.
  Ein Verstoß gegen dieses Verbot kann zur **außerordentlichen Kündigung** führen.
- **Gewohnheitsrecht**
  In vielen Kanzleien existieren oft keine klaren Regeln für die E-Mail- und Internetnutzung und die private Nutzung wird **außerhalb der Bürozeiten** stillschweigend vom Arbeitgeber geduldet. Duldet der Arbeitsgeber die private E-Mail-Nutzung über einen längeren Zeitraum (ab ca. einem Jahr), so entsteht ein sog. **Gewohnheitsrecht**. Aufgrund dieses Gewohnheitsrechts durfte der Arbeitnehmer zu Recht annehmen, dass das private Versenden von E-Mails in der Kanzlei nicht verboten ist. Eine geringfügige Nutzung des Internets zum Versenden von privaten E-Mails wäre demnach kein Grund für eine außerordentliche Kündigung. Erfolgt jedoch eine geringfügige private Nutzung **innerhalb der Arbeitszeit**, so wäre dies zumindest ein **Abmahnungsgrund**.
  Erfolgt die private Nutzung durch den Arbeitnehmer jedoch in erheblichen zeitlichen Umfang während der Arbeitszeit, so erbringt der Arbeitnehmer einen maßgeblichen Teil seiner Arbeitsleistung nicht mehr. Es liegt hier eine Verletzung der Hauptverpflichtung des Arbeitsnehmers aus dem Arbeitsvertrag vor, die grds. zu einer außergerichtlichen Kündigung führen kann.

- **Erlaubniserteilung durch den Arbeitgeber**
  Die Erlaubniserteilung seitens des Arbeitsgebers erfolgt in den Kanzleien i.d.R.:
  - im Arbeitsvertrag bzw. einer späteren arbeitsvertraglichen Zusatzvereinbarung oder
  - durch öffentliche Verkündung (mündlich oder durch schriftlichen Aushang/Rundmail).

  Grds. ist die Gestattung von privater E-Mail-Nutzung eine freiwillige Leistung des Arbeitgebers, die dieser jederzeit ohne Angabe von Gründen widerrufen kann.

Ist die Erlaubnis jedoch arbeitsvertraglich geregelt, so bedarf eine Änderung der Zustimmung des Arbeitnehmers. Eine **Änderungskündigung** dürfte nicht in Betracht kommen, da diese laut Rechtsprechung des BAG nur bei dringenden betrieblichen Erfordernissen zulässig ist. Der Arbeitgeber könnte sich jedoch bereits im Arbeitsvertrag einen Widerruf der Erlaubnis vorbehalten haben. In diesem Fall wäre eine Rücknahme unproblematisch. 192

Aber auch die gestattete **private E-Mail- und Internet-Nutzung** muss sich im angemessenen Rahmen bewegen und darf vom Arbeitnehmer nicht missbraucht werden. Wann dabei die Grenze des für den Arbeitgeber hinnehmbaren Verhaltens überschritten ist, ist im Einzelfall zu bestimmen. Laut BAG können folgende Fälle zu einer außerordentlichen Kündigung im Einzelfall führen: 193

- Verstoß gegen eine zeitliche Beschränkung der Nutzung (z.B. 1 Std./Woche in den Pausenzeiten),
- Herunterladen von strafbaren und pornografischen Inhalten,
- Herunterladen von erheblichen Datenmengen, insbes. bei Gefahr, dass das System mit Computerviren infiziert wird,
- wenn dem Arbeitgeber durch die Nutzung zusätzliche Kosten entstehen oder
- bei Privatnutzung während der Arbeitszeit, weil der Arbeitnehmer während des Surfens bzw. E-Mailverkehrs seine Arbeitsleistung nicht erbringt, dies jedoch seine Hauptpflicht ist.

Die gleichen Grundsätze geltend i.Ü. **auch für das private Telefonieren** am Arbeitsplatz. 194

> *Praxistipp:* 195
>
> Immer mehr Kanzleien verbieten grundsätzlich die private Nutzung des Internets, um so Diskussionen mit dem Arbeitnehmer, was ein angemessener Rahmen ist, zu vermeiden. Zwischenzeitlich gibt es auch gute Überwachungsprogramme, die den Internetverlauf aufzeichnen, so dass eine individuelle Verlaufslöschung (z.B. beim Internet Explorer unter Extra-Internetoptionen- allgemeinen Browserverlauf löschen) wiederhergestellt werden kann.

H. Word-Serienbrief

196 Die Serienbrieffunktion ist eine sehr hilfreiche Funktion in Word, um gleichartige Schreiben an eine Vielzahl von Empfängern zu versenden.

Die Serienbrieffunktion könnte Ihnen z.B. bei folgenden Schreiben helfen:

- Weihnachtsschreiben oder Infosendungen an die Mandanten,
- Mahnschreiben an eine Vielzahl von Schuldnern für einen Großmandanten oder
- eigene Mahnschreiben an Mandanten.
- Sachstandsanfragen bei der Bearbeitung von Insolvenzakten (Gläubigervertreter) oder
- Erstellung von Adressetiketten

Sogar die Erstellung von gleichartigen Verträgen für einen Mandanten für die Verwendung einer Vielzahl von Vertragspartner wäre denkbar.

I. Grundlagen

197 Für die Erstellung eines Serienbriefes (bzw. Serientextes) bedarf es zum einen eines **Rohtextes** (auch Hauptdokument genannt) und zum anderen einer Datenquelle, mit welcher sodann der Rohtext verknüpft werden muss.

Die Datenquelle enthält dabei die variablen Daten des Serienbriefes in Form einer Tabelle. I.d.R. wird meist eine Exceltabelle verwendet, aber auch Tabellen im Word- und Access-Format können verarbeitet werden.

Die meisten Rechtsanwaltsprogramme stellen sogar einen Export ihrer Daten in eine Exceltabelle zur Verfügung, die dann als Datenquelle mit einem Rohtext zu einem Seriendruck verknüpft werden kann. Die nachstehende Anleitung zur Erstellung eines Serienbriefes berücksichtigt den Funktionsaufbau in Word 2016/2019/2021/Word 365. Aus Gründen der Übersichtlichkeit wurde auf die Darstellung älterer Word-Versionen verzichtet, das Grundprinzip ist jedoch ähnlich wie in Word 2016.

Beispiel:

Es soll nunmehr ein Serienbrief erstellt werden, um säumige Mandanten letztmalig zur Zahlung aufzufordern. In der Kanzlei itg Rechtsanwälte sind folgende Rechnungen unbezahlt:

Frau Berta A	*500,00 EUR*	*RE Nr. 9980 – 18*	*Ehescheidungssache*
M GmbH	*2.000,00 EUR*	*RE Nr. 8997 – 18*	*GmbH-Vertrag*
Herrn Franz B	*200,00 EUR*	*RE Nr. 5676 – 18*	*Arzthaftung*

Alle Rechnungen wurden bereits 3-mal angemahnt, es soll nunmehr die gerichtliche Geltendmachung mit Fristsetzung angekündigt werden.

II. Erstellung des Rohtextes

Als Erstes muss nunmehr der Rohtext erstellt werden, die **Variablen** werden zunächst 198
durch XXX dargestellt und werden später durch Serienbriefdruckfelder ersetzt.

▼

Muster 2.9: Rohtext

Sehr geehrte XXX,

trotz mehrfacher Mahnungen haben Sie in Ihrer Angelegenheit wegen XXX unsere Rechnung mit der Rechnungsnummer XXX in Höhe von XXX nicht bezahlt.

Wir setzen Ihnen daher eine letzte Zahlungsfrist bis zum 31.5.2018.

Nach fruchtlosem Ablauf der Frist werden wir unsere berechtigte Forderung nebst Verzugsschaden ohne weitere Ankündigung gerichtlich geltend machen.

Mit freundlichen Grüßen

Rechtsanwalt

▲

Öffnen Sie nunmehr ein leeres Worddokument und schreiben den obigen Rohtext ab. 199

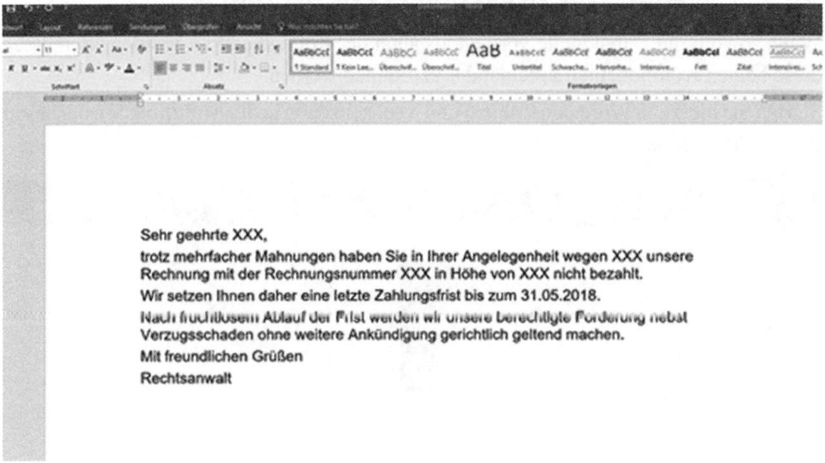

III. Erstellen der Datenquelle

Da in der Praxis am häufigsten eine Excel-Tabelle als Datenquelle verwendet wird, sollen 200
die Angaben zu den säumigen Mandanten aus dem Übungsfall in eine Excel-Tabelle ein-

getragen werden. Zur Veranschaulichung wurden Anschriften erfunden und in der Tabelle vervollständigt.

201 Öffnen Sie ein Excel-Arbeitsblatt und tragen die variablen Informationen über die säumigen Mandanten ein. Es ist hierbei zu beachten, dass die Begriffe in der ersten Zeile als spätere Serienbriefplatzhalter-Namen dienen.

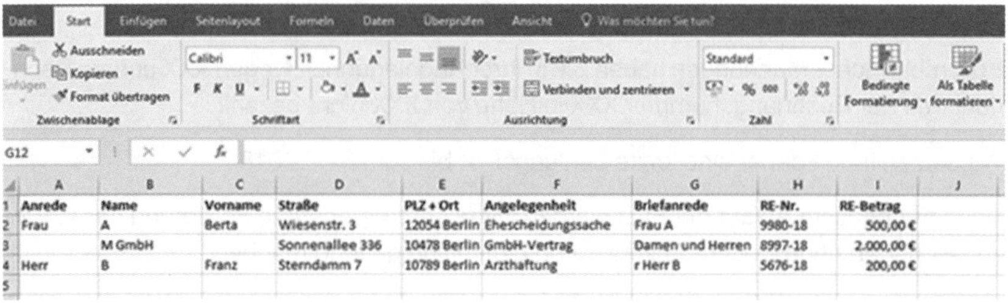

202 Die Datenquelle sollte danach gespeichert werden, z.B. unter den Namen „Serienbrief-Daten.xls“ oder „.xlsx“.

IV. Kombination der Datenquelle mit dem Rohtext

203 Wenn sowohl die Datenquelle vorliegt als auch der Rohtext erstellt worden ist, müssen diese beiden Komponenten miteinander verbunden werden.

204 Starten Sie hierzu in Word den Rohtext und wechseln dann in der Multifunktionsleiste zur Registerkarte *Sendungen*.

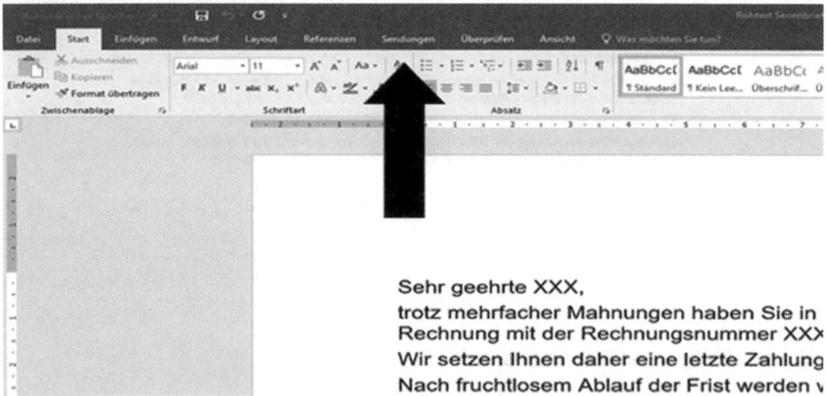

205 Auf der Registerkarte finden Sie verschiedene Gruppen über die alle Serienbrieffunktionen gesteuert werden können.

Klicken Sie den Button *Seriendruck starten* an und wählen dort die Art der Sendung, in unserem Beispiel *Briefe*, aus.

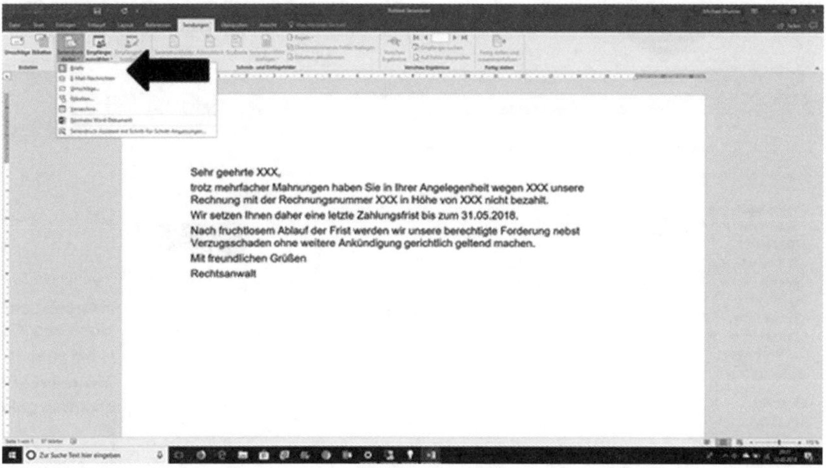

Damit ist unser Word-Rohtext als Briefvorlage für den Seriendruck eingerichtet. Als 206
Nächstes muss die Datenquelle ausgewählt werden.

Dazu muss in der Multifunktionsleiste der Button *Empfänger auswählen* angeklickt werden. Da wir bereits die Datenquelle erstellt haben, wählen Sie bitte den Befehl *Vorhandene Liste verwenden* aus.

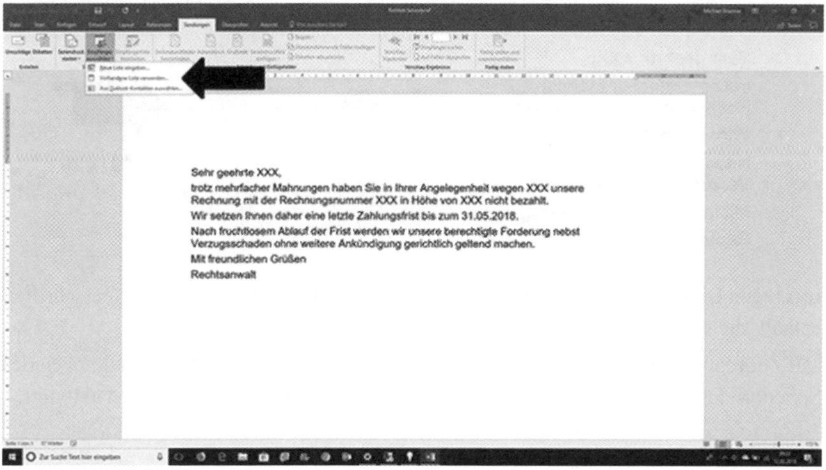

207 Im Dialogfeld *Datenquelle auswählen* müssen Sie nunmehr nur noch die abgespeicherte Tabelle, im Beispiel *Serienbrief-Daten.xls*, zuordnen.

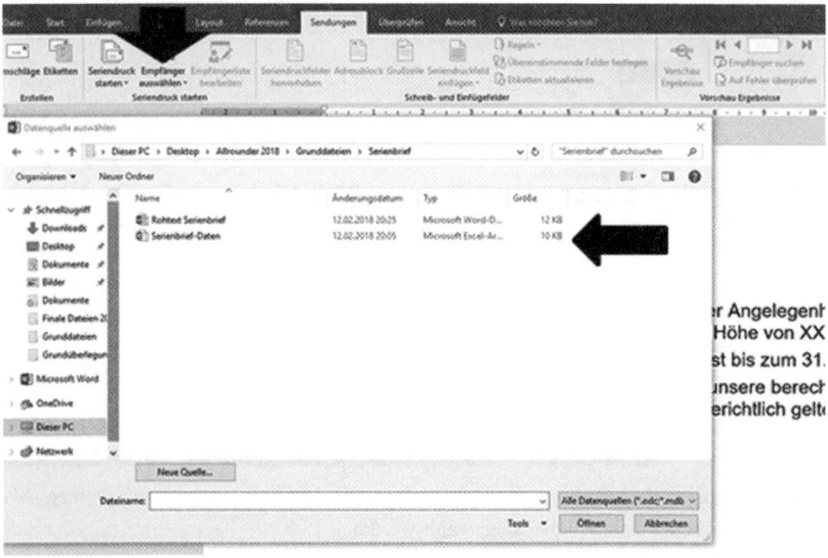

208 Eine Excel-Arbeitsmappe kann aus mehreren Arbeitsblättern bestehen, die dann auch alle angezeigt werden. Wählen Sie nunmehr Tabelle 1 aus, da sich unsere Datenquelle auf dem ersten Arbeitsblatt befinden.

209 Im obigen Dialogfeld lässt sich zudem angeben, dass die erste Zeile Spaltenüberschriften enthält, die später als Namen der Seriendruckfelder benutzt werden.

210 Mit Zuordnung der Datenquelle zum Rohtext stehen Ihnen die weiteren Funktionen des Serienbriefes zur Verfügung. Die ehemals grau hinterlegten Buttons wurden aktiviert.

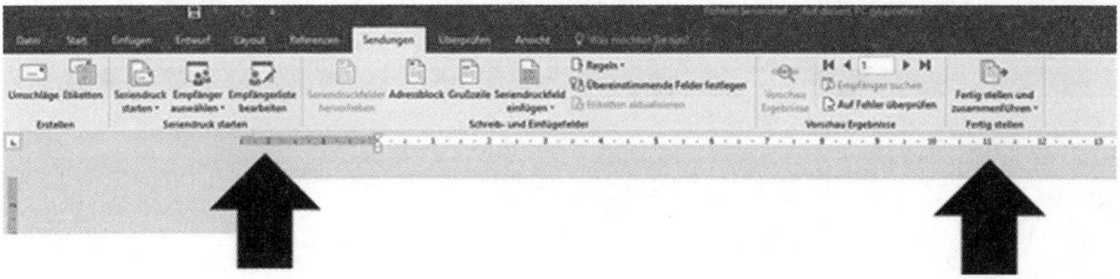

Als Nächstes können Sie die Platzhalter „XXX" durch Seriendruckfelder im Rohtext ersetzen. Wenn Sie den Befehl *Seriendruckfeld einfügen* auswählen, so erscheint eine Liste sämtlicher Namen der möglichen Seriendruckfelder aus der Datenquelle. 211

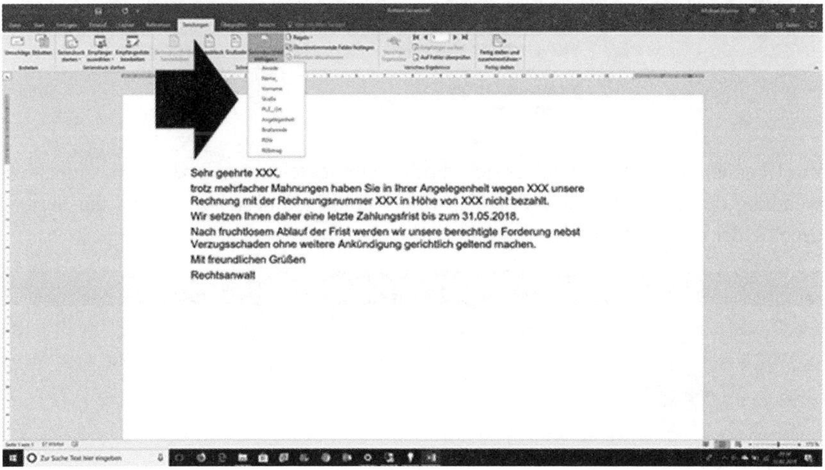

212 Nach Einfügen aller Seriendruckfelder sieht unser Serienbrief wie folgt aus:

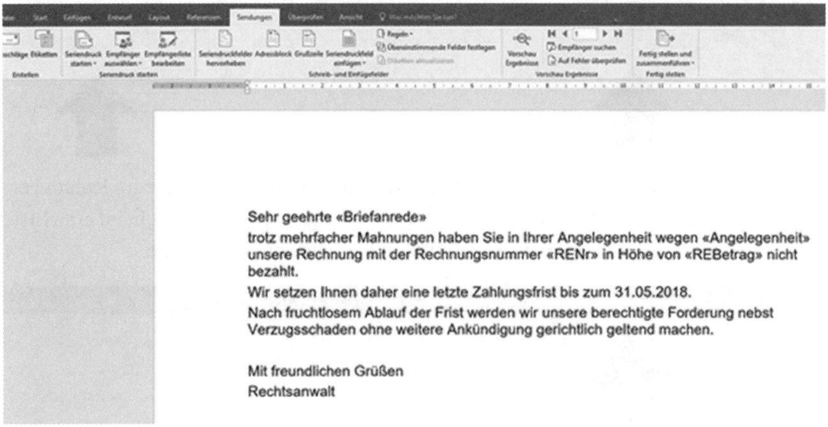

213 Zur Übersichtlichkeit empfiehlt es sich, die Seriendruckfelder hervorzuheben. Unter Verwendung des entsprechenden Befehls in der Multifunktionsleiste werden die Seriendruckfelder grau hinterlegt.

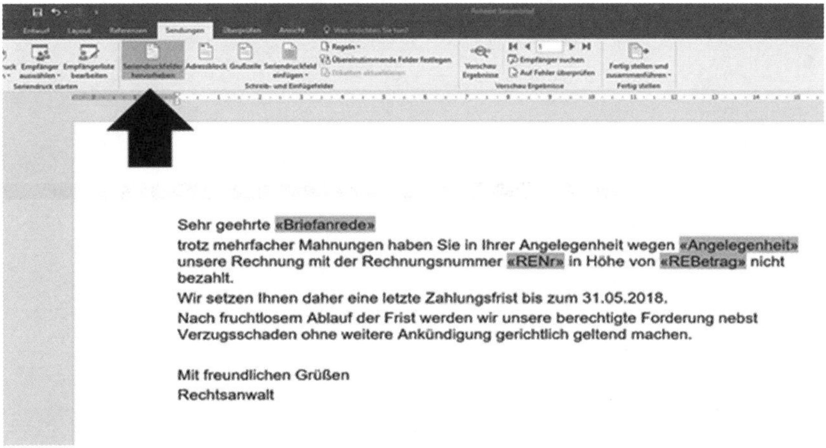

214 In Word besteht ferner die Möglichkeit, die Empfängerliste zu bearbeiten. Bei umfangreichen Adressbeständen ist es evtl. nicht immer erwünscht, dass das Schreiben an alle in der Datenquelle enthaltenen Empfänger geht.

Wählen Sie hierzu den Befehl *Empfängerliste bearbeiten* in der Multifunktionsliste aus und es erscheint folgendes Dialogfeld:

Durch das „Ausklicken“ einer Datei (z.B. den Datensatz eines Mandanten) wird der „Empfänger“ nicht mehr im Serienbrief berücksichtigt. Daneben besteht jedoch auch noch die Möglichkeit, die Empfängerliste zu sortieren oder zu filtern.

Sobald der Serienbrief vollständig vorliegt und ggf. eine bereinigte Empfängerliste vorhanden ist, kann der **Seriendruck** gestartet werden. 215

Zur Vermeidung eines Fehlversuchs bietet es sich an, einen Test durchzuführen. Durch den Befehl *Vorschau Ergebnisse*, werden die Daten der Empfängerliste in den Serienbrief eingefügt und Sie können nun alle Datensätze kontrollieren, indem Sie weiterblättern oder die Nummer des entsprechenden Datensatzes eingeben. 216

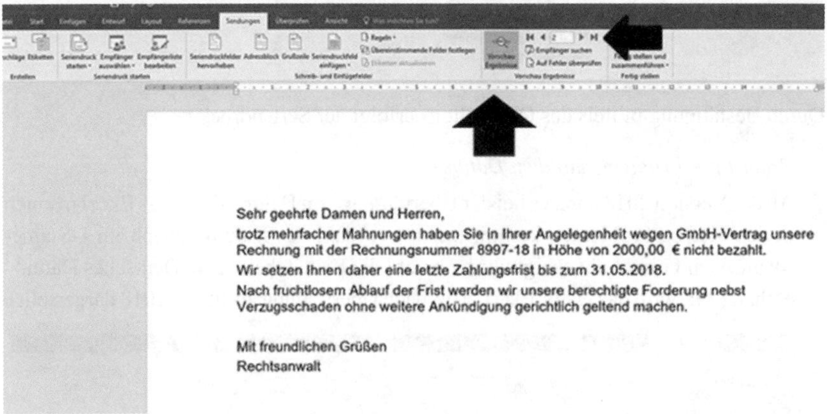

Wenn die Vorschau zu einem positiven Ergebnis führte, können Sie den Seriendruck starten. Wählen Sie hierzu den Befehl *Fertig stellen und zusammenführen* aus. Es erscheint ein Dialogfeld, in dem Sie ggf. auch nur einen Teil der Datensätze auswählen können. 217

218 Durch Bestätigung mittels des OK-Buttons erfolgt der Seriendruck.

219 *Praxistipp: Probleme mit dem Datum*

Ab der Version 2013 kann es bei der Übertragung von Datumsdaten aus Excel in einen Serienbrief zu Problemen kommen, insoweit dass das Datum danach im US-amerikanischen Format angezeigt wird, obwohl die Exceltabelle ein „Deutsches Datum" enthält (z.B. wird das Datum 31.5.2018 nach Übertragung als 05/31/2018 dargestellt).

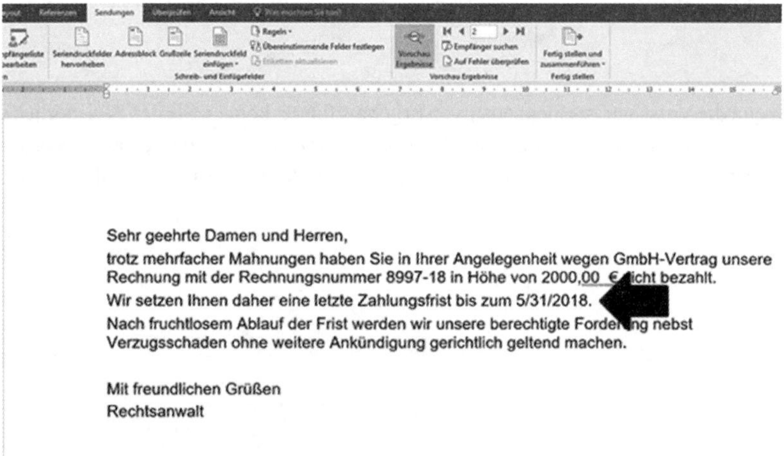

Dieses Problem lässt sich jedoch recht einfach lösen.

- Fügen Sie das Seriendruckfeld DATUM in Ihren Rohtext wie gewohnt ein und gehen anschließend zu Ihrem „Datum"-Feld und klicken mit Rechts drauf. Wählen Sie im Kontextmenü den Befehl *Feldfunktionen ein*.

- Sie sehen nun ein grau hinterlegtes Feld, in welchem z.B. je nach Spaltenname etwas wie *{MERGEFIELD Datum_Zahlungsfrist_}* steht. Platzieren Sie den Cursor am Ende des Feldes direkt vor die schließende geschweifte Klammer. Fügen Sie dort ein Leerzeichen und den folgenden Code ein: • „dd. MM yyyy“. Wichtig ist hierbei, dass die beiden MM für den Monat groß geschrieben werden, der Rest klein.

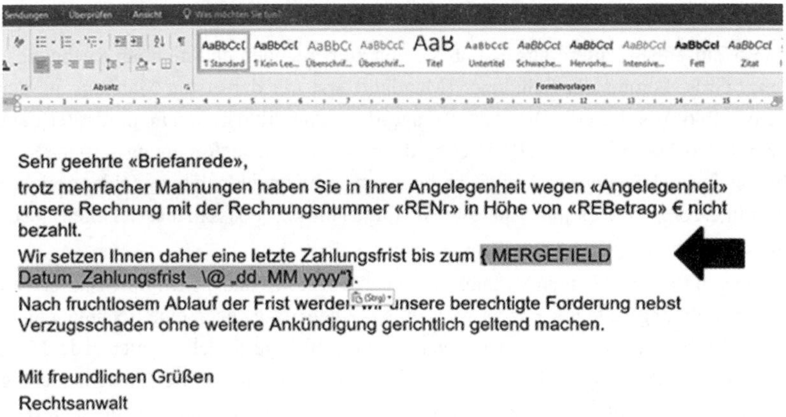

Sehr geehrte «Briefanrede»,

trotz mehrfacher Mahnungen haben Sie in Ihrer Angelegenheit wegen «Angelegenheit» unsere Rechnung mit der Rechnungsnummer «RENr» in Höhe von «REBetrag» € nicht bezahlt.

Wir setzen Ihnen daher eine letzte Zahlungsfrist bis zum { MERGEFIELD Datum_Zahlungsfrist_ \@ „dd. MM yyyy"}.

Nach fruchtlosem Ablauf der Frist werde[illegible] unsere berechtigte Forderung nebst Verzugsschaden ohne weitere Ankündigung gerichtlich geltend machen.

Mit freundlichen Grüßen

Rechtsanwalt

- Klicken Sie nun erneut mit der rechten Maustaste drauf, um die Feldfunktionen wieder auszublenden. Das Datum wird nunmehr im richtigen Format übertragen.

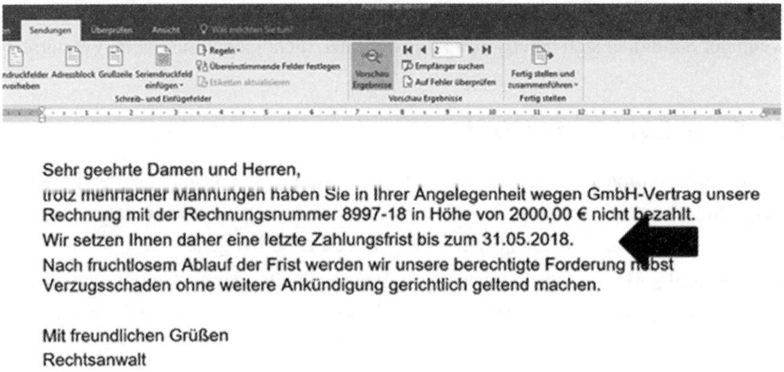

Sehr geehrte Damen und Herren,

trotz mehrfacher Mahnungen haben Sie in Ihrer Angelegenheit wegen GmbH-Vertrag unsere Rechnung mit der Rechnungsnummer 8997-18 in Höhe von 2000,00 € nicht bezahlt.

Wir setzen Ihnen daher eine letzte Zahlungsfrist bis zum 31.05.2018.

Nach fruchtlosem Ablauf der Frist werden wir unsere berechtigte Forderung nebst Verzugsschaden ohne weitere Ankündigung gerichtlich geltend machen.

Mit freundlichen Grüßen

Rechtsanwalt

V. Rechtliche Anmerkungen zum Verzugsschaden

220 Als **Verzugsschaden** kommen hier in erster Linie Verzugszinsen gem. § 288 BGB in Betracht. Die Zinsen würden bei der ersten und bei der dritten Rechnung der Serienbriefe 5 Prozentpunkte über dem Basiszinssatz, bei der zweiten Rechnung 9 Prozentpunkte über dem Basiszinssatz betragen, da es sich bei dem zweiten Datensatz um **keinen Verbraucher** (M GmbH) handelt.

221 Diese Zinsen sind allerdings erst ab Verzug zu berechnen und nicht ab Rechnungsstellung. Grds. kommt der Schuldner (Mandant) erst mit der ersten Mahnung in Verzug gem. § 286 Abs. 1 BGB. Die sog. 30-Tage-Regelung gilt nämlich nicht für Verbraucher gem. § 286 Abs. 3 S. 1 Hs. 2 BGB, es sei denn, er wurde in der Rechnung besonders darauf hingewiesen. Die meisten Anwaltsrechnungen enthalten jedoch kein Zahlungsziel (Endtermin, zu dem eine Zahlung spätestens erfolgen muss), sodass in diesen Fällen erst durch die erste Mahnung Verzug eintritt.

222 Im obigen Beispiel könnten Verzugszinsen bei dem ersten und dritten Datensatz erst ab der ersten Mahnung geltend gemacht werden, Nr. 2 betrifft dagegen eine Rechnung an einen Nicht-Verbraucher (Unternehmer), sodass hier die 30 Tage-Regelung gilt und der Mandant bereits ohne Mahnung nach Ablauf von 30 Tagen ab Zugang der Rechnung in Verzug ist.

223 Ferner stellt sich die Frage, ob für das letzte Schreiben (Serienbrief) nicht noch **Rechtsanwaltsgebühren** anfallen, die gleichwohl später als Verzugsschaden geltend gemacht werden können. Denkbar wäre hier eine Ansetzung einer 1,3 Geschäftsgebühr gem. Nr. 2300 VV RVG nach einem Gegenstandswert i.H.d. offenen Forderung.

Eine gesonderte Gebühr entsteht hier jedoch nicht. Eine gesonderte Gebühr entsteht hier nur, wenn der Schuldner sich bereits in Verzug befindet, nicht jedoch für die In-Verzugsetzung.

I. Excel 2016/2019/2021

224 Die Grundkenntnisse von Excel, wie einfache Formeln, haben sich die meisten Kollegen selber mit „learning by doing" beigebracht. Doch immer wieder stößt man an seine Grenzen, wenn es um die Übersichtlichkeit von Excel-Tabellen geht.

225 Als Beispiel soll eine Übersicht über die Personalkosten einer Anwaltssozietät erstellt werden, die nach einzelnen Dezernaten und fortlaufend nach Monaten geordnet ist.

In dem Beispiel wurden ausnahmsweise fiktive Namen verwendet, da Abkürzungen wie Frau A und Herr B meist schlechter zu merken sind und die Aufmerksamkeit von der eigentlichen Aufgabe, eine übersichtliche Tabelle zu schaffen, abgelenkt würde.

Das Gerüst unserer Exceltabelle besteht dabei aus der Spalte A sowie der Zeile 1.

In Spalte A werden zunächst die einzelnen Dezernate mit den entsprechenden Mitarbeitern eingetragen. Lassen Sie jedoch die Zeile 1 frei, da wir hier später die einzelnen Monate eintragen werden.

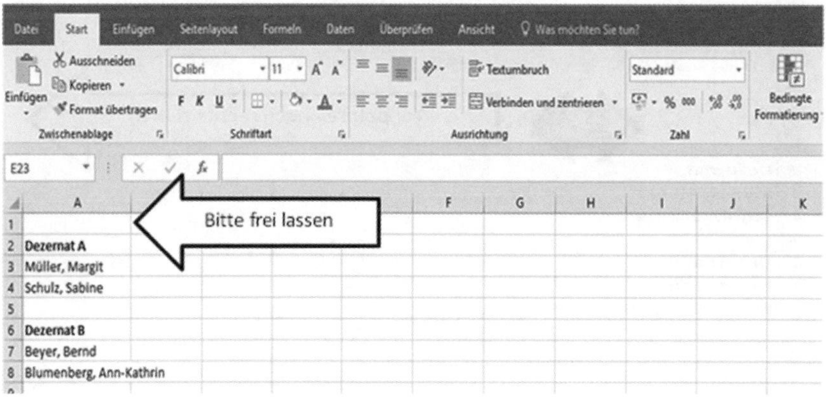

I. Zeilenumbruch in der Zelle

Bereits hier ergibt sich das erste Problem. Durch die unterschiedliche Länge der Namen **226**
reichen einige in die Spalte B hinein. Sobald Sie etwas in die benachbarten Zellen der Spalte B eintragen, wird jedoch der Name abgeschnitten.

Die meisten lösen dieses Problem, indem sie die Spaltenbreite korrigieren. Dies geht ähnlich wie in einer Word-Tabelle wie folgt:

1. Zeigen Sie auf den Spaltentrennstrich zwischen den Spalten A und B. Der Mauszeiger nimmt die Form eines Doppelpfeils an.

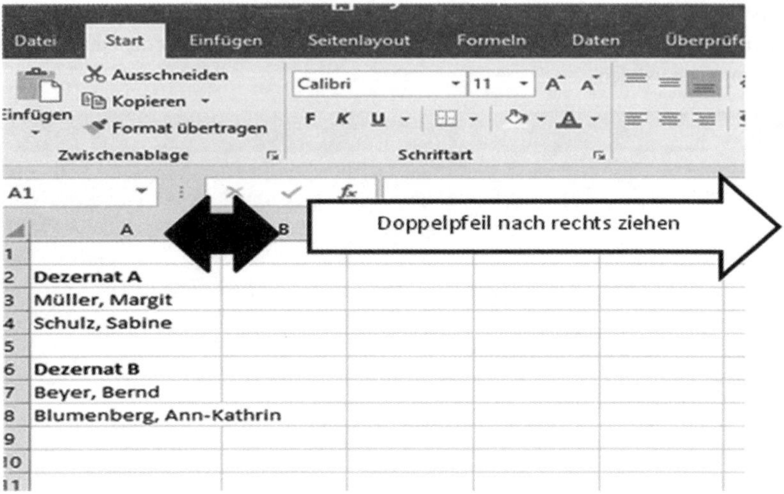

2. Ziehen Sie jetzt einfach den Spaltentrennstrich nach rechts bis die gewünschte Spaltenbreite erreicht ist.

227 Wenn ein noch längerer Name zu einem späteren Zeitpunkt eingefügt werden muss, hätte man jedoch das gleiche Problem und müsste die Spaltenbreite wiederholt anpassen.

Daher ist die weitaus bessere Lösung, die Zellen entsprechend zu formatieren.

1. Markieren Sie hierzu zunächst die Zellen der Spalte A.
2. Mit Klicken der rechten Maustaste kommen Sie nun ins sog. **Kontextmenü**.

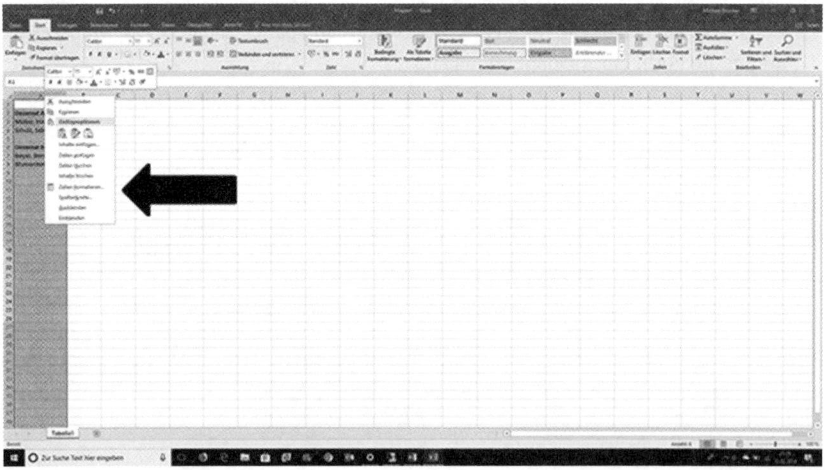

Wählen Sie jetzt den Befehl *Zellen formatieren* aus. Excel öffnet jetzt das Dialogfeld *Zellen formatieren*, welches aus verschiedenen Registerkarten besteht.

3. Auf der Registerkarte *Ausrichtungen* setzen Sie bei *Zeilenumbruch (bzw. Textumbruch)* ein Häkchen.

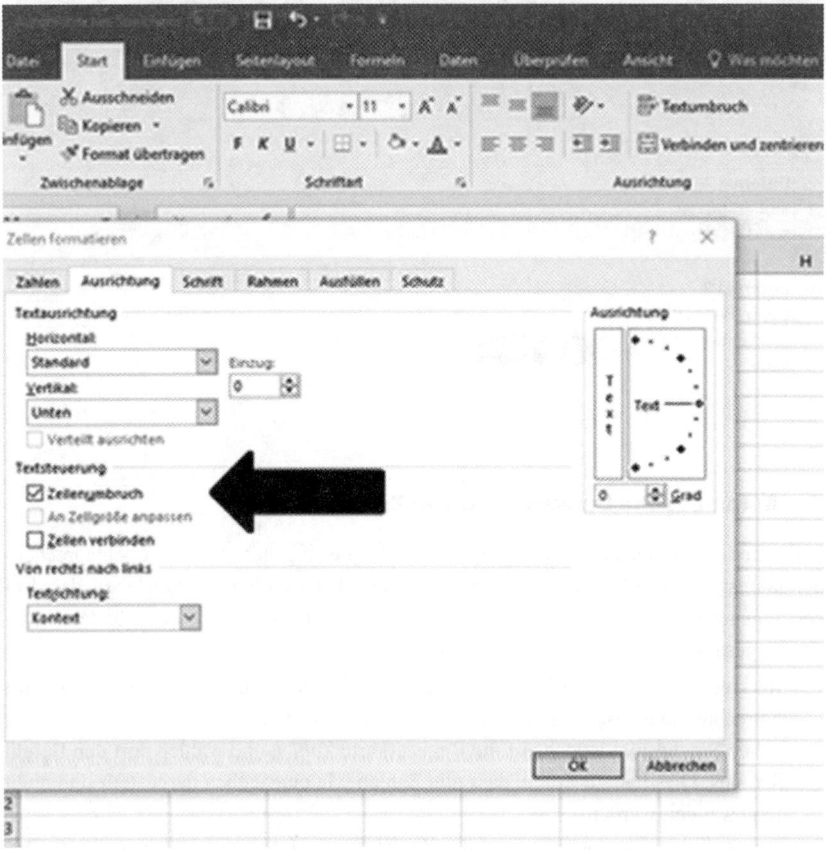

Es erfolgt nun ein Zeilenumbruch innerhalb der Zelle, sodass der Name immer vollständig angezeigt wird. Die Zelle wird entsprechend größer. 228

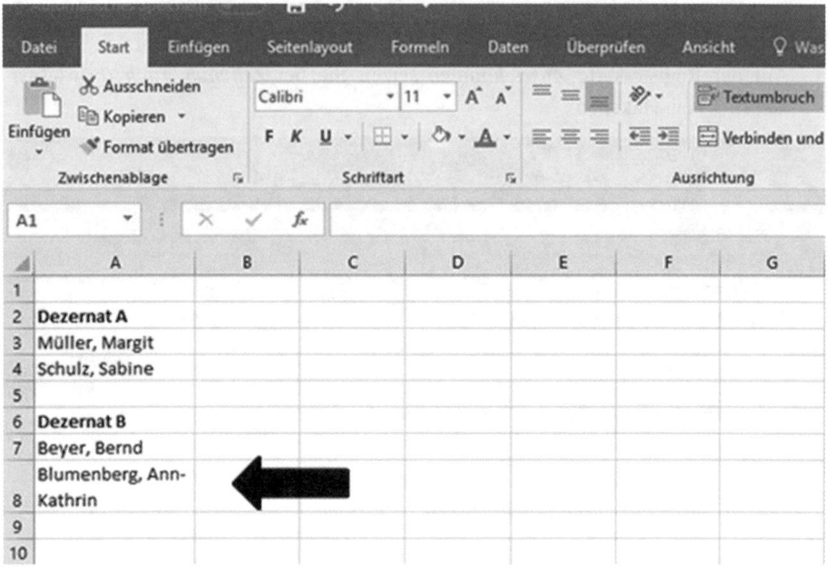

II. Automatische Umwandlung von Zahlen

229 In der Zeile 1 werden nunmehr die einzelnen Monate eingegeben mit einer entsprechenden Jahreszusammenfassung. Um nicht unliebsame Überraschungen zu erleben, dass Excel eingegebene Zahlen umwandelt (z.B. bei der Eingabe 01/07 in 1. Juli), bietet es sich an, die gesamten Zellen der Zeile 1 zu formatieren.

1. Markieren Sie hierzu den benötigten Zellenbereich der Zeile 1. Durch einen Klick auf die rechte Maustaste gelangen Sie wieder ins Kontextmenü.
2. Gehen Sie diesmal jedoch auf die Registerkarte *Zahlen* und wählen dort den Befehl *Text* aus. Dies hat zur Folge, dass alle Zahlen wie eingegeben dargestellt und nicht umgewandelt werden.
3. Vorsorglich sollte auch hier auf der Registerkarte *Ausrichtung* wieder der Zeilenumbruch angeklickt werden.
4. Da später auch noch die Dezernatssummen gebildet werden sollen, fügen Sie ferner in Zeile 5 mit rechter Maustaste eine neue Zeile ein für „Gesamt Dezernat A“.

Unsere Tabelle sieht jetzt wie folgt aus: 230

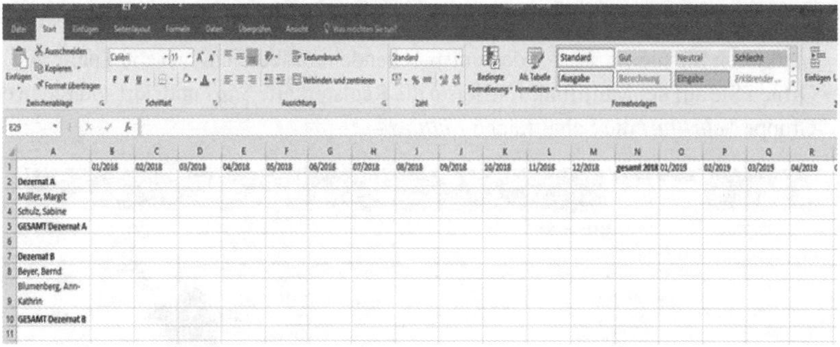

III. Tabellenfenster fixieren

Unser Grundgerüst steht. Bei umfangreichen Tabellen muss zum Ansehen der Tabelleneinträge häufig nach unten oder nach rechts geblättert werden. In unserem Beispiel würde unsere Namens- und Dezernatsliste in Spalte A beim Rechtsblättern irgendwann aus dem sichtbaren Bereich „herauswandern". Sie können jedoch Excel mit folgenden Schritten anweisen, die Spalte A zu fixieren. 231

1. Gehen Sie in Zelle A 2 um den Bereich ab dieser Zelle zu fixieren.
2. Wählen Sie auf der obigen Multifunktionsleiste die Registerkarte *Ansicht* aus und öffnen Sie in der Gruppe *Fenster* die Schaltfläche *Fenster fixieren*.
3. Dort können Sie jetzt den Befehl *erste Spalte fixieren* auswählen.

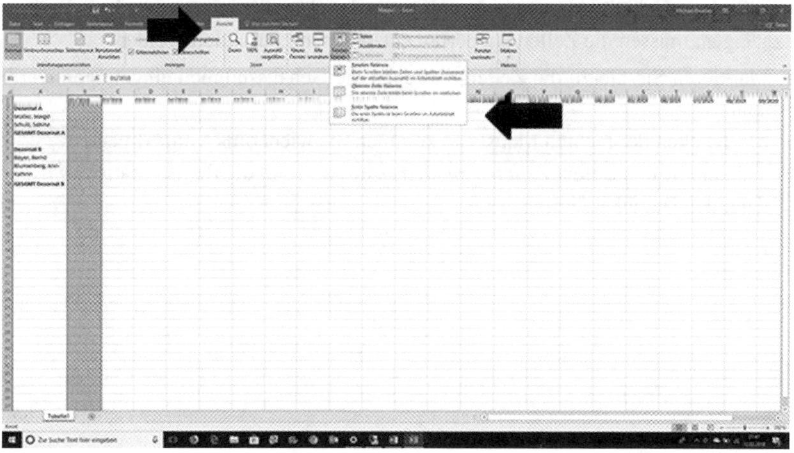

IV. Zellhintergrund einfärben

232 Zwecks Übersichtlichkeit bietet es sich ferner an, den Zellhintergrund einzufärben.

1. Markieren Sie hierzu wieder den entsprechenden Zellbereich, hier die Spalte A.
2. Öffnen Sie auf der Multifunktionsleiste die Registerkarte *Start* und dort sodann in der Gruppe *Schriftart* die Schaltfläche *Füllfarbe*.

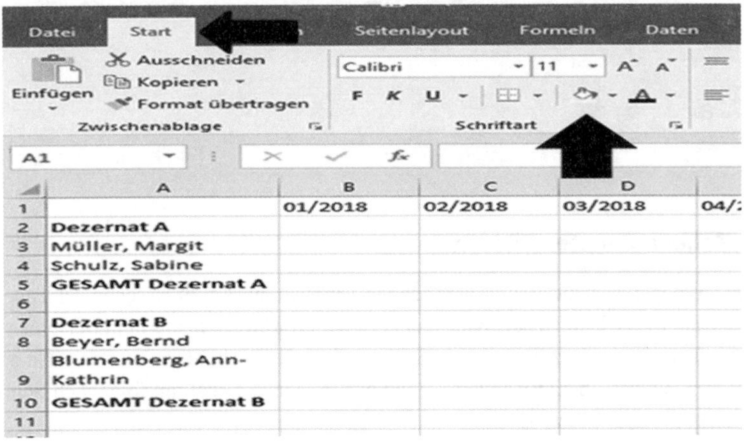

Wählen Sie eine Ihnen zusagende Farbe aus.

V. Währungseingabe

233 Die einzelnen Gehälter können eingegeben werden. Um die Zahlen jedoch als Währung anzuzeigen, müssen die Zellen wiederum entsprechend formatiert werden.

1. Markieren Sie hierzu die Zellen, in denen die Gehaltssummen eingetragen werden sollen.
2. Mit Klicken der rechten Maustaste kommen Sie wieder ins Kontextmenu.
3. Wählen Sie den Befehl *Zellen formatieren* aus und dort die Registerkarte *Zahlen* und dann den Befehl *Währungen*.

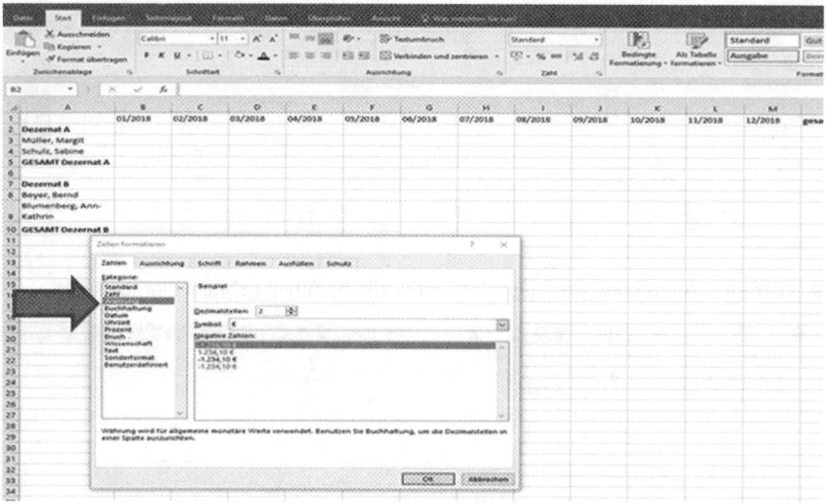

Die Gehälter können jetzt problemlos in EUR eingegeben werden. 234

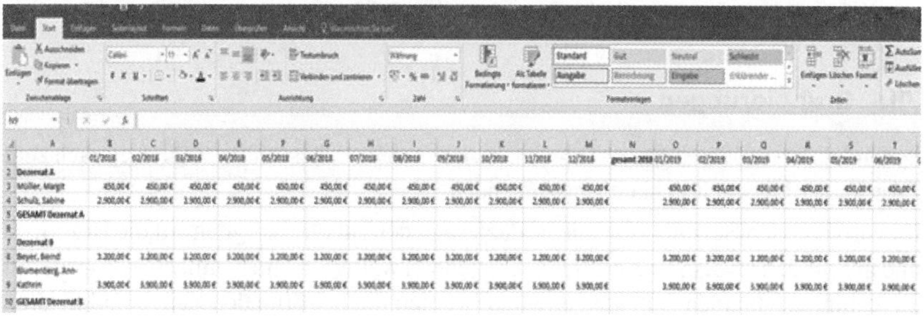

VI. Summenfunktion

Nach Eingabe der einzelnen Gehälter können die Gesamtbeträge mithilfe der Summenfunktion gebildet werden. 235

1. Markieren Sie hierzu die entsprechenden Zellen, die addiert werden sollen, einschließlich der Zelle, in der das Summenergebnis ausgewiesen werden soll.
2. Gehen Sie auf das entsprechende Summenzeichen. In aktuellen Versionen ist das Zeichen unter dem Reiter „Formeln" zu finden.

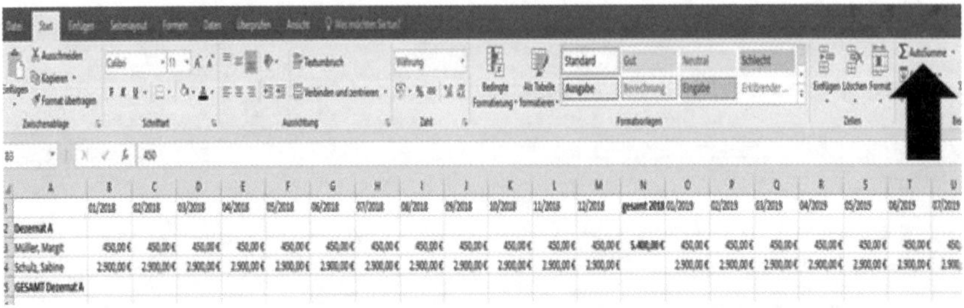

236 Wiederholen Sie diesen Vorgang solange, bis alle Summen gebildet worden sind.

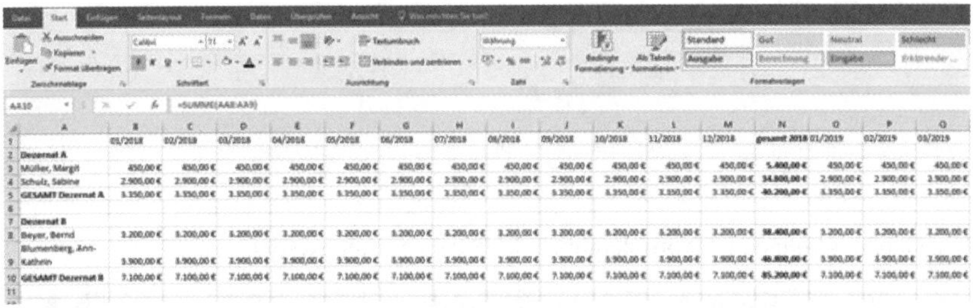

VII. Gruppierungen

237 Besonders bei größeren Excel-Tabellen bietet es sich an, bestimmte Zahlen einfach zum Zwecke der Übersichtlichkeit „auszublenden".

238 Im vorliegenden Beispiel soll eine Reduzierung der Tabelle lediglich auf die Dezernate und auf die Jahresausgaben erfolgen. Um jedoch weiterhin einen einfachen Zugriff auf die dahinterstehenden Daten zu erhalten, werden die betreffenden Zeilen und Spalten nicht einfach ausgeblendet, sondern mithilfe der Excel-Funktion *Gruppierungen* bearbeitet.

239 Zunächst einmal sollen die Mitarbeiter der einzelnen Dezernate zusammengefasst werden.

1. Markieren Sie hierzu die entsprechenden Nummern der Zeilen.
2. Gehen Sie in der Multifunktionsliste auf die Registerkarte *Daten* und dort auf die Gruppe *Gliederungen*.
3. Wählen sie den Befehl *Gruppieren* aus.

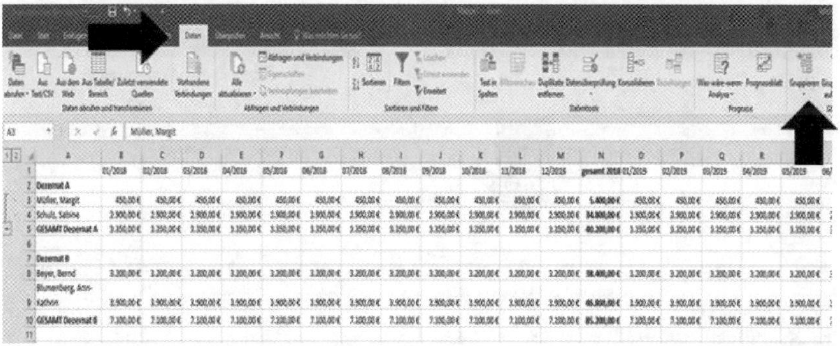

Nach Ausführen des Befehls wird der markierte Zellbereich zusammengefasst, es erscheint ein Plus- oder Minuszeichen am Rande der Tabelle zum Auf- und Zuklappen des entsprechenden Bereichs, ähnlich der Ordnerstruktur im Explorer oder Outlook. 240

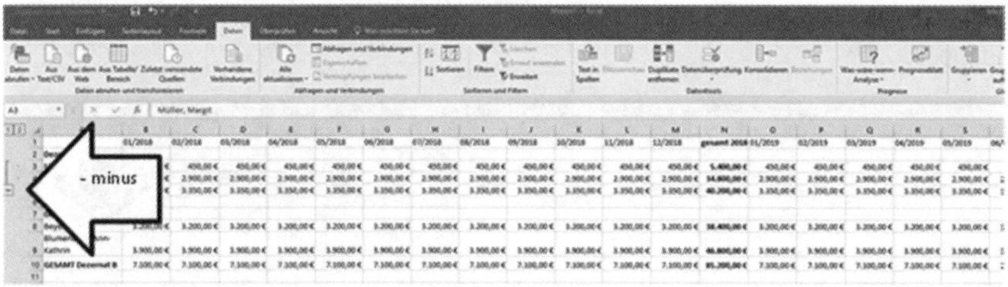

Bzw. 241

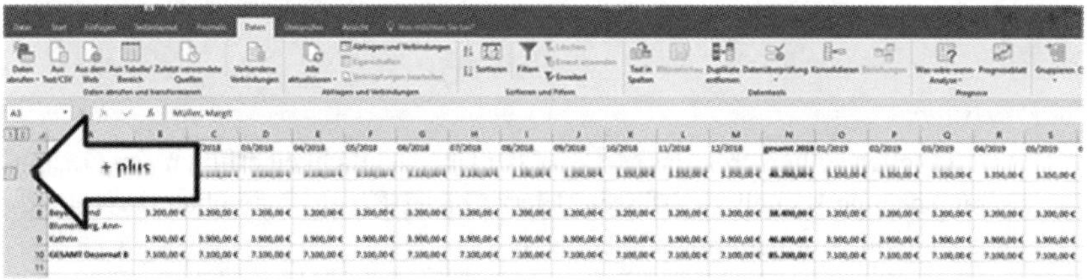

Des Weiteren sollen die einzelnen Monate des jeweiligen Jahres zusammengefasst werden. 242

1. Markieren Sie hierzu die entsprechenden Buchstaben der Spalten.
2. Führen Sie wiederholt den Befehl *Gruppierungen* aus.

Unsere Komplettübersicht über die Mitarbeiter der Sozietät ist nun vollständig. Zugeklappt und daher für einen Gesamtüberblick besonders geeignet, sieht sie wie folgt aus: 243

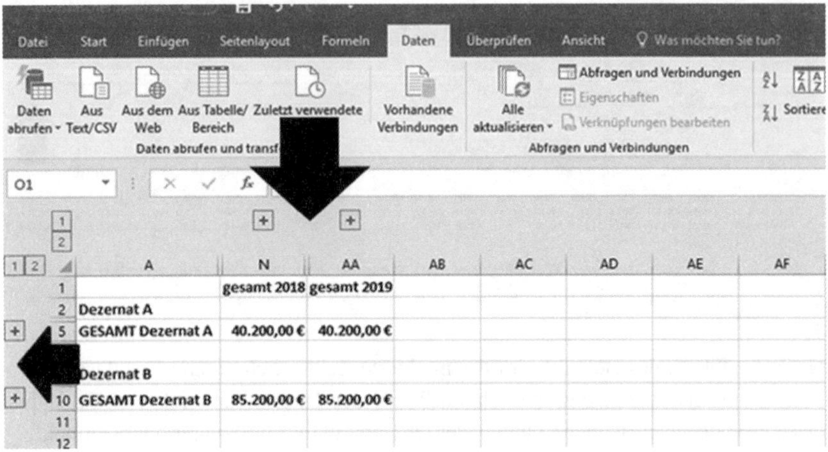

244 Für Detailfragen kann man die Tabelle jedoch jederzeit in den einzelnen Bereichen aufklappen.

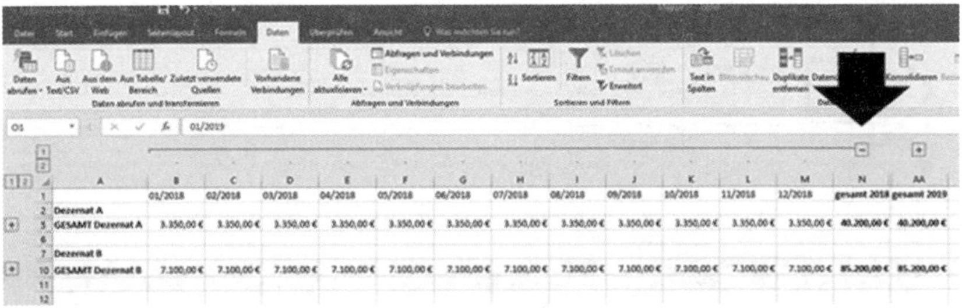

245 *Praxistipp:*

Excel-Tabellen sollten grds. das Merkmal der Übersichtlichkeit erfüllen, um Gesamtzusammenhänge schnell zu erfassen. Hierzu bietet Excel – wie oben dargestellt – einige sinnvolle Formatierungsfunktionen.

246 Auch der übersichtliche Ausdruck einer umfangreichen Exceltabelle ist für viele Benutzer problematisch. Geht man nur auf die Funktion „Drucken“, so wird die gesamte Tabelle über mehrere Blätter ausgedruckt.

247 Meist will man jedoch nur einen gezielten „Druckbereich“ in Händen halten und ausdrucken.

Wählen Sie hierzu den gewünschten Druckbereich aus und markieren diesen. Gehen Sie anschließend in der Multifunktionsleiste aus Seitenlayout und dort auch „Druckbereich festlegen“. Wenn Sie nunmehr auf Drucken gehen, wird nur noch der festgelegte Druckbereich ausgedruckt.

248

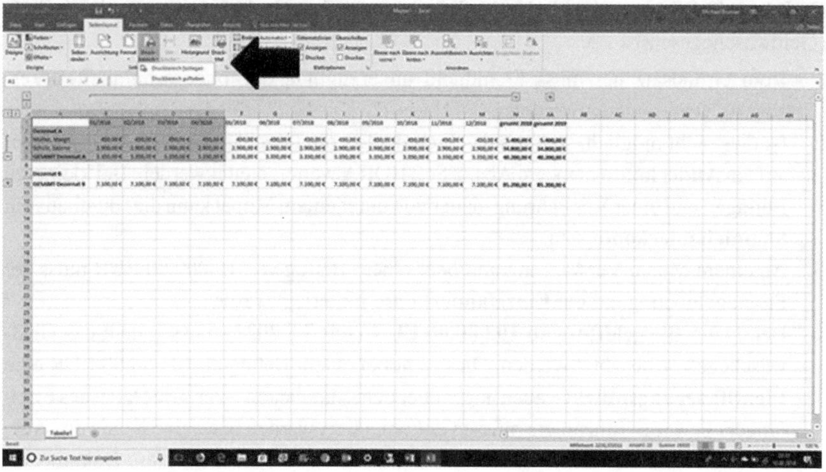

Praxistipp: 249

Die Darstellung erfolgte hier in der Version Excel 2016/2019/2021/365, da diese nach meiner Kenntnis derzeit am meisten von den Kanzleien genutzt wird. Die Benutzung der anderen Versionen von Excel ist jedoch sehr ähnlich.

In der Version Excel 365 wird Ihnen eine bessere Zusammenarbeit mit anderen innerhalb einer Arbeitsmappe ermöglicht, sodass eine gemeinsame Bearbeitung derselben Excel-Arbeitsmappe innerhalb einer Kanzlei ermöglicht wird. Wenn Sie eine Excel-Version verwenden, die die gemeinsame Dokumentenerstellung unterstützt, können Sie in der oberen rechten Ecke *Datei* und dann *Freigeben* auswählen, eine E-Mail-Adresse eingeben und dann einen Cloudspeicherort auswählen.

J. Umgang mit Fremdgeldern/Geldwäschegesetz

Immer wieder gibt es Unsicherheiten bei der Bearbeitung von Fremdgeldern. 250

I. Grundlagen

251 Die rechtlichen Grundlagen für die Behandlung von Fremdgeldern befinden sich in § 4 BORA, § 43 BRAO und §§ 2 Abs. 2 S. 2, 3 Abs. 1 S. 2 Nr. 1, 8 Abs. 1, 9 Abs. 1 GwG (Geldwäschegesetz).

1. Vom Grundsatz her muss Fremdgeld unverzüglich, d.h. ohne schuldhaftes Verzögern, weitergeleitet werden.
2. Ist dies nicht möglich, so muss das Fremdgeld vom Geschäftskonto ausgelagert und auf ein **Anderkonto** gem. § 4 Abs. 2 S. 2 BORA weitergeleitet werden. Bei kleineren Beträgen und einer Verwahrungsdauer von unter einem Monat kann dies durchaus ein **Sammelanderkonto** sein.
3. Ab einem Monat Verwahrung und/oder einem Betrag von 15.000,00 EUR muss der Fremdgeldbetrag auf ein **Einzelanderkonto** hinterlegt werden.
4. Bei einem **Bargeldfluss ab 10.000,00 EUR** (seit 8.8.2021) muss zudem das Geldwäschegesetz beachtet werden. Dies sieht bei einem Betrag ab 10.000,00 EUR eine **Identifizierungspflicht** – auch gegenüber dem Mandanten – vor. Die Daten des Empfängers bzw. des Einzahlers müssen dokumentiert werden bzw. eine Kopie des Ausweispapieres aufbewahrt werden. Die Aufbewahrungspflicht für diese Dokumentation beträgt fünf Jahre. Lehnt der Einzahler die Identifizierung ab, darf der RA das Geld nicht annehmen. Er verstößt damit nicht gegen seine Pflichten aus dem Mandatsverhältnis, da er mit Annahme des Geldes ohne Identifizierung des Einzahlers gegen ein Gesetz verstoßen würde. Es würde hier nur eine **bargeldlose** Zahlung infrage kommen, da in diesem Fall die Bank die Identifizierung vornehmen wird. Auch eine Auszahlung eines Fremdgeldbetrags ab 15.000,00 EUR bedarf der Identifizierung – selbst wenn sie an den Mandanten erfolgt. Bei einer Ablehnung darf kein Geld in bar ausgezahlt werden. Bei einer Überweisung wird die Identifizierung durch die Bank durchgeführt.

252 *Praxistipp:*

Mit dem EU-Geldwäschepaket wurde das GwG erneut mit Wirkung zum 9.7.2024 verschärft.

Das EU-Geldwäschepaket beinhaltet die 6. Geldwäsche-Richtlinie (EU) 2024/1640 und die Geldwäsche-Verordnung (EU 2024/1624) und soll nunmehr einen einheitlichen Rahmen zur Geldwäschebekämpfung schaffen. Die 6. Geldwäsche-Richtlinie ist zudem von den Mitgliedsstaaten – darunter auch Deutschland – bis zum 10.7.2027 in nationales Recht umzusetzen und ist gegenüber dem deutschen Geldwäsche-Gesetz (GwG) vorrangig umzusetzen.

Es ist zunächst für die Kanzlei **eine Risikoanalyse (§ 5 GwG)** durchzuführen und zwar unter Berücksichtigung folgenden Faktoren:

- Struktur der Kanzlei/Größe
- Geschäftsbereiche national/international
- Mandats- und Mandantenstruktur national/international
- Persönliche Kontakte durch Dritte
- Treuhänderische Tätigkeit
- Zugehörigkeit zu besonderen Risikogruppen

Nach § 5 Abs. 2 Nr. 1 GwG ist diese Risikoanalyse zu **dokumentieren**, regelmäßig zu überprüfen und ggf. anzupassen.

Hat die Analyse z.B. in Hinblick auf den Mandantenstamm ergeben, dass nur ein **geringes Risiko** der Geldwäsche und der Terrorismusfinanzierung besteht, so kann der Umfang der zu ergreifenden Sorgfaltspflichten und Sicherungsmaßnahmen gem. § 14 GwG risikoorientiert reduziert werden.

Wurde jedoch ein **erhöhtes Risiko** festgestellt, sind zu den nachstehend genannten allgemeinen Sorgfaltspflichten verstärkte risikoangemessene Maßnahmen zu ergreifen:

- **Identifizierung:** Vor Transaktion des Geldes (Ein- oder Auszahlung) ist die Identität des Mandanten anhand eines amtlichen Ausweispapieres festzustellen, bei juristischen Personen hat die Identifizierung z.B. anhand eines Handelsregisterauszuges zu erfolgen. Der gesetzliche Vertreter der juristischen Firma hat sich daneben durch seine Ausweispapiere zu identifizieren. Tritt der Mandant nicht in der Person, sondern durch einen Dritten auf, ist dieser zusätzlich zu identifizieren. Ist der Mandant nicht selbst der wirtschaftlich Berechtigte, so ist neben dem Mandaten der tatsächlich wirtschaftlich Berechtigte (§ 3 GwG) zu identifizieren. Dies gilt übrigens auch für „bekannte" Mandanten, die zuvor noch nicht identifiziert worden sind.
- **Die Art und der Zweck der Geschäftsbeziehung** (z.B. Betreuung eines Grundstückskaufes, Gründung einer GmbH etc.) müssen zweifelsfrei erkennbar sein bzw. müssen im Zweifel aufgeklärt werden.
- Wie bisher auch ist zu prüfen, ob der Mandant bzw. der wirtschaftlich Berechtigte eine **„politisch exponierte Person"** im Sinne des § 1 Abs. 12–14 GwG ist.
- **Kontinuierliche Überwachung:** Die Geschäftsbeziehung ist nach § 10 Abs. 1 Nr. 5 GwG kontinuierlich zu überwachen.

Diese allgemeinen Sorgfaltspflichten sind nicht nur vor Geldtransaktionen von 10.000 EUR oder mehr zu beachten, sondern auch **stets bei Verdachtsmomenten** in Zusammenhang mit einer Geldwäsche oder Terrorismusfinanzierung.

Sowohl die Risikoanalyse als auch die Umsetzung der allgemeinen Sorgfaltspflichten sind nach § 8 GwG zu dokumentieren und für die **Dauer von fünf Jahren** aufzubewahren.

Verdachtsmeldungen müssen **ab dem 1.1.2018** grundsätzlich in **elektronischer Form** an die Zentralstelle für Finanztransaktionsuntersuchungen (Financial Intelligence Unit = FIU) erfolgen. Auf der Website der FIU unter www.FIU.bund.de wurde das Meldeportal „goAML“ eingerichtet, das jedoch zunächst eine Anmeldung voraussetzt.

Die Pflicht zur Abgabe einer Verdachtsmeldung ist jedoch für Rechtsanwälte nach § 43 Abs. 2 GwG eingeschränkt, insoweit dass **keine Verpflichtung** besteht, wenn sich der meldepflichtige Sachverhalt auf Informationen bezieht, die der RA im Rahmen des der Schweigepflicht unterliegenden Mandatsverhältnisses erhalten hat. **NUR wenn der RA weiß**, dass der Vertragspartner das Mandatsverhältnis für den Zweck der Geldwäsche, der Terrorismusfinanzierung oder einer anderen Straftat genutzt hat oder nutzt, ist er zur **Verdachtsmeldung nach dem GwG verpflichtet.**

Im letzteren Fall ist es dem RA grundsätzlich nach § 47 Abs. 1 GwG untersagt, den Mandanten oder sonstige Dritte von einer beabsichtigten oder erstatteten Verdachtsmeldung, ein daraufhin eingeleitetes Ermittlungsverfahren oder ein Auskunftsverlangen der FIU zu unterrichten.

Die entsprechende Transaktion darf nach Meldung gem. § 46 GwG grundsätzlich nur noch mit Zustimmung der FIU oder der Staatsanwaltschaft erfolgen.

Fazit:

Insbesondere bei Akten mit „größeren Bargeschäften“ (über 10.000 EUR, dies gilt im Übrigen auch für gestückelte Zahlungen) sollte eine genaue Überprüfung nach dem GwG erfolgen, da hier nur der RA die Überprüfung wahrnimmt.

Sollen Zahlungen über ein Anderkonto abgewickelt werden (z.B. für den Kauf eines Grundstücks), so überprüft neben den RA auch noch einmal das entsprechende Kreditinstitut – **eigenständig und eigenverantwortlich** – die Kriterien des Geldwäschegesetzes.

Die Vorschriften zum GwG wurden in der letzten Zeit immer wieder geändert. So haben sich ab dem 1.1.2024 Rechtsanwältinnen und Rechtsanwälte, welche Verpflichtete nach § 2 Abs. 1 Nr. 10 GwG sind, bei dem elektronischen Meldeportal goAML zu registrieren. Hierzu werden Sie ggf. auch von der zuständigen Rechtsanwaltskammer im Wege der Verpflichtetenprüfung hingewiesen. Da Rechtsanwältinnen und Rechtsanwälte im Gegensatz zu anderen Berufsgruppen (z.B. Steuerberater) nicht per se Verpflichtete sind, ist eine eigenständige Vorüberprüfung und im Falle eine zeitige Registrierung im goAML-Meldeportal nur sachdienlich. Bitte beachten Sie, dass Verstöße oder eine Nichtabgabe entsprechender Erklärungen mit hohen Bußgeldern geahndet werden. Zum 18.3.2021 wurde durch den Gesetzgeber der Straftatbestand der Geldwäsche massiv verschärft und es drohen hier Bußgelder bis zu 100.000,00 EUR. Seit dem 1.1.2020 sind die zuständigen Rechtsanwaltskammern gemäß § 56 GwG zur Verfolgung und Ahndung von Ordnungswidrigkeiten und Verhängung von Bußgeldern zuständig.

Durch die Rechtsanwaltskammern erhalten Sie mit Hilfe entsprechend ausgearbeiteter Formulare zur Feststellung der Verpflichteteneigenschaft (§ 2 Abs. 1 Nr. 10 GwG) den Dokumentationsbogen A und die Identifikationsprüfung (§§ 11–13 GwG) sowie den Dokumentationsbogen B1, B2, C oder D.

Die Risikobewertung gem. § 10 Abs. 2 GwG ist für jedes einzelne Mandat i.S.d. § 2 Abs. 1 Nr. 10 GwG zu erstellen und gem. § 8 Abs. 1 Nr. 2 GwG aufzuzeichnen und gesondert aufzubewahren. Sie dient auch zur eigenen Absicherung bei späteren GwG-Prüfungen, wenn die Aufsichtsbehörde nachvollziehen möchte, welche konkreten Prüfungen durchgeführt oder aus welchen Gründen nicht vorgenommen wurden. Die konkrete Risikobewertung im Einzelfall gem. § 10 Abs. 2 GwG ist zusätzlich zur allgemeinen, unterjährig zu erstellenden (Unternehmens- oder Kanzlei-) Risikoanalyse gem. § 5 GwG zu erstellen und kann diese nicht ersetzen.

Aufgrund der Unsicherheiten und in der Praxis oft schwierigen Einordnung, ob ein Berufsträger an einem sog. Kataloggeschäft beteiligt ist und sodann Verpflichteter nach dem GwG ist, hat die BRAK gemeinsam mit den zuständigen Rechtsanwaltskammern sog. Auslegungs- und Anwendungshinweise zum GwG ausgearbeitet (Download auf der Homepage der BRAK). Diese können Ihnen bei der Bewertung Ihrer Akten anhand von Beispielen behilflich sein.

Weiterhin haben Verpflichtete gemäß § 6 GwG weitere Sicherungsmaßnahmen zu schaffen, wie z.B. Festlegung der kanzleiinternen Handhabung von risikobehafteten Akten, ggf. die Beauftragung eines Geldwäschebeauftragten sowie die Schulung von Mitarbeitern zur Prävention und deren Sorgfaltspflichten im Umgang mit entsprechenden Fällen. Weitere Aufzeichnungs- und Aufbewahrungspflichten ergeben sich aus § 10 GwG und § 8 GwG.

Eine grundlegende Änderung seit dem 1.10.2020 betrifft vor allem Kanzleien, welche im Immobilienbereich tätig sind und vor allem an Immobilientransaktionen mitwirken. Die auf dieser Grundlage erlassene Geldwäschegesetzmeldepflichtverordnung-Immobilien bestimmt in §§ 3 bis 6 zu meldende Sachverhalte bei Immobilien-Erwerbsvorgängen. Die Meldepflichten ergeben sich aus einem Bezug zu Risikostaaten oder Sanktionslisten (§ 3), aus Auffälligkeiten im Zusammenhang mit den beteiligten Personen oder dem wirtschaftlich Berechtigten (§ 4), aus Auffälligkeiten im Zusammenhang mit Stellvertretung (§ 5) und aus Auffälligkeiten im Zusammenhang mit dem Preis oder einer Kauf- oder Zahlungsmodalität (§ 6). Liegen Tatsachen vor, welche die normierten Verdachtsanzeichen entkräften, entfällt eine Meldepflicht, die Tatsachen sind jedoch zu dokumentieren (§ 7).

Die BRAK hat von ihrem nach § 7 Abs. 3 GwG bestehenden Recht Gebrauch gemacht, Berufsausübungsgesellschaften (BAG), die insgesamt 30 Berufsangehörige oder Berufsträger umfassen, zur Bestellung eines Geldwäschebeauftragten zu verpflichten. Begründung: Ab dieser Größe sei die Gefahr von Informationsverlusten und Falschinformationen aufgrund einer veränderten Arbeitsstruktur und der Anonymisierung innerbetrieblicher Prozesse deutlich erhöht. Die Aufgaben des Geldwäschebeauftragten dürfen grundsätzlich auf einen externen Dienstleister übertragen werden.

II. Möglichkeit von Verrechnung mit Vergütungsansprüchen

253 Wird Fremdgeld veruntreut, drohen dem Anwalt zahlreiche Sanktionen, strafrechtlich (§ 266 StGB), zivilrechtlich (§ 823 Abs. 2 BGB i.V.m. § 266 StGB) und berufsrechtlich (§§ 43a Abs. 7, 114 Abs. 1 Nr. 5 BRAO).

Die entscheidende Frage beim Fremdgeld ist jedoch, unter welchen Umständen Fremdgeldbeträge mit offenen Vergütungsansprüchen des RA verrechnet werden können. Dies soll an folgenden Fällen dargestellt werden:

254 *Fall 1:*

Der Mandant zahlt 500,00 EUR zur Weiterleitung an seinen Gläubiger auf das Sammelanderkonto. Der Rechtsanwalt möchte dies mit seiner fälligen und abgerechneten Vergütungsforderung verrechnen.

Grds. ist die Verrechnung aus dem Umkehrschluss aus § 4 Abs. 3 BORA möglich, soweit das Fremdgeld nicht zweckgebunden ist und an einen Dritten weitergeleitet werden soll. Hier ist jedoch das Fremdgeld zur Weiterleitung an einen Dritten (hier der Gläubiger) zweckgebunden, sodass eine Verrechnung ausgeschlossen ist. Dies nennt man auch das sog. **anwaltsspezifische Aufrechnungsverbot**. Dieses gilt zum Bespiel auch bei der Weiterleitung von Gerichtskosten.

255 *Fall 2:*

In einer Forderungsangelegenheit gehen 2.000,00 EUR vom Gegner auf das Rechtsanwaltssammelanderkonto ein. Der eingehende Betrag entspricht der Hauptforderung des Mandanten nebst Verzugszinsen. Der Rechtsanwalt möchte einen Teil davon mit seinen noch nicht abgerechneten Gebühren verrechnen.

Für die Verrechnung von Fremdgeldern ist nach dem BGH[10] die Einforderbarkeit der Vergütung erforderlich. Eine Vergütung ist jedoch erst vom Auftraggeber einforderbar, wenn sie

1. fällig (§ 8 RVG) ist bzw. als Vorschuss (§ 9 RVG) geltend gemacht wurde und
2. eine ordnungsgemäße Rechnungsstellung gem. § 10 RVG erfolgt ist.

10 Urt. v. 2.7.1998 – IX ZR 63/97, NJW 98, 3486.

Beides ist im vorliegenden Fall nicht erfolgt, sodass auch hier eine Aufrechnung zum jetzigen Zeitpunkt ausgeschlossen wäre. Der RA könnte jedoch zu dem Zeitpunkt, in dem das Fremdgeld bei ihm eingeht, eine Vorschussrechnung an den Mandanten stellen und sodann das Fremdgeld verrechnen.

Fall 3: 256

Mandant M hat sowohl als Privatperson als auch mit seiner Firma (M & S GbR), die er zusammen mit seinem Geschäftspartner S betreibt, Akten bei Ihnen. In der Privatakte M ./. C gehen 1.000,00 EUR auf das Sammelanderkonto ein. Der RA möchte wie folgt verrechnen:

a) *500,00 EUR auf seine einforderbare Vergütung in der Sache GbR-Gründung und*
b) *500,00 EUR auf seine Vorschussrechnung in Sachen M ./. dito Ehescheidung.*

Bei der Verrechnung ist zu beachten, dass der **Auftraggeber identisch** sein muss. Eine Verrechnung vom Fremdgeld aus einer Privatakte mit Vergütungsansprüchen aus einer Firmenakte ist daher immer ausgeschlossen (Beispiel a).

Hinsichtlich der Verrechnung von Fremdgeld aus einer Privatakte mit Vergütungsansprüchen einer anderen Privatakte ist die Rechtsprechung nicht einheitlich. Der BGH[11] hat eine Verrechnung auch bei **nicht konnexen** (zusammenhängenden) Forderungen **nicht** ausgeschlossen. Das OLG Düsseldorf[12] hingegen hat eine Verrechnung in diesen Fällen verneint, mit der Begründung, der RA würde hier seine Stellung treuewidrig ausnutzen. In der Praxis sollte man daher genau abwägen, ob eine Verrechnung vorgenommen werden soll, zumal man ggf. noch ein **Zurückbehaltungsrecht** gem. § 273 BGB geltend machen könnte. In diesem Fall müsste das Geld jedoch weiterhin auf einem Anderkonto verwahrt werden und dürfte nicht auf das Geschäftskonto transferiert werden (Beispiel b).

Fall 4: 257

Auf dem Rechtsanwaltssammelanderkonto geht ein Unterhaltsbetrag von 250,00 EUR monatlich für den Mandanten ein. Der Rechtsanwalt will diesen Fremdgeldbetrag mit seinem einforderbaren Vergütungsanspruch verrechnen.

In diesem Fall ist der Fremdgeldbetrag für den Auftraggeber und nicht für einen Dritten bestimmt, sodass das anwaltsspezifische Aufrechnungsverbot nicht eingreift.

Der RA hat aber auch die **allgemeinen** Aufrechnungsverbote gem. § 394 BGB zu beachten. So sind etwa **gesetzliche Unterhaltszahlungen** oder **Kindergeld** unpfändbar, aber auch die Pfändungsfreigrenzen der §§ 850 ff. ZPO bei Auszahlung von Gehältern in arbeitsrechtlichen Angelegenheiten sind zu beachten.

11 BGH, Urt. v. 2.7.1998 – IX ZR 63/97, NJW 1998, 3486.
12 OLG Düsseldorf, MDR 1999, 64.

Im vorliegenden Fall wäre eine Verrechnung daher ausgeschlossen.

258 Bitte beachten Sie daher immer, dass es für die Aufrechnung von Honoraransprüchen grundsätzlich erforderlich ist, dass der Honoraranspruch entstanden ist, der Höhe nach feststeht und beziffert werden kann.[13] Allerdings aufgepasst: Die Aufrechnung sollte unverzüglich erfolgen, weil man sich wegen Veruntreuung gemäß § 266 StGB strafbar machen kann, wenn das Fremdgeld erst einmal vereinnahmt wird und dann über einen längeren Zeitraum nichts passiert. Der Mandant kann bei Unregelmäßigkeiten nicht nur die Herausgabe des Fremdgelds verlangen, sondern zugleich einen Anspruch auf Schadenersatz wegen Verletzung des Vertragsverhältnisses sowie deliktisch zumindest nach § 823 Abs. 2 BGB i.V.m. § 266 StGB geltend machen.

259 *Praxistipp:*

Auch bei einer ordnungsgemäßen und erlaubten Verrechnung bedarf es ferner der detaillierten Information an den Auftraggeber über die durchgeführte Verrechnung. Diese hat gem. § 23 BORA spätestens am Ende des Mandates zu erfolgen.

III. Strafrechtliche Relevanz

260 Bei der unsachgemäßen Verrechnung von Fremdgeldern bzw. deren unsachgemäßen Verwendung kommt grds. neben berufsrechtlichen Sanktionen der Straftatbestand der Untreue gem. § 266 StGB in Betracht. Das Gesetz sieht hierfür bis zu fünf Jahren Freiheitsstrafe oder eine Geldstrafe vor.

Bei der Verrechnung von Unterhaltsansprüchen hat z.B. das OLG Köln (Anwaltsblatt 1999, 608) einen RA wegen Untreue verteilt.

Auch für den Fall, dass der RA das Fremdgeld nicht dem Anderkonto zuführt, sondern anderweitig – z.B. für die Bezahlung seiner Miete – verwendet, ist der Tatbestand der Untreue grds. erfüllt. Es sei denn, er ist uneingeschränkt bereit und jederzeit fähig, den entsprechenden Betrag aus eigenen flüssigen (nicht z.B. auf Festgeldkonten deponierten) Mitteln vollständig auszukehren, so der BGH.[14]

K. Elektronische Akte

261 Immer mehr Kanzleien gehen dazu über, ihre Akten **rein elektronisch** zu führen.

Um die Umstellung zunächst zu erleichtern, wird dabei teilweise weiterhin die alte Papierakte parallel dazu geführt, um zumindest noch die eingehende Post abzulegen.

13 BGH, Beschl. v. 26.11.2019 – 2 StR 588/18.
14 BGH, StraFo 2004, 33.

Insbesondere von der Vernichtung der eingehenden Post nach dem Einscannen schrecken viele Kanzleien zurück.

Mit der Einführung des elektronischen Rechtsverkehrs und des beA wird die Führung einer elektronischen Akte erheblich erleichtert, da gerichtliche Schriftsätze und Schriftsätze von gegnerischen RA i.d.R. direkt nur noch in elektronischer Form eingehen und somit ein Scannen dieser Papierpost weitestgehend entfällt. Lediglich Post vom Mandanten und Gegner, die anwaltlich nicht vertreten werden, muss noch gescannt werden.

I. Allgemeines

Bei der elektronischen Akte geht es darum, unterschiedliche Informationsobjekte (wie z.B. ein- und ausgehende Post) so miteinander zu verknüpfen, dass der Benutzer durch einen Blick in die elektronische Akte eine **ganzheitliche, vorgangsbezogene Sicht** auf alle relevanten Informationen bekommt. 262

Elektronische Akten **gleichen** dabei hinsichtlich ihrer Struktur oftmals der **physischen Papierakte**. Oft gibt es auch ein Aktendeckblatt oder eine Aktenstruktur, die eine Bedienung erheblich erleichtern kann.

Bei der Einführung der elektronischen Aktenführung müssen zwei Themenkomplexe vorab aufgearbeitet werden: 263

- Technik und
- Organisation.

An Technik wird neben einem bereits sowieso vorhandenen Computer insbesondere ein **Scanner** benötigt, damit eingehende und ggf. auch ausgehende Papierpost gescannt und elektronisch verarbeitet werden kann. Hierbei ist zu achten, dass der Scanner eine gewisse Scangeschwindigkeit aufweist, damit ggf. auch größere Mengen an Dokumente unproblematisch gescannt werden können. 264

Daneben ist zu überlegen, ob nicht eine **Software-Lösung** der gängigen Rechtsanwaltsprogramme angeschafft werden sollte. Diese Komplettlösungen bieten i.d.R. Schnittstellen zwischen den einzelnen Modulen an, mit denen eine **Überleitung in die elektronische Akte** teilweise sogar automatisch erfolgt. Z.B. ist es sehr komfortabel, wenn nach Versendung einer E-Mail das Programm nachfragt, ob diese E-Mail (sogar mit Anhängen) in die elektronische Akte überführt werden soll und man dies nicht selbst manuell vornehmen muss.

Die derzeit gängigen Rechtsanwaltsprogramme bieten eine Schnittstelle zum beA, mit welcher direkt aus dem Programm versendet und auch direkt in das Programm aus dem beA abgerufen werden kann. Eine entsprechende Zuordnung zur Akte und eine Zuweisung zum sachbearbeitenden Rechtsanwalt ist problemlos möglich. Obwohl das direkte

Versenden aus dem Programm ermöglicht wird, sollte im beA-Portal der BRAK immer kontrolliert werden, ob die entsprechende Nachricht auch komplett versandt worden ist. Ein Versandvermerk nur aus dem Rechtsanwaltsprogramm ist als Nachweis nicht tauglich. Sie müssen zwingend das beA-Nachrichtenjournal zum Nachweis vor Gericht vorhalten können.

Auch die IT-Sicherheit sollte noch einmal vorsorglich überprüft werden. Insbesondere der Zugriff von außerhalb der Kanzlei auf die elektronische Akte sollte nur durch einen sicheren sogenannten **VPN-Tunnel** (Virtual Private Network) erfolgen.

Spätestens beim Arbeiten mit der elektronischen Akte wird man feststellen, dass **zwei Bildschirme pro Arbeitsplatz** äußerst hilfreich sind. Auf dem einen Bildschirm kann man die elektronische Akte öffnen und auf dem zweiten Bildschirm z.B. seinen Schriftsatz entwerfen.

265 Hinsichtlich der Organisation sind **Grundüberlegungen zur elektronischen Aktenführung** anzustellen und letztendlich muss die **Akzeptanz der Mitarbeiter** zur Einführung der elektronischen Akte, z.B. durch rechtzeitige Informationsveranstaltungen, **gefördert werden**. Auf diesen Informationsveranstaltungen sollten sowohl die Vorteile der elektronischen Akten vorgestellt als auch die Mitarbeiter aktiv in mögliche Strukturprozesse eingebunden werden.

Hier bedarf es zum Teil einer klaren Ansage an die Mitarbeiter, um einen meist vorherrschenden Widerstand aufzulösen. Es sollte dabei klar sein, dass das Projekt von der Geschäftsführung beschlossen worden ist und somit umgesetzt wird. „Über die Details der Umsetzung könnte man reden, nicht jedoch über den Grundsatz selbst."

Vorteile der elektronischen Akte zur klassischen Papierakte sind insbesondere:

- Vermeidung der täglichen Papierflut (zum Wohle der Natur und als Kostenersparnis).
- Nur Originalurkunden (z.B. Eheurkunde) müssen noch zeitweise (bis zur Einreichung/Weiterleitung) in wenigen Akten aufbewahrt werden.
- Ein Zugriff auf die Akte ist grundsätzlich auch von außerhalb der Kanzlei möglich.
- Das lästige Aktensuchen an diversen Orten in der Kanzlei entfällt, die Akte ist elektronisch immer verfügbar.

Des Weiteren sollten den Mitarbeiter und den RAe rechtzeitig vor der Einführung entsprechende **Schulungen** angeboten werden.

Nach einer Übergangzeit, die meines Erachtens nicht länger als max. ein Jahr sein sollte, muss letztendlich überlegt werden, ob nicht noch die restlichen laufenden alten Papierakten in eine elektronische Akte überführt werden können, um dann wieder ein einheitliches System zu haben.

II. Grundüberlegungen zur elektronischen Aktenführung

Egal welches Programm man für die elektronische Aktenführung benutzt, so ist es jedoch stets erforderlich, vorab Organisationsanweisung für die Bearbeitung zu formulieren, um so den Mitarbeitern die Arbeit mit der elektronischen Akte zu erleichtern. 266

- Es sollte eine **Negativ- und Positivliste** erstellt werden, die Auskunft darüber gibt, welche Dokumente nach der elektronischen Verarbeitung vernichtet werden können. So kann sichergestellt werden, dass z.B. Ausfertigungen von notariellen Urkunden, Ehescheidungsurkunden, vollstreckbare Titel usw. in gesonderten Ordnern für die spätere Verwendung auch weiterhin in Papierform aufgehoben werden.
- Die **Vernichtung der nicht mehr benötigten Dokumente** darf dabei aber keineswegs durch einen Schredder und anschließende Entsorgung in den Hauspapiermüll erfolgen. Vielmehr gilt hier der alte Grundsatz für die Entsorgung von Handakten, der eine **professionelle** Aktenvernichtung durch einen lizenzierten Dienstanbieter vorsieht. Die Protokolle über die ordnungsgemäße Entsorgung sind aufzubewahren.
- Insbesondere die **einheitliche und spezifische Benennung der Dokumente sowie eine einheitliche Ordnerstruktur** muss geklärt sein. Hier gilt der Grundsatz, dass eine Standardisierung einer Individualisierung vorgeht. Aus der Benennung sollten sowohl der Absender als auch der Inhalt schlagwortartig hervorgehen, um später ein mögliches Suchen nach einzelnen Dokumenten in der elektronischen Akte zu erleichtern. Eine mögliche Benennung wäre z.B. 2025–05–2019_Schreiben_Mandant_Mahnverfahren.
- Die Mitarbeiter sollten dafür sensibilisiert werden, dass die **Zuordnung zur richtigen Akte** äußerst wichtig ist. Dies galt jedoch auch bereits für die herkömmlichen Papierakten. Für Vor-Mandatsanfragen sollten ggf. Sammelakten angelegt werden.
  In den meisten Programmen ist es darüber hinaus möglich, sogenannte **Aktenstrukturen** anzulegen. Diese sollten standardisiert angelegt werden und können dann individuell ggf. in der einzelnen Akte ergänzt werden. Eine mögliche Struktur wäre z.B.
  Mandantenakte Mustermann ./. Mustermann – Scheidung
  - 00 – Wichtige Dokumente
  - 01 – Schriftsätze Mandant
  - 02 – Schriftsätze Gegner
  - 03 – Gerichtliche Schreiben
  - 04 – Kommunikation (E-Mails, Telefonnotizen)
  - 05 – Belege & Rechnungen
  - 06 – Fristen & Aufgaben
- Teilweise besteht bei den unterschiedlichen Computerprogrammen die Möglichkeit, mit einem meist kostenpflichtigen Zusatzmodul im Hintergrund eine **OCR-Umwandlung** vorzunehmen, die es sodann ermöglicht, ganze Dokumente nach bestimmten

Begriffen zu durchsuchen. Insbesondere in sehr umfangreichen Akten kann dies die Arbeit mit der elektronischen Akte erheblich erleichtern und stellt einen großen Vorteil zu reinen Papierakte da.

- Für die Übergabe von **E-Mails** sollte eine einheitliche Arbeitsanweisung geschaffen werden und zwar insbesondere, welche Seiten bei **Mailketten (geschachtelten E-Mails)** übertragen werden sollen.
- Es sollte klar sein, welche Teile vom Programm durch welchen Mitarbeiter hauptsächlich genutzt werden. So wird der **RA** hauptsächlich mit seinem **virtuellen Posteingang arbeiten** und dort dann Aufgaben an seine **Mitarbeiter** verfügen, die dann hauptsächlich den **Aufgabenteil** bearbeiten werden und wahrscheinlich weniger Post im eigenen Posteingang haben.
- Für technikaffine Berufsträger und/oder Mitarbeitende könnte auch der Einsatz von **Automatisierung & KI-Unterstützung** sinnvoll sein. Mit dem Ziel mit einer Workflow-Nutzung die Standardprozesse digitalisieren, kann eine KI hilfreich sein. Beispiel: E-Mail mit Betreff „Kostenfestsetzungsantrag" löst automatisch eine Aufgabe im Aktenmanagement aus: Frist setzen + Vorlage öffnen. Ebenfalls erfreut sich der Einsatz von **Diktat-/Spracherkennung** (Dragon Legal Individual) direkt verknüpft mit der E-Akte sehr großer Beliebtheit in den Kanzleien und entlastet die Mitarbeitenden in den Referaten.
- Im Bereich der **Archivierung** der Ordnerstruktur muss klar geregelt sein, in welchem Status sich die jeweiligen Ordner befinden und mit welchem Dateiformat diese zur Ordnerstruktur hinzugefügt werden sollen. PDF/A (langzeitfähig, nicht bearbeitbar) und ggf. TIFF sollten hier die Wahl sein. Eine entsprechende Kennzeichnung könnte wie folgt aussehen:
  „Aktiv"-Ordner: laufende Akten
  „Passiv"-Ordner: ruhende, aber relevante Akten
  „Archiv"-Ordner: abgerechnete und abgeschlossene Akten
  Automatischer Löschvorschlag nach sechs Jahren (nach Freigabe)

L. Europäische Datenschutz-Grundverordnung (DSGVO)

267 Die Europäischen Datenschutzrichtlinie (DSGVO) ist seit dem 24.5.2016 in Kraft und soll in allen Staaten der EU für gleiche Standards in der elektronischen Datenverarbeitung sorgen. Die zweijährige Übergangsfrist ist am 24.5.2018 ausgelaufen und sorgte Anfang 2018 in vielen Kanzleien „überraschend" für Aufregung.

I. Allgemeines

Die DSGVO wirkt ab dem **25.5.2018 unmittelbar und vorrangig** in allen EU-Mitgliedsstaaten. Daneben gibt es jedoch auch weiterhin das Bundesdatenschutzgesetz (BDSG), das neu gefasst wurde und zum gleichen Zeitpunkt in Kraft tritt. Im BDSG-neu wurden dabei einige Spielräume genutzt, die sich aus der Öffnungsklausel des DSGVO ergeben. 268

Die DSGVO sieht bei einem Verstoß gegen die ordnungsgemäße Datenverarbeitung Bußgelder bis zu einer maximalen Höhe von 20 Millionen EUR vor.

In der Vergangenheit hat sich die Anwaltschaft, sobald es um das Bundesdatenschutzgesetz ging, immer auf das Anwaltsgeheimnis berufen. Nach neuem Recht gibt es jedoch keinen Zweifel mehr daran, dass das **Datenschutzrecht auch für Mandats- und Mandantendaten gilt**.

Die DSGVO gilt dabei für jede Form der Datenverarbeitung, also für das Erheben, Speichern, Weitergeben und Löschen von Daten (Art. 4 Nr. 2 DSGVO).

In einer Anwaltskanzlei werden dabei vielfältig Daten verarbeitet, zum einen über das Abspeichern von Adressdaten in den Datenbanken und zum anderen beim Betreiben einer Website (hier werden Besucherdaten im Hintergrund gespeichert) oder dem Einrichten eines Newsletters.

In den Datenbanken befinden sich die Namen und Anschriften unterschiedlicher Personengruppen:

- Mitarbeiter,
- Lieferanten und sonstige Dienstleister,
- Mandanten,
- Prozessgegner,
- Drittbeteiligte.

Hinweis: 269

Alle Personengruppen fallen zunächst unter den Schutz der DSGVO. Deutschland hat jedoch die Öffnungsklauseln genutzt, um das Anwaltsgeheimnis weitestgehend zu schützen. Insbesondere wäre es für die Bearbeitung eines Falls nicht sinnvoll, beim Gegner erst die Zustimmung zur Datenverarbeitung einzuholen, bevor man die Akte im Computer anlegen kann.

- § 29 Abs. 3 BDSG-neu: Die Aufsichtsbehörde hat kein Recht auf Zugang zu den Kanzleiräumen und hat auch kein Recht zur Einsichtnahme in die anwaltliche Datenverarbeitung.
- § 29 Abs. 1 BDSG-neu: Die Betroffenenrechte (Information, Auskunft, Benachrichtigung) **gelten nicht für Prozessgegner und andere Außenstehende**, so dass dadurch das Anwaltsgeheimnis geschützt wird.

II. Pflichten im Umgang mit Daten

270 Für die Daten von Mandanten, Lieferanten und Mitarbeitern gilt jedoch der Grundsatz, dass die Erhebung, Verarbeitung und Nutzung personenbezogener Daten verboten ist, es sei denn

- es ist durch eine Rechtsvorschrift ausdrücklich erlaubt oder angeordnet oder
- der Betroffene hat seine Einwilligung erklärt. Die Einwilligung muss dabei insbesondere freiwillig und in Schriftform erfolgen.

271 Die Einwilligung des Mandanten zur Verarbeitung seiner Daten reicht jedoch nicht aus, um alle Anforderungen der DSGVO zu erfüllen, da diese **grundliegende organisatorische Sicherungsmaßnahmen** vorsieht.

Die Umsetzung erfolgt dabei in fünf Schritten:

1. Betrieblicher Datenschutzbeauftragter

272 Sind in einer Kanzlei mehr als zehn Personen mit der Datenverarbeitung beschäftigt, so ist zwingend ein betrieblicher Datenschutzbeauftragter nach Art. 37 Abs. 4 DSGVO i.V.m. § 38 BDSG-neu zu bestellen. Hierbei ist zu beachten, dass es auf **die Kopfzahl** der Personen ankommt und sowohl die Kanzleiinhaber als auch die Angestellten und freien Mitarbeiter „als eine Person" zählen, egal ob diese in Voll- oder Teilzeit arbeiten.

Der Datenschutzbeauftragte ist unmittelbar der Geschäftsführung unterstellt und in der Ausübung seiner Datenschutz-Aufgaben weisungsfrei. Er sollte zumal die nötige Fachkunde und Zuverlässigkeit besitzen und ggf. an entsprechenden Fortbildungen teilnehmen.

> *Hinweis:*
>
> Der Datenschutzbeauftragte genießt zudem **besonderen Kündigungsschutz**. Während der Bestellung und ein Jahr danach darf ihm nur aus wichtigem Grund (z.B. Arbeitsverweigerung, Diebstahl aus der Handkasse) gekündigt werden.
>
> Die DSGVO regelt zwar nicht ausdrücklich diesen Kündigungsschutz. Art. 38 Abs. 3 S. 2 DSGVO enthält jedoch die Regelung, dass „der Datenschutzbeauftragte wegen der Erfüllung seiner Aufgaben nicht abberufen oder benachteiligt werden darf". Der Kündigungsschutz wurde jedoch – wie oben dargestellt – in § 6 Abs. 4 BDSG-neu konkretisiert.
>
> Dieser Kündigungsschutz gilt natürlich **nur für Arbeitsverhältnisse**. Für externe Datenschutzbeauftragte, die auch zulässiger Weise bestellt werden können, gibt es einen solchen Schutz nicht.

Die Geschäftsführung einer Kanzlei ist übrigens nicht an das Votum des Datenschutzbeauftragten gebunden, die Letztverantwortung bleibt dabei beim Kanzleiinhaber.

2. Erstellung eines Datenverarbeitungsverzeichnisses

Gem. Art. 30 DSGVO muss ein **Verzeichnis über alle Datenverarbeitungen** der Kanzlei erstellt werden, hierzu gehören insbesondere 273

- die elektronische Akte,
- die Kanzleisoftware inkl. Buchhaltung,
- die Lohnbuchhaltungssoftware und elektronische Personalakten,
- die Kanzleisoftware und
- Social Media-Profile der Kanzlei (Facebook & Co.).

Das Verzeichnis muss **schriftlich oder elektronisch** geführt werden und einem entsprechenden Aufbau entsprechen.

Es sind folgende Angaben zwingend vorgeschrieben:

- Kanzleiname und Kontaktdaten,
- Name und Kontaktdaten des Datenschutzbeauftragten (soweit erforderlich),
- Zweck der Datenverarbeitung,
- Art der Personen, deren Daten verarbeitet werden (z.B. Mandanten, Mitarbeiter)
- Art der verarbeiteten Daten,
- mögliche Empfänger der Daten,
- Übermittlung der Daten in die USA oder in ein sonstiges Land außerhalb der EU (z.B. bei nicht europäischen Cloud-Lösungen),
- Löschfristen und
- Maßnahmen zur Datensicherheit.

Die Erstellung dieses Verzeichnisses ist zeitintensiv, kann jedoch auch kanzleiintern dafür genutzt werden, bestimmte „eingefahrene" Prozesse zu überdenken und zu optimieren.

3. Gap Analysis

Die DSGVO sieht sodann vor, dass mögliche **„Lücken"** anhand des Verzeichnisses erkannt und geschlossen werden. 274

Wird z.B. immer sichergestellt, dass ein aktueller Virenscanner auf allen Rechner installiert ist?

Am Ende der Gap Analysis steht immer ein Maßnahmenplan, der die Lückenschließung zum Ziel haben soll.

4. Datensicherheit

Die Datensicherheit hat ein besonderes Gewicht in der DSGVO. Daher sollte man sich hier spezieller IT-Firmen bedienen. 275

Folgende Maßnahmen sind vorgeschrieben:

- Die Daten sollten – soweit möglich – verschlüsselt werden.
- Das Datenverarbeitungssystem muss stabil funktionieren.
- Die Daten müssen gegen Datenverlust durch eine fachgerechte Datensicherung geschützt sein.
- Es sind regelmäßige Prüfungen erforderlich.

5. Information und Verträge – „Paperwork"

276 Mit allen externen Dienstleistern (IT-Firma, Lohnbüro) müssen entsprechende Verträge zur Einhaltung der Datensicherheit abgeschlossen werden.

Mandanten und Besucher der Website müssen über den **Datenschutz informiert werden**. Entsprechende Hinweise zu den Datenschutzbestimmungen müssen auf der Kanzlei-Website überarbeitet werden und die Mandanten sollten bei Mandatsbeginn ein entsprechendes Formular „Hinweise zur Datenverarbeitung" unterzeichnen. Aber auch die Mitarbeiter sind über die Datenverarbeitung noch einmal gesondert zu informieren.

III. Rechte der Mandanten

277 Durch die DSGVO haben die Mandanten folgende Rechte:

- Recht auf kostenfreie Auskunft, welche Daten verarbeitet worden sind,
- Recht auf kostenfreie Einsicht in das Datenverarbeitungsverzeichnis der Kanzlei,
- Recht auf Information der Datenverarbeitung vor der ersten Datenspeicherung,
- Recht auf Berichtigung (falls die eigenen Daten unrichtig sind),
- Recht auf Löschung (es sei denn, es sprechen berufsrechtliche Regelungen dagegen, z.B. Kollisionsprüfung für die Mandatsannahme) sowie
- Recht auf Sperrung (steht einer Löschung ein besonderer Grund entgegen, sind die Daten zumindest für die Weiterleitung zu sperren).

In wieweit die DSGVO in den nächsten Jahren Auswirkungen auf den Kanzleialltag haben wird, bleibt abzuwarten.

M. Künstliche Intelligenz (KI)

Daniela Schönert

Künstliche Intelligenz (KI) ist eine Technologie, die es Computern ermöglicht, menschenähnliche Aufgaben zu erledigen, wie z.B. wie das Verstehen von Sprache, das Lösen von Problemen oder das Erstellen von Texten. Besonders bekannt sind KI-basierte Sprachmodelle, die Texte schreiben, übersetzen oder zusammenfassen können. Die bekanntesten Modelle sind: 278

- GPT-4 (von OpenAI) – eines der bekanntesten und leistungsfähigsten Modelle für Texterstellung und Analyse.
- Gemini (von Google) – kombiniert Text- und Bildverständnis für vielfältige Anwendungen.
- Claude (von Anthropic) – legt Wert auf Sicherheit und natürliche Gespräche.
- LLaMA (von Meta) – ein Open-Source-Modell für flexible Nutzung.
- Copilot (von Bing) – für Microsoft 365 konzipiert.

Die Europäische Union hat mit dem EU AI Act ein Gesetz geschaffen, das den Einsatz von KI regelt. Ziel ist es, Risiken zu minimieren, Transparenz zu fördern und ethische Standards durchzusetzen. Besonders hochriskante Anwendungen, wie z.B. in der Justiz oder im Gesundheitswesen, sollen streng überwacht werden. Es gelten vor allem Schulungspflichten für alle, die mit einem KI-System arbeiten. 279

Für Anwälte und Rechtsberater bietet KI viele nützliche Funktionen: 280

- Dokumentenanalyse & Vertragsprüfung: KI kann große Mengen an Verträgen oder Gerichtsurteilen schnell durchsuchen und relevante Passagen hervorheben.
- Rechercheunterstützung: Statt stundenlang nach Präzedenzfällen zu suchen, liefert KI gezielte Vorschläge.
- Automatisierte Korrespondenz: Standardanfragen oder Entwürfe können von KI vorformuliert werden.
- Zusammenfassungen & Übersetzungen: Lange Texte werden auf das Wesentliche reduziert oder in andere Sprachen übertragen.

Ebenso wird in den Kanzleien immer mehr Spracherkennungssoftware genutzt. Durch KI-gestützte Lösungen können Diktate, Notizen und sogar ganze Vertragsentwürfe einfach per Spracheingabe erstellt werden. Auch hier bieten sich einige Vorteile:

- Zeitersparnis: Schnelles Erfassen von Texten ohne langes Tippen
- Flexibilität: Diktieren von überall und zu jeder Tag-und-Nachtzeit (z.B. per Smartphone-App)

- Entlastung der Fachkräfte: Reduzierter Zeitaufwand für Schreiben von Diktaten; mehr Zeit für Fachaufgaben (RVG, ZV)
- Integration: Direkte Übernahme in Word oder Kanzleisoftware

281 **Doch Vorsicht: KI ist kein Ersatz für juristische Expertise!**

Trotz aller Vorteile gibt es wichtige Punkte zu bedenken:

Eine KI ist (derzeit) noch mit einer hohen Fehleranfälligkeit behaftet. Die KI kann falsche oder veraltete Informationen liefern. Eine Überprüfung oder ein nachträgliches Korrekturlesen ist daher unerlässlich.

KI kann als Hilfsmittel und Arbeitserleichterung sehr gut genutzt werden – **aber mit Bedacht**. KI kann die Arbeit in der Kanzlei effizienter machen, sollte aber mit klaren Regeln eingesetzt werden. Sie ist ein mächtiges Hilfsmittel, aber der Mensch bleibt in der Verantwortung. Wer sich intensiv mit KI auseinandersetzt und diese klug nutzt, kann Zeit sparen und bessere Ergebnisse erzielen; wer KI blind vertraut, riskiert Fehler und sogar ggf. Haftungsfälle.

§ 3 Buchführung/Rechnungswesen

Birgit Benker/Ivana Bugarin

Inhalt

A. Buchführung

I. Allgemeines

1 Sie alle haben schon Einkäufe für die Kanzlei getätigt (Kauf von Briefmarken, Kaffee, Putzmitteln oder dergleichen). Meistens sind das Arbeiten, die während der Ausbildungszeit (gelegentlich) erledigt werden mussten. Regelmäßig werden die mahnenden Worte

„Vergessen Sie nicht, sich die Rechnung geben zu lassen. Das ist ganz wichtig." mit auf den Weg gegeben. Hat man die Rechnung dann doch vergessen, muss man wieder zu dem Geschäft zurückgehen und sich die Rechnung von dem Verkäufer aushändigen lassen. Ohne Rechnung für einen getätigten Büroeinkauf, sei es auch nur ein minimaler Betrag, läuft nun mal nichts.

Sicherlich haben Sie auch Quittungen an Mandanten ausgestellt, wenn diese Bargeld eingezahlt haben, um z.B. offene Kostennoten auszugleichen. Bestellen Sie Bürobedarf für die Kanzlei, erhalten Sie eine Rechnung von dem Verkäufer. Es gibt unzählige Geschäfte des täglichen Kanzleialltags, die mit Rechnungslegungen verknüpft sind.

Sie stellen fest, alles was mit Geldein- und -ausgang zu tun hat, läuft über eine Rechnung bzw. einen Beleg, die für die Buchführung benötigt werden.

In diesem Kapitel werden die Buchführungs- bzw. Aufbewahrungspflichten des RA sowie das Rechnungswesen behandelt – denn, wie eingangs erwähnt: Ohne Rechnung/Beleg läuft nichts – und andernfalls falsch.

II. Grundsätze der Buchführung

Die Buchführungs- und Aufzeichnungspflicht ist gesetzlich geregelt. Zu unterscheiden 2
sind dabei die handelsrechtliche und die steuerrechtliche Verpflichtung zur Buchführung.

1. Handelsrechtliche Buchführungspflicht

Aus § 238 HGB (Handelsgesetzbuch), ergibt sich die Buchführungspflicht für Kaufleu- 3
te. Alle Geschäftsvorfälle müssen in ihrer Entstehung und Abwicklung nachvollziehbar sein. § 1 HGB definiert die Kaufmannseigenschaft. Danach ist Kaufmann derjenige, der ein Handelsgewerbe betreibt. Gem. § 2 HGB sind Gewerbetreibende diejenigen, die im Handelsregister eingetragen sind. Gem. § 6 HGB finden die für Kaufleute geltenden Vorschriften auch für Handelsgesellschaften Anwendung.

Jetzt stellt sich die Frage, ob der RA ein **Kaufmann** i.S.d. Vorschriften des HGB ist. Dazu 4
müsste er ein Handelsgewerbe betreiben. In § 1 BORA ist definiert, dass der RA einen **freien Beruf** ausübt. Wenn wir jetzt an den Einzelanwalt als Freiberufler denken, können wir also die Frage nach der Kaufmannseigenschaft mit einen klaren „Nein" beantworten.

Auf eine RA-Kanzlei können dennoch die Vorschriften des HGB für Kaufleute Anwendung finden, nämlich dann, wenn es sich z.B. um eine RA GmbH handelt. Die GmbH entsteht durch Eintragung in das **Handelsregister** (§ 11 Abs. 1 GmbHG). Mit Eintragung in das Handelsregister gem. § 2 HGB ist die RA GmbH Gewerbetreibender i.S.d. HGB.

Aus alledem folgt, dass der RA als Freiberufler handelsrechtlich **nicht** zur Buchführung verpflichtet ist.

2. Steuerrechtliche Buchführungspflicht

5 Es könnte sich ggf. aus den Steuergesetzen eine Buchführungspflicht ergeben. Hierzu sind die §§ 140 und 141 AO (Abgabenordnung) zu prüfen. Diese Vorschriften betreffen jedoch nur Kaufleute oder Land- und Forstwirtschaftsbetriebe. Dazu zählt der RA als Freiberufler nicht.

6 Aus den Steuergesetzen ergibt sich, dass der RA als Freiberufler auch nicht aus steuerlichen Gründen zur Buchführung verpflichtet ist.

7 Die Ausführungen gelten sowohl für die Anwalts GbR als auch für die Partnerschaftsgesellschaft.

8 Nur der Vollständigkeit halber: Der RA als Freiberufler kann freiwillig Bücher führen und eine Bilanz erstellen. Allerdings findet dies in der Praxis keine Anwendung.

III. Pflicht zur einfachen Buchführung/Aufzeichnungspflichten

9 Der RA, ob als Einzelanwalt tätig oder in Zusammenschluss einer Sozietät in Form der GbR (Gesellschaft bürgerlichen Rechts) oder der Partnerschaftsgesellschaft (PartG), hat die **Freiberuflereigenschaft**.

10 Wer ein Freiberufler ist, ergibt sich auch aus der Regelung des § 18 EStG (Einkommensteuergesetz). Der Freiberufler hat im Gegenteil zu dem Gewerbetreibenden einige Vorteile. Er ist nicht verpflichtet, ein Gewerbe anzumelden, doppelte Buchführung zu betreiben und die Umsatzsteuer (USt) ist erst dann abzuführen, wenn der Zahlungseingang erfolgt. Diese Besteuerungsart nennt man Istversteuerung, und sie muss beim Finanzamt beantragt werden (§ 13 Abs. 1 Nr. 1b, § 20 Nr. 3 UStG, Abschn. 13.6 Abs. 1 S. 1 UStAE).

11 Der RA als Freiberufler hat eine Aufzeichnungspflicht. Gem. § 2 Abs. 1 S. 1 UStG (Umsatzsteuergesetz) ist der RA Unternehmer im steuerrechtlichen Sinne. Gem. § 4 Abs. 3 EStG hat der RA die Pflicht zur **einfachen Buchführung**. Die wichtigsten **Aufzeichnungspflichten** sind in § 22 UStG geregelt.

12 Gem. § 22 Abs. 1 UStG muss der RA zur Feststellung der Steuer und der Grundlagen ihrer Berechnung Aufzeichnungen führen. Somit müssen die Einnahmen des RA zum einen i.H.d. Nettoeinnahme ersichtlich sein und zum anderen i.H.d. angefallenen USt, ebenso die Nettoausgaben sowie die Höhe der Vorsteuer.

Beispiel für USt und Vorsteuer:

RA A berät die Firma B. Die Kostennote weist einen Gesamtbetrag von 1.190,00 EUR aus. Die in der Rechnung des RA A enthaltene Steuer i.H.v. 190,00 EUR stellt für RA A die USt dar.

Für die Firma B stellt diese Steuer die Vorsteuer dar. Erhält B von A die Rechnung und bezahlt sie diese, kann sie bei dem zuständigen FA diese Steuer von 190,00 EUR als Vorsteuer beanspruchen.

Vorsteuer und USt sind ein und dieselbe Steuerart. Es kommt darauf an, ob die Steuer eingenommen (wie RA A) oder ausgegeben (wie Firma B) wird.

IV. Ordnungsgemäße Buchführung

Der Grundsatz der ordnungsgemäßen Buchführung ist eine allgemeine Regel, die sich z.T. aus dem Gesetz (HGB, §§ 238, 239 AO), aus der Rechtsprechung und der Praxis ergibt. M.E. sollte dieser Grundsatz auch für den „aufzeichnungspflichtigen" RA gelten. Danach wären die Vorschriften des HGB zu befolgen. 13

Folgende **Grundsätze für eine ordnungsgemäße Buchführung** sollten von dem RA, der zur einfachen Buchführung verpflichtet ist, dennoch dringend eingehalten werden: 14

- Grundsatz der Richtigkeit und Willkürfreiheit (richtige Aufzeichnung, d.h. rechnerisch und sachlich)
- Grundsatz der Klarheit und Übersichtlichkeit (übersichtlich und klar verständlich in „lebender Sprache")
- Grundsatz der Einzelbewertung (Vermögensgegenstände müssen einzeln bewertet werden)
- Grundsatz der Vollständigkeit (lückenlos)
- Grundsatz der Ordnungsmäßigkeit (zeitnah und chronologisch)
- Grundsatz der Sicherheit (ordnungsgemäße Archivierung)
- Belegprinzip (keine Buchung ohne Beleg)

Bitte bedenken Sie, dass die Folgen einer nicht ordnungsgemäßen Buchführung erhebliche Nachteile für den RA haben können (Schätzung, Geldbußen, Straftatbestand der Steuerhinterziehung). 15

V. Buchhaltungsformen in der RA-Kanzlei

In einer RA-Kanzlei gibt es verschiedene Bereiche der Buchhaltung. 16

1. Finanzbuchhaltung

17 Das Ziel der Finanzbuchhaltung ist:

1. **Gewinnermittlung** als Grundlage für die Berechnung und Ermittlung der ESt.
2. **Aufzeichnung und Erfassung der Umsätze** und **Vorsteuerbeträge** für die Ermittlung der USt und Erteilung der USt-Voranmeldung an das FA.
3. **Eigenkontrollfunktion** (sog. **Controlling**). Der RA hat so die Möglichkeit einer Kontrolle der wirtschaftlichen Aspekte der Kanzlei.

Sofern die Einnahmen nach Referaten geführt werden (z.B. ArbeitsR, VerkehrsR), kann er gezielt die Einnahmen der einzelnen Referate miteinander vergleichen. Daneben kann er auch hohe Kostenfaktoren ermitteln, die ggf. reduziert werden können.

2. Mandantenbuchhaltung

18 Wegen der Abrechnung der mandantenbezogenen Daten ist auch eine sog. Mandanten-Buchführung, in der sämtliche Geschäftsvorfälle erfasst werden, zu führen – wobei hier eine Verknüpfung der Finanzbuchhaltung mit der Mandantenbuchhaltung besteht. D.h. zahlt der Mandant eine Vergütungsrechnung, erfolgt eine Einnahme, die sich in der Finanzbuchhaltung niederschlägt. Es erfolgt keine doppelte Einnahme, sondern lediglich eine Verbuchung in dem Finanzkonto sowie eine Verbuchung in dem Mandantenkonto.

19 Bei der **Buchführung der mandatsbezogenen Angelegenheiten** wird für jeden Mandanten ein Konto (Aktenkonto) geführt, in dem

- Honorar,
- Auslagen,
- Fremdgeld

ausgewiesen werden. Sie können so direkt aus dem Aktenkonto die Buchungsvorgänge entnehmen, ohne in der Finanzbuchhaltung suchen zu müssen.

3. Forderungsbuchhaltung

20 Neben der Mandantenbuchhaltung (Verhältnis Mandant und RA) kann im Wege der Forderungsbuchhaltung (Verhältnis Mandant und Gegner), also bei Forderungen des Mandanten gegen einen Dritten oder umgekehrt, die gesonderte Abrechnung des Kontos durch den RA erfolgen (Zwangsvollstreckungsangelegenheiten). Aber auch hier steht eine direkte Verknüpfung zur Finanzbuchhaltung. Zahlt der Schuldner, so erfolgt eine Buchung in dem Forderungskonto sowie in der Finanzbuchhaltung.

4. Lohnbuchhaltung

Die Lohnbuchhaltung ist für das Erfassen, Abrechnen und Buchen von Löhnen und Gehältern zuständig. Es ist für jeden Mitarbeiter eine monatliche Gehaltsabrechnung zu erstellen, und zwar in brutto und netto, sowie ein Lohnkonto zu führen. Die Nettogehälter sind an die Mitarbeiter auszuzahlen. Gleichfalls sind die Abgaben (Lohnsteuer, ggf. Kirchensteuer und Sozialversicherungsbeiträge) an das Finanzamt bzw. die Krankenkasse zu überweisen sowie die entsprechenden Meldepflichten zu erfüllen. Der Arbeitnehmer ist zwar Steuerschuldner für die Lohnsteuer. Der RA haftet jedoch für die Lohnsteuer, weil er eine öffentlich-rechtliche Aufgabe erfüllt (§ 38 Abs. 2 und 3 EStG). 21

VI. Kontenrahmen/Kontenklassen

Um der Verpflichtung zur einfachen Buchführung gem. den gesetzlichen Maßgaben gerecht zu werden und diese erfolgreich zu realisieren, muss der RA sämtliche Geschäftsvorfälle erfassen. Dazu dienen dem RA **Kontenrahmen** und **Kontenklassen.** 22

Für jede Berufsbranche, so auch für eine Rechtsanwaltskanzlei, gibt es vorgegebene Kontenrahmen, die als Muster für die Erstellung eines Kontenplans dienen. Dadurch wird eine ordentliche Buchführung gewährleistet. Bei der Buchführung werden regelmäßig die einzelnen Geschäftsvorgänge nach ihrer Art festgehalten (z.B. Mietzahlungen, Mieteinnahmen, Einkauf von Bürobedarf, Honorare, Personalkosten usw.). Daher gibt es viele Konten, die nebeneinander bestehen. Diese Konten sind chronologisch zu führen. 23

Der **Kontenplan** ist individuell an die Kanzlei angepasst. Er enthält eine Zusammenstellung aller Konten. Es können so sämtliche Geschäftsvorfälle abgebildet werden und es wird eine einheitliche Buchhaltung gewährleistet. Zur übersichtlichen Darstellung soll eine verkürzte Darstellung eines Kontenplans und der Kontenklassen erfolgen. 24

Übersicht: Kontenplan 25

Bestandskonten	0001 – 0999
Finanzkonten	1000 – 1099
Umbuchungs- und Transitkonten	1300 – 1399
Auslagen	1600 – 1699
Fremdgeld	1700 – 1799
Aufwand	4000 – 4999
Erlöse	8000 – 8999

Übersicht: Kontoklassen 26

Aus dem o.g. Kontenplan gehen, wie oben ausgeführt, die einzelnen Kontenklassen hervor.

Kontenklasse 0 (Bestandskonto)	
0027	Software
0200	Technische Anlagen u. Maschinen
0320	Pkw-Anschaffung RA
0400	Geschäftsausstattung
Kontenklasse 1 (Finanzkonten)	
1000	Kasse
1001	Postbank AG
1002	Berliner Bank AG
Kontenklasse 1 (Umbuchungs-/Transitkonten)	
1300	Sammelgegenkonto
1360	Geldtransit
1399	zu klärende Posten
Kontenklasse 1 (Auslagen)	
1600	Auslagen 1
1601	Auslagen 2
Kontenklasse 1 (Fremdgeld)	
1700	Fremdgeld 1
1701	Fremdgeld 2
Kontenklasse 4 (Aufwandskonto)	
4000	100 % Vorsteuer
4050	USt-Vorauszahlung FA
4120	Personalkosten/Gehälter Mitarbeiter
4121	Personalkosten/Lohnsteuer
4122	Personalkosten/Gehälter jur. Mitarbeiter
4130	Personalkosten/Sozialversicherung
4175	Personalkosten/Fahrtkostenerstattung
4210	Raumkosten/Büromiete
4360	Büroversicherungen
4650	Bewirtungskosten
4660	Reisekosten RA

4661	Verpflegungsmehraufwand
4900	steuerpflichtige Auslagen
Kontenklasse 8 (Erlöse)	
8002	Umsatzerlöse/FamR
8003	Umsatzerlöse/MietR
8005	Umsatzerlöse/ArbeitsR
8080	Einnahme aus Nebentätigkeit
8100	Zinserträge
8900	Sonstige betriebliche Erlöse
8920	Eigenverbrauch

Mindestens zwei Konten werden von einem Geschäftsvorfall berührt: **27**

Beispiel:

Mandant M zahlt einen Betrag i.H.v. 500,00 EUR durch Überweisung auf das Postbankkonto. Der Betrag setzt sich aus 300,00 EUR Vorschuss auf die Vergütung sowie aus 200,00 EUR Gerichtskosten zusammen.

Sie sehen, hier sind drei Konten betroffen:

1. das Finanzkonto Kontenklasse 1 (Postbank), auf dem der Zahlungseingang erfolgt,
2. das Sachkonto der Kontenklasse 8 (Einnahmen mit USt),
3. das Sachkonto der Kontenklasse 1 (Auslagen).

VII. Führung Kassenbuch

Das Kassenbuch (Kontoklasse 1) betrifft alle baren Geschäftsvorfälle. **28**

Das Kassenbuch muss so aufgebaut sein, dass **29**

- die Angabe des Zeitraumes der Aufzeichnung der Kassenein- und -ausgaben mit Jahreszahl und Seitenzahl zu ersehen ist;
- das Datum des jeweiligen Geschäftsvorfalls angegeben ist;
- eine Belegnummer zwecks eindeutiger Zuordnung des Geschäftsvorfalls vergeben wird;
- ein Buchungstext zum Geschäftsvorfall vermerkt wird;
- der Nettobetrag nebst Währungsangabe der Quittung/Rechnung zu entnehmen ist;
- die USt/Vorsteuer des Nettobetrags zu ersehen ist;
- der aktuelle Kassenbestand jederzeit zu ersehen ist.

30 Das Führen des Kassenbuchs (i.Ü. auch die gesamte Buchhaltung) hat den Anforderungen des § 146 Abs. 1 S. 1 AO nach

- Vollständigkeit,
- Richtigkeit,
- Zeitgerechtigkeit und
- Ordnung

zu genügen. Die Kasseneinnahmen und -ausgaben sind täglich festzuhalten.

31 Die nachstehend aufgeführten Punkte sollten Sie bei der Führung des Kassenbuchs einhalten:

- Keine Buchung ohne Beleg (auch Privateinlagen- und -entnahmen).
- Fortlaufende Nummerierung der Belege.
- Jederzeit möglicher Vergleich des Soll- zum Ist-Kassenstand.
- Tägliche Überprüfung des Kassenstandes durch Zählen.
- Ein negativer Kassenbestand ist nicht möglich.
- Der Geldtransit muss festgehalten werden (Einzahlung der Bareinnahmen auf das Geschäftskonto oder umgekehrt).
- Keine nachträglichen Veränderungen durch Unkenntlichmachung. In diesem Fall erfolgt eine Streichung der fehlerhaften Eintragung. Die Streichung muss lesbar sein. Die Berichtigung erfolgt in der Weise, dass ein neuer Eintrag vorgenommen wird.
- Chronologische Führung des Kassenbuchs.
- Keine Leerzeilen zwischen den einzelnen Eintragungen.

32 ▼

Muster 3.1: Kassenbuch

Kassenbuch

Kassenblatt für den Zeitraum 02.02. – 06.02.XXXX Seite: 1

Datum	Einnahme	Ausgabe	Bestand	USt	Beleg Nr.	Buchungstext
xxxxxx	xxxxxxxx	xxxxxxx	500,00 Übertrag			
02.02.	50,00		550,00	19 %	1	Vorschusszahlung Mandant M, Akte (PR-Nr.)
05.02.	150,00		700,00	19 %	2	Vorschusszahlung Mandant F Akte (Pr-Nr.)
05.02.		15,00	685,00	0 %	3	Porto
05.02.		13,50	671,50	19 %	4	Büroküche (Getränke)

Datum	Einnahme	Ausgabe	Bestand	USt	Beleg Nr.	Buchungstext
05.02.		650,00	21,50		5	Privatentnahme RA
06.02.	950,00		971,50	0	6	Zahlung Fremdgeld Gegner G in Sachen (PR-Nr.)
06.02.		950,00	21,50		7	Geldtransit Kasse an Bank
xxxxxx	xxxxxxxx	xxxxxxx-xx	21,50 Endbestand			

▲

VIII. Einnahme-Überschuss-Rechnung (EÜR)

Für den RA als Freiberufler, der zur einfachen Buchhaltung verpflichtet ist, erfolgt die Ermittlung des Gewinns nach § 4 Abs. 3 EStG. Hier werden die Betriebseinnahmen den Betriebsausgaben gegenübergestellt. Das Ergebnis stellt den Gewinn oder Verlust dar. 33

Die Erfassung der Einnahmen und Ausgaben erfolgt nach dem **Zu- und -Abflussprinzip**. Dies bedeutet, dass die Zahlungen zum Zeitpunkt des Zahlungsflusses gebucht werden. 34

Eine Ausnahme stellen lediglich regelmäßig wiederkehrende Zahlungen dar, die innerhalb eines kurzen Zeitraums vor oder nach Beendigung des Kalenderjahres zugeflossen/abgeflossen sind, zu dem sie wirtschaftlich gehören (§ 11 EStG). „Kurzer Zeitraum" ist mit zehn Kalendertagen definiert.

Beispiel: 35

RA M ermittelt seinen Gewinn mittels Einnahmen-Überschussrechnung. Die Umsatzsteuer-Voranmeldung für den Monat Dezember 24 hat er am 10.1.25 dem Finanzamt auf elektronischem Weg übermittelt. Am selben Tag hat er die Umsatzsteuer-Vorauszahlung für den Monat Dezember 24 i.H.v. 7.000 EUR an das Finanzamt überwiesen.

RA M muss die am 10.1.2025 geleistete Umsatzsteuer-Vorauszahlung von 7.000 EUR bereits im Jahr 2024 als Betriebsausgabe erfassen. Eine wahlweise Erfassung im Jahr 2025 kommt nicht in Betracht.

Vorgenanntes gilt auch, wenn die Kanzlei ein Lastschriftmandat erteilt hat und die Abbuchung erst nach dem 10. erfolgt. Es muss lediglich eine ausreichende Deckung des Girokontos vorliegen.

IX. USt-Voranmeldung

36 Aufgrund der verbuchten Geschäftsvorfälle sind die steuerbaren Umsätze, d.h. Umsätze, die der Umsatzsteuer unterliegen, dem FA mit dem amtlichen Formular USt-Voranmeldung mitzuteilen. Was steuerbare Umsätze sind, ergibt sich aus § 1 UStG. Es handelt sich zusammengefasst um Umsätze, die der RA im Inland gegen Entgelt ausführt.

Die USt-Voranmeldung muss gem. § 18 Abs. 1 S. 1 UStG elektronisch an das FA übermittelt werden. Wegen Vermeidung unbilliger Härten kann auf Antrag die Übermittlung der USt-Voranmeldung in Papierform an das FA übermittelt werden (z.B. kein Internetanschluss, kein PC).

1. Zeiträume für die USt-Voranmeldung

37 Je nach Höhe der Steuer des Kalendervorjahres ist die USt-Voranmeldung

- monatlich (USt im vorangegangenen Kalenderjahr > 9.000 EUR),
- vierteljährlich (USt zwischen 2.000 EUR und 9.000 EUR) oder
- jährlich (< 2.000 EUR)

dem FA mitzuteilen.

Wann welcher Anmeldungszeitraum maßgeblich ist, ist in § 18 Abs. 2 UStG genannt.

Die USt-Voranmeldung muss bis zum 10. eines Folgemonats dem Finanzamt (FA) vorliegen (§ 18 Abs. 1 UStG). Auch die USt-Vorauszahlung ist bis zum 10. an das FA zu leisten (Zahlungseingang beim FA). § 240 Abs. 3 AO räumt eine Schonfrist von drei Tagen für Banküberweisungen ein.

> *Beispiel:*
>
> *Der RA ermittelt die USt für den Kalendermonat Januar 2025. Am 10.2.2025 muss spätestens die USt-Voranmeldung dem FA mitgeteilt sowie die USt-Vorauszahlung bei dem FA eingegangen sein.*

38

> *Hinweis:*
>
> Halten Sie die Frist zur Abgabe und insbes. die Zahlung der USt immer pünktlich ein, da anderenfalls das FA regelmäßig Verspätungs- und Säumniszuschläge erheben wird (§§ 152, 240 AO).

39 Für den Fall, dass eine Dauerfristverlängerung beantragt und bewilligt wurde, erfolgt die Anmeldung einen Monat später. Bei der Dauerfristverlängerung ist zunächst 1/11 der USt-Vorauszahlung des Vorjahres an das FA zu bezahlen (§ 46 UStDV).

2. Formular Umsatzsteuer-Voranmeldung 2015

Die Umsatzsteuer-Voranmelde-Formulare ändern sich jährlich. Sie können unter https:// 40
www.bundesfinanzministerium.de/Content/DE/Downloads/BMF_Schreiben/Steuerarten/Umsatzsteuer/2024-12-09-voranmeldungs-vorauszahlungsverf-2025.pdf?__blob=publicationFile&v=4 abgerufen werden.

2025

Umsatzsteuer-Voranmeldung

— Eingangsstempel — 11

	Steuernummer	Wirtschafts-Identifikationsnummer
1		D E

	An das Finanzamt	30
2		

Unternehmer – ggf. abweichende Firmenbezeichnung – Anschrift – Telefon – E-Mail-Adresse

3	
4	
5	

Voranmeldungszeitraum

	bei **monatlicher** Abgabe bitte hier ankreuzen			bei **vierteljährlicher** Abgabe bitte hier ankreuzen
6	X Januar	X Mai	X September	X I. Kalendervierteljahr
7	X Februar	X Juni	X Oktober	X II. Kalendervierteljahr
8	X März	X Juli	X November	X III. Kalendervierteljahr
9	X April	X August	X Dezember	X IV. Kalendervierteljahr

10	**Berichtigte Anmeldung**	10	1 = Ja
11	**Belege** (z. B. Verträge, Rechnungen) sind beigefügt bzw. werden gesondert eingereicht	22	1 = Ja
12	**Wechsel von der Kleinunternehmer-Regelung (§ 19 UStG) zur Regelbesteuerung** Datum des Wechsels	70	

		Bemessungsgrundlage ohne Umsatzsteuer EUR	Steuer EUR Ct
	A. Steuerpflichtige Lieferungen, sonstige Leistungen und unentgeltliche Wertabgaben		
	Steuerpflichtige Umsätze		
13	zum Steuersatz von 19 %	81	
14	zum Steuersatz von 7 %	86	
15	zum Steuersatz von 0 %	87	
16	zu anderen Steuersätzen	35	36
17	Lieferungen land- und forstwirtschaftlicher Betriebe nach § 24 UStG an Abnehmer **mit** Umsatzsteuer-Identifikationsnummer	77	
18	Umsätze, für die eine Steuer nach § 24 UStG zu entrichten ist (Sägewerkserzeugnisse, Getränke und alkoholische Flüssigkeiten, z. B. Wein)	76	80
	B. Steuerfreie Lieferungen, sonstige Leistungen und unentgeltliche Wertabgaben		
	Steuerfreie Umsätze mit Vorsteuerabzug		
	Innergemeinschaftliche Lieferungen (§ 4 Nummer 1 Buchstabe b UStG)		
19	an Abnehmer **mit** Umsatzsteuer-Identifikationsnummer	41	

2025USt1A561 - Dezember 2024 - 2025USt1A561

Steuernummer

- 2 -

Zeile		Kz	Bemessungsgrundlage ohne Umsatzsteuer	Kz	Steuer
			EUR		EUR Ct
20	neuer Fahrzeuge an Abnehmer **ohne** Umsatzsteuer-Identifikationsnummer	44			
21	neuer Fahrzeuge außerhalb eines Unternehmens (§ 2a UStG)	49			
	Weitere steuerfreie Umsätze mit Vorsteuerabzug				
22	z. B. **Ausfuhrlieferungen**, Umsätze nach § 4 Nummer 2 bis 7 UStG	43			
	Steuerfreie Umsätze ohne Vorsteuerabzug				
23	z. B. Umsätze nach § 4 Nummer 8 bis 29 oder § 19 Absatz 1 UStG	48			
	C. Innergemeinschaftliche Erwerbe				
	Steuerfreie innergemeinschaftliche Erwerbe				
24	von bestimmten Gegenständen und Anlagegold (§§ 4b und 25c UStG)	91			
	Steuerpflichtige innergemeinschaftliche Erwerbe				
25	zum Steuersatz von 19 %	89			
26	zum Steuersatz von 7 %	93			
27	zum Steuersatz von 0 %	90			
28	zu anderen Steuersätzen	95		98	
29	**neuer Fahrzeuge** (§ 1b Absatz 2 und 3 UStG) von Lieferern **ohne** Umsatzsteuer-Identifikationsnummer zum allgemeinen Steuersatz	94		96	
	D. Leistungsempfänger als Steuerschuldner (§ 13b UStG)				
30	Sonstige Leistungen nach § 3a Absatz 2 UStG eines im übrigen Gemeinschaftsgebiet ansässigen Unternehmers (§ 13b Absatz 1 UStG)	46		47	
31	Umsätze, die unter das GrEStG fallen (§ 13b Absatz 2 Nummer 3 UStG)	73		74	
32	Andere Leistungen (§ 13b Absatz 2 Nummer 1, 2, 4 bis 12 UStG)	84		85	
	E. Ergänzende Angaben zu Umsätzen				
33	Lieferungen des ersten Abnehmers bei **innergemeinschaftlichen Dreiecksgeschäften** (§ 25b UStG)	42			
34	Steuerpflichtige Umsätze des leistenden Unternehmers, für die der **Leistungsempfänger** die **Steuer nach § 13b Absatz 5 UStG schuldet**	60			
35	**Nicht steuerbare sonstige Leistungen** gemäß § 18b Satz 1 Nummer 2 UStG	21			
36	**Übrige nicht steuerbare Umsätze** (Leistungsort nicht im Inland)	45			
37	**Umsatzsteuer (Summe der Zeilen 13 bis 18 und 25 bis 32)**				
	F. Abziehbare Vorsteuerbeträge und Berichtigung des Vorsteuerabzugs				
38	Vorsteuerbeträge aus Rechnungen von anderen Unternehmern (§ 15 Absatz 1 Satz 1 Nummer 1 UStG), aus Leistungen im Sinne des § 13a Absatz 1 Nummer 6 UStG (§ 15 Absatz 1 Satz 1 Nummer 5 UStG) und aus innergemeinschaftlichen Dreiecksgeschäften (§ 25b Absatz 5 UStG)			66	
39	Vorsteuerbeträge aus dem innergemeinschaftlichen Erwerb von Gegenständen (§ 15 Absatz 1 Satz 1 Nummer 3 UStG)			61	
40	Entstandene Einfuhrumsatzsteuer (§ 15 Absatz 1 Satz 1 Nummer 2 UStG)			62	

2025USt1A562 2025USt1A562

Steuernummer

- 3 -

Zeile		Bemessungsgrundlage ohne Umsatzsteuer EUR	Steuer EUR Ct
41	Vorsteuerbeträge aus Leistungen im Sinne des § 13b UStG (§ 15 Absatz 1 Satz 1 Nummer 4 UStG)		67
42	Vorsteuerbeträge, die nach allgemeinen Durchschnittssätzen berechnet sind (§ 23a UStG)		63
43	Vorsteuerabzug für innergemeinschaftliche Lieferungen neuer Fahrzeuge außerhalb eines Unternehmens (§ 2a UStG) sowie von Kleinunternehmern im Sinne des § 19 Absatz 1 UStG (§ 15 Absatz 4a UStG)		59
44	Berichtigung des Vorsteuerabzugs (§ 15a UStG)		64
45	Verbleibender Betrag (Zeile 37 abzüglich der Zeilen 38 bis 44)		
	G. Andere Steuerbeträge		
46	Steuer infolge des Wechsels der Besteuerungsform sowie Nachsteuer auf versteuerte Anzahlungen und ähnlichem wegen Steuersatzänderung		65
47	In Rechnungen unrichtig oder unberechtigt ausgewiesene Steuerbeträge (§ 14c UStG) sowie Steuerbeträge, die nach § 6a Absatz 4 Satz 2, § 17 Absatz 1 Satz 7, § 25b Absatz 2 UStG oder von einem Auslagerer oder Lagerhalter nach § 13a Absatz 1 Nummer 6 UStG geschuldet werden		69
	H. Vorauszahlung/Überschuss		
48	**Umsatzsteuer-Vorauszahlung/Überschuss (Summe der Zeilen 45 bis 47)**		
49	**Abzug** der festgesetzten **Sondervorauszahlung** für Dauerfristverlängerung (in der Regel nur in der letzten Voranmeldung des Besteuerungszeitraums auszufüllen)		39
50	**Verbleibende Umsatzsteuer-Vorauszahlung** **Verbleibender Überschuss** – bitte dem Betrag ein Minus voranstellen - **(Bitte in jedem Fall ausfüllen)**		83
	I. Ergänzende Angaben zu Minderungen nach § 17 Absatz 1 Sätze 1 und 2 in Verbindung mit Absatz 2 Nummer 1 Satz 1 UStG		
51	Minderung der Bemessungsgrundlage (in den Zeilen 13 bis 18 enthalten)	50	
52	Minderung der abziehbaren Vorsteuerbeträge (in der Zeile 38 aus Rechnungen von anderen Unternehmen (§ 15 Absatz 1 Satz 1 Nummer 1 UStG) sowie in den Zeilen 42 und 43 enthalten)		37

J. Sonstige Angaben

Ein Erstattungsbetrag wird auf das dem Finanzamt benannte Konto überwiesen, soweit der Betrag nicht mit Steuerschulden verrechnet wird.

Zeile			
53	**Verrechnung des Erstattungsbetrags erwünscht / Erstattungsbetrag ist abgetreten.** Geben Sie bitte die Verrechnungswünsche auf einem gesonderten Blatt an oder auf dem beim Finanzamt erhältlichen Vordruck „Verrechnungsantrag".	29	1 = Ja
54	Das **SEPA-Lastschriftmandat** wird ausnahmsweise (z. B. wegen Verrechnungswünschen) für diesen Voranmeldungszeitraum **widerrufen**. Ein gegebenenfalls verbleibender Restbetrag ist gesondert zu entrichten.	26	1 = Ja
55	Über die Angaben in der Steueranmeldung hinaus sind weitere oder abweichende Angaben oder Sachverhalte zu berücksichtigen. Geben Sie bitte diese auf einem gesonderten Blatt an, welches mit der Überschrift **„Ergänzende Angaben zur Steueranmeldung"** zu kennzeichnen ist.	23	1 = Ja

Datenschutzhinweis:
Die mit der Steueranmeldung angeforderten Daten werden auf Grund der §§ 149, 150 AO und der §§ 18, 18b UStG erhoben. Die Angabe der Telefonnummer und der E-Mail-Adresse ist freiwillig. Informationen über die Verarbeitung personenbezogener Daten in der Steuerverwaltung und über Ihre Rechte nach der Datenschutz-Grundverordnung sowie über Ihre Ansprechpartner in Datenschutzfragen entnehmen Sie bitte dem allgemeinen Informationsschreiben der Finanzverwaltung. Dieses Informationsschreiben finden Sie unter www.finanzamt.de (unter der Rubrik „Datenschutz") oder erhalten Sie bei Ihrem Finanzamt.

56

Datum, Unterschrift

2025USt1A563

2025USt1A563

X. ELSTER-Programm

41 Im Hinblick auf die Verpflichtung zur elektronischen Übermittlung der USt-Voranmeldung an das FA können Sie diese Erklärung mit Zuhilfenahme des ELSTER-Programmes an das FA übermitteln. Das ELSTER-Programm ist ein von der Steuerverwaltung entworfenes Steuerprogramm, das Sie kostenlos auf Ihren Computer laden können. Auch können alle anderen Steuererklärungen, wie Einnahmen-/Überschussrechnung, Einkommensteuererklärungen, gesonderte und einheitliche Feststellung von Besteuerungsgrundlagen über ELSTER eingereicht werden.

42 *Praxistipp:*

Sie finden das ELSTER-Programm unter www.elster.de

Sie müssen erstmalig ein Benutzerkonto erstellen und bekommen dann die Aktivierungsdaten. Sie können dann die Zertifikatsdatei herunterladen.

43 Das ELSTER-Programm hat folgende Funktionen und Vorteile:

- Die Eingabe der Daten erfolgt über den Bildschirm.
- Das Programm bietet zudem Ausfüllhinweise an.
- Papierlose Übertragung von Steuererklärungen erfolgt verschlüsselt an das FA.
- Die Auswahl der Erklärung, Eingabe der Daten, Übermittlung der Daten an das FA erfolgen über eine Maske. Sie müssen nichts zwischenspeichern, andere Links laden oder Programme öffnen, um die Steuererklärung zu fertigen und an das FA zu übermitteln.
- Das Programm führt eine Überprüfung von formalen Fehlern durch, die bei der Eingabe der Daten entstanden sind. Es erfolgt ein entsprechender Hinweis.
- Ausdruck der Bestätigungen, wann die Erklärung an das FA übermittelt wurde (Datum mit Uhrzeit).
- Die jeweiligen Erklärungen sind unter „meine Formulare" gespeichert.
- Fehlerhafte Angaben (z.B. Zahlendreher) können Sie jederzeit ändern (vor einer Übermittlung an das FA. Danach ist nur die Berichtigung möglich.)
- Das Programm bietet bei Änderungen regelmäßig Updates an.

B. Aufbewahrungsfristen

I. Wichtige Dokumente

44 Für die Aufbewahrung von Buchführungsunterlagen gibt es Vorschriften und gesetzliche Regelungen im Hinblick auf Aufbewahrungsfristen. Diese sind in § 257 HGB, § 147 AO enthalten.

Nachfolgend werden die wichtigsten Dokumente in Tabellenform genannt: 45

10-jährige Aufbewahrungsfrist	8-jährige Aufbewahrungsfrist	6-jährige Aufbewahrungsfrist
Inventare, Jahresabschlüsse, Lageberichte, Eröffnungsbilanzen Steuererklärungen oder Steueranmeldungen GuV-Rechnungen (Gewinn- und Verlust-Rechnungen) Kassendokumentation	Buchungsbelege Eingangs- und Ausgangsrechnungen Bankbelege Kassenbelege Lohnabrechnungen, Lohnkonten	Empfangene Handels- und Geschäftsbriefe Auftragsbestätigungen Leasingverträge/Darlehensverträge (vom Vertragsende beginnend)

II. Beginn der Aufbewahrungsfrist

Die Aufbewahrungsfrist **beginnt** mit dem Schluss des Kalenderjahres, in dem die letzte Eintragung in das Buch getätigt wurde, das Inventar, die Eröffnungsbilanz, der Jahresabschluss oder der Lagebericht aufgestellt wurden, der Handels- oder Geschäftsbrief empfangen oder abgesandt wurden, der Buchungsbeleg entstanden ist, die Aufzeichnung vorgenommen worden ist oder die sonstigen Unterlagen entstanden sind (§ 257 HGB). 46

III. Aufbewahrungspflichten bei E-Rechnungen

Für elektronische Rechnungen gelten dieselben Aufbewahrungspflichten wie für Rechnungen in Papierform (acht Jahre). Die Belege sind für die Dauer der Aufbewahrungsfrist zu archivieren. 47

Die folgenden Grundsätze müssen bei der Aufbewahrung elektronischer Belege beachtet werden:

- Ordnungsmäßigkeit der Buchführung
- Datenzugriff
- Prüfbarkeit digitaler Belege

Die elektronischen Rechnungen müssen in dem **Format** archiviert werden, in dem sie empfangen worden sind. Sie müssen während der Aufbewahrungsfrist jederzeit **lesbar** und **maschinell auswertbar** sein.

Erfolgt eine Umwandlung von elektronischen Rechnungen in ein betriebsinternes Format, so sind beide Dateien miteinander zu verknüpfen und aufzubewahren.

Elektronische Rechnungen müssen **elektronisch archiviert** werden. Das Ausdrucken der Rechnungen und/oder Belege und Aufbewahrung in Papierform genügt den Anforderungen nicht.

Die Archivierung einer elektronischen Rechnung muss immer in dem Format, in dem sie versendet wurde, archiviert werden.

> *Tipp:*
>
> Die elektronische Archivierung kann auch in einem anderen Mitgliedstaat der EU erfolgen. Für eine Führung und Aufbewahrung der elektronischen Bücher in einem Drittstaat ist ein Antrag bei den Finanzbehörden erforderlich.
>
> Die mit der Rechnung (z.B. als PDF-Datei) übermittelte E-Mail muss nicht gespeichert werden und kann gelöscht werden, solange diese lediglich Transportfunktion hat.
>
> Wenn Rechnungen als Anhang zu einer E-Mail gesendet werden (z.B. als PDF-Datei oder ein Link zum Download), muss aus Sicherheitsgründen ein unveränderbares Format verwendet werden.

C. Rechnungswesen

I. Ordnungsgemäße Rechnungsstellung gem. § 14 UStG

48 Der RA ist nicht nur berechtigt, sondern auch teilweise verpflichtet, eine Rechnung zu erteilen, die an besondere inhaltliche Bestandteile geknüpft ist. Diese Bestandteile einer Rechnung sind Pflicht. Die Pflicht, wann eine Rechnungserteilung erforderlich ist, ergibt sich aus § 14 Abs. 2 UStG.

1. Muss-Vorschrift

49 Neben den in § 14 Abs. 4 UStG genannten Pflichtangaben **muss** der RA als Unternehmer i.S.v. § 2 UStG eine Rechnung erteilen, wenn die Leistung gem. § 14 Abs. 2 UStG

- für einen anderen Unternehmer,
- für eine juristische Person,
- im Zusammenhang mit einem Grundstück steht (unabhängig davon, ob der Mandant Verbraucher, Unternehmer oder eine juristische Person ist).

ausgeführt worden ist.

2. Frist zur Rechnungslegung

50 Die Rechnungslegung bei Leistungen im Zusammenhang mit einem Grundstück muss gem. § 14 Abs. 2 Nr. 1 UStG innerhalb von sechs Monaten nach „Ausführung der sonstigen Leistungen" erfolgen. Das gleiche gilt für die Leistungserbringung an einen Unternehmer oder an eine juristische Person (§ 14 Abs. 2 Nr. 2 UStG).

3. Kann-Vorschrift

Gem. § 14 Abs. 1 UStG **kann** der RA eine Rechnung nach § 14 Abs. 4 UStG erstellen, wenn eine Leistung an andere als die unter Rdn 49 genannten Leistungsempfänger ausgeführt wurde. Allein schon wegen der Regelung des § 10 RVG (Berechnung) sollte von der Kann-Vorschrift der Rechnungslegung jedoch Abstand genommen werden. 51

4. Pflichtangaben in der Rechnung gem. § 14 Abs. 4 UStG

Ist der RA zur Rechnungslegung gem. § 14 Abs. 1 und 4 UStG verpflichtet, **muss** die Rechnung folgende Angaben erhalten: 52

- vollständiger Name mit vollständiger Anschrift des RA, der Sozietät, Bürogemeinschaft usw.,
- vollständiger Name und Anschrift des Rechnungsempfängers,
- Angabe der Steuernummer oder der USt-Identifikations-Nr.,
- Datum der Rechnungslegung (Ausstellungsdatum),
- Rechnungsnummer (die immer nur einmal vergeben wird; Rechnungsnummern werden fortlaufend erteilt),
- Umfang und Art der sonstigen Leistung,
- Zeitpunkt der Lieferung,
- Steuersatz, Bemessungsgrundlage und Steuerbetrag.
- **Hinweis:** Die Unterschrift des Rechtsanwalts nach § 10 RVG ist nicht mehr erforderlich. Seit 17.7.2024 reicht die Textform aus.

> *Hinweis:* 53
>
> Erst wenn alle gem. § 14 Abs. 4 UStG vorgegebenen Pflichtangaben in der Rechnung enthalten sind, kann der Rechnungsempfänger die Vorsteuer bei dem FA geltend machen. Achten Sie deshalb darauf, dass die Pflichtangaben in der Rechnung enthalten sind.
>
> Der Rechnungsempfänger hat gegen den Rechnungsaussteller einen Anspruch auf vollständige und inhaltlich zutreffende Rechnungslegung gem. der Pflichtangaben des § 14 Abs. 4 UStG
>
> Die Bezeichnung der Leistung in der Rechnung muss so genau sein oder unter Beifügung von Dokumenten genau nachvollziehbar sein, dass der Rechnungsempfänger nachweisen kann, dass die Leistung für ihn tatsächlich erbracht wurde.
>
> Bitte auch entsprechend die **Eingangsrechnungen** überprüfen, damit der RA die Vorsteuer beim FA geltend machen kann.

Das Muster einer Rechnung, die den o.g. Anforderungen entsprechen muss, finden Sie unter § 9 Rdn 131. 54

5. Kleinbetragsrechnungen

55 Kleinbetragsrechnungen sind Rechnungen, die den Gesamtbetrag (Bruttobetrag) 250 EUR nicht übersteigen. Diese brauchen nicht alle in § 14 UStG geforderten Angaben zu enthalten. § 33 UStDV regelt die notwendigen Rechnungsangaben.

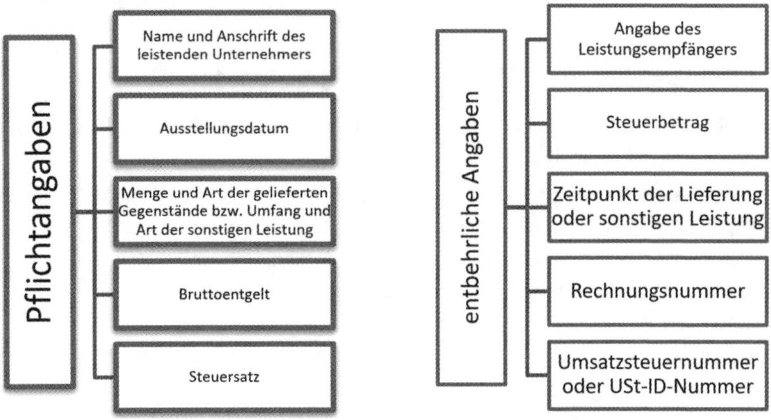

6. Keine Vergabe einer Rechnungsnummer

56 Bei folgenden Berechnungen ist eine Rechnungsnummer **nicht** zu vergeben:

- sämtliche Kostenfestsetzungs- und -ausgleichungsanträge (§§ 104 ff. ZPO, § 11 RVG, Beratungshilfe usw.),
- Kostenberechnung an Dritte, die sich zur Tragung der Rechnung verpflichtet haben,
- Berechnung von Verzögerungsschaden gegenüber dem Anspruchsgegner des Mandanten (§ 280 Abs. 2 BGB),
- Gerichtskostenanforderung an den Mandanten. Hier handelt es sich um einen durchlaufenden Posten und nicht um eine Leistung des RA gegenüber dem Mandanten.

57 Für die Möglichkeit, die Rechnung elektronisch zu erteilen und zu übermitteln, wird auf die Ausführungen unter § 9 Rdn 87 verwiesen.

7. Rechnungslegung bei einem rechtsschutzversicherten Mandanten

58 Die Vergütungsrechnung ist dem Mandanten als Auftraggeber und Rechnungsempfänger zu erteilen mit dem Hinweis, dass eine Abschrift der Rechnung an die Rechtsschutzversicherung zum Ausgleich des Rechnungsbetrages übermittelt wurde. Die Kopie der

Rechnung können Sie an die Rechtsschutzversicherung mit der Aufforderung um Zahlungsausgleich übermitteln.

8. Rechnungen ohne Umsatzsteuer (nicht steuerbare Umsätze)

Grundsätzlich müssen alle an den Mandanten ausgestellten Rechnungen einen Umsatzsteuerausweis enthalten, da dieser „Endverbraucher“ der Dienstleistung „Rechtsberatung/-vertretung“ ist. 59

Allerdings gibt es hierbei Ausnahmen zu beachten, sofern der Mandant seinen Wohnsitz oder Sitz nicht in Deutschland hat.

Die folgende Übersicht zeigt uns, ob in der Kostennote Umsatzsteuer ausgewiesen werden muss. 60

Mandant Privatperson	**Mandant Privatperson**	**Mandant Unternehmer**	**Mandant Unternehmer**
Wohnsitz EU	Wohnsitz Drittland	Sitz EU	Sitz Drittland
§ 3a Abs. 1 UStG	§ 3a Abs. 4 UStG	§ 3a Abs. 2 UStG § 18a UStG	§ 3a Abs. 2 UStG
Ausweis USt	kein Ausweis USt	kein Ausweis USt	kein Ausweis USt

Für den Fall, dass die Leistungserbringung gegenüber einem **EU-Unternehmen** erfolgt, sind Besonderheiten bei der Rechnungserstellung zu beachten. Der RA stellt seine Rechnung in diesen Fällen **ohne Umsatzsteuer** aus. Der Umsatz ist damit im Inland nicht steuerbar, d.h. unterliegt nicht der Umsatzsteuer. Aufgrund des Revers-Charge-Verfahrens erfolgt eine Umsatzsteuerbesteuerung im Empfängerland. Der Mandant ist dann alleine für die steuerliche Anmeldung in seinem EU-Mitgliedland verantwortlich. 61

In der Rechnung müssen folgende Angaben enthalten sein:[1] 62

- USt-ID-Nummer des Leistungsempfängers
- USt-ID-Nummer des Leistenden
- Hinweis auf USt-Verlagerung (z.B. *„Steuerschuldnerschaft des Leistungsempfängers / Reverse Charge“)*

Es muss auch nachgewiesen werden können, dass der Leistungsempfänger Unternehmer ist und die Leistung für dessen Unternehmen erbracht wird. Es muss daher die USt-ID überprüft werden. Die Gültigkeit kann beim Bundeszentralamt für Steuern im Rahmen 63

1 § 14a Abs. 1 UStG; A. 3a.2 Abs. 9 S. 4 ff UStAE.

einer Online-Bestätigungsanfrage überprüft werden.[2] Die sog. qualifizierte Bestätigung dient dem Nachweis der Prüfung der Unternehmereigenschaft des Leistungsempfängers.

64 Des Weiteren müssen diese Umsätze gesondert in der Umsatzsteuervoranmeldung (Zeile 35, Feld 21) als „nicht steuerbare Umsätze § 18b UStG (EU)“ angemeldet werden und eine sogenannte **ZM (Zusammenfassende Meldung)** gegenüber der Finanzbehörde abgegeben werden.

65 Dienstleistungen gegenüber **EU-Privatpersonen** und nichtunternehmerischen juristischen Personen ohne EU-Steuernummer sind dagegen immer beim Leistenden zu versteuern, also in Deutschland mit 19 %. Die Rechnung des Rechtsanwalts enthält hier die **Umsatzsteuer**.

66 Bei Mandanten aus dem **Nicht-EU-Ausland (egal ob Privatperson oder Unternehmer)** gilt als Leistungsort der Drittstaat mit der Folge, dass auch hier die Rechnung des Rechtsanwalts **keine Umsatzsteuer** enthält. Die Umsätze sind in der Umsatzsteuervoranmeldung wieder gesondert als „nicht steuerbar“ auszuweisen, diesmal in Zeile 356 (Feld 45).

67 *Hinweis:*

Eine weitere **Ausnahme** ist bei juristischen Dienstleistungen im Zusammenhang mit der Übertragung von **Grundstücken** oder von bestimmten Rechten (z.B. Miet- oder Pachtrechte) an Grundstücken gegeben. Die sonstige Leistung wird dort ausgeführt, wo das Grundstück liegt (§ 3a Abs. 3 Nr. 1 UStG). Es ist also unerheblich, ob der Mandant Privatperson oder Unternehmer ist und ob er im EU-Land oder im Drittland seinen Wohnsitz/Sitz hat. In diesem Fall ist die Kostennote immer mit **USt auszuweisen**.

9. Elektronische Rechnungen ab 2025

68 Schon seit Ende 2020 kennen wir die E-Rechnung. Verpflichtend musste diese Form der Rechnung gegenüber öffentlichen Auftraggebern bereits praktiziert werden. Doch nun ist die E-Rechnung seit 1.1.2025 verpflichtend. Geregelt wird dies im Wachstumschancengesetz, welches im März 2024 in Kraft getreten ist.

In zwei Schreiben hat das Bundesministerium der Finanzen (BMF) entsprechende Ausführungen gemacht.[3]

Die Pflicht trifft grundsätzliche alle Unternehmen und damit auch die Anwaltskanzlei im **B2B-Sektor**. Sie ist unabhängig von Umsatzgröße oder Anzahl der Mitarbeiter.

2 www.bzst.bund.de

3 BMF, Schreiben v. 2.10.2023 – III C 2 – 7287-a/23/10001:007 und BMF, Schreiben (Entwurf) v. 13.6.2024 – III C 2 – S 7287–1/23/10001:0007.

Bisher hatte das Umsatzsteuergesetz (UStG) die Papierrechnung favorisiert, nachdem für die Übersendung einer elektronischen Rechnung die Zustimmung des Empfängers erforderlich war. Nunmehr ist eine Pflicht zur Übersendung in elektronischer Form gegeben.

a) Ziel der E-Rechnung seitens des Gesetzgebers?

Es ist daran gedacht, in Zukunft die Meldung von Umsätzen durch ein bundeseinheit- 69
liches elektronisches System durchzuführen. Die E-Rechnung dient nun als Vorbereitung dazu. Ein weiterer Punkt ist, dass die Digitalisierung vorangebracht werden soll. Des Weiteren sollen unternehmensinterne Rechnungsprozesse vereinfacht werden.

b) Was versteht man unter einer E-Rechnung und einer sonstigen Rechnung?

Grundlage ist die EU-Richtlinie 2014/55/EU (EN 16931). Der Begriff der Rechnung ist 70
ab 1.1.2025 neu definiert. Es gibt dann eine Unterscheidung zwischen elektronischen Rechnungen und sonstigen Rechnungen, § 14 UStG n.F.

Eine **elektronische Rechnung** ist eine Rechnung, die in einem strukturierten elektronischen Format ausgestellt, übermittelt und empfangen wird und eine elektronische Verarbeitung ermöglicht.

Mit der E-Rechnung werden somit die Rechnungsinformationen elektronisch übermittelt, automatisiert empfangen und weiterverarbeitet. Eine durchgehend digitale Bearbeitung – von der Rechnungserstellung bis zur Bezahlung des Rechnungsbetrages – wird dadurch ermöglicht.

Eine **sonstige Rechnung** ist eine Rechnung, die in einem anderen elektronischen Format oder auf Papier übermittelt wird (§ 14 Abs. 1 S. 4 UStG n.F.). Dazu gehört auch eine Rechnung im PDF-Format, da dieses Format nicht mehr den Anforderungen an eine elektronische Rechnung entspricht.

c) Ab wann muss in der Anwaltskanzlei mit E-Rechnungen gearbeitet werden?

Es ist eine schrittweise Einführung vorgesehen (§ 27 Abs. 38 UStG n.F.).: 71

Seit 1.1.2025 muss die Anwaltskanzlei darauf vorbereitet sein, elektronische Rechnungen **empfangen**, verarbeiteten und revisionssicher archivieren zu können. Es besteht die Notwendigkeit einer digitalen Rechnungserstellungs- und -verarbeitungslösung. Der **Versand** in anderen elektronischen Formaten oder Papier ist noch bis 31.12.2027 möglich. Allerdings muss der Rechnungsempfänger der Übersendung von PDF-Rechnungen zustimmen (§ 27 Abs. 8 Nr. 1 UStG n.F.).

Ab **1.1.2027** besteht, sofern der Vorjahresumsatz mehr als 800.000 EUR beträgt, die Verpflichtung, E-Rechnungen zu versenden.

Ab **1.1.2028** greifen alle Anforderungen des Wachstumschancengesetzes zur E-Rechnungspflicht, d.h. andere Formate sind dann im B2B-Bereich nicht mehr zulässig.

Davon ausgenommen sind **Kleinbetragsrechnungen** (§ 33 UStDV), Fahrausweise (§ 34 UStDV) und steuerfreie Leistungen. Diese können auch in den sonstigen Rechnungsformaten (z.B. Papierform) erstellt werden.

Zur besseren Übersicht

2025	•E-Rechnung •andere elektronische Formate (Zustimmung Empfänger erforderlich) •Papier
2026	•E-Rechnung •andere elektronische Formate (Zustimmung Empfänger erforderlich) •Papier
2027	•E-Rechnung •andere elektronische Formate •nur bei Zustimmung Empfänger •nur wenn Vorjahresumsatz < 800.000 €
2028	•nur noch E-Rechnung

d) Welche Rechnungsformate gibt es?

72 **ZUGFeRD** ist ein elektronisches Rechnungsformat, das vom Forum elektronische Rechnung Deutschland (FeRD) entwickelt wurde. Dieses Format steht auch der Öffentlichkeit zur freien Verfügung. Es handelt sich hierbei nicht um eine Software, sondern vielmehr um eine Beschreibung für den Aufbau einer E-Rechnung. Es wird dabei eine Rechnung erstellt, die als XML-Datei erzeugt wurde und gleichzeitig in ein PDF-A eingebettet wird. Die empfangene Rechnung enthalt somit einen menschenlesbaren Teil (PDF-Datei) sowie den geforderten strukturierten Datensatz.

Das weitere Format, die **XRechnung**, ist ein elektronischer Rechnungsstandard, der bereits für die Rechnungserstellung im öffentlichen Sektor (dort besteht seit 2020 eine Verpflichtung zur E-Rechnung) Verwendung findet. Hier ist dann allerdings kein Auslesen mit bloßem Auge möglich.

Beide Rechnungsformate werden im XML-Format ausgestellt und entsprechen der CEN-Norm EN 16931.

e) In welchen Bereichen sind die Anwaltskanzleien betroffen?

73 Es besteht im B2B-Bereich die Verpflichtung, die **Ausgangsrechnungen** als E-Rechnungen zu versenden (ab 1.1.2028). Aber sicherlich sind auch Eingangsrechnungen von Lieferanten betroffen, und zwar bereits seit 1.1.2025.

f) Was ist bei der Umstellung auf E-Rechnungen in der Kanzlei zu berücksichtigen?

Zum einen muss der **Rechnungseingangsprozess** angepasst werden. In der Regel betreffen gerade die Eingangsrechnungen den B2B-Prozess. Hier ist es sinnvoll, E-Rechnungen an eine zentrale E-Mail-Adresse, z.B. Rechnungseingang@...de, zustellen zu lassen. Diese müsste dann den jeweiligen Lieferanten mitgeteilt werden. Auch ist dadurch gewährleistet, dass nur noch auf einer E-Mail-Adresse Rechnungen eingehen und die Buchhaltung so direkt darauf zugreifen kann. 74

Beim **Rechnungsausgangsprozess** sollten frühzeitig Weichenstellungen getroffen werden, um Rechnungen nicht mehr als Word- oder PDF-Dokument zu erzeugen und dann per E-Mail oder Briefpost zu versenden. Es sollte, sofern die Kanzleien ein anwaltsspezifisches Programm verwenden, überprüft werden, ob die Software die E-Rechnungs-Funktion bereits vorsieht.

Es sind auch die Stammdaten zu aktualisieren um die jeweiligen E-Mail-Adressen.

In der Anwaltskanzlei ist die Mandantenstruktur sowohl auf B2B als auch auf B2C ausgelegt. An die B2C-Mandanten braucht keine E-Rechnung versandt zu werden. Um jedoch ein „Mischmasch" aus E-Rechnung, PDF- und Papierrechnungen zu vermeiden, erscheint eine Umstellung komplett auf E-Rechnung, auch für den Privatmandantenbereich, angezeigt. Soll eine elektronische Rechnung an den Endverbraucher übersandt werden, ist dessen Zustimmung erforderlich.

Problematisch kann sich dies gestalten, wenn die Mandanten über keine E-Mail-Adresse verfügen.

g) Berücksichtigt die E-Rechnung auch die Anforderungen des RVG?

Nach § 10 RVG war (bis 16.7.2024) die Schriftform vorgeschrieben, d.h. die Unterschrift des Anwalts war erforderlich. Zum 17.7.2024 wurde § 10 Abs. 1 S. 1 RVG wie folgt geändert: 75

> *„Der Rechtsanwalt kann die Vergütung nur aufgrund einer von ihm oder auf seine Veranlassung dem Auftraggeber mitgeteilten Berechnung fordern; die Berechnung bedarf der Textform."*

Durch die Gesetzesänderung des § 10 RVG steht der E-Rechnung nichts mehr im Wege.

II. Betriebsausgaben

Betriebsausgaben sind in § 4 Abs. 4 EStG definiert. Es handelt sich um Aufwendungen, die durch die Kanzlei veranlasst sind und sie müssen notwendig, angemessen, üblich und zweckmäßig sein. Aber nicht alle Aufwendungen sind **abzugsfähige** Betriebsausgaben. 76

77 Steuerrechtlich sind nicht alle betrieblich veranlassten Betriebsausgaben gewinnmindernd zu berücksichtigen. In § 4 Abs. 5 EStG findet sich eine umfangreiche Aufzählung. Mit den wichtigsten wollen wir uns im Folgenden beschäftigen.

1. Geschenke

78 Geschenke an Personen, die nicht Arbeitnehmer sind, können nur dann als Betriebsausgaben angesetzt werden, sofern sie pro beschenkte Person und Jahr **50,00 EUR** nicht überschreiten (§ 4 Abs. 5 S. 1 Nr. 1 EStG).

79 Es besteht die Pflicht zur besonderen Aufzeichnung, d.h. sie müssen auf ein separates Konto gebucht werden. Auch muss dokumentiert werden, wer das Geschenk erhalten hat.

80 *Hinweis:*

Sofern eine Vielzahl Mandanten zu Weihnachten Geschenke erhalten, bitte eine Liste fertigen und zu den Buchhaltungsunterlagen geben. So kann diese bei einer evtl. Betriebsprüfung vorgelegt werden.

81 Sofern Geschenke an eine Person die Freigrenze überschreiten, ist der Vorsteuerabzug zu korrigieren sowie auch der ursprüngliche Aufwand auf nicht abzugsfähige Betriebsausgaben umzubuchen.

2. Bewirtungskosten

82 Bewirtungskosten sind Aufwendungen für den Verzehr von Speisen, Getränken und sonstigen Genussmitteln. Sofern die **Bewirtungskosten** geschäftlich veranlasst und in der Höhe angemessen sind, handelt es sich um mindernd zu berücksichtigende Betriebsausgaben. Ein geschäftlicher Anlass liegt vor, wenn Geschäftsfreunde bzw. potenzielle Geschäftsfreunde bewirtet werden.

83 Von diesen geschäftlich veranlassten Bewirtungsaufwendungen können nach § 4 Abs. 5 S. 1 Nr. 2 EStG lediglich **70 %** der durch Belege ordnungsgemäß nachgewiesenen Bewirtungskosten **steuermindernd** berücksichtigt werden.

84 Die in den Bewirtungsaufwendungen enthaltene **Umsatzsteuer** kann **in voller Höhe** als Vorsteuer abgezogen werden (§ 15 Abs. 1a UStG) und nicht nur die nach § 4 Abs. 5 S. 1 Nr. 2 EStG abzugsfähigen 70 %.[4]

85 Der Bewirtungsbeleg muss enthalten:

- Name des Restaurants
- Anschrift des Restaurants

4 BFH v. 10.2.2005 – V R 76/03.

- Bewirtungs- beziehungsweise Rechnungsdatum
- Verzehrte Speisen und Getränke
- Detaillierte Bewirtungskosten, beziehungsweise der Netto- und Bruttobetrag sowie die anfallende Umsatzsteuer
- Unterschrift eines Restaurantmitarbeiters auf dem Bewirtungsbeleg
- Trinkgeld, das bestenfalls quittiert wird
- Anlass der Bewirtung (allgemeine Angaben genügen nicht)
- Namen der bewirteten Personen
- Unterschrift des Bewirtenden.

Die Vorschriften des § 14 UStG an eine ordnungsgemäße Rechnung sind zu beachten.

Der RA muss auf dem Bewirtungsbeleg noch die folgenden Angaben machen:

- Anlass der Bewirtung (allgemeine Angaben genügen nicht)
- Namen der bewirteten Personen
- Unterschrift des Steuerpflichtigen

Die Bewirtungsaufwendungen sind nur abzugsfähig, sofern sie besonders aufgezeichnet 86
sind (besonderes Konto!).

3. Betriebsveranstaltungen

Betriebsveranstaltungen sind alle Gemeinschaftsveranstaltungen der Arbeitnehmer, die 87
im Zusammenhang mit betrieblichen Interessen stehen (z.B. **Weihnachtsfeier, Betriebsausflug, Betriebsfeiern**).

Die Kosten für die Betriebsveranstaltung sind als Betriebsausgaben abzugsfähig. Aller- 88
dings muss hier eine lohnsteuerrechtliche Betrachtung erfolgen, da Zuwendungen des RA an die Mitarbeiter ggf. Arbeitslohn darstellen.

Es handelt sich nicht um Arbeitslohn, wenn es sich um

- eine herkömmliche (übliche) Betriebsveranstaltung und
- eine übliche Zuwendung

handelt.[5]

Von einer üblichen Zuwendung ist auszugehen, wenn die Zuwendung an den Arbeitnehmer **110,00 EUR** brutto nicht übersteigt (§ 19 Abs. 1 S. 1 Nr. 1a EStG).

In unserer Buchhaltung müssen wir überlegen, wie wir die Kosten, die auf den RA fallen, 89
verbuchen und wohin wir die über 110,00 EUR hinausgehenden Kosten für die Mitarbeiter buchen.

5 R 19.5 LStR 2015.

90 *Beispiel:*

RA Meister unternimmt mit seinen vier Mitarbeitern einen 2-tägigen Betriebsausflug. Die Kosten betragen pro Person 250 EUR. Diese sowie die pauschale Lohnsteuer werden vom Bankkonto überwiesen.

Die Kosten, die auf den Unternehmer entfallen, werden auf das Konto „sonstige betriebliche Aufwendungen“ gebucht.

Kontobezeichnung	Betrag	an	Kontobezeichnung	Betrag
4140 freiwillige soziale Aufwendungen, lohnsteuerfrei	440,00 EUR			
4145 freiwillige soziale Aufwendungen, lohnsteuerpflichtig	560,00 EUR			
4149 Pauschale Lohnsteuer (25 % und 7 % Kirchensteuer)	149,80 EUR			
4900 sonstige betriebliche Aufwendungen	250,000 EUR		Bank	1.399,80 EUR

4. Verpflegungsmehraufwendungen

91 Nach § 4 Abs. 5 S. 1 Nr. 5 EStG kann der RA nicht die gesamten Kosten für die Verpflegung abrechnen, wenn er außerhalb seiner Wohnung oder des Kanzleisitzes beruflich tätig ist. Er ist beschränkt auf die Pauschalen, die sich nach § 9 Abs. 4a EStG ergeben:

eintägige Auswärtstätigkeit (ohne Übernachtung) Abwesenheit > 8 Stunden	14,00 €
An- und Abreisetag bei Übernachtung, jeweils	14,00 €
Auswärtstätigkeit (Zwischentage) Abwesenheit 24 Stunden	28,00 €

Der RA kann sich diese Beträge erstatten lassen. Die Pauschalen stellen Betriebsausgaben dar und sind auf einem separaten Konto zu erfassen, z.B. „4661 Verpflegungsmehraufwand“.

III. Reisekosten

1. Allgemeines

Sofern Reisekosten durch den Betrieb des RA veranlasst sind, gehören sie zu den Betriebsausgaben. Die „Reise“ muss folgende Voraussetzungen erfüllen: 92

- RA ist im Rahmen seiner betrieblichen Tätigkeit unterwegs (auswärtige Mandantentermine, Gerichtstermine, Ortstermine, Seminare etc.)
- außerhalb seiner Wohnung
- außerhalb des Mittelpunkts seiner dauerhaft angelegten betrieblichen Tätigkeit.

Der RA muss dokumentieren, dass es sich um eine betrieblich veranlasste Geschäftsreise handelt (z.B. Fahrtenbuch, Hotelrechnung, Tankquittung, Korrespondenz).

Was gehört zu den Reisekosten? 93

- Aufwendungen für Fahrten
- Aufwendung für Verpflegung
- Übernachtungskosten
- Reisenebenkosten (Parkgebühren, Taxikosten etc.)

2. Gemischt veranlasste Reise

Beispiel: 94

Der RA nimmt an einem Fachseminar auf Mallorca teil. Er reist am Montag mit dem Flugzeug an. Das Seminar dauert von Dienstag bis Freitag, jeweils ganztägig. Am Sonntag reist er wieder ab.

Lösung:

Hier liegt eine gemischt veranlasste Reise vor. Es ist aufzuteilen – 7 Reisetage insgesamt, davon 5 Tage betrieblich:[6]

- Ubernachtungskosten von Montag bis Freitag sowie die Seminargebühren gehören zu den Betriebsausgaben
- Die Flugkosten sind im Verhältnis der betrieblichen und der privaten Zeitanteile aufzuteilen. 5/7 sind betrieblich veranlasst, somit auch 5/7 der Flugkosten.
- Verpflegungspauschalen sind für 5 Tage anzusetzen.

6 BFH v. 21.9.2009 (GrS 1/06, BStBl. 2010 II, 672).

3. Fahrtkosten

95 Sofern der RA mit dem Kanzlei-Pkw unterwegs ist, fallen keine extra Reisekosten an. Diese sind durch die Betriebsausgaben gedeckt, die der Pkw verursacht, d.h. Benzin, Reparaturkosten, Versicherung, Steuer, Abschreibung etc.

Sollte der RA nicht den Kanzlei-Pkw für die Auswärtstermine nutzen, sind die Fahrtkosten als Betriebsausgabe in tatsächlicher Höhe abzugsfähig. Allerdings müssen sie durch Belege nachgewiesen werden (Fahrtkarte, Flugticket, Taxikosten etc.).

96 Nutzt der RA sein privates Fahrzeug (Pkw gehört also nicht zum Betriebsvermögen), kann er je **gefahrenen** km 0,30 EUR gegenüber der Kanzlei abrechnen, die dann Betriebsausgaben darstellen.

Die Reisekosten können z.B. auf das Konto „4660 Reisekosten Rechtsanwalt" gebucht werden. Diese 0,30 EUR / km sind nicht mit den Werbungskosten zu verwechseln. Die 0,30 EUR erhöhen sich **nicht**, wenn mehr als 20 km gefahren werden auf derzeit 0,38 EUR/km. Es verbleibt bei den 0,30 EUR/km, allerdings eben für **Hin- und Rückfahrt**.

4. Verpflegungsmehraufwand

97 Zum Verpflegungsmehraufwand wird auf die Ausführungen zu Rdn 91 verwiesen.

5. Unterkunftskosten

98 Die **Unterkunftskosten** sind in tatsächlicher Höhe als Betriebsausgaben anzusetzen. Die Kosten sind durch Belege nachzuweisen. Zu den Übernachtungskosten gehören auch Nebenleistungen, wie z.B. Kultur- und Tourismusförderabgabe, Kurtaxe.

99 Die Kosten für ein **Frühstück** gehören zu den Verpflegungskosten und müssen deshalb aus der Hotelrechnung **herausgerechnet** werden. Diese stellen keine Betriebsausgabe dar, sondern sind als Privatentnahme zu verbuchen.

6. Weiterberechnung an Mandanten

100 Die Reisekosten und Reisenebenkosten sind in der Kostennote an den Mandanten als **Nettobetrag** anzusetzen, da der RA zum Vorsteuerabzug berechtigt ist und die in den Fremdrechnungen enthaltene Umsatzsteuer im Rahmen der Umsatzsteuervoranmeldung zurückerhält.

101 Anschließend erhebt der RA auf diese Kosten den Steuersatz von 19 %. Auch Kosten, die uns mit 7 % (z.B. für Übernachtung) in Rechnung gestellt werden, werden dem Mandanten mit 19 % USt weiterberechnet. Die Leistungen des Rechtsanwalts sind immer mit 19 % (Ausnahme: Autorentätigkeit) zu versteuern.

Beispiel: 102

Die Abrechnung gegenüber dem Mandanten könnte sich wie folgt darstellen:

1,3 Verfahrensgebühr Nr. 3100 VV RVG aus 25.000 EUR	1.205,10 EUR
1,2 Terminsgebühr Nr. 3104 VV RVG aus 25.000 EUR	1.112,40 EUR
Pauschale für Entgelte für Post- und Telekommunikations -dienstleistungen Nr. 7002 VV RVG	20,00 EUR
Flugkosten, netto	248,00 EUR
Taxikosten, netto	35,80 EUR
Zwischensumme	2.621,30 EUR
19 % Umsatzsteuer Nr. 7008 VV RVG	498,05 EUR
Gesamtbetrag	**3.119,35 EUR**

Dieses Vorgehen ist zwingend erforderlich, da z.B. auch im Rahmen der **Kostenfestsetzung** der Mandant, der zum Vorsteuerabzug berechtigt ist, nur die Nettobeträge vom Gegner ersetzt bekommt.[7] 103

Die Kosten des Frühstücks können **nicht** an den Mandanten **weiterberechnet** werden, da dieses mit dem Tage- und Abwesenheitsgeld abgegolten ist. 104

7. Frühstück als Betriebsausgabe

Beispiel: 105

RA Singer übernachtet am 22.5.XX während eines Seminars im Hotel, welches für die Übernachtung 98,00 EUR netto berechnet. Das Frühstück ist in der Rechnung mit 22,00 EUR netto ausgewiesen. Die Hotelrechnung wird vom Kanzleikonto überwiesen.

1 Übernachtung am 22.5.XX	98,00 EUR	
zzgl. 7 % Umsatzsteuer	6,86 EUR	104,86 EUR
Frühstück	22,00 EUR	
zzgl. 19 % Umsatzsteuer	4,18 EUR	26,18 EUR
Gesamtbetrag		**131,04 EUR**

Da das Frühstück gesondert in der Rechnung ausgewiesen wurde, ist der **Vorsteuerabzug** uneingeschränkt **möglich**. 106

7 BGH v. 17.4.2012 – VI ZB 46/11.

107 **Wie ist zu buchen?**

Kontobezeichnung	Betrag	an	Kontobezeichnung	Betrag
Reisekosten	98,00 EUR		Bank	131,04 EUR
Vorsteuer (7 %)	6,86 EUR			
Privatentnahme	22,00 EUR			
Vorsteuer (19 %)	4,18 EUR			

108 Die tatsächlichen Netto-Kosten des Frühstücks sind **nicht** als **Betriebsausgaben** zu buchen. RA Singer kann allerdings den Verpflegungsmehraufwand in Höhe der entsprechenden Pauschale geltend machen (= Betriebsausgabe). Er kann sich den Betrag dann entsprechend auszahlen bzw. überweisen lassen.

IV. Weiterberechnung von Auslagen

1. Allgemeines

109 Bei Auslagen muss in der Buchhaltung zwischen steuerfreien und steuerpflichtigen Auslagen unterschieden werden. Je nachdem sind sie als durchlaufende Posten und somit umsatzsteuerfrei oder als steuerpflichtige Auslagen zu buchen.

2. Steuerfreie Auslagen

110 Sofern der RA für den Mandanten Gerichts- oder Gerichtsvollzieherkosten verauslagt, ist von einem **durchlaufenden** Posten auszugehen (Abschnitt 10.4 UStAE). Diese gehören dann nicht zum Entgelt und unterliegen nicht der Umsatzsteuer (§ 10 Abs. 1 S. 5 UStG).

Von steuerfreien Auslagen ist auszugehen, wenn der RA die Beträge vereinnahmt und verauslagt, er sozusagen nur als Mittelsperson tätig wird. Der RA hat also keinen Anspruch auf den Betrag gegen den Leistenden und ist auch nicht zur Zahlung an den Empfänger verpflichtet.

111 Um nicht evtl. bei einer Betriebsprüfung die Umsatzsteuer nachentrichten zu müssen, sollte auf folgendes geachtet werden:

- Auslagen immer im Namen und auf Rechnung des Mandanten auslösen
- Vom Zahlungsempfänger eine an den Mandanten adressierte Rechnung verlangen

112 Die steuerfreien Auslagen werden in die Kontenklasse 1 (Auslagen) gebucht. Bei folgenden Auslagen handelt es sich um steuerfreie Auslagen:

- Gerichtskosten für Klage, Mahnbescheid, Zeugenauslagen
- Gerichtsvollzieherkosten.

Entscheidend ist hier, dass der Mandant Kostenschuldner bleibt.

3. Steuerpflichtige Auslagen

Eventuell können vom Anwalt weiterberechnete Auslagen aber auch die Umsatzsteuer auslösen. Dieses „Problem" ergibt sich durch die Entscheidung des Bayerischen Obersten Landesgerichtes.[8] Hier ging es um die Frage, ob die Gerichtskosten für die Einsichtnahme in das elektronische Grundbuch dem Mandanten als verauslagte Kosten weiterberechnet werden können. 113

Sowohl das Bundesministerium der Finanzen als auch das Bundesjustizministerium bestätigten die Entscheidung, dass diese Auslagen mit Umsatzsteuer weiterberechnet werden müssen. Dies wurde damit begründet, dass der Rechtsanwalt Gebührenschuldner ist.

Folgende Auslagen sind somit mit Umsatzsteuer weiterzuberechnen: 114

- Einwohnermeldeamtsanfragen (sofern nicht Rechnung auf Mandanten lautet)
- Gewerbeamtsanfragen (sofern nicht Rechnung auf Mandanten lautet)
- Aktenversendungspauschalen[9]
- Grundbuchgebühren für die Nutzung des automatisierten Verfahrens zum Abruf auf dem maschinellen Grundbuch

Diese Auslagen müssen als **vorsteuerfreie Kosten** gebucht werden. Sollten die Kosten jedoch mit Umsatzsteuer ausgewiesen werden, sind sie als steuerpflichtig zu buchen, die sich dann gewinnmindernd auswirken. 115

Die Zahlung durch den Mandanten ist als Ertrag zu buchen, der zum einen umsatzsteuerpflichtig ist und zum anderen sich gewinnerhöhend auswirkt.

Beispiel: 116

Wir rechnen nach Abschluss der Angelegenheit mit dem Mandanten wie folgt ab:

Grundgebühr § 14, Nr. 4100 VV RVG	240,00 EUR
Verfahrensgebühr § 14 RVG, Nr. 4104 VV RVG	198,00 EUR
Pauschale für Post und Telekommunikation Nr. 7002 VV RVG	20,00 EUR
Verfahrensgebühr § 14, Nr. 4106 VV RVG	198,00 EUR
Terminsgebühr § 14, Nr. 4108 VV RVG	330,00 EUR
Fotokopien aus der Gerichtsakte (49 Fotokopien s/w)	24,50 EUR

8 BayObLG v. 27.10.2004 – 3 ZBR 185/04.
9 BGH v. 6.4.2011 – IV ZR 232/08.

Auslagen für Akteneinsicht	**12,00 EUR**
Pauschale für Post und Telekommunikation Nr. 7002 VV RVG	20,00 EUR
Zwischensumme netto	1.042,50 EUR
19 % Umsatzsteuer Nr. 7008 VV RVG	198,08 EUR
Gesamtbetrag	**1.240,58 EUR**

117 Die Buchungen können folgendermaßen erfolgen:

Kontobezeichnung	**Betrag**	**an**	**Kontobezeichnung**	**Betrag**
Bank	1.240,58 EUR	an	Erlöse	1.030,50 EUR
		an	Erlöse aus stpfl. Auslagen	12,00 EUR
		an	Umsatzsteuer (19 %)	198,08 EUR

Alternativ können auch die Erlöse und die Erlöse aus stpfl. Auslagen auf ein Erlöskonto gebucht werden.

118 Der RA darf bei der **Weiterberechnung** von **steuerpflichtigen Auslagen** an den Mandanten auf den Bruttobetrag nicht die Umsatzsteuer berechnen. Dies bedeutet, dass wenn uns 11,90 EUR brutto für Auskunftskosten in Rechnung gestellt werden, nicht an den Mandanten 11,90 EUR zzgl. Umsatzsteuer weiterberechnet werden, sondern lediglich der Nettobetrag mit 10,00 EUR.

Hierauf kann dann noch die Umsatzsteuer berechnet werden. Der Rechtsanwalt wäre insoweit bereichert, wenn er Umsatzsteuer auf von ihm verauslagte Bruttobeträge geltend macht.[10]

4. Eingangsrechnung für steuerpflichtige Auslagen

119 Die Landesjustizkasse stellt uns für die Akteneinsicht 12,00 EUR in Rechnung, die überwiesen werden.

Kontobezeichnung	**Betrag**	**an**	**Kontobezeichnung**	**Betrag**
Honorarauslagen (z.B. 4990)	12,00		Bank	12,00

10 BGH v. 17.4.2012 – VI ZB 46/11.

V. Anlagevermögen

1. Allgemeines

Sofern ein **abnutzbares** Wirtschaftsgut des Anlagevermögens in der Anwaltskanzlei **länger als ein** Jahr genutzt wird, dürfen die Anschaffungskosten im Jahr der Anschaffung nicht vollständig als Aufwand gebucht werden. 120

Vielmehr sind die Anschaffungskosten über den **Nutzungszeitraum** zu verteilen. Dies nennt man steuerlich Absetzung für Abnutzung (AfA). Zentrale Vorschrift ist § 7 EStG. 121

2. Anschaffungskosten

Abschreibungsgrundlage sind die **Anschaffungskosten,** und zwar **netto**, d.h. 122

Kaufpreis

zzgl. aller Anschaffungsnebenkosten

- Fracht, Montage, Installationskosten, Anmeldegebühren
- Zulassungsgebühren, Kfz-Schilder
- Grunderwerbsteuer, Maklerprovision, Kosten für Grundbucheintrag
- keine ANK sind Finanzierungskosten

abzgl. Anschaffungspreisminderungen

- Skonto
- Rabatt / Bonus

3. Lineare Abschreibung

Die lineare Abschreibung wird definiert als eine **gleichmäßige** Abschreibung des Anlagegegenstandes über seine **Nutzungsdauer**. 123

Die Nutzungsdauer kann den amtlichen AfA-Tabellen entnommen werden. Büromöbel haben eine betriebsgewöhnliche Nutzungsdauer von 13 Jahren, Pkw z.B. 6 Jahre. 124

Im Jahr der Anschaffung kann nur eine anteilige Abschreibung erfolgen (§ 7 Abs. 1 S. 4 EStG). 125

Der ermittelte Abschreibungsbetrag ist dann als Aufwand gewinnmindernd zu buchen. Die Buchung erfolgt i.d.R. zum 31.12. 126

4. Geringwertige Wirtschaftsgüter (GWG)

Die Regelungen für die GWG gelten nur für abnutzbare bewegliche Wirtschaftsgüter des Anlagevermögens, die einer **selbstständigen Nutzung** fähig sind. Nach § 6 Abs. 2 EStG ist ein Wirtschaftsgut nicht für sich allein nutzbar, wenn es nach seiner betrieblichen 127

Zweckbestimmung nur zusammen mit anderen Wirtschaftsgütern des Anlagevermögens genutzt werden kann und die in den Nutzungszusammenhang eingefügten Wirtschaftsgüter technisch aufeinander abgestimmt sind.

128 **Keine** GWG sind z.B. Drucker, Druckerkabel, Bildschirme, Tastatur, Maus. Diese sind zwar selbstständige Wirtschaftsgüter, aber nicht selbstständig nutzungsfähig.

129 Die GWG können im Jahr der Anschaffung **in voller Höhe als Betriebsausgaben** abgezogen werden. Hierfür sind gewisse Betragsgrenzen zu berücksichtigen. Die gesetzlichen Regelungen finden sich in §§ 6 Abs. 2, § 6 Abs. 2a EStG.

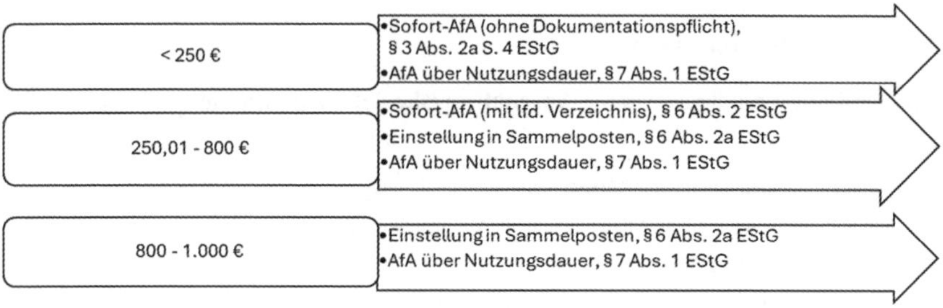

130 *Beispiel:*

Wir kaufen am 3.9. für die Kanzlei einen Schreibtisch. Wir zahlen für diesen 469,00 EUR in bar. Die Nutzungsdauer beträgt 13 Jahre.

Welche Möglichkeiten gibt es, den Schreibtisch zu verbuchen?

Kontobezeichnung	**Betrag**	**an**	**Kontobezeichnung**	**Betrag**
GWG (250 EUR – 800 EUR)	394,12 EUR	an	Kasse	469,00 EUR
Vorsteuer	74,88 EUR			

Kontobezeichnung	**Betrag**	**an**	**Kontobezeichnung**	**Betrag**
Büroausstattung	394,12 EUR	an	Kasse	469,00 EUR
Vorsteuer	74,88 EUR			

Kontobezeichnung	**Betrag**	**an**	**Kontobezeichnung**	**Betrag**
Sammelposten	394,12 EUR	an	Kasse	469,00 EUR
Vorsteuer	74,88 EUR			

5. Computerhardware und -software

Auch die Finanzverwaltung hat nun umgesetzt, dass die Computerhardware- und -software einem schnellen technischen Wandel unterliegt und hat die Nutzungsdauer von drei Jahren auf ein Jahr reduziert. Es handelt sich sozusagen um eine Sofortabschreibung. Der Steuerpflichtige hat ein Wahlrecht, da eine Kann-Vorschrift vorliegt. 131

a) Hardware

Hier geht die Finanzverwaltung von allen Wirtschaftsgütern aus, die eine PC-Anlage betreffen: 132

- Computer
- Notebook-Computer
- Workstation
- Dockingstation
- Externes Netzteil
- Peripherie-Geräte (z.B. Tastatur, Maus, Scanner, Headset, Kamera, Mikrofon)
- externe Speicher
- Drucker.

b) Software

Hierunter fallen 133

- Betriebs- und Anwendersoftware zur Dateneingabe und -verarbeitung
- alle Systeme zur Datenverarbeitung
- alle Standardanwendungen sowie auch
- individuell abgestimmte Anwendungen.

Auch wenn das Wirtschaftsgut erst im Laufe des Jahres angeschafft wird, findet **keine zeitanteilige** Aufteilung der Anschaffungskosten statt. Nach § 7 Abs. 1 EStG ist eine zeitanteilige Aufteilung nur dann erforderlich, wenn die Nutzungsdauer mehr als ein Jahr beträgt.[11] 134

6. Verkauf von Anlagevermögen

Sofern Anlagevermögen verkauft wird, ist der Verkaufserlös als Einnahme zu verbuchen. Auch unterliegt der Verkauf der Umsatzsteuer. Entsprechend ist die vereinnahmte USt dann an das Finanzamt abzuführen. 135

Außerdem muss der Anlagenabgang erfasst werden, da der Gegenstand nicht mehr zum Betriebsvermögen gehört. Es handelt sich hierbei um den „Buchwert“. Das ist der Wert, 136

11 BFH v. 26.8.1993 – IV R 127/91.

mit dem der Vermögensgegenstand noch in unserer Buchhaltung steht, d.h. Anschaffungskosten abzüglich aller gebuchten Abschreibungen.

137 Ggf. ist auch noch die Abschreibung zu erfassen, sofern der Vermögensgegenstand noch nicht vollständig abgeschrieben war.

VI. Privatkonten

1. Privatentnahmen

138 Wenn der RA Bargeld oder Gegenstände aus dem Kanzleivermögen für den Eigenbedarf entnimmt, spricht man von Privatentnahmen.

Der RA bezieht kein „Gehalt“. Um seinen Lebensunterhalt zu bestreiten, entnimmt er während des Jahres Geld oder lässt z.B. die Anwaltsversorgung und andere private Ausgaben von Kanzleikonten bezahlen.

2. Privateinlagen

139 Sollte das Kanzleikonto nicht über ein entsprechendes Guthaben verfügen, um den Zahlungsverpflichtungen nachzukommen, kann es auch sein, dass der RA im Laufe des Jahres Einlagen erbringen muss.

140 Zum Jahresende, wenn der Gewinn feststeht, kann dann überprüft werden, ob der Anwalt zu viel oder zu wenig aus der Kanzlei entnommen hat.

3. Beispiele

141

Privatentnahmen	**Privateinlagen**
Kraftfahrzeugsteuer für Privat-Pkw	Erstattung von zu viel gezahlter Einkommen- und Vermögensteuer
Einkommen-, Kirchen- und Vermögensteuer	Auslagenerstattung der Krankenversicherung
Miete für Privatwohnung	Private Geldeinlagen usw.
Entnahmen für die persönliche Lebensführung usw.	

§ 4 Elektronischer Rechtsverkehr und gerichtliches Mahnverfahren

Christoph Rademacher/Michael Brunner-Ovadia

Inhalt

A. Elektronischer Rechtsverkehr und beA

I. Allgemeines

1 Am 16.10.2013 wurde das Gesetz zur Förderung des elektronischen Rechtsverkehrs mit den Gerichten (ERV-Gesetz) vom 10.10.2013 im Bundesgesetzblatt (BGBl) verkündet, das stufenweise und seit dem 1.1.2022 vollständig in Kraft getreten ist. Die schriftsätzliche Kommunikation für die Rechtsanwaltschaft mit Gerichten und Behörden auf der technischen und rechtlichen Grundlage des elektronischen Rechtsverkehrs in Deutschland ist somit nicht mehr die Ausnahme, sondern der Regelfall.

2 Unter dem Begriff „Elektronischer Rechtsverkehr“ (ERV) versteht man dabei den rechtsverbindlichen Austausch von Dokumenten (nebst Anlagen) zwischen Gerichten, Behörden und den weiteren Verfahrensbevollmächtigten, wie Bürgern, Unternehmen und insbesondere Rechtsanwälte. Dabei arbeiten verschiedene technische Systeme innerhalb der OSCI-Netzwerkprotokolle, die für die deutsche öffentliche Verwaltung die Grundlage für das E-Government sind. OSCI steht für „Online Services Computer Interface“. Der Anglizismus E-Government steht für den stetigen Digitalisierungsausbau der öffentlichen Verwaltung.

3 Das besondere elektronische Anwaltspostfach (beA) bildet für den RA den Mittelpunkt der Kommunikation mit den Gerichten und weiteren Justizbehörden. Über das beA müs-

sen verfahrenseinleitende Schriftsätze (wie z.B. Klagen) eingereicht werden und der weitergehende Schriftwechsel zwischen Anwalt und Gericht, aber auch zwischen Anwalt und gegnerischem Anwalt abgewickelt werden. Das beA bildet dabei eine selbstständige Kommunikationsplattform innerhalb der OSCI-Umgebung, die jederzeit übergreifend mit anderen angeschlossenen Kommunikationsplattformen des elektronischen Rechtsverkehrs kommunizieren kann. So bleiben Nachrichten von Anwalt zu Anwalt „innerhalb" des beA, Nachrichten zwischen Gericht und Anwalt passieren dabei den Intermediär zwischen EGVP-System des Gerichtes und dem beA des Anwaltes (und andersrum). Diese Grundlagen helfen bei der Interpretation verschiedener Report-Berichte, die für die Kanzleiorganisation eine erhebliche Rolle spielen. Die in diesem Kapitel geäußerten technischen Zusammenhänge mögen daher für den versierten (IT-)Leser nicht hundertprozentig korrekt erscheinen, sie dienen aber einem einfacheren Grundlagenverständnis.

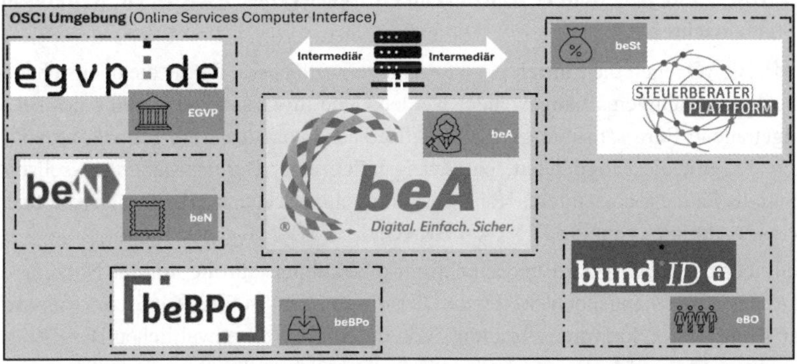

EGVP = Elektronisches Gerichts- und Verwaltungspostfach; beA = besonderes elektronisches Anwaltspostfach; beN = besonderes elektronisches Notarpostfach; beBPo = besonderes elektronisches Behördenpostfach; beSt = besonderes elektronisches Steuerberaterpostfach; eBO = elektronisches Bürger- und Organisationenpostfach

§ 31a BRAO regelt als gesetzliche Grundlage die nähere Ausgestaltung des Anwaltspostfachs: 4

- **Abs. 1:** Die Bundesrechtsanwaltskammer (BRAK) wird zur Einrichtung eines empfangsbereiten Postfaches für jeden im Gesamtverzeichnis eingetragenen RA verpflichtet.
- **Abs. 2:** Die örtliche Rechtsanwaltskammer wird bevollmächtigt, den Vor- und Familiennamen sowie eine zustellfähige Anschrift an die BRAK zu übermitteln, sobald ein Zulassungsantrag gestellt wird.
- **Abs. 3 S. 1:** Es soll sichergestellt werden, dass der Zugang zu dem beA nur durch ein sicheres Verfahren mit **zwei unabhängigen Sicherungsmitteln** möglich ist. Man hat

sich hierbei für eine sogenannte Zwei-Faktor-Authentifizierung aus beA-Karte und PIN entschieden.

- **Abs. 3 S. 2:** Es können für das beA unterschiedlich ausgestaltete Zugangsberechtigungen für den betreffenden RA und für andere Personen eingerichtet werden. So können Rechtsanwaltsfachangestellte die Nachrichten aus dem Postfach abrufen, aber nicht versenden.
- **Abs. 4:** Sobald die Zulassung zur Anwaltschaft erloschen ist, hebt die BRAK die Zugangsberechtigung zu dem beA auf und löscht das betreffende Postfach.
- **Abs. 5: Sowohl die BRAK als auch die örtlichen RAKs können sich ein beA einrichten.**
- **Abs. 6: „Passive Nutzungspflicht“ Der Inhaber ist verpflichtet, Zustellungen und Mitteilungen zur Kenntnis zu nehmen.**
- **Abs. 7: Für jede weitere Kanzlei eines Mitglieds einer RAK ist ein weiteres beA einzurichten.**

5 § 31b BRAO regelt die Einrichtung von Kanzleipostfächern, für die die obenstehenden Regelungen sinngemäß angewendet werden. Jede im Gesamtverzeichnis der BRAK eingetragene Berufsausübungsgesellschaft erhält automatisch ein Kanzlei-beA-Postfach. Es gibt die Möglichkeit, bei Zweigstellen einer Berufsausübungsgesellschaft ebenfalls für diese ein weiteres Kanzleipostfach eingerichtet zu erhalten. Hierfür bedarf es eines Antrages gem. § 31b Abs. 4 BRAO.

Betreiber des beA ist die Bundesrechtsanwaltskammer. Für die mit der Nutzung des beA zusammenhängenden weiteren Dienstleistungen ist die **Zertifizierungsstelle der Bundesnotarkammer** zuständig. Von ihr erhalten die anwaltlichen Berufsträger, die Mitarbeiter und die Berufsausübungsgesellschaften nach erfolgtem Antrag die beA-Karten, Softwarezertifikate und die optionalen qualifiziert elektronischen Signaturen.

beA
Digital. Einfach. Sicher.

Betreiber	Dienstleister
BUNDESRECHTSANWALTSKAMMER	BUNDESNOTARKAMMER ZERTIFIZIERUNGSSTELLE
• Einrichtung der beA-Postfächer • Vergabe der SAFE-ID's • Betreiber des öfftl. Anwaltsverzeichnisses	• Lieferant der beA-Karten (RA & Mitarbeiter) • Lieferant der Softwartezertifikate • Bereitstellung von Fernsignaturen

Praxistipp:

Die Zertifizierungsstelle der Bundesnotarkammer wird gerne im „beA-Alltag“ vergessen. Sie ist jedoch der Vertragspartner der anwaltlichen Berufsträger in Bezug auf die beA-Karten, Softwarezertifikate und qualifiziert elektronischen Signaturen. Ändert sich etwas in den Kontaktdaten der Berufsträger, ist dies nicht nur der örtlichen Rechtsanwaltskammer, sondern auch der Zertifizierungsstelle der Bundesnotarkammer mitzuteilen.

Das beA hat sich in den vergangenen Jahren etabliert und einen erheblichen Anteil dazu 6
beigetragen, dass das digitale Arbeiten in Kanzleien für alle Schaffenden ausgeweitet werden kann. In der Coronapandemie hat es zudem auch das aufgezwungene flexible Arbeiten gefördert. Viele Kanzleien haben erkannt, dass nicht nur Mitglieder der Anwaltschaft mobil oder im Homeoffice arbeiten können. Es ist zu begrüßen, dass die rechtlichen Vorgaben inzwischen verlangen, dass ein Schriftsatz komplett digital eingereicht werden muss. Es wäre kaum vorstellbar, wie ein digitales Arbeiten im 21. Jahrhundert funktionieren könnte, wenn immer noch Schriftsätze mindesten dreifach ausgedruckt werden müssten, damit ein Original und eine beglaubigte Abschrift händisch unterschrieben werden könnten und die einfache Abschrift für die heilige Dreifaltigkeit der anwaltlichen Schriftsätze beigefügt werden würde.

Durch die ab 1.1.2018 bundesweit geltende **Rechtsverordnung über den elektro- 7
nischen Rechtsverkehr (ERVV)** wurden insbesondere **einheitliche Dateiformate** geregelt und die Abschaffung der sogenannten „Container-Signatur“ beschlossen.

Ab dem 1.1.2018 sind demnach nur noch zwei Dateiformate im ERV zulässig und zwar 8

- texterkannte – sprich durchsuchbare – PDF-Dateien und
- TIFF-Dateien.

Sowohl der **Schriftsatz selbst als auch alle Anlagen** sind grundsätzlich immer im **PDF-Format** einzureichen. Lediglich nach der Übergangsvorschrift des § 2 Abs. 1 S. 4 ERVV war die Texterkennung der PDF-Datei bis zum 30.6.2018 nicht erforderlich.

Daneben ist das **Dateiformat TIFF** grundsätzlich **„zusätzlich“** erlaubt, jedoch nicht „anstelle“ der PDF-Datei. Das gilt für den Fall, dass die Umwandlung eines Bildes in eine PDF-Datei zu einer Qualitätseinbuße führt.

Die „Rolle rückwärts“ des Gesetzgebers Ende 2024 verkompliziert den einheitlichen 9
E-Government Prozess. Trotz massiven Widerstands aus Anwaltschaft und Steuerberatern beschloss der Gesetzgeber Ende 2024 eine Änderung der Abgabenordnung und erteilte der formwirksamen elektronischen Kommunikation zwischen Anwaltschaft, Steuerberatern und der Finanzverwaltung über das beBPo eine Absage. Gegenüber den Finanzverwaltungen kann nur über ELSTER wirksam elektronisch kommuniziert werden (§ 87a AO). Aus Sicht der Finanzverwaltungen ist es nachvollziehbar, dass von dort an einem funktionie-

renden elektronischen Kommunikationssystem festgehalten werden will. Dass aber der Bundesgesetzgeber hier wieder einmal nicht die Voraussetzungen für eine einheitliches System geschaffen hat, ist zu kritisieren. Für die Praxis bedeutet es (Stand März 2025): **Achtung bei der Kommunikation mit den Finanzverwaltungen!**

II. Sicherheit des beAs und unterschiedliche beA-Karten

10 Die Sicherheit des beAs wird durch zwei Verfahren garantiert:

- Die Zwei-Faktoren-Authentifizierung und
- Die Ende-zu-Ende-Verschlüsselung der Nachrichten durch das beA-HSM.

Bei der Anmeldung zum beA-Postfach muss sich jeder Benutzer stets mit zwei voneinander getrennten Sicherungsmitteln ausweisen (sogenannte **Zwei-Faktoren-Authentifizierung**). Der Benutzer muss bei der Anmeldung im Besitz eines **persönlichen Sicherungstoken** sein, i.d.R. ist dies die **beA-Karte** (mit oder ohne Signaturfunktion).

Zur Nutzung der beA-Karte (oder sonstiger Sicherungstoken) ist **zusätzlich** erforderlich, dass der Benutzer sodann eine **PIN** eingibt. Diese PIN darf nirgends gespeichert werden und nur der rechtmäßige Besitzer sollte die PIN kennen (sog. Wissen).

Durch dieses Verfahren wird der Zugang zum beA-Postfach geschützt und personalisiert.

Das Verfahren ist identisch mit der Verwendung von Bankkarten und PIN-Eingabe, um Zugang zum eigenen Bankkonto zu erlangen. Der personalisierte Zugang unterstreicht darüber hinaus, dass über das beA Schriftsätze und damit auch Willenserklärungen abgegeben werden. In Kanzleien mit mehreren Berufsträgern ist hauptsächlich die Sorge wahrnehmbar, was mit beA-Nachrichten passiert, die einem ehemaligen Rechtsanwalt über sein beA zugestellt werden und über welche die Kanzlei keine Kenntnis erlangt. Da diesen die Pflicht trifft, unverzüglich anzuzeigen, dass er nicht mehr zustellungsbevollmächtigt ist, lässt sich dieses Problem zustellungs- und damit fristrechtlich „einfangen". Wie aber eine einmal wirksam abgegebene Willenserklärung wieder „eingefangen" werden soll, entzieht sich der Kenntnis des Autors. Vor allem Berufsträgern sei daher deutlich vor Augen geführt: Geben sie ihre beA-Karte und Ihre PIN aus der Hand, vermag diese dritte Person in ihrem Namen jegliche Willenserklärung abzugeben.

Die durch das beA eingereichten Nachrichten vom Absender sind verschlüsselt und gelangen in das sogenannte **beA-HSM (Hardware Security Module)**.

Das beA-HSM bearbeitet die Nachrichten, so dass diese

- trotz Bereitstellung für mehrere Leser (Empfänger) zu keinem Zeitpunkt unverschlüsselt sind,
- gegen elektronisches Abhören und physikalische Angriffe geschützt sind und
- gegen unbefugte Zugriffe kryptographisch abgesichert sind.

Die BRAK hat sich übrigens aufgrund von Sicherheitsüberlegungen bewusst dafür entschieden, dass das beA-HSM in Deutschland entwickelt und hergestellt worden ist und seinen Standort im Rechenzentrum der BRAK erhält (es also nicht ins Ausland verlagert wird). Ferner wird das beA-HSM regelmäßigen Sicherheitstests unterzogen.

Für das Arbeiten mit dem beA werden folgende Komponenten zwingend benötigt: 11

- Computer,
- Schreibprogramm mit PDF-Erstellungsfunktion und PDF-Programm,
- Kartenlesegerät,
- Internetverbindung und eine
- beA-Karte,
- Scanner für nur in Papierform vorliegende Dokumente.

Eine Rechtsanwaltssoftwarelösung wird grundsätzlich nicht benötigt, alle gängigen Marktanbieter haben jedoch die von der BRAK zur Verfügung gestellte beA-Schnittstelle verarbeitet und erlauben eine komfortablere Kommunikation mit dem beA direkt aus dem jeweiligen Programm.

Ein Ausdrucken von Schriftsätzen, deren handschriftliche Unterzeichnung durch den anwaltlichen Berufsträger und das Einscannen eben dieses unterzeichneten Schriftsatzes ist ausdrücklich nicht erforderlich, sondern nur ein Zeugnis vermeidbaren Ressourcenverbrauches.

Die ersten vier Komponenten unserer obigen Liste sind frei zum Kauf verfügbar. Die beA-Karte erhält jedoch nur ein **Rechtsanwalt**, der im **Gesamtverzeichnis der BRAK eingetragen** ist. Es kommt somit auf die Zulassung an, die bei der örtlichen Rechtsanwaltskammer durchgeführt wird. Insbesondere Berufseinsteiger müssen daher bis zur Eintragung ins Gesamtregister warten, bevor sie eine beA-Karte bei der Zertifizierungsstelle der Bundesnotarkammer bestellen können und müssen. 12

Das Verfahren in Kürze:

- Die BRAK vergibt eine SAFE-ID für die Bestellung nach Eintragung ins Gesamtverzeichnis.
- Mit dieser Antragnummer kann sodann bei der Zertifizierungsstelle der BNotK die beA-Karte bestellt werden.
- Die beA-Karte Basic wird von der Zertifizierungsstelle der BNotK an den RA versandt.
- Der RA muss den Erhalt der beA-Karte online bestätigen (E-Mail-Link).
- Die Zertifizierungsstelle der BNotK versendet dann einen Brief an den RA mit der Post, der die PIN und PUK für die beA-Karte (verschlossen) enthält.
- Der RA kann online über die Homepage der Zertifizierungsstelle der BNotK die PIN in eine individuelle PIN ändern. Damit ist die Basic-Karte grundsätzlich aktiviert und einsatzfähig.

- Wurde zusätzlich eine qualifizierte elektronische Signatur beantragt, muss der RA nunmehr ein Identifizierungsverfahren durchführen. Die Unterlagen werden online ausgefüllt und anschließend ausgedruckt und bedürfen vor Einreichung der Unterschriftsbeglaubigung durch einen Notar (kostenpflichtig) oder einer Rechtsanwaltskammer (i.d.R. kostenlos). Eine Kopie des Personalausweises ist mit einzureichen.
- Nachdem das Identifizierungsverfahren positiv beendet wurde, erhält der RA eine Bestätigung über die Bereitstellung der qualifiziert elektronischen (Fern-)Signatur. Weitere Schritte sind nicht erforderlich, für das erfolgreiche Anbringen einer qualifiziert elektronischen Signatur im beA ist nur noch eine Internetverbindung notwendig.

13 Aus Sicherheitsgründen soll **nur der RA seine persönliche beA-Karte** und seine persönliche PIN für den Zugang zu seinem beA-Postfach benutzen, da bei ihm automatisch **alle möglichen Rechte frei geschaltet** sind und auch nicht eingeschränkt werden können.

Bei beA-Karten mit **qualifizierter elektronischer Signatur** kommt zusätzlich hinzu, dass das Anbringen der Signatur die **höchstpersönliche Unterschrift des RA** ersetzt. Eine Weitergabe an die Mitarbeiter scheidet daher aus.

Um dennoch das Abrufen, das Vorbereiten und Versenden von Nachrichten über das beA effektiv zu gestalten, stehen **Mitarbeiterkarten** zur Verfügung. Diese Mitarbeiterkarten können nur über den Account des RA bestellt werden und sind **nicht personengebunden**, d.h. auch bei einem Personalwechsel können diese Mitarbeiterkarten grundsätzlich weiterverwendet werden.

Die Benennung der beA-Karten kann frei erfolgen. Es ist dabei reine Geschmackssache, ob die Karten z.B. „RENO 1", „RENO 2" usw. benannt werden oder ob insbesondere bei langjährigen Mitarbeitern der richtige Mitarbeitername verwendet wird. Es sollte jedoch in der Kanzlei hinreichend dokumentiert werden, welcher Mitarbeiter welche beA-Mitarbeiterkarte nutzt und ggf. zu welcher Zeit, falls eine gemeinsame Nutzung erfolgt. Nur so kann evtl. erfolgreich ein Wiedereinsetzungsantrag gestellt werden, da hierfür eine eindeutige persönliche Zuordnung notwendig ist.

Auch die beA- Mitarbeiterkarte ist zusätzlich mit einer PIN geschützt, die ggf. auch bei Ausscheiden eines Mitarbeiters jederzeit geändert werden kann.

14 Alternativ zu beA-Mitarbeiterkarten und ergänzend zum anwaltlichen beA-Postfach können auch Softwarezertifikate genutzt werden. Diese werden lokal auf einem Endgerät eingerichtet und ermöglichen den kartenunabhängigen Zugang zum beA. Wichtig hierbei ist, dass sie nicht für das Anbringen einer qualifiziert elektronischen Signatur genutzt werden können oder für die vollständige Administrierung der beA-Postfächer durch einen Mitarbeiter. Diese Funktion (qeS) oder Recht (Administration) sind aus Sicherheitsgründen an eine beA-Karte zwingend gebunden.

Praxistipp: 15

Es ist (Stand März 2025) nicht möglich, über ein Gesellschafts-beA-Postfach Mitarbeiterkarten oder Softwarezertifikate bei der Zertifizierungsstelle der Bundesnotarkammer zu bestellen, sondern nur über die persönlichen Kundenkonten von anwaltlichen Berufsträgern. Folglich sollten Mitarbeiterkarten und Softwarezertifikate in einer Anwaltskanzlei über das Konto eines Kanzlei(mit)inhabers erfolgen, um eine möglichst lange Lauf- und Nutzungszeit zu ermöglichen. Sollte dieser Berufsträger aus der Kanzlei ausscheiden, muss frühzeitig geklärt werden, wie die Bereitstellung der Mitarbeiterzugänge zukünftig erfolgen soll.

III. Einrichtung des beAs

Nachdem alle beA-Karten vorliegen, muss das beA noch eingerichtet werden. 16

Zunächst muss an **jedem Arbeitsplatz**, der mit dem beA arbeiten soll, das Softwareprogramm **„ClientSecurity“** über die beA-Website installiert werden. Beim Austausch eines alten mit einem neuen Computer darf die Neuinstallierung nicht vergessen werden.

Für **jeden Benutzer**, der mit dem beA arbeiten soll, ist einmalig über die Website die **Einrichtung seines Sicherheitstoken** (beA-Karte) erforderlich.

Die Einrichtung der beA-Karten muss in der richtigen Reihenfolge erfolgen:

- Der RA als Postfachinhaber muss zunächst die Erstregistrierung in seinem eigenen Postfach durchführen.
- Erst danach können Mitarbeiter oder andere Kollegen dem beA-Konto des Postfachbesitzers mit unterschiedlichen Rechten zugewiesen werden.
- Soll ein Kollege zugewiesen werden (z.B. als Urlaubs- oder ständiger Vertreter) so ist ferner erforderlich, dass dieser sich bereits vor der Zuordnung selbst in seinem eigenen beA-Postfach erstregistriert hat.

1. Erstregistrierung des Postfachinhabers

Die Erstregistrierung des Postfachinhabers erfolgt in folgenden Schritten: 17

- Aufruf der Website www.bea-brak.de und Auswahl des beA.
- Auf der Hauptseite den Punkt „Erstregistrierung für Benutzer mit eigenem Postfach“ auswählen

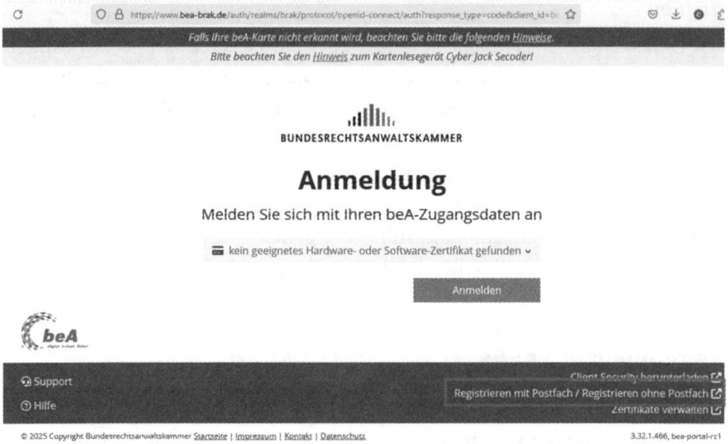

- Danach startet die Benutzer-Authentifizierung und die entsprechende beA-Karte (Sicherheits-Token) muss in den Kartenleser gesteckt werden. Es erscheint ein neues Fenster, wo noch einmal die Karteninformation (Name des Karteninhabers und Ablaufdatum) erscheint. Die beA-Karte muss hier aktiv durch Anklicken ausgewählt werden.
- Im Folgenden können eine oder mehrere Sicherheitsfragen und -antworten hinterlegt werden, die für evtl. Supportanfragen benötigt werden. Die Hinterlegung mindestens einer Sicherheitsfrage ist daher zwingend erforderlich.
- Die Hinterlegung einer E-Mail-Adresse ist als letzter Schritt optional. Eine E-Mail-Adresse kann auch noch nach der Anmeldung im beA nachträglich hinzugefügt oder auch jederzeit geändert werden.
- Die Erstregistrierung ist damit abgeschlossen und das beA-Postfach kann durch den Postfachinhaber benutzt werden.

2. Hinzufügen eines Mitarbeiters („non RA") zum beA-Postfach

18 Nachdem die Erstregistrierung des Postfachinhabers erfolgreich durchgeführt worden ist, kann dieser über „Einstellungen" – „Postfachverwaltung" – dem dortigen Unterpunkt „Benutzerverwaltung" einen „neuen Mitarbeiter anlegen".

- Die Benutzerdaten des Mitarbeiters wie Vor- und Nachname und Titel z.B. Rechtanwaltsfachangestellte müssen eingegeben werden.
- Aus diesen Daten werden ein verkürzter, einmaliger Benutzername und ein Kennwort für die Registrierung vom beA erzeugt, beides muss für die spätere Einrichtung und für die Dokumentation notiert werden. (z.B. BruMi35L – d0gft6Lu). Die generierte SAFE-ID muss ebenfalls notiert werden.

- Der Postfachinhaber kann seinen Mitarbeitern unterschiedliche Rechte zuordnen (vgl. Rdn 21), lediglich das Recht zur Signatur kann einem **Non-RA- Mitarbeiter** (ReFa/ReNo) nicht zugeordnet werden.
- Durch „Speichern" ist der neue Mitarbeiter dann im Postfach angelegt, der Vorgang ist aber **erst vorbereitet aktiv**.
- Wie dem Postfachbesitzer muss jetzt auch dem **Mitarbeiter durch eine Erstregistrierung** ein Sicherheitstoken (beA-Mitarbeiterkarte oder Softwarezertifikat) zugeordnet werden.
- Dies erfolgt wiederum über die Startseite des beAs unter www.bea-brak.de. Dort muss dann aber „Erstregistrierung für Benutzer ohne eigenes Postfach" ausgewählt werden. Der Button befindet sich direkt neben dem Button für die Registratur eines anwaltlichen Berufsträgers.
- Im darauffolgenden Fenster müssen dann der verkürzte, einmalige Benutzername und das generierte Kennwort eingegeben werden. Falls das Kennwort vergessen worden ist, kann es jederzeit in der Benutzerverwaltung des Postfachinhabers erneut generiert werden.
- Anschließend muss man den Sicherheitstoken des Mitarbeiters (beA-Karte) zuordnen. Hierfür steckt man die beA-Mitarbeiterkarte in den Kartenleser und wählt die angezeigte Karte durch aktives Anklicken aus. Alternativ kann auch ein Softwarezertifikat eingerichtet werden.
- Nachfolgend muss dann wieder mindestens eine Sicherheitsfrage- und -antwort hinterlegt werden. Die Angabe einer E-Mail-Anschrift ist auch hier optional.
- Nach der Erstregistrierung des Mitarbeiters muss der Postfachinhaber den **Sicherheitstoken** des Mitarbeiters für sein Postfach noch **freischalten**. Dies erfolgt über „Einstellungen" – „Postfachverwaltung" – dem dortigen Unterpunkt „Sicherheitstoken freischalten". Erst nach dieser Freischaltung erscheint das entsprechende beA-Postfach beim Mitarbeiter.

Praxistipp: 19

Obwohl die beA-Mitarbeiterkarte nur über den Account eines RA bestellt werden kann, kann der Sicherheitstoken dann für mehrere beA-Postfächer verwendet werden.

Besteht eine Sozietät aus fünf Berufsträgern, so kann die beA-Mitarbeiterkarte für alle fünf RAe benutzt werden, obwohl sie nur über das Konto eines RAs bestellt worden ist.

Es ist nunmehr sogar denkbar, dass wenn bei einer befreundeten Kanzlei kurzfristig die ReFa wegen Urlaub oder Krankheit ausfällt, ein Mitarbeiter das beA-Postfach des dortigen RAs zeitweise mitbetreut. Eine Begrenzung auf den Ort ist durch das Internet nicht mehr gegeben. Aber es bedarf in einem solchen Fall unbedingt einer ordnungsgemäßen Dokumentation und klaren Regelung in Bezug auf Verschwiegenheit, Datenschutz, Compliance, etc.

3. Hinzufügen eines anderen RA zum beA-Postfach

20 Das beA bietet auch die Möglichkeit, **andere RAe** zum eigenen beA-Postfach zuzuordnen. Diese sind selbst **nicht Postfachinhaber**, können aber neben ihrem eigenen Postfach auch auf das Postfach des Kollegen zugreifen. Dies ist für den Fall eines ständigen Vertreters im Rahmen einer Sozietät oder im Rahmen einer Urlaubsvertretung sinnvoll.

- Der RA, der zugeordnet werden soll, muss sich bereits selbst bei seinem eigenen Postfach erstregistriert haben.
- Der Postfachinhaber startet das beA und wählt dort unter „Einstellungen" – „Postfachverwaltung" – den dortigen Unterpunkt „Benutzerverwaltung" aus.
- Dort geht er dann jedoch auf „Suche" – **„Benutzer mit Postfach"**.
- Durch Eingabe des Namens kann der weitere RA aus einer Liste gefunden und zugeordnet werden.
- Dem weiteren RA müssen – wie einem normalen Mitarbeiter auch – aktiv Rechte & Rollen an dem für ihn fremden Postfach zugewiesen werden, insbesondere ist hier die Zuordnung des Rechts „Nachricht signieren" möglich und i.d.R. auch sinnvoll.
- Auch hier muss der Postfachinhaber den Sicherheitstoken des weiteren RA für sein Postfach noch freischalten. Dies erfolgt wiederum über „Einstellungen" – „Postfachverwaltung" – dem dortigen Unterpunkt „Sicherheitstoken freischalten". Erst nach dieser Freischaltung erscheint das hinzugefügte beA-Postfach im eigenen Postfach des weiteren Kollegen.

4. Rechteverwaltung

21 Der RA als Postfachinhaber kann jedem zugeordneten Teilnehmer (Non-RA-Mitarbeiter oder weiterer RA) unterschiedliche Rechte zuordnen und **zwar dauerhaft** oder **zeitweise beschränkt**. Der Postfachinhaber besitzt stets alle Rechte.

Die wichtigsten Rechte sind nachstehend kurz skizziert:

Nachrichtenübersicht öffnen	Der Benutzer kann die Nachrichtenübersicht anzeigen lassen, nicht aber Nachrichten lesen. **Dieses Recht ist das erste Recht, das neu eingerichtete Mitarbeiter erhalten.**
Nachrichtenübersicht exportieren/drucken	Der Benutzer darf die Postfachübersicht drucken und exportieren.
Nachricht erstellen	Der Benutzer darf neue Nachrichtenentwürfe sowie eine Antwort auf eine Nachricht erstellen und eine Weiterleitung einer Nachricht erzeugen, nicht aber versenden. **Dies dürfte das wohl wichtigste Recht eines Non-RA-Mitarbeiters (ReFa/ReNo) sein, der die Schriftsätze für das Signieren durch einen RA vorbereitet.**

Nachricht signieren	Der Benutzer darf einen erstellten Nachrichtenentwurf, der kein Empfangsbekenntnis (EB) ist, signieren. **Dieses Recht kann nur einem weiteren RA als Teilnehmer zugeordnet werden, nicht jedoch einem „Non-RA“ (ReFa oder ReNo).**
Nachricht versenden	Der Benutzer darf eine Nachricht (kein EB) versenden.
Nachricht öffnen	Der Benutzer kann vollständig auf alle Nachrichten in einem Postfach lesend zugreifen, die nicht als persönlich/vertraulich gekennzeichnet sind.
Nachricht exportieren/drucken	Der Benutzer darf Nachrichten, die nicht als persönlich/vertraulich gekennzeichnet sind, drucken und exportieren.
Nachricht organisieren	Der Benutzer darf Nachrichten u.a. verschieben und Ordner sowie Etiketten verwalten.
Nachrichten im Papierkorb verschieben	Der Benutzer darf Nachrichten in den Papierkorb verschieben und aus dem Papierkorb wieder herausholen.
Nachricht löschen	Der Benutzer darf Nachrichten unwiederbringlich löschen, sofern diese vom Postfachbesitzer gelesen oder die Nachricht exportiert wurde.
Nachricht (persönlich/vertraulich) öffnen	Der Benutzer kann vollständig auf alle Nachrichten in einem Postfach lesend zugreifen, die als persönlich/vertraulich gekennzeichnet sind.
Nachricht (persönlich/vertraulich) exportieren/drucken	Der Benutzer darf Nachrichten, einschließlich solcher, die als persönlich/vertraulich gekennzeichnet sind, drucken und exportieren.
EBs signieren	Der Benutzer darf ein nicht als persönlich/vertraulich gekennzeichnetes Empfangsbekenntnis (EB) signieren. **Dieses Recht kann nur einem weiteren RA als Teilnehmer zugeordnet werden, nicht jedoch einem „Non-RA“ (ReFa oder ReNo).**
EBs versenden	Der Benutzer darf ein EB als Antwort auf eine Nachricht, die ein EB anfordert und nicht persönlich/vertraulich ist, versenden.
EBs zurückweisen	Der Benutzer darf eine Nachricht, in der ein EB gefordert wird, an den Absender zurückweisen.
EBSs (persönlich/vertraulich) signieren	Der Benutzer darf ein als persönlich/vertraulich gekennzeichnetes EB signieren. **Dieses Recht kann nur einem weiteren RA als Teilnehmer zugeordnet werden, nicht jedoch einem „Non-RA“ (ReFa oder ReNo).**
EBs (persönlich/vertraulich) versenden	Der Benutzer darf ein EB als Antwort auf eine Nachricht, die ein EB anfordert und als persönlich/vertraulich gekennzeichnet ist, versenden.

Mitarbeiter verwalten	Der Benutzer darf Mitarbeiter für Postfächer anlegen oder ändern, aber keine Rechte vergeben.
Berechtigungen verwalten	Der Benutzer darf Berechtigungen für das Postfach freigeben oder entfernen sowie Postfacheigenschaften wie E-Mail-Adressen und Benachrichtigungen verwalten. Dieses Recht kann nur an einen Account vergeben werden, der mit einer beA-Karte als Hardware-Token ausgestattet ist.

Über die Rechteverwaltung kann der Postfachinhaber **jederzeit** die Rechte des einzelnen Mitarbeiters anpassen und ggf. auch ändern.

22 *Praxistipp:*

Die Rechte „Mitarbeiter verwalten" und „Berechtigungen verwalten" sind restriktiv zu vergeben. Sie beinhalten nämlich die Möglichkeit, auch bestehende Rechte und Zugriffe zu verändern, zu erweitern und anzupassen. Sie sollten daher nur an Personen vergeben werden, die einer solchen „Administratorfunktion" gerecht werden. Solche Administratoren müssen dabei eine beA-Mitarbeiter-/Rechtsanwaltskarte (ein Hardware-Token) verwenden. Die Berechtigungen können nicht allein mit einem Softwarezertifikat verwaltet werden.

5. Rollenverwaltung

23 Eine der folgenden Rollen muss einem zu berechtigenden Account zugeordnet werden. Mit dieser Rolle sind automatisch vom System bestimmte Rechte verknüpft:

Mitarbeiter	Diese Rolle kann jedem Benutzer zugeordnet werden und ist die Grundlage für die Einrichtung weiterer Rechte. Auch ein anderer Anwalt kann diese Rolle erhalten, wenn er in dem beA Postfach nur mitarbeitet. Automatisch wird das Recht „Nachrichtenübersicht öffnen" mit vergeben.
Zustellungsbevollmächtigte	Diese Rolle kann jedem Benutzer zugeordnet werden und umfasst folgende Rechte: ■ Nachrichtenübersicht öffnen ■ Nachricht erstellen ■ Nachricht öffnen ■ EBs versenden ■ EBs zurückweisen ■ EBs mit VHN versenden Hinweis: Eine zustellungsbevollmächtigte Person sollte auch der lokalen Rechtsanwaltskammer gemeldet werden, denn nur so könnte diese Person auch wirksam bei der Kartenbestellung mitwirken und würde im Anwaltsverzeichnis mit eingetragen werden.

Vertretung	Diese Rolle kann nur einem Benutzer zugeordnet werden, der zugleich auch die Anwaltseigenschaft besitzt, und umfasst folgende Rechte: ■ Nachrichtenübersicht öffnen ■ Nachricht erstellen ■ Nachricht öffnen ■ EBs versenden ■ EBs zurückweisen ■ EBs mit VHN versenden

6. beA Mobile App

Die BRAK hat für Android- und iOS-Geräte eine beA-App kostenlos entwickelt und stellt sie in den bekannten Stores zum Download zur Verfügung. Es gibt auch einige Anbieter von anderen kostenpflichtigen Apps, die für eine rein mobile Nutzung konzipiert sind. 24

Eingerichtet wird die BRAK-beA-App mit Hilfe eines Softwarezertifikates, welches über die beA-Einstellungsseite speziell geladen und dann mit Hilfe eines dort generierten QR-Codes in die App auf das Endgerät des Nutzer integriert wird. 25

IV. Nutzung des beAs

1. Allgemeines

Zum Starten des beA geht man wie folgt vor: 26

- Client-Security starten (Autostart ist einrichtbar),
- Browser starten (Firefox, Internet Explorer, Safari etc.),
- beA-Website aufrufen (www.bea-brak.de),
- im Browser müssen Popups erlaubt sein,
- die Anmeldung erfolgt sodann mit der beA-Karte und der Eingabe der PIN über das Kartenlesegerät.

Das Arbeiten mit dem beA ist recht **einfach** und **benutzerorientiert**. Das Programm selbst ist ähnlich wie die gängigsten E-Mail-Webprogramme aufgebaut. 27

Unter Nachrichten findet man als Mitarbeiter dort **alle freigeschalten beA-Postfächer** seiner RAe. Diese Postfächer sind jeweils – wie in E-Mail-Programme üblich – zunächst in

- Posteingang
- Entwürfe
- Postausgang

- Gesendet und
- Papierkorb

unterteilt. Weitere Unterordner können ggf. selbst erstellt werden.

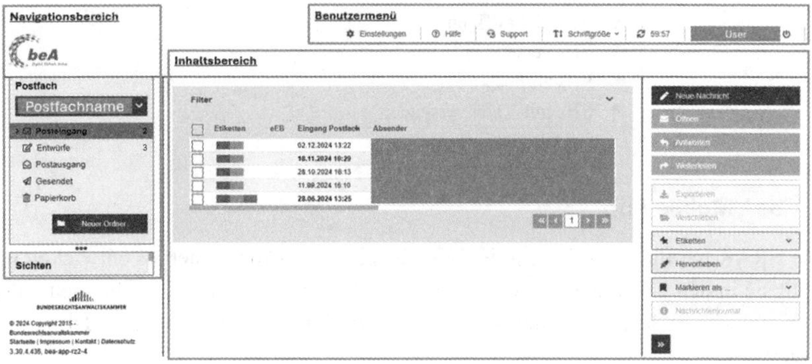

Hinter den jeweiligen Ordnern wird die Anzahl der Nachrichten angezeigt und ob evtl. eine neue Nachricht vorliegt.

Besitzt der Mitarbeiter die nötigen Rechte, kann er nunmehr die Nachricht öffnen, drucken und exportieren.

28 Die Vorgänge zum Umgang mit beA-Posteingängen unterscheiden sich von Kanzlei zu Kanzlei und sind stark abhängig vom individuellen Fortschritt der Digitalisierung und der verwendeten Programme für die digitale Aktenführung. Hinzu kommen spezielle Arbeitsprozesse für die Fristenverwaltung.

29 All diese verschiedenen Aspekte hier zu beschreiben würde dieses Buch überfrachten, weshalb für den Posteingang nur nachfolgende grundsätzliche Aspekte aufgezeigt werden:

- **Das beA selbst ist kein Archiv** und für eine vollständige Dokumentation müssen die kompletten Nachrichten archiviert werden. Exportieren Sie die Nachrichten als ZIP-Dateien. Jede ZIP-Datei enthält alle technischen und inhaltlichen Informationen der jeweiligen Nachrichten. Dies gilt auch für versendete Nachrichten. Speichern Sie jede ZIP-Datei gemäß Ihren kanzleiinternen Vorgaben sicher am vorgegebenen Ort.
- Nach 90 Tagen werden Nachrichten in den Papierkorb verschoben, nach weiteren 30 Tagen endgültig gelöscht.
- Die Alltagsarbeit kann „nur" mit den PDF-Dateien, also den Schriftsätzen, Anlagen, etc. erfolgen.
- Der ZIP-Export dient auch nach Jahren der ordnungsgemäßen und vollständigen Dokumentation.
- Jeder Benutzer hat allein für sich die „Gelesen/Ungelesen" Ansicht – hat ein Mitarbeiter die Nachricht geöffnet, ist sie beim Postfachinhaber weiterhin ungelesen.

- Zur beA-internen Kurzkommunikation bietet sich die Einrichtung und die Nutzung von verschiedenen Etiketten an.
- Auch wenn sich durch die elektronische Kommunikation der genaue Zeitpunkt des Eingangs einer Nachricht dokumentieren lässt, so hat ein Rechtsanwalt weiterhin die Privilegierung, einen subjektiven Zustellwillen zu äußern. Das im eEB eingetragene Datum beweist die Zustellung, nicht der Zeitpunkt des Eingangs einer Nachricht. Trotzdem trifft den Anwalt eine Sorgfalts- und Büroorganisationspflicht und er ist zur Abgabe eines eEB an sich verpflichtet.
- In der beA-Webanwendung lassen sich Personalisierungen einstellen, die die Arbeit erleichtern. Am Ende dieses Kapitel werden ein paar Beispiele gezeigt.
- Die beA-Webanwendung sollte stets als Rückfallebene genutzt werden können, sollte die eingesetzte Kanzleisoftware aus unterschiedlichen Gründen nicht funktionieren.
- Die regelmäßige Schulung und die zeitnahe Installation von Updates (beA-Client Security App, Virenschutz, Internetbrowser und Kartenlesegerät) sind obligatorisch.

2. Erstellen einer Nachricht

Auch das Erstellen einer Nachricht ist recht einfach. Sofern das Recht „Nachrichten erstellen" für den Mitarbeiter freigegeben ist, kann unter Nachrichten ein neuer Schriftsatz für die Signierung durch den RA vorbereitet werden. 30

31 Im sich nun öffnenden Fenster werden alle Attribute der Nachricht übersichtlich dargestellt.

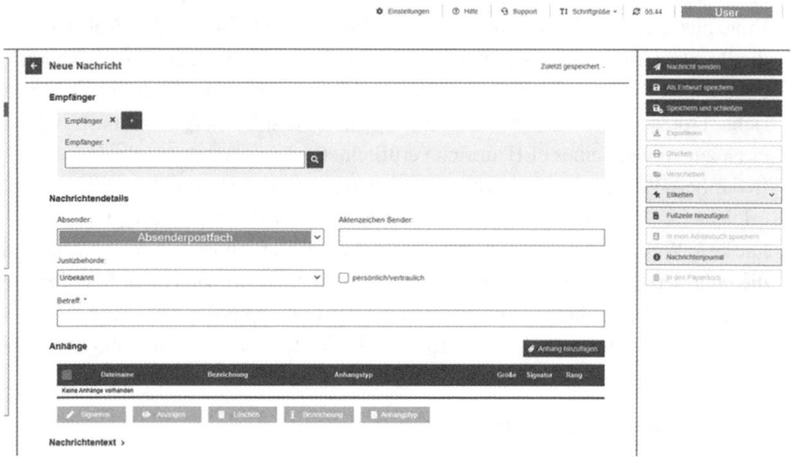

32 Im Empfängerbereich muss über Klicken auf das Lupensymbol ein Empfänger aus dem Gesamtverzeichnis der OSCI Umgebung ausgesucht und ausgewählt werden.

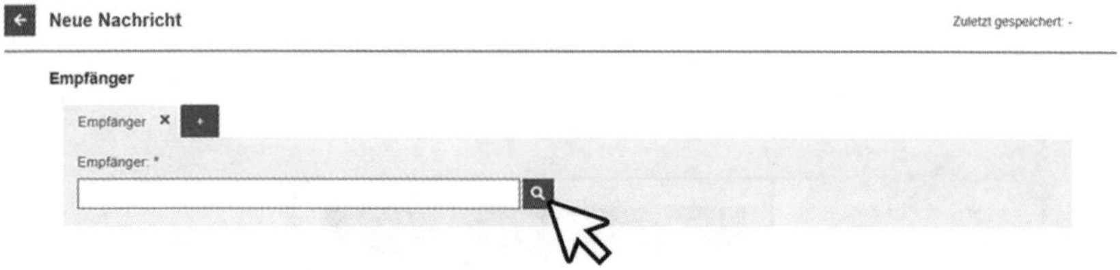

33 In der eigentlichen Empfängersuchmaske hat sich in der Praxis herausgestellt, dass mit der Kombination aus Name und PLZ oder Ort die zielführendsten Suchen durchgeführt werden können. Beispielsweise erhält man mit „Müller" und „Berlin" ca. 100 Treffer. Hier hilft die Postleitzahl. Bei der Suche nach einem Gericht reicht aber „Amtsgericht" und „Düsseldorf" völlig aus.

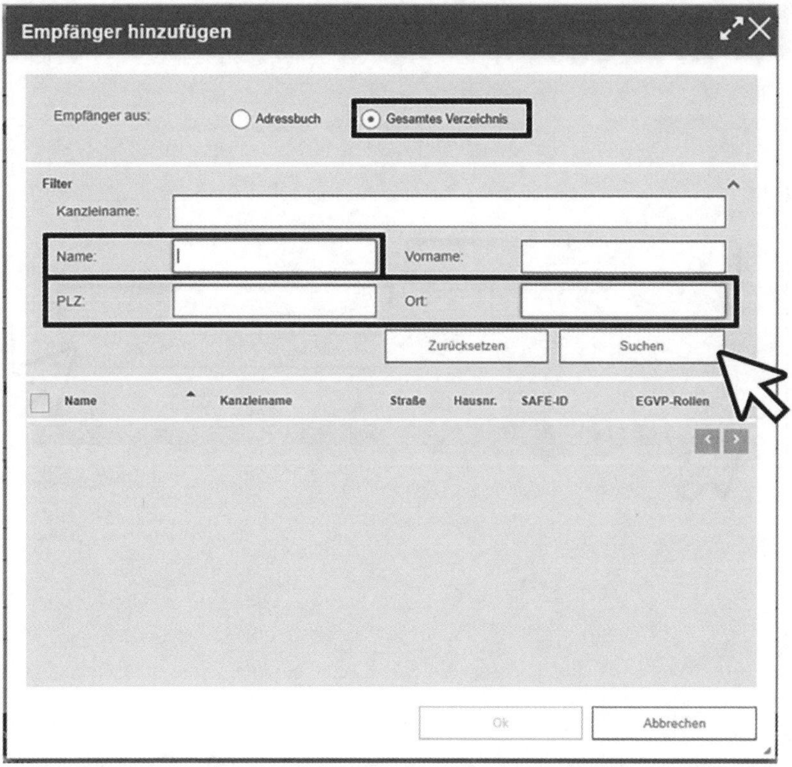

Durch das Setzen eines Hakens beim gewünschten Empfänger und Bestätigung mit „Ok“ wird der Empfänger für die Nachricht übernommen. 34

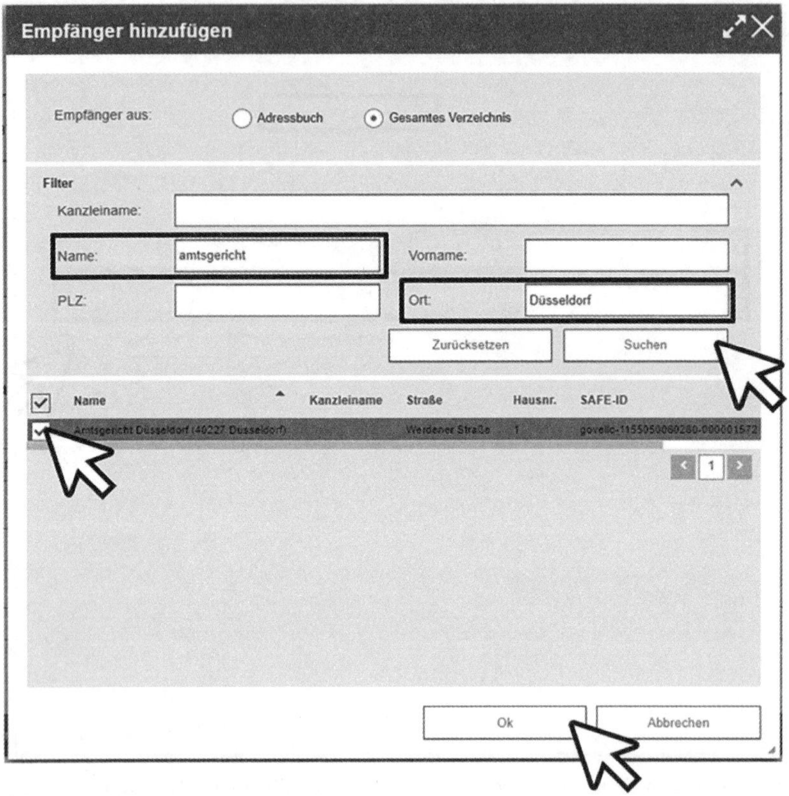

35 *Drei Praxistipps:*

Das eigene Adressbuch kann mit häufigen Empfängern gefüllt werden. Aus Sicht des Autors bietet sich aber an, stets das Verzeichnis abzufragen, da eine minimale Zeitersparnis nicht in Relation zu den aktuell richtigen Daten des Empfängers steht.

Achten Sie zudem immer auf die **korrekte Gerichtsbezeichnung!** Das versehentliche Auswählen eines falschen Gerichtes, das tatsächlich die gleiche Postanschrift wie das richtige Empfängergericht hat, ist in Zeiten des beA unverzeihlich. Zwar konnten früher der gemeinsame Posteingangsstempel der Gerichte und ein netter Beamter helfen, aber heute ist dies nicht mehr möglich.

Achten Sie schließlich noch darauf, im Falle von mehreren Postfächern für die selbe Person das richtige auszuwählen. Dies kann bspw. der Fall sein, wenn ein Rechtsanwalt gleichzeitig Notar oder Steuerberater ist. Wählen Sie entweder das beA, beN oder beSt Postfach aus. Zu erkennen ist dies durch den Beginn der SAFE-ID.

Pflichtfeld bei der Empfängermaske ist nur der Empfänger selbst. Für eine effektive und kollegiale Bearbeitung der Nachricht beim Empfänger sollten alle Felder jedoch so gut und sinnvoll wie möglich ausgefüllt werden. Zudem können noch Attribute wie die Sendungspriorität festgelegt oder ein externer Strukturdatensatz hinzugefügt werden. 36

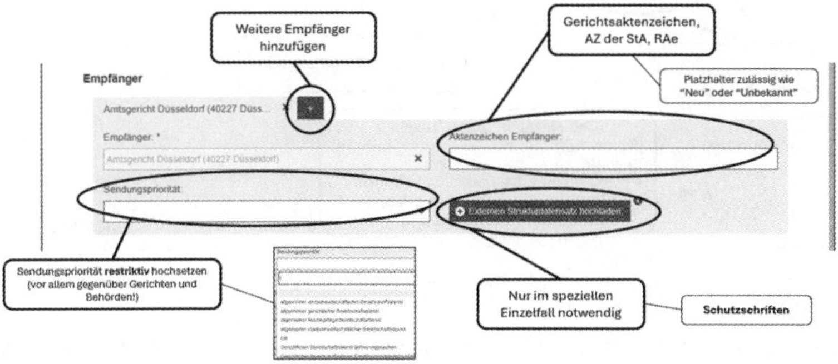

Bei den Nachrichtendetails werden weitere spezifische Informationen eingesetzt. Sollte Zugriff und das Recht „Nachrichten erstellen" für mehrere Postfächer bestehen, lässt sich auch hier der Absender noch ändern und es muss nicht von vorne begonnen werden. In der Praxis hat es sich gezeigt, dass der Betreff so kurz wie möglich sein und so viel wie nötig beinhalten sollte. Die Justizbehörde wird systemseitig voreingestellt, sobald der Empfänger eingefügt wurde. Ist der Empfänger keine Justizbehörde, ist hier „unbekannt" einzugeben. 37

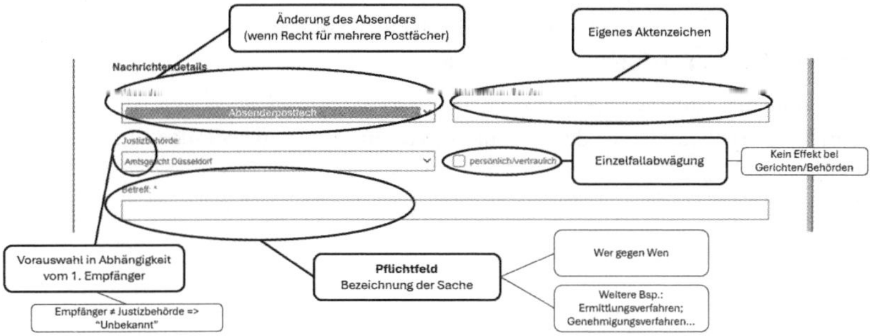

Schließlich müssen noch die Anhänge der beA Nachricht hochgeladen werden. Sie können dies entweder einzeln oder aber gesammelt mit allen Dateien gleichzeitig durchführen. 38

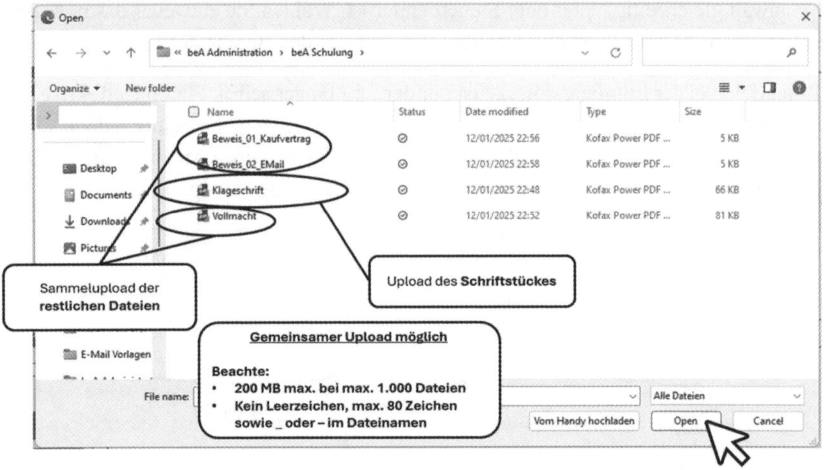

39 **Achtung!**

Seit dem „Facelift"-Update des beA (Update auf Version 3.28 im September 2024) kann nicht mehr in einem Zwischendialogfenster vor Upload der Anhänge ausgewählt werden, ob es sich bei dem Anhang um einen Schriftsatz oder eine Anlage handelt. Alle Dateien werden erstmal als Anlage im Anhangstyp festgelegt. **Der Schriftsatz selbst muss als solcher händisch mit dem Anhangstyp Schriftsatz festgelegt werden!**

Hier besteht ein **verstecktes Haftungsrisiko!** Denn solange in einer beA Nachricht „nur" Anhänge als Typ „Anlage" beinhaltet sind, ist der Versand für einen Mitarbeiter möglich. Das kann dazu führen, dass Schriftsätze versendet werden können, die entweder nicht durch einen Rechtsanwalt qualifiziert elektronisch signiert sind oder aber nicht mit einem vertraulichen Herkunftsnachweis verbunden werden können. Damit ist es möglich, einen Schriftsatz **formunwirksam** zu übermitteln.

40 Daher sind die Anhangstypen immer anzupassen. Sobald auch nur ein Anhang als „Schriftsatz" typisiert ist, ist der „Nachricht versenden"-Button für den Mitarbeiter ausgegraut:

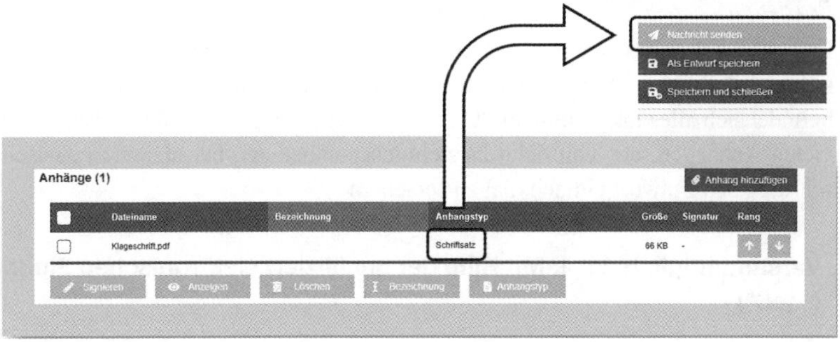

Praxistipp: 41

Es bietet sich an, vorsorglich immer alle Anhänge einer Nachricht als „Schriftsatz" zu typisieren, da der Rechtsanwalt mit Hilfe der Mehrfach-Signatur-Funktion alle Anhänge des Typs „Schriftsatz" mit nur einem Vorgang qualifiziert elektronisch zu signieren hat. Durch diese Handhabung kann das Risiko nahezu ausgeschlossen werden, eine Anlage mit besonderer Formvorschrift formunwirksam in den Prozess eingebracht zu haben. Bestes Beispiel ist hier die Prozesskündigung bspw. im Arbeitsprozess, welche durch den Prozessbevollmächtigten qualifiziert elektronisch signiert und mit entsprechender Vollmacht eingebracht werden muss.

Der Nachrichtentext der beA-Nachricht selbst kann leer bleiben. Hier gehören höchstens nachrichteninformatorische Hinweise bspw. an RA-Kollegen hinein. Eine prozessrechtliche Auswertung erfolgt nicht. 42

Spätestens jetzt ist der Entwurf zu speichern. 43

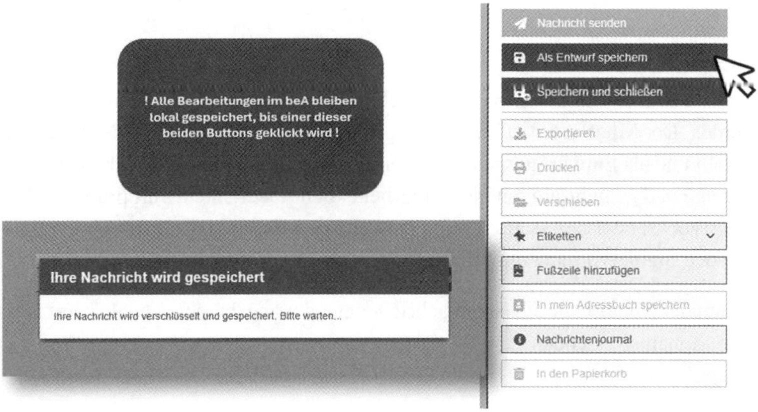

44 *Praxistipp:*

Erst mit Klicken des Buttons „Als Entwurf speichern“ erfolgt die tatsächliche Nachrichtenerstellung im beA-System und der tatsächliche Upload der Anhänge. Vorher befindet sich alles lokal auf dem PC des Benutzers. Bei umfangreichen Nachrichten, vielen Anhängen, etc. empfiehlt es sich daher unbedingt, bei mehreren Zwischenschritten den Entwurf einfach mal zu speichern.

3. Versandmöglichkeit 1: Mit Hilfe der qualifiziert elektronischen Signatur („qeS“)

45 Das qualifiziert elektronische Signieren erfolgt im beA selbst und ist relativ einfach. Der zu signierende Anhang ist per Haken auszuwählen, inhaltlich durch Nutzung des „Anzeigen“-Buttons zu prüfen und anschließend mit Hilfe des „Signieren“-Buttons durch einen Anwalt qualifiziert elektronisch zu signieren.

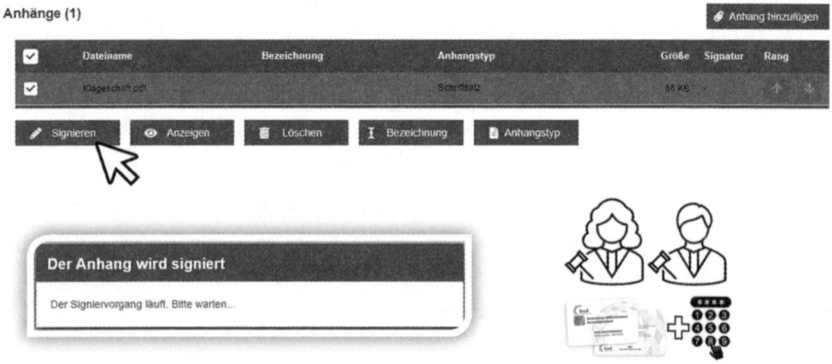

46 *Praxistipp:*

Für den Signier- und Nachrichtenerstellungsvorgang kann an einem PC gearbeitet werden. Der Mitarbeiter ist im beA eingeloggt und hat die komplette Nachricht fertig erstellt und als Entwurf gespeichert. Der verantwortende Rechtsanwalt kann nun hinzutreten und gemeinsam mit dem Mitarbeiter den Nachrichtentwurf prüfen und durch evtl. Wechsel der beA-Karten seine Anwalts-beA-Karte in den Kartenleser einlegen und den Signiervorgang durchführen.

47 Nun kann der Mitarbeiter die beA Nachricht dank der angebrachten qualifiziert elektronischen Signatur versenden.

4. Versandmöglichkeit 2: Durch den Postfachinhaber selbst

Sollte der Fernsignaturserver der Zertifizierungsstelle der Bundesnotarkammer eine Störung haben, keine Signatur eingerichtet oder gewünscht sein, ist ein **formwirksames Einreichen** ausschließlich nur durch den **Versand der Nachricht durch den Postfachinhaber selbst** möglich, wenn dieser den Schriftsatz auch **selbst mit einer einfachen elektronischen Signatur „zeichnet“**. 48

Das beA gilt gem. § 130a ZPO als sicherer Übertragungsweg und generiert daher für das Gericht einen vertraulichen Herkunftsnachweis „VHN“, wenn der Postfachinhaber – der die Anwaltseigenschaft und damit die Postulationsfähigkeit besitzt – selbst die Nachricht versendet hat. Das Gericht darf sich also darauf verlassen, dass ein zugelassener Rechtsanwalt die Verantwortung für die Nachricht übernommen hat. Weiter muss er dann aber auch die Verantwortung für den Schriftsatz übernehmen, indem er diesen einfach elektronisch signiert. 49

Einfach gesagt: Rechtsanwalt Meier steht unter dem Schriftsatz mit „Michael Meier, Rechtsanwalt“ und signiert ihn damit einfach elektronisch. Damit **muss** der Schriftsatz auch aus dem beA-Postfach von Michael Meier und von Michael Meier selbst versendet werden. Steht aber im Schriftsatz der Kollege Max Müller und Michael Meier versendet die Nachricht aus seinem Postfach, so stimmen VHN und einfache elektronische Signatur nicht überein und der Schriftsatz ist formunwirksam. 50

Dass mehrere Rechtsanwälte einen Schriftsatz einfach elektronisch signieren, ist nicht schädlich. Wichtig ist nur, dass der versendende Rechtsanwalt den Schriftsatz (zusätzlich) einfach elektronisch signiert. 51

5. Bedeutung der RA-Karte und Versandcheckliste

An dieser Stelle wird erneut deutlich, warum die anwaltliche beA-Karte nur und ausschließlich in die Hand des Postfachinhabers gehört. Mit dieser werden im elektronischen Rechtsverkehr verbindlich Willenserklärungen abgegeben. Hinzu kommt, dass mit dieser die Postulationsfähigkeit nachgewiesen wird. 52

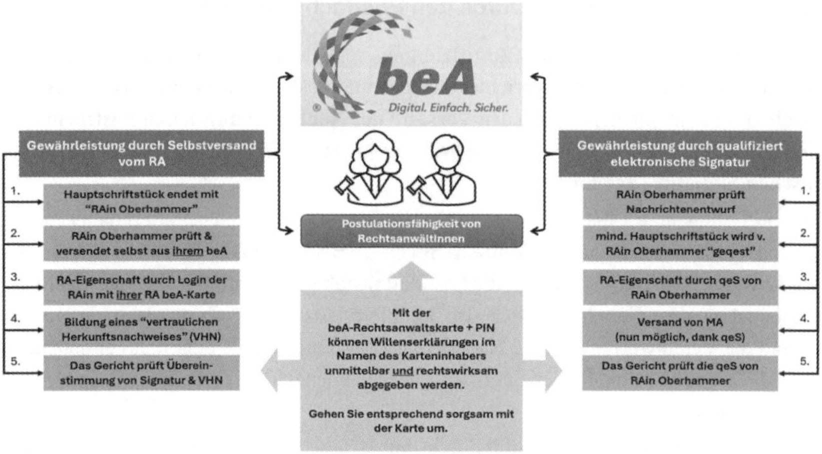

53 Die nachfolgende Checkliste kann Ihnen helfen, eine Routine für die Erstellung und den Versand von beA-Nachrichten zu erarbeiten und qualitativ zu steigern.

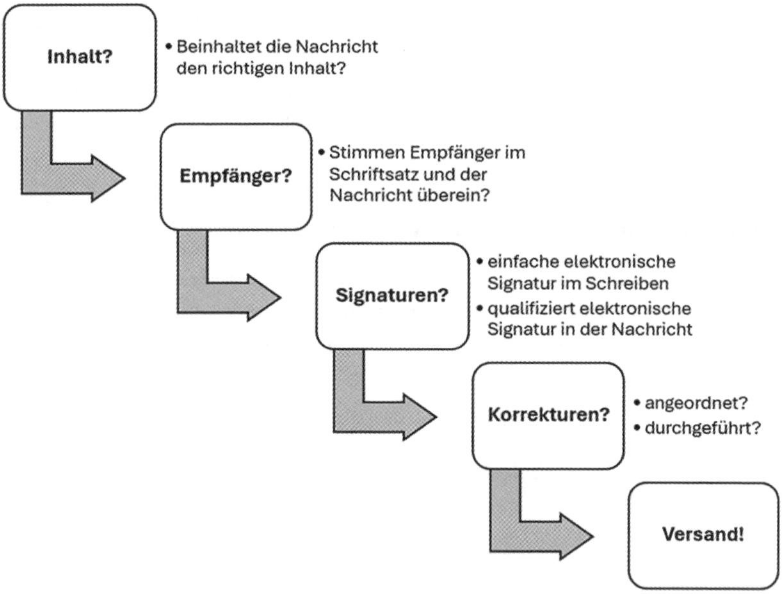

6. Prüfung des ordnungsgemäßen Versands

54 Ab wann darf man sich entspannt zurücklehnen und davon ausgehen, dass die beA-Nachricht ordnungsgemäß übermittelt wurde?

> **§ 130a Abs. 5 ZPO**
>
> Ein elektronisches Dokument ist eingegangen, sobald es auf der für den Empfang bestimmten Einrichtung des Gerichts gespeichert ist.
>
> Dem Absender ist eine automatisierte Bestätigung über den Zeitpunkt des Eingangs zu erteilen.

Sobald diese vollständige Zustellantwort korrekt vorliegt, ist die beA-Nachricht ordnungsgemäß eingegangen.

55 Zu dieser vollständigen Zustellantwort gelangt man auf zwei verschiedene Wegen: im beA selbst, indem die versendete Nachricht geöffnet wird, auf den Link hinter dem Text „Übermittlung war erfolgreich" und dann auf die Lupe im Pop-Up geklickt wird. Dort (und nur dort) wird genau aufgezeigt, wann exakt die Nachricht auf dem Intermediär eingegangen ist. Die übrigen Darstellungen in den verschiedenen Fenstern sind klare Indizien, aber nicht die vollständige Zustellantwort.

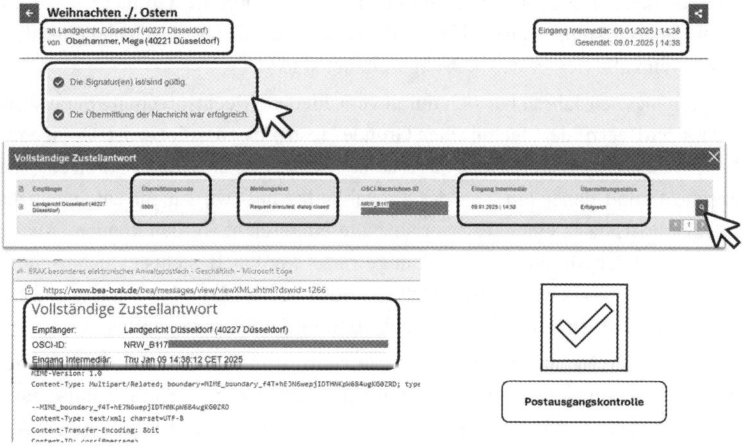

56 Der andere Weg geht über die exportierte ZIP-Datei. Dort befindet sich immer eine „export.html" Datei, die die obigen Informationen in einer Übersicht komplett darstellt.

57 *Praxistipp:*

Beachten Sie bitte, dass Sie beim Versenden einer Nachricht von beA zu beA keine solche vollständige Zustellantwort erhalten. Hier reichen die entsprechenden beA-Darstellungen für den Nachweis der Übermittlung im Parteibetrieb aus.

7. Störungen im beA – oder doch vor dem beA?

58 In den vorangegangen Abschnitten haben Sie eine Übersicht erhalten, wie das beA aufgebaut und strukturiert ist sowie die Erstellung und den Versand von Nachrichten verinnerlicht. So sehr der elektronische Rechtsverkehr unsere Arbeitsweise digitalisiert und damit auch unabhängiger werden lässt, so ist das System nicht fehlerfrei und auch in den letzten Jahren hat sich gezeigt, dass Störungen auftreten.

59 Das Wichtigste zuerst: Bewahren Sie Ruhe und gehen Sie überlegt vor. Vor allem: Spielen Sie immer wieder den Störungsfall mindestens in Gedanken durch. Denn je eher Sie wissen, was Sie tun müssen, umso weniger kann Sie ein wirklicher Störungsfall überraschen.

60 Die prozessrechtlichen Vorschriften schreiben klar vor, wie bei einer beA-Störung vorzugehen ist: So, wie früher.

> **§ 130d S. 2 ZPO:**
>
> Ist dies [der elektr. Versand] aus technischen Gründen vorübergehend nicht möglich, so bleibt die Übermittlung nach den allgemeinen Vorschriften zulässig.

Die entscheidende Frage ist daher: Ab wann liegt ein technischer Grund i.S.d. § 130d S. 2 ZPO vor? Bereits dann, wenn ein Update der beA-Client-Security App nicht installiert ist, oder erst wenn alle Server des beA abgeschaltet sind?

In den vergangenen Jahren hat sich durch verschiedene Rechtsprechung herauskristallisiert, dass der Begriff der „technischen Gründe“ restriktiv auszulegen ist. Demgegenüber bleibt es dabei, dass dem Anwalt zugestanden wird, Fristen voll auszureizen. Tritt der technische Grund daher am Tag des Fristablaufes auf, wird nicht entgegengehalten, dass der Schriftsatz ja einen Tag vorher hätte eingereicht werden können. Auch muss nicht bis zur letzten Minute bis 23:59 Uhr gewartet werden. Besteht der technische Grund noch immer während der üblichen letzten Bürostunde, so kann (und muss) in dieser die Entscheidung einer Ersatzeinreichung getroffen **und** umgesetzt werden.

61 Denken Sie daran: Neben der Einreichung des Schriftsatzes auf „klassischem“ Weg müssen Sie eine anwaltliche Glaubhaftmachung über das Vorliegen eines technischen Grundes mit einreichen. Bereiten Sie ein entsprechendes Muster vor, beschreiben Sie dort ihre üblichen Arbeitsabläufe, stellen Sie auch technische Details dieser Abläufe dar, sodass sich das Gericht ein Bild über Ihre übliche Arbeitsweise machen kann. Für den konkreten Fall fügen Sie dann noch Screenshots oder andere Nachweise über den aufgetretenen technischen Grund mit bei.

62 Beachten Sie aber unbedingt: Fehler in Ihrer Kanzlei- und Büroorganisation können nicht zu einem technischen Grund führen. Anwälte trifft die standesrechtliche Pflicht, gem. § 53 BRAO einen Stellvertreter zu bestellen, wenn sie an der Berufsausübung mehr als eine Woche verhindert sind oder sich für mehr als zwei Wochen von der Kanzlei entfer-

nen. Auch weitere Gründe führen zur Pflicht einer Stellvertreterbestellung, wie Elternzeit/Mutterschutz, Urlaub, lange Dienstreise, Erkrankung, andere berufliche Bindungen oder bspw. die Übernahme eines öffentlichen Amtes.

Auch können mangelnde beA-Kenntnisse oder die fehlende Bereitschaft, sich mit dem System vertraut zu machen, nicht zu einem technischen Grund führen. So einfach, so hart: Der Rechtsanwalt muss das beA können. 63

Der Autor hat folgende Übersicht erstellt, da die Grenzen durchaus fließend sein können. Grundsätzlich gilt: Je eher das Problem vor dem PC sitzt, desto weniger ist von einer technischen Störung im Sinne der Verfahrensordnungen auszugehen. Die Liste erhebt dabei keinen Anspruch auf Vollständigkeit und es bedarf immer einer Einzelfallbetrachtung und vor allem auch Entscheidung. 64

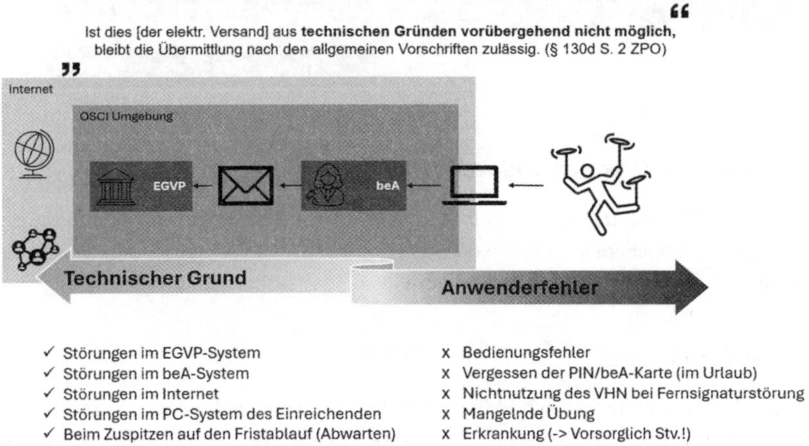

Liegt eine offiziell gemeldete beA-Störung vor, ist die Sache eindeutig: Verweisen Sie in der anwaltlichen Glaubhaftmachung auf die offizielle beA-Störung, die Sie entweder schon auf der Login-Seite sehen oder aber auf der Homepage: 65

https://portal.beasupport.de/verfuegbarkeit

In allen übrigen Fällen müssen Sie gesondert prüfen, abwägen und entscheiden. Beachten Sie auch: Funktioniert alles im beA außer der qualifiziert elektronischen Signatur, liegt vermutlich eine Störung des Fernsignaturservers der Zertifizierungsstelle der Bundesnotarkammer vor. Leider hat die bisherige Praxis gezeigt, dass von dort eher nicht mit offiziellen Störungsmeldungen zu rechnen ist. Funktioniert aber alles andere, so muss der Postfachinhaber aus seinem Postfach die Nachricht versenden (und im Schriftsatz als Unterzeichner stehen). Eine technische Störung liegt hier zwar vor, führt aber nicht zu einer

Unmöglichkeit, da der Schriftsatz ja auf dem anderen Weg wirksam eingereicht werden kann (und dann muss).

66 Beachten Sie, dass bei einer Ersatzeinreichung die „alten Regeln" wieder für einen Schriftsatz greifen:

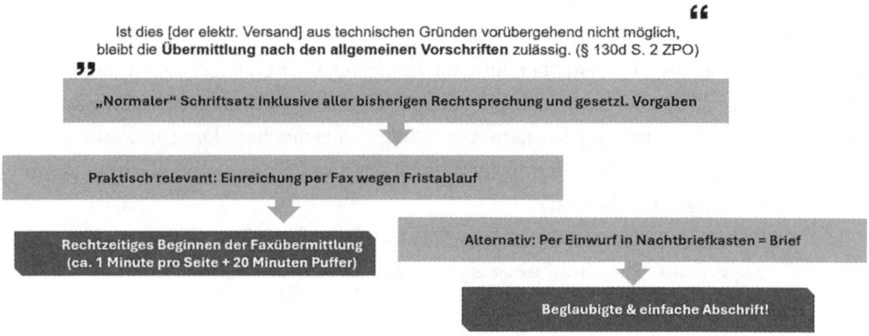

V. beA: Best Practice und weiterführende Links

67 Das beA und der elektronische Rechtsverkehr können und werden in separaten und eigenständigen Fachbüchern ausführlich erläutert und erklärt. Im vorliegenden Buch wird der praxisnahe Bezug in den Vordergrund gestellt.

1. Linksammlung

68 Folgende Linksammlung (Stand März 2025) führt zu weiteren Quellen und Hilfeseiten, die das beA und den elektronischen Rechtsverkehr näherbringen und den täglichen Umgang damit erleichtern:

Name	Beschreibung	Link
beA-Portal	Startpunkt der BRAK, von wo aus es zum ■ beA selbst ■ Anwaltsverzeichnis ■ Akteneinsichtsportal ■ EU-Rechtsanwaltssuche ■ Kundenportal der Zertifizierungsstelle der BNotK geht,	https://www.bea-brak.de/beaportal/

Name	Beschreibung	Link
beA Störungen	Offizielle Homepage bezüglich des Vorliegens von Störungen oder Beeinträchtigungen	https://portal.beasupport.de/verfuegbarkeit
beA Anwenderhandbuch	Offizielles Handbuch zur Anwendung rund um das beA	https://handbuch.bea-brak.de/
beA-Newsletter der BRAK	Startpunkt zum Archiv und zur Anmeldung des beA-Newsletters der BRAK	https://www.brak.de/newsroom/newsletter/bea-newsletter/
Aktuelle Meldungen EGVP	Übersichtsseite mit allen Störungen im EGVP-System	https://egvp.justiz.de/meldungen/index.php
Aktuelle Meldungen EGVP – Newsletter Anmeldung	Es gibt die Möglichkeit, sich neu eingefügte EGVP-Meldungen als E-Mail-Newsletter zuschicken zu lassen	https://egvp.justiz.de/meldungen/newsletter/index.php

2. Best Practice: Spalten einrichten

Für eine direkte Übersichtlichkeit bietet es sich an, die Spalten in der beA-Übersicht anzupassen. Seien Sie kreativ und machen Sie es sich einfacher und vielleicht sogar etwas bequemer. Denken Sie zudem daran: Sie richten die Spalten nur für sich und nur für das jeweils ausgewählte Postfach ein. Andere sehen diese Konfiguration nicht. 69

Für den Autor, der eine Vielzahl von beA-Postfächern administriert, hat sich folgende Reihenfolge von Spalten als praktisch erwiesen: 70

1. Etiketten
2. eEB
3. Persönlich/vertraulich
4. Eingang Postfach
5. Empfänger
6. Absender
7. Empfänger

Sortiert wird dabei absteigend nach „Eingang Postfach“.

3. Best Practice: Sichten einrichten

71 Vor allem für den Fall, dass Sie mehrere Postfächer gleichzeitig betreuen, bietet es sich an, eine Sicht für alle Postfächer einzurichten. Sie finden die entsprechende Konfiguration links auf der beA Startseite unter dem Bereich „Postfach", indem Sie auf den Button „Sicht erstellen" klicken. Alle bereits erstellten Sichten tauchen über diesem Button auf und können mit einfachem Klick aktiviert werden.

72 Konfiguration für eine Sicht „alle Postfächer":

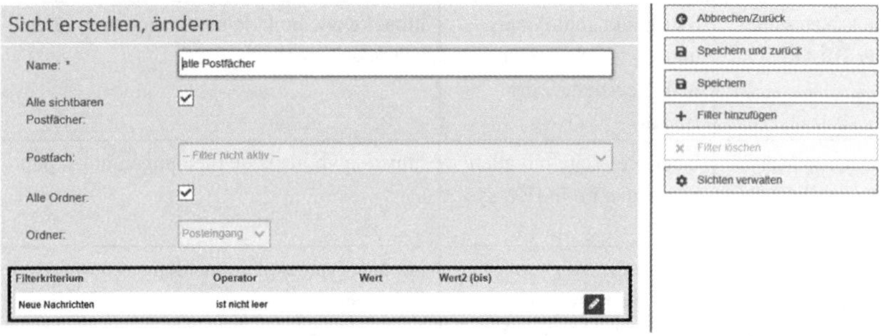

73 Konfiguration einer Sicht „offene eEB", die alle Nachrichten anzeigt, bei denen eine eEB-Abgabe angefordert wurde und noch aussteht.

Zunächst muss die Sicht selbst erstellt werden:

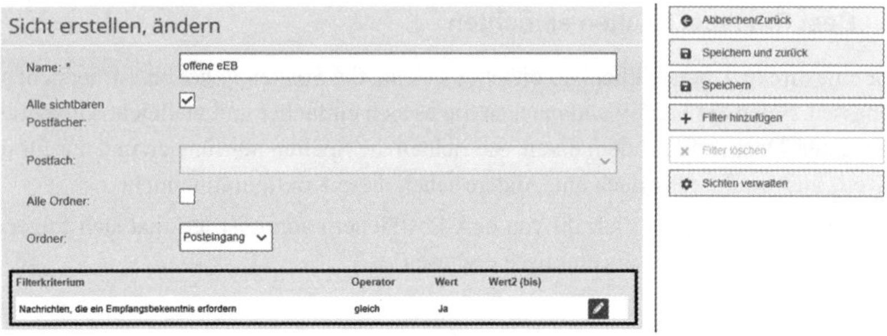

Danach müssen in dieser Sicht dann noch die Spalten und die Sortierung angepasst werden:

VI. Zentrales Schutzschriftenregister (ZSSR)

Bereits seit dem 1.1.2017 besteht die Verpflichtung für RAe, **Schutzschriften** zur Verhinderung eines Verfügungsbeschlusses ohne mdl. Verhandlung gem. § 944 ZPO in einem einstweiligen Verfügungsverfahren nur noch in elektronischer Form über das Zentrale Schutzschriftenregister einzureichen. 74

Die **Gerichtskosten** für die Einreichung einer Schutzschrift betragen gemäß § 1 Nr. 5a Justizverwaltungskostengesetz i.V.m. Nr. 1160 KV **derzeit 83,00 EUR** und werden von demjenigen geschuldet, der die Schutzschrift einreicht. Diese Gebühr ist seit Jahren stabil und wurde auch mit dem Kostenrechtsänderungsgesetz 2025 nicht erhöht.

Die Einreichung kann dabei auf zwei verschiedenen Wegen erfolgen:

- die **unmittelbare Adressierung des beA-Postfachs des ZSSRs** (im Adressverzeichnis zu finden unter „Zentrales Schutzschriftenregister“) oder
- die Verwendung des Online-Formulars auf der **Website www.zssr.justiz.de**.

Der Vorteil bei der direkten Einreichung über das beA-Postfach liegt darin, dass sämtliche Benachrichtigungen des ZSSR zeitnah an das zur Einreichung verwendete beA-Postfach elektronisch übersandt werden. Das Formular wird ebenfalls wie nachfolgend dargestellt ausgefüllt, nur am Ende wird keine Datei signiert hochgeladen und eingereicht, sondern nur die XML-Datei heruntergeladen und so wie im Formular angeben mit allen Dokumenten über das beA eingereicht. Wichtig hierbei ist, keine nachträgliche Änderung der Dateinamen durchzuführen.

75 Aber auch über die Website ist ein elektronischer Versand grundsätzlich möglich. Mit der Auswahl der Formularausprägung „elektronischer Versand" entscheiden Sie sich dafür, die Einreichung bzw. Rücknahme vollständig über das Online-Formular abzuwickeln: Nach der Erfassung der vom Register benötigten Daten auf den weiteren Formularreitern müssen Sie Ihr Schutzschriftendokument **mit der zugehörigen Signaturdatei** (einer qualifizierten elektronischen Signatur) und etwaige weitere Anlagen auf den Server des Online-Formulars hochladen. Im letzten Arbeitsschritt erfolgt dann der elektronische Versand an das ZSSR direkt über das Formular.

76 Im Folgenden wird der Vorgang Schritt-für-Schritt dargestellt:

1. Schritt

Nachdem man die Website www.zssr.justiz.de aufgerufen hat, muss man auf der Startseite sowohl das Formular als auch die Ausprägung auswählen. Bei den Formularen steht die **Einreichung oder die Rücknahme einer Schutzschrift** zur Auswahl. Bei der Ausprägung kann man sich dann zwischen **„dem elektronischen Versand"** über die Website oder **„XJustiz-Download"** für die Einreichung über das eigene beA-Postfach entscheiden.

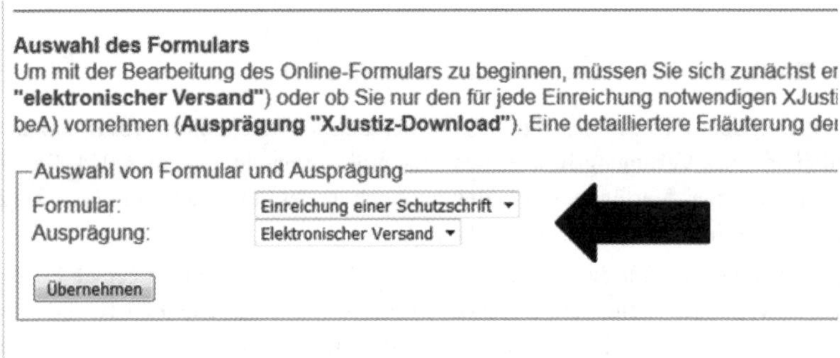

Nachdem man die Auswahl mit dem Button „Übernehmen" bestätigt hat, erscheinen auf der oberen Leiste nunmehr weitere Reiter, die ausgefüllt werden müssen.

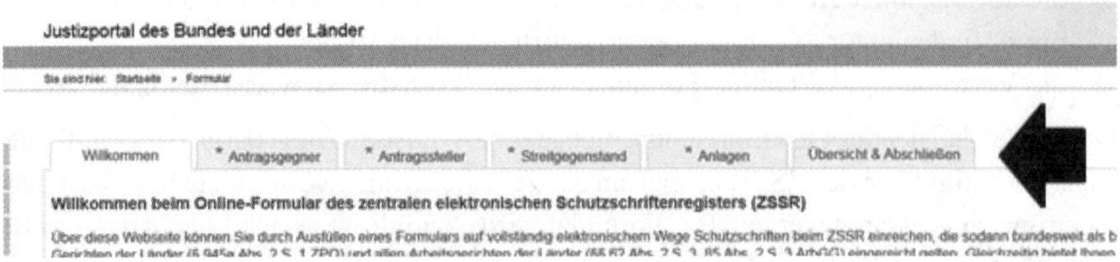

2. Schritt

Zunächst muss **mindestens ein Antragsgegner** erfasst werden. Dies ist unser **Mandant**, für den wir die Schutzschrift einreichen. Im Rahmen einer zu erwartenden einstweiligen Verfügung wäre dieser nämlich Antragsgegner.

Hierbei ist insbesondere zunächst die Rechtsform „Natürliche Person", „Organisation-juristische Personen" oder „Kanzlei" anzugeben und die Daten entsprechend einzutragen.

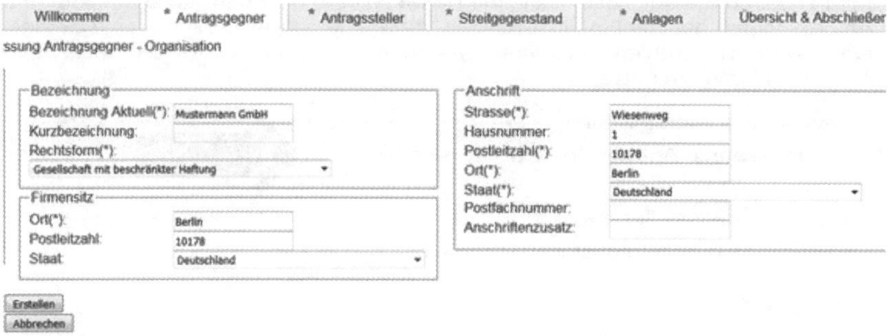

Im Anschluss muss **die Kanzlei** noch zum Antragsgegner (= Mandant) erfasst werden.

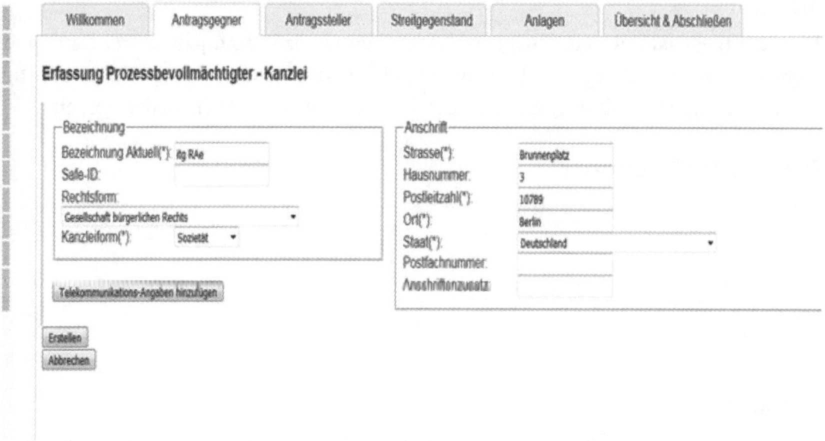

3. Schritt

Weiterhin sind Angaben zum **Antragsteller** einzugeben, also die gegnerische Partei, von der zu erwarten ist, dass sie zukünftig eine einstweilige Verfügung oder einen Arrest gegen unseren Mandanten erwirken will.

Hier besteht allerdings auch die Möglichkeit, ein Häkchen zu setzen, sofern der potentielle Antragsteller unbekannt ist.

4. Schritt

Ein **Streitgegenstand** muss zwingend angegeben werden, kann jedoch frei formuliert werden. Es bietet sich hier an, den Gegenstand der Auseinandersetzung schlagwortartig zu bezeichnen. Das kaufmännische &-Zeichen darf dabei nicht verwendet werden.

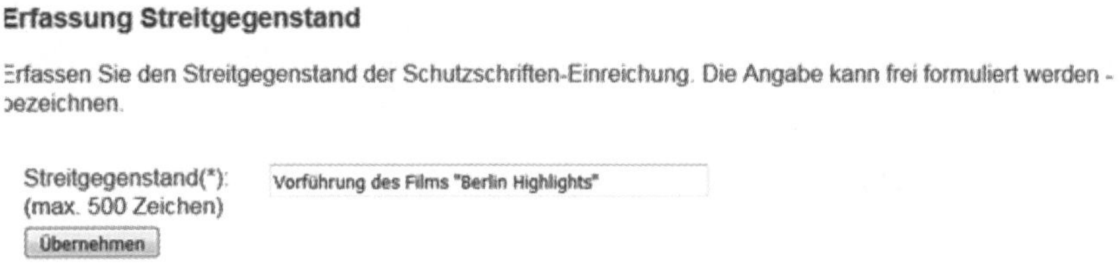

5. Schritt

Letztlich muss der eigentliche **Schutzschriftentext hochgeladen und signiert werden**.

Bis zum 28.2.2017 war die Funktion einer Web-Signatur möglich, wurde sodann aber deaktiviert, so dass man nunmehr das Schutzschriftendokument gesondert vorher signieren muss.

Dies funktioniert problemlos über die beA-Webanwendung. Die Schutzschrift wird dort in einem Nachrichtenentwurf hochgeladen und signiert. Schutzschrift und Signaturdatei werden sodann wieder lokal gespeichert und hier eingefügt.

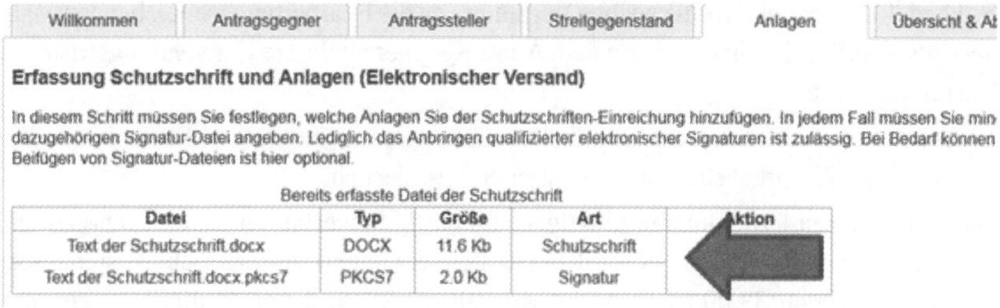

6. Schritt

Zum Schluss erhält man noch einmal eine Übersicht und muss anschließend die Schutzschrift auf dem Server hochladen und kann diese sodann elektronisch (über die Website) versenden.

B. Allgemeines zum gerichtlichen Mahnverfahren

Das gerichtliche Mahnverfahren ist in den §§ 688–703d ZPO geregelt und bietet dem Gläubiger die Möglichkeit **77**

- möglichst rasch,
- einfach und
- kostengünstig

einen Vollstreckungstitel gegen den Schuldner zu erwirken.

78 Es handelt sich dabei um ein **rasches** Verfahren, da die Bearbeitungszeiten bei den Mahngerichten i.d.R. sehr kurz sind und dem Antragsgegner nur kurze Einwendungsfristen zur Verfügung stehen.

Einfach ist das Verfahren, weil für die Beantragung amtliche (online) Formulare benutzt werden. Eine Anspruchsbegründung ist nicht erforderlich.

Das Verfahren ist ferner **kostengünstig**, da für das Mahnverfahren nur eine 0,5-Gerichtskostengebühr nach Nr. 1110 KV GKG (Kostenverzeichnis zum Gerichtskostengesetz), mindestens jedoch 38,00 EUR (Stand KostBRÄG 2025; davor 36,00 EUR) entrichtet werden muss. Bei der Durchführung eines streitigen Verfahrens aufgrund Wider- oder Einspruch des Antragsgegners werden die für das Mahnverfahren entrichteten Gebühren grundsätzlich und vollständig angerechnet.

79 Doch nicht immer ist das Mahnverfahren die „richtige" Verfahrensart.

80 Zunächst einmal kann das Mahnverfahren nur wegen einer bestimmten Geldforderung in EUR eingeleitet werden.

Ansprüche auf Herausgabe einer Sache, Ansprüche auf Unterlassung oder Vornahme einer Handlung, aber auch Ansprüche auf Zahlung einer unbestimmten Geldforderung in EUR (z.B. unbezifferter Schmerzensgeldanspruch aus einem bestimmten Verkehrsunfall) können mit dem gerichtlichen Mahnverfahren nicht geltend gemacht werden. Bei diesen Ansprüchen ist immer eine entsprechende Klage einzureichen.

81 Ferner sind in § 688 Abs. 2 ZPO drei Ausschlusstatbestände aufgeführt:

- Ansprüche eines Unternehmers aus einem verzinslichen Verbraucherdarlehensvertrag (§ 491 BGB) oder aus einem Finanzierungsleasingvertrag (§ 500 BGB), bei dem der effektive oder anfänglich effektive Jahreszins den bei Vertragsabschluss geltenden Basiszinssatz um mehr als 12 % übersteigt, können nicht im Wege eines Mahnverfahrens geltend gemacht werden.
- Der Anspruch darf weiterhin nicht von einer noch zu erbringenden Gegenleistung abhängen. Die Angabe, dass der Anspruch entweder nicht von einer Gegenleistung abhängt (z.B. Schmerzensgeldanspruch) oder die Gegenleistung bereits erbracht worden ist, ist im Mahnantrag daher zwingend erforderlich. Ansprüche, die noch nicht fällig sind, oder eine Zug-um-Zug-Leistung können nicht im Mahnverfahren geltend gemacht werden.
- Auch findet das Mahnverfahren in den Fällen nicht statt, in denen der Mahnbescheid durch eine öffentliche Bekanntmachung zugestellt werden müsste. Eine zustellfähige Adresse des Schuldners ist folglich auch hier verfahrensentscheidend.

82 Aber auch wenn das Mahnverfahren gesetzlich zulässig ist, können besondere Umstände des Falles gegen die Einleitung eines Mahnverfahrens sprechen.

Ist bspw. damit zu rechnen, dass der Antragsgegner sich gegen den Mahnbescheid zur Wehr setzen wird, so wäre das Mahnverfahren nicht der schnellste Weg, um zu einem Vollstreckungstitel zu gelangen, da erst nach einem erfolgten Widerspruch und nach Einzahlung des zweiten Gerichtskostenanteils (weitere 2,5-Gerichtskostengebühr gem. Nr. 1210 Abs. 1 KV GKG) eine Abgabe an das zuständige Streitgericht erfolgen würde. In diesem Fall wäre eine Klage effektiver, da bereits in der Klageschrift das schriftliche Vorverfahren angeregt werden kann. Ferner kann der RA bereits bei Klageeinreichung für den Fall einer nicht rechtzeitigen Verteidigungsanzeige oder eines Anerkenntnisses den Erlass eines Versäumnis- oder Anerkenntnisurteils im schriftlichen Verfahren beantragen. Hier wäre demnach das Klageverfahren dem Mahnverfahren vorzuziehen. Zur Beschleunigung der Zustellung im normalen Klageverfahren sei hier der Vollständigkeit wegen noch auf die Nutzung der elektronischen Gerichtskostenmarke (Achtung: nicht jedes Bundesland unterstützt diese) oder der klassischen Gerichtskostenmarke verwiesen, die mit der Klage zusammen eingereicht werden kann. Bei der klassischen Gerichtskostenmarke bedarf es zusätzlicher Abstimmung mit dem Gericht, da diese auf dem Postweg nachgereicht werden muss. In jedem Fall verkürzt sich die Bearbeitungszeit, da die Gerichtsakte nicht lange bei der Kostenstelle des Gerichtes verweilt.

Bereits bei diesen allgemeinen Voraussetzungen und Besonderheiten des Mahnverfahrens zeigt sich, dass prozesstaktisch wichtige Entscheidungen getroffen werden müssen. Eine enge Abstimmung zwischen Anwaltschaft, Rechtsanwaltsfachangestellten und Mandantschaft sind hier von besonderer Bedeutung. 83

C. Mahnantrag in elektronischer Form

Das Mahnverfahren gehört zu den Kompetenzfeldern von Rechtsanwaltsfachangestellten 84
und wird daher ausführlich in den Berufsschulen gelehrt. In der Vergangenheit wurde jahrelang mit den Auszubildenden u.a. das Ausfüllen der amtlichen Papiervordrucke für das automatisierte Mahnverfahren geübt, um so Monierungen zu verhindern.

Bereits seit dem 1.12.2008 war es für alle RA verbindlich, den Mahnantrag nur noch in elektronischer Form einzureichen. So gab es bis Ende 2021 noch Ausnahmen, die jedoch inzwischen Geschichte sind. Alle Rechtsanwälte, Inkassounternehmen, Kreditdienstleistungsunternehmen gem. § 10 Abs. 1 KRZwMG und Behörden oder juristische Personen des öffentlichen Rechts müssen für alle folgenden Anträge:

- Mahnantrag
- Neuzustellung Mahnbescheid
- Vollstreckungsbescheidsantrag
- Neuzustellung Vollstreckungsbescheid
- Widerspruch erheben (bei Vertretung des Antragsgegners!)

die maschinenlesbare Form wählen. Bei Rechtsanwälten und Behörden greift zudem die Nutzungspflicht des § 130d ZPO.

Das Lernen des Ausfüllens der amtlichen Vordrucke entfällt somit für Auszubildende, vielmehr müssen sie nunmehr die elektronische Antragsstellung erlernen.

Das Mahnverfahren ist und bleibt Kompetenzfeld der Rechtsanwaltsfachangestellten. Es werden daher zunächst allgemeinverbindliche rechtliche Aspekte dargestellt und später die elektronische Antragstellung.

85 *Praxistipp:*

Die amtlichen Vordrucke für das automatische Mahnverfahren sind weiterhin gültig, sofern sie vom Mandanten selbst eingereicht werden. Sollte der Mandant also lediglich eine Beratung wünschen, so könnte er selbst das Mahnverfahren mit den amtlichen Vordrucken einleiten.

Er sollte jedoch darauf hingewiesen werden, dass Formularkopien oder mittels Telefax eingereichte Anträge als unzulässig zurückgewiesen werden mit der Rechtsfolge, dass Verjährungsunterbrechung grds. nicht eintritt.[1]

D. Rechtliche Aspekte

86 Es sollen zunächst allgemeinverbindliche, rechtliche Aspekte zur Zuständigkeit, zum Inhalt des Antrages sowie zum Verfahren selbst dargestellt werden.

I. Zuständigkeit

87 Für das Mahnverfahren gibt es sowohl bei der sachlichen als auch bei der örtlichen Zuständigkeit eine Besonderheit.

Gem. § 689 Abs. 1 S. 1 ZPO ist für das Mahnverfahren eine **ausschließliche sachliche Zuständigkeit** der Amtsgerichte gegeben, unabhängig von der Streitwertgrenze.

§ 689 Abs. 2 S. 1 und 3 ZPO regelt **die ausschließliche örtliche Zuständigkeit.** Grds. ist das AG örtlich zuständig, bei dem der Antragsteller seinen allgemeinen Gerichtsstand zum Zeitpunkt der Antragstellung hat, auch wenn in anderen Vorschriften eine andere ausschließliche Zuständigkeit bestimmt ist.

Hiervon sieht das Gesetz jedoch zwei **Ausnahmen** vor:

- Gem. § 689 Abs. 2 S. 2 ZPO ist das AG Berlin-Wedding ausschließlich örtlich zuständig, wenn der Antragsteller keinen allgemeinen Gerichtsstand im Inland besitzt.

1 BGH, 16.9.1999 – VII ZR 307/98, NJW 1999, 3717.

- Besitzt hingegen der Antragsgegner im Inland keinen allgemeinen Gerichtsstand, so ist gem. § 703d ZPO das Amtsgericht örtlich zuständig, das für das streitige Verfahren zuständig sein würde, ohne Beachtung der Höhe des Streitwerts.

Ferner ist in § 689 Abs. 3 ZPO die **Zentralisierung der Mahnverfahren** bei einem AG durch die Landesregierungen durch Rechtsverordnung vorgesehen. Nachstehend eine Liste der aktuellen Zentralen Mahngerichte: 88

Baden-Württemberg	AG Stuttgart
Bayern	AG Coburg
Berlin und Brandenburg	AG Berlin-Wedding
Bremen	AG Bremen
Hamburg und Mecklenburg-Vorpommern	AG Hamburg-Altona
Hessen	AG Hünfeld
Niedersachsen	AG Uelzen
Nordrhein-Westfalen	AG Euskirchen: für den OLG-Bezirk Köln
	AG Hagen: für die übrigen Bezirke
Rheinland-Pfalz und Saarland	AG Mayen
Sachsen, Sachsen-Anhalt und Thüringen	AG Aschersleben
Schleswig-Holstein	AG Schleswig

II. Inhalt des Mahnantrags

Der Mahnantrag muss folgende Angaben enthalten: 89

- Antragsteller und Antragsgegner,
- Anspruchsbezeichnung,
- Nebenforderungen,
- Gegenleistung,
- besondere Verfahrensart,
- Streitgericht und
- Bezeichnung des Gerichts, bei dem der Antrag gestellt wird.

1. Antragsteller/Antragsgegner

Sowohl beim Antragsteller als auch beim Antragsgegner ist die genaue Bezeichnung der Partei, ihre vollständige zustellfähige Anschrift, ggf. ihr gesetzlicher Vertreter (z.B. bei einer juristischen Person) und ggf. ihr Prozessbevollmächtigter (hier ist ebenfalls auf 90 die richtige und vollständige Angabe der möglichen Firmierung der Kanzlei zu achten) mit seiner zustellfähigen Anschrift anzugeben.

Bei einer natürlichen Person gibt es dabei meist keine Probleme.

91 Häufiger tauchen Probleme auf, wenn einer der Verfahrensbeteiligten eine **juristische Person** ist.

Das Onlineformular führt mit entsprechenden Dropdownmenüs durch die jeweiligen Schritte.

Bei juristischen Personen ist dabei immer der gesetzliche Vertreter anzugeben, da die juristische Person durch diesen handelt. Die Stellung des gesetzlichen Vertreters muss dabei zu der angegebenen Rechtsform passen (z.B. also Geschäftsführer zur GmbH).

92 Im Folgenden soll auf zwei Rechtsformen besonders eingegangen werden:

- **Gesellschaft bürgerlichen Rechts (GbR):**
  Nach dem Urteil des BGH vom 29.1.2001[2] besitzt die Außengesellschaft bürgerlichen Rechts Rechtsfähigkeit, sofern sie durch Teilnahme am Rechtsverkehr eigene Rechte und Pflichten begründet. In diesem Fall ist die Außen-GbR aktiv und passiv legitimiert. Es würde demnach genügen, nur die GbR als Antragsteller oder Antragsgegner anzugeben, der geschäftsführende Gesellschafter oder die Gesellschafter müssten lediglich als gesetzliche Vertreter angegeben werden. Um jedoch nicht nur in das Gesellschaftsvermögen der Außen-GbR vollstrecken zu können, ist es wie bei der OHG sinnvoll, neben der Gesellschaft auch die Gesellschafter persönlich, jeweils mit Privatanschrift, einzutragen. Diese würden sodann mit ihrem Privatvermögen gesamtschuldnerisch mit dem Gesellschaftsvermögen haften.
- **Limited:**
  Die Limited ist eine besondere Form der Kapitalgesellschaften und stammt aus den Ländern des Commonwealth (z.B. Großbritannien, Kanada, Irland etc.). Dabei besitzt die Limited nur ein ganz geringes Stammkapital, i.d.R. von einem englischen Pfund. Die Limited hat jedoch nur ihren allgemeinen Gerichtsstand in Deutschland, wenn sie entweder ihren satzungsmäßigen Sitz, ihre Hauptverwaltung oder ihre Hauptniederlassung in Deutschland hat. Dabei ist immer im Einzelfall zu überprüfen, ob es sich bei dem im Handelsregister eingetragenen Sitz der Zweigniederlassung tatsächlich um eine Hauptniederlassung der Limited handelt. Nach der Rechtsprechung kann nämlich nicht darauf geschlossen werden, dass die Limited ihre Hauptverwaltung oder Hauptniederlassung in Deutschland hat, wenn die Auslandsgesellschaft überwiegend oder vollständig in Deutschland geschäftlich aktiv ist. Sollte also eine Eintragung einer Hauptniederlassung nicht nachweisbar sein, so sollte das Mahnverfahren nach § 703d

2 BGH v. 29.1.2001 – II ZR 331/00, NJW 2001, 1056, abzurufen unter www.bundesgerichtshof.de.

ZPO vorsorglich bei dem AG eingereicht werden, das für das streitige Verfahren zuständig wäre, ohne Beachtung des Streitwerts.

Besonders wenn die **Verjährung des Anspruchs** droht, ist eine genaue Bezeichnung des Antragsgegners erforderlich, damit eine alsbaldige Zustellung nicht verhindert wird. Nur wenn der Mahnbescheid fristgerecht beim Mahngericht eingereicht worden ist und die Zustellung alsbald erfolgt, wird die Verjährung des Anspruchs unterbrochen. 93

2. Anspruchsbezeichnung

Im Mahnverfahren ist der Rechtsgrund für den geltend gemachten Anspruch anzugeben. Hierzu stehen dem Antragsteller zwei Möglichkeiten zur Verfügung: 94

- die Angabe durch eine Katalognummer, bzw. die Auswahl im Dropdownmenü oder
- die Angabe eines sonstigen Anspruchs.

Mit Einführung des automatisierten Mahnverfahrens wurden für die häufigsten Rechtsgründe **Katalognummern** eingeführt. Dabei gibt es eine Regel- und eine Sonderkatalognummernliste, die in die entsprechenden Rechtsanwalts-Softwares eingearbeitet worden sind. So ist z.B. bei Ansprüchen aus einem Dienstleistungsvertrag die Regelkatalognummer 5, aus einem Kaufvertrag die Nr. 11 und bei Ansprüchen aus Rechtsanwaltshonorar die Nr. 24 anzugeben. Bei Nutzung der Internetseite www.online-mahnantrag.de kann der Rechtsgrund auch durch Nutzung des Dropdownmenüs erfolgen, die Eintragung der Katalognummer erfolgt automatisch (und andersherum). 95

Nur wenn keine Katalognummer zum Anspruchsgrund vorhanden ist, darf ein **sonstiger Anspruch** angegeben werden. Der Anspruchsgrund ist genau zu bezeichnen.

Im Mahnverfahren erfolgt zwar **keine rechtliche Überprüfung des Anspruchs**, eine konkrete Bezeichnung und somit hinreichende Individualisierung des Anspruchs ist jedoch nach dem BGH für die Unterbrechung der Verjährung durch das Mahnverfahren erforderlich. Der Anspruch soll hiernach so konkret bezeichnet sein, dass der Antragsgegner erkennen kann, welche Ansprüche geltend gemacht werden, damit er beurteilen kann, ob und in welchem Umfang er sich gegen den geltend gemachten Anspruch zur Wehr setzen will. 96

Dies gilt insbes. auch, wenn **mehrere Einzelforderungen** geltend gemacht werden. Der Antragsgegner soll die unterscheidbaren Ansprüche erkennen können, so der BGH in seiner Entscheidung v. 17.10.2000 – XI ZR 312/99, NJW 2001, 305, herunterzuladen unter www.bundesgerichtshof.de.

Ausreichend ist daher meist die Angabe der Rechnungsnummer und die Angabe des Vertrags/Ereignisses (z.B. Kaufvertrag vom … oder Schadensersatz aus Verkehrsunfall vom …).

Zulässig ist es jedoch auch, wenn im Mahnverfahren auf eine Forderungsaufstellung Bezug genommen wird. Dies kann insbes. dann sinnvoll sein, wenn zahlreiche einzelne

Rechnungspositionen gegen den Antragsgegner geltend gemacht werden sollen. In diesem Fall ist es jedoch zwingend erforderlich, dass dem Antragsgegner eine Forderungsaufstellung zugegangen ist.

97 *Praxistipp:*

In der Praxis ist eine unzureichende Individualisierung des Anspruchs so lange unschädlich, bis sich der Antragsgegner hierauf beruft. Eine Überprüfung durch das Mahngericht von Amts wegen findet nicht statt.

Der Antragsgegner kann jedoch nicht nur im Mahnverfahren, sondern ggf. auch noch im Zwangsvollstreckungsverfahren die formelle Einwendung eines „fehlerhaften" Vollstreckungsbescheids im Wege der Erinnerung oder der sofortigen Beschwerde geltend machen.

Die Individualisierung des Anspruchs sollte im Mahnantrag daher immer noch einmal gesondert überprüft werden.

98 Im Mahnverfahren können zwar auch **Schadensersatz- und Schmerzensgeldbeträge** geltend gemacht werden, eine Feststellung, dass der Anspruch aus vorsätzlich unerlaubter Handlung entstanden ist, ist jedoch nicht möglich. Dies hat der BGH noch einmal ausdrücklich mit Beschl. v. 14.3.2003 – IXa ZB 52/03, herunterzuladen unter www.bundes gerichtshof.de, festgestellt.

Benötigt der Mandant einen entsprechenden Vollstreckungstitel für eine privilegierte Pfändung, bei der er in einen für den Normalgläubiger unzugänglichen Pfändungsbereich pfänden darf, so müsste eine entsprechende Zahlungsklage mit Feststellungsantrag eingereicht werden.

99 **Die nachstehende Liste gibt einen Überblick über die gängigsten Anspruchsgrundlagen:**

Anspruchsgrundlage	Rechtsnatur	Kennziffer im Mahnantrag
aus Vertrag		
Kaufvertrag §§ 433 ff. BGB	geschuldet: Kaufpreis gg. Eigentumsverschaffung an der Kaufsache	**11**
Mietvertrag §§ 535 ff. BGB	geschuldet: Mietzins gg. Gebrauchsüberlassung der Mietsache	
Wohnraummiete inkl. Nebenkosten		**19**

Anspruchsgrundlage	**Rechtsnatur**	**Kennziffer im Mahnantrag**
Mietnebenkosten – auch Renovierungskosten- bei Wohnmietraum		**20**
Geschäftsraummiete inkl. Nebenkosten		**17**
KfZ-Miete		**18**
sonstige Miete		**21**
Pachtvertrag §§ 581 ff. BGB	geschuldet: Pachtzins gg. Gebrauchsüberlassung mit Fruchtziehung	**23**
Gelddarlehen §§ 488 ff. BGB	geschuldet: Darlehensrate inkl. Zinsen gg. zur Verfügung gestellten Darlehensbetrag	**4**
Dienstvertrag §§ 611 ff. BGB	geschuldet: Dienstlohn gg. geschuldete Arbeitsleistung Achtung: bitte unbedingt abgrenzen vom Arbeitsvertrag, der eine Unterform des Dienstvertrages zwischen Arbeitnehmer und Arbeitgeber ist; für Ansprüche aus einem Arbeitsverhältnis gibt es ein gesondertes Mahnverfahren	**5**
Werkvertrag §§ 631 ff. BGB	geschuldet: Dienstlohn gg. geschuldeten Erfolg (z.B. Architektenvertrag)	**44**
Anwaltsvertrag §§ 675 ff., 611 ff. BGB	geschuldet: Vergütung aus einem entgeltlichen Geschäftsbesorgungsvertrag	**24**
Rückgriff aus Bürgschaft §§ 765 ff. BGB	geschuldet: Forderung aus Bürgschaft (Schuldner steht hier gem. Bürgschaftsvertrag für die Erfüllung der Verbindlichkeit eines Dritten ein)	**80**
Schadensersatz aus Vertrag	hier muss immer die Vertragsart genannt werden	**28**

Anspruchsgrundlage	Rechtsnatur	Kennziffer im Mahnantrag
aus ungerechtfertigter Bereicherung § 812 Abs. 1 BGB	geschuldet: das zur Herausgabe Erlangte Prüfung: 1. wer durch die Leistung eines anderen oder in sonstiger Weise auf dessen Kosten etwas erlangt 2. ohne Rechtsgrund – auch nachträglich weggefallen z.B. durch Anfechtung ist zur Herausgabe verpflichtet	**37**
aus unerlaubter Handlung § 823 BGB (Schadensersatz aus Unfall etc.)	geschuldet: bezifferter Schadensersatzbetrag Prüfung: 1. Rechtsgutverletzung (z.B. Körper, Leben, Eigentum) 2. durch eine Handlung (Tun oder Unterlassen, auch Dulden), 3. die kausal, 4. widerrechtlich (ohne Rechtfertigungsgrund z.B. Notwehr) und 5. verschuldet (Vorsatz oder Fahrlässigkeit) ist. 6. Hieraus muss sich ein zurechenbarer Schaden ergeben.	**29**

3. Nebenforderungen und Auslagen

100 Mit dem Mahnverfahren können ferner Nebenforderungen geltend gemacht werden. Hierzu gehören insbes. laufende und ausgerechnete Zinsen.

101 Bei den **laufenden Zinsen** sind folgende Informationen anzugeben:

- auf welche jeweilige Hauptforderung sich die Zinsen beziehen,
- ein Festzins oder alternativ die Anzahl der Prozentpunkte über den Basiszinssatz,
- für den Fall, dass der zu verzinsende Betrag von der zugeordneten Hauptforderung abweicht, die Höhe dieses Betrags und
- falls nicht eine Verzinsung ab Rechtshängigkeit geltend gemacht werden soll, ab wann die Zinsen entstanden sind (ggf. ist auch ein Zinsende anzugeben).

Als **weitere Nebenforderungen und Auslagen** kommen in Betracht 102

- Mahnkosten,
- Auskunftskosten,
- Bankrücklastkosten,
- Inkassokosten (bis zur Höhe der Anwaltsvergütung für eine vorgerichtliche Tätigkeit),
- Anwaltsvergütung für das vorgerichtliche Mahnschreiben,
- Formularkosten,
- Nachnahmegebühren und
- Portoauslagen.

Die Höhe dieser Nebenkosten wird formalisiert durch das jeweilige Mahngericht über- 103
prüft, wobei die einzelnen Mahngerichte Höchstbeträge für die Nebenforderungen und sonstigen Auslagen individuell festlegen. Werden sodann „erhöhte" (über den Höchstsätzen liegende) Nebenforderungen bzw. Auslagen geltend gemacht, so erhält man eine Monierung. Entweder man verzichtet dann auf die Geltendmachung der erhöhten Nebenforderung oder man weist die erhöhten Kosten nach.

Zu beachten bei der RA-Gebührenanrechnung gem. Vorb. 3 Abs. 4 VV RVG: Mit Einfüh- 104
rung des § 15a RVG zum 5.8.2009 stellte der Gesetzgeber klar, dass dem RA ein Wahlrecht zusteht, welche der beiden Gebühren er durch die Anrechnung kürzen möchte. Hinsichtlich der Verzinsung macht es in den meisten Fällen auch durchaus Sinn, dass die Geschäftsgebühr in voller Höhe bestehen bleibt und auf die Verfahrensgebühr angerechnet wird.

Die Ausübung dieses Wahlrechts ist auch im gerichtlichen Mahnverfahren möglich. Der 105
Wert der geltend gemachten Geschäftsgebühr muss lediglich zum angegebenen „Minderungsbetrag" und zum Gegenstandswert passen.

Wird eine höhere als die 1,3-Geschäftsgebühr nach Nr. 2300 VV RVG geltend gemacht, so 106
muss weiterhin versichert werden, dass die Angelegenheit umfangreich oder schwierig gewesen ist. Eine Überprüfung des Sachverhalts durch das Mahngericht erfolgt jedoch nicht.

Praxistipp: 107

Denken Sie daran, dass die Anrechnungsvorschrift nur die Gebühren betrifft, nicht jedoch die Post- und Telekommunikationspauschale und erst recht nicht die Umsatzsteuer.

Bei einem Gegenstandswert von 2.000,00 EUR wäre die Anwaltsvergütung für die vorgerichtliche Tätigkeit bei einem vorsteuerabzugsberechtigten Mandanten mit folgendem Betrag (RVG 2021) anzugeben:

1,3-Geschäftsgebühr nach Nr. 2300 VV RVG	215,80 EUR
Post- und Telekommunikationspauschale nach Nr. 7002	20,00 EUR
Gesamtbetrag	235,80 EUR

Der Minderungsbetrag wäre jedoch nicht die Hälfte des Gesamtbetrags, sondern lediglich eine 0,65 Gebühr i.H.v. 107,90 EUR.

4. Gegenleistung

108 Wie bereits erwähnt, ist das Mahnverfahren gem. § 690 Abs. 1 Nr. 4 ZPO ausgeschlossen, wenn der Anspruch noch von einer zu erbringenden Gegenleistung abhängt.

Es ist daher zwingend die Angabe erforderlich, dass der Anspruch nicht von einer Gegenleistung abhängt oder dass diese bereits erbracht worden ist. Da das Mahngericht die Rechtslage nicht überprüft, muss jedoch weder die Art noch der Umfang der Gegenleistung genannt werden. Auch ist der Zeitpunkt der Erbringung unbeachtlich. Entsprechende Beweisbelege sind nicht beizufügen, die bloße Behauptung reicht aus.

5. Besondere Verfahrensarten

109 Sowohl beim automatisierten als auch beim elektronischen Mahnverfahren besteht die Möglichkeit, besondere Mahnverfahren durchzuführen und zwar:

- das Scheck- und Wechselmahnverfahren sowie
- das Urkundenmahnverfahren.

110 In der Praxis hat das **Scheck- und Wechselmahnverfahren** fast keine Bedeutung mehr, sodass nachstehend nur die Besonderheiten des **Urkundenmahnbescheids** dargestellt werden.

111 Im Mahnantrag ist die Urkunde konkret zu bezeichnen. Das Mahngericht prüft dabei nicht die Zulässigkeit der gewählten Prozessart und im Falle eines rechtzeitigen Widerspruchs wird das Mahnverfahren automatisch in einen anhängigen Urkundenprozess übergeleitet. Ein „Wechsel“ in ein normales Streitverfahren ist daher nicht möglich (§ 703a ZPO).

Im streitigen Urkundsverfahren kann der Antragsteller seinen Anspruch nur durch Vorlage der Urkunde begründen. Darüber hinausgehende Beweismittel sind hingegen unzulässig. Aber auch der Antragsgegner kann nur Einwendungen vorbringen, die sich auf die Urkunde beziehen.

112 Der Ablauf des Urkundenprozesses wird dabei ausführlich in § 11 Rdn 47 ff. dargestellt.

6. Streitgericht

113 Ferner ist das Streitgericht anzugeben. Die Zuständigkeit ergibt dabei aus den allgemeinen Grundsätzen für das Klageverfahren (vgl. die Ausführungen unter § 7 Rdn 12 ff.). Beim Onlinemahnantrag erfolgt ein automatisierter Vorschlag, der aber geändert werden kann, falls notwendig.

7. Mahngericht

Als Letztes muss das Mahngericht selbst bezeichnet werden, bei dem der Antrag gestellt wird. Auch hier erfolgt beim Onlinemahnantrag eine automatisierte Eintragung. 114

III. Verkürzte Darstellung des Verfahrensablaufs

Mit nachstehender Abbildung wird der Verfahrensablauf bis zum Vollstreckungsbescheid verkürzt dargestellt. 115

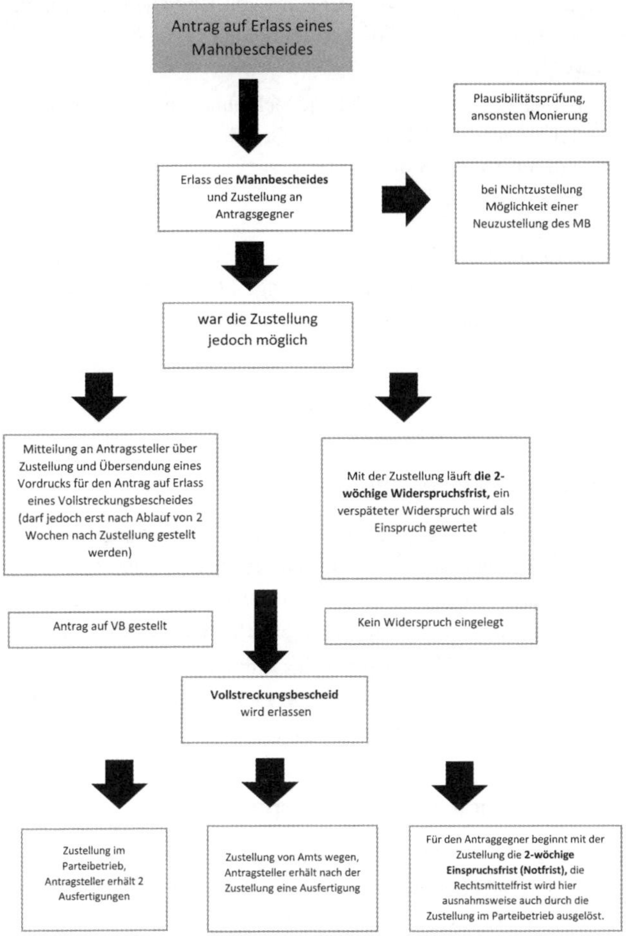

IV. Vergütung des Rechtsanwalts und PKH

116 Die Vergütungsansprüche des RA für das Mahnverfahren sind ausführlich unter § 8 Rdn 543 ff. dargestellt.

117 Für das Mahnverfahren kann grds. auch PKH beantragt werden (vgl. § 6 Rdn 137), wobei die Beiordnung eines Prozessbevollmächtigten meist wegen der Einschränkung des § 121 Abs. 2 ZPO mit der Begründung abgelehnt wird, dass eine Anwaltsbeiordnung nicht erforderlich erscheint. Dies wird insbes. damit gerechtfertigt, dass das Mahnverfahren durch das Ausfüllen eines einfachen Formulars eingeleitet werden kann. Nur in ganz speziellen Ausnahmefällen (z.B. bei einer schweren Krankheit, die ein eigenständiges Handeln verhindert) und mit ausführlicher Begründung kann im Einzelfall eine Beiordnung erreicht werden.

118 Im Zweifel erhält also der Mandant PKH, jedoch ohne Anwaltsbeiordnung, sodass die Justizkasse lediglich auf die Erhebung von Gerichtskosten verzichtet. Der Mandant müsste die Rechtsanwaltskosten selbst tragen.

119 *Praxistipp:*

Der Mandant ist in diesen Fällen meist besser gestellt, wenn seine Forderung direkt im Klagewege geltend gemacht und für die Klage PKH beantragt wird, da er so keine Rechtsanwaltskosten zahlen muss.

120 Die vorstehenden allgemeinen Ausführungen gelten für das Mahnverfahren insgesamt, gleich in welcher Form es beantragt worden ist.

V. Übergang ins Klageverfahren

121 Das Mahnverfahren endet in der Regel mit Erlass des Vollstreckungsbescheides, der einen vollstreckungsfähigen Titel darstellt. Unter Umständen legt der Antragsgegner jedoch Widerspruch gegen den Mahnbescheid bzw. Einspruch gegen den Vollstreckungsbescheid ein, so dass der Anspruch im ordentlichen Klageverfahren überprüft wird.

Hierzu muss der Antragsteller bei Übergang ins streitige Verfahren seinen Anspruch erstmals begründen. Die entsprechenden Schriftsätze können i.d.R. durch einen gut ausgebildeten Re(No)Fa für den RA vorbereitet werden.

1. Anspruchsbegründung nach Widerspruch

122 Der Widerspruch gegen den Mahnbescheid durch den Antragsgegner führt nicht von Amts wegen zu einer Überleitung ins streitige Verfahren. Will der Antragssteller das Verfahren fortsetzen, so muss er dies gesondert beantragen, was jedoch bereits im

Mahnantrag möglich ist. Weitere Voraussetzung auf Klägerseite ist, dass die weiteren Gerichtskosten in Höhe von 2,5 eingezahlt werden (§ 12 Abs. 3 S. 3 GKG i.V.m. Nr. 1210 KV GKG).

Will hingegen jedoch der Antragsgegner die Angelegenheit im streitigen Verfahren klären lassen, so ist nur der Widerspruch erforderlich, die Vorschusspflicht hinsichtlich der Gerichtskosten trifft nur den Kläger (wie sonst auch).

Nach Eingang der Mahnakte beim Prozessgericht wird der Antragssteller (und spätere Kläger) aufgefordert, die Anspruchsbegründung gem. § 697 Abs. 1 i.V.m. § 253 ZPO innerhalb von zwei Wochen einzureichen. Sollte das Mahnverfahren an das Landgericht abgegeben werden, so ist auch hier die Vertretung durch einen Anwalt geboten (sogenannter Anwaltsprozess). **123**

In der Anspruchsbegründung muss der Antrag ausformuliert werden, die Ankündigung, den Antrag aus dem Mahnbescheid zu stellen, ist unbestimmt und reicht daher nicht aus. **124**

Die Begründung des Antrages entspricht der Begründung einer normalen Klageschrift. Der Vortrag muss vollständig und substantiiert sein, eine bloße Bezugnahme auf den Mahnbescheid reicht nicht aus. Auch ist der Anspruch durch Beweisantritt zu begründen.

Nach Eingang der Anspruchsbegründung verfährt das Gericht wie bei einer normalen Klage, in dem ein früher erster Termin gem. § 275 ZPO bestimmt oder das schriftliche Vorverfahren gem. § 276 ZPO angeordnet wird. **125**

> *Praxistipp:* **126**
>
> Um einen schnelleren Fortgang des Verfahrens zu erreichen, hat es sich in der Praxis bewährt, die Anspruchsbegründung bereits mit den Antrag auf Abgabe ins streitige Verfahren sowie den weiteren Gerichtskostenvorschuss direkt an das Mahnverfahren zu übermitteln. Die Anspruchsbegründung wird in diesen Fällen zur Mahnakte genommen und geht dann erst an das Prozessgericht, dass jedoch keine Frist mehr zur Begründung setzen muss.

Will der Antragssteller (und spätere Kläger) das Verfahren nicht weiter betreiben, braucht er die gesetzte 2-Wochenfrist für die Anspruchsbegründung nicht einhalten. Das Gericht trifft von sich aus keine Anordnung. **127**

Nur wenn der Antragsgegner (und spätere Beklagter) einen Antrag stellt, wird ein Termin gem. § 697 Abs. 3 ZPO bestimmt, mit der Maßnahme, dass der Antragsteller noch einmal zur Anspruchsbegründung aufgefordert wird. Hält dieser die 2-Wochenfrist auch diesmal nicht ein, so droht die Abweisung der Klage oder sein nicht fristgerecht eingereichter Vortrag wird als verspätetes Vorbringen gem. § 296 Abs. 1 ZPO zurückgewiesen. **128**

129 ▼

Muster 4.1: Anspruchsbegründung nach Widerspruch

4.1

Prozessgericht

(ggf. auch das Mahngericht)

(genaue Anschrift)

In Sachen

Kläger (früherer Antragssteller)

(genaue Anschrift)

– Kläger –

Prozessbevollmächtigter: (genaue Bezeichnung mit Anschrift)

gegen

Beklagter (früherer Antragsgegner)

(genaue Anschrift)

– Beklagter –

Prozessbevollmächtigter: (soweit vorhanden)

Aktenzeichen

(vom Prozessgericht, geht die Anspruchsbegründung bereit an das Mahngericht, dann das mahngerichtliche Aktenzeichen

zeige ich an, dass der Kläger im streitigen Verfahren durch mich vertreten wird. Es wird gebeten, einen baldigen Termin zur mündlichen Verhandlung zu bestimmen,

Es wird beantragt,

1. den Beklagten zu verurteilen, an den Kläger EUR (beziffterter Anspruch) nebst Zinsen i.H.v. 5 %-Punkten über den Basiszinssatz seit dem (Verzugsbeginn) zu zahlen;
2. dem Beklagten die Kosten des Verfahrens aufzuerlegen;
3. das Urteil ist, notfalls gegen Sicherheitsleistung, vorläufig vollstreckbar zu erklären.

Es wird ferner beantragt,

gegen den Beklagten ein Versäumnisurteil oder ein Anerkenntnisurteil ohne mündliche Verhandlung zu erlassen, für den Fall, dass das Gericht das schriftliche Vorverfahren anordnet und der Beklagte nicht innerhalb der Frist seine Verteidigungsbereitschaft angezeigt oder die Forderung anerkannt hat.

Begründung:

(substantiierter Vortrag mit Beweisantritten)

Unterschrift RA

▲

2. Anspruchsbegründung nach Einspruch gegen Vollstreckungsbescheid

Wurde bereits der Vollstreckungsbescheid erlassen und hat der Antragsgegner (und späterer Beklagte) hiergegen Einspruch eingelegt, so bedarf es keines weiteren Antrages durch den Antragsteller. Das Mahngericht gibt die Sache an das im Mahnantrag angegebene streitige Gericht von Amts wegen gem. § 700 Abs. 3 S. 1 ZPO ab. 130

Gem. § 12 Abs. 3 S. 3 letzter Hs. GKG besteht auch hier im Grunde eine Vorschusspflicht für die weiteren Gerichtskosten. Da hier jedoch der Beklagte quasi das Verfahren zu Abwehr betreibt, wird unter Vorbehalt seiner Rechte hiervon abgesehen. 131

Die Einspruchsschrift wird dem Kläger von Amts wegen zugestellt und dieser gleichfalls aufgefordert, seinen Anspruch innerhalb einer gesetzten Frist zu begründen. Zwar „betreibt“ der Beklagte hier das Verfahren zur Abwehr des Anspruches, der Antragssteller und jetzige Kläger hat jedoch das Verfahren durch seinen Mahnantrag eingeleitet und muss daher zuerst darlegen, dass sein Anspruch tatsächlich begründet ist. 132

Die Anspruchsbegründung muss auch in diesem Fall der Form einer Klage entsprechen, substantiiert sein und unter Beweisantritt gestellt werden. Da der Vollstreckungsbescheid an sich jedoch bereits einen vorläufig vollstreckbaren Titel darstellt, ist der Antrag nicht mehr auszuformulieren. Vielmehr wird beantragt, den bereits erlassenen Vollstreckungsbescheid aufrecht zu erhalten.

Da der Vollstreckungsbescheid auch im Parteibetrieb zugestellt werden kann (entsprechendes Ausfüllen im Formular vorausgesetzt), ist es in diesen Fällen ratsam, das Zustelldatum dem Gericht mitzuteilen, damit das Gericht über die fristgerechte Einlegung des Einspruchs und somit die Zulässigkeit entscheiden kann. Ist der Einspruch nämlich verspätet eingelegt worden, so wird dieser als unzulässig verworfen. 133

Nach Eingang der Anspruchsbegründung ist wie nach Eingang einer Klage zu verfahren. Der vorsitzende Richter entscheidet, ob ein früher erster Termin oder das schriftliche Vorverfahren durchzuführen ist. Anders als bei dem Verfahren nach Widerspruch gegen den 134

Mahnbescheid kann hier jedoch im schriftlichen Vorverfahren kein Versäumnisurteil ergehen. Gem. § 700 Abs. 4 S. 2 ZPO ist die Aufforderung zur Anzeige der Verteidigungsabsicht sowie die Belehrung über die Fristversäumnis gem. § 276 Abs. 1 S. 1, 3 sowie Abs. 2 ZPO ausdrücklich im Gesetz ausgeschlossen.

135 Grund hierfür ist, dass der Vollstreckungsbescheid von seiner Natur her einem Versäumnisurteil gleichgestellt ist. Würde hier nämlich im schriftlichen Verfahren eine Säumnis eintreten, so müsste ein zweites Versäumnisurteil gegen den Beklagten ergehen mit der Folge, dass er keinen weiteren Einspruch einlegen könnte, sondern nur noch die eingeschränkte Berufung nach § 514 Abs. 2 ZPO zur Verfügung hätte. Die eingeschränkte Berufung müsste sich dann darauf stützen, dass ein schuldhaftes Versäumnis nicht vorgelegen hätte.

Der Gesetzgeber wollte jedoch, dass der Beklagte zumindest einmal die Möglichkeit besitzt, seine Einwendungen gegen den Anspruch selbst in einer mündlichen Verhandlung vorzutragen. Erscheint der Beklagte jedoch nicht zum Termin, so ist er hierfür selbst verantwortlich, so dass in der mündlichen Verhandlung bei Schlüssigkeit der Klage und Säumnis des Beklagten ein zweites Versäumnisurteil gegen ihn ergehen kann.

136 Für den Fall, dass der Kläger (frühere Antragsteller) die Anspruchsbegründung nicht fristgerecht einreicht, hat das Gericht unverzüglich Termin zu bestimmen und setzt dem Kläger eine weitere Frist zur Anspruchsbegründung. Diese Frist sollte der Kläger diesmal unbedingt einhalten, da ansonsten die Abweisung der Klage droht oder sein nicht fristgerecht eingereichter Vortrag als verspätetes Vorbringen gem. § 296 Abs. 1 ZPO zurückgewiesen wird.

137 *Praxistipp:*

Für das grundsätzliche Verständnis des Verhältnisses vom Mahnverfahren zum streitigen Verfahren und den je nach Stand des Verfahrens gebotenen Handhabungen empfiehlt es sich, das Mahnverfahren als „verkürztes" Klageverfahren zu verstehen. Der Antrag auf Erlass eines Mahnbescheides entspricht der Klageschrift. Der Mahnbescheid entspricht dem 1. Versäumnisurteil (der Antragsgegner hat keine Verteidigungsanzeige abgegeben). Der Vollstreckungsbescheid entspricht dem 2. Versäumnisurteil (der Antragsgegner hat auch die zweite Möglichkeit der Erwiderung nicht genutzt).

138 ▼

Muster 4.2: Anspruchsbegründung nach Einspruch

4.2

Prozessgericht

(genaue Anschrift)

In Sachen

Kläger (früherer Antragssteller)

(genaue Anschrift)

– Kläger –

Prozessbevollmächtigter: (genaue Bezeichnung mit Anschrift)

gegen

Beklagter (früherer Antragsgegner)

(genaue Anschrift)

– Beklagter –

Prozessbevollmächtigter: (soweit vorhanden)

Aktenzeichen

(vom Prozessgericht)

zeige ich an, dass der Kläger im streitigen Verfahren durch mich vertreten wird. Es wird gebeten, einen baldigen Termin zur mündlichen Verhandlung zu bestimmen,

Es wird beantragt,

1. den Vollstreckungsbescheid vom (Datum) aufrechtzuerhalten;
2. dem Beklagten die Kosten des Verfahrens aufzuerlegen;
3. das Urteil für vorläufig vollstreckbar zu erklären.

Begründung:

[Der Vollstreckungsbescheid wurde am (Zustelldatum) im Parteibetrieb zugestellt. Die Zustellurkunde wird im Termin im Original vorgelegt, eine Kopie ist bereits jetzt vorsorglich beigefügt.] (Dieser Passus ist nur erforderlich, wenn der Vollstreckungsbescheid im Parteibetrieb zugestellt worden ist.)

Zur Begründung des Anspruchs ist folgendes vorzutragen:

(substantiierter Vortrag mit Beweisantritten)

Unterschrift RA

▲

E. Elektronischer Mahnantrag

139 Der RA kann Mahnanträge (seit 1.12.2008) und Anträge auf Erlass des Vollstreckungsbescheides (seit 1.1.2018) gem. §§ 702 Abs. 2 i.V.m. 703c ZPO **nur noch in elektronischer Form** verbindlich einreichen.

Dabei hat er jedoch insbesondere zwei Möglichkeiten:

- Die Erstellung eines Barcodeantrages in Papierform (mit anschließendem Postversand) oder alternativ die Erstellung einer EDA Datei (mit anschließendem Versand über das beA) über die kostenlose Website www.online-mahnantrag.de;
- Die Erstellung einer EDA Datei über eine RA-Software und anschließende Versendung über das beA (besondere elektronische Anwaltspostfach).

140

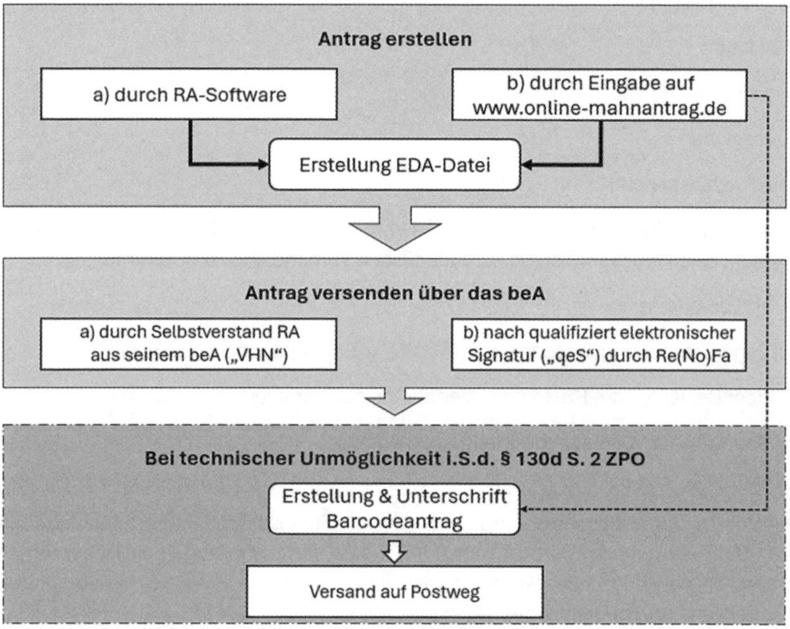

I. Erstellung eines Mahnantrages über www.online-mahnantrag.de

141 Über das Internetportal www.online-mahnantrag.de kann entweder eine EDA für das beA oder ein sog. Barcodeantrag erstellt werden.

142 Das Barcode-Verfahren ist für RAe nur noch anwendbar, wenn eine technische Störung i.S.d. § 130d S. 2 ZPO vorliegt. Im Unterschied zur möglichen Übermittlung als Fax im

streitigen Verfahren ist eine Faxübermittlung eines Barcodeantrages nicht zulässig, da eine (bild)fehlerfreie Übertragung des Barcodes nicht ausgeschlossen werden kann. Der längere Postweg ist daher büro- und fristorganisatorisch einzuplanen.

Für die Antragserstellung muss der Computer folgende Softwareprogramme enthalten: 143

- Internetbrowser mit aktiviertem Java-Script und Cookies sowie
- Acrobat Reader (die Internetseite informiert Sie über den Stand des Adobe Acrobat Reader Plug-Ins; Im Zweifelsfall ist die PDF-Datei des Barcode Mahnantrag herzunterzuladen und als lokale Datei zu öffnen)

Praxistipp: 144

Der Software Acrobat Reader der Firma Adobe kann kostenlos im Internet unter www.adobe.com/de/products/reader/ heruntergeladen werden und dient dem Lesen von pdf-Dateien.

Der Acrobat Reader ist i.Ü. auch notwendig, um die auf der Seite der BGH befindlichen Entscheidungen anzuzeigen und auszudrucken.

Bei der Seite www.online-mahnantrag.de handelt es sich um ein interaktives Antragsformular, wobei jedoch im Internet keine Daten gespeichert werden. Das entsprechende Gericht erlangt erst durch die Einreichung des Antrags durch Sie Kenntnis von dem Verfahren. 145

Bereits bei der Eingabe wird die Vollständigkeit und Richtigkeit der Angaben grob durch das Internetportal überprüft und es erscheint bei einer Unschlüssigkeit sofort eine Fehlermeldung. 146

Die Einreichung des Antrags (durch ein RA- Büro) kann dabei 147

- primär nur via beA (dann nur als EDA-Datei) oder subsidiär
- als ausgedruckter Barcodeantrag mit der Unterschrift des RA per Post (nur bei Vorlage einer technischen Störung i.S.d. § 130d S. 2 ZPO)

an das Mahngericht erfolgen. Bei der Einreichung via beA muss die erstellte Nachricht (Mahnantrag) mit einer qualifizierten Signatur versehen werden, sofern der Versand durch einen Re(No)Fa vorgenommen wird. Verschickt der RA die entsprechende Mahnantrag-EDA-Datei selbst aus seinem höchstpersönlichen beA-Postfach, so ist eine qualifizierte Signatur nicht mehr erforderlich, da es sich beim beA um einen sogenannten **„sicheren Übertragungsweg“** handelt.

Im Folgenden soll die **Antragserstellung über www.online-mahnantrag.de** dargestellt werden. 148

Die EDA-Datei muss dabei immer als lokale Datei heruntergeladen und über das beA eingereicht werden. Bei der EDA-Datei kann eine separate Kontroll-PDF-Datei mit heruntergeladen werden, die die enthaltenen Daten in Klarsicht wiedergibt. Diese Kontrolldatei darf nicht per beA übermittelt werden.

Der Barcodeantrag besteht immer aus

- einem Deckblatt (Seite 1), auf dem der RA unterschreiben muss,
- dem Kontrollausdruck der Daten in Klarschrift (Seite 2, ggf. weitere) sowie
- dem darauffolgenden Barcodeausdruck.

149 Bei der Ersatzeinreichung aufgrund einer technischen Störung i.S.d. § 130d S. 2 ZPO sind jedoch mehrere Regeln zu beachten:

- Der Barcodeantrag muss unterschrieben und vollständig eingereicht werden.
- Verwenden Sie Standardkopierpapier, DIN A4.
- Benutzen Sie schwarze Druckerfarbe, andere Farben werden nicht verarbeitet.
- Es darf kein doppelseitiger Ausdruck verwendet werden.
- Handschriftliche Änderungen sind nicht zulässig, da lediglich der Barcode eingescannt wird. Der Ausdruck der Daten in Klarschrift dient nur der Kontrolle.
- Der Ausdruck darf nicht verschmutzt, verwischt oder stark zerknittert sein. In diesen Fällen muss der Ausdruck noch einmal fehlerfrei und sauber ausgedruckt werden.
- Glaubhaftmachung der vorübergehenden technischen Störung gem. § 130d S. 3 ZPO
- Verbinden Sie alle Seiten fest miteinander (Klammern, Heftung).
- Da der Barcode durch eine Faxübermittlung nicht eins-zu-eins wiedergegeben wird, ist die Übersendung per Fax unzulässig.
- Knicken und falten Sie den Antrag nicht bei der Kuvertierung.

150 Der Ablauf Antragserstellung wird am folgenden Beispiel dargestellt:

> *Beispiel:*
>
> *Die Putzi Reinigungs GmbH, vertreten durch den Geschäftsführer Max B, hat gegen Frau Beate A, eingetragene Kauffrau, einen Anspruch aus einem Reinigungsvertrag. Der Rechnungsbetrag aus der Rechnung mit der Nr. 24 – 471 vom 5.11.2024 i.H.v. 2.000,00 EUR soll im Wege des Mahnverfahrens geltend gemacht werden. Im Mahnverfahren soll weiterhin die Rechtsanwaltsvergütung für der vorgerichtliche Tätigkeit geltend gemacht werden (1,3-Gebühr nach Nr. 2300 + Post- und Telekommunikationsentgeltpauschale, aber keine USt, da der Mandant vorsteuerabzugsberechtigt ist). Der Rechnungsbetrag soll mit 9 % über dem Basiszinssatz ab dem 6.12.2024, die vorgerichtlichen Anwaltskosten mit 9 % über dem Basiszinssatz ab dem 15.1.2025 verzinst werden.*

25 Schritte bis zum fertigen Online-Mahnantrag: 151

1. Schritt:

Nach Starten des Internetportals www.online-mahnantrag.de erscheint die nachstehende Eingabemaske, in der zunächst einmal das Bundesland des Antragstellers ausgewählt werden muss.

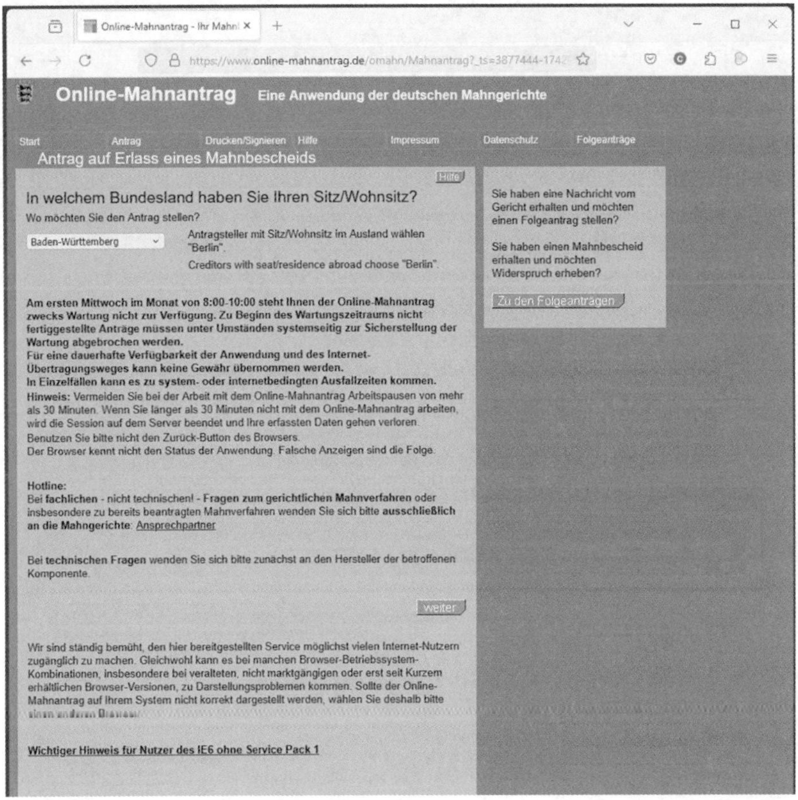

152 *2. Schritt:*

Im zweiten Schritt ist die Versandart auszuwählen. (Für einen Barcodeantrag mit handschriftlicher Unterschrift wäre dabei „Druck auf Papier“ auszuwählen.)

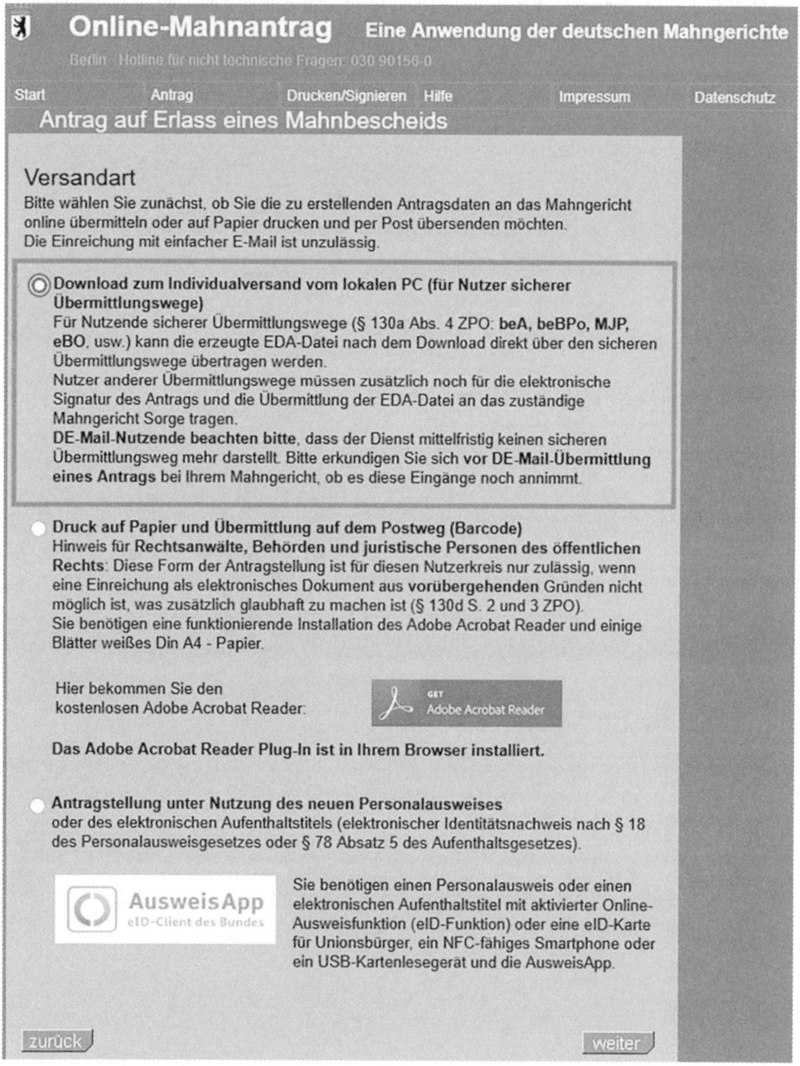

Online-Mahnantrag Eine Anwendung der deutschen Mahngerichte

Berlin Hotline für nicht technische Fragen: 030 90156-0

Start | Antrag | Drucken/Signieren | Hilfe | Impressum | Datenschutz

Antrag auf Erlass eines Mahnbescheids

Versandart

Bitte wählen Sie zunächst, ob Sie die zu erstellenden Antragsdaten an das Mahngericht online übermitteln oder auf Papier drucken und per Post übersenden möchten.
Die Einreichung mit einfacher E-Mail ist unzulässig.

Download zum Individualversand vom lokalen PC (für Nutzer sicherer Übermittlungswege)
Für Nutzende sicherer Übermittlungswege (§ 130a Abs. 4 ZPO: **beA, beBPo, MJP,** eBO, usw.) kann die erzeugte EDA-Datei nach dem Download direkt über den sicheren Übermittlungswege übertragen werden.
Nutzer anderer Übermittlungswege müssen zusätzlich noch für die elektronische Signatur des Antrags und die Übermittlung der EDA-Datei an das zuständige Mahngericht Sorge tragen.
DE-Mail-Nutzende beachten bitte, dass der Dienst mittelfristig keinen sicheren Übermittlungsweg mehr darstellt. Bitte erkundigen Sie sich **vor DE-Mail-Übermittlung eines Antrags** bei Ihrem Mahngericht, ob es diese Eingänge noch annimmt.

Druck auf Papier und Übermittlung auf dem Postweg (Barcode)
Hinweis für **Rechtsanwälte, Behörden und juristische Personen des öffentlichen Rechts**: Diese Form der Antragstellung ist für diesen Nutzerkreis nur zulässig, wenn eine Einreichung als elektronisches Dokument aus **vorübergehenden** Gründen nicht möglich ist, was zusätzlich glaubhaft zu machen ist (§ 130d S. 2 und 3 ZPO).
Sie benötigen eine funktionierende Installation des Adobe Acrobat Reader und einige Blätter weißes Din A4 - Papier.

Hier bekommen Sie den kostenlosen Adobe Acrobat Reader: GET Adobe Acrobat Reader

Das Adobe Acrobat Reader Plug-In ist in Ihrem Browser installiert.

Antragstellung unter Nutzung des neuen Personalausweises
oder des elektronischen Aufenthaltstitels (elektronischer Identitätsnachweis nach § 18 des Personalausweisgesetzes oder § 78 Absatz 5 des Aufenthaltsgesetzes).

AusweisApp eID-Client des Bundes

Sie benötigen einen Personalausweis oder einen elektronischen Aufenthaltstitel mit aktivierter Online-Ausweisfunktion (eID-Funktion) oder eine eID-Karte für Unionsbürger, ein NFC-fähiges Smartphone oder ein USB-Kartenlesegerät und die AusweisApp.

zurück | weiter

3. Schritt: 153

Setzt man die Anwendung fort, werden die einzelnen Schritte der Eingabe dargestellt.

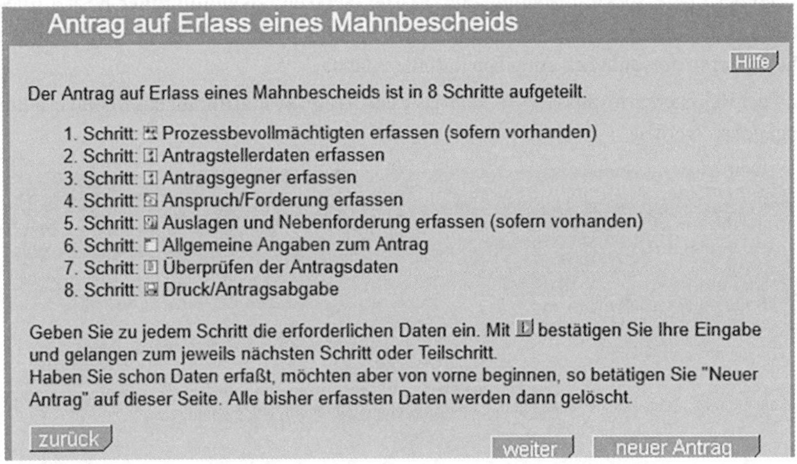

4. Schritt: 154

Es erfolgt die Eingabe, für wen Sie den Antrag erstellen. In unseren Fall soll der Antrag durch RA Muster als Prozessbevollmächtigten des Antragstellers erfolgen.

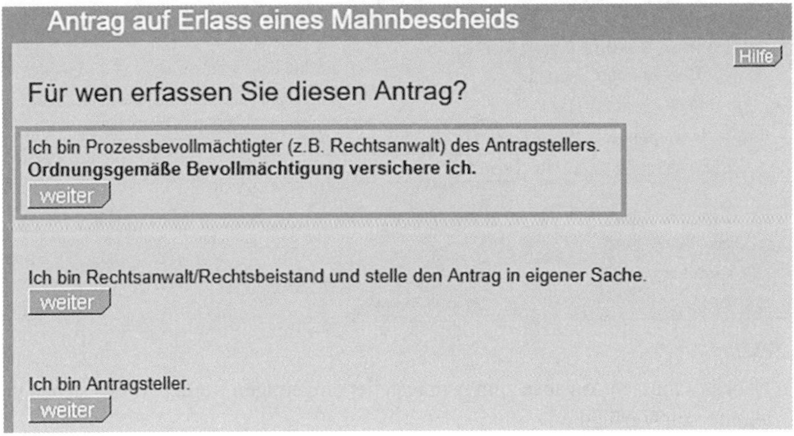

5. Schritt: 155

Auf der Registerkarte des Prozessbevollmächtigten ist neben den **allgemeinen persönlichen Daten** des Prozessbevollmächtigten auch das Kästchen für die **Vorsteuerabzugs-**

berechtigung des Antragstellers enthalten. Sollte Ihr Mandant also nicht vorsteuerabzugsberechtigt sein, so müssen Sie an dieser Stelle das Kästchen anklicken und aktivieren.

156 Wenn der Prozessbevollmächtigte eine **Prozessvertreter-Kennnummer** besitzt (diese kann i.Ü. gesondert bei den Mahngerichten beantragt werden), so ist diese einzutragen. Die weiteren persönlichen Angaben entfallen dann.

157 Auf der Registerkarte muss ferner auch das **Beauftragungsdatum** für das Mahnverfahren angegeben werden.

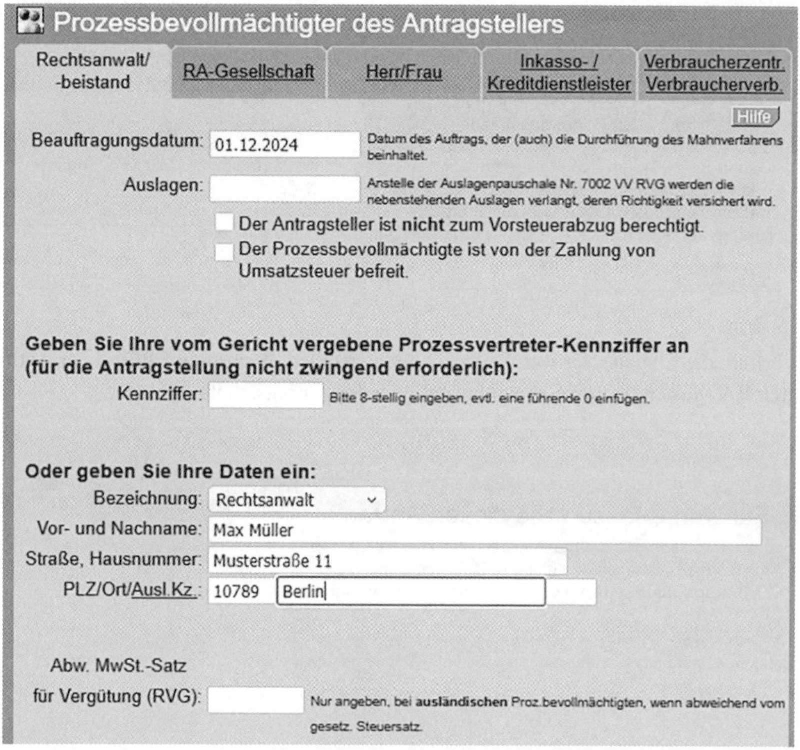

158 *6. Schritt:*

Als Nächstes müssen Angaben zum Antragsteller eingetragen werden. Dabei stehen vier Karteireiter zur Verfügung.

Die ersten beiden Karteireiter sind in der Praxis am wichtigsten. Auf dem Reiter *Herr/Frau* werden die Daten des Antragstellers eingetragen, wenn dieser eine natürliche Person ist. Ist der Antragsteller jedoch eine juristische Person, so werden seine Daten auf dem Reiter *Firma* eingetragen.

Im Ausgangsfall (s. das Beispiel unter Rdn 150) handelte es sich um eine GmbH, sodass die Daten hier auf dem Reiter *Firma* eingetragen worden sind. **159**

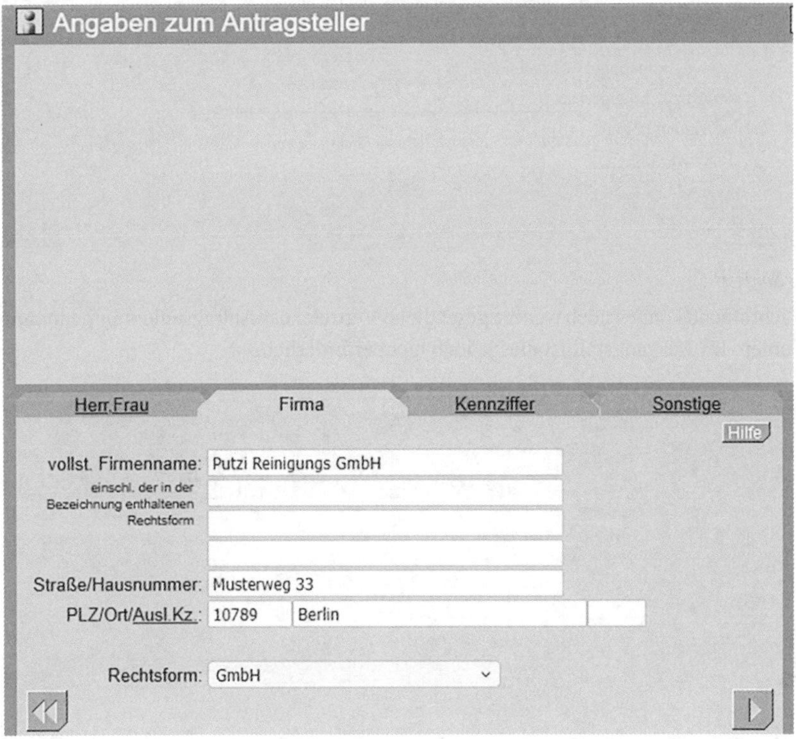

7. Schritt: **160**

Folgt man dem interaktiven Eingabeprogramm mit *Weiter*, so wird als Nächstes der gesetzliche Vertreter abgefragt. Die Funktion des gesetzlichen Vertreters ist in jedem Fall einzutragen und wird mit der vorher eingegebenen Rechtsform der Firma abgeglichen. Würde man also bei einer GmbH, als gesetzlichen Vertreter den Vorstand eintragen, so erhielte man eine Fehlermeldung.

Im Ausgangfall wird die Putzi Reinigungs GmbH durch ihren Geschäftsführer Max B gesetzlich vertreten. **161**

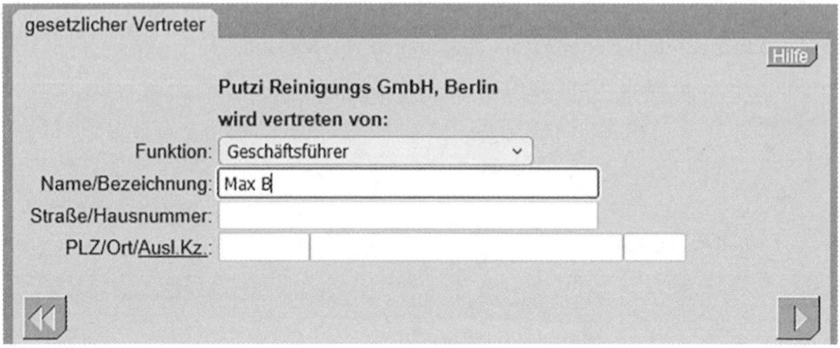

162 *8. Schritt:*

Nachfolgend können noch weitere gesetzliche Vertreter des Antragstellers aufgenommen werden. Im Ausgangsfall ist dies jedoch nicht erforderlich.

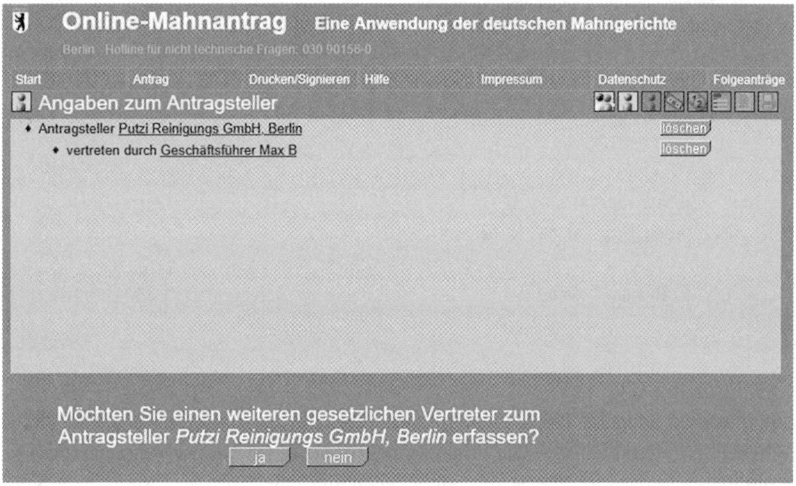

163 *9. Schritt:*

Es können auch noch weitere Antragsteller eingegeben werden, im Beispielsfall war jedoch die Putzi Reinigungs GmbH alleinige Antragstellerin.

164 *10. Schritt:*

Im nächsten Schritt muss man die Daten des Antragsgegners eintragen, wobei die entsprechende Eingabemaske ähnlich wie bei der Eingabemaske des Antragstellers aufgebaut ist. Es gibt hier wieder die Karteireiter für die natürlichen und juristischen Personen.

165 In unserem Beispielsfall ist Beate A eine eingetragene Kauffrau, also eine juristische Person.

Im Eingabefeld *Rechtsform* erscheint nach dem Anklicken des kleinen Pfeils eine Aus- 166
wahl aller möglichen Firmenformen (Dropdownmenü).

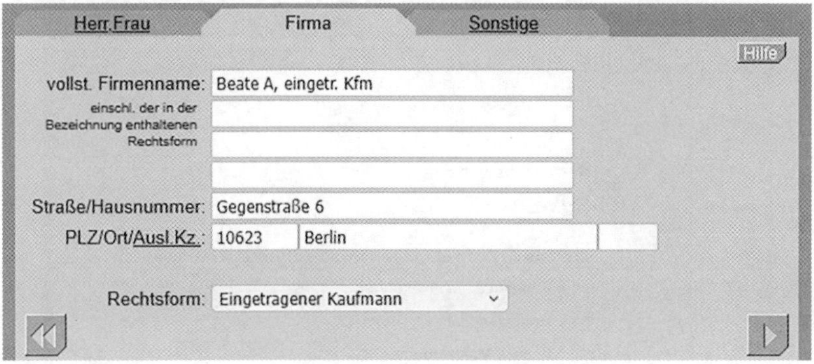

11. Schritt: 167

Im weiteren Schritt könnte auch hier ein gesetzlicher Vertreter erfasst werden. Es erfolgt sogar hier programmseitig der Hinweis, dass ein eingetragener Kaufmann im Allgemeinen keinen gesetzlichen Vertreter hat.

12. Schritt: 168

Es besteht weiterhin die Möglichkeit, auch mehrere Antragsgegner einzutragen, wobei zum Schluss noch die Eingabe getätigt werden muss, ob diese gesamtschuldnerisch für die Forderung haften.

Im Ausgangsfall handelte es sich jedoch bei Beate A (eingetragene Kauffrau) um eine ein- 169
zelne Antragsgegnerin.

13. Schritt: 170

Es erfolgt sodann die Abfrage, ob es sich um ein besonderes Mahnverfahren handelt.

Im Beispielsfall soll das in der Praxis wohl am häufigsten vorkommende *Reguläre Mahn-* 171
verfahren durchgeführt werden.

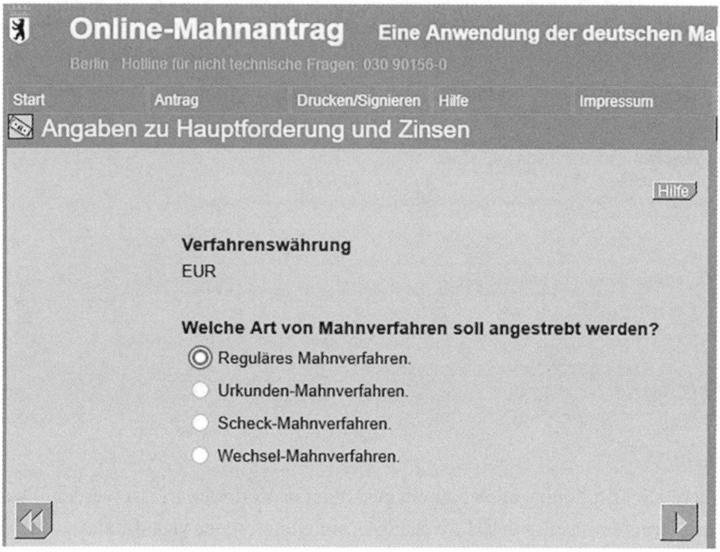

172 *14. Schritt:*

Als Nächstes muss der Anspruch selbst bezeichnet und die Höhe des Anspruchs eingetragen werden.

173 Auf dem ersten Karteireiter stehen Ihnen sämtliche bisher bekannten Katalognummern zur Verfügung. Für den Fall, dass Sie jedoch eine entsprechende Katalognummer suchen, befindet sich neben der Katalognummer ein weiteres Dropdownmenü, welches nach anklicken ein Auswahlfenster mit sämtlichen katalogisierten Ansprüchen anzeigt.

174 Sollten Sie keine passende Katalognummer finden, so steht Ihnen als Alternative der Karteireiter *sonstige Ansprüche* zur Verfügung.

175 Im Ausgangsfall handelte es sich um einen Anspruch aus einem Dienstleistungsvertrag, Katalognummer 5. Der Anspruch muss ferner hinreichend bestimmt werden, z.B. durch die Angabe einer Rechnungsnummer und des Rechnungsdatums.

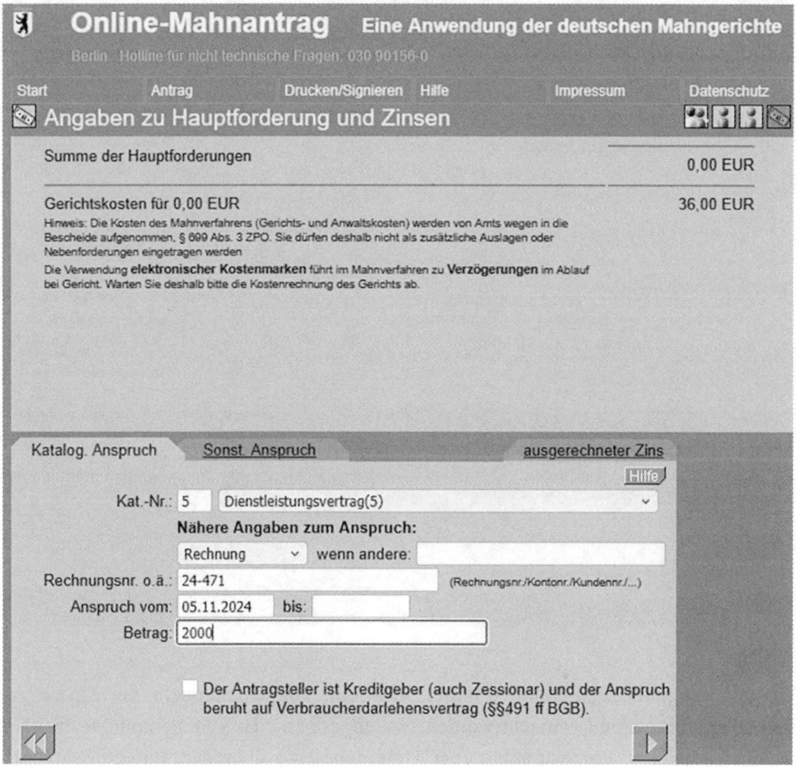

15. Schritt: 176

Erst im darauffolgenden Schritt werden die Zinsen zu dem Hauptanspruch erfasst. Wählen Sie hierzu den Befehl *Zinsangaben zum Anspruch erfassen* aus.

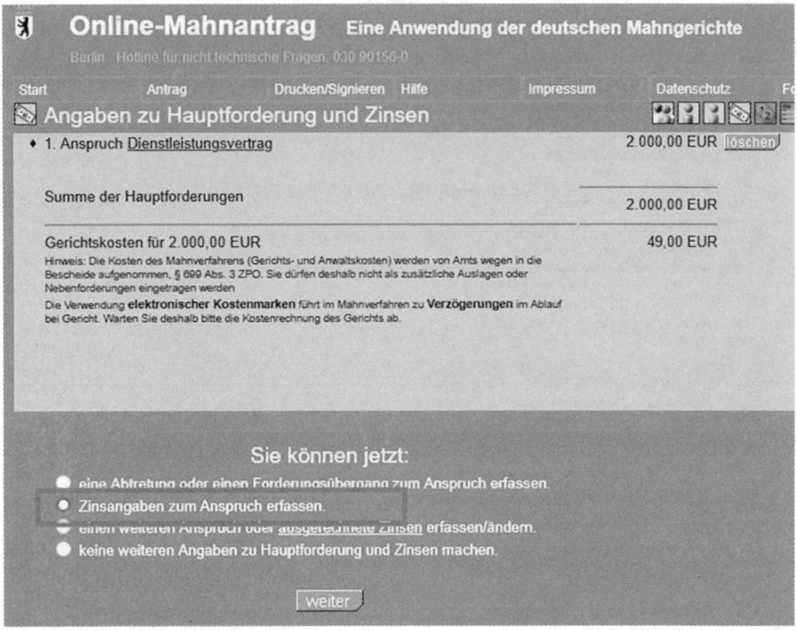

177 *16. Schritt:*

Wie im automatisierten Mahnverfahren gewohnt, können nunmehr die Zinsen zum Hauptanspruch geltend gemacht werden. Sollen jedoch z.B. 5 Prozentpunkte (bei Verbrauchern) oder 9 Prozentpunkte (bei Unternehmern) über den Basiszinssatz gem. § 288 BGB geltend gemacht werden, ist unbedingt darauf zu achten, im entsprechenden Kästchen ein Kreuz zu setzen. Ansonsten handelt es sich lediglich um Festzinsen.

178 Für die Eingabe von laufenden Zinsen ist nur das Eintragen des Zinsbeginns erforderlich. Sollte kein Datum eingetragen werden, erfolgt die Verzinsung erst ab Zustellung des Mahnbescheids an den Antragsgegner.

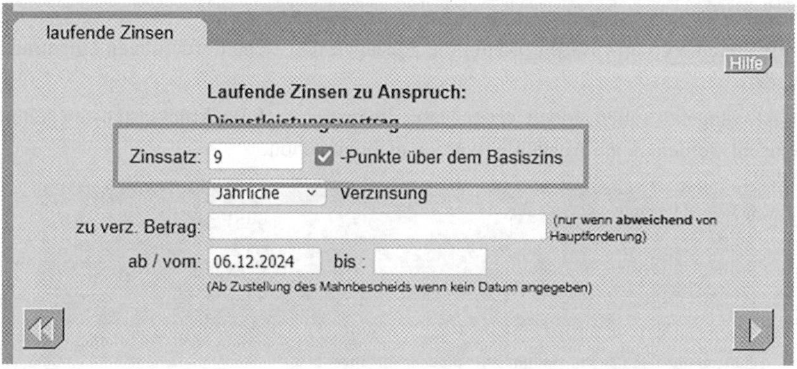

17. Schritt: 179

Sie gelangen nach der Eingabe der Zinsen wieder in die vorherige, Ihnen bereits bekannte, Eingabemaske.

Sie können nunmehr noch einen weiteren (Haupt-) Anspruch oder ausgerechnete Zinsen erfassen, Angaben zu einer möglichen Abtretung eingeben oder über *keine weiteren Angaben zu Hauptforderung und Zinsen* das Eingabeprogramm fortsetzen. 180

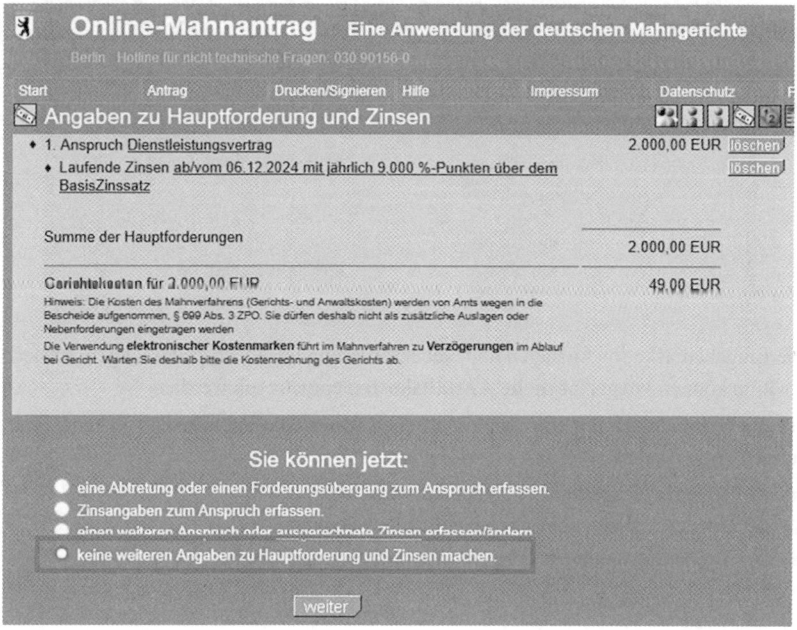

181 *18. Schritt:*

Im weiteren Verlauf müssen sodann die Auslagen und Nebenforderungen eingetragen werden.

182 Im Ausgangsfall sollen jedoch weder Mahn-, Inkasso-, noch Bankrücklastkosten geltend gemacht werden. Auch Auskünfte wurden nicht eingeholt.

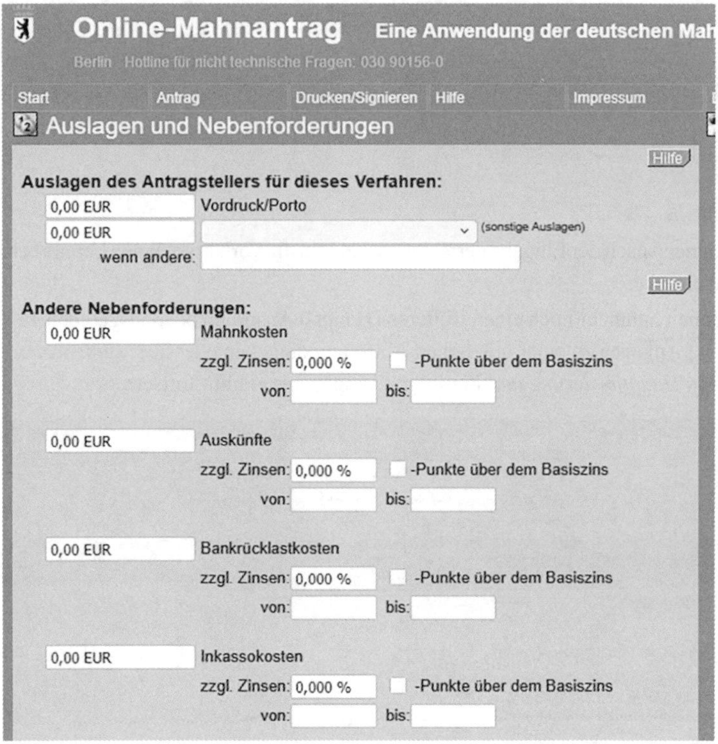

183 Die Eingabemaske für Auslagen und Nebenforderung ist jedoch etwas länger. Als letzte Position können **vorgerichtliche Anwaltskosten** eingetragen werden.

184 Für die Geltendmachung von vorgerichtlichen Anwaltskosten müssen folgende Eintragungen vorgenommen werden:

- die Höhe der vorgerichtlichen Anwaltsvergütung,
- der Gegenstandswert der vorgerichtlichen Tätigkeit,
- der Minderungsbetrag für die Gebühren nach Nr. 3305 und

- falls eine über den Schwellenwert von 1,3 erhöhte Geschäftsgebühr entstanden ist, muss die Angabe erfolgen, dass die vorgerichtliche anwaltliche Tätigkeit umfangreich oder schwierig war.

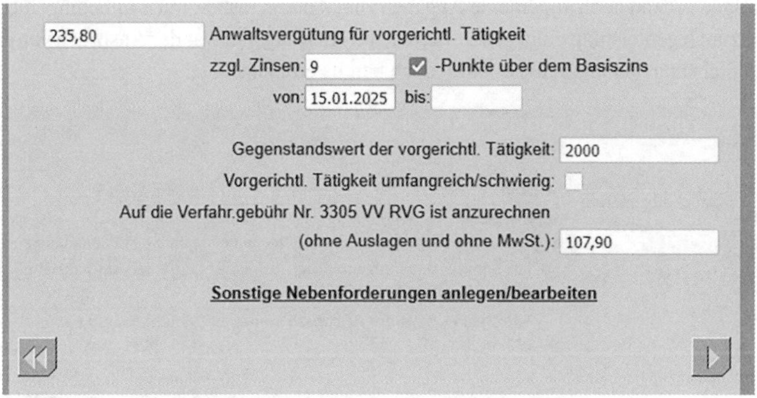

19. Schritt: 185

Als nächstes muss ausgewählt werden, in welcher Form und Höhe die Rechtsanwaltsvergütung im Mahnbescheid aufzunehmen ist. Regelfall wird die Aufnahme der vollen Höhe sein.

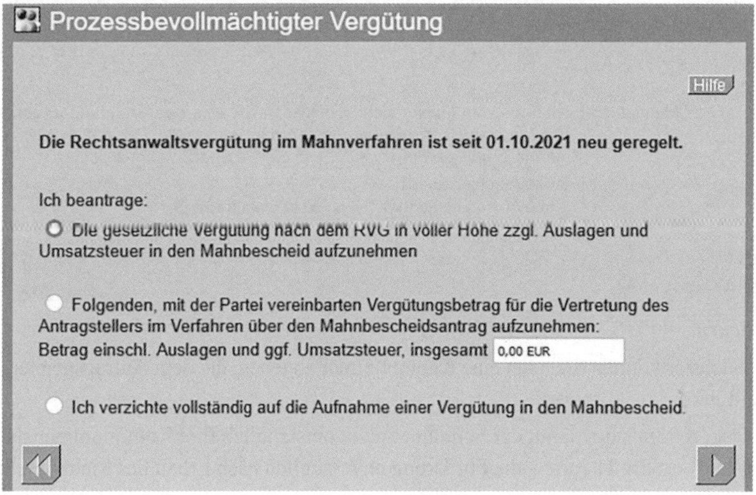

186 *20. Schritt:*

Darauf folgt ein automatisierter Vorschlag des zuständigen Streitgerichtes. Überprüfen Sie dieses und passen es gegebenenfalls an.

187 Es folgen sodann noch allgemeine Angaben zum Antrag, insbes. muss unbedingt die Angabe zur Gegenleistung eingegeben werden. Im Ausgangsfall war der Anspruch von einer Gegenleistung abhängig, diese war jedoch bereits erbracht.

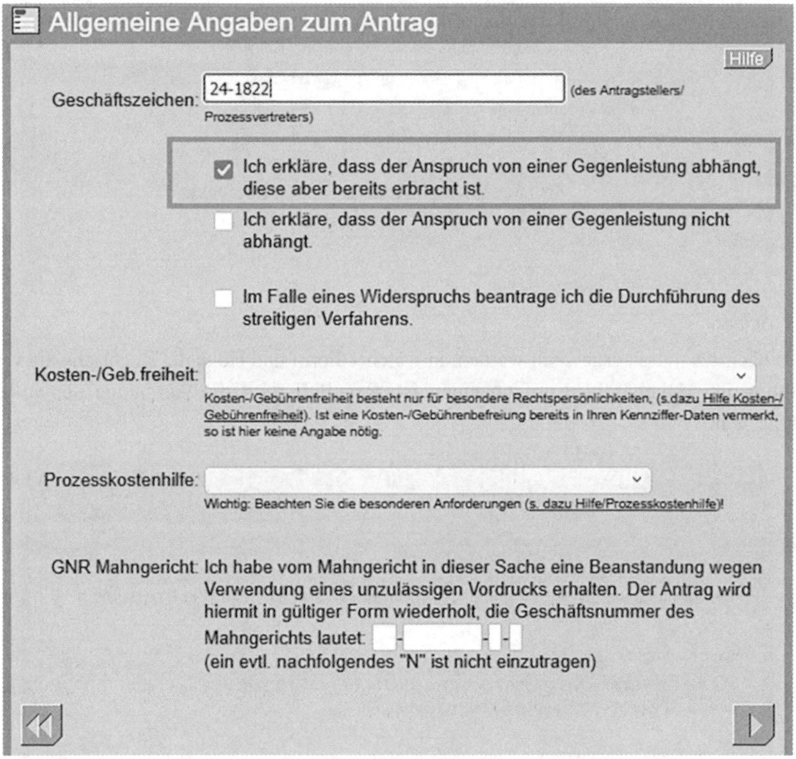

188 *21. Schritt:*

Als Nächstes können Sie noch eine Kontonummer angeben, die dem Antragsgegner mitgeteilt wird.

Dies ist i.d.R. ratsam, damit der Schuldner nicht umständlich Ihre Kontonummer suchen muss und – so die Theorie – die Forderung unverzüglich nach Erhalt des Mahnbescheids bezahlt.

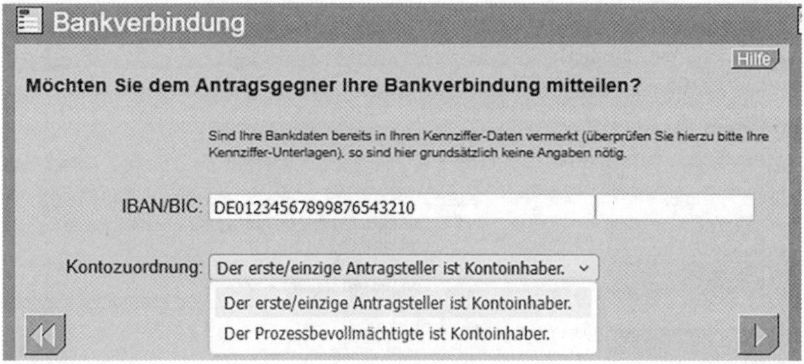

22. Schritt: 189

Vor dem Erstellen der EDA-Datei, bzw. des Barcodeausdrucks werden sämtliche Angaben noch einmal in einer **Mahnbescheidübersicht** dargestellt und können, falls sie fehlerhaft sein sollten, auch noch geändert werden. Ggf. erfolgen programmseitig auch noch Hinweise auf nicht plausible Daten.

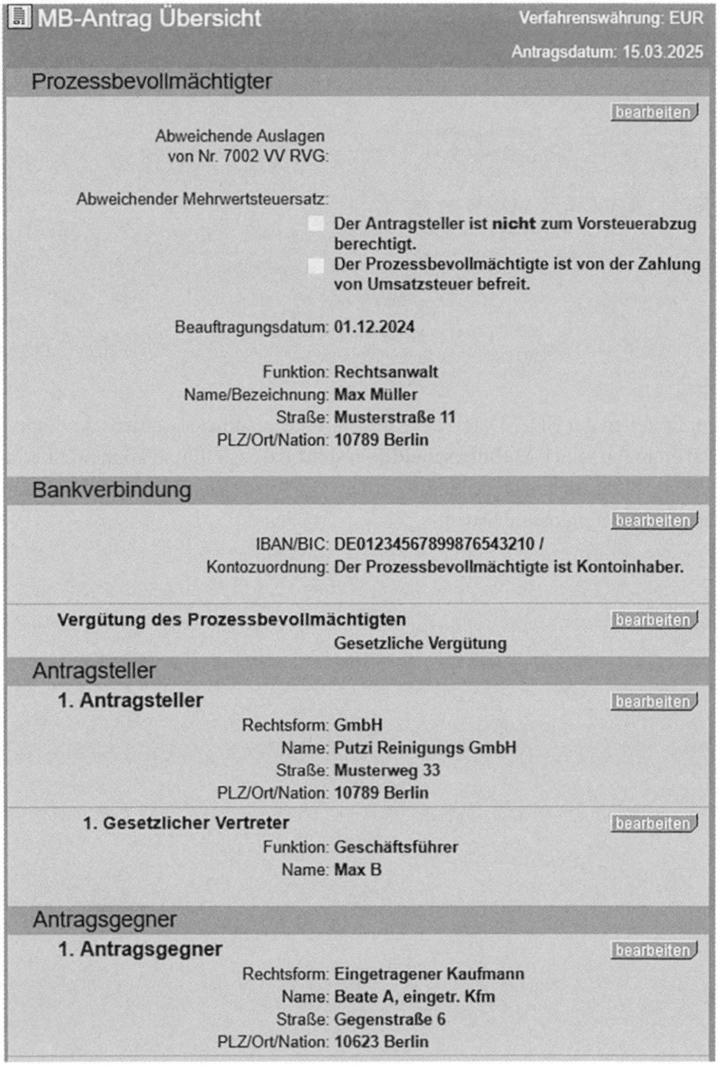

MB-Antrag Übersicht

Verfahrenswährung: EUR

Antragsdatum: 15.03.2025

Prozessbevollmächtigter

bearbeiten

Abweichende Auslagen von Nr. 7002 VV RVG:

Abweichender Mehrwertsteuersatz:

Der Antragsteller ist **nicht** zum Vorsteuerabzug berechtigt.

Der Prozessbevollmächtigte ist von der Zahlung von Umsatzsteuer befreit.

Beauftragungsdatum: 01.12.2024

Funktion: Rechtsanwalt
Name/Bezeichnung: Max Müller
Straße: Musterstraße 11
PLZ/Ort/Nation: 10789 Berlin

Bankverbindung

bearbeiten

IBAN/BIC: DE01234567899876543210 /
Kontozuordnung: Der Prozessbevollmächtigte ist Kontoinhaber.

Vergütung des Prozessbevollmächtigten bearbeiten

Gesetzliche Vergütung

Antragsteller

1. Antragsteller bearbeiten

Rechtsform: GmbH
Name: Putzi Reinigungs GmbH
Straße: Musterweg 33
PLZ/Ort/Nation: 10789 Berlin

1. Gesetzlicher Vertreter bearbeiten

Funktion: Geschäftsführer
Name: Max B

Antragsgegner

1. Antragsgegner bearbeiten

Rechtsform: Eingetragener Kaufmann
Name: Beate A, eingetr. Kfm
Straße: Gegenstraße 6
PLZ/Ort/Nation: 10623 Berlin

190 *23. Schritt:*

Als Letztes muss die EDA-Datei heruntergeladen werden, bzw. der Barcodeantrag auf weißem Papier ausgedruckt werden. In der oberen Registerauswahl kann auch zwischen den Verfahren gewechselt werden (auf das eID-Personalausweisverfahren wird hier nicht weiter eingegangen, da dies nur für Privatpersonen in eigener Sache einschlägig ist).

Es erfolgen je nach gewählter Variante besondere Hinweise, deren Kenntnisnahme bestätigt werden muss. **191**

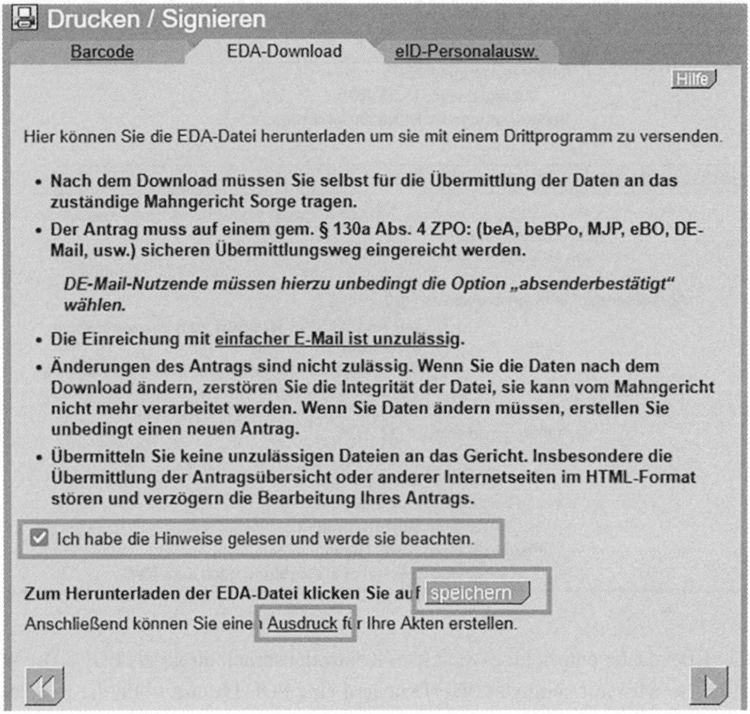

Bei der EDA-Datei kann ein Kontrollausdruck für die eigene Akte erstellt werden (siehe Bild). Beim Barcode erfolgt eine PDF-Dateigenerierung, die den Kontrollausdruck direkt mit enthält. **192**

193 *24. Schritt:*

Für die EDA-Datei empfiehlt es sich, den Kontrollausdruck direkt als PDF-„Druck" zu erstellen. So wird mit gängigen PDF-Druckern eine PDF-Datei erstellt, die zur elektronischen Akte genommen werden kann.

194 *25. Schritt:*

Es können nach dem Ausdruck noch weitere Mahnanträge erstellt werden oder man beendet die Internetanwendung.

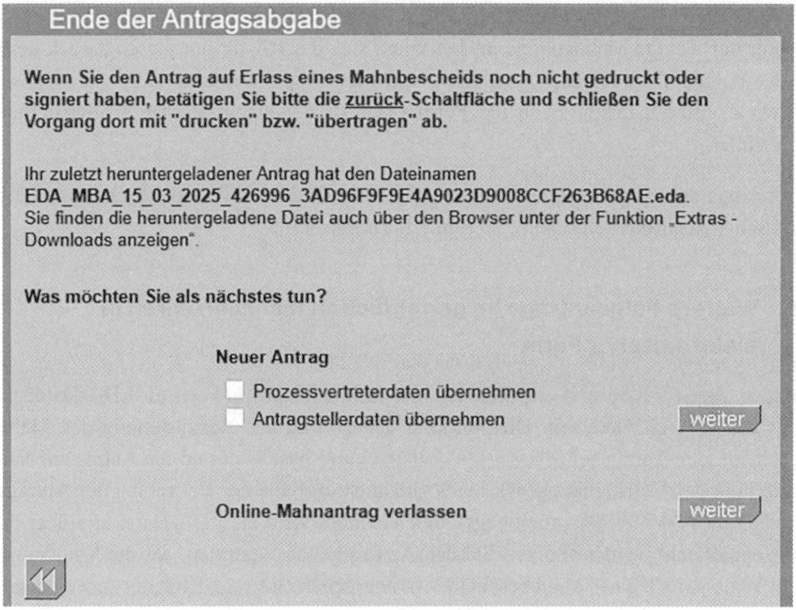

II. Generierung einer EDA-Datei mit einer Anwaltssoftware

Die Erstellung einer EDA-Datei mit einer Anwaltssoftware ist insbes. für RA interessant, die viele Mahnbescheide beantragen oder die grds. ihr Mahnverfahren optimieren wollen. **195**

Es können hier nur allgemeine Hinweise gegeben werden. Es ist darauf zu achten, dass die verwendete Anwaltssoftware korrekt eingerichtet und konfiguriert ist. Auch hier gelten die prozessrechtlichen Grundsätze, dass der Mahnantrag durch einen Rechtsanwalt stets per beA zu erfolgen hat. Nur wenn eine vorübergehende technische Störung vorliegt, darf – und muss dann aber ausschließlich – per Barcodeantrag der Mahnantrag gestellt werden. **196**

Die Nutzung der Internetseite www.online-mahnantrag.de empfiehlt sich aus zwei Gründen: Man selbst kann sich mit der Seite vertraut halten für den Fall, dass die Anwaltssoftware ausfällt, und sie bietet sich auch für Ausbildungszwecke an.

Ein klarer Vorteil bei den Rechtsanwalts-Komplettsoftwarelösungen liegt in der grundsätzlichen Bereithaltung aller Informationen in einem Forderungskonto. Aus diesem kann dann i.d.R. direkt der entsprechende Mahnantrag als EDA-Datei erstellt werden. Zudem besitzen die meisten Programme für die Übergabe an das beA eine geeignete Schnittstelle. Die Arbeitsschritte werden hierdurch deutlich reduziert.

197 *Praxistipp:*

Für nur wenige Mahnanträge im Jahr muss sich der RA für nur diesen Zweck keine Komplettsoftwarelösung anschaffen und kann auch weiterhin über die Website www.online-mahnantrag.de die Formvorschrift der elektronischen Antragstellung erfüllen.

Grundzüge der Einrichtung und Nutzung des beAs sind gesondert in Abschnitt A. Elektronischer Rechtsverkehr und beA (Rdn 1 ff.) dargestellt.

III. Weitere Folgeanträge im gerichtlichen Mahnverfahren in elektronischer Form

198 Folgeanträge für RAe sind verpflichtend in maschinell lesbarer Form als EDA-Datei und über das beA einzureichen. Dies umfasst den Antrag auf Neuzustellung des Mahnbescheids, den Antrag auf Erlass eines Vollstreckungsbescheids und den Antrag auf Neuzustellung des Vollstreckungsbescheids und auch im Falle der Vertretung des Antragsgegners muss der Widerspruch gegen den Mahnbescheid als EDA-Datei und über das beA eingereicht werden. Sollten Sie den Antragsgegner vertreten, der die Kanzlei mit dem Widerspruch eines Mahnbescheides fristgerecht beauftragt, kann der dem Mandanten mit dem Mahnbescheid übermittelte Papiervordruck für den Widerspruch **nicht durch den Rechtsanwalt** genutzt werden. Es muss ein „EDA-Widerspruch“ digital erstellt und per beA übermittelt werden.

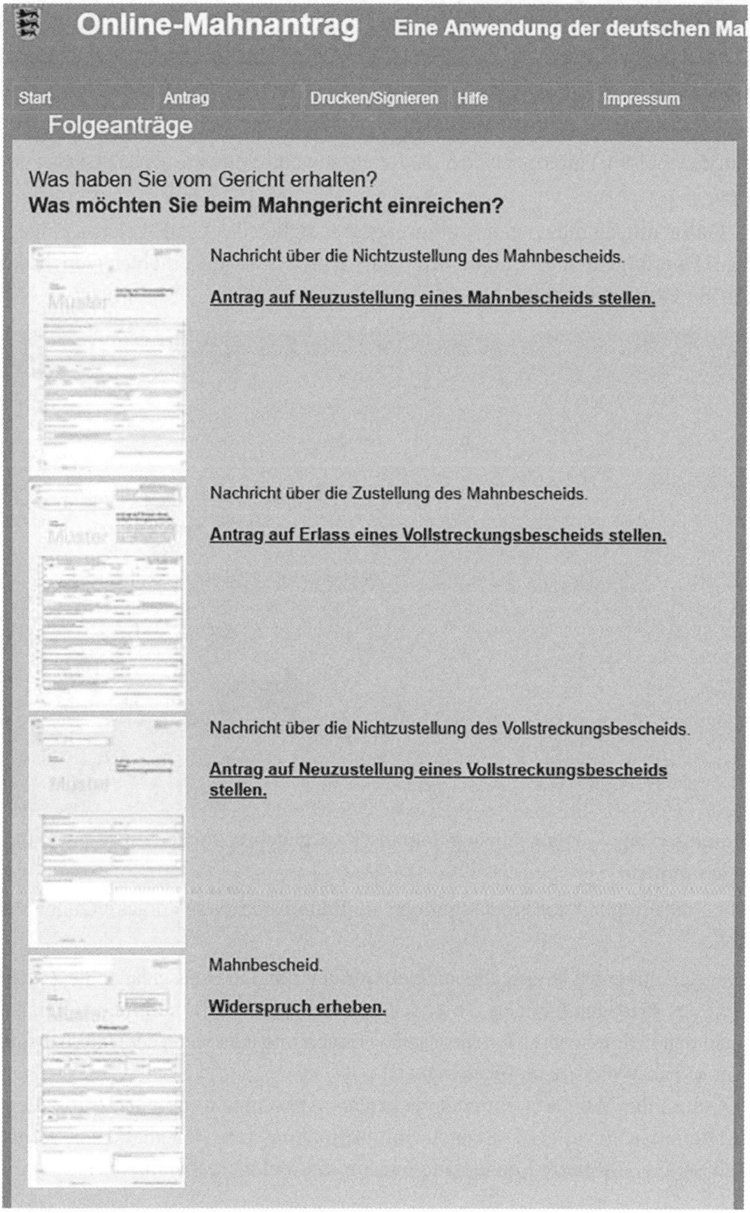
Online-Mahnantrag
Eine Anwendung der deutschen Ma
Start
Antrag
Drucken/Signieren
Hilfe
Impressum
Folgeanträge
Was haben Sie vom Gericht erhalten?
Was möchten Sie beim Mahngericht einreichen?
Nachricht über die Nichtzustellung des Mahnbescheids.
Antrag auf Neuzustellung eines Mahnbescheids stellen.
Nachricht über die Zustellung des Mahnbescheids.
Antrag auf Erlass eines Vollstreckungsbescheids stellen.
Nachricht über die Nichtzustellung des Vollstreckungsbescheids.
Antrag auf Neuzustellung eines Vollstreckungsbescheids stellen.
Mahnbescheid.
Widerspruch erheben.

F. Auslandsmahnbescheid

199 Befindet sich der Antragsgegner im Ausland, besteht die Möglichkeit einen Auslandsmahnbescheid zu beantragen.

Der entsprechende **Auslandsmahnantrag** kann wieder über www.online-mahnantrag.de oder in den meisten Fällen auch über die Rechtsanwalts-Software als EDA-Datei gestellt werden.

200 Beim **Onlineantrag** muss beim Antragsgegner lediglich das Länderzeichen eingegeben werden. Es erfolgt an dieser Stelle bereits der Hinweis auf die erhöhten Gerichtskosten insbes. für Übersetzungen.

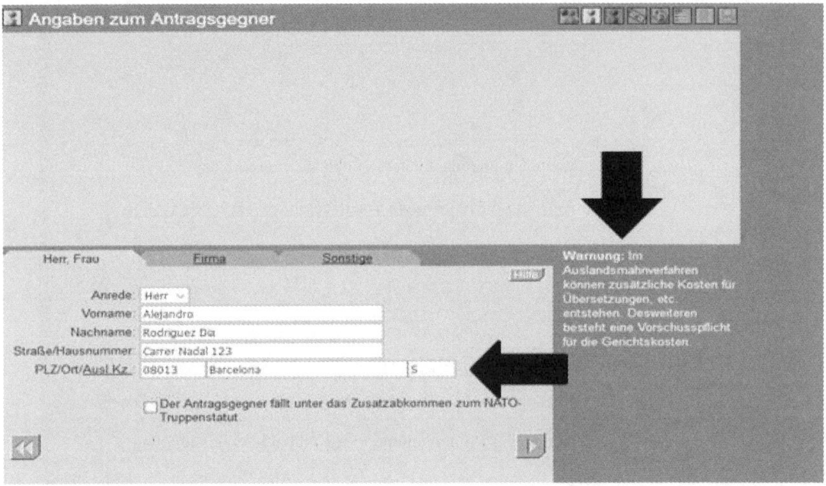

201 Das Streitgericht wird dabei nicht automatisch vorgegeben, sondern muss per Hand eingetragen werden.

202 Für die Zuständigkeit des Prozessgerichts im Inland sind zwei Voraussetzungen erforderlich.

- Der Schuldner hat keinen allgemeinen Gerichtsstand in Deutschland, die Zuständigkeit des streitigen Gerichts ist jedoch in Deutschland, z.B. aufgrund Vereinbarung über den Erfüllungsort, Gerichtsstandsvereinbarung oder wenn der Unterhaltsgläubiger seinen Wohnsitz im Inland hat etc.
- Es muss des Weiteren ein entsprechendes Abkommen vorliegen (grds. liegt ein Abkommen für alle EU-Staaten, mit Ausnahme von Dänemark vor, ferner für die Schweiz; weitere Länder sind ggf. im Internet zu recherchieren).

Das Auslandsmahnverfahren ist jedoch nicht unproblematisch und weist insbes. folgende Probleme auf: 203

- die Zustellung und der Rücklauf dauern im Ausland meist länger,
- es ist ein Nachweis für die Zuständigkeit des inländischen Streitgerichts erforderlich,
- die Widerspruchsfrist beträgt einen Monat,
- die Antragsfrist für den Vollstreckungsbescheid beträgt sechs Monate,
- ferner ist ein höherer Kostenvorschuss gem. § 12 GKG (inkl. Übersetzungskosten), teilweise bis zu 500,00 EUR zu zahlen.

G. Europäischer Zahlungsbefehl (europ. „Mahnbescheid“)

Seit dem 12.12.2006 gibt es als zusätzliche, fakultative (nicht verbindliche) Alternative: 204 den europäischen Zahlungsbefehl (europ. „Mahnbescheid“), geregelt in der Verordnung (EG) Nr. 1896/2006.

I. Voraussetzungen

Um einen europäischen Mahnbescheid zu beantragen, müssen zunächst zwei Voraussetzungen vorliegen: 205

- Es muss sich um eine grenzüberschreitende Rechtssache handeln und
- es muss ein zulässiges Rechtsgebiet gegeben sein.

Zulässig ist das europäische Mahnverfahren insbes. für Zivil- und Handelssachen und 206 modifiziert für Arbeitssachen. In Steuer- und Zollsachen, ehelichen Güterstandssachen, i.R.d. Haftung des Staates und der Abwicklung von zahlungsunfähigen Unternehmen ist das Verfahren hingegen unzulässig.

II. Antragstellung

Es gibt besondere Formblätter für das gesamte Verfahren, evtl. soll später auch die An- 207 tragstellung in elektronischer Form möglich sein.

Unter www.e-justice.europa.eu gelangen Sie zur Seite des Europäischen Justizportals. 208

Von dort kommen Sie in wenigen Klicks zum Europäischen Gerichtsatlas für Zivilsachen. Sie finden dort in der Rubrik Europäische Verfahren den Unterpunkt *Europäischer Zahlungsbefehl.*

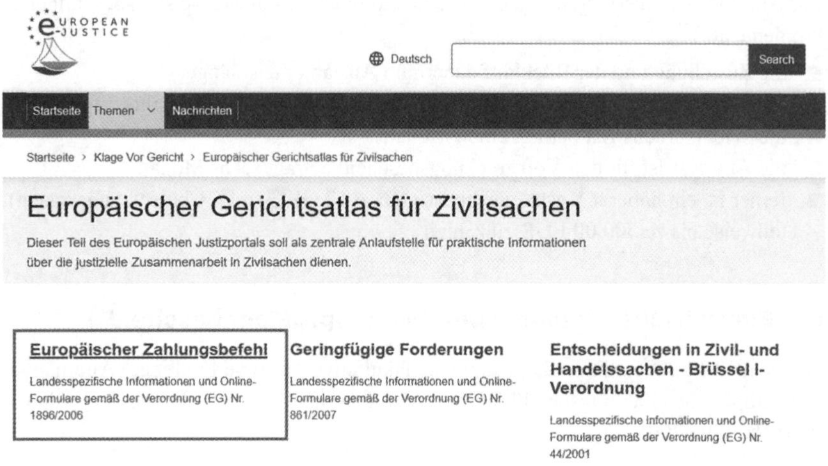

III. Zuständiges Gericht

209 Zunächst muss das zuständige Mahngericht ermittelt werden. Ist der Schuldner **Verbraucher**, so ist das Mahngericht am Wohnsitz des Schuldners zuständig.

210 Entsprechende Schritte online:

Über den Europäischen Gerichtsatlas kann nunmehr zunächst das zuständige Mahngericht ermittelt werden. Wählen Sie zunächst auf der Karteikarte *Europäischer Zahlungsbefehl* das Land des Schuldners aus.

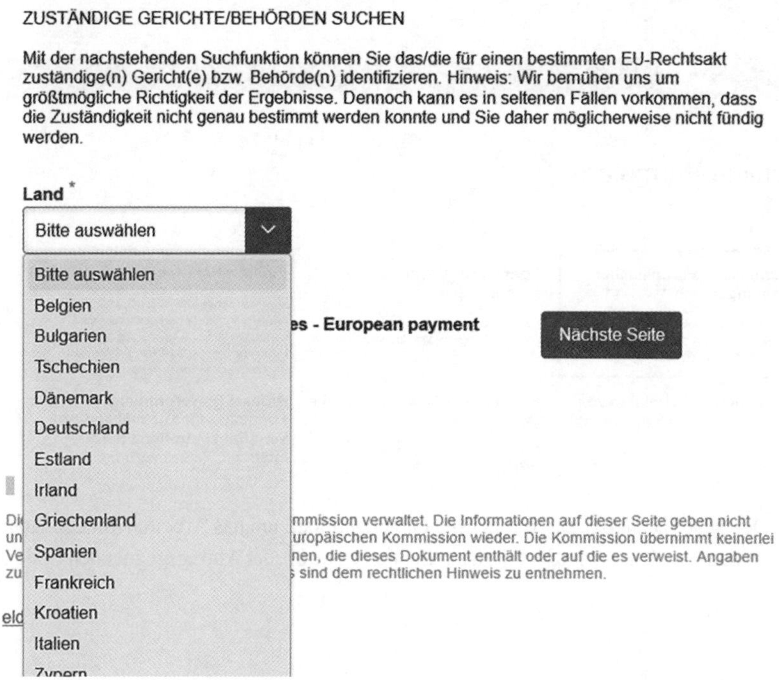

Nachfolgend müssen die Eingaben entsprechend getroffen und jeweils durch Klicken auf den Button „Nächste Seite“ bestätigt werden. Schritt für Schritt erfolgt so die Identifizierung des zuständigen Gerichtes. **211**

Praxistipp: **212**

In Deutschland hingegen ist das europäische Mahnverfahren gem. § 1087 ZPO ausschließlich beim AG Berlin Wedding konzentriert.

IV. Formulare

Nach Ermittlung des zuständigen Mahngerichts können nunmehr die entsprechenden Formulare unter www.e-justice.europa.eu ausgewählt werden, wobei hauptsächlich mit Kennziffern gearbeitet wird. **213**

Zur Beantragung eines Europäischen Mahnbescheids benötigen Sie das Formblatt A, das Sie dort unter „Online-Formulare“ und dann unter „Europäischer Zahlungsbefehl“ finden. **214**

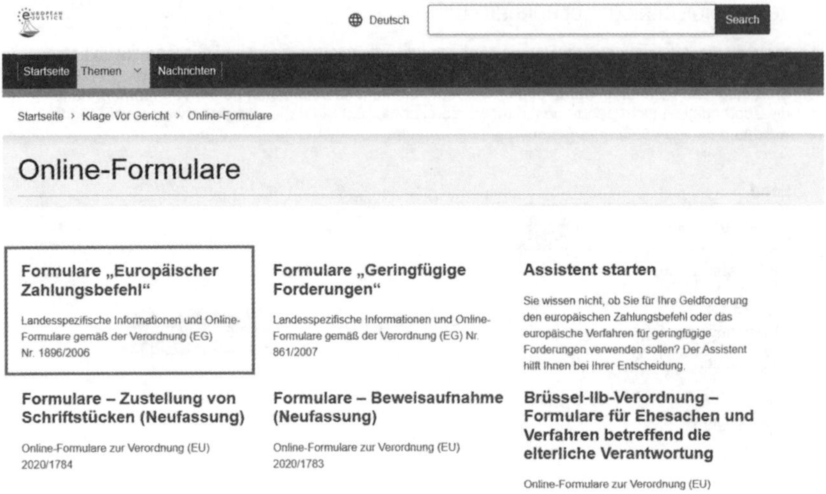

215 Ein Deutscher Blankoantrag ist nachstehend abgebildet, um das Arbeiten mit den Kennziffern darzustellen. So hat der Antragsteller den Code 01, der Antragsgegner den Code 02 usw.

Antrag auf Erlass eines Europäischen Zahlungsbefehls

Formblatt A

Artikel 7 Absatz 1 der Verordnung (EG) Nr. 1896/2006 des Europäischen Parlaments und des Rates zur Einführung eines Europäischen Mahnverfahrens

Bitte lesen Sie zum besseren Verständnis dieses Formblatts zuerst die Leitlinien auf der letzten Seite!

Dieses Formblatt ist in der Sprache oder in einer der Sprachen auszufüllen, die das zu befassende Gericht anerkennt.
Das Formblatt ist in allen Amtssprachen der Europäischen Union erhältlich, so dass Sie es in der verlangten Sprache ausfüllen

1. Gericht		
Gericht Amtsgericht Wedding - Europäisches Mahngericht Deutschland		
Anschrift Brunnenplatz 1		
PLZ 13357	Ort Berlin	Land DE

Aktenzeichen (vom Gericht auszufüllen)	
Eingang beim Gericht (Tag/Monat/Jahr)	
Unterschrift und/oder Stempel	

2. Parteien und ihre Vertreter

Codes: 01 Antragsteller; 02 Antragsgegner; 03 Vertreter des Antragstellers *; 04 Vertreter des Antragsgegners *; 05 Gesetzlicher Vertreter des Antragstellers **; 06 Gesetzlicher Vertreter des Antragsgegners **

Code					
Code 01	Name der Firma oder Organisation			(ggf.) Identifikationsnummer	
	Name Rodrigez Sanchez			Vorname Miguel	
	Anschrift Plaza de Catalunya 1		PLZ 08002	Ort Barcelona	Land ES
	Telefon ***	Fax ***	E-Mail ***		
	Beruf ***		Sonstige Angaben ***		
Code 02	Name der Firma oder Organisation Muster GmbH			(ggf.) Identifikationsnummer	
	Name			Vorname	
	Anschrift Monbijoustraße 1		PLZ 10178	Ort Berlin	Land DE
	Telefon ***	Fax ***	E-Mail ***		
	Beruf ***		Sonstige Angaben ***		
Code 06	Name der Firma oder Organisation			(ggf.) Identifikationsnummer	
	Name Meyer			Vorname Karl	
	Anschrift		PLZ	Ort	Land
	Telefon ***	Fax ***	E-Mail ***		
	Beruf ***		Sonstige Angaben *** Geschäftsführer		

Code 03	Name der Firma oder Organisation atg Rechtsanwälte			(ggf.) Identifikationsnummer	
	Name Schulz			Vorname Sven	
	Anschrift Wiesenweg 6		PLZ 12144	Ort Berlin	Land DE
	Telefon ***	Fax ***	E-Mail ***		
	Beruf *** Rechtsanwalt		Sonstige Angaben *** 15/2022		
* z.B. Rechtsanwalt	** z.B. Elternteil, Vormund, Geschäftsführer		*** fakultativ		

3. Begründung der gerichtlichen Zuständigkeit

Codes:
01 Wohnsitz des Antragsgegners oder eines Antragsgegners
02 Erfüllungsort
03 Ort des schädigenden Ereignisses
04 Wenn es sich um Streitigkeiten aus dem Betrieb einer Zweigniederlassung, einer Agentur oder einer sonstigen Niederlassung handelt, Ort, an dem sich diese befindet
05 Ort, an dem der Trust seinen Sitz hat
06 Wenn es sich um eine Streitigkeit wegen der Zahlung von Berge- und Hilfslohn handelt, der für Bergungs- und Hilfeleistungsarbeiten gefordert wird, die zugunsten einer Ladung oder einer Frachtforderung erbracht worden sind, der Ort des Gerichts, in dessen Zuständigkeitsbereich diese Ladung oder die entsprechende Frachtforderung mit Arrest belegt worden ist oder mit Arrest hätte belegt werden können
07 In Versicherungssachen Wohnsitz des Versicherungsnehmers, des Versicherten oder des Begünstigten
08 Wohnsitz des Verbrauchers
09 Ort, an dem der Arbeitnehmer seine Arbeit verrichtet
10 Ort der Niederlassung, die den Arbeitnehmer eingestellt hat
11 Ort, an dem die unbewegliche Sache belegen ist
12 Gerichtsstandsvereinbarung
13 Wohnsitz des Unterhaltsgläubigers
14 Sonstiger Zuständigkeitsgrund (bitte näher erläutern)

Code	Erläuterungen (gilt nur für Code 14)
01	

4. Gründe dafür, dass die Sache als grenzüberschreitend anzusehen ist

Codes:

01 Belgien	06 Griechenland	11 Italien	16 Ungarn	21 Portugal	26 Schweden
02 Bulgarien	07 Spanien	12 Zypern	17 Malta	22 Rumänien	27 Vereinigtes Königreich
03 Tschechische Republik	08 Frankreich	13 Lettland	18 Niederlande	23 Slowenien	28 Sonstige
04 Deutschland	09 Kroatien	14 Litauen	19 Österreich	24 Slowakei	
05 Estland	10 Irland	15 Luxemburg	20 Polen	25 Finnland	

Wohnsitz oder gewöhnlicher Aufenthaltsort des Antragstellers	Wohnsitz oder gewöhnlicher Aufenthaltsort des Antragsgegners	Land des Gerichts
07	04	04

5. Bankverbindung (fakultativ)

5.1 Zahlung der Gerichtsgebühren durch den Antragssteller

Codes:
01 Überweisung
02 Kreditkarte
03 Einziehung vom Bankkonto des Antragsstellers durch das Gericht
04 Prozesskostenhilfe
05 Sonstige (bitte näher erläutern)

Bei Code 02 oder 03 bitte die Bankverbindung in Anlage 1 eintragen

Code	Im Falle von Code 05 bitte näher erläutern
01	

5.2 Zahlung der zuerkannten Summe durch den Antragsgegner

Kontoinhaber	Bankadresse (BIC) oder andere anwendbare Bankkennung
atg Rechtsanwälte	DEUTDEDBBER
Kontonummer	**Internationale Bankkontonummer (IBAN)**
123564	DE69100700240000123564

EUR	Euro	BGN	Bulgarischer Lew	CZK	Tschechische Krone	GBP	Britisches Pfund	HRK	Kroatische Kuna
HUF	Ungarischer Forint	LTL	Litauischer Litas	LVL	Lettischer Lats	PLN	Polnischer Zloty	RON	Rumänischer Leu
SEK	Schwedische Krone								

6. Hauptforderung

	Sonstige (gem. internationalem Bankcode)
Währung	Gesamtwert der Hauptforderung, ohne Zinsen und Kosten
EUR	2000,00

Anspruchsgrundlage (Code 1)

01 Kaufvertrag
02 Mietvertrag über bewegliche Sachen
03 Miet-/Pachtvertrag über Immobilien
04 Mietvertrag über Betriebs-/Büroräume
05 Vertrag über Dienstleistungen — Elektrizität, Gas, Wasser, Telefon
06 Vertrag über Dienstleistungen — medizinische Versorgung
07 Vertrag über Dienstleistungen — Beförderungsleistungen
08 Vertrag über Dienstleistungen — rechtliche, steuerliche oder technische Beratung
09 Vertrag über Dienstleistungen — Hotel- und Gaststättengewerbe
10 Vertrag über Dienstleistungen — Reparaturen
11 Vertrag über Dienstleistungen — Maklerleistungen
12 Vertrag über Dienstleistungen — Sonstiges (bitte näher erläutern)
13 Bauvertrag
14 Versicherungsvertrag
15 Darlehen
16 Bürgschaft oder sonstige Sicherheit
17 Außervertragliche Schuldverhältnisse, sofern sie einer Vereinbarung zwischen den Parteien oder einem Schuldanerkenntnis unterliegen (z.B. Schadensbegleichung, ungerechtfertigte Bereicherung)
18 Aus dem gemeinsamen Eigentum an Vermögensgegenständen erwachsende Forderungen
19 Schadensersatz aus Vertragsverletzung
20 Abonnement (Zeitung, Zeitschrift)
21 Mitgliedsbeitrag
22 Arbeitsvertrag
23 Außergerichtlicher Vergleich
24 Unterhaltsvertrag
25 Sonstige Forderungen (bitte näher erläutern)

Umstände, mit denen die Forderung begründet wird (Code 2)

30 Ausgebliebene Zahlung
31 Unzureichende Zahlung
32 Verspätete Zahlung
33 Ausgebliebene Lieferung von Waren/ Erbringung von Dienstleistungen
34 Lieferung schadhafter Waren/Erbringung mangelhafter Dienstleistungen
35 Erzeugnis bzw. Dienstleistung entspricht nicht der Bestellung
36 Sonstige Probleme (bitte näher erläutern)

Sonstige Angaben (Code 3)

40 Ort des Vertragsabschlusses
41 Ort der Leistung
42 Zeitpunkt des Vertragsabschlusses
43 Zeitpunkt der Leistung
44 Art der betreffenden Ware(n)
45 Adresse einer Liegenschaft oder eines Gebäudes
46 Bei Darlehen, Zweck des Darlehens: Verbraucherkredit
47 Bei Darlehen, Zweck des Darlehens: Hypothekendarlehen
48 Sonstige Angaben (bitte näher erläutern)

ID	Code 1	Code 2	Code 3	Erläuterungen	Datum* (oder Zeitraum)	Betrag
1	01	33	43	Termin	08.01.2015	2000,00

* Datumsformat: Tag/Monat/Jahr

Die Forderung ist dem Antragsteller von folgendem Gläubiger abgetreten worden (falls zutreffend)

Name der Firma oder Organisation		(ggf.) Identifikationsnummer	
Name		Vorname	
Anschrift	PLZ	Ort	Land

Zusätzliche Angaben für Forderungen, die sich auf einen Verbrauchervertrag beziehen (falls zutreffend)

Die Forderung bezieht sich auf einen Verbrauchervertrag	Der Antragsgegner ist der Verbraucher	Der Antragsgegner hat einen Wohnsitz im Sinne von Artikel 59 der Verordnung (EG) Nr. 44/2001 in dem Mitgliedstaat, dessen Gerichte angerufen werden
Ja Nein	Ja Nein	Ja Nein

7. Zinsen

Codes (bitte die entsprechende Ziffer und den entsprechenden Buchstaben einsetzen):

01 Gesetzlicher Zinssatz
02 Vertraglicher Zinssatz
03 Kapitalisierung der Zinsen
04 Zinssatz für ein Darlehen **
05 Vom Antragsteller berechneter Betrag
06 Sonstige ***

A jährlich
B halbjährlich
C vierteljährlich
D monatlich
E sonstige ***

ID	Code	Zinssatz (%)	% über dem Basissatz der EZB	auf (Betrag)	Ab	bis
1	01 A	5,000		2000,00	08.01.2015	

* Bitte die entsprechende Forderungskennung (ID) einsetzen ** vom Antragsteller mindestens in der Höhe der Hauptforderung aufgenommen
*** Bitte näher erläutern

8. Vertragsstrafe (falls zutreffend)	
Betrag	Bitte näher erläutern

9. Kosten (falls zutreffend) Codes: 01 Antragsgebühren 02 Sonstige (bitte näher erläutern)			
Code	Erläuterungen (gilt nur für Code 02)	Währung	Betrag
01	Gerichtskosten	EUR	

10. Vorhandene Beweismittel, auf die sich die Forderung stützt Codes: 01 Urkundsbeweis 02 Zeugenbeweis 03 Sachverständigen-gutachten 04 Inaugenscheinnahme eines Gegenstands 05 Sonstige (bitte näher erläutern)			
ID *	Code	Bezeichnung der Beweismittel	Datum (Tag/Monat/Jahr)
1	01	Kaufvertrag	08.12.2014

* Bitte die entsprechende Forderungskennung (ID) einsetzen

11. Zusätzliche Erklärungen und weitere Angaben (falls erforderlich)

Ich beantrage hiermit, dass das Gericht den/die Antragsgegner anweist, die Hauptforderung in der oben genannten Höhe, gegebenenfalls zuzüglich Zinsen, Vertragsstrafen und Kosten, an den/die Antragssteller zu zahlen.

Ich erkläre, dass die obigen Angaben nach bestem Wissen und Gewissen gemacht wurden.

Mir ist bekannt, dass falsche Angaben zu Sanktionen nach dem Recht des Ursprungsmitgliedstaat führen können.

Ort	Datum (Tag/Monat/Jahr)	Unterschrift und gegebenenfalls Stempel
Berlin	08.01.2015	

216 *Praxistipp:*

Der Antrag muss immer in der jeweiligen **Amtssprache des Mahngerichts** eingelegt werden (im Beispiel also in Französischer Sprache). Anhand der Kennziffer ist das Ausfüller in einer fremden Sprache jedoch recht einfach.

V. Verfahren

217 Das zuständige Mahngericht prüft lediglich die Schlüssigkeit des Antrags. Ist der Mahnantrag nicht offensichtlich unbegründet, erlässt das Gericht den Zahlungsbefehl.

Ist der Antrag hingegen von den Angaben her unvollständig, erhält man eine Monierungsmitteilung mit der Möglichkeit, den Antrag binnen einer bestimmten Frist zu vervollständigen. Auch hier gibt es einen Formzwang (Formblatt B). 218

Sind die Forderungen nur zu einem Teil schlüssig, kann das Gericht dem Antragsteller einen Änderungsvorschlag unterbreiten (Formblatt C). Er kann diesen annehmen, es ergeht dann ein Teilzahlungsbefehl. Antwortet er nicht oder lehnt den Vorschlag ab, wird der europäische Mahnantrag zurückgewiesen. 219

Gegen Zurückweisung des Mahnantrags ist kein **Rechtsmittel** gegeben. 220

Die **Zustellung** erfolgt nach den nationalen Gesetzen, muss jedoch den Mindestanforderungen der Verordnung zum europäischen Mahnbescheid entsprechen. In Deutschland verweist § 1089 ZPO auf die Vorschriften zu den Zustellungen von Amts wegen (§§ 166 ff. ZPO). 221

Die **öffentliche Zustellung** ist jedoch zum Schutz des Antragsgegners ausgeschlossen, wie im Inlandsmahnverfahren auch.

> *Praxistipp:* 222
>
> Das europäische Mahnverfahren ist nur eingliedrig, d.h. der Antragsgegner hat nur einmal die Möglichkeit, Einwendungen gegen die Forderung vorzubringen. Der Einspruch muss innerhalb von 30 Tagen ab Zustellung des Zahlungsbefehls zurückgesandt werden auf Formblatt F, das ihm zusammen mit dem Zahlungsbefehl zugestellt worden ist.

Nach Ablauf der Einspruchsfrist erhält der Antragsteller eine Ausfertigung des europäischen Zahlungsbefehls gegen den Anspruchsgegner, mit dem er die Zwangsvollstreckung im gesamten EU-Bereich (mit Ausnahme von Dänemark) ohne eine weitere staatliche Anerkennung betreiben kann. 223

§ 5 Zwangsvollstreckung, Zwangsverwaltung und Insolvenz

Inhalt

A. Allgemeines

Gabriele Waldschmidt/Michael Brunner-Ovadia

Neben dem Kostenrecht stellt die Zwangsvollstreckung ein Spezialgebiet der Rechtanwaltsfachangestellten in der Kanzlei dar. Nach Sammlung von Berufserfahrung und ggf. entsprechenden Fortbildungsmaßnahmen können Rechtsanwaltsfachangestellter die Zwangsvollstreckung in vielen Kanzleien eigenverantwortlich bearbeiten und damit die Rechtsanwälte spürbar entlasten. 1

Zwangsvollstreckung? Das Wort klingt nach Ärger und macht vielen Angst. Doch was ist Zwangsvollstreckung eigentlich? 2

Ist ein Schuldner nicht bereit, einen Anspruch freiwillig zu erfüllen, kann der Gläubiger diesen Anspruch mit Hilfe des Staates durchsetzen. Hierzu kann es kommen, wenn der Schuldner seiner Verpflichtung auch nach erfolgter Mahnung nicht nachgekommen ist und der Gläubiger im Rahmen eines Zivilprozesses bei Gericht einen vollstreckbaren Titel erwirkt hat. Dieser Zivilprozess gliedert sich in zwei Teile: Das **Erkenntnisverfahren**, dessen primärer Zweck in der Feststellung oder Gestaltung subjektiver zivilrechtlicher Rechte oder Rechtsverhältnisse liegt, und das Zwangsvollstreckungsverfahren, in welchem die im Erkenntnisverfahren festgestellten Leistungsansprüche notfalls zwangsweise durchgesetzt werden (müssen). Hierbei stehen dem Gläubiger verschiedene staatliche Mittel zur Verfügung, um den Anspruch zwangsweise geltend zu machen.

Beispiel:

A bestellt bei B Waren – z.B. einen Schreibtisch und einen Bürostuhl zum Preis von insgesamt 8.500 EUR. Die Möbel werden geliefert und B in Rechnung gestellt. B zahlt jedoch nicht. A mahnt die Zahlung bei B an – B zahlt immer noch nicht.

A hat nunmehr die Möglichkeit, durch ein Gericht feststellen zu lassen, dass B an A den Betrag von 8.500 EUR (ggf. zuzügl. Verzugszinsen) zu zahlen hat. Dies kann im Rahmen eines gerichtlichen Mahnverfahrens oder durch Einreichen einer Klage geschehen. Ziel beider Verfahren ist, dass A einen sog. „Titel" gegen B erhält, in welchem festgestellt wird, dass B an A 8.500 EUR (ggf. zuzügl. Zinsen) zu zahlen hat.

Reagiert/zahlt B während dieses gerichtlichen Verfahrens oder nach Zustellung des Titels immer noch nicht, kann A aus diesem Titel die Zwangsvollstreckung gegen B betreiben.

3 Die Zwangsvollstreckung erfolgt ausschließlich durch staatliche Vollstreckungsorgane. Der Gläubiger darf sich sein Recht nicht im Wege der Selbsthilfe oder Selbstjustiz verschaffen, sondern dem Staat steht das **Zwangsvollstreckungsmonopol** zu. Der Gläubiger hat gegen den Staat einen Anspruch auf Vollstreckung seines titulierten Anspruches. Ihm steht es dabei frei, gegen den nicht zahlenden Schuldner sämtliche Vollstreckungsmöglichkeiten zu nutzen, die das zivilprozessuale Vollstreckungsrecht eröffnet. Dabei braucht grundsätzlich keine Rücksicht darauf genommen werden, ob die Vollstreckungen dem Schuldner genehm sind. Unannehmlichkeiten und Einschränkungen kann der Schuldner jederzeit dadurch abwenden, dass er seine Schulden tilgt.[1]

Die Zwangsvollstreckung der ZPO ist also die Durchsetzung privater Ansprüche mit staatlichen Machtmitteln.

4 Die Beteiligten im Zwangsvollstreckungsverfahren heißen Gläubiger und Schuldner.

5 Der in Art. 14 GG normierten Eigentumsgarantie unterliegt auch der titulierte Anspruch des Gläubigers. Wird das Vollstreckungsorgan auf Antrag des Gläubigers tätig, so greift dieses mit der Ausübung staatlicher Zwangsgewalt in die grundrechtlich geschützten Rechte des Schuldners ein (z.B. in das Recht auf Unverletzlichkeit der Wohnung, Art. 13 GG, oder die Eigentumsgarantie, Art. 14 GG). Dieses muss der Schuldner im Rahmen der gesetzlich geregelten Zwangsvollstreckung grundsätzlich hinnehmen.

Im Einzelfall, insbesondere wenn die Zwangsvollstreckung eine unerträgliche Härte für den Schuldner bedeuten würde oder der Grundsatz der Verhältnismäßigkeit offensicht-

1 AG Brühl v. 14.12.2017 – 23 C 205/17.

lich nicht mehr gewährt ist (z.B. bei drohender Selbstmordgefahr im Falle der Räumung), muss das Grundrecht des Gläubigers (Eigentumsgarantie Art. 14 GG) hinter dem Grundrecht des Schuldners (z.B. das Recht auf Unverletzlichkeit der Wohnung, Art. 13 GG, oder die Eigentumsgarantie, Art. 14 GG) zurücktreten. Dies ist im Einzelfall durch das Gericht zu prüfen.

Die Pfändung einer Sache darf zudem nicht zur Übersicherung des Gläubigers führen, § 803 Abs. 1 S. 2 ZPO. Das gilt jedoch nicht, wenn nur ein einziger pfändbarer Gegenstand vorhanden ist.

B. Vollstreckungsarten

Die Zwangsvollstreckung ist nur möglich hinsichtlich von Leistungsansprüchen, also Ansprüchen, die auf ein 6

- Tun (z.B. Herausgabe eines Gegenstandes, Zahlung eines Geldbetrages)
- Unterlassen (z.B. nachts Musik lauter als in Zimmerlautstärke hören; wahrheitswidrige Behauptungen über Dritte aufzustellen)
- Dulden (z.B. Verpflichtung, das Betreten eines Grundstückes oder einer Wohnung zu dulden)

gerichtet sind.

Bei der Zwangsvollstreckung handelt es sich nicht um ein immer gleich ablaufendes Verfahren. Vielmehr hängt der konkrete Verfahrensablauf von den Gegebenheiten des Einzelfalles ab: 7

- Gegen wen soll vollstreckt werden? Gegen eine Einzelperson, mehrere Schuldner oder z.B. eine juristische Person?
- Art des titulierten Anspruches? Zahlung, Herausgabe, Unterlassung etc.?
- Vermögenswerte des Schuldners? Soll in einen bestimmten Gegenstand, in Forderungen oder Grundstücke des Schuldners vollstreckt werden?

Die Beantwortung dieser Fragen hat maßgeblichen Einfluss auf den Ablauf des jeweiligen Vollstreckungsverfahrens.

8

Vollstreckungsart	Maßnahme	Vollstreckungsorgan
I. Vollstreckung wegen einer Geldforderung	1. Mobiliarvollstreckung a) Sachpfändung §§ 808 bis 827 ZPO b) Vermögensauskunft §§ 802c ff. ZPO	Gerichtsvollzieher
	2. Forderungspfändung Forderungspfändung, §§ 828 ff. ZPO	Vollstreckungsgericht

Vollstreckungsart	Maßnahme	Vollstreckungsorgan
	3. Immobiliarvollstreckung a) Eintragung einer Zwangssicherungshypothek, §§ 867 f. ZPO b) Zwangsversteigerung, §§ 15 ff. ZVG c) Zwangsverwaltung, §§ 146 ff. ZVG	 Grundbuchamt Vollstreckungsgericht Vollstreckungsgericht
II. Vollstreckung wegen anderer Ansprüche als Geldforderungen	1. Zwangsvollstreckung zur Erwirkung von Handlungen a) § 887 ZPO für vertretbare Handlungen b) § 888 ZPO für unvertretbare Handlungen	Prozessgericht des ersten Rechtszugs
	2. Abgabe einer Willenserklärung, § 894 ZPO	Keines, durch Rechtskraft Selbstvollstreckung (gilt als abgegeben)
	3. Zwangsvollstreckung zur Erwirkung einer Unterlassung oder Duldung, § 890 ZPO	Prozessgericht des ersten Rechtszugs
	4. Herausgabe bestimmter Sachen, §§ 883 ff. ZPO	Gerichtsvollzieher

C. Allgemeine und besondere Zwangsvollstreckungsvoraussetzungen

9 Vor Einleitung einer Zwangsvollstreckungsmaßnahme muss grundsätzlich geprüft werden, ob die **allgemeinen** und ggf. die **besonderen** Zwangsvollstreckungsvoraussetzungen vorliegen.

10 Folgende **Grundvoraussetzungen** müssen bei Einleitung einer Zwangsvollstreckungsmaßnahme vorliegen:

- Es muss ein für die Zwangsvollstreckung geeigneter **Vollstreckungstitel** (§§ 704, 794 ZPO) vorliegen.
- Dieser muss mit einer **Vollstreckungsklausel** (§§ 724 ff. ZPO) versehen sein.
- Weiterhin muss dieser Titel einen **Zustellungsvermerk** enthalten oder spätestens bei der ersten Zwangsvollstreckungsmaßnahme an den Schuldner zugestellt werden (§ 750 Abs. 1 S. 1 ZPO).

- In bestimmten Fällen kann es neben den allgemeinen Voraussetzungen der Zwangsvollstreckung auch **besondere Voraussetzungen** geben. 11
- Eintritt eines Kalendertages
- Erbringung der Sicherheitsleistung
- Zug-um-Zug-Vollstreckung

I. Titel

Ein Vollstreckungstitel ist eine Anordnung zur Zahlung (eines bestimmten Geldbetrages) bzw. zur Handlung (Herausgabe einer Sache), Duldung oder Unterlassung. Der klassische Vollstreckungstitel ist das gerichtliche Urteil (Leistungstitel). 12

Die (uneingeschränkte) Zwangsvollstreckung aus einem Urteil (oder einem anderen Titel) kann nur erfolgen, wenn dieses Urteil **rechtskräftig** oder für **vorläufig vollstreckbar** erklärt worden ist, § 704 ZPO. Die **Rechtskraft** eines Urteils tritt ein, wenn ein Rechtsmittel innerhalb der gesetzlichen Frist nicht eingelegt wurde oder die Parteien auf die Einlegung eines Rechtsmittels verzichtet haben. 13

Bei Einleitung von Zwangsvollstreckungsmaßnahmen muss die Rechtkraft des Urteils nachgewiesen werden. Dies erfolgt durch Einholung eines „Rechtskraftvermerkes". Auf Antrag bestätigt das erstinstanzliche Gericht, dass innerhalb der Frist kein Rechtsmittel eingelegt wurde, § 706 ZPO: 14

> *Beispiel für einen Rechtskraftvermerk:*
>
> *„Vorstehendes Urteil ist rechtskräftig seit dem … (Datum der Rechtskrafterlangung)."*

Ein Notfristzeugnis holt das erstinstanzliche Gericht beim Rechtsmittelgericht ein. Damit bestätigt das Rechtsmittelgericht, dass gegen eine rechtskraftfähige Entscheidung innerhalb der Notfrist ein Rechtsmittel (bzw. Einspruch oder Rüge, § 321a ZPO) nicht eingelegt worden ist. 15

Durch den Titel wird der Inhalt und der Umfang der Zwangsvollstreckung bestimmt. Dieser muss **hinreichend genau bestimmt** sein. Ein Zahlungsanspruch ist immer dann hinreichend genau bestimmt, wenn er betraglich festgelegt ist oder sich aus für die Vollstreckungsorgane allgemein zugänglichen Quellen bestimmen lässt.[2] 16

> *Beispiele für **nicht** vollstreckungsfähige Formulierungen:* 17
>
> *„Der Beklagte ist verpflichtet, an den Kläger eine Abfindung zu zahlen."* (Hier fehlt es an Angaben zur Höhe der Forderung.)
>
> *oder*

2 *Gottwald/Mock*, § 704 Rn 6.

„Der Beklagte wird verurteilt, Schadenersatz in der vom Sachverständigen zu bestimmenden Höhe an den Kläger zu zahlen.“ (Das Sachverständigengutachten ist keine allgemein zugängliche Quelle, so dass die Höhe des Schadensersatzes hätte betraglich ausgewiesen werden müssen)

oder

„Der Beklagte wird verurteilt, einen Betrag in Höhe von .... EUR unter Anrechnung bereits gezahlter Beträge zu zahlen“ (hier fehlen die genauen Angaben über die Höhe und den Zeitpunkt der bereits gezahlten Beträge, so dass nicht ermittelt werden kann, welcher Betrag überhaupt zu zahlen ist.)

oder

„Der Beklagte ist verpflichtet, an den Kläger die Wohnung in der Bergmannstraße herauszugeben.“ (hier ist die herauszugebende Sache nicht ausreichend bestimmt.)

18 *Beispiele für vollstreckungsfähige Formulierungen, da bestimmbar:*

„nebst Zinsen i.H.v. 5 Prozentpunkten über den jeweiligen Basiszinssatz ...“ (hier sind die Zinsen bestimmbar, da der jeweils gültige Basiszinssatz zum 01.01. und 01.07. eines Jahres veröffentlich wird.)

oder

„Der Beklagte ist verpflichtet, an den Kläger den Arbeitslohn für Juni 2023 i.H.v. 2.000,00 EUR brutto zu zahlen.“ (gem. BGH sind auch Bruttolohntitel vollstreckbar, da der Nettolohn von Seiten des Schuldners – sprich: Arbeitgebers – berechnet werden kann.)

oder

Ein notariell beurkundeter Zahlungsanspruch, der der Höhe nach den Bruttobezügen eines ledigen Regierungsrates der Besoldungsgruppe A, letzte Dienstaltersstufe, entsprechen soll[3] (hier kann die Höhe des Zahlungsanspruches durch allgemein zugängliche Quellen, in diesem Fall dem Tarifvertrag, ermittelt werden.)

19 Feststellungs- und Gestaltungsurteile sind hingegen nicht vollstreckungsfähig. Es können demnach z.B. keine Scheidungsbeschlüsse vollstreckt werden. Beschlüsse, die zur Zahlung von Unterhaltsbeträgen verpflichten, sind dagegen vollstreckungsfähig.

20 Ferner darf die Zwangsvollstreckung nur beginnen, wenn die Personen, für und gegen die sie stattfinden soll, in dem Urteil (bzw. anderen Titel) oder in der dem Urteil beigefügten Vollstreckungsklausel namentlich bezeichnet sind und das Urteil bereits zugestellt ist oder gleichzeitig zugestellt wird, § 750 Abs. 1 ZPO. Die Parteien müssen dabei so hinreichend bezeichnet sein, dass kein Zweifel über die Identität aufkommt. Im

3 LG Saarbrücken v. 3.11.2008 – 5 T 492/08.

Zweifelsfall sollte z.B. bei natürlichen Personen, insbesondere wenn diese einen häufig vorkommenden Namen wie z.B. „Hans Müller“ tragen, nach Möglichkeit ein Geburtsdatum angegeben werden. Auch ein Künstlername kann genügen, wenn hierdurch die Identität festgestellt werden kann.[4]

Praxistipp: 21

„Die Zwangsvollstreckung beginnt bereits im Erkenntnisverfahren“: Bereits bei Titulierung – also bei Beantragung des Mahnbescheides bzw. Einreichung der Klageschrift – muss darauf geachtet werden, dass die Schreibweise des Namens des/der Beklagten bzw. die Firmierung korrekt bzw. vollständig ist.

- Die Müller-UG ist nicht gleichzusetzen mit dem Geschäftsführer Hans Müller.
- Wurde gegen „Ayleen Brand“ tituliert und die Schuldnerin heißt „Eileen Brandt“ kann zwar aus einem erwirkten Titel z.B. ein Pfändungs- und Überweisungsbeschluss gegen Ayleen Brand erwirkt werden, dieser geht jedoch ggf. ins Leere und trifft nicht die wirkliche Schuldnerin Eileen Brandt.
- Geben Sie bei Einzelkaufleuten, die unter einem speziellen Namen ihre Firma führen, sowohl den Namen des Schuldners als auch den seiner Firma an; z.B.: Bernd Schulte – Inhaber des Fotostudios „Glamour-Fotos“.
- Achten Sie bei juristischen Personen immer auf die korrekte Firmierung: Die XY GmbH & Co. KG ist nicht gleich XY GmbH.

In § 708 ZPO sind die Urteile aufgelistet, die ohne Sicherheitsleistung (des Gläubigers) für vorläufig vollstreckbar zu erklären sind: 22

- Anerkenntnis- und Verzichtsurteil, § 708 Nr. 1 ZPO
- Versäumnisurteile und Urteile nach Lage der Akten, § 708 Nr. 2 ZPO
- Urteile, mit denen ein Einspruch gegen ein Versäumnisurteil als unzulässig verworfen wird, § 708 Nr. 3 ZPO
- Urteile im Urkunden-, Scheck- oder Wechselverfahren, § 708 Nr. 4 ZPO
- Urteile im Nachverfahren, § 708 Nr. 5 ZPO
- Urteile im Arrest- oder einstweiligen Verfügungsverfahren, § 708 Nr. 6 ZPO
- Urteile in Mietstreitigkeiten, § 708 Nr. 7 ZPO
- Urteile, in denen die Hauptforderung 1.250 EUR nicht übersteigt, § 708 Nr. 11 ZPO
- Urteile der Arbeitsgerichte, § 62 Abs. 1 ArbGG

Was bedeutet: „**vorläufig vollstreckbar**“? 23

Aus einem vorläufig vollstreckbaren Urteil kann bereits die Vollstreckung betrieben werden, obwohl noch ein Rechtsmittel oder Rechtsbehelf gegen dieses Urteil möglich bzw.

4 Zöller/*Seibel*, § 750 ZPO Rn 7.

ein Rechtsmittelverfahren bereits anhängig ist. Es kann somit auch u.U. möglich sein, dass der Rechtsstreit für den Kläger noch verloren geht.

Die obsiegende Partei kann also schon vollstrecken, obwohl das Urteil noch nicht rechtskräftig ist. Sollte in der Rechtsmittelinstanz das Urteil abgeändert werden und hat der Gläubiger bereits erfolgreich vollstreckt, muss ein durch die Vollstreckung ggf. entstandener Schaden durch den Gläubiger ersetzt werden.

> *Beispiel:*
>
> G erwirkt ein Versäumnisurteil gegen S, wonach dieser 6.000 EUR zuzügl. Zinsen zu zahlen hat. Das Versäumnisurteil wird für vorläufig vollstreckbar erklärt und S. am 15.01. zugestellt. S hat somit die Möglichkeit bis zum 29.01. Einspruch gegen das Urteil einzulegen.
>
> Da das Versäumnisurteil jedoch vorläufig vollstreckbar ist, kann G bereits vor dem 29.01. die Vollstreckung betreiben. Sollte S Einspruch gegen das Versäumnisurteil einlegen und sollte in der Verhandlung über den Einspruch das Versäumnisurteil aufgehoben werden, muss G die eventuell im Rahmen der Vollstreckung eingezogenen Beträge erstatten.

24 **Vorläufige Vollstreckbarkeit gegen Sicherheitsleistung**: Die vorläufige Vollstreckbarkeit eines Titels kann dem Gläubiger helfen, seinen Anspruch zu sichern. Müsste der Gläubiger erst die Rechtskraft abwarten, könnte dies u.U. zu Nachteilen für den Gläubiger führen, da der Schuldner in der Zwischenzeit Vermögenswerte beiseiteschaffen kann.

Andererseits kann eine Vollstreckung für den Schuldner, der in der Rechtsmittelinstanz eine Aufhebung oder Abänderung des erstinstanzlichen Urteils erwirkt, äußerst nachteilig sein, wenn der Gläubiger vollstreckt und den Erlös bis zu einer endgültigen Entscheidung bereits ausgegeben hat. Um Nachteile für den Schuldner in einem solchen Fall zu vermeiden, sind andere als die in § 708 ZPO aufgeführten Urteile nur **gegen Sicherheitsleistung** für vorläufig vollstreckbar zu erklären.

> *Beispiel:*
>
> Auszug aus einem Urteil:
>
> … für Recht erkannt:
>
> Die Beklagte wird verurteilt, an die Klägerin 65.195,95 EUR nebst 5 Prozentpunkten über dem Basiszinssatz ab dem 13.1.2023 zu zahlen.
>
> Die Kosten des Rechtsstreits trägt die Beklagte.
>
> Das Urteil ist gegen Sicherheitsleistung in Höhe von 110 % des zu vollstreckenden Betrages vorläufig vollstreckbar.

In diesem Fall hat die Klägerin – sofern sie vor Rechtskraft des Urteils die Vollstreckung einleiten will – die Sicherheitsleistung zu erbringen, damit – wie oben beschrieben – bei einer möglichen Abänderung des erstinstanzlichen Urteils in der Rechtsmittelinstanz Nachteile für die Schuldnerin vermieden werden. Leistet der Kläger/Gläubiger Sicherheit, vollstreckt dann erfolgreich und verliert den Rechtsstreit in der Rechtsmittelinstanz, kann der Beklagte/Schuldner auf die Sicherheit zurückgreifen, sofern der Kläger/Gläubiger nach Beendigung des Rechtsstreits nicht mehr in der Lage ist, den vollstreckten Betrag zu erstatten.

Gem. § 711 ZPO muss das Gericht bei den in § 708 Nr. 4–11 ZPO genannten Urteilen von **25** Amts wegen anordnen, dass der Schuldner die Vollstreckung durch Leistung einer Sicherheit abwenden darf.

> *Beispiel der Nebenentscheidung:*
>
> *„Das Urteil ist vorläufig vollstreckbar. Der Beklagte kann die Vollstreckung durch Sicherheitsleistung in Höhe von ... EUR abwenden, wenn nicht der Kläger vor der Vollstreckung Sicherheit in gleicher Höhe leistet“.*

Das Gericht bestimmt im Urteilstenor, wie und in welcher Höhe die Sicherheit zu leisten **26** ist. Hat das Gericht nicht bestimmt, wie die Sicherheit zu erbringen ist, gilt § 108 ZPO:

Die Leistung der Sicherheit hat durch schriftliche, unwiderrufliche, unbedingte und unbefristete **Bürgschaft** eines im Inland zum Geschäftsbetrieb befugten Kreditinstitutes oder durch **Hinterlegung** von Geld oder solchen Wertpapieren, die nach § 234 Abs. 1 und 3 BGB zur Sicherheitsleistung geeignet sind, zu erfolgen.

Vor bzw. spätestens mit Beginn der Zwangsvollstreckung muss die Urschrift bzw. die **27** beglaubigte Abschrift der Bürgschaft oder die Durchschrift des Annahmeantrages der Hinterlegungsstelle nebst Quittung durch den Gerichtsvollzieher bzw. durch Zustellung von Anwalt zu Anwalt zugestellt werden, § 751 Abs. 2 ZPO.

Sofern der Gläubiger nur aus einem Teilbetrag vollstrecken möchte, muss er die Sicher- **28** heitsleistung auch nur nach dem Verhältnis des Teilbetrages zur Gesamtforderung hinterlegen, § 752 ZPO.

> *Beispiel:*
>
> Will der Gläubiger aus dem Titel über 10.000 EUR, der gegen Sicherheitsleistung von 11.000 EUR vorläufig vollstreckbar ist, in Höhe einer Teilforderung von 5.000 EUR vollstrecken, so muss er eine Sicherheit in Höhe von 50 % aus 11.000 EUR, also 5.500 EUR hinterlegen.

Nicht jeder Gläubiger kann oder will eine Sicherheit in Höhe von rund 110 % der Forderung **29** oder ggf. eine anteilige Sicherheit erbringen. In einem solchen Fall muss der Gläubiger jedoch nicht bis zur Rechtskraft des Titels warten, sondern er kann die **Sicherungsvollstreckung** gem. § 720a ZPO betreiben.

Es kommt immer wieder vor, dass Schuldner nur Berufung einlegen, um Zeit zu gewinnen. Müsste der Gläubiger, der nicht in der Lage ist, die Sicherheitsleistung aufzubringen, erst die Rechtskraft des Titels abwarten, könnte der Schuldner in der Zwischenzeit Wertgegenstände beiseiteschaffen. Die Sicherungsvollstreckung ermöglicht dem Gläubiger einen raschen Zugriff auf Vermögenswerte.

30 Im Fall der Sicherungsvollstreckung wird die Forderung für den Gläubiger (nur) gesichert. Es erfolgt **keine Verwertung**.

31 Auch bei der Sicherungsvollstreckung müssen grundsätzlich die allgemeinen (Titel, Klausel und Zustellung) und die besonderen Voraussetzungen der Zwangsvollstreckung (z.B. Eintritt eines Kalendertages, Zug-um-Zug-Voraussetzungen) vorliegen. Ferner dürfen keine Vollstreckungshindernisse gem. § 775 ZPO bestehen.

32 *Beispiele:*

Der Gläubiger kann im Rahmen der Sicherungsvollstreckung folgende Maßnahmen einleiten:

- Eintragung einer Sicherungshypothek – jedoch keine Zwangsversteigerung
- Pfändung von beweglichen Sachen – jedoch keine Versteigerung
- Pfändungsbeschluss – jedoch kein Überweisungsbeschluss, also keine Auskehrung an den Gläubiger
- Abnahme der Vermögensauskunft

33 Grundvoraussetzung für die Sicherungsvollstreckung ist gem. § 750 Abs. 3 ZPO, dass der Titel und die Klausel mindestens zwei Wochen vor Beginn der Vollstreckung an den Schuldner zugestellt wurden. Die Zustellung der einfachen Klausel ist nicht Voraussetzung für den Beginn der Zwangsvollstreckung.[5] Die Klausel muss nur dann zugestellt werden, wenn es sich um eine titelergänzende (§ 726 Abs. 1 ZPO) oder titelumschreibende Klausel (§ 727 ZPO) handelt, die einer gesonderten Prüfung durch den Rechtspfleger bedarf.

34 Der Schuldner kann eine Sicherungsvollstreckung gem. § 720a ZPO abwenden, indem er selbst Sicherheit leistet.

35 Neben den Endurteilen findet die Zwangsvollstreckung insbes. aus den weiteren Vollstreckungstiteln des § 794 ZPO statt. Die wichtigsten weiteren Vollstreckungstitel sind:

- Prozessvergleiche gem. § 794 Abs. 1 Nr. 1 ZPO,
- Kostenfestsetzungsbeschlüsse gem. § 794 Abs. 1 Nr. 2 ZPO,

5 BGH RPfleger 2005, 547.

- Vollstreckungsbescheide gem. § 794 Abs. 1 Nr. 4 ZPO,
- vollstreckbare notarielle oder gerichtliche Urkunden gem. § 794 Abs. 1 Nr. 5 ZPO,
- Europäische Zahlungsbefehle gem. § 794 Abs. 1 Nr. 6 ZPO.

Nach § 795 ZPO gelten für diese weiteren Vollstreckungstitel die allgemeinen Vorschriften zur Zwangsvollstreckung, u.a. grds. auch die Voraussetzungen wie Titel, Klausel und Zustellung. Die §§ 795a bis 800 ZPO sehen jedoch einige **Besonderheiten** für diese Titel vor. Die obigen Titel haben folgende Besonderheiten: 36

- Prozessvergleiche müssen i.d.R. für die Vollstreckungsvoraussetzung der Zustellung gem. § 750 Abs. 1 ZPO im **Parteibetrieb** (zur Zustellung allgemein s. Rdn 63 ff.) zugestellt werden. Aufgrund ihrer Rechtsnatur (Vergleiche werden bestands-, nicht rechtskräftig) müssen die Vergleiche nicht von Amts wegen zum Start einer Rechtsmittelfrist zugestellt werden. Die Aushändigung des Terminprotokolls inklusive Vergleich an die Parteien im Termin reicht aus.
- Bei Kostenfestsetzungsbeschlüssen ist die **Wartefrist** des § 798 ZPO von zwei Wochen ab Zustellung des Titels einzuhalten. Erst nach Ablauf der Wartefrist ist die Zwangsvollstreckung zulässig.
- Bei Vollstreckungsbescheiden ist die Sonderregelung des § 796 ZPO zu beachten, wonach es einer Vollstreckungsklausel nur bedarf, wenn es sich dabei um eine **Rechtsnachfolgeklausel** handelt, d.h. der Titel wurde entweder auf Schuldner- oder Gläubigerseite auf einen Rechtsnachfolger umgeschrieben. Einer einfachen Vollstreckungsklausel hingen bedarf es nicht.
- In notariellen Urkunden können grds. alle Ansprüche für vollstreckbar erklärt werden. § 794 Abs. 1 Nr. 5 ZPO sieht jedoch drei Ausnahmen vor, bei denen eine Vollstreckbarkeitserklärung nicht möglich ist:
  - Ansprüche, die einer vergleichsweisen Regelung nicht zugänglich sind,
  - Ansprüche, die auf die Abgabe einer Willenserklärung gerichtet sind, sowie
  - Ansprüche, die den Bestand eines Wohnraummietverhältnisses betreffen.

Ferner ergeben sich auch aus anderen Gesetzen eine Vielzahl von zur Zwangsvollstreckung geeigneten Titeln. Eine umfassende Auflistung ist in §§ 36–41 der Geschäftsanweisung für Gerichtsvollzieher (GVGA) enthalten. 37

Daneben gibt es noch Arreste (§ 932 ZPO) und einstweilige Verfügungen (§ 936 ZPO), bei denen gem. § 916 ZPO nur Sicherungsmaßnahmen der Zwangsvollstreckung erfolgen dürfen. Eine Verwertung ist zunächst ausgeschlossen. 38

II. Vollstreckungsklausel

Für die Einleitung einer Vollstreckungsmaßnahme ist die Erteilung einer Vollstreckungsklausel erforderlich. 39

> *Beispiel der Vollstreckungsklausel:*
> *„Vorstehende Ausfertigung wird dem Kläger/Beklagten zum Zwecke der Zwangsvollstreckung erteilt".*

40 Die Urschrift des Titels befindet sich in den Gerichtsakten. Zur Durchführung der Zwangsvollstreckung benötigt der Gläubiger eine sog. **vollstreckbare Ausfertigung** des Titels, §§ 724, 725 ZPO.

41 Die Klausel ist von dem zuständigen Urkundsbeamten der Geschäftsstelle (UdG) oder dem Rechtspfleger zu unterschreiben und mit dem Siegel zu versehen, § 725 ZPO.

42 Die vollstreckbare Ausfertigung ist das amtliche Zeugnis des Bestehens sowie der Vollstreckungsreife des Titels. Damit werden die Vollstreckungsorgane von der Verpflichtung entbunden, diese Tatsachen bei Beginn der Zwangsvollstreckung selbst zu prüfen.

43 Die Erteilung der Klausel ist noch keine Zwangsvollstreckung, sondern bereitet diese vor.

Die Vollstreckungsklausel wird nicht von Amts wegen, sondern **nur auf Antrag** erteilt.

Es ist zwischen der **einfachen und der qualifizierten Klausel** zu unterscheiden.

1. Einfache Vollstreckungsklausel

44 In den meisten Fällen ist lediglich eine einfache Vollstreckungsklausel gem. §§ 724, 725 ZPO für die Zwangsvollstreckung erforderlich. Zuständig für die Erteilung der einfachen Klausel ist der Urkundsbeamte der Geschäftsstelle (UdG), § 724 ZPO, bzw. sofern es sich bei dem Titel um eine notarielle Urkunde handelt, der Notar, der die Urkunde erstellt hat, § 797 Abs. 2 ZPO. Bei der einfachen Klausel handelt es sich um den „Normalfall".

2. Qualifizierte Vollstreckungsklausel

45 Zuständig für die Erteilung der qualifizierten Klausel ist der Rechtspfleger, § 20 Nr. 12 RPflG bzw. im Falle einer notariellen Urkunde der Notar, der die Urkunde erstellt hat, § 797 Abs. 2 ZPO.

a) Titelergänzende Klausel, § 726 ZPO

46 Eine titelergänzende Klausel ist erforderlich, wenn nach dem Titelinhalt der materielle Anspruch oder seine Vollstreckung **bedingt oder befristet** sind, § 726 ZPO.

> *Beispiel:*
> A hat sich in einem Prozessvergleich verpflichtet, nach dem Tod des Vaters an ihre Schwester B 20.000 EUR zu zahlen. Nach dem Tod des Vaters legt B den Titel vor und beantragt die Erteilung einer Vollstreckungsklausel.

Es liegt eine Befristung vor, auf die § 726 Abs. 1 ZPO anzuwenden ist. Zum Nachweis des Todes des Vaters muss B z.B. die Sterbeurkunde vorlegen, da der Nachweis in öffentlicher Form erfolgen muss.

Besondere Voraussetzungen für die Erteilung der qualifizierten Klausel nach § 726 ZPO: 47

- Die Vollstreckung aus dem Titel hängt nach seinem Inhalt vom Eintritt einer Tatsache ab.
- Dem Gläubiger obliegt die Beweislast für den Eintritt der Bedingung.
- Der Gläubiger hat den Beweis durch öffentlich beglaubigte Urkunde zu führen – es sei denn, der Eintritt der Tatsache ist offenkundig, § 291 ZPO, oder wird vom Schuldner zugestanden, §§ 288 Abs. 1, 730 ZPO. Das Schweigen des Schuldners ist kein Nachweis, um die Urkunde zu ersetzen.

Ausnahmen: 48

Bei den nachfolgenden Bedingungen / Befristungen ist keine titelergänzende, sondern nur eine einfache Klausel erforderlich:

- wenn die Vollstreckung von einer **Sicherheitsleistung** des Gläubigers abhängt (vergl. § 726 ZPO). Hier muss das Vollstreckungsorgan prüfen, ob die Sicherheitsleistung erbracht wurde.
- wenn die Geltendmachung des Anspruches von dem **Eintritt eines Kalendertages** abhängig ist. In diesem Falle wird die einfache Klausel schon vor Eintritt des Kalendertages erteilt. Die Prüfung, ob der Kalendertag bei Vollstreckungsbeginn eingetreten ist, obliegt dem Vollstreckungsorgan, § 751 ZPO.
- wenn die Vollstreckung nach dem Inhalt des Titels von einer **Zug-um-Zug** zu bewirkenden Leistung des Gläubigers an den Schuldner abhängt, § 726 Abs. 2 ZPO. In diesem Fall wird die einfache Klausel erteilt und erst durch das Vollstreckungsorgan geprüft, ob der Schuldner befriedigt ist oder sich im Annahmeverzug befindet (vergl. §§ 756, 765 ZPO).

Beispiele:

Eintritt eines Kalendertages: Kläger und Beklagter schließen in dem Rechtsstreit vor dem Amtsgericht Wuppertal am 2.2.2024 einen Vergleich dahingehend, dass der Beklagte einen Betrag von 5.000 EUR an den Kläger zahlt. Dem Beklagten wird nachgelassen, diesen Betrag in Raten à 1.000 EUR, beginnend ab dem 1.7.2024 zu zahlen. Die Vollstreckungsklausel wird auf Antrag des Klägers erteilt. Die Zwangsvollstreckung darf jedoch erst und nur dann eingeleitet werden, wenn der Beklagte die Ratenzahlung nicht aufnimmt bzw. nicht einhält, also frühestens nach dem 1.7.2024. Dies ist von dem Vollstreckungsorgan zu prüfen.

Zug-um-Zug-Vollstreckung: Autohändler B. wird verurteilt, an den Kläger R. einen Betrag in Höhe von 10.000 EUR Zug-um-Zug gegen Rückgabe des Fahrzeuges BMW (genaue Bezeichnung) zu zahlen. Die Vollstreckungsklausel wird auf Antrag erteilt. Die Zwangsvollstreckung darf jedoch erst erfolgen, wenn der Gerichtsvollzieher im Auftrag des Gläubigers R. das Fahrzeug angeboten bzw. an B. übergeben hat bzw. dieser sich mit der Annahme des Fahrzeuges in Verzug befindet.

b) Titelumschreibende Klausel, § 727 ZPO

49 Eine titelumschreibende Klausel ist erforderlich, wenn die Vollstreckung für oder gegen den **Rechtsnachfolger** der im Titel bezeichneten Parteien erfolgen soll.

Sinn der Titelumschreibung ist es, einen neuen Rechtsstreit über denselben prozessualen Anspruch zu vermeiden. Soweit eine Umschreibung möglich ist, fehlt für eine neue Klage das Rechtsschutzinteresse. § 727 ZPO regelt die Titelumschreibung für und gegen den Rechtsnachfolger.

Beispiel:

Klaus Müller ist im Besitz eines Titels gegen Albert Meier, wonach dieser einen Betrag von 5.000 EUR zu zahlen hat. Meier verstirbt und Müller möchte nunmehr gegen die Erben vorgehen.

Gem. § 727 ZPO muss eine Klausel gegen den/die Erben beantragt werden. Zum Nachweis ist z.B. ein Erbschein/Testament vorzulegen.

3. Anforderungen an das Siegel

50 Der BGH[6] hat in einer Entscheidung aus Dezember 2016 festgestellt, welche Anforderungen an die Form des Siegels zu stellen sind:

> *„ein Dienstsiegel, welches programmgesteuert und zeitgleich mit der Erklärung auf dem Dokument angebracht wird, genügt nicht den Anforderungen des § 725 ZPO."*

Ein drucktechnisch erzeugtes Siegel reicht für die Zwangsvollstreckung nicht aus!

Weiterhin hat der BGH[7] entschieden, dass **dies für eine Klausel auf einem Vollstreckungsbescheid nicht gilt.** Eine Rechtsnachfolgeklausel, die im Mahnverfahren mit einem maschinell erzeugten Gerichtssiegel versehen wurde, gilt als wirksam erteilt. Ausreichend ist dabei laut BGH ein teilweise automatisierter Verfahrensablauf. Einer Unterschrift bedürfe es nicht. Sie sei ein nicht notwendiger Zusatz. Entsprechendes gelte für ein zusätzliches, nachträglich händisch angebrachtes Siegel, § 703 Abs. 1 ZPO.

6 BGH v.14.12.2016 – V ZB 88/16.
7 BGH v. 21.7.2021 – VII ZB 34/20.

4. Klarstellender Vermerk

Hat der/die Schuldner(in) aufgrund einer Heirat/Scheidung den Nachnamen geändert, kann weiterhin die Vollstreckung aus dem ursprünglichen Titel – ohne Ergänzung bez. des Namens – erfolgen, wenn für das Vollstreckungsorgan ersichtlich ist, dass Personenidentität besteht. 51

Die schlichte Namensänderung im Wege der Eheschließung/Scheidung stellt nämlich keine Rechtsnachfolge i.S.v. § 727 ZPO dar, die es erforderlich machen würde, dass die Klausel und/oder der zugrunde liegende Teil umgeschrieben werden. Die Beifügung eines entsprechenden Zusatzes im Titel und/oder der erteilten Klausel kann hilfreich sein, ist im Hinblick auf die fortbestehende Identität der Person des Schuldners / der Schuldnerin jedoch nicht erforderlich. Im Vollstreckungsverfahren ist es nämlich Sache des Vollstreckungsorgans, die Identität der Person, gegen die vollstreckt werden soll, in eigener Verantwortung zu prüfen. Allerdings kann es hier zu Zwischenverfügungen und damit zu Zeitverzögerungen kommen, wenn das Vollstreckungsorgan die Durchführung der Vollstreckung mit der Begründung verweigert, die Parteiidentität lasse sich nicht zweifelsfrei feststellen. Der Gläubiger sollte daher – um jeglichen Diskussionen und Zeitverzögerungen aus dem Weg zu gehen – sofern möglich einen klarstellenden Vermerk auf dem Titel einholen.

Die Anbringung eines klarstellenden Vermerks ist bei dem zuständigen Prozessgericht zu beantragen.

Formulierungsbeispiel: Antrag auf Anbringung eines klarstellenden Vermerks 52

In dem Rechtsstreit

Anton Mustermann,/. Christiane Tal, jetzt: Berg, wohnhaft: Haupstr. 2, 42103 Wuppertal

Az: 92 C …/17-

beantragen wir

> die Anbringung eines klarstellenden Vermerks auf dem Versäumnisurteil vom 25.5.2017 dahingehend, dass die Beklagte nun den Nachnamen „Berg“ führt.

Begründung:

Die Beklagte Christiane Tal hat zwischenzeitlich geheiratet und trägt nunmehr den Nachnamen „Berg“. Zum Nachweis fügen wir eine Bestätigung des Standesamtes der Stadt Wuppertal bei.

Wir bitten daher, die als Anlage beigefügte vollstreckbare Ausfertigung des Versäumnisurteils insoweit zu berichtigen bzw. zu ergänzen, dass die Beklagte jetzt den Namen „Berg“ trägt.

Signatur / Rechtsanwalt

5. Ausnahmen vom Klauselerfordernis

53 Es gibt jedoch auch Titel, die keine Vollstreckungsklausel für die Durchführung einer Vollstreckungsmaßnahme benötigen. Dies muss sich jedoch ausdrücklich aus dem Gesetz ergeben. Die wichtigsten Titel ohne Klauselerfordernis sind:

- Vollstreckungsbescheide nach § 796 Abs. 1 ZPO,
- Arreste und einstweilige Verfügungen gem. §§ 929 Abs. 1, 936 i.V.m. 929 Abs. 1 ZPO,
- Pfändungs- und Überweisungsbeschluss als Herausgabetitel gem. § 836 Abs. 3 ZPO (z.B. bei Herausgabe eines Sparbuchs nach Pfändung des Sparguthabens) sowie
- Kostenfestsetzungsbeschlüsse, die gem. § 105 ZPO vereinfacht **auf das Urteil gesetzt** sind, nach § 795a ZPO.

54 Tritt jedoch eine Rechtsnachfolge ein, so ist auch bei diesen Titeln eine Rechtsnachfolgeklausel erforderlich.

6. Weitere vollstreckbare Ausfertigungen

55 Eine weitere vollstreckbare Ausfertigung wird gem. § 733 ZPO dem Gläubiger erteilt, wenn er ein **Rechtsschutzbedürfnis** hierfür nachweist. Die Gründe für eine weitere vollstreckbare Ausfertigung muss der Gläubiger darlegen und zumindest glaubhaft machen.

56 Ein Rechtschutzbedürfnis kann bestehen, wenn:

- die erste vollstreckbare Ausfertigung des Titels verloren gegangen ist.[8]
- die erste vollstreckbare Ausfertigung des Titels dem Schuldner ohne vollständigen Ausgleich der Forderung ausgehändigt wurde.[9]
- Vollstreckungsmaßnahmen an verschiedenen Orten bzw. durch funktionell verschiedene Vollstreckungsorgane durchgeführt werden sollen[10] (Wird der Schuldner z.B. innerhalb eines Titels zur Räumung einer Wohnung sowie zur Zahlung von Mietrückständen verurteilt, ist für die Vollstreckung des Räumungsanspruchs der Gerichtsvollzieher, für einen Antrag auf (z.B.) Lohn- oder Kontenpfändung wegen der Mietrückstände das Vollstreckungsgericht zuständig).
- bei Gesamtgläubigerschaft gegen die einzelnen Gesamtgläubiger vollstreckt werden soll. Der Gläubiger muss für die Erteilung einer vollstreckbaren Ausfertigung kein besonderes berechtigtes Interesse nachweisen.[11]

8 Zöller/*Seibel*, § 733 ZPO Rn 5.
9 OLG Hamm RPfleger 1979, 431.
10 LG Schwerin v. 18.7.2012 – 5 T 163/12.
11 OLG Köln OLGZ 1991, 72, 74.

- – nach herrschender Meinung – gegen Gesamtschuldner vollstreckt werden soll,[12] da gegen die einzelnen Schuldner z.B. durch verschiedene Vollstreckungsorgane oder an verschiedenen Orten vollstreckt werden kann.
- die Erstausfertigung nicht mehr zur Verfügung steht, weil der frühere Prozessbevollmächtigte die vollstreckbare Ausfertigung nicht herausgibt.[13]

Für die o.g. Punkte wird das berechtigte Interesse des Gläubigers regelmäßig angenommen.

Verfahren: 57

- Es besteht kein Anwaltszwang (§ 78 Abs. 3 ZPO).
- Eine Anhörung des Schuldners kann unterbleiben, wenn der Fall zweifelsfrei ist. Dies liegt im Ermessen des Rechtspflegers. Bei besonderer Dringlichkeit der Vollstreckung hat eine Anhörung des Schuldners sogar zu unterbleiben.[14] Ansonsten ist die Anhörung des Schuldners der Regelfall.
- Die örtliche Zuständigkeit richtet sich nach § 724 ZPO.
- Funktionell zuständig ist der Rechtspfleger gem. § 20 Nr. 12 RPflG.
- Beim Vollstreckungsbescheid ist der Rechtspfleger des Mahngerichtes zuständig, welches den Bescheid erlassen hat.
- Ist der Rechtsstreit aufgrund eines Einspruches gegen den Vollstreckungsbescheid an das Prozessgericht abgegeben worden, ist für die Erteilung einer weiteren vollstreckbaren Ausfertigung des Vollstreckungsbescheides das Prozessgericht als Gericht des ersten Rechtszugs zuständig.[15]
- Bei vollstreckbaren Urkunden und Anwaltsvergleichen ist der Rechtspfleger (§ 20 Nr. 12 RPflG) des in § 797 Abs. 3, 4 ZPO bezeichneten Gerichtes zuständig.
- Der Gläubiger muss die Voraussetzungen für die Erteilung zumindest glaubhaft machen.
- Von der Entscheidung über die Erteilung einer weiteren Ausfertigung wird der Schuldner formlos informiert.

Praxisproblem 58

Fehlender Zustellungsvermerk: Die weitere Ausfertigung wird durch das Gericht mit dem Vermerk „zweite (ggf. dritte, vierte…) Ausfertigung“ erteilt und an den Gläubiger(-vertreter) übersandt. Häufig fehlt auf diesen Ausfertigungen der Vermerk, wann die erste vollstreckbare Ausfertigung an den Schuldner zugestellt wurde. Für die Vollstreckung aus weiteren Ausfertigungen des Titels gelten jedoch ebenfalls die Grund-

12 OLG Schleswig v. 17.12.2009 – 16 W 142/09.
13 AG Hannover DGVZ 2009, 79.
14 OLG Koblenz JurBüro 1987, 1228; VE 02/2000, 18.
15 BGH v. 13.6.2006 – X ARZ 85/06.

voraussetzungen der ZV: Titel-Klausel-Zustellung. Folge: Befindet sich auf der weiteren vollstreckbaren Ausfertigung kein Zustellungsvermerk, kann hieraus zunächst nicht vollstreckt werden.

Um zu vermeiden, dass die weitere(n) vollstreckbare(n) Ausfertigung(en) zusätzlich durch einen Gerichtsvollzieher zugestellt werden muss bzw. müssen (was zu weiteren Kosten und Zeitverlust führt), sollte bei Beantragung der weiteren Ausfertigung darauf hingewiesen werden, dass der Zustellvermerk der Erstausfertigung auf die weitere(n) Ausfertigung(en) übernommen wird.

59 *Formulierungsbeispiel: Antrag auf Erteilung einer weiteren vollstreckbaren Ausfertigung*

Anschrift Gericht

In dem Rechtsstreit

A ./. Anna und Klaus Mustermann

Aktenzeichen

beantragen wir namens und in Vollmacht des Gläubigers,

dem Gläubiger eine weitere vollstreckbare Ausfertigung des Kostenfestsetzungsbeschlusses vom xx.xx.20xx zum Zwecke der Zwangsvollstreckung gegen die Schuldner zu erteilen und von einer Anhörung der Schuldner abzusehen.

Begründung:

Der Gläubiger möchte an mehreren Orten und auf mehrere Arten gleichzeitig die Vollstreckung einleiten, um einen tatsächlichen Vollstreckungserfolg erzielen zu können. Das macht die Erteilung der weiteren vollstreckbaren Ausfertigung erforderlich. Konkret ist beabsichtigt, die Forderungspfändung gegen den Schuldner Klaus Mustermann sowie die Mobiliarvollstreckung gegen die Schuldnerin Anna Mustermann zu betreiben.

Werden die Zwangsvollstreckungsmaßnahmen nacheinander eingeleitet, besteht die Gefahr, dass der Schuldner – gewarnt durch die erste Maßnahme bzw. durch die Maßnahmen gegen den anderen Gesamtschuldner – die weitere Vollstreckung vereitelt.

Es wird ausdrücklich beantragt, von einer vorherigen Anhörung der Schuldner abzusehen. Die Anhörung ist nach § 733 ZPO nicht ausdrücklich vorgeschrieben, sondern in das Ermessen des Gerichtes gestellt. Bei der Ermessensentscheidung ist zu berücksichtigen, dass die Anhörung geeignet ist, den Vollstreckungserfolg zu gefährden, da die Schuldner dann in die Lage versetzt werden, dem Gläubiger den Zugriff auf körperliche Gegenstände zu entziehen und Forderungen vor der Pfändung abzutreten. Die berechtigten Interessen der Schuldner werden durch die ihnen zur Verfügung stehenden Rechtsmittel gewahrt.

> Ferner wird beantragt, den Zustellvermerk auf der weiteren vollstreckbaren Ausfertigung anzubringen.

Rechtsbehelfe: 60

Schuldner: gegen die Erteilung der weiteren vollstreckbaren Ausfertigung kann der Schuldner Erinnerung gem. § 732 ZPO einlegen.

Gläubiger: wird der Antrag durch den Rechtspfleger eines AG oder LG im ersten Rechtszug abgelehnt, steht dem Gläubiger die sofortige Beschwerde gem. § 11 Abs. 1 RPflG i.V.m. § 567 ZPO zur Verfügung, sonst die befristete Erinnerung nach § 11 Abs. 2 RPflG, bei Ablehnung durch den UdG die befristete Erinnerung, § 573 Abs. 1 ZPO.[16]

Besonderheiten: Zuständigkeit bei der **vollstreckbaren Urkunde des Notars** 61

Gem. § 797 Abs. 2 ZPO wird die vollstreckbare Ausfertigung notarieller Urkunden von dem Notar erteilt, der die Urkunde verwahrt. Gem. Abs. 3 wird die Entscheidung über die Erteilung einer weiteren vollstreckbaren Ausfertigung bei einer notariellen Urkunde von dem die Urkunde verwahrenden Notar getroffen.

Rechtbehelfe: 62

Lehnt der Notar die Erteilung ab, so kann diese Entscheidung durch die Beschwerde gem. § 54 BeurkG angefochten werden.

Erstellt der Notar die weitere Ausfertigung, kann diese durch den Schuldner im Rahmen der Erinnerung gem. § 732 ZPO angefochten werden.[17]

III. Zustellung

1. Art der Zustellung

Gem. § 750 Abs. 1 ZPO muss der Titel grds. **vor oder spätestens bei der ersten** Zwangs- 63
vollstreckungsmaßnahme zugestellt werden. Die Zustellung von Vollstreckungstiteln erfolgt je nach Art des Titels unterschiedlich.

Urteile werden gem. § 317 Abs. 1 ZPO von den Gerichten grundsätzlich von Amts wegen 64
zugestellt, um die entsprechende Rechtsmittelfrist in Gang zu setzen. D.h.: die Geschäftsstelle veranlasst – sofern der Kläger/Beklagte nicht anwaltlich vertreten ist – die Zustellung durch die Post (Postzustellungsurkunde), ggf. in Ausnahmefällen durch einen Justizbediensteten. Sofern der Empfänger anwaltlich vertreten ist, muss die Zustellung an den Prozessbevollmächtigen erfolgen, § 172 ZPO. Dies kann entweder (noch) auf dem Postweg oder mittels beA (besonderes elektronisches Anwaltspostfach) erfolgen.

16 Zöller/*Seibel*, § 733 ZPO Rn 14.
17 Musielak/*Voit*, § 797 ZPO Rn 8, 9.

65 In bestimmten Fällen kann die Zustellung auch im **Parteibetrieb** erfolgen. Zur Beschleunigung der Zwangsvollstreckung kann der Gläubiger auch einen Titel, der von Amts wegen zuzustellen wäre, im Parteibetrieb zustellen. Hierbei ist jedoch zu beachten, dass in einem solchen Fall die Zustellung zusätzlich von Amts wegen erforderlich ist, wenn die Zustellung Rechtsmittelfristen auslöst. In der Praxis ist die Zustellung eines Urteils im Parteibetrieb eher der Ausnahmefall.

Eine Ausnahme bildet die Zustellung des Vollstreckungsbescheids im Parteibetrieb, die ausnahmsweise die **Einspruchsfrist** auslöst.

66 Eine Zustellung im Parteibetrieb kann – sofern der Gegner anwaltlich vertreten ist – von Anwalt zu Anwalt gem. § 195 Abs. 1 S. 5 ZPO i.V.m. § 174 Abs. 2 S. 1 ZPO (ggf. auch per Fax oder beA) oder – sofern der Gegner nicht anwaltlich vertreten ist – durch den Gerichtsvollzieher erfolgen.

Im Parteibetrieb zuzustellen sind Prozessvergleiche (eine Zustellung von Amts wegen erfolgt nicht, da keine Rechtsmittelfrist in Gang gesetzt wird) oder notarielle Urkunden.

67 *Praxistipp 1:*

Achtung:

Mit Urt. v. 26.10.2015 hatte der BGH[18] die Zustellung von Anwalt zu Anwalt im Ergebnis vom Wohlwollen des Gegners abhängig gemacht und entschieden, dass es sich bei der Mitwirkung an der Zustellung von Anwalt zu Anwalt nicht um eine Berufspflicht des Rechtsanwaltes handelt.

Durch die Änderung des § 14 BORA hat der Gesetzgeber hierauf reagiert. Danach hat der Rechtsanwalt ordnungsgemäße Zustellungen von Gerichten, Behörden und Rechtsanwälten entgegenzunehmen und das Empfangsbekenntnis mit dem Datum versehen **unverzüglich** zu erteilen. Wenn der Rechtsanwalt bei einer nicht ordnungsgemäßen Zustellung die Mitwirkung verweigert, muss er dies dem Absender unverzüglich mitteilen.

68 *Praxistipp 2:*

Eine Zustellung per Einschreiben/Rückschein durch ein Postdienstleistungsunternehmen ist nicht zulässig!

Die Zustellung im Parteibetreib an den nicht anwaltlich vertretenen Gegner hat immer mittels Gerichtsvollzieher zu erfolgen. Aufgrund einer Änderung des § 16 GVO zum 1.6.2023 ist für die Zustellung gem. Abs. 1 immer der Gerichtsvollzieher zuständig, in dessen Bezirk der Schuldner seinen allgemeinen Gerichtsstand hat.

18 BGH v. 26.10.2015 – AnwSt (R) 4/1 5.

2. Zeitpunkt

Der Grundsatz des § 750 Abs. 1 ZPO erfordert spätestens die zeitgleiche Zustellung des 69
Titels mit Beginn der Vollstreckungsmaßnahme. Hiervon sieht das Gesetz folgende Ausnahmen vor:

- Gem. §§ 929 Abs. 3, 936 i.V.m. 929 Abs. 3 ZPO ist bei Arresten und einstweiligen Verfügungen eine nachträgliche Zustellung innerhalb einer Woche ab Vollziehung der Maßnahme zulässig.
- Hängt die Vollstreckung des Titels vom Ablauf der 2-wöchigen Wartefrist des § 798 ZPO ab (z.B. bei Kostenfestsetzungsbeschlüssen oder bei notariellen Urkunden), so muss die Zustellung mindestens zwei Wochen vor Beginn der Zwangsvollstreckung erfolgt sein.
- Gem. § 750 Abs. 3 ZPO muss bei einer Sicherungsvollstreckung nach § 720a ZPO sowohl der Titel als auch die Vollstreckungsklausel zwei Wochen vor Beginn der Zwangsvollstreckung zugestellt sein.

3. Prüfung der Vollstreckungsorgane

Neben den allgemeinen Zwangsvollstreckungsvoraussetzungen haben die Vollstre- 70
ckungsorgane zu überprüfen, ob besondere Vollstreckungsvoraussetzungen zu erfüllen sind und ob diese bereits erbracht wurden.

IV. Besondere Vollstreckungsvoraussetzungen

1. Sicherheitsleistung

Wurde ein Urteil gegen Sicherheitsleistung gem. § 709 ZPO für vorläufig vollstreckbar 71
erklärt, so muss der Gläubiger die im Urteil festgelegte **Sicherheitsleistung** erbringen oder kann alternativ die Sicherheitsvollstreckung gem. § 720a ZPO (also ohne Verwertung) betreiben, vergl. Ausführungen unter Rdn 24 ff.

2. Zug-um-Zug-Leistung

Bei Zug-um-Zug-Leistungen hängt die zu vollstreckende Leistung von einer zu erbrin- 72
genden Gegenleistung des Gläubigers gegenüber dem Schuldner ab. Dies gestaltet die Zwangsvollstreckung in der Praxis mitunter recht schwierig. Bei einer Zug-um-Zug-Leistung muss nämlich entweder die Befriedigung des Schuldners oder der Annahmeverzug des Schuldners in Form einer öffentlichen oder öffentlichen beglaubigten Urkunde nachgewiesen werden.

73 Gem. § 756 ZPO darf der Gerichtsvollzieher die Zwangsvollstreckung erst beginnen, wenn er dem Schuldner die diesem gebührende Leistung in einer den Verzug der Annahme begründenden Weise angeboten hat. Die Leistung muss so angeboten werden, dass der Schuldner nur noch zugreifen braucht. Insbesondere bedeutet dies, dass der Gerichtsvollzieher die Gegenleistung des Gläubigers auf der Grundlage der Angaben im Titel vollständig, zur rechten Zeit, am rechten Ort und in der rechten Weise anbieten muss. Grundlage für die Vollstreckung ist allein die Bezeichnung im Titel, ergänzende Unterlagen wie z.B. Bestelllisten, Lieferscheine etc. dürfen nicht berücksichtigt werden.

74 Die Gegenleistung muss hinreichend und zweifelsfrei bestimmt sein. Sammelbegriffe oder allgemeine Angaben sollten daher bereits bei Titulierung vermieden werden.

Ist die Gegenleistung nicht hinreichend bestimmt, ist der Titel nicht vollstreckungsfähig. Dies wiederum könnte zu Regressansprüchen gegen den Klägeranwalt führen.

Beispiel 1:

Der Beklagte wird verurteilt, 590 EUR nebst Zinsen .... an den Kläger zu zahlen, Zug-um-Zug gegen Herausgabe der Fotos.

Dieser Titel ist nicht vollstreckungsfähig, denn die Gegenleistung ist nicht genau und zweifelsfrei bestimmt: „gegen Herausgabe der Fotos“ ist zu ungenau (welche Fotos?)

Richtig müsste es bereits im Klageantrag heißen: „ … gegen Herausgabe der für die Beklagte erstellten Fotos Nr. 2, 5, 12 und 15 in Größe 50x75 cm aus der am .... erstellten Fotoserie (ggf. mit Nr. der Fotoserie)“.

Beispiel 2:

Der Beklagte wird verurteilt, an den Kläger 15.000 EUR zu zahlen, Zug-um-Zug gegen Herausgabe sämtlicher Dokumentationsunterlagen betreffend die von dem Kläger aufgrund des Vertrages vom .... (Datum) im Objekt xx-Str. 5 in … (Ort) erbrachten Heizungs-, Sanitär- und Solararbeiten (Ordner mit Wartungs- und Bedienungsanleitungen, Protokollen etc.) durch den Kläger an die Beklagten.

Dieser Titel ist nicht vollstreckungsfähig, denn die Gegenleistung ist mit der allgemeinen Bezeichnung „Dokumentationsunterlagen“ oder „Ordner mit…“ zu ungenau.

75 *Hinweis:*

Die Gegenleistung muss durch den Gerichtsvollzieher angeboten werden. Der Annahmeverzug ist durch den Gläubiger nachzuweisen.

Es **reicht nicht** aus, dass der Gläubiger z.B. im o.g. Fallbeispiel Nr. 1 die Fotos verpackt und der Schuldnerin per Einschreiben zuschickt. Vielmehr müssen im Rahmen eines Vollstreckungsauftrages die Fotos dem Gerichtsvollzieher übergeben werden mit dem Auftrag, vor Durchführung der Zwangsvollstreckung die Fotos der Schuldnerin anzubieten.

Verweigert die Schuldnerin die Annahme, befindet sie sich im Annahmeverzug und der Gerichtsvollzieher kann die Vollstreckung durchführen. Dies ergibt sich aus § 756 Abs. 2 ZPO.

Sofern der Gerichtsvollzieher den Schuldner nicht antrifft, kann er auch die Gegenleistung nicht wirksam anbieten. Versucht der Schuldner durch gezielte Abwesenheit den zuvor angekündigten Termin zu vereiteln, ist dies der Erklärung, die Leistung nicht annehmen zu wollen, gleichzusetzen. Ist der Schuldner also in einem zweiten angekündigten Angebotstermin nicht anwesend, gilt dies als Annahmeverweigerung.[19] 76

Tipp: 77

Informieren Sie Ihren Mandanten, dass er die Gegenleistung ordnungsgemäß lagern muss und bereit zu halten hat. Verkauft der Gläubiger die Gegenleistung anderweitig oder vernichtet diese, ist eine erfolgreiche Vollstreckung nicht mehr möglich.

Vorsicht ist auch geboten, wenn der Schuldner beanstandet, dass die Gegenleistung mit Mängeln behaftet ist. Aufgrund der Formalisierung der Zwangsvollstreckung darf der Gerichtsvollzieher aber nicht eine im Erkenntnisverfahren unterbliebene Beweisaufnahme nachholen. Kann der Gerichtsvollzieher die Ordnungsmäßigkeit der Sache nicht beurteilen, hat er ggf. einen Sachverständigen hinzuziehen. Mängel an der Gegenleistung sind dann nicht zu beachten, wenn im Schuldtitel nicht festgehalten ist, in welchem Zustand die Sache herauszugeben ist.[20] 78

Beispiel 3:

Der Schuldner wurde zur Zahlung an den Gläubiger verurteilt, Zug um Zug gegen Rückgabe eines näher bezeichneten Pkw. Der Pkw wurde dem Schuldner angeboten. Er lehnte die Rücknahme jedoch ab, da der Pkw fahruntüchtig sei.

Für die Frage, in welchem Zustand der von dem Vollstreckungsgläubiger zu leistende Gegenstand dem Vollstreckungsschuldner zu übergeben ist, ist in erster Linie der Vollstreckungstitel maßgeblich. Sofern der Titel oder Tatbestand und Entscheidungsgründe des zu vollstreckenden Urteils keine gesonderten Angaben zur Beschaffenheit der von dem Gläubiger zu erbringenden Gegenleistung enthält, kommt es nur darauf an, dass der angebotene mit dem bezeichneten Gegenstand identisch ist. Die Prüfungskompetenz des Vollstreckungsorgans wird nach dem Grundsatz der Formalisierung der Zwangsvollstreckung durch den Titelinhalt begrenzt.

19 MüKo/*Heßler*, § 756 ZPO Rn 18.
20 LG Koblenz DGVZ 2003, 40.

Enthält der Titel nur die Angabe, dass ein individueller Gegenstand anzubieten ist, ist nur die Identität zu prüfen.[21]

79 *Praxistipp:*

Eine Möglichkeit, diese komplexe Problematik zu umgehen, ergibt sich ebenfalls aus § 756 ZPO: Sofern der Beweis, dass der Schuldner befriedigt oder im Verzug der Annahme ist, durch öffentliche oder öffentlich beglaubigte Urkunden geführt wird und eine Abschrift dieser Urkunden bereits zugestellt ist oder gleichzeitig zugestellt wird, muss die Gegenleistung nicht in einer den Verzug begründenden Weise angeboten werden.

Im dem oben genannten Beispielfall Nr. 1, wonach der Beklagte verurteilt wurde, eine Zahlung Zug-um-Zug gegen die Übergabe bestimmter Fotos zu leisten, könnte man daher die Problematik des Annahmeverzuges wie folgt umgehen:

Bereits im Aufforderungsschreiben, welches der Schuldnerin möglichst per Einschreiben zugestellt werden sollte, wird diese aufgefordert, den Preis für die bestellten Fotos zu zahlen und diese Fotos zu den bekannten Öffnungszeiten im Fotostudio abzuholen. Reagiert die Schuldnerin auf die Aufforderung nicht, könnte der Klageantrag wie folgt formuliert werden:

1. Die Beklagte wird verurteilt, den Betrag von 590,00 EUR nebst Zinsen … an den Kläger zu zahlen, Zug-um-Zug gegen Herausgabe der für die Beklagte erstellten Fotos Nr. 2, 5, 12 und 15 in Größe 50x75 cm aus der am …. erstellten Fotoserie (ggf. mit Nr. der Fotoserie).
2. Es wird festgestellt, dass sich die Beklagte bezüglich der Fotos Nr. Nr. 2, 5, 12 und 15 jeweils in Größe 50 x 75 cm aus der am … für die Beklagte erstellte Fotoserie (ggf. mit Nr. der Fotoserie) in Verzug befindet.
3. Die Beklagte trägt die Kosten des Verfahrens.

Wird die Schuldnerin auf diese Weise rechtzeitig in Verzug gesetzt und dieser Annahmeverzug alsdann im Urteil mit tenoriert, kann aus dem Urteil anschließend wie aus einem „normalen" Zahlungstitel vollstreckt werden.

Entsprechend hat das AG Bergisch-Gladbach[22] entschieden und hierbei darauf hingewiesen, dass das Urteil, welches die öffentliche Urkunde im Sinne der §§ 756, 765 ZPO darstellt, auch die Urkunde im Sinne der §§ 415 ff. ZPO darstellt, wenn dieses noch nicht rechtskräftig ist.

21 BGH v. 7.7.2005; Vollstreckung effektiv 01/2006, 2.
22 AG Bergisch-Gladbach v. 20.6.2017 – 38 M 1267/16.

3. Eintritt eines Kalendertages

Ist die Geltendmachung des Anspruchs von dem Eintritt eines Kalendertages abhängig, so darf die Zwangsvollstreckung nur beginnen, wenn der Kalendertag abgelaufen ist, § 751 Abs. 1 ZPO. 80

Das Vollstreckungsorgan hat vor Beginn der Zwangsvollstreckung zu prüfen, ob die Bedingung (Eintritt des Kalendertages) eingetreten ist.

Nur bei Fälligkeit darf die Vollstreckungsmaßnahme durchgeführt werden, anderenfalls ist der Antrag abzulehnen.

> *Beispiel:*
>
> Der Kläger Anton Ruppig schließt am 23.2.2024 mit dem Beklagten Klaus Schludrig dahingehend einen gerichtlichen Vergleich, dass der Beklagte Schludrig einen Betrag von 4.000 EUR an den Kläger Ruppig zahlt. Es wird dem Beklagten nachgelassen, die Zahlung des Vergleichsbetrages in monatlichen Raten à 500 EUR, zahlbar jeweils zum 01. eines Monats, beginnend ab 1.7.2024, zu erbringen.
>
> Am 2.5.2024 beauftragt Gläubiger Ruppig den Gerichtsvollzieher mit der Zwangsvollstreckung gegen den Schuldner.
>
> Da die Vollstreckung erst beginnen darf, wenn der benannte Kalendertag abgelaufen ist, d.h. mit dem Beginn des Folgetages, im vorliegenden Fall also eine Vollstreckung erst ab dem 2.7.2024 möglich ist, wird der Gerichtsvollzieher den Auftrag zurückweisen.
>
> Die Zwangsvollstreckung darf erst ab dem 2.7.2024 beginnen, sofern der Schuldner seiner Zahlungsverpflichtung nicht nachgekommen ist.

V. Wartefristen

§ 798 ZPO sieht für bestimmte, dort genannte Titel eine Wartefrist von zwei Wochen ab Zustellung vor. Erst nach Ablauf der Wartefrist ist die Zwangsvollstreckung bei diesen Titeln zulässig. Die wichtigsten Titel des § 798 ZPO sind 81

- die Kostenfestsetzungsbeschlüsse
- die vollstreckbaren Ausfertigungen einer notariellen Urkunde
- für vollstreckbar erklärte Anwaltsvergleiche.

Eine andere Wartefrist von ebenfalls zwei Wochen ist in § 750 Abs. 3 ZPO geregelt. Wird eine **Sicherungsvollstreckung** nach § 720a ZPO betrieben, so müssen das Urteil und die Vollstreckungsklausel zwei Wochen vor Beginn der Vollstreckung zugestellt sein. 82

Sämtliche Wartefristen sind besondere Zwangsvollstreckungsvoraussetzungen, die das jeweilige Vollstreckungsorgan eigenständig vor Beginn der Vollstreckungsmaßnahme überprüfen muss. 83

VI. Vollstreckungshindernisse

84 In § 775 ZPO ist geregelt, unter welchen Voraussetzungen ein Vollstreckungsorgan eine Zwangsvollstreckungsmaßnahme einstellen oder beschränken muss.[23] Dies ist z.B. dann der Fall, wenn das zu vollstreckende Urteil oder seine vorläufige Vollstreckbarkeit aufgehoben oder die Zwangsvollstreckung für unzulässig erklärt wurde, ihre Einstellung angeordnet wurde, die Sicherheitsleistung erfolgt ist oder der Nachweis über den Ausgleich der Forderung oder deren Stundung vorgelegt wird.

Die in § 775 ZPO genannte Aufzählung ist abschließend und gilt für jede Art der Zwangsvollstreckung. Für die Zwangshypothek ist § 868 ZPO zu beachten. Sofern der Schuldner materiell-rechtliche Einwendungen geltend machen will, muss er im Rahmen der Vollstreckungsabwehrklage nach § 767 ZPO vorgehen und in diesem Zusammenhang die einstweilige Einstellung der Zwangsvollstreckung erwirken. Diese Anordnung wiederum wäre dann durch das Vollstreckungsorgan gem. § 775 Nr. 2 zu beachten.

Ist dem Vollstreckungsorgan schon bei Beginn der Zwangsvollstreckung bekannt, dass ein Vollstreckungshindernis vorliegt, so ist die Einleitung der Zwangsvollstreckung unzulässig. Grundsätzlich gilt, dass Vollstreckungshindernisse erst dann durch das Vollstreckungsorgan zu berücksichtigten sind, wenn diese ihm nachgewiesen wurden oder das Vollstreckungsorgan dienstlich Kenntnis davon erlangt.

> *Beispiel 1:*
>
> Gläubiger G hat den Gerichtsvollzieher beauftragt, aus einem Räumungstitel gegen Schuldner S zu vollstrecken. Der Gerichtsvollzieher fordert den Schuldner unter Fristsetzung auf, die Wohnung zu räumen und beraumt für den Fall, dass der Schuldner dieser Aufforderung nicht nachkommt, einen Termin für die Vollstreckung des Räumungstitels an. Schuldner S stellt einen Antrag auf einstweilige Einstellung der Zwangsvollstreckung gem. § 769 ZPO. An dem Tag, an dem die Räumung erfolgen soll, informiert die Geschäftsstelle des Amtsgerichtes den Gerichtsvollzieher telefonisch, dass soeben ein Beschluss über die einstweilige Einstellung der Zwangsvollstreckung erlassen worden sei.
>
> In diesem Fall ist die Zwangsvollstreckung gem. § 775 Nr. 2 ZPO einstweilen einzustellen, auch wenn der Beschluss über die einstweilige Einstellung dem Vollstreckungsorgan (noch) nicht vorgelegt wurde. Der Gerichtsvollzieher hat „dienstlich Kenntnis" von der Einstellung erhalten und hat diese zu beachten.

85 Welche Folgen sich daraus ergeben, dass ein in § 775 ZPO genanntes Vollstreckungshindernis besteht, ist in § 776 ZPO geregelt.

23 *Waldschmidt*, IB Anwaltsbüro – Infobrief für Kanzleimitarbeiter 04/2016, 3 ff.

- Nr. 1 Bestehen einer vollstreckungshindernden Entscheidung
Wird durch den Schuldner die Ausfertigung einer vollstreckbaren Entscheidung vorgelegt, so ist die Zwangsvollstreckung einzustellen oder zu beschränken. Hierbei kann es sich um ein Urteil oder einen Beschluss handeln. Nicht ausreichend ist ein Vergleich oder eine beiderseitige Erledigungserklärung. Rechtskraft, Vollstreckungsklausel oder Zustellungsvermerk sind nicht notwendig.

Beispiel 2:

Gegen Schuldner S war ein Versäumnisurteil ergangen. Hiergegen hat S fristgerecht Einspruch eingelegt. Da das Versäumnisurteil vorläufig vollstreckbar ist, hat Gläubiger G die Zwangsvollstreckung eingeleitet. In der Verhandlung über den Einspruch wird das Versäumnisurteil aufgehoben und die Klage abgewiesen. Will S nunmehr gegen die bereits eingeleiteten Zwangsvollstreckungsmaßnahmen vorgehen, muss er die Ausfertigung des vollstreckbaren Endurteils vorlegen.

- Nr. 2 Einstweilige Einstellung oder Vollstreckung nur gegen Sicherheitsleistung **86**
Bei Vorlage einer einstweiligen Einstellung der Zwangsvollstreckung (s. Beispiel 1) oder einer Anordnung, wonach die Zwangsvollstreckung nur gegen Sicherheitsleistung fortgesetzt werden darf, ist die Zwangsvollstreckung einzustellen bzw. zu beschränken. Im Falle der Anordnung einer Sicherheitsleistung darf die bereits begonnene Zwangsvollstreckung nur dann fortgesetzt werden, wenn der Gläubiger dem Vollstreckungsorgan durch Vorlage einer öffentlichen oder öffentlich beglaubigten Urkunde nachweist, dass die Sicherheit erbracht wurde und die Abschrift der Urkunde dem Schuldner zugestellt wurde bzw. gleichzeitig zugestellt wird (§ 751 Abs. 2 ZPO).

Beispiel 3:

Gläubiger G hat den Gerichtsvollzieher aufgrund eines vollstreckbaren Titels gegen S mit der Mobiliarvollstreckung in der Wohnung des S beauftragt. Der Gerichtsvollzieher findet ein wertvolles Gemälde und pfändet dieses. S erwirkt eine Anordnung, wonach die Zwangsvollstreckung nur gegen Sicherheitsleistung fortgesetzt werden darf. Erbringt der Gläubiger die Sicherheitsleistung und weist dies gem. § 751 Abs. 2 ZPO dem Vollstreckungsorgan nach, wird die Vollstreckung nicht eingestellt. Erfolgt keine Sicherheitsleistung, ist die Vollstreckung einzustellen.

- Nr. 3 Abwendung der Vollstreckung durch Sicherheitsleistung **87**
Der Schuldner kann die Vollstreckung abwenden, wenn er seinerseits Sicherheit leistet, z.B. in Fällen der §§ 711, 712 und 720a Abs. 3 ZPO.

Beispiel 4:

Gläubiger G erwirkt ein Vorbehaltsurteil im Urkundenprozess, wonach Schuldner S zur Zahlung von 10.000 EUR nebst Zinsen verurteilt wird. Weiterhin hat das Gericht ausgesprochen, dass der Beklagte die Vollstreckung durch Sicherheitsleistung in Höhe von 110 % des zu vollstreckenden Betrages abwenden kann, wenn nicht der Kläger vor der Zwangsvollstreckung Sicherheit in gleicher Höhe leistet.

Der Gläubiger beauftragt den Gerichtsvollzieher mit der Zwangsvollstreckung. Der Schuldner kann die Zwangsvollstreckung durch Sicherheitsleistung von 11.000 EUR abwenden. Notwendig ist hierfür die Vorlage einer öffentlichen Urkunde, aus der sich ergibt, dass die erforderliche Sicherheitsleistung oder Hinterlegung erfolgt ist. Erbringt der Schuldner diese Sicherheitsleistung, so darf der Gläubiger nicht weiter vollstrecken.

Will der Gläubiger dennoch weiter die Vollstreckung betreiben, muss er ebenfalls Sicherheit in gleicher Höhe leisten.

88 ■ Nr. 4 Befriedigung oder Stundung
Wurde die vollständige Forderung (Hauptforderung, Nebenforderungen, Kosten und Zinsen) nach Verkündung des Urteils ausgeglichen oder hat der Gläubiger mit dem Schuldner eine Stundung vereinbart, so ist die Zwangsvollstreckung ebenfalls einzustellen bzw. zu beschränken. Der Schuldner muss die Befriedigung des Gläubigers bzw. die Stundung der Forderung durch eine öffentliche Urkunde (eine öffentlich beglaubigte Urkunde reicht nicht aus) oder eine vom Gläubiger ausgestellt Privaturkunde (Original oder Ausfertigung, Kopie reicht nicht aus) nachweisen.

Beispiel 5:

Gläubiger G hat gegen S ein Urteil erwirkt, wonach dieser verurteilt wird, 10.000 EUR zuzügl. Zinsen an G zu zahlen hat. Daraufhin meldet sich S bei G und bittet um Ratenzahlung. Die Parteien schließen eine Ratenzahlungsvereinbarung, wonach S auf die Forderung zunächst 12 monatlichen Raten à 500 EUR zahlt. Weiterhin wird für den Fall, dass S diese Ratenzahlung ordnungsgemäß einhält, vereinbart, dass G die dann bestehende Restforderung erlässt. S hält die Vereinbarung ein. G beauftragt jedoch nach Ablauf der 12 Monate den Gerichtsvollzieher mit der Vollstreckung der Restforderung. S legt dem Gerichtsvollzieher die Ratenzahlungsvereinbarung vor.

89 ■ Nr. 5 Vorlage eines Einzahlungs- oder Überweisungsnachweises
Legt der Schuldner einen Nachweis vor, wonach er die Forderung an den Gläubiger überwiesen oder diese auf dessen Konto eingezahlt hat, ist die Zwangsvollstreckung ebenfalls einzustellen bzw. zu beschränken. Als Nachweis gilt z.B. ein Kontoauszug über die Abbuchung des Betrages, wenn hieraus der Gläubiger als Empfänger ersichtlich ist.

Beispiel 6:

Gläubiger G hat den Gerichtsvollzieher beauftragt, aus einem Titel über 5.000 EUR gegen Schuldner S die Zwangsvollstreckung zu betreiben. S legt dem Gerichtsvollzieher einen Überweisungsauftrag vor, wonach er vor zwei Tagen den Betrag von 5.000 EUR auf das Konto des Gläubigers überwiesen hat. Der Überweisungsbeleg weist folgenden Stempelaufdruck der Bank des Schuldners aus: „Auftrag angenommen". Eine Einstellung oder Beschränkung der Zwangsvollstreckung kommt in diesem Fall (noch) nicht in Betracht: Der Vermerk „Auftrag angenommen" bedeutet nicht, dass der Auftrag auch ausgeführt, der Betrag von 5.000 EUR also auch tatsächlich vom Konto des Schuldners auf das Konto des Gläubigers überwiesen wurde oder wird. „Auftrag angenommen" ist lediglich eine Eingangsbestätigung des Überweisungsauftrages bei der Bank. Um die Einstellung der Zwangsvollstreckung tatsächlich zu bewirken, müsste der Schuldner entweder einen Überweisungsbeleg mit dem Aufdruck „Auftrag ausgeführt" oder zusätzlich zum o.g. Beleg eine Kopie seines Kontoauszuges, die die Überweisung nachweist, vorlegen.

D. Informationsbeschaffung

Je mehr Informationen über den Schuldner vorliegen, desto effektiver und erfolgreicher kann die Zwangsvollstreckung gegen ihn betrieben werden. Es ist ratsam, Informationen über pfändbares Vermögen des Schuldners zu erlangen, weil allgemeine Sachpfändungsversuche durch den Gerichtsvollzieher in der Regel erfolglos verlaufen. Besonders Pfändungen von Bankguthaben und Lohnpfändungen sind deutlich effektiver und erhöhen – auch wenn kein pfändbares Vermögen vorhanden ist – den Druck auf den Schuldner. 90

Die wichtigsten Quellen bei der Informationsbeschaffung sind: 91

- Mandant,
- amtliche Register,
- Internet,
- sonstige Informationsdienste.

I. Mandant

Bereits bei Auftragsannahme sollte der Mandant wichtige Informationen zu seinem Kunden einholen bzw. festhalten. Da der Mandant bei Auftragserteilung jedoch nicht davon ausgeht, dass die anstehende Geschäftsbeziehung notleidend wird, geht er häufig zu lasch mit dem Informationsmanagement um. Dabei ist der Mandant immer noch die kostengünstigste Auskunftsquelle. Bei Auftragserteilung hat der Mandant in vielen Fällen die 92

Möglichkeit, bereits für den Fall der Nichtzahlung der Rechnung vorzusorgen. So sollte der Mandant auf jeden Fall den genauen, vollständigen Namen sowie die aktuelle Anschrift notieren. Bei persönlicher Auftragserteilung kann er sich den Personalausweis zeigen lassen. Sinnvoll ist auch die Frage nach dem Geburtsdatum oder der Telefonnummer der Arbeitsstelle des Kunden, die er ggf. für spätere Rückfragen beim Kunden benötigt.

Bei Firmenkunden sollte sich der Mandant den Auftrag durch den Kunden schriftlich auf einem Firmenbriefbogen bestätigen lassen. Wichtig sind hier die Angaben zu den gesetzlichen Vertretern des Kunden (z.B. Geschäftsführer der GmbH). Ist der Vertreter des Kunden überhaupt berechtigt, für die Firma einen Auftrag zu erteilen?

Sofern das alles nicht möglich ist, sollte der Mandant auf jeden Fall aber konkret nachfragen, wenn ihm Mindestangaben nicht vorliegen. Alle Informationen, die der Mandant über seinen Kunden hat, können bei der Vollstreckung hilfreich sein. Manchmal zahlen sich hier auch Kleinigkeiten aus.

93 Da der Kunde bei Auftragserteilung noch Kunde und nicht Schuldner ist, ist die Auskunftsbereitschaft bei Auftragserteilung noch recht hoch.

II. Amtliche Register

94 Auch können aus diversen amtlichen Registern Informationen über den Schuldner erlangt werden.

1. Einwohnermeldeamt

95 Durch ein Ersuchen beim Einwohnermeldeamt am letzten bekannten Wohnsitz des Schuldners kann in vielen Fällen die derzeitige aktuelle Anschrift des Schuldners ermittelt werden. Dies gilt allerdings nur dann, sofern sich der Schuldner ordnungsgemäß an- bzw. umgemeldet hat. Im Gesuch muss neben dem vollständigen Vor- und Nachnamen die letzte bekannte Meldeanschrift sowie i.d.R. das Geburtsdatum des Schuldners angegeben werden. Die Kosten betragen i.d.R. zwischen 10,00 EUR bis 15,00 EUR für eine einfache Meldeauskunft. Verrechnungsschecks werden von den meisten Einwohnermeldeämtern nicht mehr akzeptiert. Es muss daher ein Nachweis beigefügt werden, dass die Auskunftskosten angewiesen wurden.

2. Postanfrage

96 Kostengünstig und effektiv ist die Überprüfung der Postanschrift durch die Deutsche Post AG durch eine sogenannte **Postanfrage.** Die Anfrage erfolgt über die Internetseite: https://www.deutschepost.de/de/a/anschriftenpruefung.html. Die Überprüfung der An-

schrift dauert meist nur wenige Tage. Liegt ein Nachsendungsantrag des Schuldners vor, so erhalten Sie die Nachsendeadresse.

3. Handelsregister

Das Handelsregister ist ein öffentliches Verzeichnis, das Eintragungen über die angemeldeten Kaufleute im Gemeindebezirk enthält. Es ist immer beim jeweiligen AG angesiedelt, wobei mehrere Bezirke bei einem AG konzentriert sein können. So ist z.B. beim AG Charlottenburg das Handelsregister für alle Berliner Bezirke angesiedelt. 97

In Abteilung B werden die Kapitalgesellschaften (GmbH und AG) eingetragen, alle übrigen Unternehmen (insbes. Einzelkaufleute und Personenhandelsgesellschaften) werden hingegen in Abteilung A eingetragen. 98

Seit dem 1.8.2022 sind alle „Registerinhalte aus dem Handels-, Genossenschafts-, Vereins- und Partnerschaftsregister sowie der elektronisch verfügbaren Dokumente über das gemeinsame Registerportal" auf der Webseite www.handelsregister.de ohne Registrierung und kostenfrei verfügbar. 99

4. Schuldnerverzeichnis

Mit Inkrafttreten des ZwVollStrÄndG zum 1.1.2013 wurde erstmals eine **bundesweite Internetplattform** eingerichtet, die es dem Gläubiger ermöglicht, schnell Informationen über einen Schuldner zu erlangen, z.B. ob dieser bereits eine Vermögensauskunft abgegeben hat. 100

Das Schuldnerregister kann dabei unter www.vollstreckungsportal.de abgerufen werden. 101

Die Gebühr für eine Auskunft – unabhängig davon, ob der Schuldner im Vollstreckungsportal verzeichnet ist oder nicht – beträgt derzeit 4,50 EUR. 102

5. Gewerberegister

Bei den Gemeinden wird ein Gewerberegister geführt, bei dem Gewerbetreibende ihr Gewerbe anmelden und bei Umzug in eine andere Gemeinde oder bei Aufgabe das Gewerbe abmelden müssen. Beim Gewerberegister handelt es sich im Gegensatz zum Handelsregister nicht um ein öffentliches Register, so dass in der Regel das berechtigte Interesse für eine Auskunftserteilung nachgewiesen werden muss. Dies kann durch Vorlage einer Kopie des Titels oder des Auftrages des Mandanten (falls noch nicht tituliert wurde) erfolgen. Aktuelle Anschriften müssen dem Gewerbeamt nicht mitgeteilt werden, Allerdings kann über das Gewerberegister ggf. die Privatanschrift des Gewerbetreibenden ermittelt werden. 103

Immer mehr Gemeinden bieten den Abruf mittlerweile auch online an, so z.B. Berlin mit seiner online-Gewerberegisterauskunft unter www.berlin.de. Es ist jedoch eine vorherige Registrierung erforderlich.

6. Grundbuchamt

104 Insbes. vor Vollstreckungsmaßnahmen wegen Geldforderungen in Immobilien (Zwangssicherungshypothek, Zwangsverwaltung und Zwangsversteigerung) sollte vorher ein Grundbuchausdruck beim betreffenden Grundbuchamt eingeholt werden. Die Grundbuchämter werden bei den AG geführt. Der Grundbuchausdruck ist eine Abschrift aller Einträge im Grundbuch.

105 Im Antrag auf Erteilung eines Grundbuchausdrucks muss jedoch ein berechtigtes Interesse nachgewiesen werden. Dies kann durch Vorlage einer Kopie des bereits erstrittenen Vollstreckungstitels geschehen. Liegt dieser noch nicht vor, ist die Forderung hinreichend darzulegen.

106 Das Grundbuch ist in drei Abteilungen gegliedert:

Beispiel:

Amtsgericht Musterhausen

Grundbuch

Von

Musterhausen

Band 4 Blatt 123

107 Im Bestandsverzeichnis bzw. in Abteilung I wird die Lage des Grundstücks sowie der Eigentümer eingetragen. Sofern es mehrere Eigentümer gibt, werden diese mit ihrem jeweiligen Eigentumsanteil angegeben.

Beispiel:

Amtsgericht Musterhausen Blatt 1056 Bestandsverzeichnis

			Karte		Wirtschafts-art und Lage	Größe
Laufende Nummer der Grund-stücke	Bisherige laufende Nummer der Grund-stücke	Gemarkung (Vermessungs-bezirk)	Flur	Flurstück		ha a qm
		a	b		c	
1	2		3			4
1	-	Musterhausen	6	89	Gebäude und Freiflächen Hauptstr. 26	8 88

Amtsgericht Musterhausen Grundbuch von Musterhausen Blatt 1056 Abteilung I

Laufende Nummern der Eintragungen	Eigentümer	Laufende Nummer der Grundstücke im Bestandsverzeichnis	Grundlage der Eintragung
1	2	3	4
1	Carla Beispiel, Musterhausen		Aufgrund der Auflassung vom 10.Oktober 2023 Eintragung am 23.Oktober 2023

In Abteilung II sind alle Lasten und Beschränkungen (außer den Grundpfandrechten) eingetragen. Hierbei kann es sich z.B. um Wohn- und Nießbrauchrechte, Wegerechte und Vorkaufsrechte handeln. 108

Beispiel:

Amtsgericht Musterhausen Blatt 1056 Abteilung II

Laufende Nummer der Eintragungen	Laufende Nummer der betroffenen Grundstücke im Bestandsverzeichnis	Lasten und Beschränkungen
1	2	3
1	1	Vormerkung zur Sicherung des Anspruchs auf Übertragung des Eigentums für die Stadt Musterhausen eingetragen am 23.Oktober 2023

109 In Abteilung III sind die Grundpfandrechte – also Grundschulden bzw. Hypotheken – eingetragen. In der Regel nimmt der Eigentümer zur Finanzierung des Hauskaufs einen Kredit auf. Zur Absicherung dieses Kredites lässt sich die kreditgebende Bank eine Grundschuld – i.d.R. an Rangposition 1 – in Abteilung III des Grundbuchs eintragen. Kommt der Eigentümer in der Folge seinen Zahlungsverpflichtungen nicht nach, kann die Bank aus dieser Grundschuld heraus die Zwangsversteigerung der Immobilien betreiben.

Beispiel:

Amtsgericht Musterhausen   Blatt 1056   Abteilung III

Laufende Nummer der Eintragung	Laufende Nummer der belasteten Grundstücke im Bestandsverzeichnis	Betrag	Hypotheken, Grundschulden, Rentenschulden
1	2	3	4
1	1	250.000,00 EUR	Zweihundertfünfzigtausend Euro Grundschuld für die XY Bank AG Musterhausen mit 15% jährlichen Zinsen, vollstreckbar nach § 800 ZPO. Eingetragen mit Bezug auf die Bewilligung vom 23.Oktober 2023.

110 Außerdem lohnt sich ggf. nicht nur ein Blick auf den üblichen Grundbuchauszug, sondern auch in die Grundbuchakten. Dort finden Sie die zugehörigen Verträge.

Ferner ist es u.U. hilfreich, nach früheren Grundbucheinträgen zu forschen, um festzustellen, ob der Schuldner seinen Grundbesitz auf nahe Verwandte überschrieben hat, um diesen dem berechtigten Zugriff seiner Gläubiger zu entziehen. Daher sollten bei Anfragen ggf. auch nahe Verwandte mit einbezogen werden.

Eine Anfrage sollte sich daher auch nicht nur auf das Grundbuchamt am derzeitigen Wohnsitz des Schuldners beschränken, sondern ggf. ergänzend bei den Grundbuchämtern früherer Wohnsitze, des Wohnsitzes der Eltern oder Großeltern etc. des Schuldners erfolgen.

7. Gesellschaftsregister

111 Zum 1.1.2024 ist das Gesetz zur Modernisierung des Personengesellschaftsrechts (MoPeG) in Kraft getreten. Hierdurch wurde das **Gesellschaftsregister** eingeführt, welches bei den Amtsgerichten geführt wird. Eine Gesellschaft bürgerlichen Rechts (GbR) kann sich in dieses Gesellschaftsregister eintragen lassen und dann die (Zusatz-)Bezeichnung eGbR führen. Eine Pflicht zur Eintragung besteht nur in bestimmten Fällen.

III. Internet

112 Das Internet bietet im Einzelfall eine gute Informationsquelle und ist in der Anwaltskanzlei nicht mehr wegzudenken.

113 Haben Sie schon einmal den Namen oder die Emailadresse eines Schuldners bei google, facebook & Co. eingegeben? Nicht selten geben Schuldner auf Internetseiten ihre persönlichen Daten preis. Manche Schuldner haben eigene Internetseiten und geben dort ihren Arbeitgeber oder sogar ihre Bankverbindung an.

IV. Sonstige Informationsdienste

114 Viele Detekteien bieten ihre Dienstleistungen zu erschwinglichen Preisen an – wie z.B. Anschriftenermittlungen, Ermittlungen der Einkommensquelle, der zustellungsfähigen Anschrift, von Immobilien oder Erbenermittlung. Je nach Höhe der Forderung Ihres Mandanten kann also auch der Einsatz einer **Detektei** gerechtfertigt sein. Es empfiehlt sich, vor Auftragserteilung die anfallenden Gebühren zu erfragen und mit dem Mandanten abzustimmen, ob dieser bereit ist, diese Kosten zu tragen. Sofern die Kosten notwendig waren und in einem vernünftigen Verhältnis zur Forderung stehen, sind die Kosten einer Detektei notwendige Kosten der Zwangsvollstreckung, die vom Schuldner zu erstatten sind.

E. Einzelne Vollstreckungsmaßnahmen

115 Bei der Zwangsvollstreckung handelt es sich nicht um ein immer gleich ablaufendes Verfahren. Vielmehr hängt der konkrete Verfahrensablauf von den Gegebenheiten des Einzelfalles ab:

- Gegen wen soll vollstreckt werden? Einzelperson, mehrere Schuldner, juristische Person?
- Art des titulierten Anspruches? Zahlung, Herausgabe, Unterlassung etc.?
- Vermögenswerte des Schuldners? Soll in einen bestimmten Gegenstand, in Forderungen oder Immobilien/Grundstücke des Schuldners vollstreckt werden?

Die Beantwortung dieser Fragen hat maßgeblichen Einfluss auf den Ablauf des jeweiligen Vollstreckungsverfahrens.

116 Grundsätzlich ist der **Gläubiger Herr des Verfahrens** (Dispositionsgrundsatz). Der Gläubiger bestimmt in seinem Antrag Art und Ausmaß der Vollstreckungsmaßnahme. Er kann z.B. von vornherein den Auftrag auf eine Teilforderung beschränken oder darüber entscheiden, ob eine Ratenzahlung bewilligt wird. Das Vollstreckungsorgan ist an derartige Weisungen gebunden.

I. Antragstellung per beA

117 Seit dem 1.1.2022 gilt für Rechtsanwälte die aktive Nutzungspflicht im elektronischen Rechtsverkehr. Gem. § 130d ZPO sind […] schriftlich einzureichende Anträge und

Erklärungen, die durch einen Rechtsanwalt […] eingereicht werden, als elektronisches Dokument zu übermitteln. Auch in der Zwangsvollstreckung müssen seit dem 1.1.2022 Anträge/Aufträge zwingend mittels beA (besonderes elektronisches Anwaltspostfach) eingereicht werden.

Hierbei sind – nach derzeitigem Stand – folgende Besonderheiten zu beachten:

1. Vollstreckung aus Vollstreckungsbescheiden bis 5.000 EUR

118 Gem. § 754a ZPO können Aufträge an den Gerichtsvollzieher und gem. § 829a ZPO Anträge auf Erlass eines Pfändungs- und Überweisungsbeschlusses unter bestimmten Voraussetzungen als „vereinfachte Vollstreckungsaufträge" auf elektronischem Weg erteilt werden, wobei die Vorlage des Vollstreckungsbescheides in Papierform nicht erforderlich ist. Der Vollstreckungsbescheid muss dem Vollstreckungsauftrag / -antrag lediglich als elektronisches Dokument beigefügt werden. Eine solche vereinfachte Antragstellung ist in folgenden Fällen möglich:

1. die sich aus dem Vollstreckungsbescheid ergebende fällige Geldforderung einschließlich titulierter Nebenforderungen und Kosten beträgt nicht mehr als 5.000 EUR; Kosten der Zwangsvollstreckung sind bei der Berechnung der Forderungshöhe nur zu berücksichtigen, wenn sie allein Gegenstand des Vollstreckungsantrags sind;
2. die Vorlage anderer Urkunden als der Ausfertigung des Vollstreckungsbescheides ist nicht vorgeschrieben, sonst ist der vereinfachte Auftrag nach §§ 754a, 829a ZPO unzulässig. Daher ist z.B. dieser Weg der Auftragserteilung nicht möglich, wenn der Vollstreckungsbescheid gem. § 727 ZPO auf den Rechtsnachfolger einer der Parteien umgeschrieben wurde.
3. der Gläubiger muss versichern, dass ihm eine Ausfertigung des Vollstreckungsbescheides und eine Zustellungsbescheinigung vorliegen und die Forderung in Höhe des Vollstreckungsantrags noch besteht.

Außerdem muss der Gläubigervertreter in diesem Zusammenhang bestätigen, dass gem. § 753a ZPO eine ordnungsgemäße Bevollmächtigung besteht. Ein Nachweis der Vollmacht muss nicht erfolgen.

119 In den zwingend zu nutzenden Vollstreckungsformularen sind entsprechende Textfelder für die Bestätigungen vorgesehen. Im Gerichtsvollzieherauftrag erfolgt die Eintragung unter Modul E.

E	**Versicherungen** ☐ Es wird gemäß § 753a Satz 1 ZPO die ordnungsgemäße Bevollmächtigung zur Vertretung versichert. ☐ Es wird gemäß § 754a Absatz 1 Satz 1 Nummer 4 ZPO versichert, dass Ausfertigungen der als elektronische Dokumente übermittelten Vollstreckungsbescheide mit den jeweiligen Zustellungsnachweisen vorliegen und die Forderungen in Höhe des Vollstreckungsauftrags noch bestehen. ☐

Im Antrag auf Erlass eines Pfändungs- und Überweisungsbeschlusses befindet sich das entsprechende Textfeld am Ende des Antragsteils.

Die Möglichkeit der vereinfachten Antragstellung besteht nur für die Vollstreckung aus einem Vollstreckungsbescheid bis 5.000 EUR Forderungshöhe und nur dann, wenn der Vollstreckungsbescheid nicht mit weiteren Urkunden, wie z.B. der Zustellungsurkunde des Gerichtsvollziehers oder Urkunden im Falle der Titelumschreibung auf Rechtsnachfolger gem. § 727 ZPO verbunden ist. 120

Dem elektronischen Auftrag/Antrag sind gem. §§ 754a, 829a ZPO eine nachprüfbare Aufstellung über bisherige Kosten sowie die entsprechenden Belege als elektronisches Dokument beizufügen. 121

2. Vollstreckung aus Vollstreckungsbescheiden über 5.000 EUR und anderen Titeln

Auch bei Vollstreckungsaufträgen aus Vollstreckungsbescheiden mit Forderungen über 5.000 EUR, Vollstreckungsbescheiden, die mit einer Urkunde verbunden sind, sowie bei Aufträgen/Anträgen aus anderen Titeln (z.B. Urteilen, Versäumnis- und Anerkenntnisurteilen, Vergleichen, Kostenfestsetzungsbeschlüssen etc.) muss der Auftrag an den Gerichtsvollzieher oder der Antrag auf Erlass des Pfändungs- und Überweisungsbeschlusses bei Erteilung des Antrags/Auftrags durch eine der in § 130d ZPO genannten Personen seit dem 1.1.2022 elektronisch (z.B. per beA) übermittelt werden. Allerdings reicht es in diesen Fällen nicht aus, den Titel als elektronisches Dokument beizufügen, sondern vielmehr muss die vollstreckbare Ausfertigung des Titels auf dem Postweg an das zuständige Gericht bzw. ggf. den zuständigen Gerichtsvollzieher übersandt werden. 122

In der Praxis bedeutet dies: Der Auftrag an den Gerichtsvollzieher bzw. der Antrag auf Erlass des Pfändungs- und Überweisungsbeschlusses nebst der bisherigen Vollstreckungsunterlagen als Anlagen zum Auftrag/Antrag werden elektronisch – per beA – an das zuständige Gericht übermittelt. Gleichzeitig übersendet der Rechtsanwalt die vollstreckbare Ausfertigung des Titels per Post an das Gericht. In der Praxis führt diese Regelung dazu, dass nun im Gericht der per beA übersandte Auftrag/Antrag mit dem per Post eingereichten Titel zusammenfinden muss, damit der Auftrag/Antrag dann auch ordnungsgemäß bearbeitet werden kann. 123

Dies führt bei den Gerichten in vielen Fällen zu Suchaktionen, damit Titel und Auftrag/Antrag ordnungsgemäß zugeordnet werden können, was wiederum zu einer teilweise drastischen Verzögerung in der Bearbeitung führt. In vielen Fällen gehen Titel sogar verloren.

Um den Verlust des Titels zu verhindern bzw. einzuschränken, besteht auch die Möglichkeit, zunächst nur den Auftrag/Antrag per beA einzureichen und abzuwarten, bis der Ge- 124 richtsvollzieher bzw. das Vollstreckungsgericht unter Angabe des Aktenzeichens zur Vorlage des vollstreckbaren Titels auffordert. Dann kann der Titel unter Angabe dieses Aktenzeichens übersandt und im Gericht auch ordnungsgemäß zugeordnet werden.

In den Antragsformularen wurde daher im Gerichtsvollzieherauftrag unter Modul C sowie im Antrag auf Erlass eines Pfändungs- und Überweisungsbeschlusses auf Seite 2 ein Textfeld eingeführt, in welchem der Gläubiger angeben muss, ob der Titel bereits ohne Aktenzeichen übersandt wurde oder erst nach Bekanntgabe des Aktenzeichens eingereicht wird oder aber – sofern es sich um einen vereinfachten Vollstreckungsauftrag handelt – der Vollstreckungsbescheid als Datei beigefügt ist.

Bei elektronisch übermittelten Anträgen:

☐ Die Ausfertigungen der Vollstreckungstitel werden erst nach Mitteilung des Aktenzeichens versandt. Es wird um Mitteilung des Aktenzeichens gebeten.	☐ Die Ausfertigungen der Vollstreckungstitel werden gleichzeitig auf dem Postweg übersandt.	☐ Eine Abschrift des Vollstreckungsbescheides nebst Zustellungsbescheinigung ist als elektronisches Dokument beigefügt.

125 Sollte der Gläubiger(-vertreter) den Titel zeitgleich mit Antragserteilung – also ohne Aktenzeichen – auf den Weg bringen, empfiehlt es sich, dem Titel ein Schreiben unter Angabe der vollständigen Schuldnerdaten an das Gericht bzw. den Gerichtsvollzieher beizufügen mit dem Hinweis, dass der zugehörige Auftrag/Antrag soeben elektronisch übermittelt wurde.

126 *Musterformulierung Übersendung Titel an AG/GV nach elektronischer Antragstellung*

In der Zwangsvollstreckungssache

Anton Müller, Hauptstr. 1, 00000 Musterhausen

gegen

Willi Schludrig, Musterplatz 4, 00000 Musterhausen

Aktenzeichen unbekannt

haben wir heute per beA einen Vollstreckungsauftrag eingereicht. Als Anlage überreichen wir das Urteil des Amtsgerichts Musterhausen vom 20.3.2025, 15 C 1123/24, mit der Bitte um zeitnahe Bearbeitung.

Rechtsanwalt

3. Geplante Gesetzesänderung

127 Um dem Chaos ein Ende zu bereiten, hat das BMJ am 28.8.2023 den Referentenentwurf eines Gesetzes zur weiteren Digitalisierung der Zwangsvollstreckung vorgelegt.

Neben weiteren Regelungen sollen danach zukünftig **Titel aller Art, die auf eine Geldforderung gerichtet** sind, ohne Begrenzung der Forderungshöhe **als elektro-**

nisches Dokument eingereicht werden können. Das Ende von Suchaktionen nach verschollenen Titeln sowohl beim Gerichtsvollzieher als auch beim Vollstreckungsgericht ist daher in Sicht.

II. Die Vollstreckung durch den Gerichtsvollzieher

1. Allgemeines

Hat der Gläubiger keine Informationen über die Vermögensverhältnisse des Schuldners, 128
empfiehlt es sich, zunächst den Gerichtsvollzieher zu beauftragten.

Die Regelbefugnisse des Gerichtsvollziehers sind in § 802a ZPO bestimmt:

Diese lauten wie folgt:

- Versuch einer gütlichen Erledigung der Sache (§ 802b),
- Einholung einer Vermögensauskunft des Schuldners (§ 802c),
- Einholung von Auskünften Dritter über das Vermögen des Schuldners (§ 802l),
- Pfändung und Verwertung körperlicher Sachen,
- Durchführung einer Vorpfändung (§ 845)

a) Formularzwang

Der Gerichtsvollzieher wird nur auf **konkreten Auftrag** hin tätig, wobei für die Auftrag- 129
serteilung **Formularzwang** besteht.

b) Gerichtsvollzieherschutzgesetz

Zum 1.1.2022 ist das Gesetz zur Verbesserung des Schutzes von Gerichtsvollziehern vor 130
Gewalt sowie zur Änderung weiterer zwangsvollstreckungsrechtlicher Vorschriften und zur Änderung des Infektionsschutzgesetzes (GvSchuG) in Kraft getreten.

Vor dem Hintergrund, dass Gerichtsvollzieher in der Vergangenheit bei der Durchführung von Vollstreckungshandlungen wiederholt von Schuldnern oder von dritten Personen körperlich angegriffen und erheblich, zum Teil sogar tödlich verletzt wurden, wurde die neue Vorschrift des § 757a ZPO in die ZPO aufgenommen, mit welcher eine rechtliche Grundlage zugunsten von Gerichtsvollziehern für Auskunftsersuchen an die zuständige Polizeidienststelle und für Ersuchen um Unterstützung durch polizeiliche Vollzugsorgane geschaffen wurde.

c) Zur rechten Zeit und am rechten Ort

Die Vollstreckung durch den Gerichtsvollzieher im Rahmen einer Sachpfändung muss 131
zur rechten Zeit und am rechten Ort erfolgen.

Zur rechten Zeit: Grundsätzlich ist die Zwangsvollstreckung nur zu bestimmten Zeiten, nämlich werktags von 6–21 Uhr (§ 758a Abs. 4 ZPO) zulässig.

Um außerhalb dieser Zeiten vollstrecken zu können, benötigt der Gläubiger eine gerichtliche Genehmigung. Eine solche Anordnung erhält der Gläubiger z.B. dann, wenn er dem Gericht eine Bestätigung des Gerichtsvollziehers vorlegt, wonach der Schuldner mehrfach zu den o.g. Zeiten nicht angetroffen wurde, oder wenn er darlegt, dass ein besonderer Erfolg der Zwangsvollstreckung in einer sog. „Unzeit" zu erzielen ist.

Das Gericht erlässt einen entsprechenden Beschluss, den der Gerichtsvollzieher dem Schuldner vor der Vollstreckung vorzeigen muss.

Am rechten Ort: Die ZPO enthält keine ausdrückliche Bestimmung über den Ort der Zwangsvollstreckung. Der Gerichtsvollzieher kann daher im Rahmen seiner örtlichen Zuständigkeit überall dort vollstrecken, wo der Schuldner pfändbares Vermögen verwahrt.

d) Vollstreckungsverbote

132 Weiterhin hat der Gerichtsvollzieher **Vollstreckungsverbote** zu beachten:

In §§ 811, 812 ZPO ist geregelt, welche Gegenstände unpfändbar sind. Das Sozialstaatsprinzip gebietet es verfassungsrechtlich, dass jedem Menschen das Minimum dessen, was er zur eigenverantwortlichen Führung eines menschenwürdigen Lebens benötigt, zu verbleiben hat.

e) Gewahrsam

133 Der Gerichtsvollzieher darf bewegliche Sachen, die sich im Besitz des Schuldners befinden, pfänden. Hierbei muss bzw. darf der Gerichtsvollzieher nicht prüfen, ob der Schuldner Eigentümer dieser Sachen ist. Er hat ausschließlich zu prüfen, ob sich die Sachen im **Gewahrsam** des Schuldners befinden. Lediglich wenn nach außen eindeutig ersichtlich ist, dass der zu pfändende Gegenstand, der sich im Gewahrsam des Schuldners befindet, nicht in dessen Eigentum steht, erfolgt keine Pfändung.

> *Beispiel:*
>
> Der Gerichtsvollzieher soll im Rahmen eines Vollstreckungsauftrages einen Pfändungsversuch in der Kfz-Werkstatt des Schuldners durchführen. Dort findet er mehrere Fahrzeuge vor, die Kunden zur Reparatur abgegeben haben und die nicht dem Inhaber der Kfz-Werkstatt (=Schuldner) gehören. Der Gerichtsvollzieher wird diese Fahrzeuge nicht pfänden, obwohl sich diese im Gewahrsam des Schuldners befinden, da eindeutig ersichtlich ist, dass es sich nicht um Fahrzeuge des Schuldners handelt.

Bei Eheleuten normiert § 739 ZPO eine Gewahrsamsvermutung: Gem. § 1362 BGB darf der Gerichtsvollzieher hier vermuten, dass der Schuldner Eigentümer von allen in der Ehewohnung vorgefundenen Gegenständen ist. Dies gilt auch hier nur für den Fall, dass nicht eindeutig ersichtlich ist, dass der Gegenstand nur dem Ehegatten gehören kann. Damenschmuck ist z.B. eindeutig der Ehefrau zuzuordnen, sofern dieser nicht als Geldanlage anzusehen ist.

▼ 134

Muster 5.1: Gerichtsvollzieherauftrag

5.1

Vollstreckungsauftrag an Gerichtsvollzieher

An

Bitte beachten Sie die Ausfüllhinweise zu diesem Formular auf www.bmj.de/Zwangsvollstreckungsformulare.

__________, den ______

Angaben zum Schuldner:

☐ Herr ☐ Frau ☐ Unternehmen ☐ __________

Name/Firma | ggf. Vorname(n)

Straße | Hausnummer

Postleitzahl | Ort

Land (wenn nicht Deutschland)

Kontaktdaten des Auftraggebers:

☐ Gläubiger ☐ gesetzlicher Vertreter ☐ Bevollmächtigter

Name/Firma | ggf. Vorname(n)

Telefon | E-Mail | Fax

SAFE-ID

Geschäftszeichen

☐ Der Gläubiger beabsichtigt, für die Begleichung der Kosten für diesen Vollstreckungsauftrag ein SEPA-Lastschriftmandat zu erteilen.

☐ Befreiung von Gerichtsvollzieherkosten gemäß:

☐ Für die Weiterleitung der vom Gerichtsvollzieher vereinnahmten Gelder wird folgende Bankverbindung mitgeteilt:

Bankverbindung des

☐ Gläubigers: ☐ gesetzlichen Vertreters: ☐ Bevollmächtigten: ☐ abweichenden Kontoinhabers:

Name des Kontoinhabers

IBAN | BIC (Angabe kann entfallen, wenn IBAN mit DE beginnt)

Verwendungszweck

1

In der Zwangsvollstreckungssache

des Gläubigers (zu Ziffer ____)

☐ Herr ☐ Frau ☐ Unternehmen ☐ ____

Name/Firma	ggf. Vorname(n)
Straße	Hausnummer
Postleitzahl	Ort
Land (wenn nicht Deutschland)	Geschäftszeichen
Registergericht	Registernummer

☐ Der Gläubiger ist nicht vorsteuerabzugsberechtigt.

☐ sowie der weiteren Gläubiger gemäß weiterer Anlage

A

Gläubiger (zu Ziffer ____) vertreten durch

☐ den gesetzlichen Vertreter	☐ den gerichtlich bestellten Betreuer,	☐ Firma oder Funktion
	☐ der eine Ausschließlichkeits-erklärung abgegeben hat (§ 53 Absatz 2 ZPO)	☐ diese vertreten durch
☐ Herrn ☐ Frau ☐	☐ Herrn ☐ Frau ☐	Funktion
Name	Firma/Name	Name
Vorname(n)	ggf. Vorname(n)	ggf. Vorname(n)
Straße	Straße	
Hausnummer	Hausnummer	
Postleitzahl	Postleitzahl	
Ort	Ort	
Land (wenn nicht Deutschland)	Land (wenn nicht Deutschland)	

☐ den gesetzlichen Vertreter

☐ Herrn ☐ Frau ☐

Name

Vorname(n)

Straße Hausnummer

Postleitzahl Ort

Land (wenn nicht Deutschland)

2

A

Gläubiger (zu Ziffer ____) vertreten durch den Bevollmächtigten

☐ Herr ☐ Frau ☐ Unternehmen ☐

Name/Firma | ggf. Vorname(n)

Straße | Hausnummer | Postleitzahl | Ort

Land (wenn nicht Deutschland) | Geschäftszeichen

gegen

B

den Schuldner (zu Ziffer ____)

☐ Herr ☐ Frau ☐ Unternehmen ☐

Name/Firma | ggf. Vorname(n)

Straße | Hausnummer

Postleitzahl | Ort | Land (wenn nicht Deutschland)

Geschäftszeichen | Geburtsdatum | Geburtsort

Registergericht | Registernummer

☐ sowie die weiteren Schuldner gemäß weiterer Anlage

Schuldner (zu Ziffer ____) vertreten durch

☐ den gesetzlichen Vertreter

☐ Herrn ☐ Frau ☐

Name

Vorname(n)

Straße

Hausnummer

Postleitzahl

Ort

Land (wenn nicht Deutschland)

☐ den gerichtlich bestellten Betreuer,

☐ der eine Ausschließlichkeitserklärung abgegeben hat (§ 53 Absatz 2 ZPO)

☐ Herrn ☐ Frau ☐

Firma/Name

ggf. Vorname(n)

Straße

Hausnummer

Postleitzahl

Ort

Land (wenn nicht Deutschland)

☐ Firma oder Funktion

☐ diese vertreten durch

Funktion

Name

ggf. Vorname(n)

☐ den gesetzlichen Vertreter

☐ Herrn ☐ Frau ☐

Name

Vorname(n)

Straße | Hausnummer

Postleitzahl | Ort

Land (wenn nicht Deutschland)

3

B

Schuldner (zu Ziffer ______) vertreten durch den Bevollmächtigten

☐ Herr ☐ Frau ☐ Unternehmen ☐ ______

Name/Firma ______ ggf. Vorname(n) ______

Straße ______ Hausnummer ______ Postleitzahl ______ Ort ______

Land (wenn nicht Deutschland) ______ Geschäftszeichen ______

wird/werden

C

der Vollstreckungstitel (zu Ziffer ______)

Art ______ Aussteller ______

Datum ______ Geschäftszeichen ______

☐ **zuzüglich Zustellungsnachweis**

sowie der Vollstreckungstitel (zu Ziffer ______)

Art ______ Aussteller ______

Datum ______ Geschäftszeichen ______

☐ **zuzüglich Zustellungsnachweis**

☐ sowie die weiteren Vollstreckungstitel aufgeführt in weiterer Anlage

(sowie) die Forderungsaufstellung (bei Mehrfachverwendung ______ Forderungsaufstellungen) übermittelt.

Bei elektronisch übermittelten Aufträgen:

☐ Die Ausfertigungen der Vollstreckungstitel werden erst nach Mitteilung des Aktenzeichens versandt. Es wird um Mitteilung des Aktenzeichens gebeten.

☐ Die Ausfertigungen der Vollstreckungstitel werden gleichzeitig auf dem Postweg übersandt.

☐ Eine Abschrift des Vollstreckungsbescheides nebst Zustellungsbescheinigung ist als elektronisches Dokument beigefügt.

D

Es werden folgende weitere Anlagen übermittelt:

☐ Beschluss über bewilligte Prozesskosten- oder Verfahrenskostenhilfe
☐ Vollmacht
☐ Geldempfangsvollmacht
☐ Vorpfändungsbenachrichtigung
☐ Aufstellung über die geleisteten Zahlungen
☐ Aufstellung der Inkassokosten
☐ Aufstellung der bisherigen Vollstreckungskosten mit Belegen
☐ Bescheid nach § 9 Absatz 2 UhVorschG
☐ Negativauskunft des Einwohnermeldeamtes
☐ ______
☐ ______
☐ ______

E

Versicherungen

☐ Es wird gemäß § 753a Satz 1 ZPO die ordnungsgemäße Bevollmächtigung zur Vertretung versichert.

☐ Es wird gemäß § 754a Absatz 1 Satz 1 Nummer 4 ZPO versichert, dass Ausfertigungen der als elektronische Dokumente übermittelten Vollstreckungsbescheide mit den jeweiligen Zustellungsnachweisen vorliegen und die Forderungen in Höhe des Vollstreckungsauftrags noch bestehen.

☐ ______

4

Wegen der aus den Forderungsaufstellungen ersichtlichen Forderungen und der für dieses Verfahren entstehenden Kosten werden folgende Aufträge erteilt:

F

Zustellung

☐ sämtlicher beigefügter Vollstreckungstitel

☐ des Vollstreckungstitels (zu Ziffer ______)

☐ der beigefügten Vorpfändungsbenachrichtigung nach § 845 ZPO

☐ ______

G

Gütliche Erledigung, Zahlungsvereinbarung (§ 802b ZPO)

☐ Der Vollstreckungsauftrag beschränkt sich auf die **gütliche Erledigung**.

☐ Mit einer **Zahlungsvereinbarung** besteht

☐ kein Einverständnis ☐ Einverständnis wie folgt:

☐ Folgende Zahlungsfrist wird gewährt: ______

☐ Es werden Teilbeträge eingezogen.

☐ Ratenhöhe mindestens ______ Euro

☐ monatlicher Turnus ☐ sonstiger Turnus: ______

☐ Abweichung von den Zahlungsmodalitäten nach dem Ermessen des Gerichtsvollziehers.

☐ sonstige Weisungen: ______

H

Abnahme der Vermögensauskunft des Schuldners (zu Ziffer ______)

☐ Vermögensauskunft nach § 802c ZPO

☐ Weitere Vermögensauskunft nach § 802d ZPO
Die Vermögensverhältnisse des Schuldners haben sich wesentlich geändert, weil

______

Zur Glaubhaftmachung wird beigefügt:

______

Die Vermögensauskunft nach § 802c ZPO oder die weitere Vermögensauskunft nach § 802d ZPO soll erfolgen

☐ ohne vorherigen Pfändungsversuch nach den §§ 802c, 802f ZPO.

☐ nach vorherigem Pfändungsversuch nach den §§ 802c, 807 ZPO (Modul L).

☐ Sofern der Schuldner wiederholt nicht anzutreffen ist,

☐ wird beantragt, das Verfahren zur Abnahme der Vermögensauskunft nach den §§ 802c, 802f ZPO einzuleiten.

☐ wird um Rücksendung der Vollstreckungsunterlagen gebeten.

☐ ______

☐ Auf die Mitteilung der Terminsbestimmung nach § 802f ZPO wird verzichtet.

☐ Es ist beabsichtigt, an dem Termin zur Abnahme der Vermögensauskunft teilzunehmen.

☐ ______

I

Erlass eines Haftbefehls (§ 802g Absatz 1 ZPO) gegen den Schuldner (zu Ziffer ______)

☐ Für den Fall, dass der Schuldner dem Termin zur Abgabe der Vermögensauskunft unentschuldigt fernbleibt oder sich ohne Grund weigert, die Vermögensauskunft zu erteilen, wird der Erlass eines Haftbefehls nach § 802g Absatz 1 ZPO beantragt. Der Gerichtsvollzieher wird gebeten, den Antrag an das zuständige Amtsgericht weiterzuleiten und dieses zu ersuchen, nach Erlass des Haftbefehls diesen zu übersenden an

☐ den Gläubiger. ☐ den Bevollmächtigten. ☐ den zuständigen Gerichtsvollzieher.
Der Gerichtsvollzieher wird mit der Verhaftung des Schuldners nach § 802g Absatz 2 ZPO beauftragt.

5

J

Verhaftung des Schuldners (zu Ziffer ______) (§ 802g Absatz 2 ZPO)

Haftbefehl des Amtsgerichts ______ vom ______ Geschäftszeichen ______

K

Vorpfändung (§ 845 ZPO)

Anfertigung der Benachrichtigung über die Vorpfändung und Zustellung sowie unverzügliche Mitteilung über die

☐ pfändbaren Forderungen, die dem Gerichtsvollzieher bekannt sind oder bekannt werden

  ☐ mit Ausnahme folgender Forderungen: ______

☐ folgenden Forderungen: ______

L

Pfändung und Verwertung

☐ Es soll eine Sachpfändung durchgeführt werden

  ☐ einschließlich ☐ beschränkt auf:

    ☐ Taschenpfändungen

    ☐ Kassenpfändungen

    ☐ ______

☐ Es soll eine Pfändung von Forderungen aus Wechseln und anderen Papieren, die durch Indossament übertragen werden können, durchgeführt werden.

☐ Mit der Erteilung einer Fruchtlosigkeitsbescheinigung nach § 32 GVGA besteht kein Einverständnis.

☐ Der Pfändungsauftrag steht unter der Bedingung, dass sich aus dem Vermögensverzeichnis pfändbare Gegenstände ergeben.

☐ ______

M

Ermittlung des Aufenthaltsorts des Schuldners (zu Ziffer ______) (§ 755 ZPO)

Ermittlung des Aufenthaltsorts des Schuldners:

  ☐ für den Fall, dass sich im Verfahren herausstellt, dass keine zustellungsfähige Anschrift des Schuldners vorliegt:

☐ Ermittlung nach § 755 Absatz 1 ZPO

  ☐ der gegenwärtigen Anschriften sowie der Angaben zur Haupt- und Nebenwohnung des Schuldners durch Nachfrage bei der Meldebehörde

  ☐ der gegenwärtigen Anschriften, des Ortes der Hauptniederlassung oder des Sitzes des Schuldners durch Einsicht in das Handels-, Genossenschafts-, Partnerschafts-, Unternehmens- oder Vereinsregister

  ☐ der gegenwärtigen Anschriften, des Ortes der Hauptniederlassung oder des Sitzes des Schuldners durch Einholung einer Auskunft bei den nach Landesrecht für die Durchführung der Aufgaben nach § 14 Absatz 1 GewO zuständigen Behörden

☐ Ermittlung nach § 755 Absatz 2 ZPO

  ☐ des Aufenthaltsorts durch Nachfragen beim Ausländerzentralregister und bei der aktenführenden Ausländerbehörde

  ☐ der bekannten derzeitigen Anschrift sowie des derzeitigen oder zukünftigen Aufenthaltsorts des Schuldners bei

    ☐ den Trägern der gesetzlichen Rentenversicherung

    ☐ der folgenden berufsständischen Versorgungseinrichtung im Sinne des § 6 Absatz 1 Satz 1 Nummer 1 SGB VI:

    Bezeichnung ______

    Postfach ______

    Straße ______ Hausnummer ______

    Postleitzahl ______ Ort ______

    Tatsächliche Anhaltspunkte dafür, dass der Schuldner Mitglied dieser berufsständischen Versorgungseinrichtung ist: ______

  ☐ der Halterdaten nach § 33 Absatz 1 Satz 1 Nummer 2 StVG des Schuldners beim Kraftfahrt-Bundesamt

☐ ______

6

N

Einholung von Auskünften Dritter (§ 802l ZPO) über den Schuldner (zu Ziffer ______)

☐ Erhebung des Namens und der Vornamen oder der Firma sowie der Anschrift der derzeitigen Arbeitgeber des Schuldners bei

☐ den Trägern der gesetzlichen Rentenversicherung

☐ der folgenden berufsständischen Versorgungseinrichtung im Sinne des § 6 Absatz 1 Satz 1 Nummer 1 SGB VI:

Bezeichnung

Postfach

Straße Hausnummer

Postleitzahl Ort

Tatsächliche Anhaltspunkte dafür, dass der Schuldner Mitglied dieser berufsständischen Versorgungseinrichtung ist:

☐ Ersuchen an das Bundeszentralamt für Steuern, bei den Kreditinstituten die in § 93b Absatz 1 und Absatz 1a AO bezeichneten Daten abzurufen

☐ Erhebung der Fahrzeug- und Halterdaten nach § 33 Absatz 1 StVG zu einem Fahrzeug, als dessen Halter der Schuldner eingetragen ist, beim Kraftfahrt-Bundesamt

☐ Antrag auf aktuelle Einholung von Auskünften (§ 802l Absatz 4 Satz 3 ZPO)
Zur Änderung der Vermögensverhältnisse des Schuldners wird vorgetragen:

☐

O

weitere Aufträge

☐

☐

P

Angaben zur Reihenfolge bzw. Kombination der einzelnen Aufträge

Die gestellten Aufträge sollen in folgender Reihenfolge durchgeführt werden:

1. ___
2. ___
3. ___

☐

Q

Dem Gerichtsvollzieher werden folgende Hinweise gegeben und es werden folgende Vorgaben gemacht:

☐ Es wird um Übersendung des

☐ Protokolls ☐ Gesamtprotokolls

gebeten.

☐ Im Fall der Nichtzuständigkeit wird um Weiterleitung des Vollstreckungsauftrags an den zuständigen Gerichtsvollzieher gebeten, wenn nicht bereits eine Weiterleitung von Amts wegen erfolgt.

☐ Es wird um Rücksendung der Vollstreckungsunterlagen für den Fall gebeten, dass

☐

☐

Namen der Auftraggeber

Unterschriften der Auftraggeber

7

Aufstellung von Forderungen für Vollstreckungsaufträge an Gerichtsvollzieher

Lfd. Nr.

Die Gläubiger können von den Schuldnern aus dem Vollstreckungstitel (zu Ziffer ______) die nachfolgend aufgeführten Beträge beanspruchen:

I. Hauptforderungen einschließlich dazugehöriger Zinsen und Säumniszuschläge	
☐ Hauptforderung ☐ Restforderung aus Hauptforderung in Höhe von ____ Euro ☐ Teilforderung aus Hauptforderung in Höhe von ____ Euro	Euro
(Teil-/Rest-)Zinsen wie im Vollstreckungstitel ausgerechnet	Euro
(Teil-/Rest-)Zinsen in Höhe von	
☐ ____ Prozentpunkten über dem jeweiligen Basiszinssatz ☐ ____ Prozent aus ____ Euro seit dem ____ bis ____	Euro
☐ ____ Prozentpunkten über dem jeweiligen Basiszinssatz ☐ ____ Prozent aus ____ Euro seit dem ____ bis ____	Euro
☐ ____ Prozentpunkten über dem jeweiligen Basiszinssatz ☐ ____ Prozent aus ____ Euro seit dem ____	
☐ ____ Prozentpunkten über dem jeweiligen Basiszinssatz ☐ ____ Prozent aus ____ Euro seit dem ____	
☐ Hauptforderung ☐ Restforderung aus Hauptforderung in Höhe von ____ Euro ☐ Teilforderung aus Hauptforderung in Höhe von ____ Euro	Euro
(Teil-/Rest-)Zinsen wie im Vollstreckungstitel ausgerechnet	Euro
(Teil-/Rest-)Zinsen in Höhe von	
☐ ____ Prozentpunkten über dem jeweiligen Basiszinssatz ☐ ____ Prozent aus ____ Euro seit dem ____ bis ____	Euro
☐ ____ Prozentpunkten über dem jeweiligen Basiszinssatz ☐ ____ Prozent aus ____ Euro seit dem ____ bis ____	Euro
☐ ____ Prozentpunkten über dem jeweiligen Basiszinssatz ☐ ____ Prozent aus ____ Euro seit dem ____	
☐ ____ Prozentpunkten über dem jeweiligen Basiszinssatz ☐ ____ Prozent aus ____ Euro seit dem ____	
☐ Hauptforderung ☐ Restforderung aus Hauptforderung in Höhe von ____ Euro ☐ Teilforderung aus Hauptforderung in Höhe von ____ Euro	Euro
Säumniszuschläge gemäß ____ aus ____ Euro seit dem ____ bis ____	Euro
Säumniszuschläge gemäß ____ aus ____ Euro seit dem ____	
☐ ____	Euro

II. Rückständiger Unterhalt oder rückständige Renten aus Anlass einer Verletzung des Körpers oder der Gesundheit für	
Name ____ Vorname(n) ____ geboren am ____	
Rückstand für die Zeit vom ____ bis ____	Euro
(Teil-/Rest-)Zinsen wie im Vollstreckungstitel ausgerechnet	Euro
(Teil-/Rest-)Zinsen in Höhe von	
☐ ____ Prozentpunkten über dem jeweiligen Basiszinssatz ☐ ____ Prozent aus ____ Euro seit dem ____ bis ____	Euro
☐ ____ Prozentpunkten über dem jeweiligen Basiszinssatz ☐ ____ Prozent aus ____ Euro seit dem ____ bis ____	Euro
☐ ____ Prozentpunkten über dem jeweiligen Basiszinssatz ☐ ____ Prozent aus ____ Euro seit dem ____	
☐ ____ Prozentpunkten über dem jeweiligen Basiszinssatz ☐ ____ Prozent aus ____ Euro seit dem ____	

III. Titulierte Kosten einschließlich dazugehöriger Nebenforderungen	
In den Vollstreckungsbescheid aufgenommene Kosten des Mahnverfahrens	
☐ Gesamtkosten ☐ Restkosten aus Gesamtkosten in Höhe von ____ Euro ☐ Teilkosten aus Gesamtkosten in Höhe von ____ Euro	Euro
(Teil-/Rest-)Zinsen wie im Vollstreckungsbescheid ausgerechnet	Euro
(Teil-/Rest-)Zinsen in Höhe von	

1

☐ ____ Prozentpunkten über dem jeweiligen Basiszinssatz ☐ ____ Prozent aus ____ Euro seit dem ____ bis ____	Euro
☐ ____ Prozentpunkten über dem jeweiligen Basiszinssatz ☐ ____ Prozent aus ____ Euro seit dem ____ bis ____	Euro
☐ ____ Prozentpunkten über dem jeweiligen Basiszinssatz ☐ ____ Prozent aus ____ Euro seit dem ____	
☐ ____ Prozentpunkten über dem jeweiligen Basiszinssatz ☐ ____ Prozent aus ____ Euro seit dem ____	
Titulierte vorgerichtliche Kosten	
☐ Gesamtkosten ☐ Restkosten aus Gesamtkosten in Höhe von ____ Euro ☐ Teilkosten aus Gesamtkosten in Höhe von ____ Euro	Euro
(Teil-/Rest-)Zinsen wie im Vollstreckungstitel ausgerechnet	Euro
(Teil-/Rest-)Zinsen in Höhe von	
☐ ____ Prozentpunkten über dem jeweiligen Basiszinssatz ☐ ____ Prozent aus ____ Euro seit dem ____ bis ____	Euro
☐ ____ Prozentpunkten über dem jeweiligen Basiszinssatz ☐ ____ Prozent aus ____ Euro seit dem ____ bis ____	Euro
☐ ____ Prozentpunkten über dem jeweiligen Basiszinssatz ☐ ____ Prozent aus ____ Euro seit dem ____	
☐ ____ Prozentpunkten über dem jeweiligen Basiszinssatz ☐ ____ Prozent aus ____ Euro seit dem ____	
Festgesetzte Kosten	
☐ Gesamtkosten ☐ Restkosten aus Gesamtkosten in Höhe von ____ Euro ☐ Teilkosten aus Gesamtkosten in Höhe von ____ Euro	Euro
(Teil-/Rest-)Zinsen wie im Kostenfestsetzungsbeschluss ausgerechnet	Euro
(Teil-/Rest-)Zinsen in Höhe von	
☐ ____ Prozentpunkten über dem jeweiligen Basiszinssatz ☐ ____ Prozent aus ____ Euro seit dem ____ bis ____	Euro
☐ ____ Prozentpunkten über dem jeweiligen Basiszinssatz ☐ ____ Prozent aus ____ Euro seit dem ____ bis ____	Euro
☐ ____ Prozentpunkten über dem jeweiligen Basiszinssatz ☐ ____ Prozent aus ____ Euro seit dem ____	
☐ ____ Prozentpunkten über dem jeweiligen Basiszinssatz ☐ ____ Prozent aus ____ Euro seit dem ____	
☐ ____	Euro

IV. Kosten der Zwangsvollstreckung gemäß § 788 Absatz 1 ZPO	
Bisherige Vollstreckungskosten gemäß Aufstellung in weiterer Anlage	Euro
Kosten für dieses Verfahren:	
Rechtsanwaltskosten nach RVG für Vollstreckungsmaßnahme ____; Gegenstandswert (§ 25 RVG): ____ Euro	
Verfahrensgebühr (VV Nr. 3309, ggf. i. V. m. VV Nr. 1008)	Euro
Entgelte für Post- und Telekommunikationsdienstleistungen, ggf. Pauschale (VV Nr. 7001 oder 7002)	Euro
weitere Auslagen ____	Euro
Umsatzsteuer (VV Nr. 7008)	Euro
Zwischensumme Rechtsanwaltskosten ____ **Euro**	
Rechtsanwaltskosten nach RVG für Vollstreckungsmaßnahme ____; Gegenstandswert (§ 25 RVG): ____ Euro	
Verfahrensgebühr (VV Nr. 3309, ggf. i. V. m. VV Nr. 1008)	Euro
Entgelte für Post- und Telekommunikationsdienstleistungen, ggf. Pauschale (VV Nr. 7001 oder 7002)	Euro
weitere Auslagen ____	Euro
Umsatzsteuer (VV Nr. 7008)	Euro
Zwischensumme Rechtsanwaltskosten ____ **Euro**	
Kosten von Inkassodienstleistern nach § 13e RDG gemäß Aufstellung in weiterer Anlage	Euro
☐ ____	Euro

Summe I. bis IV. (Zinsen und Säumniszuschläge nur, soweit nicht laufend)	**Euro**

2

135 *Praxistipp:*

Kein Formularzwang besteht für die folgenden Aufträge:

- Auftrag zur Herausgabe in das bewegliche Vermögen
- Auftrag zur Herausgabe in das unbewegliche Vermögen (Räumungsvollstreckung)
- Auftrag zur Erzwingung von Handlungen und Unterlassungen
- Isolierte Zustellungsaufträge

2. Aufbau des Formulars

136 Der Auftrag ist an das zuständige Amtsgericht zu übermitteln, das den Auftrag sodann an den zuständigen Gerichtsvollzieher weiterleitet. Sollte dem Gläubiger(-vertreter) bekannt sein, welcher Gerichtsvollzieher zuständig ist, kann der Auftrag auch an diesen direkt übermittelt werden.

137 Die örtliche Zuständigkeit der Gerichtsvollzieher richtet sich i.d.R. nach dem Wohn- bzw. Firmensitz des Schuldners. Gem. § 14 Abs. 1 GVO richtet sich die örtliche Zuständigkeit des Gerichtsvollziehers auf den ihm zugewiesenen Gerichtsvollzieherbezirk. Somit ist der Gerichtsvollzieher für den Vollstreckungsauftrag zuständig, in dessen Bezirk der Schuldner wohnt.

Die für die Anschrift des Schuldners zuständigen Gerichtsvollzieher können vielfach über die Internetseiten des entsprechenden örtlichen Amtsgerichtes oder z.B. in NRW über https://www.gerichtsvollzieher.nrw.de ermittelt werden. Alternativ kann der Gläubiger bei der Gerichtsvollzieherverteilerstelle im zuständigen Amtsgericht nachfragen, welcher Gerichtsvollzieher für die Schuldneranschrift zuständig ist.

138 Auf Seite 1 des Formulars befindet sich unter dem Adressfeld ein verpflichtend auszufüllendes Formularfeld für Angaben zum Schuldner. Dadurch soll eine schnelle Zuständigkeitsprüfung für die Gerichtsvollzieher ermöglicht werden.

Vollstreckungsauftrag an Gerichtsvollzieher

An

Bitte beachten Sie die Ausfüllhinweise zu diesem Formular auf www.bmj.de/Zwangsvollstreckungsformulare.

________________, den ________

Angaben zum Schuldner:

☐ Herr ☐ Frau ☐ Unternehmen ☐ ________________

Name/Firma | ggf. Vorname(n)

Straße | Hausnummer

Postleitzahl | Ort

Land (wenn nicht Deutschland)

Es folgen Felder mit den Kontaktdaten des Auftraggebers sowie dessen Bankverbindung bzw. zur Erteilung eines SEPA-Lastschriftmandates zum Ausgleich der anfallenden Gerichtsvollzieherkosten oder zur Befreiung von GV-Kosten.

Kontaktdaten des Auftraggebers:

☐ Gläubiger ☐ gesetzlicher Vertreter ☐ Bevollmächtigter

Name/Firma | ggf. Vorname(n)

Telefon | E-Mail | Fax

SAFE-ID

Geschäftszeichen

☐ Der Gläubiger beabsichtigt, für die Begleichung der Kosten für diesen Vollstreckungsauftrag ein SEPA-Lastschriftmandat zu erteilen.

☐ Befreiung von Gerichtsvollzieherkosten gemäß:

☐ Für die Weiterleitung der vom Gerichtsvollzieher vereinnahmten Gelder wird folgende Bankverbindung mitgeteilt:

Bankverbindung des

☐ Gläubigers: ☐ gesetzlichen Vertreters: ☐ Bevollmächtigten: ☐ abweichenden Kontoinhabers:

Name des Kontoinhabers

IBAN | BIC (Angabe kann entfallen, wenn IBAN mit DE beginnt)

Verwendungszweck

a) Gläubiger und Schuldner

139 Die nachfolgenden Seiten des Auftrags sind in Module aufgeteilt. Modul A und B betreffen die Angaben zum Gläubiger bzw. Schuldner und sind inhaltlich überwiegend identisch.

Der Vollstreckungsauftrag enthält Eingabefelder für einen Gläubiger bzw. einen Schuldner. Zusätzliche Gläubiger und Schuldner können durch mehrfaches Ausfüllen dieser Felder – sofern die genutzte Branchensoftware dies möglich macht – (§ 3 Abs. 2 Nr. 5 ZVFV n.F.) oder in einer Anlage mitgeteilt werden.

Bei mehreren Gläubigern bzw. Schuldnern sind diese im Feld *„zu Ziffer ....“* durchzunummerieren, um eine bessere Zuordnung zu gewährleisten.

Bei Unternehmen sind das Registergericht und, soweit bekannt, die Handelsregisternummer zwecks Identitätsfeststellung im Rahmen der Prüfung der Zwangsvollstreckungsvoraussetzungen und wegen einer eventuellen Eintragung in das Schuldnerverzeichnis anzugeben (§ 882b Abs. 2 Nr. 1 u. 2 ZPO).

140 *Praxistipp:*

In Kanzleien, die mit einer Anwaltssoftware arbeiten, sollte bereits bei Aktenanlage darauf geachtet werden, dass nicht nur Name und Anschrift der Beteiligten, sondern auch im Hinblick auf eventuell notwendige Zwangsvollstreckungsmaßnahmen bei jur. Personen die Vertretungsverhältnisse und die Angaben zum Registergericht etc. vollständig aufgenommen werden.

des Gläubigers (zu Ziffer ____)

☐ Herr ☐ Frau ☐ Unternehmen ☐ ____

Name/Firma	ggf. Vorname(n)
Straße	Hausnummer
Postleitzahl	Ort
Land (wenn nicht Deutschland)	Geschäftszeichen
Registergericht	Registernummer

☐ Der Gläubiger ist nicht vorsteuerabzugsberechtigt.

☐ sowie der weiteren Gläubiger gemäß weiterer Anlage

141 In Modul B besteht bez. des Schuldners ergänzend die Möglichkeit, Geburtsdatum und Geburtsort – sofern bekannt – einzugeben. Sofern der Gläubiger(-vertreter) diese Daten kennt, sollte er hier auf jeden Fall Eintragungen vornehmen, um den Schuldner (insbesondere bei einem Allerweltsnamen) besser identifizieren zu können.

den Schuldner (zu Ziffer ______)

☐ Herr ☐ Frau ☐ Unternehmen ☐ ______

Name/Firma | ggf. Vorname(n)

Straße | Hausnummer

→ Postleitzahl Ort | Land (wenn nicht Deutschland)

→ Geschäftszeichen | Geburtsdatum Geburtsort

Registergericht | Registernummer

Es folgen in Modul A und B die Angaben zu den gesetzlichen Vertretern des Gläubigers bzw. des Schuldners: **142**

A

Gläubiger (zu Ziffer ______) vertreten durch

☐ den gesetzlichen Vertreter

☐ Herrn ☐ Frau ☐ ______

Name

Vorname(n)

Straße

Hausnummer

Postleitzahl

Ort

Land (wenn nicht Deutschland)

☐ den gerichtlich bestellten Betreuer,

☐ der eine Ausschließlichkeitserklärung abgegeben hat (§ 53 Absatz 2 ZPO)

☐ Herrn ☐ Frau ☐ ______

Firma/Name

ggf. Vorname(n)

Straße

Hausnummer

Postleitzahl

Ort

Land (wenn nicht Deutschland)

☐ Firma oder Funktion

☐ diese vertreten durch

Funktion

Name

ggf. Vorname(n)

☐ den gesetzlichen Vertreter

☐ Herrn ☐ Frau ☐ ______

Name

Vorname(n)

Straße Hausnummer

Postleitzahl Ort

Land (wenn nicht Deutschland)

Gesetzliche Vertreter können z.B. sein:

- Geschäftsführer bei einer GmbH, OHG, GbR
- Komplementär(e) bei einer KG
- Vorstand bei einer AG

- Eltern bei Minderjährigen
- Betreuer bei einem unter Betreuung stehenden Schuldner

b) Vollstreckungstitel

143 Der Vollstreckungsauftrag sieht unter Modul C separate Eingabemöglichkeiten für zwei Vollstreckungstitel vor. Weitere Titel können bei Bedarf eingegeben werden durch Mehrfachverwendung des Feldes bei Nutzung einer Branchensoftware oder durch Angabe in einer Anlage. Sind mehrere Titel Grundlage des Vollstreckungsauftrages sind diese durchzunummerieren.

C

der Vollstreckungstitel (zu Ziffer ______)

Art	Aussteller
Datum	Geschäftszeichen

☐ **zuzüglich Zustellungsnachweis**

sowie der Vollstreckungstitel (zu Ziffer ______)

Art	Aussteller
Datum	Geschäftszeichen

☐ **zuzüglich Zustellungsnachweis**

☐ sowie die weiteren Vollstreckungstitel aufgeführt in weiterer Anlage

c) Anlagen

144 Modul D gibt einige eventuelle Anlagen zum Auftrag vor, wie z.B. einen Beschluss über bereits bewilligte PKH, Vollmachten oder die Negativauskunft des Einwohnermeldeamtes für Anträge nach § 755 ZPO. Weitere Anlagen können (bzw. müssen) in die Freizeilen eingetragen werden.

D

Es werden folgende weitere Anlagen übermittelt:

☐ Beschluss über bewilligte Prozesskosten- oder Verfahrenskostenhilfe
☐ Vollmacht
☐ Geldempfangsvollmacht
☐ Vorpfändungsbenachrichtigung
☐ Aufstellung über die geleisteten Zahlungen
☐ Aufstellung der Inkassokosten
☐ Aufstellung der bisherigen Vollstreckungskosten mit Belegen
☐ Bescheid nach § 9 Absatz 2 UhVorschG
☐ Negativauskunft des Einwohnermeldeamtes
☐ ______
☐ ______
☐ ______

aa) Aufstellung über bisherige Vollstreckungskosten

Bisherige Vollstreckungskosten sind sämtliche Kosten der Zwangsvollstreckung, die nicht in einem gesonderten Beschluss festgesetzt worden sind und die nicht aus der hier beauftragten Vollstreckung herrühren (beispielsweise Kosten aus einem vorhergehenden Vollstreckungsauftrag an Gerichtsvollzieher oder einen früheren Pfüb). Werden bisherige Vollstreckungskosten geltend gemacht, ist der Gesamtbetrag in die Forderungsaufstellung einzutragen. Zusätzlich müssen diese Kosten in einer **gesonderten Aufstellung unter Beifügung der dazugehörigen Belege** nachvollziehbar dargestellt werden. Hierbei muss es sich um eine gesonderte Aufstellung der Kosten handeln und nicht um die Forderungsaufstellung der Anwaltssoftware, die sämtliche Forderungspositionen enthält.[24] **Diese Aufstellung nebst Belegen ist dem Auftrag als Anlage beizufügen.** 145

Sofern Sie nicht mit einem Softwareprogramm arbeiten oder das von Ihnen genutzte Programm eine Aufstellung nicht zur Verfügung stellt, könnte eine über Excel erstellte Aufstellung z.B. wie folgt aussehen:

Beispiel: Aufstellung bisherige Kosten

Aufstellung bisherige Kosten
Mustermann ./. Beispiel, Az.: 123/25

Bisherige Kosten

Datum	Bezeichnung der Kosten	Betrag in €
19.12.2024	Auskunft Creditreform	36,89
02.01.2025	Antrag VA	71,11
02.01.2025	Drittauskünfte	71,11
24.01.2025	GV-Kosten	97,36
Summe		**276,47**

bb) Aufstellung über geleistete Zahlungen

Bisherige Zahlungen des Schuldners / Drittschuldners müssen in einer gesonderten Aufstellung nachvollziehbar dargestellt werden. Diese Aufstellung ist dem Auftrag als Anlage beizufügen. 146

cc) Aufstellung der Inkassokosten

Werden Inkassokosten geltend gemacht, ist der Gesamtbetrag in die Forderungsaufstellungen einzutragen. Zusätzlich müssen diese Kosten in einer gesonderten Aufstellung nachvollziehbar dargestellt werden. Diese Aufstellung ist dem Auftrag als Anlage beizufügen. 147

24 LG Oldenburg v. 7.6.2024 – 6 T 184/24.

dd) Vorpfändungsbenachrichtigung

148 Um den Gerichtsvollzieher mit einer vom Antragsteller selbst erstellten Vorpfändung zu beauftragen, kann hier ein Kreuzchen gesetzt werden. Es macht jedoch wesentlich mehr Sinn, den Zustellungsauftrag formlos zu erteilen, vergl. Rdn 386.

ee) Vollmacht bzw. Geldempfangsvollmacht

149 Wird der Auftrag durch einen Rechtsanwalt oder ein Inkassounternehmen eingereicht, sind diese verpflichtet, ihre ordnungsgemäße Bevollmächtigung gem. § 753a ZPO zu versichern, vergl. Modul E. Der BGH hat entschieden, dass § 753a ZPO dahingehend auszulegen ist, dass Inkassounternehmen ihre ordnungsgemäße Bevollmächtigung versichern können. Des Nachweises einer Geldempfangsvollmacht durch Vorlage einer entsprechenden Vollmachtsurkunde bedarf es in diesen Fällen nicht.[25] Die Entscheidung ist analog auch für Rechtsanwälte anzuwenden.

Der Vorlage einer Geldempfangsvollmacht bedarf es daher bei Antragstellung durch Rechtsanwälte und Inkassounternehmen nicht mehr.

d) Versicherungen

150 Unter Modul E folgen die Pflichtangaben nach §§ 753a, 754a ZPO.

E	**Versicherungen** ☐ Es wird gemäß § 753a Satz 1 ZPO die ordnungsgemäße Bevollmächtigung zur Vertretung versichert. ☐ Es wird gemäß § 754a Absatz 1 Satz 1 Nummer 4 ZPO versichert, dass Ausfertigungen der als elektronische Dokumente übermittelten Vollstreckungsbescheide mit den jeweiligen Zustellungsnachweisen vorliegen und die Forderungen in Höhe des Vollstreckungsauftrags noch bestehen. ☐ ______

e) Zustellung

151 Handelt es sich um einen isolierten Zustellungsauftrag, kann das Formular genutzt werden, muss aber nicht – denn die Zustellung selbst ist keine Zwangsvollstreckungsmaßnahme. Das Formular kann sowohl für den Auftrag mit der Zustellung von Schriftstücken als auch von elektronischen Dokumenten genutzt werden, vergl. §§ 193, 193a ZPO.

Werden Zustellungen in Auftrag gegeben, ist anzukreuzen, welches Dokument zugestellt werden soll. Zudem wird ergänzend ein Freitextfeld angeboten.

F	**Zustellung** ☐ sämtlicher beigefügter Vollstreckungstitel ☐ des Vollstreckungstitels (zu Ziffer ______) ☐ der beigefügten Vorpfändungsbenachrichtigung nach § 845 ZPO ☐ ______

25 BGH v. 5.7.2023 – VII ZB 35/21.

f) Versuch einer gütlichen Erledigung

G

Gütliche Erledigung, Zahlungsvereinbarung (§ 802b ZPO) 152

☐ Der Vollstreckungsauftrag beschränkt sich auf die **gütliche Erledigung**.

☐ Mit einer **Zahlungsvereinbarung** besteht

☐ kein Einverständnis ☐ Einverständnis wie folgt:

☐ Folgende Zahlungsfrist wird gewährt: ____________

☐ Es werden Teilbeträge eingezogen.

☐ Ratenhöhe mindestens ______ Euro

☐ monatlicher Turnus ☐ sonstiger Turnus: ____________

☐ Abweichung von den Zahlungsmodalitäten nach dem Ermessen des Gerichtsvollziehers.

☐ sonstige Weisungen: ____________

Unabhängig davon, welche Aufträge der Gläubiger erteilt, muss der Gerichtsvollzieher zunächst gem. § 802a ZPO versuchen, eine gütliche Einigung mit dem Schuldner herbeizuführen.

Kann der Schuldner glaubhaft machen, dass er die Forderung innerhalb von 12 Monaten begleichen kann, so kann der Gerichtsvollzieher dem Schuldner zunächst einen **Vollstreckungsaufschub** gewähren.

Gem. § 802b Abs. 3 ZPO hat der Gerichtsvollzieher den Gläubiger dann unverzüglich über diesen Vollstreckungsaufschub zu informieren. Hierbei kann es sich um die Gewährung einer Zahlungsfrist oder aber (was in der Praxis der häufigste Fall ist) einer Ratenzahlung handeln. Der Gläubiger muss einen solchen Vollstreckungsaufschub nicht akzeptieren. Er hat vielmehr die Möglichkeit, dem Aufschub (durch Ratenzahlung oder Zahlungsfrist) zu widersprechen.

Der **Widerspruch muss unverzüglich** (§ 121 Abs. 1 S. 1 BGB) erfolgen. Widerspricht der Gläubiger, so wird der gewährte Vollstreckungsaufschub hinfällig und endet mit der Unterrichtung des Schuldners durch den Gerichtsvollzieher. Folge: der ursprüngliche Auftrag des Gläubigers auf z.B. Abnahme der Vermögensauskunft oder Durchführung der Sachpfändung wird ausgeführt.

Widerspricht der Gläubiger nicht und hält der Schuldner in der Folge die Ratenzahlung nicht ordnungsgemäß ein, d.h. kommt er mit einer Rate ganz oder teilweise mehr als zwei Wochen in Rückstand, endet der Vollstreckungsaufschub ebenfalls und die Vollstreckung wird antragsgemäß fortgesetzt.

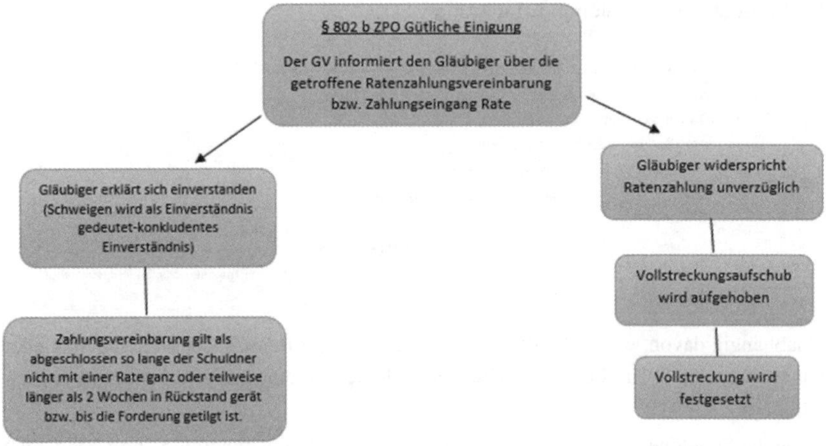

Ferner kann der Gläubiger in seinem Auftrag Vorgaben über die Höhe der Rate oder die Dauer der Ratenzahlung machen. Allerdings sollte hier der Rahmen von 12 Monaten nicht oder nur geringfügig überschritten werden.

Im Übrigen gilt, dass der Gerichtsvollzieher in jeder Phase des Verfahrens auf eine gütliche Einigung hinwirken soll.

So kann es durchaus sein, dass der Schuldner zeitnah nach Abgabe der Vermögensauskunft doch noch eine Ratenzahlung anbietet. Erklärt sich der Gläubiger hiermit einverstanden, hat dies zur Folge, dass der Schuldner nicht in das Schuldnerverzeichnis eingetragen wird.

3. Abnahme der Vermögensauskunft und Sachpfändungsauftrag

a) Antrag auf Abnahme der Vermögensauskunft mit/ohne Sachpfändungsauftrag

153 Verlangt der Gläubiger die Abnahme der Vermögensauskunft, so hat er bei Auftragserteilung die Wahl, ob er den Gerichtsvollzieher

a) direkt mit der Abnahme der Vermögensauskunft beauftragt, §§ 802a, 802c ZPO,

Beispiel:

Abnahme der Vermögensauskunft des Schuldners (zu Ziffer ______)

☒ Vermögensauskunft nach § 802c ZPO

☐ Weitere Vermögensauskunft nach § 802d ZPO
Die Vermögensverhältnisse des Schuldners haben sich wesentlich geändert, weil

Zur Glaubhaftmachung wird beigefügt:

H Die Vermögensauskunft nach § 802c ZPO oder die weitere Vermögensauskunft nach § 802d ZPO soll erfolgen

☒ ohne vorherigen Pfändungsversuch nach den §§ 802c, 802f ZPO.

☐ nach vorherigem Pfändungsversuch nach den §§ 802c, 807 ZPO (Modul L).

☐ Sofern der Schuldner wiederholt nicht anzutreffen ist,

☐ wird beantragt, das Verfahren zur Abnahme der Vermögensauskunft nach den §§ 802c, 802f ZPO einzuleiten.

☐ wird um Rücksendung der Vollstreckungsunterlagen gebeten.

☐ ______

☐ Auf die Mitteilung der Terminsbestimmung nach § 802f ZPO wird verzichtet.

☐ Es ist beabsichtigt, an dem Termin zur Abnahme der Vermögensauskunft teilzunehmen.

☐ ______

oder

b) den Auftrag erteilt, zunächst einen Vollstreckungsversuch in der Wohnung des Schuldners vorzunehmen, um dort auf bewegliches Vermögen des Schuldners zuzugreifen, §§ 802c, 807 ZPO und nur bei Scheitern dieses Vollstreckungsversuches die Abnahme der Vermögensauskunft erfolgt (sog. Kombi-Auftrag).

Beispiel:

Abnahme der Vermögensauskunft des Schuldners (zu Ziffer ______)

☒ Vermögensauskunft nach § 802c ZPO

☐ Weitere Vermögensauskunft nach § 802d ZPO
Die Vermögensverhältnisse des Schuldners haben sich wesentlich geändert, weil

Zur Glaubhaftmachung wird beigefügt:

H Die Vermögensauskunft nach § 802c ZPO oder die weitere Vermögensauskunft nach § 802d ZPO soll erfolgen

☐ ohne vorherigen Pfändungsversuch nach den §§ 802c, 802f ZPO.

☒ nach vorherigem Pfändungsversuch nach den §§ 802c, 807 ZPO (Modul L).

☒ Sofern der Schuldner wiederholt nicht anzutreffen ist,

☒ wird beantragt, das Verfahren zur Abnahme der Vermögensauskunft nach den §§ 802c, 802f ZPO einzuleiten.

☐ wird um Rücksendung der Vollstreckungsunterlagen gebeten.

☐ ______

☐ Auf die Mitteilung der Terminsbestimmung nach § 802f ZPO wird verzichtet.

☐ Es ist beabsichtigt, an dem Termin zur Abnahme der Vermögensauskunft teilzunehmen.

☐ ______

Grundsätzlich ist die Abnahme der Vermögensauskunft auch nach einem Pfändungsversuch (z.B. in Form eines Kombiauftrages) nach § 807 ZPO möglich, und zwar

- wenn der Schuldner die Durchsuchung verweigert oder
- der unternommene Pfändungsversuch ergibt, dass eine Pfändung voraussichtlich nicht zu einer vollständigen Befriedigung des Gläubigers führen wird.

In diesen Fällen ist die sofortige Abnahme der Vermögensauskunft auf Antrag des Gläubigers möglich. Widerspricht der Schuldner der sofortigen Abnahme nach § 807 Abs. 2 ZPO, so bestimmt der Gerichtsvollzieher einen kurzfristigen Termin zur Abgabe. Eine Zahlungsfrist von zwei Wochen wie nach § 802f ZPO bei der vorgelagerten Vermögensauskunft ist nicht erforderlich.

aa) Sachpfändung

154 Ein sog. **Kombi-Auftrag** oder aber ein **separater Antrag auf Sachpfändung** in der Wohnung des Schuldners ist – wie die Praxis immer wieder zeigt – nur dann sinnvoll, wenn der Gläubiger von pfändbaren Werten des Schuldners Kenntnis hat und den Gerichtsvollzieher daher konkret mit der Pfändung bestimmter Gegenstände beauftragen kann.

155 Denn nicht alle im Gewahrsam des Schuldners befindlichen Sachen können gepfändet werden. Der Gesetzgeber hat zum Schutz des Schuldners in § 811 ZPO **unpfändbare Sachen** vorgesehen. Insbesondere sind diese

- die normale Wohnungseinrichtung (Schrank, Bett, Tisch, Stuhl aber eben auch Kühlschrank, Waschmaschine und Herd),
- die üblichen Haushaltsgeräte,
- Bekleidung (im Rahmen einer „bescheidenen Lebensführung“, demnach nicht mehrere Pelzmäntel),
- Radio und ein Fernseher,
- Haustiere,
- zur Fortsetzung der persönlichen Erwerbstätigkeit erforderliche Gegenstände.

bb) Austauschpfändung

156 Neuwertige und besonders wertvolle der oben genannten Sachen können jedoch im Wege der sogenannten **Austauschpfändung** gem. § 811a ZPO durch einfachere preiswertere Gegenstände ersetzt werden.

> *Beispiel:*
>
> *Der Schuldner besitzt einen neuwertigen großen Fernseher im Wert von 9.000,00 EUR. Ein Fernseher ist grds. unpfändbar, kann jedoch durch einen kleineren – preiswerteren – Fernseher ersetzt werden.*

Inwieweit eine Austauschpfändung in der Praxis sinnvoll ist, ist einzelfallabhängig. Eine Austauschpfändung ist nach § 811a ZPO an Voraussetzungen gebunden:

- Der Gläubiger muss die Austauschpfändung ausdrücklich beantragen und das Vollstreckungsgericht muss diese für zulässig erachten.
- Der Schuldner muss im Gegenzug zur Wegnahme einen Ersatz erhalten.
- Alternativ kann dem Schuldner jedoch auch ein Geldbetrag überlassen werden, damit er sich selbst einen Ersatzgegenstand beschaffen kann. Der Betrag muss in seiner konkreten Höhe durch das zuständige Vollstreckungsgericht festgelegt werden.
- Die Austauschpfändung muss dem Verhältnis nach angemessen sein. Das ist der Fall, wenn der Erlös aus der gepfändeten Sache den Wert des Ersatzstückes erheblich übersteigt.

Mit „einfach mal eben eine Austauschpfändung vornehmen" ist es also nicht getan.

Der Austausch erfolgt **Zug um Zug**. Der Gläubiger muss demnach die zu überlassende **157** Austauschsache (z.B. den kleineren Fernseher) oder einen entsprechenden Geldbetrag vor Beginn der Sachpfändung zur Verfügung stellen. Die Austauschpfändung erfolgt durch den Gerichtsvollzieher.

Der Gerichtvollzieher kann eine vorläufige Austauschpfändung gem. § 811b ZPO hin- **158** gegen auch ohne Zulassungsbeschluss durchführen,

- wenn eine Zulassung zu erwarten ist und wenn zu erwarten ist, dass der Vollstreckungserlös den Wert des Ersatzstückes erheblich übersteigen wird und
- er den Gläubiger darüber informiert, dass dieser innerhalb von zwei Wochen einen entsprechenden Antrag stellt.

cc) Kombi-Auftrag

Sind dem Gläubiger verwertbare Vermögensgegenstände des Schuldners bekannt, sollte **159** der Gläubiger daher im Rahmen eines Kombi-Antrags den Auftrag unter Modul H mit einem Auftrag in Modul L verbinden:

Beispiel:

L	**Pfändung und Verwertung** ☒ Es soll eine Sachpfändung durchgeführt werden ☒ einschließlich ☐ beschränkt auf: ☒ Taschenpfändungen ☐ Kassenpfändungen ☒ Gepfändet werden soll insbesondere ... ☐ Es soll eine Pfändung von Forderungen aus Wechseln und anderen Papieren, die durch Indossament übertragen werden können, durchgeführt werden. ☐ Mit der Erteilung einer Fruchtlosigkeitsbescheinigung nach § 32 GVGA besteht kein Einverständnis. ☐ Der Pfändungsauftrag steht unter der Bedingung, dass sich aus dem Vermögensverzeichnis pfändbare Gegenstände ergeben. ☐

dd) Inbesitznahme durch den Gerichtsvollzieher

160 Findet der Gerichtsvollzieher bei der Vollstreckung pfändbare Gegenstände vor, erfolgt die Inbesitznahme durch den Gerichtsvollzieher

- bei Geld, Kostbarkeiten und Wertpapieren durch die Begründung unmittelbaren Besitzes (Mitnahme) und
- bei größeren Gegenständen in der Anbringung des Pfandsiegels (auch Kuckuck genannt, nach dem auf dem Pfandsiegel zu erkennenden Bundesadler) und damit Begründung eines mittelbaren Besitzes.

ee) Wirkung der Pfändung

161 Die Pfändung hat zwei wichtige Rechtsfolgen:

- Es tritt die sogenannte **Verstrickung** der Sache ein, d.h. der Schuldner darf über die Sache nicht mehr verfügen. Verstößt der Schuldner gegen dieses Verbot oder beschädigt die Pfandsiegel, so macht er sich wegen Verstrickungsbruchs gem. § 136 StGB strafbar und kann mit Freiheitsstrafe bis zu einem Jahr oder mit Geldstrafe bestraft werden. Die Verstrickung dient der Sicherstellung der Sache.
- Des Weiteren erwirbt der Vollstreckungsgläubiger ein **Pfandrecht** an der Sache. Dieses ermächtigt ihn später, den Erlös aus der Versteigerung der Sache im Rahmen seiner Forderung zu er- und behalten. Das Pfandrecht begründet die Rangsicherung.

ff) Verwertung der gepfändeten Sache

162 Die Verwertung der gepfändeten Sachen erfolgt in **Form einer Versteigerung** durch den Gerichtsvollzieher. Die Versteigerung ist dabei in den §§ 814–825 ZPO geregelt. Nähere Einzelheiten zum Ablauf enthält auch noch die Geschäftsanweisung für Gerichtsvollzieher (GVGA).

Bei der Versteigerung handelt es sich um einen **hoheitlichen Akt**.

163 Der Gerichtsvollzieher kann die öffentliche Versteigerung nach seiner Wahl entweder als

- Versteigerung vor Ort oder
- als allgemein zugängliche Versteigerung im Internet über eine Versteigerungsplattform (www.justiz-auktion.de)

durchführen.

164 Die Versteigerung darf gem. § 816 Abs. 1 ZPO i.d.R. frühestens eine Woche nach der Pfändung erfolgen, es sei denn, es besteht die Gefahr einer beträchtlichen Wertverringerung der zu versteigernden Sache (z.B. wenn Paletten mit Frischobst bei einem Obsthändler gepfändet worden sind).

165 Der Gerichtsvollzieher bestimmt bei der Versteigerung vor Ort den Zeitpunkt und den Ort der Versteigerung, der grds. in dem Ort liegen muss, in dem die Pfändung erfolgt ist. Der

Termin ist öffentlich bekannt zu machen (i.d.R. durch die Tageszeitung) und sowohl Schuldner als auch Gläubiger sind gesondert hierüber zu benachrichtigen. Bei Kostbarkeiten muss der Gerichtsvollzieher eine Sachverständigenschätzung über den gewöhnlichen Verkaufswert einholen.

Im Versteigerungstermin gibt der Gerichtsvollzieher 166

- die allgemeinen Versteigerungsbedingungen,
- den gewöhnlichen Verkaufswert der Sache und
- das notwendige Mindestgebot (die Hälfte des gewöhnlichen Verkaufswertes, bei Gold und Silber mindestens der Metallwert)

den Anwesenden bekannt. Alle Anwesenden (also auch Schuldner und Gläubiger) können mitbieten.

Der Meistbietende, der wenigstens das Mindestgebot bieten muss, erhält nach dreimaligem Aufruf den Zuschlag. Am Ende der Auktion übergibt der Gerichtsvollzieher die Sache gegen Barzahlung an dem Meistbietenden. 167

Von dem Erlös zieht der Gerichtsvollzieher zunächst sämtliche Vollstreckungs- und Versteigerungskosten ab, bezahlt des Weiteren die Forderung des Gläubigers und kehrt einen evtl. verbleibenden Überschuss an den Schuldner aus. 168

Wird das Mindestgebot in der Versteigerung nicht erreicht, so erfolgt kein Zuschlag. Der Gläubiger behält sein Pfandrecht und kann jederzeit eine neue Versteigerung verlangen. 169

Bei einer Versteigerung im Internet ist der Zuschlag der Person erteilt, die am Ende der Versteigerung das höchste, wenigstens das zu erreichende Mindestgebot abgegeben hat. Der Meistbietende ist über den Zuschlag zu benachrichtigen. Auch hier darf die zugeschlagene Sache nur ausgehändigt werden, wenn das Kaufgeld gezahlt worden ist oder bei Ablieferung gezahlt wird. 170

Wertpapiere sind, wenn sie einen Börsen- oder Marktpreis haben, freihändig zu verkaufen, anderenfalls zu versteigern, § 821 ZPO. 171

Auf Antrag des Gläubigers oder des Schuldners kann gem. § 825 ZPO auch eine andere Verwertungsart gewählt werden, wenn hierdurch zu erwarten ist, dass ein höherer Erlös erzielt wird. So wird ein gepfändetes Kunstwerk bei Versteigerungen eines privaten Kunstauktionshauses meist einen höheren Erlös erzielen als bei einer öffentlichen Versteigerung. 172

gg) Antrag auf Abnahme der Vermögensauskunft ohne Sachpfändungsauftrag

Geht beim Gerichtsvollzieher ein Auftrag zur Abnahme der Vermögensauskunft (VA) gem. §§ 802a, 802c ZPO ein, so überprüft der Gerichtsvollzieher zunächst, ob der Schuldner innerhalb der letzten zwei Jahre bereits für einen anderen Gläubiger die Vermögensauskunft abgegeben hat. Ist dies der Fall, übersendet der Gerichtsvollzieher dem Gläubiger dieses bereits hinterlegte Vermögensverzeichnis (vergl. auch § 802d ZPO, Rdn 208). 173

Da auch die Übersendung von Ausdrucken an einen neuen Gläubiger zur Eintragung im Schuldnerverzeichnis führt, ist der Schuldner in Kenntnis zu setzen, damit dieser ggf. Widerspruch gegen die Eintragungsanordnung einlegen bzw. er die Forderung vollständig zur Vermeidung der Eintragung bezahlen kann (vergl. auch § 882d Abs. 1 ZPO, Rdn 73).

Hat der Schuldner innerhalb der letzten zwei Jahre nicht die Vermögensauskunft abgegeben, fordert der Gerichtsvollzieher den Schuldner zunächst zum Ausgleich der Forderung innerhalb von zwei Wochen auf und bestimmt gleichzeitig einen Termin zur Abnahme der Vermögensauskunft (§ 802f Abs. 1 ZPO). In der Regel wird die Vermögensauskunft in den Räumen des Gerichtsvollziehers abgenommen, nur in Ausnahmefällen erfolgt eine Abnahme in der Wohnung des Schuldners. Der Schuldner ist ausdrücklich über Konsequenzen eines unentschuldigten Fehlens (z.B. Eintragung im Schuldnerregister) zu belehren.

Abnahme der Vermögensauskunft des Schuldners (zu Ziffer ______)

☒ Vermögensauskunft nach § 802c ZPO

☐ Weitere Vermögensauskunft nach § 802d ZPO
Die Vermögensverhältnisse des Schuldners haben sich wesentlich geändert, weil

Zur Glaubhaftmachung wird beigefügt:

H

Die Vermögensauskunft nach § 802c ZPO oder die weitere Vermögensauskunft nach § 802d ZPO soll erfolgen

☒ ohne vorherigen Pfändungsversuch nach den §§ 802c, 802f ZPO.

☐ nach vorherigem Pfändungsversuch nach den §§ 802c, 807 ZPO (Modul L).

☐ Sofern der Schuldner wiederholt nicht anzutreffen ist,

☐ wird beantragt, das Verfahren zur Abnahme der Vermögensauskunft nach den §§ 802c, 802f ZPO einzuleiten.

☐ wird um Rücksendung der Vollstreckungsunterlagen gebeten.

☐ ______

☐ Auf die Mitteilung der Terminsbestimmung nach § 802f ZPO wird verzichtet.

☐ Es ist beabsichtigt, an dem Termin zur Abnahme der Vermögensauskunft teilzunehmen.

☐ ______

174 Erscheint der Schuldner zum VA-Termin und kann die Forderung nicht begleichen, so ist er zur Abgabe seiner Vermögensauskunft verpflichtet und muss **an Eides statt** gem. § 802c Abs. 3 ZPO versichern, dass er die Angaben nach bestem Wissen und Gewissen richtig und vollständig gemacht hat.

175 Neben Angaben zur Person (wie z.B. Name, Vorname, Geburtsname, Geburtsdatum und Geburtsort) hat der Schuldner Angaben zu seinem Familienstand und zu unterhaltsberechtigten Personen zu machen. Hier ist insbesondere anzugeben, ob der Schuldner alleinstehend oder verheiratet ist und ob der Ehegatte über eigene Einkünfte verfügt. Ferner sind evtl. Kinder mit Geburtsdaten sowie deren evtl. Einkommen (z.B. Ausbildungsvergütung) zu benennen und die Frage zu beantworten, ob der Schuldner Bar- oder Naturalunterhalt oder ggf. gar keinen Unterhalt zahlt.

Weiterhin muss der Schuldner **alle ihm gehörenden Vermögensgegenstände angeben,** wobei bei Forderungen der Grund der Forderung und Beweismittel zu bezeichnen sind. U.a. muss der Schuldner

- seine laufenden Einkünfte,
- evtl. Bankkonten sowie
- evtl. Fahrzeuge oder Grundstücke

angeben.

Darüber hinaus hat der Schuldner gem. § 802c Abs. 2 ZPO **176**

- sämtliche entgeltlichen Veräußerungen des Schuldners an eine nahestehende Person in den letzten zwei Jahren und
- sämtliche unentgeltlichen Leistungen des Schuldners in den letzten vier Jahren, sofern es sich nicht um geringwertige Gelegenheitsgeschenke handelt,

anzugeben.

Anlage zur Niederschrift der - Haupt - Ober- Gerichtsvollzieherin/ des - Haupt - Ober- Gerichtsvollziehers	vom	Geschäftsnummer **DR II**
bei dem Amtsgericht		

Vermögensverzeichnis

der/ des

Titel :	Namensvorsatz (z. B. von, zu)
Vorname(n)	
Rufname (soweit vom Vornamen abweichend)	Geschlecht: ☐ männlich ☐ weiblich ☐ unbestimmt/ anderes
Name /frühere Namen und Geburtsname in separate Felder eintragen)	
Namenszusatz (z. B. Bachelor oder Master)	
Weitere Namen (z. B. bei mehrfach geschiedenen Personen. Namen bitte mit ; trennen	
Alias (z.B. Künstler- oder Ordensname)	
Geburtsname (falls vom Namen abweichend)	Geburtsdatum:
Geburtsort (ggf. auch Kreis und Bezirk angeben)	Geburtsland ☐ Deutschland ☐ (anderes Land bitte angeben)
Gesetzliche Vertreterin/ Gesetzlicher Vertreter, Betreuerin / Betreuer der Schuldnerin/ des Schuldners	
Anschriftenzusatz (z.B. c/o)	
Anschrift (Straße)	Anschrift (Hausnummer)
Anschrift (Postleitzahl, Ort)	Anschrift (Ortsteil)
erlernter Beruf	zur Zeit tätig als
Familienstand	Bezieht Ihre/ Ihr Ehegattin/ Ehegatte - Lebenspartnerin/ Lebenspartner eigenes Einkommen?

☐ ledig ☐ eingetragene Lebenspartnerschaft	☐ verheiratet ☐ geschieden ☐ Ehe aufgehoben ☐ In Bedarfsgemeinschaft lebend	☐ getrennt lebend ☐ verwitwet	☐ nein	☐ ja, Höhe: EUR ☐ unbekannt Umfang der Tätigkeit: Name des Ehe-/ Lebenspartners/ der Ehe-/ Lebenspartnerin

Güterstand		
☐ keine besondere Vereinbarung	☐ Gütertrennung	☐ Gütergemeinschaft

ZP325 Vermögensverzeichnis im Verfahren zur Abgabe Vermögensauskunft (2_19)

Ehe- Lebenspartnerschaftsvertrag Datum:	Notarin/ Notar	Güterrechtsregister beim Amtsgericht/ Standesamt	Geschäftsnummer GR

☐ Löschung des Lebenspartnerschaftsvertrags

Unterhaltsberechtigte Kinder (jeweils Vornamen, Namen, Geburtsdatum und Wohnort angeben):

Verfügen Ihre Kinder über ein eigenes Einkommen? ☐ nein

Name des Kindes, Art und Höhe des Einkommens:

Art und Höhe des an die Kinder geleisteten Unterhalts (Naturalunterhalt und/ oder Geldbetrag):

☐ Derzeit keine Zahlung möglich

☐ Naturalunterhalt

☐ mtl. EUR

ZP325 Vermögensverzeichnis im Verfahren zur Abgabe Vermögensauskunft (2_19)

A. Bewegliche Sachen

Zu Nrn. 1 bis 9: Befinden sich Ihnen gehörige Gegenstände zurzeit nicht in Ihrem Besitz (Gewahrsam), so müssen Sie jeweils hinzufügen, wo sie sich befinden (z. B. „ausgeliehen an ..."). Bei Sachen, die Ihnen nicht allein gehören, Mitberechtigte(n) angeben! Unter Eigentumsvorbehalt erworbene, verpfändete, zur Sicherung übereignete oder gepfändete Sachen sind **nur unter Nr. 9** anzuführen. Es sind auch geliehene, gemietete oder geleaste Gegenstände – unter Angabe der Eigentumsverhältnisse – aufzuführen.

1. **Bargeld** Wo befindet es sich?	☐ nein	☐ ja, und zwar EUR	andere Währungen:
2. **Wertpapiere** (z.B. Wechsel, Schecks, Pfandbriefe, Aktien, Fondsanteile usw.) Genau bezeichnen!	☐ nein	☐ ja, und zwar	
3. a) **Wohnungseinrichtung und Haushaltswäsche**	☐ nur Sachen im Rahmen bescheidener Lebensführung ☐ keine eigenen Möbel ☐ Ich wohne möbliert ☐ ich wohne bei der Familie, einer Freundin/ einem Freund ☐ ja, und zwar		
b) **Kleidungsstücke** (Bei wertvollen Gegenständen Art, Material und Größe angeben)	☐ nur im Rahmen bescheidener Lebensführung und der Berufstätigkeit ☐ folgende Sachen von Wert:		
4. **Kunstgegenstände und Sammlungen unter Angabe der Art und des Wertes**	☐ nein	☐ ja, und zwar	
5. **Uhren, Schmuck, Gold und ähnliche Wertsachen** unter Angabe der Art, des Materials und des Wertes	☐ nein	☐ ja, und zwar ☐ nur Modeschmuck ohne besonderen Wert	
6. **Wertvolle Gebrauchsgegenstände** (anzugeben sind insbesondere Fernsehgeräte, Fotoapparate, Film- und Videokameras, Smartphone, Spielekonsole, Sportgeräte, Jagd- und Sportwaffen, optische Geräte, Computer, Laptop, Tablets, Werkzeuge, Bücher, Solarien usw.)	☐ ja, und zwar (unter Angabe des Typs, des Herstellungsjahres und des Kaufpreises) ☐ nur veraltete Geräte ohne besonderen Wert		
7. a) **Fahrzeuge** – auch Fahrräder, Motorräder, Motorroller, Wohnwagen(-anhänger), Quads, Wohnmobile – (Bei Kraftfahrzeugen Typ, Baujahr, aktueller Kilometerstand, amtl. Kennzeichen angeben!) Für sicherungsübereignete Fahrzeuge siehe Nr. 9b)	☐ nein ☐ ja, und zwar: Baujahr: Eigentümerin, Eigentümer: amtl. Kennzeichen: Km-Stand: Standort: Kfz-Versicherung: Versicherungsnummer:		
b) **Nutzfahrzeuge** z.B. Rasentraktor, Traktor, Anhänger etc.	☐ nein	☐ ja, und zwar	

ZP325 Vermögensverzeichnis im Verfahren zur Abgabe Vermögensauskunft (2_19)

Bei wem befindet sich der Kfz-Brief bzw. die Zulassungsbescheinigung II?	☐ bei mir ☐ bei
8. **Weitere Sachen von Wert (z. B.** – wie Gartenhäuser, die nicht der ständigen Unterkunft dienen, Behelfsheime, Verkaufsstände, wertvolle Haustiere, Viehbestände, Zuchttiere, Reitpferde–)	☐ nein ☐ ja, und zwar Die Gegenstände/Tiere befinden sich:
9. **a)** Haben Sie Sachen auf **Abzahlung unter Eigentumsvorbehalt gekauft (Ratenzahlung)?** (Anschrift der Verkäuferin / des Verkäufers, Kaufpreis und Restschuld angeben!)	☐ nein ☐ ja, und zwar ☐ bei wem?
b) Haben Sie Sachen (auch Fahrzeuge) **freiwillig verpfändet** oder **zur Sicherung übereignet?** (Genaue Anschrift, Schuldgrund und –höhe angeben!)	☐ nein ☐ ja, und zwar
c) Sind bereits Sachen **gepfändet**, wann und für welche Forderung?	☐ nein ☐ ja, und zwar ☐ für wen?

B. Forderungen, Guthaben und ähnliche Rechte

10. Monatliche Einkünfte – ggf. besondere Aufstellung beifügen – ☐ **Arbeitseinkommen,** ☐ **sonstige Ansprüche aus Arbeitsverhältnissen**	monatlich brutto EUR			monatlich netto EUR	
	Weihnachtsvergütung EUR	Urlaubsgeld EUR		Auslösung und sonstige Zulagen EUR	
genaue Bezeichnung (Rechtsform) und Anschrift der Arbeitgeberin/ des Arbeitgebers					
☐ **Leistungen nach dem Arbeitsförderungsgesetz**, SGB II und SGB XII, sonstige Leistungen	☐ Arbeitslosengeld	☐ Arbeitslosengeld II und Kosten für die Unterkunft	☐ Unterhaltsgeld	☐ Krankengeld	☐ Hilfe zum Lebensunterhalt, Sozialgeld, Grundsicherung
☐ **Elterngeld**	☐ BAföG		☐ Ausbildungsgeld	☐ Lehrlingsgeld	
	Aktenzeichen, Stammnummer		Höhe der Leistung EUR	Zahlungszeitraum	

ZP325 Vermögensverzeichnis im Verfahren zur Abgabe Vermögensauskunft (2_19)

<table>
<tr><td></td><td colspan="4">Leistungsverpflichtete, Leistungsverpflichteter und auszahlende Stelle
☐ ARGE / Jobcenter in
☐ Bundesagentur für Arbeit in
☐ Sozialamt in
☐ Sonstige</td></tr>
<tr><td>☐ Renten
(im In- und Ausland)

Höhe der Rente :
bitte jeweils einzeln angeben.</td><td>☐ Altersrente

EUR</td><td>☐ Hinterbliebenenrente

EUR</td><td>☐ Unfallrente

EUR</td><td>☐ Rente wegen Erwerbsminderung

EUR</td></tr>
<tr><td>Sonstige Renten:</td><td colspan="4">EUR</td></tr>
<tr><td>☐ Rentenanwartschaften, Versorgungsbezüge</td><td colspan="4">Leistungsverpflichtete, Leistungsverpflichteter, auszahlende Stelle z.B.:
☐ Deutsche Rentenversicherung Bund (Ruhrstr. 2, 10709 Berlin)
☐ Deutsche Rentenversicherung in
☐ Berufsgenossenschaft
☐ Bundesknappschaft
☐ Anwartschaft auf Betriebsrente oder Pensionsfonds
☐ Direktversicherung
☐ Sonstige

Renten-, Versicherungs- oder Geschäftsnummer:</td></tr>
</table>

ZP325 Vermögensverzeichnis im Verfahren zur Abgabe Vermögensauskunft (2_19)

☐ **Private oder betriebliche Altersvorsorge (z.B. Riester- oder Rürup-Rente)** (siehe Anlage III betr. Lebensversicherungen) Renten-, Versicherungs- oder Geschäftsnummer:				
☐ **Sachleistungen** privat genutzter PKW, Wohnung	Leistungsverpflichtete, Leistungsverpflichteter, leistende Stelle:			
☐ **Unterhaltsansprüche:**	monatlich EUR	genaue Anschrift der Anspruchsgegnerin/ des Anspruchsgegners		
Anzahl der Kinder:				
☐ **Kindergeld**	monatlich EUR	Leistungsverpflichtete, Leistungsverpflichteter, auszahlende Stelle		
☐ **Wohngeld** ☐ **Leistungen für Unterkunft und Heizung, soweit nicht im ALG II enth.**	monatlich EUR	Leistungsverpflichtete, Leistungsverpflichteter, auszahlende Stelle		
Liegen **Pfändungen** oder **Abtretungen** vor?	☐ nein	☐ ja, ca. EUR	Höhe des Abzugs vom Einkommen ca. EUR	Restschuld ca. EUR
Bestehen **Forderungen** aus früheren **Arbeitsverhältnissen**?	☐ nein	☐ ja, und zwar		

Werden oder wurden **vermögenswirksame Leistungen** (z.B. aus Bausparvertrag) seitens der/ des jetzigen oder einer/ eines vorherigen Arbeitgeberin/ Arbeitgebers erbracht?	☐ nein	☐ ja, und zwar Kontonummer:	Vertragsart	
	Empfänger/in der Leistung (Bank, Bausparkasse usw.)			
	monatlicher Überweisungsbetrag EUR			jetziger Kontostand ca. EUR
☐ **Ich habe keinerlei Einkommen.** Meinen Lebensunterhalt bestreite ich wie folgt:				
11. Ansprüche aus Nebenverdienst (wie z. B. Nachhilfeunterricht, Übungsleitervergütung etc.)	☐ nein	☐ ja, und zwar EUR		
12. Ich führe ein **Erwerbsgeschäft**	☐ nein	☐ ja, habe ich im Ergänzungsblatt I aufgeführt. ☐ mtl. Gewinn: EUR ☐ mtl. Umsatzhöhe: EUR		

ZP325 Vermögensverzeichnis im Verfahren zur Abgabe Vermögensauskunft (2_19)

13. Ansprüche aus Rückerstattung/ Vergütung von Steuern	☐ nein	☐ ja, und zwar	☐ Einkommensteuer/ Kirchensteuer	☐ Lohnsteuer/ Kirchen- steuer	☐ Umsatzsteuer / Vorsteuer
		☐ Vermögenssteuer		☐ sonstige Ansprüche, Art:	
	Zuständiges Finanzamt: Steuernummer. ID-Nummer:				
Im vergangenen Jahr bin ich einer steuerpflichtigen Tätigkeit nachgegangen: ☐ nein ☐ ja, und zwar ca. Monate					
Die Lohnsteuerbescheinigung des letzten Kalenderjahres befindet sich bei	☐ Finanzamt	☐ Arbeitgeber(in)	☐ Sonstige:		
Erstattungsantrag bereits gestellt?	☐ nein	☐ ja	bereits ausgezahlt?	☐ nein	☐ ja

14. Konten, insbesondere: – Sparguthaben – Gehaltskonten – Geschäftskonten – Girokonten – Paypalkonto – Bausparverträge, die **ohne** vermögenswirksame Leistungen angespart werden	☐ nein	☐ ja, und zwar (Es sind auch Konten ohne derzeitiges Guthaben sowie Konten von Dritten, sofern diese benutzt werden, anzugeben! Bei einem Pfändungsschutzkonto bitte ein "P" und bei einem Konto nur für die Zahlung von Sozialleistungen bitte ein "S" hinter der IBAN-Nummer angeben.)			
		Kontoart und Bank/Sparkasse	Inhaberin/ Inhaber Name, Anschrift	IBAN-Nummer	Kontostand ca. EUR
	☐ Zahlungen mir zustehender Gelder erfolgen nicht auf Konten Dritter				

15. Lebensversicherungen, Sterbekassen	☐ nein ☐ nicht bekannt	☐ ja, Angaben habe ich im Ergänzungsblatt III aufgeführt ☐ ich bin unwiderruflich Begünstigter einer Lebensversicherung einer anderen Person – Versicherungsgeber: – Versicherungsnummer:
16. Mitgliedschaften bei Genossenschaften (z. B. Volks- und Raiffeisenbanken, Wohnungsgenossenschaften), Beteiligungen an Gesellschaften/ Partnerschaften	☐ nein	☐ ja, und zwar

ZP325 Vermögensverzeichnis im Verfahren zur Abgabe Vermögensauskunft (2_19)

17. Ansprüche aus Pacht-, Miet- und Leasingverträgen, auch Untermiete und Ansprüche auf **Rückzahlung geleisteter Mietkautionen und Nebenkosten** – ggf. bes. Aufstellung beifügen –	☐ nein ☐ nicht bekannt	☐ ja, und zwar ☐ aus Mietvertrag EUR ☐ aus Mietkautionen EUR ☐ aus Leasingvertrag EUR ☐ aus Nebenkostenabrechnung EUR ☐ aus sonst. Vertrag EUR Bei Rückzahlungsanspruch der Mietkaution: Wie wurde die Kaution geleistet? ☐ Durch Zahlung an den /die Vermieter /in: (Name und Anschrift der / des Zahlungspflichtigen: ☐ Durch Anlegung der Sicherheitsleistung auf einem Kautionskonto (bitte Name und Anschrift des Zahlungspflichtigen sowie Bankverbindung des Kautionskontos angeben) Restlaufzeit ca. Monate/Jahre Wurde die Zahlung der Nebenkosten durch einen Dritten als Darlehen geleistet? ☐ ja von (bitte Darlehensgeber angeben, z. B. ARGE etc.): ☐ nein Wurde eine der oben aufgeführten Zahlungen **bar** geleistet? ☐ ja ☐ nein
18. Haben Sie Rechte an ☐ **Grundstücken (außer Eigentum und grundstücksgleichen Rechten, s. Nr. 22 a)**	☐ nein	☐ ja, und zwar
☐ **Erfindungen (Patente), Urheberrechte, Verlagsrechte, Internetdomain usw.**	☐ nein	☐ ja, und zwar
☐ **Anteile** an **Erbengemeinschaften** und an fortgesetzten **Gütergemeinschaften, Pflichtteilsansprüche, Erbersatzanspruch**)	☐ nein	☐ ja, und zwar
19. Sonstige Forderungen Anzugeben sind u. a. Forderungen aus Kauf- und Darlehensverträgen, Rückerstattungs- und/oder Ersatzansprüche, Bezugsrechte an/ aus Versicherungen (auch Sachversicherungen), auf Abzahlung gekaufte und noch nicht gelieferte Gegenstände) Schadensersatzansprüche, Ansprüche auf Rückerstattung von Versicherungs- und Mitgliedsbeiträgen, von Energiekosten (Strom, Wasser, Gas) Internetdomaine	☐ nein	☐ ja, und zwar
20. Verfügen Sie über einen Titel (Urteil, Beschluss usw.), aus dem hinsichtlich der unter Nr. 10 – 19 bezeichneten Forderungen die Zwangsvollstreckung betrieben werden kann?	☐ nein	☐ ja, und zwar
21. Welche unter Nr. 11 bis 20 angeführten Ansprüche sind freiwillig **verpfändet** oder **abgetreten** bzw. **gepfändet**?	☐ keine	☐ folgende: (Gläubiger/in sowie Art und Höhe der Forderung angeben)
22. a) Grundvermögen (Grundstücke, Wohnungs- oder Teileigentum, sonstige grundstücksgleiche Rechte,	☐ nein	☐ ja, habe ich im Ergänzungsblatt II, Abschnitt A aufgeführt.

ZP325 Vermögensverzeichnis im Verfahren zur Abgabe Vermögensauskunft (2_19)

z. B. Erbbaurecht – auch im Ausland-)		
b) **Schiffe, Schiffsbauwerke, auch Flugzeuge, Sportflugzeuge oder Anteile daran**	☐ nein	☐ ja, und zwar
23. **Anderes land- und forstwirtschaftliches Vermögen?**	☐ nein	☐ ja, habe ich im Ergänzungsblatt II, Abschnitt B aufgeführt.

C. Veräußerungen von Vermögensgegenständen – auch Forderungen – in der Vergangenheit

24. Haben Sie innerhalb der letzten **zwei** Jahre, vor dem ersten zur Abgabe der Vermögensauskunft anberaumten Termin oder in der Zeit zwischen dem festgesetzten Termin und der tatsächlichen Abgabe der Vermögensauskunft, Gegenstände an eine der nachgenannten Personen		
entgeltlich veräußert?	☐ nein	☐ ja, und zwar an (Gegenstände und deren Wert angeben!)
☐ meine Ehegattin / meinen Ehegatten (vor, während oder nach der Ehe)		
☐ meine oder meiner Ehegattin / meines Ehegatten Eltern, Großeltern, Kinder, Enkelkinder		
☐ meine oder meines Ehegatten Geschwister und Halbgeschwister		
☐ die Ehegatten der zuvor genannten Personen		
☐ meiner Lebenspartnerin / meinem Lebenspartner		
☐ Personen, mit denen ich in häuslicher Gemeinschaft lebe oder im letzten Jahr vor der Handlung gelebt habe		
☐ andere Personen des § 138 InsO		
25. Haben Sie innerhalb der letzten **vier** Jahre vor dem ersten zur Abgabe der Vermögensauskunft anberaumten Termin oder in der Zeit zwischen dem festgesetzten Termin und der tatsächlichen Abgabe der Vermögensauskunft **unentgeltlich** über Gegenstände (auch Geld) verfügt? Gebräuchliche Gelegenheitsgeschenke sind nicht anzugeben.	☐ nein	☐ ja, und zwar (Gegenstände und deren Wert angeben!)

ZP325 Vermögensverzeichnis im Verfahren zur Abgabe Vermögensauskunft (2_19)

Ergänzungen zu den obigen Angaben:

Ort, Datum	Unterschrift der Schuldnerin / des Schuldners, der gesetzlichen Vertreterin / des gesetzlichen Vertreters, der Betreuerin /des Betreuers (Vor- und Zuname) **Unterschrift befindet sich im EV-Protokoll** Die Vermögensauskunft wird ab 2013 elektronisch erfasst. Das Dokument ist dann generell nicht unterschrieben

Vermerke der Gerichtsvollzieherin / des Gerichtsvollziehers:

☐ Die Angaben im Vermögensverzeichnis wurden dem / der Schuldner(in) vor Abgabe der Versicherung nach §802c Abs. 3 ZPO vorgelesen.

☐ Die Angaben im Vermögensverzeichnis wurden dem / der Schuldner(in) vor Abgabe der Versicherung nach §802c Abs. 3 ZPO zur Durchsicht auf einem Bildschirm wiedergegeben.

☐ Der/ Die Schuldner(in) bat um Erteilung eines Ausdrucks.

Bei Ergänzung / Nachbesserung:

☐ Die Versicherung an Eides statt für das Vermögensverzeichnis ist erstmals erfolgt am:

Hinweise für den Gläubiger, auf Grund dessen Antrag die Erklärung erfolgt ist: Der vorstehende Ausdruck / dieses elektronische Dokument stimmt mit dem Inhalt des Vermögensverzeichnisses überein (§ 5 Abs. 4 VermVV).
Hinweise für alle Gläubiger: Sie dürfen die erlangten Daten nur zu Vollstreckungszwecken nutzen. Die Daten bzw. der Ausdruck sind unverzüglich nach Zweckerreichung zu vernichten (§ 802 d Abs.1 Satz 3 ZPO).

Datum, Unterschrift der Gerichtsvollzieherin / des Gerichtsvollziehers:
(bei elektronischer Übermittlung auch ohne Unterschrift gültig)

ZP325 Vermögensverzeichnis im Verfahren zur Abgabe Vermögensauskunft (2_19)

177 Erscheint der Schuldner nicht zum Termin, so kann der Gläubiger in zwei Richtungen – auf Wunsch auch gleichzeitig – weiter vorgehen, wobei jeweils ein Antrag des Gläubigers erforderlich ist:

b) Haftbefehl

178 Es kann zum einem gem. § 802g ZPO ein **Haftbefehl** gegen den Schuldner erlassen werden, wenn dieser unentschuldigt zum Termin zur Abgabe der VA fehlt oder er sich weigert die VA freiwillig abzugeben. Zuständig ist hierfür das Amtsgericht am Wohnsitz des Schuldners.

Häufig wird bereits im Vollstreckungsauftrag an den Gerichtsvollzieher der Hinweis aufgenommen, der Gerichtsvollzieher möge bei Vorliegen der Vorsetzungen für den Erlass eines Haftbefehles die Vollstreckungsunterlagen direkt an das Gericht schicken und das Gericht möge die Unterlagen nebst erlassenem Haftbefehl direkt an den zuständigen Gerichtsvollzieher zurücksenden. Dieses Vorgehen ist effizient und verhindert unnötige Postwege über die Kanzlei des Gläubigervertreters. Der Antrag ist im Auftragsformular unter Modul I zu stellen:

I	**Erlass eines Haftbefehls (§ 802g Absatz 1 ZPO) gegen den Schuldner (zu Ziffer ______)** ☐ Für den Fall, dass der Schuldner dem Termin zur Abgabe der Vermögensauskunft unentschuldigt fernbleibt oder sich ohne Grund weigert, die Vermögensauskunft zu erteilen, wird der Erlass eines Haftbefehls nach § 802g Absatz 1 ZPO beantragt. Der Gerichtsvollzieher wird gebeten, den Antrag an das zuständige Amtsgericht weiterzuleiten und dieses zu ersuchen, nach Erlass des Haftbefehls diesen zu übersenden an ☐ den Gläubiger. ☐ den Bevollmächtigten. ☐ den zuständigen Gerichtsvollzieher. Der Gerichtsvollzieher wird mit der Verhaftung des Schuldners nach § 802g Absatz 2 ZPO beauftragt.

179 *Hinweis:*

Sofern der Gläubiger den Gerichtsvollzieher im Rahmen eines vereinfachten Vollstreckungsauftrages nach § 754a ZPO beauftragt und somit den Vollstreckungsbescheid nur als Datei vorgelegt hatte, muss für den Erlass des Haftbefehls der Original-Vollstreckungsbescheid bei Gericht eingereicht werden. Die Möglichkeit einen vereinfachten Auftrag zu erteilen, bei welchem der Vollstreckungsbescheid nur als Datei eingereicht werden kann, gilt ausschließlich für den Auftrag an den Gerichtsvollzieher. Der Haftbefehl wird vom Richter erlassen. Dieser benötigt den Original-VB.

180 Nach Vorliegen des Haftbefehles kann der Schuldner zwecks Abnahme der VA verhaftet werden: Der Gerichtsvollzieher nimmt hierfür ggf. Amtshilfe der Polizei in Anspruch. Der Haftbefehl darf dabei jedoch **nicht älter als zwei Jahre** sein, da die Vollziehung des Haftbefehles ansonsten gem. § 802h Abs. 1 ZPO unstatthaft wäre.

Allerdings informiert der Gerichtsvollzieher nach Erhalt des Haftbefehls den Schuldner zunächst über den Erlass des Haftbefehls und fordert diesen nochmals auf, nunmehr die

Vermögensauskunft abzugeben. Die meisten Schuldner kommen dieser Aufforderung nach, um eine Verhaftung zu vermeiden.

181 Kommt es jedoch zur Verhaftung, darf die Haft gem. § 802j ZPO die **Dauer von sechs Monaten** nicht übersteigen, eine Erneuerung der Haft auf Antrag desselben Gläubigers wird vom Gesetzgeber ausdrücklich ausgeschlossen. Nach Ablauf der 6-Monatsfrist wird der Schuldner von Amts wegen aus der Haft entlassen.

Während der Haft kann der Schuldner jederzeit die Vermögensauskunft abgeben, um so aus der Haft entlassen zu werden.

Für den Gläubiger ist allerdings zu bedenken, dass für den Aufenthalt des Schuldners in der Justizvollzugsanstalt ein Haftkostenvorschuss durch den Gläubiger zu zahlen ist. Dies kann bei einem längeren Aufenthalt des Schuldners in der JVA schnell zu einem vierstelligen Betrag führen. Bei den Haftkosten handelt es sich um notwendige Kosten der Zwangsvollstreckung gem. § 788 ZPO – sofern diese beim Schuldner beigetrieben werden können. Im Jahr 2025 betragen die Haftkostenbeiträge bundeseinheitlich wie folgt:[26]

1. Unterkunft

1. Gefangene bis zur Vollendung des 18. Lebensjahres und für Auszubildende	
bei Einzelunterbringung	194,60 EUR
bei Belegung mit zwei Gefangenen	83,40 EUR
bei Belegung mit drei Gefangenen	55,60 EUR
bei Belegung mit mehr als drei Gefangenen	27,80 EUR
2. Für alle übrigen Gefangenen	
bei Einzelunterbringung	236,30 EUR
bei Belegung mit zwei Gefangenen	125,10 EUR
bei Belegung mit drei Gefangenen	97,30 EUR
bei Belegung mit mehr als drei Gefangenen	69,50 EUR

2. Verpflegung

Frühstück	65,00 EUR
Mittagessen	124,00 EUR
Abendessen	124,00 EUR

26 Quelle: Vollstreckung effektiv 04/25, 55.

c) Einholung von Drittauskünften

182 Daneben kann der Gläubiger den Gerichtsvollzieher beauftragen, sog. **Drittauskünfte** gem. **§ 802l ZPO** einzuholen, und zwar bei

- den Rentenversicherungsträgern
- dem Bundeszentralamt für Steuern
- dem Kraftfahrtbundesamt
- den berufsständischen Versorgungseinrichtungen.

183 Die Beantragung erfolgt unter Modul N:

N

Einholung von Auskünften Dritter (§ 802l ZPO) über den Schuldner (zu Ziffer ______)

☐ Erhebung des Namens und der Vornamen oder der Firma sowie der Anschrift der derzeitigen Arbeitgeber des Schuldners bei

☐ den Trägern der gesetzlichen Rentenversicherung

☐ der folgenden berufsständischen Versorgungseinrichtung im Sinne des § 6 Absatz 1 Satz 1 Nummer 1 SGB VI:

Bezeichnung ______

Postfach ______

Straße ______ Hausnummer ______

Postleitzahl ______ Ort ______

Tatsächliche Anhaltspunkte dafür, dass der Schuldner Mitglied dieser berufsständischen Versorgungseinrichtung ist: ______

☐ Ersuchen an das Bundeszentralamt für Steuern, bei den Kreditinstituten die in § 93b Absatz 1 und Absatz 1a AO bezeichneten Daten abzurufen

☐ Erhebung der Fahrzeug- und Halterdaten nach § 33 Absatz 1 StVG zu einem Fahrzeug, als dessen Halter der Schuldner eingetragen ist, beim Kraftfahrt-Bundesamt

☐ Antrag auf aktuelle Einholung von Auskünften (§ 802l Absatz 4 Satz 3 ZPO)
Zur Änderung der Vermögensverhältnisse des Schuldners wird vorgetragen: ______

☐ ______

184 Die Drittauskünfte holt der Gerichtsvollzieher unter folgenden Voraussetzungen ein:

- Antrag des Gläubigers
- Der Schuldner verweigert die Abgabe der VA bzw. erscheint unentschuldigt nicht
- Bei der Vollstreckung in die in der VA aufgeführten Vermögenswerte ist eine vollständige Befriedigung des Gläubigers nicht zu erwarten
- Die Zustellung der Ladung zum Termin ist nicht möglich, da Schuldner unbekannt verzogen ist.

185 Folgende Informationen können über die Drittauskünfte eingeholt werden:

- Konten des Schuldners oder Verfügungsberechtigungen über Konten, auch Bausparkonten (Bundeszentralamt für Steuern)
- sozialversicherungspflichtige Beschäftigungsverhältnisse des Schuldners (gesetzliche Rentenversicherung) – keine geringfügigen Beschäftigungen (556 EUR-Job, Stand 2025)

- auf den Schuldner zugelassene Fahrzeuge (Kraftfahrtbundesamt)
- Versicherungsverhältnisse bei berufsständigen Versorgungseinrichtungen (z.B. Versorgungswerk der Rechtsanwälte, Steuerberate, Architekten etc.).

Der Gerichtsvollzieher muss auch dann auf Antrag des Gläubigers die Drittauskünfte ein- 186
holen, wenn der Schuldner vollständige Angaben in seiner Vermögensauskunft gemacht hat. Zweck der Vorschrift ist es, die Informationsbeschaffung für den Gläubiger zu erweitern. Denn häufig sieht eine Vermögensauskunft auf den ersten Blick vollständig und ordnungsgemäß aus. Die Drittauskünfte könnten dann aber ergeben, dass der Schuldner es mit der Wahrheit doch nicht so genau genommen hat und Angaben in der Vermögensauskunft fehlen bzw. falsch sind.

d) Anschriftenermittlung durch den Gerichtsvollzieher

Kann die Mitteilung eines Termins zur Sachpfändung in der Wohnung des Schuldners 187
oder die Ladung zum Termin zur Abgabe der Vermögensauskunft nicht zugestellt werden, weil der Schuldner unter der vom Gläubiger angegebenen Anschrift nicht wohnhaft ist, hat der Gläubiger gem. **§ 755 ZPO** die Möglichkeit, den Gerichtsvollzieher mit der **Ermittlung der neuen Anschrift** zu beauftragen.

Der Gerichtsvollzieher ist befugt, Auskünfte bei

- dem Einwohnermeldeamt,
- der Ausländerbehörde,
- dem Rentenversicherungsträger und bei einer berufsständischen Versorgungseinrichtung i.S.d. § 6 Abs. 1 S. 1 Nr. 1 des SGB VI sowie
- dem Kraftfahrtbundesamt einzuholen.

Ferner kann er auch die gegenwärtigen Anschriften, den Ort der Hauptniederlassung oder den Sitz des Schuldners erheben durch Einsicht in das Handels-, Genossenschafts-, Partnerschafts-, Unternehmens- oder Vereinsregister oder durch Einholung einer Auskunft bei den nach Landesrecht für die Durchführung der Aufgaben nach § 14 Abs. 1 der Gewerbeordnung zuständigen Behörden.

M	**Ermittlung des Aufenthaltsorts des Schuldners (zu Ziffer ______) (§ 755 ZPO)** Ermittlung des Aufenthaltsorts des Schuldners: ☐ für den Fall, dass sich im Verfahren herausstellt, dass keine zustellungsfähige Anschrift des Schuldners vorliegt: ☐ Ermittlung nach § 755 Absatz 1 ZPO ☐ der gegenwärtigen Anschriften sowie der Angaben zur Haupt- und Nebenwohnung des Schuldners durch Nachfrage bei der Meldebehörde ☐ der gegenwärtigen Anschriften, des Ortes der Hauptniederlassung oder des Sitzes des Schuldners durch Einsicht in das Handels-, Genossenschafts-, Partnerschafts-, Unternehmens- oder Vereinsregister ☐ der gegenwärtigen Anschriften, des Ortes der Hauptniederlassung oder des Sitzes des Schuldners durch Einholung einer Auskunft bei den nach Landesrecht für die Durchführung der Aufgaben nach § 14 Absatz 1 GewO zuständigen Behörden ☐ Ermittlung nach § 755 Absatz 2 ZPO ☐ des Aufenthaltsorts durch Nachfragen beim Ausländerzentralregister und bei der aktenführenden Ausländerbehörde ☐ der bekannten derzeitigen Anschrift sowie des derzeitigen oder zukünftigen Aufenthaltsorts des Schuldners bei ☐ den Trägern der gesetzlichen Rentenversicherung ☐ der folgenden berufsständischen Versorgungseinrichtung im Sinne des § 6 Absatz 1 Satz 1 Nummer 1 SGB VI: Bezeichnung ______ Postfach ______ Straße ______ Hausnummer ______ Postleitzahl ______ Ort ______ Tatsächliche Anhaltspunkte dafür, dass der Schuldner Mitglied dieser berufsständischen Versorgungseinrichtung ist: ______ ☐ der Halterdaten nach § 33 Absatz 1 Satz 1 Nummer 2 StVG des Schuldners beim Kraftfahrt-Bundesamt ☐ ______

188 Anfragen gem. § 755 Abs. 2 ZPO beim Ausländerzentralregister, bei den Trägern der gesetzlichen Rentenversicherung und bei einer berufsständischen Versorgungseinrichtung i.S.d. § 6 Abs. 1 S. 1 Nr. 1 SGB VI sowie beim Kraftfahrt-Bundesamt sind nur zulässig, wenn der Aufenthaltsort des Schuldners durch Nachfrage bei der Meldebehörde (§ 755 Abs. 1 ZPO) nicht zu ermitteln ist.

Der Nachfrage bei der Meldebehörde stehen gleich die Einsicht in das Handels-, Genossenschafts-, Partnerschafts-, Unternehmens- oder Vereinsregister und die Einholung einer Auskunft bei den nach Landesrecht für die Durchführung der Aufgaben nach § 14 Abs. 1 GewO zuständigen Behörden bei dem Schuldner, der in die genannten Register eingetragen ist.

Die Anfrage beim Ausländerzentralregister über Unionsbürger ist gem. § 755 Abs. 2 S. 2 ZPO nur zulässig, wenn tatsächliche Anhaltspunkte für die Vermutung der Feststellung des Nichtbestehens oder des Verlusts des Freizügigkeitsrechts vorliegen und dargelegt werden. Für die entsprechenden Angaben kann das Freitextfeld am Ende des Moduls M genutzt werden.

Sofern eine Anfrage bei berufsständischen Versorgungseinrichtungen beantragt wird, muss der Gläubiger die entsprechende Versorgungseinrichtung und tatsächliche Anhaltspunkte angeben, wonach der Schuldner Mitglied dieser berufsständischen Versorgungseinrichtung ist.

Die Befugnis des Gerichtsvollziehers gem. § 755 ZPO, die neue Anschrift des Schuldners zu ermitteln, ist einerseits sehr praktisch, da der Gerichtsvollzieher neben der üblichen Anfrage beim Einwohnermeldeamt weitere, dem Gläubiger nicht zugängliche Möglichkeiten hat, die neue Anschrift zu ermitteln. Zusätzlich entfällt das Hin-und-Her-Schicken der Unterlagen. 189

Andererseits fallen für die diversen Auskünfte nicht nur Gebühren für die auskunftgebende Stelle (z.B.: KBA: 5,10 EUR; RV: 10,20 EUR gem. § 64 Abs. 1 S. 2 SGB X; EMA: ca. 11,00 EUR), sondern auch für den Gerichtsvollzieher an, so dass die Vollstreckungskosten rasch in die Höhe schnellen können. Der Gläubigervertreter sollte hier nicht wahllos „einfach mal irgendwas ankreuzen", sondern je nach Einzelfall handeln. Insbesondere muss der Mandant vor Auftragserteilung über die eventuell anfallenden Kosten aufgeklärt werden.

Die **Gerichtsvollziehergebühren** für die Einholung der Auskünfte nach § 755 ZPO sind nach Aufwand gestaffelt. Für die Anfrage an das Melderegister sowie die Möglichkeit der Anfragen an Handels-, Genossenschafts-, Unternehmens- oder Vereinsregister und für eine Auskunft bei den nach Landesrecht für die Durchführung der Aufgaben nach § 14 Abs. 1 der Gewerbeordnung zuständigen Behörden fällt eine Gebühr in Höhe von 6,00 EUR an (KV 441 GvKostG). Die Gebühren für die Auskünfte des Kraftfahrtbundesamtes, der Rentenversicherung und der berufsständischen Versorgungseinrichtungen betragen jeweils 15,60 EUR (KV 440 GvKostG).[27]

e) Weitere Aufträge

Unter Modul O kann der Gläubiger dem Gerichtsvollzieher weitere Aufträge, die nicht unter die Module F–N fallen erteilen. 190

O	**weitere Aufträge**
	☐
	☐

Das neue Vollstreckungsformulare **kann** auch für die Vollstreckung von Herausgabeansprüchen genutzt werden. Hierunter fällt u.a. auch der Räumungsauftrag. 191

Musterformulierung (Kurzform) Räumungsauftrag

O	**weitere Aufträge**
	☒ Es wird beantragt, die Wohnung im Hause ... (genaue Anschrift, Etage, etc.) zu räumen und an den Gläubiger herauszugeben. Wir
	☐ bitten, zeitnah einen Räumungstermin festzulegen und diesen dem Unterzeichner bekannt zu geben.

27 Stand Juni 2025.

192 Die Beauftragung des Gerichtsvollziehers mit der Räumung mittels Formular macht jedoch nur dann Sinn, wenn gleichzeitig eine Geldforderung beigetrieben werden soll – ggf. die Gebühren für den Räumungsauftrag oder z.B. eine titulierte Geldforderung/Mietforderung.

Sofern ausschließlich ein Räumungsantrag (oder ein anderer Auftrag auf Herausgabe) erteilt werden soll, macht die aufwendige Nutzung des Formulars wenig Sinn. Es empfiehlt sich, solche Aufträge formlos zu erteilen.

f) Reihenfolge der Aufträge und Hinweise

193 Es folgen die Module P und Q. In Modul P kann der Gläubiger Angaben zur Reihenfolge der einzelnen Aufträge machen. Hierbei ist zu berücksichtigen, dass die gesetzlich vorgeschriebene Reihenfolge dabei fortbestehen muss. Es ist also **nicht** möglich, den Gerichtsvollzieher anzuweisen z.B. zuerst die Drittauskünfte einzuholen und dann die VA abzunehmen.

In Modul Q kann der Gläubiger dem Gerichtsvollzieher Hinweise zum jeweiligen Vollstreckungsauftrag erteilen.

P	**Angaben zur Reihenfolge bzw. Kombination der einzelnen Aufträge** Die gestellten Aufträge sollen in folgender Reihenfolge durchgeführt werden: 1. ___ 2. ___ 3. ___ ☐ ___
Q	**Dem Gerichtsvollzieher werden folgende Hinweise gegeben und es werden folgende Vorgaben gemacht:** ☐ Es wird um Übersendung des ☐ Protokolls ☐ Gesamtprotokolls gebeten. ☐ Im Fall der Nichtzuständigkeit wird um Weiterleitung des Vollstreckungsauftrags an den zuständigen Gerichtsvollzieher gebeten, wenn nicht bereits eine Weiterleitung von Amts wegen erfolgt. ☐ Es wird um Rücksendung der Vollstreckungsunterlagen für den Fall gebeten, dass ___ ☐ ___ ☐ ___

g) Unterschrift / Signatur

194 Zuletzt folgt die Unterschrift bzw. die Signatur des Antragstellers.

Namen der Auftraggeber

_______________ _______________

Unterschriften der Auftraggeber

In das linke Feld ist der vollständig ausgeschriebene Name des Antragstellers einzutragen. Bei Antragstellung durch einen Rechtsanwalt ist hier der Name des Rechtsanwalts einzutragen – nicht der Name der Kanzlei.

4. Zentrale Vollstreckungsgerichte nach § 802k ZPO

Die Zentralen Vollstreckungsgerichte haben zwei Aufgaben: 195

- die Speicherung und Verwaltung der abgegebenen **Vermögensauskünfte** sowie
- die Führung der **Schuldnerverzeichnisse**.

a) Verwaltung der Vermögensverzeichnisse

Das Vermögensverzeichnis wird durch den Gerichtsvollzieher als **elektronisches Dokument** erstellt und sodann an das Zentrale Vollstreckungsgericht des jeweiligen Bundeslandes übermittelt. Die Vermögensverzeichnisse werden dort gespeichert und können **ausschließlich** von Gerichtsvollzieher, von Insolvenzgerichten, Vollstreckungsgerichten, Registergerichten und Strafverfolgungsbehörden, soweit dies zur Erfüllung der ihnen obliegenden Aufgaben erforderlich ist, abgerufen werden. Es handelt sich insoweit um eine **nichtöffentliche Datei**. 196

b) Schuldnerverzeichnis

In jedem Bundesland wird ein **Zentrales Schuldnerregister geführt**. Die zu dem Schuldner gespeicherten Daten können gem. § 882h ZPO über eine Internetabfrage unter www.vollstreckungsportal.de abgefragt werden. Die Abfrage ist kostenpflichtig. Die Gerichtskosten betragen derzeit 4,50 EUR (Stand Januar 2025). 197

Zur Eintragung kommen insbesondere folgende Daten des Schuldners: 198

- Name, Vorname und Geburtsname,
- bei einer juristischen Person Nr. des Registerblattes des entsprechenden Handelsregisters,
- Geburtsort und Geburtsdatum,
- Wohnsitze des Schuldners,
- Aktenzeichen und Vollstreckungsorgan sowie
- Datum und Grund zur Eintragung.

Die Eintragung wird ohne weiteren Antrag des Gläubigers – von Amts wegen – durch den Gerichtsvollzieher in Form einer sog. **Eintragungsanordnung** gem. § 882c ZPO verfügt, und zwar, wenn folgende Voraussetzungen vorliegen: 199

- der Schuldner kam seiner Verpflichtung zur Abgabe der Vermögensauskunft nicht nach (unentschuldigtes Fehlen im Termin oder Verweigerung),
- eine Vollstreckung ist nach dem Inhalt der Vermögensauskunft offensichtlich nicht zu einer vollständigen Befriedigung des Gläubigers geeignet,
- der Schuldner weist nicht innerhalb eines Monats nach Abgabe der Vermögensauskunft nach, dass er den Gläubiger vollständig befriedigt hat.

200 Hinsichtlich der Befriedigung des Gläubigers wird immer nur auf den Gläubiger abgestellt, auf dessen Antrag das Verfahren zur Abgabe der Vermögensauskunft geführt wurde oder dem die erteilte VA zugeleitet worden ist (z.B. Antrag auf Übersendung eines Andrucks einer aktuellen VA).

201 Die vom Gerichtsvollzieher erlassene Eintragungsanordnung soll von diesem **kurz begründet** werden und ist dem **Schuldner zuzustellen**. Die Zustellung ist entbehrlich, wenn die Eintragungsanordnung bereits im Protokoll zur VA aufgenommen wurde.

202 Mit Bekanntgabe (ggf. durch Zustellung) der Eintragungsanordnung läuft die Widerspruchsfrist des § 882d ZPO: der Schuldner kann innerhalb von zwei Wochen beim zuständigen Vollstreckungsgericht der Eintragung widersprechen. Nach Ablauf der **Zwei-Wochenfrist** übermittelt der Gerichtsvollzieher die Anordnung unverzüglich dem Zentralen Vollstreckungsgericht.

203 *Praxistipp:*

Der Widerspruch hemmt nicht die Vollziehung (sprich Eintragung) der Vollstreckungsanordnung.

204 In diesen Fällen ist daher unbedingt ein **Antrag auf einstweilige Einstellung** zu stellen, damit die Eintragung einstweilen ausgesetzt wird.

205 Für den Schuldner ist meist auch die **Löschung aus dem Schuldnerregister** wichtig. Diese ist in § 882e ZPO geregelt.

Grundsätzlich erfolgt die Löschung **drei Jahre nach dem Tag der Eintragungsanordnung.**

Eine vorzeitige Lösung kommt in Betracht, wenn

- der Gläubiger vollständig befriedigt wurde,
- das Fehlen oder der Wegfall des Eintragungsgrundes bekannt geworden ist oder
- die Eintragungsanordnung aufgehoben oder einstweilen ausgesetzt worden ist.

206 Das Schuldnerregister gem. § 882f ZPO ist ein **öffentliches Register**, d.h. die Einsicht in das zentrale Schuldnerregister wird jedem gestattet, der ein berechtigtes Interesse darlegt.

Ein berechtigtes Interesse liegt immer vor, wenn man die Vollstreckung gegen den Schuldner betreibt, aber auch z.B. wenn wirtschaftliche Nachteile durch die Einsichtnahme abgewendet werden sollen. Damit sollen Geschäftsbeziehungen mit Schuldnern, die ihrer Zahlungsverpflichtung nicht nachkommen können, vermieden werden.

5. Weitere Vermögensauskunft nach § 802d ZPO

Die weitere Vermögensauskunft ist in § 802d ZPO geregelt. 207

§ 802d ZPO beinhaltet einen **Schuldnerschutz** dahin gehend, dass der Schuldner innerhalb von zwei Jahren ab Abgabe der Vermögensauskunft (VA) nicht erneut eine VA abgeben muss, es sei denn, der Gläubiger kann glaubhaft machen, dass sich die Vermögensverhältnisse des Schuldners in der Zwischenzeit **wesentlich geändert** haben. Hierbei kann es sich um eine Verbesserung, aber auch eine Verschlechterung der Vermögensverhältnisse handeln. 208

Der Gläubiger muss bei Antragstellung die Tatsachen glaubhaft machen, die auf eine wesentliche Veränderung schließen lassen. Wesentliche Veränderungen können z.B. sein: der Erwerb von Vermögenswerten (z.B. durch Erbschaft oder Veräußerung von Grundbesitz) oder 209

- wenn der Schuldner bei der früheren Abgabe der VA vorhandenes Vermögen verschwiegen hat oder
- der Wechsel des Arbeitgebers bzw. die Beendigung eines Arbeitsverhältnisses oder
- der Schuldner ist aus dem Bezug von Arbeitslosengeld ausgeschieden oder
- die Auflösung des Girokontos bzw. Änderung der Bankverbindung oder
- ein Wohnsitzwechsel des Schuldners.

Exkurs: Nachbesserung bzw. Ergänzung einer Vermögensauskunft 210

Hiervon zu unterscheiden sind jedoch die Fälle, in denen eine äußerlich erkennbare **unvollständige, ungenaue oder widersprüchliche** Vermögensauskunft des Schuldners vorliegt. Der Schuldner hat das Vermögensverzeichnis so vollständig auszufüllen, wie das nach dem Zweck des § 807 ZPO für die Kenntnis des Gläubigers zum Zugriff auf angegebene Vermögenswerte erforderlich ist. Hier kann jederzeit eine Nachbesserung bzw. Ergänzung gefordert werden, solange der Schuldner seiner vollen Auskunftspflicht nicht nachgekommen ist.

Das Recht, eine Nachbesserung bzw. Ergänzung zu verlangen, haben sowohl der ursprünglich beantragende Gläubiger als auch alle weiteren Gläubiger des Schuldners.

Sollten sich also die Vermögensverhältnisse des Schuldners wesentlich geändert haben, so kann jeder Gläubiger den Antrag auf weitere Abnahme der Vermögensauskunft nach § 802d ZPO stellen. 211

Der Antrag ist jedoch nur zulässig, wenn die Änderung der Vermögensverhältnisse hinreichend dargelegt werden kann. 212

Es ist dabei ausreichend, wenn der Gläubiger Umstände glaubhaft macht, die nach der allgemeinen Lebenserfahrung den Schluss erlauben, dass sich beim Schuldner Vermögensverhältnisse wesentlich geändert haben.

213 Eine erneute Abgabe der Vermögensauskunft innerhalb des 2-Jahres-Zeitraums setzt einen konkreten Antrag des Gläubigers voraus. Hierbei sind die Gründe für eine wiederholte Abgabe der VA glaubhaft zu machen und vorzutragen. Der Antrag auf eine weitere Vermögensauskunft ist ebenfalls beim Gerichtsvollzieher zu stellen, da dieser für alle Arten der Abnahme der Vermögensauskunft zuständig ist. Auch in diesem Fall wird die örtliche Zuständigkeit des Gerichtsvollziehers durch den Wohnsitz des Schuldners zum Zeitpunkt der Antragstellung bestimmt. Die Antragstellung erfolgt unter Modul H:

Beispiel:

H

Abnahme der Vermögensauskunft des Schuldners (zu Ziffer ______)

☐ Vermögensauskunft nach § 802c ZPO

☒ Weitere Vermögensauskunft nach § 802d ZPO
Die Vermögensverhältnisse des Schuldners haben sich wesentlich geändert, weil

das Arbeitsverhältnis des Schuldners mit der XY-GmbH zum ... beendet wurde.

Zur Glaubhaftmachung wird beigefügt:

Drittschuldnererklärung der XY-GmbH

Die Vermögensauskunft nach § 802c ZPO oder die weitere Vermögensauskunft nach § 802d ZPO soll erfolgen

☒ ohne vorherigen Pfändungsversuch nach den §§ 802c, 802f ZPO.

☐ nach vorherigem Pfändungsversuch nach den §§ 802c, 807 ZPO (Modul L).

☐ Sofern der Schuldner wiederholt nicht anzutreffen ist,

☐ wird beantragt, das Verfahren zur Abnahme der Vermögensauskunft nach den §§ 802c, 802f ZPO einzuleiten.

☐ wird um Rücksendung der Vollstreckungsunterlagen gebeten.

☐ ______

☐ Auf die Mitteilung der Terminsbestimmung nach § 802f ZPO wird verzichtet.

☐ Es ist beabsichtigt, an dem Termin zur Abnahme der Vermögensauskunft teilzunehmen.

☐ ______

6. Forderungsaufstellung

214 In welcher Höhe Ansprüche vollstreckt werden sollen, ergibt sich ausschließlich aus der Forderungsaufstellung, die gem. § 2 Abs. 2 ZVFV jedem Gerichtsvollzieherauftrag zwingend beizufügen ist.

In die Forderungsaufstellung sind sämtliche Forderungen einzutragen, die der Gläubiger geltend macht. Sofern die Eintragungsmöglichkeiten nicht ausreichen, sind die Forderungsaufstellungen insgesamt oder teilweise mehrfach zu verwenden (§ 2 Abs. 2 Nr. 5 ZVFV).

In Abschnitt **I.** sind die Angaben zu der bzw. den **Hauptforderung**(en) und den **Zinsen** zu machen:

Im Formular vorgegeben ist die Möglichkeit, zwei einzelne Hauptforderungen / Restforderungen aus der Hauptforderung / Teilforderungen aus der Hauptforderung nebst entsprechenden Zinsen einzutragen.

Wurden mehr als zwei Hauptforderungen nebst Zinsen tituliert, ist die Forderungsaufstellung insgesamt oder teilweise mehrfach zu nutzen, § 2 Abs. 5 ZVFV.

I. Hauptforderungen einschließlich dazugehöriger Zinsen und Säumniszuschläge

☐ Hauptforderung	☐ Restforderung aus Hauptforderung in Höhe von ______ Euro	☐ Teilforderung aus Hauptforderung in Höhe von ______ Euro	______ Euro
(Teil-/Rest-)Zinsen wie im Vollstreckungstitel ausgerechnet			______ Euro
(Teil-/Rest-)Zinsen in Höhe von			
☐ ______ Prozentpunkten über dem jeweiligen Basiszinssatz ☐ ______ Prozent aus ______ Euro seit dem ______ bis ______			______ Euro
☐ ______ Prozentpunkten über dem jeweiligen Basiszinssatz ☐ ______ Prozent aus ______ Euro seit dem ______ bis ______			______ Euro
☐ ______ Prozentpunkten über dem jeweiligen Basiszinssatz ☐ ______ Prozent aus ______ Euro seit dem ______			
☐ ______ Prozentpunkten über dem jeweiligen Basiszinssatz ☐ ______ Prozent aus ______ Euro seit dem ______			
☐ Hauptforderung	☐ Restforderung aus Hauptforderung in Höhe von ______ Euro	☐ Teilforderung aus Hauptforderung in Höhe von ______ Euro	______ Euro
(Teil-/Rest-)Zinsen wie im Vollstreckungstitel ausgerechnet			______ Euro
(Teil-/Rest-)Zinsen in Höhe von			
☐ ______ Prozentpunkten über dem jeweiligen Basiszinssatz ☐ ______ Prozent aus ______ Euro seit dem ______ bis ______			______ Euro
☐ ______ Prozentpunkten über dem jeweiligen Basiszinssatz ☐ ______ Prozent aus ______ Euro seit dem ______ bis ______			______ Euro
☐ ______ Prozentpunkten über dem jeweiligen Basiszinssatz ☐ ______ Prozent aus ______ Euro seit dem ______			
☐ ______ Prozentpunkten über dem jeweiligen Basiszinssatz ☐ ______ Prozent aus ______ Euro seit dem ______			
☐ Hauptforderung	☐ Restforderung aus Hauptforderung in Höhe von ______ Euro	☐ Teilforderung aus Hauptforderung in Höhe von ______ Euro	______ Euro
Säumniszuschläge gemäß ______ aus ______ Euro seit dem ______ bis ______			______ Euro
Säumniszuschläge gemäß ______ aus ______ Euro seit dem ______			
☐			______ Euro

Zinsen 215

Zinsen bis zur Antragstellung sind vom Antragsteller auszurechnen und betragsmäßig einzutragen. Die Zinsen ab Antragstellung, für die naturgemäß kein Enddatum bekannt ist, sind in die vorletzte bzw. ggf. letzte vorgegebene Zinsspalte einzutragen (die Zeilen ohne Enddatum).

Beim Ausfüllen der Angaben zu den Zinsen in den Forderungsaufstellungen ist die Unterscheidung zwischen der Angabe von Prozentpunkten (Angabe im Vollstreckungstitel z.B. „fünf Prozentpunkte über dem Basiszinssatz“) und Prozentsätzen (Angabe im Vollstreckungstitel z.B. „fünf Prozent“) zu beachten.

Unter Nr. II sind Angaben einzutragen, sofern die Vollstreckung aus rückständigem Unterhalt oder aus rückständigen Renten aus Anlass einer Verletzung des Körpers oder Gesundheit erfolgen soll.

II. Rückständiger Unterhalt oder rückständige Renten aus Anlass einer Verletzung des Körpers oder der Gesundheit für	
Name ______ Vorname(n) ______ geboren am ______ :	
Rückstand für die Zeit vom ______ bis ______	______ Euro
(Teil-/Rest-)Zinsen wie im Vollstreckungstitel ausgerechnet	______ Euro
(Teil-/Rest-)Zinsen in Höhe von	
☐ ______ Prozentpunkten über dem jeweiligen Basiszinssatz ☐ ______ Prozent aus ______ Euro seit dem ______ bis ______	______ Euro
☐ ______ Prozentpunkten über dem jeweiligen Basiszinssatz ☐ ______ Prozent aus ______ Euro seit dem ______ bis ______	______ Euro
☐ ______ Prozentpunkten über dem jeweiligen Basiszinssatz ☐ ______ Prozent aus ______ Euro seit dem ______	
☐ ______ Prozentpunkten über dem jeweiligen Basiszinssatz ☐ ______ Prozent aus ______ Euro seit dem ______	

216 In Abschnitt **III.** folgen Angaben zu den **titulierten Kosten**

Vorgegeben sind identisch aufgebaute Felder zu

- Kosten des Mahnverfahrens
- titulierten vorgerichtlichen Kosten
- festgesetzten Kosten.

Das Formular gibt jeweils in Anlehnung an die Formulargestaltung unter „Hauptforderung" die Möglichkeit vor, in Gesamtkosten, Restkosten oder Teilkosten zu differenzieren.

III. Titulierte Kosten einschließlich dazugehöriger Nebenforderungen			
In den Vollstreckungsbescheid aufgenommene Kosten des Mahnverfahrens			
☐ Gesamtkosten	☐ Restkosten aus Gesamtkosten in Höhe von ___ Euro	☐ Teilkosten aus Gesamtkosten in Höhe von ___ Euro	___ Euro
(Teil-/Rest-)Zinsen wie im Vollstreckungsbescheid ausgerechnet			___ Euro
(Teil-/Rest-)Zinsen in Höhe von			

1

☐ ___ Prozentpunkten über dem jeweiligen Basiszinssatz ☐ ___ Prozent aus ___ Euro seit dem ___ bis ___	___ Euro
☐ ___ Prozentpunkten über dem jeweiligen Basiszinssatz ☐ ___ Prozent aus ___ Euro seit dem ___ bis ___	___ Euro
☐ ___ Prozentpunkten über dem jeweiligen Basiszinssatz ☐ ___ Prozent aus ___ Euro seit dem ___	
☐ ___ Prozentpunkten über dem jeweiligen Basiszinssatz ☐ ___ Prozent aus ___ Euro seit dem ___	
Titulierte vorgerichtliche Kosten	
☐ Gesamtkosten ☐ Restkosten aus Gesamtkosten in Höhe von ___ Euro ☐ Teilkosten aus Gesamtkosten in Höhe von ___ Euro	___ Euro
(Teil-/Rest-)Zinsen wie im Vollstreckungstitel ausgerechnet	___ Euro
(Teil-/Rest-)Zinsen in Höhe von	
☐ ___ Prozentpunkten über dem jeweiligen Basiszinssatz ☐ ___ Prozent aus ___ Euro seit dem ___ bis ___	___ Euro
☐ ___ Prozentpunkten über dem jeweiligen Basiszinssatz ☐ ___ Prozent aus ___ Euro seit dem ___ bis ___	___ Euro
☐ ___ Prozentpunkten über dem jeweiligen Basiszinssatz ☐ ___ Prozent aus ___ Euro seit dem ___	
☐ ___ Prozentpunkten über dem jeweiligen Basiszinssatz ☐ ___ Prozent aus ___ Euro seit dem ___	
Festgesetzte Kosten	
☐ Gesamtkosten ☐ Restkosten aus Gesamtkosten in Höhe von ___ Euro ☐ Teilkosten aus Gesamtkosten in Höhe von ___ Euro	___ Euro
(Teil-/Rest-)Zinsen wie im Kostenfestsetzungsbeschluss ausgerechnet	___ Euro
(Teil-/Rest-)Zinsen in Höhe von	
☐ ___ Prozentpunkten über dem jeweiligen Basiszinssatz ☐ ___ Prozent aus ___ Euro seit dem ___ bis ___	___ Euro
☐ ___ Prozentpunkten über dem jeweiligen Basiszinssatz ☐ ___ Prozent aus ___ Euro seit dem ___ bis ___	___ Euro
☐ ___ Prozentpunkten über dem jeweiligen Basiszinssatz ☐ ___ Prozent aus ___ Euro seit dem ___	
☐ ___ Prozentpunkten über dem jeweiligen Basiszinssatz ☐ ___ Prozent aus ___ Euro seit dem ___	
☐	___ Euro

In Abschnitt **IV.** folgen die **Kosten der Zwangsvollstreckung gem. § 788 Abs. 1 ZPO.** Hierunter fallen zunächst die bisherigen Zwangsvollstreckungskosten (ohne diesen Auftrag) – sofern vorhanden –, die in einer gesonderten zusätzlichen Aufstellung dem Antrag beizufügen sind. Diese bisherigen Kosten sind an dieser Stelle als Gesamtbetrag einzutragen. In einer detaillierten Aufstellung sind diese Kosten zu spezifizieren und durch Anlagen zu belegen. **217**

Auch wenn manche Gerichtsvollzieher (derzeit noch?) anerkennen, wenn der Gläubigervertreter eine durch seine Branchensoftware erstellte Gesamtforderungsaufstellung vorlegt, und die Hersteller mancher Softwareprogramme tatsächlich auf dem Standpunkt ste- **218** hen, eine explizite, separate Aufstellung über bisherige Kosten sei nicht notwendig, ist dies nicht richtig. Das LG Oldenburg[28] hat hierzu entschieden, dass unter einer „Aufstellung über bisherige Vollstreckungskosten" eine Aufstellung gemeint ist, in der ausschließlich die bisherigen Vollstreckungskosten aufgeführt sind. Die von dem Anwalts- oder Inkassoprogramm erstellte Forderungsaufstellung enthält sämtliche Positionen der Forderung, also die Hauptforderung(en), die Zinsen, die bisherigen Kosten und i.d.R. die Kosten dieses Auftrages – also nicht nur die bisherigen Vollstreckungskosten.

Um unnötige und zeitraubende Diskussionen mit dem Gerichtsvollzieher zu vermeiden, empfiehlt es sich, an dieser Stelle tatsächlich eine Aufstellung beizufügen, die nur die bisherigen Kosten enthält.

Das LG Oldenburg hat die Rechtsbeschwerde zum BGH zugelassen. Es bleibt daher abzuwarten, welche Entscheidung der BGH trifft. Bis dahin sollte der Gläubigervertreter eine zusätzliche Aufstellung über die bisherigen Kosten bei Auftragserteilung vorlegen.

219 Die Kosten für den vorliegenden Auftrag sind unter Angabe des Streitwertes dann in den nächsten Zeilen „Kosten für dieses Verfahren" explizit zu beziffern. Für den Fall, dass auch ein bedingter Auftrag erteilt wird (z.B. Antrag auf Abnahme der Vermögensauskunft und – sofern die Voraussetzungen vorliegen – Antrag auf Einholung von Drittauskünften), sind Eintragungsmöglichkeiten für zwei Aufträge vorgegeben.

Zuletzt folgt eine Zeile in der die Gesamtforderung – also die Summe aus den Abschnitten I. bis IV. – einzutragen ist, wobei diese Summe naturgemäß die Zinsen nur bis zum Antrag der Antragstellung beinhalten kann. Die weiteren laufenden Zinsen sind dann bei einer evtl. Zahlung des Schuldners durch den Gerichtsvollzieher hinzuzurechnen.

IV. Kosten der Zwangsvollstreckung gemäß § 788 Absatz 1 ZPO	
Bisherige Vollstreckungskosten gemäß Aufstellung in weiterer Anlage	Euro
Kosten für dieses Verfahren:	
Rechtsanwaltskosten nach RVG für Vollstreckungsmaßnahme ____; Gegenstandswert (§ 25 RVG): ____ Euro	
Verfahrensgebühr (VV Nr. 3309, ggf. i. V. m. VV Nr. 1008)	Euro
Entgelte für Post- und Telekommunikationsdienstleistungen, ggf. Pauschale (VV Nr. 7001 oder 7002)	Euro
weitere Auslagen ____	Euro
Umsatzsteuer (VV Nr. 7008)	Euro
Zwischensumme Rechtsanwaltskosten ____ **Euro**	
Rechtsanwaltskosten nach RVG für Vollstreckungsmaßnahme ____; Gegenstandswert (§ 25 RVG): ____ Euro	
Verfahrensgebühr (VV Nr. 3309, ggf. i. V. m. VV Nr. 1008)	Euro
Entgelte für Post- und Telekommunikationsdienstleistungen, ggf. Pauschale (VV Nr. 7001 oder 7002)	Euro
weitere Auslagen ____	Euro
Umsatzsteuer (VV Nr. 7008)	Euro
Zwischensumme Rechtsanwaltskosten ____ **Euro**	
Kosten von Inkassodienstleistern nach § 13e RDG gemäß Aufstellung in weiterer Anlage	Euro
☐ ____	Euro
Summe I. bis IV. (Zinsen und Säumniszuschläge nur, soweit nicht laufend)	**Euro**

28 LG Oldenburg v. 7.6.2024 – 6 T 184/24.

7. Kosten

Je nach Auftrag des Gläubigers können bei dem Gerichtsvollzieher z.B. folgende Gebühren anfallen: 220

für die Abnahme der Vermögensauskunft (Nr. 260 Kostenverzeichnis des Gerichtsvollzieherkostengesetzes) oder für die Übermittlung eines bereits an Eides statt abgegebenen Vermögensverzeichnisses (Nr. 261 KV)	39,50 EUR
für die Einholung einer Auskunft bei einem Dritten bzw. einer Aufenthaltsermittlung gem. §§ 755, 802 ZPO, sofern diese nicht im Rahmen der Eintragungsanordnung erhoben werden (§ 882c Abs. 3 ZPO) (Nr. 440 KV)	15,60 EUR
für den Versuch einer gütlichen Einigung, sofern dieser nicht im Rahmen einer Sachpfändung oder Abnahme einer Vermögensauskunft erfolgt (Nr. 207 KV)	19,20 EUR
Die Gebühr ermäßigt sich bei gleichzeitiger Beauftragung mit einer Sachpfändung oder Abnahme der VA (Nr. 208 KV)	9,60 EUR

Die Kosten richten sich nach dem GVKostG und finden sich z.B. unter:

https://www.gesetze-im-internet.de/gvkostg/anlage.html

Für die **Rechtsanwaltsvergütung** kommen folgende Gebühren in Frage: 221

- 0,3 Verfahrensgebühr nach Nr. 3309 VV RVG sowie
- 0,3 Terminsgebühr nach Nr. 3310 VV RVG (z.B. für die Teilnahme des Rechtsanwalts am Abgabetermin der Vermögensauskunft).

Praxistipp: 222

Sind in der Zwangsvollstreckungssache mehrere Personen Auftraggeber (z.B. Eheleute als Gläubiger), so erhöht sich auch die Verfahrensgebühr für die Zwangsvollstreckung nach Nr. 3309 VV RVG **um 0,3** gem. Nr. 1008 VV RVG **für jede weitere Person** (bis max. 2,0).

§ 25 RVG bestimmt dabei den **Gegenstandswert** für die Zwangsvollstreckungstätigkeiten. Im Gegensatz zum Erkenntnisverfahren wird der Gegenstandswert der ZV nicht nur aus der Hauptforderung, sondern aus der am Tag der Auftragserteilung bestehenden Gesamtforderung (Hauptforderung zuzüglich Zinsen und Kosten) gebildet. Der Gegenstandswert für die Vermögensauskunft sowie die Einholung von Drittauskünften ist gem. § 25 Abs. 1 Nr. 4 RVG aber auf **höchstens 2.000,00 EUR** begrenzt. 223

III. Pfändungs- und Überweisungsantrag

Hat der Gläubiger Kenntnis über pfändbare Forderungen des Schuldners (insbesondere z.B. aus Arbeitslohn, Bankverbindung) sollte umgehend die **Forderungspfändung ein-** 224

geleitet werden. Alternativ setzt hier die Vollstreckung ein, wenn der Gläubiger durch die über den Gerichtsvollzieher eingeholte Vermögensauskunft entsprechende Informationen über den Schuldner erlangt hat.

Grundsätzlich gilt: Sind dem Gläubiger Pfändungsmöglichkeiten bekannt, empfiehlt es sich, zunächst „an der Quelle" zu pfänden, also z.B. beim Arbeitgeber oder der Bank. Nur wenn keinerlei Informationen über die Vermögenslage des Schuldners bekannt sind, sollte zunächst der Gerichtsvollzieher beauftragt werden.

1. Grundlagen

225 Bei der Forderungspfändung nach §§ 829 ff. ZPO geht es um den Vollstreckungszugriff des Gläubigers auf eine Forderung, die dem Schuldner gegen einen Dritten zusteht.

Hat ein Schuldner materiell-rechtliche Ansprüche (= Forderungen) gegen einen Dritten, so besteht für den Gläubiger die Möglichkeit, diese Forderung des Schuldners gegen den Dritten zu pfänden.

Der Dritte heißt in einem solchen Fall: **Drittschuldner**.

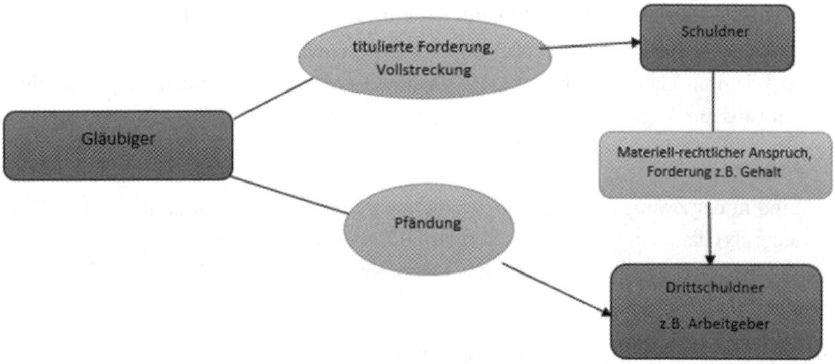

Beispiel:

A ist im Besitz eines Titels über 5.000 EUR gegen B.

B arbeitet bei der Firma S GmbH in Düsseldorf als Abteilungsleiter und führt sein Konto, auf welches u.a. sein Gehalt überwiesen wird, bei der D-Bank AG.

Damit hat B einen Anspruch gegen seinen Arbeitgeber auf Zahlung seines Gehaltes und gegen die D-Bank AG (da das Gehalt auf sein Konto bei diesem Kreditinstitut überwiesen wird) auf Auszahlung der Beträge, die auf seinem Konto eingehen.

Gläubiger A hat nunmehr die Möglichkeit, diese Ansprüche des Schuldners B gegen Arbeitgeber und Bank zu pfänden.

Die Pfändung einer Forderung führt zur Beschlagnahme und Entstehung des **Pfändungspfandrechtes**. Dies allein gibt dem Gläubiger aber noch nicht die Möglichkeit, die Forderung zu verwerten. Hierzu bedarf es noch eines Überweisungsbeschlusses, der in der Regel gemeinsam mit dem Pfändungsbeschluss beantragt und erlassen wird. 226

Durch Pfändung und Überweisung einer Forderung des Schuldners gegen den Drittschuldner erhält der Gläubiger das Recht, die Forderung einzuziehen. Mit der Einziehung wird der titulierte Anspruch und zugleich die Forderung des Schuldners gegen den Drittschuldner getilgt. 227

Hinweis: 228

Der Schuldner bleibt Inhaber der Forderung, während der Gläubiger die Befugnis erhält, sie im eigenen Namen geltend zu machen und notfalls einzuklagen; die titulierte Forderung geht erst unter, wenn der Gläubiger die gepfändete Forderung erfolgreich eingezogen hat.

Die Pfändung erfolgt durch Pfändungsbeschluss gem. § 829 ZPO. Aufgrund dieses Beschlusses wird dem Drittschuldner gem. § 829 Abs. 1 S. 1 ZPO verboten, an den Schuldner zu leisten (**Arrestatorium**) und dem Schuldner gem. § 829 Abs. 1 S. 2 ZPO verboten, über die Forderung zu verfügen (**Inhibitorium**). 229

Gem. § 834 ZPO ist der Schuldner vor einem Antrag auf Erlass eines Pfändungs- und Überweisungsbeschlusses **nicht anzuhören**. Eine Ausnahme hierzu bildet § 850b ZPO: beantragt der Gläubiger die Pfändung der dort aufgeführten Bezüge, so sind die Beteiligten gem. Abs. 3 vor der Entscheidung des Vollstreckungsgerichts anzuhören. 230

Jede Forderung, die auf Zahlung von Geld gerichtet ist, kann grundsätzlich gepfändet werden, ob sie nun bedingt, betagt, zeitbestimmt oder von einer Gegenleistung abhängig ist. 231

Grundsätzlich können nur bereits entstandene Ansprüche gepfändet werden. Aber auch eine **zukünftige Forderung** kann gepfändet werden, sofern diese **hinreichend bestimmt** ist und zur Zeit der Pfändung zwischen dem Schuldner und dem Drittschuldner bereits eine **Rechtsbeziehung** besteht. Hierdurch ist eine rechtliche Grundlage vorhanden, die die Bestimmung der Forderung entsprechend ihrer Art und dem Drittschuldner nach ermöglicht. 232

Beispiel:

Schuldner S ist 25 Jahre alt. Er hat zunächst nach dem Realschulabschluss eine Ausbildung als Industriekaufmann absolviert und arbeitet seither als Sachbearbeiter in seinem Ausbildungsbetrieb. Der Arbeitgeber führt seit Beginn der Ausbildung im Jahre 2018 ordnungsgemäß die Beiträge zur Deutschen Rentenversicherung für S ab.

G liegt ein Vollstreckungsbescheid gegen S vor. Er beantragt einen Pfändung- und Überweisungsbeschluss gegen die Deutsche Rentenversicherung betreffend den dem Schuldner zustehenden Anspruch auf Zahlung der gegenwärtig und künftig nach dem Sozialgesetzbuch zustehenden Geldleistungen – Altersrente (Modul B des amtlichen Formulars).

S hat derzeit noch keinen Anspruch auf Zahlung von Altersrente. S wird voraussichtlich erst in ca. 40 Jahren Altersrente beziehen. Da zwischen dem Schuldner und dem Drittschuldner jedoch aufgrund der durch den Arbeitgeber geleisteten Beitragszahlungen eine Rechtsbeziehung besteht, kann bereits jetzt der Anspruch des Schuldners gegen den Drittschuldner auf Zahlung von Altersrente gepfändet werden. Zahlung wird erst erfolgen, wenn S Rente bezieht und sich aus dem monatlichen Zahlbetrag ein pfändbarer Betrag ergeben sollte.

233 Ferner muss der Gläubiger beachten, dass es gesetzliche **Pfändungsverbote** gibt. Hier ist zwischen unpfändbaren Ansprüchen und nur eingeschränkt pfändbaren Ansprüchen zu unterscheiden.

Unpfändbar sind z.B.

- Sozialleistungen gem. § 54 SGB I, XII
- Ansprüche auf Arbeitnehmersparzulage, § 17 Abs. 1 S. 5 VermBG
- Lebensversicherungen, bei denen es sich um eine Direktversicherung handelt (betr. Altersvorsorge)

Eingeschränkt pfändbar sind u.a. zweckgebundene Ansprüche wie z.B.

- Heirats- und Geburtsbeihilfen
- Wohngeld
- Kindergeld

2. Wirkung und Bedeutung des Beschlusses

234 Durch Zustellung eines Pfändungs- und Überweisungsbeschlusses an den Drittschuldner erhält der Gläubiger ein **Pfändungspfandrecht**, § 804 Abs. 1 ZPO. Ferner wird die Forderung dem Gläubiger gem. § 835 Abs. 1 ZPO **zur Einziehung überwiesen**.

Das bedeutet, dass der Drittschuldner den gepfändeten Betrag nicht nur aufgrund des Pfändungsbeschlusses einzubehalten, sondern auch aufgrund des Überweisungsbeschlusses an den Gläubiger auszuzahlen hat.

Gepfändet wird immer nur die **angebliche Forderung** des Schuldners gegen den Drittschuldner, da der Gläubiger in der Regel nicht weiß, ob und in welcher Höhe die Forderung des Schuldners gegen den Drittschuldner besteht. Ob die Forderung tatsächlich besteht und ggf. auch realisiert werden kann, erfährt der Gläubiger erst durch die vom Drittschuldner gem. § 840 ZPO abzugebende **Drittschuldnererklärung** (vergl. auch Rdn 113).

3. Zu pfändende Forderung

Für eine erfolgreiche Forderungspfändung ist Kreativität und eine möglichst umfassende 235
Informationslage über die Vermögenswerte des Schuldners erforderlich. Die am meisten ausgebrachten Pfändungen betreffen die:

- Kontenpfändung (Drittschuldner: Bank, Sparkasse)
- Einkommenspfändung (Drittschuldner: Arbeitgeber)
- Pfändung von Steuererstattungsansprüchen (Drittschuldner: i.d.R. Finanzamt)
- Rentenpfändung (Drittschuldner: Rentenversicherungsträger; bei einer Betriebsrente: der ehemalige Arbeitgeber)
- Pfändung von Lebensversicherungen (Drittschuldner: Versicherungsgesellschaft)

Auch wenn eine Pfändung der o.g. Ansprüche nicht unbedingt zu einer direkten Befrie- 236
digung des Gläubigers führt, z.B. weil der Schuldner lediglich ein Gehalt unterhalb der Pfändungsfreigrenze verdient, ist eine solche Pfändung in vielen Fällen unangenehm für den Schuldner. Es kommt immer wieder vor, dass der Schuldner nach Zustellung des Pfändungs- und Überweisungsbeschlusses eine Ratenzahlung anbietet oder sogar die Forderung ausgleicht, weil er Ärger mit seinem Arbeitgeber (bzw. mit einem anderen Drittschuldner) vermeiden will.

Um einen Vorsprung gegenüber anderen Gläubigern in der Forderungspfändung zu haben, 237
ist Kreativität gefordert. Eine 08/15-Pfändung bringt in den meisten Fällen nichts. Die Liste möglicher zu pfändender Ansprüche ist zudem lang und auch in keinem Lehrbuch über die Zwangsvollstreckung abschließend dargestellt, da dies quasi unmöglich ist. Eine gute Übersicht über die möglichen Forderungsrechte erhalten Sie im Werk von *Hintzen*, „Musteranträge Pfändung und Überweisung.[29] Eine sehr umfangreiche Liste mit Erläuterungen und Mustern ist auch im Buch „Anwaltformulare Zwangsvollstreckung"[30] von *Kraemer/Goebel* enthalten.

> *Praxistipp:* 238
>
> In der Forderungspfändung gilt:
>
> **Alle Forderungen sind pfändbar, wenn sie abtretbar sind gem. § 851 ZPO.** Ob eine Forderung unpfändbar und nicht abtretbar ist, muss sich immer ausdrücklich aus dem Gesetz ergeben. So sind z.B. Geldleistungen, die dafür bestimmt sind, den durch einen Körper- oder Gesundheitsschaden bedingten Mehraufwand auszuglei-

29 *Hintzen*, Musteranträge für Pfändung und Überweisung, 11. Aufl. 2020.
30 *Kraemer/Goebel*, AnwaltFormulare Zwangsvollstreckung, 6. Aufl. 2025.

chen, gem. § 54 Abs. 3 Nr. 3 SGB I unpfändbar. Ist über die Abtretbarkeit des Anspruchs im Gesetz nichts geregelt, ist er pfändbar.

4. Vollstreckungsorgan

239 Gem. § 828 Abs. 1 ZPO ist das Vollstreckungsgericht das für die Forderungspfändung zuständige Vollstreckungsorgan. Funktionell zuständig für den Erlass des Pfändungs- und Überweisungsbeschlusses innerhalb des Vollstreckungsgerichts ist der Rechtspfleger, § 20 Nr. 17 RPflG.

Das Vollstreckungsgericht ist grds. das AG, bei dem der Schuldner im Inland seinen allgemeinen Gerichtsstand hat (bei natürlichen Personen z.B. die Wohnung nach § 13 ZPO).

Hat der Schuldner jedoch keinen inländischen allgemeinen Gerichtsstand, so kann der Pfändungs- und Überweisungsbeschluss gem. § 23 ZPO auch beim AG beantragt werden, wo sich die Vermögenswerte befinden. Dies ist i.d.R. der allgemeine Gerichtsstand des Drittschuldners.

Beispiel:

Schuldner S hat jahrelang in Deutschland gearbeitet und in Bonn gewohnt. Mit Eintritt des Rentenalters ist S in seine Heimat Türkei zurückgekehrt. G will aufgrund eines Vollstreckungstitels gegen S die Rente bei der Deutschen Rentenversicherung Rheinland pfänden. S hat in Deutschland keinen Wohnsitz mehr. Zuständig für den Erlass des Pfändungs- und Überweisungsbeschlusses ist das AG Düsseldorf, weil sich dort das Vermögen (Rente) befindet – auch wenn der Schuldner zuvor in Bonn gewohnt hat.

5. Antrag

240 Wie jede Vollstreckungsmaßnahme bedarf auch der Erlass eines Pfändungs- und Überweisungsbeschlusses (Pfüb) eines entsprechenden Antrags. Die im Dezember 2022 neu eingeführten Formulare bestehen aus zwei Teilen: Dem Antrag und dem Beschluss-Entwurf. Der Beschluss-Entwurf ist der von dem Gläubiger bzw. Gläubigervertreter vorbereitete Pfüb. Ferner muss dem Antrag nebst Beschluss-Entwurf zwingend die Forderungsaufstellung Anlage 7 ZVFV (bei gewöhnlichen Forderungen) bzw. die Anlage 8 ZVFV (bei Unterhaltsforderungen) beigefügt werden. Sämtliche Unterlagen sind – je nach Antragsteller – entweder auf dem elektronischen Weg oder (noch) per Post an das zuständige Vollstreckungsgericht zu übermitteln bzw. übersenden – bei Rechtsanwälten zwingend per beA –, ggf. mit der Bitte um Zustellung durch einen Gerichtsvollzieher. Es handelt sich bei der Zustellung jedoch nicht um eine Amtszustellung, sondern das Gericht vermittelt hier – sofern der Gläubiger dies beantragt hat – nur die Zustellung im **Parteibetrieb.**

Der vorzubereitende Pfändungsbeschluss enthält insbesondere folgende Punkte: 241

- Vollstreckungsgericht,
- genaue Parteienbezeichnung inkl. gesetzliche Vertreter und Prozessbevollmächtigte (Module A und B),
- genaue Bezeichnung des zu vollstreckenden Titels (Modul C),
- detaillierte Aufschlüsselung der Forderung des Gläubigers nach Hauptforderung, Zinsen und Kosten (Anlage 7 oder Anlage 8 ZVFV)
- genaue Bezeichnung des Drittschuldners mit zustellfähiger Anschrift (kein Postfach) bzw. ggf. zusätzlich der elektronischen Zustellanschrift (Modul D),
- genaue Bezeichnung der zu pfändenden Forderung (Module E bis K),
- **Arrestatorium:** Anordnung gegen den Drittschuldner nach § 829 Abs. 1 S. 1 ZPO, dass dieser nicht mehr an den Drittschuldner leisten darf (Modul L) und
- **Inhibitorium:** Anordnung gegen den Schuldner nach § 829 Abs. 1 S. 2 ZPO, dass dieser sich jedweder Verfügung über den Anspruch enthalten muss (Modul L), sowie
- Ggf. die Überweisungsanordnung an den Gläubiger gem. § 835 ZPO (Modul L).

Besonders die genaue Bezeichnung der zu pfändenden Forderung ist wichtig, um nicht 242
Zwischenverfügungen des Gerichts zu erhalten. Dabei müssen die Forderung und der Umfang des Zugriffs klar und unzweifelhaft bestimmt sein. Eine Formulierung, wie z.B. „*es werden sämtliche Ansprüche des Schuldners gegen den Drittschuldner aus jedem Rechtsgrund*" gepfändet, ist zu **unbestimmt**. Für bestimmte Forderungen sind die zu pfändenden Ansprüche bereits im amtlichen Formular (Module E bis J) vorformuliert.

Ferner sind die genaue Bezeichnung des Drittschuldners und dessen zustellfähige An- 243
schrift sowie – sofern bekannt – dessen elektronische Zustellanschrift wichtig, da gem. § 829 Abs. 3 ZPO mit der ordnungsgemäßen **Zustellung an den Drittschuldner die Pfändung bewirkt** wird.

6. Verbindliche Formulare/Fall

Für die Antragstellung besteht Formularzwang. 244

Die Bearbeitung der Antrags-Vordrucke ist ein Massengeschäft der Amtsgerichte. 245

Die Formulare gehen nicht wie früher ausschließlich in Papierform bei Gericht ein, sondern müssen gem. § 130d ZPO, der auch im Vollstreckungsrecht gilt, von Anwälten, Behörden etc. elektronisch eingereicht werden. Spätestens mit der verpflichtenden Führung von E-Akten bei den Gerichten zum 1.1.2026 muss die Bearbeitung unabhängig von der Einreichungsart elektronisch erfolgen können; damit die eingehenden Anträge schnell und effektiv weiterbearbeitet werden können, wies der Gesetzgeber bereits bei Einführung der neuen Formulare Ende Dezember 2022 darauf hin, dass die Formulare möglichst nicht mit „eingebrannten" Textfeldern eingereicht werden sollen, da eine Weiterbearbeitung des Dokuments durch den Rechtspfleger dann kaum noch möglich ist – was die Bearbeitung oftmals erheblich erschwert. Hieraus folgt, dass das Formular möglichst nicht in einer schreibgeschützten pdf-Datei, sondern als **ausfüllbares pdf** eingereicht werden sollte. Inwieweit die Einreichung des Antrags als ausfüllbare pdf-Datei mittels Branchensoftware/beA überhaupt möglich ist, wird die Zukunft zeigen. Bei Nutzung der Formulare über die Internetseite des BMJ können die Formulare als ausfüllbare pdf-Datei gespeichert werden und können daher bei Bedarf ggf. später noch geändert werden.

246 *Praxistipp:*

Die aktuellen Formulare können auch auf der Website des Bundesministeriums für Justiz und Verbraucherschutz unter https://www.bmj.de/DE/service/formulare/form_zwangsvollstreckung/form_zwangsvollstreckung_node.html (dort unter Formulare für den Erlass eines Pfändungs- und Überweisungsbeschlusses) heruntergeladen und am Computer ausgefüllt werden.

247 § 3 ZVFV regelt die zulässigen Abweichungen vom Standardformular:[31]

- Abweichungen sind zulässig, z.B. um das Formular an geänderte **Rechtsvorschriften anzupassen** oder um
- die **Währungsangaben** zu ändern.
- Der vorgegebene **Umfang von Texteingabefeldern** darf erweitert oder verringert werden.
- Bestimmte **Texteingabefelder / Module dürfen ganz oder teilweise mehrfach verwendet** bzw. **ganz oder teilweise weggelassen** werden.

Beispiel:

1. vorgegeben sind Eintragungsmöglichkeiten für einen Gläubiger bzw. einen Schuldner. Der Antragsteller kann diese Felder – sofern die Branchensoftware dies möglich macht – duplizieren und hat somit die Möglichkeit, zwei oder mehr Gläubiger bzw. Schuldner einzutragen. Gleiches gilt für die Angabe der Titel oder die Drittschuldner.
2. In den Modulen E – S sind freie Texteingabefelder (= i.d.R. eine Freizeile) vorgesehen. Hier kann der Gläubiger(-vertreter) selbst formulierte Antragsergänzungen oder Hinweise eintragen. Reicht der vorgegebene Umfang des Texteingabefeldes für den gewünschten Text nicht aus, kann sich die jeweilige Textzeile automatisch verlängern, sofern die jeweilige Branchensoftware dies möglich macht.

31 Vergl. auch *Waldschmidt*, JurBüro 01/2023, 4 ff.

3. Bei Nutzung des Formulars über die Internetseite des BMJ ist eine Vervielfältigung / Verkürzung der Module oder eine Verlängerung der Texteingabefelder nach derzeitigem Stand nicht möglich (s.u.).

- Die Möglichkeit, Freizeilen bei Texteingabe zu verlängern bzw. die Möglichkeit, Module oder Teile davon mehrfach zu verwenden bzw. wegzulassen besteht nur, wenn der Gläubiger(-vertreter) mit einer **Branchensoftware** arbeitet und diese Software die verschiedenen Möglichkeiten auch anbietet – was nicht zwingend bei jeder Software der Fall ist. Sofern die Branchensoftware diese Möglichkeiten nicht anbietet oder aber der Gläubiger(-vertreter) das Formular über die Internetseite des BMJ aufruft, kann nur mit dem vorgegebenen „starren" Formular gearbeitet werden – es besteht dann keine Möglichkeit, Texteingabefelder oder Module zu verlängern oder zu verkürzen. Stehen dem Gläubiger diese Möglichkeiten nicht zur Verfügung und möchte er z.B. einen Text in das Formular eintragen, der länger ist als die vorgegebene Freizeile, muss in einer Anlage weitergeschrieben werden. Gleiches gilt, wenn der Antragsteller mehr als einen Gläubiger bzw. Schuldner, mehr als zwei Vollstreckungstitel oder mehr als drei Drittschuldner eintragen will.

☐ sowie den weiteren Drittschuldnern aufgeführt in weiterer Anlage

Des Weiteren wurde durch die neue ZVFV der Antrag auf Erlass eines Pfändungs- und Überweisungsbeschlusses reformiert: **248**

- Das neue Formular ist weiterhin auch für die **Sicherungsvollstreckung** (nur Pfändungsbeschluss) zu nutzen. Auf Seite 3 des Beschluss-Entwurfs muss der Gläubiger ankreuzen, ob er nunmehr einen Pfändungs- **und** Überweisungsbeschluss oder (nur) einen Pfändungsbeschluss beantragt. Die Nutzungsmöglichkeit für den **isolierten Überweisungsbeschluss** entfällt. Dieser muss bei Bedarf formlos beantragt werden.
- Seit Einführung der neuen Formulare gibt es nur noch ein Formular für einen Antrag auf Erlass eines Pfändungs- und Überweisungsbeschlusses. Das Formular für den Antrag auf Erlass eines Pfändungs- und Überweisungsbeschlusses für Unterhaltsforderungen entfällt. Dafür werden die Bestandteile, die für eine Pfändung von Unterhalt notwendig sind, in den allgemeinen Beschluss-Entwurf aufgenommen.

Bei Antragstellung sind zwingend einzureichen:

- Antrag (Anlage 4 ZVFV)
- Beschluss(-Entwurf) (Anlage 5 ZVFV)
- Forderungsaufstellung (Anlage 7 ZVFV bei sonstigen Geldforderungen, alternativ: Anlage 8 ZVFV bei Unterhaltsforderungen)

Aufgrund des Umfangs des neuen Formulars werden in der Folge sowohl die einzelnen Positionen bzw. Module des Antragsformulars als auch des Beschluss-Entwurfs besprochen.[32] Anschließend wird die Nutzung anhand eines Praxisbeispiels dargestellt.

a) Das Antrags-Formular

249 Unter das Adressfeld wird ein Texteingabefeld für Antragsteller aufgenommen, in das die Referenznummer für die **elektronische Kostenmarke** eingetragen werden kann. Allerdings gibt es bislang nicht in allen Bundesländern die Möglichkeit, Gerichtskostenmarken zu nutzen.

Beispiel:

Justizverwaltungen der Länder
Baden-Württemberg
Bremen
Hamburg
Hessen
Mecklenburg-Vorpommern
Niedersachsen
Nordrhein-Westfalen
Rheinland-Pfalz
Sachsen-Anhalt
Schleswig-Holstein
Thüringen

Quittung Elektronische Kostenmarke

Rechnungsnummer:	RNRWV8A6
Rechnungsbetrag:	22,00 EUR
Zahlungsweise:	Kreditkarte
Datum:	13.06.2024

Im Falle der Erstattung von mit Kreditkarte gekauften und bereits bezahlten Kostenmarken wenden Sie sich bitte an die Zentrale Zahlstelle der Justiz des Landes Nordrhein-Westfalen (kostenmarke@olg-hamm.nrw.de).

Gekaufte Kostenmarken:

Nummer	Wert
WV8A6DN0E4K4	22,00 EUR
Summe:	22,00 EUR

Die einzelnen Kostenmarken finden Sie auf den folgenden Seiten.

☒ Elektronische Kostenmarke:
Nummer RN...7CS5786H8 , Wert 22,00 Euro vom Datum 09.05.2023

☐ Ein SEPA-Lastschriftmandat wurde erteilt.

☐ Gerichtskostenbefreiung gemäß

32 Vergl. *Waldschmidt*, JurBüro 04/2023, 171 ff.

Zudem kann dort ein Kontrollkästchen markiert werden, mit dem die Erteilung eines SEPA-Lastschriftmandats angezeigt wird. Für die Erteilung selbst stellen die Gerichte separate Formulare zur Verfügung, die z.T. im Internet zu finden sind.[33]

Ist der Antragsteller von der Zahlung der Gerichtskosten befreit (z.B. bei Gewährung von PKH) ist das letzte Kästchen in der Reihe anzukreuzen.

Es folgen die Angaben zum Schuldner. Durch Abgleich mit dem Sitz des Vollstreckungs- 250
gerichts soll eine schnelle **Zuständigkeitsprüfung** für die Gerichte ermöglicht werden.

Angaben zum Schuldner:

☐ Herr ☐ Frau ☐ Unternehmen ☐ ______

Name/Firma ______ ggf. Vorname(n) ______

Straße ______ Hausnummer ______

Postleitzahl ______ Ort ______

Land (wenn nicht Deutschland) ______

Vorpfändung 251

In das neue Formular eingefügt wurde, dass als nächstes ein Hinweis des Gläubigers folgen kann, sofern bereits ein **vorläufiges Zahlungsverbot** (siehe Rdn 386 ff.) ausgebracht wurde.

☐ Es besteht bereits ein vorläufiges Zahlungsverbot nach § 845 ZPO (Vorpfändung).

Das Vollstreckungsgericht hat somit Kenntnis, dass die Frist des vorläufigen Zahlungsverbotes von einem Monat (§ 845 ZPO) läuft und der Pfändungs- und Überweisungsbeschluss innerhalb dieser Frist an den Drittschuldner zugestellt sein muss. Es besteht allerdings keine Verpflichtung für das Vollstreckungsgericht, den Pfändungs- und Überweisungsbeschluss beschleunigt zu bearbeiten, wenn das Hinweisfeld ausgefüllt ist. Viele Gerichte – leider nicht alle Gerichte – bemühen sich jedoch, den Beschluss innerhalb der Frist des vorläufigen Zahlungsverbotes zu erlassen und zur Zustellung weiterzuleiten.

Kontaktdaten des Gläubigers / Gläubigervertreters 252

In diesem Feld sind die Kontaktdaten des Ansprechpartners einzutragen für den Fall, dass der Rechtspfleger evtl. Rückfragen z.B. telefonisch klären möchte.

33 Z.B. für Bayern unter: https://www.justiz.bayern.de/media/images/behoerden-und-gerichte/mandat.pdf.

Kontaktdaten des Antragstellers:

☐ Gläubiger ☐ gesetzlicher Vertreter ☐ Bevollmächtigter

Name/Firma ggf. Vorname(n)

Telefon E-Mail Fax

SAFE-ID

Geschäftszeichen

Es folgt die Antragsformulierung (Seite 1 unten bzw. Seite 2 oben)

Es wird beantragt, den beigefügten Entwurf wie ausgefüllt als Beschluss zu erlassen.

Zusätzlich wird beantragt,

☐ anstelle einer beglaubigten Abschrift eine Ausfertigung des Beschlusses zu erteilen.

☐ die Zustellung durch die Geschäftsstelle zu vermitteln (anstatt die Zustellung selbst in Auftrag zu geben).

☐ Gleichzeitig ist der Drittschuldner aufzufordern, eine Erklärung nach § 840 Absatz 1 ZPO abzugeben.

☐ Prozesskostenhilfe für den Gläubiger (zu Ziffer ______) zu bewilligen.

☐ Gleichzeitig wird beantragt, einen Rechtsanwalt beizuordnen.
Begründung:

☐ Die Schuldnerseite wird rechtsanwaltlich vertreten.

☐ Die Vertretung durch einen Rechtsanwalt ist aus den folgenden Gründen erforderlich:

☐ Es wird folgender zur Vertretung bereiter Rechtsanwalt gewählt:

☐ Herr ☐ Frau ☐ Unternehmen ☐ ______

Name/Firma ggf. Vorname(n)

Straße Hausnummer

Postleitzahl Ort

☐ ______

253 Ausfertigung des Beschlusses

Ausfertigungen werden nur auf Antrag und nur in Papierform erteilt (§ 317 Abs. 2 S. 1 ZPO). Wird ein entsprechender Antrag nicht gestellt, erteilt das Gericht eine beglaubigte Abschrift des Beschlusses.

Stellt der Gerichtsvollzieher den Pfändungs- und Überweisungsbeschluss persönlich zu, muss er selbst beglaubigte Abschriften für Drittschuldner und Schuldner erstellen. Dies ist jedoch nur möglich, wenn ihm eine **Ausfertigung** des Beschlusses vorliegt. Nur hiervon kann der Gerichtsvollzieher alsdann beglaubigte Abschriften erstellen.

Nur wenn der Gläubiger die Zustellung an den Drittschuldner ohne Aufforderung zur Abgabe der Erklärung nach § 840 Abs. 1 ZPO (Drittschuldnererklärung) beantragt, reicht es aus, wenn nur eine beglaubigte Abschrift erteilt wird. Hierbei wird es sich jedoch eher um den Ausnahmefall handeln. Es empfiehlt sich, immer eine Ausfertigung des Beschlusses zu beantragen. Sofern mit einer Branchensoftware gearbeitet wird, sollte bereits durch die

Administration eine Voreinstellung vorgenommen werden, damit bei der Bearbeitung des Antrags kein „Kreuzchen" vergessen wird.

Zusätzlich wird beantragt,
☒ anstelle einer beglaubigten Abschrift eine Ausfertigung des Beschlusses zu erteilen.
☒ die Zustellung durch die Geschäftsstelle zu vermitteln (anstatt die Zustellung selbst in Auftrag zu geben).
☒ Gleichzeitig ist der Drittschuldner aufzufordern, eine Erklärung nach § 840 Absatz 1 ZPO abzugeben.
☐ Prozesskostenhilfe für den Gläubiger (zu Ziffer _______) zu bewilligen.

Zustellung des Beschlusses 254

In der 2. Zeile ist anzugeben, ob das Gericht die Zustellung vermitteln (also den Pfüb nach Erlass an den für den Sitz des Schuldners zuständigen Gerichtsvollzieher weitergeben) soll, und – in Zeile 3 – ob der Gerichtsvollzieher alsdann den Drittschuldner zur Abgabe der Drittschuldnererklärung auffordern soll.

Voraussetzung für die Abgabe der Drittschuldnererklärung durch den Drittschuldner ist die Aufforderung hierzu durch den Gerichtsvollzieher. Der Gerichtsvollzieher stellt den Pfüb persönlich zu und fordert den Drittschuldner gleichzeitig zur Abgabe der Drittschuldnererklärung auf. Diese Aufforderung wird im Zustellungsprotokoll protokolliert. Da der Drittschuldner die Drittschuldnererklärung auch gegenüber dem Gerichtsvollzieher zu Protokoll geben kann, reicht eine einfache Zustellung durch den Postboten nicht aus.

Prozesskostenhilfe 255

Der Gläubiger kann gleichzeitig mit Antrag auf Erlass des Pfändungs- und Überweisungsbeschlusses einen Antrag auf Bewilligung von **Prozesskostenhilfe** (PKH) sowie einen Antrag auf **Beiordnung** eines bestimmten Rechtsanwalts stellen. Der Name und die Anschrift des gewählten Rechtsanwalts sind in den Antrag einzutragen. Benennt der Gläubiger keinen Rechtsanwalt und liegen ansonsten die Voraussetzungen für die Bewilligung der Prozesskostenhilfe bzw. Beiordnung vor, bestimmt das Gericht den Rechtsanwalt. Dem Antrag ist eine Erklärung über die persönlichen und wirtschaftlichen Verhältnisse des Antragstellers beizufügen. Liegt bereits ein Beschluss über die Bewilligung von Prozesskostenhilfe vor, erfolgt die Eintragung nicht in diesem Feld, sondern im Feld „Anlagen".

Hinweis:

Für eine „einfache" Forderungspfändung wird in der Regel keine Beiordnung erteilt. Der Gesetzgeber geht davon aus, dass jedermann ein entsprechendes Antragsformular ausfüllen kann. Ob sich diese Rechtsansicht nach Einführung der neuen Antragsformulare ändert, bleibt abzuwarten. Bei schwierigen Fällen, wie z.B. der Vollstreckung einer Unterhalts- oder Deliktsforderung, wird der Anwalt i.d.R. beigeordnet.

256 **Elektronisch übermittelter Antrag? Übermittlung der Original-Titel**

Bei elektronisch übermittelten Anträgen:

☐ Die Ausfertigungen der Vollstreckungstitel werden erst nach Mitteilung des Aktenzeichens versandt. Es wird um Mitteilung des Aktenzeichens gebeten.	☐ Die Ausfertigungen der Vollstreckungstitel werden gleichzeitig auf dem Postweg übersandt.	☐ Eine Abschrift des Vollstreckungsbescheides nebst Zustellungsbescheinigung ist als elektronisches Dokument beigefügt.

Wie auch beim Gerichtsvollzieherauftrag sind für den Fall des elektronisch übermittelten Antrags Auswahlfelder vorgesehen, ob die Vollstreckungstitel zeitgleich mit Antragstellung per Post versendet oder ob sie erst nach Mitteilung des Aktenzeichens durch das Gericht eingereicht werden bzw. ob es sich um einen vereinfachten Vollstreckungsauftrag gem. § 829a ZPO handelt und daher der Vollstreckungsbescheid als Datei beigefügt wird.

257 **Anlagen**

Es werden folgende weitere Anlagen übermittelt:

☐ Abdruck Gerichtskostenstempler

☐ Elektronische Kostenmarke

☐ Beschluss über bewilligte Prozesskostenhilfe

☐ Im Fall eines Antrags auf Bewilligung von Prozesskostenhilfe: Erklärung über die persönlichen und wirtschaftlichen Verhältnisse des Gläubigers mit Belegen

☐ Vollmacht

☐ Geldempfangsvollmacht

☐ Belege zu Angaben über die persönlichen und wirtschaftlichen Verhältnisse der Schuldner oder Dritter

☐ Aufstellung über die geleisteten Zahlungen

☐ Aufstellung der Inkassokosten

☐ Aufstellung der bisherigen Vollstreckungskosten mit Belegen

☐ Bescheid nach § 9 Absatz 2 UhVorschG

☐ ______________________

☐ ______________________

☐ ______________________

Der Formulartext gibt Möglichkeiten vor, wie die Gerichtskosten für den Pfüb eingezahlt werden können.

Gem. § 12 Abs. 6 GKG wird der Pfüb erst nach Zahlung der Gerichtskosten erlassen. Der Gläubiger sollte daher eine möglichst zeitsparende Zahlart wählen, bestenfalls – sofern möglich – die Nutzung der elektronischen Gerichtskostenmarke. **Die Vorschusspflicht gilt nicht für den vereinfachten Vollstreckungsantrag gem. § 829a ZPO.** In diesem Fall übersendet das Gericht (nach Erlass des Pfüb oder ggf. im Rahmen einer Nachfrage/ Monierung) eine Gerichtskostenrechnung.

Prozesskostenhilfe 258

Wurde für die Zwangsvollstreckung bereits Prozesskostenhilfe bewilligt, ist an dieser Stelle anzukreuzen, dass der Bewilligungsbeschluss beigefügt wird. Wird PKH erstmalig mit diesem Pfüb-Antrag beantragt, ist an dieser Stelle anzukreuzen, dass das Formular zu Angaben über die persönlichen und wirtschaftlichen Verhältnisse sowie die entsprechenden Belege beigefügt werden.

Vollmachten 259

Wird der Gläubiger durch einen Rechtsanwalt oder ein Inkassobüro vertreten, reicht es aus, wenn diese ihre ordnungsgemäße Bevollmächtigung gem. § 753a S. 1 ZPO versichern. Eine Vollmacht muss dann nicht vorgelegt werden. Warum dem Vollstreckungsgericht eine Geldempfangsvollmacht vorgelegt werden sollte, ist nicht ersichtlich und auch nicht erforderlich.

Aufstellung über bisherige Kosten 260

Bisherige Vollstreckungskosten sind sämtliche Kosten der Zwangsvollstreckung, die nicht in einem gesonderten Beschluss festgesetzt worden sind und die nicht aus der hier beauftragten Vollstreckung herrühren (beispielsweise Kosten aus einem vorhergehenden Vollstreckungsauftrag an Gerichtsvollzieher). Werden bisherige Vollstreckungskosten geltend gemacht, ist der Gesamtbetrag in die Forderungsaufstellung einzutragen. **Zusätzlich** müssen diese Kosten in einer **gesonderten Aufstellung** unter Beifügung der dazugehörigen Belege nachvollziehbar dargestellt werden. Diese Aufstellung nebst Belegen ist dem Antrag als Anlage beizufügen.

Auch wenn manche Rechtspfleger (derzeit noch?) anerkennen, wenn der Gläubigervertreter eine durch seine Branchensoftware erstellte Gesamtforderungsaufstellung vorlegt, und die Hersteller mancher Softwareprogramme tatsächlich auf dem Standpunkt stehen, eine explizite, separate Aufstellung über bisherige Kosten sei nicht notwendig, ist dies nicht richtig. Das LG Oldenburg[34] hat hierzu entschieden, dass unter einer „Aufstellung über bisherige Vollstreckungskosten" eine Aufstellung gemeint ist, in der ausschließlich die bisherigen Vollstreckungskosten aufgeführt sind. Die von dem Anwalts- oder Inkassoprogramm erstellte Forderungsaufstellung enthält sämtliche Positionen der Forderung, also die Hauptforderung(en), die Zinsen, die bisherigen Kosten und i.d.R. die Kosten dieses Auftrages – also nicht nur die bisherigen Vollstreckungskosten. 261

Um unnötige und zeitraubende Diskussionen mit dem Rechtspfleger zu vermeiden, empfiehlt es sich, an dieser Stelle tatsächlich eine Aufstellung beizufügen, die nur die bisherigen Kosten enthält.

34 LG Oldenburg v. 7.6.2024 – 6 T 184/24.

Das LG Oldenburg hat die Rechtsbeschwerde zum BGH zugelassen. Es bleibt daher abzuwarten, welche Entscheidung der BGH trifft. Bis dahin sollte der Gläubigervertreter eine zusätzliche Aufstellung über die bisherigen Kosten bei Auftragserteilung vorlegen.

262 **Aufstellung über geleistete Zahlungen**

Die evtl. bislang geleisteten Zahlungen des Schuldners vermindern je nach Verrechnung die einzelnen Positionen der Forderungsaufstellung. Zusätzlich müssen diese Zahlungen in einer gesonderten Aufstellung nachvollziehbar dargestellt werden. Diese Aufstellung ist dem Auftrag als Anlage beizufügen.

263 **Versicherungen**

Im nächsten Feld folgen die Versicherungen nach § 753a ZPO (ordnungsgemäße Bevollmächtigung) sowie § 829a ZPO (vereinfachter Vollstreckungsantrag aus einem Vollstreckungsbescheid bis 5.000 EUR).

Versicherungen

☐ Es wird gemäß § 753a Satz 1 ZPO die ordnungsgemäße Bevollmächtigung zur Vertretung versichert.

☐ Es wird gemäß § 829a Absatz 1 Satz 1 Nummer 4 ZPO versichert, dass Ausfertigungen der als elektronische Dokumente übermittelten Vollstreckungsbescheide mit den jeweiligen Zustellungsnachweisen vorliegen und die Forderungen in Höhe des Vollstreckungsantrags noch bestehen.

☐ ____________________

264 **Unterschrift / Signatur**

Namen der Antragsteller

____________________ ____________________

Unterschriften der Antragsteller

Der Antrag schließt mit der Unterschrift bzw. Signatur des Antragstellers. Bei Antragstellung durch einen Rechtsanwalt ist in das linke Feld der Name des Rechtsanwalts (Vor- und Zuname) einzutragen – nicht der Name der Kanzlei. Der als elektronisches Dokument eingereichte Antrag muss mit einer qualifizierten elektronischen Signatur der verantwortenden Person versehen sein oder von der verantwortenden Person signiert und auf einem sicheren Übermittlungsweg eingereicht werden (§ 130a Abs. 3 S. 1 ZPO).

b) Der Beschluss-Entwurf

265 Der Beschluss (-Entwurf) ist nach Modulen aufgeteilt.

266 **Module A + B – Gläubiger und Schuldner**

Das Formular enthält Eingabefelder für einen Gläubiger und einen Schuldner. Diese Angaben sind verpflichtend. Zusätzliche Gläubiger und Schuldner können durch mehrfaches Ausfüllen dieser Felder (§ 3 Abs. 2 Nr. 5 ZVFV n.F.) – sofern die genutzte Branchensoftware dies möglich macht – oder in einer Anlage mitgeteilt werden. Die Module A (für die Gläubigerdaten) und B (für die Schuldnerdaten) sind – fast – identisch aufgebaut.

Bei mehreren Gläubigern bzw. Schuldnern sind diese im Feld „zu Ziffer ....“ durchzunummerieren, um eine bessere Zuordnung zu gewährleisten.

Bei Unternehmen sind das Registergericht und, soweit bekannt, die Handelsregisternummer zwecks Identitätsfeststellung im Rahmen der Prüfung der Zwangsvollstreckungsvoraussetzungen und wegen einer eventuellen Eintragung in das Schuldnerverzeichnis anzugeben (§ 882b Abs. 2 Nr. 1 u. 2 ZPO).

des Gläubigers (zu Ziffer ______)

☐ Herrn ☐ Frau ☐ Unternehmen ☐ ______

Name/Firma	ggf. Vorname(n)
Straße	Hausnummer
Postleitzahl	Ort
Land (wenn nicht Deutschland)	Geschäftszeichen
Registergericht	Registernummer

☐ Der Gläubiger ist nicht vorsteuerabzugsberechtigt.

☐ sowie der weiteren Gläubiger gemäß weiterer Anlage

Praxistipp: 267

Die Angaben zum Registergericht und Handelsregisternummer können über einen Handelsregisterauszug ermittelt werden. Die verfügbaren Daten sind auf der Webseite www.handelsregister.de ohne Registrierung und kostenfrei verfügbar. Um unnötige Zeitverzögerung bei der Einleitung von Zwangsvollstreckungsmaßnahmen zu vermeiden, sollten grundsätzlich bei der Aktenanlage diese Daten zusammen mit den übrigen Stammdaten zu Mandant und Gegner aufgenommen werden.

In Modul B können zum Schuldner zusätzlich auch Angaben zum Geburtsdatum und Geburtsort gemacht werden. 268

den Schuldner (zu Ziffer ______)

☐ Herr ☐ Frau ☐ Unternehmen ☐ ______

Name/Firma	ggf. Vorname(n)
Straße	Hausnummer
Postleitzahl Ort	Land (wenn nicht Deutschland)
Geschäftszeichen	Geburtsdatum Geburtsort
Registergericht	Registernummer

269 Für gesetzliche Vertreter bzw. gerichtlich bestellte Betreuer einerseits und Bevollmächtigte andererseits sind jeweils separate Texteingabefelder vorgesehen.

des Gläubigers (zu Ziffer ______)

☐ Herrn ☐ Frau ☐ Unternehmen ☐ ______

Name/Firma	ggf. Vorname(n)
Straße	Hausnummer
Postleitzahl	Ort
Land (wenn nicht Deutschland)	Geschäftszeichen
Registergericht	Registernummer

☐ Der Gläubiger ist nicht vorsteuerabzugsberechtigt.

☐ sowie der weiteren Gläubiger gemäß weiterer Anlage

A

Gläubiger (zu Ziffer ______) vertreten durch

☐ den gesetzlichen Vertreter	☐ den gerichtlich bestellten Betreuer,	☐ Firma oder Funktion
	☐ der eine Ausschließlichkeitserklärung abgegeben hat (§ 53 Absatz 2 ZPO)	☐ diese vertreten durch
☐ Herrn ☐ Frau ☐ ______	☐ Herrn ☐ Frau ☐ ______	Funktion
Name	Firma/Name	Name
Vorname(n)	ggf. Vorname(n)	ggf. Vorname(n)
Straße	Straße	
Hausnummer	Hausnummer	
Postleitzahl	Postleitzahl	
Ort	Ort	
Land (wenn nicht Deutschland)	Land (wenn nicht Deutschland)	

☐ den gesetzlichen Vertreter

☐ Herrn ☐ Frau ☐ ______

Name

Vorname(n)

Straße Hausnummer

Postleitzahl Ort

Land (wenn nicht Deutschland)

270 Der Bevollmächtigte ist in einem gesonderten nachfolgenden Feld einzutragen.

Gläubiger (zu Ziffer ____) vertreten durch den Bevollmächtigten			
☐ Herrn ☐ Frau ☐ Unternehmen ☐			
Name/Firma		ggf. Vorname(n)	
Straße	Hausnummer	Postleitzahl	Ort
Land (wenn nicht Deutschland)		Geschäftszeichen	

A

Im Anschluss an die Gläubigerdaten folgt die Bankverbindung sowie das Aktenzeichen/ der Verwendungszweck des Gläubigers/Gläubigervertreters. 271

Bankverbindung des	
☐ Gläubigers: ☐ gesetzlichen Vertreters: ☐ Bevollmächtigten: ☐ abweichenden Kontoinhabers:	
Name des Kontoinhabers	
IBAN	BIC (Angabe kann entfallen, wenn IBAN mit DE beginnt)
Verwendungszweck	

Gleichlautend (mit dem Zusatz zum Geburtsdatum/-ort) folgen unter Modul B die Angaben zum Schuldner. 272

Modul C – Angaben zum Vollstreckungstitel 273

ergeht folgender

☐ Pfändungs- und Überweisungsbeschluss ☐ Pfändungsbeschluss:

Die Gläubiger können von den Schuldnern

aus dem Vollstreckungstitel (zu Ziffer ____)	
Art	Aussteller
Datum	Geschäftszeichen
sowie aus dem Vollstreckungstitel (zu Ziffer ____)	
Art	Aussteller
Datum	Geschäftszeichen
☐ sowie aus den weiteren Vollstreckungstiteln aufgeführt in weiterer Anlage	

C

die sich aus den als Anlagen beigefügten Forderungsaufstellungen ergebenden Beträge beanspruchen.

Oberhalb des Moduls C erfolgt die Bestimmung, ob ein Pfändungs- und Überweisungsbeschluss oder ein Pfändungsbeschluss (z.B. bei einer Sicherungsvollstreckung nach § 720a ZPO) erlassen werden soll.

Dann folgen die Angaben zu dem oder dem/den Vollstreckungstitel(n), wobei Felder für die Eintragung von zwei Titeln (z.B. Urteil und Kostenfestsetzungsbeschluss) vorgegeben sind. Wird aus mehr als zwei Titeln die Vollstreckung betrieben, kann entweder eines der Felder dupliziert werden (sofern die Branchensoftware dies möglich macht) oder die weiteren Titel müssen in einer Anlage aufgeführt werden. In diesem Fall ist die Zeile „sowie aus den weiteren Vollstreckungstiteln aufgeführt in weiterer Anlage“ anzukreuzen. Sind mehrere Titel Grundlage des Vollstreckungsauftrages, sind auch diese durchzunummerieren.

274 **Zu beanspruchende Beträge**

die sich aus den als Anlagen beigefügten Forderungsaufstellungen ergebenden Beträge beanspruchen.

Wegen dieser Ansprüche

Vom Gericht auszufüllen:

☐ **sowie wegen der Kosten für die Zustellung dieses Beschlusses an sämtliche aufgeführte Schuldner und sämtliche aufgeführte Drittschuldner**

werden

Beantragt der Gläubiger(-vertreter) den Erlass des **Pfüb gegen mehrere Drittschuldner**, fallen i.d.R. für jeden dieser Drittschuldner Zustellungskosten eines Gerichtsvollziehers an. Damit sämtliche Zustellkosten von der Pfändung umfasst sind, sollte an dieser Stelle ein Kreuz gesetzt werden. Nach dem Wortlaut des Formulars ist das Feld „Wegen dieser Ansprüche …“ vom Gericht auszufüllen. Es empfiehlt sich jedoch, dass der Gläubiger – sofern erforderlich – das Feld ankreuzt.

> *Hinweis:*
>
> Der Gläubiger sollte unbedingt beachten, dass das Kreuz bei einem Pfüb gegen mehrere Drittschuldner gesetzt wird. Ansonsten kann es sein, dass einer der Drittschuldner die im Pfüb ausgewiesene Forderung zuzügl. der Zustellkosten bei diesem Drittschuldner zahlt, nicht aber die weiteren Zustellkosten betreffend die anderen Drittschuldner ausgleicht. Nach einer Entscheidung des BGH (10.6.2021 – IX ZR 90/20) erstreckt sich die Pfändung auch auf die Kosten der Zustellung des Beschlusses an sämtliche im Beschluss genannten Drittschuldner. Daher wurde mit den neuen Formularen dieses Ankreuzfeld eingeführt.

275 **Modul D – Drittschuldner**

Es folgen die Angaben zu dem/den Drittschuldner(n). Bei mehreren Drittschuldnern sind diese ebenfalls durchzunummerieren.

sowie dem Drittschuldner (zu Ziffer ______)

☐ Herrn ☐ Frau ☐ Unternehmen ☐ ______

Name/Firma	ggf. Vorname(n)
Straße	Hausnummer
Postleitzahl	Ort
Land (wenn nicht Deutschland)	
Registergericht	Registernummer
Geschäftszeichen	elektronische Zustelladresse

wegen der Forderungen, Ansprüche und sonstigen Rechte des Schuldners (zu Ziffer ______) aus den Modulen ______

☐ sowie den weiteren Drittschuldnern aufgeführt in weiterer Anlage

Es sind getrennte Texteingabefelder für drei Drittschuldner vorgesehen. Falls der Antragsteller bei vier oder mehr Drittschuldnern Forderungen pfänden und sich überweisen lassen möchte, kann entweder das Feld zum Drittschuldner entsprechend oft dupliziert werden – sofern die Branchensoftware dies möglich macht – oder der Gläubiger muss für die weiteren Drittschuldner eine Anlage nutzen. Dann ist das Kontrollkästchen in dem entsprechenden Rahmen („sowie weiteren Drittschuldnern aufgeführt in weiterer Anlage") zu markieren.

Sofern dem Antragsteller bekannt, sollte er die elektronische Zustelladresse des Drittschuldners eintragen.

Bei jedem Drittschuldner ist eine Zuordnung des Drittschuldners zu der zu pfändenden Forderung vorzunehmen, indem der Buchstabe des jeweiligen Moduls eingetragen wird. Z.B. bei der Pfändung von Arbeitseinkommen bei der Firma XY GmbH:

gegenüber dem Drittschuldner (zu Ziffer 1)

☐ Herrn ☐ Frau ☒ Unternehmen ☐ ______

Name/Firma	ggf. Vorname(n)
XY GmbH	
Straße	Hausnummer
Mustermannstr.	1
Postleitzahl	Ort
00001	Musterhausen
Land (wenn nicht Deutschland)	
Registergericht	Registernummer
AG Musterhausen	HRB 00001
Geschäftszeichen	elektronische Zustelladresse

wegen der Forderungen, Ansprüche und sonstigen Rechte des Schuldners (zu Ziffer 1) aus den Modulen E

276 **Module E bis K – zu pfändende Ansprüche**

Es folgen die Module mit den zu pfändenden Ansprüchen:

- Modul E: Pfändung von Arbeitseinkommen
- Modul F: Pfändung gegenüber der Agentur für Arbeit, den Versicherungsträgern bzw. den Versorgungseinrichtungen
- Modul G: Pfändung gegenüber dem Finanzamt (vorformuliert: Einkommensteuer)
- Modul H: Pfändung gegenüber Kreditinstituten
- Modul I: Pfändung gegenüber Bausparkassen
- Modul J: Pfändung von Lebensversicherungen
- Modul K: Sonstige Forderungen

277 **Modul E**

In Modul E erfolgt die Pfändung des Arbeitseinkommens des Schuldners inkl. des Anspruchs auf Zahlung von **Kurzarbeitergeld**.

E	**Forderungen gegenüber Arbeitgebern** 1. Forderung auf Zahlung des gesamten gegenwärtigen und künftigen Arbeitseinkommens (einschließlich des Geldwertes von Sachbezügen) 2. Forderung auf Auszahlung des als Überzahlung jeweils auszugleichenden Erstattungsbetrages aus dem durchgeführten Lohnsteuer-Jahresausgleich sowie aus dem Kirchenlohnsteuer-Jahresausgleich für das Kalenderjahr ______ und für alle folgenden Kalenderjahre 3. Forderung auf Zahlung des Kurzarbeitergeldes ☐ ______

Weitere Ausführungen zur Pfändung von Arbeitseinkommen siehe auch Rdn 335 ff.

278 **Modul F**

F	**Forderungen gegenüber ☐ Agentur für Arbeit ☐ Versicherungsträger ☐ Versorgungseinrichtung** Forderung auf Zahlung der nachfolgend genannten gegenwärtig und künftig dem Schuldner zustehenden Geldleistungen:	
	Bezeichnung der Geldleistung ______	Konto-/Versicherungs-/Mitgliedsnummer ______
	☐ ______	

In dem Feld „Bezeichnung der Geldleistung“ ist diese möglichst konkret zu bezeichnen, z.B. „Arbeitslosengeld“ oder „Altersrente“.

> *Praxistipp:*
>
> Ist die Kundennummer der Agentur für Arbeit bzw. die Rentenversicherungsnummer nicht bekannt, sollte in die Zeile „Konto-/Versicherungs-/Mitgliedsnummer“ auf jeden Fall das Geburtsdatum des Schuldners eingetragen werden, damit die Pfändung beim Drittschuldner zugeordnet werden kann. Eine Pfändung gegen den Schuldner „Hans

Müller" ohne weitere Angaben würde sicher ins Leere gehen, da der Schuldner durch den Drittschuldner ohne weitere Angaben nicht eindeutig ermittelt werden kann.

Modul G 279

Unter Modul G können Steuererstattungsansprüche gegenüber dem Finanzamt gepfändet werden. Bereits vorausgefüllt ist der Anspruch auf Erstattung von Einkommensteuererstattung. Sollen andere Steuerarten gepfändet werden, müssen diese in die Freizeile eingetragen werden.

G	**Forderungen gegenüber dem Finanzamt** Forderung auf Auszahlung des als Überzahlung auszugleichenden Erstattungsbetrages bzw. des Überschusses, der sich als Erstattungsanspruch bei Abrechnung der auf die Einkommensteuer (zuzüglich Solidaritätszuschlag) und Kirchensteuer sowie Körperschaftsteuer anzurechnenden Leistungen für das abgelaufene Kalenderjahr ______ ☐ und für alle früheren Kalenderjahre ergibt. ☐ ______

Für die Besteuerung natürlicher Personen nach dem Einkommen und Vermögen ist das Finanzamt örtlich zuständig, in dessen Bezirk der Steuerpflichtige seinen Wohnsitz bzw. seinen gewöhnlichen Aufenthalt hat (das sog. „Wohnsitzfinanzamt"). Drittschuldner für die Pfändung von Einkommensteuererstattungsansprüchen ist daher das für den Wohnsitz des Schuldners zuständige Finanzamt.

Grundsätzlich besteht die Möglichkeit, die Pfändung einer zukünftigen Forderung zu beantragen, wenn zwischen Schuldner und Drittschuldner bereits eine Rechtsbeziehung besteht, aus der sich genügend bestimmbare Forderungsrechte ergeben können. Für die Pfändung des Erstattungsanspruches aus dem Steuerschuldverhältnis gilt jedoch die gesetzliche Sonderregelung des § 46 Abs. 6 AO. Danach darf ein Pfändungs- und Überweisungsbeschluss nicht erlassen werden, bevor der Anspruch entstanden ist. 280

Der Anspruch auf Erstattung überzahlter Einkommensteuer entsteht gem. § 36 Abs. 1 EStG i.V.m. §§ 37, 38 AO erst mit Ablauf des Veranlagungszeitraumes, d.h. dass z.B. der Erstattungsanspruch auf im Jahre 2024 zu viel gezahlten Steuern erst mit Ablauf des 31.12.2024 entsteht.

Vor Ablauf des 31.12.2024 darf somit der Anspruch auf Erstattung einer Einkommensteuer-Überzahlung aus 2024 nicht gepfändet werden. Eine unter Verstoß gegen dieses Verbot erwirkte verfrühte Pfändung ist gem. § 46 Abs. 6 S. 2 AO nichtig.

Praxistipp: 281

Das Finanzamt ist nicht für jede Steuerart Drittschuldner: z.B. Gewerbesteuer oder Grundsteuer werden von der jeweiligen Gemeinde erhoben. Für die Kfz-Steuer ist der Zoll zuständig. Derartige Erstattungsansprüche sind daher unter Modul K zu pfänden.

Im Freistaat Bayern ist die Pfändung einer Forderung auf Auszahlung des als Überzahlung auszugleichenden Erstattungsbetrages der Kirchensteuer gegenüber dem zuständigen Kirchensteueramt geltend zu machen.

282 **Modul H**

In Modul H erfolgt die Kontenpfändung.

H	**Forderungen und sonstige Rechte gegenüber Kreditinstituten** 1. Forderung auf Zahlung der zu Gunsten des Schuldners bestehenden Guthaben seiner sämtlichen Zahlungskonten bei diesen Kreditinstituten einschließlich der Ansprüche auf Gutschrift der eingehenden Beträge; mitgepfändet wird die angebliche (gegenwärtige und künftige) Forderung des Schuldners an den Drittschuldner auf Auszahlung eines vereinbarten Dispositionskredits („offene Kreditlinie"), soweit der Schuldner den Kredit in Anspruch nimmt 2. Forderung auf Auszahlung des Guthabens und der bis zum Tag der Auszahlung aufgelaufenen Zinsen sowie das Recht auf fristgerechte bzw. vorzeitige Kündigung der für ihn geführten Sparguthaben und/oder Festgeldkonten 3. Forderung auf Auszahlung der bereitgestellten, noch nicht abgerufenen Darlehensvaluta aus einem Kreditgeschäft, wenn es sich nicht um zweckgebundene Ansprüche handelt 4. Forderung auf Zahlung aus dem zum Wertpapierkonto gehörenden Gegenkonto, auf dem die Zinsgutschriften für die festverzinslichen Wertpapiere gutgeschrieben sind ☐ Anspruch auf Zugang zu Bankschließfächern und auf Mitwirkung des Drittschuldners bei der Öffnung des Bankschließfachs bzw. auf die Öffnung des Bankschließfachs allein durch den Drittschuldner zum Zweck der Entnahme des Inhalts ☐ Anspruch auf Herausgabe der in den Depots und Unterdepots des Schuldners verwahrten Wertpapiere aus Sonder- und Drittverwahrung mitsamt den Eigentumsrechten an den Wertpapieren sowie bei Sammelverwahrung den Anspruch auf Herausgabe einer dem Anteil bzw. dem Wertpapiernennbetrag des Schuldners entsprechenden Anzahl von Einzelstücken aus der Sammelverwahrung mitsamt dem Miteigentumsanteil des Schuldners am Sammelbestand sowie bei Verbriefung von Wertpapieren in Sammelurkunden, insbesondere Globalurkunden, den Anspruch auf Übertragung der Buchforderung bzw. auf Umbuchung von Girosammel-Depotgutschriften mitsamt dem Miteigentumsanteil des Schuldners an solchen Sammelurkunden, jeweils einschließlich des Anspruchs auf Auskehrung von jeglichen Wertpapiererträgen ☐

Weitere Ausführungen zur Pfändung von Kontoguthaben siehe auch Rdn 362 ff.

283 **Modul I**

I	**Forderungen und sonstige Rechte gegenüber Bausparkassen** aus dem über eine Bausparsumme von (rund) ____________ Euro abgeschlossenen Bausparvertrag Nummer Vertragsnummer ____ , insbesondere 1. Forderung auf Auszahlung des Bausparguthabens nach Zuteilung 2. Forderung auf Auszahlung der Sparbeiträge nach Einzahlung der vollen Bausparsumme 3. Forderung auf Rückzahlung des Sparguthabens nach Kündigung 4. Recht zur Kündigung und Änderung des Vertrags ☐ ____

Drittschuldner ist die jeweilige Bausparkasse. Informationen über das Bestehen eines Bausparvertrages erhält der Gläubiger nicht nur durch die Vermögensauskunft des Schuldners (sofern diese vollständige und wahrheitsgemäße Angaben enthält), sondern auch über die Drittauskunft des Bundeszentralamtes für Steuern.

Um den Bausparvertrag verwerten zu können, muss der Gläubiger die Bauspar-Police vorlegen. Der Herausgabeanspruch gegenüber dem Schuldner ergibt sich aus § 836 Abs. 3 ZPO. Unter Modul M muss in diesem Fall in der Freizeile der Herausgabeanspruch eingetragen werden.

M	**Es wird des Weiteren angeordnet, dass:** ☐ der Schuldner (zu Ziffer _______) die ihm vom Drittschuldner (zu Ziffer _______) ausgestellten Lohn- oder Gehaltsabrechnungen oder die Verdienstbescheinigungen einschließlich der entsprechenden Bescheinigungen der letzten drei Monate vor Zustellung dieses Beschlusses an die Gläubiger herauszugeben hat. ☐ der Schuldner (zu Ziffer _______) die für ihn vom Drittschuldner (zu Ziffer _______) über das jeweilige Sparguthaben geführten Sparbücher bzw. die Sparurkunden an die Gläubiger herauszugeben hat und diese die Sparbücher bzw. Sparurkunden unverzüglich dem Drittschuldner vorzulegen haben. ☐ der Schuldner (zu Ziffer _______) die ihm vom Drittschuldner (zu Ziffer _______) erteilten Kontoauszüge ab Zustellung dieses Beschlusses an den Drittschuldner im Original oder als Kopie an die Gläubiger herauszugeben hat. ☐ ein von den Gläubigern zu beauftragender Gerichtsvollzieher für die Pfändung des Inhalts Zugang zum Schließfach des Schuldners (zu Ziffer _______) bei Drittschuldner (zu Ziffer _______) zu nehmen hat. ☐ der Drittschuldner (zu Ziffer _______) an einen von den Gläubigern zu beauftragenden Gerichtsvollzieher die Wertpapiere herauszugeben hat. ☐ der Schuldner (zu Ziffer _______) die ihm vom Drittschuldner (zu Ziffer _______) ausgestellten Versicherungspolicen an den Gläubiger herauszugeben hat und dieser sie unverzüglich dem Drittschuldner vorzulegen hat. ☐ der Schuldner eine Abschrift der ihm erteilten Bescheinigung nach § 903 Absatz 1 Satz 2 ZPO an den Gläubiger herauszugeben hat. ☒ der Schuldner (zu Ziffer ...) die ihm von dem Drittschuldner (zu Ziffer ...) ausgestellte Bausparurkunde an den Gläubiger ☐ herauszugeben hat.

Modul J 284

J	**Forderungen und sonstige Rechte gegenüber Versicherungsgesellschaften** 1. Forderung auf Zahlung der Versicherungssumme, der Gewinnanteile und des Rückkaufwertes aus den Lebensversicherungen, die mit dem Drittschuldner abgeschlossen sind 2. Recht zur Bestimmung desjenigen, zu dessen Gunsten im Todesfall die Versicherungssumme ausgezahlt wird, bzw. Recht zur Bestimmung einer anderen Person an Stelle der von dem Schuldner vorgesehenen 3. Recht zur Kündigung des Lebens-/Rentenversicherungsvertrages, Recht auf Umwandlung der Lebens-/Rentenversicherung in eine prämienfreie Versicherung sowie Recht zur Aushändigung der Versicherungspolice ☐ _______

Rechte aus einer **Lebensversicherung** können auch bereits vor Eintritt des Versicherungsfalls gepfändet werden. Ansprüche aus einer Lebensversicherung gehören zum Vermögen des Schuldners, wenn im Versicherungsvertrag kein begünstigter Dritter genannt ist oder die Begünstigung widerrufen werden kann. Sofern der Schuldner seine Rechte aus der Lebensversicherung bereits zur Sicherung eines Darlehns an den Darlehnsgeber abgetreten hat, geht die Pfändung ins Leere (BGH, NJW 1987, 1703).

Gepfändet werden können Ansprüche aus sog. **Sterbegeldversicherungen** nur dann, wenn die Versicherungssumme den Betrag von derzeit 5.400 EUR gem. § 850b Abs. 1 Nr. 4 ZPO übersteigt. Im Rahmen einer Billigkeitsprüfung hat das Gericht festzustellen, dass der Höchstbetrag überschritten und der diesen Betrag überschießende Teil pfändbar ist.[35] Zu diesem Antrag ist der Schuldner anzuhören. Hierbei handelt es sich um eine Aus-

35 BGH VE 16, 15; Vollstreckung effektiv, Sonderausgabe 2023, 35.

nahmeregelung, denn im Normalfall erfolgt gem. § 834 ZPO vor Erlass des Pfüb keine Anhörung des Schuldners.

285 Auch hier gilt: der Gläubiger benötigt zur Verwertung der Lebensversicherung die Lebensversicherungspolice. Der Herausgabeanspruch kann unter Modul M angekreuzt werden.

M	**Es wird des Weiteren angeordnet, dass:** ☐ der Schuldner (zu Ziffer ______) die ihm vom Drittschuldner (zu Ziffer ______) ausgestellten Lohn- oder Gehaltsabrechnungen oder die Verdienstbescheinigungen einschließlich der entsprechenden Bescheinigungen der letzten drei Monate vor Zustellung dieses Beschlusses an die Gläubiger herauszugeben hat. ☐ der Schuldner (zu Ziffer ______) die für ihn vom Drittschuldner (zu Ziffer ______) über das jeweilige Sparguthaben geführten Sparbücher bzw. die Sparurkunden an die Gläubiger herauszugeben hat und diese die Sparbücher bzw. Sparurkunden unverzüglich dem Drittschuldner vorzulegen haben. ☐ der Schuldner (zu Ziffer ______) die ihm vom Drittschuldner (zu Ziffer ______) erteilten Kontoauszüge ab Zustellung dieses Beschlusses an den Drittschuldner im Original oder als Kopie an die Gläubiger herauszugeben hat. ☐ ein von den Gläubigern zu beauftragender Gerichtsvollzieher für die Pfändung des Inhalts Zugang zum Schließfach des Schuldners (zu Ziffer ______) bei Drittschuldner (zu Ziffer ______) zu nehmen hat. ☐ der Drittschuldner (zu Ziffer ______) an einen von den Gläubigern zu beauftragenden Gerichtsvollzieher die Wertpapiere herauszugeben hat. ☒ der Schuldner (zu Ziffer 1) die ihm vom Drittschuldner (zu Ziffer 1) ausgestellten Versicherungspolicen an den Gläubiger herauszugeben hat und dieser sie unverzüglich dem Drittschuldner vorzulegen hat. ☐ der Schuldner eine Abschrift der ihm erteilten Bescheinigung nach § 903 Absatz 1 Satz 2 ZPO an den Gläubiger herauszugeben hat. ☐ ______ ☐ ______

286 **Modul K**

Unter Modul K können Forderungen sowie sonstige Ansprüche und andere Vermögensrechte eingetragen werden, die nicht unter die Module E – J fallen.

K	**Weitere Forderungen, Ansprüche und Vermögensrechte**

Hierunter fallen **z.B.** folgende Ansprüche:

- Anspruch auf Erstattung aus Kfz-Versicherungen
- Anspruch aus Miet- oder Pachteinkünften (= Schuldner ist Vermieter)
- Anspruch aus Mietverhältnissen (= Schuldner ist Mieter)
- Anspruch auf Zahlung von Krankengeld
- Taschengeldanspruch
- Pfändung der Rechte des Aktionärs
- Pfändung von GmbH-Anteilen
- Pfändung des Geschäftsanteils des Schuldners an einer GbR
- Pfändung des Miterbenanteils am Nachlass

- Pfändung des Rückgewährsanspruchs bei Brief-/Buchgrundschuld
- Pfändung der Eigentümergrundschuld
- Pfändung des Herausgabeanspruchs an einer beweglichen Sache
- Pfändung des Rückzahlungsanspruchs bei Nutzung des Kontos eines Dritten

Die vorgenannte Auflistung ist nicht abschließend. Es gibt unzählige weitere Forderungen, die unter Modul K gepfändet werden können.

Modul L 287

L

Es ergehen folgende Anordnungen nach § 829 Absatz 1 und § 835 Absatz 1 ZPO:

Die Drittschuldner dürfen, soweit die Forderungen gepfändet sind, an die Schuldner nicht mehr zahlen; die Schuldner dürfen insoweit nicht über die Forderungen verfügen, sie insbesondere nicht einziehen. Im Anwendungsbereich des § 850c ZPO wird auf die Pfändungsfreigrenzenbekanntmachung in der jeweils geltenden Fassung Bezug genommen (§ 850c Absatz 5 Satz 3 ZPO).

Dem Gläubiger werden die Forderungen in Höhe des gepfändeten Betrages

☐ **zur Einziehung überwiesen**. ☐ an Zahlungs statt überwiesen.

Erfolgt die Überweisung der Forderung „**zur Einziehung**“, geht die Forderung nicht auf den Pfändungsgläubiger über. Vielmehr erhält der Pfändungsgläubiger lediglich das Recht, die Forderung bei dem Drittschuldner im eigenen Namen geltend zu machen. Forderungsinhaber bleibt der Schuldner. Die Forderung, wegen der gepfändet wurde, reduziert sich jeweils um die Beträge, die tatsächlich an den Pfändungsgläubiger ausgezahlt werden. Das Risiko eines Forderungsausfalls trägt der Schuldner. Die Überweisung zur Einziehung stellt die i.d.R. für den Gläubiger weniger risikoreiche Form der Verwertung nach § 835 ZPO dar und wird daher in den meisten Fällen gewählt. Daher ist diese Variante im Formularvordruck fett gedruckt.

Bei der Überweisung „**an Zahlungs statt**“ wird der Pfändungsgläubiger selbst Inhaber der Forderung (wie bei einer Abtretung). Er gilt – unabhängig davon, ob die Forderung tatsächlich eingetrieben werden kann – als befriedigt, sobald die Pfändung wirksam wird. Das Risiko eines Forderungsausfalls trägt der Gläubiger. Diese Variante ist nicht zu empfehlen und sollte nur in besonderen Ausnahmefällen gewählt werden.[36]

Sofern der Gläubigervertreter mit einer Branchensoftware arbeitet, sollte daher bereits in 288
der Administration das Kreuzchen bei „zur Einziehung überwiesen“ hinterlegt sein.

L

Es ergehen folgende Anordnungen nach § 829 Absatz 1 und § 835 Absatz 1 ZPO:

Die Drittschuldner dürfen, soweit die Forderungen gepfändet sind, an die Schuldner nicht mehr zahlen; die Schuldner dürfen insoweit nicht über die Forderungen verfügen, sie insbesondere nicht einziehen. Im Anwendungsbereich des § 850c ZPO wird auf die Pfändungsfreigrenzenbekanntmachung in der jeweils geltenden Fassung Bezug genommen (§ 850c Absatz 5 Satz 3 ZPO).

Dem Gläubiger werden die Forderungen in Höhe des gepfändeten Betrages

☒ **zur Einziehung überwiesen**. ☐ an Zahlungs statt überwiesen.

36 *Mock,* in: Die Praxis der Forderungsvollstreckung, 2024, § 5 Rn 158.

289 **Modul M**

Im Modul M folgen Anordnungen nach § 836 Abs. 3 ZPO betreffend Unterlagen, die der Schuldner aufgrund der Pfändung herauszugeben hat, sowie Anordnungen betreffend den Drittschuldner bez. Öffnung eines Bankschließfaches bzw. Herausgabe von Wertpapieren.

M	**Es wird des Weiteren angeordnet, dass:** ☐ der Schuldner (zu Ziffer ______) die ihm vom Drittschuldner (zu Ziffer ______) ausgestellten Lohn- oder Gehaltsabrechnungen oder die Verdienstbescheinigungen einschließlich der entsprechenden Bescheinigungen der letzten drei Monate vor Zustellung dieses Beschlusses an die Gläubiger herauszugeben hat. ☐ der Schuldner (zu Ziffer ______) die für ihn vom Drittschuldner (zu Ziffer ______) über das jeweilige Sparguthaben geführten Sparbücher bzw. die Sparurkunden an die Gläubiger herauszugeben hat und diese die Sparbücher bzw. Sparurkunden unverzüglich dem Drittschuldner vorzulegen haben. ☐ der Schuldner (zu Ziffer ______) die ihm vom Drittschuldner (zu Ziffer ______) erteilten Kontoauszüge ab Zustellung dieses Beschlusses an den Drittschuldner im Original oder als Kopie an die Gläubiger herauszugeben hat. ☐ ein von den Gläubigern zu beauftragender Gerichtsvollzieher für die Pfändung des Inhalts Zugang zum Schließfach des Schuldners (zu Ziffer ______) bei Drittschuldner (zu Ziffer ______) zu nehmen hat. ☐ der Drittschuldner (zu Ziffer ______) an einen von den Gläubigern zu beauftragenden Gerichtsvollzieher die Wertpapiere herauszugeben hat. ☐ der Schuldner (zu Ziffer ______) die ihm vom Drittschuldner (zu Ziffer ______) ausgestellten Versicherungspolicen an den Gläubiger herauszugeben hat und dieser sie unverzüglich dem Drittschuldner vorzulegen hat. ☐ der Schuldner eine Abschrift der ihm erteilten Bescheinigung nach § 903 Absatz 1 Satz 2 ZPO an den Gläubiger herauszugeben hat. ☐ ______ ☐ ______

290 Hat der Gläubiger eine Forderung des Schuldners gegen einen Dritten gepfändet, erhält er – sofern mit Aufforderung zur Abgabe der Drittschuldnererklärung nach § 840 ZPO zugestellt wurde – die Drittschuldnererklärung und muss darauf hoffen, dass die dort gemachten Angaben vollständig und korrekt sind. Es ist daher sinnvoll, diese Angaben auch zu überprüfen.

Grundsätzlich ist der Schuldner gem. § 836 Abs. 3 ZPO verpflichtet, **die über die Forderung vorhandenen Urkunden herauszugeben** bzw. die zur Geltendmachung der Forderung notwendigen Auskünfte zu erteilen, wenn der Gläubiger einen Pfändungs- und Überweisungsbeschluss ausgebracht hat.

> *Beispiel:*
>
> Gläubiger G ist im Besitz eines Vollstreckungsbescheides gegen Schuldner S. S arbeitet als Sachbearbeiter bei Firma XY. Gläubiger G erwirkt einen Pfändungs- und Überweisungsbeschluss gegen die Firma XY, wonach das Arbeitsentgelt des S gepfändet wird.
>
> Aufgrund dieses Pfändungs- und Überweisungsbeschlusses ist S verpflichtet, die über die Forderung vorhandenen Urkunden, also z.B. die monatliche Lohnabrechnung sowie den Arbeitsvertrag nebst evtl. Zusatzvereinbarungen über Naturalleistungen (z.B. Kost/Logis, Nutzung eines Firmen-Pkw) oder Sachleistungen (z.B. monatlicher Tankgutschein) an G herauszugeben.

Die Einsichtnahme in diese weiteren Unterlagen soll den Gläubiger in die Lage versetzen, 291

- das Bestehen der Forderung dem Grunde und der Höhe nachzuprüfen
- mögliche Einwendungen des Schuldners anzuerkennen und oder abzuwenden
- Rechte Dritter an der Forderung zu prüfen und festzustellen, ob die Rechte Dritter auf anfechtbaren Rechtshandlungen des Schuldners nach §§ 3 ff. AnfG beruhen.
- festzustellen, ob der Drittschuldner die gepfändete und zur Einziehung überwiesene Forderung vollständig erfüllt.

Die Herausgabepflicht dient dem Interesse des Gläubigers und soll diesem helfen, die Aussichten einer Drittschuldnerklage überprüfen und – sofern eine Klage notwendig wird – den Anspruch exakt beziffern zu können.[37]

In der Praxis ist der Schuldner häufig nicht bereit, die Unterlagen freiwillig herauszugeben. Der Gläubiger kann daher den Gerichtsvollzieher mit der zwangsweisen Einziehung der Urkunden beauftragen, §§ 836 Abs. 3 S. 3, 883 ZPO, wenn der Schuldner einer Aufforderung zur Herausgabe von Urkunden nicht nachkommt. Zuständig ist der Gerichtsvollzieher, der für den Wohnort des Schuldners zuständig ist. 292

Der BGH hat eine Reihe von Entscheidungen getroffen, wonach der Schuldner zur Herausgabe von Urkunden verpflichtet ist: Nachfolgend ein Auszug:

- Herausgabe von vorliegenden Vorpfändungen bzw. vorrangigen Abtretungen (BGH, VII ZV 142/05, 28.6.2006)
- Herausgabe der Lohnabrechnung der letzten drei Monate vor Zustellung des Pfüb (BGH, VII ZB 58/06, 20.12.2006)
- Herausgabe von Kontoauszügen (BGH, VII ZB 44/11, 23.8.2012)
- Herausgabe von Nachweisen zur Erhöhung des Pfändungsfreibetrages bei P-Konto (BGH, VII ZB 59/10, 21.2.2013)

In den **Modulen N-S** folgen Anträge, die sich entweder auf eine mögliche Erweiterung des pfändbaren Betrages im Rahmen einer Einkommenspfändung (Zusammenrechnung von mehreren Einkommen, Nichtberücksichtigung von Unterhaltsberechtigten, Vollstreckung aus einer Deliktsforderung) oder auf eine Unterhaltspfändung beziehen. 293

Modul N 294

Bezieht der Schuldner mehrere Einkommen, ergeben sich aus den einzelnen Bezügen meist keine oder nur geringe pfändbare Beträge. Beantragt der Gläubiger jedoch die Zusammenrechnung der Bezüge, kann das Ergebnis ganz anders aussehen.

37 *Mock,* in: Die Praxis der Forderungsvollstreckung, 2024, § 5 Rn 131.

N	**Es wird nach § 850e Nummer 2 und 2a ZPO angeordnet, dass zur Berechnung des nach § 850c ZPO pfändbaren Teils des Gesamteinkommens des Schuldners (zu Ziffer ________) zusammenzurechnen sind:** ☐ Arbeitseinkommen bei Drittschuldner (zu Ziffer ________) in Höhe von ______________ Euro und Arbeitseinkommen bei Drittschuldner (zu Ziffer________) in Höhe von ______________ Euro. Der unpfändbare Grundbetrag ist in erster Linie den Einkünften des Schuldners bei Drittschuldner (zu Ziffer________) zu entnehmen, weil diese Einkünfte die wesentliche Grundlage der Lebenshaltung des Schuldners bilden. ☐ Folgende laufende Geldleistung nach dem Sozialgesetzbuch: ______________ bei Drittschuldner (zu Ziffer ________) und Arbeitseinkommen bei Drittschuldner (zu Ziffer ________). Der unpfändbare Grundbetrag ist in erster Linie ☐ dem Arbeitseinkommen ☐ der genannten laufenden Geldleistung nach dem Sozialgesetzbuch zu entnehmen. ☐ Folgende laufende Geldleistung nach dem Sozialgesetzbuch: ______________ bei Drittschuldner (zu Ziffer ________) in Höhe von ______________ Euro und folgende laufende Geldleistung nach dem Sozialgesetzbuch: ______________ bei Drittschuldner (zu Ziffer ________) in Höhe von ______________ Euro. Der unpfändbare Grundbetrag ist in erster Linie den Einkünften des Schuldners bei Drittschuldner (zu Ziffer ________) zu entnehmen, weil diese Einkünfte die wesentliche Grundlage der Lebenshaltung des Schuldners bilden.

Bezieht der Schuldner mehrere Einkommen von verschiedenen Drittschuldnern, kann in den Antrag auf Erlass eines Pfändungs- und Überweisungsbeschlusses ein **Antrag auf Zusammenrechnung** beider Einkommen gem. § 850e Nr. 2 /Nr. 2a ZPO aufgenommen werden. Die Antragstellung erfolgt in Modul N.

Es besteht die Möglichkeit einen Antrag auf Zusammenrechnung von

- zwei Arbeitseinkommen des Schuldners oder
- Arbeitseinkommen und Sozialleistungen oder
- zwei Sozialleistungen des Schuldners

zu stellen.

295 Zusammenrechnung mehrerer Arbeitseinkommen

> *Beispiel:*
>
> Die ledige Schuldnerin S bezieht im April 2025 bei ihrem Hauptarbeitgeber H ein Nettoeinkommen von 1.499 EUR (pfändbarer Betrag: 0,00 EUR). An den Wochenenden arbeitet S nebenberuflich an einer Tankstelle für 556 EUR (pfändbarer Betrag: 0,00 EUR). Rechnet man beide Nettoeinkommen (zur Ermittlung des pfändbaren Einkommens) zusammen, ergibt sich ein Gesamteinkommen von 2.055 EUR. Aus dieser Gesamtsumme sind pfändbar: 346,50 EUR (Stand: Pfändungsfreigrenzenbekanntmachung zum 1.7.2025).[38]

38 https://www.recht.bund.de/bgbl/1/2025/110/VO.html.

Eintragungsbeispiel:

Die Drittschuldner sind im Modul D anzugeben:

D

gegenüber dem Drittschuldner (zu Ziffer 1)

☐ Herrn ☐ Frau ☒ Unternehmen ☐

Name/Firma	ggf. Vorname(n)
XY GmbH	
Straße	**Hausnummer**
Mustermannstr.	1
Postleitzahl	**Ort**
00001	Musterhausen
Land (wenn nicht Deutschland)	
Registergericht	**Registernummer**
Musterhausen	HRB 00001
Geschäftszeichen	**elektronische Zustelladresse**

wegen der Forderungen, Ansprüche und sonstigen Rechte des Schuldners (zu Ziffer 1) aus den Modulen E

sowie dem Drittschuldner (zu Ziffer 2)

☐ Herrn ☐ Frau ☒ Unternehmen ☐

Name/Firma	ggf. Vorname(n)
Tankstelle ADT GmbH	
Straße	**Hausnummer**
Hauptstr.	12
Postleitzahl	**Ort**
00001	Musterhausen
Land (wenn nicht Deutschland)	
Registergericht	**Registernummer**
Musterhausen	HRB 00005
Geschäftszeichen	**elektronische Zustelladresse**

wegen der Forderungen, Ansprüche und sonstigen Rechte des Schuldners (zu Ziffer 1) aus den Modulen E

E

Forderungen gegenüber Arbeitgebern

1. Forderung auf Zahlung des gesamten gegenwärtigen und künftigen Arbeitseinkommens (einschließlich des Geldwertes von Sachbezügen)
2. Forderung auf Auszahlung des als Überzahlung jeweils auszugleichenden Erstattungsbetrages aus dem durchgeführten Lohnsteuer-Jahresausgleich sowie aus dem Kirchenlohnsteuer-Jahresausgleich für das Kalenderjahr 2025 und für alle folgenden Kalenderjahre
3. Forderung auf Zahlung des Kurzarbeitergeldes

☐

Hinweis: 296

Unter Ziffer 2 ist bez. der Pfändung der Ansprüche aus dem Lohnsteuer-Jahresausgleich des Arbeitgebers jeweils das Kalenderjahr anzugeben, in dem der Antrag auf Erlass des Pfändungs- und Überweisungsbeschlusses gestellt wird.[39]

39 *Goebel*, Optimierte Vollstreckung mit den Formularen nach der ZVFV, 2. Aufl. 2024, § 4 Rn 209.

Hierbei ist nicht die Einkommensteuererklärung bzw. der Antrag auf Lohnsteuer-Jahresausgleich gemeint, den der Schuldner selbst abzugeben hat. Vielmehr ist ein Arbeitgeber gem. § 42 EstG berechtigt, seinen Arbeitnehmern, die während des abgelaufenen Kalenderjahres (Ausgleichsjahr) ständig in einem zu ihm bestehenden Dienstverhältnis gestanden haben, die für das Ausgleichsjahr einbehaltene Lohnsteuer insoweit zu erstatten, als sie die auf den Jahresarbeitslohn entfallende Jahreslohnsteuer übersteigt (Lohnsteuer-Jahresausgleich). Er ist zur Durchführung des Lohnsteuer-Jahresausgleichs verpflichtet, wenn er am 31.12. des Ausgleichsjahres mindestens zehn Arbeitnehmer beschäftigt (vergl. auch R 42b LStR).

297 Bezieht der Schuldner mehrere Arbeitseinkommen von verschiedenen Drittschuldnern kann in den Antrag auf Erlass eines Pfändungs- und Überweisungsbeschlusses ein Antrag auf Zusammenrechnung beider Einkommen gem. § 850e Nr. 2 ZPO aufgenommen werden. Ordnet das Vollstreckungsgericht antragsgemäß die Zusammenrechnung der Bezüge an, ist das pfändbare Einkommen dann aus dem zusammengerechneten Nettogesamteinkommen zu entnehmen.[40]

N

Es wird nach § 850e Nummer 2 und 2a ZPO angeordnet, dass zur Berechnung des nach § 850c ZPO pfändbaren Teils des Gesamteinkommens des Schuldners (zu Ziffer 1) zusammenzurechnen sind:

☒ Arbeitseinkommen bei Drittschuldner (zu Ziffer 1) in Höhe von 1499 Euro

und

Arbeitseinkommen bei Drittschuldner (zu Ziffer 2) in Höhe von 556 Euro.

Der unpfändbare Grundbetrag ist in erster Linie den Einkünften des Schuldners bei Drittschuldner (zu Ziffer 1) zu entnehmen, weil diese Einkünfte die wesentliche Grundlage der Lebenshaltung des Schuldners bilden.

☐ Folgende laufende Geldleistung nach dem Sozialgesetzbuch: ____
bei Drittschuldner (zu Ziffer ____)

und

Arbeitseinkommen bei Drittschuldner (zu Ziffer ____).

Der unpfändbare Grundbetrag ist in erster Linie

☐ dem Arbeitseinkommen ☐ der genannten laufenden Geldleistung nach dem Sozialgesetzbuch

zu entnehmen.

☐ Folgende laufende Geldleistung nach dem Sozialgesetzbuch: ____
bei Drittschuldner (zu Ziffer ____) in Höhe von ____ Euro

und

folgende laufende Geldleistung nach dem Sozialgesetzbuch: ____
bei Drittschuldner (zu Ziffer ____) in Höhe von ____ Euro.

Der unpfändbare Grundbetrag ist in erster Linie den Einkünften des Schuldners bei Drittschuldner (zu Ziffer ____) zu entnehmen, weil diese Einkünfte die wesentliche Grundlage der Lebenshaltung des Schuldners bilden.

298 Die Zusammenrechnung erfolgt **nur auf Antrag des Gläubigers**. Der Antrag auf Zusammenrechnung kann mit dem Antrag auf Erlass des Pfändungs- und Überweisungsbeschlusses unter Modul N, jedoch auch nachträglich formlos gestellt werden. Dies kann z.B. dann der Fall sein, wenn der Gläubiger erst nach Erlass des Pfändungs- und Überweisungsbeschlusses von dem zweiten Arbeitsverhältnis erfährt.

40 Vergl. *Waldschmidt,* Die Rechtsanwalts- und Notarfachangestellte, 09/2023, 2 ff.

Es können stets nur **mehrere laufende Einkünfte** bei verschiedenen Drittschuldnern zusammengerechnet werden. Keine Zusammenrechnung kann daher erfolgen: 299

- mit Einkommen aus selbstständiger Tätigkeit,
- mit regelmäßigen sonstigen Einkünften (Mieten, Zinseinkünften pp.),
- mit Einkommen des Ehegatten.

Zur **Ermittlung des pfändbaren Gesamteinkommens** müssen sich die betroffenen Drittschuldner untereinander in Verbindung setzen und den pfändbaren Betrag aus dem Gesamteinkommen an den Gläubiger abführen. 300

Der Beschluss, wonach die Einkommen zur Ermittlung des pfändbaren Betrages zusammenzurechnen sind, wirkt nur für den **antragstellenden Gläubiger.**[41] Auf diese Weise kann unter Umständen auch aus einer nachrangigen Pfändung doch noch ein pfändbarer Betrag erzielt werden. 301

Beispiel:

Der ledige Schuldner S arbeitet bei Arbeitgeber A in Vollzeit für monatlich 1.900 EUR netto. Der pfändbare Betrag in Höhe von 241,50 EUR wird aufgrund einer Lohnpfändung des Gläubigers G1 vom 1.4.2025 an diesen abgeführt.

Am 22.4.2025 wird der Pfändungs- und Überweisungsbeschluss des Gläubigers G2 zugestellt. G2 hat eine Pfändung bei Arbeitgeber A sowie eine Pfändung bei Arbeitgeber B erwirkt. Im Pfändungs- und Überweisungsbeschluss wird angeordnet, dass die Einkommen der beiden Arbeitgeber des Schuldners zur Ermittlung des pfändbaren Betrages zusammenzurechnen sind. Bei Arbeitgeber B bezieht der Schuldner monatlich 556 EUR.

Arbeitgeber A hat nunmehr wie folgt die pfändbaren Beträge zu berechnen:

Monatliches Nettoeinkommen	1.900,00 EUR
Pfändbarer Betrag zugunsten Gläubiger G1	241,50 EUR
Monatliches Gesamtnettoeinkommen beider Arbeitgeber	2.456,00 EUR
Pfändbarer Betrag aus 2.456 EUR	626,50 EUR
Pfändbarer Betrag zugunsten Gläubiger G2 (626,50./.241,50)	385,00 EUR

G1 erhält weiterhin den pfändbaren Betrag in Höhe von 241,50 EUR, da er erstrangig gepfändet hat. Aufgrund der Zusammenrechnungsanordnungen zugunsten Gläubiger G2 erhält dieser die Differenz zwischen 626,50 EUR (pfändbarer Betrag aus dem Gesamteinkommen) und 241,50 EUR (pfändbarer Betrag aus dem Haupteinkommen bei Arbeitgeber A, welcher dem erstrangigen Gläubiger zusteht), mithin 385 EUR / Monat.

41 *Gottwald/Mock*, Zwangsvollstreckung, 7. Aufl., § 850e Rn 24b; BAG v. 23.4.1996 – 9 AZR 940/94.

302 Zusammenrechnung von Arbeitseinkommen und Sozialleistungen

Eine Zusammenrechnung mit Arbeitseinkommen kann gem. § 850e Nr. 2a ZPO auch mit laufenden Sozialleistungen nach dem SGB erfolgen, soweit diese gem. § 54 Abs. 4 SGB I „wie Arbeitseinkommen" pfändbar sind.[42]

Beispiel:

Schuldnerin S bezieht Arbeitseinkommen von 1.500 EUR netto sowie eine Witwenrente von 450 EUR von der Deutschen Rentenversicherung Bund. Gläubiger G stellt einen Antrag auf Zusammenrechnung der beiden Einkommen nach § 850e Nr. 2a ZPO.

Zunächst sind beide Drittschuldner in Modul D einzutragen:

gegenüber dem Drittschuldner (zu Ziffer 1)

☐ Herrn ☐ Frau ☒ Unternehmen ☐

Name/Firma XY GmbH	ggf. Vorname(n)
Straße Mustermannstr.	Hausnummer 1
Postleitzahl 00001	Ort Musterhausen
Land (wenn nicht Deutschland)	
Registergericht Musterhausen	Registernummer HRB 00001
Geschäftszeichen	elektronische Zustelladresse

wegen der Forderungen, Ansprüche und sonstigen Rechte des Schuldners (zu Ziffer 1) aus den Modulen E

sowie dem Drittschuldner (zu Ziffer 2)

☐ Herrn ☐ Frau ☐ Unternehmen ☒ Körperschaft des öffentl. Rechts

Name/Firma Deutsche Rentenversicherung Bund	ggf. Vorname(n)
Straße Ruhrstr.	Hausnummer 2
Postleitzahl 10709	Ort Berlin
Land (wenn nicht Deutschland)	
Registergericht	Registernummer
Geschäftszeichen	elektronische Zustelladresse DE.justiz.e0939912c-d74b-4be6-a2ed-d9571fd29154.b1f3

wegen der Forderungen, Ansprüche und sonstigen Rechte des Schuldners (zu Ziffer 1) aus den Modulen F

D

Unter den Modulen E (XY GmbH – Arbeitseinkommen) und F (Deutsche Rentenversicherung – Witwenrente) erfolgt die Pfändung des jeweiligen Anspruchs.

42 Vergl. *Waldschmidt,* Die Rechtsanwalts- und Notarfachangestellte, 10/2023, 2 ff.

E	**Forderungen gegenüber Arbeitgebern** 1. Forderung auf Zahlung des gesamten gegenwärtigen und künftigen Arbeitseinkommens (einschließlich des Geldwertes von Sachbezügen) 2. Forderung auf Auszahlung des als Überzahlung jeweils auszugleichenden Erstattungsbetrages aus dem durchgeführten Lohnsteuer-Jahresausgleich sowie aus dem Kirchenlohnsteuer-Jahresausgleich für das Kalenderjahr 2025 und für alle folgenden Kalenderjahre 3. Forderung auf Zahlung des Kurzarbeitergeldes ☐
F	**Forderungen gegenüber ☐ Agentur für Arbeit ☒ Versicherungsträger ☐ Versorgungseinrichtung** Forderung auf Zahlung der nachfolgend genannten gegenwärtig und künftig dem Schuldner zustehenden Geldleistungen: Bezeichnung der Geldleistung: Witwenrente — Konto-/Versicherungs-/Mitgliedsnummer: DE53 12021956 G 500 ☐

Die Zusammenrechnung der beiden Ansprüche wird in Modul N beantragt bzw. angeordnet.

N	**Es wird nach § 850e Nummer 2 und 2a ZPO angeordnet, dass zur Berechnung des nach § 850c ZPO pfändbaren Teils des Gesamteinkommens des Schuldners (zu Ziffer 1) zusammenzurechnen sind:** ☐ Arbeitseinkommen bei Drittschuldner (zu Ziffer ____) in Höhe von ______ Euro und Arbeitseinkommen bei Drittschuldner (zu Ziffer ____) in Höhe von ______ Euro. Der unpfändbare Grundbetrag ist in erster Linie den Einkünften des Schuldners bei Drittschuldner (zu Ziffer ____) zu entnehmen, weil diese Einkünfte die wesentliche Grundlage der Lebenshaltung des Schuldners bilden. ☒ Folgende laufende Geldleistung nach dem Sozialgesetzbuch: Witwenrente bei Drittschuldner (zu Ziffer 2) und Arbeitseinkommen bei Drittschuldner (zu Ziffer 1). Der unpfändbare Grundbetrag ist in erster Linie ☒ dem Arbeitseinkommen ☐ der genannten laufenden Geldleistung nach dem Sozialgesetzbuch zu entnehmen. ☐ Folgende laufende Geldleistung nach dem Sozialgesetzbuch: ______ bei Drittschuldner (zu Ziffer ____) in Höhe von ______ Euro und folgende laufende Geldleistung nach dem Sozialgesetzbuch: ______ bei Drittschuldner (zu Ziffer ____) in Höhe von ______ Euro. Der unpfändbare Grundbetrag ist in erster Linie den Einkünften des Schuldners bei Drittschuldner (zu Ziffer ____) zu entnehmen, weil diese Einkünfte die wesentliche Grundlage der Lebenshaltung des Schuldners bilden.

Keine Zusammenrechnung kann im Normalfall erfolgen **mit unpfändbaren Sozialleistungen**. Kindergeld und Wohngeld sind für „normale" Gläubiger unpfändbar. 303

Kindergeld kann jedoch mit dem Arbeitseinkommen zusammengerechnet werden, wenn **wegen gesetzlicher Unterhaltsansprüche eines Kindes** vollstreckt wird, das bei der Festsetzung der Geldleistung für Kinder berücksichtigt worden ist, § 54 Abs. 5 SGB I.

Wohngeld ist gem. § 54 Abs. 3 Nr. 2a SGB I seit dem 1.1.2005 nur noch **wegen Mietforderungen** und sonstiger Belastungen gem. §§ 9, 10 WoGG pfändbar.

Zusammenrechnung mehrerer Sozialleistungen 304

Mehrere laufende Geldleistungen nach dem Sozialgesetzbuch können ebenfalls gem. § 850e Nr. 2a ZPO zur Ermittlung des pfändbaren Betrages zusammengerechnet werden.

Grundvoraussetzung ist die Pfändbarkeit dieser Sozialleistungen nach § 54 SGB I. Hierzu gehören z.B.: Arbeitslosengeld, Krankengeld, Verletzten- und Hinterbliebenenrente und Renten der gesetzlichen Rentenversicherung.[43]

Bei der Berechnung des pfändbaren Einkommens sind auf Antrag auch ausländische gesetzliche Renten mit inländischen gesetzlichen Renten zusammenzurechnen (BGH, Beschl. v. 18.9.2014 – IX ZB 68/13).

Beispiel:

Schuldner S bezieht eine Altersrente in Höhe von 1.500 EUR bei der Deutschen Rentenversicherung Bund sowie eine Unfallrente in Höhe von 450 EUR bei der Berufsgenossenschaft (BG Verkehr). G pfändet in beide Ansprüche und stellt einen Antrag auf Zusammenrechnung der beiden Sozialleistungen gem. § 850e Nr. 2a ZPO.

Zunächst sind die beiden Drittschuldner in Modul D einzutragen:

D

gegenüber dem Drittschuldner (zu Ziffer 1)

☐ Herrn ☐ Frau ☐ Unternehmen ☒ Körperschaft des öffentl. Rechts

Name/Firma Deutsche Rentenversicherung Bund	ggf. Vorname(n)
Straße Ruhrstr.	Hausnummer 2
Postleitzahl 10709	Ort Berlin
Land (wenn nicht Deutschland)	
Registergericht	Registernummer
Geschäftszeichen	elektronische Zustelladresse DE.justiz.e0939912c-d74b-4be6-a2ed-d9571fd29154.b1f3

wegen der Forderungen, Ansprüche und sonstigen Rechte des Schuldners (zu Ziffer 1) aus den Modulen F

sowie dem Drittschuldner (zu Ziffer 2)

☐ Herrn ☐ Frau ☐ Unternehmen ☒ Berufsgenossenschaft, Körperschaft des öffentl. Rechts

Name/Firma BG Verkehr	ggf. Vorname(n)
Straße Aue	Hausnummer 96
Postleitzahl 42103	Ort Wuppertal
Land (wenn nicht Deutschland)	
Registergericht	Registernummer
Geschäftszeichen	elektronische Zustelladresse

wegen der Forderungen, Ansprüche und sonstigen Rechte des Schuldners (zu Ziffer 1) aus den Modulen F

43 Vergl. *Waldschmidt,* Die Rechtsanwalts- und Notarfachangestellte, 10/2023, 8 ff.

Da beide Ansprüche unter Modul F zu pfänden sind, muss dieses Modul nun (sofern bei der Nutzung einer Branchensoftware möglich) dupliziert werden. Anderenfalls sind die Angaben zum zweiten Drittschuldner in einer Anlage zu machen:

F	**Forderungen gegenüber ☐ Agentur für Arbeit ☒ Versicherungsträger ☐ Versorgungseinrichtung** Forderung auf Zahlung der nachfolgend genannten gegenwärtig und künftig dem Schuldner zustehenden Geldleistungen: Bezeichnung der Geldleistung: Altersrente etc. — Konto-/Versicherungs-/Mitgliedsnummer: DE53 01011955 S 500 ☐

F	**Forderungen gegenüber ☐ Agentur für Arbeit ☒ Versicherungsträger ☐ Versorgungseinrichtung** Forderung auf Zahlung der nachfolgend genannten gegenwärtig und künftig dem Schuldner zustehenden Geldleistungen: Bezeichnung der Geldleistung: Verletztenrente — Konto-/Versicherungs-/Mitgliedsnummer: 12345678910 ☐

Die Zusammenrechnung der beiden Ansprüche wird in Modul N beantragt bzw. angeordnet.

N	**Es wird nach § 850e Nummer 2 und 2a ZPO angeordnet, dass zur Berechnung des nach § 850c ZPO pfändbaren Teils des Gesamteinkommens des Schuldners (zu Ziffer ______) zusammenzurechnen sind:** ☐ Arbeitseinkommen bei Drittschuldner (zu Ziffer ______) in Höhe von ______ Euro und Arbeitseinkommen bei Drittschuldner (zu Ziffer ______) in Höhe von ______ Euro. Der unpfändbare Grundbetrag ist in erster Linie den Einkünften des Schuldners bei Drittschuldner (zu Ziffer ______) zu entnehmen, weil diese Einkünfte die wesentliche Grundlage der Lebenshaltung des Schuldners bilden. ☐ Folgende laufende Geldleistung nach dem Sozialgesetzbuch: ______ bei Drittschuldner (zu Ziffer ______) und Arbeitseinkommen bei Drittschuldner (zu Ziffer ______). Der unpfändbare Grundbetrag ist in erster Linie ☐ dem Arbeitseinkommen ☐ der genannten laufenden Geldleistung nach dem Sozialgesetzbuch zu entnehmen. ☒ Folgende laufende Geldleistung nach dem Sozialgesetzbuch: Altersrente etc. bei Drittschuldner (zu Ziffer 1) in Höhe von 1500 Euro und folgende laufende Geldleistung nach dem Sozialgesetzbuch: Verletztenrente bei Drittschuldner (zu Ziffer 2) in Höhe von 450 Euro Der unpfändbare Grundbetrag ist in erster Linie den Einkünften des Schuldners bei Drittschuldner (zu Ziffer 1) zu entnehmen, weil diese Einkünfte die wesentliche Grundlage der Lebenshaltung des Schuldners bilden.

Hinweis: 305

Bezieht der Schuldner Sozialleistungen, die nicht der Pfändung unterworfen sind (wie z.B. Mutterschaftsgeld, Geldleistungen, die dafür bestimmt sind, den durch einen Körper- oder Gesundheitsschaden bedingten Mehraufwand auszugleichen, etc.), können diese weder untereinander noch mit Arbeitseinkommen zusammengerechnet werden.

306 **Modul O – Angaben zu persönlichen und wirtschaftlichen Verhältnissen des Schuldners**

Handelt es sich um Pfändungen wegen Unterhaltsansprüchen (Modul Q) oder wegen Forderungen aus einer vorsätzlich begangenen unerlaubten Handlung (Modul S) sind Angaben zu den wirtschaftlichen und persönlichen Verhältnissen des Schuldners zu machen, soweit diese dem Gläubiger bekannt sind. Die Angaben dienen der Berechnung des unpfändbaren Teils des Arbeitseinkommens.

O

Es liegen folgende Angaben über die wirtschaftlichen und persönlichen Verhältnisse des Schuldners (zu Ziffer ______) vor (Angaben für Pfändungen nach § 850d ZPO (**Modul Q**) oder § 850f Absatz 2 ZPO (**Modul S**)):

Der Schuldner kommt laufenden gesetzlichen Unterhaltspflichten gegenüber nachstehend genannten Personen wie folgt nach:

Name ______ Vorname(n) ______

Geburtsdatum ______ Verwandtschaftsverhältnis zum Schuldner: ______

☐ vollständig. ☐ teilweise. ☐ nicht.

Name ______ Vorname(n) ______

Geburtsdatum ______ Verwandtschaftsverhältnis zum Schuldner: ______

☐ vollständig. ☐ teilweise. ☐ nicht.

Name ______ Vorname(n) ______

Geburtsdatum ______ Verwandtschaftsverhältnis zum Schuldner: ______

☐ vollständig. ☐ teilweise. ☐ nicht.

Angaben zur teilweisen Erfüllung von Unterhaltspflichten:

______

Sonstige Angaben:

______

Der Schuldner ist

☐ erwerbstätig. ☐ nicht erwerbstätig.

Der Schuldner ist

☐ ledig. ☐ mit dem Gläubiger verheiratet oder eine eingetragene Lebenspartnerschaft führend. ☐ mit einem Dritten verheiratet oder eine eingetragene Lebenspartnerschaft führend. ☐ geschieden.

Zusätzliche Angaben ausschließlich für Pfändungen nach § 850d ZPO (Modul Q):

☐ Der Schuldner hat sich in Bezug auf Unterhaltsrückstände, die länger als ein Jahr vor Stellung dieses Antrags fällig geworden sind, seiner Zahlungspflicht nicht absichtlich entzogen.

7

307 Die Angabe, ob der Schuldner seinen gesetzlichen Unterhaltsverpflichtungen (gegebenenfalls teilweise) nachkommt, ist für die Frage von Bedeutung, ob die unterhaltsberechtigten Personen bei der Berechnung des unpfändbaren Einkommens berücksichtigt werden. Denn der Unterhaltsberechtigte ist bei der Berechnung des unpfändbaren Betrags

nach § 850c Abs. 2 ZPO nicht zu berücksichtigen, wenn der Schuldner an den Unterhaltsberechtigten keinen Unterhalt leistet.[44]

Es liegen folgende Angaben über die wirtschaftlichen und persönlichen Verhältnisse des Schuldners (zu Ziffer 1) vor (Angaben für Pfändungen nach § 850d ZPO (**Modul Q**) oder § 850f Absatz 2 ZPO (**Modul S**)):

Der Schuldner kommt laufenden gesetzlichen Unterhaltspflichten gegenüber nachstehend genannten Personen wie folgt nach:

Name	Vorname(n)
Mustermann	Anna
Geburtsdatum	**Verwandtschaftsverhältnis zum Schuldner:**
01.01.2020	Tochter

☐ vollständig. ☐ teilweise. ☒ nicht.

Ferner kann im Zusatzfeld zu Modul O im Falle einer Unterhaltspfändung angegeben werden, dass sich der Schuldner bei älteren Unterhaltsrückständen seiner Zahlungspflicht **nicht** absichtlich entzogen hat. Wird hier nichts angekreuzt, ist also grundsätzlich davon auszugehen, dass sich der Schuldner seiner Zahlungspflicht absichtlich entzogen hat, so dass auch die Rückstände, die älter als ein Jahr vor Stellung des Antrages sind, unter die Vorrechtspfändung nach § 850d ZPO fallen. Hat der Gläubiger keine Kenntnis darüber, ob sich der Schuldner seiner Zahlungspflicht absichtlich entzogen hat oder nicht, kann bzw. muss er hier auch keine Angaben machen. 308

Zusätzliche Angaben ausschließlich für Pfändungen nach § 850d ZPO (Modul Q):

☐ Der Schuldner hat sich in Bezug auf Unterhaltsrückstände, die länger als ein Jahr vor Stellung dieses Antrags fällig geworden sind, seiner Zahlungspflicht nicht absichtlich entzogen.

Modul P – Angaben über Einkünfte von Unterhaltsberechtigten 309

In Modul P sind Angaben zu den Einkünften von Personen, denen der Schuldner **aufgrund gesetzlicher Verpflichtung Unterhalt gewährt,** zu machen, wenn diese Unterhaltsberechtigten bei der Berechnung des pfändbaren Betrages ganz oder teilweise unberücksichtigt bleiben sollen. Ferner ist in diesem Fall das „Kontrollkästchen“ in Modul R anzukreuzen.

Auch, wenn wegen Unterhaltsansprüchen (Modul Q) oder wegen Forderungen aus einer vorsätzlich begangenen unerlaubten Handlung (Modul S) gepfändet werden soll, können Angaben in Modul P von Bedeutung sein.

44 BGH v. 28.9.2017 – VII ZB 14/16.

P	**Angaben über Einkünfte von Unterhaltsberechtigten** (zusätzliche Angaben für Pfändungen nach § 850d ZPO (**Modul Q**) oder § 850f Absatz 2 ZPO (**Modul S**) sowie bei Anträgen nach § 850c Absatz 6 ZPO (**Modul R**)): Folgende Personen, denen der Schuldner (zu Ziffer ______) aufgrund gesetzlicher Verpflichtung Unterhalt gewährt, haben eigenes Einkommen: der Ehegatte oder eingetragene Lebenspartner Name ______ Vorname(n) ______ Art und Höhe des Einkommens ______ die Kinder Name ______ Vorname(n) ______ Geburtsdatum ______ Art und Höhe des Einkommens ______ Name ______ Vorname(n) ______ Geburtsdatum ______ Art und Höhe des Einkommens ______ Name ______ Vorname(n) ______ Geburtsdatum ______ Art und Höhe des Einkommens ______ ☐ ______

310 Modul Q – Antrag und Anordnung des Gerichts nach § 850d ZPO

Mit Modul Q kann der Antrag auf Vollstreckung aus einer **Unterhaltsforderung** in den sog. Vorrechtsbereich gestellt werden.

Bei einer Pfändung nach § 850d ZPO aus einem Unterhaltstitel kann das pfändungsfreie Einkommen des Schuldners auf Antrag des Gläubigers so weit beschränkt werden, dass dem Schuldner lediglich der eigene notwendige Unterhalt (auf Basis des Sozialhilfesatzes) sowie ggf. Geldmittel für seine laufenden gesetzlichen Unterhaltspflichten gegenüber den dem Gläubiger bevorrechtigten oder zur gleichmäßigen Befriedigung gleichgestellten Berechtigten zu belassen sind. Eine Bezugnahme auf die Pfändungsfreigrenzenbekanntmachung ist nicht zulässig.

311 Berücksichtigung mehrerer Unterhaltsberechtigter

Treffen bei einer Einkommenspfändung aus einer Unterhaltsforderung mehrere Unterhaltsberechtigte aufeinander, so gilt nicht, wie sonst in der Zwangsvollstreckung üblich, das Prioritätsprinzip gem. § 804 Abs. 2 ZPO. Gem. § 850d Abs. 2 ZPO gilt vielmehr die Reihenfolge gem. § 1609 BGB bzw. § 16 LPartG, wobei mehrere gleich nahe Berechtigte untereinander den gleichen Rang haben.

In Modul Q sind die entsprechend notwendigen Angaben zu machen.

Q

☐ **Es wird eine Pfändbarkeit bei Unterhaltsansprüchen gegen den Schuldner (zu Ziffer _______) nach § 850d ZPO angeordnet.**

Vom Gericht auszufüllen:

Es ergehen folgende Anordnungen nach § 850d ZPO:

☐ Für die Pfändung wegen der Rückstände, die länger als ein Jahr vor dem Antrag auf Erlass des Pfändungsbeschlusses, bei Gericht eingegangen am _________, fällig geworden sind, gilt § 850d Absatz 1 Satz 1 bis 3 ZPO nicht.

Dem Schuldner sind bis zur Deckung des Gläubigeranspruchs für seinen eigenen notwendigen Unterhalt _________ Euro als unpfändbarer Betrag monatlich zu belassen.

Darüber hinaus sind ihm bis zur Deckung des Gläubigeranspruchs als unpfändbarer Betrag monatlich zu belassen:

☐ _________ Euro zur Erfüllung seiner laufenden gesetzlichen Unterhaltspflichten gegenüber den Berechtigten, die dem Gläubiger vorgehen.

☐ ____ / ____ des verbleibenden Betrages zur gleichmäßigen Befriedigung der Unterhaltsansprüche der unterhaltsberechtigten Personen, die dem Gläubiger gleichstehen.

Der dem Schuldner danach zu belassende Teil seines Arbeitseinkommens darf den Betrag nicht übersteigen, der ihm nach der Tabelle in der Pfändungsfreigrenzenbekanntmachung in der jeweils geltenden Fassung bei voller Berücksichtigung der genannten unterhaltsberechtigten Person zu verbleiben hätte.

Dieser monatliche unpfändbare Betrag gilt für

☐ das Arbeitseinkommen und die in § 850a Nummer 1, 2 und 4 ZPO genannten Bezüge, jeweils ohne die in § 850c ZPO bezeichneten Pfändungsgrenzen.

Sonstige Anordnungen:

Gründe:

Weitere Ausführungen zur Pfändung von Unterhaltsforderungen siehe auch Rdn 355 ff.

Modul R – Antrag und Anordnung des Gerichts nach § 850c Abs. 6 ZPO 312

Die Unterhaltsverpflichtungen des Schuldners haben maßgeblichen Einfluss auf die Höhe des pfändbaren Betrages.

Im Rahmen einer Einkommenspfändung wird durch einen Blankettbeschluss das Arbeitseinkommen gepfändet, d.h. das Gericht macht keine Vorgaben zur Berechnung des pfändbaren Betrages. Weder die Anzahl der zu berücksichtigenden unterhaltsberechtigten Personen wird durch das Gericht bestimmt, noch werden Angaben zur Höhe des pfändbaren Betrages gemacht. Vielmehr wird auf die Pfändungsfreigrenzentabelle zu § 850c ZPO verwiesen. Das Gericht weist in der Regel lediglich darauf hin, dass das Arbeitseinkommen im Rahmen des § 850c ZPO gepfändet wird. **Die Berechnung des pfändbaren Betrages obliegt dem Drittschuldner.** Dieser muss unter Berücksichtigung von evtl. unpfändbaren Lohnanteilen den Nettolohn ermitteln und alsdann unter Berücksichtigung der unterhaltsberechtigten Personen den pfändbaren Betrag der jeweils aktuellen Pfändungsfreigrenzentabelle entnehmen. Hierbei muss der Arbeitgeber = Drittschuldner grundsätzlich sämtliche ihm bekannten Unterhaltsverpflichtungen des Schuldners berücksichtigen. Dies gilt auch, wenn dem Arbeitgeber bekannt ist, dass Ehefrau oder Kinder des Schuldners über eigene Bezüge verfügen. Je nach Höhe des Nettoeinkommens und Anzahl dieser unterhaltsberechtigten Personen kann das dazu führen, dass sich überhaupt kein oder nur ein sehr geringer pfändbarer Betrag ergibt.

Gem. § 850c Abs. 6 ZPO kann der Gläubiger jedoch beantragen, dass **unterhaltsberechtigte Personen, die über eigenes Einkommen in ausreichender Höhe verfügen,** bei der Berechnung des unpfändbaren Einkommens unberücksichtigt bleiben.

Als unterhaltsberechtigt sind die Personen zu berücksichtigen, denen der Schuldner aufgrund einer **gesetzlichen Verpflichtung** Unterhalt zu gewähren hat. Hierbei handelt es sich in den meisten Fällen um den Ehegatten oder Lebenspartner i.S.d. LPartG oder Kinder des Schuldners. Nicht zu berücksichtigen sind **freiwillige** oder moralische bzw. faktische Unterhaltszahlungen.[45]

R

☐ **Es wird die (teilweise) Nichtberücksichtigung von Unterhaltsberechtigten des Schuldners (zu Ziffer ______) nach § 850c Absatz 6 ZPO angeordnet.**

Vom Gericht auszufüllen:

Bei der Berechnung des unpfändbaren Teils des

☐ Arbeitseinkommens des Schuldners

☐ Guthabens auf dem Pfändungsschutzkonto des Schuldners

bleiben nachfolgende Personen, denen der Schuldner auf Grund gesetzlicher Verpflichtung Unterhalt gewährt und die eigene Einkünfte haben, wie folgt unberücksichtigt:

Name	Vorname(n)	Geburtsdatum
______	______	______

☐ ganz ☐ in Höhe von ______ Euro ☐ in Höhe von ______ Prozent.

Name	Vorname(n)	Geburtsdatum
______	______	______

☐ ganz ☐ in Höhe von ______ Euro ☐ in Höhe von ______ Prozent.

Name	Vorname(n)	Geburtsdatum
______	______	______

☐ ganz ☐ in Höhe von ______ Euro ☐ in Höhe von ______ Prozent.

Gründe:

Im Modul R muss angegeben werden, ob der jeweilige Unterhaltsberechtigte voll oder – wenn dieser nur über ein geringes Einkommen verfügt – nur anteilig nicht berücksichtigt werden soll. Auch wenn über dem Textfeld in Modul R „Vom Gericht auszufüllen" steht, sollte dieses zunächst vom Gläubiger(-vertreter) ausgefüllt werden. Ggf. kann das Vollstreckungsgericht jedoch Änderungen vornehmen (daher soll der Antrag als ausfüllbare pdf-Datei eingereicht werden) oder den Antrag komplett ablehnen.

In Kombination mit Modul R müssen unter Modul P Angaben über die Einkünfte der unterhaltsberechtigten Person, die nicht berücksichtigt werden soll, gemacht werden.

45 LG Osnabrück, 4.9.1998 – 7 T 86/98; AG Wuppertal, 17.2.2000 – 44 M 3936/98; LG Münster, 31.1.2017 – 5 T 30/17.

Modul S – Antrag und Anordnung des Gerichts nach § 850f Abs. 2 ZPO 313

Unter Modul S können Angaben gemacht werden, wenn es sich bei der Forderung des Gläubigers um eine Deliktsforderung handelt – der Anspruch also auch auf einer vorsätzlich begangenen unerlaubten Handlung des Schuldners beruht.

S	☐ **Es wird eine Pfändbarkeit bei Forderungen aus einer vorsätzlich begangenen unerlaubten Handlung des Schuldners (zu Ziffer ______) nach § 850f Absatz 2 ZPO angeordnet.**
	Vom Gericht auszufüllen: Der pfändbare Teil des Arbeitseinkommens wird ohne Rücksicht auf die in § 850c ZPO vorgesehenen Beschränkungen bestimmt. Dem Schuldner sind ☐ von dem pfändbaren Arbeitseinkommen ☐ von dem Guthaben auf seinem Pfändungsschutzkonto für seinen eigenen notwendigen Unterhalt ______ Euro ☐ sowie zur Erfüllung seiner laufenden gesetzlichen Unterhaltspflichten ______ Euro monatlich zu belassen. Gründe:

Wird im Titel im Tenor festgestellt, dass die Forderung (auch) auf einer vorsätzlich begangenen unerlaubten Handlung des Schuldners beruht, kann in einem Pfändungsverfahren – wie bei einer Unterhaltsforderung – in den sog. Vorrechtsbereich vollstreckt werden. D.h. der Gläubiger kann durch das Gericht festlegen lassen, dass dem Schuldner ein geringerer Betrag als in der Pfändungsfreigrenzentabelle ausgewiesen ist, zu verbleiben hat, § 850f Abs. 2 ZPO.

Modul T 314

Dieses Modul ist für weitere Anordnungen des Gerichts vorgesehen (und darf nicht gelöscht werden).

T	***Vom Gericht auszufüllen:***

Forderungsaufstellung 315

In welcher Höhe Ansprüche vollstreckt werden sollen, ergibt sich ausschließlich aus den Forderungsaufstellungen, die gem. § 2 Abs. 4 ZVFV jedem Antrag auf Erlass eines Pfändungs- und Überweisungsbeschlusses zwingend beizufügen sind – entweder die **Forderungsaufstellung** nach Anlage 7 bei Geldforderungen, die keine gesetzlichen Unterhaltsansprüche sind, oder nach Anlage 8 bei Unterhaltsforderungen.

In die Forderungsaufstellungen sind sämtliche Forderungen einzutragen, die der Gläubiger geltend macht. Sofern die Eintragungsmöglichkeiten nicht ausreichen, sind die Forderungsaufstellungen insgesamt oder teilweise mehrfach zu verwenden (§ 2 Abs. 5 ZVFV).

316 **Pfüb für gewöhnliche Forderungen**

In Abschnitt **I.** sind die Angaben zu der/den **Hauptforderung**(en) und den Zinsen zu machen:

Im Formular vorgegeben ist die Möglichkeit, zwei einzelne Hauptforderungen / Restforderungen aus der Hauptforderung / Teilforderungen aus der Hauptforderung nebst entsprechenden Zinsen einzutragen.

Wurden mehr als zwei Hauptforderungen nebst Zinsen tituliert, ist die Forderungsaufstellung insgesamt oder teilweise mehrfach zu nutzen, § 2 Abs. 5 ZVFV.

I. Hauptforderungen einschließlich dazugehöriger Zinsen und Säumniszuschläge			
☐ Haupt-forderung	☐ Restforderung aus Hauptforderung in Höhe von ______ Euro	☐ Teilforderung aus Hauptforderung in Höhe von ______ Euro	______ Euro
(Teil-/Rest-)Zinsen wie im Vollstreckungstitel ausgerechnet			______ Euro
(Teil-/Rest-)Zinsen in Höhe von			
☐ ______ Prozentpunkten über dem jeweiligen Basiszinssatz ☐ ______ Prozent aus ______ Euro seit dem ______ bis ______			______ Euro
☐ ______ Prozentpunkten über dem jeweiligen Basiszinssatz ☐ ______ Prozent aus ______ Euro seit dem ______ bis ______			______ Euro
☐ ______ Prozentpunkten über dem jeweiligen Basiszinssatz ☐ ______ Prozent aus ______ Euro seit dem ______			
☐ ______ Prozentpunkten über dem jeweiligen Basiszinssatz ☐ ______ Prozent aus ______ Euro seit dem ______			
☐ Haupt-forderung	☐ Restforderung aus Hauptforderung in Höhe von ______ Euro	☐ Teilforderung aus Hauptforderung in Höhe von ______ Euro	______ Euro
(Teil-/Rest-)Zinsen wie im Vollstreckungstitel ausgerechnet			______ Euro
(Teil-/Rest-)Zinsen in Höhe von			
☐ ______ Prozentpunkten über dem jeweiligen Basiszinssatz ☐ ______ Prozent aus ______ Euro seit dem ______ bis ______			______ Euro
☐ ______ Prozentpunkten über dem jeweiligen Basiszinssatz ☐ ______ Prozent aus ______ Euro seit dem ______ bis ______			______ Euro
☐ ______ Prozentpunkten über dem jeweiligen Basiszinssatz ☐ ______ Prozent aus ______ Euro seit dem ______			
☐ ______ Prozentpunkten über dem jeweiligen Basiszinssatz ☐ ______ Prozent aus ______ Euro seit dem ______			
☐ Haupt-forderung	☐ Restforderung aus Hauptforderung in Höhe von ______ Euro	☐ Teilforderung aus Hauptforderung in Höhe von ______ Euro	______ Euro
Säumniszuschläge gemäß ______ aus ______ Euro seit dem ______ bis ______			______ Euro
Säumniszuschläge gemäß ______ aus ______ Euro seit dem ______			
☐ ______			______ Euro

Zinsen 317

Zinsen bis zur Antragstellung sind vom Antragsteller auszurechnen und betragsmäßig einzutragen. Die Zinsen ab Antragstellung, für die naturgemäß kein Enddatum bekannt ist, sind in die letzte vorgegebene Zinsspalte einzutragen (hier fehlt das Feld „bis …“).

Beim Ausfüllen der Angaben zu den Zinsen in den Forderungsaufstellungen ist die Unterscheidung zwischen der Angabe von Prozentpunkten (Angabe im Vollstreckungstitel z.B. „fünf Prozentpunkte über dem Basiszinssatz“) und Prozentsätzen (Angabe im Vollstreckungstitel z.B. „fünf Prozent“) zu beachten.

Unter Nr. II finden sich die Angaben für den Fall, dass es sich bei der Hauptforderung um eine Verletztenrente handelt. 318

II. Renten aus Anlass einer Verletzung des Körpers oder der Gesundheit
Die Rente in Höhe von ____________ Euro ist zu zahlen:
☐ wöchentlich ☐ monatlich ☐ vierteljährlich
laufend ab ____________
zahlbar am ______ (Wochentag bzw. bezifferten Tag des Monats oder des Jahres angeben)
☐ jeder Woche ☐ jeden Monats ☐ jeden Jahres ☐ bis ____________

In Abschnitt **III.** folgen Angaben zu den **titulierten Kosten** 319

Vorgegeben sind identisch aufgebaute Felder zu

- Kosten des Mahnverfahrens
- titulierten vorgerichtlichen Kosten
- festgesetzten Kosten.

Das Formular gibt jeweils in Anlehnung an die Formulargestaltung unter „Hauptforderung“ die Möglichkeit vor, in Gesamtkosten, Restkosten oder Teilkosten zu differenzieren.

III. Titulierte Kosten einschließlich dazugehöriger Nebenforderungen			
In den Vollstreckungsbescheid aufgenommene Kosten des Mahnverfahrens			
☐ Gesamtkosten	☐ Restkosten aus Gesamtkosten in Höhe von ____ Euro	☐ Teilkosten aus Gesamtkosten in Höhe von ____ Euro	____ Euro
(Teil-/Rest-)Zinsen wie im Vollstreckungsbescheid ausgerechnet			____ Euro
(Teil-/Rest-)Zinsen in Höhe von			
☐ ____ Prozentpunkten über dem jeweiligen Basiszinssatz ☐ ____ Prozent aus ____ Euro seit dem ____ bis ____			____ Euro
☐ ____ Prozentpunkten über dem jeweiligen Basiszinssatz ☐ ____ Prozent aus ____ Euro seit dem ____ bis ____			____ Euro
☐ ____ Prozentpunkten über dem jeweiligen Basiszinssatz ☐ ____ Prozent aus ____ Euro seit dem ____			
☐ ____ Prozentpunkten über dem jeweiligen Basiszinssatz ☐ ____ Prozent aus ____ Euro seit dem ____			
Titulierte vorgerichtliche Kosten			
☐ Gesamtkosten	☐ Restkosten aus Gesamtkosten in Höhe von ____ Euro	☐ Teilkosten aus Gesamtkosten in Höhe von ____ Euro	____ Euro
(Teil-/Rest-)Zinsen wie im Vollstreckungstitel ausgerechnet			____ Euro
(Teil-/Rest-)Zinsen in Höhe von			
☐ ____ Prozentpunkten über dem jeweiligen Basiszinssatz ☐ ____ Prozent aus ____ Euro seit dem ____ bis ____			____ Euro
☐ ____ Prozentpunkten über dem jeweiligen Basiszinssatz ☐ ____ Prozent aus ____ Euro seit dem ____ bis ____			____ Euro
☐ ____ Prozentpunkten über dem jeweiligen Basiszinssatz ☐ ____ Prozent aus ____ Euro seit dem ____			
☐ ____ Prozentpunkten über dem jeweiligen Basiszinssatz ☐ ____ Prozent aus ____ Euro seit dem ____			
Festgesetzte Kosten			
☐ Gesamtkosten	☐ Restkosten aus Gesamtkosten in Höhe von ____ Euro	☐ Teilkosten aus Gesamtkosten in Höhe von ____ Euro	____ Euro
(Teil-/Rest-)Zinsen wie im Kostenfestsetzungsbeschluss ausgerechnet			____ Euro
(Teil-/Rest-)Zinsen in Höhe von			
☐ ____ Prozentpunkten über dem jeweiligen Basiszinssatz ☐ ____ Prozent aus ____ Euro seit dem ____ bis ____			____ Euro
☐ ____ Prozentpunkten über dem jeweiligen Basiszinssatz ☐ ____ Prozent aus ____ Euro seit dem ____ bis ____			____ Euro
☐ ____ Prozentpunkten über dem jeweiligen Basiszinssatz ☐ ____ Prozent aus ____ Euro seit dem ____			
☐ ____ Prozentpunkten über dem jeweiligen Basiszinssatz ☐ ____ Prozent aus ____ Euro seit dem ____			
☐ ____			____ Euro

320 In Abschnitt **IV.** folgen die **Kosten der Zwangsvollstreckung gem. § 788 Abs. 1 ZPO.** Hierunter fallen zunächst die bisherigen Zwangsvollstreckungskosten (ohne diesen Antrag), die in einer gesonderten Aufstellung dem Antrag beizufügen sind. Diese bisherigen Kosten sind an dieser Stelle als Gesamtbetrag einzugeben. In einer detaillierten Aufstellung sind diese Kosten zu spezifizieren und durch Anlagen zu belegen. Die Kosten für den an dieser Stelle gestellten Antrag sind dann unter Angabe des Streitwertes detailliert einzutragen.

IV. Kosten der Zwangsvollstreckung gemäß § 788 Absatz 1 ZPO	
Bisherige Vollstreckungskosten gemäß Aufstellung in weiterer Anlage	Euro
Kosten für dieses Verfahren:	
Gerichtskosten nach GKG (Gebühr nach KV Nr. 2111)	Euro
Rechtsanwaltskosten nach RVG (Gegenstandswert (§ 25 RVG): ____________ Euro)	
Verfahrensgebühr (VV Nr. 3309, ggf. i. V. m. VV Nr. 1008)	Euro
Entgelte für Post- und Telekommunikationsdienstleistungen, ggf. Pauschale (VV Nr. 7001 oder 7002)	Euro
weitere Auslagen ____________	Euro
Umsatzsteuer (VV Nr. 7008)	Euro
Zwischensumme Rechtsanwaltskosten ____________ Euro	
Kosten von Inkassodienstleistern nach § 13e RDG gemäß Aufstellung in weiterer Anlage	Euro
☐ ____________	Euro
Summe I. bis IV. (Zinsen und Säumniszuschläge nur, soweit nicht laufend)	**Euro**

Anhand des nachstehenden Falls soll ein entsprechendes Muster dargestellt werden: **321**

Beispiel:

Mandant Gerd Gründlich, wohnhaft Hauptstr. 2, 40597 Düsseldorf, (Gläubiger) hat gegen Schuldner Stefan Schludrig, wohnhaft Beispielstr. 1, 42269 Wuppertal, (Schuldner) eine titulierte Hauptforderung i.H.v. 2.000,00 EUR nebst Zinsen in Höhe von 5 Prozentpunkten über dem Basiszinssatz seit dem 1.1.2024 aus einem Vollstreckungsbescheid des Amtsgerichts Hagen. Die Kosten des Mahnverfahrens betragen 369,11 EUR nebst Zinsen in Höhe von 5 Prozentpunkten über dem Basiszinssatz seit dem 7.3.2024. Aus der Vermögensauskunft des S vom 22.12.2024 (GV-Kosten 97,15 EUR) ist bekannt, dass der S bei der Firma XY GmbH in 40213 Düsseldorf arbeitet und sein Konto bei der Stadtsparkasse Wuppertal führt. Aus der Vermögensauskunft ergibt sich weiterhin, dass S verheiratet ist und die Ehefrau eigene Einkünfte in Höhe von 2.000 EUR / Monat bezieht. Ferner hat S laut Vermögensauskunft eine Tochter im Alter von 20 Jahren, der er Naturalunterhalt gewährt und die sich in einer Ausbildung befindet.

Der Mandant beauftragt RA R. aus Wuppertal mit der Einleitung von weiteren Vollstreckungsmaßnahmen gegen den Schuldner.

Aufgrund dieser Angaben empfiehlt es sich eine Einkommens- und Kontenpfändung auszubringen und gleichzeitig zu beantragen, dass die Ehefrau und die Tochter bei der Berechnung des Pfändungsfreibetrages sowohl bei der Einkommens- als auch bei der Kontenpfändung (sofern es sich um ein Pfändungsschutzkonto handelt) nicht zu berücksichtigen sind. RA R. erstellt am 19.1.2025 den Antrag auf Erlass des Pfändungs- und Überweisungsbeschlusses.

322

Antrag auf Erlass eines Pfändungsbeschlusses und eines Pfändungs- und Überweisungsbeschlusses

Vom Gericht auszufüllen:
Raum für Kostenvermerke und Eingangsstempel

An das Amtsgericht
Wuppertal
– Vollstreckungsgericht –
Eiland 2
42103 Wuppertal

Bitte beachten Sie die Ausfüllhinweise zu diesem Formular auf www.bmj.de/Zwangsvollstreckungsformulare.

Wuppertal, den 19.01.2025

☒ Elektronische Kostenmarke:

Nummer	Wert	Datum
YXYXYX....	22,00 Euro	vom 19.01.2025

☐ Ein SEPA-Lastschriftmandat wurde erteilt.

☐ Gerichtskostenbefreiung gemäß

Angaben zum Schuldner:

☒ Herr ☐ Frau ☐ Unternehmen ☐

Name/Firma	ggf. Vorname(n)
Schludrig	Stefan
Straße	**Hausnummer**
Beispielstr.	1
Postleitzahl	**Ort**
42269	Wuppertal

Land (wenn nicht Deutschland)

☐ Es besteht bereits ein vorläufiges Zahlungsverbot nach § 845 ZPO (Vorpfändung).

Kontaktdaten des Antragstellers:

☐ Gläubiger ☐ gesetzlicher Vertreter ☒ Bevollmächtigter

Name/Firma	ggf. Vorname(n)	
Recht	Rüdiger	
Telefon	**E-Mail**	**Fax**
0202 /	kontakt@......	

SAFE-ID
DE.Justiz......

Geschäftszeichen
4711/24

Es wird beantragt, den beigefügten Entwurf wie ausgefüllt als Beschluss zu erlassen.

Zusätzlich wird beantragt,

☒ anstelle einer beglaubigten Abschrift eine Ausfertigung des Beschlusses zu erteilen.

☒ die Zustellung durch die Geschäftsstelle zu vermitteln (anstatt die Zustellung selbst in Auftrag zu geben).

☒ Gleichzeitig ist der Drittschuldner aufzufordern, eine Erklärung nach § 840 Absatz 1 ZPO abzugeben.

☐ Prozesskostenhilfe für den Gläubiger (zu Ziffer ______) zu bewilligen.

1

☐ Gleichzeitig wird beantragt, einen Rechtsanwalt beizuordnen.
Begründung:

☐ Die Schuldnerseite wird rechtsanwaltlich vertreten.

☐ Die Vertretung durch einen Rechtsanwalt ist aus den folgenden Gründen erforderlich:

☐ Es wird folgender zur Vertretung bereiter Rechtsanwalt gewählt:

☐ Herr ☐ Frau ☐ Unternehmen ☐

Name/Firma | ggf. Vorname(n)

Straße | Hausnummer

Postleitzahl | Ort

☐

Es werden

- **die in dem Beschlussentwurf bezeichneten Vollstreckungstitel mit den jeweiligen Zustellungsnachweisen**
- **und die Forderungsaufstellung (bei Mehrfachverwendung: ______ Forderungsaufstellungen)**

übermittelt.

Bei elektronisch übermittelten Anträgen:

☐ Die Ausfertigungen der Vollstreckungstitel werden erst nach Mitteilung des Aktenzeichens versandt. Es wird um Mitteilung des Aktenzeichens gebeten.

☐ Die Ausfertigungen der Vollstreckungstitel werden gleichzeitig auf dem Postweg übersandt.

☒ Eine Abschrift des Vollstreckungsbescheides nebst Zustellungsbescheinigung ist als elektronisches Dokument beigefügt.

Es werden folgende weitere Anlagen übermittelt:

☐ Abdruck Gerichtskostenstempler

☒ Elektronische Kostenmarke

☐ Beschluss über bewilligte Prozesskostenhilfe

☐ Im Fall eines Antrags auf Bewilligung von Prozesskostenhilfe: Erklärung über die persönlichen und wirtschaftlichen Verhältnisse des Gläubigers mit Belegen

☐ Vollmacht

☐ Geldempfangsvollmacht

☐ Belege zu Angaben über die persönlichen und wirtschaftlichen Verhältnisse der Schuldner oder Dritter

☐ Aufstellung über die geleisteten Zahlungen

☐ Aufstellung der Inkassokosten

☒ Aufstellung der bisherigen Vollstreckungskosten mit Belegen

☐ Bescheid nach § 9 Absatz 2 UhVorschG

☐

☐

☐

Versicherungen

☒ Es wird gemäß § 753a Satz 1 ZPO die ordnungsgemäße Bevollmächtigung zur Vertretung versichert.

☒ Es wird gemäß § 829a Absatz 1 Satz 1 Nummer 4 ZPO versichert, dass Ausfertigungen der als elektronische Dokumente übermittelten Vollstreckungsbescheide mit den jeweiligen Zustellungsnachweisen vorliegen und die Forderungen in Höhe des Vollstreckungsantrags noch bestehen.

☐

Namen der Antragsteller

Rüdiger Recht

Unterschriften der Antragsteller

2

Amtsgericht Wuppertal
– Vollstreckungsgericht –

Vom Gericht auszufüllen:
Geschäftszeichen:

Beschluss

In der Zwangsvollstreckungssache

A

des Gläubigers (zu Ziffer 1 **)**

☒ Herrn ☐ Frau ☐ Unternehmen ☐

Name/Firma: Gründlich	ggf. Vorname(n): Gerd
Straße: Hauptstr.	Hausnummer: 2
Postleitzahl: 40597	Ort: Düsseldorf
Land (wenn nicht Deutschland):	Geschäftszeichen: 4711/24
Registergericht:	Registernummer:

☒ Der Gläubiger ist nicht vorsteuerabzugsberechtigt.

☐ sowie der weiteren Gläubiger gemäß weiterer Anlage

Gläubiger (zu Ziffer) vertreten durch

☐ den gesetzlichen Vertreter
☐ Herrn ☐ Frau ☐
Name
Vorname(n)
Straße
Hausnummer
Postleitzahl
Ort
Land (wenn nicht Deutschland)

☐ den gerichtlich bestellten Betreuer,
☐ der eine Ausschließlichkeitserklärung abgegeben hat (§ 53 Absatz 2 ZPO)
☐ Herrn ☐ Frau ☐
Firma/Name
ggf. Vorname(n)
Straße
Hausnummer
Postleitzahl
Ort
Land (wenn nicht Deutschland)

☐ Firma oder Funktion

☐ diese vertreten durch
Funktion
Name
ggf. Vorname(n)

☐ den gesetzlichen Vertreter
☐ Herrn ☐ Frau ☐
Name
Vorname(n)
Straße Hausnummer
Postleitzahl Ort
Land (wenn nicht Deutschland)

1

A

Gläubiger (zu Ziffer 1) vertreten durch den Bevollmächtigten

☒ Herrn ☐ Frau ☐ Unternehmen ☐

Name/Firma	ggf. Vorname(n)
Recht	Rüdiger

Straße	Hausnummer	Postleitzahl	Ort
Mustermannstr.	1	42103	Wuppertal

Land (wenn nicht Deutschland)	Geschäftszeichen
	4711/24

Bankverbindung des

☐ Gläubigers: ☐ gesetzlichen Vertreters: ☒ Bevollmächtigten: ☐ abweichenden Kontoinhabers:

Name des Kontoinhabers
RA Recht

IBAN	BIC (Angabe kann entfallen, wenn IBAN mit DE beginnt)
DE	

Verwendungszweck
4711/24

gegen

den Schuldner (zu Ziffer)

☒ Herr ☐ Frau ☐ Unternehmen ☐

Name/Firma	ggf. Vorname(n)
Schludrig	Stefan

Straße	Hausnummer
Beispielstr.	1

Postleitzahl	Ort	Land (wenn nicht Deutschland)
42269	Wuppertal	

Geschäftszeichen	Geburtsdatum	Geburtsort
	25.01.2000	Wuppertal

Registergericht	Registernummer

☐ sowie die weiteren Schuldner gemäß weiterer Anlage

B

Schuldner (zu Ziffer) vertreten durch

☐ den gesetzlichen Vertreter	☐ den gerichtlich bestellten Betreuer, ☐ der eine Ausschließlichkeitserklärung abgegeben hat (§ 53 Absatz 2 ZPO)	☐ Firma oder Funktion
☐ Herrn ☐ Frau ☐	☐ Herrn ☐ Frau ☐	☐ diese vertreten durch
Name	Firma/Name	Funktion
Vorname(n)	ggf. Vorname(n)	Name
Straße	Straße	ggf. Vorname(n)
Hausnummer	Hausnummer	
Postleitzahl	Postleitzahl	
Ort	Ort	
Land (wenn nicht Deutschland)	Land (wenn nicht Deutschland)	

2

B

☐ den gesetzlichen Vertreter
☐ Herrn ☐ Frau ☐ ____________
Name

____
Vorname(n)

____
Straße Hausnummer

____
Postleitzahl Ort

____
Land (wenn nicht Deutschland)

____

Schuldner (zu Ziffer ______) vertreten durch den Bevollmächtigten

☐ Herrn ☐ Frau ☐ Unternehmen ☐ ____________

Name/Firma		ggf. Vorname(n)	
Straße	Hausnummer	Postleitzahl	Ort
Land (wenn nicht Deutschland)		Geschäftszeichen	

ergeht folgender

☒ Pfändungs- und Überweisungsbeschluss ☐ Pfändungsbeschluss:

Die Gläubiger können von den Schuldnern

C

aus dem Vollstreckungstitel (zu Ziffer 1 **)**

Art	Aussteller
Vollstreckungsbescheid	AG Hagen
Datum	Geschäftszeichen
07.03.2024	24-11111111-0-7

sowie aus dem Vollstreckungstitel (zu Ziffer ______)

Art	Aussteller
Datum	Geschäftszeichen

☐ sowie aus den weiteren Vollstreckungstiteln aufgeführt in weiterer Anlage

die sich aus den als Anlagen beigefügten Forderungsaufstellungen ergebenden Beträge beanspruchen.

Wegen dieser Ansprüche

Vom Gericht auszufüllen:

☒ **sowie wegen der Kosten für die Zustellung dieses Beschlusses an sämtliche aufgeführte Schuldner und sämtliche aufgeführte Drittschuldner**

werden

3

D

gegenüber dem Drittschuldner (zu Ziffer 1 **)**

☐ Herrn ☐ Frau ☒ Unternehmen ☐

Name/Firma XY GmbH	ggf. Vorname(n)
Straße Bahnhofsplatz	Hausnummer 11
Postleitzahl 40213	Ort Düsseldorf
Land (wenn nicht Deutschland)	
Registergericht Düsseldorf	Registernummer HB 0000
Geschäftszeichen	elektronische Zustelladresse

wegen der Forderungen, Ansprüche und sonstigen Rechte des Schuldners (zu Ziffer 1) aus den Modulen E

sowie dem Drittschuldner (zu Ziffer 2 **)**

☐ Herrn ☐ Frau ☐ Unternehmen ☒ Anstalt des öffentl. Rechts

Name/Firma Stadtsparkasse Wuppertal	ggf. Vorname(n)
Straße Islandufer	Hausnummer 15
Postleitzahl 42103	Ort Wuppertal
Land (wenn nicht Deutschland)	
Registergericht Wuppertal	Registernummer HRA 17193
Geschäftszeichen	elektronische Zustelladresse DE.Justiz.e7ccfdde-...........................

wegen der Forderungen, Ansprüche und sonstigen Rechte des Schuldners (zu Ziffer 1) aus den Modulen H

sowie dem Drittschuldner (zu Ziffer **)**

☐ Herrn ☐ Frau ☐ Unternehmen ☐

Name/Firma	ggf. Vorname(n)
Straße	Hausnummer
Postleitzahl	Ort
Land (wenn nicht Deutschland)	
Registergericht	Registernummer
Geschäftszeichen	elektronische Zustelladresse

wegen der Forderungen, Ansprüche und sonstigen Rechte des Schuldners (zu Ziffer) aus den Modulen

☐ sowie den weiteren Drittschuldnern aufgeführt in weiterer Anlage

die angeblichen fälligen und noch künftig fällig werdenden nachfolgend aufgeführten Forderungen, sonstigen Ansprüche und anderen Vermögensrechte der Schuldner so lange gepfändet, bis der Gläubigeranspruch gedeckt ist:

4

E	**Forderungen gegenüber Arbeitgebern** 1. Forderung auf Zahlung des gesamten gegenwärtigen und künftigen Arbeitseinkommens (einschließlich des Geldwertes von Sachbezügen) 2. Forderung auf Auszahlung des als Überzahlung jeweils auszugleichenden Erstattungsbetrages aus dem durchgeführten Lohnsteuer-Jahresausgleich sowie aus dem Kirchenlohnsteuer-Jahresausgleich für das Kalenderjahr 2025 und für alle folgenden Kalenderjahre 3. Forderung auf Zahlung des Kurzarbeitergeldes ☐
F	**Forderungen gegenüber ☐ Agentur für Arbeit ☐ Versicherungsträger ☐ Versorgungseinrichtung** Forderung auf Zahlung der nachfolgend genannten gegenwärtig und künftig dem Schuldner zustehenden Geldleistungen: Bezeichnung der Geldleistung — Konto-/Versicherungs-/Mitgliedsnummer ☐
G	**Forderungen gegenüber dem Finanzamt** Forderung auf Auszahlung des als Überzahlung auszugleichenden Erstattungsbetrages bzw. des Überschusses, der sich als Erstattungsanspruch bei Abrechnung der auf die Einkommensteuer (zuzüglich Solidaritätszuschlag) und Kirchensteuer sowie Körperschaftsteuer anzurechnenden Leistungen für das abgelaufene Kalenderjahr ______ ☐ und für alle früheren Kalenderjahre ergibt. ☐
H	**Forderungen und sonstige Rechte gegenüber Kreditinstituten** 1. Forderung auf Zahlung der zu Gunsten des Schuldners bestehenden Guthaben seiner sämtlichen Zahlungskonten bei diesen Kreditinstituten einschließlich der Ansprüche auf Gutschrift der eingehenden Beträge; mitgepfändet wird die angebliche (gegenwärtige und künftige) Forderung des Schuldners an den Drittschuldner auf Auszahlung eines vereinbarten Dispositionskredits („offene Kreditlinie"), soweit der Schuldner den Kredit in Anspruch nimmt 2. Forderung auf Auszahlung des Guthabens und der bis zum Tag der Auszahlung aufgelaufenen Zinsen sowie das Recht auf fristgerechte bzw. vorzeitige Kündigung der für ihn geführten Sparguthaben und/oder Festgeldkonten 3. Forderung auf Auszahlung der bereitgestellten, noch nicht abgerufenen Darlehensvaluta aus einem Kreditgeschäft, wenn es sich nicht um zweckgebundene Ansprüche handelt 4. Forderung auf Zahlung aus dem zum Wertpapierkonto gehörenden Gegenkonto, auf dem die Zinsgutschriften für die festverzinslichen Wertpapiere gutgeschrieben sind ☒ Anspruch auf Zugang zu Bankschließfächern und auf Mitwirkung des Drittschuldners bei der Öffnung des Bankschließfachs bzw. auf die Öffnung des Bankschließfachs allein durch den Drittschuldner zum Zweck der Entnahme des Inhalts ☒ Anspruch auf Herausgabe der in den Depots und Unterdepots des Schuldners verwahrten Wertpapiere aus Sonder- und Drittverwahrung mitsamt den Eigentumsrechten an den Wertpapieren sowie bei Sammelverwahrung den Anspruch auf Herausgabe einer dem Anteil bzw. dem Wertpapiernennbetrag des Schuldners entsprechenden Anzahl von Einzelstücken aus der Sammelverwahrung mitsamt dem Miteigentumsanteil des Schuldners am Sammelbestand sowie bei Verbriefung von Wertpapieren in Sammelurkunden, insbesondere Globalurkunden, den Anspruch auf Übertragung der Buchforderung bzw. auf Umbuchung von Girosammel-Depotgutschriften mitsamt dem Miteigentumsanteil des Schuldners an solchen Sammelurkunden, jeweils einschließlich des Anspruchs auf Auskehrung von jeglichen Wertpapiererträgen ☒ IBAN: DE11 3305 0000 0000 0000 1100 22 u.a.
I	**Forderungen und sonstige Rechte gegenüber Bausparkassen** aus dem über eine Bausparsumme von (rund) ______ Euro abgeschlossenen Bausparvertrag Nummer Vertragsnummer ______, insbesondere 1. Forderung auf Auszahlung des Bausparguthabens nach Zuteilung 2. Forderung auf Auszahlung der Sparbeiträge nach Einzahlung der vollen Bausparsumme 3. Forderung auf Rückzahlung des Sparguthabens nach Kündigung 4. Recht zur Kündigung und Änderung des Vertrags ☐

5

J

Forderungen und sonstige Rechte gegenüber Versicherungsgesellschaften

1. Forderung auf Zahlung der Versicherungssumme, der Gewinnanteile und des Rückkaufwertes aus den Lebensversicherungen, die mit dem Drittschuldner abgeschlossen sind
2. Recht zur Bestimmung desjenigen, zu dessen Gunsten im Todesfall die Versicherungssumme ausgezahlt wird, bzw. Recht zur Bestimmung einer anderen Person an Stelle der von dem Schuldner vorgesehenen
3. Recht zur Kündigung des Lebens-/Rentenversicherungsvertrages, Recht auf Umwandlung der Lebens-/Rentenversicherung in eine prämienfreie Versicherung sowie Recht zur Aushändigung der Versicherungspolice

☐ ______

K

Weitere Forderungen, Ansprüche und Vermögensrechte

L

Es ergehen folgende Anordnungen nach § 829 Absatz 1 und § 835 Absatz 1 ZPO:

Die Drittschuldner dürfen, soweit die Forderungen gepfändet sind, an die Schuldner nicht mehr zahlen; die Schuldner dürfen insoweit nicht über die Forderungen verfügen, sie insbesondere nicht einziehen. Im Anwendungsbereich des § 850c ZPO wird auf die Pfändungsfreigrenzenbekanntmachung in der jeweils geltenden Fassung Bezug genommen (§ 850c Absatz 5 Satz 3 ZPO).

Dem Gläubiger werden die Forderungen in Höhe des gepfändeten Betrages

☒ **zur Einziehung überwiesen**. ☐ an Zahlungs statt überwiesen.

M

Es wird des Weiteren angeordnet, dass:

☒ der Schuldner (zu Ziffer 1) die ihm vom Drittschuldner (zu Ziffer 1) ausgestellten Lohn- oder Gehaltsabrechnungen oder die Verdienstbescheinigungen einschließlich der entsprechenden Bescheinigungen der letzten drei Monate vor Zustellung dieses Beschlusses an die Gläubiger herauszugeben hat.

☒ der Schuldner (zu Ziffer 1) die für ihn vom Drittschuldner (zu Ziffer 2) über das jeweilige Sparguthaben geführten Sparbücher bzw. die Sparurkunden an die Gläubiger herauszugeben hat und diese die Sparbücher bzw. Sparurkunden unverzüglich dem Drittschuldner vorzulegen haben.

☒ der Schuldner (zu Ziffer 1) die ihm vom Drittschuldner (zu Ziffer 2) erteilten Kontoauszüge ab Zustellung dieses Beschlusses an den Drittschuldner im Original oder als Kopie an die Gläubiger herauszugeben hat.

☒ ein von den Gläubigern zu beauftragender Gerichtsvollzieher für die Pfändung des Inhalts Zugang zum Schließfach des Schuldners (zu Ziffer 1) bei Drittschuldner (zu Ziffer 1) zu nehmen hat.

☒ der Drittschuldner (zu Ziffer 1) an einen von den Gläubigern zu beauftragenden Gerichtsvollzieher die Wertpapiere herauszugeben hat.

☐ der Schuldner (zu Ziffer ______) die ihm vom Drittschuldner (zu Ziffer ______) ausgestellten Versicherungspolicen an den Gläubiger herauszugeben hat und dieser sie unverzüglich dem Drittschuldner vorzulegen hat.

☒ der Schuldner eine Abschrift der ihm erteilten Bescheinigung nach § 903 Absatz 1 Satz 2 ZPO an den Gläubiger herauszugeben hat.

☒ der Drittschuldner zu Ziffer 1 die Lohnabrechnungen des Schuldners jeweils nach Erstellung an den Gläubigervertreter herauszu-

☐ geben hat

6

N

Es wird nach § 850e Nummer 2 und 2a ZPO angeordnet, dass zur Berechnung des nach § 850c ZPO pfändbaren Teils des Gesamteinkommens des Schuldners (zu Ziffer _______) zusammenzurechnen sind:

☐ Arbeitseinkommen bei Drittschuldner (zu Ziffer _______) in Höhe von ____________ Euro

und

Arbeitseinkommen bei Drittschuldner (zu Ziffer _______) in Höhe von ____________ Euro.

Der unpfändbare Grundbetrag ist in erster Linie den Einkünften des Schuldners bei Drittschuldner (zu Ziffer _______) zu entnehmen, weil diese Einkünfte die wesentliche Grundlage der Lebenshaltung des Schuldners bilden.

☐ Folgende laufende Geldleistung nach dem Sozialgesetzbuch: ____________
bei Drittschuldner (zu Ziffer _______)

und

Arbeitseinkommen bei Drittschuldner (zu Ziffer _______).

Der unpfändbare Grundbetrag ist in erster Linie

☐ dem Arbeitseinkommen ☐ der genannten laufenden Geldleistung nach dem Sozialgesetzbuch

zu entnehmen.

☐ Folgende laufende Geldleistung nach dem Sozialgesetzbuch: ____________
bei Drittschuldner (zu Ziffer _______) in Höhe von ____________ Euro

und

folgende laufende Geldleistung nach dem Sozialgesetzbuch: ____________
bei Drittschuldner (zu Ziffer _______) in Höhe von ____________ Euro.

Der unpfändbare Grundbetrag ist in erster Linie den Einkünften des Schuldners bei Drittschuldner (zu Ziffer _______) zu entnehmen, weil diese Einkünfte die wesentliche Grundlage der Lebenshaltung des Schuldners bilden.

O

Es liegen folgende Angaben über die wirtschaftlichen und persönlichen Verhältnisse des Schuldners (zu Ziffer _______) vor (Angaben für Pfändungen nach § 850d ZPO (**Modul Q**) oder § 850f Absatz 2 ZPO (**Modul S**)):

Der Schuldner kommt laufenden gesetzlichen Unterhaltspflichten gegenüber nachstehend genannten Personen wie folgt nach:

Name ____________ Vorname(n) ____________

Geburtsdatum ____________ Verwandtschaftsverhältnis zum Schuldner: ____________

☐ vollständig. ☐ teilweise. ☐ nicht.

Name ____________ Vorname(n) ____________

Geburtsdatum ____________ Verwandtschaftsverhältnis zum Schuldner: ____________

☐ vollständig. ☐ teilweise. ☐ nicht.

Name ____________ Vorname(n) ____________

Geburtsdatum ____________ Verwandtschaftsverhältnis zum Schuldner: ____________

☐ vollständig. ☐ teilweise. ☐ nicht.

Angaben zur teilweisen Erfüllung von Unterhaltspflichten: ____________

Sonstige Angaben: ____________

Der Schuldner ist

☐ erwerbstätig. ☐ nicht erwerbstätig.

Der Schuldner ist

☐ ledig. ☐ mit dem Gläubiger verheiratet oder eine eingetragene Lebenspartnerschaft führend. ☐ mit einem Dritten verheiratet oder eine eingetragene Lebenspartnerschaft führend. ☐ geschieden.

Zusätzliche Angaben ausschließlich für Pfändungen nach § 850d ZPO (Modul Q):

☐ Der Schuldner hat sich in Bezug auf Unterhaltsrückstände, die länger als ein Jahr vor Stellung dieses Antrags fällig geworden sind, seiner Zahlungspflicht nicht absichtlich entzogen.

7

P

Angaben über Einkünfte von Unterhaltsberechtigten (zusätzliche Angaben für Pfändungen nach § 850d ZPO (**Modul Q**) oder § 850f Absatz 2 ZPO (**Modul S**) sowie bei Anträgen nach § 850c Absatz 6 ZPO (**Modul R**)):

Folgende Personen, denen der Schuldner (zu Ziffer 1 ______) aufgrund gesetzlicher Verpflichtung Unterhalt gewährt, haben eigenes Einkommen:

der Ehegatte oder eingetragene Lebenspartner

Name	Vorname(n)
Gründlich	Gundula

Art und Höhe des Einkommens

Gehalt 2.000 €

die Kinder

Name	Vorname(n)	Geburtsdatum
Gründlich	Jessica	20.12.2004

Art und Höhe des Einkommens

Ausbildungsvergütung in Höhe von mindestens 649 € gem. BBiG § 17

Name	Vorname(n)	Geburtsdatum

Art und Höhe des Einkommens

______

Name	Vorname(n)	Geburtsdatum

Art und Höhe des Einkommens

______

☐ ______

Q

☐ **Es wird eine Pfändbarkeit bei Unterhaltsansprüchen gegen den Schuldner (zu Ziffer ______) nach § 850d ZPO angeordnet.**

Vom Gericht auszufüllen:

Es ergehen folgende Anordnungen nach § 850d ZPO:

☐ Für die Pfändung wegen der Rückstände, die länger als ein Jahr vor dem Antrag auf Erlass des Pfändungsbeschlusses, bei Gericht eingegangen am ______, fällig geworden sind, gilt § 850d Absatz 1 Satz 1 bis 3 ZPO nicht.

Dem Schuldner sind bis zur Deckung des Gläubigeranspruchs für seinen eigenen notwendigen Unterhalt ______ Euro als unpfändbarer Betrag monatlich zu belassen.

Darüber hinaus sind ihm bis zur Deckung des Gläubigeranspruchs als unpfändbarer Betrag monatlich zu belassen:

☐ ______ Euro zur Erfüllung seiner laufenden gesetzlichen Unterhaltspflichten gegenüber den Berechtigten, die dem Gläubiger vorgehen.

☐ ____ / ____ des verbleibenden Betrages zur gleichmäßigen Befriedigung der Unterhaltsansprüche der unterhaltsberechtigten Personen, die dem Gläubiger gleichstehen.

Der dem Schuldner danach zu belassende Teil seines Arbeitseinkommens darf den Betrag nicht übersteigen, der ihm nach der Tabelle in der Pfändungsfreigrenzenbekanntmachung in der jeweils geltenden Fassung bei voller Berücksichtigung der genannten unterhaltsberechtigten Person zu verbleiben hätte.

Dieser monatliche unpfändbare Betrag gilt für

☐ das Arbeitseinkommen und die in § 850a Nummer 1, 2 und 4 ZPO genannten Bezüge, jeweils ohne die in § 850c ZPO bezeichneten Pfändungsgrenzen.

Sonstige Anordnungen:

______

Gründe:

______

8

R

☒ **Es wird die (teilweise) Nichtberücksichtigung von Unterhaltsberechtigten des Schuldners (zu Ziffer 1) nach § 850c Absatz 6 ZPO angeordnet.**

Vom Gericht auszufüllen:

Bei der Berechnung des unpfändbaren Teils des

☒ Arbeitseinkommens des Schuldners

☒ Guthabens auf dem Pfändungsschutzkonto des Schuldners

bleiben nachfolgende Personen, denen der Schuldner auf Grund gesetzlicher Verpflichtung Unterhalt gewährt und die eigene Einkünfte haben, wie folgt unberücksichtigt:

Name	Vorname(n)	Geburtsdatum
Gründlich	Gundula	

☒ ganz ☐ in Höhe von ______ Euro ☐ in Höhe von ______ Prozent.

Name	Vorname(n)	Geburtsdatum
Gründlich	Jessica	20.12.2004

☒ ganz ☐ in Höhe von ______ Euro ☐ in Höhe von ______ Prozent.

Name	Vorname(n)	Geburtsdatum

☐ ganz ☐ in Höhe von ______ Euro ☐ in Höhe von ______ Prozent.

Gründe:

Lt. VA des Schuldners v. 22.12.2024 hat die Ehefrau eigenes Einkommen in Höhe von 2.000 €/Monat. Die Tochter befindet sich in Ausbildung. Sie muss daher gem. § 17 BBiG mindestens eine Ausbildungsvergütung von 649 € beziehen.

S

☐ **Es wird eine Pfändbarkeit bei Forderungen aus einer vorsätzlich begangenen unerlaubten Handlung des Schuldners (zu Ziffer ______) nach § 850f Absatz 2 ZPO angeordnet.**

Vom Gericht auszufüllen:

Der pfändbare Teil des Arbeitseinkommens wird ohne Rücksicht auf die in § 850c ZPO vorgesehenen Beschränkungen bestimmt.

Dem Schuldner sind

☐ von dem pfändbaren Arbeitseinkommen

☐ von dem Guthaben auf seinem Pfändungsschutzkonto

für seinen eigenen notwendigen Unterhalt ______ Euro

☐ sowie zur Erfüllung seiner laufenden gesetzlichen Unterhaltspflichten ______ Euro monatlich zu belassen.

Gründe:

T

Vom Gericht auszufüllen:

Vom Gericht auszufüllen:

Datum ______ Name Rechtspflegerin/Rechtspfleger ______

Unterschrift Rechtspflegerin/Rechtspfleger

☐ Ausgefertigt ☐ Beglaubigt

Datum ______ Name Urkundsbeamtin/Urkundsbeamter ______

Unterschrift Urkundsbeamtin/Urkundsbeamter

9

Aufstellung von Forderungen, die keine gesetzlichen Unterhaltsansprüche sind, für den Antrag auf Erlass eines Pfändungsbeschlusses und eines Pfändungs- und Überweisungsbeschlusses

Lfd. Nr.

Die Gläubiger können von den Schuldnern aus dem Vollstreckungstitel (zu Ziffer 1) die nachfolgend aufgeführten Beträge beanspruchen:

I. Hauptforderungen einschließlich dazugehöriger Zinsen und Säumniszuschläge			
☒ Hauptforderung	☐ Restforderung aus Hauptforderung in Höhe von Euro	☐ Teilforderung aus Hauptforderung in Höhe von Euro	2.000,00 Euro
(Teil-/Rest-)Zinsen wie im Vollstreckungstitel ausgerechnet			Euro
(Teil-/Rest-)Zinsen in Höhe von			
☒ 5 Prozentpunkten über dem jeweiligen Basiszinssatz ☐ Prozent aus 2.000 Euro seit dem 01.01.2024 bis 19.01.2025			177,46 Euro
☐ Prozentpunkten über dem jeweiligen Basiszinssatz ☐ Prozent aus Euro seit dem bis			Euro
☒ 5 Prozentpunkten über dem jeweiligen Basiszinssatz ☐ Prozent aus 2.000 Euro seit dem 20.01.2025			
☐ Prozentpunkten über dem jeweiligen Basiszinssatz ☐ Prozent aus Euro seit dem			
☐ Hauptforderung	☐ Restforderung aus Hauptforderung in Höhe von Euro	☐ Teilforderung aus Hauptforderung in Höhe von Euro	Euro
(Teil-/Rest-)Zinsen wie im Vollstreckungstitel ausgerechnet			Euro
(Teil-/Rest-)Zinsen in Höhe von			
☐ Prozentpunkten über dem jeweiligen Basiszinssatz ☐ Prozent aus Euro seit dem bis			Euro
☐ Prozentpunkten über dem jeweiligen Basiszinssatz ☐ Prozent aus Euro seit dem bis			Euro
☐ Prozentpunkten über dem jeweiligen Basiszinssatz ☐ Prozent aus Euro seit dem			
☐ Prozentpunkten über dem jeweiligen Basiszinssatz ☐ Prozent aus Euro seit dem			
☐ Hauptforderung	☐ Restforderung aus Hauptforderung in Höhe von Euro	☐ Teilforderung aus Hauptforderung in Höhe von Euro	Euro
Säumniszuschläge gemäß aus Euro seit dem bis			Euro
Säumniszuschläge gemäß aus Euro seit dem			
☐			Euro

II. Renten aus Anlass einer Verletzung des Körpers oder der Gesundheit
Die Rente in Höhe von Euro ist zu zahlen:
☐ wöchentlich ☐ monatlich ☐ vierteljährlich
laufend ab
zahlbar am (Wochentag bzw. bezifferten Tag des Monats oder des Jahres angeben)
☐ jeder Woche ☐ jeden Monats ☐ jeden Jahres ☐ bis

1

III. Titulierte Kosten einschließlich dazugehöriger Nebenforderungen			
In den Vollstreckungsbescheid aufgenommene Kosten des Mahnverfahrens			
☒ Gesamtkosten	☐ Restkosten aus Gesamtkosten in Höhe von ____ Euro	☐ Teilkosten aus Gesamtkosten in Höhe von ____ Euro	369,11 Euro
(Teil-/Rest-)Zinsen wie im Vollstreckungsbescheid ausgerechnet			27,01 Euro
(Teil-/Rest-)Zinsen in Höhe von			
☒ 5 Prozentpunkten über dem jeweiligen Basiszinssatz ☐ ____ Prozent aus 369,11 Euro seit dem 07.03.2024 bis 19.01.2025			Euro
☐ ____ Prozentpunkten über dem jeweiligen Basiszinssatz ☐ ____ Prozent aus ____ Euro seit dem ____ bis ____			Euro
☒ 5 Prozentpunkten über dem jeweiligen Basiszinssatz ☐ ____ Prozent aus 369,11 Euro seit dem 20.01.2025			
☐ ____ Prozentpunkten über dem jeweiligen Basiszinssatz ☐ ____ Prozent aus ____ Euro seit dem ____			
Titulierte vorgerichtliche Kosten			
☐ Gesamtkosten	☐ Restkosten aus Gesamtkosten in Höhe von ____ Euro	☐ Teilkosten aus Gesamtkosten in Höhe von ____ Euro	Euro
(Teil-/Rest-)Zinsen wie im Vollstreckungstitel ausgerechnet			Euro
(Teil-/Rest-)Zinsen in Höhe von			
☐ ____ Prozentpunkten über dem jeweiligen Basiszinssatz ☐ ____ Prozent aus ____ Euro seit dem ____ bis ____			Euro
☐ ____ Prozentpunkten über dem jeweiligen Basiszinssatz ☐ ____ Prozent aus ____ Euro seit dem ____ bis ____			Euro
☐ ____ Prozentpunkten über dem jeweiligen Basiszinssatz ☐ ____ Prozent aus ____ Euro seit dem ____			
☐ ____ Prozentpunkten über dem jeweiligen Basiszinssatz ☐ ____ Prozent aus ____ Euro seit dem ____			
Festgesetzte Kosten			
☐ Gesamtkosten	☐ Restkosten aus Gesamtkosten in Höhe von ____ Euro	☐ Teilkosten aus Gesamtkosten in Höhe von ____ Euro	Euro
(Teil-/Rest-)Zinsen wie im Kostenfestsetzungsbeschluss ausgerechnet			Euro
(Teil-/Rest-)Zinsen in Höhe von			
☐ ____ Prozentpunkten über dem jeweiligen Basiszinssatz ☐ ____ Prozent aus ____ Euro seit dem ____ bis ____			Euro
☐ ____ Prozentpunkten über dem jeweiligen Basiszinssatz ☐ ____ Prozent aus ____ Euro seit dem ____ bis ____			Euro
☐ ____ Prozentpunkten über dem jeweiligen Basiszinssatz ☐ ____ Prozent aus ____ Euro seit dem ____			
☐ ____ Prozentpunkten über dem jeweiligen Basiszinssatz ☐ ____ Prozent aus ____ Euro seit dem ____			
☐ ____			Euro

IV. Kosten der Zwangsvollstreckung gemäß § 788 Absatz 1 ZPO	
Bisherige Vollstreckungskosten gemäß Aufstellung in weiterer Anlage	168,26 Euro
Kosten für dieses Verfahren:	
Gerichtskosten nach GKG (Gebühr nach KV Nr. 2111)	Euro
Rechtsanwaltskosten nach RVG (Gegenstandswert (§ 25 RVG): 2.741,84 Euro)	
Verfahrensgebühr (VV Nr. 3309, ggf. i. V. m. VV Nr. 1008)	66,60 Euro
Entgelte für Post- und Telekommunikationsdienstleistungen, ggf. Pauschale (VV Nr. 7001 oder 7002)	13,32 Euro
weitere Auslagen ____	Euro
Umsatzsteuer (VV Nr. 7008)	15,18 Euro
Zwischensumme Rechtsanwaltskosten **95,10 Euro**	
Kosten von Inkassodienstleistern nach § 13e RDG gemäß Aufstellung in weiterer Anlage	Euro
☐ ____	Euro

Summe I. bis IV. (Zinsen und Säumniszuschläge nur, soweit nicht laufend)	**3.005,20 Euro**

2

Aufstellung bisherige Kosten
Gründlich ./. Schludrig, 4711/25

Bisherige Kosten

Datum	Bezeichnung der Kosten	Betrag in €
15.04.2024	Antrag VA	71,11
22.12.2024	GV-Kosten	97,15
gesamt		168,26

Das Vollstreckungsgericht prüft den Beschluss-Entwurf und muss diesen bestenfalls nur noch hinsichtlich des Ortes und der Zeit des Beschlusses sowie des Aktenzeichens ergänzen. Mit der Unterschrift bzw. Signatur des Rechtspflegers und dem Dienstsiegel wird der Pfändungs- und Überweisungsbeschluss erlassen. 323

7. Zustellung an Drittschuldner und Drittschuldnererklärung

Gem. § 829 Abs. 3 ZPO ist die Pfändung wirksam mit Zustellung des Pfändungs- und Überweisungsbeschlusses an den Drittschuldner. 324

Die Zustellung durch den Gerichtsvollzieher erfolgt i.d.R. mit der Aufforderung an den Drittschuldner, sich gem. § 840 ZPO zu erklären. Wird der Pfändungs- und Überweisungsbeschluss durch den Gerichtsvollzieher persönlich zugestellt und übergeben, kann der Drittschuldner die Drittschuldnererklärung unmittelbar bei der Zustellung gegenüber dem Gerichtsvollzieher abgeben. Alternativ besteht die Möglichkeit, dass der Drittschuldner die Drittschuldnererklärung innerhalb von zwei Wochen ab Zustellung an den Gläubiger(-vertreter) übersendet. Wird der Pfändungs- und Überweisungsbeschluss durch den Gerichtsvollzieher elektronisch an den Drittschuldner zugestellt, muss der Drittschuldner die Drittschuldnererklärung schriftlich innerhalb von zwei Wochen gegenüber dem Gläubiger(-vertreter) abgeben. 325

Die Drittschuldnererklärung gem. § 840 ZPO umfasst dabei folgende Punkte: 326

- ob und inwieweit der Drittschuldner die Forderung als begründet anerkennt und zur Zahlung bereit ist (hier geht es in erster Linie darum, ob und in welchem Umfang überhaupt eine zu pfändende Forderung des Schuldners gegen den Drittschuldner besteht),
- ob und welche Ansprüche andere Personen an die gepfändete Forderung geltend machen (hier kommen insbes. Abtretungen in Betracht),
- ob und wegen welcher Ansprüche die Forderung bereits für andere Gläubiger gepfändet ist (hier müssen sog. Vorpfändungen angegeben werden).

- Bei der Pfändung von Bankkonten muss die Drittschuldnererklärung zusätzliche folgende Angaben enthalten:
- ob innerhalb der letzten zwölf Monate im Hinblick auf das Konto, dessen Guthaben gepfändet worden ist, nach § 907 ZPO die Unpfändbarkeit des Guthabens angeordnet worden ist, und
- ob es sich bei dem Konto, dessen Guthaben gepfändet worden ist, um ein Pfändungsschutzkonto i.S.v. § 850k ZPO oder ein Gemeinschaftskonto i.S.v. § 850l handelt; bei einem Gemeinschaftskonto ist zugleich anzugeben, ob der Schuldner nur gemeinsam mit einer oder mehreren anderen Personen verfügungsbefugt ist.

327 Die Kosten, die dem Drittschuldner für diese Auskunft entstehen (z.B. durch die Einschaltung eines RA), sind vom Gläubiger nicht zu erstatten.

328 Kommt der Drittschuldner seiner Auskunftsverpflichtung innerhalb der zwei Wochen nicht nach, so kann er sich ggf. nach § 840 Abs. 2 S. 2 ZPO **schadensersatzpflichtig** machen. Dies gilt auch für die Fälle, in denen die Drittschuldnererklärung zu spät oder inhaltlich fehlerhaft war.

Die Bezifferung des Schadensersatzes ist dabei nicht immer ganz einfach. Hat der Gläubiger jedoch aufgrund einer fehlerhaften Auskunft andere Vollstreckungsmöglichkeiten gegen den Schuldner nicht genutzt, so ist der Drittschuldner verpflichtet, den Gläubiger so zu stellen, als habe dieser rechtzeitig in die anderen Vermögenswerte vollstreckt. Der Schadensersatzanspruch ist dabei i.H.d. zu vollstreckenden Forderung begrenzt.

329 Gibt der Drittschuldner die Drittschuldnererklärung nicht innerhalb der Frist des § 840 ZPO ab und fordert der Rechtsanwalt als Gläubigervertreter den Drittschuldner nach Ablauf der Frist zu Abgabe der Drittschuldnerklärung auf, stellen die Anwaltskosten für diese Aufforderung keinen Schaden dar, so dass der Rechtsanwalt keine Gebühren für eine außergerichtliche Aufforderung geltend machen kann.

Alternativ hat der Gläubiger auch die Möglichkeit, eine Zustellung des Pfändungs- und Überweisungsbeschlusses ohne Aufforderung zur Abgabe der Drittschuldnererklärung nach § 840 ZPO in Auftrag zu geben. Auch in diesem Fall erfolgt die Zustellung zwingend über den Gerichtsvollzieher. Da dieser den Drittschuldner jedoch nicht zur Abgabe der Drittschuldnererklärung auffordern muss, stellt der Gerichtsvollzieher den Pfändungs- und Überweisungsbeschluss mittels Postzustellungsurkunde zu.

Diese Art der Zustellung ist zwar kostengünstiger, jedoch ist zwingend zu beachten, dass der Gläubiger(-vertreter) in diesem Fall keinen Anspruch auf Erteilung einer Drittschuldnererklärung hat. So muss z.B. bei einer Lohnpfändung der Arbeitgeber nicht mitteilen, ob der Schuldner überhaupt bei ihm arbeitet, ob die Pfändung anerkannt wird, ob und in welcher Höhe es Vorpfändungen gibt etc. Der Drittschuldner ist natürlich verpflichtet, die Pfändung zu beachten und pfändbare Beträge an den Gläubiger(-vertreter) auszukehren. Zur Erteilung von Informationen gem. § 840 ZPO ist er jedoch nicht verpflichtet.

8. Zustellung an Schuldner

Die Zustellung des Pfändungs- und Überweisungsbeschlusses an den Schuldner hat für die Wirksamkeit der Pfändung keine Bedeutung und dient vielmehr der Information des Schuldners. 330

9. Gebühren und Minderungspflicht

Für die Beantragung eines Pfändungs- und Überweisungsbeschlusses erhält der RA eine **Verfahrensgebühr** i.H.v. 0,3 nach Nr. 3309 VV RVG nebst Postentgelten und Umsatzsteuer. 331

Die Gerichtskosten für den Erlass eines Pfändungs- und Überweisungsbeschlusses betragen nach Nr. 2111 KV GKG derzeit 24,00 EUR, unabhängig vom Gegenstandswert. Richtet sich der Pfändungs- und Überweisungsbeschluss gegen mehrere Schuldner, fallen die Gerichtskosten entsprechend der Anzahl der Schuldner mehrfach an. 332

In einem Beschluss können dabei verschiedenartige Forderungen gegenüber mehreren Drittschuldnern gepfändet werden, sodass dem Gläubiger hier eine **Minderungspflicht** auferlegt ist. Nach den gesetzlichen Vorgaben ist jeder Gläubiger grds. zur Minderung der Kosten verpflichtet. Er muss sich stets so verhalten, als handle er in eigenem wirtschaftlichem Interesse. 333

Sind dem Gläubiger bereits bei Antragstellung mehrere Forderungen bekannt und will er diese auch alle pfänden, so muss er sämtliche Forderungen in einem Antrag zusammenfassen (z.B. die Beantragung eines PfüBs hinsichtlich der Pfändung von Lohnansprüchen und Bankguthaben). 334

10. Pfändung von Arbeitseinkommen

a) Besonderheiten

Das Arbeitseinkommen dient grundsätzlich dem Schuldner dazu seinen Lebensunterhalt zu bestreiten und unterliegt daher **besonderen Vollstreckungsschutzvorschriften**. Der Gesetzgeber will dadurch verhindern, dass der Schuldner aufgrund der Pfändung Sozialhilfe beziehen muss, um seinen Unterhalt zu bestreiten, ferner soll er weiterhin auch Interesse daran haben, seiner Arbeit nachzugehen. 335

Der **Begriff des Arbeitseinkommens** ist dabei weit zu fassen: Hierunter versteht man sämtliche Vergütungen aus Dienst- und Arbeitsverhältnissen unabhängig, 336

- ob sie aus einer Haupt- oder Nebenbeschäftigung stammen,
- ob sie privat- oder öffentlich-rechtlicher Natur (z.B. Beamte) sind aber
- auch Sach- und Dienstbezüge, die der Arbeitnehmer als Entgelt erhält (z.B. Dienstwagen oder Dienstwohnung).

337 Gemäß § 832 ZPO werden mit der Pfändung nicht nur das fällige Arbeitseinkommen, sondern auch **zukünftige Einkommen** gepfändet, so lange bis die Gesamtforderung einschließlich Zinsen und Kosten getilgt sind oder das entsprechende Arbeitsverhältnis endet.

338 Begründet der Schuldner bei einem neuen Arbeitgeber ein neues Arbeitsverhältnis, so muss der Gläubiger dort ggf. erneut das Arbeitseinkommen pfänden. Wenn der Schuldner allerdings mit seinem **alten Arbeitgeber innerhalb von neun Monaten** ein neues Arbeitsverhältnis begründet (z.B. bei Saisonarbeitern), so wird sein neues Arbeitseinkommen gem. § 833 Abs. 2 ZPO von der ursprünglichen Pfändung mit umfasst.

339 Das Arbeitseinkommen wird hinsichtlich der Pfändung in drei Teile unterteilt:

1. absolut unpfändbare Bezüge,
2. den sog. Vorrechtsbereich, in den nur Unterhalts- oder Deliktsgläubiger pfänden können.
3. allgemein pfändbare Bezüge § 850c ZPO.

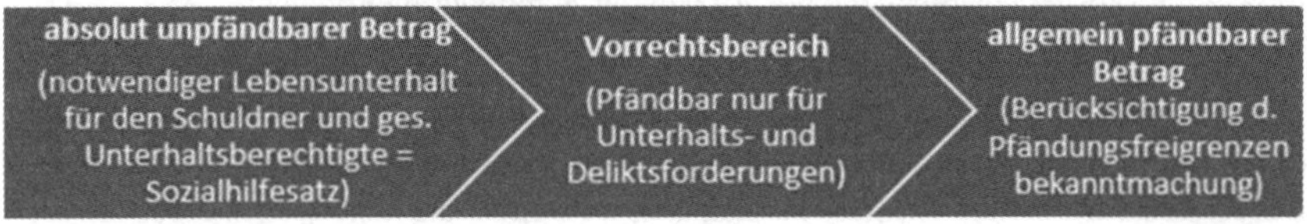

340 Aus sozialen Gründen bzw. aus Rücksicht auf die Zweckgebundenheit hat der Gesetzgeber in § 850a ZPO bestimmte Teile der Vergütung für entweder absolut unpfändbar oder für teilweise unpfändbar erklärt und somit der Pfändung entzogen. Insbesondere gehören zu den unpfändbaren Bezügen:

- die Hälfte der Überstundenvergütung,
- Urlaubsgeld und Treuegelder, soweit diese den Rahmen des Üblichen nicht übersteigen,
- Aufwandsentschädigungen für auswärtige Beschäftigungen und Erschwerniszulagen (z.B. auch Zulagen für Sonntags-, Feiertags- und Nachtarbeit), soweit diese den Rahmen des Üblichen nicht übersteigen,
- Weihnachtsvergütungen bis zu der Hälfte des Betrages, dessen Höhe sich nach Aufrundung des monatlichen Freibetrages nach § 850c Abs. 1 i.V.m. Abs. 4 ZPO auf den nächsten vollen 10-Euro-Betrag ergibt.

341 **§ 850a ZPO Unpfändbare Bezüge**

Unpfändbar sind

1. zur Hälfte die für die Leistung von Mehrarbeitsstunden gezahlten Teile des Arbeitseinkommens;
2. die für die Dauer eines Urlaubs über das Arbeitseinkommen hinaus gewährten Bezüge, Zuwendungen aus Anlass eines besonderen Betriebsereignisses und Treugelder, soweit sie den Rahmen des Üblichen nicht übersteigen;
3. Aufwandsentschädigungen, Auslösungsgelder und sonstige soziale Zulagen für auswärtige Beschäftigungen, das Entgelt für selbstgestelltes Arbeitsmaterial, Gefahrenzulagen sowie

Schmutz- und Erschwerniszulagen, soweit diese Bezüge den Rahmen des Üblichen nicht übersteigen;

4. Weihnachtsvergütungen bis zu der Hälfte des Betrages, dessen Höhe sich nach Aufrundung des monatlichen Freibetrages nach § 850c Absatz 1 in Verbindung mit Absatz 4 auf den nächsten vollen 10-Euro-Betrag ergibt;
5. Geburtsbeihilfen sowie Beihilfen aus Anlass der Eingehung einer Ehe oder Begründung einer Lebenspartnerschaft, sofern die Vollstreckung wegen anderer als der aus Anlass der Geburt, der Eingehung einer Ehe oder der Begründung einer Lebenspartnerschaft entstandenen Ansprüche betrieben wird;
6. Erziehungsgelder, Studienbeihilfen und ähnliche Bezüge;
7. Sterbe- und Gnadenbezüge aus Arbeits- oder Dienstverhältnissen;
8. Blindenzulagen.

In § 850b ZPO sind bedingt pfändbare Bezüge geregelt, die so lange als unpfändbar gelten, wie sie nicht vom Vollstreckungsgericht für pfändbar erklärt worden sind. **342**

Hierunter fallen u.a.:

- Renten, die wegen einer Verletzung des Körpers oder der Gesundheit zu entrichten sind sowie
- Bezüge aus Witwen-, Waisen-, Hilfs- und Krankenkassen, die ausschließlich oder zum wesentlichen Teil zu Unterstützungszwecken gewährt werden.
- Ansprüche aus Lebensversicherungen, die nur auf den Todesfall des Versicherungsnehmers abgeschlossen sind, wenn die Versicherungssumme 5.400 EUR nicht übersteigt.

§ 850b Bedingt pfändbare Bezüge **343**

(1) Unpfändbar sind ferner

1. Renten, die wegen einer Verletzung des Körpers oder der Gesundheit zu entrichten sind;
2. Unterhaltsrenten, die auf gesetzlicher Vorschrift beruhen, sowie die wegen Entziehung einer solchen Forderung zu entrichtenden Renten;
3. fortlaufende Einkünfte, die ein Schuldner aus Stiftungen oder sonst aufgrund der Fürsorge und Freigebigkeit eines Dritten oder aufgrund eines Altenteils oder Auszugsvertrags bezieht;
4. Bezüge aus Witwen-, Waisen-, Hilfs- und Krankenkassen, die ausschließlich oder zu einem wesentlichen Teil zu Unterstützungszwecken gewährt werden, ferner Ansprüche aus Lebensversicherungen, die nur auf den Todesfall des Versicherungsnehmers abgeschlossen sind, wenn die Versicherungssumme 5.400 EUR nicht übersteigt.

(2) Diese Bezüge können nach den für Arbeitseinkommen geltenden Vorschriften gepfändet werden, wenn die Vollstreckung in das sonstige bewegliche Vermögen des Schuldners zu einer vollständigen Befriedigung des Gläubigers nicht geführt hat oder voraussichtlich nicht führen wird und wenn nach den Umständen des Falles, insbesondere nach der Art des beizutreibenden Anspruchs und der Höhe der Bezüge, die Pfändung der Billigkeit entspricht.

(3) Das Vollstreckungsgericht soll vor seiner Entscheidung die Beteiligten hören.

344 Auf Antrag können diese **eigentlich unpfändbaren Bezüge** durch das Vollstreckungsgericht für pfändbar erklärt werden. Bei der Entscheidung hat das Gericht die Interessen des Schuldners an seiner Existenzsicherung gegen die Interessen des Gläubigers an der Durchsetzung seiner titulierten Forderung gegeneinander **abzuwägen**.

345 Ein entsprechender **Freigabebeschluss** kann dabei nur erfolgen, wenn die Vollstreckung in das sonstige bewegliche Vermögen des Schuldners bislang zu keiner (vollständigen) Befriedigung geführt hat. Die Pfändung muss zudem der Billigkeit entsprechen, Anhaltspunkte hierzu können sich aus der Art des beizutreibenden Anspruches (z.B. Unterhalts- oder Deliktsforderung) und der Höhe der Bezüge ergeben.

346 Der Schuldner soll vor einer entsprechenden Entscheidung vom Vollstreckungsgericht angehört werden.

347 Der Gläubiger muss in seinem Antrag zur Billigkeit und Zulässigkeit im Einzelnen vortragen, damit sein Antrag substantiiert ist.

b) Pfändung durch den Normalgläubiger § 850c ZPO

348 Um das pfändbare Einkommen zu ermitteln, ist zunächst das Nettoeinkommen des Schuldners zu errechnen.

349 Vom Bruttoeinkommen des Schuldners sind die gesetzlichen Abgaben, also Lohnsteuer, ggf. Kirchensteuer, sowie die Sozialversicherungsbeiträge (Krankversicherung, Rentenversicherung, Arbeitslosenversicherung und Pflegeversicherung) abzuziehen. Den gesetzlichen Sozialversicherungsbeiträgen gleichgestellt sind die Beiträge, die der Schuldner an eine private Krankenversicherung leistet. Zur Höhe dieser Beiträge ist ggf. ein Vergleich mit den Beitragssätzen der gesetzlichen Krankenversicherung vorzunehmen.

Nach Ermittlung des Nettolohnes hat der Drittschuldner die Anzahl der unterhaltsberechtigten Personen festzustellen. Hierbei kann er sich ggf. auf die Lohnsteuermerkmale stützen. Leben Kinder jedoch nicht im Haushalt des Schuldners, so sind die Lohnsteuermerkmale schon nicht mehr zur Ermittlung geeignet, da die Anzahl der Kinder u.U. nicht korrekt ist, wenn sich die Eltern den Kinderfreibetrag teilen („0,5 Kinder"). Der Schuldner kann hier durch Vorlage von persönlichen Unterlagen die tatsächliche Anzahl seiner unterhaltsberechtigten Personen belegen.

Es ist jedoch nicht Aufgabe des Drittschuldners festzustellen, ob der Schuldner diesen Personen überhaupt Unterhalt gewährt (also tatsächlich zahlt).

Hat der Drittschuldner nunmehr sowohl das Nettoeinkommen als auch die Anzahl der unterhaltsberechtigten Personen ermittelt, ist der pfändbare Betrag der jeweils gültigen Pfändungsfreigrenzenbekanntmachung zu entnehmen. Die Pfändungsfreigrenzen werden jährlich zum 1.7. angepasst und jeweils rechtzeitig im Bundesgesetzblatt bekannt gegeben.

Derzeit beträgt der aktuelle Pfändungsfreibetrag – bei keinen Unterhaltsverpflichtungen 350
– 1.559,99 EUR (Stand: Pfändungsfreigrenzen ab 1.7.2025).

> *Beispiel 1:*
>
> Schuldner S ist verheiratet und hat 3 Kinder im Alter von 8, 10 und 12 Jahren, die in seinem Haushalt leben. Er bezieht ein monatliches Nettogehalt von 3.500,00 EUR.
>
> Pfändbarer Betrag unter Berücksichtigung von 4 unterhaltsberechtigten Personen (Ehefrau + 3 Kinder): 76,33 EUR

> *Beispiel 2:*
>
> Schuldner S ist ledig und hat keine Kinder. Er bezieht ein Nettogehalt von 3.500,00 EUR.
>
> Pfändbarer Betrag unter Berücksichtigung von 0 unterhaltsberechtigten Personen: 1.361,50 EUR.

Die Pfändungstabelle endet derzeit bei einem Betrag von 4.766,99 EUR. Das darüber liegende Einkommen unterliegt in voller Höhe der Pfändung.

> *Beispiel:*
>
> Schuldnerin S ist ledig und hat ein Kind. Sie bezieht ein monatliches Nettoeinkommen von 5.500 EUR. Bei einem Nettoeinkommen von 4.766,99 EUR (Endbetrag der Tabelle) ergibt sich unter Berücksichtigung einer unterhaltsberechtigten Person ein pfändbarer Betrag in Höhe von 1.309,89 EUR.
>
> Der über 4.766,99 EUR hinausgehende Betrag ist voll pfändbar.
>
> Der vom Drittschuldner an den Gläubiger auszuzahlende Betrag errechnet sich somit wie folgt:

Netto	5.500,00 EUR
./. Endbetrag der Pfändungstabelle	4.766,99 EUR
Zwischensumme	
(Diff. zwischen Netto u. Endbetrag Tabelle)	733,01 EUR
+ pfändbarer Betrag aus 4.766,99 EUR	1.309,89 EUR
Pfändbarer Betrag aus 5.500 EUR	2.042,90 EUR

Wird die Pfändung wegen einer gewöhnlichen Forderung betrieben, so erlässt das Voll- 351
streckungsgericht i.d.R. einen sogenannten **Blankettbeschluss**, der auf die Berechnung des pfändbaren Betrages auf § 850c ZPO sowie die Pfändungsfreigrenzenbekanntmachung in der jeweils gültigen Fassung (Modul L) Bezug nimmt. Der Drittschuldner muss dann unter Zugrundelegung des pfändbaren Nettobetrages des Arbeitseinkommens

den pfändbaren Betrag unter Berücksichtigung der gesetzlichen Unterhaltsverpflichtungen seines Arbeitnehmers anhand der Tabelle selbst ermitteln.

352 Bezieht der Schuldner ein festes monatliches Gehalt bzw. besteht der Lohn des Schuldners durchgehend aus pfändbaren Lohnbestandteilen, ist die Berechnung des pfändbaren Betrages –wie oben ausgeführt – relativ einfach: Nettogehalt ermitteln und in der Pfändungsfreigrenzentabelle unter Berücksichtigung der unterhaltsberechtigten Personen den pfändbaren Betrag ablesen.

Bezieht der Schuldner neben seinem monatlichen Normal-Lohn auch unpfändbare oder teilweise unpfändbare Lohnanteile wird die Berechnung des pfändbaren Betrages deutlich komplizierter.

Nach der Entscheidung des Bundesarbeitsgerichts vom 17.4.2013[46] ist der pfändbare Betrag bei Auszahlung von unpfändbaren Beträgen seither aufgrund der sog. **Nettomethode** zu ermitteln.

Beispiel:

Schuldner S ist alleinstehend, Steuerklasse I und bezieht ein Bruttoeinkommen in Höhe von 3.000 EUR. Im Monat April wird ihm eine Überstundenvergütung von 750,00 EUR brutto ausgezahlt.

Nach der Abrechnung ohne Berücksichtigung der Pfändung ergibt sich folgende Aufstellung:

Brutto	3.000,00 EUR
+ Überstunden brutto	750,00 EUR
Gesamtbrutto	3.750,00 EUR
./. gesetzliche Abzüge aus 3.750,00 EUR	1.342,59 EUR
Nettoeinkommen	2.407,41 EUR

Die Hälfte der Überstundenvergütung ist gem. § 850a Nr. 1 ZPO unpfändbar. Daher muss der Arbeitgeber eine **fiktive Abrechnung** zur Ermittlung des pfändbaren Betrages erstellen:

Brutto	3.000,00 EUR
+ ½ Überstundenverg. brutto	375,00 EUR
Gesamtbrutto fiktiv	3.375,00 EUR
./. fiktive gesetzliche Abzüge aus 3.375,00 EUR	1.163,97 EUR
Nettoeinkommen fiktiv	2.211,03 EUR
Pfändbarer Betrag hieraus	458,50 EUR

46 BAG v. 17.4.2013 – 10 AZR 59/12.

Tatsächliches Nettoeinkommen aus 3.750 EUR	2.407,41 EUR
./. pfändbarer Betrag aus fiktiver Berechnung	458,50 EUR
Auszahlbetrag an den Schuldner	1.948,91 EUR

Die Berechnung nach der Nettomethode führt dazu, dass der Arbeitgeber bei Anfall von Sonderzahlungen, die nicht oder nur teilweise pfändbar sind, für den Mitarbeiter quasi zwei Abrechnungen erstellen muss. 353

Nicht nur kleinere Betriebe als Drittschuldner haben hierbei Schwierigkeiten.

Es ist daher wichtig, die Lohnabrechnungen einzuziehen und diese insbesondere in Monaten, in welchen unpfändbare oder teilweise unpfändbare Sonderzahlungen erfolgen, zu überprüfen.

c) Antragstellung per Formular

Der Anspruch ist im verbindlich für die Antragstellung zu nutzenden Formular unter **Modul E** zu pfänden. 354

d) Pfändung durch einen Unterhaltsgläubiger gem. § 850d ZPO

Der **Unterhaltsgläubiger** wird vom Gesetzgeber privilegiert und **kann** zusätzlich in den sogenannten Vorrechtsbereich vollstrecken. Der Unterhaltsgläubiger ist jedoch nicht verpflichtet, in den Vorrechtsbereich zu vollstrecken, sondern kann auch eine „Normal"Pfändung ausbringen. Will der Gläubiger in den Vorrechtsbereich vollstrecken, so müssen im Formular (Anlage 5 ZVFV) das Modul Q und die Anlage 8 zur ZVFV (Forderungsaufstellung bei Unterhaltsforderungen) ausgefüllt werden. 355

	☐ **Es wird eine Pfändbarkeit bei Unterhaltsansprüchen gegen den Schuldner (zu Ziffer ______) nach § 850d ZPO angeordnet.**
Q	***Vom Gericht auszufüllen:*** **Es ergehen folgende Anordnungen nach § 850d ZPO:** ☐ Für die Pfändung wegen der Rückstände, die länger als ein Jahr vor dem Antrag auf Erlass des Pfändungsbeschlusses, bei Gericht eingegangen am ________, fällig geworden sind, gilt § 850d Absatz 1 Satz 1 bis 3 ZPO nicht. Dem Schuldner sind bis zur Deckung des Gläubigeranspruchs für seinen eigenen notwendigen Unterhalt ________ Euro als unpfändbarer Betrag monatlich zu belassen. Darüber hinaus sind ihm bis zur Deckung des Gläubigeranspruchs als unpfändbarer Betrag monatlich zu belassen: ☐ ________ Euro zur Erfüllung seiner laufenden gesetzlichen Unterhaltspflichten gegenüber den Berechtigten, die dem Gläubiger vorgehen. ☐ ____ / ____ des verbleibenden Betrages zur gleichmäßigen Befriedigung der Unterhaltsansprüche der unterhaltsberechtigten Personen, die dem Gläubiger gleichstehen. Der dem Schuldner danach zu belassende Teil seines Arbeitseinkommens darf den Betrag nicht übersteigen, der ihm nach der Tabelle in der Pfändungsfreigrenzenbekanntmachung in der jeweils geltenden Fassung bei voller Berücksichtigung der genannten unterhaltsberechtigten Person zu verbleiben hätte. Dieser monatliche unpfändbare Betrag gilt für ☐ das Arbeitseinkommen und die in § 850a Nummer 1, 2 und 4 ZPO genannten Bezüge, jeweils ohne die in § 850c ZPO bezeichneten Pfändungsgrenzen. Sonstige Anordnungen: Gründe:

Aufstellung von Forderungen bei der Vollstreckung von gesetzlichen Unterhaltsansprüchen für den Antrag auf Erlass eines Pfändungsbeschlusses und eines Pfändungs- und Überweisungsbeschlusses

Lfd. Nr.

356 Sofern in den Vorrechtsbereich vollstreckt werden soll, wird der notwendige Bedarf des Schuldners fiktiv vom Vollstreckungsgericht errechnet und nach billigem Ermessen bestimmt. Der Schuldner wird gem. § 834 ZPO nicht angehört.

I.d.R. wird der notwendige Bedarf des Schuldners wie folgt ermittelt:

- Regelsatz der Sozialleistungen (derzeit Bürgergeld 563 EUR, Stand 2025)
- plus Wohnkosten (hier wird fiktiv die ortsübliche Miete angesetzt)
- plus 30 % bis 50 % des Regelsatzes – berufsbedingter Mehraufwand – als Erwerbsanreiz (je nach Vollstreckungsgericht unterschiedlich)
- die laufenden gesetzlichen Unterhaltspflichten des Schuldners gegenüber den dem Gläubiger vorgehenden oder gleichstehenden Unterhaltsberechtigten, jedoch nur in dem Umfang, in dem der Schuldner seine gesetzlichen Unterhaltspflichten den weiteren Unterhaltsberechtigten gegenüber tatsächlich erfüllt.

357 Im Pfändungs- und Überweisungsbeschluss wird der Pfändungsfreibetrag **konkret als fester Betrag** beziffert.

Sollte die fiktive Berechnung gravierend vom tatsächlichen Bedarf des Schuldners abweichen, so hat dieser die Möglichkeit, Erinnerung gem. § 766 ZPO einzulegen oder, sollte es später zu einer Änderung der Unpfändbarkeitsvoraussetzungen kommen, einen Antrag nach § 850g ZPO zu stellen, um auf diesem Weg den ursprünglichen Pfändungsfreibetrag ggf. abändern zu lassen. 358

Die für die Pfändung notwendigen Angaben sind in den Modulen O, P und Q vorzunehmen. 359

e) Weitere Anträge

Das Vollstreckungsrecht sieht aber auch für den Normalgläubiger eine Reihe von Möglichkeiten vor, unter bestimmten Vorsetzungen den **Vollstreckungszugriff zu erweitern**. 360

Insbesondere besteht hier für den Gläubiger – sofern die Voraussetzungen jeweils erfüllt sind – die Möglichkeit, einen Antrag gem. § 850c Abs. 6 ZPO auf Nichtberücksichtigung von Unterhaltsberechtigten (siehe Modul R, Rdn 312), einen Antrag gem. § 850e Nr. 2 ZPO auf Zusammenrechnung von Arbeitseinkommen, bzw. gem. § 850e Nr. 2a ZPO von Sozialleistungen oder von Arbeitseinkommen und Sozialleistungen (siehe Modul N, Rdn 295) oder aber einen Antrag gem. § 850f Abs. 2 ZPO aus einer Deliktsforderung zwecks Vollstreckung in den Vorrechtsbereich (siehe Modul S, Rdn 313) zu stellen. 361

11. Pfändung von Bankguthaben

Die Kontenpfändung gehört auch nach Einführung des Pfändungsschutzkontos im Jahr 2010 zu den meist genutzten und oftmals auch effizientesten Zwangsvollstreckungsmaßnahmen. 362

Häufig meldet sich der Schuldner nach einer Kontenpfändung beim Gläubiger, um eine Ratenzahlung zu vereinbaren und somit wieder frei über sein Konto verfügen zu können. 363

Seit der Reform des Kontopfändungsschutzes wird Pfändungsschutz für einen Schuldner nur noch gewährt, wenn dieser ein Pfändungsschutzkonto (P-Konto) führt. Bei einem P-Konto wird dem Schuldner automatisch Pfändungsschutz (angelehnt an die Pfändungsfreigrenzentabelle) gewährt, ohne dass es hierfür eines weiteren Antrags beim Vollstreckungsgericht bedarf. 364

a) Pfändungsumfang

Der Umfang der Kontopfändung ist in § 833a ZPO geregelt. Unter den Begriff „Konto" fallen **alle Arten von Konten** bei einem Kreditinstitut, insbesondere 365

- Sparkonten,
- Girokonten,
- Anderkonten und
- Festgeldkonten.

Kontonummern bzw. die IBAN müssen im Pfändungs- und Überweisungsbeschluss nicht angegeben werden, da Konten in Deutschland als **Namenskonten** und nicht als Nummernkonten (wie z.B. in der Schweiz) geführt werden. Die Angabe einer Kontonummer/IBAN dient vielmehr der Erleichterung bei der Zuordnung des Pfändungs- und Überweisungsbeschlusses bei der Drittschuldnerin.

366 *Praxistipp:*

Ist bzw. sind dem Gläubiger die Kontonummer(n) des Schuldners bekannt, empfiehlt es sich jedoch, diese im Antrag auf Erlass des Pfüb anzugeben. Die Praxis zeigt immer wieder, dass Banken häufig mitteilen, dass sie den Pfüb nicht anerkennen, weil sie mit dem Schuldner (angeblich) nicht in Geschäftsverbindung stehen. Teilt der Gläubiger dann nachträglich die ihm bekannte IBAN mit, weisen viele Banken dies zurück mit dem Hinweis, dies sei eine „nicht erlaubte nachträgliche Ergänzung des Pfändungs- und Überweisungsbeschlusses, die nicht anerkannt wird". Um derartigen Problemen aus dem Weg zu gehen, sollte daher eine dem Gläubiger bekannte IBAN immer mit in den Antrag auf Erlass des Pfändungs- und Überweisungsbeschlusses aufgenommen werden. Diese kann z.B. in die Freizeile in Modul H eingetragen werden.

367 Das Zahlungskonto hat dabei eine besondere Rechtsnatur, da es ein sogenanntes **Kontokorrentkonto** i.S.d. des § 355 HBG ist. Mit der weiteren Reform des P-Kontos durch das Pfändungsschutzkonto-Fortentwicklungsgesetz (PKoFoG) im Jahr 2021 wurde der bislang verwandte Begriff „Girokonto" durch den Begriff des „Zahlungskontos" abgelöst. Hierbei handelt es sich nicht um eine inhaltliche bzw. sachliche Änderung, sondern lediglich um eine Begriffsänderung.

Auf dem Zahlungskonto/Kontokorrentkonto werden alle Gutschriften und Belastungen eines Bankkunden (Privat- oder Geschäftskunden) vom Kreditinstitut erfasst und in regelmäßigen Zeitabschnitten durch Verrechnung saldiert. I.d.R. erfolgt der Rechnungsabschluss beim Zahlungskonto jeweils zum Quartalsende.

368 Zwar weist auch der tägliche Kontoauszug einen „Saldo" auf. Es handelt sich jedoch hierbei nicht um den in § 355 HGB genannten Abschlusssaldo, sondern vielmehr um eine tägliche „Information" über erfolgte Buchungen.

369 Gem. § 833a ZPO umfasst die Pfändung des Guthabens eines Kontos bei einem Kreditinstitut das am Tag der Zustellung des Pfändungsbeschlusses bei dem Kreditinstitut bestehende Guthaben sowie die Tagesguthaben der auf die Pfändung folgenden Tage.

370 Um das am **Tag der Zustellung** bestehende Guthaben zu ermitteln, wird das von der Pfändung umfasste Zahlungskonto lediglich buchungstechnisch und auch nur im Verhältnis zwischen Kreditinstitut und Gläubiger außerordentlich saldiert. Ergibt sich bei diesem **„fiktiven Rechnungsabschluss"** ein Guthaben, so steht dieses dem Gläubiger zu, ansonsten hat sich die Pfändung insoweit erledigt.

§ 833a ZPO umfasst daneben aber auch die **nachfolgenden** sogenannten **Tagesguthaben** mit der Folge, dass der Schuldner aufgrund des Verfügungsverbotes nicht mehr wirksam über den Anspruch auf Auszahlung des Guthabens sowie das Recht über dieses Guthaben durch Barabhebungen, Überweisungen oder in sonstiger Weise verfügen kann. Einer ausdrücklichen Nennung dieser Ansprüche im Pfändungs- und Überweisungsbeschluss bedarf es nicht. In der Praxis wird dies jedoch noch oft getan, es ist für den Erlass des Pfändungs- und Überweisungsbeschlusses aber auch unschädlich. 371

Achtung: 372

Die Kontopfändung des § 833a ZPO erstreckt sich ausschließlich auf die Pfändung des Kontoguthabens, nicht jedoch auf andere Rechte aus dem jeweils zugrundeliegenden Vertragsverhältnis zwischen Schuldner und Kreditinstitut. Diese Nebenrechte sind ausdrücklich im Pfändungs- und Überweisungsbeschluss zu benennen, damit sie bei der Pfändung miterfasst sind.

Der **Anspruch des Kontoinhabers auf Erteilung von Kontoauszügen** kann jedoch als Nebenforderung laut Bundesgerichtshof **nicht** bei einer Kontopfändung mit gepfändet werden (vgl. BGH, ZVI 2006, 114). 373

Gem. **§ 836 Abs. 3 ZPO ist der Schuldner** jedoch verpflichtet, dem Gläubiger die zur Geltendmachung der Forderung nötigen Auskünfte zu erteilen und ihm über die Forderung vorhandene Urkunden herauszugeben. Im Rahmen einer Kontopfändung kommen als Urkunden in Betracht: 374

- Sparbücher,
- nicht aber EC-Karten oder andere Scheckkarten (da sie laut BGH, JurBüro 2003, 440 keine über die Forderung vorhandenen Urkunden darstellen)
- Kontoauszüge
- bei einem P-Konto die Nachweise für eine Erhöhung des Pfändungsfreibetrages bei Unterhaltsverpflichtungen (Bescheinigung gem. § 903 ZPO).

Die Verpflichtung des Schuldners zur Herausgabe der entsprechenden Urkunden kann im Formular unter Modul M als **Herausgabeanordnung** angekreuzt werden (vgl. Modul M Rdn 289).

Praxishinweis: 375

Gibt der Schuldner nach Zustellung des Pfändungs- und Überweisungsbeschlusses die Unterlagen nicht freiwillig heraus, hat der Gläubiger(-vertreter) die Möglichkeit, den Gerichtsvollzieher mit der Einziehung der Belege zu beauftragen. Allerdings sollte man sich als Gläubiger bzw. Gläubigervertreter zuvor die Frage stellen, inwieweit dies in der Praxis bez. der Kontoauszüge bzw. der Bescheinigung nach § 903 ZPO sinnvoll ist. Vermehrt werden Konten als Online-Konten geführt. Der Schuldner kann seine Kontoauszüge bzw. Buchungen online einsehen. Der Gläubiger(-vertreter) kann den Schuldner jedoch nicht – auch nicht durch den Gerichtsvollzieher – zwingen, die Kontoauszüge auszudrucken oder sich ggf. Papier-Kontoauszüge abzuholen oder durch die Bank zusenden zu lassen. Die Bescheinigung nach § 903 ZPO muss der Schuldner bei seiner Bank abgeben. Nicht jeder Schuldner (oder besser: kaum ein Schuldner) macht sich eine Kopie dieser Bescheinigung für seine eigenen Unterlagen. Ein entsprechender Einziehungsversuch durch den Gerichtsvollzieher würde daher in Leere gehen und nur Kosten verursachen.

b) Einzelne Kontoarten

376 Nachstehende Tabelle gibt einen Überblick über die Besonderheiten der einzelnen Kontoarten:

Girokonto	Über ein Girokonto wird der tägliche Zahlungsverkehr durch Bareinzahlungen bzw. -abhebungen oder durch Gutschriften zugunsten bzw. zu Lasten des Girokontos geführt. Überzieht der Kunde sein Girokonto, indem er Überweisungen oder Barabhebungen vornimmt, obwohl er kein Bankguthaben mehr hat, rutscht er damit in die sog. „roten Zahlen". Das Konto wird dann debitorisch geführt. Unter Debet versteht man dabei die Forderungs- bzw. Sollseite eines Kontos. Bei einer Kontopfändung werden aber nur positive Salden erfasst und zwar auch dann, wenn diese erst in der Zukunft entstehen. Durch das Inhibitorium und das Arrestatorium sind sowohl die Drittschuldnerin wie auch der Schuldner daran gehindert, Überweisungen zu tätigen und somit gezwungen Geldeingänge aufdas **Debet zu verrechnen**, so dass sich das Soll verringert und das Konto wieder in den Guthabenbereich zurückgeführt wird. Das zukünftige Guthaben ist sodann von der Pfändung erfasst.
Dispositionskredit (vereinbarter Überziehungskredit)	Bei einem Dispositionskredit wird eine „offene Kreditlinie" zwischen Bankkunden (Schuldner) und Kreditinstitut (Drittschuldnerin) vertraglich vereinbart. Kraft Vereinbarung verpflichtet sich das Kreditinstitut dem Schuldner zu bestimmten Bedingungen auf dessen Auffordern hin einen Kredit bis zu einer bestimmten Höhe zur Verfügung zu stellen. Das **Recht zum Abruf** dieses Kredites ist höchstpersönlich und kann daher vom Gläubiger **nicht gepfändet** werden. Ruft der Schuldner jedoch nach wirksamer Pfändung seine Kreditlinie ab, so würde der zur Auszahlung stehende Darlehensbetrag von der Pfändung erfasst sein. In der Praxis wird dies jedoch dadurch verhindert, dass die Kreditinstitute i.d.R. die Vereinbarung bei wirksamer Pfändung kündigen.

geduldeter Überziehungskredit	Beim geduldeten Überziehungskredit liegt hingegen **keine Vereinbarung** vor. Der Schuldner hat keinen Anspruch gegen das Kreditinstitut auf Aufzahlung irgendwelcher Darlehensbeträge. Wenn kein Anspruch besteht, kann dieser auch **nicht gepfändet** werden.
P-Konto	Auf dem P-Konto gelten **besondere Schutzvorschriften**. Der Schuldner kann eingeschränkt über gewisse Guthabenbeträge verfügen.
Sparkonto	Bei der Pfändung von Sparguthaben gibt es keine Besonderheit, da es sich um ein reines Guthabenkonto handelt. Das Sparbuch oder die Sparcard sind dabei Legitimationspapiere, die i.d.R. beim Kreditinstitut vorgelegt werden müssen, um über das Guthaben zu verfügen. Nach h.M. können diese Papiere jedoch **nicht selbst Gegenstand der Pfändung** sein. Sie können allerdings nach der Pfändung gem. § 836 Abs. 3 ZPO vom Schuldner heraus verlangt werden.
Oder-Konto	Das Oder-Konto ist ein normales Girokonto, das als Gemeinschaftskonto für mehrere Personen geführt wird, bei dem aber jeder Kontoinhaber **einzeln verfügungsberechtigt** ist. Der Titel gegen einen der Kontoinhaber reicht aus, um das Konto zu pfänden. Da der Schuldner allein über das gesamte Kontoguthaben verfügen kann, wird auch der gesamte Auszahlungsbetrag von der Pfändung erfasst. Fraglich ist hier, ob die nicht schuldenden Kontoinhaber weiterhin über das Konto verfügen können. Diese Frage wird jedoch unter Anwendung des **Prioritätsgrundsatzes** gelöst. Das Kreditinstitut muss auch sonst zunächst an denjenigen leisten, der es zuerst verlangt. Im wirksamen Pfändungs- und Überweisungsbeschluss ist ein solches Verlangen zu sehen, der bis zur vollständigen Befriedigung auch in die Zukunft fortwirkt. Das spätere Zahlungsverlangen der Kontomitinhaber sind als nachrangig anzusehen, mit der Folge, dass das Konto insgesamt gesperrt ist.
Und-Konto	Das Und-Konto ist ein Gemeinschaftskonto für mehrere Personen, wobei alle Kontoinhaber nur **gemeinsam verfügen** können. Nach h.M. muss in diesen Fällen ein Vollstreckungstitel gegen alle Kontoinhaber vorliegen.

c) Keine Verdachtspfändung

Grds. ist der Gläubiger verpflichtet aufgrund seiner Kostenminderungspflicht die Pfändung mehrerer Forderungen des Schuldners gegen einen oder mehrere Drittschuldner in einem Pfändungs- und Überweisungsbeschluss zusammen zu fassen. 377

378 Eine Forderungspfändung auf Verdacht zur Ausforschung des Schuldners, z.B. durch Pfändung mehrerer Forderungen des Schuldners gegen eine Vielzahl von an seinem Wohnsitz ansässigen Kreditinstituten, ist hingegen rechtsmissbräuchlich.

Der BHG (vgl. BGH, ZVI 2004, 284) hat festgestellt, dass eine Pfändung bei nicht mehr als drei Banken am Schuldnerwohnsitz zulässig ist, sofern es sich bei dem Schuldner um einen Verbraucher handelt.

Kann der Gläubiger jedoch nachweisen, dass der Schuldner (als Verbraucher) **tatsächlich** Konten bei mehr als drei verschiedenen Banken an seinem Wohnsitz führt, liegt keine Verdachtspfändung vor. Somit ist die Pfändung gegenüber mehreren Drittschuldnern zulässig. Der Nachweis kann hier insbesondere durch die Drittauskunft gem. § 802l ZPO des Bundeszentralamtes für Steuern geführt werden.

Die vorgenannte Entscheidung des BGH betrifft zudem (nur) einen Verbraucher als Schuldner. Handelt es sich bei dem Schuldner um eine juristische Person, so können auch mehr als drei Banken als Drittschuldner im Antrag auf Erlass des Pfüb angegeben werden, da Firmen in der Regel mehrere Geschäftskonten führen. Die Literatur spricht hier von der Möglichkeit, fünf drittschuldnerische Kreditinstitute in der näheren Umgebung des Sitzes der juristischen Person anzugeben.

d) Auszahlungssperrfrist

379 Gem. § 835 Abs. 3 ZPO darf ein gepfändetes Kontoguthaben einer **natürlichen Person** erst nach Ablauf von **vier Wochen ab Zustellung** des Pfändungs- und Überweisungsbeschlusses an den Gläubiger ausgezahlt werden. Dem Schuldner soll damit Gelegenheit gegeben werden, ggf. Kontoschutz durch Umwandlung seines Girokontos in ein P-Konto zu erlangen und somit seinen Lebensunterhalt zu sichern.

e) Das Pfändungsschutzkonto – Grundlagen

380 Wie bereits ausgeführt, wurde zum 1.7.2010 der Kontenpfändungsschutz neu geregelt: Durch Einführung eines Pfändungsschutzkontos (P-Kontos) soll es dem Schuldner ermöglicht werden, trotz einer Pfändung seines Kontoguthabens die Geldgeschäfte des täglichen Lebens vornehmen zu können. In Anlehnung an die Pfändungsfreibeträge bei einer Lohnpfändung wurden Pfändungsfreibeträge für Kontenguthaben eingeführt.

Grundvoraussetzung ist, dass der Schuldner sein Konto als P-Konto führt.

Besteht bereits ein herkömmliches Girokonto, kann der Schuldner, der eine natürliche Person ist, jederzeit die Umwandlung in ein P-Konto verlangen, § 850k Abs. 1 ZPO, auch dann, wenn das Guthaben des Kontos bereits gepfändet ist, § 850k Abs. 2 ZPO. In diesem Fall ist die Bank verpflichtet, die Umstellung des Kontos auf ein P-Konto innerhalb von vier Tagen vorzunehmen.

Das Führen eines P-Kontos als Gemeinschaftskonto ist nicht möglich, § 850l ZPO.

Um einen Missbrauch zu verhindern, darf jeder Schuldner nur ein P-Konto führen, § 850k Abs. 3 ZPO. Der Schuldner muss daher bei Eröffnung eines P-Kontos gegenüber dem Kreditinstitut versichern, dass er kein weiteres P-Konto unterhält.

Freibeträge / geschütztes Guthaben 381

Der Grundfreibetrag, der dem Schuldner zusteht, kann unter bestimmten Voraussetzungen erhöht werden, § 902 ZPO. Eine Erhöhung des Freibetrages kann insbesondere dann erfolgen, wenn der Schuldner anderen Personen **gesetzlichen Unterhalt**, § 902 S. 1 Nr. 1a ZPO, gewährt. In diesen Fällen erhöht sich der Grundfreibetrag derzeit um 561,43 EUR (Stand: 1.7.2025) für die erste und um jeweils weitere 312,78 EUR für die zweite bis fünfte Person. Ist der Schuldner mehr als fünf Personen gesetzlich zum Unterhalt verpflichtet, kann eine Erhöhung des unpfändbaren Betrags nur beim Vollstreckungsgericht beantragt werden, § 906 Abs. 2 i.V.m. § 850f Abs. 1 Nr. 3 ZPO.

Weitere Möglichkeiten zur Erhöhung des Freibetrages bei einem P-Konto finden sich in § 902 Nr. 1 bis 6 ZPO.

Um einen höheren Freibetrag nutzen zu können, muss der Schuldner dem Kreditinstitut 382
eine Bescheinigung vorlegen, wonach er weiteren Personen zum Unterhalt verpflichtet ist. Der erhöhte Freibetrag ist nicht von Amts wegen durch die Bank zu beachten, sondern immer nur nach Vorlage der entsprechenden Bescheinigung(en). Die Stellen, die Erhöhungsbeträge nach § 902 S. 1 ZPO bewilligen (z.B. Familienkassen und Sozialleistungsträger), sind verpflichtet, auf Antrag eine solche Bescheinigung auszustellen. Zudem sind insbesondere Arbeitgeber und Schuldnerberatungsstellen zur Ausstellung einer Bescheinigung über Erhöhungsbeträge befugt.

Nur wenn die Bank die vorgelegte(n) Bescheinigung(en) nicht anerkennt, entscheidet im Zweifel das Vollstreckungsgericht über die Erhöhung des Freibetrages.

Das Kindergeld ist kraft Gesetzes pfandfrei zu belassen, wenn der Schuldner gem. § 902 383
Nr. 5 i.V.m. § 903 Abs. 1 + 2 ZPO einen Nachweis vorlegt. Dies kann z.B. der Kindergeldbescheid der Familienkasse sein.

Analog zur Lohnpfändung kommt eine Aufstockung des Freibetrages nur dann in Betracht, wenn

- der Schuldner auch tatsächlich Unterhalt gewährt
- der Schuldner gesetzlich unterhaltsverpflichtet ist. Freiwillige oder moralische Unterhaltszahlungen zählen nicht.

Ist das pfändungsgeschützte Guthaben bis zum Ende des Kalendermonats nicht auf- 384
gebraucht, wird das verbleibende pfändungsgeschützte Guthaben in den drei nachfolgenden Kalendermonaten zusätzlich zu dem in den jeweiligen Kalendermonaten geschützten

Guthaben nicht von der Pfändung erfasst, § 899 Abs. 2 ZPO. Wird der Guthabenrest auch nach Ablauf dieser Zeit nicht verbraucht, wird er gepfändet.

385 **Nachzahlung**

Wird durch eine **Nachzahlung** von z.B. Arbeitseinkommen, Rente etc. der monatliche Grundfreibetrag nicht überschritten, muss der Schuldner nichts unternehmen, da der automatische Pfändungsschutz greift.

Handelt es sich bei der Nachzahlung um Arbeitseinkommen oder laufende Geldleistungen nach dem Sozialgesetzbuch und übersteigt dieser Betrag nicht den Wert von 500 EUR, ist dieser Betrag ebenfalls pfändungsgeschützt, § 904 Abs. 2 ZPO. Dem Kreditinstitut muss hierfür jedoch eine entsprechende Bescheinigung durch den Schuldner vorgelegt werden.

Übersteigt die Nachzahlung 500 EUR sowie den Grundfreibetrag für den Monat, in dem die Nachzahlung dem Konto gutgeschrieben wird, muss der Schuldner beim Vollstreckungsgericht einen Antrag auf Festsetzung des pfändungsfreien Betrags stellen.

Bei der Nachzahlung von laufenden Geldleistungen, die als Erhöhungsbeträge geltend gemacht werden können, beispielsweise Kindergeldzahlungen, genügt die Vorlage einer Bescheinigung gegenüber dem Kreditinstitut, dass es sich um die Nachzahlung einer solchen Leistung handelt.

12. Vorpfändung / vorläufiges Zahlungsverbot

386 Eine Pfändung wird erst mit der Zustellung des Pfändungs- und Überweisungsbeschlusses an den Drittschuldner wirksam. Im Einzelfall kann bis zur Zustellung wertvolle Zeit verloren gehen, während der der Schuldner über sein Vermögen verfügt und so den Zugriff durch den Gläubiger verhindert.

a) Allgemeines

387 § 845 ZPO räumt daher dem Gläubiger die Möglichkeit einer **Vorpfändung** – auch vorläufiges Zahlungsverbot genannt – ein.

Bei dem vorläufigen Zahlungsverbot handelt es sich um eine privat-schriftliche Benachrichtigung an den Drittschuldner und den Schuldner, dass eine Pfändung alsbald bevorsteht. Sie enthält insbes. die folgenden Aufforderungen:

- an den Drittschuldner, nicht an den Schuldner zu zahlen und
- an den Schuldner, sich jeder Verfügung über die näher bezeichnete Forderung zu enthalten.

b) Voraussetzungen

Es müssen nachstehende Voraussetzungen gegeben sein, damit ein vorläufiges Zahlungsverbot rechtmäßig ist: 388

- Es muss ein auf eine Geldforderung gerichteter und zumindest vorläufig vollstreckbarer Titel bestehen. Die Verkündung des entsprechenden Titels reicht aus. Der Gläubiger muss jedoch (noch) nicht im Besitz des Titels sein.
- Die zu pfändende Forderung muss auch in einem vorläufigen Zahlungsverbot hinreichend genau angegeben werden.
- Das Vorliegen der weiteren allgemeinen Vollstreckungsvoraussetzungen wie Klausel und Zustellung ist nicht erforderlich.
- Es ist nicht erforderlich, dass eine vollstreckbare Ausfertigung nach § 727 ZPO für bzw. gegen den Rechtsnachfolger erteilt wurde; hier müssen auch Beweisurkunden nicht vorliegen und nicht zugestellt sein.[47]
- Die besonderen Voraussetzungen der Zwangsvollstreckung, nämlich der Eintritt einer Bedingung gem. § 726 ZPO, der Eintritt eines Kalendertages gem. § 751 Abs. 1 ZPO oder die Voraussetzungen bei einer Zug-um-Zug-Vollstreckung gem. § 765 ZPO müssen erfüllt sein.
- Sofern eine künftige Forderung besteht, muss bereits eine Rechtsbeziehung zwischen Schuldner und Drittschuldner bestehen.
- Es muss weder eine Sicherheit geleistet sein, noch müssen Wartezeiten eingehalten werden.

c) Antrag – Gläubiger erstellt Vorpfändung selbst

Anders als für den Antrag auf Erlass eines Pfändungs- und Überweisungsbeschlusses gibt es für das vorläufige Zahlungsverbot **keinen Formularzwang**. Ein Antrag kann formlos gestellt werden und könnte wie folgt aussehen: 389

▼ 390

Muster 5.2: Vorläufiges Zahlungsverbot
In der Zwangsvollstreckungssache 5.2

Gläubiger G

(genaue Anschrift)

– Gläubiger –

– Prozessbevollmächtigter:

47 Zöller/*Herget*, 34. Aufl., § 845 ZPO Rn 2.

gegen

Schuldner S

(genaue Anschrift)

– Schuldner –

bitten wir um schnellstmögliche Zustellung des in Anlage befindlichen

vorläufigen Zahlungsverbots

an:

1.) Drittschuldner

2.) Schuldner

Rechtsanwalt

391

Muster 5.3: Vorläufiges Zahlungsverbot gem. § 845 ZPO

In der Zwangsvollstreckungssache

Gläubiger G

(genaue Anschrift)

– Gläubiger –

– Prozessbevollmächtigter: Rechtsanwalt R

gegen

Schuldner S

(genaue Anschrift)

– Schuldner –

steht aufgrund des *(genaue Bezeichnung des Titels)* wegen der Gesamtforderung in Höhe von ....,.. EUR gem. beiliegender Forderungsaufstellung die Pfändung der Forderungen und Ansprüche des vorgenanntem Schuldners aus (Bezeichnung der angeblichen Ansprüche) gegen den Drittschuldner

(Name und Anschrift des Drittschuldners; elektronische Zustellanschrift)

bevor.

Gemäß § 845 ZPO werden Schuldner und Drittschuldner hiermit von der bevorstehenden Pfändung benachrichtigt.

Diese Benachrichtigung hat die Wirkung eines Arrestes (§§ 845, 930 ZPO).

Der Drittschuldner darf insoweit an Schuldner nicht mehr leisten. Der Schuldner hat sich jeder Verfügung über die bezeichnete Forderung zu enthalten.

Rechtsanwalt

▲

Praxistipp: 392

Die in einem vorläufigen Zahlungsverbot häufig – insbesondere bei vorgefertigten Texten der Branchensoftware – enthaltene Bitte des Gläubigers an den Drittschuldner bereits vor Zustellung eines Pfändungs- und Überweisungsbeschlusses Auskünfte gem. § 840 ZPO zu erteilen, wird von einigen Gerichten als rechtswidrig angesehen mit der Folge, dass das vorläufige Zahlungsverbot nicht zugestellt werden darf.[48]

d) Zustellung

Die Zustellung des vorläufigen Zahlungsverbotes ist immer durch den **Gerichtsvollzieher** durchzuführen, eine Zustellung durch einen Boten oder durch die Post ist unwirksam. 393

Hinweis: 394

Seit der Änderung des § 16 GVO zum 1.6.2023 ist für Zustellungen der Gerichtsvollzieher zuständig, in dessen Bezirk der Schuldner seinen allgemeinen Gerichtsstand hat. Dies hat zu einem regelrechten Durcheinander und vielen Problemen bei der Zustellung geführt. Die Bundesländer haben sich zum 1.5.2025 auf eine Änderung des § 16 GVO geeinigt. Der geänderte Text der Verordnung findet sich z.B. unter https://www.transparenz.bremen.de/metainformationen/allgemeine-verfuegung-der-senatorin-fuer-justiz-und-verfassung-zur-aenderung-der-gerichtsvollzieherordnung-gvo-2344-001-268311?asl=bremen203_tpgesetz.c.55340.de&template=20_gp_ifg_meta_detail_d

e) Antrag – Gerichtsvollzieher fertigt die Vorpfändungsbenachrichtigung an

Der Gläubiger hat auch die Möglichkeit, im Rahmen eines Vollstreckungsauftrages den 395
Gerichtsvollzieher mit der Erstellung und Zustellung eines vorläufigen Zahlungsverbotes

48 AG Bonn, 9.6.2023 – 22 M 1249/23; vergl. auch: AG Heilbronn, JurBüro 04/2017, 208; AG Calw, 5.1.2021 – 9 M 2505/20.

zu beauftragen, sofern dieser im Rahmen der Vollstreckung Kenntnis von einer pfändbaren Forderung erhält.

Beispiel:

Gläubiger G liegt ein Vollstreckungsbescheid gegen Schuldner S vor. G beauftragt den GV mit der Abnahme der Vermögensauskunft ohne vorherigen Pfändungsversuch (Modul H) sowie – sofern sich aus der Vermögensauskunft pfändbares Vermögen wie z.B. Lohnanspruch oder Kontoverbindung ergeben – mit der Anfertigung und Zustellung eines vorläufigen Zahlungsverbotes unter Modul K.

K	**Vorpfändung (§ 845 ZPO)** Anfertigung der Benachrichtigung über die Vorpfändung und Zustellung sowie unverzügliche Mitteilung über die ☐ pfändbaren Forderungen, die dem Gerichtsvollzieher bekannt sind oder bekannt werden ☐ mit Ausnahme folgender Forderungen: _____ ☐ folgenden Forderungen: _____

f) Wirkung

396 Das vorläufige Zahlungsverbot hat die Wirkung eines Arrests gem. § 930 ZPO und sichert dem Gläubiger einen entsprechenden **Rang** innerhalb der Zwangsvollstreckung.

397 Die entsprechende Pfändung muss innerhalb einer Frist von einem Monat ab Zustellung des vorläufigen Zahlungsverbotes bei dem Drittschuldner eingegangen sein, ansonsten verliert das vorläufige Zahlungsverbot seine Wirkung, § 845 ZPO. Eine Verlängerung dieser Frist gibt es nicht. Ist abzusehen, dass der Pfändungs- und Überweisungsbeschluss nicht innerhalb der Frist von einem Monat zugestellt wird, so besteht die Möglichkeit, ein weiteres vorläufiges Zahlungsverbot zustellen zu lassen. Dieses löst jedoch einen neuen Rang aus und verlängert nicht den alten Rang des 1. vorläufigen Zahlungsverbotes.

398 Erfolgt die Zustellung des Pfändungs- und Überweisungsbeschlusses innerhalb der Monatsfrist, so wird dessen Wirksamkeit auf den Zeitpunkt der Vorpfändung zurückdatiert. Die Pfändungswirkungen wie Beschlagnahme und Pfändungspfandrecht und damit auch der Pfändungsrang bestimmen sich dann nach dem Zeitpunkt der Zustellung des vorläufigen Zahlungsverbotes. Wurden Verfügungen über die gepfändete Forderung nach Wirksamwerden der Vorpfändung vorgenommen, so sind diese dem Gläubiger gegenüber unwirksam.[49]

399 *Praxistipp:*

Nehmen Sie Akten mit Vorpfändungen unter gesonderte Fristenkontrolle. Sobald alle Vollstreckungsvoraussetzungen vorliegen, sollte bei einer Vorpfändung der entspre-

49 Zöller/*Seibel*, § 845 ZPO Rn 5.

chende Pfändungs- und Überweisungsbeschluss beantragt werden, es sei denn, mit dem Mandanten ist ausdrücklich eine andere Strategie abgesprochen.

Sollte nämlich die Rechtsanwaltskanzlei für den Fristablauf verantwortlich sein, so könnte der Mandant gegenüber dem RA Haftungsansprüche geltend machen.

g) Kosten

Bei der Vorpfändung muss zunächst unterschieden werden, ob diese isoliert betrieben wurde oder ob später eine entsprechende Pfändung bewirkt worden ist. 400

Wurde eine Pfändung bewirkt, so stellt das vorläufige Zahlungsverbot zusammen mit der Pfändung eine **einheitliche Tätigkeit** i.S.v. § 15 RVG dar.

Wurde hingegen die Vorpfändung isoliert betrieben, weil z.B. noch keine vollstreckbare Ausfertigung vorlag und zahlt der Schuldner hierauf, so hat er auch die Kosten für die Vorpfändung in Höhe einer 0,3 Verfahrensgebühr nach Nr. 3309 VV RVG zuzüglich der Post- und Telekommunikationspauschale sowie einer evtl. Umsatzsteuer zu tragen sowie die Zustellkosten des Gerichtsvollziehers.

Nach Entscheidung des BGH[50] ist eine Vorpfändung nach § 845 ZPO notwendig i.S.v. § 788 Abs. 1 S. 1 ZPO, wenn aufgrund tatsächlicher Anhaltspunkte die Besorgnis besteht, dass dem Gläubiger ohne sie bei späterer Pfändung Rangnachteile entstehen oder bis dahin beeinträchtigende Verfügungen über das zu pfändende Recht erfolgen. Nur in diesem Fall kann der Gläubiger die Erstattung der Kosten vom Schuldner verlangen. Es ist Sache des eine Festsetzung der Kosten einer Vorpfändung begehrenden Gläubigers, die tatsächlichen Anhaltspunkte darzulegen, welche zum Zeitpunkt der Vornahme der Vorpfändung eine solche Besorgnis begründeten.

IV. Immobiliarvollstreckung

1. Zwangssicherungshypothek

Liegen Ihnen Informationen über eine **Immobilie** oder ein **Grundstück** des Schuldners vor, so sollten Sie die Eintragung einer Zwangssicherungshypothek gem. § 866 Abs. 1 ZPO erwägen. 401

a) Allgemeines

In erster Linie dient die Eintragung der Zwangssicherungshypothek ins Grundbuch der Absicherung der einzutragenden Forderung gegenüber möglichen weiteren Gläubigern. Es findet durch die Eintragung lediglich eine Sicherung der Forderung statt, eine **Verwertung** und damit Befriedigung des Gläubigers findet zunächst nicht statt. Erst wenn eine 402

50 BGH v. 19.3.2025 – VII ZB 30/24.

Zwangsversteigerung oder **Zwangsverwaltung** über das Grundstück angeordnet wird, kommt es ggf. zu einer Verwertung. Ein Erlös aus der Zwangssicherungshypothek ergibt sich erst dann, wenn die eventuellen vorrangigen Gläubiger befriedigt worden sind.

403 Als Erstes sollte ein **Grundbuchauszug eingeholt werden**, damit man sich einen Überblick über die Belastungen des Grundstücks verschaffen kann. Liegen bereits mehrere höhere Belastungen in Abteilung 3 des Grundbuchs vor, so kann davon ausgegangen werden, dass eine Befriedigung unmittelbar aus dem Grundstück nicht erfolgen wird.

Je nach Einzelfall empfiehlt es sich dennoch auch in diesen Fällen, eine Zwangssicherungshypothek eintragen zu lassen, da die Eintragung den freihändigen Verkauf der Immobilie / des Grundstücks für den Schuldner erschwert.

404 Bei einem freihändigen Verkauf besteht meist der Käufer auf die Eigentumsübertragung eines **lastenfreien** Grundstücks. Hierzu müsste die Zwangssicherungshypothek allerdings gelöscht werden, der Schuldner benötigt hierzu eine Löschungsbewilligung des Gläubigers. In dieser Situation meldet sich der Schuldner häufig beim Gläubiger und es findet sich eine Lösung durch Voll-, Teil- oder Ratenzahlung, damit der Schuldner den Verkauf zeitnah abwickeln kann.

b) Antrag

405 Gem. § 867 Abs. 1 ZPO muss der Gläubiger für die Eintragung der Zwangssicherungshypothek einen formlosen Antrag beim Grundbuchamt stellen. Dabei ist das Grundbuchamt örtlich zuständig, in dessen Bezirk das Grundstück oder das grundstücksgleiche Recht liegt.

406 Aus der Stellung des § 866 ZPO im Gesetz ergibt sich, dass nur **Forderungen in Geldbeträgen** als Zwangssicherheitsleistung eingetragen werden können. Ein Titel auf Herausgabe eines bestimmten Pkws z.B. ist hingegen nicht eintragungsfähig.

407 Gem. § 866 Abs. 3 S. 1 ZPO kann eine Zwangssicherungshypothek nur eingetragen werden, wenn die Forderung über 750,00 EUR liegt, also erst ab 750,01 EUR. Gem. § 866 Abs. 3 S. 2 ZPO können hierbei jedoch Forderungen desselben Gläubigers addiert werden.

Gem. § 866 Abs. 3 S. 1 Hs. 2 ZPO werden Zinsen dabei nicht berücksichtigt, soweit sie als Nebenforderung geltend gemacht werden. Andere Nebenforderungen, insbes. frühere Vollstreckungskosten werden hingegen hinzugerechnet und sind eintragungsfähig, soweit sie gem. § 788 Abs. 1 ZPO tituliert oder glaubhaft gemacht worden sind (vgl. auch *Zöller/Seibel*, § 866 ZPO Rn 5).

408 Die Kosten für das Eintragungsverfahren sind nicht eintragungsfähig. Dies ergibt sich aus § 867 Abs. 1 S. 3 ZPO. Demnach haftet das Grundstück kraft Gesetzes, eine Eintragung der Kosten ist daher nicht erforderlich. Bei einem evtl. späteren Zwangsversteigerungs-

verfahren müssen diese Eintragungskosten allerdings angemeldet werden, um Berücksichtigung zu finden.

Ein möglicher Antrag auf Eintragung einer Zwangssicherungshypothek könnte wie folgt aussehen:

▼ 409

Muster 5.4: Eintragungsantrag einer Zwangssicherungshypothek

An das Amtsgericht – Grundbuchamt –

(genaue Anschrift)

Antrag auf Eintragung einer Sicherungshypothek

In der Zwangsvollstreckungssache

Gläubiger G

(genaue Anschrift)

– Gläubiger –

– Prozessbevollmächtigter:

gegen

Schuldner S

(genaue Anschrift)

– Schuldner –

stehen dem Gläubiger nach *(genaue Bezeichnung des Titels)*

die gemäß beigefügtem Forderungskonto berechneten Beträge einschließlich der bis zur Stellung dieses Antrags entstandenen Zinsen und Kosten zu.

Wegen der dort aufgeführten Gesamtforderung sowie der Kosten dieses Antrags beantragen wir namens und in Vollmacht des Gläubigers *(Vollmacht ergibt sich aus dem Titel)*

die Eintragung einer Sicherungshypothek

entsprechend den Bestimmungen der §§ 866, 867 ZPO

zulasten des im Eigentum des Schuldners stehenden Grundbesitzes (*genaue Bezeichnung des Grundstücks*).

Die einzutragende Forderung gliedert sich wie folgt auf:

Forderung gemäß beiliegender Berechnung EUR

Die Kosten dieses Antrags werden wie folgt mitgeteilt, deren Eintragung jedoch entsprechend § 867 Abs. 1 S. 3 ZPO nicht beantragt:

Kosten dieses Antrags:

0,3 Verfahrensgebühr Nr. 3309 VV RVG	EUR
Post- und Telekommunikationspauschale Nr. 7002 VV RVG	EUR
19 % USt Nr. 7008 VV RVG	EUR
Gerichtskosten	EUR

Rechtsanwalt

Anlagen

Titel, Vollstreckungsunterlagen, Forderungsaufstellung

▲

2. Zwangsversteigerung

Gabriele Waldschmidt/Gundel Baumgärtel

410 Die folgenden Ausführungen sind lediglich eine kurze Übersicht. Das Zwangsversteigerungsverfahren ist umfangreich und kann nicht in der hier gebotenen Kürze im Detail dargestellt werden. Nachfolgend erfolgt daher eine Zusammenfassung der wichtigsten Punkte. Die vergütungsrechtlichen Fragen werden im vergütungsrechtlichen Teil unter § 8 Rdn 636 ff. behandelt.

411 Verfügt der Schuldner über **Grundbesitz**, so kann als eine Maßnahme der Zwangsvollstreckung auch die Zwangsversteigerung (Subhastation) durchgeführt werden. Das Verfahren ist im Gesetz über die Zwangsversteigerung und Zwangsverwaltung (ZVG) geregelt. § 869 ZPO verweist daher auf die vorrangig anwendbaren Vorschriften des ZVG.

a) Zweck des Zwangsversteigerungsverfahrens

aa) Allgemeines

412 Eine Zwangsversteigerung stellt für den Schuldner oft eine besondere Härte dar. Er verliert „sein Haus“ oder „seine Eigentumswohnung“ und gleichzeitig seinen Lebensmittelpunkt, wenn die Immobilie selbst genutzt wird.

413 Es ist keine Voraussetzung der Zwangsversteigerung, dass der Gläubiger vorher bereits ergebnislos andere Maßnahmen der Vollstreckung durchgeführt hat. Er kann unmittelbar im Wege der Zwangsversteigerung vorgehen.

Die Zwangsversteigerung eröffnet dem Gläubiger die Möglichkeiten, wegen einer Geldforderung in das unbewegliche Vermögen zu vollstrecken und so Befriedigung seines Anspruchs zu erreichen. 414

Die Zwangsversteigerung ist nur bei **unbeweglichem Vermögen** möglich. Zum unbeweglichen Vermögen gehören Grundstücke und deren Aufbauten, Wohnungseigentum, Teileigentum sowie grundstücksgleiche Rechte wie das Erbbaurecht.

Der Antrag auf Anordnung der Zwangsversteigerung kann sowohl wegen eines dinglichen Anspruchs, bspw. aus einer Grundschuld oder Hypothek, als auch wegen eines persönlichen (Zahlungs-)Anspruchs erfolgen. 415

Praxistipp: 416

Das Zwangsversteigerungsverfahren verursacht sehr hohe Kosten. Vor der Versteigerung wird ein Verkehrswertgutachten durch einen durch das Gericht zu bestellenden Sachverständigen in Auftrag gegeben. Dieses Verkehrswertgutachten kann Kosten von einigen tausend EUR verursachen. Bevor Sie daher einen Antrag auf Zwangsversteigerung stellen, sollten Sie sich vergewissern, dass angesichts der im Grundbuch bei der zu versteigernden Immobilie eingetragenen Belastungen überhaupt damit zu rechnen ist, dass der Gläubiger aus einem zu erwartenden Versteigerungserlös befriedigt wird. In welcher Höhe die eingetragenen Forderungen noch valutieren, ist für den Gläubiger vorab nicht feststellbar. Bei bestehenden Voreintragungen ist es daher oftmals schwer abzuschätzen, ob die Belastungen den Wert der Immobilie übersteigen und dem Mandanten daher von einer Zwangsversteigerung abgeraten werden sollte. Er wird nicht deshalb vorrangig aus dem Versteigerungserlös befriedigt, weil er das Verfahren betreibt. Die eingetragene Rangfolge im Grundbuch entscheidet über die vorzunehmende Verteilung eines eventuellen Versteigerungserlöses. Es kann daher im schlechtesten Fall vorkommen, dass der die Zwangsversteigerung betreibende Gläubiger bei der Zwangsversteigerung leer ausgeht, aber sämtliche Kosten des Zwangsversteigerungsverfahrens tragen muss.

In jedem Bundesland besteht die Möglichkeit, in das Grundbuch auf elektronischem Wege Einsicht zu nehmen. Die Einsichtnahme ist kostenpflichtig und an die Erfüllung von Zulassungskriterien geknüpft. Weitere Informationen finden Sie auf http://www.grundbuch-portal.de. 417

Wirtschaftlich sinnvoll ist bei vorhandenen Grundbuchbelastungen oft nur die Versteigerung aus einer **Grundschuld** oder **Hypothek**, im Idealfall aus der erstrangigen Belastung. Ein Gläubiger, der nicht über eine **eingetragene** Forderung im Grundbuch verfügt, muss befürchten, in der Zwangsversteigerung nicht befriedigt zu werden. 418

bb) Teilungsversteigerung

419 Eine besondere Form der Zwangsversteigerung ist die Teilungsversteigerung zur Aufhebung der Gemeinschaft (§ 180 ZVG).

420 Die Zwangsversteigerung führt – im Unterschied zur Zwangsverwaltung, die auf den Ertrag eines Grundstücks zielt – zu einer Verwertung der Substanz. Bei Erbauseinandersetzungen und in Anschluss an Ehescheidungen ist eine Teilungsversteigerung oft die einzige Möglichkeit, die gemeinsame Immobilie zu verwerten.

b) Zuständigkeit

421 Sachlich zuständig ist das AG als Vollstreckungsgericht. Örtlich zuständig ist das AG, in dessen Bezirk die Immobilie liegt.

c) Verfahren

422 Die Zwangsversteigerung erfolgt nur auf Antrag. Jeder Gläubiger des Schuldners kann bei einer titulierten Geldforderung die Zwangsversteigerung beantragen.

423 Voraussetzung für das Zwangsversteigerungsverfahren ist das Vorliegen eines **Vollstreckungstitels**. Sämtliche Vollstreckungsvoraussetzungen müssen erfüllt sein (zu den Voraussetzungen s. Rdn 10 ff.). Bei einem nur gegen Sicherheitsleistung vollstreckbaren Titel ist der Nachweis der erbrachten Sicherheitsleistung erforderlich. Ein Rechtsmittelverfahren kann erhebliche Zeit in Anspruch nehmen, so dass der Schuldner zwischenzeitlich über den Grundbesitz verfügen könnte. Ob bereits im laufenden Rechtsmittelverfahren ein Zwangsversteigerungsverfahren eingeleitet werden sollte, ist einzelfallabhängig. Zumindest durch die Eintragung einer Sicherungshypothek sollte der Anspruch des Gläubigers bei einem laufenden Rechtsmittelverfahren gesichert sein. Ein Muster für die Eintragung einer Sicherungshypothek finden Sie unter Rdn 409.

424 Die Zwangsversteigerung wird durch das Gericht mit Beschluss angeordnet. Dieser Beschluss wird dem Schuldner und den Verfahrensbeteiligten vom Gericht zugestellt. Verfahrensbeteiligte sind neben dem Schuldner und dem betreibenden Gläubiger des Verfahrens diejenigen, deren Interesse sich aus dem Grundbuch ergibt, insbes. die Gläubiger anderer Rechte, wie z.B. Grundschulden, Hypotheken, Reallasten, Wegerechte etc. Je nach Lage des Verfahrens können – auch während des Verfahrens – noch weitere Beteiligte hinzukommen.

425 Das Vollstreckungsgericht richtet an das Grundbuchamt das Ersuchen, dass im Grundbuch in Abteilung II vermerkt wird, dass die Zwangsversteigerung angeordnet ist.

426 Mit der Zustellung des Anordnungsbeschlusses an den Schuldner oder auch durch den Eingang des Eintragungsersuchens an das Grundbuchamt gilt zugunsten des Gläubigers die **Beschlagnahme** des Grundstücks als erfolgt.

d) Rechtsmittel

Gegen die Beschlüsse des Vollstreckungsgerichts ist – sowohl für den Gläubiger als auch für den Schuldner – die sofortige Beschwerde beim zuständigen LG zulässig. Für die sofortige Beschwerde gilt eine **Notfrist** von zwei Wochen ab Zustellung des Beschlusses. Ein gesonderter Wert der Beschwer ist nicht zu beachten. Es gelten die Ausführungen zu Rechtsmitteln und Rechtsbehelfen in der Zwangsvollstreckung (s. Rdn 548 ff.). 427

e) Schuldnerschutz

Der Schuldner kann gem. § 30a ZVG die Einstellung der Zwangsversteigerung für höchstens sechs Monate beantragen. Der Antrag muss innerhalb einer Notfrist von zwei Wochen (§ 30b Abs. 1 ZVG) ab Zustellung des Anordnungs- bzw. Beitrittsbeschlusses durch den Schuldner gestellt werden. Der Antrag muss begründet werden. Der Schuldner muss mit seinem Antrag nach § 30a ZVG nachweisen, dass er die Forderung des Gläubigers binnen sechs Monaten ausgleichen kann. Hierzu ist **Glaubhaftmachung** erforderlich. Glaubhaftmachung erfolgt in Form einer eidesstattlichen Versicherung durch den Schuldner. Gibt das Gericht dem Einstellungsantrag nach, so wird das Verfahren für längstens sechs Monate eingestellt. Oft macht das Gericht eine Einstellung der Zwangsversteigerung von Auflagen abhängig und ordnet bspw. Ratenzahlung durch den Schuldner an. 428

Dem Schuldner bleibt im Zwangsversteigerungsverfahren die Möglichkeit, die einstweilige Einstellung der Zwangsversteigerung gem. § 765a ZPO zu beantragen. Dies ist nur möglich, wenn mit der Zwangsversteigerung eine sittenwidrige Härte (insbes. bei Teilungsversteigerungen bei gescheiterten Ehen oder Lebenspartnerschaften) verbunden ist oder Gefahr für Leib und Leben des Schuldners besteht. Der Schuldner muss hier die entsprechenden Nachweise erbringen. Beruft sich der Schuldner auf eine Gefahr von Leib und Leben, ist davon auszugehen, dass der Schuldner ein amtsärztliches Attest vorzulegen hat. 429

f) Einstweilige Einstellung auf Antrag des Gläubigers

Der Zwangsversteigerungsantrag hat auf viele Schuldner eine Signalwirkung. Spätestens jetzt merkt der Schuldner, dass es dem Gläubiger mit seiner Vollstreckung ernst ist. Viele Schuldner wenden sich nach Eröffnung des Zwangsversteigerungsverfahrens an den Gläubiger und versuchen, Ratenzahlung zu vereinbaren. Der Gläubiger muss, wenn er diese Ratenzahlung akzeptiert, den Antrag nicht zurücknehmen. Er hat die Möglichkeit, die Zwangsversteigerung gem. § 30 ZVG einstweilen einzustellen. Ist eine hohe Forderung Grundlage der Ratenzahlungsvereinbarung, ist nicht zu erwarten, dass der Gläubiger rasch befriedigt wird. Der Einstellung der Zwangsversteigerung kann der Gläubiger aber insgesamt nur zweimal zustimmen (§ 30 ZVG). Stimmt der Gläubiger zum dritten Mal einer Einstellung zu, so gilt diese Zustimmung als Rücknahme des Versteigerungsantrages. Die Rücknahme führt dazu, dass das Verfahren aufgehoben wird. 430

431 *Praxistipp:*

Bei einer Ratenzahlungsvereinbarung im laufenden Zwangsversteigerungsverfahren müssen Sie darauf achten, dass der Schuldner die Forderung innerhalb von zwölf Monaten ab Beginn der Ratenzahlung, also mit zwölf Raten, begleicht, da dann zweimal sechs Monate abgelaufen sind. Länger kann die Einstellung nicht dauern. Sie haben sonst nur die Möglichkeit, nach den Ratenzahlungen durch den Schuldner, die nicht zur gesamten Tilgung geführt haben, die Zwangsversteigerung weiter zu betreiben, denn der Antrag auf Zwangsversteigerung gilt als zurückgenommen, wenn Sie nach zwölf Monaten einer weiteren Ratenzahlung zustimmen. Eine weitere Zustimmung zur Ratenzahlung und damit Rücknahme des Antrags ist mit dem Risiko verbunden, dass bis zur erneuten Versteigerung weitere Belastungen in das Grundbuch eingetragen werden oder der Schuldner das Grundstück freihändig veräußert hat.

g) Vor dem Versteigerungstermin

432 Vor jedem Versteigerungstermin muss das Vollstreckungsgericht den Verkehrswert des Versteigerungsobjekts feststellen, damit das geringste Gebot (50 % des gewöhnlichen Verkehrswertes) ermittelt werden kann.

I.d.R. wird damit ein Sachverständiger beauftragt, der erst tätig wird, wenn der antragstellende Gläubiger einen entsprechenden **Kostenvorschuss** an das Gericht geleistet hat.

Liegt ein aktuelles Verkehrswertgutachten vor, so kann auch mit diesem die erforderliche Verkehrswertermittlung erfolgen.

433 Nach erfolgter **Verkehrswertfestsetzung** (natürlich mit vorheriger Zustellung an die Parteien und der Möglichkeit der Anfechtung mittels der sofortigen Beschwerde) wird der Versteigerungstermin bestimmt.

Je nach Bearbeitungsstand in den einzelnen Gerichtsbezirken ist es nicht unüblich, dass zwischen der Anordnung der Zwangsversteigerung bis zur Bestimmung des Versteigerungstermins ein Zeitraum von neun bis zwölf Monaten liegt. In Ballungszentren (Großstädten, Flächenstaaten) ist ein Zeitraum von bis zu 24 Monaten nichts Ungewöhnliches.

h) Versteigerungstermin

434 Der Ablauf des eigentlichen Versteigerungstermins wird hier nicht näher dargestellt, da dies für die Sachbearbeitung nicht erforderlich ist. Will ein Mandant (also der Gläubiger) am Versteigerungstermin teilnehmen, so kann er sich jederzeit im Internet auf der entsprechenden Seite von diversen Gerichten über den Ablauf von Versteigerungsterminen informieren.

435 Damit die Versteigerung erfolgen kann, muss im Versteigerungstermin ein wirksames Gebot abgegeben werden. Ist dies nicht der Fall, stellt das Gericht das Verfahren von

Amts wegen ein. Der betreibende Gläubiger hat die Möglichkeit, die Fortsetzung des Verfahrens zu beantragen.

Erreicht im Termin das **Meistgebot** (das Bargebot unter Berücksichtigung der bestehen- 436
bleibenden Rechte) nicht 7/10 des Verkehrswerts, muss der Zuschlag auf Antrag eines Berechtigten, dessen Anspruch innerhalb dieser 7/10-Grenze liegt, gem. § 74a Abs. 1 ZVG versagt werden.

Liegt das Meistgebot unterhalb der Hälfte des Verkehrswertes, ist der Zuschlag gem. 437
§ 85a Abs. 1 von Amts wegen zu versagen.

Das Gericht bestimmt dann einen neuen Versteigerungstermin. Auf die oben geschilderte 7/10-Grenze kommt es in diesem neuen Termin nicht mehr an.

Wird der Zuschlag erteilt, so heißt der Meistbietende Ersteher. 438

i) Wirkung des Zuschlagsbeschlusses

Mit der Verkündung der Zuschlagserteilung ist der Ersteher Eigentümer des Grundstücks. 439
Im Fall der Zwangsversteigerung bedarf der neue Eigentümer für seine Rechtsstellung keiner Eintragung im Grundbuch.

Der Gläubiger kann ebenfalls der Ersteher sein. Der Zuschlagsbeschluss ist für den Erste- 440
her Vollstreckungstitel zur Durchsetzung seines Rechts auf die Besitzergreifung. Ist der Gläubiger der Ersteher, so gilt dies selbstverständlich auch für ihn. Er könnte dann die Zwangsvollstreckung auf Räumung und Herausgabe gegen den Besitzer des Grundstücks betreiben. Die Vollstreckungsvoraussetzungen sind zu beachten, sodass der Zuschlagsbeschluss vom AG für vollstreckbar erklärt werden muss.

j) Musterantrag

▼ 441

Muster 5.5: Antrag auf Zwangsversteigerung

An das Vollstreckungsgericht

In der Zwangsversteigerungssache

des *(vollständige Anschrift des Gläubigers)*

– Gläubiger –

Verfahrensbevollmächtigte:

gegen

(vollständige Anschrift des Schuldners)

– Schuldner –

der als Eigentümer des betroffenen Grundstücks eingetragen ist im Grundbuch von ___, Grundbuchblattnummer, ___

– wir verweisen auf die Kopie des unbeglaubigten Grundbuchauszuges, die beigefügt ist –.

Wir beantragen namens und in beigefügter Vollmacht des Gläubigers in den oben näher bezeichneten Grundbesitz wegen der mit Urteil des ___ Gerichts vom ___ zum Aktenzeichen – ___ – rechtskräftig titulierten Forderung des Gläubigers die

Zwangsversteigerung

wegen folgender Beträge:

___ EUR **Hauptforderung**

___ EUR titulierte ___ % Zinsen aus ___ seit dem ___

___ EUR mit Kostenfestsetzungsbeschluss des ___ Gerichts ___ vom ___ zum ___ AZ festgesetzten Kosten

___ **EUR Zwischensumme**.

Hinzu kommen die Kosten dieses Verfahrens:

___ EUR Gerichtskosten des Anordnungsbeschlusses gem. Nr. 2211 KV GKG

___ EUR **Rechtsanwaltsvergütung** für den Antrag auf Zwangsversteigerung berechnet wie folgt:

___ EUR 0,4 Verfahrensgebühr gem. §§ 2 Abs. 2, 13 Nr. 3311 VV RVG

___ EUR Entgelte für Post- und Telekommunikationsdienstleistungen gem. Nr. 7002 VV RVG

___ EUR 19 % USt gem. Nr. 7008 VV RVG

___ EUR **Summe**

Dem Antrag sind beigefügt:

Vollmacht,

unbeglaubigter Grundbuchauszug,

Titel

Rechtsanwalt

▲

3. Zwangsverwaltung

Auch die Zwangsverwaltung ist eine **Maßnahme der Zwangsvollstreckung**. Die Zwangs- 442
verwaltung unterliegt daher in vielen Teilen (vorrangige Sondervorschriften im **ZVG** ausgenommen) den Regelungen des Vollstreckungsverfahrens entsprechend der ZPO. Auch wenn die Zwangsverwaltung angeordnet wurde, bleibt der Schuldner – im Gegensatz zur Zwangsversteigerung – Eigentümer des Grundstücks bzw. des Objekts. Die Forderung des Gläubigers soll bei der Zwangsverwaltung aus den Erträgen des Grundstücks erfüllt werden. Hierbei handelt es sich meist um Mieten und Pachten. Eine Zwangsverwaltung macht folglich nur dann Sinn, wenn der Schuldner Eigentümer einer Immobilie ist, die er nicht selbst nutzt, z.B. bei Vermietung der Eigentumswohnung oder einem Mehrfamilienhaus.

Geregelt ist das Verfahren im ZVG (Gesetz über die Zwangsversteigerung und Zwangs- 443
verwaltung). Die Zwangsverwaltung ist eine der drei Möglichkeiten, in das **unbewegliche Vermögen** zu vollstrecken.

Zuständig für das Verfahren ist das **Vollstreckungsgericht**. Nach dem entsprechenden 444
Antrag und der Anordnung der Zwangsverwaltung wird die Verwaltung des Grundstücks einem Zwangsverwalter übertragen. Das Gericht fordert einen entsprechenden Vorschuss für die Tätigkeit des Zwangsverwalters beim Gläubiger an.

Der Zwangsverwalter hat die Aufgabe, bei den Mietern (oder Pächtern) des Schuldners fäl- 445
lige Mieten einzuziehen. Er ist ferner dafür zuständig, dass das Objekt ordnungsgemäß bewirtschaftet wird (z.B. Mängelbeseitigung, Öllieferungen, Neuvermietung). Die eingezogenen Einnahmen werden zunächst für die ordnungsgemäße Bewirtschaftung verwandt. Die Auszahlung an den Gläubiger erfolgt erst nach Erstellung eines **Teilungsplans**.

Ein Gläubiger kann gleichzeitig das Verfahren der **Zwangsversteigerung** und das Ver- 446
fahren Zwangsverwaltung betreiben. Beide Verfahren enden spätestens mit der Rechtskraft der **Zuschlagserteilung** im Zwangsversteigerungsverfahren. Die Zwangsverwaltung gilt als aufgehoben, sie kann sich nicht gegen den Ersteher oder neuen Eigentümer des Grundstücks richten, denn dieser ist nicht der Schuldner.

Selbstverständlich könnte man anstelle der Durchführung der Zwangsverwaltung auch 447
den Mietzins bei den jeweiligen Mietern als Drittschuldner pfänden. Dieses Verfahren hat allerdings den Nachteil, dass die Mietpfändung wirkungslos wird, wenn die Zwangsverwaltung des Grundstücks angeordnet ist (§ 1124 Abs. 2 BGB).

▼ 448

Muster 5.6: Antrag auf Zwangsverwaltung

An das Vollstreckungsgericht 5.6

In der Zwangsvollstreckungssache des

Gläubigers,

Verfahrensbevollmächtigte:

gegen

den

Schuldner,

wegen des Grundstücks in (Band , Blatt des Grundbuchs von) beantragen wir namens und in Vollmacht des Gläubigers, wegen der dem Gläubiger gegen den Schuldner zustehenden Forderung von

EUR	Hauptforderung
EUR	Zinsen
EUR	festgesetzte Kosten
EUR	Zinsen bis
EUR	bisherige Vollstreckungskosten
EUR	Anwaltsvergütung für den Antrag auf Zwangsverwaltung EUR 0,4 Verfahrensgeb. gem. §§ 2 Abs. 2, 13, Nr. 3311 Anm. Nr. 3 VV RVG EUR Entgelte für Post- und Telekommunikationsdienstleistungen gem. § 2 Abs. 2 Nr. 7002 VV RVG EUR 19 % USt gem. § 2 Abs. 2, Nr. 7008 VV RVG
50,00 EUR	Gerichtskosten für den Antrag gem. Nr. 2220 KV GKG
EUR	**Summe** (zzgl. der weiteren Kosten dieses Verfahrens)

die

Zwangsverwaltung

des im Grundbuch von Band Blatt für den Schuldner eingetragenen Grundstücks anzuordnen.

Die mit Zustellnachweis versehene rechtskräftige vollstreckbare Ausfertigung des Titels des Gerichts vom zum Aktenzeichen – – ist diesem Antrag beigefügt.

Beigefügt ist ferner eine unbeglaubigte Abschrift des Grundbuchauszuges über das genannte Grundstück.

Rechtsanwalt

▲

Hinweis: 449

Einen Überblick über vergütungsrechtliche Vorschriften im Zwangsverwaltungsverfahren finden Sie im vergütungsrechtlichen Teil unter § 8 Rdn 636 ff.

V. Antrag nach § 888 ZPO – Vollstreckung zur Vornahme einer unvertretbaren Handlung

1. Allgemeines

Gabriele Waldschmidt/Michael Brunner-Ovadia

In dem Zwangsvollstreckungsverfahren stehen dem Gläubiger viele Wege offen, seine Forderung im besten Fall erfolgreich durchzusetzen. Auf die Mitwirkung des Schuldners kommt es i.d.R. nicht an. 450

Bei einigen Titeln hängt jedoch die Durchsetzung des titulierten Anspruchs des Gläubigers einzig von dem Willen des Schuldners ab. Das bedeutet, dass nur der Schuldner in der Lage ist, den Anspruch des Gläubigers zu erfüllen. Auch hier hat der Gläubiger aufgrund gesetzlicher Regelungen die Möglichkeit, gegen den Schuldner vorzugehen. Im Zwangsvollstreckungsrecht ist diese Zwangsvollstreckungsmaßnahme in § 888 ZPO geregelt. Durch Anordnung von Zwangsgeld oder Zwangshaft soll der Schuldner gemäß der Verpflichtung aus einem zwangsvollstreckungsfähigen Titel zur Vornahme einer unvertretbaren Handlung angehalten werden (§ 888 ZPO). 451

Beispiel 1:

In einem arbeitsrechtlichen Verfahren haben die Parteien einen Vergleich geschlossen, wonach sich der Beklagte (=Arbeitgeber) verpflichtet hat, dem Kläger (=Arbeitnehmer) ein wohlwollendes Zeugnis bis zu einem im Vergleich bestimmten Zeitpunkt zu erteilen. Dem Kläger liegt eine vollsteckbare Ausfertigung des Vergleichs vor.

Nachdem der Kläger den Beklagten erfolglos zur Erteilung des Zeugnisses aufgefordert hat, beauftragt er den RA mit der Zwangsvollstreckung.

2. Inhalt des Anspruchs

Der Antrag gem. § 888 ZPO ist nur dann zulässig, wenn der Anspruch des Gläubigers auf Vornahme einer bestimmten Handlung ausschließlich durch den Schuldner selbst erfolgen kann und somit kein Dritter in der Lage ist, diese Handlung anstelle des Schuldners vorzunehmen. 452

453 *Hinweis:*

Die Abgabe einer Willenserklärung ist keine Handlung i.S.d. Vorschrift des § 888 ZPO. Die hierfür einschlägige Vorschrift ist in § 894 ZPO geregelt (Fiktion der Abgabe einer Willenserklärung). Danach gilt die Willenserklärung als abgegeben, sofern das Urteil in Rechtskraft erwachsen ist.

Auch auf die Verpflichtung des Schuldners, Handlungen zu unterlassen oder zu dulden findet die Vorschrift des § 888 ZPO keine Anwendung. Hier ist § 890 ZPO die zutreffende Vorschrift für Zwangsmaßnahmen.

454 In der Praxis bereitet es mitunter Schwierigkeiten, abzugrenzen, wann eine Handlung unvertretbar und einzig und allein vom Schuldner vorgenommen werden kann und wann sie vertretbar ist und somit auch durch einen Dritten ausgeführt werden kann. Immer dann, wenn der Gläubiger **nicht** in der Lage ist, die dem Schuldner obliegende Handlung durch einen Dritten (anstelle und auf Kosten des Schuldners) vornehmen zu lassen, liegt ein Fall des § 888 ZPO vor.

Anderenfalls, d.h. wenn der Gläubiger in der Lage ist, die Verpflichtung des Schuldners durch einen Dritten vornehmen zu lassen, liegt ein Fall des § 887 ZPO (Vornahme einer **vertretbaren** Handlung) vor.

455 *Beispiel 2:*

In einem arbeitsgerichtlichen Verfahren hat sich der Arbeitgeber verpflichtet, dem Kläger Lohnabrechnungen für die Monate Mai, Juni und Juli 2025 zu erstellen.

Sämtliche Unterlagen, die zur Lohnabrechnung benötigt werden, liegen dem Gläubiger vor.

Sofern der Arbeitgeber die Lohnabrechnungen nicht erstellt, könnte der Gläubiger nach Vorliegen eines Beschlusses gem. § 887 ZPO z.B. einen Steuerberater mit der Erstellung der Lohnabrechnungen (auf Kosten des Schuldners) beauftragen. Die Vornahme der Handlung ist nicht von dem Willen des Schuldners abhängig und kann von einem Dritten ausgeführt werden.

456 *Beispiel 3:*

In einer mietrechtlichen Angelegenheit wurde der Vermieter verurteilt, die in der Wohnung vorhandenen Mängel, die im Urteil genau bezeichnet sind, zu beseitigen.

Kommt der Vermieter diesen Verpflichtungen nicht nach, kann der Gläubiger in diesem Fall bei Vorliegen des Beschlusses gem. § 887 ZPO Handwerker mit der Mängelbeseitigung auf Kosten des Schuldners beauftragen.

3. Antrag des Gläubigers

Um seinen Anspruch durchzusetzen, muss der Gläubiger einen entsprechenden Antrag stellen. Ist das Prozessgericht in erster Instanz das LG, so besteht Anwaltszwang (§ 78 Abs. 1 ZPO). Der Gläubiger muss in diesem Fall einen RA mit der Antragstellung beauftragen, ansonsten würde der Antrag als unzulässig abgewiesen werden. 457

Das Zwangsmittel oder die Zwangshöhe muss der Gläubiger in seinem Antrag nicht angeben.

Einen Nachweis darüber, dass die Verpflichtung vom Schuldner nicht erfüllt wurde, muss der Gläubiger nicht führen.

Der Gläubiger muss prozessfähig sein. (Prozessfähig ist, wer parteifähig ist. Parteifähig sind alle natürlichen und juristischen Personen.)

4. Vorliegen der allgemeinen Zwangsvollstreckungsvoraussetzungen

Bei der Entscheidung über den Antrag des Gläubigers gem. § 888 ZPO müssen die drei allgemeinen Zwangsvollstreckungsvoraussetzungen Titel, Klausel, Zustellung vorliegen. 458

Die vollstreckbare Ausfertigung des Titels muss mit dem Antrag im Original eingereicht werden.

Sonstige für den Beginn der Zwangsvollstreckung erforderlichen Urkunden müssen ebenfalls vorgelegt werden (z.B. bei einer Zug-um-Zug-Leistung, der Nachweis des Gläubigers über den Annahmeverzug des Schuldners, sofern der Annahmeverzug nicht bereits im Vollstreckungstitel festgestellt ist, § 765 ZPO)

5. Zuständigkeit

Ausschließlich zuständig für die Entscheidung über den Antrag gem. § 888 ZPO ist das Prozessgericht erster Instanz – somit das Gericht, das z.B. das Urteil oder den Beschluss erlassen hat oder das Gericht, vor dem die Parteien einen Prozessvergleich geschlossen haben; bei notariellen Urkunden das Gericht, in dessen Bezirk der Notar seinen Amtssitz hat. Das **Prozessgericht** fungiert in diesem Fall als Vollstreckungsgericht. Zuständige Gerichte, die über einen Antrag gem. § 888 ZPO entscheiden, können z.B. das AG, LG, FamG, ArbG sein. 459

6. Inhalt des Antrages

Der Antrag des Gläubigers ist dahin gehend zu stellen, dass der Schuldner zur Vornahme der im Vollstreckungstitel bezeichneten Verpflichtung durch **Zwangsgeld** (ersatzweise Zwangshaft) oder durch Zwangshaft angehalten werden soll. 460

Auch wenn manche Gläubiger ihre Schuldner gerne in Zwangshaft sehen würden, besteht kein Wahlrecht diesbezüglich. Ob Zwangshaft oder Zwangsgeld verhängt wird, steht in der Entscheidung des Gerichts. Beide Maßnahmen nebeneinander können vom Gericht nicht angeordnet werden. Für den Fall, dass ein Zwangsgeld von dem Schuldner nicht beigetrieben werden kann, kann ersatzweise Zwangshaft angeordnet werden.

7. Entscheidung des Gerichts

461 Das Gericht entscheidet über den Antrag im Beschlussweg (der Schuldner ist vor einer Entscheidung zu hören, § 891 ZPO).

Der Beschluss muss die Vornahme der Handlung, zu der der Schuldner verpflichtet ist, beinhalten sowie das Zwangsmittel (Zwangsgeld oder Zwangshaft). Der gem. § 888 ZPO erlassene Beschluss ist ein Vollstreckungstitel gem. § 794 Abs. 1 Nr. 3 ZPO.

462 Die Vollstreckung des Zwangsgeldes erfolgt auf Antrag des Gläubigers zugunsten der Staatskasse. Das Geld steht nicht dem Gläubiger zu. Die Zwangsvollstreckung erfolgt nach den Bestimmungen über die Zwangsvollstreckung wegen Geldforderungen (§§ 802a ff. ZPO). Der Schuldner kann die Vollstreckung jederzeit durch Erfüllung (Vornahme der Handlung) abwenden.[51]

463 *Hinweis:*

Aus dem Beschluss selbst, mit dem Zwangshaft gegen den Schuldner angeordnet wurde, kann keine Verhaftung des Schuldners erfolgen. Dazu muss der Gläubiger bei dem Prozessgericht den Erlass eines Haftbefehls gem. § 802g ZPO beantragen.

Mit der Verhaftung des Schuldners wird der Gerichtsvollzieher beauftragt.

Im Zwangsvollstreckungsverfahren muss immer ein Haftbefehl vorliegen, damit eine Verhaftung des Schuldners durchgeführt werden kann.

8. Rechtsbehelf

464 Wird der Antrag des Gläubigers zurückgewiesen, kann er sofortige Beschwerde gemäß § 793 ZPO einlegen.

465 Der Schuldner kann ebenfalls sofortige Beschwerde gem. § 793 ZPO einlegen, sofern dem Antrag des Klägers stattgegeben und der Beschluss antragsgemäß erlassen wurde.

Der Schuldner kann, sofern die Voraussetzungen des § 775 ZPO vorliegen, gleichzeitig die Einstellung der Zwangsvollstreckung beantragen oder, sofern nach Rechtkraft des

51 Zöller/*Seibel*, § 888 ZPO Rn 13.

Beschlusses die Erfüllung der Verpflichtung erfolgte, Vollstreckungsabwehrklage gem. § 767 ZPO erheben.

Nachfolgend ist ein Mustertext für einen Antrag gem. § 888 ZPO gem. Fallbeispiel 1 (Rdn 451), mit vorheriger Aufforderung des Gläubigers an den Schuldner, der Verpflichtung aus dem Vergleich nachzukommen, abgebildet. Der Gläubiger ist i.Ü. nicht verpflichtet, sofern ihm ein Vollstreckungstitel vorliegt, den Schuldner vor Einleitung von Zwangsvollstreckungsmaßnamen (unter Fristsetzung) „anzumahnen" (es sei denn, dass ggf. eine dahin gehende Regelung in einem bestandskräftigen Vergleich zwischen den Parteien vereinbart worden ist). 466

▼ 467

Muster 5.7: Antrag gem. § 888 ZPO

In dem Rechtsstreit

Arbeitsgericht

Adresse

Antrag gem. § 888 ZPO

des (*Vorname, Name, Anschrift*)

Gläubiger,

Verfahrensbevollmächtigter:

(*RA Name, Anschrift*)

gegen

(*Vorname, Name Schuldner, Anschrift*)

Schuldner,

(*Verfahrensbevollmächtige(r)*)

Geschäftszeichen (erste Instanz):

wegen Festsetzung eines Zwangsgeldes oder Zwangshaft

zur Vornahme einer unvertretbaren Handlung.

Namens und in Vollmacht des Gläubigers beantrage ich,

1. den Schuldner aufgrund der Verpflichtung gem. des gerichtlichen Vergleichs vom (*Datum, Geschäftszeichen*), durch Festsetzung eines Zwangsgeldes, das in das Ermessen des Gerichts gestellt wird und, sofern dieses nicht beigetrieben werden kann, ersatzweise Zwangshaft oder durch Zwangshaft, zur Zeugniserteilung an den Gläubiger anzuhalten,
2. dem Schuldner die Kosten des Verfahrens aufzuerlegen,
3. dem Gläubiger eine vollstreckbare Ausfertigung des Beschlusses zu erteilen.

Begründung:

Am (*Datum*) schlossen die Parteien den im Antrag zu 1.) genannten Prozessvergleich, wonach sich der Beklagte verpflichtet hat, dem Kläger bis zum ... (Datum) ein wohlwollendes Zeugnis zu erteilen. Der Vergleich wurde von den Parteien nicht widerrufen und ist bestandskräftig. Dem Gläubiger liegt eine vollstreckbare Ausfertigung des Vergleichs vor. Die Zustellung der vollstreckbaren Ausfertigung des Vergleichs an den Schuldner erfolgte am ...... (Datum).

Beweis: Vollstreckbare Ausfertigung des Vergleichs vom (*Datum*) nebst Zustellungsnachweis, Anlage 1

Mit Schreiben vom (*Datum*) wurde der Schuldner – zwecks Vermeidung von Zwangsvollstreckungsmaßnahmen – unter Fristsetzung zum (*Datum*) zur Zeugniserteilung aufgefordert.

Beweis: Schreiben vom (*Datum*), Anlage 2

Bis zum heutigen Zeitpunkt ist der Schuldner der Verpflichtung nicht nachgekommen, sodass antragsgemäß zu entscheiden ist.

Rechtsanwalt/Rechtsanwältin

▲

9. Kosten der Zwangsvollstreckung

468 In dem Verfahren gem. § 888 ZPO erfolgt die Kostenfestsetzung gem. § 788 Abs. 2 ZPO durch das Prozessgericht (Zustellungskosten des Urteils, vorgerichtliche Aufforderung an den Schuldner, der Verpflichtung aus dem Vollstreckungstitel nachzukommen, Kosten für den Antrag gem. § 888 ZPO).

469 Sofern Sie aus dem Zwangsgeld bzw. Haftbeschluss Zwangsvollstreckungsmaßnahmen einleiten, sind die in diesem Verfahren entstandenen Kosten gem. § 788 Abs. ZPO vom Vollstreckungsgericht, in dessen Bezirk die Vollstreckungshandlung erfolgte, festzusetzen.

10. Beitreibung des Zwangsgeldes

Nach herrschender Meinung in Literatur und Rechtsprechung (vgl. BGH, NJW 1983, 1859) wird das Zwangsgeld **auf Antrag des Gläubigers** und nicht von Amts wegen beigetrieben. Im Vollstreckungsantrag ist jedoch darauf hinzuweisen, dass vom entsprechenden Vollstreckungserlös das Zwangsgeld an die Staatskasse abgeführt wird, die bisherigen mit vollstreckten Kosten stehen dem Gläubiger zu. 470

Kann das Zwangsgeld nicht beigetrieben werden, so stellt der Gerichtsvollzieher hierüber eine Fruchtlosigkeitsbescheinigung aus. Der Gläubiger kann mit dieser Bescheinigung sodann die angeordnete Zwangshaft vollstrecken. Hierzu bedarf es jedoch zunächst eines **Haftbefehles** des zuständigen Prozessgerichtes erster Instanz. 471

Der Schuldner hat vor endgültiger Beitreibung des Zwangsgeldes sowie während der Vollstreckung der Zwangshaft jederzeit die Möglichkeit seiner Verpflichtung nachzukommen, die Haft dauert jedoch **max. sechs Monate** an.

VI. Antrag nach § 887 ZPO Vollstreckung zur Vornahme einer vertretbaren Handlung

1. Allgemeines

Sofern die zu erfüllende Handlung nicht unbedingt vom Schuldner selbst ausgeführt werden muss, sondern auch von einem Dritten ausgeführt werden kann, so richtet sich die Vollstreckung nach § 887 ZPO. Die **Vertretung des Schuldners** muss demnach möglich sein, ohne dass das Erfüllungsinteresse des Gläubigers berührt wird. 472

Der Gläubiger wird sodann zur Vornahme der Ersatzhandlung auf Antrag durch das Prozessgericht der ersten Instanz ermächtigt und kann ggf. einen **Vorschuss** hierfür fordern. 473

> *Beispiel 1:*
>
> *In einem nachbarschaftsrechtlichen Verfahren haben die Parteien einen Vergleich geschlossen, wonach sich der Beklagte verpflichtet hat, einen Lärmschutzwall gem. einer konkreten DIN-Norm zwischen dem Grundstück des Klägers und dem eigenen Grundstück zu errichten. Dem Kläger liegt eine vollsteckbare Ausfertigung des Vergleichs vor, der bereits dem Schuldner zugestellt wurde.*
>
> *Nachdem der Kläger den Beklagten erfolglos zur Errichtung des Lärmschutzwalls aufgefordert hat, beauftragt er den RA mit der Zwangsvollstreckung.*

2. Inhalt des Anspruchs

Wie bei jeder Vollstreckungsmaßnahme bedarf es auch hier eines Antrages des Gläubigers. 474

475 In der Praxis bereitet es mitunter Schwierigkeiten, abzugrenzen, wann eine Handlung unvertretbar und einzig und allein vom Schuldner vorgenommen werden kann und wann sie vertretbar ist und somit auch durch einen Dritten ausgeführt werden kann (s. Rdn 454).

476 Vertretbare Handlungen können z.B. sein:

- Handwerksarbeiten (z.B. Renovierungsarbeiten, Beseitigung von Baumängeln),
- Beseitigung von Bäumen oder Sträuchern,
- Beseitigung eines Überbaus,
- Erstellung einer Betriebskostenabrechnung, sofern die Unterlagen vorliegen und von einem Dritten eingesehen und ausgewertet werden können,
- Erstellung einer Lohnabrechnung,
- Reparatur eines Kfz.

3. Zuständigkeit

477 Die örtliche und sachliche Zuständigkeit ergibt sich aus § 887 ZPO, demnach ist das Prozessgericht der ersten Instanz ausschließlich zuständig. Ist das **Prozessgericht in erster Instanz** das Landgericht oder das Familiengericht, so besteht Anwaltszwang (§ 78 Abs. 1 ZPO bzw. § 114 Abs. 1 FamFG). Der Gläubiger muss in diesem Fall einen RA mit der Antragstellung beauftragen, ansonsten würde der Antrag als unzulässig abgewiesen werden.

Einen Nachweis darüber, dass die Verpflichtung vom Schuldner nicht erfüllt wurde, muss der Gläubiger nicht führen.

Der Gläubiger muss prozessfähig sein. (Prozessfähig ist, wer parteifähig ist. Parteifähig sind alle natürlichen und juristischen Personen).

4. Vorliegen der allgemeinen Zwangsvollstreckungsvoraussetzungen

478 Bei der Entscheidung über den Antrag des Gläubigers gem. § 887 ZPO müssen die drei allgemeinen Zwangsvollstreckungsvoraussetzungen Titel, Klausel, Zustellung vorliegen.

Die vollstreckbare Ausfertigung des Titels muss mit dem Antrag im Original eingereicht werden.

Sonstige für den Beginn der Zwangsvollstreckung erforderlichen Urkunden müssen ebenfalls vorgelegt werden (z.B. bei einer Zug-um-Zug-Leistung, der Nachweis des Gläubigers über den Annahmeverzug des Schuldners, sofern der Annahmeverzug nicht bereits im Vollstreckungstitel festgestellt ist, § 765 ZPO).

5. Inhalt des Antrages

Der Antrag des Gläubigers ist dahin gehend zu stellen, dass der Gläubiger zur Ersatzvornahme der im Vollstreckungstitel bezeichneten Verpflichtung ermächtigt wird. Dabei ist die **Maßnahme konkret** zu bezeichnen. 479

Insbesondere ist dies dringend erforderlich, wenn im zugrundeliegenden Vollstreckungstitel nur der Handlungserfolg, nicht aber der Weg zum Handlungserfolg bezeichnet worden ist.

Der Gläubiger muss jedoch nicht den Namen des zu beauftragenden Unternehmens, das die Ersatzleistung erbringen soll, nennen. Auch einzelne Arbeitsschritte sind nicht darzulegen.

> *Praxistipp:* 480
>
> Da der Schuldner nur die notwendigen Kosten der Ersatzvornahme zu tragen hat, sollte hierzu frühzeitig vorgetragen werden, insbesondere wenn auch ein Vorschuss begehrt wird.

6. Vorschuss der notwendigen Kosten

Die **notwendigen Kosten der Ersatzvornahme** hat der Schuldner nach § 887 Abs. 1 ZPO zu tragen, dies ist im Beschluss ausdrücklich festzuhalten. 481

Der Gläubiger kann, muss jedoch nicht, in Vorleistung gehen. Er kann auch mit seinem Antrag nach § 887 ZPO vom Schuldner einen Vorschuss über die voraussichtlichen Kosten verlangen.

Als notwendig werden die Kosten angesehen, wenn ein vernünftig und wirtschaftlich denkender Auftraggeber im konkreten Einzelfall sie als angemessen ansieht und akzeptieren würde. Dies ist nicht immer die kostengünstigste Erledigungsmöglichkeit, vielmehr ist zum Beispiel auch ein Zeitfaktor einzurechnen. Die voraussichtlichen Kosten sind vom Gläubiger in Form von Kostenvoranschlägen bzw. Sachverständigengutachten zu belegen. 482

Wurden die Kosten der voraussichtlichen Ersatzvornahme als Vorschuss beigetrieben und sind diese tatsächlich später geringer ausgefallen, so muss der Gläubiger den Schuldner hierüber **Abrechnung erteilen** und den überschießenden Betrag in einer **angemessenen Zeit** an den Schuldner zurückzahlen. Für den Fall, dass dies nicht freiwillig passiert, könnte der Schuldner eine Nachfrist zur Herausgabe der Überschusses nach § 812 BGB (ungerechtfertigte Bereicherung) stellen und nach deren Ablauf ggf. seine Ansprüche auf dem Klageweg geltend machen. 483

7. Entscheidung des Gerichts

484 Das Gericht entscheidet über den Antrag durch Beschluss (der Schuldner ist vor einer Entscheidung zu hören, § 891 ZPO).

Der Beschluss muss die Ersatzvornahme der Handlung, zu der der Gläubiger ermächtigt wird, konkret bezeichnen. Ggf. ist ein Vorschuss für die notwendigen Kosten der Ersatzvornahme festzusetzen.

8. Rechtsbehelf

485 Wird der Antrag des Gläubigers zurückgewiesen, kann er sofortige Beschwerde gemäß § 793 ZPO einlegen.

486 Der Schuldner kann ebenfalls sofortige Beschwerde gem. § 793 ZPO einlegen, sofern dem Antrag des Klägers stattgegeben und der Beschluss antragsgemäß erlassen wurde.

Der Schuldner kann, sofern die Voraussetzungen des § 775 ZPO vorliegen, gleichzeitig die **Einstellung der Zwangsvollstreckung** beantragen oder, sofern nach Rechtkraft des Beschlusses die Erfüllung der Verpflichtung erfolgte, Vollstreckungsabwehrklage gem. § 767 ZPO erheben.

9. Muster

487 Nachfolgend ist ein Mustertext für einen Antrag gem. § 887 ZPO mit Vorschuss für das Fallbeispiel aus Rdn 473 abgebildet. Der Gläubiger ist im Übrigen **nicht verpflichtet**, sofern ihm ein Vollstreckungstitel vorliegt, den Schuldner vor Einleitung von Zwangsvollstreckungsmaßnamen (unter Fristsetzung) **„anzumahnen"** (es sei denn, dass ggf. eine dahin gehende Regelung in einem bestandskräftigen Vergleich zwischen den Parteien vereinbart worden ist).

488 Da Sie sich mit Ihrem Antrag an das Prozessgericht der ersten Instanz wenden, sind Sie nicht verpflichtet, wie im nachstehenden Muster-Antrag erfolgt, das volle Rubrum anzugeben. Es genügt auch die Kurzbezeichnung.

489 ▼

5.8

Muster 5.8: Antrag gem. § 887 ZPO

Landgericht

Adresse

Antrag gem. § 888 ZPO

des (*Vorname, Name, Anschrift*)

Gläubiger,

Verfahrensbevollmächtigter:

(*RA Name, Anschrift*)

gegen

(*Vorname, Name Schuldner, Anschrift*)

Schuldner,

(*Verfahrensbevollmächtige(r)*)

Geschäftszeichen (erste Instanz):

zur Vornahme einer vertretbaren Handlung.

Namens und in Vollmacht des Gläubigers beantrage ich,

1. den Gläubiger zu ermächtigen, die dem Schuldner nach dem (genaue Bezeichnung des Vollstreckungstitels) obliegenden vertretbaren Handlung, und zwar (genaue Bezeichnung der vorzunehmenden Handlung), auf Kosten des Schuldners im Wege der Ersatzvornahme durch den Gläubiger selbst oder einen von ihm zu beauftragenden Dritten vornehmen zu lassen;
2. anzuordnen, dass der Schuldner die im Wege der Ersatzvornahme notwendige Maßnahme, und zwar (konkrete Bezeichnung der Maßnahme), zu dulden hat. Insbesondere, dass der Gläubiger bzw. der von ihm beauftragte Dritte das Grundstück des Schuldners, gelegen in der (genaue Anschriftsbezeichnung), betreten darf;
3. den Schuldner zu verurteilen, an den Kläger für die nach Ziffer 1. vorzunehmende Ersatzhandlung einen Kostenvorschuss in Höhe von EUR zu zahlen.

Begründung:

Am (*Datum*) schlossen die Parteien den im Antrag zu 1.) genannten Prozessvergleich, wonach sich der Beklagte verpflichtet hat, einen Lärmschutzwall gem. .... (genaue Angaben) zwischen dem Grundstück des Klägers und dem eigenen Grundstück zu errichten. Der Vergleich wurde von den Parteien nicht widerrufen und ist bestandskräftig. Dem Gläubiger liegt eine vollstreckbare Ausfertigung des Vergleichs vor. Die Zustellung der vollstreckbaren Ausfertigung des Vergleichs erfolgte am … .

Beweis: Vollstreckbare Ausfertigung des Vergleichs vom (*Datum*) nebst Zustellungsnachweis, Anlage 1

Mit Schreiben vom (*Datum*) wurde der Schuldner – zwecks Vermeidung von Zwangsvollstreckungsmaßnahmen – unter Fristsetzung zum (*Datum*) zur Errichtung eines Lärmschutzwalls (konkrete Bezeichnung der vertretbaren Handlung) aufgefordert.

Beweis: Schreiben vom (*Datum*), Anlage 2

Bis zum heutigen Zeitpunkt ist der Schuldner der Verpflichtung nicht nachgekommen, sodass antragsgemäß zu entscheiden ist.

Die vom Schuldner geschuldete Handlung stellt eine vertretbare Handlung ein, da die Handlung auch vom Gläubiger selbst bzw. einem von diesem zu beauftragenden Dritten ausgeführt werden kann, ohne dass das Erfüllungsinteresse des Gläubigers hiervon berührt wird. Sollte das Gericht anderer Ansicht sein, so wird höflich um einen rechtlichen Hinweis gebeten, damit der Antrag nach §§ 888 ZPO umgestellt werden kann.

Die beabsichtigte Ersatzvornahme wird voraussichtlich Kosten in Höhe von EUR verursachen, die als notwendige Kosten der Zwangsvollstreckung vom Schuldner zu tragen ist.

Beweis: Kostenvoranschlag bzw. Sachverständigengutachten vom (*Datum*), Anlage 3.

Der Schuldner ist zur Leistung des Vorschusses gem. § 887 Abs. 2 ZPO verpflichtet.

Um Übersendung einer vollstreckbaren Ausfertigung des Beschlusses nebst Zustellbescheinigung wird gebeten.

Rechtsanwalt/Rechtsanwältin

▲

10. Freiwillige Vornahme durch den Schuldner

490 Der Schuldner ist auch nach Erlass eines Ermächtigungsbeschlusses nach § 887 ZPO nicht daran gehindert, die von ihm geschuldete Leistung noch freiwillig zu erbringen, um so ggf. Kosten einzusparen. Eine bloße Ankündigung reicht jedoch nicht aus. Die geschuldete Leistung muss tatsächlich erbracht worden sein.

11. Kosten der Zwangsvollstreckung

491 In dem Verfahren gem. § 887 ZPO erfolgt die Kostenfestsetzung gem. § 788 Abs. 2 ZPO durch das Prozessgericht (Zustellungskosten des Urteils, vorgerichtliche Aufforderung

an den Schuldner, der Verpflichtung aus dem Vollstreckungstitel nachzukommen, Kosten für den Antrag gem. § 887 ZPO).

Sofern die Ersatzvornahme durchgeführt wird, sind die in diesem Verfahren entstandenen Kosten gem. § 788 Abs. 1 ZPO vom Vollstreckungsgericht, in dessen Bezirk die Vollstreckungshandlung erfolgte, festzusetzen.

VII. Zwangsvollstreckung zur Herausgabe von Sachen

Besitzt der Gläubiger einen Titel gegen den Schuldner zur Herausgabe einer Sache, so richtet sich die Zwangsvollstreckung bei beweglichen Sachen nach § 883 ZPO, bei unbeweglichen Sachen nach § 885 ZPO. 492

1. Herausgabe von beweglichen Sachen § 883 ZPO

Beispiel 1: 493

Der Mandant hat an den Schuldner ein wertvolles Kunstwerk „Las flores" unter Eigentumsvorbehalt verkauft. Da der Schuldner jedoch den Kaufpreis nicht bezahlt hat, kam es zum Rechtsstreit, in dem die Herausgabe des Kunstwerkes begehrt wurde. Antragsgemäß wurde der Beklagte zur Herausgabe des Bildes „Las flores" verurteilt.

a) Vollstreckungsgegenstand

In den meisten Fällen handelt es sich bei dem Vollstreckungsgegenstand um eine **Einzelsache**, grds. ist aber auch die Vollstreckung zur Herausgabe einer **individuell bestimmten Sachgesamtheit** (z.B. einem Warenlager, die Geräte eines Sportstudios oder einer Bibliothek) möglich. 494

Achtung: 495

Die **Herausgabe eines Kindes** erfolgt nicht nach § 883 ZPO, sondern vielmehr **nach § 88 ff. FamFG**, wobei das Prozessgericht zur Durchsetzung des Herausgabeanspruchs verschiedene Zwangsmaßnahmen (z.B. Ordnungsgeld, unmittelbarer Zwang) anordnen kann.

Die unmittelbare Gewaltanwendung gegen ein Kind ist ausdrücklich in § 90 Abs. 2 FamFG für den Fall der zwangsweisen Durchsetzung eines Umgangsrechtes (gegen den Willen des Kindes) ausgeschlossen, in allen übrigen Fällen muss eine Interessenabwägung mit dem Kindeswohl erfolgen.

b) Vollstreckungsorgan und Vollstreckungshandlung

496 Für die Herausgabevollstreckung ist nach § 883 Abs. 1 ZPO der **örtlich zuständige Gerichtsvollzieher** zuständig, wobei sich die örtliche Zuständigkeit dabei nach dem Ort der Vollstreckungshandlung richtet.

497 Bei der Herausgabevollstreckung von beweglichen Sachen nimmt der Gerichtsvollzieher dem Schuldner die im Titel konkret bezeichnete Sache ab und übergibt sie dem Gläubiger. Die Versendung oder Organisation des Transportes wird i.d.R. mit vollstreckt und wird vom Gerichtsvollzieher durchgeführt.

498 Sollte der Titel auf Übereignung einer beweglichen Sache lautet, so ist nach § 929 BGB neben der Übergabe auch eine Einigungserklärung des Schuldners erforderlich. Bei der Einigungserklärung handelt es ich um eine **Willenserklärung,** die jedoch **mit Rechtskraft des Urteils gem. § 894 ZPO** als abgegeben gilt. Der Gerichtsvollzieher muss auch hier nur noch die Herausgabe der beweglichen Sache nach § 883 ZPO vollstrecken.

c) Schuldnerschutzvorschriften

499 Die Schutzvorschriften der § 811 ZPO gelten nur in der Zwangsvollstreckung wegen einer Geldforderung (Sachpfändung), nicht jedoch in der Herausgabevollstreckung.

Bei der Herausgabevollstreckung gibt es nämlich bereits einen **titulierten Rechtsanspruch** hinsichtlich eines konkreten Gegenstandes, so dass evtl. soziale Aspekte bereits im Erkenntnisverfahren berücksichtigt wurden. Es ist nicht zu befürchten, dass dem Schuldner durch die Herausgabe seine Existenzgrundlage entzogen wird.

500 Dagegen gilt die Ausnahme gem. § 758a Abs. 2 ZPO nicht für die Herausgabevollstreckung einer beweglichen Sache. Verweigert der Schuldner also die Herausgabe der Sache, so ist der Gerichtsvollzieher nicht zu einer Durchsuchung befugt. Ein **richterlicher Durchsuchungsbeschluss** ist unbedingt erforderlich.

d) Eidesstattliche Versicherung nach § 883 Abs. 2 ZPO

501 Wird die herauszugebende Sache vom Gerichtsvollzieher nicht vorgefunden, so muss der Schuldner angeben, dass

- er die Sache nicht besitzt und dass
- er auch nicht weiß, wo sich die Sache befindet.

Der Schuldner muss diese Angaben an Eides statt erklären.

Die Abnahme dieser eidesstaatlichen Versicherung erfolgt auch durch den örtlich zuständigen Gerichtsvollzieher.

2. Herausgabe von unbeweglichen Sachen § 885 ZPO

In der Praxis kommt insbesondere die **Räumungsvollstreckung** nach Beendigung eines Mietverhältnisses als häufigste Fallgruppe der Herausgabevollstreckung vor. 502

Beispiel 2:

In einem Räumungsprozess wird der Beklagte zur Herausgabe der Wohnung in der Friedrichstraße 89, in 14999 Berlin, 4. OG rechts, bestehend aus 2 Zimmer, Küche, Diele, Bad, verurteilt.

a) Vollstreckungsgegenstand

Zu den unbeweglichen Sachen gehören insbesondere **Grundstücke und Wohnungen**, aber auch eingetragene Schiffe (was in der täglichen Praxis eher selten vorkommt). 503

§ 885 Abs. 2 ZPO regelt daneben aber auch, wie vorgefundene bewegliche Sachen, die eigentliche nicht Gegenstand der Vollstreckung sind, behandelt werden müssen.

b) Vollstreckungsvoraussetzungen

Wie bei jeder Vollstreckungsart muss ein Antrag des Gläubigers vorliegen und es müssen die allgemeinen und besonderen Vollstreckungsvoraussetzungen vorliegen. Räumungstitel können z.B. sein: 504

- Räumungsurteile (auch Versäumnis- oder Anerkenntnisurteile)
- Gerichtliche Vergleiche: Hierbei muss die Räumungsverpflichtung des Schuldners unmissverständlich formuliert sein, da die bloße Einigung über die Beendigung des Mietverhältnisses zu einem bestimmten Zeitpunkt nicht ausreicht.
- Notarielle Urkunden: Hierbei ist jedoch zu beachten, dass ein Räumungsanspruch auf diesem Weg nur bei Gewerbemietverträgen tituliert werden kann, wenn sich der Mieter bereits bei Abschluss des Vertrages in der notariellen Urkunde der Zwangsvollstreckung wegen der Räumung unterwirft. Für den Vermieter hat dies den Vorteil, dass es keines Rechtsstreites mehr bedarf, um einen Räumungsanspruch durchzusetzen. Vielmehr kann der Vermieter bei Vorliegen der entsprechenden Voraussetzungen aus der not. Urkunde die Räumung beauftragen. Dies gilt jedoch nicht für einen Wohnraummietvertrag (§ 794 Abs. 1 Nr. 5 ZPO).
- Anwaltsvergleich: auch hier gilt, dass ein Räumungsanspruch nur bei Gewerbemietverträgen vollstreckt werden kann, und eine Räumungsvollstreckung bez. eines Wohnraummietverhältnisses nicht möglich ist (§ 796a Abs. 2 ZPO).
- Zuschlagsbeschlüsse (§ 93 ZVG).

In der Praxis ergeben sich jedoch manchmal Schwierigkeiten aus der Unbestimmtheit des Titels. Bei der Räumungsvollstreckung gilt – wie bei jeder Zwangsvollstreckung – für den Gerichtsvollzieher, dass der Titel so genau bestimmt sein muss, dass eine Identifizierung des Schuldners und des Vollstreckungsobjekts sicher möglich ist. Der Tenor des Urteils sollte daher die postalischen Angaben (Straße, Hausnummer und Ort), bei Mehrfamilienhäusern auch das Stockwerk und die genaue Lage (z.B. 3. Stock, rechts) enthalten. Ist das Räumungsobjekt sowie die Räumungs- und Herausgabeverpflichtung nicht hinreichend bestimmt beschrieben, ist der Titel nicht vollstreckungsfähig.[52]

Hinreichend bestimmt ist ein Räumungstitel auch dann, wenn er das Räumungsobjekt nur mit den Grundbuchbezeichnungen (Gemarkung, Band, Blatt und Flurstück-Nr.) angibt, weil der Gerichtsvollzieher durch Vorlage allgemein zugänglicher öffentlicher Urkunden (Grundbuch bzw. Katasterzug) oder durch Grundbuch- bzw. Katastereinsicht leicht und sicher die genaue Adresse des Räumungsobjekts feststellen kann. Diese Informationspflicht trifft den Gerichtsvollzieher.[53]

c) Vollstreckungsschuldner

505 Eine besondere Problematik bei der Räumungsvollstreckung liegt darin, dass bereits im Erkenntnisverfahren ein Titel gegen alle Personen zu erwirken ist, die ggf. **Allein- oder Mitgewahrsam** an der Wohnung besitzen. Es kommt in der Zwangsvollstreckung eben nicht auf das zugrundeliegende Vertragsverhältnis an, sondern ausschließlich auf den Gewahrsam (= tatsächliche Sachherrschaft) an.

506 Besitzt ein Dritter (z.B. Untermieter) Gewahrsam an der Wohnung und wäre zu einer freiwilligen Herausgabe nicht bereit, so könnte die Herausgabevollstreckung gegen ihn nicht nach § 885 ZPO betrieben werden.

Grds. ist nämlich die Vollstreckung nur gegen im Titel genannte Personen zulässig, d.h. alle Bewohner müssen im Vollstreckungstitel zur Räumung verpflichtet sein, insbesondere gilt dies für folgende Personen:

mehrere Mieter im Mietvertrag	Da jeder Mieter, der im Mietvertrag steht, ein eigenständiges vertragliches Recht zum Mitbesitz an der Wohnung hat, ist ein Titel gegen alle zu erwirken.
Ehegatten	Bei Ehegatten muss ein Räumungstitel gegen beide Ehegatten erwirkt werden. Dies gilt auch dann, wenn nur ein Ehegatte den Mietvertrag unterschrieben hat.
Nichteheliche Lebensgemeinschaften	Nichts anderes gilt auch für nichteheliche Lebensgemeinschaften. Auch hier müssen beide Personen im Räumungstitel genannt sein, um die Räumung zu betreiben.

52 AG Bad Iburg v. 1.3.2022 – 3 M 58/22.

53 LG Kempten, OLG München DGVZ 99, 56 f.; BGHZ 122, 16, 18.

Kinder	Etwas anderes gilt jedoch für minderjährige Kinder. Da eine Wohnung i.d.R. nicht an die Kinder zum selbstständigen Gebrauch überlassen wird, haben sie auch keinen selbstständigen Gewahrsam, so dass ein Räumungstitel gegen die Kinder nicht erforderlich ist. Hieran ändert auch eine Volljährigkeit des Kindes nichts, wenn dieses Kind über die Volljährigkeit hinaus weiterhin im Haushalt der Eltern lebt. Wird die Wohnung jedoch an die Eltern oder einen Elternteil sowie das bereits volljährige Kind vermietet bzw. steht das volljährige Kind mit im Mietvertrag, so ist auch hier ein Titel gegen das „Kind“ erforderlich.
Untermieter	Der Untermieter hat Mitgewahrsam an der Wohnung, so dass immer ein Titel gegen ihn erforderlich ist.
Besucher oder Angestellte	Besucher oder Angestellte des Schuldners haben keinen Besitz an der Wohnung, sondern sind sog. Besitzdiener. Ein gesonderter Titel ist nicht erforderlich.

d) Durchführung einer normalen Räumungsvollstreckung

Bei der Räumungsvollstreckung wird der Schuldner aus dem Besitz gesetzt und der Gläubiger wird durch den Gerichtsvollzieher in den Besitz eingewiesen. **507**

Der Gerichtsvollzieher hat die Räumung rechtzeitig dem Schuldner anzukündigen, damit dieser ggf. die 2-Wochenfrist des § 765a Abs. 3 ZPO für einen Räumungsschutzantrag (vgl. Rdn 578) nutzen kann. **508**

Da die Wohnung grds. **vollständig geräumt** an den Gläubiger herauszugeben ist und damit auch sämtliche bewegliche Sachen aus der Wohnung entfernt werden müssen, fordert der Gerichtsvollzieher für evtl. Speditions- und Einlagerungskosten **einen Vorschuss** beim Gläubiger ab. **509**

Dieser Vorschuss wird vom Gerichtsvollzieher geschätzt und richtet sich nach der Wohnungsgröße. Für eine 3-Zimmer-Wohnung ist durchaus ein Vorschuss von 5.000,00 EUR üblich. Die tatsächlich entstehenden Räumungskosten (inkl. Spedition) werden nach der Vollstreckung gegenüber dem Gläubiger unter Berücksichtigung des Vorschusses abgerechnet und sind als notwendige Kosten der Zwangsvollstreckung gegen den Schuldner beizutreiben. Eine Festsetzung nach § 788 ZPO (vgl. Rdn 538) ist möglich.

Nach Eingang des Vorschusses teilt der Gerichtsvollzieher dem Schuldner den Räumungstermin mit. An dem festgesetzten Termin begibt sich der Gerichtsvollzieher zu der herauszugebenden Wohnung und nimmt dem Schuldner ggf. mit Gewalt die tatsächliche Sachherrschaft. **510**

Eine Anwesenheit des Schuldners ist dabei nicht erforderlich. In der Regel beauftragt der Gerichtsvollzieher für den Räumungstermin einen Schlüsseldienst, damit – für den Fall, dass der Schuldner nicht anwesend ist oder die Tür nicht öffnet – die Wohnungstür durch den Schlüsseldienst geöffnet werden kann.

511 Die Besitzeinweisung an den Gläubiger erfolgt im Anschluss daran durch **Übergabe** der unbeweglichen Sache (Wohnung), i.d.R. durch Übergabe sämtlicher (alten) Schlüssel oder durch Einbau eines neuen Schlosses mit Übergabe der neuen Schlüssel.

512 **Bewegliche Sachen** (z.B. alle Hausratsgegenstände), die nicht Gegenstand der Vollstreckung sind, werden vom Gerichtsvollzieher aus der Wohnung **entfernt** und eingelagert. Die Kosten hierfür trägt der Schuldner, wobei der Gläubiger jedoch wieder vorschusspflichtig ist.

513 Der Schuldner wird in diesen Fällen schriftlich über die Verwahrung informiert und hat nunmehr gem. § 885 Abs. 4 ZPO **einen Monat ab Räumung Zeit**, seine beweglichen Sachen vom Gerichtsvollzieher **abzufordern** und innerhalb von **zwei Monaten ab Räumung** die auflaufenden Kosten der Verwahrung zu **bezahlen**. Lässt er die Frist verstreichen bzw. zahlt die Einlagerungskosten nicht, so verwertet der Gerichtsvollzieher die Sachen (vgl. Rdn 162 zur Sachpfändung) und hinterlegt den Erlös nach Abzug der bisherigen Räumungs- und Vollstreckungskosten. Sachen, die nicht verkauft werden können, werden vernichtet, um die Pfandkammern zu entlasten. In der Praxis ergeben sich in den wenigsten Fällen verwertbare Gegenstände, so dass häufig sämtliche eingelagerten Sachen entsorgt werden (müssen).

514 Unverwertbare Sache wie Gerümpel und Müll sind gleichfalls bei der Räumung aus der Wohnung zu entfernen und können sofort durch den Gerichtsvollzieher vernichtet werden.

e) Räumungsvollstreckung nach dem „Berliner Modell"

515 Bei einen normalen Räumungsantrag können schnell mehrere tausend Euro als Kostenvorschuss auf den Gläubiger zukommen, da dieser vorschusspflichtig ist. Im ungünstigsten Fall kann die Forderung nicht bei dem Schuldner eingezogen werden und der Gläubiger bleibt auf den Kosten sitzen.

516 Um diese Kosten zu senken, wurde die Räumung nach dem „Berliner Modell" als beschränkter Vollstreckungsauftrag in die ZPO aufgenommen, § 885a ZPO. Dabei wird die Räumung lediglich auf die **Herausgabe der Wohnung beschränkt**.

517 Hat ein Vermieter vor Gericht ein Räumungsurteil erstritten, soll der Gerichtsvollzieher im Rahmen der „Berliner Räumung" die Wohnung räumen können, ohne gleichzeitig die – oft kostenaufwendige – Wegschaffung und Einlagerung der sich in der Wohnung befindlichen Gegenstände durchführen zu müssen.

518 Die Räumung kann also darauf beschränkt werden, den Schuldner aus dem Besitz der Wohnung zu setzen. Auf diese Weise fällt kein Kostenvorschuss für Abtransport und Einlagerung der in der Wohnung verbleibenden Gegenstände an. Die Haftung des Vermieters

für die vom Schuldner zurückgelassenen Gegenstände wird auf Vorsatz und grobe Fahrlässigkeit begrenzt.

Gem. § 885a Abs. 2 ZPO hat der Gerichtsvollzieher im Falle eines beschränkten Räumungsauftrages in dem Protokoll (§ 762 ZPO) die frei ersichtlichen beweglichen Sachen zu dokumentieren, die er bei der Vornahme der Vollstreckungshandlung vorfindet. Dies kann auch in Form von Fotos erfolgen. **519**

Auf diese Weise wird verhindert, dass der Schuldner nach der Räumung keine unwahren Behauptungen über Bestand oder Zustand der Wohnung machen kann. Der Gerichtsvollzieher muss hierbei nicht sämtliche vorgefundenen Gegenstände dokumentieren, sondern nur die frei ersichtlichen beweglichen Sachen. Er muss also nicht Schränke, Kisten usw. durchsuchen. **520**

> *Praxistipp:* **521**
>
> Im Falle der „Berliner Räumung“ sollte der Vermieter bzw. ein Vertreter des Vermieters bei der Räumung anwesend sein und selbst einige Fotos von den Örtlichkeiten machen, um späteren Forderungen und Behauptungen des Schuldners gezielt entgegen treten zu können.

Der Gerichtsvollzieher lässt dann i.d.R. durch einen Schlüsseldienst das Schloss austauschen und weist den Gläubiger in den Besitz ein, indem er ihm den neuen Schlüssel übergibt. **522**

Der Gläubiger kann die beweglichen Sachen, die sich in der Wohnung befinden, sofort im Anschluss an die Durchführung der Herausgabevollstreckung aus der Wohnung entfernen und an einem anderen Ort – etwa im Keller oder anderen privatem Raum – lagern. Hierdurch wird dem Gläubiger z.B. die Möglichkeit eröffnet, die Wohnung unmittelbar im Anschluss an die Vollstreckungsmaßnahme zu renovieren und neu zu vermieten. Kommt eine kurzfristige erneute Vermietung nicht in Betracht oder erscheint es dem Gläubiger sinnvoll, die beweglichen Sachen zunächst nicht wegzuschaffen, kann er sie auch in der Wohnung belassen. **523**

Unpfändbare Sachen und solche Sachen, bei denen ein Verwertungserlös nicht zu erwarten ist, muss der Gläubiger jederzeit auf Verlangen des Schuldners herausgeben. **524**

Verlangt der Schuldner die Sachen nicht binnen einer Frist von einem Monat nach Durchführung der Vollstreckungsmaßnahme vom Gläubiger zurück, kann der Gläubiger die Sachen gem. §§ 372 ff. BGB verwerten. Eine Androhung der Versteigerung findet nicht statt. Sachen, die nicht verwertet werden können, können vernichtet werden. **525**

Hier ist allerdings ebenfalls Vorsicht geboten: „verwerten“ heißt nicht, dass der Vermieter machen kann, was er will. Zudem heißt „verwerten“ eigentlich „verwerten lassen“, z.B. durch einen vereidigten Auktionator oder den Gerichtsvollzieher. Nur wenn **526** diese bestätigen, dass die Sachen keinen Wert haben, können diese entsorgt werden. Oftmals kann der Vermieter gar nicht beurteilen, was wertvoll ist und was nicht. Räumt und entsorgt der Vermieter einfach nach seinem Empfinden, kann es schnell zu Haftungsproblemen kommen.

527 *Hinweis:*

Der Räumungstitel ist mit Durchführung der Berliner Räumung und der Inbesitznahme der Wohnung (etc.) durch den Vermieter verbraucht. Aus einem verbrauchten Titel kann nicht mehr vollstreckt werden. Der Gläubiger = Vermieter kann also nicht nach Durchführung einer Berliner Räumung, bei welcher das komplette Hab und Gut des Schuldners = Mieters in der Wohnung verblieb, nun anschließend die „normale" Räumung durch den Gerichtsvollzieher verlangen.[54]

Der Gläubiger muss sich also vor Auftragserteilung entscheiden:

Vollständige Räumung durch den Gerichtsvollzieher nach § 885 ZPO und Zahlung eines hohen Kostenvorschusses

oder alternativ

Räumung nach dem Berliner Modell mit geringerem Kostenvorschuss an den Gerichtsvollzieher aber dem Risiko, im Anschluss an den Räumungstermin selbst für die Entsorgung / Verwertung von zurückgebliebenen Gegenständen sorgen zu müssen.

528 ▼

5.9

Muster 5.9: Berliner Räumung

Verteilerstelle für
Gerichtsvollzieheraufträge beim
Amtsgericht

(genaue Anschrift)

Antrag auf Herausgabe einer Wohnung (nach dem Berliner Modell) – beschränkter Vollstreckungsauftrag

Gläubiger G

(genaue Anschrift)

– Gläubiger G–

– Prozessbevollmächtigter: Rechtsanwalt R –

54 OLG Rostock v. 15.10.2013 – U 80/13; AG Erfurt v. 15.3.2019 – M 580/19.

gegen

Schuldner S

(genaue Anschrift)

– Schuldner –

erteilen wir namens und mit Vollmacht des Gläubigers den Auftrag, aus dem anliegenden vollstreckbaren Titel (genaue Bezeichnung des Titels) den Räumungsanspruch gem. § 885a (Räumung nach dem Berliner Modell) zu vollstrecken und den Schuldner lediglich aus dem Besitz der Wohnung zu setzen sowie den Gläubiger in den Besitz einzuweisen. (§§ 885a, 885 Abs. 1 ZPO).

Rechtsanwalt

▲

Alternativ kann der Auftrag auch mittels Zwangsvollstreckungsformular unter Modul O erfolgen. 529

O	**weitere Aufträge**
	☒ Auftrag, die Wohnung im Hause Mustermannstr. 1, 00001 Musterhausen, 2. Stock rechts, bestehend aus 2 Zimmern, Küche, Diele
	☐ Bad zu räumen. Wir bitten um Mitteilung eines ggf. erforderl. Räumungsvorschusses sowie des Räumungstermins.

Die Nutzung des Formulars macht insbesondere dann Sinn, wenn gleichzeitig mit dem Räumungsauftrag eine Geldforderung (titulierter Mietrückstand?) oder z.B. die Rechtsanwaltsgebühren für diesen Auftrag geltend gemacht werden sollen. Da es sich bei diesen Gebühren um eine Geldforderung handelt, ist der Gerichtsvollzieher zwingend mittels Formular mit der Beitreibung zu beauftragen.

Fazit 530

Auf den ersten Blick erscheint die sog. „Berliner Räumung" die kostengünstigere Alternative zu sein. Auf den zweiten Blick entstehen für den Vermieter – wenn der Schuldner die Wohnung nicht zuvor selbst tatsächlich ausgeräumt hat – nach der Räumung schnell Kosten für Einlagerung, Entsorgung und Verwertung, die vorab gar nicht überblickt werden können. Ist die Wohnung tatsächlich leer oder stehen dort nur vereinzelte Müllsäcke herum, kann diese Variante der Räumung empfehlenswert sein.

Muss die Wohnung tatsächlich mit Sack und Pack geräumt werden, kann eine „Berliner Räumung" leicht zum kosten- und arbeitsmäßigen Desaster für den Vermieter werden.

Handelt es sich beim Vermieter um eine Privatperson mit Rechtsschutzversicherung, empfiehlt sich auf jeden Fall der unbeschränkte Vollstreckungsauftrag: die Rechtsschutzversicherung übernimmt die Kosten (ganz wichtig: vorher Deckungszusage einholen!).

f) Kosten

531 Für den Räumungsauftrag erhält der Rechtsanwalt des Gläubigers eine 0,3 Verfahrensgebühr nach Nr. 3309 VV RVG.

Der Gegenstandswert für die anwaltliche Vergütungsberechnung richtet sich dabei nach § 23 Abs. 1 S. 1 RVG, § 41 Abs. 2 GKG. I.d.R. ist die einjährige Nettokaltmiete anzusetzen.

532 Die beim Gerichtsvollzieher entstehenden Räumungs- und Einlagerungskosten sind notwendige Kosten der Zwangsvollstreckung, die im Wege des § 788 ZPO (vgl. Rdn 538) gegen den Schuldner festgesetzt werden können. Der Gläubiger haftet jedoch zunächst für diese Kosten und ist vorschusspflichtig.

VIII. Gebühren in der Zwangsvollstreckung

533 Ausführungen zu den Gebühren und des Gegenstandswertes in der Zwangsvollstreckung finden Sie unter § 8 Rdn 588 ff.

IX. Rechtsschutzversicherung

534 Auch wenn es für das Erkenntnisverfahren eine **Deckungszusage** der Rechtsschutzversicherung gab, gilt diese nicht automatisch für die Kosten der Zwangsvollstreckung. Nach § 18 Nr. 3 bis Nr. 18 RVG sind sämtliche Vollstreckungsmaßnahmen besondere Angelegenheiten. Es sollte daher vor Einleitung von Zwangsvollstreckungsmaßnahme eine gesonderte Deckungszusage eingeholt werden.

535 ▼

5.10

Muster 5.10: Deckungsanfrage Zwangsvollstreckungskosten

Rechtsschutzversicherung

(genaue Anschrift)

Gläubiger ./. Schuldner

Versicherungsnummer des Mandanten

Sehr geehrte Damen und Herren,

in oben bezeichneter Angelegenheit liegt die volltreckbare Ausfertigung des *(genaue Titelbezeichnung)* vor. Der Gegner hat bislang keine Zahlung geleistet. Unser Mandant hat uns daher beauftragt, die Zwangsvollstreckung einzuleiten. Wir bitten höflichst um Mitteilung, ob Sie für die üblichen drei Vollstreckungsmaßnahmen Deckungsschutz erteilen.

Mit freundlichen Grüßen

Rechtsanwalt

▲

Die Deckungszusage wird i.d.R. nur für drei Vollstreckungsmaßnahmen erteilt. In Ausnahmefällen gewährt die Rechtsschutzversicherung ggf. aus Kulanz Deckungsschutz für eine weitere Maßnahme. Dies muss jedoch explizit mit der Versicherung abgestimmt werden. **536**

> *Hinweis:*
>
> Je nach Versicherungsvertrag des Mandanten gewährt die Rechtsschutzversicherung Deckungsschutz für „drei Vollstreckungsmaßnahmen" oder alternativ für „die ersten drei Vollstreckungsmaßnahmen". Sollen mehr als drei Maßnahmen durchgeführt werden, hat dies u.U. je nach Einzelfall Auswirkungen auf die Höhe der Gebühren, die von der Rechtsschutzversicherung übernommen werden. Dies muss explizit mit dem Mandanten geklärt werden.

Für alle Rechtsschutzversicherungsverträge gilt, dass die Rechtsschutzversicherung keine Kosten für Zwangsvollstreckungsmaßnahmen übernimmt, die **später als fünf Jahre nach Rechtskraft des Vollstreckungstitels** beantragt werden. Auch hier besteht ggf. die Möglichkeit, dass die Versicherung aus Kulanz auch bei älteren Titeln Kosten übernimmt. Dies muss jedoch ebenfalls explizit mit der Versicherung geklärt werden. **537**

X. Festsetzung der Zwangsvollstreckungskosten

Gem. § 788 Abs. 1 ZPO fallen die Kosten der Zwangsvollstreckung, soweit sie notwendig waren (§ 91), dem Schuldner zur Last und sind zugleich mit dem zur Zwangsvollstreckung stehenden Anspruch beizutreiben. Soweit mehrere Schuldner als Gesamtschuldner verurteilt worden sind, haften sie auch für die Kosten der Zwangsvollstreckung als Gesamtschuldner. **538**

Zu diesen Kosten der Zwangsvollstreckung gehören z.B. die Rechtsanwaltsgebühren für Vollstreckungsmaßnahmen, die Gerichtsvollzieherkosten, Gerichtskosten, Kosten der Anschriftenermittlung etc. Erteilt der Gläubiger(-vertreter) einen vereinfachten Vollstreckungsauftrag bzw. -antrag, müssen die Belege über die entstandenen Kosten dem Auftrag/Antrag beigefügt werden, da das jeweilige Vollstreckungsorgan in der Lage sein muss zu überprüfen, ob die geltend gemachten bisherigen Vollstreckungskosten zum einen überhaupt angefallen und zum anderen notwendig i.S.v. § 91 ZPO waren. **Notwendig** **539** sind die Kosten, wenn der Gläubiger bei verständiger Würdigung der Sachlage die Maßnahme zur Durchsetzung seines titulierten Anspruchs objektiv für erforderlich halten durfte. Daran fehlt es, wenn die Zwangsvollstreckungsmaßnahme für den Gläubiger erkennbar aussichtslos ist.[55]

540 Nicht notwendige Kosten sind daher die Kosten für erkennbar aussichtslose Vollstreckungsmaßnahmen.[56]

541 Kann eine Forderung aus einem Titel nicht sofort beigetrieben werden und ist der Schuldner auch nicht zu einer Ratenzahlung bereit, summieren sich die Kosten der Zwangsvollstreckung aus einem Titel im Laufe der Zeit nicht selten zu einem hohen Betrag. Gem. § 197 Abs. 1 Nr. 6 BGB beträgt die Verjährungsfrist für Ansprüche auf Erstattung der Kosten der Zwangsvollstreckung 30 Jahre.

Ferner sammeln sich unzählige Belege an, die bei jeder neuen Zwangsmaßnahme als Datei dem Auftrag/Antrag beigefügt werden müssen.

Handelt es sich um die Vollstreckung eines Räumungstitels, belaufen sich nicht selten die Gerichtsvollzieherkosten für die Zwangsräumung auf mehrere tausend EUR.

Vollstreckungskosten sind zudem nicht zu verzinsen.

542 Hinzukommt, dass es im Einzelfall auch zum Streit zwischen Gläubiger(-vertreter) und Vollstreckungsorgan über die Notwendigkeit der bisherigen Vollstreckungskosten kommen kann.

Der Gläubiger hat die Möglichkeit, die bisher entstandenen Vollstreckungskosten in einem Festsetzungsbeschluss (KFB) festsetzen zu lassen, § 788 Abs. 2 ZPO i.V.m. §§ 103, 104, 107 ZPO.

543 Sachlich zuständig für einen Kostenfestsetzungsantrag ist das Vollstreckungsgericht – nicht das Prozessgericht, § 788 Abs. 2 ZPO. Örtlich zuständig ist das Gericht, bei dem zum Zeitpunkt der Antragstellung eine Vollstreckungsmaßnahme anhängig ist, oder – sofern die Vollstreckungsmaßnahme beendet ist – bei dem Gericht, in dessen Bezirk die letzte Maßnahme erfolgt ist. Mit dem Antrag müssen der Titel sowie sämtliche Belege über die festzusetzenden Vollstreckungskosten vorgelegt werden.

55 BGH v. 9.10.2014 – V ZB 25/14.

56 *Schuschke/Grieß*, in: Vollstreckung und vorläufiger Rechtsschutz, § 788 Rn 7.

▼ 544

Muster 5.11: Antrag auf Festsetzung von Vollstreckungskosten

5.11

An das Amtsgericht

Vollstreckungsgericht

in ...

In der Zwangsvollstreckungssache

A ./. B (Name und Anschrift vollständig angeben)

beantragen wir, als notwendige Kosten der Zwangsvollstreckung für die Zeit von ... bis ... einen Betrag in Höhe von ... EUR gem. beiliegender Forderungsaufstellung gegen den Schuldner festzusetzen und dem Gläubiger eine vollstreckbare Ausfertigung des Beschlusses zu erteilen. Ferner wird beantragt auszusprechen, dass der festgesetzte Betrag mit 5 Prozentpunkten über dem Basiszinssatz ab Antragstellung zu verzinsen ist.

Rechtsanwalt

▲

Da das Gericht den Schuldner zum Antrag anhört, ist es zwingend erforderlich, dass die aktuelle Anschrift des Schuldners angegeben wird. Nach Erlass wird der Kostenfestsetzungsbeschluss dem Schuldner zugestellt. Der Gläubiger erhält eine vollstreckbare Ausfertigung des Beschlusses. Der Gläubiger kann aus diesem KFB wie aus jedem anderen Kostenfestsetzungsbeschluss die Vollstreckung betreiben. In der Folgezeit sind einem Zwangsvollstreckungsauftrag dann nicht mehr die (ggf. unzähligen) Einzelbelege als Datei beizufügen, sondern der Kostenfestsetzungsbeschluss gem. § 788 ZPO als weiterer Titel. Es empfiehlt sich jedoch, diese Einzelbelege nicht zu vernichten, sondern aufzubewahren, wenn sich hierunter z.B. Zustellungsurkunden von Pfändungs- und Überweisungsbeschlüssen befinden. Werden diese vernichtet, haben Sie ansonsten keine Möglichkeit mehr, im Streitfalle die Zustellung der Pfändung nachzuweisen. 545

Vorteile eines Kostenfestsetzungsbeschlusses gem. § 788 ZPO 546

- Die festgesetzten Kosten sind ab Antragstellung zu verzinsen. Je nach Höhe der Vollstreckungskosten und Dauer der Vollstreckung kann sich ein hoher Zinsbetrag errechnen.
- Bei nachfolgenden Vollstreckungsmaßnahmen müssen nicht endlos viele Dateien mit Belegen übermittelt werden, sondern lediglich der Kostenfestsetzungsbeschluss als Titel.
- Durch den KFB wird festgestellt, dass es sich um notwendige Kosten der Zwangsvollstreckung handelt. Für die Zukunft ist also ein Streit mit dem Vollstreckungsorgan über die Notwendigkeit einzelner Kostenpositionen ausgeschlossen.

547 **Einziger Nachteil** bei der Beantragung eines Kostenfestsetzungsbeschlusses ist die Tatsache, dass die Bearbeitung des Antrages bei Gericht in der Regel einen längeren Zeitraum in Anspruch nimmt. Der Titel befindet sich in dieser Zeit bei Gericht und kann nicht für neue Zwangsvollstreckungsmaßnahmen genutzt werden. Man sollte also einen Kostenfestsetzungsantrag möglichst dann stellen, wenn abzusehen ist, dass die Unterlagen in den nächsten Wochen/Monaten nicht für dringend einzuleitende Vollstreckungsmaßnahmen benötigt werden.

F. Rechtsbehelfe/Rechtsmittel in der Zwangsvollstreckung

548 Die vollstreckungsinternen Rechtsbehelfe gewährleisten für den Gläubiger, den Schuldner und ggf. auch Dritten den Rechtsschutz gegen Verfahrensfehler der Vollstreckungsorgane und garantieren damit den gesetzmäßigen Ablauf des Vollstreckungsverfahrens.

I. Übersicht

549 Es stellt sich die Frage: Maßnahme oder Entscheidung?

Die konkrete **Maßnahme** eines Vollstreckungsorgans ist mit der **Erinnerung** anzufechten (Begründung: die zu beachtenden Verfahrensvorschriften wurden nicht eingehalten). Dies betrifft z.B. Maßnahmen des Gerichtsvollziehers.

Eine Vollstreckungsmaßnahme eines Richters oder Rechtspflegers (Vollstreckungsgericht) liegt dann vor, wenn dieser ohne beiderseitige Anhörung einem Antrag stattgibt.

Eine **Entscheidung** des Vollstreckungsgerichts / Rechtspflegers liegt dann vor, wenn das Gericht nach Anhörung des Schuldners oder nach einer Abwägung der Möglichkeit, den Schuldner (und etwa auch den Gläubiger) zu hören, die konkreten widerstreitenden Interessen des Schuldners und des Gläubigers abgewogen (gewürdigt) und erst dann über den Antrag entschieden hat. Gegen eine Entscheidung kann **Beschwerde** eingelegt werden.

550 Formelle Einwendungen betreffen dabei das Verfahren selbst, es handelt sich hierbei also um Verfahrensfehler.

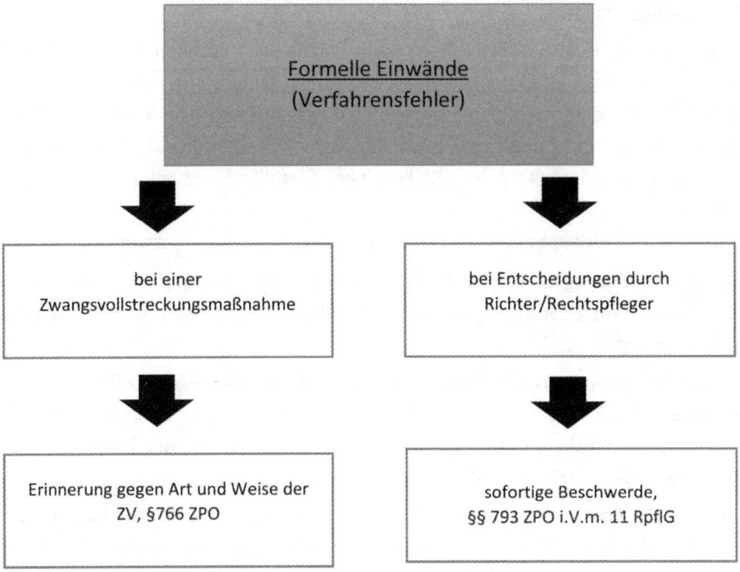

1. Die Vollstreckungserinnerung nach § 766 ZPO

Die **Erinnerung** nach § 766 ZPO ist der grundlegende Rechtsbehelf des Zwangsvollstreckungsrechts. Gläubiger, Schuldner und von einer Vollstreckungsmaßnahme betroffene Dritte können auf diesem Wege das Vollstreckungsgericht anrufen und Verfahrensfehler des Vollstreckungsorgans rügen. **Voraussetzung** für die Statthaftigkeit der Erinnerung ist, dass der Antragsteller **beschwert** ist. 551

Der Gläubiger ist beschwert, wenn das Vollstreckungsorgan die Zwangsvollstreckung ablehnt, verzögert oder von dem Vollstreckungsauftrag abweicht.

Der Schuldner ist durch die Zwangsvollstreckung als solche immer beschwert und kann daher immer Erinnerung einlegen.

Ein Dritter muss von der Zwangsvollstreckung betroffen sein, d.h. der Vollstreckungsakt muss in seine Rechtssphäre eingreifen. Mit der Erinnerung kann der Dritte keine materiell-rechtlichen Einwendungen vorbringen. Hier greift § 771 ZPO. 552

Örtlich und sachlich zuständig (§ 802 ZPO) ist das Amtsgericht, in dessen Bezirk das Vollstreckungsverfahren stattfindet (§§ 766 Abs. 1 S. 1, 764 Abs. 2 ZPO). Das Amtsgericht entscheidet durch den Richter (§ 20 Nr. 17 S. 2 RPflG). 553

554 Die Erinnerung ist statthaft z.B.

- gegen jedes auf die Zwangsvollstreckung bezogene Verhalten des Gerichtsvollziehers, § 766 Abs. 1 ZPO, insbesondere bei seiner Weigerung, einen Vollstreckungsauftrag zu übernehmen oder antragsgemäß durchzuführen, § 766 Abs. 2 ZPO. Wegen des sachlichen und zeitlichen Zusammenhangs zwischen Zustellung und Beginn der Zwangsvollstreckung ist § 766 ZPO auch bei Zustellungsverweigerung des Gerichtsvollziehers gegeben.
- durch den Schuldner gegen den Erlass des Pfändungs- und Überweisungsbeschlusses

555 Ein besonderer Antrag ist nicht erforderlich. Es genügt, dass sich aus der Eingabe als Rechtsschutzziel die Beseitigung oder Einschränkung einer bestimmten Vollstreckungsmaßnahme ergibt.

556 Die Erinnerung muss **schriftlich oder zu Protokoll der Geschäftsstelle** eingelegt werden (analog § 569 Abs. 2 S. 1, Abs. 3 ZPO). Die Bezeichnung Erinnerung ist nicht erforderlich. Befristet ist die Erinnerung nicht; sie kann daher bis zum Ende des Vollstreckungsverfahrens eingelegt werden.

557 Ferner muss ein Rechtsschutzinteresse bestehen: die Erinnerung ist grundsätzlich erst zulässig, wenn die Vollstreckungsmaßnahme begonnen hat. Das Rechtsschutzbedürfnis entfällt, wenn die Zwangsvollstreckung aus dem Titel schlechthin oder bezüglich der einzelnen angefochtenen Maßnahme bereits beendet ist.

558 **Ausnahmsweise** kann der Schuldner bereits **vor Beginn der Zwangsvollstreckung** Erinnerung einlegen, wenn eine konkrete Zwangsvollstreckungsmaßnahme unmittelbar bevorsteht und eine spätere Entscheidung dem Schuldner nur beschränkt nützen würde, z.B. wenn sich der Schuldner mit der Erinnerung gegen die angekündigte Räumungsvollstreckung oder gegen die angedrohte Vollstreckung des Haftbefehles wenden will.

2. Sofortige Beschwerde nach § 793 ZPO

559 Die **sofortige Beschwerde** ist gegen Entscheidungen im Vollstreckungsverfahren statthaft, d.h. wenn dem Schuldner vor der Beschlussfassung über eine Vollstreckungsmaßnahme rechtliches Gehör gewährt wurde oder wenn das Vollstreckungsgericht einen Antrag des Gläubigers ganz oder teilweise ablehnt.

Eine Entscheidung liegt z.B. vor,

- wenn einem Antrag auf Ergänzung des Pfändungs- und Überweisungsbeschlusses nach Anhörung des Gegners stattgegeben bzw. dieser abgelehnt wurde.
- ein Antrag des Gläubigers abgelehnt wird (gleich, ob der Schuldner angehört wurde oder nicht). Eine Entscheidung liegt auch in diesem Falle vor, obwohl der Gegner nicht gehört wurde. Hier hat sich der Rechtspfleger mit der Argumentation des Antragstellers auseinandergesetzt und nicht nur ohne weitergehende Prüfung dem Antrag stattgegeben.

- d.h. eine Entscheidung liegt vor, wenn der Beschluss nach tatsächlicher und rechtlicher Würdigung des Parteivorbringens ergangen ist. Das ist der Fall, wenn beide Parteien gehört wurden und ihr Vorbringen bei der Entscheidung Berücksichtigung gefunden hat. Dabei ist es unerheblich, ob sich eine Partei tatsächlich geäußert hat. Es reicht aus, wenn ihr hierzu Gelegenheit gegeben wurde.

Zuständig für die Beschwerdeentscheidung ist das übergeordnete Gericht, vgl. § 72 GVG. Hierbei handelt es sich um das Landgericht, da Vollstreckungsgericht immer das Amtsgericht ist (vgl. § 764 Abs. 1 ZPO). 560

Die sofortige Beschwerde ist gemäß § 569 Abs. 2 ZPO **schriftlich** oder gem. § 569 Abs. 3 Nr. 1 ZPO zu **Protokoll der Geschäftsstelle** einzulegen, und zwar entweder bei dem Amtsgericht, das erstinstanzlich entschieden hat oder bei dem Beschwerdegericht. 561

Die **sofortige Beschwerde** ist **fristgebunden**. Sie ist gemäß § 569 Abs. 1 ZPO binnen einer **Notfrist** von zwei Wochen ab Zustellung der Erinnerungsentscheidung einzulegen. 562

Das Rechtsschutzbedürfnis besteht vom Beginn der Zwangsvollstreckung an bis zu deren endgültiger Beendigung durch die Befriedigung des Gläubigers. 563

Der Rechtspfleger darf über die sofortige Beschwerde selbst nicht entscheiden. Er darf aber **abhelfen**, § 572 Abs. 2 ZPO. Zunächst muss der Rechtspfleger, dessen Entscheidung angefochten wird, also darüber entscheiden, ob er der sofortigen Beschwerde abhilft, § 572 Abs. 1 S. 1 ZPO. 564

Gegen den abhelfenden Beschluss kann wiederum die dadurch beschwerte gegnerische Partei sofortige Beschwerde einlegen.

Wird nicht abgeholfen, ist die Sache vom Rechtspfleger dem Beschwerdegericht vorzulegen, § 572 Abs. 1 ZPO.

Gegen die Entscheidung des Beschwerdegerichts ist nur im Falle der Zulassung die Rechtsbeschwerde, § 574 ZPO, zum BGH möglich.

Materiell-rechtliche Einwendungen hingegen richten sich gegen den Anspruch an sich. Die wichtigsten Einwendungen sind die **Vollstreckungsabwehrklage** (auch: Vollstreckungsgegenklage) und die **Drittwiderspruchsklage**. 565

3. Vollstreckungsabwehr oder -gegenklage nach § 767 ZPO

Die **Vollstreckungsabwehrklage** kann durch den Schuldner erhoben werden, wenn der titulierte Anspruch nicht mehr besteht, der Gläubiger aber dennoch die Zwangsvollstreckung betreibt. Einwendungen, die spätestens in der letzten mündlichen Verhandlung hätten geltend gemacht werden können, sind präkludiert, d.h. ausgenommen. Das Vorbringen des Schuldners muss also „neu“ sein und durfte nicht bereits in der letzten mündlichen Verhandlung bekannt sein. 566

Als mögliche Einwendungen könnte der Schuldner Erfüllung, Erlöschen durch Aufrechnung oder Stundung der Forderung vorbringen.

Die Vollstreckungsabwehrklage richtet sich gegen die Vollstreckbarkeit des Titels; Streitgegenstand ist nicht der Anspruch, sondern dessen Vollstreckbarkeit.

4. Drittwiderspruchsklage nach § 771 ZPO

567 Ist ein Dritter von der Zwangsvollstreckung betroffen, weil er eine materiell-rechtliche Berechtigung am Vollstreckungsobjekt hat, kann er **Drittwiderspruchsklage** erheben. Die Klage ist darauf gerichtet, die Zwangsvollstreckung in einen bestimmten Gegenstand für unzulässig zu erklären (z.B.: Schuldner behauptet, das Auto, das auf ihn selbst zugelassen ist, sei das Fahrzeug eines Dritten – der Gerichtsvollzieher pfändet das Fahrzeug – der Dritte, der nachweisen kann, dass ihm dieses Fahrzeug gehört, kann Drittwiderspruchsklage einreichen).

II. Diverse Fälle (mit Formulierungshilfen)

1. Erinnerung

568 *Beispiel: Erinnerung gegen Art und Weise der Zwangsvollstreckung*

Gegen Mandant M (wohnhaft in Berlin-Charlottenburg) soll eine Geldforderung i.H.v. 2.000,00 EUR im Wege der Sachpfändung vollstreckt werden. Das der Zwangsvollstreckung zugrunde liegende Urteil wurde jedoch dem Mandanten noch nicht zugestellt, nach telefonischer Auskunft des Prozessgerichts wurde bislang auch keine vollstreckbare Ausfertigung erteilt. Der unerfahrene Gerichtsvollzieher will dennoch vollstrecken und meint, er müsse den Auftrag der Gläubigerin G erfüllen. Die Sachpfändung soll in zwei Tagen erfolgen. Was ist zu tun?

569 Obwohl hier noch keine direkte Zwangsvollstreckungsmaßnahme durch den Gerichtsvollzieher stattgefunden hat, hat der Schuldner dennoch ein Rechtsschutzbedürfnis, dass die unmittelbar bevorstehende Zwangsvollstreckungsmaßnahme verhindert wird.

570 Im vorliegenden Fall wurde das Urteil noch nicht zugestellt, dies könnte jedoch auch zeitgleich mit der geplanten Zwangsvollstreckungsmaßnahme erfolgen (§ 750 Abs. 1 ZPO). Der dem Gerichtsvollzieher vorliegende Titel hat ferner aber auch keine Vollstreckungsklausel, sodass aus diesem Grund nicht alle allgemeinen Zwangsvollstreckungsvoraussetzungen vorliegen. Dies hätte der Gerichtsvollzieher als zuständiges Vollstreckungsorgan überprüfen müssen. Es handelt sich hiernach um eine formelle Einwendung des Schuldners. Der zulässige Rechtsbehelf ist die Erinnerung gegen die Art und Weise der Zwangsvollstreckung gem. § 766 ZPO. Die **Erinnerung** ist beim Vollstreckungsgericht einzureichen.

Ein möglicher Antrag könnte im vorliegenden Fall wie folgt aussehen. 571

▼ 572

Muster 5.12: Erinnerung nach § 766 ZPO

5.12

An das
Amtsgericht Charlottenburg
Vollstreckungsgericht
Amtsgerichtsplatz 1
14057 Berlin

In der Zwangsvollstreckungssache

des *(Mandanten)*

– Schuldner und Erinnerungsführer –

Verfahrensbevollmächtigte:

gegen

den *(Gläubiger)*

– Gläubiger und Erinnerungsgegner –

Verfahrensbevollmächtigte:

legen wir namens und in Vollmacht des Schuldners gegen die Art und Weise der Zwangsvollstreckung

Erinnerung gemäß § 766 ZPO

ein.

Es wird beantragt,

> **den Gerichtsvollzieher anzuweisen, die angekündigte Zwangsvollstreckung aus dem Urteil *(genaue Bezeichnung, Datum des Erlasses, Gericht)* nicht durchzuführen.**

Begründung

Ausweislich der Gerichtsakte zum Prozessverfahren *(Angabe des Gerichts und des Aktenzeichens)* wurde dem Gläubiger keine vollstreckbare Ausfertigung des Urteils erteilt, sodass nicht sämtliche allgemeinen Vollstreckungsvoraussetzungen vorliegen. Die angekündigte Durchführung einer Sachpfändung ist demnach nicht statthaft.

Rechtsanwalt

▲

2. Vollstreckungsabwehrklage

573 *Beispiel: Vollstreckungsabwehrklage*

Mandant M hat an seinen Gläubiger G die vollständige titulierte Forderung i.H.v. 6.500,00 EUR inklusive Zinsen und Vollstreckungskosten sofort nach Ende der mündlichen Verhandlung bezahlt. Der Gläubiger betreibt dennoch weiterhin die Zwangsvollstreckung in das Konto des Mandanten. Das Urteil wurde durch das LG Berlin erlassen.

Was ist zu tun?

574 Der Mandant hat hier einen materiell-rechtlichen Einwand, da durch die Bezahlung der ursprüngliche Anspruch erloschen ist. Die richtige Maßnahme wäre hier die Einlegung einer **Vollstreckungsabwehrklage** (§ 767 ZPO).

575 Gem. § 767 Abs. 1 ZPO ist die Klage beim Prozessgericht des ersten Rechtszugs einzureichen.

576 Bei der Vollstreckungsabwehrklage handelt es sich um ein normales Erkenntnisverfahren, welches auch vergütungs- und kostenrechtlich in dieser Weise behandelt wird. Mit Einreichung der Klage ist daher ein **Gerichtsgebührenvorschuss** i.H.v. drei Gerichtsgebühren nach Nr. 1210 KV GKG zu entrichten. Die **Rechtsanwaltsgebühren** ergeben sich aus Teil 3 des VV RVG.

577 Eine mögliche Vollstreckungsabwehrklage könnte im vorliegenden Fall wie folgt aussehen.

▼

Muster 5.13: Vollstreckungsabwehrklage gem. § 767 ZPO

5.13

An das
Landgericht Berlin
Prozessgericht der I. Instanz
Tegeler Weg 17–21
10589 Berlin

ACHTUNG!!! Bitte sofort vorlegen

Antrag auf einstweilige Einstellung der Zwangsvollstreckung nach § 769 ZPO

Vollstreckungsabwehrklage nach § 767 ZPO

des *(Mandanten)*

– Kläger –

Verfahrensbevollmächtigte:

gegen

den *(Gläubiger)*

– Beklagter –

Verfahrensbevollmächtigte:

wegen Unzulässigkeit der Zwangsvollstreckung

beantragen wir namens und in beigefügter Vollmacht des Klägers:

1. **Die Zwangsvollstreckung aus dem Urteil** ***(genaue Bezeichnung, Datum des Erlasses, Gericht)*** wird für unzulässig erklärt.
2. **Die Zwangsvollstreckung aus dem in Nr. 1 bezeichneten Titel wird gemäß § 768 Abs. 1 ZPO einstweilen ohne, hilfsweise mit Sicherheitsleistung eingestellt.**
3. **Der Beklagte trägt die Kosten des Verfahrens.**

Ferner wird beantragt, sobald die entsprechenden Vorsetzungen vorliegen:

ein Versäumnisurteil gem. § 331 Abs. 3 S. 3 ZPO bzw.

ein Anerkenntnisurteil gem. § 307 ZPO

zu erlassen.

Begründung:

Der Beklagte hatte ursprünglich einen titulierten Anspruch gegen den Kläger auf Zahlung von 6.500,00 EUR

Beweis: Beiziehung der Verfahrensakte des erkennenden Gerichts zum Az. ,

Kopie des Urteils, Anlage K1

Der Kläger zahlte daraufhin nach Zustellung des Urteils an den Beklagten am *(Datum)* den Betrag i.H.v. 6.500,00 EUR an den Beklagten per Banküberweisung.

Beweis: Kopie des Kontoauszugs vom , Anlage K2

Trotz der Zahlung vollstreckt der Beklagte weiterhin in das Bankkonto des Klägers.

Beweis: Kopie einer Bankbestätigung, Anlage K3;

Kopie des Pfändungs- und Überweisungsbeschlusses, Anlage K4

Der Antrag auf einstweilige Einstellung der Zwangsvollstreckung ergibt sich aus § 769 ZPO. Zur Glaubhaftmachung wird auf die beigefügte

eidesstattliche Versicherung gemäß § 294 ZPO des Klägers

sowie auf die vorgelegten oben näher bezeichneten Urkunden verwiesen. Sollte sich die Erfolgsaussicht der Vollstreckungsgegenklage bereits aus den vorgelegten Urkunden ergeben, wird um einstweilige Einstellung ohne Sicherheitsleistung gebeten.

Da die Verwertung in Kürze bevorsteht, wird um zeitnahe Entscheidung ohne Anhörung des Beklagten gebeten.

Der Streitwert ergibt sich aus § 23 Abs. 1 S. 1 RVG, § 48 Abs. 1 GKG, § 3 ZPO und ist mit dem Wert der Vollstreckungsforderung zu bestimmen, da durch die vorliegende Klage die Unzulässigkeit der gesamten Vollstreckungsmaßnahme begehrt wird und beträgt EUR. Ein Vorschuss in Höhe von drei Gerichtsgebühren nach diesem Streitwert in Höhe von EUR ist per elektronischer Gerichtskostenmarke beigefügt.

Rechtsanwalt

▲

3. Räumungsschutzantrag gem. § 765a ZPO

578 *Beispiel: § 765a ZPO*

Aufgrund eines ordnungsgemäßen Räumungsurteils soll die Wohnung der 80-jährigen Mandantin M in 2,5 Wochen geräumt werden. Die Mandantin ist jedoch unglücklich gestürzt und erlitt einen komplizierten Oberschenkelhalsbruch. Da sie Sozialhilfeempfängerin ist und auch sonst keine Freunde und Verwandten mehr hat, beauftragt sie einen Rechtsanwalt, einen Räumungsaufschub zu erstreiten.

579 § 765a ZPO gilt als Generalklausel für den Vollstreckungsschutz und soll den Schuldner von Vollstreckungsmaßnahmen schützen, wenn diese wegen **ganz besonderer Umstände** nicht mit den **guten Sitten** vereinbar sind und überwiegende Gläubigerinteressen dem nicht entgegenstehen. Die Vorschrift ist als **ultima ratio** anzusehen und ist daher sehr eng auszulegen.

580 Der Antrag nach § 765a ZPO ist nicht fristgebunden, es muss lediglich ein Rechtsschutzbedürfnis vorliegen. Das bedeutet, dass der Schuldner den Antrag stellen kann, sofern eine Zwangsvollstreckungsmaßnahme droht oder eingeleitet wurde. Nach Beendigung der Zwangsvollstreckungsmaßnahme ist der Antrag jedoch nicht mehr zulässig, da in diesem Fall kein Rechtsschutzbedürfnis mehr besteht.

581 Eine Ausnahme zu dem oben beschriebenen besteht allerdings bei Räumungsangelegenheiten.

Der Schuldner muss den Antrag gem. § 765a Abs. 3 ZPO **spätestens zwei Wochen** vor dem Räumungstermin stellen. Eine Ausnahme zu dieser Frist besteht für die Fälle, in denen der Schuldner ohne Verschulden die 2-Wochen-Frist nicht einhalten konnte, oder die Gründe, auf die der Antrag gestützt ist, erst nach Ablauf dieser Frist eingetreten sind.

582 Im Beispielsfall müsste die Mandantin den Antrag also mindestens zwei Wochen vor dem terminierten Räumungstermin stellen.

▼ 583

Muster 5.14: Räumungsschutzantrag gem. § 765a ZPO

Amtsgericht
– Vollstreckungsgericht –

EILT SEHR BITTE SOFORT VORLEGEN!

Antrag gem. § 765a ZPO

(*Vorname, Name, Anschrift*)

Gläubigerin,

Verfahrensbevollmächtigter:

(*Name Rechtsanwalt, Anschrift*)

gegen

(*Vorname, Name, Anschrift*)

Schuldner,

Namens und in Vollmacht der Schuldnerin beantrage ich,

1. die Zwangsvollstreckung aus der vollstreckbaren Ausfertigung des Urteils des Amtsgerichts vom (*Datum*), (*Geschäftszeichen*), wegen der Räumung der Wohnung in der (*Straße, PLZ*), bestehend aus (*Bezeichnung der Räume*) einstweilen einzustellen
2. der Schuldnerin eine Räumungsfrist von drei Monaten (ggf. länger) zu gewähren.
3. die Zwangsvollstreckung – ohne Sicherheitsleistung – einzustellen.

Begründung:

Der Gläubiger betreibt gegen die Schuldnerin die Zwangsvollstreckung aus dem im Antrag Nr. 1. bezeichneten Räumungstitel. Die Schuldnerin bewohnt die im Antrag zu Nr. 1 benannte Wohnung.

Gemäß der Mitteilung des Gerichtsvollziehers soll der Räumungstermin am (*Datum*) stattfinden.

Beweis: Vollstreckbare Ausfertigung des Urteils des Amtsgerichts vom (*Datum*), Anlage 1
Mietvertrag vom (*Datum*), Anlage 2.
Mitteilung des Gerichtsvollziehers vom (*Datum*), Anlage 3.

Die Räumung der Wohnung zum anberaumten Räumungstermin stellt für die Schuldnerin eine besondere Härte im Sinne der Vorschrift des § 765a ZPO dar.

Bei der Schuldnerin handelt es sich um eine 80-jährige Frau, die keinerlei Verwandte mehr hat. Die Schuldnerin ist auf sich allein gestellt und hat keine Freunde und Bekannten, die ihr Hilfe und Unterstützung in dieser Lage bieten könnten.

Die Schuldnerin hat sich bei einem Sturz am (*Datum*) schwere Verletzungen durch einen Oberschenkelhalsbruch zugezogen und leidet an starken Schmerzen. Sie ist nicht in der Lage, das Haus zu verlassen und ist bettlägerig.

Die Schuldnerin war daher nach Erlass des o.g. Räumungsurteils nicht in der Lage, eine Ersatzwohnung zu suchen.

Die Inanspruchnahme eines Sozialen Dienstes wegen einer anderweitigen Unterbringung der Schuldnerin kann aufgrund des nahen Räumungstermins, der erheblichen Verletzung der Schuldnerin und der damit verbundenen Bettlägerigkeit nicht gewährleistet werden.

Aufgrund der erlittenen Verletzungen hat sich zudem der psychische Zustand der Schuldnerin erheblich verschlechtert.

Beweis: Ärztliches Attest vom (*Datum*), Anlage 4.
Eidesstattliche Versicherung der Schuldnerin, Anlage 5.

Die Schuldnerin ist aufgrund ihres geringen Einkommens nicht in der Lage, eine Sicherheitsleistung zu leisten.

Die Mietzahlungen leistet die Schuldnerin vertragsgemäß pünktlich.

Beweis: Bescheid des JobCenters vom (*Datum*), Anlage 6.
Kontoauszüge der Schuldnerin, Anlage 7.

Der Vollzug der Räumung zum jetzigen Zeitpunkt stellt eine erhebliche Gefährdung von Leib und Leben der Schuldnerin dar.

Rechtsanwalt/Rechtanwältin,

▲

4. Drittwiderspruchsklage nach § 771 ZPO

584 In der Praxis wohl am häufigsten vorkommend sind die Fälle, in denen bewegliche Gegenstände gepfändet werden, die sich im Gewahrsam des Schuldners befinden, aber im **Eigentum eines Dritten** stehen.

Beispiel: 585

Der Gerichtsvollzieher pfändet wegen einer Forderung in Höhe von 10.000,00 EUR den Pkw VW Golf, der sich im Gewahrsam des Schuldners in Düsseldorf befindet. Der Dritte begehrt mit der Drittwiderspruchsklage die Herausgabe des Fahrzeugs, da dieses sein Eigentum ist. Die Drittwiderspruchsklage müsste daher beim Landegericht Düsseldorf eingereicht werden.

▼ 586

Muster 5.15: Drittwiderspruchsklage 5.15

An das
Amtsgericht/Landgericht

(genaue Bezeichnung, sachliche Zuständigkeit richtet sich nach Streitwert)

Klage nach § 771 ZPO

des *(Mandanten/Dritter)*

– Kläger –

Verfahrensbevollmächtigte:

gegen

den *(Gläubiger)*

– Beklagter –

Verfahrensbevollmächtigte:

wegen Unzulässigkeit der Zwangsvollstreckung

Streitwert: (Wert der herauszugebenden Sache)

beantragen wir namens und in beigefügter Vollmacht des Klägers:

1. **Die Pfändung vom durch den Gerichtsvollzieher , Aktenzeichen DR II , in (genaue Bezeichnung des Pfändungsgegenstandes) aus dem *(genaue Bezeichnung des Titels, Datum des Erlasses, Gericht)*** wird für unzulässig erklärt.

2. **Die Zwangsvollstreckung aus dem in Nr. 1 bezeichneten Titel wird gemäß § 768 Abs. 1 ZPO einstweilen ohne, hilfsweise mit Sicherheitsleistung eingestellt.**

3. **Der Beklagte trägt die Kosten des Verfahrens.**

Ferner wird beantragt, sobald die entsprechenden Vorsetzungen vorliegen:

ein Versäumnisurteil gem. § 331 Abs. 3 Satz 3 ZPO bzw.

ein Anerkenntnisurteil gem. § 307 ZPO

zu erlassen.

Begründung:

Der Beklagte und Gläubiger hat aus dem *(genaue Bezeichnung des Titels, Datum des Erlasses, Gericht) gegen den Schuldner (genaue Bezeichnung des Schuldners) die Zwangsvollstreckung betrieben.*

Beweis: Beiziehung der Vorgangsakte des Gerichtsvollziehers (genaue Bezeichnung)

Im Wege der Sachpfändung wurde dabei der streitbefangene Gegenstand (im Beispielfall: der Pkw VW Golf mit dem amtlichen Kennzeichen ...) gepfändet, der jedoch nicht zum Vermögen des Schuldners gehört. Vielmehr besitzt der Kläger ein die Veräußerung hinderndes Recht i.S.d. § 771 ZPO an der Sache, da er Eigentümer (genaue Bezeichnung des Rechtes) der Sache ist.

Beweis: 1. *Beiziehung der Vorgangsakte des Gerichtsvollziehers (genaue Bezeichnung); 2. Kaufvertrag über die gepfändete Sache (hier: Pkw-Kaufvertrag), Anlage 1.*

Der Beklagte wurde auf das die Veräußerung hinderndes Recht hingewiesen und unter Fristsetzung zum (Datum der Fristsetzung) zur Freigabe des Gegenstandes aufgefordert. Auf das Freigabebegehren hat der Beklagte wie folgt reagiert:

☐ *Er hat das Freigabebegehren abgelehnt*

☐ *Er hat die gesetzte Frist fruchtlos verstreichen lassen.*

(bitte Alternative auswählen)

Die Klage ist daher geboten.

Da die Verwertung der gepfändeten Sache kurzfristig droht, wird um einstweilige Einstellung der Zwangsvollstreckung gebeten. Nachdem die Klage allein schon wegen der vorgelegten Urkunde Aussicht auf Erfolg hat, ist die Zwangsvollstreckung ohne Sicherheit einzustellen.

Der Streitwert ist gem. § 23 Abs. 1 S. 1 RVG, § 48 Abs. 1 GKG, § 6 S. 2 ZPO mit dem Wert der herauszugebenden Sache i.H.v. (Betrag) zu bestimmen. Ein Gerichtskostenvorschuss in Höhe von EUR (3,0 Gerichtsgebühren nach dem angenommen Streitwert) ist per elektronischer Gerichtskostenmarke beigefügt.

Rechtsanwalt

▲

G. Anmeldung einer Forderung zur Insolvenztabelle

Nicht immer ist die Zwangsvollstreckung erfolgreich. Wird über das Vermögen des Schuldners das Insolvenzverfahren eröffnet, sind Zwangsvollstreckungsmaßnahmen verboten. 587

Der Gläubiger hat dann nur noch die Möglichkeit, seine Forderung zur Insolvenztabelle anzumelden mit der Ungewissheit, ob seine ursprüngliche Forderung wenigstens teilweise befriedigt wird.

Der **Insolvenzeröffnungsbeschluss** wird sofort öffentlich bekannt gemacht, sodass er gegen jedermann wirkt. Den (bislang im Verfahren bekannten) Gläubigern und dem Schuldner wird der Beschluss zusätzlich gesondert zugestellt. Aus dem Eröffnungsbeschluss ergeben sich folgende, für den Gläubiger sehr wichtige Informationen: 588

- der Zeitpunkt der Insolvenzeröffnung;
- der Name des Insolvenzverwalters und
- die Anmeldefrist.

Die Anmeldung der Forderung zur Insolvenztabelle muss gegenüber dem Insolvenzverwalter innerhalb der gesetzten Frist erfolgen, dabei ist die Forderung nach Hauptforderung, Zinsen und Kosten aufzugliedern. 589

Zinsen dürfen nur bis zur Verfahrenseröffnung angemeldet werden. Die seit der Eröffnung des Insolvenzverfahrens laufenden Zinsen sind hingegen nachrangige Insolvenzforderungen i.S.d. § 39 Abs. 1 Nr. 1 InsO, die i.d.R. nicht befriedigt werden, da zuvor alle angemeldeten „normalen“ Insolvenzforderung nach § 38 InsO befriedigt werden und die **Insolvenzmasse** (das verwertbare Vermögen des Schuldners) meist nicht zu deren vollständiger Befriedigung ausreicht. 590

Für die Anmeldung der Forderung zur Insolvenztabelle erhält der RA eine **Verfahrensgebühr** i.H.v. 0,5 nach Nr. 3320 VV RVG. Hinsichtlich der Bestimmung des Gegenstandwertes gibt es eine Sondervorschrift in § 28 Abs. 2 RVG, wonach die Höhe der anzumeldenden Forderung zuzüglich Nebenkosten maßgeblich ist. 591

Die **Rechtsanwaltskosten** für die Forderungsanmeldung zur Insolvenztabelle sind jedoch gem. § 39 Abs. 1 Nr. 2 InsO eine **nachrangige** Insolvenzforderung. Da nachrangige Insolvenzforderungen meist jedoch nicht befriedigt werden, muss der Mandant i.d.R. die Kosten selbst tragen. Er sollte hierauf ausdrücklich hingewiesen werden. 592

593 ▼

Muster 5.16: Hinweis auf Selbstzahlung der Vergütung für die Forderungsanmeldung zur Insolvenztabelle

Sehr geehrter *(Name des Mandanten)*,

in Sachen Mandant M ./. Schuldner S möchten wir Sie darauf hinweisen, dass die Gebühr für die Anmeldung Ihrer Forderung zur Insolvenztabelle (Nr. 3320 VV) eine nachrangige Insolvenzforderung ist, die höchstwahrscheinlich nicht durch die Insolvenzmasse des Schuldners befriedigt wird, sodass Sie diese leider selbst tragen müssen.

Rechtsanwalt

▲

594 *Beispiel: Anmeldung zur Insolvenztabelle*

Mandant M besitzt gegen den Schuldner V. eine Forderung i.H.v. 1.000,00 EUR aus einem Vollstreckungsbescheid des Amtsgerichts Hagen vom 2.1.2023. Die Forderung ist in Höhe von 5 Prozentpunkten über dem Basiszinssatz seit dem 15.11.2022 zu verzinsen. Aus einem Pfändungs- und Überweisungsbeschluss vom 29.11.2023 bestehen Vollstreckungskosten in Höhe von 109,91 EUR.

Im August 2023 erhält M den nachfolgenden Insolvenzeröffnungsbeschluss über das Vermögen des Vt und beauftragt Sie mit der Anmeldung zur Insolvenztabelle.

▼

Muster 5.17: Insolvenzbeschluss 595

5.17

- Abschrift -

167 IK ··· /23

AMTSGERICHT ESSEN

BESCHLUSS

Über das Vermögen

des Herrn V··· geboren am 02.11.19 T··· str. 30, 45136 Essen

wird wegen Zahlungsunfähigkeit heute, am 13.07.2023, um 13:31 Uhr das Insolvenzverfahren eröffnet.

Die Eröffnung erfolgt aufgrund des am 10.07.2023 bei Gericht eingegangenen Antrags des Schuldners.

Zum Insolvenzverwalter wird ernannt Rechtsanwalt ····

Forderungen der Insolvenzgläubiger sind bis zum 15.09.2023 unter Beachtung des § 174 InsO beim Insolvenzverwalter anzumelden. Die Glaubiger werden aufgefordert, dem Insolvenzverwalter unverzüglich mitzuteilen, welche Sicherungsrechte sie an beweglichen Sachen oder an Rechten des Schuldners in Anspruch nehmen. Der Gegenstand, an dem das Sicherungsrecht beansprucht wird, die Art und der Entstehungsgrund des Sicherungsrechts sowie die gesicherte Forderung sind zu bezeichnen. Wer diese Mitteilungen schuldhaft unterlässt oder verzögert, haftet für den daraus entstehenden Schaden (§ 28 Abs. 2 InsO).

Veröffentlichungen im Restschuldbefreiungsverfahren einschließlich des Beschlusses nach § 289 InsO werden spätestens sechs Monate nach Rechtskraft der Entscheidung über die Restschuldbefreiung gelöscht.
Sonstige Veröffentlichungen nach der Insolvenzordnung werden einen Monat nach dem ersten Tag der Veröffentlichung gelöscht.

Rechtsmittelbelehrung:

Gegen diesen Beschluss steht dem Schuldner das Rechtsmittel der sofortigen Beschwerde gem. § 34 Abs. 2 InsO zu. Die sofortige Beschwerde ist bei dem Amtsgericht Essen, Zweigertstr. 52, 45130 Essen schriftlich in deutscher Sprache oder zur Niederschrift der Geschäftsstelle einzulegen. Die Beschwerde kann auch zur Niederschrift der Geschäftsstelle eines jeden Amtsgerichtes erklärt werden.

Die sofortige Beschwerde muss innerhalb von zwei Wochen bei dem Amtsgericht Essen eingegangen sein. Dies gilt auch dann, wenn die Beschwerde zur Niederschrift der Geschäftsstelle eines anderen Amtsgerichtes abgegeben wurde.

Die Frist beginnt mit der Verkündung der Entscheidung oder, wenn diese nicht verkündet wird, mit deren Zustellung. Zum Nachweis der Zustellung genügt auch die öffentliche Bekanntmachung. Diese gilt als bewirkt, sobald nach dem Tag der unter www.insolvenzbekanntmachungen.de erfolgten Veröffentlichung zwei weitere Tage verstrichen sind. Maßgeblich für den Beginn der Beschwerdefrist ist der frühere Zeitpunkt.

Die sofortige Beschwerde muss die Bezeichnung des angefochtenen Beschlusses sowie die Erklärung enthalten, dass sofortige Beschwerde gegen diesen Beschluss eingelegt wird. Sie soll begründet werden.

Die Einlegung ist auch durch Übertragung eines elektronischen Dokuments an die elektronische Poststelle des Gerichts möglich. Das elektronische Dokument muss für die Bearbeitung durch das Gericht geeignet und mit einer qualifizierten elektronischen Signatur der verantwortenden Person versehen sein oder von der verantwortenden Person signiert und auf einem sicheren Übermittlungsweg gemäß § 130a ZPO nach näherer Maßgabe der Verordnung über die technischen Rahmenbedingungen des elektronischen Rechtsverkehrs und über das besondere elektronische Behördenpostfach (BGBl. I, S.3803) eingereicht werden. Weitere Informationen erhalten Sie auf der Internetseite www.justiz.de

Essen, 13.07.2023

Amtsgericht

Richter am Amtsgericht

Wer Verpflichtungen gegenüber dem Schuldner hat, wird aufgefordert, nicht mehr an diesen zu leisten, sondern nur noch an den Insolvenzverwalter.
Auf die Durchführung eines Berichtstermins wird gemäß § 29 Abs. 2 S. 2 InsO verzichtet.
Stichtag, der dem Prüfungstermin (§§ 29, 156, 176 InsO) entspricht, ist

der **06.10.2023**.

Dieser Termin entspricht zugleich dem Termin der ersten Gläubigerversammlung. Bis zu diesem Zeitpunkt können die Gläubiger schriftliche Stellungnahmen bei Gericht einreichen

- zur Person des Insolvenzverwalters,
- zur Einsetzung, Besetzung und Beibehaltung des Gläubigerausschuss (§ 68 InsO),
- zur Hinterlegungsstelle und Bedingungen zur Anlage und Hinterlegung von Geld, Wertpapieren und Kostbarkeiten (§ 149 InsO),
- zur Zwischenrechnungslegung gegenüber der Gläubigerversammlung (§ 66 Abs. 3 InsO),
- zur Entscheidung über den Fortgang des Verfahrens (§ 157 InsO).

Die Tabelle mit den Forderungen und die Anmeldeunterlagen werden spätestens ab dem 22.09.2023 zur Einsicht der Beteiligten auf der Geschäftsstelle des Amtsgerichts Essen, Zweigertstr. 52, 45130 Essen, Zimmer Nr. 166 niedergelegt.

Ein schriftlicher Widerspruch, mit dem ein Beteiligter eine Forderung bestreitet, muss spätestens am Prüfungsstichtag bei Gericht eingehen. Im Widerspruch ist anzugeben, ob die Forderung nach ihrem Grund, ihrem Betrag oder ihrem Rang bestritten wird.

Haben Gläubiger vorgetragen, die Forderung stamme aus einer vorsätzlich begangenen unerlaubten Handlung des Schuldners, aus einer vorsätzlich pflichtwidrigen Verletzung einer gesetzlichen Unterhaltspflicht oder einer Steuerstraftat des Schuldners nach §§ 370, 373 oder § 384 der Abgabenordnung so hat der Schuldner im Widerspruch zusätzlich anzugeben, ob er diesen Vortrag bestreitet.
Der Insolvenzverwalter wird beauftragt, die nach § 30 Abs. 2 InsO zu bewirkenden Zustellungen an die Schuldner des Schuldners (Drittschuldner) sowie an die Gläubiger durchzuführen (§ 8 Abs. 3 InsO).
Die im elektronischen Informations- und Kommunikationssystem erfolgten Veröffentlichungen von Daten aus diesem Insolvenzverfahren einschließlich des Eröffnungsverfahrens werden spätestens sechs Monate nach der Aufhebung oder der Rechtskraft der Einstellung des Insolvenzverfahrens gelöscht.

▲

596 Im vorliegenden Fall müssten die Zinsen für die „normale“ Insolvenzforderung nach § 38 InsO für die Zeit vom 15.11.2022 bis zum 10.7.2023. (Zeitpunkt der Insolvenzeröffnung) berechnet werden. Diese betragen 40,36 EUR.

Der ausgerechnete Betrag muss nicht zwingend in das Formular zur Anmeldung der Forderung eingetragen werden. Es reicht aus, wenn in der Spalte „Zinsen“ die einzelnen Felder vollständig ausgefüllt sind, so dass der Insolvenzverwalter den Betrag errechnen kann.

Zinsberechnung[57]

Ausgangsdaten:
- Betrag: 1.000,00 €
- Von: Di., 15.11.2022
- Bis: Mo., 10.07.2023
- Verzugszinssatz:
  - Verbrauchergeschäft (5 Prozentpunkte über Basiszinssatz)

Zeitraum	Tage	Zinssatz	Zinsertrag
15.11.2022 - 31.12.2022:	47	4.12 %	5,3052 €
01.01.2023 - 30.06.2023:	181	6.62 %	32,8279 €
01.07.2023 - 10.07.2023:	10	8.12 %	2,2247 €
Total:			
15.11.2022 - 10.07.2023:	238	**Zinsen:**	**40,3578 €**
		Ausgangsforderung:	**+ 1.000,0000 €**
		Gesamtforderung:	**= 1.040,3578 €**
Jeder Tag ab 11.07.2023:	1	8.12 %	0,2225 €

597 Die komplette Forderungsanmeldung zur Insolvenztabelle würde wie folgt aussehen.

57 Aus: https://basiszinssatz.de/zinsrechner/index.php.

▼
Muster 5.18: Forderungsanmeldung zum Insolvenzverfahren

5.18

Forderungsanmeldung im Insolvenzverfahren

Anmeldungen sind stets nur an den Insolvenzverwalter (Treuhänder, Sachwalter) zu senden, nicht an das Gericht. Bitte beachten Sie auch das gerichtliche Merkblatt zur Forderungsanmeldung.

Schuldner V.......	
Insolvenzgericht: **Amtsgericht** Essen	**Aktenzeichen** 167 IK ..../23

Gläubiger Genaue Bezeichnung des Gläubigers mit Postanschrift, bei Gesellschaften mit Angabe der gesetzlichen Vertreter	**Gläubigervertreter** Die Beauftragung eines Rechtsanwalts ist freigestellt. Die Vollmacht muss sich ausdrücklich auf Insolvenzsachen erstrecken.
Max Mustermann vollständige Anschrift	Rechtsanwalt Rüdiger Recht vollständige Anschrift ☒ **Vollmacht** anbei bzw. folgt
Bankverbindung (IBAN, ggf. BIC) IBAN DE....................................	
Geschäftszeichen	Geschäftszeichen 123/23

Angemeldete Forderungen

Jede selbstständige Forderung ist getrennt anzugeben. Reicht der Raum auf diesem Formular nicht aus, so sind die weiteren Forderungen in einer Anlage nach dem folgenden Schema aufzuschlüsseln.

Erste Hauptforderung im Rang des § 38 InsO (notfalls geschätzt)	1000,00 €
Zinsen, höchstens bis zum Zeitpunkt vor der Eröffnung des Verfahrens	
5,00 Prozentpunkten über Basiszinssatz aus 1000,00 € seit dem 15.11.2022	40,36 €
% aus € seit dem	
Kosten, die vor der Eröffnung des Verfahrens entstanden sind	109,91 €
Summe	1150,27 €

Zweite Hauptforderung im Rang des § 38 InsO (notfalls geschätzt)	€
Zinsen, höchstens bis zum Zeitpunkt vor der Eröffnung des Verfahrens	
Prozentpunkten über Basiszinssatz aus € seit dem	€
% aus € seit dem	
Kosten, die vor der Eröffnung des Verfahrens entstanden sind	€
Summe	0,00 €

InsO5 Forderungsanmeldung im Insolvenzverfahren JVA Geldern Preisklasse 13 – gen. 11.2020 –

Nachrangige Forderungen (§ 39 InsO)

Diese Forderungen sind nur anzumelden, wenn das Gericht ausdrücklich hierzu aufgefordert hat (§ 174 Abs. 3 InsO). Die gesetzliche Rangstelle ist durch Ankreuzen zu bezeichnen. Ab Nachrang 3 sind Zinsen und Kosten gesondert anzugeben und der jeweiligen Hauptforderung zuzuordnen (vgl. § 39 Abs. 3 InsO).

1. ☐ Nachrang des § 39 Abs. 1 Nr. 1	€
2. ☐ Nachrang des § 39 Abs. 1 Nr. 2	€
3. ☐ Nachrang des § 39 Abs. 1 Nr. 3	€
4. ☐ Nachrang des § 39 Abs. 1 Nr. 4	€
5. ☐ Nachrang des § 39 Abs. 1 Nr. 5	€
6. ☐ Nachrang des § 39 Abs. 2	€
Zinsen (§ 39 Abs. 3) zu Nachrang 3 - 4 - 5 - 6	€
Kosten (§ 39 Abs. 3) zu Nachrang 3 - 4 - 5 - 6	€
Summe der nachrangigen Forderungen	0,00 €

Abgesonderte Befriedigung unter gleichzeitiger Anmeldung des Ausfalls wird beansprucht.

☐ Ja, Begründung siehe Anlage

☐ Nein

Die angemeldete Forderung soll von der Restschuldbefreiung gem. § 302 InsO aus folgendem Grund

☐ Ja, die Verbindlichkeiten des Schuldners resultieren

- ☐ aus einer vorsätzlich begangenen unerlaubten Handlung;
- ☐ aus rückständigem gesetzlichen Unterhalt, den der Schuldner vorsätzlich pflichtwidrig nicht
- ☐ aus einem Steuerschuldverhältnis, da der Schuldner in diesem Zusammenhang wegen einer Steuerstraftat nach den §§ 370, 373 oder § 374 der Abgabenordnung rechtskräftig verurteilt worden ist;

Der Rechtsgrund, aus dem sich ergibt, dass es sich nach der Einschätzung der anmeldenden Gläubigerin oder des anmeldenden Gläubigers um eine der vorgenannten Forderungen des § 174 Abs. 2 InsO handelt, ist in der Anlage genannt/dargelegt.

☐ Nein

Grund und nähere Erläuterung der Forderungen

(z.B. Warenlieferung, Miete, Darlehen, Reparaturleistung, Arbeitsentgelt, Wechsel, Schadensersatz)

Warenlieferung

Als Unterlagen, aus denen sich die Forderungen ergeben, sind beigefügt (möglichst in zwei Exemplaren):

Vollstreckungsbescheid des AG Hagen vom 02.01.2023, Az.: 22-........................

..... 15.08.2023

(Ort) (Datum) (Unterschrift und evtl. Firmenstempel)

Bitte reichen Sie diese Anmeldung und alle weiteren Unterlagen immer in zwei Exemplaren ein.
Beachten Sie auch die Hinweise im gerichtlichen Merkblatt zur Forderungsanmeldung.

▲

H. Kurzübersicht Verbraucherinsolvenz

598 Das Verbraucherinsolvenzverfahren soll es ermöglichen, dass neben einer bestmöglichen Gläubigerbefriedigung auch natürliche Personen einen schuldenfreien wirtschaftlichen Neuanfang schaffen können und nicht bis zu ihrem Tod verschuldet bleiben, sofern sie redlich sind.

599 Bei der Zwangsvollstreckung handelt es sich um Einzelzwangsvollstreckung, d.h. einzelne Gläubiger betreiben die Vollstreckung in einzelne Vermögensgegenstände des Schuldners. Wird derselbe Gegenstand mehrfach gepfändet, gilt das Prioritätsprinzip, § 804 Abs. 3 ZPO: „wer zuerst kommt, mahlt zuerst".

Die Einzelzwangsvollstreckung ist zu unterscheiden von der **Gesamtzwangsvollstreckung im Insolvenzverfahren**. Diese dient der **gemeinschaftlichen Befriedigung aller Gläubiger** (§ 1 Abs. 1 InsO) und erfasst das gesamte pfändbare Vermögen des Schuldners (sog. Insolvenzmasse § 35 InsO).

Die Befriedigung der Gläubiger erfolgt durch die Verwertung des Schuldnervermögens.

I. Grundsatz

600 Das Verbraucherinsolvenzverfahren können grds. alle **natürlichen** Personen betreiben, die keine selbstständige Tätigkeit ausüben oder ausgeübt haben.

601 Wenn der Schuldner jedoch eine selbstständige wirtschaftliche Tätigkeit ausgeübt hatte, so müssen seine Vermögensverhältnisse überschaubar sein. Dies wird vom Gesetzgeber gem. § 304 Abs. 2 InsO angenommen, wenn der Schuldner weniger als 20 Gläubiger hat. Hat der Schuldner 20 oder mehr Gläubiger, so unterliegt er nicht mehr dem Verbraucherinsolvenzverfahren und muss das **Regelinsolvenzverfahren** betreiben.

602 Auch wenn der Schuldner überschaubare Vermögensverhältnisse hat (also weniger als 20 Gläubiger), unterliegt er dennoch dem Regelinsolvenzverfahren, sofern aus einer früheren selbstständigen Tätigkeit noch Forderungen aus Arbeitsverhältnissen gegen ihn bestehen. Hierunter fallen nicht nur die Forderungen seiner alten Arbeitnehmer, sondern eben auch offene Sozialversicherungsbeiträge, ausstehende Lohnsteuer und Berufsgenossenschaftsbeiträge.

603 Voraussetzung für das Verbraucherinsolvenzverfahren ist ferner, dass die natürliche Person zahlungsunfähig ist bzw. dass die Zahlungsunfähigkeit des Schuldners droht. Dies ist der Fall, wenn der Schuldner gegenwärtig oder in absehbarer Zukunft nicht mehr in der Lage ist, die fälligen Zahlungspflichten pünktlich und vollständig zu erfüllen (§§ 17, 18 InsO).

II. Verbraucherinsolvenzverfahren bis zur Restschuldbefreiung

604 Das eigentliche Ziel des Schuldners ist dabei die Restschuldbefreiung. Nach der Insolvenzordnung (InsO) ist das Verbraucherinsolvenzverfahren als ein dreistufiges Verfahren gestaltet, dem sich ein Restschuldbefreiungsverfahren anschließt:

Stufe 1: Außergerichtlicher Einigungsversuch

Stufe 2: Gerichtlicher Einigungsversuch

Stufe 3: Durchführung des Insolvenzverfahrens

Stufe 4: Restschuldbefreiungsverfahren

Außergerichtlicher Schuldenbereinigungsversuch

Frei verhandelbar

Alle Gläubiger müssen zustimmen; Schweigen = Ablehnung

Null-Plan

Einigungsversuch erfolgt – Insolvenzantrag kann gestellt werden

Bescheinigung einer „geeigneten Stelle"

↓

Gerichtliches Schuldenbereinigungsverfahren

Bescheinigung über außergerichtlichen Versuch darf nicht älter als 6 Monate sein

Wird übersprungen, wenn voraussichtlich keine Einigung zu erwarten ist

Verweigern einzelne Gläubiger die Zustimmung, kann diese ersetzt werden

Schuldenbereinigungsplan angenommen = gerichtlicher Vergleich

Nicht aufgenommene Gläubiger können Forderung in voller Höhe weiter geltend machen

↓

Verbraucherinsolvenzverfahren

Verfahrenskosten gedeckt oder gestundet

Insolvenzverwalter wird bestellt

Insolvenzverwalter hat Verwaltungs- u. Verfügungsbefugnis über das zur Insolvenzmasse gehörende Schuldnervermögen

Insolvenzmasse = pfändbare Vermögen bei Eröffnung und das Vermögen, das der Schuldner während des Verfahrens erlangt

Vermögensverteilung – Schlusstermin

RSB angekündigt, wenn Obliegenheiten während der RSB-Phase erfüllt werden

Keine Versagensgründe

↓

Wohlverhaltensphase / Restschuldbefreiungsverfahren

Pfändbares Einkommen an den Treuhänder abführen

Ziel: Restschuldbefreiung

1. Außergerichtlicher Einigungsversuch

In dieser Phase wird versucht, eine außergerichtliche Einigung mit den Gläubigern zu erzielen. 605

Ein solcher Versuch mithilfe eines RA oder einer anderen fachkundigen Stelle (z.B. Schuldnerberatungsstelle) ist zwingende Voraussetzung für das weitere gerichtliche Insolvenzverfahren.

Der außergerichtliche Einigungsversuch unterliegt vom Grundsatz her der **Privatautonomie**, d.h. die Gestaltung der Regelungen ist weitestgehend frei. Der außergerichtliche Einigungsversuch kann daher Ratenzahlungen, Einmalzahlungen, Stundungen und Zinsverzichte aber eben auch den weitverbreiteten „flexiblen Nullplan" enthalten. 606

Besonders bei Schuldnern, die ein unpfändbares Einkommen haben, wird diese Variante häufig verwendet. Den Gläubigern wird dabei angeboten, dass der Schuldner sein jeweils pfändbares Einkommen **nach einer** festgelegten Quote an die Gläubiger auszahlt. Zum Zeitpunkt der Antragstellung beträgt dieser Betrag jedoch Null. Durch entsprechende **Anpassungsklauseln** wird eine Zahlungsverpflichtung des Schuldners im Fall einer Einkommensverbesserung vorgesehen. 607

Der außergerichtliche Einigungsversuch ist gesetzlich nicht geregelt, daher ist hier im Rahmen der Privatautonomie auch grundsätzlich eine Ungleichbehandlung der Gläubiger möglich (anders als im eröffneten Insolvenzverfahren). Eine Ungleichbehandlung führt jedoch meist zu keiner Zustimmung. 608

> *Praxistipp:* 609
>
> In der Praxis haben diese flexiblen Nullpläne in der ersten Phase des außergerichtlichen Schuldenbereinigungsversuchs keine Chance auf eine Annahme und führen fast immer ins gerichtliche Insolvenzverfahren.

Eine Einigung in dieser Phase ist wie ein außergerichtlicher Vergleich zu werten, die Regelung gilt nur zwischen den beteiligten Parteien. Wurden z.B. Gläubiger aus Versehen vergessen, so können diese ihre Forderung in voller Höhe weiter gegen den Schuldner durchsetzen. 610

Der Insolvenzantrag des Schuldners ist nur zulässig, wenn ein solcher Versuch innerhalb der letzten sechs Monate vor dem Eröffnungsantrag erfolglos war. Dies hat der Schuldner durch eine Bescheinigung einer geeigneten Stelle zu belegen. Die Bescheinigung dürfen Rechtsanwälte, Steuerberater, Wirtschaftsprüfer und vereidigte Buchprüfer, vor allem aber die Schuldnerberatungsstellen ausstellen. Im Fall des Scheiterns des Einigungsversuchs bescheinigt der RA bzw. die fachkundige Stelle, dass eine außergerichtliche Einigung mit den Gläubigern erfolglos versucht wurde. 611

2. Gerichtliches Verfahren über den Schuldenbereinigungsplan

612 Der Schuldner kann nach Scheitern des außergerichtlichen Einigungsversuchs Antrag auf Eröffnung des Insolvenzverfahrens stellen. Gem. § 305 Abs. 1 Nr. 1 InsO darf das Scheitern des außergerichtlichen Einigungsversuchs **nicht länger als sechs Monate** zurückliegen.

613 Eine Pflicht zur Stellung des Antrags gibt es jedoch grds. nicht. Lediglich der Unterhaltsschuldner hat eine Obliegenheitspflicht, das Insolvenzverfahren zu betreiben, wenn dieses dazu führt, den laufenden Unterhalt seiner minderjährigen Kinder sicherzustellen.[58]

614 Der Eröffnungsantrag kann auch gestellt werden, wenn nur ein Gläubiger (z.B. nur die Kreditbank) vorhanden ist (LG Koblenz, ZInsO 2004, 102).

615 Für den Verbraucherinsolvenzantrag ist dabei das AG zuständig, in dessen Bezirk der Schuldner seinen Wohnsitz hat.

616 Verbraucher können eine Privatinsolvenz beantragen, indem sie das amtliche Formular für das Verbraucherinsolvenzverfahren nutzen.

617 Da viele Schuldner bei Antragstellung mittellos sind, können sie die Kosten des Verfahrens nicht selbst zahlen. Gem. § 4a InsO besteht die Möglichkeit, dass die Kosten des Insolvenzverfahrens bis zur Erteilung der Restschuldbefreiung gestundet werden, soweit das Vermögen des Schuldners voraussichtlich nicht ausreichen wird, um diese Kosten zu decken. Die Stundung umfasst auch die Kosten des Verfahrens über den Schuldenbereinigungsplan und des Verfahrens zur Restschuldbefreiung.

618 Neben der Bedürftigkeit muss der Schuldner einen **Antrag auf Restschuldbefreiung** gestellt haben. Denn nur dann ist ein entsprechender Stundungsantrag zulässig. Dies ergibt sich daraus, dass der Gesetzgeber dem Schuldner einen wirtschaftlichen Neuanfang ermöglichen wollte. Doch nur mit der Restschulbefreiung nach einem Insolvenzverfahren ist dieses Ziel erreicht.

619 Dem Antrag ist eine Erklärung beizufügen, ob einer der in § 290 Abs. 1 Nr. 1 oder Nr. 3 InsO genannten Gründe für die Versagung der Restschuldbefreiung vorliegt. Liegt ein solcher Grund vor, ist eine Stundung ausgeschlossen. Nach § 290 Abs. 1 Nr. 1 InsO ist eine Restschuldbefreiung ausgeschlossen, wenn die Schuldnerin oder der Schuldner wegen einer Insolvenzstraftat (Bankrott, Verletzung der Buchführungspflicht, Gläubigerbegünstigung) rechtskräftig verurteilt worden ist (§§ 283 bis 283c StGB).

Ein Versagungsgrund nach § 290 Abs. 1 Nr. 3 InsO liegt vor, wenn in den letzten zehn Jahren vor dem Eröffnungsantrag oder nach diesem Antrag bereits Restschuldbefreiung erteilt oder diese versagt worden ist.

58 BGH v. 23.2.2005 – XII ZR 114/03.

Auch andere Gründe für die Versagung der Restschuldbefreiung können zu einer Ablehnung der Stundung führen.

620 Nach Eingang des Antrags beim Insolvenzgericht wird überprüft, ob die erforderlichen Unterlagen und Erklärungen vollständig vorgelegt wurden. Fehlen Unterlagen, so fordert das Gericht den Schuldner auf, diese innerhalb einer vom Gericht zu bestimmenden Frist nachzureichen. Kommt der Schuldner dem nicht nach, so gilt der Antrag auf Eröffnung des Insolvenzverfahrens als zurückgenommen.

621 Liegen alle Unterlagen vollständig vor und ist der Antrag zulässig, so entscheidet das Gericht, ob ein gerichtliches Schuldenbereinigungsverfahren durchgeführt wird oder ob die Fortsetzung des Verfahrens über den Eröffnungsbeschluss angeordnet wird, weil nach seiner freien Überzeugung der gerichtliche Schuldenbereinigungsplan voraussichtlich nicht angenommen werden wird. Dies geschieht insbes. in den Fällen, in denen nur ein flexibler Nullplan angeboten werden kann.

622 Der Richter nimmt in diesem Verfahrensabschnitt keinen Einfluss auf den Inhalt des gerichtlichen Schuldenbereinigungsverfahrens. Es gilt weiterhin die Privatautonomie fort. Gem. § 307 InsO wird der vom Schuldner eingereichte Plan an die Gläubiger (ohne Korrekturen) zugestellt.

623 Anders als beim außergerichtlichen Einigungsversuch, gilt das Schweigen eines Gläubigers hier als Zustimmung zu dem ihm zugestellten Schuldenbereinigungsplan. Es ist daher zwingend für den Gläubiger, Einwendungen innerhalb der Monatsfrist beim Insolvenzgericht zu erheben.

624 Stimmen nicht alle Gläubiger zu, kann das Insolvenzgericht deren Zustimmung ersetzen, wenn die Mehrheit der Gläubiger sowohl nach Köpfen als auch nach Höhe der Forderungssumme zugestimmt hat.

625 Der angenommene gerichtliche Schuldenbereinigungsplan hat die Wirkung eines gerichtlichen Vergleichs. Der Plan gilt jedoch nur zwischen dem Schuldner und den in dem Plan berücksichtigten Gläubiger. Unberücksichtigte Forderungen können daher weiterhin in voller Höhe gegen den Schuldner geltend gemacht werden.

626 Während des gerichtlichen Schuldenbereinigungsplans ruht das Insolvenzantragsverfahren.

3. Entscheidung über den Eröffnungsantrag

627 Scheitert jedoch auch der gerichtliche Einigungsversuch, so wird das ruhende Insolvenzantragsverfahren wieder aufgenommen und das Insolvenzgericht eröffnet ein sog. vereinfachtes Insolvenzverfahren. Dies geschieht auch, wenn im Antrag bereits die Einschätzung abgegeben worden ist, dass eine gerichtliche Einigung aussichtslos erscheint und die Fortsetzung der Eröffnung angeordnet worden ist.

628 Das Gericht eröffnet jedoch das Insolvenzverfahren nur, wenn die Kosten des Verfahrens durch das Vermögen des Schuldners gedeckt oder – wie in den meisten Fällen üblich – gestundet sind.

629 Das Insolvenzverfahren wird gem. § 5 InsO schriftlich durchgeführt. Es wird ferner ein **Insolvenzverwalter** bestellt, der die Insolvenzmasse verwerten soll und die pfändbaren Vermögenseinnahmen (z.B. pfändbarer Lohnanteil) einzieht und an die Gläubiger auskehrt.

630 Am Ende des Verbraucherinsolvenzverfahrens schließt sich sodann die Restschuldbefreiung an.

4. Restschuldbefreiung

631 In der Verbraucherinsolvenz muss der Antrag auf Restschuldbefreiung entweder zusammen mit dem Eröffnungsantrag, § 305 Abs. 1 Nr. 2 InsO oder spätestens innerhalb der vom Insolvenzgericht gem. § 305 Abs. 3 InsO gesetzten Monatsfrist erfolgen. Anderenfalls gilt der Antrag als zurückgenommen. Anderenfalls muss die Erklärung, dass Restschuldbefreiung nicht beantragt werden soll, dem Eröffnungsantrag beigefügt werden.

632 Dem Antrag auf Restschuldbefreiung ist gem. § 287 Abs. 1 S. 3 i.V.m. § 287a Abs. 2 InsO eine Erklärung des Schuldners beizufügen, ob

- ihm in den letzten elf Jahren vor dem Antrag auf Eröffnung des Insolvenzverfahrens oder nach diesem Antrag die Restschuldbefreiung erteilt oder ob ihm die Restschuldbefreiung in den letzten fünf Jahren vor dem Antrag auf Eröffnung des Insolvenzverfahrens oder nach diesem Antrag nach § 297 InsO versagt worden ist oder
- ihm in den letzten drei Jahren vor dem Antrag auf Eröffnung des Insolvenzverfahrens oder nach diesem Antrag Restschuldbefreiung nach § 290 Abs. 1 Nr. 5, 6 oder 7 InsO oder nach § 296 InsO versagt worden ist; dies gilt auch im Fall des § 297a, wenn die nachträgliche Versagung auf Gründe nach § 290 Abs. 1 Nr. 5, 6 oder 7 InsO gestützt worden ist.

Die Richtigkeit und Vollständigkeit der Erklärung hat der Schuldner zu versichern.

633 Ist der Antrag auf Restschuldbefreiung zulässig, so stellt das Insolvenzgericht durch Beschluss fest, dass der Schuldner Restschuldbefreiung erlangt, wenn er den Obliegenheiten nach den §§ 295 und 295a nachkommt und die Voraussetzungen für eine Versagung nach den §§ 290, 297 bis 298 nicht vorliegen.

634 Der Antrag auf Restschuldbefreiung ist unzulässig, wenn

- dem Schuldner in den letzten elf Jahren vor dem Antrag auf Eröffnung des Insolvenzverfahrens oder nach diesem Antrag Restschuldbefreiung erteilt oder wenn ihm die Restschuldbefreiung in den letzten fünf Jahren vor dem Antrag auf Eröffnung des Insolvenzverfahrens oder nach diesem Antrag nach § 297 InsO versagt worden ist oder

- dem Schuldner in den letzten drei Jahren vor dem Antrag auf Eröffnung des Insolvenzverfahrens oder nach diesem Antrag Restschuldbefreiung nach § 290 Abs. 1 Nr. 5, 6 oder 7 oder nach § 296 InsO versagt worden ist; dies gilt auch im Falle des § 297a, wenn die nachträgliche Versagung auf Gründe nach § 290 Abs. 1 Nr. 5, 6 oder 7 InsO gestützt worden ist.

Wenn der Antrag auf Restschuldbefreiung zulässig ist, stellt das Insolvenzgericht nunmehr bereits im Eröffnungsbeschluss fest, „dass der Schuldner Restschuldbefreiung erlangt, wenn er den Obliegenheiten nach § 295 InsO nachkommt und die Voraussetzungen für eine Versagung nach den §§ 290, 297 und 298 InsO nicht vorliegen". Der Restschuldbefreiungsbeschluss wird jetzt i.d.R. zusammen mit dem Eröffnungsbeschluss öffentlich bekannt gegeben. 635

Die Insolvenzgläubiger erhalten zum sog. Schlusstermin Gelegenheit, zu dem Antrag des Schuldners auf Erteilung der Restschuldbefreiung bis zu dem vom Gericht anberaumten Schlusstermin bzw. dem vom Gericht bestimmten Stichtag im schriftlichen Verfahren Stellung zu nehmen. Versagungsanträge können nur von Gläubigern gestellt werden, die ihre Forderung zur Tabelle angemeldet haben. 636

Die Restschuldbefreiung kann nur dann versagt werden, wenn ein Gläubiger einen entsprechenden Antrag stellt. Das Insolvenzgericht prüft nicht von Amts wegen, ob Versagungsgründe vorliegen. 637

In diesem Verfahrensabschnitt können sich die Gläubiger auf Versagungsgründe nach § 290 InsO berufen. Ein Versagungsgrund liegt danach vor, wenn der Schuldner 638

- in den letzten fünf Jahren vor dem Eröffnungsantrag oder nach diesem Antrag wegen einer Insolvenzstraftat (§§ 283 bis 283c StGB) rechtskräftig zu einer Geldstrafe von mehr als 90 Tagessätzen oder einer Freiheitsstrafe von mehr als drei Monaten verurteilt worden ist,
- in den letzten drei Jahren vor dem Eröffnungsantrag oder nach diesem Antrag vorsätzlich oder grob fahrlässig schriftlich unrichtige oder unvollständige Angaben über die wirtschaftlichen Verhältnisse gemacht hat, um einen Kredit zu erhalten, Leistungen aus öffentlichen Mitteln zu beziehen oder Leistungen an öffentliche Kassen zu vermeiden,
- in den letzten drei Jahren vor dem Eröffnungsantrag oder nach diesem Antrag vorsätzlich oder grob fahrlässig die Befriedigung der Insolvenzgläubiger dadurch beeinträchtigt hat, dass er unangemessene Verbindlichkeiten begründet, Vermögen verschwendet oder ohne Aussicht auf eine Besserung der wirtschaftlichen Lage die Eröffnung des Insolvenzverfahrens verzögert hat,
- Auskunfts- oder Mitwirkungspflichten nach der Insolvenzordnung vorsätzlich oder grob fahrlässig verletzt hat,

- in der nach § 287 Abs. 1 S. 3 InsO vorzulegenden Erklärung und in den nach § 305 Abs. 1 Nr. 3 InsO vorzulegenden Vermögens-, Einkommens- und Gläubigerverzeichnissen und Forderungsverzeichnissen vorsätzlich oder grob fahrlässig unrichtige oder unvollständige Angaben gemacht hat oder
- seine Erwerbsobliegenheit nach § 287b InsO verletzt und dadurch die Befriedigung der Insolvenzgläubiger beeinträchtigt hat; dies gilt nicht, wenn den Schuldner kein Verschulden trifft.

639 Liegen kein Gläubigerantrag bzw. trotz Antrag keine Versagungsgründe vor, wird die Restschuldbefreiung angekündigt. Das Insolvenzverfahren ist damit angeschlossen. Der Schuldner befindet sich nunmehr in der sogenannten **Wohlverhaltensphase oder Restschuldbefreiungsphase**. Am 1.1.2021 trat das Gesetz zur Verkürzung des Restschuldbefreiungsverfahrens in Kraft und gilt rückwirkend seit dem 1.10.2020. Danach ist es für alle Schuldner als natürliche Personen unter bestimmten Voraussetzungen möglich, bereits nach drei Jahren Restschuldbefreiung zu erhalten.

640 Die Abtretungsfrist wurde mit dieser Gesetzesänderung rückwirkend für alle ab dem 1.10.2020 beantragten Verfahren auf drei Jahre reduziert. Gleichzeitig wurde die Sperrfrist für einen neuen Antrag auf elf Jahre verlängert und festgelegt, dass in einem erneuten/weiteren Insolvenzverfahren die Abtretungsfrist dann fünf Jahre beträgt.

Nunmehr steht die Verkürzung der Insolvenz auf drei Jahre allen Schuldnern offen, die innerhalb des Zeitraums und vor Eröffnung des Verfahrens ihren nachstehend aufgeführten Obliegenheiten nachgekommen sind. Bis zur Neuregelung des Restschuldbefreiungsverfahrens konnten Schuldner die Privatinsolvenz nur auf drei Jahre verkürzen, wenn sie in dieser Zeit 35 % ihrer Schulden und die Verfahrenskosten begleichen konnten. Diese Bedingungen wurden vollständig gestrichen. Die Privatinsolvenz endet dementsprechend nach drei Jahren, ohne dass eine Mindestquote erfüllt werden muss. Die Verfahrensverkürzung auf drei Jahre ist für Verbraucher zunächst bis zum 30.6.2025 befristet.

641 Von der rechtskräftigen Beendigung des Insolvenzverfahrens bis zum Ende der Abtretungsfrist hat der Schuldner folgende Pflichten (Obliegenheiten, § 295 InsO):

- eine angemessene Erwerbstätigkeit auszuüben und, wenn er ohne Beschäftigung ist, sich um eine solche zu bemühen und keine zumutbare Tätigkeit abzulehnen;
- Vermögen, das er von Todes wegen oder mit Rücksicht auf ein künftiges Erbrecht oder durch Schenkung erwirbt, zur Hälfte des Wertes sowie Vermögen, das er als Gewinn in einer Lotterie, Ausspielung oder in einem anderen Spiel mit Gewinnmöglichkeit erwirbt, zum vollen Wert an den Treuhänder herauszugeben; von der Herausgabepflicht sind gebräuchliche Gelegenheitsgeschenke und Gewinne von geringem Wert ausgenommen;
- jeden Wechsel des Wohnsitzes oder der Beschäftigungsstelle unverzüglich dem Insolvenzgericht und dem Treuhänder anzuzeigen, keine von der Abtretungserklärung

erfassten Bezüge und kein von Nummer 2 erfasstes Vermögen zu verheimlichen und dem Gericht und dem Treuhänder auf Verlangen Auskunft über seine Erwerbstätigkeit oder seine Bemühungen um eine solche sowie über seine Bezüge und sein Vermögen zu erteilen;

- Zahlungen zur Befriedigung der Insolvenzgläubiger nur an den Treuhänder zu leisten und keinem Insolvenzgläubiger einen Sondervorteil zu verschaffen;
- keine unangemessenen Verbindlichkeiten i.S.d. § 290 Abs. 1 Nr. 4 InsO zu begründen.

Das Insolvenzgericht versagt die Restschuldbefreiung auf Antrag eines Insolvenzgläubigers, wenn der Schuldner in dem Zeitraum zwischen Beendigung des Insolvenzverfahrens und dem Ende der Abtretungsfrist eine seiner Obliegenheiten verletzt und dadurch die Befriedigung der Insolvenzgläubiger beeinträchtigt; dies gilt nicht, wenn den Schuldner kein Verschulden trifft. Der Antrag kann nur binnen eines Jahres nach dem Zeitpunkt gestellt werden, in dem die Obliegenheitsverletzung dem Gläubiger bekanntgeworden ist. 642

Während der Wohlverhaltensphase sind Zwangsvollstreckungen durch Gläubiger unzulässig. 643

Hat der Schuldner während der Wohlverhaltensphase alle seine Pflichten erfüllt, so wird nach einer Anhörung aller Insolvenzgläubiger sowie des Insolvenzverwalters die Restschuldbefreiung erteilt. Durch die Restschuldbefreiung sind grundsätzlich sämtliche **Forderungen gegen den Schuldner bis zur Eröffnung des Insolvenzverfahrens** – Ausnahmen folgen – nicht mehr durchsetzbar. Es kommt dabei nicht darauf an, ob der Gläubiger selbst am Verfahren teilgenommen hat. Auch vergessene Gläubiger und solche, die ihre Forderung nicht zum Insolvenzverfahren angemeldet haben, fallen unter die Restschuldbefreiung (§ 301 InsO). 644

Gem. § 302 InsO sind jedoch folgende Forderungen **von der Erteilung der Rechtsschuldbefreiung ausgenommen:** 645

- Verbindlichkeiten des Schuldners aus einer vorsätzlich begangenen unerlaubten Handlung, aus rückständigem gesetzlichen Unterhalt, den der Schuldner vorsätzlich pflichtwidrig nicht gewährt hat, oder aus einem Steuerschuldverhältnis, sofern der Schuldner im Zusammenhang damit wegen einer Steuerstraftat nach den §§ 370, 373 oder § 374 der Abgabenordnung rechtskräftig verurteilt worden ist; der Gläubiger hat die entsprechende Forderung unter Angabe dieses Rechtsgrundes nach § 174 Abs. 2 InsO anzumelden;
- Geldstrafen und die diesen in § 39 Abs. 1 Nr. 3 InsO gleichgestellten Verbindlichkeiten des Schuldners;
- Verbindlichkeiten aus zinslosen Darlehen, die dem Schuldner zur Begleichung der Kosten des Insolvenzverfahrens gewährt wurden.

§ 6 Beratungshilfe, PKH und Rechtsschutzversicherung

Martina Kober/Ivana Bugarin

Inhalt

A. Beratungshilfe

I. Allgemeines

1 Wie stellen Sie sich den „idealen Mandanten" vor? Das ist gewiss ein zahlungskräftiger, zahlungswilliger, zufriedener Mandant und wenn er dazu unkompliziert und freundlich ist, umso besser.

Wenn es diesen Mandanten – gerade im Hinblick auf die Zahlungsfreudig- und -willigkeit – gibt, so ist dieser „Exot" in einigen Kanzleien eher die Ausnahme, denn sehr viele Menschen sind nicht in der Lage, einen RA zu bezahlen – selbst wenn sie es wollten. Die Anzahl von Beratungshilfeberechtigten nimmt vielmehr stetig zu.

2 Bereits im GG ist verankert, dass alle Menschen vor dem Gesetz gleich sind. Der Millionär, der einen RA bezahlen kann, soll im Hinblick auf die Wahrnehmung seiner Rechte nicht besser gestellt sein als ein Bürgergeld-Empfänger. Unter dem Aspekt der Chancengleichheit soll den Menschen, die aus finanzieller Not nicht in der Lage sind, einen RA zu bezahlen, unter bestimmten Voraussetzungen die Wahrnehmung ihrer Rechte gewährt werden.

3 Ähnlich wie bei der PKH, die im gerichtlichen Verfahren zum Tragen kommt (s. Rdn 66 ff.), ermöglicht die Beratungshilfe den Bürgern die Wahrnehmung ihrer Rechte mit der Maßgabe, dass die Kosten von der Landeshauptkasse, gegen eine sehr geringe Eigenbeteiligung des Rechtssuchenden, in außer- bzw. vorgerichtlichen Angelegenheiten getragen werden.

Die außer- bzw. vorgerichtliche Tätigkeit umfasst die Erteilung eines Rates und/oder einer Auskunft und wenn dies nicht ausreichend ist, darüber hinaus (mit Einschränkungen) die außer- bzw. vorgerichtliche Vertretung.

Anders als bei der PKH ist derjenige (sofern sich die Einkommensverhältnisse wesentlich verbessern), für den die Kosten von der Bundes- oder Landeshauptkasse i.R.d. Beratungshilfe geleistet wurden, nicht verpflichtet, diese Kosten wieder zurückzuerstatten. 4

II. Gesetzliche Grundlage

Geregelt sind die Voraussetzungen für die Beratungshilfe in dem Gesetz über Rechtsberatung und Vertretung für Bürger mit geringem Einkommen (BerHG). 5

Zum 1.1.2014 wurde die Beratungshilfe zusammen mit einer Neuregelung der Prozesskostenhilfe durch das Gesetz zur Änderung des Prozesskosten- und Beratungshilferechts v. 31.8.2013 umfassend reformiert (nachstehend Reform 2014 genannt). 6

Daneben gibt es weitere gesetzliche Grundlagen und Vorschriften, die für die Praxis von Bedeutung sind. 7

So finden Sie im RVG gesetzliche Regelungen im Hinblick auf die Vergütung im Wege der Beratungshilfe sowie Vorschriften in der BRAO (Bundesrechtsanwaltsordnung) und BORA (Berufsordnung für Rechtsanwälte).

III. Voraussetzungen für die Bewilligung von Beratungshilfe

Um Beratungshilfe in Anspruch nehmen zu können, müssen zunächst drei Voraussetzungen gem. § 1 Abs. 1 BerHG erfüllt sein. 8

> **§ 1 BerHG**
>
> (1) Hilfe für die Wahrnehmung von Rechten außerhalb eines gerichtlichen Verfahrens und im obligatorischen Güteverfahren nach § 15a des Gesetzes betreffend die Einführung der Zivilprozessordnung (Beratungshilfe) wird auf Antrag gewährt, wenn
>
> 1. Rechtsuchende die erforderlichen Mittel nach ihren persönlichen und wirtschaftlichen Verhältnissen nicht aufbringen können,
> 2. keine anderen Möglichkeiten für eine Hilfe zur Verfügung stehen, deren Inanspruchnahme den Rechtsuchenden zuzumuten ist,
> 3. die Inanspruchnahme der Beratungshilfe nicht mutwillig erscheint.
>
> (2) [1]Die Voraussetzungen des Absatzes 1 Nummer 1 sind gegeben, wenn den Rechtsuchenden Prozeßkostenhilfe nach den Vorschriften der Zivilprozeßordnung ohne einen eigenen Beitrag zu den Kosten zu gewähren wäre. [2]Die Möglichkeit, sich durch einen Rechtsanwalt unentgeltlich oder gegen Vereinbarung eines Erfolgshonorars beraten oder vertreten zu lassen, ist keine andere Möglichkeit der Hilfe im Sinne des Absatzes 1 Nummer 2.
>
> (3) [1]Mutwilligkeit liegt vor, wenn Beratungshilfe in Anspruch genommen werden soll, obwohl Rechtsuchende, die nach ihren persönlichen und wirtschaftlichen Verhältnissen keine Beratungshilfe beanspruchen können, bei verständiger Würdigung aller Umstände der Rechtsangelegenheit davon absehen würden, sich auf eigene Kosten rechtlich beraten oder

vertreten zu lassen. [2]Bei der Beurteilung der Mutwilligkeit sind die Kenntnisse und Fähigkeiten der Rechtsuchenden sowie ihre besondere wirtschaftliche Lage zu berücksichtigen.

9 Hinsichtlich § 1 Abs. 1 Nr. 1 BerHG (**persönlichen und wirtschaftlichen Verhältnisse**) und § 1 Abs. 1 Nr. 3 BerHG (**Mutwilligkeit**) wird auf die Ausführungen unter Rdn 72 in diesem Kapitel verwiesen, da grundsätzlich die gleichen Voraussetzungen wie für die Bewilligung der PKH gelten.

10 Durch die Reform zum 1.1.2014 wird erstmalig der Begriff der Mutwilligkeit für die Beratungshilfe in Anknüpfung an die bisherige Rechtsprechung des BVerfG in § 1 Abs. 3 BerHG konkretisiert (Legaldefinition), siehe obigen Gesetzestext.

11 Der Gesetzgeber wollte offiziell mit dieser „einschränkenden" Definition der Mutwilligkeit einen Missbrauch verhindern, in Wirklichkeit jedoch eher die Staatskassen entlasten. Insbesondere wenn ein professioneller Rechtsrat nicht geboten erscheint, soll Beratungshilfe verwehrt werden. Dies wird insbesondere bei Vereinbarung einer Ratenzahlung angenommen oder wenn ein Sachverhalt mit dem Gegner geklärt werden soll.

12 Haushaltspolitisch mag dies eine richtige Entscheidung gewesen sein, rechtspolitisch ist dieser Teil der Reform als höchst problematisch anzusehen, da insbesondere bildungsschwache Mandanten auch mit der Klärung eines Sachverhaltes oder der Vereinbarung einer Ratenzahlungsvereinbarung mit dem Gegner Probleme haben.

13 Grundsätzlich sollen die Kenntnisse und Fähigkeiten der Rechtsuchenden bei der Beurteilung mit einbezogen werden. Tendenziell haben aber die Ablehnungen wegen Mutwilligkeit durch die Gerichte zugenommen. Es stellt sich dann immer die Frage, ob man sich der Auseinandersetzung mit dem Rechtspfleger für die ohnehin sehr geringe Vergütung für die Hauptsache stellen mag.

14 Die unter § 1 Abs. 1 Nr. 2 BerHG genannte Voraussetzung dient dem Zweck, dass zunächst alle anderen Möglichkeiten, die neben der Beratungshilfe zur Verfügung stehen, ausgeschöpft werden sollen.

> *Beispiel:*
>
> *Verfügt der Rechtssuchende über eine Rechtsschutzversicherung, die für die Angelegenheit eintrittspflichtig ist, so besteht hier für den Rechtssuchenden eine andere Möglichkeit, seine Rechte wahrzunehmen. Die Voraussetzung für Beratungshilfe liegt gem. § 1 Abs. 1 Nr. 2 BerHG nicht vor.*
>
> *Ist ein Handwerker Mitglied bei einer Handwerkskammer, die ihren Mitgliedern z.B. kostenlose Beratungen anbietet, so stellt dies ebenfalls eine andere Möglichkeit dar, die Rechte wahrzunehmen.*
>
> *Eine Gewerkschaft, die ihren Mitgliedern kostenlose Beratungen anbietet, stellt ebenfalls eine andere Möglichkeit i.S.d. § 1 Abs. 1 Nr. 2 BerHG dar.*

Eine weitere **Einschränkung** gibt es auch nach der Reform 2014 hinsichtlich der über die Beratung **hinausgehenden Vertretung**. 15

§ 2 BerHG

(1) [1]Die Beratungshilfe besteht in Beratung und, soweit erforderlich, in Vertretung. [2]Eine Vertretung ist erforderlich, wenn Rechtsuchende nach der Beratung angesichts des Umfangs, der Schwierigkeit oder der Bedeutung, die die Rechtsangelegenheit für sie hat, ihre Rechte nicht selbst wahrnehmen können.

(2) [1]Beratungshilfe nach diesem Gesetz wird in allen rechtlichen Angelegenheiten gewährt. [2]In Angelegenheiten des Strafrechts und des Ordnungswidrigkeitenrechts wird nur Beratung gewährt.

(3) Beratungshilfe nach diesem Gesetz wird nicht gewährt in Angelegenheiten, in denen das Recht anderer Staaten anzuwenden ist, sofern der Sachverhalt keine Beziehung zum Inland aufweist.

Grundsätzlich besteht zunächst nur Anspruch auf eine Beratung, die weitergehende Vertretung muss erforderlich sein und die Erforderlichkeit ist nunmehr in § 2 Abs. 1 BerHG definiert (siehe Gesetzestext oben).

Bei der Beurteilung, ob Rechtssuchende ihre Rechte nicht selbst wahrnehmen können, ist auf die individuellen Fähigkeiten (insbesondere Bildungsgrad) des einzelnen Antragstellers und nicht auf einen objektiven Durchschnitt abzustellen. 16

Nach der gängigen Praxis einiger Gerichte ist eine Erforderlichkeit einer anwaltlichen Vertretung nicht mehr gegeben, wenn z.B. nur ein einfaches Schreiben an den Gegner geschrieben werden muss oder ein Widerspruch ohne Begründung einzulegen ist. Auch ein einfaches Kündigungsschreiben wird vielerorts nicht mehr von der Beratungshilfe erfasst. 17

Nur wenn damit zu rechnen ist, dass dem Widerspruch nicht abgeholfen oder der Kündigungsgrund bestritten wird, ist eine Erforderlichkeit der Vertretung anzunehmen.

Praxistauglich ist dies nicht, da die Einschränkung aus dem Beratungshilfeschein nicht unmittelbar ersichtlich ist und mit dem Mandanten ausführlich und zeitaufwendig kommuniziert werden muss. Für den Mandanten ist es meist nicht verständlich, dass er „nur eine Beratung" bekommt und dann selbst ein Schreiben an den Gegner schicken soll. Meist werden diese Schreiben dann noch einmal vom Mandanten an den Rechtsanwalt zur Überprüfung übersandt. Eine nochmalige Überprüfung des Schreibens ist jedoch eigentlich in der Beratungsgebühr von 38,50 EUR nach Nr. 2501 VV RVG nicht enthalten. 18

Grds. erhält derjenige Beratungshilfe, der PKH in einem gerichtlichen Verfahren nach den Vorschriften der ZPO ohne Ratenzahlung erhalten würde (§ 1 Abs. 2 BerHG). Maßgeblich für die Berechnung ist dabei § 115 ZPO. 19

20 *Beispiel:*

Nettoeinkommen		1.350,00 EUR
Freibetrag der Partei (§ 115 Abs. 1 Nr. 2 a ZPO)	./.	619,00 EUR
Erwerbsfreibetrag (§ 115 Abs. 1 Nr. 1 b ZPO)	./.	282,00 EUR
Wohnkosten (in tatsächl. Höhe)	./.	445,00 EUR (Beispiel)
verbleibende Summe		*4,00 EUR*

Beträgt die Höhe einer Monatsrate weniger als 10,00 EUR, ist von der Festsetzung von Monatsraten gem. § 115 Abs. 2 S. 2 ZPO abzusehen.

Nur bei dieser „Nullrate" wird Beratungshilfe bewilligt (anders als PKH).

1. Zuständigkeit

21 Zuständig ist das AG, in dessen Bezirk der Antragsteller seinen **allgemeinen Gerichtsstand** hat. Sofern der Antragsteller im Inland keinen allgemeinen Gerichtsstand hat, ist das AG zuständig, in dessen Bezirk das Bedürfnis für die Beratungshilfe besteht (§ 4 Abs. 1 BerHG).

2. Form des Antrags auf Bewilligung von Beratungshilfe

22 Den Antrag auf Beratungshilfe kann der Antragsteller/Rechtssuchende

- entweder mündlich oder schriftlich bei dem AG stellen, in dessen Bezirk er seinen allgemeinen Gerichtsstand hat/oder, sofern im Inland kein allgemeiner Gerichtsstand gegeben ist, bei dem Gericht, in dessen Bezirk Bedürfnis für die Beratungshilfe besteht (§ 4 Abs. 1 und 2 BerHG)
- oder nachträglich stellen, wenn er direkt einen RA aufgesucht hat (§ 6 Abs. 2 BerHG).

Beide Verfahren unterscheiden sich – gerade aus der Sicht des RA – wesentlich voneinander. Beide Verfahren werden in diesem Kapitel erläutert.

3. Frist

23 Nach § 6 Abs. 2 BerHG bleibt der Direktzugang zum Rechtsanwalt durch die **nachträgliche Bewilligung** von Beratungshilfe (RA ist vor der Bewilligung tätig geworden) auch nach der Reform 2014 erhalten.

Der Antrag muss jedoch jetzt gem. § 6 Abs. 2 S. 2 BerHG **spätestens vier Wochen** nach der Beratungstätigkeit gestellt werden (in Gegensatz zu früher, wo der Antrag nicht fristgebunden war).

Auf § 16a BORA – Ablehnung der Beratungshilfe ist hinzuweisen: 24

- Rechtsanwältinnen und Rechtsanwälte sind nicht verpflichtet, einen Beratungshilfeantrag zu stellen.
- Rechtsanwältinnen und Rechtsanwälte können die Beratungshilfe im Einzelfall aus wichtigem Grund ablehnen oder beenden. Ein wichtiger Grund kann in der Person der Rechtsanwältin oder des Rechtsanwalts selbst oder in der Person oder dem Verhalten der Mandantin oder des Mandanten liegen. Ein wichtiger Grund kann auch darin liegen, dass die Beratungshilfebewilligung nicht den Voraussetzungen des Beratungshilfegesetzes entspricht. Ein wichtiger Grund liegt insbesondere vor, wenn
  a) die Rechtsanwältin oder der Rechtsanwalt durch eine Erkrankung oder durch berufliche Überlastung an der Beratung/Vertretung gehindert ist;
  b) (aufgehoben)
  c) die Beratungshilfeberechtigten ihre für die Mandatsbearbeitung erforderliche Mitarbeit verweigern;
  d) das Vertrauensverhältnis zwischen Rechtsanwältin oder Rechtsanwalt und Mandantin oder Mandant aus Gründen, die im Verhalten oder in der Person der Mandantin oder des Mandanten liegen, schwerwiegend gestört ist;
  e) sich herausstellt, dass die Einkommens- und/oder Vermögensverhältnisse der Mandantin oder des Mandanten die Bewilligung von Beratungshilfe nicht rechtfertigen;
  f) (aufgehoben)
  g) (aufgehoben).

4. Formular

Sofern der Antrag schriftlich oder nachträglich gestellt wird, ist das nachstehende Formular zu verwenden. 25

> *Praxistipp:* 26
>
> Einen entsprechenden Vordruck für einen Antrag auf Bewilligung von Beratungshilfe können Sie bspw. kostenlos auf der folgenden Internetseite einsehen und herunterladen:
>
> *https://justiz.de/service/formular/dateien/agI1.pdf*

Bevor die verschiedenen Möglichkeiten der Antragstellung erläutert werden, soll das nachstehende Fallbeispiel behandelt werden. 27

Beispiel:

Der Rentner M aus Berlin, der über eine sehr geringe Rente verfügt, ist Mitglied in einem Mieterschutzverein. Anlässlich einer gem. § 555c BGB vom Vermieter übermittelten Modernisierungsankündigung, die eine Erhöhung der Miete zur Folge hat, möchte Herr M anwaltliche Hilfe in Anspruch nehmen.

Von einem Bekannten hat Herr M erfahren, dass er aufgrund seines geringen Einkommens einen Anspruch auf Beratungshilfe hat.

Herr M möchte sich nun von einem Fachanwalt für Mietrecht, den er für kompetenter als die Berater bei dem Mieterschutzbund hält, „kostenlos" beraten lassen, schließlich zahlt ja das Gericht die anfallenden Kosten der anwaltlichen Beratung. Herr M ruft in Ihrer Kanzlei an, schildert kurz seinen Fall und weist Sie in dem Telefonat darauf hin, dass er Anspruch auf Beratungshilfe hat, da er nur eine geringe Rente bezieht und nicht in der Lage ist, einen RA zu bezahlen.

28 Zunächst erfüllt Herr M die Voraussetzung gem. § 1 Abs. 2 BerHG nicht, da er eine **andere zumutbare Möglichkeit** hat, seine Rechte wahrzunehmen, bevor er Beratungshilfe in Anspruch nehmen kann (s. Voraussetzungen für die Bewilligung von Beratungshilfe, s. Rdn 8).

Da Herr M Mitglied in einem Mieterschutzbund ist, muss er zunächst diesen Weg wählen. Erst dann, wenn keine andere Möglichkeit besteht, seine Rechte in anderer Weise wahrzunehmen hat Herr M grds. Anspruch auf Beratungshilfe.

29 Wie verhalten Sie sich aber in diesem Fall?

Sie können zunächst nicht davon ausgehen, dass Sie der Anrufer in dem ersten Telefonat darauf hinweist, dass er, wie in unserem Beispiel, andere Möglichkeiten hat, seine Rechte wahrzunehmen.

Grds. ist der RA gem. § 49a Abs. 1 BRAO zur Übernahme von Beratungshilfe verpflichtet. Nur wenn er einen berechtigten Grund hat, kann der RA im Einzelfall die Übernahme von Beratungshilfe ablehnen.

Wird der RA aber tätig, bevor dem Antrag auf Bewilligung von Beratungshilfe nicht stattgegeben wurde, besteht für den RA ein großes Risiko hinsichtlich der Durchsetzung seiner Vergütung. Hierzu wird auf die Ausführungen zu den Belehrungspflichten unter § 8 Rdn 52 ff. verwiesen.

30 *Praxistipp:*

Bitten Sie den Rechtssuchenden, **bevor** der RA den Auftrag annimmt und eine Tätigkeit ausübt, bei dem AG den Antrag auf Bewilligung von Beratungshilfe zu stellen und die Erteilung eines Berechtigungsscheines zu verlangen.

Der RA ist nicht verpflichtet, ohne Vorlage des Berechtigungsscheins tätig zu werden.

Zu diesem Zweck ist zu empfehlen, dem Rechtssuchenden ein Informationsblatt auszuhändigen, dem die Einzelheiten hinsichtlich des Antragsverfahrens entnommen werden können.

▼ 31

Muster 6.1: Informationsblatt/Erteilung eines Berechtigungsscheins 6.1

Ggf. haben Sie aufgrund Ihres geringen Einkommens einen Anspruch auf Bewilligung von Beratungshilfe. Sofern Sie für eine außer- bzw. vorgerichtliche Tätigkeit eine Beratung, Auskunft oder eine Vertretung durch mich/uns wünschen, bitte ich Sie, vor einer Beauftragung und Tätigkeit durch mich/uns, einen Antrag auf Bewilligung von Beratungshilfe und die Erteilung eines Berechtigungsscheines für Beratungshilfe zu stellen.

1. Zuständig ist das Amtsgericht, in dessen Bezirk Sie ihren Wohnsitz haben.

   Bei der Ermittlung des für Sie zuständigen Amtsgerichts und der Anschrift, sind Ihnen meine Mitarbeiter/innen gerne behilflich

2. Den Antrag können Sie mündlich bei der Rechtsantragsstelle des Amtsgerichts stellen. Über Ihren Antrag entscheidet der Rechtspfleger.

3. Nehmen Sie zu dem Termin der Antragstellung Ihren gültigen Personalausweis/Reisepass sowie aktuelle Einkommens- und Verbindlichkeitsnachweise mit z.B.:

   - Bewilligungsbescheid JobCenter/ARGE,
   - Arbeitslosengeldbescheid,
   - Gehaltsabrechnung,
   - Rentenbescheid,
   - letzten Steuerbescheid (bei Selbstständigen),
   - Nachweis über die Miethöhe,
   - aktuellen Kontoauszug,
   - Nachweise über sonstige Verbindlichkeiten (Unterhaltszahlungen, Ratenkredite usw.).

4. Sofern Schriftstücke/Dokumente vorhanden sind, hinsichtlich der Angelegenheit, für die Sie die anwaltliche Beratung/Vertretung wünschen, nehmen Sie diese Unterlagen zu dem Termin mit und legen diese Unterlagen dem Rechtspfleger vor.

   Schildern Sie dem Rechtspfleger (kurz) den Sachverhalt, stellen Sie den Antrag auf Bewilligung von Beratungshilfe und bitten um Erteilung eines Berechtigungsscheines. Teilen Sie dem Rechtspfleger mit, dass Sie einen Rechtsanwalt mit der Vertretung in dieser Angelegenheit beauftragen wollen.

5. Wenn Ihnen das Gericht den Berechtigungsschein erteilt, bitte ich Sie, sich zwecks Terminsvereinbarung an meine/unsere Kanzlei zu wenden.

6. Zu dem Termin bitte ich Sie, die Gebühr gem. Nr. 2500 VV RVG in Höhe von 15,00 EUR (einschließlich Umsatzsteuer) – gegen Quittung – bar einzuzahlen.

▲

IV. Möglichkeiten der Antragstellung

1. Antrag auf Bewilligung von Beratungshilfe beim AG

32 In diesem Fall stellt der Antragsteller den Antrag auf Bewilligung von Beratungshilfe und Erteilung eines Berechtigungsscheins für Beratungshilfe direkt beim AG. Diesen Antrag kann der Antragsteller **mündlich oder schriftlich** stellen.

33 Das AG kann ebenfalls Beratungshilfe gewähren (§ 3 Abs. 2 BerHG), wenn dem Rechtssuchenden sofort eine Auskunft erteilt werden kann oder ein Hinweis in Bezug auf die Möglichkeit anderer Hilfe möglich ist. Des Weiteren, wenn Hilfestellung bei Anträgen oder Erklärungen durch das AG erfolgen kann. In diesem Fall ist die Beratung, sofern sie über das AG erfolgt, kostenlos.

Beispiel:

Student M, der in Berlin-Schöneberg seinen Wohnsitz hat, verfügt außer BAföG-Leistungen über keinerlei Einkommen oder Vermögen. Er möchte eine Erbschaft ausschlagen, da der Nachlass überschuldet ist. Da er dringend Auskunft darüber benötigt, was bei der Ausschlagung des Erbes beachten werden muss, beantragt er bei dem AG Schöneberg, ihm Beratungshilfe zu bewilligen. Sofern der Rechtspfleger hier in der Lage ist, dem Antragsteller eine Auskunft zu erteilen oder ihn z.B. hinsichtlich der Erbschaftsausschlagung an das Nachlassgericht zu verweisen, kann die Beratungshilfe durch das Gericht erfolgen.

34 Der Antragsteller muss bei Antragstellung seine persönlichen und wirtschaftlichen Verhältnisse glaubhaft machen. I.d.R. belegt er seine Einkommens- und Verbindlichkeitsnachweise. Er schildert dem Rechtspfleger das Anliegen seines Antrags. Der Rechtspfleger entscheidet sodann über den gestellten Antrag.

Entscheidet der Rechtspfleger positiv über den Antrag auf Bewilligung von Beratungshilfe, erhält der Antragsteller einen sog. **Berechtigungsschein für Beratungshilfe**. Mit diesem Berechtigungsschein kann sich der Antragsteller an einen RA seiner Wahl wenden, der für diesen tätig wird.

Hinweis: 35

In diesem Fall ist der Vergütungsanspruch des RA zunächst gesichert. Der RA sollte jedoch in dem Berechtigungsschein darauf achten, in welchem Umfang Beratungshilfe bewilligt worden ist.

Oftmals wird Beratungshilfe lediglich auf eine Beratung beschränkt. Das bedeutet, dass ein Vergütungsanspruch für eine Tätigkeit (z.B. Anschreiben an den Gegner) von der Beratungshilfe nicht erfasst ist. Der RA kann hier lediglich die Gebühr für die Beratung mit der Landeshauptkasse abrechnen, auch wenn er darüber hinaus tätig geworden ist und durch die Tätigkeit eine Geschäftsgebühr gem. Nr. 2503 VV RVG ausgelöst wurde.

Hier sollte der Mandant, wenn über die Beratung hinaus eine weitere Tätigkeit erforderlich ist, an das AG verwiesen werden, um den Berechtigungsschein insoweit ergänzen zu lassen.

2. Nachträglicher Antrag durch den RA

Sofern der Rechtssuchende den direkten Weg zum RA wählt, ist der Antrag auf Bewilligung von Beratungshilfe nachträglich innerhalb der 4-Wochen-Frist (vgl. Rdn 23) zu stellen. Hierzu ist ein Antragsformular zu verwenden. 36

Über den nachträglich gestellten Antrag auf Bewilligung von Beratungshilfe entscheidet der Rechtspfleger beim AG. War der RA beratend tätig und wird der Antrag nachträglich gestellt, so ist in diesem Stadium ungewiss, ob Beratungshilfe überhaupt bewilligt wird. Kommt z.B. der Rechtspfleger zu dem Ergebnis, dass der Antragsteller, wie im Beispiel unter Rdn 27 in diesem Kapitel geschildert, die Möglichkeit hatte, sich zunächst an den Mieterschutzbund zu wenden, wird der Antrag auf Bewilligung von Beratungshilfe abgelehnt. 37

Ebenso ist es möglich, dass der Rechtspfleger Beratungshilfe ablehnt, weil der Antrag des Antragstellers mutwillig ist. 38

Des Weiteren ist es auch möglich, dass der Rechtspfleger feststellt, dass aufgrund der persönlichen und wirtschaftlichen Verhältnisse des Antragstellers gar kein Anspruch auf Beratungshilfe besteht.

Bitte unterschätzen Sie nicht, wie viel Arbeit und Zeit in dieses Mandat investiert wird, ohne dass eine Zahlung – im günstigsten Fall eine Zahlung in Höhe von 15,00 EUR nach Nr. 2500 VV RVG – geleistet wird. Zum einen wird der RA tätig, die Mitarbeiter legen die Akte an. Das Antragsformular, das von dem Rechtssuchenden auszufüllen und zu unterzeichnen ist, wird sehr oft mit der Unterstützung des RA oder seinen Mitarbeitern ausgefüllt und bei dem Gericht eingereicht. Bis der Rechtspfleger über den Antrag entscheidet, vergeht in aller Regel viel Zeit. In der Zwischenzeit hatte der Mandant ggf. Rückfragen. 39

40 Oft ist der Fall gegeben, dass das Gericht bzw. der Rechtspfleger bevor abschließend über den Antrag entschieden wird, ebenfalls Rückfragen hat oder Belege hinsichtlich der persönlichen und wirtschaftlichen Verhältnisse anfordert. Die Rückfragen des Rechtspflegers kann der RA nicht ignorieren und auch hier wird abermals Arbeit, Zeit und Geld in ein Mandat investiert, das – auch für den Fall, dass Beratungshilfe bewilligt wird – in keinem Verhältnis zu der Vergütung steht, die im Beratungshilfeverfahren bezahlt wird.

41 Im allergünstigsten Fall wird Beratungshilfe bewilligt und im ungünstigsten Fall geht der RA praktisch „leer" aus, wenn er im Vorfeld, für den Fall, dass dem Antrag auf Bewilligung von Beratungshilfe nicht entsprochen wird, keine Vereinbarung hinsichtlich seiner Vergütung mit dem Mandanten getroffen bzw. ihn darauf hingewiesen hat, dass für diesen Fall grds. von dem Auftraggeber die gesetzliche Vergütung nach dem RVG geschuldet wird.

42 Selbst wenn der Mandant belehrt wurde und dieser sich verpflichtet hat, die gesetzliche Vergütung zu zahlen, ist die Durchsetzung dieses Anspruchs, für den Fall, dass der Mandant nicht zahlt, mehr als fraglich.

43 Auch an dieser Stelle wird auf die Ausführungen zu den Belehrungspflichten unter § 8 Rdn 52 verwiesen.

44 *Hinweis:*

Die nachträgliche Antragstellung ist vom Verwaltungsaufwand her nicht zu empfehlen, insbesondere wenn man bedenkt, dass man für diese Beratungshilfeantragsstellung keine gesonderte Gebühr verdient.

V. Rechtsbehelf/Rechtsmittel

45 Wird der Antrag auf Bewilligung von Beratungshilfe abgelehnt, hat der Antragsteller die Möglichkeit, gegen einen ablehnenden Beschluss Erinnerung einzulegen (§ 7 BerHG).

Die Erinnerung kann schriftlich oder mündlich beim AG eingelegt werden, das den Beschluss erlassen hat.

VI. Bewilligungsfähige Rechtsgebiete und Beratungspersonen

46 In allen Rechtsgebieten, wie z.B. dem Zivil-, Arbeits-, Sozial- oder Strafrecht, wird Beratungshilfe bewilligt.

47 Das Privileg der Rechtsanwaltschaft zur alleinigen Beratung wurde teilweise aufgeweicht. Grundsätzlich erfolgt die Beratung gem. § 3 Abs. 1 S. 1 BerHG zwar noch durch Rechtsanwälte und durch Rechtsbeistände, die Mitglied einer Rechtsanwaltskam-

mer sind. Je nach Rechtsgebiet wurde der Kreis der Beratungspersonen jedoch um Steuerberater, Wirtschaftsprüfer, vereidigte Buchprüfer und Rentenberater erweitert (§ 3 Abs. 1 S. 2 BerHG).

Hinweis: Besonderheit in Angelegenheiten des Strafrechts und in den OWi-Verfahren 48
Für diese beiden Rechtsgebiete erfasst die Beratungshilfe **nur die Beratung**. Wird der RA neben der Beratung für den Mandanten tätig (z.B. Einspruch gegen einen Bußgeldbescheid), so ist diese Tätigkeit nicht von der Beratungshilfe gedeckt. Hier sollte der RA den Mandanten unbedingt belehren und hinsichtlich seiner Vergütung eine Regelung treffen. Dazu wird auf die Ausführungen unter § 8 Rdn 52 verwiesen.

VII. Besonderheit der öffentlichen Rechtsberatung in Hamburg und Bremen sowie Öffnungsklausel nach der Reform

Grds. kann der Antragsteller wählen zwischen einem RA seiner Wahl oder, sofern vorhanden, einer öffentlichen Beratungsstelle. 49

In den Bundesländern **Hamburg und Bremen** erfolgt die Beratung ausschließlich durch die öffentlichen Rechtsberatungsstellen. Beratungshilfe durch Rechtsanwälte findet keine Unterstützung. In dem Bundesland **Berlin** hat der Antragsteller die Wahl zwischen einem RA seiner Wahl oder einer öffentlichen Beratungsstelle. 50

Nach § 12 Abs. 3 BerHG können auch die einzelnen weiteren Bundesländer die ausschließliche Zuständigkeit von öffentlichen Rechtsberatungsstellen durch Gesetz bestimmen. Bislang wurde diese **Öffnungsklausel** noch nicht weiter genutzt. 51

VIII. Wirkung der Beratungshilfe + Vergütungsvereinbarung

Sofern Beratungshilfe bewilligt wird und die Beratung durch einen RA erfolgt (Ausnahme: Hamburg und Bremen, s.o.), trägt die **Landeshauptkasse** die Kosten der anwaltlichen Vergütung. **Vergütungsschuldner** ist die Staatskasse und nicht der Mandant. 52

Der **Vergütungsanspruch** richtet sich nach der **gesetzlichen Vergütung** für die Beratungshilfe Nr. 2500 ff. VV RVG. 53

In Gegensatz zu früher ist nach der Reform 2014 eine **Vergütungsvereinbarung nicht mehr nichtig**. Vielmehr kann der Rechtsanwalt gem. § 8 Abs. 2 BerHG seinen Anspruch aus dieser Vereinbarung mit Bewilligung der Beratungshilfe **nicht mehr geltend** machen. Dies gilt auch bei nachträglicher Bewilligung bis zur Entscheidung durch das Gericht. 54

Insbesondere wenn die Beratungshilfe aufgehoben wird (vgl. Rdn 59 ff.), ist ein vereinbarter Vergütungsanspruch unter bestimmten Voraussetzungen wieder voll durchsetzbar.

55 Grundsätzlich darf der RA auf seine Vergütung nicht verzichten. Für den Fall der Beratungshilfe ist eine kostenlose **pro bono-Vertretung** jedoch ausdrücklich in § 4 Abs. 1 S. 3 RVG normiert.

56 Die Vergütung für den RA, der im Beratungshilfeverfahren tätig wird, ist niedriger als die normale Anwaltsvergütung. Der RA kann von dem Mandanten daneben jedoch noch die Zahlung der Beratungshilfegebühr nach Nr. 2500 VV RVG i.H.v. 15,00 EUR verlangen (umgangssprachlich auch Beratungshilfeschutzgebühr genannt) – der RA kann die Zahlung der Beratungshilfegebühr erlassen.

Nach Anmerkung zu Nr. 2500 VV RVG werden neben der Gebühr keine weiteren Auslagen (auch keine Umsatzsteuer nach Nr. 7008 VV RVG) erhoben.

57 Hinsichtlich der Vergütung und Anrechnungsvorschriften wird auf § 8 und dort auf die Ausführungen zu den Nrn. 2500 ff. RVG verwiesen.

58 Hat der Beratungshilfe-Mandant einen **Kostenerstattungsanspruch** gegen den Gegner (z.B. aufgrund Verzuges), so geht der Anspruch gem. § 9 S. 2 BerHG auf den Rechtsanwalt über. Der Gegner hat für die Tätigkeit des Rechtsanwalts die **Kosten nach den allgemeinen Vorschriften des RVG (Wahlanwaltskosten)** zu zahlen.

IX. Aufhebung der Beratungshilfe

59 Seit der Reform 2014 gibt es gem. § 6a BerHG zwei Möglichkeiten einer Aufhebung.

60 Die erste Möglichkeit ist die **Aufhebung von Amts wegen** durch das Gericht, wenn die Voraussetzungen für die Beratungshilfe zum **Zeitpunkt der Bewilligung nicht vorgelegen haben.** Die Aufhebung muss dabei **innerhalb eines Jahres** erfolgen (§ 6a Abs. 1 BerHG).

Gem. § 8a Abs. 1 BerHG bleibt der Vergütungsanspruch des Rechtsanwalts gegen die Landeskasse dabei unberührt, es sei denn, der RA hatte Kenntnis oder grob fahrlässige Unkenntnis vom Nichtvorliegen der Bewilligungsvoraussetzungen.

61 Der Rechtsanwalt könnte jetzt aber auch vom Mandanten die allgemeinen Gebühren nach dem RVG (Wahlanwaltskosten) oder aufgrund einer Vergütungsvereinbarung verlangen. Hierfür sind jedoch zwei Voraussetzungen gem. § 8a Abs. 2 BerHG erforderlich:

- es darf keine Vergütung aus der Staatskasse gefordert oder einbehalten werden sowie
- der Rechtssuchende wurde bei Mandatsübernahme auf die Möglichkeit der Aufhebung und die Folgen für die Vergütung darauf hingewiesen.

Soweit der Rechtsuchende die Beratungshilfegebühr nach Nr. 2500 VV RVG i.H.v. 15,00 EUR bereits geleistet hat, ist sie auf die Wahlanwaltskosten anzurechnen.

62 Anders als bei der Prozesskostenhilfe ist eine Aufhebung wegen einer nachträglichen Verbesserung (z.B. Jobwechsel) der Einkommens- und Vermögensverhältnisse weiterhin unzulässig.

Neu ist jedoch die zweite Möglichkeit einer Aufhebung gem. § 6a Abs. 2 BerHG, wonach der **Rechtsanwalt selbst** die Aufhebung der Beratungshilfe beantragen kann, wenn der Mandant durch die Rechtsverfolgung oder den Rat etwas erlangt hat. Dies entspricht in etwa auch dem neuen Grundsatz in der Prozesskostenhilfe, wonach „**Erlangtes“ als Vermögen** einzusetzen ist. 63

Beispiel:

Der Mandant erscheint beim Rechtsanwalt mit einem Beratungshilfeschein für seine arbeitsrechtliche Auseinandersetzung mit seinem bisherigen Arbeitgeber.

Der Rechtsanwalt vertritt ihn vorgerichtlich und erstreitet eine Abfindung von 5.000,00 EUR für den Mandanten.

In diesem Fall kann der Rechtsanwalt unter bestimmten Umständen selbst die Aufhebung der Beratungshilfe beantragen und muss sich nicht mit den „mageren“ Beratungsgebühren begnügen.

Der Antrag kann vom Rechtsanwalt jedoch gem. § 6a Abs. 2 BerHG nur gestellt werden, 64

- wenn er noch **keine Beratungshilfevergütung nach § 44 S. 1 RVG beantragt hat** sowie
- wenn der Rechtssuchende bei Mandatsübernahme auf die Möglichkeit der Aufhebung und die Folgen für die Vergütung in **Textform** darauf hingewiesen wurde. Ein mögliches Formular könnte wie folgt aussehen:

▼ 65

Muster 6.2: Hinweise zur Aufhebung der Beratungshilfe

6.2

Ich wurde darüber belehrt,

- dass das Gericht die Bewilligung aufheben kann, wenn die Voraussetzungen für die Beratungshilfe zum Zeitpunkt der Bewilligung nicht vorgelegen haben und seit der Bewilligung nicht mehr als ein Jahr vergangen ist.
- dass mein Rechtsanwalt gem. § 6a Abs. 2 Nr. 2 BerHG die Aufhebung der Bewilligung beantragen kann, wenn ich in der Beratungshilfesache etwas erlangt habe, das meine wirtschaftliche Lage verbessert.

Nach § 8a Abs. 2 RVG erfolgte ferner der Hinweis,

- dass ich im Fall einer Aufhebung der Beratungshilfe verpflichtet bin, die Vergütung des Rechtsanwalts nach den allgemeinen Vorschriften des RVG zu zahlen. Es entstehen insoweit Gebühren, die nach dem Gegenstandswert abgerechnet werden.

▲

B. PKH/VKH

I. Allgemeines

66 Ein in der Praxis wichtiges Arbeitsgebiet ist die PKH/VKH (zukünftig nur noch PKH) sowie der Umgang mit Mandanten, die u.U. einen Anspruch auf PKH haben. In diesem Kapitel ist dieses Thema mit der Hilfe von Beispielen und Musterformularen den Kanzleimitarbeitern eine Orientierungshilfe und Unterstützung, die evtl. in der Praxis bisher gar nicht oder sehr selten mit PKH und der Abwicklung konfrontiert sind.

67 Die gesetzlichen Grundlagen für PKH im Zivilprozess sind in den **§§ 114–127 ZPO** geregelt. Wie dem Wort schon entnommen werden kann, kann **PKH ausschließlich** nur für ein gerichtliches Verfahren beantragt und bewilligt werden.

68 Ein Mandant, der wegen eines vorgerichtlichen Mahnschreibens von dem RA einen Rat, Auskunft oder die vorgerichtliche Vertretung in seiner Angelegenheit sucht, kann wegen dieser Angelegenheit keinen PKH-Antrag stellen (s. auch Rdn 1, 8).

69 *Beispiel 1:*

In Ihrer Kanzlei erscheint Mandant M mit einer Mieterhöhung des Vermieters von einer Miete i.H.v. 450,00 EUR um 50,00 EUR/monatlich, insgesamt auf 500,00 EUR/monatlich. Er bittet darum, die gem. § 558 BGB ausgesprochene Mieterhöhung von dem RA prüfen zu lassen.

Für diese Tätigkeit **wird keine PKH** bewilligt, da es sich um eine vorgerichtliche Angelegenheit handelt. Sofern die Voraussetzungen vorliegen, kann für diese Angelegenheit in diesem Stadium allenfalls **Beratungshilfe** bewilligt werden.

70 *Beispiel 2:*

Erscheint der Mandant M aber mit einer Klageschrift, mit der auf Zustimmung zur Mieterhöhung geklagt wird und will der Mandant M sich gegen diese Klage zu Wehr setzen, kann ein Antrag auf Bewilligung von PKH bei dem Prozessgericht gestellt werden. Dem Antrag wird, wenn die Voraussetzungen gegeben sind, durch Beschluss stattgegeben.

II. Voraussetzungen für die Bewilligung

71 **§ 114 ZPO**

(1) [1]Eine Partei, die nach ihren persönlichen und wirtschaftlichen Verhältnissen die Kosten der Prozessführung nicht, nur zum Teil oder nur in Raten aufbringen kann, erhält auf Antrag Prozesskostenhilfe, wenn die beabsichtigte Rechtsverfolgung oder Rechtsverteidigung hinrei-

chende Aussicht auf Erfolg bietet und nicht mutwillig erscheint. [2]Für die grenzüberschreitende Prozesskostenhilfe innerhalb der Europäischen Union gelten ergänzend die §§ 1076 bis 1078.

(2) Mutwillig ist die Rechtsverfolgung oder Rechtsverteidigung, wenn eine Partei, die keine Prozesskostenhilfe beansprucht, bei verständiger Würdigung aller Umstände von der Rechtsverfolgung oder Rechtsverteidigung absehen würde, obwohl eine hinreichende Aussicht auf Erfolg besteht.

§ 76 FamFG

(1) Auf die Bewilligung von Verfahrenskostenhilfe finden die Vorschriften der Zivilprozessordnung über die Prozesskostenhilfe entsprechende Anwendung, soweit nachfolgend nichts Abweichendes bestimmt ist.

(2) Ein Beschluss, der im Verfahrenskostenhilfeverfahren ergeht, ist mit der sofortigen Beschwerde in entsprechender Anwendung der §§ 567 bis 572, 127 Abs. 2 bis 4 der Zivilprozessordnung anfechtbar.

1. Persönliche und wirtschaftliche Verhältnisse

PKH erhält, wer nach seinen persönlichen und wirtschaftlichen Verhältnissen **nicht, nur teilweise oder nur in Raten** in der Lage ist, die Kosten des Rechtsstreits aus eigenen Mitteln aufzubringen. Grds. hat jede Partei, die einen Antrag auf Bewilligung von PKH stellt, ihr Einkommen und Vermögen einzusetzen, um den Prozess aus eigenen Mitteln zu finanzieren. Zum Einkommen gehört **Geld und Geldeswert** (Geldeswert = z.B. Sachbezüge, kostenfreies Wohnen o.Ä.). 72

Da aber diejenigen, die nur über ein sehr geringes oder gar kein Einkommen verfügen denen gegenüber, die in der Lage sind, einen Prozess zu finanzieren, nicht benachteiligt werden sollen, besteht die Möglichkeit, PKH zu beantragen, die an bestimmte Voraussetzungen geknüpft ist. 73

Ein Schlagwort ist z.B. die „**Bedürftigkeit**". Dass ein „Bürgergeld-Empfänger", der neben diesem Einkommen keinerlei weiteres Einkommen oder Vermögen hat, die Voraussetzung hinsichtlich der persönlichen und wirtschaftlichen Verhältnisse erfüllt, ist eher unproblematisch 74

Wie sieht es aber aus, wenn es sich bei dem Mandanten, der PKH beantragt, um jemanden handelt, der ein Einkommen aus selbstständiger oder nicht selbstständiger Tätigkeit bezieht? Darauf wird anhand des folgenden Fallbeispiels eingegangen. 75

Beispiel 1:

Der 35-jährige Mandant M begehrt die Scheidung seiner Ehe. Nach Abzug der Steuern, Pflichtversicherungsbeiträge zur Sozialversicherung, Beiträge zur Kranken- und Rentenversicherung verfügt er über ein Nettoeinkommen i.H.v. 1.700,00 EUR.

Er hat ein minderjähriges Kind, dem er Unterhalt i.H.v. 480,00 EUR monatlich gewährt.

Daneben zahlt er einen Ratenkredit i.H.v. 150,00 EUR zur Finanzierung eines Gebrauchtwagens. Die Miete einschließlich Betriebs- und Heizkosten beträgt 600,00 EUR. In dem ersten Beratungsgespräch mit dem RA erkundigt sich der Mandant, ob die Möglichkeit besteht, VKH zu beantragen, da ihm nach Abzug seiner Fixkosten lediglich 470,00 EUR „zum Leben" verbleiben.

76 *Hinweis:*

Hinsichtlich einer etwaigen Belehrungspflicht des RA gegenüber seinem Auftraggeber wegen der Möglichkeit von Gewährung von PKH wird auf die Ausführungen unter § 8 Rdn 43 verwiesen.

77 Maßgeblich ist zunächst das **Bruttoeinkommen**. Von diesem Einkommen werden Steuern und Vorsorgeaufwendungen sowie die in § 115 ZPO genannten Beträge in Abzug gebracht. Das BMJ gibt einmal jährlich für die Zeit vom 01.07. bis zum 30.06. die sog. **Freibeträge** heraus. Diese Freibeträge sind von dem Einkommen in Abzug zu bringen.

78 Der sich nach Abzug dieser Beträge ergebende Restbetrag ist entscheidend dafür, ob PKH bewilligt wird und ggf. in welcher Höhe (in voller Höhe, wenn kein einzusetzendes Einkommen vorhanden ist oder mit einer Ratenzahlungsverpflichtung für den Antragsteller). Verbleibt ein Betrag weniger als 10,00 EUR wird PKH ohne Ratenzahlung bewilligt, verbleibt ein Betrag von 10,00 EUR wird PKH mit Ratenzahlung bewilligt (im Hinblick auf die Vorschrift von § 115 Abs. 2 ZPO).

79 Je nach Höhe des verbleibenden einzusetzenden Einkommens wird entsprechend die Ratenhöhe festgesetzt. Die Berechnung bzw. Ermittlung ob und ggf. in welcher Höhe PKH bewilligt wird, erfolgt durch den **Rechtspfleger**.

80 Grundlage für die Berechnung ist die Vorschrift des § 115 ZPO.

81 *Praxistipp:*

Für den Fall, dass sich der Mandant an Sie wendet und Sie mit der Frage konfrontiert sind, ob er aufgrund seines Einkommens Anspruch auf PKH hat, kann zum einen neben dem in § 115 ZPO geregelten Verfahren das Ergebnis annähernd ermittelt werden oder aber über sog. „Prozesskostenhilferechner" eine ungefähre Auskunft erteilt werden.

PKH-Rechner finden Sie bspw. auf den folgenden Internetseiten (da das Internet einem ständigen Wandel unterliegt, kann für die Richtigkeit der angegebenen Internetadressen keine Gewähr übernommen werden):

- https://www.justiz.nrw/BS/broschueren_hilfen/Prozesskostenhilfe
- https://www.pkh-rechner.de
- https://datenbank.nwb.de/Dokument/1008977/

Eine exakte Bezifferung durch den RA kann jedoch nicht erfolgen, da bestimmte Kosten des Mandanten nicht immer vom Gericht im Rahmen der Berechnung berücksichtigt werden (z.B. Ratenkredit für sog. Luxusgüter). Demgegenüber können andere, besondere Belastungen von dem Gericht berücksichtigt werden. 82

Der Mandant sollte darauf hingewiesen werden, dass die durch die Kanzlei erfolgte Ermittlung des einzusetzenden Einkommens **unter dem Vorbehalt der endgültigen Berechnung durch das Gericht** erfolgt. Eine Berechnung erfolgt immer **ohne Gewähr.** 83

▼ 84

Muster 6.3: Belehrung über vorbehaltliche PKH-Berechnung 6.3

Wir haben anhand der von Ihnen überlassenen Unterlagen im Rahmen der Prozesskostenhilfe ein einzusetzendes Einkommen von ______ EUR ermittelt.

Diese Berechnung erfolgt vorbehaltlich der Berechnung durch das Gericht.

▲

2. Erfolgsaussicht/Mutwilligkeit

Zwei weitere wesentliche Voraussetzungen für die Bewilligung von PKH sind 85

- hinreichende Erfolgsaussicht der Rechtsverfolgung/Rechtsverteidigung,
- die Rechtsverfolgung darf nicht mutwillig erscheinen.

a) Erfolgsaussicht

Mit seinem Antrag auf Bewilligung von PKH reicht der Antragsteller auch die Klage oder den Antrag ein, für den er PKH begehrt. Dabei kann es sich um eine Rechtsverfolgung des Antragstellers handeln (Antragsteller ist Kläger/Antragsteller) oder aber um eine Rechtsverteidigung (Antragsteller ist Beklagter/Antragsgegner). 86

Seitens des Gerichts (der Vorsitzende oder ein von ihm ersuchtes Mitglied) erfolgt gem. § 118 Abs. 3 ZPO die Prüfung hinsichtlich der Erfolgsaussicht des Antrages. 87

> *Abwandlung 1 zu Beispiel 1 (Rdn 75):*
>
> *Der scheidungswillige Mandant M lebt seit zehn Monaten von seiner Ehefrau getrennt. Er hat sich in eine andere Frau verliebt und will sich unbedingt scheiden lassen. Seine Ehefrau möchte ebenfalls die Scheidung der Ehe.*

Es erfolgt hinsichtlich des Scheidungsantrags eine Prüfung der Erfolgsaussicht der Rechtsverfolgung. Die Antragsgegnerin in dem Scheidungsverfahren, die Ehefrau des Antragstellers, erhält vom Gericht gemäß den Vorschriften des § 118 Abs. 1 ZPO die Antragsschrift und kann hierzu eine Stellungnahme zu dem PKH-Antrag abgeben. Sofern es sich nicht um eine sog. „Härtefall-Scheidung“ handelt, wird vermutet, dass die Ehe gescheitert ist, wenn die Eheleute (mindestens) ein Jahr voneinander getrennt leben (§ 1566 BGB), beide 88 den Scheidungsantrag stellen oder einer der Ehescheidung zustimmt. Anderenfalls müssen die Eheleute drei Jahre voneinander getrennt leben (§ 1566 Abs. 2 BGB). Da unser Mandant M aus dem o.g. Beispiel die Scheidung der Ehe ohne Einhaltung des Trennungsjahres beantragt, würde die Bewilligung von PKH an der Erfolgsaussicht seines Antrages scheitern.

89 *Praxistipp:*

In diesem Stadium könnte der Antrag gestellt werden, dass PKH nach Ablauf des Trennungsjahres bewilligt werden soll (vorausgesetzt die Antragsgegnerin stimmt der Ehescheidung zu und begehrt ebenfalls die Scheidung der Ehe).

90 *Abwandlung 2 zu Beispiel 1 (Rdn 75):*

Mandant M lebt seit eineinhalb Jahren von seiner Ehefrau getrennt und begehrt die Scheidung der Ehe. Die Ehefrau des Antragsgegners stimmt einer Ehescheidung ebenfalls zu.

In diesem Fall dürfte die Prüfung der Erfolgsaussicht der Rechtsverfolgung, wenn der Mandant M gem. § 118 Abs. 2 ZPO nach seinen eigenen Angaben glaubhaft angegeben hat, dass die Ehe endgültig gescheitert ist, positiv bewertet werden.

91 *Beispiel 2:*

B wird von A wegen Rückzahlung eines Darlehens verklagt. B beantragt Klageabweisung und stellt den Antrag auf Bewilligung von PKH. Er überreicht mit seinem Antrag eine Kopie des Kontoauszuges, mit dem die Rückzahlung des Darlehens an A dokumentiert ist.

Hier liegt für die beabsichtigte Rechtsverteidigung (weitere Ratenzahlungen vorausgesetzt) hinreichende Erfolgsaussicht vor, so dass PKH bewilligt werden könnte.

b) Mutwilligkeit

92 Von Mutwilligkeit spricht man, „*wenn eine verständige, nicht hilfsbedürftige Partei ihre Rechte nicht in gleicher Weise verfolgen würde.*“[1] Mutwillig handelt danach, wer den kostspieligeren von zwei gleichwertigen prozessualen Wegen beschreitet.[2]

93 *Beispiel 3:*

Die Ehefrau unseres Mandanten M, der die Scheidung begehrt, ist eine sehr erfolgreiche Geschäftsfrau, die zudem sehr wohlhabend ist. In diesem Fall hat unser Mandant, bevor er die VKH beantragt, die Möglichkeit gem. § 1360a Abs. 4 BGB, von seiner Ehefrau zur Durchführung des Scheidungsverfahrens einen sog. Prozesskostenvorschuss im Wege der einstweiligen Anordnung anzufordern, der Vorschussbetrag

1 Vgl. Zöller/*Philippi*, § 114 ZPO Rn 30, m.w.N.
2 Zöller/*Philippi*, § 114 ZPO Rn 34, m.w.N.

kann aber auch eingeklagt werden. Wählt unser Mandant also nicht zunächst diesen Weg, kann ihm VKH versagt werden, da er mutwillig gehandelt hat.

Beispiel 4: 94

Dem Mandanten M, der seit drei Monaten die Mietzahlungen eingestellt hat und sich von dem „eingesparten" Geld einen neuen Flachbildfernseher im Wert von 1.200,00 EUR angeschafft hat, wird eine Zahlungs- und Räumungsklage vom AG zugestellt. Da er über ein sehr geringes Einkommen verfügt, stellt er einen PKH-Antrag und beantragt zunächst, die Klage abzuweisen. Des Weiteren teilt er dem Gericht mit, dass er lediglich in der Lage ist, den Mietrückstand ratenweise à 50,00 EUR zu tilgen.

In diesem Fall kann davon ausgegangen werden, dass dem Mandanten M keine PKH bewilligt wird, da die Rechtsverteidigung des Mandanten M aussichtslos ist und Mutwilligkeit gegeben ist. Schließlich ist der Mieter verpflichtet, die Miete pünktlich in der vereinbarten Höhe an den Vermieter zu bezahlen, sofern nicht Gründe gegeben sind, die eine Zurückbehaltung der Miete oder ggf. eine Mietminderung rechtfertigen.

Beispiel 5: 95

M strebt eine Unterhaltsklage an, obwohl der Ehegatte E pünktlich und regelmäßig Unterhalt zahlt.

Beispiel 6: 96

A verpasst B nach einer verbalen Auseinandersetzung eine schallende Ohrfeige. Dabei verstaucht er sich den Zeigefinger. A verklagt B auf Zahlung von Schmerzensgeld.

III. Antragstellung/Zuständigkeit

1. Form des Antrags auf Bewilligung von PKH

Den Antrag auf Bewilligung von PKH kann der Antragsteller **schriftlich oder mündlich** bei der Rechtsantragsstelle des Prozessgerichts stellen. Ebenso kann der Antrag auch in der mündlichen Verhandlung gestellt werden. In diesem Fall erfolgt die Protokollierung des Antrages. Stellt der Antragsteller einen schriftlichen Antrag, so muss dieser Antrag von dem Antragsteller, seinem gesetzlichen Vertreter oder dem Prozess-/Verfahrensbevollmächtigten unterschrieben werden. Ein **nicht unterschriebener Antrag ist nicht wirksam**. 97

Diesen Antrag kann der Antragsteller im Verbund mit dem Hauptsacheverfahren oder getrennt von dem Hauptsacheverfahren stellen (s. dazu unten).

2. Frist

98 Eine gesetzliche Frist, innerhalb welcher ein Antrag auf PKH gestellt werden muss, ist nicht gegeben.

Das bedeutet aber nicht, dass PKH für einen Rechtsstreit beantragt werden kann, der beendet ist. Die PKH umfasst nicht die nachträgliche Erstattung von Prozesskosten.

3. Formular

99 Sofern ein PKH-Antrag gestellt werden soll, muss neben der Klage/dem Antrag und dem Antrag auf Bewilligung von PKH bei dem Gericht ein von dem Kläger/Beklagten und Antragsteller ausgefülltes Formular „Erklärung über die persönlichen und wirtschaftlichen Verhältnisse" bei dem Prozessgericht eingereicht werden (§ 117 ZPO). Die von dem Antragsteller gemachten Angaben in dem Formular (Erklärung über die persönlichen und wirtschaftlichen Verhältnisse) sind zu belegen. Dem Antrag sind daher aktuelle Einkommens- und Verbindlichkeitsnachweise (z.B. Lohn-/Gehaltsabrechnung, Mietvertrag, aktuelle Kontoauszüge, Versicherungspolicen etc.) in Kopie beizufügen.

100 *Praxistipp:*

Ein solches Formular finden Sie bspw. auf der folgenden Internetseite (da das Internet einem ständigen Wandel unterliegt, kann für die Richtigkeit der angegebenen Internetseite keine Gewähr übernommen werden):

http://www.justiz.nrw.de/BS/formulare/prozesskostenhilfe/erkl_zp1a.pdf

101

Muster 6.4: Erklärung über die persönlichen und wirtschaftlichen Verhältnisse

6.4

Bezeichnung, Ort und Geschäftsnummer des Gerichts:

Erklärung über die persönlichen und wirtschaftlichen Verhältnisse bei Prozess- oder Verfahrenskostenhilfe

– Belege sind in Kopie durchnummeriert beizufügen –

A Angaben zu Ihrer Person

Name, Vorname, ggf. Geburtsname	Beruf, Erwerbstätigkeit	Geburtsdatum	Familienstand
Anschrift (Straße, Hausnummer, Postleitzahl, Wohnort)		Tagsüber tel. erreichbar unter Nummer	
Sofern vorhanden: Gesetzlicher Vertreter (Name, Vorname, Anschrift, Telefon)			

B Rechtsschutzversicherung/Mitgliedschaft

1. Trägt eine Rechtsschutzversicherung oder eine andere Stelle/Person (z. B. Gewerkschaft, Mieterverein, Sozialverband) die Kosten Ihrer Prozess- oder Verfahrensführung? — Beleg Nummer

☐ Nein ☐ Ja:

In welcher Höhe? Wenn die Kosten in voller Höhe von einer Versicherung oder anderen Stelle/Person getragen werden, ist die Bewilligung von Prozess- oder Verfahrenskostenhilfe nicht möglich und damit die Beantwortung der weiteren Fragen nicht erforderlich.

2. Wenn nein: Besteht eine Rechtsschutzversicherung oder die Mitgliedschaft in einem Verein/einer Organisation (z. B. Gewerkschaft, Mieterverein, Sozialverband), der/die die Kosten der beabsichtigten Prozess- oder Verfahrensführung tragen oder einen Prozessbevollmächtigten stellen könnte? — Beleg Nummer

☐ Nein ☐ Ja:

Bezeichnung der Versicherung/des Vereins/der Organisation. Klären Sie möglichst vorab, ob die Kosten getragen werden. Bereits vorhandene Belege über eine (Teil-)Ablehnung seitens der Versicherung/des Vereins/der Organisation fügen Sie dem Antrag bei.

C Unterhaltsanspruch gegenüber anderen Personen

Haben Sie Angehörige, die Ihnen gegenüber gesetzlich zur Leistung von Unterhalt verpflichtet sind (auch wenn tatsächlich keine Leistungen erfolgen)? z. B. Mutter, Vater, Ehegatte/Ehegattin, eingetragene(r) Lebenspartner/Lebenspartnerin — Beleg Nummer

☐ Nein ☐ Ja:

Name des Unterhaltsverpflichteten. Bitte geben Sie auf einem weiteren Exemplar dieses Formulars seine persönlichen und wirtschaftlichen Verhältnisse an, sofern diese nicht bereits vollständig aus den folgenden Abschnitten ersichtlich sind.

D Angehörige, denen Sie Bar- oder Naturalunterhalt gewähren

Name, Vorname, Anschrift (sofern sie von Ihrer Anschrift abweicht)	Geburtsdatum	Verhältnis (z. B. Ehegatte, Kind, Mutter)	Monatsbetrag in EUR, soweit Sie den Unterhalt nur durch Zahlung gewähren	Haben diese Angehörigen eigene Einnahmen? z. B. Ausbildungsvergütung, Unterhaltszahlung vom anderen Elternteil usw.		Beleg Nummer
1				☐ Nein	☐ Ja: mtl. EUR netto	
2				☐ Nein	☐ Ja: mtl. EUR netto	
3				☐ Nein	☐ Ja: mtl. EUR netto	
4				☐ Nein	☐ Ja: mtl. EUR netto	
5				☐ Nein	☐ Ja: mtl. EUR netto	

- Allgemeine Fassung - ZP 1a – Erklärung über die persönlichen und wirtschaftlichen Verhältnisse bei Prozess- oder Verfahrenskostenhilfe – gen. 05.2023 – 1
Justizvollzugsanstalt Bochum

Wenn Sie laufende Leistungen zum Lebensunterhalt nach dem Zwölften Buch Sozialgesetzbuch (Sozialhilfe) beziehen und den aktuellen Bescheid einschließlich des Berechnungsbogens vollständig beifügen, müssen Sie die Abschnitte E bis J nicht ausfüllen, es sei denn, das Gericht ordnet dies an.

E Bruttoeinnahmen

Belege (z. B. Lohnbescheinigung, Steuerbescheid, Bewilligungsbescheid mit Berechnungsbogen) müssen in Kopie beigefügt werden.

1. Haben Sie Einnahmen aus (bitte die monatlichen Bruttobeträge in EUR angeben)

			Beleg Nummer				Beleg Nummer
Nichtselbständiger Arbeit?	☐ Nein	☐ Ja: mtl. EUR brutto		Unterhalt?	☐ Nein	☐ Ja: mtl. EUR brutto	
Selbständiger Arbeit/ Gewerbebetrieb/ Land- und Forstwirtschaft?	☐ Nein	☐ Ja: mtl. EUR brutto		Rente/Pension?	☐ Nein	☐ Ja: mtl. EUR brutto	
Vermietung und Verpachtung?	☐ Nein	☐ Ja: mtl. EUR brutto		Arbeitslosengeld?	☐ Nein	☐ Ja: mtl. EUR brutto	
Kapitalvermögen?	☐ Nein	☐ Ja: mtl. EUR brutto		Bürgergeld	☐ Nein	☐ Ja: mtl. EUR brutto	
Kindergeld/ Kinderzuschlag?	☐ Nein	☐ Ja: mtl. EUR brutto		Krankengeld?	☐ Nein	☐ Ja: mtl. EUR brutto	
Wohngeld?	☐ Nein	☐ Ja: mtl. EUR brutto		Elterngeld?	☐ Nein	☐ Ja: mtl. EUR brutto	

2. Haben Sie andere Einnahmen? auch einmalige oder unregelmäßige

Wenn Ja, bitte Art, Bezugszeitraum und Höhe angeben
z.B. Weihnachts-/Urlaubsgeld jährlich, Steuererstattung jährlich, BAföG mtl.

	☐ Nein	☐ Ja	Beleg Nummer
	EUR brutto		
	EUR brutto		

3. Hat Ihr Ehegatte/eingetragener Lebenspartner bzw. Ihre Ehegattin/eingetragene Lebenspartnerin Einnahmen aus
(bitte die monatlichen Bruttobeträge in EUR angeben)

			Beleg Nummer				Beleg Nummer
Nichtselbständiger Arbeit?	☐ Nein	☐ Ja: mtl. EUR brutto		Unterhalt?	☐ Nein	☐ Ja: mtl. EUR brutto	
Selbständiger Arbeit/ Gewerbebetrieb/Land- und Forstwirtschaft?	☐ Nein	☐ Ja: mtl. EUR brutto		Rente/Pension?	☐ Nein	☐ Ja: mtl. EUR brutto	
Vermietung und Verpachtung?	☐ Nein	☐ Ja: mtl. EUR brutto		Arbeitslosengeld?	☐ Nein	☐ Ja: mtl. EUR brutto	
Kapitalvermögen?	☐ Nein	☐ Ja: mtl. EUR brutto		Bürgergeld	☐ Nein	☐ Ja: mtl. EUR brutto	
Kindergeld/ Kinderzuschlag?	☐ Nein	☐ Ja: mtl. EUR brutto		Krankengeld?	☐ Nein	☐ Ja: mtl. EUR brutto	
Wohngeld?	☐ Nein	☐ Ja: mtl. EUR brutto		Elterngeld?	☐ Nein	☐ Ja: mtl. EUR brutto	

4. Hat Ihr Ehegatte/eingetragener Lebenspartner bzw. Ihre Ehegattin/eingetragene Lebenspartnerin andere Einnahmen? auch einmalige oder unregelmäßige

Wenn Ja, bitte Art, Bezugszeitraum und Höhe angeben
z.B. Weihnachts-/Urlaubsgeld jährlich, Steuererstattung jährlich, BAföG mtl.

	☐ Nein	☐ Ja	Beleg Nummer
	EUR brutto		
	EUR brutto		

5. Falls zu den Einnahmen alle Fragen verneint werden: Auf welche Umstände ist dies zurückzuführen? Wie bestreiten Sie Ihren Lebensunterhalt? Angaben hierzu sind auf einem gesonderten Blatt beizufügen!

2

F Abzüge Art der Abzüge bitte kurz bezeichnen (z. B. Lohnsteuer, Pflichtbeiträge, Lebensversicherung). Belege müssen in Kopie beigefügt werden.

1. Welche Abzüge haben Sie?		Beleg Nummer	2. Welche Abzüge hat Ihr Ehegatte/eing. Lebenspartner bzw. Ihre Ehegattin/eingetragene Lebenspartnerin?		Beleg Nummer
Steuern/Solidaritätszuschlag	EUR mtl.		Steuern/Solidaritätszuschlag	EUR mtl.	
Sozialversicherungsbeiträge	EUR mtl.		Sozialversicherungsbeiträge	EUR mtl.	
Sonstige Versicherungen	EUR mtl.		Sonstige Versicherungen	EUR mtl.	
Fahrt zur Arbeit (Kosten für öffentliche Verkehrsmittel oder einfache Entfernung bei KFZ-Nutzung)	EUR mtl./KM		Fahrt zur Arbeit (Kosten für öffentliche Verkehrsmittel oder einfache Entfernung bei KFZ-Nutzung)	EUR mtl./KM	
Sonstige Werbungskosten/Betriebsausgaben	EUR mtl.		Sonstige Werbungskosten/Betriebsausgaben	EUR mtl.	

G Bankkonten/Grundeigentum/Kraftfahrzeuge/Bargeld/Vermögenswerte

Verfügen Sie oder Ihr Ehegatte/Ihre Ehegattin bzw. Ihr eingetragener Lebenspartner/Ihre eingetragene Lebenspartnerin allein oder gemeinsam über ...

			Beleg Nummer
1. Bank-, Giro-, Sparkonten oder dergleichen? Angaben zu allen Konten sind auch bei fehlendem Guthaben erforderlich.			
☐ Nein	☐ Ja: Art des Kontos, Kontoinhaber, Kreditinstitut	Kontostand in EUR	
2. Grundeigentum? z. B. Grundstück, Haus, Eigentumswohnung, Erbbaurecht			
☐ Nein	☐ Ja: Größe, Anschrift/Grundbuchbezeichnung, Allein- oder Miteigentum, Zahl der Wohneinheiten	Verkehrswert in EUR	
3. Kraftfahrzeuge?			
☐ Nein	☐ Ja: Marke, Typ, Baujahr, Anschaffungsjahr, Allein- oder Miteigentum, Kilometerstand	Verkehrswert in EUR	
4. Bargeld oder Wertgegenstände? z. B. wertvoller Schmuck, Antiquitäten, hochwertige elektronische Geräte			
☐ Nein	☐ Ja: Bargeldbetrag in EUR, Bezeichnung der Wertgegenstände, Allein- oder Miteigentum	Verkehrswert in EUR	
5. Lebens- oder Rentenversicherungen?			
☐ Nein	☐ Ja: Versicherung, Versicherungsnehmer, Datum des Vertrages/Handelt es sich um eine zusätzliche Altersvorsorge gem. Einkommensteuergesetz, die staatlich gefördert wurde („Riester-Rente")?	Rückkaufswert in EUR	
6. sonstige Vermögenswerte? z. B. Bausparverträge, Wertpapiere, Beteiligungen, Forderungen			
☐ Nein	☐ Ja: Bezeichnung, Allein- oder Miteigentum	Verkehrswert in EUR	

3

H	**Wohnkosten** Belege sind in Kopie beizufügen (z. B. Mietvertrag, Heizkostenabrechnung, Kontoauszüge)					Beleg Nummer
	1. Gesamtgröße des Wohnraums, den Sie allein oder gemeinsam mit anderen Personen bewohnen: (Angabe in Quadratmeter)					
	2. Zahl der Zimmer:		**3. Anzahl der Personen, die den Wohnraum insgesamt bewohnen:**			
	4. Nutzen Sie den Raum als Mieter oder in einem ähnlichen Nutzungsverhältnis? Wenn ja, bitte die nachfolgenden Angaben in EUR pro Monat ergänzen			☐ Nein	☐ Ja	
	Miete ohne Nebenkosten	Heizungskosten	Übrige Nebenkosten	Gesamtbetrag 0,00	Ich allein zahle davon	
	5. Nutzen Sie den Raum als Eigentümer, Miteigentümer oder Erbbauberechtigter? Wenn ja, bitte die nachfolgenden Angaben in EUR pro Monat ergänzen			☐ Nein	☐ Ja	
	Zinsen und Tilgung	Heizungskosten	Übrige Nebenkosten	Gesamtbetrag 0,00	Ich allein zahle davon	
	6. Genaue Einzelangaben zu der Belastung aus Fremdmitteln bei Nutzung als (Mit-)Eigentümer usw. z. B. Datum des Darlehensvertrages, Darlehensnehmer, Kreditinstitut, Darlehensrate pro Monat, Zahlungen laufen bis ...					Beleg Nummer
				Restschuld in EUR	Zinsen und Tilgung mtl.	
				Restschuld in EUR	Zinsen und Tilgung mtl.	

I	**Sonstige Zahlungsverpflichtungen** Angabe, an wen, wofür, seit wann und bis wann die Zahlungen geleistet werden z. B. Ratenkredit der ... Bank vom ... für ..., Raten laufen bis ... / Belege (z. B. Darlehensvertrag, Zahlungsnachweise) sind in Kopie beizufügen				Beleg Nummer
		Restschuld in EUR	Gesamtbelastung mtl.	Ich allein zahle davon	
		Restschuld in EUR	Gesamtbelastung mtl.	Ich allein zahle davon	
		Restschuld in EUR	Gesamtbelastung mtl.	Ich allein zahle davon	

J	**Besondere Belastungen** Angaben sind zu belegen, z. B. Mehrausgaben für körperbehinderten Angehörigen und Angabe des GdB/Mehrbedarfe gemäß § 21 SGB II und § 30 SGB XII		Beleg Nummer
		Ich allein zahle davon	
		Ich allein zahle davon	

K **Ich versichere hiermit, dass meine Angaben vollständig und wahr sind. Das Hinweisblatt zu diesem Formular habe ich erhalten und gelesen.**

Mir ist bekannt, dass unvollständige oder unrichtige Angaben die Aufhebung der Bewilligung von Prozess- oder Verfahrenskostenhilfe und eine Strafverfolgung nach sich ziehen können. Das Gericht kann mich auffordern, fehlende Belege nachzureichen und meine Angaben an Eides statt zu versichern.

Mir ist auch bekannt, dass ich während des Gerichtsverfahrens und innerhalb eines Zeitraums von vier Jahren seit der rechtskräftigen Entscheidung oder der sonstigen Beendigung des Verfahrens verpflichtet bin, dem Gericht wesentliche Verbesserungen meiner wirtschaftlichen Lage oder eine Änderung meiner Anschrift unaufgefordert und unverzüglich mitzuteilen. Bei laufenden Einkünften ist jede nicht nur einmalige Verbesserung von mehr als 100 Euro (brutto) im Monat mitzuteilen. Reduzieren sich geltend gemachte Abzüge, muss ich dies ebenfalls unaufgefordert und unverzüglich mitteilen, wenn die Entlastung nicht nur einmalig 100 Euro im Monat übersteigt. Ich weiß, dass die Bewilligung der Prozess- oder Verfahrenskostenhilfe bei einem Verstoß gegen diese Pflicht aufgehoben werden kann, und ich dann die gesamten Kosten nachzahlen muss.

Anzahl der beigefügten Belege:		
Ort, Datum	Unterschrift der Partei oder Person, die sie gesetzlich vertritt	Aufgenommen: Unterschrift/Amtsbezeichnung

4

▲

4. Zuständigkeit

Der PKH-Antrag folgt der Zuständigkeit für die Hauptsache. Dies gilt auch dann, wenn der PKH-Antrag gesondert eingereicht wird. 102

Beispiel 1: 103

Mandant M erhebt eine sog. Kostenvorschussklage i.H.v. 2.500,00 EUR gegen seinen in Hanau wohnenden Vermieter aufgrund eines erheblichen Wasserschadens in der von ihm bewohnten Mietwohnung in Berlin-Kreuzberg (Der Mandant M als Mieter hat Anspruch auf Zahlung eines Vorschusses hinsichtlich der Kosten für die Beseitigung des Wasserschadens. Ein solcher Anspruch besteht, sofern die Voraussetzungen des § 536a Abs. 2 BGB gegeben sind. Es handelt sich hierbei um einen Anspruch auf Ersatzvornahmekosten. Der Betrag kann erhöht werden, sofern die ursprünglichen Kosten der Ersatzvornahme nicht ausreichend sind. Auch wenn ein Urteil bereits vorliegt, können weitere, nachträglich entstandene Kosten eingeklagt werden). Da hier Streitigkeiten aus einem Wohnraummietverhältnis betroffen sind, handelt es sich gem. § 29a ZPO um einen ausschließlichen Gerichtsstand. Die Klage ist bei dem Gericht zu erheben, in dessen Bezirk sich die Wohnung befindet. Gem. § 23 Nr. 2a GVG ist das AG ausschließlich zuständig.

Der Antrag des Mandanten M wird bei dem für die Hauptsache zuständigen AG in Berlin Kreuzberg (AG Tempelhof-Kreuzberg) gestellt.

Abwandlung 1 Beispiel 1: 104

Das AG gibt der Klage i.H.v. 1.500,00 EUR statt. I.Ü. weist es die Klage zurück. Der Mandant ist i.H.v. 1.000,00 EUR beschwert (dies ist der Betrag, mit dem Mandant M hinsichtlich seines Antrags unterliegt, d.h. die Differenz zwischen dem eingeklagten Betrag i.H.v. 2.500,00 EUR und dem zuerkannten Urteilsbetrag i.H.v. 1.500,00 EUR). Die Voraussetzungen für die Einlegung der Berufung im Hinblick auf den Wert der Beschwer sind gegeben (§ 511 Abs. 2 Nr. 1 ZPO). Der Wert der Beschwer muss grds. 600,00 EUR übersteigen.

Sofern Mandant M Berufung gegen dieses Urteil einlegen möchte und ebenfalls in diesem Verfahren PKH begehrt, ist von dem Mandanten M bzw. von seinem Prozessbevollmächtigten (da Anwaltszwang vor den LG gem. § 78 Abs. 1 ZPO herrscht) neben der Berufung auch für das Berufungsverfahren erneut ein PKH-Antrag bei dem LG zu stellen.

Abwandlung 2 Beispiel 1: 105

Das LG als Berufungsgericht bewilligt dem Kläger und Berufungskläger PKH und gibt der Berufung vollumfänglich statt. Der Vermieter ist verpflichtet 2.500,00 EUR zu zahlen. Das Urteil liegt dem Kläger in vollstreckbarer Ausfertigung (Titel, Klausel,

Zustellung) vor. Der Vermieter rührt sich nicht und leistet keine Zahlung. Mandant M will Zwangsvollstreckungsmaßnahmen einleiten und ebenfalls einen PKH-Antrag stellen.

Der Zwangsvollstreckungsauftrag und der PKH-Antrag sind bei dem AG Hanau, Vollstreckungsgericht, zu stellen. Das Vollstreckungsgericht ist das Gericht, das Vollstreckungshandlungen wahrnimmt oder das bei Vollstreckungshandlungen mitwirkt. Sofern nicht vom Gesetz ein anderes bestimmt wird, ist das Vollstreckungsgericht das Gericht, in dessen Bezirk das Zwangsvollstreckungsverfahren stattfinden soll, § 764 ZPO. I.d.R. ist das Vollstreckungsgericht das AG (§ 764 Abs. 1 ZPO). U.U. kann es auch das LG sein (§ 930 Abs. 1 S. 3 ZPO).

106 *Beispiel 2:*

Mandant M und seine Ehefrau, beide deutsche Staatsangehörige, die vor dem Standesamt in München die Ehe miteinander geschlossen haben, möchten sich nach fünf Ehejahren scheiden lassen. Sämtliche gesetzlichen Voraussetzungen für die Ehescheidung liegen vor. Die Eheleute leben in dem Einfamilienhaus im Müllenhoffweg in Hamburg voneinander getrennt.

Familiensachen werden in erster Instanz vom AG, als FamG, verhandelt. Die sachliche Zuständigkeit der AG ist in den §§ 23a, 23b GVG geregelt. Da es sich hier um eine Ehesache handelt, ist das AG, FamG, in erster Instanz sachlich zuständig.

Die örtliche Zuständigkeit ist in § 122 FamFG geregelt. Örtlich zuständig ist hier das FamG Hamburg-Altona. Mandant M muss den Antrag auf Bewilligung von PKH bei dem AG, FamG, Hamburg-Altona stellen.

107 *Hinweis:*

PKH ist für jeden Rechtszug gesondert zu stellen (§ 119 ZPO). PKH gilt jeweils nur für die Instanz, für die es beantragt worden ist. Ist der Antragsteller in einem Berufungsverfahren **Berufungsbeklagter**, so muss er, sofern er PKH auch für das Berufungsverfahren begehrt, einen Antrag auf Bewilligung von PKH stellen.

Die Besonderheit bei dieser Konstellation ist jedoch die, dass das Berufungsgericht weder die Erfolgsaussicht noch das Kriterium der Mutwilligkeit prüft. Es erfolgt lediglich eine Prüfung hinsichtlich der persönlichen und wirtschaftlichen Verhältnisse (§ 119 Abs. 1 ZPO). Legt der Kläger oder der Beklagte jedoch Berufung ein und stellt einen Antrag auf Bewilligung von PKH, so erfolgt in diesem Fall die Prüfung der Erfolgsaussicht, Mutwilligkeit sowie die persönlichen und wirtschaftlichen Verhältnisse.

Beispiel 3: 108

Mandant M reicht einen Scheidungsantrag bei dem FamG Pankow-Weißensee ein. Das FamG bewilligt dem Antragsteller für das Scheidungsverfahren und die Folgesache Versorgungsausgleich unter Beiordnung von RA R und VKH ohne Ratenzahlung. Im weiteren Verlauf des Verfahrens beantragt Mandant M, ihm die elterliche Sorge für das gemeinsame, minderjährige Kind zu übertragen.

Hier **muss** der RA bereits schon in vergütungsrechtlicher Hinsicht für seinen Mandanten wegen des Antrags auf Übertragung der elterlichen Sorge, die im Verbund mit der Scheidungssache entschieden werden kann, zwingend einen Antrag auf Bewilligung von VKH stellen. Vergisst der RA einen entsprechenden Antrag zu stellen, so besteht kein Vergütungserstattungsanspruch gegenüber der Landeshauptkasse, auch wenn für die Ehescheidung und die Folgesache Versorgungsausgleich VKH bewilligt wurde (§ 122 ZPO). Hierzu wird auch auf § 8 Rdn 492 ff. verwiesen; §§ 45, 48 RVG.

Beispiel 4: 109

Dem Mandanten M wurde in einem Rechtstreit mit dem Beklagten B vor dem AG Hannover PKH unter Beiordnung von RA R bewilligt. Im Laufe des Verfahrens unterbreitet der Beklagte B ein Vergleichsangebot, mit dem Mandant M einverstanden ist. Die Parteien einigen sich dahingehend, den Vergleich gerichtlich protokollieren zu lassen.

Auch hier ist ein entsprechender Antrag auf Bewilligung von PKH für den Abschluss des Vergleichs zu beantragen.

▼ 110

Muster 6.5: Antrag auf PKH für den Abschluss eines Vergleichs 6.5

In dem Rechtsstreit

/

Gerichtsaktenzeichen

überreiche ich beiliegend das von dem Beklagten unterbreitete, schriftliche Vergleichsangebot vom (*Datum*). Klägerseits besteht Einverständnis mit dem Abschluss des Vergleichs.

Namens und in Vollmacht des Klägers beantrage ich,

diesem für den Abschluss des Vergleichs ebenfalls Prozesskostenhilfe für alle für den Vergleich entstehenden Gebühren unter meiner Beiordnung zu bewilligen.

Rechtsanwalt/Rechtsanwältin

▲

IV. PKH-Bewilligungsverfahren

111 In der Praxis kommt es mitunter sehr oft vor, dass die Erfolgsaussicht nicht von vornherein eingeschätzt werden kann. Ist ungewiss, ob das Gericht PKH bewilligen wird und will der Mandant den Prozess jedoch ohne die Bewilligung von PKH nicht fortführen, so ist zu empfehlen, **zunächst den Antrag auf PKH** zu stellen und die Klage nur in dem Fall von PKH an- bzw. rechtshängig zu machen. In diesem Fall ist die **Klage als Klageentwurf** zu werten, die erst dann ihre Wirksamkeit entfaltet, wenn PKH bewilligt wird. Gleiches gilt für zu führende Rechtsmittelverfahren, auch für diese kann zunächst das PKH-Bewilligungsverfahren geführt und erst nach Bewilligung das Rechtsmittel anhängig gemacht werden. Allerdings ist in diesem Fall i.d.R. noch ein Wiedereinsetzungsverfahren zu führen.

112 Auch im Hinblick auf die Kostenfolge wirkt sich das PKH-Bewilligungsverfahren im Vergleich zu dem sog. regulären Verfahren, wie nachstehend erläutert, entsprechend aus.

113 *Hinweis:*

> Maßgeblich im Hinblick auf die Vergütung des RA ist der erteilte Auftrag des Mandanten an den RA. Daher sollte zwingend notwendig der Auftrag des Mandanten, ob die Klage unter der Bedingung der Bewilligung von PKH erhoben werden soll oder nicht, schriftlich festgehalten werden (s.a. § 8 Rdn 43 ff.).
>
> Auch unter haftungsrechtlichen Gesichtspunkten ist es von großer Bedeutung, sich dahingehend den Auftrag schriftlich erteilen zu lassen (s. § 8 Rdn 43 ff.).

114 Der Mandant hat zwei Möglichkeiten vorzugehen:

- Er reicht die Klage/den Antrag mit dem Formular „Erklärung über die persönlichen und wirtschaftlichen Verhältnisse“ nebst den erforderlichen Einkommens- und Verbindlichkeitsnachweisen unter der Bedingung ein, dass PKH bewilligt wird. Für den Fall, das ein Rechtsmittelverfahren zu führen ist, reicht er das Rechtsmittel mit der Erklärung über die persönlichen und wirtschaftlichen Verhältnisse ein.
  Sofern der PKH-Antrag zurückgewiesen wird, kann sich der Antragsteller entscheiden, ob er sein Klagebegehren/seinen Antrag weiterverfolgen möchte oder nicht.
  Bewilligt das Gericht PKH, stellt es die Klageschrift/Antragsschrift an den Beklagten/Antragsgegner zu. Im Fall der Nichtbewilligung von PKH würde eine Zustellung der Klage an den Beklagten/Antragsgegner in dem Fall erfolgen, sobald der Kläger/Antragsteller die Gerichtskosten eingezahlt hat.
  Sofern dem PKH-Antrag teilweise stattgegeben wird, kann der Antragsteller sein Klage-/Antragsbegehren i.H.d. PKH-Bewilligung weiterverfolgen. Er kann das Verfahren aber auch in voller Höhe weiterverfolgen. In Höhe des nicht bewilligten Betrags muss der Mandant jedoch die Kosten selbst tragen.

Hinweis: 115

Für das PKH-Bewilligungsverfahren selbst gibt es keine PKH. Der Auftraggeber schuldet die Anwaltsvergütung – unabhängig vom Ausgang des Verfahrens.

Beispiel 1: 116

Dem Mandanten M wird PKH unter Beiordnung seines RA i.H.v. 2.000,00 EUR bewilligt. Insgesamt hat er beantragt, ihm hinsichtlich eines Zahlungsanspruchs gegen den Beklagten B i.H.v. 2.700,00 EUR PKH unter Beiordnung seines RA zu bewilligen. Da das Prozessgericht i.H.v. 700,00 EUR keine Erfolgsaussicht bejaht, wird der Antrag des Mandanten M in dieser Höhe zurückgewiesen. Sofern der Mandant M die Klage i.H.v. 2.700,00 EUR weiterverfolgen möchte, trägt die Landeshauptkasse die gesetzliche Vergütung des RA nach einem Gegenstandswert i.H.v. 2.000,00 EUR und die Gerichtskosten nach einem Gerichtsgebührenwert i.H.v. 2.000,00 EUR. Wegen der restlichen 700,00 EUR, die von der PKH nicht erfasst sind, trägt der Mandant M die anteilige Vergütung des RA sowie die anteiligen Gerichtskosten selbst.

Dies hat einen **Vorteil für den Antragsteller**: 117

In dem sog. PKH-Prüfungsverfahren besteht kein Kostenerstattungsanspruch gegen die unterlegene Partei. Für den Fall, dass der PKH-Antrag zurückgewiesen wird, kann die Gegenseite ihre Kosten **nicht** gegen den Antragsteller festsetzen lassen (§ 118 Abs. 1 S. 4 ZPO). Zum anderen ist die Vergütung des RA in dem Bewilligungsverfahren geringer, s. hierzu § 8 Rdn 492 ff., Nr. 3335 VV RVG. 118

- Der Antragsteller kann die Klage/den Antrag auch unabhängig von der Bewilligung der PKH einreichen. 119
- Dies hat den **Nachteil für den Antragsteller**, dass – anders als im Bewilligungsverfahren gem. § 118 ZPO – die Klage/der Antrag, sobald sie/er dem Beklagten/Antragsgegner zugestellt wird, rechtshängig wird.
- Erfolgt die Zurückweisung des PKH-Antrags und nimmt der Kläger die Klage/Antragsteller den Antrag zurück oder unterliegt er in diesem Rechtsstreit, so besteht hinsichtlich der obsiegenden Partei (hier der Beklagte/Antragsgegner) ein Kostenerstattungsanspruch (§§ 91, 269 Abs. 3 ZPO)

Hinweis: 120

Eine Ausnahmeregelung hinsichtlich der Kostenerstattung findet sich im ArbGG. Gem. § 12a Abs. 1 S. 1 ArbGG trägt im **erstinstanzlichen Verfahren** jede Partei die ihr entstandenen Kosten (Ausnahme: Reisekosten können erstattet werden) selbst.

In diesem Fall ist der Kostenerstattungsanspruch der obsiegenden Partei gegen die unterlegene Partei ausgeschlossen.

121 Eine entsprechende Klage bzw. ein entsprechender Antrag unter der Bedingung, dass PKH bewilligt wird, könnte anhand des nachstehenden Beispiels wie folgt lauten:

> *Beispiel 2:*
>
> *Mandant M war in einen Verkehrsunfall verwickelt. Der Unfallgegner, der die Vorfahrtsberechtigung des Mandanten nicht beachtet hat, kollidierte mit dem Fahrzeug des Mandanten M.*
>
> *Bei diesem Unfall hat sich Mandant M erhebliche Verletzungen zugezogen. Gegen den Fahrer und Halter des unfallgegnerischen Fahrzeugs sowie dessen Haftpflichtversicherung macht Mandant M zunächst Schmerzensgeld- und Schadensersatzansprüche geltend.*
>
> *Die Schadensersatzansprüche reguliert die Haftpflichtversicherung.*
>
> *Die Zahlung von Schmerzensgeldansprüchen weist sie jedoch dem Grunde und der Höhe nach zurück. Mandant M verlangt ein Schmerzensgeld i.H.v. 5.500,00 EUR.*

122 ▼

Muster 6.6: Klage i.V.m. PKH-Antrag

6.6

An das

Landgericht

Klage i.V.m.

Antrag auf Bewilligung von Prozesskostenhilfe

(*Name/Anschrift*)

Antragsteller

und Kläger,

Prozessbevollmächtigter: Rechtsanwalt, Anschrift

gegen

(*Name/Anschrift*)

Beklagter zu 1.),

Versicherungs-AG,

gesetzlich vertreten durch den Vorstand,

(*Anschrift*)

Beklagte zu 2.)

wegen **Schmerzensgeld aus Verkehrsunfall**

Vorläufiger Streitwert: *5.500,00 EUR*

Namens und in Vollmacht des Antragstellers beantrage ich,

1.) diesem unter meiner Beiordnung für den unter Nr. 2.) gestellten Antrag Prozesskostenhilfe zu bewilligen,

    Im Fall der Bewilligung von Prozesskostenhilfe erhebe ich Klage und werde beantragen,

2.) die Beklagten zu 1.) und 2.) als Gesamtschuldner zu verurteilen, an den Kläger ein Schmerzensgeld, dessen Höhe in das Ermessen des Gerichts gestellt wird, mindestens jedoch in Höhe von 5.500,00 EUR nebst 5 Prozentpunkten Zinsen über dem jeweils gültigen Basiszinssatz seit dem an den Kläger zu zahlen.

3.) Für den Fall des Vorliegens der gesetzlichen Voraussetzungen wird beantragt, gegen die Beklagen zu 1.) und 2.) Anerkenntnis- bzw. Versäumnisurteil zu erlassen.

4.) Dem Kläger ist eine vollstreckbare Ausfertigung des Urteils zuzustellen.

5.) Die Beklagten tragen die Kosten des Rechtsstreits

Begründung Antrag zu 1.):

Der Antragsteller ist nicht in der Lage, die Kosten des Rechtsstreits aus eigenen Mitteln aufzubringen.

Eine Erklärung über die persönlichen und wirtschaftlichen Verhältnisse des Antragstellers nebst den erforderlichen Belegen ist beigefügt.

Der Antrag hat Aussicht auf Erfolg und ist nicht mutwillig.

Begründung:

(Die materiell-rechtliche Anspruchsgrundlage ist wie in einer Klageschrift darzulegen.)

▲

Die Klage und der PKH-Antrag können aber gesondert in zwei getrennten Schriftsätzen eingereicht werden. 123

▼ 124

Muster 6.7: Antrag auf PKH 6.7

An das

Landgericht

Antrag auf Bewilligung von Prozesskostenhilfe

 (*Name/Anschrift*)

Antragsteller,

Verfahrensbevollmächtigter: Rechtsanwalt, Anschrift

gegen

(*Name/Anschrift*)

Beklagter zu 1.),

Versicherungs-AG,

gesetzlich vertreten durch den Vorstand,

(*Anschrift*)

Beklagte zu 2.)

Wegen **Schmerzensgeld aus Verkehrsunfall**

Vorläufiger Streitwert: *5.500,00 EUR*

Namens und in Vollmacht des Antragstellers beantrage ich,

diesem unter meiner Beiordnung Prozesskostenhilfe für das Klageverfahren,

gemäß der als Anlage beigefügten Klageschrift zu bewilligen.

Begründung:

Der Antragsteller ist nicht in der Lage, die Kosten des Rechtsstreits aus eigenen Mitteln aufzubringen.

Eine Erklärung über die persönlichen und wirtschaftlichen Verhältnisse des Antragstellers nebst den erforderlichen Belegen ist beigefügt.

Der Antrag hat Aussicht auf Erfolg und ist nicht mutwillig.

Im Fall der Bewilligung von Prozesskostenhilfe wird beantragt, die Klageschrift an die Beklagten zuzustellen.

Rechtsanwalt/Rechtsanwältin

▲

125 Diesem Antrag fügen Sie eine **signierte Klageschrift** sowie ggf. die **unter Beweis aufgeführten Anlagen** zu der Klageschrift bei.

Sie können den Anspruch des Antragstellers aber auch schon in dem PKH-Antrag vortragen. In diesem Fall muss dem Antrag auf Bewilligung von PKH keine Klageschrift beiliegen. Sobald das Prozessgericht dem PKH-Antrag des Antragstellers stattgegeben hat, ist die Klageschrift einzureichen.

V. Wirkung der PKH

126 Die Wirkung der PKH ist in § 122 ZPO geregelt. Danach ist derjenige, dem PKH bewilligt wurde, von der Zahlung von Gerichtskosten, Gerichtsvollzieherkosten, den eigenen Rechtsanwaltskosten sowie ggf. Sachverständigengebühren befreit. Eine Zweitschuldnerhaftung gem. § 31 Abs. 1 GKG scheidet bei bewilligter PKH auch aus.

127 Von der PKH sind jedoch die Kosten der Gegenpartei (z.B. Rechtsanwaltskosten der Gegenseite) **nicht** gedeckt. Unterliegt die Partei, der PKH bewilligt wurde, so befreit ihn die PKH nicht von der Zahlungspflicht für die Kosten, die der Partei erwachsen sind, die obsiegt hat. Die Kosten des gegnerischen RA sind in voller Höhe zu zahlen, soweit diese erstattungsfähig sind (§ 123 ZPO). Über diesen Umweg besteht auch eine Erstattungspflicht für Gerichtskosten, es sei denn, es gelingt eine Befreiung von denselben zu erwirken.

> *Abwandlung Beispiel 2 (in diesem Kapitel Rdn 156):*
>
> *Das LG verurteilt die Beklagten zu 1.) und 2.) zu einer Schmerzensgeldzahlung i.H.v. 1.000,00 EUR. I.Ü. wird die Klage abgewiesen. Von den Kosten des Rechtsstreits trägt der Kläger 81,82 % und die Beklagten als Gesamtschuldner 18,18 %.*

128 In diesem Fall können die Beklagten Kostenausgleichung gem. § 106 ZPO beantragen. Das Gericht erlässt einen Kostenfestsetzungsbeschluss, wonach der Kläger verpflichtet ist, die Kosten der Gegenseite zu tragen. Die eigenen Kosten des Klägers werden von der Landeshauptkasse erstattet. In einer gut organisierten Anwaltskanzlei wird hier aber die Aufrechnung des Kostenerstattungsanspruches mit der Urteilsforderung erklärt werden.

129 Gem. § 122 Abs. 1 Nr. 3 ZPO darf der RA von dem Mandanten keinerlei Vergütungsansprüche beanspruchen, sobald PKH bewilligt wurde. Ab dem Zeitpunkt der Bewilligung von PKH ist nicht der Mandant, sondern die Bundes- bzw. Landeshauptkasse Kostenschuldner. Der Umfang des Vergütungsanspruchs richtet sich im Fall einer Beiordnung des RA nach dem Inhalt des PKH-Beschlusses (§ 48 Abs. 1 RVG).

Vor der Bewilligung von PKH kann der RA jedoch eine Vorschusszahlung von dem Mandanten verlangen. Bis zu einer Entscheidung über den Antrag auf Bewilligung von PKH ist der Mandant Vergütungsschuldner.

130 Im Hinblick auf eine Anrechnung von Zahlungen des Mandanten in dem PKH-Verfahren wird auf die Ausführungen unter § 8 Rdn 495 verwiesen.

1. Beiordnung eines auswärtigen RA

131 Gem. § 121 Abs. 3 ZPO kann ein RA, der im Bezirk des Prozessgerichts nicht niedergelassen ist, beigeordnet werden. Dies jedoch nur dann, wenn keine zusätzlichen Kosten entstehen. Dies bedeutet, dass Reisekosten grds. nicht erstattet werden. Der auswärtige

RA wird zu den Bedingungen eines ortsansässigen RA beigeordnet. Hier ist in der Rspr. eine Entwicklung dahingehend zu sehen, dass Reisekosten erstattet werden, wenn der Kanzleiort nicht weiter entfernt vom Gerichtsort liegt, als der am entferntesten in der Gemeinde des Gerichtsbezirks liegende Ort.

132 Dem dürfte die Vorschrift des § 46 Abs. 1 RVG entgegenstehen, wonach insbes. Reisekosten dann nicht zu erstatten sind, wenn sie zur sachgemäßen Durchführung der Angelegenheit nicht erforderlich waren. War die Beauftragung eines nicht am Gerichtsort ansässigen RA jedoch erforderlich und notwendig, sind auch die Reisekosten erstattungsfähig. Prüfen Sie den PKH-Beschluss. Wurde dieser ohne Einschränkung erlassen, kann der RA die Reisekosten abrechnen, da eine dahingehende Einschränkung seitens des Gerichts gem. § 121 Abs. 3 ZPO nicht erfolgte.[3] Erfolgte eine eingeschränkte Beiordnung nur zu den Gebühren eines ortsansässigen RA, wäre eine sofortige Beschwerde gegen den Beschluss zu prüfen, sofern die Beauftragung eines auswärtigen RA notwendig und erforderlich war und es sich bei den Reisekosten um notwendige Kosten handelt(e).

2. Änderung der persönlichen und wirtschaftlichen Verhältnisse während des Prozesses/Verfahrens

133 Sofern PKH ohne Ratenzahlung bewilligt wurde, ist der Antragsteller zunächst von Zahlungen befreit. Diese Befreiung erlischt jedoch dann, wenn sich die Einkommens- und Vermögensverhältnisse des Antragstellers während des Prozesses wesentlich verändern, denn der Antragsteller hat insoweit sein Einkommen und/oder Vermögen einzusetzen (§ 115 Abs. 1 S. 1 und 2 ZPO). Dies gilt auch bei PKH mit Ratenzahlung, sofern u.U. höhere Raten oder eine Einmalzahlung aufgrund der veränderten Einkommens- und Vermögensverhältnisse gewährleistet ist.

Wurde der Partei PKH bewilligt und verschlechtern sich die Einkommensverhältnisse, so kann das Gericht **auf Antrag** von Ratenzahlungen absehen (§ 120a Abs. 1 ZPO).

3. Wesentliche Verbesserung der persönlichen und wirtschaftlichen Verhältnisse nach Beendigung des Prozesses/Verfahrens

134 Das Gericht kann innerhalb einer Frist von vier Jahren nach rechtskräftigem Abschluss des Verfahrens oder einer sonstigen Beendigung des Verfahrens innerhalb derselben Frist hinsichtlich der getroffenen Entscheidung über eine Zahlung eine Änderung herbeiführen, sodass entweder Raten oder eine Einmalzahlung der von der Landeshauptkasse vorgeleisteten Prozesskosten zu zahlen ist. Auf Verlangen des Gerichts ist von demjenigen, dem PKH bewilligt wurde, dem Gericht eine Erklärung über die persönlichen und wirt-

3 So auch OLG Brandenburg v. 1.10.2008 – 13 WF 68/08.

schaftlichen Verhältnisse nebst Einkommens-, Vermögens- und Verbindlichkeitsnachweisen vorzulegen. Insoweit besteht eine Auskunftspflicht der Partei. Kommt die Partei dieser Auskunftspflicht nicht nach, kann bzw. wird das Gericht die Aufhebung über die Bewilligung von PKH veranlassen (§ 124 Abs. 1 Nr. 2 ZPO). Klarzustellen ist, dass es sich hier um eine Auskunftspflicht der Partei und nicht des RA handelt. Der RA kann die Unterlagen an das Gericht zurückreichen, wenn sein Mandat bereits erloschen ist, er ist nicht verpflichtet Nachforschungen nach dem Verbleib des ehemaligen Auftraggebers zu unternehmen, damit dieser (und nur dieser ist verantwortlich) eine Erklärung abgeben kann.

Nach Ablauf der „4-Jahres-Frist" ist aber eine Änderung über eine Entscheidung ob und inwieweit Zahlungen zu leisten sind, ausgeschlossen.

Praxistipp: 135

Nach Beendigung des Prozesses/Verfahrens sollten Sie dem Gericht schriftlich mitteilen, dass Sie die Mandanten (Kläger/Beklagter/Antragsteller/Antragsgegner) nicht mehr anwaltlich vertreten.

Unterlassen Sie eine entsprechende Mitteilung, wird das Gericht i.d.R. das Auskunftsersuchen wegen der Veränderung der persönlichen und wirtschaftlichen Verhältnisse – zwecks Weiterleitung an die Partei – an Sie übermitteln. Stellt das Gericht trotz dieser Mitteilung an Sie zu, reicht ein Anruf, um mit dieser Unsitte aufzuhören.

4. Aufhebung der Bewilligung von PKH

Das Gericht kann den Beschluss, mit dem der Partei PKH bewilligt wurde, gem. § 124 ZPO aufheben. Dies können Sie dem Gesetzeswortlaut des § 124 ZPO – wie folgt – entnehmen: 136

(1) Das Gericht soll die Bewilligung der Prozesskostenhilfe aufheben, wenn

1. die Partei durch unrichtige Darstellung des Streitverhältnisses die für die Bewilligung der Prozesskostenhilfe maßgebenden Voraussetzungen vorgetäuscht hat;
2. die Partei absichtlich oder aus grober Nachlässigkeit unrichtige Angaben über die persönlichen oder wirtschaftlichen Verhältnisse gemacht oder eine Erklärung nach § 120a Abs. 1 Satz 3 nicht oder ungenügend abgegeben hat;
3. die persönlichen oder wirtschaftlichen Voraussetzungen für die Prozesskostenhilfe nicht vorgelegen haben; in diesem Fall ist die Aufhebung ausgeschlossen, wenn seit der rechtskräftigen Entscheidung oder sonstigen Beendigung des Verfahrens vier Jahre vergangen sind;
4. die Partei entgegen § 120a Abs. 2 Satz 1 bis 3 dem Gericht wesentliche Verbesserungen ihrer Einkommens- und Vermögensverhältnisse oder Änderungen ihrer Anschrift absichtlich oder aus grober Nachlässigkeit unrichtig oder nicht unverzüglich mitgeteilt hat;
5. die Partei länger als drei Monate mit der Zahlung einer Monatsrate oder mit der Zahlung eines sonstigen Betrages im Rückstand ist.

(2) Das Gericht kann die Bewilligung der Prozesskostenhilfe aufheben, soweit die von der Partei beantragte Beweiserhebung aufgrund von Umständen, die im Zeitpunkt der Bewilligung der Prozesskostenhilfe noch nicht berücksichtigt werden konnten, keine hinreichende Aussicht auf Erfolg bietet oder der Beweisantritt mutwillig erscheint.

VI. PKH im Mahnverfahren

137 Der Antrag auf Bewilligung von PKH kann auch im Mahnverfahren gestellt werden. Ist der Antragsteller aufgrund seiner persönlichen und wirtschaftlichen Verhältnisse nicht in der Lage, die im Vergleich zum ordentlichen Verfahren geringeren **Gerichtskosten** aufzubringen, oder kann er diese nur in mehr als vier Raten aufbringen und erscheint die Rechtsverfolgung in dem Mahnverfahren nicht offensichtlich aussichtslos, erhält er PKH (§§ 114, 115 Abs. 4 ZPO). Bitte beachten Sie, dass eine Beiordnung regelmäßig nur hinsichtlich der **Gerichtskosten** erfolgt. Die Beiordnung eines RA wird grds. wegen fehlender Notwendigkeit abgelehnt. Sofern die Beauftragung eines RA im Mahnverfahren jedoch notwendig ist, kann auch der RA im Wege der PKH beigeordnet werden. Hier kommt es auf eine gute Begründung zur Notwendigkeit der Beauftragung des RA an.

VII. Rechtsmittel

1. Allgemeines

138 Das Gericht der Hauptsache entscheidet über den Antrag auf Bewilligung von PKH durch Beschluss (§ 127 Abs. 1 ZPO).

2. Form und Frist

139 Weist das Gericht den PKH-Antrag zurück, kann der Beschluss, bis auf eine Ausnahme, auf die noch eingegangen wird, binnen einer Notfrist von einem Monat seit Zustellung mit dem Rechtsmittel der sofortigen Beschwerde angefochten werden (§ 127 Abs. 2 i.V.m. § 569 Abs. 1 S. 1 ZPO).

Die sofortige Beschwerde kann entweder bei dem Gericht, das den Beschluss erlassen hat oder aber bei dem Beschwerdegericht eingelegt werden (§ 569 Abs. 1 ZPO).

140 *Beispiel 1:*

Das AG Neukölln weist den PKH-Antrag des Antragstellers und Klägers (Zahlungsklage i.H.v. 2.000,00 EUR) mangels Erfolgsaussicht ab. Der Beschluss wird dem RA am 20.1.2025 zugestellt.

Die sofortige Beschwerde ist spätestens am 20.2.2025 entweder bei dem AG Neukölln, das über den PKH-Antrag entschieden und den Beschluss erlassen hat, oder aber bei dem LG Berlin einzulegen.

Beispiel 2: 141

Das FamG weist den PKH-Antrag des Antragstellers wegen Mutwilligkeit zurück. Der Beschluss wird dem RA am 1.12.2023 zugestellt.

Die sofortige Beschwerde ist spätestens am 2.1.2024 (da der 1.1. ein gesetzlicher Feiertag ist), bei dem FamG Pankow-Weißensee oder bei dem KG (= OLG) Berlin einzulegen (in Familiensachen ist das Rechtsmittelgericht das OLG).

Beispiel 3: 142

Das FamG Hamburg-Altona weist den PKH-Antrag wegen des Antrages auf Übertragung der elterlichen Sorge mangels Erfolgsaussicht zurück. Der Beschluss wird dem RA am 21.1.2025 zugestellt.

Die sofortige Beschwerde ist spätestens am 21.2.2025 bei dem FamG Hamburg-Altona, wahlweise bei dem OLG Hamburg einzureichen.

Die sofortige Beschwerde kann nicht gegen jeden ablehnenden Beschluss eingelegt werden. Gem. § 127 Abs. 2 S. 2 Hs. 2 ZPO ist die sofortige Beschwerde dann nicht möglich, wenn der Wert des Streitgegenstandes der Hauptsache die für die Zulässigkeit der Berufung gem. § 511 ZPO nicht übersteigt. Gem. § 511 ZPO Abs. 2 Nr. 1 ZPO ist eine Berufung gegen ein Urteil u.a. dann statthaft, wenn der Wert des Streitgegenstandes 600,00 EUR übersteigt. Dies gilt für den Fall nicht, wenn der Antrag auf PKH wegen der persönlichen und wirtschaftlichen Verhältnisse zurückgewiesen wurde. 143

Beispiel 4: 144

Mandant M begehrt mit einer Klage von dem Beklagten B die Zahlung eines Betrages i.H.v. 8.000,00 EUR. Das LG Frankfurt a.M. weist den PKH-Antrag wegen Zahlung eines Betrages i.H.v. 600,00 EUR mangels Erfolgsaussicht mit Beschl. v. 21.1.2025 zurück und bewilligt im übrigen PKH nach dem Wert i.H.v. 7.400,00 EUR.

Hinsichtlich der ablehnenden Entscheidung wegen des Betrages i.H.v. 600,00 EUR mangels Erfolgsaussicht ist die sofortige Beschwerde gegen den Beschluss (grds. Wahlweise bei dem LG Frankfurt a.M. oder bei dem OLG Frankfurt a.M.) ausgeschlossen, da dieser Betrag den gem. § 511 Abs. 2 Nr. 1 ZPO genannten Betrag nicht übersteigt (§ 127 Abs. 2 S. 2 Hs. 2 ZPO).

145 *Beispiel 5:*

RA beantragt für seinen Mandanten M, diesem unter seiner Beiordnung PKH wegen eines Herausgabeanspruchs zu bewilligen. Der Wert der herauszugebenden Sache beträgt 400,00 EUR. Das AG Hannover lehnt den PKH-Antrag des Antragstellers ausschließlich wegen der persönlichen und wirtschaftlichen Verhältnisse des Klägers ab.

Zwar ist hier der gem. § 511 Abs. 2 Nr. 1 ZPO genannte Wert nicht erreicht. Der Antragsteller und Kläger kann dennoch sofortige Beschwerde gegen den Beschluss des AG Hannover einlegen, da das AG den Antrag auf Bewilligung von PKH wegen der persönlichen und wirtschaftlichen Verhältnisse verneint hat.

C. Rechtsschutzversicherung

I. Allgemeines

146 Kennen Sie die Werbung einer der großen Rechtsschutzversicherer, die damit wirbt, dass diese Rechtsschutzversicherung „Anwalts Liebling" ist?

Bei einem Neumandat schleicht sich mitunter ein Gefühl der Sicherheit in vergütungsrechtlicher Hinsicht ein, wenn der Mandant seine Rechtsschutzversicherungs-Card „zückt". Der Mandant fühlt sich auf der sicheren Seite, weil er grds. davon ausgeht, dass seine Rechtsschutzversicherung die anfallenden Kosten trägt und Ihnen erscheint die Realisierung der Vergütung zunächst gesichert.

II. Kostendeckungszusage

147 Die überwiegende Zahl der RA klärt die Kostendeckungsfrage für die anwaltliche Tätigkeit mit der Rechtsschutzversicherung für den Mandanten als einen kostenlosen Service. Dabei weiß der Mandant i.d.R. nicht einmal, dass diese Tätigkeit einen eigenen Vergütungsanspruch des RA begründet. Er geht vielmehr davon aus, dass diese Leistung als eine Art Nebentätigkeit in seinem Auftrag enthalten ist.

Die Kostendeckungszusage ist jedoch ein gesonderter Auftrag. Er betrifft das Versicherungsverhältnis zwischen dem Mandanten als Versicherungsnehmer und dem Versicherer. Nach der neueren Rspr. rechtfertigen diese Kosten sogar einen eigenen materiellrechtlichen Schadensersatzanspruch, so dass diese zu erstatten sind. Weisen Sie den Mandanten jedoch auf die zusätzlich entstehenden Gebühren hin. Versäumt der RA einen solchen Hinweis, macht er sich schadensersatzpflichtig mit der Folge, dass er u.U. seine Vergütung nicht einfordern kann. Die Rechtsprechung geht hier von einer Hinweispflicht des RA aus.[4]

Hinweis: 148

Die Einholung einer Kostendeckungszusage ist ein getrennter Auftrag, der vergütungsrechtlich von dem ursprünglichen Auftrag losgelöst ist und entsprechend abzurechnen ist. Es entsteht eine Geschäftsgebühr nach Nr. 2300 VV RVG (Vorb. 2.3.[3] VV RVG). Gegenstandswert sind die Kosten zweier Anwälte zzgl. Gerichtskosten in einer Instanz.

Zwischen dem RA und der Rechtsschutzversicherung besteht keinerlei vertragliche Be- 149
ziehung. Ihr gegenüber hat der RA keinerlei Zahlungsanspruch.

Das Verbindungsglied zwischen RA und Rechtsschutzversicherung ist der Mandant als Versicherungsnehmer. Der Auftraggeber des RA ist der **Mandant** und er **allein** ist der **Vergütungsschuldner**.

Erteilt die Rechtsschutzversicherung Kostendeckung, so bleibt nach wie vor der Mandant Vergütungsschuldner. Auf ihn stellen Sie die Rechnung aus und übermitteln der Rechtsschutzversicherung i.d.R. eine Kopie derselben mit der Bitte um Zahlungsausgleich.

Auf die Möglichkeiten einer etwaigen Abtretung der Forderung des Mandanten an den 150
RA wird in diesem Kapitel nicht eingegangen. Hinzuweisen ist an dieser Stelle, dass eine Abtretung ggf. durch die ARB (Allgemeine Rechtsschutzbedingungen) gar ausgeschlossen sein kann.

Der Mandant sollte zwingend informiert und belehrt werden, dass die Einholung der Kos- 151
tendeckungszusage sowie die weitere Tätigkeit im Hinblick auf die Korrespondenz mit der Rechtsschutzversicherung einen gesonderten Auftrag darstellt und dass der RA für diese Tätigkeit eine Vergütung verlangen kann – sofern er nicht auf eine solche verzichtet (wovon abzuraten ist, s.a. § 8 Rdn 42).

Praxistipp: 152

Sie können in Erwägung ziehen, von dem Mandanten vor Beginn einer Tätigkeit einen Gebührenvorschuss (§ 9 RVG, siehe § 9 Rdn 134 ff.), bis zur Klärung der Kostendeckungsanfrage, zu verlangen und die Rückzahlung des Vorschusses von einer Kostendeckungszusage abhängig zu machen.

Bei Fälligkeit der Vergütung und im Fall einer vollständigen Zahlung der Vergütung durch die Rechtsschutzversicherung ist die Zuvielzahlung an den Mandanten zurückzuerstatten.

4 Vgl. *Schneider/Volpert*, Anw-K, § 15 Rn 70.

153 Sofern Sie die Kostendeckungsanfrage auftragsgemäß für den Mandanten tätigen, kann diese bspw. wie folgt gestaltet werden:

▼

Muster 6.8: Kostendeckungsanfrage

Rechtsschutzversicherung

(*Anschrift*)

Versicherungsschein-Nr.:

Versicherungsnehmer (*ggf. mitversicherte Person, sofern diese Mandant ist*)

Sehr geehrte Damen und Herren,

Ihr/e Versicherungsnehmer/in hat mich mit der Wahrnehmung seiner/ihrer Interessen in einer ______ (*hier tragen Sie bitte das Rechtsgebiet ein/z.B. arbeitsrechtlichen Angelegenheit*) beauftragt.

(Hinweis: An dieser Stelle können Sie den erteilten Auftrag konkretisieren, z.B. vorgerichtliche Tätigkeit im Zusammenhang mit einer ausgesprochenen Kündigung des Arbeitsverhältnisses seitens des Arbeitgebers Ihres Versicherungsnehmers/Ihrer Versicherungsnehmerin sowie die Erhebung einer Kündigungsschutzklage im Fall des Scheiterns der vorgerichtlichen Verhandlungen mit dem Arbeitgeber Ihres Versicherungsnehmers.)

Zur Prüfung des Rechtsschutzfalls übersende ich Ihnen die als Anlage beigefügten Unterlagen und bitte für Ihren Versicherungsnehmer/Ihre Versicherungsnehmerin um Kostendeckungszusage bis zum ______ und Versicherungsschutz für die vorgerichtliche und/oder gerichtliche Tätigkeit.

Für den Fall der Bewilligung der Kostendeckung wird gebeten, die beigefügte Vorschussrechnung gem. § 9 RVG unter Verwendung des u.a. Geschäftskontos auszugleichen.

Mit freundlichen Grüßen

Rechtsanwalt/Rechtsanwältin

▲

III. Übersendung der Kostendeckungsanfrage

154 Die Übersendung der Kostendeckungsanfrage sollten Sie (allein schon aus Kostengründen) entweder via elektronischem Behördenpostfach (eBO) oder „online" (einige Versicherer bieten eine Online-Kostendeckungsanfrage an) bewirken. Diese Übersendungsformen sind effizienter, schneller und kostengünstiger als die Übermittlung auf dem Postweg.

155 Einige Rechtsschutzversicherungen bieten daneben die Meldung des Versicherungsfalls per Telefon an. Bei diesem Service wird oftmals viel Zeit damit verbracht, dass der An-

rufer in Warteschleifen landet, anschließend in Telefonzentralen und wenn man Glück hat, wird man mit dem zuständigen Sachbearbeiter verbunden. Oft werden dann zur Prüfung des Versicherungsfalls Unterlagen angefordert oder es werden rechtliche Fragen erörtert. In dieser Zeit können Sie oder der RA sinnvollere Arbeiten erledigen.

> *Praxistipp:*
>
> Sofern Sie der Mandant über eine bestehende Rechtsschutzversicherung informiert, ist es sinnvoll, den Mandanten nach einer bestehenden Selbstbeteiligung zu fragen bzw. ihn um Vorlage der Versicherungspolice zu bitten. Zum einen können Sie dieser entnehmen ob und in welcher Höhe ggf. eine Selbstbeteiligung vorhanden ist und zum anderen können Sie leicht feststellen, welche Rechtsgebiete versichert sind bzw. ob das Rechtsgebiet, mit dem der RA beauftragt wurde, mitversichert ist.
>
> An dieser Stelle können Sie sofort reagieren und den Mandanten unter Hinweis auf die bestehende Selbstbeteiligung bitten, diesen Betrag zu zahlen oder aber im Fall eines nicht versicherten Rechtsgebiets darauf hinweisen, dass Kostendeckung nicht erteilt wird.

IV. Ablehnung der Kostendeckung

Eine Rechtsschutzversicherung ist, wie andere Wirtschaftsunternehmen auch, auf eine „satte" Gewinnerzielung ausgerichtet. Wir dürfen uns nicht wundern, wenn die Rechtsschutzversicherung sich darin übt und versucht, Gebühren eigenmächtig zu kürzen. Oft verkennt sie dabei, dass nicht die Rechtsschutzversicherung, sondern der RA gem. § 14 RVG die Gebühr unter Berücksichtigung des Einzelfalls nach billigem Ermessen bestimmt. **156**

Das ist nur ein Beispiel von vielen, das nicht selten umfangreichen Schriftverkehr nach sich zieht.

Zudem greifen neben den vielen Sonderregelungen und **Einschränkungen in den ARB** der Versicherer, die hier aufzuzählen ein eigenes, umfangreicheres Kapitel füllen könnte, viele Versicherer in den Verfahrensablauf ein, mitunter auch zum Nachteil des Versicherungsnehmers, also des Mandanten. So können Vergleichsverhandlungen scheitern, wenn die Rechtsschutzversicherung die Übernahme der Kosten für den Abschluss des Vergleichs ablehnt, da z.B. die getroffene Kostenregelung nicht im Einklang mit der Vorstellung des Rechtschutzversicherers steht. **157**

> *Praxistipp:* **158**
>
> Sie sollten sich nicht, gerade wenn „Streit" zwischen dem RA und der Rechtsschutzversicherung hinsichtlich der Höhe der Vergütung besteht, auf langwierige und um-

fangreiche Stellungnahmen und Diskussionen einlassen. Vielmehr sollten Sie sich an den Mandanten hinsichtlich der Erfüllung des Vergütungsanspruchs wenden, mit der gleichzeitigen Empfehlung, dass dieser die Möglichkeit hat, die Rechtsschutzversicherung in Anspruch zu nehmen.

Weisen sie den Mandanten in diesem Fall darauf hin, dass, sofern der RA die Ansprüche durchsetzen soll, es sich um einen neuen Auftrag handelt und dass für diese Tätigkeit ein Vergütungsanspruch besteht.

159 Lehnt die Rechtsschutzversicherung die Kostendeckung ab oder lehnt sie den Ausgleich der Vergütung oder von Kosten in einer bestimmten Höhe ab, hat der Mandant folgende Möglichkeiten, vorzugehen:

160 ■ Feststellungsklage
Die Feststellungsklage ist dann zu erheben, sofern der Mandant noch keine Vergütung oder Kosten bezahlt hat. Der Klageantrag richtet sich auf Feststellung der Verpflichtung zur Übernahme der Kosten des Rechtsschutzfalls.

161 ■ Leistungsklage
Mit der Leistungsklage macht der Mandant/Versicherungsnehmer Kosten geltend, die er bereits beglichen hat (Vergütung des RA, Gerichtskosten usw.).

162 Einer Klage vorausgehend kann bei **Ablehnung der Kostendeckungserteilung** (je nach ARB des Rechtsschutzvertrages) ein sog. **Schiedsgutachten** oder sog. **Stichentscheids-Verfahren** eingeleitet werden. Sofern diese Verfahren negativ für den Versicherungsnehmer verlaufen, kann eine Klage bei dem Gericht erhoben werden.

V. Einschränkungen des Versicherungsschutzes

163 Nachstehend werden die **„wichtigsten" Einschränkungen** aufgeführt, die von dem Grundsatz des Versicherungsschutzes abweichen:

164 ■ Tragung der Kosten **eines RA** pro Schadensfall.

Die Rechtsschutzversicherung trägt nicht die Mehrkosten, die durch Beauftragung mehrerer **RA** bestehen.

165 *Praxistipp:*

Auch in diesem Fall sollten Sie den Mandanten befragen, ob bereits eine Vertretung durch einen anderen RA erfolgt ist und die Rechtsschutzversicherung bereits an diesen RA die Zahlung seiner Vergütung geleistet hat. Sofern dies der Fall sein sollte, wird hinsichtlich der Tätigkeit des anderweitig beauftragten RA keine Kostendeckung erteilt.

- Des Weiteren zahlt die Rechtsschutzversicherung im Fall der Kostendeckung regelmäßig die **gesetzliche Vergütung**. Vergütungsvereinbarungen, die die gesetzliche Vergütung übersteigen, werden von den Rechtsschutzversicherungen nicht bezahlt. 166

Praxistipp: 167

In diesem Fall zahlt die Rechtsschutzversicherung die gesetzliche Vergütung; die Differenz gem. Vergütungsvereinbarung ist von dem Mandanten zu tragen (s.a. § 8 Rdn 698).

- Kostentragung im **Verhältnis Obsiegen zum Unterliegen**. 168

Hier zahlt die Rechtsschutzversicherung die Kosten – gerade bei Prozessvergleichen – in dem Verhältnis des VN vom Obsiegen zum Unterliegen.

Beispiel 1:

Der Mandant M verklagt den Gegner G auf Zahlung von 3.000,00 EUR. In dem Termin zur mündlichen Verhandlung schließen die Parteien einen Vergleich, wonach der Beklagte G sich verpflichtet, 2.000,00 EUR an den Mandanten M zu zahlen. Des Weiteren vereinbaren die Parteien in dem Vergleich, dass die Kosten des Rechtsstreits gegeneinander aufgehoben werden. Hier ist der Beklagte B lediglich verpflichtet, die hälftigen Gerichtskosten an den Mandanten M zu erstatten. In diesem Fall können Sie davon ausgehen, dass die Rechtsschutzversicherung die dem Mandanten M auferlegten Kosten im Verhältnis des Unterliegens (hier 1/3 auf die der Mandant im Vergleich verzichtet hat) tragen wird, da diese dem Verhältnis von Obsiegen und Unterliegen entsprechen.

Praxistipp: 169

Informieren Sie die Rechtsschutzversicherung bei Vergleichsverhandlungen. Sofern ein Vergleich konkretisiert ist, holen Sie im Interesse des Mandanten und zur Absicherung der Vergütung hierfür die Kostendeckung für den Abschluss des Vergleichs ein – unabhängig davon, dass eine Kostendeckungszusage vorliegt.

Informieren Sie den Mandanten zeitgleich darüber, dass die Rechtsschutzversicherung aufgrund ihrer Versicherungsbedingungen die Kosten des Vergleichs regelmäßig im Verhältnis „Obsiegen zum Unterliegen" trägt.

Für den Fall, dass die Rechtsschutzversicherung die Kosten des Vergleichs nicht trägt, hat der Mandant die Entscheidung zu fällen, ob er den Vergleich abschließen möchte und dafür die Kosten anteilig trägt oder ob er, um keinerlei Kosten zu tragen, sich nicht vergleichsweise einigt.

Informieren Sie, wie oben erwähnt, den Versicherer über jede kostenauslösende Maßnahme, d.h. über jede Auftragserweiterung, denn dies ist regelmäßig ebenfalls eine der

Bedingungen des Versicherungsvertrags (z.B. Klageerweiterung, Widerklage, Einlegung eines Rechtsmittels usw.).

170 Stellen Sie sich die Folgen vor, wenn der Mandant nicht informiert wird, der Vergleich abgeschlossen und bestandskräftig wird und Sie nach Beendigung des Auftrags die Gebühren abrechnen und die Rechtsschutzversicherung die Kosten des Vergleichs – unter Hinweis auf die ARB – nicht trägt. Hier wird der Mandant einwenden, dass er den Vergleich nie abgeschlossen hätte, wenn er gewusst hätte, dass die Rechtsschutzversicherung die Kosten dafür nicht trägt. Er beruft sich auf den erteilten Auftrag, mit dem Sie betraut wurden. Dieser Ärger kann durch entsprechende Belehrungen gegenüber dem Mandanten vermieden werden.

171 ■ Mehrkosten bei **Auseinanderfallen von Kanzleisitz und Gerichtsort/Auswärtiger** RA

Die Rechtsschutzversicherung trägt grds. die Kosten eines am Gerichtsort ansässigen RA. Reisekosten, Tages- und Abwesenheitsgelder werden nicht erstattet. Bei einer Entfernung des Kanzleisitzes zum Gerichtsort über 100 km trägt die Rechtsschutzversicherung die Mehrkosten i.H.d. gesetzlichen Gebühr eines Verkehrsanwalts – hier jedoch lediglich die Verfahrensgebühr. Der **Verkehrsanwalt** ist derjenige, der den Verkehr zwischen dem Mandanten und dem Prozessbevollmächtigten führt. Er ist **nicht Prozessbevollmächtigter oder Unterbevollmächtigter**.

Der Verkehrsanwalt erhält die Verfahrensgebühr, die auch dem Prozessbevollmächtigten zusteht (entweder 1,0 gem. Nr. 3100 VV RVG oder 0,8 gem. Nr. 3101 VV RVG).

Reisekosten, Tages- und Abwesenheitsgelder eines auswärtigen RA werden grds. nicht von der Rechtsschutzversicherung getragen. Ggf. kann aus besonderem Anlass eine Ausnahme bestehen, sofern die Beauftragung eines auswärtigen RA notwendig ist.

Beispiel 2:

Mandant M aus Berlin verklagt Gegner G in München auf Zahlung von 2.500,00 EUR. Er beauftragt den an seinem Gerichtsort ansässigen RA R aus Berlin. Zuständig ist das AG München. Das AG München hat einen Termin zur mündlichen Verhandlung anberaumt. Anstelle der Beauftragung eines Verkehrsanwalts trägt die Rechtsschutzversicherung die Mehrkosten, die RA R durch die Wahrnehmung des Termins zur mündlichen Verhandlung in München entstehen bis zu der Höhe einer dem Verkehrsanwalt zustehenden Verfahrensgebühr.

172 *Praxistipp:*

Hier sollten Sie im Hinblick auf die Reisekosten und die Entfernung zum Gerichtsort und die damit verbundene Abwesenheit des RA von der Kanzlei überlegen, einen sog. Terminsvertreter (Unterbevollmächtigten) mit der Wahrnehmung des Termins zu beauftragen.

Es kann eine Vereinbarung der Vergütung – unter Beachtung von § 49b Abs. 3 S. 2 und 3 BRAO – getroffen werden (z.B. hälftige Teilung aller anfallenden Gebühren, 1,0 Verfahrensgebühr). In diesem Fall muss der Auftrag zur Wahrnehmung des Termins sowie die Vereinbarung hinsichtlich der Vergütung von dem Prozessbevollmächtigten erteilt werden und nicht im Namen des Mandanten. Vertragsparteien sind in diesem Fall der prozessbevollmächtigte RA und der Unterbevollmächtigte.

Wird der Auftrag im Namen des Mandanten erteilt, besteht ein Anwaltsvertrag zwischen dem Unterbevollmächtigten und dem Mandanten. Hier greift § 49b Abs. 1 BRAO, wonach es unzulässig ist, geringere Gebühren und Auslagen zu fordern, als es das RVG vorsieht, sofern im RVG nichts anderes geregelt ist. Gem. § 4 Abs. 1 RVG kann in **außergerichtlichen** Angelegenheiten eine niedrigere als die gesetzliche Vergütung vereinbart werden.

Abgesehen von der Regelung gem. § 4a RVG, die an sehr strenge Maßstäbe geknüpft ist und im Fall des „Terminsvertreters" keine Anwendung finden dürfte, darf der Unterbevollmächtigte in dem gerichtlichen Verfahren, keine niedrigere als die gesetzliche Vergütung mit dem Mandanten vereinbaren.

Hinsichtlich dieser Punkte sollte unbedingt eine **Belehrung des Mandanten** erfolgen. **173**

Im Umgang mit Rechtsschutzversicherungen gibt es diverse Kommentare, die bei den alltäglichen Stellungnahmen und Diskussionen behilflich sein können. **174**

Tipp:

Sofern ein Versicherer behaupten sollte, dass das Risiko nicht mitversichert ist, können Sie nach dem Versicherungsschein die einschlägige Rechtsprechung des BGH über www.davvers.de einsehen, die regelmäßig von der Arbeitsgemeinschaft Versicherungsrecht veröffentlicht wird.

§ 7 Verfahrensrecht für die Praxis

Inhalt

A. Klageverfahren von Anhängigkeit bis zur Beendigung des Verfahrens

Mareike Späth/Ivana Bugarin

In diesem Paragrafen wird die Klage im Zivilprozess von Anhängigkeit bis zum Urteil erläutert. Dabei wird auf die wesentlichen und in der Praxis wichtigen Verfahrensabläufe eingegangen. 1

I. Obligatorisches Güteverfahren

Bevor auf das Klageverfahren im Zivilprozess eingegangen wird, wird kurz auf die Vorschrift des **§ 15a EGZPO** hingewiesen. Das in § 15a EGZPO vorgesehene obligatorische Güteverfahren hat praktisch keine Relevanz mehr, weil die Landesgesetze, auf die § 15a EGZPO Bezug genommen hatte, alle aufgehoben wurden. 2

II. Anhängigkeit/Rechtshängigkeit

Ganz wichtig ist im Zivilprozess die Unterscheidung zwischen dem Begriff der „Anhängigkeit" und der „Rechtshängigkeit": 3

Anhängig ist ein Rechtsstreit in einem Zivilprozess mit der Einreichung der Klage-/Antragsschrift beim Gericht.

Rechtshängig ist ein Rechtsstreit in einem Zivilprozess mit der Zustellung der Klage-/Antragsschrift an den Beklagten/Antragsgegner. Bis zum Zeitpunkt der erfolgten Zustellung der Klage/des Antrags an den Beklagten ist der Rechtsstreit lediglich anhängig.

4 *Beispiel 1:*

Mandant M beauftragt RA R mit der Klageerhebung. RA R fertigt die Klageschrift und reicht diese bei Gericht ein. Mit dem Eingang der Klage bei Gericht ist der Rechtsstreit anhängig.

Sobald die Zustellung der Klageschrift an den Beklagten erfolgt, ist der Rechtsstreit nicht mehr anhängig, sondern rechtshängig.

5 Die **Rechtshängigkeit** hat folgende **Wirkung:**

- Hemmung der Verjährung § 204 Abs. 1 BGB

6 *Hinweis:*

Soll durch die Zustellung eine Frist gewahrt werden, die Verjährung neu beginnen oder nach § 204 BGB gehemmt werden, tritt diese Wirkung bereits mit Eingang des Antrags oder der Erklärung – also mit Anhängigkeit – ein, wenn die Zustellung demnächst erfolgt (§ 167 ZPO), sog. Rückwirkung der Zustellung. Die Partei soll bei der Zustellung von Amts wegen vor Nachteilen durch Zustellungsverzögerungen innerhalb des gerichtlichen Geschäftsbetriebs, auf die sie keinen Einfluss hat, bewahrt werden. Bei der Einreichung von Klagen genügt demnach der rechtzeitige Eingang bei Gericht.[1]

7 *Beispiel 2:*

Der Kläger reicht die Klageschrift am 31.12.2014 um 18.30 Uhr bei Gericht ein. Am 1.1.2015 wäre sein Anspruch verjährt. Rechtshängig wird der Rechtsstreit durch die wesentliche spätere Klagezustellung an den Beklagten. Gem. § 204 Abs. 1 BGB wird die Hemmung der Verjährung durch Rechtshängigkeit begründet. In dem Beispielfall ist lediglich Anhängigkeit des Rechtsstreits gegeben.

Ist der Anspruch des Klägers nun verjährt, da die Klage am 1.1.2015 noch nicht rechtshängig ist?

Diese gesetzliche Regelung kann durch die Vorschrift des § 167 ZPO „durchbrochen" werden, wenn die Zustellung nach dem Gesetzeswortlaut des § 167 ZPO „demnächst" erfolgt. Der Anspruch ist demnach nicht verjährt.

1 S.a. *Zimmermann*, § 167 ZPO Rn 1, BGH v. 18.7.2008 – I ZR 109/05, Rn 20 f.

Weitere Folgen der Rechtshängigkeit: 8

- Verzugseintritt des Beklagten (spätestens) durch Klageerhebung, § 286 Abs. 1 S. 2 BGB,
- Festlegung des Haftungsumfangs des Beklagten bei einem Herausgabeanspruch des Klägers gem. § 292 Abs. 1 BGB,
- Anspruch auf Prozesszinsen, §§ 291, 288 BGB,
- nach Rechtshängigkeit ist keine anderweitige Anhängigkeit möglich, § 261 Abs. 3 Nr. 1 ZPO,
- Zuständigkeit des angerufenen Prozessgerichts bleibt auch im Fall einer eintretenden und begründeten Veränderung der Zuständigkeit bestehen, § 261 Abs. 3 Nr. 1 ZPO,
- Möglichkeit der Veräußerung und Veränderung von Rechten, die Streitgegenstand des Verfahrens sind, bleibt gem. den Vorschriften der §§ 265, 266 ZPO bestehen.

III. Bezeichnung der Parteien in dem Zivilprozess

Im Klageverfahren der ordentlichen Gerichtsbarkeit sind mindestens zwei Personen beteiligt. Die Parteien im Klageverfahren heißen **Kläger** und **Beklagter**. 9

Der Kläger kann im Verlauf des Verfahrens aufgrund einer Widerklage durch den Beklagten Kläger und **Widerbeklagter** sein, der Beklagte ist dann Beklagter und **Widerkläger**. 10

> *Beispiel:*
>
> *Kläger A verklagt den Beklagten B auf Zahlung von Schadensersatz. Der Beklagte B erhebt Widerklage mit dem Antrag den Widerbeklagten (Kläger A) ebenfalls zur Zahlung von Schadensersatz zu verurteilen.*

Die Parteien werden in anderen Verfahren wie folgt bezeichnet: 11

- im Beschwerdeverfahren: Beschwerdeführer/Beschwerdegegner,
- im Erinnerungsverfahren: Erinnerungsführer/Erinnerungsgegner,
- im Antragsverfahren: Antragsteller/Antragsgegner,
- im Berufungsverfahren: Berufungskläger/Berufungsbeklagter,
- im Mahnverfahren Antragssteller und Antragsgegner.

IV. Zuständigkeit der AG/LG

Bei der Zuständigkeit ist zwischen der **örtlichen** und **sachlichen Zuständigkeit** zu unterscheiden. 12

1. Örtliche Zuständigkeit

13 Die örtliche Zuständigkeit richtet sich nach den Vorschriften der **§§ 12 ff. ZPO.**

14 Grds. ist das Gericht örtlich zuständig, bei dem der Beklagte seinen **allgemeinen Gerichtsstand** hat (**§ 12 ZPO**). Neben dem allgemeinen Gerichtsstand gibt es

- den besonderen Gerichtsstand (mehrere)

  sowie
- den ausschließlichen Gerichtsstand (mehrere).

15 Zwischen dem **allgemeinen und dem besonderen Gerichtsstand** hat der Kläger ein **Wahlrecht**. Er kann den für ihn günstigeren Gerichtsstand wählen. Schreibt das Gesetz jedoch einen **ausschließlichen Gerichtsstand** vor, besteht insoweit **kein Wahlrecht**. In diesem Fall muss das Gericht des ausschließlichen Gerichtsstandes angerufen werden.

> *Beispiel:*
>
> *Mandant A war Mieter einer Wohnung im Bezirk Tempelhof-Kreuzberg in Berlin. Nach Beendigung des Mietverhältnisses weigert sich der Vermieter V die bei Beginn des Mietverhältnisses geleistete Mietkaution zurückzuzahlen. Der Vermieter hat seinen allgemeinen Gerichtsstand in München. Mandant A hat seinen allgemeinen Gerichtsstand ebenfalls in München.*
>
> *Mandant A hat hier kein Wahlrecht. Gem. § 29a ZPO ist in diesem Fall das Gericht örtlich zuständig, in dessen Bezirk sich die Räume befinden, somit das AG Tempelhof-Kreuzberg in Berlin.*

2. Sachliche Zuständigkeit

16 In bürgerlichen Rechtsstreitigkeiten in erster Instanz sind die AG und LG zuständig. Die sachliche Zuständigkeit der **AG** richtet sich nach den Vorschriften **der §§ 23, 23a und 23b GVG**. Die sachliche Zuständigkeit der **LG** in bürgerlichen Rechtsstreitigkeiten ergibt sich gem. **§ 71 GVG**.

V. Kosten eines Rechtsstreits

17 Die Kosten eines Rechtsstreits bestehen aus:

- Vergütung der beteiligten RAe (sofern RAe beauftragt sind),
- Gerichtskosten; die Gerichtskosten eines Rechtsstreits berechnen sich grds. nach dem GKG. Sie sind i.d.R. von der Höhe des Gerichtsgebührenwerts abhängig. Sofern kein Streitwert feststeht, findet eine Schätzung statt, oder es werden Festgebühren erhoben.
- Auslagen des Gerichts, (Zustellungen von Beschlüssen, Urteilen, Zeugenentschädigungen, Sachverständigenkosten, Dolmetscherkosten),

- notwendige für die Prozessführung erbrachte Auslagen (z.B. Fahrtkosten zum Termin, Ersatz für Zeitversäumnis usw.).

VI. Einleitung des Klageverfahrens

1. Klagearten

Die wichtigsten Klagearten im Zivilprozess sind: 18

- Leistungsklage,
- Feststellungsklage,
- Gestaltungsklage.

2. Klageschrift

Für eine ordentliche Klageerhebung ist **§ 253 ZPO** zwingend einzuhalten. Das **Klageverfahren** wird **durch Einreichung einer Klageschrift bei Gericht anhängig**. Die Erhebung der Klage erfolgt durch Zustellung eines Schriftsatzes an das Gericht (§ 253 Abs. 1 ZPO). 19

Die Klageschrift **muss** enthalten, **§ 253 Abs. 2 ZPO** (Muss-Vorschrift): 20

- die Bezeichnung der Parteien und des Gerichts;
- die bestimmte Angabe des Gegenstandes und des Grundes des erhobenen Anspruchs, sowie einen bestimmten Antrag;

Die Klageschrift **soll** ferner enthalten, **§ 253 Abs. 3 ZPO** (Soll-Vorschrift): 21

- die Angabe des Wertes des Streitgegenstandes, wenn hiervon die Zuständigkeit des Gerichts abhängt und der Streitgegenstand nicht in einer bestimmten Geldsumme besteht
- sowie eine Äußerung dazu, ob einer Entscheidung der Sache durch den Einzelrichter Gründe entgegenstehen.

Die allgemeinen Vorschriften über die vorbereitenden Schriftsätze sind auch auf die Klageschrift anzuwenden, **§ 253 Abs. 4 ZPO**. 22

Gemäß **§ 253 Abs. 5 ZPO** sind die Klageschrift sowie sonstige Anträge und Erklärungen einer Partei, die zugestellt werden sollen, schriftlich bei Gericht unter Beifügung der für ihre Zustellung oder Mitteilung erforderlichen Zahl von Abschriften einzureichen. Einer Beifügung von Abschriften bedarf es nicht, soweit die Klageschrift elektronisch eingereicht wird. 23

▼ 24

Muster 7.1: Klageschrift (Leistungsklage) 7.1

Amtsgericht

(*Anschrift*)

KLAGE

des/der

(*Vorname, Name des Klägers, Adresse*)

Kläger,

Prozessbevollmächtigter:

(*Rechtsanwalt, Anschrift*)

gegen

GmbH & Co. KG,

gesetzlich vertreten durch ,

diese gesetzlich vertreten durch den Geschäftsführer (*Name, Vorname*)

(*Anschrift*)

Beklagte,

wegen Kaufpreisforderung

Vorläufiger Streitwert: 4.500,00 EUR

Namens und in Vollmacht des Klägers erhebe ich Klage und bitte um Anberaumung eines Termins zur mündlichen Verhandlung, in dem ich beantragen werde:

1. Der Beklagte wird verurteilt, an den Kläger 4.500,00 EUR nebst Zinsen in Höhe von 5 Prozentpunkten über dem Basiszinssatz hieraus seit (*Datum*) zu zahlen.
2. (ggf.) Der Beklagte wird verurteilt, an den Kläger vorgerichtliche Rechtsanwaltskosten in Höhe von EUR nebst Zinsen in Höhe von 5 Prozentpunkten über dem Basiszinssatz hieraus seit (*Datum*)/Rechtshängigkeit zu bezahlen.
3. Der Beklagten trägt die Kosten des Rechtsstreits.
4. Das Urteil ist – ggf. gegen Sicherheitsleistung – vorläufig vollstreckbar.

Für den Fall des Vorliegens der gesetzlichen Voraussetzungen wird bereits jetzt der Erlass eines Anerkenntnis- bzw. Versäumnisurteils gestellt.

Begründung:

Rechtsanwalt/Rechtsanwältin

▲

VII. Verfahren nach Eingang der Klageschrift bei Gericht

1. Zustellung der Klageschrift/Gerichtskosten

Bevor das Gericht die Klage dem Beklagten zustellt, wird zuerst sichergestellt, dass die Gerichtskosten bezahlt sind. Sofern der Klage keine Lastschriftermächtigung/kein SEPA-Mandat beiliegt oder die Einzahlung der Gerichtskosten nachgewiesen wird, erstellt das Gericht regelmäßig eine auf den Kläger ausgestellte Gerichtskostenrechnung. 25

Dies ist gesetzlich geregelt. Gem. § 12 Abs. 1 S. 1 GKG soll die Klage erst nach Zahlung der Gebühr für das Verfahren im Allgemeinen an den Beklagten zugestellt werden. 26

Dies gilt auch für den Fall der Klageerweiterung, § 12 Abs. 1 S. 2 GKG. Diese Vorschrift findet auch im Rechtsmittelverfahren Anwendung.

Die Vorschrift des § 12 Abs. 1 GKG (im Zivilprozess) gilt jedoch nicht für: 27

1. Widerklagen,
2. für europäische Verfahren für geringfügige Forderungen,
3. für Rechtsstreitigkeiten über Erfindungen eines Arbeitnehmers (ArbnErfG), soweit nach § 39 des Gesetzes über Arbeitnehmererfindungen die für Patentstreitsachen zuständigen Gerichte ausschließlich zuständig sind, und
4. für die Restitutionsklage nach § 580 Nr. 8 der Zivilprozessordnung.

In diesen Fällen erfolgt die Gerichtskostenberechnung mit Beendigung/Erledigung des Verfahrens. Bei diesen Klagen/Anträgen erfolgt die Zustellung an die Gegenseite, ohne dass der Kläger/Antragsteller vor einer Zustellung die Gerichtskosten einzahlen muss.

2. Vorbereitung auf den Haupttermin

Nach Zahlungseingang der Gerichtskosten auf dem Konto der Gerichtskasse und vor Zustellung der Klageschrift an den Beklagten hat das Gericht wegen des weiteren Verlaufs des Verfahrens verschiedene Möglichkeiten vorzugehen. 28

Der Grundsatz ist, dass der Rechtsstreit „in der Regel in einem umfassend vorbereiteten Termin zur mündlichen Verhandlung (Haupttermin)" erledigt wird (**§ 272 Abs. 1 ZPO**). 29

Zur Vorbereitung dieses Haupttermins hat der Richter gem. § 272 Abs. 2 ZPO die Möglichkeit entweder

- einen frühen ersten Termin zur mündlichen Verhandlung gem. § 275 ZPO anzuberaumen
  oder
- die Einleitung des schriftlichen Vorverfahrens gem. § 276 ZPO anzuordnen.

Sowohl in dem frühen ersten Termin zur Hauptverhandlung als auch in dem schriftlichen Vorverfahren kann ein **Versäumnisurteil** (VU) ergehen.

30 Die Güteverhandlung und die mündliche Verhandlung sollen so frühzeitig wie möglich stattfinden (§ 272 Abs. 3 ZPO).

Der Beklagte ist mit der Zustellung der Klageschrift aufzufordern, einen RA zu bestellen, wenn er beabsichtigt, sich gegen die Klage zu verteidigen (§ 271 Abs. 2 ZPO).

31 Dem frühen ersten Termin oder dem Haupttermin muss die **obligatorische Güteverhandlung vorausgehen (§ 278 ZPO)**. Der Güteversuch des Gerichts ist nicht Teil der mündlichen Verhandlung. Die mündliche Verhandlung schließt sich jedoch bei einem Scheitern der Güteverhandlung unmittelbar an. Sinn des obligatorischen Güteverfahrens ist es, den Rechtsstreit gütlich beizulegen. Die Güteverhandlung findet gem. § 278 Abs. 2 Hs. 2 ZPO nicht statt, wenn zuvor ein Einigungsversuch vor einer staatlich anerkannten Gütestelle stattgefunden hat oder aber wenn eine gütliche Einigung erkennbar aussichtslos erscheint.

3. Früher erster Termin

32 Kläger und Beklagter werden gleichzeitig von der Entscheidung des Gerichts über den weiteren Verfahrensverlauf unterrichtet. Wird ein Termin zur mündlichen Verhandlung anberaumt, ist die Ladung mit der Klageschrift zuzustellen. Dem Beklagten muss eine **Einlassungsfrist von mindestens zwei Wochen** vor dem Termin zur mündlichen Verhandlung eingeräumt werden (**§ 274 Abs. 3 ZPO**).

Der frühe erste Termin, in dem die Erörterung von Streitpunkten erfolgt, dient der Vorbereitung auf den Haupttermin (§ 279 ZPO).

Das Gericht kann dem Beklagten gem. § 275 Abs. 1 ZPO zur Vorbereitung des frühen ersten Termins eine Frist zur Klageerwiderung setzen.

In dem frühen ersten Termin kann ein VU ergehen, da es sich bei diesem Termin um einen „echten“ Verhandlungstermin handelt.

4. Schriftliches Vorverfahren

33 Sofern das Gericht das schriftliche Vorverfahren gem. § 276 ZPO anordnet, wird der Beklagte aufgefordert, wenn er sich gegen die Klage verteidigen will, dies innerhalb einer **Notfrist von zwei Wochen** seit Zustellung der Klage dem Gericht mitzuteilen. Gleichzeitig mit dieser Mitteilung ist dem Beklagten eine Frist von mindestens weiteren **zwei Wochen zur Klageerwiderung** zu setzen (somit insgesamt vier Wochen). Der Kläger ist davon zu unterrichten **§ 276 Abs. 2 ZPO**.

Der Beklagte ist gem. § 276 Abs. 2 ZPO über die Folgen der Versäumung der in § 276 Abs. 1 ZPO genannten Fristen zu belehren, da auch im schriftlichen Vorverfahren ein VU ergehen kann.

5. Hauptttermin

Scheitert die Güteverhandlung oder ist eine vergleichsweise Einigung der Parteien nicht möglich (gem. § 278 Abs. 1 ZPO soll das Gericht in jeder Lage des Rechtsstreits eine gütliche Einigung herbeiführen), folgt der **Übergang in das streitige Verfahren**. Zur Aufklärung des Sachverhalts können die Parteien angehört werden. Die Parteien stellen ihre **Anträge (§ 137 ZPO)**. Dies kann durch Vorlesen der Anträge aus den Schriftsätzen oder durch Bezugnahme auf Schriftsätze erfolgen. Gemäß § 297 Abs. 1 S. 3 ZPO kann der Vorsitzende auch gestatten, dass die Anträge zu Protokoll erklärt werden. Der Kläger stellt i.d.R. den Antrag aus der Klageschrift, der Beklagte stellt den Antrag, die Klage abzuweisen (§ 297 ZPO). 34

Daran anschließend erfolgt eine mündliche Erörterung des Sachverhalts zwischen den Parteien und dem Gericht.

6. Beweisaufnahme

Die Beweisaufnahme erfolgt immer dann, wenn die Tatsachen (und nicht Rechtsfragen) zwischen den Parteien streitig sind. 35

> *Beispiel:*
>
> *Kläger A verklagt den Beklagten B wegen Rückzahlung eines Darlehens. Der Beklagte B streitet ab, von dem Kläger A ein Darlehen erhalten zu haben. Kläger A muss den Beweis erbringen, dass er dem Beklagten B das Darlehen gegeben hat.*
>
> *Auch der Beklagte könnte beweispflichtig sein, indem er nachweisen muss, dass er ein (unstreitig gewährtes) Darlehen zurückgezahlt hat.*

Folgende **Beweismittel sind im Zivilprozess zulässig:** 36

- Beweis durch Augenschein (§§ 371 ff. ZPO),
- Beweis durch Zeugen (§§ 373 ff. ZPO),
- Beweis durch Sachverständige (§§ 402 ff. ZPO),
- Beweis durch Urkunden (§§ 415 ff. ZPO),
- Beweis durch Parteivernehmung (§§ 445 ff. ZPO),
- Beweis durch Einholung einer amtlichen Auskunft (§ 273 ZPO).

Nach der erfolgten Beweisaufnahme findet die Fortsetzung der mündlichen Verhandlung, in der der Sachverhalt sowie die Ergebnisse der Beweisaufnahme erörtert werden, statt. Die Parteien können zu der Beweisaufnahme Stellung nehmen. 37

Nach Abschluss der Erörterung kann die mündliche Verhandlung entweder geschlossen oder vertagt werden. Sofern die Beweiserhebung abgeschlossen und der Sachverhalt auf- 38 geklärt ist, kann eine Entscheidung sofort oder aber in einem anzuberaumenden Verkündungstermin erfolgen. Zum Verkündungstermin muss keine der Parteien erscheinen.

7. Rechtskraft

39 Bei der Rechtskraft eines Urteils wird zwischen der formellen und der materiellen Rechtskraft unterschieden.

a) Formelle Rechtskraft

40 Bei der formellen Rechtskraft kann eine vom Gericht getroffene Entscheidung nicht mehr mit Rechtsmittel oder Rechtsbehelfen angegriffen werden (§ 705 ZPO).

Formelle Rechtskraft liegt vor, wenn

- die Rechtsmittel- und Rechtsbehelfsfristen abgelaufen sind,
- wenn auf Einlegung von Rechtsmitteln oder Rechtsbehelfen von den Parteien verzichtet wird (§§ 515, 565, 346 ZPO),
- in letzter Instanz das Urteil verkündet ist.

b) Materielle Rechtskraft

41 *„Die materielle („innere") Rechtskraft hindert abweichende Entscheidungen desselben oder eines anderen Gerichts innerhalb bestimmter objektiver, subjektiver und zeitlicher Grenzen", Zöller, ZPO, Vorbem. zu § 322 Rn 3.*

Die materielle Rechtskraft resultiert aus der formellen Rechtskraft. Sie muss aber nicht zwangsläufig die Folge der formellen Rechtskraft sein.

> *Beispiel:*
>
> *In dem Urkundenverfahren erlässt das AG ein Vorbehaltsurteil, das in formelle Rechtskraft erwächst. In dem sich anschließenden Nachverfahren hebt das AG das Vorbehaltsurteil auf und weist die Klage ab.*

VIII. Verfahrensbeendigung

1. Urteil

42 Das zivilprozessuale Verfahren kann durch Urteil beendet werden. In dem Zivilprozess kann sowohl gegen den Kläger als auch gegen den Beklagten ein VU ergehen. Nachfolgend werden die Möglichkeiten, wann ein VU ergehen kann, variiert.

43 Hinsichtlich der Rechtsmittel der neben dem VU weiter genannten Urteilsarten verweise ich auf die Ausführungen unter Rdn 109 ff. in diesem Paragrafen.

2. VU gegen den Kläger

44

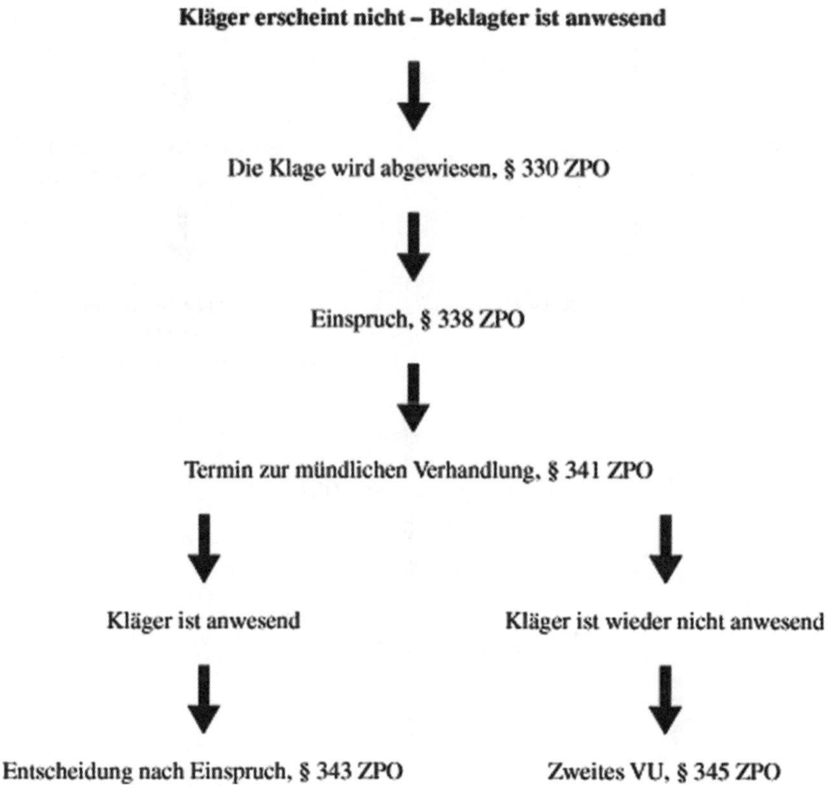

3. Versäumnisurteil gegen den Beklagten

45 **Kläger ist anwesend – Beklagte erscheint nicht**

↓

Zulässigkeit und Schlüssigkeit der Klage liegen vor

↓

Versäumnisurteil gegen den Beklagten, § 331 ZPO

↓

Unzulässigkeit oder Unschlüssigkeit der Klage liegt vor

↓

Die Klage wird abgewiesen, § 300 ZPO, unechtes Versäumnisurteil (Endurteil)

↓

Einspruch, § 388 ZPO

↓

Termin zur mündlichen Verhandlung, § 341 ZPO

↓

Beklagter ist anwesend

↓

Entscheidung nach Einspruch, § 343 ZPO

↓

Beklagter ist wieder nicht anwesend

↓

Zweites Versäumnisurteil, § 345 ZPO

4. Urteilsarten

- **Endurteil**, § 300 ZPO: beendet den Rechtsstreit in der Instanz. 46
- **Teilurteil**, § 301 ZPO: Entscheidung über einen Teil des Anspruchs. Ergeht in diesem Rechtsstreit ein Endurteil, das den Rechtsstreit in der Instanz beendet, so handelt es sich um das sog. Schlussurteil.
- **Vorbehaltsurteil**, § 302 ZPO: Dieses Urteil ist als Endurteil anzusehen.
- **Zwischenurteil**, § 303 ZPO: beendet den Rechtsstreit nicht in der Instanz. Es findet eine Entscheidung über einen Zwischenstreit statt. Das Urteil ist erst mit dem Endurteil anfechtbar.
- **Zwischenurteil über den Grund**, § 304 ZPO: Dieses Urteil ist, anders als das Zwischenurteil gem. § 303 ZPO, als Endurteil anzusehen.
- **Verzichtsurteil**, § 306 ZPO.
- **Anerkenntnisurteil**, § 307 ZPO.

5. Prozessvergleich

Das Verfahren kann auch durch einen Vergleich der Parteien beendet werden, wenn die Parteien in einem gerichtlichen Verfahren „zur gütlichen Beilegung eines Rechtsstreits" einen Vergleich schließen. Der Vergleich kann in der **mündlichen Verhandlung protokolliert** werden (§§ 160 Abs. 3, 162 ZPO) **oder** gemäß den Vorschriften des § 779 BGB als **rechtsgeschäftlicher Vertrag** zwischen den Parteien geschlossen werden. 47

Ein gerichtlicher Vergleich kann gem. § 278 Abs. 6 ZPO auch dadurch geschlossen werden, dass die Parteien dem Gericht einen schriftlichen Vergleichsvorschlag unterbreiten oder einen schriftlichen Vergleichsvorschlag des Gerichts durch Schriftsatz gegenüber dem Gericht annehmen. Das Gericht stellt das Zustandekommen und den Inhalt eines nach S. 1 geschlossenen Vergleichs durch Beschluss fest. 48

Der Prozessvergleich ist ein zur **Zwangsvollstreckung geeigneter Titel** gem. § 794 Abs. 1 Nr. 1 ZPO. Er ist auch ein Vergleich gem. § 779 BGB. 49

Der Prozessvergleich **kann nie** materiell **rechtskräftig sein**. Er wird, sofern er ohne Widerrufsvorbehalt abgeschlossen wurde oder wenn er mit Widerrufsvorbehalt abgeschlossen wurde und kein Widerruf der Parteien erfolgt, **bestandskräftig**. 50

6. Erledigung der Hauptsache

Das Verfahren kann durch Erledigung in der Hauptsache beendet werden. Dies kann durch **übereinstimmende** Erledigungserklärung (§ 91a ZPO) erfolgen. 51

Bei übereinstimmender Erledigungserklärung wird die Rechtshängigkeit beendet. Das Gericht entscheidet gem. § 91a ZPO nur noch über die Kosten.

52 Bei der **einseitigen Erledigungserklärung** hingegen handelt es sich um einen einseitigen Antrag des Klägers, das Verfahren in der Hauptsache als erledigt festzustellen.

53 Das Gericht prüft, ob die Klage zulässig und begründet ist. Ist dies der Fall, ergeht ein Urteil (Feststellungsurteil), in dem die Gründe der Erledigung festgestellt werden. Der Beklagte hat in diesem Fall die Kosten des Rechtsstreits zu tragen.

Ist die Klage unzulässig oder unbegründet, wird das Gericht die Klage jedoch abweisen mit der Kostenfolge nach § 91 ZPO. Der Kläger trägt die Kosten des Rechtsstreits.

7. Klagerücknahme

54 Grds. kann der Kläger die Klage von dem Zeitpunkt der Rechtshängigkeit bis zu der Rechtskraft eines Urteils zurücknehmen.

55 Gemäß § 269 Abs. 1 ZPO kann die Klage ohne Einwilligung des Beklagten nur **bis zum Beginn der mündlichen Verhandlung des Beklagten zur Hauptsache** zurückgenommen werden.

56 Nach einer wirksam erfolgten Klagerücknahme kann der Kläger die Klage jederzeit wieder erheben, denn in diesem Fall gilt der Rechtsstreit als nicht anhängig. Die Rechtshängigkeit entfällt rückwirkend. Ein ergangenes und nicht rechtskräftiges Urteil verliert seine Wirkung (§ 269 Abs. 3 ZPO).

57 Hat jedoch ein **Termin zur mündlichen Verhandlung zur Hauptsache stattgefunden**, ist bei einer danach erfolgten Klagerücknahme die **Zustimmung des Beklagten erforderlich** (§ 269 Abs. 1 ZPO).

58 Der Beklagte kann seine Zustimmung verweigern, wenn er ein Interesse an einer Entscheidung in dem Verfahren hat. Ggf. würde die Klage des Klägers abgewiesen, weil er zu diesem Zeitpunkt nicht in der Lage ist, seinen Anspruch zu beweisen. Er könnte jedoch zu einem späteren Zeitpunkt – im Fall einer erneuten Klageerhebung – den Beweis führen und in dem Rechtsstreit obsiegen. Im Fall eines rechtskräftigen Urteils hat der Kläger keine Möglichkeit, die Klage erneut zu erheben.

59 *Beispiel:*

Kläger A verklagt den Beklagten B auf Zahlung. Die einzigen Zeugen, die seinen Vortrag in der Klageschrift beweisen können, kann der Kläger postalisch nicht ermitteln. Vor dem Termin zur mündlichen Verhandlung überlegt der Kläger aufgrund der schlechten Beweislage, die Klage zurückzunehmen, da die einzigen Zeugen für ihn nicht erreichbar sind.

In diesem Stadium des Verfahrens benötigt er die Zustimmung des Beklagten nicht. Er könnte die Klage zurücknehmen. Ermittelt er die Zeugen zu einem späteren Zeitpunkt, könnte der Kläger erneut Klage erheben.

Hat jedoch ein Termin in der Hauptsache stattgefunden oder erklärt der Kläger in diesem Termin die Klagerücknahme, muss, damit die Klage wirksam zurückgenommen werden kann, der Beklagte der Klagerücknahme zustimmen. Widerspricht der Beklagte, kann der Kläger die Klage nicht zurücknehmen.

Im Zweifel unterliegt der Kläger in dem Rechtsstreit mangels Beweiskraft.

Der **Widerspruch des Beklagten** bei einer erklärten Klagerücknahme ist an Fristen gebunden. Gem. § 269 Abs. 2 ZPO muss der Beklagte, sofern der Kläger die Klagerücknahme nicht im Termin zur mündlichen Verhandlung erklärt, innerhalb einer **Notfrist von zwei Wochen seit Zustellung des klägerischen Schriftsatzes über die Klagerücknahme**, dieser widersprechen. Widerspricht der Beklagte nicht fristgerecht, so gilt seine Zustimmung zur Klagerücknahme als erteilt, wenn er zuvor auf die Folgen des nicht fristgerechten Widerspruchs hingewiesen wurde. 60

Da es sich bei der in § 269 Abs. 2 ZPO genannten Frist um eine Notfrist handelt, kann der Beklagte **Wiedereinsetzung in den vorigen Stand gem. § 233 ZPO** beantragen. Hat er die Einhaltung der Notfrist nicht schuldhaft versäumt, wird dem Antrag stattgegeben. 61

Praxistipp: 62

Notieren Sie bitte immer die in § 269 Abs. 2 ZPO genannte zweiwöchige Notfrist, sofern eine Klagerücknahme der Gegenseite erfolgt.

Belehren Sie den Mandanten auf die Folgen im Hinblick auf die Zustimmung oder den Widerspruch bei der Klagerücknahme bzw. weisen ihn explizit auf die Ausführungen des Gerichts hin.

IX. Praxisrelevante Besonderheiten im Klageverfahren

1. Verweisung bei Unzuständigkeit

Für den Fall, dass das vom Kläger angerufene Gericht sachlich oder örtlich unzuständig ist, kann der Kläger entweder durch einen Hinweis seitens des Gerichts oder hinsichtlich einer Rüge des Beklagten beantragen, den Rechtsstreit an das zuständige Gericht zu verweisen (§ 281 ZPO). Das Gericht entscheidet über diesen Antrag mit Beschluss. Durch diesen Beschluss wird der Rechtsstreit an das zuständige Gericht verwiesen. Der Beschluss ist für die Parteien unanfechtbar. 63

Bisherige Entscheidungen des Gerichts (z.B. PKH) bleiben bestehen.

Sofern der Kläger den Verweisungsantrag nicht stellt, wird die Klage als unzulässig abgewiesen.

64 *Praxistipp:*

Bereits im Klageantrag könnte ein entsprechender Antrag gestellt werden, den Rechtsstreit an das zuständige Gericht abzugeben, sofern das angerufene Gericht sachlich und/oder örtlich unzuständig ist.

2. Klageänderung

65 Eine Klageänderung liegt immer dann vor, wenn sich der ursprüngliche Streitgegenstand ändert. Der Streitgegenstand ist der Gegenstand, über den das Gericht wegen des zugrunde liegenden Klagegrundes und dem/den gestellten Antrag/Anträgen des Klägers zu entscheiden hat.

66 Eine Klageänderung ist immer nur dann möglich, wenn der Beklagte zustimmt oder aber das Gericht die Klageänderung für sachdienlich hält (§ 263 ZPO).

Beispiele für eine Klageänderung

Beispiel 1:

Kläger A verklagt den Beklagten B auf Zahlung von Schadensersatz aus einem Verkehrsunfall. Im Laufe des Verfahrens „tauscht" er den Klageantrag um und begehrt nun vom Beklagten die Rückzahlung eines Darlehens.

Hier liegt eine Änderung des Streitgegenstandes vor. Der Klagegrund ist ein anderer.

Beispiel 2:

Kläger A verklagt den Beklagten B im Wege der Zahlungsklage im ordentlichen Verfahren. Im Laufe des Rechtsstreits begehrt der Kläger seinen Zahlungsanspruch im Wege des Urkundenverfahrens.

Hier liegt eine Änderung der Verfahrensart vor (Ordentliches Verfahren/Urkundenprozess).

Beispiel 3:

Kläger A verklagt die Beklagte B Mustermann GmbH & Co. KG. Im Laufe des Verfahrens stellt sich heraus, dass der „richtige" Beklagte die Mustermann GbR ist. Kläger A beantragt nunmehr, die Mustermann GbR zu verklagen.

Hier liegt eine Änderung der Prozessparteien vor.

3. Keine Klageänderung

Gem. § 264 ZPO liegt keine Klageänderung vor, wenn ohne Änderung des Klagegrundes 67

- die tatsächlichen oder rechtlichen Anführungen ergänzt oder berichtigt werden;
- der Klageantrag in der Hauptsache oder in Bezug auf Nebenforderungen erweitert oder beschränkt wird;
- statt des ursprünglich geforderten Gegenstandes wegen einer später eingetretenen Veränderung ein anderer Gegenstand oder das Interesse gefordert wird.

Beispiele für keine Klageänderung

Beispiel 1:

Kläger A berichtigt den Namen des Beklagten B. Der Beklagte bleibt derselbe. Es erfolgt lediglich eine Berichtigung des Namens.

Beispiel 2:

Der Kläger A, der zunächst nur einen Teilbetrag einklagt, klagt im laufenden Verfahren den vollen Betrag ein.

Beispiel 3:

Kläger A verklagt den Beklagten B auf Herausgabe eines Pkw. Nach Rechtshängigkeit stellt sich heraus, dass der Beklagte B den Pkw „schrottreif" beschädigt hat. Kläger A stellt die Herausgabeklage auf eine Zahlungsklage wegen Schadenersatz um.

B. Kostenfestsetzung

Mareike Späth/Gundel Baumgärtel

I. Allgemeines

Der Auftraggeber zahlt an den RA eine Vergütung, diese schuldet er unabhängig vom Ausgang des Verfahrens. Obsiegt der Auftraggeber (ganz oder z.T.), ist die gegnerische Partei nach Vorliegen der entsprechenden Kostenentscheidung verpflichtet, die Kosten, die auf Auftraggeberseite entstanden sind, zu erstatten. 68

Dieser Kostenerstattungsanspruch hat keine Auswirkung auf den Vergütungsanspruch. Der RA kann jederzeit auch im Fall des vollständigen Obsiegens des Auftraggebers vom Auftraggeber verlangen, dass dieser seinen Vergütungsanspruch erfüllt.

II. Kostenerstattung

69 In den diversen Verfahrensordnungen ist die Kostenerstattung unterschiedlich geregelt. So gilt etwa für ein Verfahren nach dem FamFG, dass die Kostenerstattung gem. § 81 FamFG bei Billigkeit erfolgt. Auf die Besonderheit des Ausschlusses der Kostenerstattung in der ersten Instanz in arbeitsrechtlichen Auseinandersetzungen (§ 12a Abs. 1 S. 1 ArbGG) wurde an verschiedenen Stellen bereits eingegangen, s. z.B. Rdn 111.

70 Im Zivilprozess sind die wesentlichen Regelungen zur Kostenerstattung in §§ 91 Abs. 1 S. 1 ff. ZPO zu finden. Die unterliegende Partei hat die Kosten des Rechtsstreits zu tragen, soweit die entstandenen Kosten zur zweckentsprechenden Rechtsverteidigung oder Rechtsverfolgung notwendig waren. Das Gesetz gibt einige Ausnahmen vor, in denen trotz Obsiegens nicht von der Notwendigkeit der Kosten auszugehen ist (§§ 93 ff. ZPO).

71 Grds. kann jede Partei so viele Anwälte beauftragen, wie Sie bezahlen kann, erstattet werden gem. § 91 Abs. 1 ZPO nur die Kosten für die Einschaltung eines Anwalts. Obsiegt der Auftraggeber nur z.T., werden die Kosten auch nur z.T. erstattet (§ 92 Abs. 1 ZPO), die Kostenentscheidung entspricht dem Verhältnis von Obsiegen zu Unterliegen.

III. Ablauf der Kostenfestsetzung

72 Die Kostenfestsetzung bietet demjenigen, dem ein Kostenerstattungsanspruch zusteht, einen kostengünstigen Weg zur Erlangung eines zur Zwangsvollstreckung geeigneten Titels (Kostenfestsetzungsbeschluss). Nach Abschluss des Verfahrens muss der Auftraggeber wegen seiner Kosten aus dem Verfahren kein Klageverfahren einleiten. Festsetzbar sind i.R.d. Kostenfestsetzung nur gesetzliche Vergütungsansprüche. Hat der Auftraggeber mit dem RA eine **Vergütungsvereinbarung** abgeschlossen, ist nur die gesetzliche Vergütung festsetzbar. Der Kostenschuldner schuldet nur die gesetzliche Vergütung.

73 Gem. § 103 Abs. 2 ZPO ist der Antrag auf Erstattung der Kosten beim Prozessgericht erster Instanz zu stellen. Der Antrag muss eine Vergütungsberechnung enthalten.

74 Für das Kostenfestsetzungsverfahren erhält der RA keine Vergütung. Das Verfahren gehört gem. § 19 Abs. 1 Nr. 14 RVG zum Rechtszug.

75 *Praxistipp:*

Je eher Sie nach Vorliegen der Kostenentscheidung einen Antrag einreichen, umso schneller liegt Ihnen der Kostenfestsetzungsbeschluss vor. Sofern bei Eingang des Kostenfestsetzungsantrages eine Ausfertigung des Urteils noch nicht erteilt ist und eine Verzögerung der Ausfertigung nicht eintritt, kann der Festsetzungsbeschluss gem. § 105 Abs. 1 ZPO auf das Urteil gesetzt werden. Gem. § 795a ZPO benötigen

Sie dann keine besondere Vollstreckungsklausel und können aus Urteil und Kostenfestsetzungsbeschluss gleichzeitig vollstrecken. Eine Wartefrist gem. § 798 ZPO ist bei einem „vereinfachten Kostenfestsetzungsbeschluss“ nicht einzuhalten.

Die üblichen Formulare für Kostenfestsetzungsanträge, die durch die Softwareunternehmen angeboten werden, sollten immer geprüft und im Einzelfall ggf. angepasst werden. 76

▼ 77

Muster 7.2: Kostenfestsetzungsantrag

7.2

An das
Prozessgericht I. Instanz

Kostenfestsetzungsantrag gem. §§ 103, 104 ZPO

In Sachen

X ./. Y

– Aktenzeichen –

beantragen wir,

> die nachstehend aufgeführten Kosten gem. § 104 ZPO festzusetzen und festzustellen, dass diese Kosten ab Antragseingang mit fünf Prozentpunkten über dem Basiszinssatz zu verzinsen sind.

Kostenforderung

– Vergütungsberechnung *–/keine Rechnungsnummer im Kostenfestsetzungsverfahren –*

(Ausnahme: Kostenfestsetzungsantrag des RA nach einer Gebührenklage)

berechnet gem. §§ 2 Abs. 2, 13 RVG

Gegenstandswert

EUR

EUR

Fortführen mit der entstandenen Vergütung und gezahlten Gerichtskosten

Die von uns vertretene Partei ist nicht vorsteuerabzugsberechtigt, so dass die ausgewiesene Umsatzsteuer festzusetzen ist.

Oder:

Die von uns vertretene Partei ist zum Vorsteuerabzug berechtigt.

Eine anrechnungsfähige außergerichtliche Geschäftsgebühr ist nicht entstanden.

Es wird ausdrücklich beantragt, etwaige Gerichtskosten, die nicht in der Berechnung enthalten sind, ebenfalls zu berücksichtigen und festzusetzen.

Die Erteilung einer vollstreckbaren Ausfertigung des Kostenfestsetzungsbeschlusses und Zusendung zu unseren Händen werden ausdrücklich beantragt.

Rechtsanwalt

▲

IV. Kostenquote

78 Erfolgt die Kostenerstattung nach Quoten, verändert sich der vorstehende Antrag geringfügig. Lediglich im Antrag ist anstatt der Festsetzung nach § 104 ZPO die Kostenausgleichung nach § 106 ZPO zu beantragen.

Die Berechnung der Kosten entsprechend der Quote erfolgt durch den Rechtspfleger des Prozessgerichts erster Instanz. Das Gericht fordert Sie nach Zugang des Kostenfestsetzungsantrags der anderen Partei gem. § 106 Abs. 1 S. 1 ZPO auf, Ihr Gesuch ebenfalls einzureichen. Dafür wird Ihnen eine Frist von nur einer Woche gesetzt. Reichen Sie Ihr Gesuch nicht binnen der Wochenfrist beim Gericht ein, kann die Kostenfestsetzung erfolgen, ohne dass Ihre Kosten entsprechend berücksichtigt werden (§ 106 Abs. 2 S. 1 ZPO). Der Kostenerstattungsanspruch ist bei Versäumen der Frist nicht verloren. Sie können diesen nachträglich geltend machen. Allerdings sieht § 106 Abs. 2 S. 2 ZPO vor, dass dann evtl. entstandene Mehrkosten zu tragen sind.

V. Aufrechnungserklärung im Kostenfestsetzungsverfahren

79 Schuldet eine Partei die Hauptforderung und die andere Partei hat einen Kostenerstattungsanspruch, kann die Aufrechnung des Kostenerstattungsanspruchs mit der Hauptforderung gem. § 388 BGB erklärt werden. Dies kann insbes. dann vorkommen, wenn die ausgeurteilte Forderung immer noch sehr hoch ist, der Kläger aber insgesamt wegen einer viel größeren Forderung unterlegen ist.

> *Beispiel:*
>
> *Der Kläger begehrt vom Beklagten Zahlung i.H.v. 100.000,00 EUR. Das Gericht verurteilt den Beklagten zur Zahlung i.H.v. 10.000,00 EUR. Die Kostenentscheidung lautet üblicherweise: Der Kläger hat die Kosten des Rechtsstreits zu 9/10; der Beklagte hat die Kosten des Rechtsstreits zu 1/10 zu tragen. Hier hat der Beklagte eine Kostenforderung gegen den Kläger und der Kläger eine Forderung aus dem Urteil gegen den Beklagten.*

Praxistipp: 80

Haben Sie die Wochenfrist zur Fertigung des eigenen Kostenfestsetzungsantrages einmal versehentlich übersehen, reichen Sie Ihr Gesuch möglichst rasch ein. Ist bereits ein Kostenfestsetzungsbeschluss erlassen und zugestellt worden, so sollten Sie die Aufrechnung des auf Ihren Mandanten entfallenden Kostenerstattungsbetrags mit dem bereits festgesetzten Betrag erklären.

▼ 81

Muster 7.3: Aufrechnungserklärung mit Kostenerstattungsanspruch

Anrede,

in vorbezeichneter Angelegenheit hat unser Auftraggeber einen Anspruch auf Zahlung gegen Ihren Mandanten aufgrund des Urteils des Prozessgerichts vom zum Aktenzeichen – –.

Aufgrund der Kostenentscheidung des Gerichts steht Ihrem Auftraggeber der noch nicht bezifferte Kostenerstattungsanspruch zu.

Namens und in Vollmacht unseres Auftraggebers erklären wir die

Aufrechnung

der diesem aus dem Urteil zustehenden Forderung mit der Kostenerstattungsforderung Ihres Auftraggebers. Wir haben diese Aufrechnungserklärung dem Gericht vorgelegt, mit der Aufforderung, Ihnen keine vollstreckbare Ausfertigung des Kostenfestsetzungsbeschlusses zu erteilen.

Eine Aufstellung über die Höhe der unserem Auftraggeber zustehenden Forderung haben wir beifügt. Unmittelbar nach Zustellung des Kostenfestsetzungsbeschlusses werden wir diese Forderung um die bezifferte Kostenforderung reduzieren (nebst anteiliger Zinsen).

Sollte Ihnen das Gericht eine vollstreckbare Ausfertigung des Kostenfestsetzungsbeschlusses trotz unserer ausdrücklichen anderslautenden Aufforderung erteilen, gehen wir davon aus, dass Sie uns diese unverzüglich entwertet zur Verfügung stellen werden.

Selbstverständlich werden auch wir Ihnen die entwertete vollstreckbare Ausfertigung des Urteils des Prozessgerichts vom zum Aktenzeichen – – zukommen lassen, wenn die Forderung durch Ihren Mandanten erfüllt ist.

Wir dürfen Sie bitten, uns den Erhalt des vorliegenden Schreibens mittels Rücksendung des Empfangsbekenntnisses zu bestätigen.

Grußformel

▲

82 *Hinweis:*

Dieses Vorgehen ist nicht zulässig, wenn der RA einen Kostenfestsetzungsantrag gem. § 126 ZPO gestellt hat (der Gegner hat obsiegt und ihm ist PKH bewilligt). Gem. § 126 Abs. 2 S. 2 ZPO kann in diesen Fällen nur mit einer Kostenforderung aufgerechnet werden, die im selben Rechtsstreit zugunsten der anderen Partei entstanden ist.

83 Sinnvoll ist es hier, das Gericht gleich von der erfolgten Aufrechnung zu informieren.

84 ▼

Muster 7.4: Aufrechnungsmitteilung an das Gericht

An das Prozessgericht I. Instanz

In Sachen

X ./. Y

– Aktenzeichen –

teilen wir mit, dass wir entsprechend dem in der Anlage beigefügten Schreiben vom ______ die Aufrechnung eines Teils der Hauptforderung mit der Kostenforderung erklärt haben. Das Schreiben wurde am ______ gegen Empfangsbekenntnis zugestellt.

Es wird daher ausdrücklich beantragt,

- die Aufrechnung zu berücksichtigen und keine vollstreckbare Ausfertigung des Kostenfestsetzungsbeschlusses zu erteilen.

Die ziffernmäßige Feststellung der Höhe des Kostenerstattungsanspruchs ist weiterhin erforderlich, um festzustellen, in welcher Höhe die zur Aufrechnung gestellte Forderung erloschen ist.

Rechtsanwalt

▲

85 *Hinweis:*

Wenn Sie so vorgehen und das Gericht festsetzt, ohne die Aufrechnung zu berücksichtigen, ist die Zwangsvollstreckungsabwehrklage zulässig. Sie sollten allerdings erst das sofortige Beschwerdeverfahren führen und einen Einstellungsantrag stellen.

VI. Kostenaufhebung

86 Für den Fall der Kostenaufhebung (üblich in Vergleichen: „Die Kosten des Rechtsstreits werden gegeneinander aufgehoben“) stellen Sie ebenfalls einen sog. Kostenausgleichungsantrag gem. § 106 ZPO.

▼ 87

Muster 7.5: Kostenausgleichungsantrag

7.5

An das
Prozessgericht I. Instanz

In Sachen

X ./. Y

– Aktenzeichen –

wird beantragt,

- die Gerichtskosten des Verfahrens auszugleichen und den auf den Beklagten (*Kläger nur im Fall einer Widerklage*) entfallenden Anteil gegen diesen festzusetzen.

Es wird ferner beantragt,

- den festzusetzenden Betrag mit 5 % Zinsen über dem jeweils gültigen Basiszinssatz ab Eingang des Antrags bei Gericht zu verzinsen.

Um die Erstattung nicht verbrauchter Gerichtskosten wird gleichzeitig gebeten.

Es wird anwaltlich versichert, dass diese aus eigenen Mitteln verauslagt worden sind.

Wir bitten um Erteilung einer zugestellten und vollstreckbaren Ausfertigung.

Rechtsanwalt

▲

Wie Sie einen Kostenfestsetzungsbeschluss anfechten können, ist in diesem Paragrafen bei Rdn 207 dargestellt. 88

VII. Nachfestsetzung

Haben Sie vergessen, eine Gebühr oder Auslagen bei der Festsetzung zu beantragen, so können Sie jederzeit die sog. Nachfestsetzung beantragen. In einigen Fällen ist es sogar angebracht, bspw. die **Reisekosten** gesondert festsetzen zu lassen. Ist der Vergütungsanspruch schon ohne Berücksichtigung der Reisekosten sehr hoch, haben Sie ein Interesse daran, den Vergütungsanspruch schnell titulieren zu lassen. Oft erhebt der zur Kostentragung Verpflichtete insbes. Einwendungen wegen Auslagen, die im Verhältnis zu den Gesamtkosten sehr gering ausfallen. Dies können Sie vermeiden, indem Sie zunächst den Hauptanspruch festsetzen lassen und sich anschließend in aller Ruhe mit dem Gegner über die Notwendigkeit und die Höhe von bspw. Reisekosten auseinandersetzen. 89

Der Kostenerstattungsanspruch verjährt in 30 Jahren (§ 197 Abs. 1 Nr. 3 BGB). 90

91 ▼

Muster 7.6: Antrag auf Nachfestsetzung

7.6

Prozessgericht I. Instanz

In Sachen

X ./. Y

– Aktenzeichen –

wird beantragt,

- die nachstehend bezifferte Vergütung (ggf. nur noch die Auslagen) ebenfalls gegen den (Kläger oder Beklagten) festzusetzen. Die Anträge und Erklärungen aus dem ersten Kostenfestsetzungsantrag vom wiederholen wir hiermit ausdrücklich. Sollten hiergegen Bedenken bestehen, wird höflichst um einen entsprechenden Hinweis durch das Gericht gebeten.

Begründung:

Im Kostenfestsetzungsantrag vom wurde übersehen, dass im Verfahren nicht lediglich eine 0,5 Terminsgebühr gem. Nr. 3105 VV RVG entstanden ist. Ausweislich des in der Anlage beigefügten Telefonvermerks fand bereits vor dem Termin zur mündlichen Verhandlung eine telefonische Erörterung der Angelegenheit mit Vergleichsverhandlungen statt. Die Vergleichsverhandlungen sind gescheitert.

Aus diesem Grunde ist entsprechend Vorbemerkung 3 Abs. 3 Alt. 3 VV RVG die 1,2 Terminsgebühr gem. Nr. 3104 VV RVG entstanden. Die Festsetzung der Differenz in Höhe von 0,7 beantragen wir hiermit. Entgelte für Post- und Telekommunikationsdienstleistungen gem. Nr. 7002 VV RVG sind nicht erneut entstanden, da diese bereits im ersten Gesuch mit 20,00 EUR berücksichtigt worden sind.

EUR 0,7 Differenzterminsgebühr gem. §§ 2 Abs. 2, 13, Nr. 3104 VV RVG

EUR Umsatzsteuer gem. § 2 Abs. 2, Nr. 7008 VV RVG

EUR Summe

Wir bitten um Erteilung einer zugestellten und vollstreckbaren Ausfertigung des Beschlusses und verweisen hinsichtlich der Verzinsung und der Erklärung zum Vorsteuerabzug auf den Erstantrag.

Rechtsanwalt

▲

VIII. Verfahren nach Zustellung des Kostenfestsetzungsbeschlusses

Der Kostenfestsetzungsbeschluss wird demjenigen, der zur Zahlung verpflichtet ist, von Amts wegen zugestellt (§ 104 Abs. 1 S. 3 ZPO). Mit der Zustellung beginnt die Rechtsmittel- (oder je nach Wert: Rechtsbehelfs-)frist zu laufen. Dem Antragsteller wird die Entscheidung nur von Amts wegen zugestellt, wenn seinem Antrag ganz oder teilweise nicht entsprochen worden ist (§ 104 Abs. 1 S. 4 ZPO). 92

1. RSV

Hat eine RSV die **Kostendeckungszusage** erteilt, so erstreckt sich diese Zusage auch auf Kostenerstattungsansprüche des gerichtlichen Verfahrens, die bei der „Gegenseite" entstanden sind. 93

Auch wenn Sie beabsichtigen, den Kostenfestsetzungsbeschluss anzufechten, müssen Sie vorher bei der Versicherung um Kostendeckungszusage für dieses Vorgehen bitten. Das Rechtsmittel-/Rechtsbehelfsverfahren gegen einen Kostenfestsetzungsbeschluss ist gem. § 18 Nr. 3 RVG eine besondere Angelegenheit. Es entsteht die 0,5 Verfahrensgebühr gem. Nr. 3500 VV RVG. 94

Reichen Sie den Kostenfestsetzungsbeschluss unverzüglich bei der RSV zum Zwecke der Zahlung ein und informieren Sie den Gegner entsprechend. Nur so können Sie vermeiden, dass gegen Ihren Mandanten die Zwangsvollstreckung aus dem Kostenfestsetzungsbeschluss betrieben wird. 95

▼ 96

Muster 7.7: Weiterleitung des Kostenfestsetzungsbeschlusses an die RSV

7.7

Anrede,

in der Anlage überreichen wir Ihnen den Kostenfestsetzungsbeschluss des Gerichts vom zum Aktenzeichen – –.

(Anmerkung: Die nächsten beiden Sätze sind nur erforderlich, wenn das Verfahren noch nicht rechtskräftig abgeschlossen ist.)

Der Gegner hat kein Einverständnis damit erklärt, dass der Ausgleich der Kostenforderung bis zur Rechtskraft des Verfahrens zurückgestellt werden kann. Auch unter Berücksichtigung von § 720a ZPO ist ein Ausgleich des Kostenfestsetzungsbeschlusses daher bereits jetzt erforderlich.

Gegen Ihren VN wurde ein Betrag in Höhe von EUR nebst Zinsen in Höhe von 5 Prozentpunkten über dem jeweiligen Basiszinssatz seit dem festgesetzt. Bitte gleichen Sie die Forderung vollständig aus. Die Bankverbindung sowie das Aktenzeichen des Kostengläubigers entnehmen Sie bitte dessen Briefbogen.

Um Vollstreckungsmaßnahmen (oder eine kostenpflichtige Zwangsvollstreckungsandrohung) des Gläubigers zu vermeiden, bitten wir Sie, dafür Sorge zu tragen, dass die Zahlung fristgerecht beim Anspruchsberechtigten eingeht.

Sollten Sie Einwände gegen die Berechtigung der Festsetzung haben, müssen Sie uns umgehend informieren und auch Ihre Einwände detailliert darlegen. Eine Frist haben wir nicht notiert, sodass in diesem Fall eine unverzügliche Reaktion Ihrerseits erforderlich ist.

Wir haben den Kostengläubiger über die ausstehende Zahlung informiert.

Bitte informieren Sie uns von der erfolgten Zahlung. Eine telefonische Information reicht aus.

(Anmerkung: Der folgende Absatz ist nur notwendig, wenn das Verfahren noch nicht rechtskräftig abgeschlossen ist.)

Bitte überlassen Sie uns alsbald eine Kopie des Zahlungsbeleges. Diesen benötigen wir, wenn nach einer abändernden Entscheidung durch das Rechtsmittelgericht die Rückfestsetzung zu beantragen ist.

Grußformel

▲

97 Sie sollten auch den Prozessbevollmächtigten der Gegenseite entsprechend informieren. Diesem ist nicht bekannt, dass für Ihren Auftraggeber eine RSV die Kostendeckungszusage erteilt hat. Durch eine entsprechende Information vermeiden Sie überflüssige Auseinandersetzungen und Vollstreckungsmaßnahmen.

98 ▼

Muster 7.8: Information an den Kostengläubiger über Zahlungsausgleich durch RSV

Anrede,

durch das Gericht wurde uns zwischenzeitlich der zu Lasten unseres Mandanten erlassene Kostenfestsetzungsbeschluss vom   zum Aktenzeichen –   – zugestellt.

Wir haben diesen mit gleicher Post an die hinter unserem Mandanten stehende Rechtsschutzversicherung weitergeleitet und diese aufgefordert, die festgesetzten Kosten nebst Zinsen fristgerecht an Sie zu leisten.

Sollte es auf dem Zahlungsweg wider Erwarten zu Verzögerungen kommen, so bitten wir vor Einleitung von Vollstreckungsmaßnahmen kollegialiter um kurze Nachricht.

Nach Zahlungseingang bitten wir um Übersendung der entwerteten vollstreckbare Ausfertigung des Kostenfestsetzungsbeschlusses.

Grußformel

▲

2. Auftraggeber zahlt die festgesetzten Kosten

Muss der Auftraggeber die festgesetzten Kosten zahlen, muss auch er darüber informiert 99
werden, an wen er in welcher Höhe zu leisten hat. Die Übersendung des Kostenfestsetzungsbeschlusses ohne Erläuterungen ist für den Auftraggeber nicht hilfreich.

▼ 100

Muster 7.9: Übersendung des Kostenfestsetzungsbeschlusses an den Auftraggeber

Anrede,

in der Anlage übersenden wir Ihnen den Kostenfestsetzungsbeschluss des Gerichts vom zum Aktenzeichen: – –, mit welchem Kosten zu Ihren Lasten in Höhe von EUR nebst Zinsen in Höhe von 5 Prozentpunkten über dem Basiszinssatz seit dem festgesetzt wurden.

Wir haben den Beschluss geprüft, dieser ist sachlich und rechnerisch korrekt.

Bitte zahlen Sie den Betrag in Höhe von EUR nebst Zinsen in Höhe von 5 Prozentpunkten über dem Basiszinssatz (EUR berechnet bis zum). Die Zahlung ist zu richten an

Zahlungsempfänger Rechtsanwalt – Rechtsanwälte

IBAN

BIC Bankinstitut Kontonummer Bankleitzahl

Aktenzeichen

Bitte übersenden Sie uns nach erfolgter Zahlung eine Kopie des Zahlungsbeleges.

Erfolgt keine Zahlung durch Sie, kann der Gegner aus dem Kostenfestsetzungsbeschluss nach Ablauf einer 2-Wochen-Frist die Vollstreckung gegen Sie einleiten.

(Anmerkung: Den nachfolgenden Absatz nur bei noch nicht abgeschlossenem Verfahren.)

Dies ist möglich, auch wenn das Hauptverfahren noch nicht abgeschlossen ist. Um hier nicht ein Hinterlegungsverfahren führen zu müssen und um zu vermeiden, dass die sog. Sicherungsvollstreckung gem. § 720a ZPO eingeleitet wird, raten wir Ihnen dringend an, die Kostenforderung auszugleichen.

Grußformel

▲

Auch hier können Sie den Gegner darüber informieren, dass Sie den Auftraggeber zur 101
Zahlung aufgefordert haben. Sie können sich an dem Textmuster bei Weiterleitung des Kostenfestsetzungsbeschusses an die RSV, Rdn 96, orientieren.

IX. Erfolgte Zahlung

102 Hat die Versicherung mitgeteilt, dass eine Zahlung erfolgt ist, oder der Mandant die erfolgte Zahlung nachgewiesen, sollten Sie, wenn die entwertete vollstreckbare Ausfertigung des Kostenfestsetzungsbeschlusses nicht kurzfristig bei Ihnen eingegangen ist (zehn Tage sind eine angemessene Zeitspanne), vom Gegner nochmals die Herausgabe der entwerteten vollstreckbaren Ausfertigung anfordern. Empfehlenswert ist es, hier die Erhebung der Vollstreckungsabwehrklage oder Herausgabeklage für den Fall anzudrohen, dass die entwertete vollstreckbare Ausfertigung nicht unverzüglich zur Verfügung gestellt wird. Gerade bei einer abgeänderten Kostenentscheidung beispielsweise nach einem Berufungsverfahren erleichtert das Vorliegen der entwerteten vollstreckbaren Ausfertigung ein Rückfestsetzungsverfahren (s. Rdn 105).

X. Gläubiger des Kostenerstattungsanspruchs

103 Der Kostenfestsetzungsbeschluss wird vom Gericht in vollstreckbarer Ausfertigung erteilt. Aus dem Zustellnachweis ist ersichtlich, wann der Kostenfestsetzungsbeschluss an den Kostenschuldner zugestellt wurde. Bevor eine Vollstreckung erfolgen kann, muss eine 2-Wochen-Frist von diesem Datum an berechnet abgewartet werden (§ 798 ZPO). Der Schuldner soll ausreichend Gelegenheit haben, die Forderung freiwillig zu erfüllen. Ist gegen die Entscheidung in der Hauptsache ein Rechtsmittel möglich, wird das Gericht üblicherweise (§§ 708 ff. ZPO) die Vollstreckbarkeit nur gegen Sicherheitsleistung anordnen. Diese Anordnung erstreckt sich auch auf die festgesetzten Kosten.

XI. Änderung der Kostenentscheidung – Rückfestsetzung

104 War das Verfahren nicht rechtskräftig abgeschlossen, so kann sich die Kostenentscheidung ändern. Es ist nicht ausgeschlossen, dass derjenige, der einen Kostenfestsetzungsbeschluss bereits beglichen hat, dann nicht mehr zur Zahlung verpflichtet ist. Die von diesem gezahlten Beträge stehen ihm aus dem Grundgedanken des § 717 Abs. 2 ZPO zu, er kann daher nach allgemeiner Auffassung die sog. Rückfestsetzung beantragen.

> *Beispiel:*
> *In der ersten Instanz wurde die Klage in voller Höhe abgewiesen. Auf den erstinstanzlich ergangenen Kostenfestsetzungsbeschluss hat der Auftraggeber einen Betrag i.H.v. 1.200,00 EUR geleistet. Das Berufungsgericht ändert das Urteil der ersten Instanz ab. Der Beklagte wird zur Zahlung verurteilt. Der Beklagte hat die Kosten des Rechtsstreits zu tragen. Erforderlich sind ein Kostenfestsetzungsantrag*

über die Kosten der ersten und zweiten Instanz und ein Rückfestsetzungsantrag wegen der bereits gezahlten 1.200,00 EUR.

▼ 105

Muster 7.10: Rückfestsetzungsantrag bei abgeänderter Kostenentscheidung 7.10

An das
Prozessgericht I. Instanz

In Sachen

X ./. Y

– Aktenzeichen –

wird beantragt,

- die mit Kostenfestsetzungsbeschluss vom ____ festgesetzten Kosten in Höhe von ____ EUR nebst Zinsen in Höhe von fünf Prozentpunkten über dem jeweils gültigen Basiszinssatz in Höhe von ____ EUR

rückfestzusetzen

und auszusprechen,

- dass der rückfestzusetzende Betrag mit Zinsen in Höhe von 5 Prozentpunkten über dem jeweils gültigen Basiszinssatz seit dem ____ (Zinsbeginn aus dem Kostenfestsetzungsbeschluss) zu zahlen ist.

Es wird ferner beantragt,

- eine vollstreckbare Ausfertigung des Rückfestsetzungsbeschlusses zu erteilen.

Eine Erklärung zum Vorsteuerabzug ist überflüssig. Eine etwaige Vorsteuerabzugsberechtigung hat auf die Erstattung bereits gezahlter Beträge, in denen Vorsteuer enthalten war, keinen Einfluss. Rein vorsorglich erklären wir, dass der Antragsteller nicht zum Vorsteuerabzug berechtigt ist.

Begründung

Das Berufungsgericht hat mit Urt. v. ____ die Kostenentscheidung der ersten Instanz aufgehoben. Der Grund für die erfolgte Festsetzung ist entfallen. Der Schuldner des Kostenerstattungsanspruchs hat aber auf den vorliegenden Kostenfestsetzungsbeschluss gezahlt.

Glaubhaftmachung: Vorlage des Zahlungsbeleges der ____-Bank vom ____

Nach Ausgleich der Kostenforderung hat der ehemalige Gläubiger des Kostenerstattungsanspruchs, der jetzige Antragsgegner, die entwertete vollstreckbare Ausfertigung des Kostenfestsetzungsbeschlusses ausgehändigt.

Glaubhaftmachung: Vorlage der entwerteten vollstreckbaren Ausfertigung des Kostenfestsetzungsbeschlusses.

Unter Berücksichtigung der in § 717 Abs. 2 ZPO normierten Schadensersatzpflicht ist Rückfestsetzung geboten. Der Zinsanspruch ergibt sich aus dem Zinsanspruch, der gegen den ursprünglichen Kostenschuldner geltend gemacht worden ist. Der Zinsschaden ist ein Teil des Schadens gem. § 717 Abs. 2 ZPO.

Rechtsanwalt

▲

106 *Hinweis:*

Es ist umstritten, wann die Verzinsungspflicht beginnt. Entweder orientiert sich diese am ursprünglichen Zinsbeginn oder aber die Verzinsung beginnt ab Eingang des Rückfestsetzungsgesuchs bei Gericht. I.d.R. lohnt es nicht, wegen der Zinsen sofortige Beschwerde (aufgrund des Wertes der Beschwer selten) oder Erinnerung einzulegen.

XII. Kostenfestsetzung gem. § 788 ZPO

107 Ausführungen zur Kostenfestsetzung von Vollstreckungskosten finden Sie nebst diversen Textmustern im vergütungsrechtlichen Teil unter Rdn 68 ff.

XIII. Vergütungsfestsetzung gem. § 11 RVG

108 Das Verfahren über die Vergütungsfestsetzung ist im vergütungsrechtlichen Teil unter § 10 Rdn 2 in einem eigenen Kapitel enthalten. Auch diverse Textmuster finden Sie in diesem Paragrafen. Wenn es um das Verfahren der Kostenfestsetzung geht, so gehören Ausführungen gem. § 11 RVG gerade nicht dazu. Die Kostenfestsetzung regelt den Anspruch, den die Parteien auf Kostenerstattung haben. Die Vergütungsfestsetzung regelt ausschließlich den Anspruch des RA gegen seinen Auftraggeber.

C. Berufungsverfahren

I. Allgemeines

109 Nur zu oft endet ein erstinstanzliches Verfahren nicht i.S.d. Auftraggebers. Er kann als Beklagter mit einem Urteil belastet werden, oder aber seine gerichtlich verfolgte Forderung konnte nicht durchdringen, sodass ein klageabweisendes Urteil erging. Hier gibt es unzählige von Möglichkeiten. Der Auftraggeber kann ganz oder zum Teil unterlegen sein.

II. Kostenfestsetzung nach Abschluss des erstinstanzlichen Verfahrens

Die Kostenquote des erstinstanzlichen Urteils orientiert sich an dem Verhältnis von Obsiegen zu Unterliegen (§ 91 ZPO). Bei **Teilobsiegen** ist das **Kostenausgleichungsverfahren** gem. § 106 ZPO erforderlich. Derjenige, dem ein Kostenerstattungsanspruch nach Abschluss der ersten Instanz zusteht, wird das **Kostenfestsetzungsverfahren** (oder bei einer Kostenquote das Kostenausgleichungsverfahren) betreiben und einen Antrag an das Prozessgericht erster Instanz stellen (§ 104 ZPO). 110

Nach Beendigung von arbeitsgerichtlichen Angelegenheiten erster Instanz wird generell kein Kostenfestsetzungsverfahren durchgeführt. Dies liegt daran, dass die Kostenerstattung (bezogen auf die Anwaltsvergütung und Zeitversäumnis) in arbeitsgerichtlichen Verfahren erster Instanz ausgeschlossen ist (§ 12a Abs. 1 S. 1 ArbGG). Wegen der in § 12a Abs. 1 S. 2 ArbGG vorgegebenen Belehrungspflicht wird auf § 8 Rdn 4 verwiesen. 111

Praxistipp: 112

Nach Abschluss der ersten Instanz wird Ihnen das Kostenfestsetzungsgesuch der obsiegenden Partei zum Zweck der Stellungnahme zugestellt. Sie können das Gericht darum bitten, dass das Kostenfestsetzungs- oder Kostenausgleichungsverfahren bis zum Abschluss des Berufungsverfahrens zurückgestellt wird. Allerdings laufen dann während der gesamten Zeit des Berufungsverfahrens bis zum Abschluss desselben die Zinsen. Bei hohen Kostenforderungen sollten Sie den Auftraggeber fragen, ob er beabsichtigt, wegen der laufenden Zinsen vor Abschluss des Berufungsverfahrens bereits die Kostenforderung zu erfüllen. Dann stellen Sie natürlich keinen Antrag, das Festsetzungsverfahren bis zum Abschluss des Verfahrens auszusetzen.

▼ 113

Muster 7.11: Nachfrage beim Auftraggeber über Rückstellung des Kostenfestsetzungsverfahrens 7.11

Anrede,

wie Sie wissen, ist das erstinstanzliche Verfahren nicht obsiegend beendet worden. Aus diesem Grund führen wir auftragsgemäß das Berufungsverfahren. Wer im Verfahren unterliegt, muss die Kosten tragen, die der gegnerischen Partei erwachsen sind (Anwalts- und Gerichtskosten). Durch das Gericht ist uns das Kostenfestsetzungsgesuch der obsiegenden Partei zugestellt worden. Auf dieses Gesuch müssen wir Stellung nehmen.

Wir würden hier – Ihr Einverständnis vorausgesetzt – beantragen, das Kostenfestsetzungsverfahren bis zum Abschluss des Berufungsverfahrens zurückzustellen. Dadurch wird vermieden, dass Sie zunächst die Kosten des Verfahrens begleichen und nach Abschluss des Berufungsverfahrens aber feststeht, dass Sie diese Kosten nicht zu tragen haben, weil Sie etwa das Berufungsverfahren obsiegend beendet haben.

Dieser Antrag hat zwei Nachteile:

1. Der Gegner muss einem solchen Antrag nicht zustimmen.
2. Die Zinsen auf die festgesetzten Kosten laufen weiter.

   Die Kosten des Verfahrens sind mit 5 Prozentpunkten über dem jeweils gültigen Basiszinssatz zu verzinsen. Ergibt sich nach Abschluss des Berufungsverfahrens, dass es bei der Entscheidung des erstinstanzlichen Gerichts verbleibt, hätten Sie Zinsen sparen können, wenn Sie die Kostenforderung der Gegenseite bereits jetzt ausgeglichen hätten.

Wir halten das Zinsrisiko angesichts der Höhe der Kostenforderung für hinnehmbar und haben den entsprechenden Antrag gestellt.

Sollten Sie mit dem Zurückstellungsantrag nicht einverstanden sein, informieren Sie uns bitte unverzüglich. Wir nehmen diesen Antrag dann selbstverständlich sofort zurück. Kosten für die Rücknahme entstehen nicht.

Grußformel

▲

114 *Hinweis:*

Selbstverständlich können Sie den Auftraggeber auch telefonisch informieren und um Zustimmung bitten. Vorteil einer schriftlichen Nachfrage ist der in der Akte vorhandene Nachweis, dass der Auftraggeber belehrt worden ist (Zinslast). Im Falle einer telefonischen Information des Auftraggebers ist über dieses Telefonat unbedingt ein Aktenvermerk zu fertigen.

115 ▼

Muster 7.12: Antrag an das Gericht, das Kostenfestsetzungsverfahren auszusetzen

In Sachen

/

– Aktenzeichen –

ist uns das Kostenfestsetzungsgesuch des/der (Klägers/Beklagten) vom am zugestellt worden. Wegen des laufenden Berufungsverfahrens wird beantragt, das Kostenfestsetzungsverfahren bis zum Abschluss des Berufungsverfahrens zurückzustellen.

Begründung

Durch eine Zurückstellung des Kostenfestsetzungsverfahrens wird vermieden, dass für den Fall einer abändernden Entscheidung durch das Berufungsgericht eventuell umfangreiche Rückfestsetzungsverfahren erforderlich werden. Da das Urteil und damit der Kostenfestsetzungsbeschluss nur gegen Sicherheitsleistung vollstreckbar sind, ist auch kein Schaden für den Inhaber des Kostenerstattungsanspruchs zu erwarten.

Rechtsanwalt

▲

Hinweis: 116

Sollten Sie gegen einzelne Gebührenpositionen oder die Auslagen im Kostenfestsetzungsgesuch Einwände haben, tragen Sie diese bitte gleich hier vor. So vermeiden Sie ein Rechtsbehelfs-/Rechtsmittelverfahren gegen den Kostenfestsetzungsbeschluss. Ein solches Verfahren verursacht immer eine weitere Anwaltsvergütung (Verfahrensgebühr der Nr. 3500 VV RVG nach dem Gegenstandswert der Zuvielfestsetzung) und Gerichtskosten. Die Gerichtskosten berechnen sich nach Nr. 8610 KV GKG in Höhe der Festgebühr von 84,00 EUR. Haben Sie nicht rechtzeitig Stellung genommen, können Sie nicht damit rechnen, dass der Beschwerdegegner die Kosten des Beschwerdeverfahrens zu tragen hat.

III. Wert der Beschwer

Das obige Vorgehen ist selbstverständlich nur dann sinnvoll, wenn überhaupt die Möglichkeit gegeben ist, das Urteil im Wege der Berufung anzufechten. Berufung kann nur eingelegt werden, wenn der Wert der Beschwer erreicht ist oder die Berufung zugelassen wurde. Nur dann ist es möglich, dass das nächsthöhere Gericht im Wege des Berufungsverfahrens das Urteil der ersten Instanz überprüft. 117

Der RA wird prüfen, ob die Berufung zulässig ist. Zulässig ist die Berufung, wenn der Wert der Beschwer entweder 600,00 EUR übersteigt oder aber das Gericht des ersten Rechtszugs die Berufung zugelassen hat (§ 511 Abs. 2 ZPO). 118

Der Wert der Beschwer ergibt sich **aus dem Teil der Forderung**, für den das Gericht ausgesprochen hat, dass sie dem Auftraggeber nicht zusteht. Der Wert der Beschwer ergibt sich auch aus einer gegen den Auftraggeber zuerkannten Forderung.

Beispiel 1: 119

Ihre Kanzlei vertritt den Kläger. Der Kläger hat mit seiner Klage Zahlung i.H.v. 1.200,00 EUR vom Beklagten begehrt. Das Gericht hat ausgeurteilt, dass der Beklagte an den Kläger eine Forderung i.H.v. 600,00 EUR leisten muss. Hilfsaufrechnungen oder Widerklagen waren nicht Gegenstand des gerichtlichen Verfahrens. Einen Ausspruch über die Zulässigkeit der Berufung hat das AG nicht gefällt, einen entsprechenden Antrag hatten Sie aber auch nicht gestellt.

Der sog. Wert der Beschwer ergibt sich aus

begehrter Forderung	*1.200,00 EUR*
abzüglich zuerkannter Forderung	*– 600,00 EUR*
Differenz = Wert der Beschwer	*600,00 EUR*

Die Berufung ist nicht zulässig, da der Wert der Beschwer 600,00 EUR nicht überschreitet und die Berufung nicht zugelassen worden ist.

Entsprechendes gilt für den Beklagten. Seine Beschwer ergibt sich aus der zuerkannten Klageforderung (600,00 EUR). Auch der Beklagte kann im Beispielsfall keine Berufung einlegen.

120 *Beispiel 2:*

Der Kläger beantragt, den Beklagten zu verurteilen an ihn 3.000,00 EUR zu zahlen. Das Gericht gibt der Klage zum Teil statt. Es verurteilt den Beklagten zur Zahlung i.H.v. 2.000,00 EUR.

Der Kläger kann Berufung einlegen. Er ist um 1.000,00 EUR beschwert, denn in dieser Höhe wurde seinem Antrag nicht stattgegeben. Der Beklagte kann Berufung einlegen. Er ist um 2.000,00 EUR beschwert, denn in dieser Höhe wurde er zur Zahlung verurteilt.

Legen beide gegen das Urteil Berufung ein, werden nicht zwei Verfahren geführt. Beide Berufungen werden miteinander zu einem einheitlichen Berufungsverfahren verbunden.

121 Für den **Kläger** ergibt sich seine **Beschwer regelmäßig aus dem aberkannten Klagebegehren** (Ausnahmen: Aufrechnung, Hilfsaufrechnung, Widerklage, Hilfswiderklage, s. § 322 Abs. 2 ZPO), für den **Beklagten** ergibt sich die **Beschwer regelmäßig aus der zuerkannten Klageforderung** (Ausnahme: aberkannte Gegenforderungen des Beklagten, Aufrechnung, Hilfsaufrechnung, Widerklage, Hilfswiderklage, s. § 322 Abs. 2 ZPO).

IV. Frist für die Einlegung der Berufung

122 Spätestens nach der Zustellung des Urteils beginnt die Frist des § 517 ZPO zu laufen. Die Berufungsfrist ist eine **Notfrist von einem Monat (§ 517 ZPO)**. Sie ist nicht verlängerbar. Sie beginnt entweder mit der Zustellung des in vollständiger Form abgefassten

Urteils oder aber spätestens (wenn ein Urteil bis dahin nicht zugestellt wurde) mit Ablauf von fünf Monaten seit Verkündung des Urteils zu laufen.

Praxistipp: 123

Sollten Sie durch das Gericht zunächst die sog. Kurzausfertigung des Urteils (ohne Tatbestand und Entscheidungsgründe) erhalten, dann sollten Sie die Berufungsfrist notieren und zwar den Ablauf der nach fünf Monaten beginnenden Berufungsfrist, die mit der Verkündung zu laufen beginnt (also legen Sie die Berufung spätestens sechs Monate nach Verkündung des Urteils ein). Sie vermeiden so, endlos auf die vollständige Ausfertigung zu warten und ggf. die Frist zu versäumen. Wird die vollständige Ausfertigung zugestellt, können Sie die „Verkündungsfrist" wieder streichen.

Beispiel 1: 124

Das Urteil wird am 01.03. verkündet. Am 01.10. wird die vollständige Ausfertigung des Urteils zugestellt. Die innerhalb der ab dem 01.10. berechneten Frist eingelegte Berufung ist unzulässig, da die Berufungsfrist bereits am 01.09. abgelaufen ist. Fristbeginn war der 01.08. (die Frist beginnt nach fünf Monaten nach Verkündung zu laufen, sie beträgt einen Monat und ist als Notfrist nach sechs Monaten abgelaufen), Fristablauf war der 01.09.

Auch hier gilt: Sagen Sie niemals „nie". Auch in kleineren Gerichtsbezirken kann es vorkommen, dass eine Urteilsausfertigung mal überaus lange auf sich warten lässt. Vielen unbekannt ist die Vorschrift des § 517 ZPO: Ein Blick in das Gesetz kann oft Unglaubliches offenbaren. 125

Die **Berechnung** einer Frist richtet sich nach den dafür einschlägigen Vorschriften im vierten Abschnitt des BGB (**§§ 186 bis 193 BGB**). Der Fristbeginn richtet sich nach § 187 BGB, das Fristende wird in § 188 BGB geregelt. 126

Endet eine Frist bspw. am 31.01., so ist Fristablauf der in dem entsprechenden Kalenderjahr folgende 28.02. (oder 29.02.). Hier erfolgt kein „Übertrag" der fehlenden Kalendertage.

§ 193 BGB bestimmt, wie vorzugehen ist, wenn das Fristende auf einen Sonnabend, Sonntag oder im entsprechenden Bundesland (das Bundesland, in dem die Frist abläuft) staatlich anerkannten Feiertag fällt, so läuft die Frist am nächsten Werktag ab. 127

Beispiel 2:

Das Fristende fällt auf den 03.10. Der 03.10. ist ein einheitlicher Feiertag. Fristablauf ist damit der 04.10. Ist der 04.10. nun ein Sonnabend oder ein Sonntag, läuft die Frist entsprechend am nächstfolgenden Werktag (Montag) ab. Es ist jedoch völlig unschädlich, die Frist auch durch Einlegung der Berufung am 03.10. zu wahren.

128 *Beispiel 3:*

Ein RA aus dem Bundesland Bayern vertritt einen Auftraggeber in einem Verfahren, das im Bundesland Rheinland-Pfalz geführt wird. Dem RA aus Bayern wurde das Urteil des LG Koblenz am 6.11.2015 zugestellt. Er hat hiergegen Berufung eingelegt. Die Berufungsbegründung ging am 7.1.2016 beim OLG Koblenz ein. Da der 06.01. zwar in Bayern, nicht jedoch in Rheinland-Pfalz ein Feiertag ist, ging die Berufungsbegründung einen Tag zu spät beim OLG ein.

Die daraufhin beantragte Wiedereinsetzung in den vorigen Stand wurde dem RA nicht gewährt. Das OLG führte in seiner Begründung aus, dass in den Fällen, in denen die Kanzlei eines RA und das betreffende Gericht ihren Sitz in unterschiedlichen Bundesländern mit verschiedenen Feiertagsregelungen haben, es sich um keine einfache und übliche Frist handele, deren Berechnung Angestellten übertragen werden dürfe. In solchen Fällen müsse der RA die Fristberechnung selbst vornehmen oder zumindest die Berechnung seiner Angestellten prüfen (vgl. Beschluss OLG Koblenz vom 27.6.2016 – 10 U 1263/15).

Um solche unnötigen Fehler zu vermeiden, ist es ratsam, sich Akten mit entsprechender Problematik zu kennzeichnen. In allen handelsüblichen Kalendern ist bei staatlich anerkannten Feiertagen vermerkt, in welchem Bundesland diese gültig sind. Am Besten markieren Sie sich bereits zu Jahresbeginn im Kalender all diejenigen Feiertage, die nicht bundeseinheitlich sind (z.B. 06.01., 31.10., 01.11., etc.)

V. Weitere Fristen nach Unterliegen in der ersten Instanz

1. Tatbestandsberichtigung

129 Bei der Zustellung des vollständigen Urteils müssen Sie nicht nur an die Berufungsfrist denken. So kann es sein, dass die **Zwei-Wochen-Frist aus § 320 Abs. 1 ZPO** (Tatbestandsberichtigung) einzuhalten ist. Auch diese Frist **beginnt mit Zustellung des in vollständiger Form abgefassten Urteils** zu laufen. Ist das Urteil noch gar nicht zugestellt, greift aber die Drei-Monatsfrist in § 320 Abs. 2 S. 3 ZPO. Nach Ablauf von drei Monaten seit Verkündung des Urteils ist eine Berichtigung des Tatbestandes ausgeschlossen. Gerade **rund um das Urteil ist ein sorgfältiges Fristenmanagement erforderlich**.

Vergütungsrechtlich ist das Verfahren unerfreulich. Das Tatbestandsberichtigungsverfahren gehört gem. § 19 Nr. 6 RVG zum Rechtszug. Ein eigener Vergütungsanspruch ist nicht gegeben.

2. Urteilsergänzung

Ferner kann es möglich sein, dass Sie die **zwei Wochen Frist zur Ergänzung des Urteils** 130
(§ 321 Abs. 2 ZPO) beachten müssen. Auch diese Frist beginnt mit der Zustellung des Urteils zu laufen. In diesem Verfahren kann sogar gem. § 321 Abs. 3 S. 1 ZPO ein neuer Termin erforderlich sein. Ein neuer Vergütungsanspruch entsteht für den RA nicht (auch nicht für die Wahrnehmung eines zusätzlichen Termins). Auch dieses Verfahren gehört gem. § 19 Nr. 6 RVG zum Rechtszug.

> *Praxistipp:* 131
>
> Sie sollten nicht nur den Ablauf der Berufungsfrist notieren, sondern auch den Ablauf der Fristen für evtl. Tatbestandsberichtigungen oder Urteilsergänzungen. Um überflüssige Fristennotierung zu vermeiden, können Sie sich eine Verfügung durch den RA gegenzeichnen lassen, auf das Notieren der obigen beiden Fristen zu verzichten, wenn die entsprechende Anfrage verneint wurde.

▼ 132

Muster 7.13: Fristnotierung nach Zustellung des Urteils

Das vollständige Urteil des ______ Gerichts ______ vom ______ ist am ______ zugestellt worden.

Soll neben der Berufungsfrist

Tatbestandsberichtigungsfrist (Fristablauf: zwei Wochen, daher am: ______)

und/oder

Frist für die Ergänzung des Urteils (Fristablauf: zwei Wochen: daher am: ______)

notiert werden?

Zutreffendes bitte ankreuzen:

Tatbestandsberichtigung		Ergänzung des Urteils	
☐ Frist notieren	☐ Frist nicht notieren	☐ Frist notieren	☐ Frist nicht notieren

______ ______

Datum Rechtsanwalt

▲

133 Immer wieder erstaunlich finde ich es, wie kurz doch ein Monat ist. Trotz diverser Vorfristen, die Sie üblicherweise notieren, weiß der RA am Tag des Fristablaufs nicht, ob er einen Auftrag vom Mandanten hat, ob eine Anfechtung des Urteils aussichtsreich erscheint und ob eine etwa vorhandene Rechtsschutzversicherung die Kosten für das Berufungsverfahren übernimmt. Am Tag des Fristablaufs entwickelt sich daher in manchen Kanzleien eine hektische Betriebsamkeit mit einem ungeheuren Fehlerpotential.

134 Wenn Sie sich einmal wirklich gruseln möchten, dann lesen Sie in den diversen Fachzeitschriften die Rubriken „Haftpflichtecke“. Man kann viel aus den Fehlern anderer lernen und vor allen Dingen aus den Fehlern anderer Anregungen für eine gelungene Kanzleiorganisation ableiten.

VI. Zuständiges Gericht

135 Die Berufung wird nicht beim erstinstanzlichen Gericht geführt.

Gem. § 72 Abs. 1 GVG ist für die Berufung das LG zuständig, wenn das erstinstanzliche Verfahren vor dem AG geführt wurde. Für einige spezielle Wohnungseigentumssachen stellt § 72 Abs. 2 GVG eine Zuständigkeit des OLG her.

136 § 119 Abs. 1 Nr. 2 GVG bestimmt, dass das OLG zuständig ist, wenn das erstinstanzliche Verfahren vor dem LG geführt wurde.

137 Daneben bestimmt § 119 Abs. 1 Nr. 1 a bis c GVG eine **ausnahmsweise Zuständigkeit** des OLG, auch wenn das AG erstinstanzlich zuständig war (Familiensachen, eine Partei hat ihren Wohnsitz nicht im Geltungsbereich des Gesetzes – also der BRD –, Anwendung von ausländischem Recht in der Entscheidung des AG).

138 Jeder RA, der zugelassen ist, kann eine Berufung unterzeichnen, auch wenn das Verfahren vor dem OLG geführt wird. Bereits am 1.6.2007 sind die „alten Regeln“ (Mindestzulassungsdauer fünf Jahre) aufgehoben worden.

VII. Weiteres Verfahren bei Zustellung des erstinstanzlichen Urteils

139 Bevor der RA für den Auftraggeber Berufung (oder ein sonstiges Rechtsmittel) einlegt, ist es angemessen und erforderlich, dass er sich einen Auftrag für ein weiteres Verfahren erteilen lässt. Aus der Vollmacht, die üblicherweise durch den Auftraggeber unterzeichnet wird, lässt sich der Auftrag nicht herleiten (ich verweise auf die Ausführungen unter § 8 Rdn 86 und die diversen Muster für die Auftragserteilung).

140 Das **Berufungsverfahren** eröffnet **vergütungsrechtlich einen neuen Rechtszug** (s. die Ausführungen in § 8 Rdn 373 f.). Führt der RA für den Auftraggeber das Berufungsverfahren, schuldet der Auftraggeber einen weiteren Gebührenanspruch.

Der **Einlegung der Berufung** kann die **Prüfung der Erfolgsaussichten** des Rechtsmittels (Nr. 2100 VV RVG, s. § 8 Rdn 361) vorausgehen. Der Auftraggeber kann über eine Rechtsschutzversicherung verfügen, dem Auftraggeber kann in der ersten Instanz PKH bewilligt worden sein. All diese Fragen werden im Vergütungsteil ausführlich behandelt. 141

Es sollte selbstverständlich sein: Über den Ausgang des erstinstanzlichen Verfahrens informieren Sie den Auftraggeber. In den Ausführungen zu Vergütungsrecht/Berufung in § 8 finden Sie weitere Informationen hierzu. Ferner finden Sie im Teil Vergütungsrecht Belehrungen des Auftraggebers über eine erforderliche Sicherheitsleistung (nebst Ablauf des Hinterlegungsverfahrens), s. § 8 Rdn 614. 142

Daher ist dieses Muster jetzt ohne Erläuterung der im Berufungsverfahren entstehenden Vergütung erstellt. 143

▼

Muster 7.14: Schreiben an den Auftraggeber nach Unterliegen in der ersten Instanz 7.14

Anrede,

leider konnten wir das Gericht erstinstanzlich nicht von der Berechtigung Ihres Anspruchs überzeugen. Wie Sie der beigefügten Kurzausfertigung des Urteils entnehmen können, hat das Gericht ausgesprochen, dass (Wiederholung des Urteilsspruches).

Dieses Urteil ist durch das Rechtsmittel der Berufung anfechtbar, weil der sog. Wert der Beschwer erreicht ist. Mit Zustellung des vollständigen Urteils (das mit Tatbestand und Entscheidungsgründen versehen ist) beginnt die sog. Rechtsmittelfrist zu laufen. Binnen einer unverlängerbaren Notfrist von einem Monat muss Berufung eingelegt werden. Wird keine Berufung eingelegt, erwächst das Urteil in Rechtskraft und es wird unanfechtbar.

Nur bei einer Zahlungsverpflichtung des Auftraggebers

Das Gericht hat Sie verurteilt, nebst Zinsen zu zahlen. Gleichzeitig hat das Gericht angeordnet, dass eine Zwangsvollstreckung nur gegen Sicherheitsleistung möglich ist.

Es gibt jetzt vier Möglichkeiten:

a) Der Gläubiger betreibt die sog. Sicherungsvollstreckung gem. § 720 ZPO.

Dabei muss er keine Sicherheit leisten, kann aber trotzdem die Vollstreckung gegen Sie betreiben. Forderungen werden aber nicht an den Gläubiger ausgezahlt, sondern beschlagnahmt bis zur rechtskräftigen Entscheidung eines Berufungsgerichts.

b 1) Sie leisten Sicherheit.

Wenn Sie die durch das Gericht festgesetzte Sicherheit leisten, erfolgt üblicherweise keine Vollstreckung mehr gegen Sie. Allerdings ist die Sicherheitsleistung fast unverzinst. Eine Verzinsung der hinterlegten Sicherheit (die Hinterlegung der Sicherheit erfolgt bei der Hinterlegungsstelle) tritt erst ein, wenn drei volle Kalendermonate ab

Hinterlegung abgelaufen sind. Die Höhe des Zinsanspruchs ergibt sich aus § 8 Hinterlegungsordnung. Der Zinssatz beträgt eins vom Tausend monatlich (= 0,1 %).

b 2) Das Gericht hat die Stellung einer Bankbürgschaft zugelassen. Bitte übergeben Sie uns das Original einer Bankbürgschaft, damit wir dieses an die Gegenseite zustellen können. Bei obsiegender Beendigung des Verfahrens ist die Gegenseite verpflichtet, das Original der Bürgschaft an uns auszuhändigen, damit Sie diese an die Bank zurückgeben können.

c) Der Schuldner leistet Sicherheit

Erbringt der Schuldner die erforderliche Sicherheitsleistung, sieht das Gesetz vor, dass Sie hinreichend geschützt sind, sollte das Berufungsgericht die Entscheidung des erstinstanzlichen Gerichts aufheben.

d) Mit der Vollstreckung wird bis zur Entscheidung des Berufungsgerichts abgewartet

Es gibt keine rechtliche Verpflichtung für den Gläubiger, hier abzuwarten, bis das Berufungsgericht entscheidet. Wir können eine entsprechende Bitte an den Gläubigervertreter richten. Dieser muss dieser Bitte aber nicht nachkommen.

Bitte lassen Sie uns möglichst zeitnah wissen, wie Sie im Hinblick auf gegen Sie betriebene Zwangsvollstreckung vorgehen wollen.

Anm.:

Die weiteren möglichen Ausführungen und ggf. erforderlichen Belehrungen zu den Punkten Kosten, Rechtsschutzversicherung, Prüfung der Erfolgsaussichten des Rechtsmittels entnehmen Sie bitte dem vergütungsrechtlichen Teil.

Ohne Ihre ausdrückliche Weisung werden wir gegen das Urteil keine Berufung einlegen. Das Berufungsverfahren löst Vergütungsansprüche aus, so dass es zwingend erforderlich ist, dass Sie uns entsprechend beauftragen. Sobald das vollständige Urteil zugestellt wird, beginnt die Frist zu laufen. Ein Ablauf der Frist kann nicht vermieden werden.

Grußformel

▲

VIII. Berufung nur zur Fristwahrung

144 Haben Sie keinen Auftrag zur Berufungseinlegung, sollten Sie nicht tätig werden. Dies ist dem Auftraggeber mitzuteilen.

> *Praxistipp:*
>
> Weisen Sie den Auftraggeber vor Ablauf der Frist ruhig ein zweites Mal darauf hin, dass Sie ohne seine Zustimmung (oder besser: ohne seinen Auftrag) nicht tätig werden.

▼ 145

Muster 7.15: Hinweis an den Auftraggeber – keine Berufung ohne Auftrag

Anrede,

wir haben Sie bereits mit Schreiben vom darüber informiert, dass das Urteil nur mit der Berufung angefochten werden kann. Wir haben Sie weiter darüber informiert, dass die gesetzlich vorgegebene Frist einen Monat beträgt und am abläuft. Es handelt sich hierbei um eine Notfrist, die nicht verlängerbar ist.

Bitte beachten Sie, dass wir hier ohne Ihren eindeutigen Auftrag keine Berufung einlegen werden.

Das Urteil wird nach Ablauf der Frist in Rechtskraft erwachsen und ist dann unanfechtbar. Daraus entstehende Rechtsnachteile sind nur Ihnen zuzurechnen.

Grußformel

▲

Generell ist eine Einlegung der Berufung zur Wahrung der Frist überflüssig und vermeidbar. Sie können dies durch entsprechende Organisation vermeiden. Die Möglichkeiten die Post- und Fristbearbeitung durchzuführen sind in fast jeder Kanzlei anders. So gibt es RAe, die sich Schriftstücke (Urteile, Schriftsätze) aus der Post nehmen, bevor diese durch das Sekretariat bearbeitet und Fristen notiert werden konnten. So kommt es vor, dass aus vielerlei möglichen Gründen der Auftraggeber nicht oder nicht rechtzeitig vom Vorliegen des Urteils informiert wird. Es kann auch sein, dass bei diesem nicht nachgefragt wurde, ob ein Berufungsauftrag erteilt wird. So – und aus noch vielen anderen möglichen Gründen – kommt es immer wieder vor, dass die **„Berufung nur zur Fristwahrung" eingelegt** wird. 146

Wie Sie diese Berufung auch bezeichnen, es bleibt dabei, es handelt sich um eine Berufung. Ob Sie die Berufung zur „Fristwahrung" einlegen, hat auf die Vergütungsfolge keinen Einfluss.

Immer wieder bitten Sie die gegnerischen RAe, sich nicht bei Gericht zu bestellen, bis eine Entscheidung über die Durchführung der Berufung getroffen wurde. Diese Bitte ist überflüssig und lässt im Zweifel überhaupt erst einen Vergütungsanspruch entstehen. 147

Wenn Sie den gegnerischen RA schon bitten, sich nicht bei Gericht zu bestellen, dann bitten Sie „richtig" und bitten auch darum, dass er für den Fall einer rechtzeitigen Berufungsrücknahme keinen Kostenantrag stellt und keine Kosten geltend machen wird. Eine Verpflichtung für den Kollegen, sich auf diese Bitte einzulassen, gibt es nicht.

148 ▼

Muster 7.16: Bitte an den gegnerischen Kollegen, sich nicht beim Gericht zu bestellen und keine Kosten geltend zu machen

Anrede,

in dieser Angelegenheit haben wir zunächst nur zur Fristwahrung Berufung gegen das erstinstanzliche Urteil eingelegt.

Wir bitten Sie, sich hier bis zum nicht bei Gericht zu bestellen und, für den Fall, dass eine Rücknahme der Berufung innerhalb dieser Frist erfolgt, keinen Kostenantrag zu stellen und keine Kosten gegen unseren Auftraggeber geltend zu machen.

Wir werden Sie auf alle Fälle fristgerecht darüber informieren, ob die Berufung durchgeführt werden soll, oder ob das Verfahren durch Berufungsrücknahme beendet ist.

Für ein Entgegenkommen Ihrerseits bedanken wir uns vorab.

Grußformel

▲

149 ▼

Muster 7.17: Berufung

Zuständiges Gericht

(*nächst höheres Gericht, z.B.: in Familiensachen das OLG*)

Berufung

des (*vollständiger Name, Anschrift des Auftraggebers*)

– Beklagter (ggf. Kläger) und Berufungskläger –

Prozessbevollmächtigte:

(*Rechtsanwalt, Anschrift Kanzlei*)

gegen

den obsiegenden aus dem erstinstanzlichen Verfahren

(*vollständiger Name, Anschrift des Berufungsgegners*)

– Kläger (ggf. Beklagter) und Berufungsbeklagter –

bisheriger Prozessbevollmächtigter:

(*vollständiger Name, Anschrift der Vertreter des in der ersten Instanz Obsiegenden*)

wegen (*kurze Bezeichnung der Sache, z.B. Zahlung*)

(*Aktenzeichen des Urteils des Gericht des ersten Rechtszuges in*)

Namens und im Auftrag sowie in Vollmacht des Berufungsklägers legen wir gegen das am verkündete und am zugestellte Urteil des Gerichts in

Berufung

ein.

Eine Ausfertigung des angefochtenen Urteils ist beigefügt.

Der Berufungsantrag und die Berufungsbegründung folgen mit gesondertem Schriftsatz.

(Die Berufung wird von Amts wegen zugestellt, § 521 Abs. 1 ZPO.)

Rechtsanwalt

▲

Hinweis: 150

Die Anträge lauten üblicherweise:

- Das Urteil des … Gerichts vom … wird aufgehoben.
- Der Berufungsbeklagte hat die Kosten des Rechtsstreits zu tragen.
- Für den Fall der abschlägigen Entscheidung über die Berufung wird beantragt, eine Entscheidung über die Zulässigkeit der Revision zu treffen.

IX. Zugang der Berufung

Die Berufungsfrist ist nur gewahrt, wenn die Berufung während der Frist beim Berufungsgericht eingeht. Je häufiger Sie eine Berufung am letzten Tag der Frist einlegen, umso größer ist der Aufwand, in Erfahrung zu bringen, ob die Berufung fristgerecht eingegangen ist. 151

Das Gesetz gibt in § 519 ZPO vor, welche Bestandteile eine Berufung haben muss. § 519 Abs. 4 ZPO verweist auf die allgemeinen Vorschriften über die vorbereitenden Schriftsätze. Diese sind im Berufungsverfahren anwendbar. 152

Es wird hier auf die Vorschrift des § 130a ZPO zur **Übermittlung als elektronisches Dokument** verwiesen. 153

X. Meldeschriftsatz

Wird Ihnen die Berufung durch die unterliegende Partei zugestellt, ist es üblich, dass sich der RA beim Berufungsgericht unmittelbar im Anschluss an die Zustellung der Berufung bestellt. Dies können Sie auch dann tun, wenn Sie mit der Gegenseite abgesprochen haben, dass Sie keine Vergütung geltend machen, wenn eine Rücknahme der Berufung binnen der vom Berufungsführer vorgeschlagenen Frist erfolgt. 154

155 Sie sollten den Gegner dann darüber informieren, dass Sie keine Vergütung geltend machen werden, wenn der Gegner die Berufung innerhalb der gesetzten Frist zurücknimmt.

156 ▼

Muster 7.18: Erwiderung auf die Bitte, sich nicht im Berufungsverfahren zu bestellen

7.18

Anrede,

wir haben Ihr Schreiben vom erhalten. Wir haben uns trotzdem beim Berufungsgericht bestellt.

Sollten Sie allerdings die Berufung innerhalb der von Ihnen genannten Frist zurücknehmen, werden wir für unseren Auftraggeber keinen Kostenerstattungsanspruch geltend machen.

Einer Bitte um eine zweite Fristverlängerung der Berufungsbegründung würden wir selbstverständlich zustimmen, allerdings mit der Folge, dass wir Vergütungsansprüche durchsetzen werden, wenn die Berufung erst danach zurückgenommen wird.

Unserem Auftraggeber ist daran gelegen, hier möglichst rasch und zuverlässig zu wissen, ob das Verfahren rechtskräftig beendet ist.

Grußformel

▲

157 ▼

Muster 7.19: Meldeschriftsatz an das Berufungsgericht

7.19

Zuständiges Berufungsgericht

In dem Berufungsverfahren

 /

– Aktenzeichen –

zeigen wir an, dass wir den Berufungsbeklagten auch im Berufungsverfahren zu vertreten.

Wir werden beantragen,

die Berufung kostenpflichtig zurückzuweisen.

Einem durch den Berufungskläger erforderlichen zweiten Fristverlängerungsantrag für die Erstellung der Berufungsbegründung stimmen wir bereits jetzt ausdrücklich zu (§ 520 Abs. 2 S. 3 ZPO).

Bereits jetzt wird gebeten, im Berufungsurteil einen Ausspruch über die Zulässigkeit der Revision aufzunehmen.

Rechtsanwalt

▲

158 Sie finden im Vergütungsteil Ausführungen zu Berufungsverfahren unter § 8 Rdn 373 ff.

XI. Berufungsbegründung

Es reicht nicht aus, nur Berufung einzulegen. Die Berufung muss begründet werden. Erstaunlich finde ich, in wie vielen Kanzleien der Ablauf der Berufungsbegründungsfrist immer wieder für eine „Überraschung" sorgt. Die Berufung kann zunächst gem. § 513 ZPO nur darauf gestützt werden, dass die Entscheidung auf einer Rechtsverletzung (§ 546 ZPO) beruht oder nach § 529 ZPO zugrunde zu legende Tatsachen eine andere Entscheidung rechtfertigen. **Tatsachenvortrag kann daher im Berufungsverfahren nicht nachgeholt werden**. Die **Berufungsbegründungsfrist** beträgt gem. § 520 Abs. 2 ZPO **zwei Monate**. Die Frist **beginnt mit der Zustellung des in vollständiger Form abgefassten Urteils** zu laufen. Auf die Einlegung der Berufung kommt es für die Fristberechnung nicht an. Die Fünfmonatsfrist (bei fehlender Zustellung des Urteils) gilt auch für die Berufungsbegründungsfrist. 159

Die Berufungsbegründungsfrist ist **keine Notfrist**. Sie kann daher auf Antrag verlängert werden. 160

Gem. § 520 Abs. 2 S. 3 Hs. 1 ZPO kann der Berufungskläger davon ausgehen, dass eine Fristverlängerung um einen Monat regelmäßig gewährt wird.

▼ 161

Muster 7.20: Antrag auf Verlängerung der Berufungsbegründungsfrist 7.20

In dem Berufungsverfahren

/

– Aktenzeichen -

wird beantragt,

die Berufungsbegründungsfrist um einen Monat, bis einschließlich zu verlängern.

Begründung

Aufgrund nicht vorhersehbarer außergewöhnlicher Arbeitsbelastung des allein für das Verfahren zuständigen Rechtsanwalts ist eine rechtzeitige Fertigung der Berufungsbegründungsschrift nicht möglich. Um eine Verlängerung der Frist wird gebeten. Eine Verzögerung des Rechtsstreits ist durch die Fristverlängerung nicht zu erwarten.

Rechtsanwalt

▲

Die weitere Fristverlängerung ist nur möglich, wenn der Gegner diesem Fristverlängerungsbegehren zugestimmt hat und Sie dies entsprechend vortragen. 162

163 ▼

Muster 7.21: Zweiter Fristverlängerungsantrag für die Berufungsbegründungsfrist

In Sachen

/

– Aktenzeichen –

wird beantragt,

- die Frist zur Verlängerung der Berufung um einen weiteren Monat bis zum zu verlängern.

Der Berufungsbeklagte hat auf entsprechende diesseitige Bitte einer weiteren Fristverlängerung bereits zugestimmt.

Begründung:

Aufgrund völlig unvorhergesehener Erkrankung des allein zuständigen Sachbearbeiters konnte die Berufungsbegründung nicht rechtzeitig gefertigt werden. Die Einarbeitung durch einen Dritten in die schwierige Materie ist innerhalb der laufenden Berufungsbegründungsfrist nicht möglich.

Es wird höflichst gebeten, unsere Kanzlei vorab telefonisch über die gewährte Fristverlängerung zu informieren.

Rechtsanwalt

▲

164 *Hinweis:*

Es können selbstverständlich auch vollkommen andere Gründe gegeben sein, warum eine Fristverlängerung beantragt wird. Es handelt sich im Muster nur um ein Formulierungsbeispiel.

XII. Anschlussberufung

165 Von einer Anschlussberufung spricht man, wenn nach Einlegung der Berufung durch eine Partei (= Berufungskläger) der bis dahin Berufungsbeklagte unselbstständig nunmehr auch Berufung einlegt. Dies kann dann der Fall sein, wenn beide Parteien in der ersten Instanz nicht vollständig obsiegt haben. Oft wartet dann der eine, ob der andere tatsächlich Berufung einlegt. Legt der andere keine Berufung ein, würde der Anschlussberufungskläger das erstinstanzliche Urteil akzeptieren. Legt allerdings der andere Berufung ein, will auch der Anschlussberufungskläger, dass das Urteil aus seiner Sicht, also im Hinblick auf sein Unterliegen, überprüft wird. Aus diesem Grund hat der Anschlussberufungskläger nicht selbst Berufung eingelegt. Er hat sein weiteres Vorgehen davon abhän-

gig gemacht, ob durch den auch zum Teil Unterlegenen das Verfahren im Wege der Berufung fortgeführt wird.

Bis der Anschlussberufungskläger dies positiv weiß, ist i.d.R. die Frist für eine selbstständige Berufung bereits abgelaufen. 166

Die Anschlussberufung kann daher (§ 524 Abs. 1 ZPO) bis zum Ablauf der dem Berufungsbeklagten (= Anschlussberufungskläger) gesetzten Berufungserwiderungsfrist eingelegt werden (§ 524 Abs. 2 ZPO). Damit ist die Anschlussberufung nicht von der eigentlichen Berufungsfrist abhängig. Die Anschlussberufung muss mit der Anschlussberufungsschrift begründet werden (§ 524 Abs. 3 S. 1 ZPO).

Gem. § 524 Abs. 4 ZPO **verliert die Anschlussberufung ihre Wirkung, wenn die Berufung zurückgenommen, verworfen oder durch Beschluss zurückgewiesen wird**. 167
Sie wird nicht selbstständig fortgeführt. Dies wird den Anschlussberufungskläger i.d.R. weniger stören. Mit Rücknahme der Berufung tritt ja wieder das Ergebnis ein, das er bereit war zu akzeptieren.

Hinsichtlich der Vergütung gilt, dass ein **einheitlicher Rechtszug** gebildet wird und die Werte aus Anschlussberufung und selbstständiger Berufung addiert werden. Auch eine Rücknahme der Berufung und damit Wirkungslosigkeit der Anschlussberufung ändert nichts an dem entstandenen Vergütungsanspruch. 168

XIII. Zweites VU – Berufung

Nicht immer ist ein streitiges Endurteil der ersten Instanz der Anlass, warum Berufung eingelegt werden soll. Auch dann, wenn ein zweites VU (i.d.R. gegen den Beklagten) erlassen wurde, ist dieses zweite VU nur mit der Berufung anfechtbar. Zum VU s. Ausführungen unter Rdn 44. 169

1. Wiederholte Säumnis

§ 345 ZPO gibt vor, dass eine Partei, die nach einem von ihr eingelegten Einspruch im nächsten Termin erneut säumig ist, gegen dieses VU nicht mit dem Einspruch vorgehen kann. Entsprechend § 514 Abs. 2 ZPO kann dieses Versäumnisurteil nur mit der Berufung angefochten werden. Für die Berufung ist in diesen Fällen nicht auf den Wert der Beschwer abzustellen. § 514 Abs. 2 S. 2 ZPO schließt die Erforderlichkeit des Erreichens des Wertes der Beschwer (§ 511 Abs. 2 ZPO) ausdrücklich aus. Die Berufung kann aber nur darauf gestützt werden, dass ein Fall der **Säumnis nicht vorgelegen** hat (§ 514 Abs. 2 S. 1 Hs. 2 ZPO). 170

Hinsichtlich der Vergütung entsteht in diesem Berufungsverfahren die übliche Vergütung. Eine Abweichung gibt es nicht. 171

2. Klageabweisendes VU

172 Es gibt zwei Möglichkeiten des VU gegen den Kläger.

173 Erscheint er zum Termin nicht oder stellt er keinen Antrag (§ 333 ZPO), so ergeht gegen ihn gem. § 330 ZPO ein VU. Mit dem VU wird die Klage abgewiesen. Dieses Urteil muss der Kläger mit dem Rechtsbehelf des Einspruchs binnen einer **Notfrist von zwei Wochen** (§ 339 ZPO) anfechten. Der Einspruch ist bei dem Gericht einzulegen, welches das VU erlassen hat (§ 340 Abs. 1 ZPO).

174 Es ist auch möglich, dass ein Gericht ein VU nicht erlässt, weil es zu der Auffassung kommt, dass ein VU gegen den Beklagten gem. § 335 Abs. 1 Nr. 1 ZPO nicht zulässig ist. In diesem Fall kann – trotz Säumnis des Beklagten – die Klage abgewiesen werden. Gegen dieses so ergangene „unechte VU" ist nur die Berufung zulässig. Der Begriff „unechtes VU" kann leicht irreführend sein. Letztlich ist dieses Urteil ein Prozessurteil.

XIV. Ablauf des Berufungsverfahrens

175 Das Gericht stellt dem Berufungsbeklagten die Berufungsschrift zu. Hält das Gericht die Berufung für offensichtlich unbegründet (oder für unzulässig), kann das Gericht – auch ohne mündliche Verhandlung – die Berufung durch Beschluss zurückweisen (§ 522 Abs. 1 S. 2, 3, Abs. 2 ZPO). Hier entsteht keine Terminsgebühr gem. Nr. 3202 VV RVG. Gegen einen **Zurückweisungsbeschluss** kann der Betroffene, wenn sie zugelassen ist, Rechtsbeschwerde einlegen (§ 522 Abs. 1 S. 4 ZPO).

176 Handelt es sich aber um ein zivilprozessuales Verfahren, kann der bisherige RA des Berufungsklägers die Rechtsbeschwerde nicht selbst einlegen. Die Rechtsbeschwerde kann nur durch einen beim BGH zugelassenen RA (§ 78 Abs. 1 S. 3 ZPO) eingelegt werden.

177 Das Gericht kann einen Termin zur Berufungsverhandlung anberaumen. Es kann das Verfahren gem. § 538 Abs. 2 ZPO an das Erstgericht zurückverweisen (Vergütung, s. § 21 RVG i.V.m. Vorb. 3 Abs. 6 VV RVG).

178 Ist eine der Parteien im Berufungsverfahren säumig, ergeht gegen diese gem. § 539 ZPO ein VU. Ist keine der Parteien säumig, keine Zurückverweisung erfolgt, so erlässt das Berufungsgericht gem. § 540 ZPO ein Berufungsurteil.

XV. Anfechtung des Berufungsurteils

179 Das Berufungsurteil ist grds. anfechtbar. Gegen das Urteil des Berufungsgerichts kann ggf. **Revision** eingelegt werden. Das Berufungsgericht wird einen Ausspruch über die Zulässigkeit der Revision fällen. Es kann die Revision zulassen oder es lässt die Revision nicht zu.

Hat das Berufungsgericht die **Revision zugelassen**, kann der durch das Urteil Beschwerte Revision einlegen (s.u.). 180

Hat das Berufungsgericht die **Revision nicht zugelassen**, kann der durch das Urteil Beschwerte Nichtzulassungsbeschwerde erheben. Die Zulässigkeit der Nichtzulassungsbeschwerde ist allerdings davon abhängig, dass der Wert der mit der Revision geltend zu machenden Beschwer 20.000,00 EUR übersteigt oder das Berufungsgericht die Berufung als unzulässig verworfen hat (§ 544 Abs. 2 Nr. 1 u. 2 ZPO). 181

Hat das Berufungsgericht die Revision nicht zugelassen und ist der Wert der Beschwer von mehr als 20.000,00 EUR nicht erreicht, ist das Verfahren mit dem Berufungsurteil beendet.

D. Nichtzulassungsbeschwerde

I. Allgemeines

Im zivilgerichtlichen Verfahren endet Ihre Tätigkeit üblicherweise, wenn entweder das Verfahren über die Nichtzulassung der Revision oder das Revisionsverfahren selbst geführt werden muss. Der BGH ist zuständig und dort müssen sich die Parteien gem. § 78 Abs. 1 S. 3 ZPO durch einen beim BGH zugelassenen RA vertreten lassen. Ein am BGH zugelassener RA kann nur vor dem BGH auftreten (sog. **Singularzulassung**). Ein Anwalt, der vor den sonstigen Gerichten in der BRD auftreten kann, kann nicht vor dem BGH auftreten. Auch in anderen gerichtlichen Verfahren kann eine Nichtzulassungsbeschwerde möglich sein (z.B. Arbeitsrecht/Verwaltungsrecht). Diese ist dann nicht vor dem BGH zu führen. In diesem Fall kann der bisherige RA das Verfahren weiterführen. 182

Selbstverständlich müssen Sie dafür Sorge tragen, dass ein am BGH zugelassener RA rechtzeitig die erforderlichen Unterlagen erhält, um das weitere Verfahren durchzuführen. 183

II. Belehrungen und Hinweise

Vorher sind eine Reihe von Belehrungen und Hinweisen an den Auftraggeber erforderlich. Die entsprechenden Muster und Ausführungen finden Sie im vergütungsrechtlichen Teil unter § 8 Rdn 28 ff. Insbes., wenn Sie als **Verkehrsanwalt** tätig werden wollen oder aber bisher eine Rechtsschutzversicherung die Kostendeckungszusage erteilt hatte, ist hier schnelles Handeln erforderlich. 184

III. Beschwer

185 Es wurden bereits die allgemeinen Voraussetzungen der Nichtzulassungsbeschwerde dargestellt (§ 544 Abs. 2 ZPO).

IV. Frist

186 Die Nichtzulassungsbeschwerde ist an eine Frist gebunden. Gem. § 544 Abs. 3 S. 1 Hs. 1 ZPO muss die Nichtzulassungsbeschwerde innerhalb einer **Notfrist von einem Monat ab Zustellung des vollständigen Berufungsurteil**s beim Revisionsgericht eingelegt werden. Liegt ein vollständiges Urteil nicht vor, muss die Nichtzulassungsbeschwerde spätestens nach Ablauf von sechs Monaten seit Verkündung des Urteils beim Revisionsgericht eingelegt werden (§ 544 Abs. 3 S. 1 Hs. 2 ZPO).

187 Eine Ausfertigung des Urteils (oder eine beglaubigte Abschrift) soll der Nichtzulassungsbeschwerde beigefügt werden.

V. Begründungsfrist

188 Die Nichtzulassungsbeschwerde muss begründet werden. Die **Begründungsfrist** beträgt regelmäßig **zwei Monate ab Zustellung des Urteils**. Ist das Urteil nicht zugestellt, muss die Begründung innerhalb von sieben Monaten ab Verkündung des Urteils erfolgen (§ 544 Abs. 4 S. 1 ZPO).

VI. Beschluss

189 Über die Nichtzulassungsbeschwerde entscheidet das Revisionsgericht durch Beschluss. Hilft das Revisionsgericht der Nichtzulassungsbeschwerde nicht ab, erwächst das Urteil mit dem ablehnenden Beschluss in Rechtskraft. Der **Beschluss ist nicht anfechtbar**, § 544 Abs. 6, 7 ZPO (welches Gericht sollte auch für eine Beschwerde gegen den Beschluss des BGH zuständig sein?).

190 Wird der Nichtzulassungsbeschwerde durch das Gericht stattgegeben, wird das bisherige Verfahren über die Nichtzulassung der Revision als Revisionsverfahren fortgesetzt (§ 544 Abs. 8 ZPO). Die Einlegung der **Nichtzulassungsbeschwerde ersetzt dann die Einlegung der Revision** (§ 544 Abs. 8 S. 2 ZPO). Die Revision muss aber **noch begründet** werden. Mit der Zustellung des stattgebenden Beschlusses über die Nichtzulassungsbeschwerde beginnt die Revisionsbegründungsfrist zu laufen (§ 544 Abs. 8 S. 3 ZPO). Sie beträgt entsprechend § 551 Abs. 2 S. 2 ZPO **zwei Monate**. Die Frist ist üblicherweise verlängerbar (§ 551 Abs. 2 S. 5, 6 ZPO). Diesen Antrag werden aber nicht Sie stellen, sondern der am Revisionsgericht zugelassene BGH-Anwalt.

Im vergütungsrechtlichen Teil (s. § 8 Rdn 410) finden Sie Hinweise zur Verfahrensgebühr im Revisions-/Rechtsbeschwerdeverfahren für den BGH-RA. 191

▼ 192

Muster 7.22: Übergabe des Mandats an einen BGH-Anwalt

Anrede,

entsprechend dem bereits geführten Telefonat bedanken wir uns für Ihre Bereitschaft, den Auftraggeber im Verfahren über die Nichtzulassungsbeschwerde zu vertreten. Eine entsprechende Vollmacht des Auftraggebers reichen wir nach (oder: haben wir beigefügt).

Wir überreichen zunächst die vollständige Ausfertigung des Urteils des Berufungsgerichts vom ___ zum Aktenzeichen ___. Dieses Urteil wurde uns am ___ von Amts wegen zugestellt.

Das Gericht hat die Revision nicht zugelassen. Wie sich aus dem Urteil ergibt, ist der gem. § 544 Abs. 2 Nr. 1 ZPO erforderliche Wert der Beschwer erreicht.

Eine Kopie der Handakte im Sinne von § 50 BRAO haben wir beigefügt. Eine Rückgabe ist nach Abschluss des Verfahrens nicht erforderlich.

Bitte beachten Sie, dass wir für das weitere Verfahren über die Nichtzulassung der Revision nicht beauftragt sind. Der erforderliche Schriftverkehr ist direkt mit dem Auftraggeber zu führen.

Wir bitten allerdings darum, uns über den Ausgang des Verfahrens zu informieren.

Grußformel

▲

Hinweis: 193

Wenn Sie in das Nichtzulassungsbeschwerdeverfahren involviert sind, entsteht bei Ihnen die Verfahrensgebühr der Nr. 3400 VV RVG. Diese ist regelmäßig nicht erstattungsfähig.

Das Übersenden der Handakte gehört gem. § 19 Abs. 1 Nr. 17 RVG zum Rechtszug und löst keinen gesonderten Vergütungsanspruch aus.

▼ 194

Muster 7.23: Schreiben an den Auftraggeber nach Übergabe des Auftrags an den BGH-Anwalt

Anrede,

wie besprochen, haben wir mit gleicher Post den BGH-Anwalt in Ihrem Namen mit Ihrer weiteren Vertretung beauftragt.

Um auf unserer Seite nicht weitere Vergütungsansprüche entstehen zu lassen, die im Zweifel auch im Obsiegensfall nicht erstattungsfähig sind, haben wir den BGH-Anwalt gebeten, zukünftig direkt mit Ihnen zu korrespondieren. Auf unsere entsprechenden Ausführungen zur Erstattungsfähigkeit unserer Vergütung im Fall einer weiteren Tätigkeit durch uns verweisen wir.

Bitte informieren Sie uns über den Ausgang des Verfahrens vor dem BGH. Sollten Sie erfolgreich sein, sind von uns als bisherige Prozessbevollmächtigte weitere Maßnahmen zu ergreifen (Kostenfestsetzungsanträge, ggf. Rückfestsetzungsanträge).

Ergeben sich am Ende des Verfahrens vollstreckbare Ansprüche ist ggf. sogar eine Vollstreckung gegen den (dann) Schuldner erforderlich.

Wir haben eine weitere Vollmacht beigefügt. Diese ist nicht für uns bestimmt, sondern zur Weiterleitung an den BGH-Anwalt. Wir bitten um Unterzeichnung und Rücksendung. Sie können die Vollmacht auch direkt an den BGH-Anwalt weiterleiten.

Wir hoffen, dass Sie zu Ihrem Recht kommen.

Grußformel

▲

E. Revision

195 Die Revision kann auf zwei verschiedenen Wegen eröffnet werden. Entweder nach einer erfolgreichen Nichtzulassungsbeschwerde (s. das vorherige Kapitel) oder aber bei unmittelbarer Zulassung der Revision durch das Berufungsgericht im Anschluss an das Urteil des Berufungsgerichts.

196 Auch hier gilt, dass Sie im zivilgerichtlichen Verfahren das Revisionsverfahren nicht selbst führen können. Das zivilrechtliche Revisionsverfahren kann nur durch einen am BGH zugelassenen RA wirksam geführt werden (vgl. die Ausführungen zur Nichtzulassungsbeschwerde).

197 Die Revision ist gem. § 548 ZPO **innerhalb einer Notfrist von einem Monat seit Zustellung des vollständigen Urteils** einzulegen oder aber, wenn das vollständige Urteil nicht zugestellt ist, binnen einer Frist von fünf Monaten seit Verkündung des Urteils.

198 Selbstverständlich muss auch die Revision begründet werden. Die **Revisionsbegründungsfrist** beträgt gem. § 551 Abs. 2 S. 2 ZPO zwei Monate. Die Frist beginnt unter den gleichen Voraussetzungen zu laufen wie die Revisionsfrist. Die Begründungsfrist ist nur länger. Die Verlängerung der Revisionsbegründungsfrist ist grds. möglich (§ 551 Abs. 2 S. 5 und 6 ZPO).

Auch für das Revisionsverfahren gilt, dass Sie, bevor Sie einen BGH-Anwalt mit der Einlegung der Revision beauftragen, den Auftraggeber über das weitere Kostenrisiko belehren sollten. Auch für den Fall, dass Ihr Büro in der Funktion eines Verkehrsanwalts (oder Korrespondenzanwalts) weiter tätig wird, ist eine Belehrung über die kostenerstattungsrechtlichen Folgen geboten. 199

Der BGH hebt häufig das zweitinstanzliche Urteil auf und verweist den Rechtsstreit zurück an das untergeordnete Berufungsgericht. Die Vergütung richtet sich nach Zurückverweisung nach § 21 RVG (neuer Rechtszug). Allerdings erfolgt in einigen Fällen gem. Vorb. 3 Abs. 6 VV RVG eine Anrechnung der Verfahrensgebühr. Nach Zurückverweisung an das Berufungsgericht können Sie selbstverständlich den Auftraggeber wieder vertreten. Der BGH-Anwalt kann nach Zurückverweisung nicht tätig werden, er ist ausschließlich am BGH tätig. 200

F. Sofortige Beschwerde

Einige sofortige Beschwerden werden typischer Weise selbstständig von den in einer Kanzlei beschäftigten Mitarbeitern bearbeitet. Eine **Auswahl dieser sofortigen Beschwerden** sind hier dargestellt. Selbstverständlich wird nicht auf alle möglichen sofortigen Beschwerden eingegangen, sondern auf die im Büroalltag am häufigsten vorkommenden. 201

I. Allgemeines

Gegen einige Entscheidungen (meist sog. Nebenentscheidungen) des Gerichts findet die sofortige Beschwerde statt. Die sofortige Beschwerde ist grds. innerhalb einer **Notfrist von zwei Wochen (§ 569 Abs. 1 S. 1 ZPO)** bei dem Gericht einzulegen, das die anzufechtende Entscheidung erlassen hat. 202

Es ist auch möglich, die sofortige Beschwerde beim Beschwerdegericht einzureichen. Allerdings nimmt man sich dann die Möglichkeit, dass das Erstgericht der sofortigen Beschwerde eventuell gleich abhilft.

Die **Frist beginnt** gem. § 569 Abs. 1 S. 2 ZPO **mit der Zustellung des anzufechtenden Beschlusses** zu laufen. Sie beginnt spätestens fünf Monate nach Verkündung des Beschlusses zu laufen.

II. Sofortige Beschwerde bei Ablehnung der PKH

Wird allerdings im PKH-Bewilligungsverfahren dem Antragsteller PKH nicht bewilligt, ist gegen diese Entscheidung auch die sofortige Beschwerde zulässig. Diese ist aber innerhalb einer **Notfrist von einem Monat** einzulegen (§ 127 Abs. 2 S. 3 ZPO). 203

204 Wird die Bewilligung von PKH durch Beschluss wegen mangelnder Erfolgsaussichten abgelehnt, so ist diese Entscheidung wie eine Hauptsachenentscheidung zu werten. Daher gibt das Gesetz für diese sofortige Beschwerde auch einen eigenen Wert der Beschwer vor. Die sofortige Beschwerde bei Ablehnung der beantragten PKH ist vom Überschreiten des in § 511 ZPO genannten Wertes abhängig, d.h. der Wert der Beschwer muss 600,00 EUR übersteigen.

Dies ist nachvollziehbar. Der Rechtsweg des Beschwerdeführers soll im Wege der sofortigen Beschwerde nicht weiter gehen, als er es täte, wenn der Beschwerdeführer die Hauptsache anfechten würde.

205 Schließt sich dem PKH-Bewilligungsverfahren das Beschwerdeverfahren an, so ist auch für das Beschwerdeverfahren eine Kostenerstattung nicht vorgesehen (§ 127 Abs. 4 ZPO).

206 Auf den Wert der Beschwer ist i.R.d. sofortigen Beschwerde gegen die Ablehnung von PKH nicht abzustellen, wenn PKH mit der Begründung nicht bewilligt wurde, dass die persönlichen und wirtschaftlichen Verhältnisse nicht vorliegen.

III. Sofortige Beschwerde bei Kostenentscheidungen

207 Generell erfolgt eine Anfechtung der Kostenentscheidung gemeinsam mit der Anfechtung des Urteils i.R.d. Berufung oder der Revision (§ 99 Abs. 1 ZPO).

Wenn allerdings das Urteil selbst nicht mit einem Rechtsmittel anfechtbar ist (z.B. Anerkenntnisurteil oder Beschluss über die Erledigung der Hauptsache) ist die Kostenentscheidung mit der sofortigen Beschwerde anfechtbar.

1. Erledigung der Hauptsache

208 Für die Kostenentscheidung bei Erledigung der Hauptsache ist § 91a Abs. 2 ZPO einschlägig. Diese ist mit der sofortigen Beschwerde anfechtbar. Auch hier hat der Gesetzgeber einen eingeschränkten Wert der Beschwer vorgegeben. Wenn ein Urteil im Ausgangsverfahren nicht anfechtbar gewesen wäre, weil der Wert der Beschwer gem. § 511 ZPO nicht erreicht (Übersteigen von 600,00 EUR) wurde, dann kann auch die Kostenentscheidung nicht mit der sofortigen Beschwerde angefochten werden. Im Beschwerdeverfahren über eine sog. Nebenentscheidung soll das Verfahren nicht weiter betrieben werden können, als es für das Hauptverfahren möglich gewesen wäre.

2. Sofortiges Anerkenntnis

209 Wenn der Beklagte nicht durch sein Verhalten Veranlassung zur Klageerhebung gegeben hat (§ 93 ZPO), werden dem Kläger die Kosten des Rechtsstreits auferlegt. Diese Regelung

ist ein Grund dafür, warum der RA dafür sorgt, dass sich der Beklagte bspw. in Verzug oder bei einer Zug-um-Zug-Leistung in Annahmeverzug befindet. Entsprechend § 99 Abs. 2 ZPO kann der Kläger gegen die Kostenentscheidung sofortige Beschwerde einlegen. Auch diese sofortige Beschwerde ist davon abhängig, dass der in § 511 ZPO vorgegebene Wert der Beschwer (600,00 EUR) überschritten wird. Es wird auf die Ausführungen zur sofortigen Beschwerde bei Erledigung der Hauptsache (§ 7 Rdn 208) verwiesen.

3. Klagerücknahme

Auch Sie werden es schon erlebt haben: die Klage ist beim Gericht eingereicht, vor Zustellung der Klage (oder des Mahnbescheides) leistet der Beklagte. 210

Die Klage muss zurückgenommen werden. Üblicherweise ist vor Rechtshängigkeit die Erledigungserklärung nicht zulässig. Bei **Klagerücknahme ist der Kläger** gem. § 269 Abs. 3 S. 2 ZPO **verpflichtet, die Kosten des Rechtsstreits zu tragen**. Dies gilt **dann nicht**, wenn der **Grund zur Klage vor Rechtshängigkeit entfallen** ist (§ 269 Abs. 3 S. 3 ZPO). Das Gericht entscheidet über die Kostentragungsverpflichtung nach billigem Ermessen und berücksichtigt dabei den bisherigen Streitstand (also ob davon auszugehen ist, dass die Klage bei Durchführung des Verfahrens erfolgreich gewesen wäre). 211

Das Gericht entscheidet über die Kostentragungspflicht durch Beschluss (§ 269 Abs. 4 ZPO). Gegen diesen Beschluss ist die sofortige Beschwerde statthaft. Die Zulässigkeit dieser sofortigen Beschwerde hängt erneut davon ab, dass wegen der Hauptsache an sich, die Berufung möglich gewesen wäre (Überschreiten des Wertes der Beschwer i.H.v. 600,00 EUR). Unzulässig ist die sofortige Beschwerde auch dann, wenn wegen der Kosten bereits ein unanfechtbarer Kostenfestsetzungsbeschluss ergangen ist. 212

Praxistipp: 213

Wenn Sie die Klage zurücknehmen und der Grund der Klagerücknahme darin liegt, dass der Beklagte nach Einreichung der Klage geleistet hat, stellen Sie gleich in Ihrem Rücknahmeantrag einen begründeten Kostenantrag.

▼ 214

Muster 7.24: Klagerücknahme verbunden mit Kostenantrag

In Sachen 7.24

(vollständige Parteienbezeichnung, wenn Ihnen das Aktenzeichen ggf. nicht bekannt ist)

/

– Aktenzeichen –

wird die am erhobene Klage zurückgenommen. Der Beklagte hat mit Wertstellung vom die anhängige Forderung des Klägers beglichen.

Gleichzeitig wird beantragt,

- dem Beklagten die Kosten des Rechtsstreits gem. § 269 Abs. 3 S. 3 ZPO aufzuerlegen und die nicht verbrauchten Gerichtskosten zurück zu erstatten. Es wird anwaltlich versichert, dass diese aus eigenen Mitteln verauslagt worden sind.

▲

215 *Hinweis:*

Hat der Kläger die Gerichtskosten selbst gezahlt, dann bitten Sie um Erstattung direkt an den Kläger oder legen eine Geldempfangsvollmacht vor.

Begründung:

Bei Klageerhebung befand sich der Beklagte mit der Leistung der Forderung in Verzug (siehe Seite … der Klageschrift). Er hat durch sein Verhalten Veranlassung zur Klageerhebung gegeben.

Rechtsanwalt

216 *Hinweis:*

Die Verfahrensgebühr der Nr. 3100 VV RVG ist durch die Einreichung der Klage bereits in voller Höhe entstanden.

IV. Offensichtliche Unrichtigkeit

217 Auch bei den Gerichten arbeiten Menschen. Daher: Fehler gehören dazu.

218 Insbes. bei Säumnis des Klägers kann es sein, dass das Gericht mit der Kostenentscheidung feststellt: „Die Kosten des Verfahrens hat der Beklagte zu tragen“, obwohl der Kläger säumig war. Gem. **§§ 95, 344 ZPO hat grds. die säumige Partei die Kosten des Rechtsstreits** zu tragen. Weicht hier die Kostenentscheidung von der gesetzlichen Lage ab, ist nicht sofortige Beschwerde zu erheben.

219 Liegt eine **offensichtliche Unrichtigkeit i.S.v. § 319 Abs. 1 ZPO** vor, muss die Berichtigung des Urteils beantragt werden. Eine Frist für diesen **Antrag** ist nicht gesetzlich vorgegeben. Allerdings ist es immer sinnvoll, dass Sie auch hier **unverzüglich** vorgehen.

▼ 220

Muster 7.25: Berichtigung des Urteils (oder eines Beschlusses) wegen offensichtlicher Unrichtigkeit

In Sachen

/

– Aktenzeichen –

wird beantragt,

das Urteil wegen offensichtlicher Unrichtigkeit der Kostenentscheidung zu berichtigen.

Begründung:

Der Beklagte ist in voller Höhe antragsgemäß verurteilt worden. Der Kläger hat Zahlung in Höhe von EUR begehrt. Diesem Antrag ist das Gericht ohne Einschränkung gefolgt. Die durch das Gericht ausgesprochene Kostenquote (1/3 Kläger; 2/3 der Beklagte) entspricht nicht dem Verhältnis von Obsiegen zu Unterliegen. Gem. § 91 Abs. 1 ZPO hat der Beklagte die Kosten des gesamten Rechtsstreits allein zu tragen. Die Kostenentscheidung ist daher im Sinne von § 319 Abs. 1 ZPO offensichtlich unrichtig. Berichtigung ist daher geboten.

Rechtsanwalt

▲

V. Sofortige Beschwerde bei Kostenfestsetzungsbeschlüssen

Über die **Kostentragungsverpflichtung** des Verfahrens entscheidet das Gericht **von Amts wegen, § 308 Abs. 2 ZPO**. Damit steht noch nicht fest, in welcher Höhe der zur Kostentragung Verpflichtete die Kosten nun erstatten muss. Um die Höhe der Zahlungsverpflichtung festzustellen, ist ein **Kostenfestsetzungsantrag (§ 104 ZPO)** erforderlich. Bei einer Verteilung der Kostentragungslast nach Quoten (entsprechend § 92 ZPO und damit dem Verhältnis von Obsiegen zu Unterliegen) ist regelmäßig das Kostenausgleichungsverfahren durchzuführen. Bei Vergleichen werden die Kosten häufig gegeneinander aufgehoben (§ 98 ZPO, abweichende Vereinbarungen sind zulässig, s. § 8 Rdn 254), mit der Folge, dass jede Partei die eigenen „Anwaltskosten“ und die Hälfte der Gerichtskosten zu tragen hat. 221

Entspricht die erfolgte Festsetzung nicht dem, was Sie als Festsetzungsbetrag erwartet haben, so ist der **Kostenfestsetzungsbeschluss mit der sofortigen Beschwerde anfechtbar** (§ 567 Abs. 1 ZPO). Die Frist ergibt sich erneut aus § 569 Abs. 1 ZPO. Üblicherweise ist die sofortige Beschwerde binnen einer **Notfrist von zwei Wochen ab Zustellung** einzulegen. 222

Ist Grundlage des sofortigen Beschwerdeverfahrens ein Kostenfestsetzungsbeschluss, so ist dieser im Wege der sofortigen Beschwerde nur anfechtbar, wenn der **Wert der Beschwer 200,00 EUR übersteigt** (§ 567 Abs. 2 ZPO).

223 *Praxistipp:*

Die sofortige Beschwerde hemmt in keiner Weise die Zwangsvollstreckung aus einem Kostenfestsetzungsbeschluss. Sie hat keine aufschiebende Wirkung (§ 570 Abs. 1 ZPO). Eine aufschiebende Wirkung ist nur zu erreichen, wenn Sie beantragen, die Vollziehung auszusetzen.

224 ▼

Muster 7.26: Sofortige Beschwerde gegen Kostenfestsetzungsbeschluss

In Sachen

/

– Aktenzeichen –

legen wir Namens und in Vollmacht des zur Kostenerstattung Verpflichteten

sofortige Beschwerde

gegen den Kostenfestsetzungsbeschluss vom , zugestellt am ein mit dem Antrag, den Kostenfestsetzungsbeschluss aufzuheben und die Kosten unter Berücksichtigung der Begründung der sofortigen Beschwerde neu festzusetzen. Gleichzeitig wird beantragt, die Vollziehung des Kostenfestsetzungsbeschlusses bis zur Entscheidung über die sofortige Beschwerde gem. § 570 Abs. 2 ZPO einstweilen auszusetzen und keine vollstreckbare Ausfertigung des Kostenfestsetzungsbeschlusses zu erteilen.

Ferner beantragen wir, für den Fall, dass der sofortigen Beschwerde nicht stattgegeben wird,

einen Ausspruch über die Zulässigkeit Rechtsbeschwerde zu treffen.

Begründung:

Mit Kostenfestsetzungsbeschluss vom wurde die erstinstanzliche Verfahrensgebühr der Nr. 3100 VV RVG in voller Höhe festgesetzt. Bereits im Wege der Stellungnahme auf den Kostenfestsetzungsantrag vom haben wir ausgeführt, dass vorgerichtlich eine Geschäftsgebühr gem. Nr. 2300 VV RVG entstanden und bezahlt worden ist. Dies ergibt sich aus dem Aufforderungsschreiben, mit dem der zur Kostentragung Verpflichtete zur Leistung aufgefordert worden ist und dem beigefügten Zahlungsbeleg. Die Anrechnung der Geschäftsgebühr gem. Nr. 2300 VV RVG führt dann gem. § 15a Abs. 2 RVG zu einer Reduzierung der Verfahrensgebühr. Diese ist nicht in voller Höhe festzusetzen, sondern um den Anrechnungsteil der Geschäftsgebühr zu kürzen.

Anstelle einer 1,3 Verfahrensgebühr gem. Nr. 3100 VV RVG ist nur eine 0,65 Verfahrensgebühr festzusetzen. Dementsprechend ergibt sich auch der erforderliche Wert der Beschwer. Die von hier beantragte Absetzung übersteigt den Betrag in Höhe von 200,00 EUR.

Rechtsanwalt

▲

Hinweis: 225

Wird die Rechtsbeschwerde nicht zugelassen, so ist der Beschluss über die Nichtzulassung der Rechtsbeschwerde unanfechtbar.[2]

Praxistipp: 226

Wenn bereits eine vollstreckbare Ausfertigung des Kostenfestsetzungsbeschlusses erteilt worden ist, müssen Sie, wenn der Gläubiger bereits Vollstreckungsmaßnahmen eingeleitet hat, Einstellung der Zwangsvollstreckung gem. § 769 ZPO beim Vollstreckungsgericht beantragten.

▼ 227

Muster 7.27: Einstellung der Zwangsvollstreckung – Antrag an das Vollstreckungsgericht

An das Vollstreckungsgericht

In der Zwangsvollstreckungssache

/

– Aktenzeichen der Vollstreckungsmaßnahme –

zeigen wir aufgrund der beigefügten Vollmacht an, dass wir den Schuldner auch im Vollstreckungsverfahren vertreten.

Namens und in Vollmacht des Schuldners beantragen wir,

- die Zwangsvollstreckung aus dem Kostenfestsetzungsbeschluss vom des Gerichts zum Aktenzeichen bis zur Entscheidung über den Aussetzungsantrag im Verfahren über die sofortige Beschwerde vor dem Prozessgericht einstweilen einzustellen.

Begründung:

Gegen den der Zwangsvollstreckung zugrunde liegenden Titel, den Kostenfestsetzungsbeschluss, wurde diesseits form- und fristgerecht am sofortige Beschwerde

2 BGH v. 16.2.2002 – II ZB 16/02.

eingelegt. Die entsprechende sofortige Beschwerde ist diesem Antrag beigefügt. Weiter wurde die Aussetzung der Vollziehung des Kostenfestsetzungsbeschlusses beantragt.

Bis heute liegt die Entscheidung des Prozessgerichts nicht vor. Dieses wurde mit gleicher Post über den jetzt erforderlichen Einstellungsantrag informiert.

Da der Titel zu Unrecht ergangen ist und eine Entscheidung durch das Prozessgericht noch aussteht, ist die Vollstreckung durch das Vollstreckungsgericht einstweilen bis zur Entscheidung des Prozessgerichts einzustellen. Nur so wird verhindert, dass eine endgültige Rechtslage mit Beitreibung der bestrittenen Forderung hergestellt wird.

Der Anordnung einer Hinterlegung durch das Gericht wird ausdrücklich zugestimmt.

Rechtsanwalt

▲

228 Für den vorherigen Antrag entsteht keine gesonderte Vergütung (§ 19 Nr. 11 RVG). Der Antrag gehört zum Rechtszug.

G. Erinnerung bei Nichterreichen des Wertes der Beschwer

229 Für den **Erlass** des **Kostenfestsetzungsbeschlusses** ist der **Rechtspfleger** zuständig. Daher ist eine Anfechtung des Kostenfestsetzungsbeschlusses auch möglich, wenn der Wert der Beschwer für das Einlegen der sofortigen Beschwerde nicht erreicht ist. Nur durch einen Richter soll eine unanfechtbare Entscheidung im Zivilprozess getroffen werden.

230 Ist der **Wert der Beschwer für eine sofortige Beschwerde nicht erreicht**, ist der Kostenfestsetzungsbeschluss mit der **Erinnerung** anfechtbar (§ 573 Abs. 1 ZPO). Die Erinnerung muss innerhalb einer **Notfrist von zwei Wochen ab Zustellung des Kostenfestsetzungsbeschlusses** eingelegt werden. Hilft das Gericht der Erinnerung nicht ab (und ist der Wert der Beschwer für die sofortige Beschwerde nicht erreicht), ist das Verfahren mit der Entscheidung über die Erinnerung beendet, es sei denn, das Gericht hat die Rechtsbeschwerde ausdrücklich zugelassen.

231 Die Rechtsmittel und Rechtsbehelfe i.R.d. Zwangsvollstreckung finden Sie unter § 5 Rdn 548 ff.

H. Wiedereinsetzung in den vorigen Stand

I. Vorbemerkungen

232 Ursprünglich hatten wir vor, zu diesem Thema nichts zu schreiben, weil wir ja davon überzeugt sind, dass Sie ein Kapitel über Wiedereinsetzung nicht benötigen, da Sie alle

Fristen sicher beherrschen, unter Beachtung aller zu treffenden organisatorischen Maßnahmen notieren und den unerledigten Ablauf verhindern. Soviel zur Theorie.

Eine mögliche Fehlerfreiheit bei der Behandlung von Fristen hängt von verschiedenen Faktoren ab. Je kleiner eine Kanzlei ist, umso einfacher ist die Organisation. Sie müssen sich im Zweifel nur auf sich selbst und Ihren Arbeitgeber verlassen. Wenn Sie als einzige Mitarbeiterin für einen Anwalt tätig sind, können Sie das Büro so organisieren, wie es genau Ihren Erfordernissen entspricht. Sie kennen dann auch die Besonderheiten Ihres Arbeitgebers und wissen, wie Sie dafür Sorge tragen können, dass Ihr Organisationsschema mit den Vorlieben (und manchmal Eigenarten) Ihres Arbeitgebers übereinstimmt. 233

Je größer die Zahl der tätigen Anwälte (und natürlich Anwältinnen) und die Mitarbeiterzahl, desto schwieriger die Organisation. Natürlich sind in größeren Kanzleien mehr Mitarbeiterinnen beschäftigt. Dies bedeutet aber auch, dass verschiedene Mitarbeiter für ähnliche Arbeitsabläufe zuständig sind. Schon wird es nicht mehr möglich sein, dass die Organisationsstrukturen genau auf Ihre Bedürfnisse zugeschnitten sind. Kommunikation, Anpassung und Kompromisse sind erforderlich. Sobald mehrere Menschen an einem Organisationsablauf beteiligt sind, erhöht sich die Fehlerquelle. Jede Kanzlei ist anders organisiert. Es ist nichts Ungewöhnliches, dass in großen Kanzleien das gesamte Fristenwesen durch eine Mitarbeiterin bearbeitet wird. Aber auch diese ist einmal krank, hat Urlaub, geht in Elternzeit, wechselt den Arbeitgeber u.v.a.m. Dann muss die Stellvertretung den Arbeitsbereich übernehmen oder aber die Arbeit wird auf verschiedene Mitarbeiter übertragen. Und schon beginnen die Kommunikationsprobleme. In anderen Kanzleien gibt es weiterhin die Zuweisung RA und entsprechende Rechtsanwaltsfachangestellte (Rechtsfachwirte, Bürovorsteher usw.). Dann notieren Sie in Ihrem Dezernat die Fristen. Es gibt Mitarbeiterpools, Schreibpools, diverse sonstige Teambildungen. Alle haben eines gemeinsam: Fehler können geschehen. 234

II. Feststellung und Bekanntgabe des Fehlers

Wenn Sie daran denken, dass ein Wiedereinsetzungsantrag gestellt werden muss, dann steht fest: Es ist etwas schiefgelaufen. 235

> *Praxistipp:* 236
>
> Ist Ihnen bei dem Notieren einer Frist ein Fehler unterlaufen, der dazu geführt hat, dass die Frist zur Einlegung eines Rechtsmittels oder Rechtsbehelfs abgelaufen ist, ohne dass rechtzeitig entsprechende Prozesshandlungen vorgenommen wurden, müssen Sie sofort reagieren. Ihre Aufgabe ist es, unverzüglich (und zwar wirklich sofort), den Fehler möglichst dem zuständigen Anwalt zu melden. Sinnvoll ist es, wenn Sie den Fristablauf verursacht haben, ein Protokoll anzufertigen, warum Ihnen, wie der

Fehler unterlaufen ist (speichern Sie bitte dieses Protokoll, es wird im Zweifel noch benötigt). Sicherlich, es ist unangenehm, Fehler offen einzugestehen. Aber dies ist die einzige Möglichkeit. Es wird Ihnen nicht gelingen, das Problem anders aus der Welt zu schaffen.

237 ▼

Muster 7.28: Fehlerprotokoll im Hinblick auf eine unzutreffend notierte Berufungsbegründungsfrist
Eilnotiz

In der Sache

Aktenbezeichnung und Aktenkennzeichnung (in der Regel Aktenzeichen)

ist am 03.12. das vollständige Urteil des Gerichts vom von Amts wegen zugestellt worden. Die Zustellung erfolgte gegen Empfangsbekenntnis. Das entsprechende Empfangsbekenntnis findet sich versehen mit Eingangsstempel in der Akte.

Ich habe daher – wie üblich und bereits seit Jahren fehlerfrei – den Ablauf der Berufungsfrist auf den 03.01. notiert. Entsprechend der Organisationsanweisung in der Kanzlei habe ich die Frist auf dem Urteil und im Fristenkalender notiert. Anschließend erfolgte die Notierung im softwareunterstützten Kalender. Entsprechend der Organisationsanweisung (Behandlung von Berufungsfristen) habe ich dann eine Wiedervorlage von drei Tagen sowohl in dem in Buchform geführten Kalender als auch im softwareunterstützten Kalender notiert. Entsprechend der Organisationsanweisung habe ich anschließend sämtliche notierten Notfristen und Wiedervorlagen überprüft (Buchkalender, Softwarekalender). Erst dann habe ich, entsprechend der Organisationsanweisung mein Namenskürzel in anderer Schrift und das Datum notiert, an dem ich die Berufungsfrist notiert habe. Die erforderliche Vorfrist für den (*Datum*) (*zwei Wochen vor Ablauf der Berufungsfrist*) habe ich – entsprechend der Organisationsanweisung – nur noch im Softwarecomputer notiert.

Ich habe dann sogleich die Berufungsbegründungsfrist notiert (Organisationsanweisung).

Bei diesem Fristablauf habe ich aber nicht, wie sonst üblich, das Datum der Zustellung als maßgebend angesehen, sondern den Fristablauf berechnet vom Ende der Berufungsfrist (zwei Monate ab Ablauf der Berufungsfrist). Ich habe auf den 03.03. notiert und mich bei allen Abläufen an die Organisationsanweisung gehalten (Buchkalender, Softwarekalender, Wiedervorlage).

Sämtliche Vorfristen sind bezogen auf das fehlerhafte Ende der Frist berechnet worden. Ich habe die eingetragene Frist auf dem Urteil vermerkt. Dabei ist mir allerdings ein weiterer Fehler unterlaufen.

Ich habe als Fristablauf für die Berufungsbegründung auf dem Urteil den 03.02. notiert.

Entsprechend der Organisationsanweisung habe ich die Akte mit dem Fristennotizzettel dem zuständigen Anwalt RA X vorgelegt. Der Fristenzettel vom , mit meinem Namen gekennzeichnet, der sich abgeheftet/gespeichert in der Akte befinden, hat als Fristende eingetragen

Urteil zugestellt am	03.12.
Notfrist: Berufung	03.01.
Frist Berufungsbegründung	03.02.

Ich habe das irrtümlich auf dem Urteil von mir notierte „unzutreffende Datum" (Frist war für den 03.03. notiert) übernommen und dem zuständigen RA zur Abzeichnung vorgelegt.

Dieser hat auf dem Urteil sowohl hinter dem Fristeintrag „Berufung 03.01." als auch hinter dem Fristeintrag „Berufungsbegründung 03.02." jeweils mit dem Kürzel „i.O. RA X" abgezeichnet.

Es war mit meinen Notizen auf dem Urteil nicht feststellbar, dass ich tatsächlich die Berufungsbegründung erst auf den 03.03. notiert habe. Berufung wurde fristgerecht am 03.01. eingelegt.

Mir ist die fehlerhaft notierte Frist erst am heutigen Tage, den 10.02., aufgefallen, weil der Auftraggeber telefonisch nach dem Sachstand gefragt hat. Dabei habe ich gesehen, dass eine Berufungsbegründung nicht gefertigt worden ist. Die Berufungsbegründungsfrist dürfte abgelaufen sein.

Ich habe rein vorsorglich eine Wiedereinsetzungsfrist (Ablauf) für den 24.02. und eine Vorfrist für den 19.02. notiert.

Ich bitte um Rücksprache. Die Angelegenheit eilt sehr.

Eine Kopie dieser Notiz habe ich an die Büroleitung weitergegeben.

Ich bitte um Mitteilung, ob die Haftpflichtversicherung des Büros zu informieren ist. Mir ist nicht bekannt, ob es diesbezüglich Fristen gibt, die einzuhalten sind.

Datum,	Unterschrift der Mitarbeiterin

▲

Hinweis: 238

Der vorstehende Sachverhalt ist frei erfunden. Bei Erstellung dieses Protokolls wurde nicht geprüft, ob ein Fall der unverschuldeten Säumnis vorliegt und Wiedereinsetzung in den vorigen Stand erfolgreich beantragt werden könnte. Wenn es um einen Fall der Fristversäumnis geht, ist es **Anwaltsaufgabe** zu prüfen (unter Berücksichtigung der aktuellen Kommentarliteratur und der Rechtsprechung des BGH), ob ein Wiedereinsetzungsantrag hinreichend Aussicht auf Erfolg bietet.

239 Alles, was Sie über richtige Fristenkontrolle lernen und wissen möchten, können Sie den Entscheidungen des BGH zu abgelehnten Wiedereinsetzungsanträgen entnehmen. Besuchen Sie die Website des BGH (www.bundesgerichtshof.de) und wählen den Menüpunkt „Entscheidungen" aus. Als Stichwort tragen Sie in die Suchmaske „Wiedereinsetzung" ein. Um nicht von der Masse der Urteile erschlagen zu werden, beschränken Sie Ihre Suche auf ein Jahr (z.B. 2017) und fangen dann an, die vielen angezeigten Urteile zu lesen. Interessant sind insbes. die Entscheidungen im Anwaltszulassungsverfahren.

III. Allgemeines

240 **§ 233 S. 1 ZPO Wiedereinsetzung in den vorigen Stand**

War eine Partei ohne ihr Verschulden verhindert, eine Notfrist oder die Frist zur Begründung der Berufung, der Revision, der Nichtzulassungsbeschwerde oder der Rechtsbeschwerde oder die Frist des § 234 Abs. 1 einzuhalten, so ist ihr auf Antrag Wiedereinsetzung in den vorigen Stand zu gewähren.

241 Von Wiedereinsetzung in den vorigen Stand (restitutio in integrum) wird gesprochen, wenn ein Verfahrensbeteiligter bestimmte gesetzlich vorgeschriebene Fristen (i.d.R. als Notfristen s.o. § 233 ZPO) unverschuldet versäumt hat. Das Verschulden des Anwalts an der Einhaltung der Frist wird dem Auftraggeber zugerechnet. Nur wenn der RA nachweisen kann, dass er alles Notwendige unternommen hat, um die Frist einzuhalten, kann auf den entsprechenden Antrag Wiedereinsetzung gewährt werden. Die Wiedereinsetzung ist nicht nur in der ZPO vorgesehen, sondern in diversen anderen Verfahrensordnungen (so z.B. Strafprozessordnung § 44 StPO oder im Verwaltungsprozess in § 60 VwGO, behördliches Verwaltungsverfahren § 32 VwVfG).

242 Zweck des Wiedereinsetzungsverfahrens ist es, den Verfahrensstand wiederherzustellen, der bestehen würde, wenn die versäumte Prozesshandlung nicht versäumt worden wäre. Der Antrag allein hemmt daher keine Vollstreckungsmaßnahmen der am Verfahren beteiligten anderen Partei. Wollen Sie dies verhindern, müssen Sie entsprechend die Einstellung der Zwangsvollstreckung beantragen.

IV. Antrag

243 Hat der RA eine Frist versäumt (bzw. eine Prozesshandlung nicht innerhalb der vorgesehenen Frist vorgenommen), so wird Wiedereinsetzung in den vorigen Stand nur gewährt, wenn er einen Antrag stellt. Der Antrag ist an das Gericht zu richten, bei dem die Prozesshandlung versäumt wurde.

Praxistipp: 244

Haben Sie z.B. die Berufungsfrist versäumt, so hemmt der Antrag auf Wiedereinsetzung nicht den Ablauf der Berufungsbegründungsfrist. Versäumen Sie im Zuge des laufenden Wiedereinsetzungsverfahrens die Berufungsbegründungsfrist, ist im Zweifel erneut ein Wiedereinsetzungsantrag erforderlich. Sie sollten hier rechtzeitig (am Besten gleichzeitig mit dem Wiedereinsetzungsantrag) die Verlängerung der Berufungsbegründungsfrist beantragen. Dies gilt immer dann, wenn der ersten Frist noch eine zweite erforderliche Prozesshandlung folgt.

V. Versäumte Prozesshandlung

Für viele versäumte Prozesshandlungen (versäumte Fristen) ist es nicht möglich, eine 245
Wiedereinsetzung zu beantragen. Haben Sie bspw. die Ausschlussfrist für den Widerruf des Vergleichs versäumt, so können Sie nicht mit der Wiedereinsetzung versuchen, dieses Versäumnis zu heilen. Wiedereinsetzung ist möglich, wenn

- eine im Gesetz als Notfrist bezeichnete Frist oder
- die Berufungsbegründungsfrist,
- die Revisionsbegründungsfrist,
- die Frist zur Begründung der Nichtzulassungsbeschwerde oder
- die Wiedereinsetzungsfrist gem. § 234 ZPO u.a. (s. § 233 ZPO)

abgelaufen ist, ohne dass rechtzeitig die erforderliche Prozesshandlung vorgenommen wurde.

VI. Frist für den Antrag

Der Antrag auf Wiedereinsetzung muss gem. § 234 Abs. 1 ZPO regelmäßig innerhalb ei- 246
ner unverlängerbaren Frist von zwei Wochen gestellt werden. Im Ausnahmefall ist eine Frist von einem Monat vorgesehen. Die Frist beginnt mit dem Wegfall des Hindernisses (§ 234 Abs. 2 ZPO), das die Einhaltung der Frist verhindert hat, zu laufen. Ein Wiedereinsetzungsantrag ist nicht unbegrenzt möglich. Es gibt eine sog. **absolute Antragsfrist** von einem Jahr ab dem Ende der versäumten Frist (§ 234 Abs. 3 ZPO).

Kenntnis vom Hindernis, das zur Nichteinlegung der Frist geführt hat, wird häufig der 247
Zeitpunkt sein, an dem man feststellt, dass die Frist versäumt wurde.

VII. Verschulden

248 Die Wiedereinsetzung wird nur gewährt, wenn die Partei ohne ihr Verschulden trotz Beachtung der erforderlichen Sorgfalt die Frist nicht einhalten konnte. Im zivilgerichtlichen Verfahren muss sich eine Partei das Verschulden ihres Bevollmächtigten (i.d.R. also ihres Rechtsanwalts) zurechnen lassen.

249 Das Verschulden richtet sich hierbei nach § 276 Abs. 2 BGB. Es werden durch die Gerichte strenge Anforderungen an die Organisationsstrukturen einer Anwaltskanzlei gestellt. Eine Fristversäumung ist dann von dem RA verschuldet, wenn sie für einen anderen – besser organisierten – RA abwendbar gewesen wäre. Generell kann festgestellt werden, dass ein Ausnutzen der Frist bis zum Tage des Fristablaufs es deutlich schwieriger macht, eine unverschuldete Fristversäumnis nachzuweisen, als ein Organisationsablauf, in dem ein Fristablauf nicht am letzten Tag der Frist notiert ist.

250 *Praxistipp:*

Es wird zunächst für Sie ungewöhnlich sein:

Notieren Sie die Fristen anders. Die Monatsfristen notieren Sie als Notfrist zweimal – nämlich nach vier Wochen – und am tatsächlichen Fristablauf als „Notfrist". Erledigt wird die Frist spätestens nach vier Wochen. Der tatsächliche Tag des Fristablaufs dient nur noch als Kontrolltag. Es wird nochmals überprüft, ob Empfänger, Zugang u.Ä. sichergestellt werden kann. Sie müssen bei der Änderung der bisherigen Fristennotierung Rücksprache mit dem RA halten. Diese Vorgänge können Sie nur in Absprache ändern. Mit dieser Vorgehensweise (2-Wochenfrist = zehn Tage und die zwei Wochen) verhindern Sie, dass bspw. die Technik Ihnen um 23.55 Uhr am Tag des Fristablaufs einen Strich durch die Rechnung macht. Selbstverständlich klappt eine solche abweichende Fristenkontrolle nur, wenn alle Mitarbeiter und Anwälte sich beteiligen und daran halten. Nach dieser Methode könnten die spontan angesetzten Endlosdiktate kurz vor Feierabend der Vergangenheit angehören.

251 Ob ein Organisationsverschulden vorliegt, hängt vom Einzelfall ab. Wie Sie ein Organisationsverschulden vermeiden können, können Sie in der juristischen Fachliteratur nachlesen. Ich empfehle, dass Sie sich mit der Rechtsprechung des BGH zu diesem Thema intensiv beschäftigen. Der BGH gibt in diversen Entscheidungen (s. § 7 Rdn 239) detailliert vor, welche Anforderungen an die Möglichkeit der Gewährung von Wiedereinsetzung in den vorigen Stand zu stellen sind.

VIII. Begründung des Wiedereinsetzungsantrags

Der RA muss die Tatsachen, die die Wiedereinsetzung begründen, und damit das Nichtvorliegen des Verschuldens innerhalb der Antragsfrist wiedergeben. Die versäumte Prozesshandlung muss nachgeholt werden (§ 236 Abs. 2 ZPO). Die Angaben zur unverschuldeten Versäumung der Frist müssen **glaubhaft** gemacht werden. Sinnvollerweise geschieht dies gleich mit dem Antrag auf Wiedereinsetzung in den vorigen Stand. Glaubhaftmachung erfolgt durch die Vorlage einer eidesstattlichen Versicherung. 252

▼ 253

Muster 7.29: Wiedereinsetzungsantrag in den vorigen Stand

An das (*Prozessgericht, vor dem die Prozesshandlung versäumt wurde*) 7.29

In Sachen

X ./. Y

- Aktenzeichen -

beantragen wir namens und in Vollmacht des Antragstellers wegen der Versäumung der Berufungsfrist dem Antragsteller **Wiedereinsetzung in den vorigen Stand zu gewähren**.

Gleichzeitig legen wir gegen das Urteil des Gerichts vom , zugestellt am ,

Berufung

ein. Die gesonderte Berufungsschrift ist diesem Antrag beigefügt (s. *das Textmuster unter* § 7 Rdn 149).

Wir beantragen ferner,

die Vollstreckung aus dem Urt. v. einstweilen einzustellen,

bis über den Wiedereinsetzungsantrag entschieden worden ist.

Begründung:

Die für die Einlegung der Berufung einzuhaltende Frist haben wir ohne zurechenbares Verschulden versäumt. Der Fristversäumnis liegt folgender Sachverhalt zugrunde:

(*Schilderung des Sachverhaltes, aus dem sich ergibt, dass kein Organisationsverschulden gegeben ist.*)

Zum Zwecke der Glaubhaftmachung fügen wir eine eidesstattliche Versicherung (*meistens einer Mitarbeiterin*) bei.

Es wird gebeten, über den Wiedereinsetzungsantrag vorab zu entscheiden.

Bei dieser Gelegenheit beantragen wir bereits jetzt,

die Frist zur Begründung der Berufung bis zum zu verlängern.

Eine Begründung der Berufung ist erst sinnvoll, wenn über den Wiedereinsetzungsantrag entschieden worden ist.

Rechtsanwalt

▲

254 ▼

Muster 7.30: Eidesstattliche Versicherung

Eidesstattliche Versicherung

Ich, (*Vor- und Nachname des/der Mitarbeiter/in*), geb. am , wohnhaft in , bin über die Folgen einer falschen Versicherung an Eides statt von den Antragstellern belehrt worden. Die Belehrung erstreckte sich auch auf die Bedeutung einer eidesstattlichen Versicherung.

Ich erkläre hiermit in Kenntnis der Strafbarkeit einer falschen eidesstattlichen Versicherung an Eides statt:

(Die Begründung Wiedereinsetzungsantrag wiederholen)

Ort, Datum	Unterschrift

▲

255 *Hinweis:*

Eine falsche eidesstattliche Versicherung wird mit Freiheitsstrafe von bis zu drei Jahren oder mit einer Geldstrafe geahndet (§ 156 StGB). Wer von einer falschen eidesstattlichen Versicherung wissentlich einen Vorteil hat, kann mit einer Freiheitsstrafe von bis zu sechs Monaten oder mit Geldstrafe (§ 160 StGB) rechnen. Auch auf § 263 StGB (Prozessbetrug) wird hingewiesen.

§ 8 Kosten und Gebühren

Wolf Schulenburg/Gundel Baumgärtel

Inhalt

A. Vorbemerkung

1 Bekanntlich unterliegt der RA in jedem Mandat gegenüber seinem Auftraggeber diversen Belehrungspflichten. Auch über seine Vergütung und die übrigen Kosten, insbesondere aber auch die fehlende Erstattung, hat er seinen Auftraggeber zu belehren. Wann den RA diese Pflicht trifft, wie er sie erfüllen kann und in welcher Form er dazu verpflichtet ist, dazu dient vorab das nachfolgende Kapitel mit Mustern und Praxistipps.

B. Belehrungspflichten

I. Allgemeines

2 Der RA unterliegt berufsrechtlich einer Reihe von Belehrungspflichten. Teilweise muss er sie bereits zu Beginn des Mandats, teilweise auch während des laufenden Mandats erfüllen. Damit der RA seinen Vergütungsanspruch nicht ggf. sogar verliert, sollte er darauf achten, bei Bedarf den Nachweis führen zu können, dass er seine Belehrungspflichten erfüllt hat. Auch wenn das Gesetz häufig keine besondere Form für die Erfüllung seiner Belehrungspflicht vorsieht, es also ausreichen würde, dass der RA den Auftraggeber mündlich belehrt hat, sollte der RA aber im Zweifel immer die noch „stärkere" Schriftform wählen. Im Streitfall obliegt primär dem RA der Nachweis, den Auftraggeber belehrt zu haben. Den Auftraggeber trifft dann allenfalls eine sekundäre Beweislast, wenn er sich dennoch darauf berufen will, dass der RA gegen seine Belehrungspflichten verstoßen hat. Ein schriftlicher Nachweis ist als sog. Privaturkunde vor Gericht wesentlich schwerer durch den Auftraggeber zu erschüttern.

3 Daher ist es unschädlich, wenn der RA strengere Maßstäbe ansetzt, als ihm die gesetzlichen Formvorschriften auferlegen. Was seinen Vergütungsanspruch sichert und auch späteren Streit vermeiden kann, sollte der RA daher tun, um am Ende damit auch „den sichersten Weg" gegangen zu sein.

II. Belehrung über die Vergütungshöhe

4 Außer in arbeitsgerichtlichen Angelegenheiten erster Instanz bestehen grds. keine besonderen Belehrungspflichten über die Höhe der zu erwartenden Vergütung. Im Allgemeinen ist der RA nicht verpflichtet, seinen Mandanten **unaufgefordert** über die Höhe des Kostenrisikos aufzuklären.

1. Belehrungspflicht im arbeitsgerichtlichen Verfahren erster Instanz

5 Vertritt der RA seinen Auftraggeber in I. Instanz im Urteilsverfahren vor dem Arbeitsgericht, muss er den Auftraggeber darüber belehren, dass im Urteilsverfahren des ersten Rechtszuges gem. **§ 12a Abs. 1 Arbeitsgerichtsgesetz (ArbGG)** kein Anspruch der obsiegenden Partei auf Entschädigung wegen Zeitversäumnis und auf Erstattung der Kosten für die Zuziehung eines Prozessbevollmächtigten oder Beistandes besteht. Dies gilt grds. auch für den Fall, dass der RA den Auftraggeber vorgerichtlich vertritt.

Verletzt der RA diese Belehrungspflicht, so kann sich der Mandant zur Verteidigung gegen den vom RA geltend gemachten Vergütungsanspruch darauf berufen – was zur Folge hat, dass der RA seinen Anspruch auf die Vergütung effektiv verliert.

6 Im arbeitsgerichtlichen Verfahren erster Instanz muss eine solche Belehrung **schriftlich** erfolgen. Um im meist stressigen Arbeitsalltag zu vermeiden, dass diese Belehrung versehentlich übersehen wird, sollte bei Auftragsannahme und üblicherweise der Unterzeichnung der Vollmacht durch den Auftraggeber von diesem zugleich die Unterzeichnung des Nachweises für diese Belehrung veranlasst werden.

7 ▼

Muster 8.1: Belehrung gem. § 12a ArbGG

Im Urteilsverfahren des ersten Rechtszuges besteht kein Anspruch der obsiegenden Partei auf Entschädigung wegen Zeitversäumnis und auf Erstattung der Kosten für die Zuziehung eines Prozessbevollmächtigten oder Beistandes. Dies gilt generell auch für den Fall einer vorgerichtlichen Vertretung. Der vorgenannte Hinweis nach § 12a ArbGG wurde durch Rechtsanwalt erteilt und erläutert.

Datum	Unterschrift Auftraggeber

▲

2. Belehrungspflicht über die Höhe des Gegenstandswertes gem. § 49b Abs. 5 BRAO

a) Belehrung über den Gegenstandswert

8 Der RA muss den Auftraggeber gem. **§ 49b Abs. 5 Bundesrechtsanwaltsordnung (BRAO)** vor Auftragsannahme darüber belehren, dass sich die Gebühren nach einem Gegenstandswert richten.

9 § 49b Abs. 5 BRAO lautet:

> *Richten sich die zu erhebenden Gebühren nach dem Gegenstandswert, hat der Rechtsanwalt vor Übernahme des Auftrages hierauf hinzuweisen.*

10 Der Gesetzeswortlaut ist unklar: Vor Übernahme des Auftrages kann der RA den Gegenstandswert oft nicht abschließend einschätzen. Er kann daher lediglich den Hinweis erteilen, dass ein Gegenstandswert zur Ermittlung der Vergütung heranzuziehen ist. Der Gesetzeswortlaut verlangt vom RA nicht, dass er den Auftraggeber über die Höhe des Gegenstandswertes belehrt. Hier offenbart sich ein deutliches Abweichen von Theorie und Praxis: Ein Mandant, der vom RA darüber belehrt worden ist, dass sich die Gebühren nach einem Gegenstandswert richten, wird vom RA wissen wollen, was dies „in konkreten Zahlen" bedeutet. Der Auftraggeber wird also verlangen, dass der RA die Höhe des Gegenstandswertes und die sich daraus ergebende Vergütung beziffert.

Dabei gibt es eine Vielzahl von Mandaten, in denen es für den RA nicht möglich sein wird, 11
die Höhe des Gegenstandswertes bereits zu Beginn des Auftragsverhältnisses konkret einzuschätzen. Beispiele dafür finden sich oft in familienrechtlichen Mandaten, in arbeitsrechtlichen Auseinandersetzungen, im verkehrsrechtlichen Unfallsachen, in Baustreitigkeiten, bei sog. nicht vermögensrechtlichen Streitigkeiten und überall dort, wo die Bemessung des Gegenstandswertes einem „billigen Ermessen“, also einer Bewertung seiner Angemessenheit, unterliegen. Oft genug ändert sich auch der Gegenstandswert im Laufe des Mandats, vermindert sich oder wird erweitert, worauf weder der Auftraggeber noch der RA Einfluss hat, weil es in der Sphäre des Gegners liegt. Für den RA kann also aus den verschiedensten Gründen nicht vorhersehbar sein, nach welchem konkreten Gegenstandswert sich seine Vergütung letztlich am Ende bei Fälligkeit berechnet.

Diese an sich sehr einfache Belehrung gibt bis aktuell dennoch immer wieder Veranlas- 12
sung zum Streit.[1] Welche Folgen eine unterlassene oder fehlerhafte Belehrung haben kann, musste auch bereits der BGH mehrfach entscheiden.[2] Zwar trifft den Mandanten die Beweislast dafür, dass der Rechtsanwalt seiner Hinweispflicht nicht nachgekommen ist. Der RA muss allerdings konkret darlegen, in welcher Weise er belehrt haben will. Hat der RA das schuldhaft unterlassen, ist er dem Mandanten zum Ersatz des hierdurch verursachten Schadens verpflichtet.

b) Kein Formerfordernis

§ 49b Abs. 5 BRAO verlangt vom RA nicht, dass er die Belehrung dem Auftraggeber ge- 13
genüber schriftlich zu erfüllen hat. Erfolgt die Belehrung nur mündlich, was meist im ersten Gespräch nur in Anwesenheit von RA und Auftraggeber passieren wird, sollte der RA im ersten Anschreiben an den Auftraggeber die erfolgte Belehrung nochmals schriftlich festhalten und wiederholen, um späterem Streit und möglichen Beweisschwierigkeiten vorzubeugen.

▼ 14

Muster 8.2: Hinweis auf bereits mündlich erteilte Belehrung

Abschließend darf ich nochmals den Ihnen bereits vor Übernahme des Auftrags erteilten 8.2
Hinweis wiederholen, dass sich die gesetzlichen Gebühren in Ihrer Angelegenheit nach einem Gegenstandswert richten.

▲

Der RA sollte vermeiden, seine Belehrung in die Vollmacht aufzunehmen. Zum einen 15
könnte im Streitfall möglicherweise nicht der Nachweis erbracht werden, dass die Belehrung **vor** Übernahme des Auftrages erfolgte. Zum anderen wird das Original der Vollmacht regelmäßig (beachten Sie hier z.B. § 174 BGB) einem Dritten vorgelegt, für den

1 Z.B. OLG Düsseldorf v. 16.9.2024 – I-24 U 85/23.
2 Z.B. BGH v. 24.5.2007 – IX ZR 89/06 und v. 11.10.2007 – IX ZR 105/06.

die allein im Innenverhältnis zwischen RA und Auftraggeber zu erfüllenden Belehrungspflichten kein Interesse bedeuten.

16 ▼

Muster 8.3: Belehrung über Gegenstandswert vor Auftragsübernahme

8.3 Ich bin vor Übernahme des Auftrags von RA X gem. § 49b Abs. 5 BRAO darauf hingewiesen worden, dass sich die gesetzlichen Gebühren nach dem Rechtsanwaltsvergütungsgesetz nach einem Gegenstandswert richten und zu Beginn des Auftragsverhältnisses der Gegenstandswert nur geschätzt werden kann. Eine abschließende Bestimmung des Gegenstandswertes kann erst nach Beendigung des Auftrags bei Fälligkeit der Gebühren erfolgen. Des Weiteren bin ich darauf hingewiesen worden, dass der RA gem. § 49b Abs. 1 S. 1 BRAO verpflichtet ist, im gerichtlichen Verfahren die gesetzlichen Gebühren zu fordern.

Ort, Datum Unterschrift

▲

17 *Praxistipp:*

Oftmals berechnen Kanzleien Ihre Vergütung entsprechend einer mit dem Auftraggeber abgeschlossenen Vergütungsvereinbarung. Häufig werden dabei Stundenhonorare vereinbart, wenn auch meist nur für die vor- und außergerichtliche Tätigkeit. Da im gerichtlichen Verfahren ein Unterschreiten der gesetzlichen Vergütung im Regelfall gem. § 49b Abs. 1 S. 1 BRAO unzulässig ist, ist dann die gerichtliche Tätigkeit anhand der gesetzlichen Vergütung zu berechnen. Auch in diesem Fall muss der Auftraggeber vor Übernahme des Mandats gem. § 49b Abs. 5 BRAO belehrt werden.

III. Forderungseinzug

18 Zu den üblichen Aufgaben des RA gehört es, für seinen Auftraggeber Geldforderungen geltend zu machen. Handwerker, Unternehmen, Ärzte, Vermieter usw. beauftragen ihn, diese Forderungen einzutreiben, welche die „Kunden" der Mandanten nicht beglichen haben. Alle Mandanten befinden sich meist in der gleichen Lage: Sie sind verärgert über den nicht zahlenden Kunden und können oft nicht abschätzen, wie hoch „die Kosten" zur zwangsweisen Durchsetzung dieser Ansprüche sind.

19 In diesen Fällen sollte der Mandant darüber belehrt werden, dass ein **Forderungsausfallrisiko** für ihn besteht. Denn der RA kann nicht garantieren, dass es ihm am Ende gelingen wird, die Forderung des Mandanten auch einzutreiben. Ob überhaupt, in welcher Höhe und wann das geschieht, ist vollkommen offen. Es ist leider keine Ausnahme, dass nach erfolgreichem Ausgang eines Gerichtsverfahren in der dann nachfolgenden

Zwangsvollstreckung nur noch die Insolvenz des Gegners festgestellt werden kann. Der Auftraggeber, der mit seiner berechtigten Forderung ausfällt, ist ggf. zusätzlich verärgert darüber, dass er trotzdem „die Kosten" (Rechtsanwaltsvergütung, Gerichts- und ggf. auch Gerichtsvollzieherkosten) zahlen muss. Daher sollte der RA seinem Auftraggeber auch hier einen schriftlichen Hinweis erteilen. Hat er das getan, muss er ihn gegenüber dem gleichen Auftraggeber später nicht wiederholen.

Praxistipp: 20

Der Auftraggeber als Gläubiger einer Forderung hat ein Interesse daran, dass seine Forderung tituliert und damit gesichert wird. Die Titulierung sichert ihm z.B. die zwangsweise Durchsetzbarkeit, aber auch eine 30-jährige Unverjährbarkeit (§ 197 Abs. 1 Nr. 3 und 4 BGB) seiner Forderung. Ist der Gläubiger mit seinem Schuldner nicht völlig zerstritten, liegt es im Interesse beider, einen etwaigen Streit und die Unsicherheiten über das Bestehen der Forderung durch ihre Titulierung z.B. durch ein notarielles Schuldanerkenntnis zu beseitigen. Das notarielle Schuldanerkenntnis ist ein sog. „Titel", mit dem die Zwangsvollstreckung gegen den Schuldner betrieben werden kann (§ 794 Abs. 1 Nr. 5 ZPO). Sowohl für den Auftraggeber als Gläubiger als auch den Schuldner bietet es einen Vorteil: Die wesentlich höheren Kosten einer gerichtlichen Auseinandersetzung werden vermieden und die Angelegenheit ist schnell erledigt. Allerdings „verliert" der RA damit auch seine Vergütung für das gerichtliche Verfahren zur Titulierung der Forderung. Dem kann der RA aber durch eine entsprechend ausgestaltete Vergütungsvereinbarung begegnen. Der Mandant, der sich auf diesem Weg die Kosten eines Rechtsstreites erspart hat, wird mit dieser Leistung des RA zufrieden sein. Ergibt sich die Notwendigkeit, erneut einen RA beauftragen zu müssen oder auch nur eine Empfehlung auszusprechen, wird er eher veranlasst sein, diesen RA zu beauftragen oder zu empfehlen, der bei aller Tätigkeit für den Mandanten auch dessen wirtschaftliche Interessen im Blick hat.

Die Kosten des Notars berechnen sich nach dem GNotKG. Für die Beurkundung des Schuldanerkenntnisses mit Zwangsvollstreckungsunterwerfung fällt eine 1,0 Gebühr Nr. 21200 KV (nach Tabelle B des § 34 GNotKG) mit einem Geschäftswert (§ 97 Abs. 1 GNotKG) in Höhe der Zahlungsforderung sowie Auslagen nach Nrn. 32000 KV an.

IV. Erfolgshonorar/Abtretung des Erstattungsanspruchs bei Forderungseinzug

Regelmäßig wird die Vergütung des RA **erfolgsunabhängig** geschuldet. Es gibt bei der 21
gesetzlichen Vergütung wenige Ausnahmen (z.B.: Einigungsgebühr der Nr. 1000 VV

RVG oder Aussöhnungsgebühr gem. Nr. 1002 VV RVG), welche die Vergütung vom Erfolg der anwaltlichen Tätigkeit abhängig machen.

22 Das RVG erlaubt dem RA in einigen Fällen auch die Vereinbarung eines sog. Erfolgshonorars (§ 4a Abs. 1 RVG).

23 Neben dem Erfolgshonorar kann der RA gem. § 4 Abs. 2 RVG in den Fällen eines gerichtlichen Mahnverfahrens und der Zwangsvollstreckung einen Teil des Erstattungsanspruchs seines Auftraggebers gegenüber dem Schuldner an Erfüllung statt annehmen. Auf dieses Thema wird im Rahmen der Ausführungen zur „Vergütungsvereinbarung“ unter Rdn 540 eingegangen.

V. Vertragsentwürfe

24 Entwirft der RA Verträge (so z.B. die Scheidungsfolgenvereinbarungen), bedürfen die Vertragsentwürfe anschließend oftmals einer **notariellen Beurkundung**. Im sog. Anwaltsnotariat, in dem der RA gleichzeitig auch als Notar tätig ist, ist er aufgrund seiner Vorbefassung als RA seines Auftraggebers von einer notariellen Tätigkeit, bei Vorbefassung als Notar von einer anwaltlichen Tätigkeit für einen Beteiligten ausgeschlossen.

25 Dabei stellt sich die Frage, ob der RA den Auftraggeber darauf hinweisen muss, dass im Anschluss an seine Tätigkeit noch eine notarielle Tätigkeit erforderlich sein wird. Denn die Beauftragung eines Notars löst weitere Kosten für den Auftraggeber aus, die sich nach den Vorschriften des GNotKG berechnen.

26 Da die Beratung eines RA der einseitigen Interessensvertretung des Mandanten zu dienen hat, die Tätigkeit eines Notars dagegen durch die neutralen Belehrungspflichten geprägt ist, haben sie unterschiedliche Zielrichtungen. Der einen der Beurkundungspflicht unterliegenden Entwurf fertigende RA ist im Regelfall nicht dazu verpflichtet, den Mandanten auf die zusätzlichen notariellen Kosten hinzuweisen.[3] Den RA trifft lediglich die Hinweispflicht auf die Beurkundungsbedürftigkeit des Vertrages.

27 Der RA ist deshalb auch nicht zum Hinweis verpflichtet, dass sein Auftraggeber einen Notar mit der Vertragsgestaltung aufsuchen soll. Denn der Notar schuldet i.d.R. keine Beratung, sondern lediglich ggf. erforderliche Belehrungen beider Beteiligten. Der Grund aber, weshalb der Auftraggeber sich gerade an den RA gewandt hat, ist die im einseitigen Interesse des Mandanten erfolgte Beratung und ihre „Parteilichkeit“.[4]

3 OLG Düsseldorf v. 7.6.1984 – 8 U 150/83.
4 Vgl. dazu z.B. BGH v. 18.9.1997 – IX ZR 49/97.

VI. Korrespondenzanwalt/Unterbevollmächtigter/Terminsvertreter

Nicht selten muss der RA einen auswärtigen Gerichtstermin wahrnehmen, der oftmals auch weit außerhalb der Ortes seines Kanzleisitzes stattfindet. Je größer die Entfernung zwischen Kanzleisitz und Gerichtsort ist, desto eher stellt sich die Frage, ob der RA die Gerichtstermine selbst wahrnehmen oder ein anderer RA mit der Vertretung im Gerichtstermin beauftragt werden sollte, der üblicherweise seine Kanzlei auch am Gerichtsort haben wird. 28

Ob ein RA den Gerichtstermin selbst wahrnimmt, kann auch immer im Hinblick auf seine Vergütung betrachtet werden. Ist z.B. der Gegenstandswert für seine gesetzliche Vergütung gering, erscheint es aus wirtschaftlicher Sicht für den RA ggf. unrentabel, den Termin selbst wahrzunehmen. Seine Abwesenheit von der Kanzlei wird zwar durch das **Abwesenheitsgeld Nr. 7005 VV RVG** kompensiert. Deren Höhe ist aber wirtschaftlich betrachtet vollkommen ungenügend und „zwingt" den RA ggf. zu einem anderen Handeln. 29

Er kann dafür von Anfang an mit dem Auftraggeber eine **Vergütungsvereinbarung** abschließen, die ihm eine angemessene Vergütung in diesem Fall sichert. 30

Beauftragt der RA für den Auftraggeber einen weiteren RA, so muss er davon ausgehen, dass selbst im Fall des Obsiegens des Auftraggebers dessen Gegner nur die Kosten eines RA diesem zu erstatten hat. Zu den gebührenrechtlichen Einzelheiten s. hierzu Rdn 444. 31

Der RA muss also berücksichtigen, dass bei Beauftragung eines weiteren RA seinem Auftraggeber Kosten entstehen, die er ggf. nicht oder nicht vollständig erstattet erhalten wird. Das gilt auch bei einem rechtsschutzversicherten Mandanten, welcher die Kosten für die Beauftragung eines zweiten RA regelmäßig nicht in voller Höhe zahlt. Die Rechtsschutzversicherung zahlt auch erst dann, wenn der Wohnort des Versicherungsnehmers (= Auftraggeber) mehr als 100 km Luftlinie vom Gerichtsort entfernt ist und auch nur in Höhe einer 1,0 Gebühr. 32

Daher trifft den RA auch hier eine **Belehrungspflicht** in dem Moment, in dem feststeht, dass das gerichtliche Verfahren nicht am Ort des Kanzleisitzes stattfinden wird und er den auswärtigen Termin nicht wahrnehmen kann oder wahrnehmen wird. Der RA muss seinen Auftraggeber in diesem Fall rechtzeitig (also spätestens vor Beauftragung für das gerichtliche Verfahren) auf die Kostenfolgen hinweisen. 33

▼ 34

Muster 8.4: Belehrung Auswärtiges Gericht/Terminsvertreter 8.4

(…)

in Ihrer Angelegenheit ist für den Rechtsstreit das ______ in ______ zuständig. Aufgrund der hier voraussichtlich entstehenden Reisekosten und in Anbetracht des geringen Streitwertes ist es für uns/mich wirtschaftlich nicht möglich, ohne zusätzliche Vergütungsvereinbarung den Termin für Sie wahrzunehmen. Für Sie ist es kostengünstiger, wenn wir/ich einen Anwalt am Gerichtsort für Sie beauftragen, der im Termin Ihre Interessen wahrnimmt.

Für die Hinzuziehung des weiteren Anwalts zur Interessenswahrnehmung im Termin entsteht zwar eine gesonderte Vergütung bei diesem. Ihre finanzielle Belastung fällt damit jedoch geringer aus, da Sie sich die andernfalls hier entstehenden Reisekosten zugleich ersparen.

Nach der höchstrichterlichen Rechtsprechung sind die Kosten eines Terminsvertreters auch bis zu 110 % der voraussichtlichen (andernfalls hier nach den gesetzlichen Vorschriften des RVG entstehenden) Reisekosten erstattungsfähig. Ein solcher Fall liegt hier vor, so dass im Falle Ihres Obsiegens vor Gericht diese Kosten des Terminsvertreters auch vollständig zur Erstattung geltend gemacht werden können. Wünschen Sie aber dagegen eine Vertretung von uns/mir im Gerichtstermin, müssen wir/muss ich das aus wirtschaftlichen Gründen vom Abschluss einer Vergütungsvereinbarung abhängig machen. Dabei weise/n wir/ich Sie aber darauf hin, dass im Fall Ihres Obsiegens vor Gericht nur eine teilweise und keine vollständige Erstattung der vereinbarten Kosten im Rahmen der gesetzlichen Vergütung und der vorstehend dargestellten Reisekostenerstattung in Betracht kommen wird. Wir/Ich bitte/n daher um Mitteilung Ihrer Entscheidung, ggf. auch bei etwaigen Rückfragen Ihrerseits.

(…)

▲

35 Gerade auch für den Fall des möglichen späteren Wechsels vom Mahn- ins streitige Verfahren muss der RA die Notwendigkeit der Beauftragung eines weiteren RA nach Widerspruch durch den Antragsgegner berücksichtigen, wenn der spätere Gerichtsort und Kanzleiort auseinanderfallen. Die Kosten mehrerer Anwälte sind im Regelfall nicht erstattungsfähig. Weitere erstattungsrechtliche Nachteile können für den Antragsteller z.B. durch die aufgrund des Anwaltswechsels bewirkte Nichtanwendung der Anrechnungsbestimmung der Anm. zu Nr. 3305 VV RVG für seinen für das streitige Verfahren beauftragten RA entstehen.

36 Eine Belehrungspflicht wird auch immer dann angenommen, wenn der RA im Revisions- oder Berufungsverfahren lediglich als Korrespondenzanwalt tätig ist. Er hat den Mandanten in diesen Fällen ungefragt und unaufgefordert darüber zu belehren, dass seine Kosten im Zweifel nicht oder nicht in voller Höhe erstattungsfähig sind.[5]

37 Nur in dem Fall der **zulässigen** Vertretung des RA vor dem BGH entstehen die im RVG vorgesehenen Gebühren für die Tätigkeiten in Verfahren vor dem BGH. Gem. § 78 Abs. 1 S. 3 ZPO muss sich eine Partei vor dem BGH von einem dort zugelassenen RA vertreten

5 OLG Köln v. 12.3.1997 – 17 U 85/96.

lassen (sog. **Singularzulassung**). Die Vergütung für Tätigkeiten des am BGH nicht zur Vertretung zugelassenen RA (z.B. Verkehrs-RA) ist daher i.d.R. nicht erstattungsfähig. Hier trifft den RA daher eine Hinweispflicht.

VII. Rechtsschutzversicherung

Viele Auftraggeber sind rechtsschutzversichert. Der Auftraggeber glaubt dann oftmals, 38
dass die Vergütung des von ihm beauftragten RA „unproblematisch" ist, weil er davon ausgeht, dass seine Rechtsschutzversicherung die Zahlung der Vergütung vollständig übernimmt.

Genau das ist aber aus vielerlei Gründen oftmals gerade nicht der Fall. So kann es sein, 39
dass der Auftraggeber die sog. Wartefrist nicht eingehalten hat, Erstbeiträge oder Folgebeiträge nicht geleistet hat, ein unversicherbares Risiko vorliegt, er in einem Rechtsgebiet Unterstützung benötigt (Ehe- und Familienrecht), in dem generell (mit wenigen Ausnahmen) kein Versicherungsschutz und daher keine Kostenübernahme erfolgt, er gegen eine sog. Obliegenheit aus dem Versicherungsvertrag verstoßen hat u.v.a.m.

Es ist daher erforderlich, den Auftraggeber als sog. Versicherungsnehmer ausdrücklich 40
und zum Nachweis möglichst schriftlich darauf hinzuweisen, dass die Kostenübernahme durch die Versicherung erst dann feststeht, wenn von dieser auch eine **Kostendeckungszusage** erteilt worden ist.

▼ 41

Muster 8.5: Belehrung Rechtsschutzversicherung

Ich bin von dem Rechtsanwalt darüber belehrt worden, dass erst nach Erteilung der sog. Kostendeckungszusage durch die Rechtsschutzversicherung feststeht, ob – und in welcher Höhe – sie Zahlung leisten wird. Ich bin darüber belehrt worden, dass für den Fall, dass die Rechtsschutzversicherung die Vergütung nicht zahlt, der Vergütungsanspruch weiterhin von mir zu begleichen ist. Ich bin ferner darüber belehrt worden, dass die mögliche Auseinandersetzung mit der Rechtsschutzversicherung über die Erteilung der Kostendeckungszusage eine besondere gebührenrechtliche Angelegenheit beim RA darstellt, welche bei ihm eine gesonderte Vergütung auslöst, die ich ihm als Auftraggeber schulde und nur in Ausnahmefällen von der Rechtsschutzversicherung mir zu erstatten ist.

Ort, Datum	Unterschrift Auftraggeber

▲

VIII. Vergütungsanspruch für die Kostendeckungsanfrage

42 Ob die **Kostendeckungsanfrage** eine eigene gebührenrechtliche Angelegenheit für den RA darstellt, darüber wird in Rechtsprechung und Literatur seit Längerem gestritten. In seinem Urt. v. 13.12.2011 – VI ZR 274/10 – ließ der VI. ZS des BGH durchblicken, dass er der Auffassung zuneige, es liege zumindest dann keine gesonderte Angelegenheit für den RA vor, wenn der RA unter Übersendung des Klageentwurfs bei der Rechtsschutzversicherung seines Auftraggebers um Deckungsschutz bittet und dieser anstandslos bewilligt wird. Unter Berücksichtigung dieser Auffassung kann aber davon ausgegangen werden, dass dann, wenn die Tätigkeit des RA darüber hinausgeht, eine gesonderte gebührenrechtliche Angelegenheit vorliegt. Will der RA in diesem Fall eine gesonderte Vergütung fordern, muss er seinen Auftraggeber vorher darauf hingewiesen haben, dass die Kosten dafür regelmäßig nicht von der Versicherung getragen werden, außer die Versicherung befindet sich in Verzug oder hat zu Unrecht die Zusage verweigert.[6]

IX. Möglichkeit der Beantragung/Bewilligung von PKH

1. Antrag auf PKH

43 PKH bzw. VKH und in vielen Bundesländern auch **Beratungshilfe** sind für viele Auftraggeber oft die einzige Möglichkeit, anwaltliche Hilfe in Anspruch nehmen zu können. Im familienrechtlichen Mandat ist die Häufigkeit der erfolgten Bewilligungen am höchsten. Aber auch im arbeitsrechtlichen Mandat und den sonstigen möglichen Arten von Auseinandersetzungen ist eine immer weiter steigende Tendenz für die Bewilligung von PKH bzw. VKH festzustellen.

44 Gebührenrechtlich kann das für den RA erhebliche finanzielle Auswirkungen haben. Der Staat zwingt dem RA hier ein sog. „Sonderopfer" auf und verlangt, dass die Anwaltschaft soziale Dienste für die Allgemeinheit auf Kosten der eigenen Vergütung leistet. Sobald der Gegenstandswert 4.000 EUR übersteigt, unterscheiden sich die sog. Wahlanwaltsvergütung (nach der Tabelle zu § 13 RVG) und die sog. PKH-/VKH-Vergütung (nach der Tabelle zu § 49 RVG) erheblich. Die vergütungsrechtlichen Einzelheiten (Vorschuss des Auftraggebers, Anrechnung, Teilbewilligung, Bewilligungsverfahren, sofortige Beschwerde etc.) werden unter Rdn 474 behandelt.

45 Den RA trifft gem. § 16 Abs. 1 BORA eine Pflicht, den Auftraggeber auf die Möglichkeit der PKH bzw. VKH hinzuweisen, erst dann, wenn für ihn hinreichender Anlass besteht, zu vermuten, dass der Auftraggeber bedürftig sein könnte. Das bedeutet, dass der RA nicht grds. in jedem Fall zu diesem Hinweis verpflichtet ist. Im Gegenteil könnte ein solcher

6 Vgl. z.B. *N. Schneider/Volpert/Fölsch* in AnwK-RVG, 9. Aufl., § 19 Rn 17.

Hinweis manchen Mandanten auch „entrüsten". Ergibt sich aber z.B. aus dem Beratungsgespräch für den RA, dass der Mandant in wirtschaftlich engen Verhältnissen lebt, hat er den Auftraggeber über die Möglichkeit der Beantragung von PKH bzw. VKH zu belehren. Auch darüber sollte der RA einen schriftlichen Nachweis führen, um spätere Auseinandersetzungen zu vermeiden.

▼ 46

Muster 8.6: Belehrung Prozess-/Verfahrenskostenhilfe

Ich bin von dem Rechtsanwalt über die Möglichkeit und Folgen der Bewilligung von Prozess- bzw. Verfahrenskostenhilfe im gerichtlichen Verfahren belehrt worden. Weiter wurde ich darüber belehrt, dass außerhalb eines gerichtlichen Verfahrens und im sog. Prozess-/Verfahrenskostenhilfe-Prüfungsverfahren keine Möglichkeit der Prozesskostenhilfe besteht, bei Ablehnung der Bewilligung ich dem RA für seine Tätigkeit im Prüfungsverfahren ggf. eine gesonderte gesetzliche Vergütung schulde.

▲

Praxistipp: 47

Anstatt mehrere einzelne Belehrungsformulare zu benutzen, ist es sinnvoll, ein Gesamtformular zu erstellen und den Auftraggeber gleich zu Beginn des Mandats um Unterzeichnung des Gesamtformulars zu bitten. Von den erteilten Belehrungen sollten Sie eine Zweitschrift an den Auftraggeber aushändigen.

▼ 48

Muster 8.7: Gesamtformular

(nachfolgend Auftraggeber/in genannt)

erklärt, im Rahmen der Beauftragung von

(nachstehend RA/in genannt)

auf Folgendes durch den/die RA/in hingewiesen worden zu sein:

Belehrung über Berechnung nach einem Gegenstandswert

Ich bin vor Übernahme des Auftrags von dem/der RA/in darauf hingewiesen worden, dass sich die Gebühren gem. § 49b Abs. 5 BRAO nach einem Gegenstandswert richten und gesetzliche Gebühren nach dem Rechtsanwaltsvergütungsgesetz (RVG) entstehen.

Ich bin ferner vor Übernahme des Auftrags darauf hingewiesen worden, dass zu Beginn des Auftragsverhältnisses der Gegenstandswert nur geschätzt werden kann. Eine abschließende Bestimmung des Gegenstandswertes kann erst nach Beendigung des Auftrags bei Fälligkeit der Gebühren erfolgen. Des Weiteren bin ich darauf hingewiesen worden, dass im gerichtlichen Verfahren der/die RA/in verpflichtet ist, die gesetzlichen Gebühren zu berechnen.

Belehrung über die Möglichkeit der Gewährung von Prozess-/Verfahrenskostenhilfe

Ich bin von dem/der RA/in über die Möglichkeit und die Folgen der Bewilligung von Prozess- bzw. Verfahrenskostenhilfe (PKH/VKH) im gerichtlichen Verfahren belehrt worden. Ich wurde darüber belehrt, dass außerhalb eines gerichtlichen Verfahrens und im Prüfungsverfahren auf Bewilligung von PKH/VKH keine Möglichkeit der Bewilligung von PKH/VKH besteht und ich bei Ablehnung der Bewilligung dem RA für seine Tätigkeit im Prüfungsverfahren ggf. eine gesonderte gesetzliche Vergütung schulde. Ich bin ferner darüber belehrt worden, dass die Bewilligung von PKH/VKH mich nicht davon befreit, im Falle meines Unterliegens vor Gericht ggf. die Kosten des Gegners erstatten zu müssen.

Belehrung über die Möglichkeit der Gewährung von Beratungshilfe

Ich bin von dem/der RA/in über die Möglichkeit und die Folgen der Bewilligung von Beratungshilfe im vor- und außergerichtlichen Verfahren belehrt worden.

Belehrung bei Bestehen einer Rechtsschutzversicherung

Ich bin von dem/der RA/in darüber belehrt worden, dass erst nach Erteilung der sog. Kostendeckungszusage durch die Rechtsschutzversicherung feststeht, ob – und in welcher Höhe – sie Zahlung leisten wird. Ich bin darüber belehrt worden, dass für den Fall, dass die Rechtsschutzversicherung die Vergütung nicht zahlt, der Vergütungsanspruch weiterhin von mir zu begleichen ist. Ich bin ferner darüber belehrt worden, dass die mögliche Auseinandersetzung mit der Rechtsschutzversicherung über die Erteilung der Kostendeckungszusage eine besondere gebührenrechtliche Angelegenheit beim RA darstellt, welche bei ihm eine gesonderte Vergütung auslöst, die ich ihm als Auftraggeber schulde und nur in Ausnahmefällen von der Rechtsschutzversicherung mir zu erstatten ist.

Belehrung bei Vertragsgestaltung

Ich bin von dem/der RA/in darüber belehrt worden, dass für bestimmte Willenserklärungen (z.B. Verträge) die gesetzliche Formvorschrift der notariellen Beurkundung notwendig ist. Der/Die RA/in hat mich ferner darauf hingewiesen, dass für eine notarielle Beurkundung Notarkosten entstehen, die nicht auf die Anwaltsvergütung oder andersherum angerechnet werden.

Belehrung bei Auseinanderfallen von Kanzleisitz und Gerichtsort

Ich bin von dem/der RA/in darüber belehrt worden, dass für den Fall, dass der Gerichtsort und der Kanzleisitz sich an verschiedenen Orten befinden, Mehrkosten entstehen werden, die ggf. auch beim Obsiegen vor Gericht nicht oder nicht vollständig von der Gegenseite getragen werden müssen. Dabei handelt es sich z.B. um:

- Reisekosten des/der RA/in,
- Kosten eines Terminsvertreters vor Gericht,
- Kosten eines Verkehrsanwaltes.

Ich bin gleichzeitig darüber belehrt worden, dass im Falle des Bestehens einer Rechtsschutzversicherung diese nur die Kosten für eine/n RA/in erstattet.

Belehrung über das Kostenrisiko bei Einzug einer Zahlungsforderung

Ich bin von dem/der RA/in darüber belehrt worden, dass für den Einzug einer Zahlungsforderung eine Vergütung entsteht. Bei geringen Forderungen übersteigt der Vergütungsanspruch des/der RA/in oft die einzuziehende Zahlungsforderung selbst. Eine Beitreibungsgarantie im Rahmen der Zwangsvollstreckung kann der/die RA/in nicht übernehmen. Ist der Schuldner oder wird er im Laufe des Verfahrens insolvent, kann mit einer Realisierbarkeit der Forderung sowie der Anwaltsvergütung und etwaiger weiterer Kosten nicht gerechnet werden. Sowohl die Zwangsvollstreckung der Zahlungsforderung als auch des Kostenerstattungsanspruchs kann erfolglos sein mit der Folge, dass der Auftraggeber nicht nur die titulierte Forderung nicht erhält, sondern ihm ggf. zusätzlich noch Anwalts-, Gerichts- und Gerichtsvollzieherkosten entstanden sind.

Ort, Datum Unterschrift

2. Belehrungspflicht bei bewilligter Prozesskostenhilfe

Ist dem Auftraggeber PKH/VKH bewilligt, so befreit ihn das im Falle seines Unterliegens 49
vor Gericht nicht von der Erstattung der Kosten (Gerichtskosten und Anwaltskosten des RA der gegnerischen Partei). Spätestens bei Erhalt des Beschlusses über die Bewilligung von PKH/VKH sollte der RA den Auftraggeber daher entsprechend belehren.

50

Muster 8.8: Hinweis auf Kostenpflicht trotz PKH/VKH

(...)

mit dem Ihnen als Anlage beigefügten Beschluss vom hat das Gericht Ihnen Prozesskostenhilfe (PKH)/Verfahrenskostenhilfe (VKH) zur Durchführung des gerichtlichen Verfahrens bewilligt.

Das Gericht hat vor Erlass seines Beschlusses Ihre Erfolgsaussichten geprüft und mit seiner Bewilligung der PKH/VKH zu erkennen gegeben, dass es Ihre Erfolgsaussichten bejaht.

Im Rahmen der Bewilligung erfolgt diese Prüfung des Gerichtes allerdings nur überschlägig. Daher steht damit nicht automatisch der erfolgreiche Abschluss des Verfahrens fest. Vorsorglich werden Sie daher darauf hingewiesen, dass bei teilweisem oder vollständigem Unterliegen im Rechtsstreit/im Verfahren die Bewilligung keinen Einfluss darauf hat, dass Sie der Gegenseite deren Kosten zu erstatten haben.

Die Bewilligung führt lediglich dazu, dass – solange die Bewilligung besteht – Sie von der Zahlung von Gerichtskosten und der hier entstehenden Vergütung befreit sind.

(...)
▲

X. Wirtschaftliches Missverhältnis

51 Nicht selten geht es dem Auftraggeber meist „nur um das Prinzip". Der Auftraggeber hat z.B. einen Anspruch von 5 EUR und möchte „nur aus Prinzip" diesen Anspruch mit anwaltlicher Hilfe verfolgen. Hier obliegt dem RA eine Belehrungspflicht über das wirtschaftliche Missverhältnis seines Auftrags zu den dadurch entstehenden Kosten. Die anwaltliche Tätigkeit übersteigt den Anspruch selbst um ein Vielfaches. Eine solche Belehrungspflicht kann den RA im Übrigen auch während eines Mandates treffen, wenn z.B. aufgrund einer geänderten Sach- oder Rechtslage die Weiterverfolgung des Anspruches bei wirtschaftlicher Betrachtungsweise für den Mandanten als sinnlos erscheint. Auch in diesen Fällen sollte der RA zu seiner eigenen Sicherheit einen **schriftlichen Nachweis** über den erfolgten Hinweis erstellen. Daneben sollte er auch beachten, zugleich auch die vollständig zu erwartende Vergütung als Vorschuss (§ 9 RVG) vom Auftraggeber anzufordern. Manchmal führt der „Schreck" über die Höhe der Vergütung doch noch dazu, dass der Auftraggeber von seinem „Prinzip" ablässt.

XI. Beratungshilfe

52 Gem. § 16 Abs. 1 BORA hat der RA seinen Auftraggeber auf die Möglichkeit der Beratungshilfe (BerH) hinzuweisen, wenn der RA Anlass dafür hat, dass der Auftraggeber bedürftig sein könnte bzw. die Voraussetzungen zur Bewilligung von BerH vorliegen könnten. Im anwaltlichen Alltag liegt vor allem besonders häufig in familienrechtlichen, arbeitsrechtlichen, aber auch verwaltungsrechtlichen Angelegenheiten (z.B. Asylverfahren) Bedürftigkeit des Auftraggebers vor.

53 Entscheidet sich der RA zu den Bedingungen von BerH tätig zu werden, muss er das jedoch solange nicht, wie über die Bewilligung von BerH nicht entschieden worden ist. Er kann seine weitere Tätigkeit (also auch eine weitere Beratung) bis dahin ablehnen. In der Praxis ist es aber häufig so, dass der RA weiter tätig sein wird und auf die Bewil-

ligung der BerH vertraut. Der RA geht damit ein wirtschaftliches Risiko ein. Denn berät der RA den Auftraggeber weiter, wird aber keine BerH bewilligt, erhält der RA keine Vergütung aus der Staatskasse und ist im Zweifel dann unentgeltlich tätig geworden.

Um der Belehrungspflicht über die Möglichkeit der Inanspruchnahme von BerH nach- 54
zukommen, kann der RA auch einen **allgemeinen Belehrungstext** z.B. im Wartebereich oder an sonst offen zugänglicher Stelle seiner Kanzlei auslegen. Hierfür kann er sich beispielsweise der Hinweise des Formulars für den Antrag auf BerH (s. Anlage 1 der Beratungshilfeformularverordnung – BerHFV) bedienen oder auch das nachfolgende ausführliche Muster verwenden.

▼ 55

Muster 8.9: Allgemeine Belehrung über Beratungshilfe

Wir danken Ihnen, dass Sie uns mit Ihrer rechtlichen Interessenvertretung beauftragen wollen.

Da uns Ihre Einkommens- und Vermögensverhältnisse nicht bekannt sind, können wir nicht beurteilen, ob für Sie die Möglichkeit besteht, für unsere anwaltliche Tätigkeit Beratungshilfe in Anspruch zu nehmen. Nachstehend finden Sie einen Überblick über die wichtigsten Voraussetzungen und Wirkungen von Beratungshilfe. Dieser Überblick erhebt keinen Anspruch auf Vollständigkeit, sondern soll lediglich als Leitfaden dienen.

Voraussetzungen für die Bewilligung von Beratungshilfe

Das Gesetz über Rechtsberatung und Vertretung für Bürger mit geringem Einkommen (Beratungshilfegesetz – BerHG) gewährt Ihnen auf Antrag Beratungshilfe für die Wahrnehmung von Rechten außerhalb eines gerichtlichen Verfahrens, wenn

1. Sie die erforderlichen Mittel zur Bezahlung eines Rechtsanwalts nach Ihren persönlichen und wirtschaftlichen Verhältnissen nicht aufbringen können,
2. keine anderen Mittel zur Verfügung stehen, deren Inanspruchnahme Ihnen zuzumuten ist (z.B. eine bestehende Rechtsschutzversicherung, Vertretung durch gewerkschaftliche Organisationen, in denen Sie Mitglied sind),
3. die Wahrung Ihrer Rechte nicht mutwillig erscheint.

Das Gesetz stellt fest, dass die Voraussetzungen zur Gewährung von Beratungshilfe aus wirtschaftlichen Gründen vorliegen, wenn Ihnen nach den Vorschriften der Zivilprozessordnung (ZPO) Prozesskostenhilfe ohne Ratenzahlung zu gewähren wäre. Dies ist nur dann gegeben, wenn Ihr monatliches Nettoeinkommen es nicht zulässt, aus eigenen Mitteln einen Rechtsanwalt zu bezahlen.

Im gerichtlichen Verfahren wird keine Beratungshilfe gewährt. Für gerichtliche Auseinandersetzungen wird auf Antrag ggf. Prozesskostenhilfe (in familiengerichtlichen Angelegenheiten Verfahrenskostenhilfe genannt) bewilligt. Werden Sie finanziell durch staatliche Mittel unterstützt, liegen in der Regel die wirtschaftlichen Voraussetzungen für die Bewilligung von Beratungshilfe vor.

Allerdings wird Beratungshilfe nicht bewilligt, wenn Sie nur die anwaltliche Leistung nicht selbst finanzieren können. Immer müssen auch die oben zu Ziffer 2 und 3 weiter genannten Voraussetzungen erfüllt sein.

Rechtsgebiete, für die Beratungshilfe gewährt wird

Bei der Gewährung von Beratungshilfe übernimmt die Staatskasse die gesetzliche Vergütung (Gebühren und Auslagen) des Rechtsanwalts für eine Beratung und eine vorgerichtliche oder außergerichtliche Vertretung.

Nicht alle Rechtsgebiete werden von der Möglichkeit der Gewährung von Beratungshilfe erfasst. Gewährt wird Beratungshilfe für beratende Tätigkeiten

- in zivil- und arbeitsrechtlichen Angelegenheiten;
- in verwaltungsrechtlichen Angelegenheiten;
- in verfassungsrechtlichen Angelegenheiten;
- in sozialrechtlichen Angelegenheiten und
- in Angelegenheiten des Strafrechts und Ordnungswidrigkeitenrechts.

Hierbei gilt, dass in straf- und ordnungswidrigkeitsrechtlichen Auseinandersetzungen nur Beratungen von der Gewährung von Beratungshilfe umfasst sind. Der Staat übernimmt nicht die Kosten für weitergehende vorgerichtliche Tätigkeiten des Rechtsanwalts. Auch eine Vertretung vor Behörden in straf- und ordnungswidrigkeitsrechtlichen Verfahren erfolgt daher, wenn Sie diese Tätigkeit beauftragen, auf Ihre Kosten. Durch den Staat erfolgt in diesen Fällen nie eine Zahlung der Rechtsanwaltsvergütung, da dies gesetzlich ausgeschlossen ist.

Zuständigkeit für den Antrag auf Bewilligung von Beratungshilfe

Beratungshilfe wird nur auf Antrag gewährt. Diesen Antrag erhalten Sie beim Amtsgericht an Ihrem Wohnsitz. Der Rechtsanwalt ist nicht verpflichtet, einen solchen Antrag vorrätig zu haben.

Den Antrag auf Bewilligung von Beratungshilfe müssen Sie bei dem Amtsgericht, in dessen Bezirk Sie Ihren sog. allgemeinen Gerichtsstand haben, stellen. Zuständig ist das Amtsgericht an Ihrem Wohnort.

Nach Prüfung der Unterlagen stellt Ihnen das Amtsgericht einen sog. Berechtigungsschein zur Verfügung, den Sie Ihrem Rechtsanwalt vorlegen.

Bitte beauftragen Sie Ihren Rechtsanwalt erst, wenn Ihnen der Berechtigungsschein vorliegt. So werden Missverständnisse hinsichtlich der Vergütung des Rechtsanwalts vermieden. Denn die Höhe der gesetzlichen Vergütung und der durch den Staat gezahlten Vergütung unterscheidet sich erheblich. Nach Abschluss seiner anwaltlichen Tätigkeit ist der Rechtsanwalt nicht verpflichtet, nachträglich seine Gebühren im Wege der Beratungshilfe abzurechnen. Eine nachträgliche Bewilligung von Beratungshilfe ist zwar möglich. Beachten Sie aber, dass Sie in diesem Fall innerhalb einer Frist von 4 Wochen den Antrag auf dem dafür vorgesehenen gesetzlichen Formular stellen müssen. Achten Sie dabei auch darauf, das Formular **vollständig** auszufüllen, da allein durch das unvollständige Ausfüllen nach Ablauf der Frist das Gericht die Bewilligung versagen kann. Bemühen Sie sich aus diesem Grunde im eigenen Interesse möglichst um die vorherige Bewilligung von BerH, bevor Sie einen Rechtsanwalt beauftragen.

Eigenbeteiligung trotz Bewilligung von Beratungshilfe

Wird Ihnen Beratungshilfe gewährt, zahlen Sie in der Angelegenheit an Ihren Anwalt einen eigenen geringen Betrag in Höhe von 15,00 EUR. Diesen Betrag müssen Sie für die gesamte vor- oder außergerichtliche Tätigkeit nur einmal an den Rechtsanwalt zahlen.

Umfasst die Beratungshilfe mehrere verschiedene Angelegenheiten (also verschiedene rechtliche Grundlagen, unterschiedliche Gegner oder unterschiedliche Möglichkeiten der Durchsetzung der Forderung), ist es u.U. möglich, dass Sie den Betrag in Höhe von 15,00 EUR mehrfach leisten müssen.

Wir hoffen, mit diesen Ausführungen bereits einen Teil Ihrer eventuellen Fragen zur Finanzierung anwaltlicher Tätigkeit geklärt zu haben.

▲

XII. Weitere Belehrungspflichten

Aufgrund des stetigen gesellschaftlichen Wandels, der Fortentwicklung der Rechtsprechung und der damit immer einhergehenden Spezialisierung kann nicht ausgeschlossen werden, dass es in bestimmten Rechtsgebieten noch weitere erforderliche Belehrungspflichten gibt. Ob diese die mögliche eingeschränkte Kostenerstattung bei wettbewerbsrechtlichen Abmahnungen, der Hinweis auf ein anhängiges Revisionsverfahren beim BGH oder die besonderen Problematiken bei Auslandsberührung (z.B. Vollstreckbarkeit bei Staaten außerhalb der EU) betrifft, so gilt generell: Ein „Mehr“ ist unschädlich! Im Zweifel sollte der RA daher immer den sicheren Weg gehen und den Auftraggeber belehren. Die vorstehende Darstellung beinhaltet die wichtigsten und häufigsten Belehrungspflichten, erhebt aber keinen Anspruch auf abschließende Vollständigkeit. 56

C. Vergütung für die anwaltliche Tätigkeit

I. Anwaltliche Tätigkeit

57 Im Regelfall wird der RA für seinen Auftraggeber anwaltlich tätig. Es gibt aber eine Vielzahl von Fällen, in denen der RA gerade nicht anwaltlich tätig wird. Während § 1 Abs. 1 S. 1 des Rechtsanwaltsvergütungsgesetzes (RVG) bestimmt, dass im Regelfall der anwaltlichen Tätigkeit das RVG anzuwenden ist, bestimmt § 1 Abs. 2 RVG die Ausnahmen dazu, in welchen Fällen das RVG keine Anwendung findet (z.B. Vormund, Betreuer, Pfleger usw.). Die Vergütung für diese Art von Tätigkeiten richtet sich dann nicht nach dem RVG, sondern es gehen spezielle anderweitige gesetzliche Regelungen vor. Die nachfolgenden Ausführungen betreffen ausschließlich den Vergütungsanspruch, den das **RVG** für die anwaltliche Tätigkeit vorsieht.

II. Begriff der Vergütung

58 § 1 Abs. 1 RVG einhält eine sog. Legaldefinition, mit der also der Gesetzgeber ausdrücklich definiert hat, was unter dem Begriff „Vergütung" zu verstehen ist. Sie besteht aus den Gebühren und den Auslagen, die sich aus dem als Anlage 1 zum RVG beigefügten sog. **Vergütungsverzeichnis (VV)** ergeben. Die Gebühren sind dort in Teil 1 bis Teil 6 und die Auslagen in Teil 7 aufgeführt.

III. Vergütungsschuldner

59 Grundsätzlich ist der Auftraggeber Schuldner der anwaltlichen Vergütung. Das ist derjenige, demgegenüber sich der RA verpflichtet hat und dem im Regelfall die anwaltliche Tätigkeit zugutekommt. Von diesem Grundsatz der Vergütungsschuldnerschaft des Auftraggebers gibt es eine Reihe von Ausnahmen:

1. Staatskasse

a) Beratungshilfe

60 Ist dem Auftraggeber Beratungshilfe (BerH) gewährt, schuldet die **Staatskasse** die Vergütung. Der Auftraggeber selbst erhält keine Vergütungsberechnung. Der RA reicht sein Erstattungsgesuch bei der Staatskasse ein und erhält von dort die bei gewährter BerHG vorgesehene gesetzliche Vergütung.

61 Der Auftraggeber allerdings schuldet dem RA einen **Festbetrag** (sog. Schutzgebühr) i.H.v. 15,00 EUR pro Beratungshilfeangelegenheit, dazu mehr unter Rdn 121.

b) Prozess-/Verfahrenskostenhilfe

Ist dem Auftraggeber ganz, teilweise oder ratenweise Prozess- bzw. Verfahrenskostenhilfe (PKH/VKH) bewilligt, schuldet ebenfalls die **Staatskasse** die Vergütung. Der Auftraggeber bleibt daneben zwar weiterhin Vergütungsschuldner. Die Bewilligung der PKH/VKH bewirkt aber, dass der RA seine Vergütung solange nicht gegenüber dem Auftraggeber geltend machen kann (§ 122 Abs. 1 Nr. 3 ZPO). Dies gilt aber nur für den Teil der Vergütung, der von der Bewilligung von PKH/VKH umfasst ist. Ist z.B. nur teilweise PKH/VKH bewilligt, ist die Staatskasse auch nur in Höhe der Vergütung, die für den bewilligten Teil entsteht, Vergütungsschuldner. Den übrigen Teil der Vergütung, für den keine PKH/VKH bewilligt worden ist, hat der Auftraggeber dennoch zu zahlen. Einzelne Berechnungsbeispiele, insbesondere bei nur teilweiser Bewilligung von PKH/VKH, sind unter Rdn 494 dargestellt. 62

Zu beachten ist, dass sich die Bewilligung von PKH/VKH immer nur auf die Gerichtskosten und die Vergütung des beigeordneten RA bezieht. Gegenüber der Staatskasse erhält der beigeordnete RA einen eigenen Vergütungsanspruch und ist gleichzeitig an der Geltendmachung gegenüber dem Auftraggeber gehindert. Unterliegt der Auftraggeber im gerichtlichen Verfahren, so ist er gem. § 123 ZPO nicht von der Zahlung der Vergütung befreit, die der Gegner seinem RA zu zahlen hat und von dem Auftraggeber als Unterlegenem daher erstattet verlangen kann. 63

2. Dritter

Nicht selten kommt es vor, dass ein Dritter anstelle des Auftraggebers die Vergütung zahlt oder schuldet. Im Unterschied zu den Fällen unter den Rdn 59 ändert sich aber nichts daran, dass weiterhin allein der Auftraggeber des RA Schuldner der Anwaltsvergütung bleibt. 64

a) Materiell-rechtlicher Kostenerstattungsanspruch bei Beratungshilfe

Ist dem Auftraggeber Beratungshilfe (BerH) bewilligt worden und besitzt dieser gegenüber dem Gegner einen sog. **materiell-rechtlichen Kostenerstattungsanspruch**, bestimmt § 9 S. 1 BerHG, dass der Gegner die gesetzliche **Wahlanwaltsvergütung** zu erstatten hat. Der Erstattungsanspruch geht aber gem. § 9 S. 2 BerHG gesetzlich auf den RA über. Befand sich der Gegner z.B. im Verzug, steht dem RA und nicht dem Auftraggeber ein Erstattungsanspruch auf die gesetzliche Vergütung zu. Nur der RA kann diesen Erstattungsanspruch geltend machen, der Auftraggeber (Rechtsuchende) selbst ist also nicht Anspruchsinhaber. Der RA muss dabei ggf. die Anrechnungsbestimmungen der BerH-Gebühren auf die übrige Vergütung, die Möglichkeiten des Gegners, sich auf die Anrechnung berufen zu können (§ 15a Abs. 3 RVG) und seine Anzeigepflicht gegenüber der Staatskasse (§ 55 Abs. 5 S. 4 RVG) beachten. 65

66 Für einen materiell-rechtlichen Kostenerstattungsanspruch kommt es nicht darauf an, ob dem Auftraggeber BerH bewilligt wurde oder nicht. Lediglich bei Bewilligung ist der gesetzliche Anspruchsübergang auf den RA nach § 9 S. 2 BerHG zu beachten.

b) Rechtsschutzversicherung

67 Hat eine Rechtsschutzversicherung (RSV) eine sog. **Kostendeckungszusage** erteilt, so zahlt diese anstelle des Auftraggebers die gesetzliche Vergütung des RA. Unterliegt der Auftraggeber im gerichtlichen Verfahren, zahlt die RSV auch die Kosten der Gegenseite und die Gerichtskosten.

68 Der Auftraggeber bleibt alleiniger **Vergütungsschuldner**. Zahlt die RSV nicht oder nur einen Teil, kann der RA selbstverständlich die noch offene Differenz seiner Vergütungsforderungen beim Auftraggeber einfordern. Das betrifft z.B. die oftmals zwischen Auftraggeber und RSV vereinbarte Selbstbeteiligung oder anwaltliche Reisekosten. Auch wenn eine RSV die Vergütung zahlt, so ist die Rechnung an den Auftraggeber zu richten. Der RSV wird zusammen mit einem Anschreiben über den Abschluss der anwaltlichen Tätigkeit üblicherweise lediglich eine Abschrift übersandt.

69 ▼

Muster 8.10: Anschreiben an die RSV – Übergabe der Vergütungsberechnung

8.10 (…)

als Anlage überreichen wir eine Abschrift der Ihrem Versicherungsnehmer erteilten Vergütungsberechnung über ______ EUR und bitten um Ausgleich auf das dort genannte Konto unter Angabe unseres Zeichens im Verwendungszweck.(…)

▲

70 Die Rechnung ist vom RA gem. § 14 Abs. 4 Nr. 1 UStG dem Auftraggeber als sog. Leistungsempfänger zu erteilen. Dritte (wie hier die RSV) erhalten daher lediglich Abschriften oder Kopien davon. Nachdem durch das am 17.7.2024 in Kraft getretene Gesetz zur weiteren Digitalisierung der Justiz das bisherige Schriftformerfordernis für die Berechnung der Anwaltsvergütung entfallen und § 10 RVG geändert worden ist, genügt es, wenn der RA dem Auftraggeber die Rechnung z.B. per E-Mail übersendet.

71 Der RA sollte dem Auftraggeber zusammen mit der Übersendung seiner Rechnung auch sein Schreiben an die RSV über die Geltendmachung der Anwaltsvergütung übersenden. Damit ist der Mandant informiert und darauf vorbereitet, sollte es zu Auseinandersetzungen mit der RSV kommen und er selbst zahlen müssen. Ein solches Vorgehen kann in der Praxis auch die Kooperationsbereitschaft des Auftraggebers fördern, dass bei Ausbleiben einer Zahlung der RSV er die Zahlung leistet.

3. Übernahme durch sonstige Dritte

Nicht selten zahlt ein anderer als der Auftraggeber die Vergütung des RA. Häufig übernehmen z.B. Eltern die Verpflichtung, die Vergütung des RA zu zahlen, wenn die Kinder selbst nicht leistungsfähig sind. Auch der Betriebsrat zahlt von Fall zu Fall die Vergütung eines Arbeitnehmers (z.B. in einem sog. Musterverfahren). Unüblich ist es auch nicht, dass in einer Ehe einer die Zahlungsverpflichtung des anderen übernimmt. 72

Wenn ein Dritter die Vergütung für den Auftraggeber zahlt, kann dies aufgrund gesetzlicher Vorgaben erfolgen (s. § 1360a BGB) oder auf freiwilliger Basis. Dann hat die Kostenübernahme i.d.R. ihren Grund darin, dass der Auftraggeber selbst nicht leistungsfähig ist.

Für den Fall, dass es erforderlich wird, wegen der Vergütung eine ggf. auch gerichtliche Auseinandersetzung zu führen, ist die Sicherung des Vergütungsanspruchs zwingend. Empfehlenswert ist eine unbeschränkte, unbefristete, unbedingte Bürgschaft, in der der zur Vergütungsübernahme Verpflichtete sich für die Zahlung der Vergütung verbürgt. Zusätzlich kann ein Vergütungsausfall auch durch regelmäßige Vorschussanforderungen vermieden werden. 73

▼ 74

Muster 8.11: Bürgschaft zur Übernahme der Vergütung
Bürgschaftserklärung 8.11

Hiermit erkläre(n) ich (wir) – *(Vornamen, Name, Anschrift)*, unter Verzicht auf die Einrede der Vorausklage die unbedingte, unbefristete und unbeschränkte Bürgschaft im Hinblick auf die entstehende und entstandene Anwaltsvergütung in der Auseinandersetzung des

(Vornamen und Name des Auftraggebers sowie Anschrift)

wegen *(stichwortartige Beschreibung der Angelegenheit)*,

die die Rechtsanwälte *(Name und Anschrift der Kanzlei)* von

(Name des Auftraggebers)

aufgrund gesetzlicher oder vereinbarter Vergütung fordern können.

Auf die Einrede der Vorausklage wird verzichtet. Die Vergütungsforderung kann unmittelbar und direkt gegen mich/uns geltend gemacht werden.

Ort, Datum — Unterschrift Bürge/n

▲

75 Das vorstehende Muster ist lediglich ein Beispiel. Es kann erweitert werden um die Fälligkeit des Vergütungsanspruchs, eine etwaige Verzinsung für den Fall des Verzugs, die Form der Übersendung der Vergütungsberechnung u.v.a.m. Auch kann sie z.B. um eine Abtretungserklärung ergänzt werden, wonach im Falle der Bürgschaft gleichzeitig die Ansprüche des/der Bürgen aus z.B. Bankguthaben, pfändbares Arbeitseinkommen, Mieteinnahmen usw. gegenüber Dritten an den RA abgetreten werden. Üblicherweise wird die Abtretung aber auf den Fall der Geltendmachung der Bürgschaft beschränkt.

4. Kfz-Haftpflichtversicherung

a) Kfz-Haftpflichtversicherung des Auftraggebers

76 Ist der Auftraggeber in einen Verkehrsunfall verwickelt und wird von einem Unfallbeteiligten verklagt, so zahlt seine Kfz-Haftpflichtversicherung (HV) die Vergütung des RA. Da der Auftraggeber üblicherweise gemeinsam mit seiner HV verklagt wird, behält sich diese meist vor, selbst einen RA mit der gemeinsamen Vertretung zu beauftragen. Versicherungsrechtlich ist der Auftraggeber gehalten, sich durch den RA gemeinsam vertreten zu lassen, den seine HV vorgibt. Das gilt nur dann nicht, wenn der Auftraggeber ein eigenes Interesse an einer eigenen Vertretung hat (z.B. im Fall der Interessenkollision). In diesem Fall ist die HV nicht verpflichtet, die Vergütung des dann vom Auftraggeber zusätzlich beauftragten RA zu zahlen.

b) Kfz-Haftpflichtversicherung des Unfallgegners

77 Ist der Auftraggeber Beteiligter an einem Verkehrsunfall, den er nicht verursacht hat, so zahlt die gegnerische HV die Vergütung des von ihm beauftragten RA und ggf. weitere erforderliche Kosten (z.B. Kosten für Melderegisteranfragen u. ä.). Dieser sog. **materiellrechtliche Kostenerstattungsanspruch** ergibt sich nicht aus dem RVG, sondern dem BGB (§ 249 BGB).

78 Nach der höchstrichterlichen Rechtsprechung hat die HV des Unfallverursachers aber nur die Vergütung des RA dem Auftraggeber zu erstatten, die sich aus dem Wert der regulierten Schadenshöhe ergibt. Beträgt der Schaden des Auftraggebers beispielsweise 7.000 EUR, trifft ihn aber ein sog. Mitverschulden von 20 %, so muss die HV des Unfallverursachers lediglich 80 %, also 5.600 EUR Schadensersatz leisten. Folge ist, dass sie auch lediglich die RA-Vergütung nach einem Wert von 5.600 EUR und nicht 7.000 EUR zu erstatten hat.

79 Eine Übernahme der Vergütung erfolgt demnach nur in Höhe des regulierten Schadensbetrages. Eine weitere Haftung trifft die HV nicht. Vielmehr hat der Auftraggeber als Vergütungsschuldner die Differenz der durch die HV nicht zu tragenden Vergütung dem RA zu zahlen.

c) Rationalisierungsabkommen mit Versicherungen

Das bis zum 30.6.2004 zwischen Rechtsanwälten und Versicherungsunternehmen existierende sog. „DAV-Abkommen“ ist mit Inkrafttreten des RVG am 1.7.2004 aufgehoben worden. 80

Trotzdem bieten einige HV dem RA konkrete Bedingungen an, zu denen eine Abrechnung erfolgen soll, wenn der vom RA vertretene Auftraggeber in einen Verkehrsunfall verwickelt ist, der über diese spezielle HV abgewickelt wird. Häufig bietet die HV einen bestimmten **Gebührensatzrahmen** für die Geschäfts- und Einigungsgebühr an. 81

Oft handelt es sich bei den von den RSV und HV angebotenen Rationalisierungsabkommen um Vergütungsvereinbarungen unterhalb der gesetzlichen Vergütung. Die Bundesrechtsanwaltskammer (BRAK) hatte bereits in ihrem Rundschreiben vom Juli 2004 darauf hingewiesen, dass diesen sog. Rationalisierungsabkommen (abgesehen von etwaigen wirtschaftlichen) berufsrechtliche Bedenken entgegenstehen. Denn der RA darf nicht ohne Weiteres regelmäßig eine geringere als die gesetzliche Vergütung vereinbaren (näheres hierzu s. Rdn 540 ff.). Die Rationalisierungsvorschläge der Versicherungen umfassen z.T. auch Gebühren für die Vertretung im gerichtlichen Verfahren. Für diesen Teilbereich der anwaltlichen Tätigkeit sind die Rationalisierungsabkommen unwirksam. Da die Versicherung den Schädiger vertritt und nicht Auftraggeber des RA ist, handelt es sich dabei nicht um die Vereinbarung eines Erfolgshonorars. 82

Hat der RA eine Vereinbarung über die Abrechnung mit einer speziellen HV getroffen, so muss er die Vergütungsberechnung im Rahmen der Schadensberechnung entsprechend vornehmen. An die Vereinbarung ist der RA im Rahmen des vereinbarten Umfangs gebunden. 83

Beispiel:

Der RA hat ein Abkommen mit der XYZ-Versicherung getroffen, wonach bei der Regulierung eines Kfz-Schadens wie folgt zu regulieren ist:

Als Gegenstandswert ist der durch die HV regulierte Schaden maßgebend. Die Geschäftsgebühr Nr. 2300 VV RVG wird mit einem Gebührensatzrahmen von 1,1, die Einigungsgebühr Nr. 1000 Nr. 1 VV RVG mit einem Gebührenrahmen von 1,0 berechnet. Der tatsächliche Schaden beträgt 4.700 EUR. Die Versicherung reguliert 3.200 EUR. Gegenüber der HV ist für den vorsteuerabzugsberechtigten Auftraggeber wie folgt abzurechnen:

Gegenstandswert: 3.200 EUR

1,1 Geschäftsgebühr, §§ 1, 2, 13, Nr. 2300 VV RVG	*324,50 EUR*
1,0 Einigungsgebühr, §§ 1, 2, 13, Nr. 1000 Nr. 1 VV RVG	*295,00 EUR*
Auslagenpauschale, §§ 1, 2, Nr. 7002 VV RVG	*20,00 EUR*

SUMME	***639,50 EUR***
Der tatsächliche Gebührenanspruch beträgt aber:	
Gegenstandswert: 4.700 EUR	
1,3 Geschäftsgebühr, §§ 1, 2, 13, 14, Nr. 2300 VV RVG	*460,85 EUR*
1,5 Einigungsgebühr, §§ 2 Abs. 2, 13, Nr. 1000 VV RVG	*531,75 EUR*
Auslagenpauschale, Nr. 7002 VV RVG	*20,00 EUR*
Zwischensumme netto	*1.012,60 EUR*
19 % USt, §§ 1, 2, Nr. 7008 VV RVG	*192,39 EUR*
Gesamtbetrag	***1.204,99 EUR***

Üblicherweise kann der RA zwar die Differenz zwischen der tatsächlichen entstandenen Vergütung und der von der gegnerischen HV gezahlten Vergütung verlangen. Da der RA aber eine Vereinbarung mit der gegnerischen HV getroffen hat, kann er nicht den Gebührensatzrahmen der Geschäftsgebühr und auch nicht den Gebührenrahmen der Einigungsgebühr in tatsächlicher Höhe vom Auftraggeber fordern. Das wäre ein unzulässiger Vertrag (Vereinbarung) zu Lasten Dritter (hier: des Auftraggebers), den das deutsche Recht nicht kennt. Über die mit der HV vereinbarten Vergütung (Gebührensatzrahmenhöhe oder Gebührenrahmenhöhe) hinaus kann der RA daher vom Auftraggeber keine weitere Vergütungsdifferenz fordern. Er kann daher nur berechnen:

Gegenstandswert: 4.700 EUR	
1,1 Geschäftsgebühr, §§ 1, 2, 13, 14, Nr. 2300 VV RVG	*389,84 EUR*
1,0 Einigungsgebühr, §§ 1, 2, 13, Nr. 1000 Nr. 1 VV RVG	*354,50 EUR*
Auslagenpauschale, §§ 1, 2, Nr. 7002 VV RVG	*20,00 EUR*
Zwischensumme netto	*764,34 EUR*
19 % USt, §§ 1, 2, Nr. 7008 VV RVG	*145,22 EUR*
Gesamtbetrag	***909,56 EUR***

Von der so berechneten gesamten Vergütungsforderung von 909,56 EUR ist die Zahlung der gegnerischen HV von 639,50 EUR in Abzug zu bringen. Der Auftraggeber schuldet dem RA damit noch eine Differenz von 270,07 EUR.

d) Vorsteuerabzugsberechtigung des Auftraggebers

84 Ist der Auftraggeber zum Vorsteuerabzug berechtigt, so stellt die USt keinen ersatzfähigen Schaden des Auftraggebers dar. Im Rahmen einer materiell-rechtlichen Schadensberechnung gegenüber dem erstattungspflichtigen Schädiger oder bei einer prozessualen Erstattungspflicht im Rahmen eines Kostenfestsetzungs- oder -ausgleichungsantrags (§§ 103 ff. ZPO) ist die USt daher nicht zu berücksichtigen. Davon unberührt bleibt aber, dass der Auftraggeber dem RA die USt als Teil der Vergütung schuldet und zu zahlen hat. Dieser kann die gezahlte USt dann im Wege seiner USt-Erklärung geltend machen. Er zieht die von ihm gezahlte USt von der von ihm eingenommenen USt ab und muss lediglich die Differenz an das Finanzamt weiterleiten.

Der RA sollte den Auftraggeber ggf. darauf hinweisen, dass aufgrund seiner Vorsteuer- 85
abzugsberechtigung die USt nicht vom Gegner zu erstatten ist, der Auftraggeber also zur Zahlung gegenüber dem RA insoweit verpflichtet ist.

IV. Auftrag und Vergütung

Welche Vergütung der RA erhält, hängt von dem ihm erteilten Auftrag und i.d.R. nicht 86
von der erbrachten Tätigkeit ab.[7] Das wird oftmals in der Praxis verkannt und bereitet daher zugleich die damit einhergehenden Schwierigkeiten. Der RA fixiert den ihm durch den Auftraggeber erteilten Auftrag nicht und lässt ihn sich auch nicht bestätigen. Irrtümlich wird davon ausgegangen, dass die dem RA erteilte Vollmacht des Auftraggebers ausreiche, um damit den erteilten Auftrag nachzuweisen. Dem ist aber nicht so, weshalb auch viele vergütungsrechtliche Auseinandersetzungen vermieden oder einfacher gelöst werden könnten, wenn ein Nachweis für den konkret erteilten Auftrag vorliegt und nicht die erteilte Vollmacht dafür herhalten muss.

Die üblichen Vollmachtsformulare decken im Allgemeinen ein weites Spektrum mögli- 87
cher anwaltlicher Tätigkeit ab. So berücksichtigen die Formulare die Vertretung in einer arbeitsrechtlichen, familienrechtlichen oder gar strafrechtlichen Auseinandersetzung. Mit diesen Formularen sollen eine Reihe von Verfahren abgedeckt werden. Die Vollmacht dient aber in erster Linie dazu, im Außenverhältnis gegenüber Dritten den Nachweis der Legitimation zur Vertretung des Auftraggebers zu erbringen. Sie dient nicht dazu, den im Innenverhältnis konkret erteilten Auftrag nachzuweisen. Dieser kann z.B. auch bedingt oder eingeschränkt erteilt worden sein. Die Vollmacht ist dafür kein geeigneter Nachweis. Sie ist lediglich ein Indiz dafür, dass ein Auftrag erteilt, nicht aber, wie dieser konkret ausgestaltet wurde. Der RA sollte daher zu Beginn des Mandats und bei Weiterungen sich den Auftrag bestätigen lassen.

Der RA sollte seinem Auftraggeber verdeutlichen, dass eine Auftragsbestätigung auch 88
seinem Interesse dient, weil damit einem etwaigen Streit nach Beendigung des Auftragsverhältnisses bei Fälligkeit der Vergütung vorgebaut werden kann.

7 Vgl. z.B. BGH v. 23.6.1983 – III ZR 157/82.

8.12

Muster 8.12: Auftragsbestätigung in allgemeiner zivilrechtlicher Angelegenheit

Auftragsbestätigung

Hiermit beauftrage/n ich/wir

(nachstehend der/die Auftraggeber/in genannt)

(nachstehend der/die RA/in genannt)

in Sachen

mit

- der Beratung

und abhängig vom Ergebnis der Beratung:

- der (fern-)mündlichen und (fern-)schriftlichen vorgerichtlichen Interessenvertretung sowie dem Führen von Vergleichsverhandlungen

und bedingt für den Fall des Scheiterns der vorgerichtlichen Bemühungen:

- dem gerichtlichem Verfahren erster Instanz (einschließlich Mahnverfahren) und
- dem Führen von Vergleichsverhandlungen,

für den Fall eines auch nur teilweise Unterliegens:

- der Prüfung der Erfolgsaussichten eines jeden möglichen Rechtsmittels,

und für den Fall, dass die Erfolgsaussichten bejaht werden:

- der Einlegung von Rechtsmitteln vor sowie nach Rechtskraft des Verfahrens,
- allen Maßnahmen der Zwangsvollstreckung, Zwangsverwaltung und ähnlichen Verfahren
- erforderlichenfalls der Vertretung im Insolvenzverfahren des Schuldners und
- dem Einzug und der Weiterleitung von Geldern über das Konto der Rechtsanwälte.

Für den Fall, dass der/die Auftraggeber/in über eine Rechtsschutzversicherung verfügt/en, werden der/die RA/in beauftragt, eine Kostendeckungsanfrage einzuholen. Dem/Der/Den Auftraggeber/n/in ist bekannt, dass dafür ggf. eine gesonderte Anwaltsvergütung entsteht, die von der Versicherung nicht zu erstatten ist. Wird auf erste Anfrage die Kostendeckungszusage von der Rechtsschutzversicherung erteilt, entsteht keine gesonderte Vergütung.

Ort, Datum   Auftraggeber

V. Vollmacht

Mit der Vollmacht des Auftraggebers weist der RA seine Vertretungsberechtigung nach. 89
Fügt der RA seinem ersten Schreiben (z.B. Kündigung, Mahnung, Forderung nach einer bestimmten Handlung oder Unterlassung) keine Vollmacht bei, kann der Gegner den Inhalt des Schreibens unverzüglich (d.h. ohne schuldhaftes Verzögern, vgl. § 121 Abs. 1 S. 1 BGB) allein wegen des mangelnden Nachweises der Bevollmächtigung zurückweisen (§ 174 S. 1 BGB). Zwar hat die Rechtsprechung einige Ausnahmen zur Vollmachtsvorlage entschieden. Aber auch hier gilt: Ein „Mehr" ist unschädlich. Es schadet nicht, eine Vollmacht beizufügen, wo keine notwendig wäre. Es kann nur schaden, wenn keine Vollmacht beigefügt ist, wo sie aber notwendig ist. Das gilt auch in dem Fall, dass der Auftraggeber den Gegner von der Bevollmächtigung des RA bereits in Kenntnis gesetzt hatte (§ 174 S. 2 BGB), weil damit im Zweifel einem Streit, ob der Gegner tatsächlich in Kenntnis gesetzt wurde, vorgebeugt werden kann. Wann immer es möglich erscheint, sollte daher eine Vollmacht im Original vom Auftraggeber unterschrieben dem ersten Schreiben des RA beigefügt werden.

Soll das nicht möglich sein, verbleibt das Risiko, dass die mit dem Schreiben bezweckte 90
Wirkung allein aufgrund der fehlenden Vollmachtsvorlage und daher unverzüglichen Zurückweisung des Gegners nicht eintritt. Gerade dieses **Haftungsrisiko** des RA ist zu berücksichtigen. Soll der RA ohne Vollmacht tätig werden, weil es aus organisatorischen Gründen innerhalb der gegebenen Zeit nicht möglich war, sollte er sich durch den Auftraggeber von der Haftung ihm gegenüber freistellen lassen.

D. Vergütung im Einzelnen

I. Beratung

1. Beginn der anwaltlichen Tätigkeit

Jede anwaltliche Tätigkeit beginnt damit, dass der RA den vom Auftraggeber geschilderten 91
Sachverhalt aufnimmt und rechtlich bewertet. Er ordnet den ihm geschilderten Sachverhalt und teilt dem Auftraggeber das Ergebnis mit. Hat der Auftraggeber bereits ein bestimmtes Vorgehen beabsichtigt, kann der RA ihm Rat über die Erfolgsaussichten erteilen.

92 Der RA sollte bei seiner Gebührenforderung niemals den Straftatbestand der **Gebührenüberhebung (§ 352 StGB)** aus dem Blick verlieren, für die auch der Versuch bereits strafbar ist (eine Auslagenüberhöhung ist nicht strafbar). Die Strafnorm setzt neben der Erhebung einer Vergütung, die der Zahlende überhaupt nicht oder nur in geringerem Betrag schuldet, weiter voraus, dass der RA den Gebührenschuldner über seine ihm zustehenden Gebühren täuscht.

93 Der Streit über die Vergütungsansprüche des RA wird damit nicht etwa obsolet. Es liegt nicht bereits ein strafbares Verhalten vor, wenn z.B. das Entstehen einzelner Gebühren oder der Umfang des erteilten Auftrages streitig ist. Die Strafnorm setzt vielmehr voraus, dass eine Gebühr erhoben wird, von welcher der RA weiß, dass der Auftraggeber sie gebührenrechtlich überhaupt nicht oder nur in geringerem Betrage schuldet.

94 Der RA muss daher bei jeder Berechnung davon überzeugt sein, dass die berechneten Gebühren im Einklang mit dem Gesetz sind.

2. Auskunft über die Vergütungshöhe

95 Bereits bei Anbahnung des ersten Beratungsgesprächs (z.B. im ersten Telefonat zur Terminsvereinbarung) wird oftmals danach gefragt: „**Was kostet die Beratung?**“

Eine allgemeine Antwort auf diese Frage gibt es nicht. Denn sie hängt von vielen einzelnen Faktoren ab. Was ist das konkrete Anliegen? Soll nur eine (einfache) Auskunft oder ein (rechtlicher) Rat erteilt werden? Reicht ein einmaliges Gespräch oder muss der RA dafür zuvor oder später noch Unterlagen sichten? Dauer die Beratung 10 Minuten oder zwei Stunden? Dass eine Beratung unentgeltlich sein soll, ist ein immer wiederkehrendes Missverständnis, welches der RA möglichst sofort entkräften sollte, wenn er Anlass dafür haben sollte. Wann immer der Auftraggeber also die Fragen nach den Kosten stellt, kann ihm geantwortet werden, dass eine Vergütung für die Beratung anfällt. Wie hoch sie konkret im Einzelfall sein wird, hängt von den einzelnen Faktoren ab, wie sie vorstehend lediglich beispielhaft genannt wurden. Denn jeder RA und jede Kanzlei hat eigene Vorstellungen darüber, wie sich die Höhe der Vergütung für eine Beratungstätigkeit am Ende bestimmen lässt.

3. Berechnung der Vergütung nach vollendeter Beratung

96 Nicht selten endet nach der durchgeführten Beratung wegen der zu erwartenden Vergütung für eine weitere Tätigkeit des RA der Auftrag an ihn. Ein weiterer Grund dafür kann auch vorliegen, wenn das Anliegen des Auftraggebers nicht mit Erfolg durchgesetzt werden kann.

97 In diesen Fällen gibt es verschiedene Abrechnungsmöglichkeiten.

Ist dem Auftraggeber Beratungshilfe bewilligt (zu den Einzelheiten des entsprechenden Verfahrens s. § 6 Rdn 1 ff.), ergeben sich kaum Abrechnungsprobleme. 98

In den übrigen Fällen kann sich die Abrechnung überaus schwierig gestalten. Denn der Gesetzgeber hat keine gesetzliche Vergütung für die Beratung vorgesehen, sondern sie der Vereinbarung zwischen dem RA und seinem Auftraggeber vorbehalten (§ 34 Abs. 1 S. 1 RVG). 99

§ 34 RVG lautet: 100

> **§ 34 Beratung, Gutachten und Mediation**
>
> (1) Für einen mündlichen oder schriftlichen Rat oder eine Auskunft (Beratung), die nicht mit einer anderen gebührenpflichtigen Tätigkeit zusammenhängen, für die Ausarbeitung eines schriftlichen Gutachtens und für die Tätigkeit als Mediator soll der Rechtsanwalt auf eine Gebührenvereinbarung hinwirken, soweit in Teil 2 Abschnitt 1 des Vergütungsverzeichnisses keine Gebühren bestimmt sind. Wenn keine Vereinbarung getroffen worden ist, erhält der Rechtsanwalt Gebühren nach den Vorschriften des bürgerlichen Rechts. Ist im Fall des Satzes 2 der Auftraggeber Verbraucher, beträgt die Gebühr für die Beratung oder für die Ausarbeitung eines schriftlichen Gutachtens jeweils höchstens 250 EUR; § 14 Absatz 1 gilt entsprechend; für ein erstes Beratungsgespräch beträgt die Gebühr jedoch höchstens 190 Euro.
>
> (2) Wenn nichts anderes vereinbart ist, ist die Gebühr für die Beratung auf eine Gebühr für eine sonstige Tätigkeit, die mit der Beratung zusammenhängt, anzurechnen.

Durch **§ 34 Abs. 1 S. 1 RVG** wird der RA aufgefordert, eine Gebührenvereinbarung mit seinem Auftraggeber abzuschließen. An eine solche Gebührenvereinbarung werden nicht die gleichen Voraussetzungen gestellt, wie sie bei einer Vergütungsvereinbarung i.S.d. §§ 3 ff. RVG zu beachten sind. Zu beachten ist, dass der Gesetzgeber für die Beratung absichtlich den Begriff „**Gebührenvereinbarung**" verwendet. 101

Diese Gebührenvereinbarung kann der RA mit dem Auftraggeber vor, aber auch nach der Beratung noch abschließen. Gleichwohl dürfte es sinnvoll(er) sein, sie vor Beginn zu treffen, da erfahrungsgemäß der Auftraggeber nach Beendigung und damit Erfüllung seines Beratungsinteresses weniger bereit sein wird, eine nun nicht mehr als dringend notwendig erachtete Vereinbarung abzuschließen.

Für die Gebührenvereinbarung ist die Schriftform nicht vorgesehen. Daher ist es **ausreichend, wenn diese mündlich abgeschlossen** wird. Hierbei sollte der RA beachten: 102

Zahlt der Auftraggeber die Vergütung für die Beratung **unmittelbar im Anschluss** an die Beratung, ist es im Allgemeinen ausreichend, wenn die Gebührenvereinbarung nur mündlich abgeschlossen wird. Nach erfolgter Zahlung wird es für den Auftraggeber schwerer, sie unter dem Vorwand, sie beruhe auf keiner Vereinbarung, vom RA zurückzufordern. Zahlt der Auftraggeber **nicht im Anschluss an die Beratung**, sollte der RA die Gebührenvereinbarung **dringend schriftlich** fixieren und durch den Auftraggeber unterzeichnen oder anderweit sich bestätigen lassen. Zwar schließt ein solches Vorgehen nicht automatisch den

Streit über die Höhe der vereinbarten Vergütung aus. Die Unterschrift des Auftraggebers hat aber als sog. **Privaturkunde (§ 406 ZPO)** einen besonderen Beweiswert.

4. Vergütung ohne Vereinbarung

a) Verweis in das BGB – Taxe/übliche Vergütung

103 Wenn keine Vereinbarung getroffen worden ist, erhält der RA „Gebühren nach den Vorschriften des bürgerlichen Rechts". Maßgeblich ist hier im Regelfall § 612 Abs. 2 BGB (Rat oder Mediation) oder § 632 Abs. 2 BGB (Auskunft oder schriftliches Gutachten). Eine genau bezifferte Höhe der Vergütung lässt sich diesen Vorschriften nicht entnehmen. Vielmehr wird danach „die übliche Vergütung" geschuldet.

104 Eine „übliche Vergütung" für die anwaltliche Beratung existiert allerdings nicht. Die Höhe der Vergütung für eine Beratung ist schon in jeder Stadt (und dort teilweise auch in jedem Bezirk) vollkommen unterschiedlich.

b) Beratung und Verbrauchereigenschaft des Auftraggebers – mehrfache Beratung

105 Für den Fall, dass **keine Gebührenvereinbarung** mit dem Auftraggeber geschlossen worden **und** dieser Verbraucher ist (§ 13 BGB), sieht der Gesetzgeber einen Höchstbetrag für die Vergütung vor. Der Höchstbetrag der Gebühr beläuft sich auf 250 EUR (§ 34 Abs. 1 S. 2, S. 3 Hs. 1 RVG). Da der Gesetzgeber nicht weiter geregelt hat, anhand welcher Kriterien der Gebührenbetrag konkret zu bemessen ist, ist der Rechtsgedanke des § 14 Abs. 1 RVG heranzuziehen (§ 34 Abs. 1 S. 3 Hs. 2 RVG). Danach ist für die Bestimmung des Rahmens einer Gebühr auf

- die Schwierigkeit der anwaltlichen Tätigkeit,
- den Umfang der anwaltlichen Tätigkeit,
- die Bedeutung der Angelegenheit für den Auftraggeber,
- die Einkommens- und Vermögensverhältnisse des Auftraggebers und
- das Haftungsrisiko des RA abzustellen.

106 Die gesetzliche Regelung, dass kein Mindest-, aber ein Höchstbetrag bestimmt ist, ist recht unbefriedigend. Zum Thema „Geschäftsgebühr" (siehe Rdn 155) folgen dazu weitere Ausführungen.

Durch das Fehlen einer gesetzlichen Regelung ist es im beruflichen Alltag faktisch unmöglich, bereits zu Beginn des Mandats dem Auftraggeber mitteilen zu können, mit welcher Vergütung er am Ende zu rechnen hat. Eine Gebührenvereinbarung erscheint daher zwingend erforderlich.

Praxistipp: 107

In vielen Kanzleien wird bewusst keine Gebührenvereinbarung abgeschlossen, um den Auftraggeber nicht sofort durch eine von ihm ggf. als „zu hoch“ empfundene Gebührenforderung abzuschrecken mit der Konsequenz, dass er einen anderen RA zur Beratung aufsucht. Hier kann mit einem unmittelbar nach erfolgter Beratung zu zahlenden „Mindestbetrag“ dem begegnet werden.

c) Erstberatung – keine Gebührenvereinbarung/Verbrauchereigenschaft

Berät der RA den Auftraggeber mündlich und nur einmal („erstes Beratungsgespräch“, vgl. § 34 Abs. 1 S. 3 Hs. 3 RVG), so kann er ohne Gebührenvereinbarung und, wenn der Auftraggeber Verbraucher (§ 13 BGB) ist, keine höhere Gebühr als 190 EUR verlangen (§ 34 Abs. 1 S. 2, S. 3 Hs. 3 RVG). Auch hier gilt dasselbe wie vorstehend bereits ausgeführt, dass der RA unter Heranziehung des Rechtsgedankens der in § 14 Abs. 1 RVG genannten Kriterien die zutreffende Vergütung bestimmen muss. 108

d) Erstberatung und Erhöhung für Vertretung mehrerer Auftraggeber

Nr. 1008 109

Nr.	Gebührentatbestand	Gebühr oder Satz der Gebühr nach § 13 RVG
1008	**Auftraggeber sind in derselben Angelegenheit mehrere Personen:** **Die Verfahrens- oder Geschäftsgebühr erhöht sich für jede weitere Person um** (1) Dies gilt bei Wertgebühren nur, soweit der Gegenstand der anwaltlichen Tätigkeit derselbe ist. (2) Die Erhöhung wird nach dem Betrag berechnet, an dem die Personen gemeinschaftlich beteiligt sind. (3) Mehrere Erhöhungen dürfen einen Gebührensatz von 2,0 nicht übersteigen; bei Festgebühren dürfen die Erhöhungen das Doppelte der Festgebühr und bei Betragsrahmengebühren das Doppelte des Mindest- und Höchstbetrages nicht übersteigen. (4) Im Fall der Anmerkung zu den Gebühren 2300 und 2302 erhöht sich der Gebührensatz oder Betrag dieser Gebühren entsprechend.	**0,3 oder 30 % bei Festgebühren, bei Betragsrahmengebühren erhöhen sich der Mindest- und Höchstbetrag um 30 %**

110 Wie sich aus dem Gesetzestext zu Nr. 1008 VV RVG ergibt, regelt das Gesetz eine Erhöhung ausdrücklich nur für die Verfahrens- oder Geschäftsgebühr. Die „**Verbraucherberatungsgebühr**" gem. § 34 Abs. 1 S. 3 RVG ist hier nicht genannt; sie ist auch keine **Verfahrens- oder Geschäftsgebühr**.

111 Daher wird seit Inkrafttreten des § 34 RVG durch die Änderung des RVG am 1.7.2006 darüber gestritten, ob die für die „Verbraucherberatungsgebühr" vom Gesetzgeber vorgesehenen Höchstbeträge in analoger Anwendung der Nr. 1008 VV RVG ebenfalls zu erhöhen sind. Die Befürworter argumentieren, dass sie als sog. „Betriebsgebühr" des RA der Verfahrens- oder Geschäftsgebühr ähnlich und die Beratungsgebühr gem. § 34 Abs. 2 RVG auf diese Gebühren anzurechnen sei. Die überwiegende Meinung in der Literatur lehnt eine analoge Anwendung mangels einer planwidrigen Regelungslücke des Gesetzgebers, der die Beratungsgebühr gerade nicht in den Katalog der erhöhungsfähigen Gebühren aufgenommen habe, dagegen ab.

e) Beratung und Rechtsschutzversicherung

112 Fast jede Rechtsschutzversicherung (RSV) erstattet ihrem Versicherungsnehmer für den Fall einer anwaltlichen Beratung andere Beträge. Regelmäßig trägt die RSV aber nicht mehr als den Höchstsatz von 190 EUR. Ohne Kenntnis des Versicherungsvertrages des Auftraggebers kann der RA daher keine zutreffende Auskunft darüber geben, ob und in welcher Höhe die RSV dem Auftraggeber die Kosten der Beratung erstattet.

113 Die RSV hat ihrem Versicherungsnehmer die gesetzliche Vergütung des RA zu erstatten bzw. ihn davon zu befreien. Im Bereich der Beratung fehlt es aber an einer gesetzlichen Vergütung. Die Auseinandersetzung über die Höhe der von der RSV zu leistenden Zahlung sollte daher dem Auftraggeber mit seiner RSV vorbehalten bleiben.

114 ▼

Muster 8.13: Belehrung Beratung bei Bestehen einer RSV

8.13 (…)

Sie haben mit der eine Rechtsschutzversicherung abgeschlossen und uns einen Beratungsauftrag erteilt. Ob und in welcher Höhe Ihre Versicherung die dafür entstehende Vergütung zahlen wird, kann nicht beurteilt werden. Die Rechtsschutzversicherung zahlt nur gesetzliche Vergütungsansprüche, bei der Beratung fehlt es an einer gesetzlichen Vergütung.

Aus diesem Grund erfolgt die Berechnung der Vergütung ausschließlich Ihnen gegenüber. Sie haben die Möglichkeit, Ihrer Rechtsschutzversicherung die Rechnung mit der Bitte um Zahlung vorzulegen. Sollten sie eine Zahlung nicht leisten wollen, müssen Sie das direkt mit Ihrer Versicherung klären. Falls Sie wünschen, dass wir/ich für Sie Ihre Interessen gegenüber Ihrer Versicherung vertreten, entsteht in diesem Fall eine gesonderte Vergütung, die Ihre Rechtsschutzversicherung im Zweifel Ihnen nicht zu erstatten bzw. zu übernehmen hat.

(...)

▲

5. Die Vergütung bei bewilligter Beratungshilfe

Wurde dem Auftraggeber Beratungshilfe (BerH) bewilligt und ein sog. **Berechtigungsschein** erteilt, so richten sich die Gebühren des RA **ausschließlich nach Teil 2 Abschnitt 5 VV RVG**. Die Gebühren des im Wege der Beratungshilfe tätigen RA werden in den Nrn. 2500 bis 2508 VV RVG geregelt. 115

Ob der Auftraggeber die Voraussetzungen eines Beratungshilfeanspruchs erfüllt, ergibt sich aus dem **Beratungshilfegesetz** (BerHG). 116

Ob dem Auftraggeber BerH zu bewilligen ist, bestimmen die persönlichen Voraussetzungen für die Inanspruchnahme von Beratungshilfe (§ 1 BerHG). Insofern wird auf die entsprechenden Ausführungen zur Beratungshilfe in § 6 Rdn 1 ff. verwiesen. 117

Ist dem Auftraggeber BerH zu gewähren, hat ihm das Amtsgericht einen Berechtigungsschein auszustellen (§ 6 Abs. 1 BerHG). Denn durch den Berechtigungsschein wird dokumentiert, dass der Rechtsuchende berechtigt ist, für eine bestimmte Angelegenheit Beratungshilfeleistungen in Anspruch zu nehmen. Daneben dient er der Beratungsperson als Sicherheit dafür, dass die für die Beratung anfallenden Kosten aus der Landeskasse erstattet werden.[8] Zum Schutz des Kostenerstattungsanspruchs des RA ist daher wesentlich, dass er sich das Original des Berechtigungsscheins von dem Auftraggeber vorlegen lässt. Der RA hat aber auch die Möglichkeit, erst die Beratung durchzuführen (§ 4 Abs. 6 BerHG). Der Antrag kann dann noch nachträglich innerhalb von vier Wochen gestellt werden (§ 6 Abs. 2 BerHG). 118

Hier ist allerdings darauf zu achten, wer bei nachträglicher Beantragung von Beratungshilfe den Antrag zu stellen hat (s. hierzu die Ausführungen unter § 6 Rdn 36 ff.).

Wird BerH erst im Anschluss an die erteilte Beratung beantragt und erfolgt keine Bewilligung, so kann der RA regelmäßig nicht die weitaus höhere gesetzliche Vergütung von dem Auftraggeber fordern. Nur wenn der RA den Auftraggeber darüber belehrt hat, dass dieser die Vergütung schuldet, sollte BerH nicht bewilligt werden, kann der RA seine Vergütung vom Auftraggeber fordern. Der RA ist gut beraten, wenn er mit dem Auftraggeber eine Gebührenvereinbarung trifft, welche Vergütung geschuldet wird, sollte keine BerH bewilligt werden. 119

Wird BerH vor oder nach der **Beratung bewilligt**, hat der RA für seine Beratungstätigkeit einen **Anspruch auf die Gebühren nach Nr. 2500, 2501 VV RVG**. 120

8 OLG Saarbrücken v. 16.12.2019 – 9 W 30/19.

a) Schutzgebühr i.H.v. 15,00 EUR gem. Nr. 2500 VV RVG

121 Neben dem Vergütungsanspruch gegenüber der Staatskasse kann der RA vom Auftraggeber eine Beratungshilfegebühr von 15 EUR gem. Nr. 2500 VV RVG fordern (sog. **Schutzgebühr**). Aufgrund des eindeutigen Gesetzeswortlautes kann der RA daneben **keine Auslagen** vom Auftraggeber fordern (vgl. Anm. S. 1 zu Nr. 2500 VV RVG), also z.B. weder Entgelte für Post- und Telekommunikationsdienstleistungen nach Nr. 7001 VV RVG, noch die Auslagenpauschale Nr. 7002 VV RVG und auch keine USt nach Nr. 7008 VV RVG. Mit den 15 EUR ist die Vergütung durch den Auftraggeber insgesamt abgegolten. Die Beratungshilfegebühr ist also eine Bruttogebühr, in der die USt bereits enthalten ist. Der Auftraggeber kann eine Quittung für seine Zahlung verlangen.

Der RA ist aber nicht verpflichtet, die Beratungshilfegebühr vom Auftraggeber zu verlangen; er kann darauf verzichten (vgl. Anm. S. 2 zu Nr. 2500 VV RVG).

122 Stellt sich erst während der Beratung heraus, dass angesichts der Einkommens- und Vermögensverhältnisse des Auftraggebers sog. **Bedürftigkeit** und damit die Voraussetzung von BerH vorliegt, ist der RA verpflichtet, den Auftraggeber auf die Möglichkeit der BerH hinzuweisen. Der RA ist in diesem Fall nicht verpflichtet, weiter tätig zu werden. Er kann eine weitere Tätigkeit also ablehnen, bis über die Bewilligung der BerH entschieden worden ist. Üblicherweise wird der RA jedoch weiter tätig und wird darauf vertrauen, dass BerH bewilligt werden wird. Er trägt dann aber das Risiko, dass er ggf. ohne Vergütung tätig gewesen ist, wenn keine BerH gewährt wird.

b) Vergütungsvereinbarung bei Beratungshilfe

123 Zulässig ist eine Vereinbarung zwischen RA und Auftraggeber, dass die gesetzliche Vergütung geschuldet wird, sollten die Voraussetzungen für die Bewilligung von BerH nicht vorliegen und keine BerH gewährt werden. In diesen Fällen besteht kein Grund, den Auftraggeber zu schützen. Der RA muss daher darauf achten, ggf. eine bedingte Gebührenvereinbarung abzuschließen.

124 ▼

Muster 8.14: Bedingte Gebührenvereinbarung

Gebührenvereinbarung

Die Parteien der RA   und der Auftraggeber   , wohnhaft in   , vereinbaren unter der Bedingung, dass dem Auftraggeber Beratungshilfe in dem Beratungsmandat wegen   nicht bewilligt werden sollte, dass der Auftraggeber eine Beratungsgebühr gem. § 34 Abs. 1 Satz 1 RVG

in Höhe von   EUR
zzgl. Auslagenpauschale

gem. Nr. 7002 VV RVG

in Höhe von EUR
Zwischensumme netto EUR
sowie 19 % USt gem. Nr. 7008 VV RVG

in Höhe von EUR
mithin **insgesamt** EUR
zahlt.

Die bereits erfolgte Zahlung in Höhe von 15,00 EUR gem. Nr. 2500 VV RVG wird auf die vorstehende Vergütung für die Beratung nicht angerechnet.

Diese Vereinbarung steht unter der auflösenden Bedingung, dass dem Auftraggeber bis zum Beratungshilfe bewilligt wird. Tritt diese Bedingung ein, ist die Vereinbarung wirkungslos.

Ort, Datum

Rechtsanwalt Auftraggeber

▲

c) Beratungsgebühr bei bewilligter Beratungshilfe

Nr. 2501 125

Nr.	Gebührentatbestand	Gebühr oder Satz der Gebühr nach § 13 RVG
2501	**Beratungsgebühr** (1) Die Gebühr entsteht für eine Beratung, wenn die Beratung nicht mit einer anderen gebührenpflichtigen Tätigkeit zusammenhängt. (2) Die Gebühr ist auf eine Gebühr für eine sonstige Tätigkeit anzurechnen, die mit der Beratung zusammenhängt.	42,00 EUR

126 Mit der Nr. 2501 VV RVG wird die **Höhe der Vergütung** des RA, der im Rahmen der Beratungshilfe tätig geworden ist, bestimmt. Die staatlich subventionierte Vergütung für die Beratung ist eine sog. **Festgebühr**. Der RA kann nicht mehr als 42 EUR aus der

Staatskasse fordern. Der Auftraggeber selbst ist nicht Schuldner dieser Gebühr. Die Gebühr ist bei mehreren Auftraggebern nicht nach Nr. 1008 VV RVG erhöhungsfähig.[9]

127 Die Beratungshilfegebühr entsteht nur für eine **beratende Tätigkeit** des RA. Hierbei ist es unerheblich, ob der RA den Rat mündlich oder schriftlich erteilt. Eine fernmündliche Beratung ist völlig ausreichend. Die Gebühr entsteht auch, wenn das „persönliche" Gespräch zwischen RA und Auftraggeber auf andere Weise als durch tatsächlich persönliche Anwesenheit von RA und Auftraggeber zur selben Zeit geführt wird.

128 Unter einem **Rat** versteht man, dass der RA die Rechtslage beurteilt und anschließend dem Auftraggeber eine Empfehlung erteilt, wie er sich verhalten sollte. Auch das Abraten von einer bestimmten Verhaltensweise oder von einem weiteren Vorgehen stellt einen Rat des RA dar.

129 Bei einer **Auskunft** schuldet der RA dagegen keinen Rat, also keine bestimmte Handlungsempfehlung, sondern lediglich die Beantwortung einer allgemeinen oder konkreten Frage mit rechtlichem Inhalt. Der RA gibt lediglich Informationen weiter, ohne sie zu begründen oder mit einer eigenen Stellungnahme zu versehen.

130 Das schriftliche **Gutachten** ist vom Rat abzugrenzen: Während der Rat allenfalls kurz begründet werden muss und sich an den Interessen des Auftraggebers auszurichten hat, hat das Gutachten die Rechtslage ohne Parteinahme des Auftraggebers darzustellen.

131 Die **Mediation** beinhaltet ein freiwilliges außergerichtliches Verfahren, in dem der RA die Konfliktparteien bei der einvernehmlichen Regelung unterstützt. Die Tätigkeit als Mediator ist also dadurch gekennzeichnet, dass er gerade keine Interessen einer der Konfliktparteien vertritt; sie steht also dem Verbot der widerstreitenden Interessensvertretung (§ 43a Abs. 4 BRAO) nicht entgegen (vgl. auch § 18 BORA).

132 In einigen Rechtsgebieten beauftragen typischerweise mehrere Personen den RA (so z.B. in asylrechtlichen oder familienrechtlichen Angelegenheiten, Unterhaltsforderungen eines Elternteils und seines Kindes). Berät der RA in einer Angelegenheit mehrere Personen, so muss von jedem Betroffenen ein Beratungshilfeschein vorgelegt werden oder nachträglich BerH gewährt werden.

d) Anrechnung der Beratungshilfegebühr

133 Entsprechend der Anm. Abs. 2 zu Nr. 2501 VV RVG ist die Beratungsgebühr für eine sonstige Tätigkeit anzurechnen, die mit der Beratung zusammenhängt. Geht die Tätigkeit des RA demnach über die Beratungstätigkeit hinaus, wird er also z.B. vor- oder außergerichtlich oder gerichtlich tätig, hat eine Anrechnung der Beratungsgebühr der Nr. 2501 VV RVG auf die Gebühr für die nachfolgende Tätigkeit zu erfolgen. Vor-

9 LG Wiesbaden v. 10.4.2017 – 4 T 60/17; AG Koblenz v. 19.10. 2010 – 40 UR II 192/10; AG Koblenz v. 11.6.2007 – 40 UR IIa 1450/06; KG v. 6.2.2007 – 1 W 243/06.

aussetzung für die Anrechnung ist aber, dass es sich bei der weitergehenden Tätigkeit des RA um eine **unmittelbar nachfolgende Angelegenheit** handelt. Folgt auf die bewilligte Beratungshilfe unmittelbar die Beiordnung des RA und Bewilligung von Prozesskostenhilfe (PKH), ist die Beratungsgebühr **in voller Höhe** auf den PKH-Vergütungsanspruch anzurechnen (§ 58 Abs. 1 RVG). Auslagen (wie z.B. die Auslagenpauschale Nr. 7002 VV RVG) sind nicht anzurechnen. Zu der Höhe der Anrechnung der Beratungshilfegebühr auf die Verfahrensgebühr eines sich anschließenden gerichtlichen Verfahrens s. Rdn 169.

e) Beratungshilfe bei sog. Schuldenbereinigungsverfahren

Nr. 2502 134

Nr.	Gebührentatbestand	Gebühr oder Satz der Gebühr nach § 13 RVG
2502	**Beratungstätigkeit mit dem Ziel einer außergerichtlichen Einigung mit den Gläubigern über die Schuldenbereinigung auf der Grundlage eines Plans (§ 305 Abs. 1 Nr. 1 InsO): Die Gebühr 2501 beträgt**	**84,00 EUR**

Mit der Nr. 2502 VV RVG ist kein eigener Gebührentatbestand gegeben. Die Nr. 2502 VV RVG erweitert lediglich die Beratungsgebühr im Fall der Beratungstätigkeit im Rahmen der außergerichtlichen Einigung im Insolvenzverfahren. Die Gebühr Nr. 2501 VV RVG wird verdoppelt. Nr. 2502 VV RVG ist anzuwenden, wenn der RA lediglich beratend tätig ist. 135

Damit die **Schuldenbereinigung** gem. § 305 Abs. 1 Nr. 1 InsO erreicht werden kann, ist es erforderlich, dass der Schuldner gleichzeitig mit dem Antrag auf Eröffnung des Insolvenzverfahrens oder unverzüglich danach eine Bescheinigung vorlegt, aus der sich ergibt, dass eine außergerichtliche Einigung mit den Gläubigern über die Schuldenbereinigung auf der Grundlage eines Plans innerhalb der letzten sechs Monate vor dem Stellen des Eröffnungsantrags ohne Erfolg versucht worden ist. 136

In einem solchen Fall wird der RA neben der Beratung des Schuldners über das Verfahren gem. § 305 Abs. 1 Nr. 1 InsO an sich auch die Sichtung, Aufstellung, Berechnung und Ordnung des Schuldenbestandes des Schuldners vornehmen. Regelmäßig wirkt der RA bei der Erstellung des Schuldenbereinigungsplans mit, ohne dass der RA nach außen hin auftritt. Der RA fertigt keinerlei Schreiben, er ist nur im sog. Innenverhältnis zwischen ihm und dem Auftraggeber tätig. 137

II. Außergerichtliche/vorgerichtliche Tätigkeit, Geschäftsgebühr

138 **Vorbemerkung 2.3 Abs. 3 VV RVG**

Die Geschäftsgebühr entsteht für das Betreiben des Geschäfts einschließlich der Information und für die Mitwirkung bei der Gestaltung eines Vertrags.

139 Wird dem RA ein Auftrag über eine Beratung hinaus (sog. Geschäftstätigkeit) erteilt, erhält er für die vor- bzw. außergerichtliche Tätigkeit die **Geschäftsgebühr**. Ein Indiz für den Auftrag einer solchen Geschäftstätigkeit besteht, wenn der RA nach außen hin gegenüber einem Dritten tätig wird. Denn eine Beratungstätigkeit zeichnet sich gerade dadurch aus, dass die Tätigkeit des RA sich allein zwischen ihm und seinem Auftraggeber abspielt. Wird der RA im Rahmen der beauftragten Geschäftstätigkeit tätig, wird eine etwaig dennoch stattfindende Beratung des Auftraggebers durch die Geschäftsgebühr abgegolten. Wirkt der RA an der Gestaltung eines Vertrages mit, ist eine nach außen gerichtete Tätigkeit allerdings nicht erforderlich. Wann eine „Mitwirkung" vorliegt, darüber wird in der Rechtsprechung und Literatur gestritten. Soll ein Vertrag nur allgemein geprüft werden, um dem Mandanten eine eigene Entscheidung überhaupt zu ermöglichen, ob dieser so unterschrieben werden kann oder ob (ggf. Nach-)Verhandlungen überhaupt nötig sind, liegt lediglich ein Beratungsauftrag vor. Wird hingegen die Vorbereitung von Alternativ-/oder Verbesserungsvorschlägen oder eine anderweitige Beteiligung in Vertragsverhandlungen in Auftrag gegeben, liegt eine „Mitwirkung an der Gestaltung eines Vertrages" vor, gleichgültig, ob sich die Vorschläge des RA im Ergebnis im Rahmen der Verhandlungen möglicherweise nicht durchsetzen ließen.[10]

140 **Nr. 2300**

Nr.	Gebührentatbestand	Gebühr oder Satz der Gebühr nach § 13 RVG
2300	**Geschäftsgebühr, soweit in den Nummern 2302 und 2303 nichts anderes bestimmt ist** (1) Eine Gebühr von mehr als 1,3 kann nur gefordert werden, wenn die Tätigkeit umfangreich oder schwierig war. (2) Ist Gegenstand der Tätigkeit eine Inkassodienstleistung, die eine unbestrittene Forderung betrifft, kann eine Gebühr von mehr als 0,9 nur gefordert werden, wenn die Inkassodienstleistung besonders umfangreich oder besonders schwierig war. In einfachen Fällen darf nur eine Gebühr von 0,5 gefordert werden; ein einfacher Fall liegt in der Regel	**0,5 bis 2,5**

10 Vgl. z.B. LG Lübeck v. 2.12.2021 – 14 S 157/20.

Nr.	Gebührentatbestand	Gebühr oder Satz der Gebühr nach § 13 RVG
	vor, wenn die Forderung innerhalb von zwei Wochen nach der ersten Zahlungsaufforderung beglichen wird. Der Gebührensatz beträgt höchstens 1,3.	

1. Allgemeines zur Geschäftsgebühr

Nach der gesetzlichen **Definition** in Vorb. 2.3 Abs. 3 VV RVG entsteht die Geschäftsgebühr bei der beauftragten vor- oder außergerichtlichen Tätigkeit des RA. 141

Zu beachten ist, dass die Geschäftsgebühr nach Teil 2 VV RVG dann nicht entsteht, wenn speziellere Gebührentatbestände in Teil 4 VV RVG (Strafsachen), Teil 5 VV RVG (Bußgeldsachen) und Teil 6 VV RVG (Sonstige Verfahren) die außer- bzw. vorgerichtliche Vertretung vergüten, weil sie als speziellere Gebührentatbestände den Bestimmungen von Teil 2 Abschnitt 3 VV RVG vorgehen. Durch die Gebühren des Teil 2 VV RVG werden alle bürgerlich-rechtlichen und öffentlich-rechtlichen Streitigkeiten und solche Angelegenheiten, für die im gerichtlichen Verfahren die Regelungen des FamFG gelten, abgegolten. 142

Die Geschäftsgebühr ist eine sog. „**Betriebsgebühr**" des RA. Sie ist eine **Pauschgebühr**, mit der eine **Reihe von Einzeltätigkeiten abgegolten** wird. Mir ihr werden somit sämtliche Tätigkeiten des RA, die er im Rahmen des vor- oder außergerichtlichen Auftrags ausübt, vergütet, sofern das RVG keine besonderen Gebühren dafür vorsieht. Es handelt sich bei den abgegoltenen Tätigkeiten z.B. um 143

- die Entgegennahme der Information,
- die schriftliche oder
- (fern-)mündliche Information des Auftraggebers,
- die Einsichtnahme in Register (z.B. Handelsregister oder Grundbuchamt),
- die Beratung des Auftraggebers,
- das Führen von Vergleichsverhandlungen sowie
- (fern-)mündliche Besprechungen mit dem Gegner, Dritten oder dem Auftraggeber.

Das Einreichen, Fertigen oder Unterzeichnen von Schriftsätzen oder Schreiben ist auch ohne ausdrückliche Nennung von der Geschäftsgebühr abgegolten. 144

2. Geschäftsgebühr bei Gestaltung von Verträgen

Wirkt der RA an der Gestaltung eines Vertrages mit, so entsteht nach Vorb. 2.3 Abs. 3 Alt. 2 VV RVG die Geschäftsgebühr. Es liegt dann keine Beratungstätigkeit mehr vor, auch 145 wenn sich die Tätigkeit des RA allein im Innenverhältnis zwischen ihm und dem Auftraggeber abspielt. Denn für das Entstehen der Geschäftsgebühr ist es in diesem Fall nicht erforderlich, dass der RA auch nach außen tätig werden soll. Voraussetzung ist aber, dass es sich um einen Vertrag handelt. Die Mitwirkung des RA bei der Gestaltung eines (ggf. auch zweiseitigen, sog. Berliner) Testamentes lässt somit keine Geschäftsgebühr entstehen.[11] Ob der RA schriftlich oder mündlich „mitwirkt", spielt für den Anfall der Geschäftsgebühr keine Rolle.

146 *Praxistipp:*

Sofern kein Kontrahierungszwang des Auftraggebers vorliegt, kann der Gegenstand der anwaltlichen Tätigkeit keiner eines gerichtlichen Verfahrens sein. Das bedeutet, dass sich der Gegenstandswert der anwaltlichen Tätigkeit im Regelfall nicht nach den gerichtlichen Wertvorschriften richtet (vgl. § 23 Abs. 1 S. 3 RVG). Vielmehr berechnet er sich insoweit nach § 23 Abs. 3 S. 1 RVG, so dass primär die Wertvorschriften des GNotKG (§§ 37, 38, 42–54, 99–102) anzuwenden sind. Fehlt es daran und steht der Wert sonst nicht fest, ist er angemessen zu schätzen (§ 23 Abs. 3 S. 2 RVG). Hier empfiehlt es sich, dass der RA mit dem Auftraggeber eine Vergütungsvereinbarung (§§ 3 ff. RVG) schließt, um späteren Streit über die Höhe der Vergütung zu verhindern.

3. Abgrenzung zwischen Beratungs- und Geschäftsgebühr

147 Die Abgrenzung zwischen einer Beratungs- und Geschäftstätigkeit ist im Einzelfall nicht immer eindeutig und daher oftmals auch mit Schwierigkeiten verbunden. Da der Gesetzgeber die Vergütung für beide Tätigkeiten und ihre Abgeltung (Gebührenvereinbarung/Vergütungsvereinbarung) unterschiedlich und daher auch mit unterschiedlichen Rechtsfolgen ausgestaltet hat, muss vor Rechnungsstellung an den Auftraggeber in einem solchen Zweifelsfall eine klare Bestimmung getroffen werden. Hierbei kommt es für die Abgrenzung beider Tätigkeiten entscheidend auf den dem RA erteilten Auftrag an.

148 Damit die Geschäftsgebühr nach Vorb. 2 Abs. 3 VV RVG überhaupt entstehen kann, muss der RA auftragsgemäß eine **anwaltliche Tätigkeit** ausüben (vgl. § 1 Abs. 1 RVG). Übt er auftragsgemäß eine andere Tätigkeit aus, gelten die Regelungen des RVG und damit auch diejenige für die Geschäftsgebühr nicht (vgl. § 1 Abs. 2 RVG).

149 Wie oft eine Geschäftsgebühr für die Tätigkeiten des RA entsteht, ist davon abhängig, ob eine einzige oder mehrere Angelegenheiten vorliegen (vgl. §§ 15–18 RVG). Ist der RA vor- oder außergerichtlich nicht nur in einer einzigen Angelegenheit tätig, kann die Geschäftsgebühr somit entsprechend der Anzahl der Angelegenheiten mehrfach entstehen.

11 BGH v. 15.4.2021 – IX ZR 143/20; BGH v. 22.2.2018 – IX ZR 115/17.

4. Pauschcharakter der Gebühr

Die dem Auftraggeber berechneten Gebühren sind für ihn oftmals nicht nachvollziehbar. In der Praxis ist die „Geschichte“ weit verbreitet, je mehr der RA „schreibe“, desto höher falle seine Vergütung aus. Dabei ist das nicht zwingend der Fall, weil die „Betriebsgebühr“ des RA einen sog. **Pauschcharakter** hat. Das ist dem Auftraggeber selten bekannt. Die Gebühr wird bereits durch das erstmalige Erfüllen ihrer Tatbestandsmerkmale ausgelöst. Wie oft der Tatbestand erfüllt wird, spielt für die Höhe der Gebühr also eine untergeordnete Rolle (kann aber z.B. bei der Verjährung der Vergütung eine entscheidende Rolle einnehmen). Ist die Gebühr demnach erstmals entstanden, wird die gesamte weitere Tätigkeit des RA dadurch so lange abgegolten, bis ein weiterer im RVG bestimmter Tatbestand für eine andere Gebühr erfüllt ist. Für die vor- und außergerichtliche Tätigkeit des RA entsteht als „Betriebsgebühr“ somit grundsätzlich allein die Geschäftsgebühr. Daneben können noch die Gebühren des Teil 1 VV RVG (z.B. Einigungsgebühr, Aussöhnungsgebühr, Erledigungsgebühr, Hebegebühr und die Erhöhung nach Nr. 1008 VV RVG) entstehen. 150

5. Mehrere Auftraggeber

Vertritt der RA mehrere Auftraggeber wegen desselben Gegenstandes, dann erhöht sich die Geschäftsgebühr Nr. 2300 VV RVG nach Anm. Abs. 1 zu Nr. 1008 VV RVG für jeden weiteren Auftraggeber um 0,3 (sog. Erhöhungstatbestand). Die Erhöhung selbst (nicht also die Geschäftsgebühr insgesamt) darf aber nach Anm. Abs. 3 Hs. 1 zu Nr. 1008 VV RVG insgesamt nicht mehr als 2,0 betragen. 151

Beispiel:

Der RA vertritt zwei Auftraggeber.

Er bestimmt den Gebührensatzrahmen der Geschäftsgebühr mit

- *1,3,*
- *1,8,*
- *2,0 oder*
- *2,5.*

Unter Berücksichtigung des zweiten Auftraggebers beträgt die Gesamtgebühr

a) *1,6,*
b) *2,1,*
c) *2,3 oder*
d) *2,8.*

6. Terminsgebühr und Geschäftsgebühr

152 Die Geschäftsgebühr ist in Teil 2 VV RVG geregelt. Führt der RA Besprechungen oder Telefonate mit dem Gegner oder Dritten oder nimmt er an vor- bzw. außergerichtlichen Ortsterminen, Besichtigungsterminen o.ä. teil, entsteht keine Terminsgebühr. Eine solche Tätigkeit des RA wird allein durch die Geschäftsgebühr innerhalb ihres Rahmens von 0,5 bis 2,5 vergütet. Damit eine Terminsgebühr überhaupt entstehen kann, wäre ein unbedingter gerichtlicher Auftrag an den RA erforderlich (s. Vorb. 3 Abs. 1 VV RVG). Es ist daher **kein Fall denkbar, dass neben der Geschäftsgebühr zugleich die Terminsgebühr aus Teil 3 VV** RVG **entsteht.** Beide Teile 2 und 3 VV RVG setzen unterschiedliche Aufträge an den RA voraus. Daher gilt: „Mischen impossible!“

> *Beispiel:*
> *Es ist also* ***ausgeschlossen****, dass z.B. die folgende Vergütung zu berechnen ist:*
> *1,3 Geschäftsgebühr, §§ 1, 2, 13, 14 Abs. 1, Nr. 2300 VV RVG*
> *1,2 Terminsgebühr, §§ 1, 2, 13, Nr. 3104 VV RVG*

153 Selbstverständlich kann eine Terminsgebühr dann entstehen, wenn der RA den unbedingten Auftrag hatte, den Auftraggeber in einem gerichtlichen Verfahren zu vertreten. Dies setzt aber voraus, dass zunächst die „richtige“ Betriebsgebühr des RA, und zwar eine Verfahrensgebühr, entstanden sein muss.

154 Soll die Terminsgebühr der Nr. 3104 VV RVG entstanden sein, muss daher entweder

- die Verfahrensgebühr der Nr. 3100 VV RVG oder
- die Verfahrensgebühr der Nr. 3101 Nr. 1–3 VV RVG entstanden sein.

7. Bestimmung des Gebührensatzrahmens der Geschäftsgebühr

155 Die Tätigkeit des RA (Schreiben, Besprechungen, Telefonate usw.) wird bei der Bestimmung des konkreten Gebührensatzes innerhalb des Rahmens der Geschäftsgebühr von 0,5 bis 2,5 berücksichtigt. Die Mittelgebühr beträgt somit 1,5. Das Gesetz gibt in Anm. Abs. 1 zu Nr. 2300 VV RVG eine sog. Regel- bzw. Schwellengebühr vor, die einen Gebührensatz von 1,3 hat. Sie ist dann maßgeblich, wenn die anwaltliche Tätigkeit weder umfangreich noch schwierig war. Darüber hinaus sind bei der Bestimmung des Rahmens der Gebühr nach der h.M. auch die Kriterien des § 14 Abs. 1 RVG heranzuziehen.

§ 14 Rahmengebühren

(1) Bei Rahmengebühren bestimmt der Rechtsanwalt die Gebühr im Einzelfall unter Berücksichtigung aller Umstände, vor allem des Umfangs und der Schwierigkeit der anwaltlichen Tätigkeit, der Bedeutung der Angelegenheit sowie der Einkommens- und Vermögensverhältnisse des Auftraggebers, nach billigem Ermessen. Ein besonderes Haftungsrisiko des Rechtsanwalts

kann bei der Bemessung herangezogen werden. Bei Rahmengebühren, die sich nicht nach dem Gegenstandswert richten, ist das Haftungsrisiko zu berücksichtigen. Ist die Gebühr von einem Dritten zu ersetzen, ist die von dem Rechtsanwalt getroffene Bestimmung nicht verbindlich, wenn sie unbillig ist.

Bei der konkreten Bestimmung des Gebührensatzes ist also von der Mittelgebühr von 1,5 auszugehen. Alsdann sind die Kriterien des § 14 Abs. 1 RVG zu berücksichtigen. Folgt daraus, dass die Tätigkeit durchschnittlich ist, wird der Gebührensatz auf 1,3 beschränkt. Im letzten Schritt ist dann anhand der Kriterien „Umfang“ und „Schwierigkeit“ zu prüfen, ob die Schwelle von 1,3 überschritten werden kann. 156

In der Praxis wird nicht selten die 1,3 Geschäftsgebühr berechnet. Zum einen schlagen die unterschiedlichen Gebührenprogramme der Softwarehersteller das regelmäßig so vor und oft erscheint es auch mühsam, ggf. einen anderen Gebührensatz zu ermitteln. Für die zutreffende Bestimmung ist es aber notwendig, dass der RA wie vorstehend dargelegt den Gebührensatz konkret im Einzelfall bestimmt. 157

Will er dabei von der Regelgebühr abweichen, muss er das im Streitfall objektiv nachvollziehbar begründen können. Der in der Vergangenheit durch die Rechtsprechung entwickelten Toleranzgrenze von 20 %, nach der die vom RA bestimmte Gebühr der gerichtlichen Prüfung entzogen sei, hat der BGH eine Absage erteilt.[12] 158

8. Das „einfache Schreiben“

Nr. 2301 159

Nr.	Gebührentatbestand	Gebühr oder Satz der Gebühr nach § 13 RVG
2301	**Der Auftrag beschränkt sich auf ein Schreiben einfacher Art:** **Die Gebühr 2300 beträgt** Es handelt sich um ein Schreiben einfacher Art, wenn dieses weder schwierige rechtliche Ausführungen noch größere sachliche Auseinandersetzungen enthält.	0,3

Die Geschäftsgebühr Nr. 2300 VV RVG wird ergänzt durch die wesentlich geringere Geschäftsgebühr Nr. 2301 VV RVG. 160

Ist der Auftrag nur auf ein Schreiben einfacher Art gerichtet, kann der RA nicht lediglich die Geschäftsgebühr Nr. 2301 VV RVG mit einem Gebührensatz von 0,3 fordern. 161

12 Vgl. z.B. BGH v. 5.2.2013 – VI ZR 195/12.

162 Zwischen den **Anwendungsbereichen der Nrn. 2300 und 2301 VV** RVG ist eine scharfe **Abgrenzung erforderlich**. Ob die Geschäftsgebühr Nr. 2300 VV RVG oder Nr. 2301 VV RVG entsteht, hängt allein und ausschließlich von dem dem RA erteilten Auftrag und nicht von der tatsächlich ausgeführten Tätigkeit des RA ab. Allein **der Auftrag entscheidet**: Maßgeblich ist also nicht die Tätigkeit des RA nach außen, sondern der Inhalt des ihm erteilten Auftrags. Anspruch auf die Geschäftsgebühr nach Nr. 2300 VV RVG hat der RA dann, wenn auftragsgemäß dem erstellten einfachen Schreiben umfangreiche Prüfungen oder Überlegungen vorausgegangen sind.[13]

163 Auch dann, wenn ein Schreiben des RA wie ein „einfaches Schreiben" wirkt (also z.B. eine einfache Mahnung oder Zahlungsaufforderung), entsteht deshalb nicht die auf 0,3 beschränkte Geschäftsgebühr Nr. 2301 VV RVG. Die Außenwirkung des Schreibens ist unerheblich. Aus dem „einfachen Schreiben" kann nicht geschlossen werden, dass keine Geschäftsgebühr Nr. 2300 VV RVG, sondern lediglich eine solche nach Nr. 2301 VV RVG berechnet werden kann.

164 Ein Streit über die Frage der Höhe der Vergütung wird in solchen Fällen häufig nicht einmal mit dem Auftraggeber, sondern mit dem Gegner geführt, der aufgrund materiellrechtlicher Vorschriften zur Erstattung der „Kosten" verpflichtet ist. Der RA muss daher für seinen Auftraggeber im Streitfall begründen können, weshalb kein beschränkter, sondern ein allgemeiner Vertretungsauftrag notwendig war.

165 Besteht die anwaltliche Tätigkeit lediglich darin, eine Inkassodienstleistung zu erbringen und handelt es sich dabei um eine vom Gegner bislang unbestrittene Forderung, ist die Anm. Abs. 2 zu Nr. 2300 VV RVG zu beachten. Eine Inkassoleistung ist nach der Legaldefinition in § 2 Abs. 2 S. 1 RDG die Tätigkeit, welche der Einziehung fremder oder zum Zweck der Einziehung auf fremde Rechnung abgetretener Forderungen dient, einschließlich der auf die Einziehung bezogenen rechtlichen Prüfung und Beratung. Abgetretene Forderungen gelten für den bisherigen Gläubiger nicht als fremd (§ 2 Abs. 2 S. 2 RDG).

Die Geschäftsgebühr ist auf einen Gebührensatz von max. 1,3 beschränkt (S. 3). Als Schwellengebühr gilt hier ein Gebührensatz von 0,9 (S. 1). Liegt ein sog. „einfacher Fall" vor, darf max. ein Gebührensatz von 0,5 angesetzt werden (S. 2 Hs. 1). Ein „einfacher Fall" wird in der Regel vorliegen, wenn der Schuldner innerhalb von zwei Wochen nach Zugang der ersten Zahlungsaufforderung die gesamte Forderung ausgleicht (S. 2 Hs. 2). Bei einem Gegenstandswert bis 50 EUR beträgt eine 1,0 Gebühr lediglich 31,50 EUR (vgl. § 13 Abs. 2 RVG), so dass eine Gebühr von 0,5 damit 15,75 EUR und eine Gebühr von 0,9 somit 28,35 EUR beträgt.

166 Wird der RA in sozialrechtlichen Angelegenheiten, in denen im gerichtlichen Verfahren Betragsrahmengebühren gem. § 3 RVG entstehen (Nr. 2302 Nr. 1 VV RVG) oder in Ver-

13 Vgl. z.B. BGH v. 14.3.2019 – 4 StR 426/18; BGH v. 17.9.2015 – IX ZR 280/14.

fahren nach der Wehrbeschwerdeordnung, wenn im gerichtlichen Verfahren das Verfahren vor dem Truppendienstgericht oder vor dem Bundesverwaltungsgericht an die Stelle des Verwaltungsrechtswegs gemäß § 82 SG tritt (Nr. 2302 Nr. 2 VV RVG), tätig, beträgt der Gebührenrahmen 65 EUR bis 837 EUR. Nach der Anm. zu Nr. 2302 VV RVG kann der RA eine Gebühr von mehr als 391 EUR aber nur fordern, wenn die Tätigkeit umfangreich oder schwierig war.

Wird der RA 167

- in sozialrechtlichen Angelegenheiten, in denen im gerichtlichen Verfahren Betragsrahmengebühren gem. § 3 RVG entstehen (Nr. 2302 Nr. 1 VV RVG) oder
- in Verfahren nach der Wehrbeschwerdeordnung, wenn im gerichtlichen Verfahren das Verfahren vor dem Truppendienstgericht oder vor dem Bundesverwaltungsgericht an die Stelle des Verwaltungsrechtswegs gemäß § 82 SG tritt (Nr. 2302 Nr. 2 VV RVG),

tätig, beträgt der Gebührenrahmen 65 EUR bis 837 EUR. Nach der Anm. zu Nr. 2302 VV RVG kann der RA eine Gebühr von mehr als 391 EUR aber nur fordern, wenn die Tätigkeit umfangreich oder schwierig war.

Wird der RA 168

- nach Nr. 2303 Nr. 1 VV RVG in einem Güteverfahren vor einer durch die Landesjustizverwaltung eingerichteten oder anerkannten Gütestelle (§ 794 Abs. 1 Nr. 1 ZPO) oder, wenn die Parteien den Einigungsversuch einvernehmlich unternehmen, vor einer Gütestelle, die Streitbeilegung betreibt (§ 15a Abs. 3 EGZPO),
- nach Nr. 2302 Nr. 2 in einem Verfahren vor einem Ausschuss der in § 111 Abs. 2 des ArbGG bezeichneten Art, oder
- nach Nr. 2302 Nr. 3 in einem Verfahren vor sonstigen gesetzlich eingerichteten Einigungsstellen, Gütestellen oder Schiedsstellen

tätig, entsteht eine Geschäftsgebühr mit einem festen Gebührensatz von 1,5.

9. Anrechnung der Geschäftsgebühr

Nach Vorb. 3 Abs. 4 VV RVG ist eine Geschäftsgebühr nach Teil 2 VV RVG auf die Verfahrensgebühr des gerichtlichen Verfahrens zur Hälfte anzurechnen, soweit sie wegen desselben Gegenstands entstanden ist. Bei Wertgebühren beträgt die Anrechnung höchstens 0,75, bei Betragsrahmengebühren beträgt der Anrechnungsbetrag höchstens 225 EUR. Sind mehrere Geschäftsgebühren entstanden, ist für die Anrechnung die zuletzt entstandene Geschäftsgebühr maßgebend. Bei einer wertabhängigen Gebühr erfolgt die Anrechnung nach dem Wert des Gegenstands, der auch Gegenstand des gerichtlichen Verfahrens ist (zur Verfahrensgebühr s. Rdn 277). 169

170 Eine Anrechnung findet im Regelfall dann statt, wenn der RA zunächst vor- bzw. außergerichtlich und anschließend gerichtlich tätig geworden ist. Aber auch andersherum ist die Anrechnung nicht ausgeschlossen, wenngleich im Regelfall nach Beendigung des gerichtlichen Verfahrens der RA nicht außergerichtlich, sondern meist in der Zwangsvollstreckung tätig sein wird.

171 Wie die Anrechnung durchzuführen ist, ob die Geschäfts- auf die Verfahrensgebühr oder andersherum vorzunehmen ist, ist gesetzlich nicht geregelt. In § 15a Abs. 1 RVG ist lediglich bestimmt, dass der RA zwar beide Gebühren fordern, jedoch nicht mehr als den um den Anrechnungsbetrag verminderten Gesamtbetrag der beiden Gebühren fordern darf. Daher gibt es zwei Möglichkeiten, die Anrechnung konkret durchzuführen.

1. Durch die Anrechnung wird nicht die bereits entstandene Geschäftsgebühr, sondern die in dem gerichtlichen Verfahren entstandene Verfahrensgebühr gemindert. In diesem Fall und bei Bestehen eines materiell-rechtlichen Kostenerstattungsanspruchs des Auftraggebers gegenüber dem Gegner, wird die Geschäftsgebühr in voller Höhe neben der Hauptforderung der Klage gerichtlich zur Erstattung geltend gemacht. Im Kostenfestsetzungsverfahren kann sich der Gegner dann gem. § 15a Abs. 3 RVG auf die Anrechnung berufen, soweit er den Anspruch auf eine der beiden Gebühren erfüllt hat, wegen eines dieser Ansprüche gegen ihn ein Vollstreckungstitel besteht oder beide Gebühren in demselben Verfahren (z.B. auch im Kostenfestsetzungsverfahren) gegen ihn geltend gemacht werden.

2. Durch die Anrechnung wird die bereits entstandene Geschäftsgebühr gemindert. In diesem Fall kann bei Bestehen eines materiell-rechtlichen Erstattungsanspruchs auch nur die um die Anrechnung verminderte Geschäftsgebühr zur Erstattung gefordert werden. Lediglich in dem sich anschließenden Kostenfestsetzungsverfahren kann der Gegner sich nicht mehr auf die Anrechnung berufen, weil der Auftraggeber insgesamt nicht mehr als in § 15a Abs. 1 RVG erstattet erhält.

172 Der RA hat zwar ein Wahlrecht zwischen einer der beiden Anrechnungsmethoden, ist aber daran dann gebunden. Er kann sein einmal ausgeübtes Wahlrecht also nicht später wieder abändern.

173 Die Geschäftsgebühr wird nur zur Hälfte (maximal 0,75) angerechnet, um den unterschiedlichen vor- und außergerichtlichen Tätigkeiten des RA Rechnung zu tragen. Bei der Anrechnung ist zu beachten, dass die Geschäftsgebühr nur nach dem Wert des Gegenstands angerechnet wird, der in das gerichtliche Verfahren übergegangen ist.

> *Beispiel:*
> *Vorgerichtlich fordert der RA den Gegner zur Zahlung von 15.000 EUR auf. Diesbezüglich entsteht eine 1,3 Geschäftsgebühr Nr. 2300 VV RVG nach einem Gegenstands-*

wert von 15.000,00 EUR in Höhe von 990,60 EUR. Der Gegner zahlt daraufhin auf die Hauptforderung lediglich 9.000 EUR, sodass das gerichtliche Verfahren (nur) noch wegen der Differenz von 6.000 EUR zu führen ist. Im gerichtlichen Verfahren ist für die Einreichung der Klage eine 1,3 Verfahrensgebühr Nr. 3100 VV RVG nach einem Gegenstandswert von 6.000 EUR in Höhe von 538,20 EUR entstanden. Gem. Vorb. 3 Abs. 4 VV RVG ist die Anrechnung nunmehr mit einem Gebührensatz von 0,65 (= die Hälfte von 1,3) nach einem Gegenstandswert von 6.000 EUR und somit in Höhe von 269,10 EUR vorzunehmen.

Soweit zwischen der **vor- bzw. außergerichtlichen und der gerichtliche Tätigkeit** des RA **nicht derselbe Gegenstand** vorliegt, erfolgt **keine Anrechnung**. **174**

a) Höhe der Anrechnung

Die Höhe der Anrechnung ergibt sich aus Vorb. 3 Abs. 4 VV RVG. Die Geschäftsgebühren der Nr. 2300–2303 VV RVG werden zur Hälfte auf die Verfahrensgebühr des gerichtlichen Verfahrens angerechnet, bei Wertgebühren jedoch höchstens mit einem Gebührensatz von 0,75, bei Betragsrahmengebühren mit max. 225 EUR. **175**

Wenn die Hälfte der entstandenen Wertgebühr kleiner als 0,75 ist, ist nur der geringere Betrag anzurechnen. Ist die Hälfte der Wertgebühr größer als 0,75, werden dennoch lediglich 0,75 angerechnet. Es kann also nie mehr als 0,75 angerechnet werden. Entsprechend ist bei Betragsrahmengebühren zu verfahren, die niemals höher als mit max. 225 EUR anzurechnen sind.

Beispiel 1: **176**

*Der RA hat für die vorgerichtliche Tätigkeit die Höhe des Gebührensatzes der Geschäftsgebühr Nr. 2300 VV RVG mit **1,3** bestimmt. Anschließend wird er wegen desselben Gegenstandes auch gerichtlich tätig.*

Die Geschäftsgebühr wird mit 0,65 (= geringer als 0,75) auf die entsprechende Verfahrensgebühr des gerichtlichen Verfahrens angerechnet.

Der RA kann berechnen

Alternative 1:

1,3 Geschäftsgebühr, §§ 1, 2, 13, 14, Nr. 2300 VV RVG,

1,3 Verfahrensgebühr, §§ 1, 2, 13, Nr. 3100 VV RVG

abzgl. 0,65 Anrechnung, §§ 1, 2, 13, 15a, Vorb. 3 Abs. 4 VV RVG und somit:

0,65 Verfahrensgebühr (Rest), §§ 1, 2, 13, Nr. 3100 VV RVG.

Alternative 2:

1,3 Geschäftsgebühr, §§ 1, 2, 13, 14, Nr. 2300 VV RVG

abzgl. 0,65 Anrechnung, §§ 1, 2, 13, 15a, Vorb. 3 Abs. 4 VV RVG und somit:
0,65 Geschäftsgebühr (Rest), §§ 1, 2, 13, 14, Nr. 2300 VV RVG,
1,3 Verfahrensgebühr, §§ 1, 2, 13, Nr. 3100 VV RVG

177 *Beispiel 2:*

Der RA hat seiner vorgerichtlichen Vergütungsberechnung einen Gebührensatzrahmen von 1,8 der Geschäftsgebühr Nr. 2300 VV RVG zugrunde gelegt und wird nunmehr wegen desselben Gegenstandes gerichtlich tätig.

Die Geschäftsgebühr wird mit 0,75 auf die entsprechende Verfahrensgebühr des gerichtlichen Verfahrens angerechnet, weil der hälftige Betrag der Geschäftsgebühr (= 1,8 ./. 2 = 0,9) die Anrechnungshöchstgrenze von 0,75 übersteigt.

Der RA kann berechnen

Alternative 1:
1,8 Geschäftsgebühr, §§ 1, 2, 13, 14, Nr. 2300 VV RVG,
1,3 Verfahrensgebühr, §§ 1, 2, 13, Nr. 3100 VV RVG
abzgl. 0,75 Anrechnung, §§ 1, 2, 13, 15a, Vorb. 3 Abs. 4 VV RVG und somit:
0,55 Verfahrensgebühr (Rest), §§ 1, 2, 13, Nr. 3100 VV RVG.

Alternative 2:
1,8 Geschäftsgebühr, §§ 1, 2, 13, 14, Nr. 2300 VV RVG
abzgl. 0,75 Anrechnung, §§ 1, 2, 13, 15a, Vorb. 3 Abs. 4 VV RVG und somit:
1,05 Geschäftsgebühr (Rest), §§ 1, 2, 13, 14 Nr. 2300 VV RVG,
1,3 Verfahrensgebühr, §§ 1, 2, 13, Nr. 3100 VV RVG

Beide Beispiele haben gemeinsam, dass die Summe der beiden Betriebsgebühren bei jeder Berechnungsmethode immer gleich hoch sein muss. Die Art der Anrechnung ändert also nichts daran, dass insgesamt immer eine der Höhe nach gleich beschränkte Betriebsgebühr entsteht. Im durchschnittlichen Regelfall bei vorgerichtlicher Tätigkeit beträgt die Gebührensumme also 1,95.

178 *Beispiel 3:*

Der RA hat für seine vorgerichtliche Tätigkeit die Mindestgeschäftsgebühr Nr. 2300 VV RVG mit einem Gebührensatzrahmen von 0,5 bestimmt. Der RA wird anschließend gerichtlich tätig. Die Geschäftsgebühr wird lediglich mit einem Gebührensatz von 0,25 (= 0,5 ./. 2 und geringer als 0,75) angerechnet.

Der RA kann berechnen

Alternative 1:

0,5 Geschäftsgebühr, §§ 1, 2, 13, 14, Nr. 2300 VV RVG

1,3 Verfahrensgebühr, §§ 1, 2, 13, Nr. 3100 VV RVG

abzgl. 0,25 Anrechnung, §§ 1, 2, 13, 15a, Vorb. 3 Abs. 4 VV RVG und somit:

1,05 Verfahrensgebühr (Rest), §§ 1, 2, 13, Nr. 3100 VV RVG

Alternative 2:

0,5 Geschäftsgebühr, §§ 1, 2, 13, 14, Nr. 2300 VV RVG

abzgl. 0,25 Anrechnung, §§ 1, 2, 13, 15a, Vorb. 3 Abs. 4 VV RVG und somit:

0,25 Geschäftsgebühr (Rest), §§ 1, 2, 13, 14, Nr. 2300 VV RVG

1,3 Verfahrensgebühr, §§ 1, 2, 13, Nr. 3100 VV RVG

Hinweis: 179

Die Auslagenpauschale Nr. 7002 VV RVG wird nicht von der Anrechnung umfasst (BGH, Beschl. v. 13.7.2004 – VIII ZB 14/04). Anrechnungsvorschriften des RVG beziehen sich allesamt nur auf Gebühren, nicht auf die Auslagen nach Teil 7 VV RVG.

b) Darstellung der Anrechnung in der Berechnung

Sinnvollerweise sollte die Anrechnung in der Praxis immer gesondert dargestellt werden. 180
Das dient nicht nur der Übersichtlichkeit, sondern zwingt auch automatisch zur Prüfung, den Gegenstandswert für die Anrechnung festzustellen, inwieweit also überhaupt eine Gegenstandsidentität zwischen der vor- und gerichtlichen Tätigkeit vorliegt:

1,3 Geschäftsgebühr, §§ 1, 2, 13, 14 Nr. 2300 VV RVG

Auslagenpauschale, §§ 1, 2, Nr. 7002 VV RVG

1,3 Verfahrensgebühr, §§ 1, 2, 13, Nr. 3100 VV RVG

– 0,65 Anrechnung, §§ 1, 2, 13, Vorb. 3 Abs. 4, 15a RVG

Auslagenpauschale, §§ 1, 2, Nr. 7002 VV RVG

19 % Umsatzsteuer, §§ 1, 2, Nr. 7008 VV RVG

c) Art der Verfahrensgebühr

Unerheblich für die Anrechnung ist es, welche Verfahrensgebühr für das gerichtliche 181
Verfahren entsteht. Die Anrechnung erfolgt nicht nur auf die „vollen“ Verfahrensgebühren (z.B. 1,3 nach Nr. 3100 VV RVG, 1,6 nach Nr. 3200 VV RVG, 1,0 nach Nr. 3305 VV RVG oder 1,0 nach Nr. 3335 VV RVG), sondern auch **auf ermäßigte Verfahrensgebühren** (z.B. 0,8 Nr. 3101 Nr. 1–3 VV RVG, 0,5 nach Nr. 3307 VV RVG oder 0,3 Nr. 3309 VV RVG).

d) Anrechnung bei mehreren Auftraggebern

182 Vertritt der RA vor- bzw. außergerichtlich **mehrere Auftraggeber** und erhöht sich dadurch der Gebührensatz der Geschäftsgebühr (max. bis zu 4,5), ist die Anrechnung dennoch auf 0,75 bei Wertgebühren[14] bzw. auf 225 EUR bei Betragsrahmengebühren[15] begrenzt.

e) Anrechnung und Identität der Gegenstände

183 Voraussetzung der Anrechnung ist, dass **beiden Gebühren identische gebührenrechtliche Gegenstände zugrunde liegen**. Nach der Rechtsprechung des BGH wird der Gegenstand der anwaltlichen Tätigkeit im kostenrechtlichen Sinn durch das Recht oder das Rechtsverhältnis definiert, auf das sich die Tätigkeit des RA im Rahmen des ihm von seinem Mandanten erteilten Auftrags bezieht. Dabei ist keine formale, sondern eine wertende Betrachtungsweise angezeigt und auf die wirtschaftliche Identität abzustellen. Die Frage, ob eine vorgerichtliche anwaltliche Tätigkeit und die anschließende Klage in diesem Sinne denselben Gegenstand betreffen, ist daher anhand einer wirtschaftlichen Betrachtung zu entscheiden.[16] Denn die Anrechnungsbestimmungen Vorb. 3 Abs. 4 VV RVG, § 15a Abs. 1 RVG finden ihren Grund in dem geringeren Einarbeitungs- und Vorbereitungsaufwand, den ein bereits vorgerichtlich mit der Angelegenheit befasster Rechtsanwalt hat.

Daher ist die Geschäftsgebühr auch dann auf die Verfahrensgebühr anzurechnen, wenn außergerichtlich als Nebenforderung geltend gemachte Ansprüche auf Ersatz der vorgerichtlichen Rechtsanwaltskosten den alleinigen Gegenstand des gerichtlichen Verfahrens bilden und die von dem RA entfaltete außergerichtliche Tätigkeit hinsichtlich der Kosten der Rechtsverfolgung dieselben rechtlichen und tatsächlichen Punkte betrifft wie die spätere gerichtliche Geltendmachung.[17]

f) Anrechnung bei mehreren Geschäftsgebühren

184 Sind mehrere Geschäftsgebühren wegen desselben Gegenstandes entstanden (z.B. im Verwaltungsverfahren und erneut im nachfolgenden Vorverfahren), wird gem. Vorb. 3 Abs. 4 S. 3 VV RVG die zuletzt entstandene Geschäftsgebühr zur Hälfte (max. mit 0,75) angerechnet.

Sind mehrere Gebühren teilweise auf dieselbe Gebühr anzurechnen, so ist nach § 15a Abs. 2 RVG der anzurechnende Betrag für jede anzurechnende Gebühr gesondert zu ermitteln. Bei Wertgebühren darf der Gesamtbetrag der Anrechnung jedoch denjenigen Anrechnungsbetrag nicht übersteigen, der sich ergeben würde, wenn eine Gebühr anzurech-

14 BGH v. 28.7.2010 – XII ZB 251/10; KG v. 29.7.2008 – 1 W 73/08.
15 Bayerisches LSG v. 24.2.2021 – L 12 SF 161/20.
16 BGH v. 24.10.2023 – VI ZB 39/21, m.w.N.
17 BGH, a.a.O.

nen wäre, die sich aus dem Gesamtbetrag der betroffenen Wertteile nach dem höchsten für die Anrechnungen einschlägigen Gebührensatz berechnet. Bei Betragsrahmengebühren darf der Gesamtbetrag der Anrechnung den für die Anrechnung bestimmten Höchstbetrag nicht übersteigen.

Beispiel: 185

Der RA hat den Auftraggeber außergerichtlich wegen eines Gegenstandes mit einem Wert von 5.000 EUR vertreten. Es ist eine 1,3 Geschäftsgebühr Nr. 2300 VV RVG entstanden. In einer weiteren außergerichtlichen Angelegenheit wegen eines Gegenstandes mit einem Wert von 10.000 EUR ist eine 2,0 Geschäftsgebühr Nr. 2300 VV RVG entstanden. Der RA reicht wegen dieser beiden Gegenstände die Klage für den Auftraggeber ein.

Der RA kann berechnen:

1,3 Geschäftsgebühr, §§ 1, 2, 13, 14, Nr. 2300 VV RVG aus Wert 5.000 EUR

2,0 Geschäftsgebühr, §§ 1, 2, 13, 14, Nr. 2300 VV RVG aus Wert 10.000 EUR

1,3 Verfahrensgebühr, §§ 1, 2, 13, Nr. 3100 VV RVG aus Wert 15.000 EUR

Anrechnen sind:

0,65 aus Wert 5.000 EUR = 230,43 EUR + (max.) 0,75 aus Wert 10.000 EUR = 489 EUR,

insgesamt somit 719,43 EUR,

nach § 15a Abs. 2 RVG hier aber nicht mehr als 0,75 aus Wert 15.000 EUR = 571,50 EUR.

g) Anrechnung nach dem Wert des Gegenstands

Die Anrechnung der Geschäftsgebühr erfolgt nur nach dem Wert des Gegenstandes, der 186 auch Gegenstand des gerichtlichen Verfahrens ist. Wird im Anschluss an die vor- bzw. außergerichtliche Tätigkeit nur wegen einer Teilforderung Klage erhoben, erfolgt die Anrechnung nur wegen des Wertes, der in das gerichtliche Verfahren übergegangen ist. Ist der Anrechnungsbetrag höher als der Betrag der Gebühr, auf die anzurechnen ist, ist nur bis zu deren Höhe die Anrechnung vorzunehmen. Ist also z.B. der Betrag der Verfahrensgebühr niedriger als der Betrag aus der anzurechnenden Geschäftsgebühr, ist die Anrechnung höchstens bis zu dem Betrag der Verfahrensgebühr vorzunehmen (das RVG kennt keine „Minusgebühr“). Entsteht später eine weitere Verfahrensgebühr, ist der Anrechnungsrest weiter auf diese Verfahrensgebühr anzurechnen.

h) Erledigung eines früheren Auftrags seit mehr als zwei vollen Kalenderjahren

Ist die Geschäftsgebühr für einen früheren Auftrag entstanden, der seit mehr als zwei vol- 187 len Kalenderjahren erledigt ist, findet nach § 15 Abs. 5 S. 2 RVG keine Anrechnung statt.

188 *Beispiel:*

Der außergerichtliche Auftrag des RA ist in 2022 beendet. In 2025 wird der RA mit der gerichtlichen Geltendmachung beauftragt. Seit 2022 sind mehr als zwei Kalenderjahre (2023, 2024) verstrichen, so dass keine Anrechnung vorzunehmen ist.

i) Geschäftsgebühr entsteht nach Verfahrensgebühr

189 Durch das Zweite Justizmodernisierungsgesetz (2. Justizmodernisierungsgesetz, JuMoG v. 22.12.2006, BGBl I, S. 3416) hatte der Gesetzgeber durch die Formulierung „Soweit wegen desselben Gegenstandes eine Geschäftsgebühr […] entsteht“ deutlich gemacht, dass die Geschäftsgebühr auch dann anzurechnen ist, wenn diese **Geschäftsgebühr erst nach der Verfahrensgebühr entsteht.**

190 Hierbei wollte der Gesetzgeber berücksichtigen, dass der RA z.B. im Verhandlungstermin die sog. **nicht anhängigen** (oder nicht rechtshängigen – sog. Vergleichsmehrwert) **Ansprüche** erfolglos verhandelt. Wurde über solche Ansprüche ergebnislos verhandelt und der RA anschließend mit der vor- bzw. außergerichtlichen Verfolgung dieser Ansprüche beauftragt, fehlte eine deutliche und klare Anrechnungsregelung im Gesetz. Da die **Vergütung des RA regelmäßig erfolgsunabhängig** geschuldet wird, kann der RA bei erfolglosen Verhandlungen über sog. nicht rechtshängige Ansprüche eine 0,8 Verfahrensgebühr gem. Nr. 3101 Nr. 2 VV RVG beanspruchen. Zusätzlich kann der RA für den nicht rechtshängigen Anspruch (und nur bezogen auf diesen Teilwert) eine Geschäftsgebühr berechnen.

191 Wenn dann im Anschluss an diese vergeblichen Verhandlungen durch das weitere vor- bzw. außergerichtliche Tätigwerden des RA erneut eine Geschäftsgebühr nach Nr. 2300 VV RVG entsteht, wird diese entsprechend den Anrechnungsgrundsätzen nach Vorb. 3 Abs. 4 VV RVG mit max. 0,75 „rückwärts“ auf die **Differenzverfahrensgebühr** nach Nr. 3101 Nr. 2 VV RVG angerechnet.[18] Der RA kann daher nicht im „alten“ gerichtlichen Verfahren die volle Differenzverfahrensgebühr gem. Nr. 3101 Nr. 2 VV RVG und zusätzlich die volle Geschäftsgebühr der Nr. 2300 VV RVG berechnen, sondern hat auch in diesem Fall die Anrechnung vorzunehmen.

10. Geltendmachung der vorprozessual entstandenen Geschäftsgebühr

192 Die Geschäftsgebühr, die für die vor- bzw. außergerichtliche Tätigkeit des RA entstanden ist, ist in der Kostenfestsetzung gem. §§ 103, 104 ZPO nicht festsetzbar, da es sich dabei nicht um Kosten des Rechtsstreites handelt.[19] Die Erstattung der Geschäftsgebühr

18 Vgl. hierzu ausführlich z.B. *N. Schneider*, NJW 2007, 329.

19 BGH v. 22.1.2008 – VIII ZB 57/07; BGH v. 27.4.2006 – VII ZB 116/05.

kann daher lediglich aufgrund eines materiell-rechtlichen Kostenerstattungsanspruches vom Gegner verlangt werden und ist vom RA ggf. mit gerichtlichem Mahnbescheid bzw. der Klage geltend zu machen. Als Nebenforderung erhöht sie den Gebührenstreitwert nicht.[20]

11. Vorliegen eines materiell-rechtlichen Kostenerstattungsanspruchs

Voraussetzung für die erfolgreiche Geltendmachung der Geschäftsgebühr ist das Bestehen eines materiell-rechtlichen Kostenerstattungsanspruchs dafür. Dieser kann sich z.B. aus unerlaubter Handlung, Verzug, positiver Forderungsverletzung oder culpa in contrahendo ergeben. 193

Häufig entsteht die Geschäftsgebühr Nr. 2300 VV RVG im anwaltlichen Alltag, bevor überhaupt ein materiell-rechtlicher Erstattungsanspruch vorliegt. Typisches Fallbeispiel ist, dass erst das anwaltliche Schreiben den Verzug begründet. Dann handelt es sich bei den Rechtsanwaltskosten aber nicht um einen erstattungsfähigen Verzugsschaden, weil die Kosten bereits vorher, zu Begründung des Verzuges, entstanden waren. 194

Der RA sollte den Auftraggeber daher ggf. darüber belehren, dass zumindest in Höhe des nicht anrechenbaren Teils der Geschäftsgebühr keine Erstattung vom Gegner gefordert werden kann. 195

12. Unbedingter Prozessauftrag

Erteilt der Auftraggeber dem RA von Anfang an einen unbedingten **Prozessauftrag**, so lösen die vom RA vorgenommenen außergerichtlichen Tätigkeiten keine Geschäftsgebühr aus (vgl. Vorb. 3 Abs. 1 VV RVG). Denn gebührenrechtlich gehören diese Tätigkeiten bereits zum gerichtlichen Auftrag und sind daher gem. § 19 Abs. 1 S. 2 Nr. 2 RVG von der nach Teil 3 VV RVG entstandenen Verfahrensgebühr abgegolten. Erteilt der Auftraggeber dem RA also einen unmittelbaren Prozessauftrag und fordert der RA den Gegner zuvor doch noch einmal zur Zahlung auf, so entsteht gem. Vorb. 3 Abs. 2 VV RVG eine verminderte 0,8 Verfahrensgebühr Nr. 3101 Nr. 1 VV RVG. Bleibt die Zahlungsaufforderung erfolglos und reicht der RA nunmehr Klage ein, erstarkt die Verfahrensgebühr nunmehr zu einer „vollen" 1,3 Gebühr Nr. 3100 VV RVG. 196

Liegt bereits ein unbedingter Prozessauftrag vor, können neben den allgemeinen Gebühren nach Teil 1 VV RVG auch die **gesamten Gebühren nach Teil 3 VV RVG** entstehen. Es ist demnach möglich, dass auch ohne gerichtliches Verfahren eine 1,2 Terminsgebühr nach Vorb. 3 Abs. 3 S. 3 Nr. 2 VV RVG für die Wahrnehmung von außergerichtlichen Terminen und Besprechungen (außer mit dem Auftraggeber selbst) entsteht, wenn diese 197

20 Vgl. § 43 Abs. 1 GKG, § 37 Abs. 1 FamGKG, § 37 Abs. 1 GNotKG.

auf die Vermeidung oder Erledigung des gerichtlichen Verfahrens gerichtet sind und der RA daran mitwirkt.

13. Berücksichtigung der Anrechnung der Geschäftsgebühr im Kostenfestsetzungsverfahren

198 Gemäß § 15a Abs. 1 RVG kann die Anrechnung nach Vorb. 3 Abs. 4 VV RVG auf verschiedene Weise erfolgten.

So kann die bereits entstandene Geschäftsgebühr um den Anrechnungsbetrag oder die in dem gerichtlichen Verfahren entstandene Verfahrensgebühr gemindert werden (s. Beispiele in Rdn 176–178).

199 Die Anrechnung der Geschäftsgebühr ist immer vorzunehmen, nur die Art und Weise der Anrechnung ist gem. § 15a Abs. 1 RVG dem RA freigestellt. Bei der Anrechnung der Geschäftsgebühr kommt es nicht darauf an, ob

- ein sog. materiell-rechtlicher Kostenerstattungsanspruch gegeben ist,
- die Geschäftsgebühr gerichtlich geltend gemacht wird,
- durch Aufrechnung erloschen ist oder
- unstreitig vor- bzw. außergerichtlich beglichen worden ist.

Die Anrechnung erfolgt, sobald neben der Geschäftsgebühr auch eine Verfahrensgebühr wegen desselben Gegenstandes (ganz oder teilweise) entstanden ist.

III. Geschäftsgebühr bei Beratungshilfe

200 **Nr. 2503**

Nr.	**Gebührentatbestand**	**Gebühr oder Satz der Gebühr nach § 13 RVG**
2503	**Geschäftsgebühr** (1) Die Gebühr entsteht für das Betreiben des Geschäfts einschließlich der Information oder die Mitwirkung bei der Gestaltung eines Vertrags. (2) Auf die Gebühren für ein anschließendes gerichtliches oder behördliches Verfahren ist diese Gebühr zur Hälfte anzurechnen. Auf die Gebühren für ein Verfahren auf Vollstreckbarerklärung eines Vergleichs nach den §§ 796a, 796b und 796c Abs. 2 Satz 2 ZPO ist die Gebühr zu einem Viertel anzurechnen.	**102,00 EUR**

1. Geschäftsgebühr der Nr. 2503 VV RVG als gesetzlicher Vergütungsanspruch

Ist dem Auftraggeber **Beratungshilfe** bewilligt worden, kann der RA für seine vor- bzw. außergerichtliche Tätigkeit vom Auftraggeber keine Geschäftsgebühr Nr. 2300 VV RVG fordern. Der Gebührenanspruch des RA gegenüber der Staatskasse wird durch die **Festgebühr** Nr. 2503 VV RVG auf 102 EUR beschränkt. 201

Die Geschäftsgebühr Nr. 2503 VV RVG entsteht entsprechend ihrer Anm. Abs. 1 VV RVG unter denselben Voraussetzungen der Vorb. 3 Abs. 2 VV RVG wie die reguläre Geschäftsgebühr Nr. 2300 VV RVG. 202

In der Anm. Abs. 2 S. 1 VV RVG ist geregelt, dass eine **hälftige Anrechnung** der Geschäftsgebühr auf die Verfahrensgebühr eines sich anschließenden gerichtlichen oder behördlichen Verfahrens erfolgt.

> *Beispiel:*
> *Der RA berechnet für seine vorgerichtliche Tätigkeit* — *102,00 EUR.*
> *An die vorgerichtliche Tätigkeit schließt sich das PKH-Bewilligungsverfahren an.*
> *Die Geschäftsgebühr wird auf die Verfahrensgebühr Nr. 3305 VV RVG für das PKH-Bewilligungsverfahren angerechnet. Diese reduziert sich um* — *– 51,00 EUR.*

Die Anm. Abs. 2 S. 2 VV RVG zu Nr. 2503 VV RVG enthält als **Sonderregel** eine weitere Anrechnung für das Verfahren auf **Vollstreckbarerklärung von Anwaltsvergleichen** (§ 796a, 796b, 796c Abs. 2 S. 2 ZPO). Liegt eine anwaltliche Tätigkeit dieser Art - vor, wird die Geschäftsgebühr nur **zu einem Viertel** auf die im Verfahren entstehende Gebühr angerechnet. Der RA soll durch die Reduzierung der Anrechnung einen Anreiz erhalten, etwa einen Anwaltsvergleich (z.B. im Rahmen der Schuldenbereinigung auf der Grundlage des Plans nach § 305 Abs. 1 Nr. 1 InsO) abzuschließen. 203

2. Vertretung mehrerer Auftraggeber

Vertritt der RA vor- bzw. außergerichtlich mehrere Auftraggeber und ist diesen Auftraggebern in einer Angelegenheit Beratungshilfe bewilligt, so erhöht sich die Geschäftsgebühr der Nr. 2503 VV RVG nach Nr. 1008 VV RVG um 30 % für jeden weiteren Auftraggeber. Die Erhöhungen dürfen nach Anm. Abs. 3 Hs. 2 zu Nr. 1008 VV RVG das Doppelte der Festgebühr (= 204 EUR) nicht überschreiten. Die Gebühr kann also inkl. der Erhöhungen max. 306 EUR betragen. 204

3. Schuldenbereinigung bei bewilligter Beratungshilfe (bis zu fünf Gläubiger)

205 **Nr. 2504**

Nr.	Gebührentatbestand	Gebühr oder Satz der Gebühr nach § 13 RVG
2504	**Tätigkeit mit dem Ziel einer außergerichtlichen Einigung mit den Gläubigern über die Schuldenbereinigung auf der Grundlage eines Plans (§ 305 Abs. 1 Nr. 1 InsO):** **Die Gebühr 2503 beträgt bei bis zu 5 Gläubigern**	**324,00 EUR**

Die Gebühr Nr. 2504 VV RVG regelt die Vergütung des RA im Rahmen der BerH und einer vor- bzw. außergerichtlichen Einigung bei bis zu fünf Gläubigern des Auftraggebers über die Schuldenbereinigung auf der Grundlage eines diesbezüglichen Plans nach § 305 Abs. 1 Nr. 1 InsO. Der RA muss den Auftrag erhalten haben, den Auftraggeber nach außen hin gegenüber den Gläubigern zu vertreten. Ein Erfolg seiner Tätigkeit ist nicht geschuldet. Zu den von Nr. 2504 VV RVG umfassten Tätigkeiten des RA gehören insbesondere die schriftliche Korrespondenz sowie das Führen von (fernmündlichen oder persönlichen) Besprechungen. Die Gebühr Nr. 2504 VV RVG entsteht anstelle der Geschäftsgebühr gem. Nr. 2503 VV RVG, also nicht etwa nebeneinander.

4. Schuldenbereinigung bei Beratungshilfe (mehr als fünf Gläubiger)

206 Vertritt der RA den Schuldner gegenüber mehr als fünf Gläubigern, entsteht anstelle der Geschäftsgebühr Nr. 2504 VV RVG

- Nr. 2505 VV RVG bei bis zu 10 Gläubigern 486,00 EUR,
- Nr. 2506 VV RVG bei bis zu 15 Gläubigern 647,00 EUR,
- Nr. 2507 VV RVG bei mehr als 15 Gläubigern 810,00 EUR.

IV. Die Einigungsgebühr

Nr. 1000 207

Nr.	Gebührentatbestand	Gebühr oder Satz der Gebühr nach § 13 RVG
1000	**Einigungsgebühr für die Mitwirkung beim Abschluss eines Vertrags** 1. durch den der Streit oder die Ungewissheit über ein Rechtsverhältnis beseitigt wird oder	1,5
	2. durch den die Erfüllung des Anspruchs geregelt wird bei gleichzeitigem vorläufigem Verzicht auf seine gerichtliche Geltendmachung oder, wenn bereits ein zur Zwangsvollstreckung geeigneter Titel vorliegt, bei gleichzeitigem vorläufigem Verzicht auf Vollstreckungsmaßnahmen (Zahlungsvereinbarung).	0,7
	(1) Die Gebühr nach Nummer 1 entsteht nicht, wenn der Hauptanspruch anerkannt oder wenn auf ihn verzichtet wird. Im Privatklageverfahren ist Nummer 4147 anzuwenden. (2) Die Gebühr entsteht auch für die Mitwirkung bei Vertragsverhandlungen, es sei denn, dass diese für den Abschluss des Vertrags im Sinne dieser Vorschrift nicht ursächlich war. (3) Für die Mitwirkung bei einem unter einer aufschiebenden Bedingung oder unter dem Vorbehalt des Widerrufs geschlossenen Vertrag entsteht die Gebühr, wenn die Bedingung eingetreten ist oder der Vertrag nicht mehr widerrufen werden kann. (4) Bei Rechtsverhältnissen des öffentlichen Rechts entsteht die Gebühr, soweit über die Ansprüche vertraglich verfügt werden kann. Absatz 1 Satz 1 und Absatz 2 sind anzuwenden. (5) Die Gebühr entsteht nicht in Ehesachen und in Lebenspartnerschaftssachen (§ 269 Abs. 1 Nr. 1 und 2 FamFG). Wird ein Vertrag, insbesondere über den Unterhalt, im Hinblick auf die in Satz 1 genannten Verfahren geschlossen, bleibt der Wert dieser Verfahren bei der Berechnung der Gebühr außer Betracht. In Kindschaftssachen entsteht die Gebühr auch für die Mitwirkung an einer Vereinbarung, über deren Gegenstand nicht vertraglich verfügt werden kann. Absatz 1 Satz 1 ist entsprechend anzuwenden.	

208 Die Einigungsgebühr ist in Teil 1 des Vergütungsverzeichnisses geregelt. Gleich in der Vorbemerkung 1 VV RVG stellt der Gesetzgeber fest, dass die Einigungsgebühr nur neben anderen Gebühren entstehen kann. Sie kann nie isoliert entstehen. Neben der Einigungsgebühr muss daher i.d.R. mindestens eine sog. **Betriebsgebühr** (Geschäftsgebühr, Verfahrensgebühr) entstehen.

209 Im Gegensatz zu den meisten anderen Gebühren ist die Einigungsgebühr eine **Erfolgsgebühr**. Dies gilt in Teil 1 VV RVG ebenfalls für die Aussöhnungsgebühr und die Erledigungsgebühr.

1. Höhe der Einigungsgebühr

210 Für die Höhe des Gebührensatzes der Einigungsgebühr Nr. 1000 Nr. 1 VV RVG ist es entscheidend, wo der Gegenstand, über den die Einigung getroffen wird, gerichtlich anhängig ist. In I. Instanz beträgt der Gebührensatz (mit Ausnahme eines selbstständigen Beweisverfahrens) 1,0, während er in II. Instanz oder höher 1,3 beträgt. Fehlt es an einem gerichtlichen Verfahren, entsteht grundsätzlich der höchste Gebührensatz von 1,5. Eine Ausnahme bildet die Einigung in einem Verfahren vor dem Gerichtsvollzieher, das einem gerichtlichen Verfahren gleichsteht (Anm. Abs. 1 S. 3 zu Nr. 1003 VV RVG).

Einen weiteren Sonderfall bildet die Einigungsgebühr Nr. 1000 Nr. 2 VV RVG für eine Zahlungsvereinbarung, die lediglich mit einem verringerten Gebührensatz von 0,7 entsteht und deren Wert durch § 31b RVG gesondert vom Gesetzgeber geregelt worden ist.

211 *Hinweis:*

Vor- bzw. außergerichtliche Einigungsgebühr	Nr. 1000 Nr. 1 VV RVG	1,5
Gerichtliches Verfahren I. Instanz	Nrn. 1000 Nr. 1, 1003 VV RVG	1,0
Gerichtliches Verfahren II. Instanz und höher	Nrn. 1000 Nr. 1, 1004 VV RVG	1,3
Zahlungsvereinbarung (Wert: § 31b RVG)	Nr. 1000 Nr. 2 VV RVG	0,7.

212 Zu beachten ist, dass bei einer Gesamteinigung, in der Gegenstände einbezogen werden, die in einem anderen gerichtlichen Verfahren oder dort noch nicht anhängig sind, die Einigungsgebühr mit verschiedenen Gebührensätzen in derselben gebührenrechtlichen Angelegenheit mehrfach entstehen kann. Bei diesem mehrfachem Anfall derselben Gebühr mit verschiedenhohem Gebührensatz ist § 15 Abs. 3 RVG zu beachten: Danach darf die

Summe der Beträge der einzelnen Gebühren (aus den jeweiligen Einzelwerten) nicht höher sein, als der Betrag einer Gebühr, die sich aus dem höchsten Gebührensatz nach der Summe der Einzelwerte ergibt (sog. **Kappungsgrenze**).

Beispiel 1: 213

Es wird eine Einigung in I. Instanz über einen dort anhängigen Gegenstand mit einem Wert von 5.000 EUR geschlossen. Zugleich wird ein bisher nicht geltend gemachter Gegenstand mit einem Wert von 10.000 EUR in die Einigung mit einbezogen.

Lösung:

Es ist eine 1,0 Einigungsgebühr Nrn. 1000 Nr. 1, 1003 VV RVG aus 5.000 EUR (= 354,40 EUR) und eine 1,5 Einigungsgebühr Nr. 1000 Nr. 1 VV RVG aus 10.000 EUR (= 978,00 EUR) entstanden. Die Summe der Beträge beider Gebühren beträgt 1.332,40 EUR. Nach § 15 Abs. 3 RVG darf dieser Betrag aber einen Betrag nicht überschreiten, der sich aus dem höchsten Gebührensatz von (hier) 1,5 und der Summe der Einzelwerte von (hier) 15.000 EUR ergibt: 1.143,00 EUR. Beide Gebühren werden somit auf diesen Betrag „gekappt".

Beispiel 2:

Es wird eine Einigung in II. Instanz über einen dort anhängigen Gegenstand mit einem Wert von 7.000 EUR sowie einen in einem Parallelverfahren in I. Instanz anhängigen Gegenstand von 3.000 EUR geschlossen. Zugleich wird noch ein bisher nirgendwo geltend gemachter Gegenstand mit einem Wert von 10.000 EUR in die Einigung mit einbezogen.

Lösung:

Es ist eine 1,3 Einigungsgebühr Nrn. 1000 Nr. 1, 1004 VV RVG aus 7.000 EUR (= 615,55 EUR) und eine 1,0 Einigungsgebühr Nrn. 1000 Nr. 1, 1003 VV RVG aus 3.000 EUR (= 235,00 EUR) sowie eine 1,5 Einigungsgebühr Nr. 1000 Nr. 1 VV RVG aus 10.000 EUR (= 978,00 EUR) entstanden. Die Summe der Beträge der drei Gebühren beträgt 1.828,55 EUR. Nach § 15 Abs. 3 RVG darf dieser Betrag aber einen Betrag nicht überschreiten, der sich aus dem höchsten Gebührensatz von (hier) 1,5 und der Summe der Einzelwerte von (hier) 20.000 EUR ergibt: 1.308,00 EUR. Beide Gebühren werden somit auf diesen Betrag „gekappt".

Beispiel 3:

Es wird eine Einigung in I. Instanz über einen dort anhängigen Gegenstand mit einem Wert von 110.000 EUR sowie einen in einem Parallelverfahren in II. Instanz anhängigen Gegenstand von 5.000 EUR geschlossen.

Lösung:
Es ist eine 1,0 Einigungsgebühr Nrn. 1000 Nr. 1, 1003 VV RVG aus 110.000 EUR (= 1.755,00 EUR) und eine 1,3 Einigungsgebühr Nrn. 1000 Nr. 1, 1004 VV RVG aus 5.000 EUR (= 460,85 EUR) entstanden. Die Summe der Beträge der beiden Gebühren beträgt 2.215,85 EUR. Nach § 15 Abs. 3 RVG darf dieser Betrag aber einen Betrag nicht überschreiten, der sich aus dem höchsten Gebührensatz von (hier) 1,3 und der Summe der Einzelwerte von (hier) 115.000 EUR ergibt: 2.410,85 EUR. Da die Summe der Beträge beider Gebühren geringer sind, bleibt es bei den Einzelbeträgen von 1.755,00 EUR und 460,85 EUR.

214 **Nr. 1003 VV und 1004 VV RVG**

Nr.	Gebührentatbestand	Gebühr oder Satz der Gebühr nach § 13 RVG
1003	**Über den Gegenstand ist ein anderes gerichtliches Verfahren als ein selbstständiges Beweisverfahren anhängig: Die Gebühr 1000 Nr. 1 sowie die Gebühren 1001 und 1002 betragen** (1) Dies gilt auch, wenn ein Verfahren über die Prozesskostenhilfe anhängig ist, soweit nicht lediglich Prozesskostenhilfe für ein selbstständiges Beweisverfahren oder die gerichtliche Protokollierung des Vergleichs beantragt wird oder sich die Beiordnung auf den Abschluss eines Vertrags im Sinne der Nummer 1000 erstreckt (§ 48 Abs. 1 und 3 RVG). Die Anmeldung eines Anspruchs zum Musterverfahren nach dem KapMuG steht einem anhängigen gerichtlichen Verfahren gleich. Das Verfahren vor dem Gerichtsvollzieher steht einem gerichtlichen Verfahren gleich. (2) In Kindschaftssachen entsteht die Gebühr auch für die Mitwirkung am Abschluss eines gerichtlich gebilligten Vergleichs (§ 156 Abs. 2 FamFG) und an einer Vereinbarung, über deren Gegenstand nicht vertraglich verfügt werden kann, wenn hierdurch eine gerichtliche Entscheidung entbehrlich wird oder wenn die Entscheidung der getroffenen Vereinbarung folgt.	**1,0**

Nr.	Gebührentatbestand	Gebühr oder Satz der Gebühr nach § 13 RVG
1004	Über den Gegenstand ist ein Berufungs- oder Revisionsverfahren, ein Verfahren über die Beschwerde gegen die Nichtzulassung eines dieser Rechtsmittel oder ein Verfahren vor dem Rechtsmittelgericht über die Zulassung des Rechtsmittels anhängig: Die Gebühr 1000 Nr. 1 sowie die Gebühren 1001 und 1002 betragen (1) Dies gilt auch in den in den Vorbemerkungen 3.2.1 und 3.2.2 genannten Beschwerde- und Rechtsbeschwerdeverfahren. (2) Absatz 2 der Anmerkung zu Nummer 1003 ist anzuwenden.	1,3

Besteht die Einigung lediglich in einer Zahlungsvereinbarung nach Nr. 1000 Nr. 2 VV RVG, ist für den Gegenstandswert § 31b RVG zu beachten: Als Wert sind 50 % des Anspruches zugrunde zu legen. Hierbei ist zu unterscheiden, ob die Zahlungsvereinbarung einen noch nicht titulierten Anspruch oder einen titulierten Anspruch betrifft. Im ersteren Fall ist lediglich auf die Hauptforderung, im letzteren auf die Gesamtforderung abzustellen. **215**

Beispiel 1:

Der RA des Gläubigers hat dessen Anspruch von 30.000 EUR nebst 8 % Zinsen seit dem 1.7.2024 im Mahnverfahren geltend gemacht. Die Forderung wurde durch Vollstreckungsbescheid tituliert. Nachdem der Gläubiger den Gerichtsvollzieher mit der Abnahme der Vermögensauskunft des Schuldners beauftragt hat und dieser den Schuldner zur Zahlung innerhalb von zwei Wochen aufgefordert hat (§ 802f Abs. 1 Nr. 1 und 2 ZPO), meldet sich der Schuldner beim RA des Gläubigers und trifft mit diesem eine Ratenzahlungsvereinbarung.

Lösung:

Für die 0,7 Einigungsgebühr Nr. 1000 Nr. 2 VV RVG sind nach § 31b RVG als Wert 50 % der Gesamtforderung zugrunde zu legen. Die Gesamtforderung berechnet sich nach § 25 Abs. 1 Nr. 1 RVG hier aus der Summe der Hauptforderung, der aufgelaufenen Verzugszinsen und der Kosten des Mahn- und Vollstreckungsbescheides. Nicht zu berücksichtigen sind die Kosten der laufenden Vollstreckung (allenfalls die Kosten vorheriger Vollstreckungsmaßnahmen, die hier aber nicht stattgefunden haben). Von dem Betrag der Gesamtforderung sind 50 % dann als Wert anzusetzen.

Beispiel 2:

Der RA fordert für seinen Mandanten am 15.4.2025 außergerichtlich den Gegner zur Zahlung von 10.000 EUR nebst 6 % Zinsen seit dem 1.1.2025 bis spätestens 30.4.2025 auf und kündigt an, nach ergebnislosem Ablauf der Frist seinem Mandanten zu raten, gerichtliche Hilfe in Anspruch zu nehmen. Daraufhin meldet sich der Gegner am 21.4.2025 und schließt am 28.4.2025 mit dem RA nach Rücksprache mit seinem Mandanten eine Ratenzahlungsvereinbarung.

Lösung:

Für die 0,7 Einigungsgebühr Nr. 1000 Nr. 2 VV RVG sind nach § 31b RVG als Wert 50 % des Anspruches zugrunde zu legen. Dieser berechnet sich nun allein nach der Hauptforderung von 10.000 EUR und beträgt somit 5.000 EUR. Denn nach § 23 Abs. 1 S. 3 RVG i.V.m. den gerichtlichen Wertvorschriften § 43 Abs. 1 GKG, § 37 Abs. 1 FamGKG und § 37 Abs. 1 GNotKG sind „*Früchte, Nutzungen, Zinsen oder Kosten als Nebenforderungen*" nicht zu berücksichtigen.

216 Eine Reduzierung des Wertes nach § 31b RVG setzt allerdings immer voraus, dass der Gegenstand der Vereinbarung tatsächlich lediglich eine Zahlungsvereinbarung ist, sie also lediglich die **Erfüllung** des Anspruches regelt, nicht aber eine Einigung über den Anspruch selbst betrifft, lediglich eine einseitige Erklärung vorliegt oder gar keine Zahlungsansprüche betroffen sind. Werden mit der Zahlungsvereinbarung noch Nebenabreden zur Zahlungsvereinbarung getroffen (z.B. Sicherheitsabreden, teilweiser Forderungs- oder Zinsverzicht oder die Übernahme der Einigungsgebühr durch den Schuldner, da sie ohne ausdrückliche Übernahmeerklärung im Regelfall nicht vom Schuldner dem Gläubiger zu erstatten ist), bleibt es dennoch beim Gebührensatz von 0,7 und dem Wert nach § 31b RVG für die Einigungsgebühr.

2. Entstehen der Einigungsgebühr

217 Die Einigungsgebühr kann in jedem Tätigkeitsbereich des RA entstehen. Das Entstehen der Einigungsgebühr ist für **keinen Teil** des VV RVG ausgeschlossen und kann nach Vorb. 1 VV RVG auch bei einer Beratung nach § 34 Abs. 1 RVG entstehen. Denn für ihre Entstehung ist nicht Voraussetzung, dass der RA die Einigung für den Mandanten abschließt, sondern lediglich an ihrem Abschluss mitgewirkt hat.

a) Erledigungsgebühr statt Einigungsgebühr

Nr. 1002 218

Nr.	**Gebührentatbestand**	**Gebühr oder Satz der Gebühr nach § 13 RVG**
1002	**Erledigungsgebühr, soweit nicht Nummer 1005 gilt** Die Gebühr entsteht, wenn sich eine Rechtssache ganz oder teilweise nach Aufhebung oder Änderung des mit einem Rechtsbehelf angefochtenen Verwaltungsakts durch die anwaltliche Mitwirkung erledigt. Das Gleiche gilt, wenn sich eine Rechtssache ganz oder teilweise durch Erlass eines bisher abgelehnten Verwaltungsakts erledigt.	**1,5**

Liegt ein Rechtsverhältnis des öffentlichen Rechts vor, kann eine Einigungsgebühr entsprechend der Anm. Abs. 4 zu Nr. 1000 VV RVG nur entstehen, soweit über einen Anspruch vertraglich verfügt werden kann (§ 54 VwVfG, § 106 VwGO, § 101 SGG). Mangelt es daran, kann keine Einigungsgebühr entstehen. In der Praxis wird das i.d.R. der Fall sein. Hier kann der RA anstelle der Einigungsgebühr aber die **Erledigungsgebühr** Nr. 1002 VV RVG verdienen. 219

Voraussetzung des Anfalls der Erledigungsgebühr ist die Anhängigkeit eines Verfahrens, mit dem der **Verwaltungsakt angefochten** wurde, oder die Behörde zum Erlass eines abgelehnten oder unterlassenen Verwaltungsaktes verpflichtet werden soll (sog. **Verpflichtungsklage**). Sie kann auch bei sog. **Nichtigkeitsklagen** und im einstweiligen Rechtsschutz auf **Wiederherstellung oder Anordnung der aufschiebenden Wirkung** eines Verwaltungsaktes anfallen. Auch bei einer sog. **Untätigkeitsklage** kann nach überwiegender Ansicht in der Rechtsprechung und Literatur die Erledigungsgebühr entstehen. 220

Weitere Voraussetzung für den Anfall der Erledigungsgebühr ist die **Mitwirkung des RA** an der Erledigung. Sie liegt nicht schon dann vor, wenn aufgrund der Klage, Rechtsmittelschrift oder Widerspruchsbegründung die Behörde sich veranlasst sieht, den Bescheid zurückzunehmen, ein Anerkenntnis ergeht, aufgrund höchstrichterlicher Entscheidung sich das Verfahren erledigt oder das Ruhen des Verfahrens vereinbart wird, um den Ausgang eines anderen Verfahrens abzuwarten. Als ausreichend wird z.B. angesehen, wenn der RA schriftlich oder mündlich Verhandlungen mit der Behörde (oder ihrer Aufsichtsbehörde) führt, den Mandanten dazu veranlasst, trotz Änderung des Verwaltungsaktes den Rechtsstreit nicht mehr fortzuführen, in einem Gerichtstermin an der Verständigung zur Erledigung mitwirkt oder der Behörde ein Gutachten bzw. eine von der Behörde angeforderte Urkunde vorlegt, welche sie daraufhin vom Anspruch des Mandanten überzeugt. 221

b) Aussöhnungsgebühr statt Einigungsgebühr

222 **Nr. 1001**

Nr.	Gebührentatbestand	Gebühr oder Satz der Gebühr nach § 13 RVG
1001	**Aussöhnungsgebühr** Die Gebühr entsteht für die Mitwirkung bei der Aussöhnung, wenn der ernstliche Wille eines Ehegatten, eine Scheidungssache oder ein Verfahren auf Aufhebung der Ehe anhängig zu machen, hervorgetreten ist und die Ehegatten die eheliche Lebensgemeinschaft fortsetzen oder die eheliche Lebensgemeinschaft wieder aufnehmen. Dies gilt entsprechend bei Lebenspartnerschaften.	1,5

In Ehesachen (§§ 111 Nr. 1, 121 FamFG) und Lebenspartnerschaftssachen nach §§ 111 Nr. 11, 261 Nr. 1 und 2 FamFG kann gem. Anm. Abs. 5 S. 1 zu Nr. 1000 VV RVG keine Einigungsgebühr entstehen. Der RA kann hier aber die Aussöhnungsgebühr Nr. 1001 VV RVG verdienen.

223 Eine Einigungsgebühr kann demgegenüber in **Scheidungsverbundverfahren** entstehen, wenn über eine Folgesache (§ 137 Abs. 2, Abs. 3 FamFG) ein Vertrag geschlossen und eine Einigung erzielt wird. Bei dieser Einigungsgebühr bleibt dann aber der Wert der Ehe- bzw. Lebenspartnerschaftssache nach § 261 Nr. 1 und 2 FamFG gem. Anm. Abs. 5 S. 2 zu Nr. 1000 VV RVG außer Betracht.

3. Begriff der Einigung

224 Eine Einigung setzt einen Vertrag der Parteien voraus, durch den ihr Streit oder ihre Ungewissheit über ein **bereits bestehendes Rechtsverhältnis** beseitigt wird. Wird durch die Einigung ein Rechtsverhältnis überhaupt erst begründet, entsteht daher keine Einigungsgebühr (s. nachfolgend „4. Gestaltung von Verträgen").

225 Die Einigungsgebühr ist erst dann entstanden, wenn ein **wirksamer** Vertrag geschlossen wurde. Wird der Vertrag mit Erfolg angefochten, entfällt die Einigungsgebühr, da der Vertrag nach § 142 Abs. 1 BGB von Anfang an nichtig ist. Anders liegt der Fall, wenn eine Partei aufgrund eines gesetzlichen (nicht aber vertraglichen, da hier Anm. Abs. 3 zu Nr. 1000 VV RVG zu beachten ist) Rücktrittsrechts vom Vertrag zurücktritt. Hier bleibt die Einigungsgebühr dem RA erhalten, da die Einigung nicht nichtig ist, sondern der Vertrag lediglich rückabgewickelt wird (§ 346 ff. BGB).

a) Rechtsverhältnis

Der Begriff „Rechtsverhältnis" ist weit zu verstehen. Ein Rechtsverhältnis regelt Ansprüche jeglicher Art. Es kann sich dabei um schuldrechtliche, dingliche, familienrechtliche, erbrechtliche oder öffentlich-rechtliche Rechtsverhältnisse handeln. Es kommt dabei nicht darauf an, wie die Parteien den Vertrag bezeichnen oder ob sie überhaupt erkennen, dass tatsächlich eine Einigung erfolgt ist. Ergibt sich anhand des Lebenssachverhaltes die Einigung, kann davon ausgegangen werden, dass die Einigungsgebühr entstanden ist. **226**

b) Parteien der Einigung

Es ist nicht erforderlich, dass die Einigung zwischen den Parteien getroffen wird. So ist eine Einigung mit einem Dritten (z.B. der Haftpflichtversicherung oder dem Bürgen) ausreichend für den Anfall der Einigungsgebühr. **227**

4. Gestaltung von Verträgen

Nicht selten wird der RA auch damit beauftragt, bei der Gestaltung eines noch nicht bestehenden Rechtsverhältnisses mitzuwirken. Seine Tätigkeit kann z.B. in dem Führen von Verhandlungen über den Abschluss eines Miet-, Arbeits-, Pacht-, Leihvertrags u.a. oder auch das Erstellen von Allgemeinen Geschäftsbedingungen für den Auftraggeber bestehen. Bei dieser Art der sog. rechtsbegründenden Tätigkeit des RA kann keine Einigungsgebühr entstehen, weil es noch keinen Streit oder auch keine Ungewissheit über ein (noch gar nicht bestehendes) Rechtsverhältnisses der Parteien zueinander geben kann. **228**

Für das Aushandeln eines Vertrags kann der RA daher eine Einigungsgebühr nur dann fordern, wenn sich zuvor ein Vertragspartner einer Rechtsposition berühmt hat und damit bestehende Ansprüche behauptet. **229**

Beispiel 1: **230**

Der Auftraggeber als Käufer möchte vom Verkäufer einen Oldtimer erwerben. Der Verkäufer fordert dafür einen Liebhaberpreis von 250.000 EUR vom Käufer. Der RA unterstützt den Auftraggeber bei den Kaufvertragsverhandlungen. Im Zuge der Vertragsverhandlungen einigen sich die Parteien auf einen Kaufpreis von nur 200.000 EUR. Für den RA ist keine Einigungsgebühr entstanden, da vor Abschluss des Kaufvertrages ein Rechtsverhältnis zwischen den Parteien nicht bestand, das streitig oder ungewiss hätte sein können.

Anders ist der Fall, wenn sich die Parteien nach Abschluss des Kaufvertrags und damit Schaffung eines Rechtsverhältnisses zwischen ihnen z.B. über Mängel oder zugesicherte Eigenschaften streiten; so kann (bezogen auf diesen Gegenstand des Streits) eine Einigungsgebühr entstehen. Denn Grundlage ist nunmehr der zustande gekommene Kaufvertrag.

231 *Beispiel 2:*

Der Auftraggeber als Mieter führt mit seinem Vermieter als Eigentümer der vermieteten Wohnung eine Auseinandersetzung, in deren Folge ein Räumungsrechtsstreit rechtshängig wird. In diesem Rechtsstreit vertritt der RA den Auftraggeber.

Im Räumungsrechtsstreits schließen die Parteien unter Mitwirkung des RA eine Einigung dahingehend, dass der Auftraggeber die Eigentumswohnung erwirbt; der Räumungsrechtsstreit wird daher übereinstimmend für erledigt erklärt.

Eine Einigung ist nur im Hinblick auf den Räumungsanspruch erfolgt. Der Wert der Einigung bemisst sich nicht nach dem Kaufpreis für die Eigentumswohnung. Es kommt nicht darauf an, worauf, sondern worüber die Einigung getroffen wurde. Der RA hat daher eine Einigungsgebühr nur nach dem Gegenstandswert des Räumungsanspruchs (§ 23 Abs. 1 RVG i.V.m. § 41 Abs. 2 GKG) zu fordern.

5. Streit oder Ungewissheit der Parteien

232 Für das Entstehen der Einigungsgebühr ist es Voraussetzung, dass Streit oder die Ungewissheit der Parteien über ein Rechtsverhältnis besteht. Ein Rechtsverhältnis ist ungewiss, wenn die Verwirklichung des diesem zugrunde liegenden Anspruchs unsicher ist. Die Ungewissheit über ein Rechtsverhältnis kann sowohl in rechtlicher als auch in tatsächlicher Hinsicht gegeben sein.

Die Ungewissheit muss **nicht** den **Hauptanspruch** betreffen. Es reicht aus, wenn Ungewissheit über die Verwirklichung der Nebenleistungen besteht. Ungewissheit liegt auch vor, wenn sie im Hinblick auf die Fälligkeit des Anspruchs, die Höhe der Zinsen oder die Zahlungsfähigkeit des Schuldners besteht. Weiter liegt Ungewissheit über ein Rechtsverhältnis vor, wenn die Durchsetzbarkeit eines Anspruchs nicht sicher ist. Nicht erforderlich ist es hingegen, dass die Einigung zur Beilegung eines Rechtsstreits geschlossen wird.

6. Form der Einigung

a) Grundsatz der Formfreiheit

233 Der Abschluss der Einigung (bzw. des Vergleichs/Vertrags) ist an keine bestimmte Form gebunden. Die Einigung ist daher **formfrei** möglich, kann also z.B. auch mündlich oder stillschweigend geschlossen werden. Sie kann auch konkludent erfolgen, also sich stillschweigend oder aus schlüssigem Handeln der Parteien ergeben.

b) Ausnahmen zur Formfreiheit

234 In einigen Fällen ist zu beachten, dass das Gesetz eine bestimmte Form (z.B. öffentliche Beglaubigung oder Beurkundung) vorschreibt. Ist z.B. für die Wirksamkeit des Rechts-

geschäfts, über das eine Einigung erzielt werden soll, die öffentliche Beglaubigung (z.B. eine Grundbucherklärung i.S.v. § 29 Abs. 1 GBO, eine Anmeldung zum Handelsregister nach § 12 Abs. 1 S. 1 HGB) oder notarielle Beurkundung vorgeschrieben (z.B. ein Grundstückskaufvertrag nach § 311b Abs. 1 S. 1 BGB, eine Vereinbarung über den Zugewinnausgleich nach § 1378 Abs. 3 S. 2 BGB oder den Versorgungsausgleich nach § 7 VersAusglG, den Ehevertrag nach § 1410 BGB oder Erbvertrag nach § 2276 BGB), so muss auch für den Vertrag, mit dem die Einigung erzielt worden ist, diese Formvorschrift eingehalten werden.

Hiervon gibt es auch wieder Ausnahmen: So ersetzt der gerichtlich protokollierte **Prozessvergleich** (§ 794 Abs. 1 Nr. 1 ZPO) gem. § 127a BGB die notarielle Beurkundung. 235

Wurde die Einigung unter Verletzung der vom Gesetz vorgeschriebenen Form geschlossen, ist sie) unwirksam und es entsteht keine Einigungsgebühr. 236

In manchen Fällen bedarf es zur Wirksamkeit der Einigung einer **Genehmigung** (z.B. durch den Vormund, den Pfleger, das Gericht oder die zuständige Behörde). In einem solchen Fall entsteht die Einigungsgebühr erst mit Wirksamkeit der Genehmigung. 237

7. Vergleich/Einigung unter Widerruf

In gerichtlichen Verfahren werden Vergleiche oftmals unter dem **Vorbehalt des Widerrufs** geschlossen. Die Gründe dafür können mannigfaltig sein. Häufig will der RA noch Rücksprache mit seinem Auftraggeber über die erzielte Einigung halten und sein ausdrückliches Einverständnis einholen. Oder sein Mandant ist verpflichtet, die Zustimmung der Rechtsschutzversicherung für die getroffene Kostenregelung einzuholen. Gerade Letztere ist ein häufiger Grund für eine mögliche Auseinandersetzung mit der Rechtsschutzversicherung über die vereinbarte **Kostenquote**. Denn die Rechtsschutzversicherung zahlt nur die Vergütung, die dem Verhältnis vom Obsiegen zum Unterliegen entspricht, obgleich eine Kostenaufhebung (jede Partei zahlt die eigenen Anwaltskosten und die Hälfte der Gerichtskosten – **§ 98 ZPO**) bei Vergleichen üblich ist. 238

Praxistipp: 239

Der rechtsschutzversicherte Auftraggeber sollte auf diese Problematik hingewiesen und zugleich um Mitteilung gebeten werden, wie er sich verhalten will, sollte seine Versicherung nicht oder nur teilweise die Anwaltsvergütung erstatten wollen.

a) Keine Einigungsgebühr bei Widerruf

Wird ein Vergleich unter dem **Vorbehalt des Widerrufs** abgeschlossen, dann hängt der Anfall der Einigungsgebühr nach Anm. Abs. 3 Alt. 2 zu Nr. 1000 VV RVG davon ab, dass ein wirksamer Widerruf **nicht** mehr möglich ist. 240

b) Bestehenbleiben anderer Gebühren bei Widerruf

241 Der Anfall der Einigungsgebühr bei nicht mehr möglichen Widerruf gilt nur für sie. Ist ein Vergleich unter Einbeziehung von im dortigen Verfahren nicht rechtshängigen Ansprüchen protokolliert worden, ist für den Antrag auf Protokollierung des Vergleichs (Einigung) eine sog. **Differenzverfahrensgebühr** gem. Nr. 3101 Nr. 2 VV RVG (in der I. Instanz) bzw. gem. Nr. 3201 Anm. Abs. 1 Nr. 2 VV RVG (in der II. Instanz) entstanden. Anders als die Einigungsgebühr kann diese Gebühr nicht wieder entfallen, wenn der Vergleich wirksam widerrufen wird. Ob die Differenzverfahrensgebühr im Fall des Widerrufs im Fall des Obsiegens erstattungsfähig ist, ist eine andere Frage. Zwischen dem Entstehen einer Gebühr und deren **Erstattungsfähigkeit** (und damit Festsetzbarkeit) ist grundsätzlich immer zu unterscheiden.

8. Einigungsgebühr braucht gewisses Nachgeben

242 Die Einigung setzt zwar kein gegenseitiges Nachgeben gem. § 779 BGB, aber ein gewisses Nachgeben (zumindest von einer Partei) voraus. Denn nach Anm. Abs. 1 S. 1 zu Nr. 1000 VV RVG reicht es für den Anfall der Einigungsgebühr nicht aus, wenn der Anspruch lediglich anerkannt oder auf ihn verzichtet wird. Für das Nachgeben reicht jedes noch so kleine „Opfer" der Partei aus.

V. Einigungsgebühr bei Teil- oder Ratenzahlungsvereinbarung

1. Voraussetzungen

243 Die Einigungsgebühr Nr. 1000 Nr. 2 VV RVG entsteht auch für die Mitwirkung des RA beim Abschluss einer sog. Teilzahlungsvereinbarung oder Ratenzahlungsvereinbarung.

244 Die Teil- oder Ratenzahlungsvereinbarung kann in den verschiedensten Abschnitten der Tätigkeit des RA abgeschlossen werden:

(a) **vorgerichtlich** ohne Einleitung eines gerichtlichen Verfahrens,
(b) im **laufenden** gerichtlichen Verfahren und zwar
  (1) als Vergleich protokolliert oder
  (2) privat-schriftlich mit Vereinbarung der Rücknahme des gerichtlichen Verfahrens,
(c) **nach Erlass** des zur Zwangsvollstreckung geeigneten **Urteils** (oder sonstigen Titels),
(d) **während** der Durchführung von **Zwangsvollstreckungsmaßnahmen** oder
(e) **nach Abschluss** von **Zwangsvollstreckungsmaßnahme**.

2. Erstattungsfähigkeit der Einigungsgebühr

Die Frage der Entstehung einer Gebühr ist immer von der Frage ihrer Erstattungsfähigkeit zu unterscheiden. Grundsätzlich gehört die Einigungsgebühr Nr. 1000 Nr. 1 und Nr. 2 VV RVG auch zu den Kosten der Zwangsvollstreckung (§ 788 Abs. 1 S. 1 ZPO) und ist daher dem Grunde nach erstattungsfähig. Daher ist sie auch grundsätzlich festsetzbar (§ 788 Abs. 2 ZPO), soweit ihr Anfall glaubhaft gemacht wird (§§ 104 Abs. 2 S. 1, 294 ZPO). 245

Voraussetzung der Erstattung der Einigungsgebühr durch den Schuldner ist allerdings, dass er sich zur Übernahme verpflichtet hat.[21] 246

Andernfalls gilt die gesetzliche Folge aus § 98 ZPO, dass jede Partei ihre Kosten und damit die Einigungsgebühr selbst trägt. Allein aus dem Umstand, dass der Schuldner die Ratenzahlung aufnimmt, folgt nicht, dass dieser auch die Einigungsgebühr für eine Ratenzahlungsvereinbarung zu zahlen hat. Wenn der Schuldner die ihm zugesandte Ratenzahlungsvereinbarung mit der Kostenübernahmeerklärung nicht unterschrieben an den Gläubiger bzw. seinen RA zurücksendet, aber trotzdem mit der Ratenzahlung beginnt, kommt hierdurch nicht die Ratenzahlungsvereinbarung mit der Kostenübernahmeerklärung konkludent zustande, da das Schuldnerverhalten mehrdeutig ist.[22] Auch ein mit dem Schuldner getroffener schriftlicher Ratenzahlungsvergleich eines Inkassobüros löst nicht grundsätzlich notwendige Kosten der Zwangsvollstreckung aus. Durch die Tätigkeit eines Inkassobüros entstehen beim Abschluss einer Vollstreckungsvereinbarung – anders als bei einem RA – nicht kraft Gesetzes Gebühren in der im RVG bestimmten Höhe; vielmehr findet eine etwaige Forderung des Inkassounternehmens gegenüber seinem Auftraggeber seine Grundlage in der vertraglichen Vereinbarung zwischen beiden, zu deren Inhalt hinsichtlich der Höhe der Vergütung für die Vermittlung eines Vollstreckungsvergleichs glaubhaft vorzutragen ist.[23] 247

3. Vergütung bei Teil- oder Ratenzahlungsvereinbarung

Welche Vergütung für den RA bei seiner Mitwirkung beim Abschluss einer Teil- oder Ratenzahlungsvereinbarung entsteht, hängt maßgeblich davon ab, wann diese Vereinbarung geschlossen wird. 248

a) Kein gerichtlicher Verfahrensauftrag

Besteht noch kein gerichtlicher Verfahrensauftrag, so entsteht für die Tätigkeit des RA die Geschäftsgebühr Nr. 2300 VV RVG und für seine Mitwirkung die Einigungsgebühr Nr. 1000 Nr. 1 oder 2 VV RVG; im letzteren Fall unter Beachtung der Wertbeschränkung des § 31b RVG (s. dazu die Ausführungen unter Rdn 215). 249

21 Vgl. BGH v. 24.1.2006 – VII ZB 74/05.
22 Vgl. AG Osterode v. 17.3.2021 – 5 M 85/20.
23 Vgl. LG Mainz v. 21.6.2023 – 3 T 30/23.

b) Bereits gerichtlicher Verfahrensauftrag

250 Hat der RA bereits einen gerichtlichen Verfahrensauftrag, entsteht für die Tätigkeit des RA die jeweilige Verfahrensgebühr (der jeweiligen Instanz) und für seine Mitwirkung die Einigungsgebühr Nrn. 1000 Nr. 1 oder 2, 1003, 1004 VV RVG; im letzteren Fall wieder unter Beachtung der Wertbeschränkung des § 31b RVG (s. dazu die Ausführungen unter Rdn 215).

c) Vollstreckungsfähiger Titel liegt vor

251 Liegt bereits ein vollstreckungsfähiger Titel vor, ist dem RA aber (noch) kein Zwangsvollstreckungsauftrag erteilt, fällt die Geschäftsgebühr Nr. 2300 VV RVG an. Ist sie bereits vorgerichtlich entstanden, kann sie unter den Voraussetzungen, dass der vorgerichtliche Auftrag bereits mehr als zwei Kalenderjahre erledigt war (§ 15 Abs. 5 S. 2 RVG), erneut entstehen. Es handelt sich in diesem Fall um eine neue gebührenrechtliche Angelegenheit, so dass z.B. auch die Auslagenpauschale neu entsteht. Andernfalls liegt noch dieselbe gebührenrechtliche Angelegenheit vor, so dass der RA seine weitere Tätigkeit durch Erhöhung des Gebührensatzes vergüten lassen kann. Bei Abschluss der Teil- oder Ratenzahlungsvereinbarung entsteht daneben eine 0,7 Einigungsgebühr Nr. 1000 Nr. 2 VV RVG nach dem in § 31b RVG beschränkten Wert. Bei lediglich einer Teilzahlungsvereinbarung, bildet lediglich der Teilbetrag die Grundlage für den Wert nach § 31b RVG.

252 Wurde dem RA aber bereits Zwangsvollstreckungsauftrag erteilt, entsteht die 0,3 Verfahrensgebühr Nr. 3309 VV RVG. Für den Abschluss der Teil- oder Ratenzahlungsvereinbarung und die dafür entstehende Einigungsgebühr gilt das Vorstehende.

VI. Einigungsgebühr und „nicht anhängige" Ansprüche (Vergleichsmehrwert oder Mehrvergleich)

253 Wird im gerichtlichen Verfahren eine Einigung auch über in diesem Verfahren nicht anhängige Ansprüche getroffen, entsteht für die Einigung über die dort nicht anhängigen Ansprüche eine Einigungsgebühr. Sind diese Ansprüche in keinem anderen gerichtlichen Verfahren anhängig, entsteht die Einigungsgebühr Nr. 1000 VV RVG mit einem Gebührensatz von 1,5. Ist der in die Einigung einbezogene Gegenstand dagegen anderweitig in einem gerichtlichen Verfahren anhängig, entsteht die Einigungsgebühr (je nach Instanz) aus den Nrn. 1003, 1004 VV RVG.

VII. Kostenerstattung und Einigungsgebühr

1. Kostenaufhebung (§ 98 ZPO)

254 Einigen sich die Parteien in einem Rechtsstreit, ohne eine Regelung über die Kosten des Verfahrens und der Einigung zu treffen, ist nach § 98 ZPO davon auszugehen, dass die

Kosten als gegeneinander aufgehoben gelten sollen (Ausnahme: Sie beantragen, dass die Kostenregelung der gerichtlichen Entscheidung vorbehalten bleiben soll). Sie hat zur Folge, dass außergerichtlichen Kosten nicht erstattet werden und jeder die Hälfte der entstandenen Gerichtskosten trägt. Zu beachten ist, dass der Begriff „außergerichtliche Kosten" aus Sicht des Gerichtes zu betrachten ist, worunter also alle Kosten fallen, die keine Gerichtskosten darstellen. Das sind nicht nur die eigenen Parteikosten, sondern insbesondere deren RA-Kosten.

Die Kostenaufhebung gilt auch im Falle eines außergerichtlichen Vergleiches, wenn die Parteien nichts anderes vereinbart haben. 255

2. Abweichende Vereinbarung

Die Parteien sind darin frei, eine von § 98 ZPO abweichende Vereinbarung zu treffen. Sie können z.B. vereinbaren, dass eine Partei die gesamten Kosten des Rechtsstreits übernimmt. Liegt eine solche Regelung vor, beinhaltet sie neben der jeweiligen Betriebsgebühr und Terminsgebühr auch die Einigungsgebühr. 256

Um Auseinandersetzungen über den Umfang der vereinbarte Kostenregelung zu vermeiden, sollten die Parteien eine klare Regelung treffen. Sollen z.B. nur die Kosten der Einigung gegeneinander aufgehoben werden, so können sie vereinbaren, dass die Kosten des Rechtsstreites eine Partei ganz oder beide Parteien quotal tragen, während die Kosten des Vergleiches (und damit auch die Einigungsgebühr) gegeneinander aufgehoben werden. 257

Da § 98 ZPO zwischen den Kosten des Vergleichs einerseits und den Kosten des Rechtsstreits andererseits unterscheidet, umfassen die Kosten „des Rechtsstreits" weder die Kosten eines gerichtlichen noch die Kosten eines außergerichtlichen Vergleichs. Die Parteien können aber etwas anderes vereinbaren und die Vergleichskosten in die Kosten des Rechtsstreits einbeziehen, wobei in einer solchen abweichenden Kostenregelung die Vergleichskosten auch nicht notwendig besonders angesprochen werden müssen. Es müssen aber hinreichende Anhaltspunkte gegeben sein, dass die Parteien die Kosten des Vergleichs als Kosten des Rechtsstreits behandeln wollen. Das ist bei den Kosten eines gerichtlichen Vergleichs regelmäßig angenommen worden, weil er zu dem eigentlichen Prozessgeschehen gehört, dessen Kosten von den Parteien gewöhnlich als Einheit angesehen werden.[24] Anders ist das beim außergerichtlichen Vergleich, dessen Kosten nur dann zu den zu erstattenden Kosten des Rechtsstreits gehören, wenn die Parteien das vereinbart haben.[25] 258

24 Vgl. LAG Berlin-Brandenburg v. 11.10.2024 – 26 Ta (Kost) 6048/24; BGH v. 25.9.2008 – V ZB 66/08.
25 BGH, a.a.O.

3. Einigungsgebühr für mehrere Anwälte

259 Haben die Parteien in die Kostenregelung auch die Kosten des Vergleiches einbezogen oder das Gericht eine entsprechende Kostenentscheidung getroffen, so ist bei Anfall der Einigungsgebühr sowohl bei einem Unterbevollmächtigten/Terminsvertreter als auch dem Hauptbevollmächtigten die doppelt entstandene Einigungsgebühr erstattungsfähig, soweit aus Sicht der erstattungsberechtigten Partei eine Einigung für sie nicht voraussehbar war und sie daher nicht damit rechnen brauchte (vgl. BGH, Beschl. v. 26.2.2014 – XII ZB 499/11 – für den Fall eines Widerrufsvergleichs). Anders liegt der Fall bei einem Verkehrsanwalt, weil dessen Kosten im Regelfall schon nicht erstattungsfähig sind.

VIII. Einigungsgebühr bei bewilligter Beratungshilfe

260 **Nr. 2508**

Nr.	Gebührentatbestand	Gebühr oder Satz der Gebühr nach § 13 RVG
2508	**Einigungs- und Erledigungsgebühr** (1) Die Anmerkungen zu Nummern 1000 und 1002 sind anzuwenden. (2) Die Gebühr entsteht auch für die Mitwirkung bei einer außergerichtlichen Einigung mit den Gläubigern über die Schuldenbereinigung auf der Grundlage eines Plans (§ 305 Abs. 1 Nr. 1 InsO).	**180,00 EUR**

261 Mit der Nr. 2508 VV RVG wird die Einigungs- und Erledigungsgebühr geregelt, die der RA erhält, wenn er im Zuge der bewilligten Beratungshilfe an einer Einigung mitwirkt. In der Anm. Abs. 1 zu Nr. 2508 VV RVG wird auf die Anm. zu den Nrn. 1000 und 1002 VV RVG verwiesen. Es gelten somit dieselben Voraussetzungen. Durch Anm. Abs. 2 zu Nr. 2508 VV RVG wird klargestellt, dass eine Einigungsgebühr auch dann entsteht, wenn die außergerichtliche Einigung mit den Gläubigern über die Schuldenbereinigung auf der Grundlage eines Plans nach § 305 Abs. 1 InsO erfolgt.

IX. Hebegebühr

Nr. 1009 262

Nr.	Gebührentatbestand	Gebühr oder Satz der Gebühr nach § 13 RVG
1009	**Hebegebühr** **1. bis einschließlich 2.500,00 EUR** **2. von dem Mehrbetrag bis einschließlich 10.000,00 EUR** **3. von dem Mehrbetrag über 10.000,00 EUR**	 **1,0 %** **0,5 %** **0,25 % des aus- oder zurückgezahlten Betrages – mindestens 1,00 EUR**
	(1) Die Gebühr wird für die Auszahlung oder Rückzahlung von entgegengenommenen Geldbeträgen erhoben. (2) Unbare Zahlungen stehen baren Zahlungen gleich. Die Gebühr kann bei der Ablieferung an den Auftraggeber entnommen werden. (3) Ist das Geld in mehreren Beträgen gesondert ausgezahlt oder zurückgezahlt, wird die Gebühr von jedem Betrag besonders erhoben. (4) Für die Ablieferung oder Rücklieferung von Wertpapieren und Kostbarkeiten entsteht die in den Absätzen 1 bis 3 bestimmte Gebühr nach dem Wert. (5) Die Hebegebühr entsteht nicht, soweit Kosten an ein Gericht oder eine Behörde weitergeleitet oder eingezogene Kosten an den Auftraggeber abgeführt oder eingezogene Beträge auf die Vergütung verrechnet werden.	

1. Allgemeines zur Hebegebühr

Die Hebegebühr kann in jedem Verfahrensabschnitt entstehen. Es ist weder erforderlich, dass ein Rechtsstreit geführt wird oder wurde, noch, dass die Vollstreckung durchgeführt wird. 263

Durch die Hebegebühr wird die über die allgemeine Tätigkeit hinausgehende Verwahrungstätigkeit des RA von Geld, Wertpapieren und Kostbarkeiten abgegolten. Neben der Hebegebühr erhält der RA ggf. Auslagen nach Teil 7 VV RVG. Mit der Gebühr wer- 264 den die Annahme, Verwahrung und Ablieferung und die damit verbundenen üblichen Verwaltungstätigkeiten abgegolten.

265 Voraussetzung des Anfalls der Hebegebühr ist, dass der Auftraggeber dem RA einen entsprechenden Verwahrungsauftrag erteilt hat. Dieser liegt nicht schon vor, wenn der Auftraggeber dem RA eine Prozessvollmacht erteilt hat. Ist dort aber vorgesehen, dass der RA auch den Streitgegenstand in Empfang nehmen kann, wird darin ein entsprechender Verwahrungsauftrag gesehen.[26]

266 Die Hebegebühr entsteht erst mit dem Ende der Verwahrungstätigkeit, also mit der Aus- oder Rückzahlung von Geld oder der Ab- bzw. Rücklieferung von Wertpapieren und Kostbarkeiten. Wer Empfänger ist, ist dabei unerheblich.

267 Ebenso ist es gem. Anm. Abs. 2 S. 1 zu Nr. 1009 VV RVG unerheblich, ob die Zahlung bar oder unbar erfolgt.

268 Der RA ist gem. Anm. Abs. 2 S. 2 zu Nr. 1009 VV RVG berechtigt, die Hebegebühr dem zurück- oder auszuzahlenden Betrag zu entnehmen. Er schuldet dem Auftraggeber dann aber eine ordnungsgemäße Rechnung i.S.v. § 10 RVG.

2. Höhe der Hebegebühr – mehrere Einzelbeträge und Ratenzahlung

269 Die Höhe der Hebegebühr ist prozentual abhängig von der Höhe der erfolgten Auszahlung. Jede Auszahlung löst den Anspruch auf die Hebegebühr erneut aus.

Sie beträgt mindestens 1 EUR und ist gem. § 2 Abs. 2 RVG auf den vollen Cent (bei 0,5 oder höher) auf- bzw. abzurunden. Die Höhe der Gebühr beträgt 1 % bei Geldbeträgen bis zu einschließlich 2.500 EUR (Nr. 1009 Nr. 1 VV RVG). Von dem Mehrbetrag ab 2.500,01 EUR bis einschließlich 10.000 EUR beträgt die Hebegebühr 0,5 % (Nr. 1009 Nr. 2 VV RVG). Von dem Mehrbetrag ab 10.000,01 EUR beträgt die Hebegebühr weitere 0,25 % (Nr. 1009 Nr. 3 VV RVG).

270 *Praxistipp:*

Der RA ist grundsätzlich verpflichtet, eingehende Fremdgelder unverzüglich an den Auftraggeber weiterzuleiten (§ 43a Abs. 7 BRAO, § 4 BORA). Für den Auftraggeber kann das im Hinblick auf die Hebegebühr unerfreulich sein, wenn der Schuldner nur geringe Ratenzahlungen leistet (vgl. Anm. Abs. 3 zu Nr. 1009 VV RVG). Auch der Verwaltungsaufwand für den Anwalt ist wesentlich höher, wenn er jeden Monat Teilbeträge weiterleiten muss. Mit dem Auftraggeber kann der RA einen anderen Auszahlungsmodus vereinbaren, z.B. eine quartalsweise oder halbjährliche Sammelüberweisung.

26 BGH v. 24.1.1978 – VI ZR 264/76.

3. Kein Anfall der Hebegebühr

a) Weiterleitung von Kosten (Gerichtskosten und Kosten eines fremden RA)

Keine Hebegebühr kann der RA gem. Anm. Abs. 5 zu Nr. 1009 VV RVG berechnen, soweit er Kosten an ein Gericht oder eine Behörde weiterleitet, eingezogene Kosten an den Auftraggeber abführt oder eingezogene Beträge auf seine Vergütung verrechnet. **271**

Zahlt der Auftraggeber für das gerichtliche Verfahren einen Vorschuss auf die Gerichtskosten an den RA und leitet er diese an das Gericht weiter (z.B. bei Erhebung der Klage oder für die Ladung von Zeugen), entsteht für diese Tätigkeit keine Hebegebühr. **272**

Ist ein **Kostenfestsetzungsbeschluss** ergangen und zahlt der Gegner die festgesetzten Kosten direkt an den RA (s. § 81 letzter Hs. ZPO), der sie daraufhin an den Auftraggeber weiterleitet, entsteht keine Hebegebühr dafür. Anders liegt der Fall, wenn der RA aus dem Kostenfestsetzungsbeschluss vollstreckt. Zieht der RA dann die Forderung ein und leitet sie an den Auftraggeber weiter, kann er aus dem Betrag der Forderung (aber ohne Berücksichtigung der Vollstreckungskosten) die Hebegebühr berechnen. **273**

b) Verrechnung von Beträgen mit eigenen Vergütungsansprüchen

Wenn der RA eingezogene Beträge (also nicht nur eingezogene Kosten, sondern auch sonstige eingezogene Beträge, wie z.B. die Hauptforderung) mit eigenen Vergütungsansprüchen verrechnet, entsteht ebenfalls keine Hebegebühr. **274**

> *Beispiel:*
>
> *Der RA hat für den Auftraggeber einen Betrag i.H.v. 5.000 EUR als Hauptforderung im Wege der Zwangsvollstreckung beigetrieben (in dem Betrag ist keine Kostenforderung enthalten). Der Auftraggeber hat aber einen Vergütungsanspruch des RA von 970 EUR noch nicht erfüllt. Der RA verrechnet den offenen Vergütungsbetrag mit dem eingezogenen Betrag und informiert den Auftraggeber schriftlich über die vorgenommene Verrechnung.*
>
> Der RA zahlt 4.030 EUR aus (– 5.000 EUR – 970 EUR).
>
> Die Berechnung der Gebühr darf nur aus dem nach Verrechnung verbleibenden Betrag von 4.030 EUR erfolgen. Da keine Auslagen entstanden sind, kann der RA berechnen:

Hebegebühr, §§ 1, 2, Nr. 1009 Nr. 1, Nr. 2 VV RVG (Wert: 4.030 EUR)	*32,65 EUR*
19 % USt, §§ 1, 2, Nr. 7008 VV RVG	*6,20 EUR*
Summe	***38,85 EUR***

> *Die Summe behält der RA ein, sodass er 3.991,25 EUR (= 4.030 EUR – 38,85 EUR) an den Auftraggeber auszahlt.*

4. Erstattungsfähigkeit der Hebegebühr

275 Ob die Hebegebühr von einem Dritten zu erstatten ist, hängt davon ab, ob es sich dabei um notwendige Kosten des Rechtsstreites (§ 91 Abs. 1 ZPO) oder der Zwangsvollstreckung (§ 788 Abs. 1 S. 1 ZPO) handelt. Das kann bejaht werden, wenn der RA bei der Empfangnahme, Aus- oder Rückzahlung der Beträge hinzugezogen werden musste (z.B. aufgrund der Person oder des Verhaltens des Schuldners oder der schwierigen Rechtslage).

So ist die Hebegebühr nicht nur erstattungsfähig, wenn der Schuldner sie freiwillig übernommen hat, sondern auch, wenn er, ohne vom Gläubiger oder dessen RA dazu aufgefordert zu sein, an den RA des Gläubigers zahlt.[27] Das gilt in diesem Fall auch für die Haftpflichtversicherung des Schädigers[28] oder, wenn der RA unter ausdrücklichem Hinweis auf Nr. 1009 VV RVG die gegnerische Versicherung zur Zahlung an sich auffordert.[29] Erstattungsfähigkeit ist auch gegeben, wenn die Zahlung an den RA im Vergleich geregelt worden ist[30] und die Haftpflichtversicherung des Schädigers an den RA zahlt.

5. Festsetzbarkeit der Hebegebühr

276 Die Hebegebühr kann ohne Ausnahmen im Kostenfestsetzungsverfahren des Rechtsstreites (§§ 103 ff. ZPO) oder in der Zwangsvollstreckung (§ 788 Abs. 2 ZPO) geltend gemacht und festgesetzt werden.

X. Verfahrensgebühr

1. Allgemeines zur Verfahrensgebühr

277 Überschrift zu Teil 3 VV RVG

Zivilsachen, Verfahren der öffentlich-rechtlichen Gerichtsbarkeiten, Verfahren nach dem Strafvollzugsgesetz, auch in Verbindung mit § 92 des Jugendgerichtsgesetzes, und ähnliche Verfahren

Vorbemerkung 3 Abs. 2 VV RVG

(2) Die Verfahrensgebühr entsteht für das Betreiben des Geschäfts einschließlich der Information.

27 LG Frankfurt a.M. v. 7.4.2022 – 2-15 O 74/20; LG Karlsruhe v. 5.3.2019 – 3 O 22/14.
28 AG Steinfurt v. 22.8.1995 – 21 C 187/95.
29 LG Mannheim v. 13.2.2014 – 10 S 71/13.
30 BGH v. 11.1.2007 – VII ZB 28/06.

Nr.	Gebührentatbestand	Gebühr oder Satz der Gebühr nach § 13 RVG
3100	**Verfahrensgebühr, soweit in Nummer 3102 nichts anderes bestimmt ist** (1) Die Verfahrensgebühr für ein vereinfachtes Verfahren über den Unterhalt Minderjähriger wird auf die Verfahrensgebühr angerechnet, die in dem nachfolgenden Rechtsstreit entsteht (§ 255 FamFG). (2) Die Verfahrensgebühr für ein Vermittlungsverfahren nach § 165 FamFG wird auf die Verfahrensgebühr für ein sich anschließendes Verfahren angerechnet.	1,3

278

Die Verfahrensgebühr zählt zu den sog. **Betriebsgebühren**. In Teil 3 entstehen grds. alle Verfahrensgebühren für das Betreiben des Geschäfts einschließlich der Information. Wie sich aus der Überschrift zu Teil 3 VV RVG ergibt, ist für eine Vielzahl von gerichtlichen Verfahren die Verfahrensgebühr aus Teil 3 VV RVG anwendbar (Ausnahmen: Teil 4, Teil 5 und Teil 6 VV RVG). Es gibt jedoch nicht nur eine Verfahrensgebühr. Für alle möglichen Verfahren und Instanzen sieht das RVG eine eigene Verfahrensgebühr vor. Für das Mahnverfahren berechnet der RA eine Verfahrensgebühr gem. Nr. 3305 VV RVG, für diverse gerichtliche Verfahren erster Instanz die Verfahrensgebühr gem. Nr. 3100 VV RVG, im Berufungsverfahren regelmäßig die Verfahrensgebühr der Nr. 3200 VV RVG, im Revisionsverfahren die Verfahrensgebühr der Nr. 3206 VV RVG – für diverse besondere Verfahren gibt es dann ebenfalls eine Reihe besonderer Verfahrensgebühren (z.B. Zwangsvollstreckung Nr. 3309 VV RVG, PKH-Bewilligungsverfahren Nr. 3335 VV RVG, Terminsvertreter/Unterbevollmächtigter Nr. 3401 VV RVG). 279

Die Verfahrensgebühr ist der Definition nach der **Geschäftsgebühr** sehr ähnlich. Es gibt aber wesentliche Unterschiede: 280

2. Unterschiede Verfahrensgebühr und Geschäftsgebühr

a) Auftrag für gerichtliches Verfahren

Die Verfahrensgebühr kann nur entstehen, wenn der RA zumindest den **unbedingten Auftrag** für ein **gerichtliches Verfahren** erhalten hat. Ist der RA nur vor- bzw. außergerichtlich beauftragt, kann keine Verfahrensgebühr entstehen. Oftmals wird gesagt, dass die Verfahrensgebühr nur in einem gerichtlichen Verfahren entstehen könne. Das ist aber nicht ganz zutreffend, weil bei einem entsprechenden unbedingten gerichtlichen Auftrag mit Entgegennahme der Information (Vorb. 3 Abs. 2 VV RVG) bereits die Verfahrensgebühr vor Anhängigkeit eines gerichtlichen Verfahrens ausgelöst wird. 281

b) Feststehender Gebührenrahmen

282 Der Gebührenrahmen der Verfahrensgebühr ist feststehend. Die Verfahrensgebühr ist also keine Satzrahmengebühr, die nach dem Umfang oder der Schwierigkeit vom RA zu bestimmen ist. Der Gebührenrahmen der Verfahrensgebühr kann sich aus anderen Gründen (z.B. wegen vorzeitiger Erledigung) ändern. Die Höhe der Verfahrensgebühr hängt davon ab, in welcher Instanz die Verfahrensgebühr für welche Art von Verfahren entsteht. Daneben hängt die Höhe der Verfahrensgebühr noch davon ab, wer sie fordert (z.B. Verkehrsanwalt und Unterbevollmächtigter).

c) Anrechnung

283 Die Verfahrensgebühr unterliegt in bestimmten Fällen ebenfalls der **Anrechnung.** Ist sie z.B. für ein vereinfachtes Verfahren über den Unterhalt Minderjähriger nach § 249 ff. FamFG entstanden, wird sie auf die Verfahrensgebühr angerechnet, die in dem nachfolgenden Rechtsstreit nach § 255 FamFG entsteht (§ 17 Nr. 3, Anm. Abs. 1 zu Nr. 3100 VV RVG). Gleiches gilt bei einem Vermittlungsverfahren nach § 165 FamFG (§ 17 Nr. 8, Anm. Abs. 2 zu Nr. 3100 VV RVG). Weitere Anrechnungen ergeben sich z.B. aus Vorb. 3 Abs. 5 VV RVG (selbstständiges Beweisverfahren), Vorb. 3 Abs. 6 VV RVG (Zurückverweisung, § 21 Abs. 1) und Vorb. 3 Abs. 7 VV RVG (nach Abstandnahme vom Urkunden- oder Wechselprozess bzw. Anhängigkeit nach einem Vorbehaltsurteil, § 17 Nr. 5 RVG).

3. Abgeltungsbereich der Verfahrensgebühr

284 Nach der gesetzlichen Definition der Verfahrensgebühr entsteht diese für das „Betreiben des Geschäfts einschließlich der Information“. Darunter fällt also nach unbedingter Auftragserteilung z.B. die Entgegennahme der Unterlagen des Mandanten, Besprechungen mit dem Mandanten oder Dritten, die Beratung des Mandanten, das Fertigen von Schreiben oder das Einreichen von Schriftsätzen usw. Der RA muss also nicht zwingend nach außen hin tätig werden, damit die Verfahrensgebühr entsteht. Ob sie in voller Höhe oder nur vermindert entsteht, richtet sich aber nach der konkreten Tätigkeit des RA (s. z.B. nachfolgend Rdn 286).

285 Ist ein unbedingter gerichtlicher Auftrag dem RA erteilt, kann neben der Verfahrensgebühr (anders als bei einem vor- bzw. außergerichtlichen Auftrag, wie unter Rdn 152 ausgeführt) auch eine **Terminsgebühr** entstehen. Allgemein kann die Terminsgebühr unter den dafür vorgegebenen Voraussetzungen neben jeder Verfahrensgebühr entstehen, solange das RVG nicht ausdrücklich etwas anderes regelt.

286 Kommt es nach dem unbedingten Auftrag zur Vertretung in einem gerichtlichen Verfahren nicht zur Einleitung des Verfahrens (z.B. reicht der RA keinen Schriftsatz, der Sachvortrag oder einen Sachantrag enthält ein), erhält der RA nur die verminderte Verfahrens-

gebühr (z.B. Nr. 3101 Nr. 1 VV RVG in der ersten Instanz oder Nr. 3201 VV RVG im Berufungsverfahren).

Nach unbedingter Auftragserteilung entsteht daher grds. zuerst die 0,8 Verfahrensgebühr Nr. 3101 Nr. 1 VV RVG, sobald der RA in Ausführung seines Auftrags tätig wird bzw. Informationen seines Mandanten entgegennimmt. Reicht der RA dann einen Schriftsatz, der Sachvortrag oder einen Sachantrag enthält, ein, entsteht die 1,3 Verfahrensgebühr Nr. 3100 VV RVG. Soweit der Gegenstand derselbe ist, geht die 0,8 Verfahrensgebühr Nr. 3101 Nr. 1 VV RVG in der 1,3 Verfahrensgebühr Nr. 3100 VV RVG auf. Möglich ist aber auch, dass sich der Gegenstand zwischen der Auftragserteilung und der gerichtlich bezogenen Tätigkeit ändert. 287

Beispiel:

Dem RA war wegen einer Forderung i.H.v. 10.000 EUR ein unbedingter Klageauftrag erteilt worden. Bevor der RA die Klage einreicht, bemüht er sich noch einmal durch eine telefonische Besprechung mit dem Gegner, den Streit einvernehmlich beizulegen. Eine Einigung über den gesamten Streitgestand kann zwar nicht erzielt werden. Allerdings leistet der Gegner eine Teilzahlung i.H.v. 5.000 EUR. Der RA reicht auftragsgemäß die Klage jetzt noch nur wegen der verbliebenen 5.000 EUR ein.

Vergütungsberechnung	
gem. §§ 1, 2, 13 RVG	
0,8 Verfahrensgebühr, Nr. 3101 Nr. 1, 3100 VV RVG	283,60 EUR
Gegenstandswert: 5.000 EUR	
1,3 Verfahrensgebühr, Nr. 3100 VV RVG	460,85 EUR
Gegenstandswert: 5.000 EUR	
(Die Gebührenobergrenze gem. § 15 Abs. 3 wurde beachtet: beide Verfahrensgebühren dürfen nicht mehr als eine 1,3 Gebühr aus einem Gegenstandswert i.H.v. 10.000 EUR = 847,60 EUR *betragen.)*	
1,2 Terminsgebühr, Vorb. 3 Abs. 3 S. 3 Nr. 2 VV RVG	782,40 EUR
Gegenstandswert: 10.000 EUR	
Auslagenpauschale, Nr. 7002 VV RVG	20,00 EUR
Zwischensumme der Vergütung (netto)	1.546,85 EUR
19 % USt gem. Nr. 7008 VV RVG	293,90 EUR
Summe	***1.840,75 EUR***

4. Besonderheiten: Antrag auf Bewilligung von PKH

288 Ist dem RA kein unbedingter Klageauftrag erteilt, sondern ein bedingter für den Fall, dass PKH bzw. VKH bewilligt wird, entsteht für die Vertretung des RA im PKH/VKH-Bewilligungsverfahren nicht die Verfahrensgebühr Nr. 3100 VV RVG, sondern in allen Instanzen eine Verfahrensgebühr Nr. 3335 VV RVG, die max. 1,0 beträgt. Dies gilt selbst dann, wenn der RA im Rahmen des PKH-Bewilligungsverfahrens die Klageschrift bereits als Entwurf mit einreicht.

5. Vorzeitige Erledigung des Auftrags

289 Endet der Prozessauftrag, bevor der RA die Klage oder einen sonstigen Schriftsatz, der Sachvortrag oder einen Sachanträgt enthält, einreichen konnte, entsteht nicht die „volle" Verfahrensgebühr Nr. 3100 VV RVG (s. z.B. vorheriges Beispiel unter Rdn 287). Anstelle der „vollen" Gebühr entsteht im Fall der sog. „vorzeitigen Beendigung des Auftrags" die „verminderte" Verfahrensgebühr Nr. 3101 Nr. 1 VV RVG (im Falle der Vertretung im PKH/VKH-Bewilligungsverfahren vermindert sich die max. 1,0 Verfahrensgebühr Nr. 3335 VV RVG bei einer vorzeitigen Beendigung auf eine 0,5 Verfahrensgebühr Nr. 3337 VV RVG).

6. Mehrere Auftraggeber

290 Vertritt der RA wegen desselben Gegenstands mehrere Auftraggeber, erhöht sich die wertgebundene Verfahrensgebühr nach Nr. 1008 VV RVG um 0,3 je weiteren Auftraggeber. Die Erhöhung selbst ist aber begrenzt auf max. 2,0. Vertritt der RA in diesem Fall also mehr als sieben Auftraggeber, ist diese Höchstgrenze erreicht.

> *Beispiel:*
>
> *Der RA vertritt eine Erbengemeinschaft bestehend aus 11 Personen und reicht für diese Klage ein.*
>
> Die Verfahrensgebühr Nr. 3100 VV RVG beträgt 1,3 ohne Erhöhung. Für die zehn weiteren Auftraggeber erhöht sich die Verfahrensgebühr des RA jetzt aber nicht um 3,0, sondern max. um 2,0. Insgesamt erhöht sich die Verfahrensgebühr somit auf 3,3.

XI. Verfahrensgebühr Nr. 3101 Nr. 1 VV RVG

291

Nr.	Gebührentatbestand	Gebühr oder Satz der Gebühr nach § 13 RVG
3101	**1. Endigt der Auftrag, bevor der Rechtsanwalt die Klage, den ein Verfahren einleitenden Antrag oder einen Schriftsatz, der Sachanträge, Sachvortrag, die Zurücknahme der Klage oder die Zurücknahme des Antrags enthält, eingereicht oder bevor er einen gerichtlichen Termin wahrgenommen hat;**	**0,8**

1. Allgemeines

Die 0,8 Verfahrensgebühr Nr. 3101 Nr. 1 VV RVG entsteht erstinstanzlich, wenn der Auftrag des RA vorzeitig endet. 292

Beispiel: 293

Dem Auftraggeber ist eine Klage zugestellt worden. Er beauftragt den RA mit seiner Verteidigung im gerichtlichen Verfahren und übersendet dem RA dafür einige Unterlagen. Bevor der RA die Klageerwiderung für den Auftraggeber als Beklagten gefertigt hat, wird dem Auftraggeber durch das Gericht die Klagerücknahme zugestellt.

Lösung: Obwohl der RA den Auftrag hatte, den Beklagten im gerichtlichen Verfahren zu vertreten, ist es nicht mehr zu einer gerichtlichen Tätigkeit des RA gekommen. Es ist in diesem Fall lediglich die 0,8 Verfahrensgebühr Nr. 3101 Nr. 1 VV RVG entstanden.

Beispiel: 294

Der Auftraggeber erteilt dem RA den Auftrag, eine einstweilige Verfügung auf Unterlassung zu erwirken. Der RA nimmt mit dem künftigen Antragsgegner zuvor persönlich Kontakt auf, um mit ihm ggf. doch noch eine vergleichsweise Lösung zu finden – was dem RA auch gelingt. Den Antrag auf Erlass einer einstweiligen Verfügung muss der RA nicht mehr einreichen.

Lösung: Da dem RA ein unbedingter gerichtlicher Verfahrensauftrag erteilt wurde, fallen für ihn die Gebühren nach Teil 3 VV RVG an. Da der Auftrag aber vorzeitig beendet wurde, ist lediglich eine 0,8 Verfahrensgebühr Nr. 3101 Nr. 1 VV RVG entstanden. Insgesamt kann der RA an Gebühren berechnen:

0,8 Verfahrensgebühr, §§ 1, 2, 13, Nr. 3101 Nr. 1 VV RVG,

1,2 Terminsgebühr, §§ 1, 2, 13, Vorb. 3 Abs. 3 S. 3 Nr. 2 VV RVG,

1,5 Einigungsgebühr, §§ 1, 22, 13, Nr. 1000 VV RVG.

Da zum Zeitpunkt der Einigung kein gerichtliches Verfahren anhängig gewesen ist, entsteht die Einigungsgebühr mit 1,5 und nicht mit 1,0 nach Nr. 1003 VV RVG.

295 Bei der Frage, wann eine vorzeitige Beendigung des Auftrags vorliegt, ist auf die subjektive Kenntnis des RA abzustellen. Es kommt somit darauf an, wann der RA Kenntnis von der Beendigung seines Auftrags hat bzw. haben musste. Das kann also ggf. auch später als nach der tatsächlichen objektiven Verfahrenslage der Fall sein.

296 *Beispiel:*

Der Kläger nimmt die Klage schriftsätzlich am 10.01. zurück. Der RA des Beklagten fertigt in Unkenntnis der Klagerücknahme die Klageerwiderung am 15.01. und reicht diese beim Gericht ein. Obwohl der Rechtsstreit prozessual als nicht mehr anhängig gilt, der Auftrag grds. damit als beendet anzusehen wäre, wusste der RA des Beklagten nichts von der Erledigung. Daher ist für den RA des Beklagten die 1,3 Verfahrensgebühr Nr. 3100 VV RVG entstanden.

2. Vorrang der Regelung der Nr. 3101 Nr. 1 VV RVG vor § 15 Abs. 4 RVG

297 **§ 15 Abgeltungsbereich der Gebühren**

(…)

(4) Auf bereits entstandene Gebühren ist es, soweit dieses Gesetz nichts anderes bestimmt, ohne Einfluss, wenn sich die Angelegenheit vorzeitig erledigt oder der Auftrag endigt, bevor die Angelegenheit erledigt ist.

(…)

298 Die **Reduzierung** einer Gebühr erfolgt grds. nur, wenn das RVG das ausdrücklich bestimmt. Denn nach § 15 Abs. 4 RVG gilt, dass der RA einmal bereits entstandene Gebühren nicht dadurch verliert, wenn sich die Angelegenheit vorzeitig erledigt oder der Auftrag endigt, bevor die Angelegenheit erledigt ist. Nr. 3101 Nr. 1 VV RVG schränkt somit den Anwendungsbereich von § 15 Abs. 4 RVG ein.

299 Aus § 15 Abs. 4 RVG folgt auch, dass eine Verringerung des **Gegenstandswertes** nicht zu einer Verringerung der bereits aus dem Gegenstandswert entstandenen Gebühr führt. Allenfalls für die danach entstehenden Gebühren kann die Verringerung des Gegenstandswertes Bedeutung erlangen.

300 Bei der Anwendung von § 15 Abs. 4 RVG sind zwei Fälle zu unterscheiden:

- die vorzeitige Erledigung der Angelegenheit und
- das Ende des Auftrags, bevor die Angelegenheit erledigt ist.

Eine **vorzeitige** Erledigung einer Angelegenheit ist gegeben, wenn der durch den Mandanten erteilte Auftrag vor der Ausführung durch den RA gegenstandslos wird.

Der Auftrag **endet** vorzeitig, wenn der Anwaltsvertrag aufgehoben oder gekündigt wird, bevor der RA alle vom Auftrag umfassten Tätigkeiten für den Auftraggeber vorgenommen hat.

Der Anwaltsvertrag verpflichtet den RA, die durch den Auftraggeber bestimmte Rechtsangelegenheit bis zu ihrem völligen Abschluss zu bearbeiten. Da der zwischen RA und Auftraggeber geschlossene Vertrag zumeist ein **Dienstvertrag** (oder auch **Geschäftsbesorgungsvertrag**) ist, kann dieser Dienstvertrag grds. von jedem der Vertragspartner ohne Einhaltung von Kündigungsfristen gekündigt werden (§ 627 BGB). 301

3. Ermäßigung der Vergütung bei Kündigung des Anwaltsvertrags

a) Kündigung ohne vertragswidriges Verhalten des Auftraggebers/Kündigung des Auftraggebers bei vertragswidrigem Verhalten des RA

Beabsichtigt der RA, einen Anwaltsvertrag zu kündigen, kann dies Auswirkungen auf seinen Vergütungsanspruch haben. 302

Da auf den Anwaltsvertrag die Vorschriften des Dienstvertrags (§§ 611 ff. BGB, insbes. §§ 627 ff. BGB) anwendbar sind, löst die Kündigung die Folgen des § 628 Abs. 1 S. 2 BGB aus. Aus diesem Grund kann eine bereits entstandene Gebühr entfallen. Das kann der Fall sein, wenn der RA das Mandatsverhältnis kündigt, das Verhalten des Auftraggebers dazu aber keinen Anlass gegeben hat. Andersherum kann das Verhalten des RA Anlass für die Kündigung des Auftraggebers sein. Bearbeitet der RA z.B. die Angelegenheit des Auftraggebers über einen längeren Zeitraum nicht und beantwortet auch nicht seine Anfragen, liegt u.U. ein schuldhaft vertragswidriges Verhalten vor, das dem Auftraggeber das Recht zur Kündigung gibt. 303

In den beispielhaft genannten Fällen hat die bisherige Leistung des RA möglicherweise kein Interesse mehr für den Auftraggeber. Oftmals wird er bereits einen anderen RA mit seiner weiteren anwaltlichen Vertretung beauftragt haben. Da der neue RA seinerseits einen Anspruch auf Vergütung hat, ist der Auftraggeber daher zweimal mit einem ggf. identischen Vergütungsanspruch konfrontiert. Hat der Auftraggeber seinem bisherigen RA daher begründeterweise gekündigt, hat er kein Interesse mehr an dessen bisherigen Leistungen. Der RA verliert damit ggf. seinen vollständigen Anspruch auf die bisher erzielte Vergütung und muss u.U. sogar bereits erhaltene Zahlungen seitens des Auftraggebers zurückzahlen. 304

Um solche Folgen zu vermeiden, ist der RA daher gut beraten, das ihm erteilte Mandatsverhältnis nur aufgrund vertragswidrigen Verhaltens des Auftraggebers zu kündigen. 305

Selbstverständlich kann der Auftraggeber das Auftragsverhältnis jederzeit beenden. Auf den Vergütungsanspruch hat die Kündigung nur dann Auswirkungen, wenn er hierzu durch das **vertragswidrige** Verhalten des RA veranlasst worden ist. Auch der RA kann 306 grds. jederzeit das Auftragsverhältnis kündigen, kann aber im Zweifel dadurch seinen Vergütungsanspruch verlieren.

b) Kündigung bei vertragswidrigem Verhalten des Auftraggebers

307 Der RA ist nicht verpflichtet, einen Auftraggeber zu vertreten, der sich ihm gegenüber vertragswidrig verhält. Daher kann der RA in einem solchen Fall das Mandat kündigen. Die Kündigung hat zur Folge, dass der RA alle bis zur Kündigung entstandenen Gebühren vom Auftraggeber fordern kann. Daran ändert sich auch nichts, wenn der Auftraggeber (z.B. in einem Rechtsstreit mit Anwaltszwang) einen weiteren RA beauftragen muss, dem er dann ebenfalls eine Vergütung schuldet.

308 Je nachdem, aus welchem Grund die Kündigung erfolgte, unterscheidet sie sich in ihrer Wirkung und ihren Folgen. Liegt die vom RA beabsichtigte Kündigung in einem vertragswidrigen Fehlverhalten des Auftraggebers, sollte er den Auftraggeber zuvor auf die Folgen bei Wiederholung des Fehlverhaltens hinweisen und ihm die drohenden Konsequenzen der Kündigung verdeutlichen. Aus Beweiszwecken sollte der RA einen **schriftlichen** Hinweis erteilen. Ist das Vertrauensverhältnis zwischen RA und Auftraggeber allerdings endgültig zerrüttet und eine weitere Zusammenarbeit ihm nicht mehr zuzumuten, muss er den Auftraggeber vor Ausspruch der Mandatskündigung nicht zuvor auf sein Fehlverhalten hinweisen.

309 Da der RA gem. § 9 RVG einen **angemessenen Vorschuss** auf seine Vergütung (also in Höhe der voraussichtlich entstehenden Gebühren und Auslagen) vom Auftraggeber fordern darf, stellt die Nichtzahlung des Vorschusses eine Pflichtverletzung des Auftraggebers dar. Der RA muss den Auftraggeber aber hier zuvor darauf hinweisen, dass er ohne Zahlung nicht weiter für ihn tätig werden und/oder ggf. das Mandat kündigen wird. Auch darf sich der RA hier nicht widersprüchlich verhalten, indem er einerseits den Vorschuss fordert, dann aber dennoch tätig wird.

310 *Hinweis:*

Der Anwalt kann die Übernahme des Auftrags von einer Zahlung des Vorschusses abhängig machen und ist auch nicht verpflichtet, die Vorschusszahlung in Raten zu akzeptieren.

4. Abschließende Regelung in Nr. 3101 Nr. 1 VV RVG

311 Die Verfahrensgebühr Nr. 3101 Nr. 1 VV RVG regelt, unter welchen Voraussetzungen der RA bei vorzeitiger Beendigung der Angelegenheit lediglich eine 0,8 Verfahrensgebühr verdient.

Eine Angelegenheit kann vorzeitig enden, wenn z.B. der Auftraggeber den erteilten Prozessauftrag kündigt oder der RA (z.B. aus Altersgründen) seine Zulassung zurückgibt oder (aufgrund Fehlverhaltens) sie ihm entzogen wird. Die Angelegenheit kann sich erledigen, wenn z.B. die Parteien eine Einigung ohne Mitwirkung des RAs erzielen können.

5. Verfahrensgebühr Nr. 3101 Nr. 1 VV RVG und mehrere Auftraggeber

Vertritt der RA mehrere Auftraggeber, erhöht sich auch die Verfahrensgebühr Nr. 3101 Nr. 1 VV RVG um 0,3 für jeden zusätzlichen Auftraggeber. Die Erhöhung nach Nr. 1008 VV RVG kann nicht mehr als 2,0 betragen (s. Rdn 290). 312

XII. Verfahrensgebühr Nr. 3101 Nr. 2 VV RVG

Verkürzte Darstellung der Nr. 3101 Nr. 2 VV RVG 313

Nr.	Gebührentatbestand	Gebühr oder Satz der Gebühr nach § 13 RVG
3101	(...) 2. soweit Verhandlungen vor Gericht zur Einigung der Parteien oder der Beteiligten oder mit Dritten über in diesem Verfahren nicht rechtshängigen Ansprüche geführt werden; der Verhandlung über solche Ansprüche steht es gleich, wenn beantragt ist, eine Einigung zu Protokoll zu nehmen oder das Zustandekommen einer Einigung festzustellen (§ 278 Abs. 6 ZPO), oder wenn eine Einigung dadurch erfolgt, dass die Beteiligten einen in der Form eines Beschlusses ergangenen Vorschlag schriftlich oder durch Erklärung zu Protokoll in der mündlichen Verhandlung gegenüber dem Gericht annehmen (§ 101 Abs. 1 Satz 2 SGG, § 106 Satz 2 VwGO); (...) beträgt die Gebühr 3100	0,8

1. Allgemeines

Nach Nr. 3101 Nr. 2 VV RVG erhält der RA die 0,8 Verfahrensgebühr für in dem Verfahren nicht rechtshängige Ansprüche auch in den Fällen, in denen er 314

- Einigungsgespräche dazu vor Gericht führt,
- beantragt, eine Einigung zu Protokoll zu nehmen,
- beantragt, eine Einigung nach § 287 Abs. 6 ZPO vom Gericht feststellen zu lassen oder

- einen in der Form eines Beschlusses ergangenen Vorschlag schriftlich oder durch Erklärung zu Protokoll in der mündlichen Verhandlung gegenüber dem Gericht annimmt (§ 101 Abs. 1 S. 2 SGG, § 106 S. 2 VwGO).

315 Umfasst ist damit auch eine Einigung über die in einem **anderen** gerichtlichen Verfahren evtl. anhängigen Ansprüche. Voraussetzung von Nr. 3101 Nr. 2 VV RVG ist lediglich, dass die einbezogenen Ansprüche nicht in dem Verfahren an- und rechtshängig sind, in dem sie mit einbezogen werden.

Es kann sich also z.B. um die Protokollierung eines in einem PKH-Bewilligungsverfahren geschlossenen Vergleichs handeln oder um Ansprüche, die noch in keinem anderen gerichtlichen Verfahren anhängig oder rechtshängig sind.

316 Die 0,8 Verfahrensgebühr nach Nr. 3101 Nr. 2 VV RVG ist eine sog. **Betriebsgebühr** des RAs. Sie kann einzeln, aber auch neben der Verfahrensgebühr Nr. 3100 VV RVG entstehen. Wenn sie neben der 1,3 Verfahrensgebühr Nr. 3100 VV RVG entsteht, muss nach § 15 Abs. 3 RVG eine Prüfung erfolgen. Der RA darf nicht mehr berechnen, als sich nach dem höchsten Gebührensatz aus dem Gesamtbetrag der beiden Wertteile ergibt.

317 Die 0,8 Verfahrensgebühr gem. Nr. 3101 Nr. 2 VV RVG ist **erfolgsunabhängig**. Nur die ggf. zusätzlich entstehende Einigungsgebühr ist davon abhängig, dass die Einigung auch Rechtswirksamkeit erlangt. Die Verfahrensgebühr bleibt daher auch dann bestehen, wenn die Einigung nicht wirksam zustande kommt.

2. Geschäftsgebühr bei nur außergerichtlichem Auftrag

318 In Rechtsprechung und Literatur ist streitig, ob bei Einbeziehung von in dem Verfahren nicht rechtshängiger Ansprüche die Verfahrensgebühr Nr. 3101 Nr. 2 VV RVG auch aus diesen Gegenständen entsteht, wenn es bisher an einem gerichtlichen Auftrag fehlt. Denn besteht dafür lediglich ein außer- bzw. vorgerichtlicher Auftrag und führt der RA außerhalb des gerichtlichen Verfahrens Einigungsverhandlungen, so kann nur eine Geschäftsgebühr über diese Ansprüche entstehen.[31] Geht man davon aus, dass für die außergerichtlichen Einigungsverhandlungen die Geschäftsgebühr entstanden ist, entsteht im Anschluss bei Einbeziehung in die gerichtliche Einigung die 0,8 Verfahrensgebühr Nr. 3101 Nr. 2 VV RVG, bei der die Anrechnung nach Vorb. 3 Abs. 4 VV RVG zu berücksichtigen ist.

319 *Beispiel:*

Der RA vertritt den Kläger wegen einer Forderung über 10.000 EUR. Während des Rechtsstreites erhält er den Auftrag, wegen einer weiteren, bislang nirgendwo rechts-

31 Vgl. zum Meinungsstreit z.B.: *Gerold/Schmidt*, RVG, 26. Aufl., Nr. 3101 Rn 86 ff.

hängigen Forderung über 8.000 EUR mit dem Gegner eine Einigung zu erzielen. Unter Mitwirkung des RA wird eine Einigung über die 10.000 EUR protokolliert, in welche die bislang nirgendwo rechtshängige Forderung über 8.000 EUR einbezogen wird. Die Berechnung der Geschäfts- und Verfahrensgebühr mit Anrechnung hat wie folgt zu erfolgen:

1,3 Geschäftsgebühr, Nr. 2300 VV *RVG*	692,90 EUR
Gegenstandswert: 8.000 EUR	
0,8 Verfahrensgebühr, Nr. 3101 Nr. 2, 3100 VV *RVG*	426,40 EUR
Gegenstandswert: 8.000 EUR	
abzgl. 0,65 Anrechnung, Vorb. 3 Abs. 4 VV RVG	-346,45 EUR
Nach Anrechnung verbleiben:	772,85 EUR
1,3 Verfahrensgebühr, Nr. 3100 VV RVG	847,60 EUR
Gegenstandswert: 10.000 EUR	
Die Gebührenobergrenze gem. § 15 Abs. 3 ist hier wie folgt zu prüfen: Der um den Anrechnungsbetrag verminderte Gesamtbetrag der Verfahrensgebühren darf nicht mehr als eine 1,3 Gebühr aus dem Gesamtgegenstandswert über 18.000 EUR *betragen. Die Gebühren sind hier demnach gekappt auf:*	1.062,10 EUR

Die Anrechnung nach Vorb. 3 Abs. 4 VV RVG ist vor der Prüfung nach § 15 Abs. 3 RVG vorzunehmen. Es ist also zuerst die Geschäftsgebühr auf die Verfahrensgebühr anzurechnen und erst dann zu ermitteln, ob die Kappungsgrenze des § 15 Abs. 3 RVG überschritten wird.[32]

XIII. Terminsgebühren

Vorbemerkung 3 VV RVG 320

(3) Die Terminsgebühr entsteht sowohl für die Wahrnehmung von gerichtlichen Terminen als auch für die Wahrnehmung von außergerichtlichen Terminen und Besprechungen, wenn nichts anderes bestimmt ist. Sie entsteht jedoch nicht für die Wahrnehmung eines gerichtlichen Termins nur zur Verkündung einer Entscheidung. Die Gebühr für außergerichtliche Termine und Besprechungen entsteht für

1. die Wahrnehmung eines von einem gerichtlich bestellten Sachverständigen anberaumten Termins und

2. die Mitwirkung an Besprechungen, die auf die Vermeidung oder Erledigung des Verfahrens gerichtet sind; dies gilt nicht für Besprechungen mit dem Auftraggeber.

32 Vgl. z.B. LAG Schleswig-Holstein v. 23.12.2019 – 2 Ta 100/19 m.w.N. aus Rspr. u. Lit.; OLG München v. 7.3.2012 – 11 WF 360/12; OLG Karlsruhe v. 3.2.2011 – 5 WF 220/10; OLG Stuttgart v. 9.1.2009 – 8 W 527/08.

321

Nr.	Gebührentatbestand	Gebühr oder Satz der Gebühr nach § 13 RVG
3104	**Terminsgebühr, soweit in Nummer 3106 nichts anderes bestimmt ist** (1) Die Gebühr entsteht auch, wenn 1. in einem Verfahren, für das mündliche Verhandlung vorgeschrieben ist, im Einverständnis mit den Parteien oder gemäß § 307 oder § 495a ZPO oder § 77 Abs. 2 AsylG ohne mündliche Verhandlung entschieden oder in einem solchen Verfahren mit oder ohne Mitwirkung des Gerichts ein Vertrag im Sinne der Nummer 1000 geschlossen wird oder eine Erledigung der Rechtssache im Sinne der Nummer 1002 eingetreten ist, 2. nach § 84 Abs. 1 Satz 1 VwGO oder § 105 Abs. 1 Satz 1 SGG durch Gerichtsbescheid entschieden wird und eine mündliche Verhandlung beantragt werden kann oder 3. das Verfahren vor dem Sozialgericht, für das mündliche Verhandlung vorgeschrieben ist, nach angenommenem Anerkenntnis ohne mündliche Verhandlung endet. (2) Sind in dem Termin auch Verhandlungen zur Einigung über in diesem Verfahren nicht rechtshängige Ansprüche geführt worden, wird die Terminsgebühr, soweit sie den sich ohne Berücksichtigung der nicht rechtshängigen Ansprüche ergebenden Gebührenbetrag übersteigt, auf eine Terminsgebühr angerechnet, die wegen desselben Gegenstands in einer anderen Angelegenheit entsteht. (3) Die Gebühr entsteht nicht, soweit lediglich beantragt ist, eine Einigung der Parteien oder mit Dritten über nicht rechtshängige Ansprüche zu Protokoll zu nehmen. (4) Eine in einem vorausgegangenen Mahnverfahren oder vereinfachten Verfahren über den Unterhalt Minderjähriger entstandene Terminsgebühr wird auf die Terminsgebühr des nachfolgenden Rechtsstreits angerechnet.	1,2

1. Allgemeines

322 Auch für die Terminsgebühr gilt der Grundsatz, dass sie vom RA in jedem Rechtszug insgesamt nur einmal gefordert werden kann. Auf die Anzahl der Gerichtsverhandlun-

gen kommt es bei ihr daher nicht an. Sie entsteht auch nicht für Besprechungen mit dem Auftraggeber.

323

Nr.	Gebührentatbestand	Gebühr oder Satz der Gebühr nach § 13 RVG
1010	**Zusatzgebühr für besonders umfangreiche Beweisaufnahmen in Angelegenheiten, in denen sich die Gebühren nach Teil 3 richten und mindestens drei gerichtliche Termine stattfinden, in denen Sachverständige oder Zeugen vernommen werden** Die Gebühr entsteht für den durch besonders umfangreiche Beweisaufnahmen anfallenden Mehraufwand.	**0,3 oder bei Betragsrahmengebühren erhöhen sich der Mindest- und Höchstbetrag der Terminsgebühr um 30 %**

Mit dem am 1.8.2013 in Kraft getretenen 2. KostRModG hat der Gesetzgeber die Zusatzgebühr Nr. 1010 VV RVG geschaffen, die in der Praxis allerdings wenig relevant ist. Der RA erhält sie i.H.v. 0,3 für besonders umfangreiche Beweisaufnahmen, wenn mindestens drei gerichtliche Termine stattfinden, in denen Sachverständige oder Zeugen vernommen werden. Es reicht also nicht aus, dass nur mehr als drei Termine stattfinden, in denen aber nicht min. in dreien davon Sachverständige oder Zeugen vernommen werden.[33] Bei diesen Terminen muss es sich nicht zwingend um Gerichtstermine, sondern kann es sich auch um einen Ortstermin mit dem gerichtlich bestellten Sachverständigen handeln.[34] Bei Betragsrahmengebühren erhöht sich der Mindest- und Höchstbetrag der Terminsgebühr um 30 %. 324

Seit ihrer Aufnahme in das RVG besteht ein umfangreicher Streit darüber, ob für den Anfall der Zusatzgebühr bereits die Teilnahme des RA an der Verhandlung ausreicht oder eine weitergehende Tätigkeit von ihm verlangt wird und die Beweisaufnahmen insgesamt zudem besonders umfangreich sein müssen (es z.B. also nicht ausreicht, dass in drei Terminen Zeugen nur für 10 min. angehört werden) oder ihr Umfang bereits durch das Merkmal der min. drei Termine indiziert wird.[35] Auch wird darüber gestritten, ob der Wert der Zusatzgebühr sich nach dem Wert des zugrunde liegenden Streitgegenstandes oder nur nach dem Gegenstand, über den Beweis erhoben wird, bemisst.

Die Terminsgebühr entsteht nach Vorb. 3 Abs. 3, Nr. 3104 VV RVG: 325

- für die Vertretung in einem Termin zur Verhandlung, Anhörung, Erörterung oder Beweisaufnahme (Vorb. 3 Abs. 3 S. 1 VV RVG),
- für die Wahrnehmung eines von einem gerichtlich bestellten Sachverständigen anberaumten (Orts-)Termins (Vorb. 3 Abs. 3 S. 3 Nr. 1 VV RVG),

33 OLG München v. 26.6.2020 – 11 W 674/20.
34 LG Ravensburg v. 15.4.2015 – 6 O 346/13.
35 Vgl. OLG Hamburg v. 4.11.2022 – 4 W 96/22.

- für die Mitwirkung an Besprechungen, mit welchen das Verfahren vermieden oder erledigt werden soll (Vorb. 3 Abs. 3 S. 3 Nr. 2 VV RVG).
- in einem Verfahren, für das eine mündliche Verhandlung oder ein Erörterungstermin vorgeschrieben ist (Anm. Abs. 1 Nr. 1 zu Nr. 3104 VV RVG), im Einverständnis mit den Parteien oder Beteiligten (Alt. 1) oder gem. § 307 ZPO, § 495a ZPO oder § 77 Abs. 2 AsylG (Alt. 2) ohne mündliche Verhandlung oder Erörterung entschieden wird oder in einem solchen Verfahren mit oder ohne Mitwirkung des Gerichts ein Vertrag i.S.d. Nr. 1000 VV RVG geschlossen wird oder eine Erledigung der Rechtssache i.S.d. Nr. 1002 VV RVG eingetreten ist (Alt. 3).
- wenn nach § 84 Abs. 1 S. 1 VwGO oder § 105 Abs. 1 S. 1 SGG durch Gerichtsbescheid entschieden wird und eine mündliche Verhandlung beantragt werden kann oder (Anm. Abs. 1 Nr. 2 zu Nr. 3104 VV RVG),
- wenn das Verfahren vor dem Sozialgericht, für das mündliche Verhandlung vorgeschrieben ist, nach angenommenem Anerkenntnis ohne mündliche Verhandlung endet. (Anm. Abs. 1 Nr. 3 zu Nr. 3104 VV RVG),
- wenn in dem Termin auch Verhandlungen zur Einigung über in diesem Verfahren nicht rechtshängige Ansprüche geführt worden sind (Anm. Abs. 2 zu Nr. 3104 VV RVG).

2. Terminsgebühr im Gerichtstermin

326 Für das Entstehen der Terminsgebühr ist es nicht erforderlich, dass der RA im Gerichtstermin einen Sachantrag stellt oder dass die Sache erörtert wird. Die Terminsgebühr entsteht bereits dann, wenn der Termin aufgerufen oder mit ihm begonnen wird und der RA ihn mit **Verhandlungsbereitschaft** wahrnimmt. Sie entsteht im Regelfall in Höhe von 1,2, außer der RA nimmt nur eine eingeschränkte Tätigkeit vor. Ist der Gegner im Termin säumig oder nicht ordnungsgemäß vertreten und stellt der RA lediglich einen Antrag auf Versäumnisurteil, Versäumnisentscheidung oder zur Prozess-, Verfahrens- oder Sachleitung, reduziert sich der Gebührensatz auf 0,5.

327 Keine Terminsgebühr entsteht, wenn ein anderer RA als Unterbevollmächtigter für den Mandanten den Termin wahrnimmt. In diesem Fall kann lediglich der unterbevollmächtigte RA eine Terminsgebühr verdienen. Der Hauptbevollmächtigte hat dann keinen Anspruch auf die Terminsgebühr. Anders liegt der Fall aber, wenn der Hauptbevollmächtigte den Terminsvertreter nicht im Namen seines Mandanten, sondern im eigenen Namen beauftragt. Dann entsteht beim Hauptbevollmächtigten die Terminsgebühr gem. § 5 RVG. Beim Terminsvertreter fällt in diesem Fall eine Vergütung nach der internen Vereinbarung der RAe untereinander an. Diese Vergütung muss sich nicht nach dem RVG richten und unterliegt auch nicht den berufsrechtlichen Einschränkungen nach der BRAO (vgl. z.B. § 49 BRAO).

3. Terminsgebühr ohne Beteiligung des Gerichts

Gesetzgeberisches Ziel bei Einführung des RVG war es, durch Gebührenanreize den RA dazu anzuhalten, in jedem Stadium des Verfahrens nach einer einvernehmlichen Lösung zu suchen und damit auch die Gerichte zu entlasten. Das RVG regelt daher in Vorb. 3 Abs. 3 VV RVG, dass bereits die Mitwirkung des RA an Besprechungen, mit welchen das gerichtliche Verfahren verhindert oder erledigt werden soll, die Terminsgebühr entstehen lässt. Dabei ist es nicht erforderlich, dass das Gericht an diesen Besprechungen beteiligt ist. Voraussetzung ist aber, dass dem RA bereits ein unbedingter gerichtlicher Verfahrensauftrag erteilt worden ist. Andernfalls werden die Bemühungen des RAs durch die Geschäftsgebühr abgegolten, die ggf. daher deren Gebührensatz erhöhen können. 328

Keine Terminsgebühr entsteht, wenn die Besprechungen nicht dem Bemühen dienen, das gerichtliche Verfahren zu vermeiden oder zu erledigen (s. Gesetzeswortlaut unter Rdn 320). 329

Es ist nicht zwingend erforderlich, dass die Besprechungen mit der Gegenseite bzw. ihrem vertretungsberechtigten RA geführt werden. Ausreichend ist eine Besprechung auch mit einem Dritten, der „im Lager der Gegenseite" stehen kann (aber nicht muss). Keine Terminsgebühr entsteht für Besprechungen mit dem Auftraggeber. 330

Dritte i.d.S. der Vorb. 3 Abs. 3 S. 3 Nr. 2 VV RVG können alle aus **sachlichen** Gründen Beteiligten sein. Das kann z.B. der Steuerberater, Wirtschaftsprüfer, Arzt, der Versicherer oder ein Streitgenosse oder auch Streithelfer sein. Dienen diese Besprechungen auch der Vermeidung oder Erledigung eines gerichtlichen Verfahrens, fällt eine Terminsgebühr an. Dass ist nur dann nicht der Fall, wenn das Gespräch mit Dritten lediglich der **Informationsbeschaffung** oder zur Aufklärung des Sachverhalts dient. 331

4. Terminsgebühr, wenn das gerichtliche Verfahren nicht anhängig ist

Mit Urt. v. 8.2.2007 (– IX ZR 215/05) hat der BGH entschieden, dass die Terminsgebühr auch dann bereits entstehen kann, wenn der Rechtsstreit oder das Verfahren noch nicht anhängig ist. Voraussetzung ist aber, dass der RA vom Auftraggeber bereits einen **unbedingten Klageauftrag** erhalten hat. 332

Wurde dem RA dagegen nur ein bedingter Klageauftrag erteilt, werden die gesamten Tätigkeiten des RA und damit auch seine Besprechungen mit dem Ziel der Vermeidung eines gerichtlichen Verfahrens bis zum Eintritt der Bedingung noch durch die Geschäftsgebühr abgegolten (s. unter Rdn 152). Ein bedingter Auftrag liegt z.B. vor, wenn dem RA im Voraus bereits ein Klageauftrag erteilt wird, dieser aber an bestimmte Bedingungen geknüpft ist (z.B. für den Fall des Scheiterns der Besprechung mit der Gegenseite oder bei ergebnislosem Ablauf der Zahlungsfrist). 333

5. Erfolgsunabhängigkeit der Terminsgebühr

334 Die Gebühr entsteht erfolgsunabhängig. Der RA erhält die Terminsgebühr also auch dann, wenn die Bemühungen scheitern. Das Verfahren muss durch die Besprechungen weder vermieden noch beendet werden, sie müssen nur mit diesem Zweck geführt werden. Dabei setzt der Anfall der Gebühr diese Bereitschaft auch bei der Gegenseite voraus. Mit seinem Urt. v. 20.6.2024 (– IX ZR 80/23) hat der BGH entschieden, dass es für diese Bereitschaft bereits ausreicht, dass der Gegner eine auf die Erledigung des Verfahrens gerichtete Erklärung zwecks Prüfung und Weiterleitung an seine Partei entgegennimmt.

6. Glaubhaftmachung der Terminsgebühr für Erstattung

335 Für die Erstattung der außergerichtlichen Terminsgebühr muss ihre Entstehung glaubhaft (§§ 104 Abs. 2 S. 1, 298 ZPO) gemacht werden. Die Glaubhaftmachung setzt keinen förmlichen Strengbeweis voraus, sondern nur, dass die glaubhaft zu machende Tatsache überwiegend wahrscheinlich erscheint.[36] Die Besprechung mit dem Ziel der außergerichtlichen Vermeidung oder Erledigung kann sich unmittelbar oder mittelbar aus Schreiben und Schriftsätzen ergeben, kann aber auch mittels eidesstattlicher bzw. anwaltlicher Versicherung glaubhaft gemacht werden. Die Versicherung kann allerdings nicht „in luftleerem Raum stehen“, sondern muss die tatbestandlichen Details enthalten, aus denen sich der Anfall der Terminsgebühr ergibt.

336 Neben der **Glaubhaftmachung** ist die Terminsgebühr auch dann festzusetzen, wenn ihr Anfall unstreitig ist. Mit seinem Beschl. v. 14.12.2006 (– V ZB 11/06) hat der BGH entschieden, dass das sowohl dann gilt, wenn der Gegner sich selbst über solche Verhandlungen erklärt und damit die maßgeblichen Tatsachen im Wege eines Geständnisses (§ 288 ZPO) eingeräumt hat, als auch dann, wenn der Gegner sich zu dem den Gebührentatbestand begründenden, ihm zur Stellungnahme überreichten Vortrag nicht erklärt und dieser daher gem. § 138 Abs. 3 ZPO als unstreitig anzusehen ist.

7. Terminsgebühr auch ohne mündliche Verhandlung

337 In zivilgerichtlichen Verfahren ordnet § 128 Abs. 1 ZPO an, dass grds. eine mündliche Verhandlung durchzuführen ist. Findet keine mündliche Verhandlung statt, kann dennoch die Terminsgebühr entstehen, wenn eine mündliche Verhandlung obligatorisch ist.

338 So erhält der RA die 1,2 Terminsgebühr auch dann, wenn in den in Anm. Abs. 1 Nr. 1 zu Nr. 3104 VV RVG genannten Fällen eine Entscheidung ohne mündliche Verhandlung ergeht.

36 BGH v. 6.3.2014 – VII ZB 40/13.

8. Terminsgebühr bei Zustimmung

Alt. 1 der Anm. Abs. 1 Nr. 1 zu Nr. 3104 VV RVG und Alt. 1 der Anm. Abs. 1 Nr. 1 zu Nr. 3106 VV RVG (für Betragsrahmengebühren vor dem Sozialgericht) bestimmt, dass eine Terminsgebühr entsteht, wenn die Parteien bzw. Beteiligten ihre Zustimmung zur Entscheidung im schriftlichen Verfahren erteilt haben, da andernfalls das Gericht mündlich zu verhandeln hat. 339

9. Terminsgebühr bei Anerkenntnis

Alt. 2 der Anm. Abs. 1 Nr. 1 zu Nr. 3104 VV RVG bestimmt, dass eine Terminsgebühr auch im Fall des Erlasses einer Anerkenntnisentscheidung (§ 307 ZPO) entsteht, wenn eine mündliche Verhandlung andernfalls obligatorisch durchzuführen wäre. Das gilt nach Anm. Abs. 1 Nr. 3 zu Nr. 3104 VV RVG und Nr. 3106 VV RVG (für Betragsrahmengebühren vor dem Sozialgericht), wenn nach Anerkenntnis das Verfahren ohne mündliche Verhandlung endet. 340

10. Terminsgebühr bei schriftlichem Verfahren

Nach Alt. 2 der Anm. Abs. 1 Nr. 1 zu Nr. 3104 VV RVG entsteht die Terminsgebühr auch in dem Fall, dass das Gericht nach billigem Ermessen ohne mündliche Verhandlung nach § 495a ZPO oder § 77 Abs. 2 AsylG entscheidet. Denn hier könnte durch einen entsprechenden Antrag (§ 495a S. 2 ZPO bzw. § 77 Abs. 2 S. 2 AsylG) die mündliche Verhandlung andernfalls erzwungen werden. 341

11. Terminsgebühr bei Einigung/Erledigung

Eine Terminsgebühr entsteht nach Alt. 3 der Anm. Abs. 1 Nr. 1 zu Nr. 3104 VV RVG bzw. nach Alt. 2 der Anm. Abs. 1 Nr. 1 zu Nr. 3106 VV RVG (für Betragsrahmengebühren vor dem Sozialgericht), wenn in einem Verfahren mit obligatorischer mündlicher Verhandlung mit oder ohne Mitwirkung des Gerichts eine Einigung i.S.d. Nr. 1000 VV RVG geschlossen wird oder eine Erledigung der Rechtssache i.S.d. Nr. 1002 VV RVG eingetreten ist. 342

12. Terminsgebühr bei Gerichtsbescheid (VG/SG)

Nach Anm. Abs. 1 Nr. 2 zu Nr. 3104 VV RVG entsteht die Terminsgebühr in dem Fall, dass das Verwaltungs- oder Sozialgericht durch Gerichtsbescheid entscheidet und durch einen entsprechenden Antrag eine mündliche Verhandlung erzwungen werden kann. Für 343

Betragsrahmengebühren vor dem Sozialgericht trifft die Anm. Abs. 1 Nr. 2 zu Nr. 3106 VV RVG dieselbe Regelung.

13. Terminsgebühr und nicht rechtshängige Ansprüche

344 Führt der RA auftragsgemäß Einigungsgespräche bei Gericht über in diesem Verfahren nicht rechtshängige Ansprüche, entsteht die Terminsgebühr nach Anm. Abs. 2 zu Nr. 3104 VV RVG auch dann, wenn keine Einigung über die nicht rechtshängigen Ansprüche erzielt wird. Es entsteht eine **einheitliche** Terminsgebühr aus dem zusammengerechneten Wert der gerichtlich rechtshängigen und den dort nicht rechtshängigen Ansprüchen.

14. Terminsgebühr bei unechter Säumnis

345 Wird die Klage trotz Säumnis des Beklagten durch ein sog. unechtes Versäumnisurteil gem. § 331 Abs. 2 Hs. 2 ZPO abgewiesen, entsteht lediglich die reduzierte 0,5 Terminsgebühr Nr. 3105 VV RVG.[37]

15. Terminsgebühr bei „Flucht in die Säumnis"

346 Nach Anm. Abs. 2 zu Nr. 3105 VV RVG findet § 333 ZPO keine Anwendung. Das bedeutet, dass die volle 1,2 Terminsgebühr für den RA entsteht, wenn der vertretungsbereit erschienene RA erklärt, dass er keine Anträge stellen wird (sog. „Flucht in die Säumnis"). Anders liegt der Fall, wenn der RA am Anfang erklärt, dass er seinen Mandanten in dem Termin nicht vertritt, also z.B. nur als Beobachter anwesend ist. In diesem Fall gilt er auch gebührenrechtlich als nicht erschienen, so dass unter den übrigen Voraussetzungen zu Nr. 3105 VV RVG lediglich eine reduzierte 0,5 Terminsgebühr entsteht.

16. Terminsgebühr im Mahnverfahren

347 Auf die Terminsgebühr im Mahnverfahren mit Anrechnung wird unter Rdn 560 zur Vergütung im Mahnverfahren eingegangen.

37 Vgl. z.B. *Gerold/Schmidt*, RVG, 26. Aufl., Nr. 3105 VV Rn 34 m.w.N.

XIV. Reduzierte Terminsgebühr Nr. 3105 VV RVG

Nr. 3105 348

Nr.	Gebührentatbestand	Gebühr oder Satz der Gebühr nach § 13 RVG
3105	**Wahrnehmung nur eines Termins, in dem eine Partei oder ein Beteiligter nicht erschienen oder nicht ordnungsgemäß vertreten ist und lediglich ein Antrag auf Versäumnisurteil, Versäumnisentscheidung oder zur Prozess-, Verfahrens- oder Sachleitung gestellt wird:** **Die Gebühr 3104 beträgt** (1) Die Gebühr entsteht auch, wenn 1. das Gericht bei Säumnis lediglich Entscheidungen zur Prozess-, Verfahrens- oder Sachleitung von Amts wegen trifft oder 2. eine Entscheidung gemäß § 331 Abs. 3 ZPO ergeht. (2) § 333 ZPO ist nicht entsprechend anzuwenden.	0,5

1. Allgemeines

Da die Terminsgebühr regelmäßig in Höhe von 1,2 entsteht, stellt die Reduzierung auf 0,5 eine Ausnahme davon dar. 349

2. Entstehen der reduzierten Terminsgebühr

Die reduzierte Terminsgebühr entsteht, sofern 350

- eine Partei nicht erschienen oder
- nicht ordnungsgemäß vertreten ist

  und
- der RA lediglich einen Antrag auf Erlass eines Versäumnisurteils oder
- einen Antrag zur Prozess-, Verfahrens- oder Sachleitung stellt.

Verhandelt bzw. erörtert der erschienene Anwalt mit dem Gericht einen Teil der Forderung, ohne dass auf der Gegenseite die Partei oder deren RA erschienen sind, entsteht hinsichtlich des Teils, auf den sich die Verhandlung bzw. Erörterung bezieht, eine 1,2 Terminsgebühr. Einseitige Erörterungen des zum Termin erschienenen RA mit dem Gericht lösen die volle Terminsgebühr aus. Es ist also nicht erforderlich, dass die Gegenseite in diesem Fall tatsächlich erschienen oder vertreten ist. 351

352 Nur für den Teil, über den der RA nicht (einseitig) verhandelt bzw. erörtert hat, entsteht die reduzierte 0,5 Terminsgebühr Nr. 3105 VV RVG. Entsteht daneben also auch die 1,2 Terminsgebühr Nr. 3104 VV RVG, ist § 15 Abs. 3 zu beachten. Es darf somit allenfalls eine 1,2 Terminsgebühr aus der Summe der beiden Gegenstandswerte berechnet werden.

Beispiel 1:

Der RA vertritt den Kläger wegen einer Forderung über 10.000 EUR und 20.000 EUR. Im Termin tritt für den Beklagten ein RA auf, der aber erklärt, den Beklagten nur wegen der Forderung über 10.000 EUR zu vertreten. Die Berechnung der Terminsgebühren hat wie folgt zu erfolgen:

1,2 Terminsgebühr, Nr. 3104 VV RVG	782,40 EUR
Gegenstandswert: 10.000 EUR	
0,5 Terminsgebühr, Nr. 3105 VV RVG	436,00 EUR
Gegenstandswert: 20.000 EUR	
Die Gebührenobergrenze gem. § 15 Abs. 3 ist hier wie folgt zu prüfen: Der Gesamtbetrag der Terminsgebühren darf nicht mehr als eine 1,2 Gebühr aus dem Gesamtgegenstandswert über 30.000 EUR *betragen. Die Gebührensumme (1.218,40 EUR) ist hier demnach gekappt auf:*	1.215,60 EUR

353 Findet die Erörterung mit dem Gericht nur über den geltend gemachten Zinsanspruch statt, entstehen zwar auch hierfür unterschiedlich hohe Terminsgebühren. Bei § 15 Abs. 3 ist allerdings zu beachten, dass die Zinsen als nicht werterhöhende Nebenforderung (§ 43 Abs. 1 GKG) nicht zu addieren sind. Es darf somit allenfalls eine 1,2 Terminsgebühr aus der Hauptforderung berechnet werden.

Beispiel 2:

Der RA vertritt den Kläger wegen einer Forderung über 9.000 EUR. Im Termin ist der Beklagte nicht ordnungsgemäß vertreten. Das Gericht erörtert mit dem RA des Klägers den geltend gemachten Zinsanspruch von 2.000 EUR, den das Gericht nur i.H.v. 500 EUR für begründet erachtet. Die Berechnung der Terminsgebühren hat wie folgt zu erfolgen:

1,2 Terminsgebühr, Nr. 3104 VV RVG	161,40 EUR
Gegenstandswert: 1.500 EUR	
0,5 Terminsgebühr, Nr. 3105 VV RVG	296,25 EUR
Gegenstandswert: 9.000 EUR	

Die Gebührenobergrenze gem. § 15 Abs. 3 ist hier wie folgt zu prüfen: Da der Zinsanspruch gem. § 43 Abs. 1 GKG nicht werterhöhend zu berücksichtigen ist, darf der

Gesamtbetrag der Terminsgebühren nicht mehr als eine 1,2 Gebühr aus der Hauptforderung über 9.000 EUR = 711,00 EUR betragen. Die Gebührensumme von 457,65 EUR überschreitet demnach diese Kappungsgrenze nicht.

Für den Anfall der 1,2 Terminsgebühr Nr. 3104 VV RVG reicht es aus, wenn der RA die Schlüssigkeit der Klage oder auch prozessuale Fragen (wie z.B. die Zuständigkeit des Gerichts, die Zulässigkeit des Rechtswegs usw.) mit dem Gericht erörtert. 354

3. Terminsgebühr bei zweitem Versäumnisurteil

War der Beklagte bereits einmal säumig und hat er gegen das Versäumnisurteil form- 355 und fristgerecht **Einspruch** (§§ 338–340 ZPO) eingelegt, hat das Gericht einen neuen Termin zur mündlichen Verhandlung anzuberaumen (§ 341a ZPO). Erscheint der Beklagte auch in diesem Termin nicht, so entsteht für den erneuten Antrag des RA auf Erlass des 2. Versäumnisurteils die volle 1,2 Terminsgebühr,[38] selbst dann, wenn ein solches nicht ergeht.[39]

Die Entstehung der 1,2 Terminsgebühr setzt allerdings voraus, dass bei der zuvor ergan- 356 genen Entscheidung eine mündliche Verhandlung ausgelöst worden ist. Denn andernfalls liegt kein zweiter Termin vor. Das ist z.B. der Fall beim Einspruch gegen einen Vollstreckungsbescheid, da für dessen Antrag keine Terminsgebühr entstanden ist.[40]

4. Terminsgebühr bei Entscheidungen zur Prozess-, Verfahrens- oder Sachleitung

Eine reduzierte 0,5 Terminsgebühr nach Anm. Abs. 1 Nr. 1 zu Nr. 3105 VV RVG ent- 357 steht, wenn das Gericht von Amts wegen lediglich eine Entscheidung zur Prozess-, Verfahrens- oder Sachleitung trifft. Voraussetzung dafür ist, dass die gegnerische Partei nicht erschienen oder nicht ordnungsgemäß vertreten ist, also ein Fall der Säumnis vorliegt.

5. Terminsgebühr bei Versäumnisurteil im schriftlichen Vorverfahren

Grds. fordert das Gericht den Beklagten mit Zustellung der Klageschrift von Amts wegen 358 auf, sich innerhalb der in § 276 Abs. 1 S. 1, Abs. 2 ZPO genannten Fristen gegen die Klage zu verteidigen. Nicht selten werden diese Fristen gerade bei einer nicht anwaltlich vertretenen Partei nicht eingehalten.

38 BGH v. 26.9.2006 – XI ZB 19/06.
39 Vgl. OLG Naumburg v. 10.4.2019 – 12 W 43/18 (KfB).
40 Vgl. OLG Brandenburg v. 4.3.2009 – 6 W 192/08.

Zeigt der Beklagte daher seine Verteidigungsbereitschaft nicht rechtzeitig an, kann auf Antrag des Klägers nach § 331 Abs. 3 ZPO gegen ihn ein Versäumnisurteil im schriftlichen Vorverfahren ergehen.

Ergeht ein solches Versäumnisurteil, entsteht für den RA des Klägers nach Anm. Abs. 1 Nr. 2 zu Nr. 3105 VV RVG die reduzierte 0,5 Terminsgebühr. Das gilt auch dann, wenn der Kläger keinen Antrag gestellt hat, das Gericht aber dennoch ein Versäumnisurteil erlässt.[41]

E. Vergütung in höheren Instanzen

359 Die gebührenrechtlichen Grundsätze bleiben unverändert: Auch im Berufungs- oder Revisionsrechtszug können Verfahrens-, Termins- und Einigungsgebühr entstehen.

360 In jeder Instanz und für eine Vielzahl von sonstigen Verfahren hat die Verfahrensgebühr oder die Terminsgebühr eine eigene Gebührenziffer im VV erhalten. Ob sich bei den Gebühren inhaltlich etwas ändert, ergibt sich teilweise aus den Vorbemerkungen im VV für die besonderen Unter-/Abschnitte, teilweise auch aus den Anmerkungen zur jeweiligen Gebührenziffer.

I. Rechtsmittel – die Prüfung der Erfolgsaussichten

1. Allgemeines

361 Die anwaltliche Tätigkeit beginnt bereits vor Einlegung des Rechtsmittels. Der RA prüft die Erfolgsaussichten eines Rechtsmittels, bevor er dieses einlegt. Denn von aussichtslosen Rechtsmitteln wird der RA seinen Mandanten abraten.

362 *Teil 2 VV RVG*

Abschnitt 1: Prüfung der Erfolgsaussicht eines Rechtsmittels

Nr. 2100

Nr.	Gebührentatbestand	Gebühr oder Satz der Gebühr nach § 13 RVG
2100	**Gebühr für die Prüfung der Erfolgsaussicht eines Rechtsmittels, soweit in Nummer 2102 nichts anderes bestimmt ist** Die Gebühr ist auf eine Gebühr für das Rechtsmittelverfahren anzurechnen.	0,5 bis 1,0

41 BGH v. 24.1.2017 – VI ZB 21/16.

2. Prüfung der Erfolgsaussichten eines Rechtsmittels

Prüft der RA auftragsgemäß die Erfolgsaussichten eines Rechtsmittels, hat er Anspruch auf eine besondere Vergütung nach Nr. 2100 VV RVG. Diese Gebühr fällt grds. in allen Rechtsgebieten an, als Nr. 2102 VV RVG also auch in Sozialgerichtssachen, in denen Betragsrahmengebühren entstehen, und in Strafsachen (Teil 4 VV RVG), Bußgeldsachen (Teil 5 VV RVG) und Sonstigen Verfahren (Teil 6 VV RVG), in denen gleichfalls Betragsrahmengebühren entstehen. Jeder RA, der die Erfolgsaussichten eines Rechtsmittels prüft, kann die Gebühr verdienen, somit auch der bereits erstinstanzlich tätige RA. Nr. 2100 VV RVG geht als speziellere Gebühr der Regelung des § 34 RVG (Beratung) vor. 363

Für den RA entsteht die Prüfungsgebühr bei **allen Rechtsmitteln**, also nicht nur für die Prüfung der Erfolgsaussichten einer Berufung und Revision, sondern auch für Beschwerden, Nichtzulassungsbeschwerden, Rechtsbeschwerden, sofortige Beschwerden und sonstige Rechtsmittel. Kein Rechtsmittel sind dagegen z.B. die Erinnerung, Gegenvorstellung, Anhörungsrüge oder der Einspruch.

3. Satzrahmengebühr für die Prüfung der Erfolgsaussichten eines Rechtsmittels

Die Prüfungsgebühr Nr. 2100 VV RVG ist eine **Wertgebühr** mit einem Gebührensatzrahmen von 0,5–1,0. Die **Mittelgebühr** beträgt 0,75. Der RA bestimmt die Höhe der konkreten Gebühr nach § 14 Abs. 1 RVG. Die Prüfungsgebühr Nr. 2100 VV RVG ist in dieser Hinsicht ähnlich der Geschäftsgebühr Nr. 2300 VV RVG (s. hierzu die Ausführungen zur Bestimmung des konkreten Gebührensatzrahmens unter Rdn 155). 364

4. Anrechnung der Gebühr

Vertritt der RA den Mandanten nach Prüfung der Erfolgsaussichten des Rechtsmittels auch im Rechtsmittelverfahren, erhält er die Prüfungsgebühr nicht neben der Verfahrensgebühr des Rechtsmittelverfahrens. Vielmehr wird die Prüfungsgebühr nach der Anm. zu Nr. 2100 VV RVG und Nr. 2102 VV RVG auf die im Rechtsmittelverfahren entstehende Verfahrensgebühr angerechnet, soweit der Gegenstand derselbe ist. 365

> *Beispiel:*
> *Der RA berät den Auftraggeber über die Erfolgsaussichten der Einlegung eines Rechtsmittels gegen ein erstinstanzliches Urteil, mit dem der Auftraggeber zur Zahlung von 10.000 EUR verurteilt worden ist. Der RA rät dazu, Berufung nur wegen der über 5.000 EUR hinausgehenden Verurteilung einzulegen. Da alle Tatbestands-*

merkmale des § 14 Abs. 1 RVG durchschnittlich waren, bestimmt der RA den Rahmen der Gebühr der Nr. 2100 VV RVG mit 0,75. Die Vergütungsberechnung lautet:

Berechnet gem. §§ 1, 2, 13, 14 Abs. 1 RVG	
0,75 Prüfungsgebühr, Nr. 2100 VV RVG	***489,00 EUR***
Gegenstandswert: 10.000 EUR	
Auslagenpauschale, Nr. 7002 VV RVG	***20,00 EUR***
1,6 Verfahrensgebühr (Berufung) Nr. 3200 VV RVG	***567,20 EUR***
Gegenstandswert: 5.000 EUR	
abzgl. 0,75 Anrechnung nach Anm. zu Nr. 2100 VV RVG	***-489,00 EUR***
Gegenstandswert: 5.000 EUR	
Auslagenpauschale, Nr. 7002 VV RVG	***20,00 EUR***
Zwischensumme (netto)	**607,20 EUR**
19 % Umsatzsteuer, Nr. 7008 VV RVG	***115,37 EUR***
Gesamtsumme (brutto)	**722,57 EUR**

5. Erstattungsfähigkeit der Gebühr

366 Ob die Prüfungsgebühr im Rechtsstreit erstattungsfähig ist, ist sehr umstritten.[42]

367 *Praxistipp:*

Um späteren Streit mit dem Auftraggeber über die Vergütung für die gesonderte Auftragserteilung zur Prüfung der Erfolgsaussichten des Rechtsmittels zu vermeiden, sollte der RA diesen Auftrag schriftlich (oder mindestens in Textform per E-Mail an den Auftraggeber) dokumentieren. Der RA kann sich diesen Auftrag gleich zu Beginn des Mandatsverhältnisses erteilen lassen. Seinen Auftraggeber muss er auf die vergütungsrechtlichen Folgen der gesonderten, ggf. nur teilweise anzurechnenden Gebühr und die fehlende Erstattungsmöglichkeit hinweisen.

6. Prüfung der Erfolgsaussichten bei RSV des Mandanten

368 Verfügt der Mandant über eine RSV, ist die Prüfung der Erfolgsaussichten eines Rechtsmittels durch den RA grds. vom Versicherungsschutz gedeckt.[43] Der **Antrag auf Deckungsschutz** kann daher auch noch nachträglich gestellt werden.[44]

42 Vgl. z.B. *Gerold/Schmidt*, RVG, 26. Aufl., Anh. XIV Rn 79 m.w.N. aus der Rspr. u. Lit.
43 Vgl. AG Saarbrücken v. 10.3.2016 – 121 C 374/15 (13).
44 AG Saarbrücken, a.a.O.

7. Prüfung der Erfolgsaussichten Rechtsmittelverfahren vor dem BGH

Ist ein mögliches Rechtsmittelverfahren (z.B. Revision, Nichtzulassungsbeschwerde, Rechtsbeschwerde in Kosten- und/oder Zwangsvollstreckungssachen) vor dem BGH zu führen, kann der bisher tätige RA aufgrund der Singularzulassung der RAe beim BGH den Mandanten dort nicht vertreten. Derzeit sind von den bundesweit 166.504 RAe (Stand: 1.1.2025) dort lediglich 46 RAe durch das BMJ zugelassen (Stand: 7.4.2025). 369

Der RA kann für den Auftraggeber die Erfolgsaussichten des Rechtsmittels prüfen. Das Verfahren vor dem BGH kann er für ihn aber nicht führen. Das hat zur Folge, dass die Prüfungsgebühr nicht auf eine etwaige Verfahrensgebühr des sich anschließenden Rechtsmittelverfahrens angerechnet wird. Denn die Anrechnung erfolgt lediglich bei demselben RA. Hier werden aber zwei verschiedene RAe tätig, sodass eine Anrechnung ausgeschlossen ist. 370

Unabhängig davon, dass die Erstattungsfähigkeit der Prüfungsgebühr sehr umstritten ist (s. zu Rdn 365), fehlt es hier aber regelmäßig an der Notwendigkeit dieser Vergütung. Denn der Auftraggeber hat die Möglichkeit, einen beim BGH zugelassenen RA mit der Prüfung der Erfolgsaussichten zu beauftragen, so dass im Falle der Durchführung des Verfahrens durch den BGH-RA die Prüfungsgebühr anzurechnen ist. 371

Soll ein Revisionsverfahren, die Nichtzulassungsbeschwerde oder ein Verfahren über die Rechtsbeschwerde vor dem BGH geführt werden, muss der RA den Auftraggeber ausdrücklich auf diese Vergütungsfolgen hinweisen. 372

II. Das Berufungsverfahren

Teil 3, Abschnitt 2, Unterabschnitt 1: Berufung, bestimmte Beschwerden und Verfahren vor dem Finanzgericht 373

Gekürzte Darstellung von Vorbemerkung 3.2.1:

Dieser Unterabschnitt ist auch anzuwenden in Verfahren

1. vor dem Finanzgericht,
2. über Beschwerden
   a) gegen die den Rechtszug beendenden Entscheidungen in Verfahren über Anträge auf Vollstreckbarerklärung ausländischer Titel oder auf Erteilung der Vollstreckungsklausel zu ausländischen Titeln sowie über Anträge auf Aufhebung oder Abänderung der Vollstreckbarerklärung oder der Vollstreckungsklausel,
   b) gegen die Endentscheidung wegen des Hauptgegenstands in Familiensachen und in den Angelegenheiten der freiwilligen Gerichtsbarkeit,
   c) gegen die den Rechtszug beendenden Entscheidungen im Beschlussverfahren vor den Gerichten für Arbeitssachen,
   d) gegen die den Rechtszug beendenden Entscheidungen im personalvertretungsrechtlichen Beschlussverfahren vor den Gerichten der Verwaltungsgerichtsbarkeit,

(…)

Nr. 3200

Nr.	Gebührentatbestand	Gebühr oder Satz der Gebühr nach § 13 RVG
3200	Verfahrensgebühr, soweit in Nummer 3204 nichts anderes bestimmt ist	1,6

1. Allgemeines

374 Durch die entsprechenden Vorschriften in den Prozessgesetzen (z.B. §§ 511 ff. ZPO, §§ 64 ff. ArbGG, §§ 124 ff. VwGO, §§ 143 ff. SGG) wird das Berufungsverfahren näher geregelt. Im familiengerichtlichen Verfahren ist das zweitinstanzliche Verfahren das Beschwerdeverfahren (§§ 58 ff. FamFG).

375 Im Berufungsverfahren heißen die Beteiligten Berufungskläger und Berufungsbeklagter, in familiengerichtlichen Verfahren Beschwerdeführer und Beschwerdegegner. Legen beide Parteien bzw. Beteiligten Berufung/Beschwerde ein, werden durch das Rechtsmittelgericht aber nicht zwei getrennte Verfahren geführt. Beide Verfahren werden zu einem einheitlichen Verfahren verbunden. Das Berufungs-/Beschwerdeverfahren ist gebührenrechtlich eine eigene Angelegenheit (§ 17 Nr. 1 RVG). Für den RA beginnt das Verfahren gebührenrechtlich bereits mit der Erteilung des Vertretungsauftrags.

376 Wie im erstinstanzlichen Verfahren können in der Berufungs-/Beschwerdeinstanz u.a. eine Verfahrens-, Termins- sowie Einigungsgebühr oder auch die Zusatzgebühr Nr. 1010 VV RVG entstehen.

2. Verfahrensgebühr Nr. 3200 VV und 3201 Nr. 1 VV RVG

377 Mit der Nr. 3200 VV RVG wird die **Verfahrensgebühr** des RA für die Vertretung im Berufungs- bzw. familiengerichtlichen Beschwerdeverfahren (§§ 58 ff. FamFG) geregelt. Die „volle“ 1,6 Verfahrensgebühr Nr. 3200 VV RVG entsteht z.B. mit der Einreichung des Schriftsatzes, der das Rechtsmittel (Berufung/Beschwerde) enthält. Eine Begründung des Rechtsmittels ist dafür nicht erforderlich.

Für den RA des Berufungsbeklagten bzw. Beschwerdegegners entsteht die „volle“ 1,6 Verfahrensgebühr Nr. 3200 VV RVG mit Eingang des Antrags auf Zurückweisung des Rechtsmittels.

378 Zwischen ihrer Entstehung und ihrer Erstattungsfähigkeit muss allerdings differenziert werden: Denn i.d.R. hat der Rechtsmittelgegner erst nach Einreichung der Rechtsmittelbegründung ein berechtigtes Interesse daran, mit anwaltlicher Hilfe eine Zurückwei-

sung des Rechtsmittels anzustreben und einen entsprechenden Antrag anzukündigen. Das gilt auch für den Fall, dass der Rechtsmittelgegner vor Einreichung der Rechtsmittelbegründung einen Zurückweisungsantrag stellt und danach die Rechtsmittelbegründung eingeht.[45] Solange also keine Rechtsmittelbegründung vorliegt, ist i.d.R. die 1,6 Verfahrensgebühr Nr. 3200 VV RVG allenfalls in Höhe einer reduzierten Verfahrensgebühr Nr. 3201 Nr. 1 VV RVG erstattungsfähig;[46] anders aber bei Unzulässigkeit des Rechtsmittels.[47]

3. Berufung/Beschwerde (FamG) nur zur Fristwahrung

Trotz der mittlerweile vielfältigen Möglichkeiten zur schnellen Kommunikation zwischen Auftraggeber und RA kommt es immer wieder vor, dass zum Zeitpunkt des Ablaufs der Notfrist für die Einlegung der Berufung/Beschwerde (§§ 58 ff. FamFG) nicht abschließend geklärt ist, ob das Rechtsmittelverfahren tatsächlich durchgeführt werden soll oder nicht. Um den Eintritt der Rechtskraft und damit den Verlust der Anfechtbarkeit des Urteils/Beschlusses (FamFG) zu verhindern, ist der RA im Interesse seines Mandanten gezwungen, das Rechtsmittel vorerst nur fristwahrend einzulegen. 379

Die fristwahrende Einlegung ändert gebührenrechtlich nichts daran, dass für den RA dafür die „volle" 1,6 Verfahrensgebühr Nr. 3200 VV RVG entsteht. 380

Verkürzte Darstellung der Nr. 3201 Nr. 1 381

Nr.	Gebührentatbestand	Gebühr oder Satz der Gebühr nach § 13 RVG
3201	**Vorzeitige Beendigung des Auftrags:** **Die Gebühr 3200 beträgt** Eine vorzeitige Beendigung liegt vor, 1. wenn der Auftrag endigt, bevor der Rechtsanwalt das Rechtsmittel eingelegt oder einen Schriftsatz, der Sachanträge, Sachvortrag, die Zurücknahme der Klage oder die Zurücknahme des Rechtsmittels enthält, eingereicht oder bevor er für seine Partei einen Termin wahrgenommen hat, oder (…)	 **1,1**

45 BGH v. 30.9.2014 – XI ZB 21/13; BGH v. 23.10.2013 – V ZB 143/12.
46 BGH v. 3.7.2007 – VI ZB 21/06.
47 BGH v. 2.7.2009 – V ZB 54/09.

382 Die reduzierte 1,1 Verfahrensgebühr Nr. 3201 Nr. 1 VV RVG entsteht mit dem Auftrag an den RA zur Vertretung im Rechtsmittelverfahren. Sie ist grds. erstattungsfähig, auch wenn der Rechtsmittelführer sein Rechtsmittel zurücknimmt. Der RA des Rechtsmittelgegners muss dafür noch nicht gegenüber dem Gericht tätig geworden sein.

383 Für die Erstattung muss der Rechtsmittelgegner das Entstehen der Gebühr glaubhaft machen (§§ 104 Abs. 2 S. 1, 298 ZPO). Das kann z.B. durch Vorlage des entsprechenden Auftragsschreibens oder auch durch Darlegung des tatsächlichen Sachverhaltes zur Auftragserteilung und eidesstattlicher bzw. anwaltlicher Versicherung geschehen.

384 Ob der Rechtsmittelgegner zusichert, sich nicht beim Gericht zu melden, hat keine Auswirkungen auf die Erstattungsfähigkeit der Vergütung seines RAs. Denn es kommt für die Entstehung und Erstattung nicht auf eine nach außen gegenüber dem Gericht entfaltete Tätigkeit an.

385 **Telefonische Besprechungen** mit dem Ziel der Erledigung des Verfahrens lösen nach Vorb. 3 Abs. 3 S. 3 Nr. 2 VV RVG die 1,2 Terminsgebühr Nr. 3202 VV RVG aus. Scheitern die Bemühungen und wird die Berufung anschließend zurückgenommen, ist auch die Terminsgebühr des Rechtsmittelgegners zu erstatten.

III. Terminsgebühr im Berufungs-/Beschwerdeverfahren (FamG)

386 **Nr. 3202**

Nr.	**Gebührentatbestand**	**Gebühr oder Satz der Gebühr nach § 13 RVG**
3202	**Terminsgebühr, soweit in Nummer 3205 nichts anderes bestimmt ist** (1) Absatz 1 Nr. 1 und 3 sowie die Absätze 2 und 3 der Anmerkung zu Nummer 3104 gelten entsprechend. (2) Die Gebühr entsteht auch, wenn nach § 79a Abs. 2, § 90a oder § 94a FGO ohne mündliche Verhandlung durch Gerichtsbescheid entschieden wird.	**1,2**

1. Allgemeines

387 Die Voraussetzungen für die Entstehung und der Anwendungsbereich der Terminsgebühr in der zweiten Instanz entsprechen weitestgehend denjenigen der erstinstanzlichen Terminsgebühr.

Die Höhe der Terminsgebühr beträgt auch in der zweiten Instanz grds. 1,2.

Wird die Berufung durch **Beschluss gem. § 522 Abs. 2 ZPO** zurückgewiesen, entsteht keine Terminsgebühr, da der Beschluss ohne mündliche Verhandlung (§ 128 ZPO) erlassen werden kann. 388

Das Gleiche gilt bei einem Zurückweisungsbeschluss im **Beschwerdeverfahren der freiwilligen Gerichtsbarkeit**. Denn nach § 68 Abs. 3 S. 1 FamFG gelten dort die Vorschriften für das erstinstanzliche Verfahren, wo eine mündliche Verhandlung aber nicht vorgeschrieben ist (§ 32 Abs. 1 S. 1 FamFG). 389

Anders stellt es sich in **Beschwerdeverfahren der Familienstreitsachen** (vgl. § 112 FamFG) dar. Zwar gilt dort nach § 68 Abs. 3 S. 1 FamFG ebenfalls, dass die Vorschriften über das Verfahren im ersten Rechtszug auch im Beschwerdeverfahren anzuwenden sind. Dort ist aber über § 113 Abs. 1 S. 2 FamFG nach § 128 Abs. 1 ZPO eine mündliche Verhandlung vorgeschrieben. Wenn das Beschwerdegericht dennoch von der Möglichkeit des § 68 Abs. 3 S. 2 FamFG Gebrauch macht und keine mündliche Verhandlung im Beschwerdeverfahren durchführt, kann damit aber dennoch eine sog. „fiktive" Terminsgebühr nach Nr. 3202 VV RVG für den RA entstehen. Denn nach der Anm. Abs. 1 zu Nr. 3202 VV RVG ist auch im Beschwerdeverfahren die Anm. Abs. 1 Nr. 1 zu Nr. 3104 VV RVG anzuwenden. Beim Beschwerdeverfahren in einer Familienstreitsache handelt es sich um ein Verfahren mit vorgeschriebener mündlicher Verhandlung.[48] Eine fiktive Terminsgebühr entsteht daher, wenn das Beschwerdeverfahren ohne mündliche Verhandlung durch Erlass eines Anerkenntnisbeschlusses oder eine Einigung i.S.d. Nr. 1000 VV RVG endet. 390

2. Terminsgebühr bei Säumnis des Berufungsbeklagten

Erscheint der Berufungsbeklagte nicht zum Termin zur mündlichen Verhandlung, sodass ein **Versäumnisurteil** gegen ihn ergeht, reduziert sich die Terminsgebühr nicht. Es entsteht die „volle" 1,2 Terminsgebühr Nr. 3202 VV RVG. 391

Anders ist es, wenn der Berufungskläger säumig ist. Dann kommt eine Reduzierung der Terminsgebühr nach Nr. 3203 VV RVG in Betracht. Hier gelten die entsprechenden Grundsätze wie zur erstinstanzlichen Terminsgebühr (Nrn. 3104, 3105 VV RVG, s. Rdn 320 ff.).

48 Vgl. z.B. OLG Stuttgart v. 12.5.2017 – 8 WF 106/17.

3. Reduzierte Terminsgebühr Nr. 3203 VV RVG

392 **Nr. 3203**

Nr.	Gebührentatbestand	Gebühr oder Satz der Gebühr nach § 13 RVG
3203	**Wahrnehmung nur eines Termins, in dem eine Partei oder ein Beteiligter, im Berufungsverfahren der Berufungskläger, im Beschwerdeverfahren der Beschwerdeführer, nicht erschienen oder nicht ordnungsgemäß vertreten ist und lediglich ein Antrag auf Versäumnisurteil, Versäumnisentscheidung oder zur Prozess-, Verfahrens- oder Sachleitung gestellt wird:**	
	Die Gebühr 3202 beträgt	0,5
	Die Anmerkung zu Nummer 3105 und Absatz 2 der Anmerkung zu Nummer 3202 gelten entsprechend.	

393 Nach Nr. 3203 VV RVG reduziert sich die Terminsgebühr auf 0,5, sofern im Verhandlungstermin eine Partei bzw. ein Beteiligter nicht erscheint. Die Ausnahme im Berufungsverfahren (Säumnis des Berufungsbeklagten) ist bereits zur Terminsgebühr Nr. 3202 VV RVG dargestellt worden (s. Rdn 391).

394 Grds. gilt für das Berufungsverfahren, dass für den RA die reduzierte Terminsgebühr nur dann entsteht, wenn der **Berufungskläger** nicht erschienen ist und der RA des Berufungsbeklagten lediglich einen Antrag auf Versäumnisurteil oder zur Prozess- bzw. Sachleitung stellt.

Sobald der RA im Berufungsverfahren aber einen **streitigen** Antrag stellt, entsteht die „volle" 1,2 Terminsgebühr nach Nr. 3202 VV RVG.

395 Aus der Anm. zu Nr. 3203 VV RVG ergibt sich, dass die Regelungen der Anm. zu Nr. 3105 VV RVG und zu Nr. 3202 VV RVG entsprechend gelten. Damit entsteht die 0,5 Terminsgebühr auch, wenn das Gericht bei Säumnis lediglich Entscheidungen zur Prozess- und Sachleitung von Amts wegen trifft oder eine Entscheidung gem. § 331 Abs. 3 ZPO ergeht.

396 Dieselben gebührenrechtlichen Grundsätze gelten nach Vorb. 3.2.1 Nr. 2 b VV RVG auch für die Beschwerdeverfahren in Familiensachen und der freiwilligen Gerichtsbarkeit.

IV. Revisionsverfahren

Teil 3, Abschnitt 2, Unterabschnitt 2: Revision; bestimmte Beschwerden und Rechtsbeschwerden 397

Vorbemerkung 3.2.2:

Dieser Unterabschnitt ist auch anzuwenden in Verfahren

1. über Rechtsbeschwerden
   a) in den in der Vorbemerkung 3.2.1 Nr. 2 genannten Fällen und
   b) nach § 23 KapMuG und,
   c) nach § 1065 ZPO,
2. vor dem Bundesgerichtshof über Berufungen, Beschwerden oder Rechtsbeschwerden gegen Entscheidungen des Bundespatentgerichts und
3. vor dem Bundesfinanzhof über Beschwerden nach § 128 Abs. 3 FGO.

1. Allgemeines

398 Generell ist das Revisions- oder Rechtsbeschwerdeverfahren das Verfahren der III. Instanz. Der RA erhält dort die Gebühren **Nr. 3206 bis 3213 VV RVG.** Wie in den vorherigen Instanzen können auch im Revisionsverfahren regelmäßig eine **Verfahrens-, Termins- sowie Einigungsgebühr** entstehen.

399 Wann ein Revisions- oder Rechtsbeschwerdeverfahren gegeben ist, ergibt sich aus den entsprechenden verfahrensrechtlichen Prozess-/Verfahrensgesetzen (z.B. §§ 542 ff., 574 ff. ZPO, §§ 72 ff. ArbGG, §§ 143 ff. VwGO, §§ 70 ff. FamFG).

400 Nicht selten wird ein Verfahren an ein untergeordnetes Gericht zurückverwiesen. **Nach Zurückverweisung** handelt es sich um **einen neuen Rechtszug** (§ 21 Abs. 1 RVG). Soweit eine Sache an ein untergeordnetes Gericht zurückverwiesen wird, das mit der Sache bereits befasst war, ist die vor diesem Gericht bereits entstandene Verfahrensgebühr des RA nach Vorb. 3 Abs. 6 VV RVG auf die Verfahrensgebühr für das erneute Verfahren anzurechnen.

2. Verfahrensgebühr im Revisions-/Rechtsbeschwerdeverfahren

Nr. 3206 401

Nr.	Gebührentatbestand	Gebühr oder Satz der Gebühr nach § 13 RVG
3206	**Verfahrensgebühr, soweit in Nummer 3212 nichts anderes bestimmt ist**	**1,6**

402 Für seine Tätigkeit im Revisions-/Rechtsbeschwerdeverfahren erhält der RA grds. eine **1,6 Verfahrensgebühr Nr. 3206 VV RVG.** Dies gilt aber dann nicht, wenn das Revisions-/Rechtsbeschwerdeverfahren nur durch einen RA geführt werden kann, der beim BGH zugelassen ist. In diesen Fällen entsteht für den RA die 2,3 Verfahrensgebühr **Nrn. 3206, 3208 VV RVG.**

403 Für die Entstehung und den Anwendungsbereich der Verfahrensgebühr gilt das Gleiche wie zu denjenigen der vorherigen Instanzen.

3. Sprungrevision/-rechtsbeschwerde

404 Erklärt der RA das Antragsgegners die Einwilligung zur Sprungrevision/-rechtsbeschwerde (§ 566 ZPO, § 75 FamFG), ist diese Erklärung nicht gegenüber dem Gericht, sondern gegenüber dem gegnerischen RA abzugeben. Dieser muss die erteilte Zustimmung dem Antrag auf Sprungrevision/-rechtsbeschwerde beifügen.

405 Bei der **Zustimmung zur Sprungrevision/-rechtsbeschwerde** handelt es sich nicht um einen **sog. Sachvortrag**. Diese Erklärung muss daher nicht durch einen beim BGH zugelassenen Anwalt erfolgen.

406 Willigt der RA des Antragsgegners in die Sprungrevision/-rechtsbeschwerde ein, so entsteht dafür nur eine 1,1 Verfahrensgebühr Nrn. 3206, 3207 VV RVG, weil ein Sachvortrag gegenüber dem Gericht selbst fehlt; er gibt seine Erklärung nur gegenüber dem Revisionsführer ab.

4. Reduzierte Verfahrensgebühr im Revisions-/Rechtsbeschwerdeverfahren

407 **Nr. 3207**

Nr.	**Gebührentatbestand**	**Gebühr oder Satz der Gebühr nach § 13 RVG**
3207	**Vorzeitige Beendigung des Auftrags:** **Die Gebühr 3206 beträgt** Die Anmerkung zu Nummer 3201 gilt entsprechend.	**1,1**

408 Erledigt sich der Auftrag vorzeitig, entsteht beim RA im Revisions-/Rechtsbeschwerdeverfahren die 1,1 Verfahrensgebühr nach Nrn. 3206, 3207 VV RVG. Unter welchen Voraussetzungen sich der **Auftrag vorzeitig erledigt** hat, ergibt sich aus den **Regelungen zur Verfahrensgebühr Nr. 3201 Nr. 1 VV RVG.** Abweichende Regelungen zur entsprechenden Verfahrensgebühr für die I. und II. Instanz bestehen nicht.

Liegt ein Revisions-/Rechtsbeschwerdeverfahren vor, in dem sich die Parteien bzw. Beteiligten nur durch einen beim BGH zugelassenen RA vertreten lassen können, entsteht für den Fall der vorzeitigen Erledigung die 1,8 Verfahrensgebühr Nrn. 3206, 3209 VV RVG. 409

5. Verfahrensgebühr im Revisions-/Rechtsbeschwerdeverfahren für den BGH-RA

Nr. 3208 410

Nr.	Gebührentatbestand	Gebühr oder Satz der Gebühr nach § 13 RVG
3208	Im Verfahren können sich die Parteien oder die Beteiligten nur durch einen beim Bundesgerichtshof zugelassenen Rechtsanwalt vertreten lassen: Die Gebühr 3206 beträgt	2,3

In Revisions-/Rechtsbeschwerdeverfahren, die vor dem **BGH** geführt werden, besteht **Anwaltszwang.** Die Parteien bzw. Beteiligten können sich ausschließlich durch einen beim BGH zugelassenen Anwalt vertreten lassen (§ 78 Abs. 1 S. 3 ZPO, § 114 Abs. 2 FamFG). 411

Für die allgemeinen Anwaltskanzleien gilt, dass die darin tätigen RA nicht vor dem BGH auftreten können. Aufgrund der Singularzulassung können am BGH zugelassene RAe auch nur vor dem BGH auftreten.

Regelmäßig gilt in zivilrechtlichen Angelegenheiten für alle anderen RAe, dass die Zulässigkeit der weiteren Vertretung mit der Beendigung des zweitinstanzlichen Verfahrens endet. Ist der Mandant im Berufungs-/Beschwerdeverfahren unterlegen und lässt das Berufungsgericht die Revision bzw. das Beschwerdegericht die Rechtsbeschwerde zu, kann das jeweilige Rechtsmittel nur durch einen am BGH zugelassenen RA eingelegt werden kann. 412

6. Prüfung der Erfolgsaussichten der Nichtzulassungsbeschwerde

Will der Mandant die Erfolgsaussichten der Nichtzulassungsbeschwerde zur Durchführung der Revision prüfen lassen, sollte der bisher tätige RA zur Vermeidung doppelter RA-Vergütung dem Mandanten empfehlen, einen BGH-RA zunächst nur damit zu beauftragen. Kommt der BGH-RA zum Ergebnis, dass das weitere Vorgehen nicht aussichtsreich ist, ist die Vergütung des BGH-RA geringer (0,5–1,0 Prüfungsgebühr Nr. 2100 VV RVG nebst Auslagen) als diejenige, die für die vorzeitige Beendigung des Auftrags zur 413

Durchführung der Nichtzulassungsbeschwerde entsteht (1,8 Verfahrensgebühr Nrn. 3508, 3509 VV RVG nebst Auslagen).

7. Revisions-/Rechtsbeschwerdeverfahren bei RSV des Mandanten

414 Hat die RSV **Kostendeckungszusage** für die vorherigen Instanzen erteilt, ist nicht ohne Weiteres davon auszugehen, dass für das Revisions-/Rechtsbeschwerdeverfahren ebenfalls eine Kostenübernahme erfolgt. Unter Berücksichtigung der Ausführungen unter Rdn 368 muss bei der RSV erneut um Kostendeckung nachgesucht werden. Da die Tätigkeit des RAs gegenüber der RSV eine besondere Angelegenheit darstellt, die eine gesonderte Vergütung auslöst, muss der RA den Mandanten darauf hinweisen, soll er hier für ihn tätig werden.

415 Kostenschonender ist es daher, wenn der Mandant den BGH-RA mit dem Einholen der Deckungsschutzzusage der RSV beauftragt. Dieser wird der RSV die Gründe für die Erfolgsaussichten mitteilen können.

8. Verfahrensgebühr Nr. 3208 VV RVG

416 Der am BGH zugelassene RA verdient eine 2,3 Verfahrensgebühr Nr. 3208 VV RVG. Diese ist – wie alle Verfahrensgebühren – nach Nr. 1008 VV RVG erhöhungsfähig, wenn der BGH-RA mehrerer Auftraggeber wegen desselben Gegenstandes vertritt.

9. Vorzeitige Erledigung im Revisions-/Rechtsbeschwerdeverfahren

417 **Nr. 3209**

Nr.	Gebührentatbestand	Gebühr oder Satz der Gebühr nach § 13 RVG
3209	**Vorzeitige Beendigung des Auftrags, wenn sich die Parteien oder die Beteiligten nur durch einen beim Bundesgerichtshof zugelassenen Rechtsanwalt vertreten lassen können:** **Die Gebühr 3206 beträgt** Die Anmerkung zu Nummer 3201 gilt entsprechend.	 1,8

Wenn sich die Parteien nur durch einen beim BGH zugelassenen RA vertreten lassen können und in diesen Verfahren der **Auftrag vorzeitig beendet** wird, reduziert sich die Verfahrensgebühr des BGH-RA von 2,3 auf 1,8. Die Voraussetzungen für eine vorzeitige Beendigung ergeben sich aus der **Anm. Abs. 1 Nr. 1 und 2 zu Nr. 3201 VV RVG.**

10. Terminsgebühr im Revisions-/Rechtsbeschwerdeverfahren

Nr. 3210 418

Nr.	Gebührentatbestand	Gebühr oder Satz der Gebühr nach § 13 RVG
3210	**Terminsgebühr, soweit in Nummer 3213 nichts anderes bestimmt ist** Absatz 1 Nr. 1 und 3 sowie die Absätze 2 und 3 der Anmerkung zu Nummer 3104 und Absatz 2 der Anmerkung zu Nummer 3202 gelten entsprechend.	1,5

a) Allgemeines

Ob eine Terminsgebühr entsteht, hängt von den bereits erläuterten Voraussetzungen in Vorb. 3 Abs. 3 VV i.V.m. Nr. 3104 VV RVG ab. Besonderheiten für die Terminsgebühr im Revisions-/Rechtsbeschwerdeverfahren ergeben sich nicht. 419

Allerdings entsteht die Terminsgebühr in allen Revisions-/Rechtsbeschwerdeverfahren (also nicht nur vor dem BGH) mit einem Gebührensatz von 1,5.

b) Terminsgebühr für nicht am BGH zugelassenen RAe

Auch für den nicht beim BGH zugelassenen RA kann entsprechend der Vorb. 3 Abs. 3 VV RVG eine Terminsgebühr entstehen. Nimmt er den Termin wahr, dann kommt es nicht darauf an, ob der RA bei dem Gericht auch zugelassen ist. Die Wahrnehmung des Termins ist ausreichend. Daneben kann die Terminsgebühr auch immer unter der Voraussetzung entstehen, dass die Tatbestandsmerkmale aus Vorb. 3 Abs. 3 S. 3 Nr. 2 VV RVG vorliegen (s. hierzu die Ausführungen zur Terminsgebühr in Nr. 3104 VV RVG unter Rdn 332, 335). 420

c) Reduzierte Terminsgebühr im Revisions-/Rechtsbeschwerdeverfahren

Nr. 3211 421

Nr.	Gebührentatbestand	Gebühr oder Satz der Gebühr nach § 13 RVG
3211	**Wahrnehmung nur eines Termins, in dem der Revisionskläger nicht ordnungsgemäß vertreten ist und lediglich ein Antrag auf Versäumnisurteil oder zur Prozess- oder Sachleitung gestellt wird:** **Die Gebühr 3210 beträgt** Die Anmerkung zu Nummer 3105 und Absatz 2 der Anmerkung zu Nummer 3202 gelten entsprechend.	0,8

422 Selbst im Revisionsverfahren ist es noch denkbar, dass eine der **Parteien säumig** ist. Ist der Revisionskläger **im Verhandlungstermin nicht oder nicht ordnungsgemäß vertreten** und stellt der RA des Revisionsbeklagten daraufhin lediglich (nur) einen Antrag auf Erlass eines Versäumnisurteils oder zur Prozess- oder Sachleitung, reduziert sich die Terminsgebühr gem. Nr. 3211 VV RVG auf 0,8.

V. Nichtzulassungsbeschwerde

423 **Nr. 3506**

Nr.	Gebührentatbestand	Gebühr oder Satz der Gebühr nach § 13 RVG
3506	**Verfahrensgebühr für das Verfahren über die Beschwerde gegen die Nichtzulassung der Revision oder über die Beschwerde gegen die Nichtzulassung einer der in der Vorbemerkung 3.2.2 genannten Rechtsbeschwerden, soweit in Nummer 3512 nichts anderes bestimmt ist.** Die Gebühr wird auf die Verfahrensgebühr für ein nachfolgendes Revisions- oder Rechtsbeschwerdeverfahren angerechnet.	1,6

1. Allgemeines

424 Die Möglichkeit der Revision gegen ein Berufungsurteil hängt in erster Linie davon ab, ob sie durch das Berufungsgericht zugelassen worden ist. Ist sie nicht zugelassen, kann **gegen die Nichtzulassung der Revision Nichtzulassungsbeschwerde** erhoben werden, allerdings nur, wenn der Wert der Beschwer 20.000 EUR übersteigt (§ 544 Abs. 2 Nr. 1 ZPO).

425 Die Anfechtung der Nichtzulassung der Revision richtet sich nach §§ 543, 544 ZPO. Die Nichtzulassungsbeschwerde ist an eine **Notfrist** gebunden. Sie muss **innerhalb eines Monats nach Zustellung des vollständigen Urteils** eingelegt werden (§ 544 Abs. 3 S. 1 ZPO).

426 Das **Nichtzulassungsbeschwerdeverfahren** ist eine **eigene gebührenrechtliche Angelegenheit** (§ 17 Nr. 9 RVG). Der RA erhält in diesem Verfahren einen gesonderten Vergütungsanspruch. Die Verfahrensgebühr der **Nr. 3506 VV RVG** im Nichtzulassungsbeschwerdeverfahren wird auf die Verfahrensgebühr für ein sich anschließendes Revisionsverfahren angerechnet (Anm. zu Nr. 3506 VV RVG). Eine Anrechnung erfolgt daher

nur dann, wenn die Nichtzulassungsbeschwerde Erfolg hat und das Verfahren als Revisionsverfahren fortgeführt wird (§ 544 Abs. 8 S. 1 ZPO).

Auch hier ist zu beachten, dass die Anrechnung nur Auswirkung auf die Verfahrensgebühr hat. Entgelte für Post- und Telekommunikationsdienstleistungen und andere entstandene **Auslagen** bleiben bestehen. Sie werden **nicht angerechnet**.

2. Verfahrensgebühr im Verfahren über die Nichtzulassung der Revision

Im Verfahren über die Beschwerde gegen die Nichtzulassung der Revision entsteht eine 1,6 Verfahrensgebühr. Vom Regelungszweck entspricht die Gebühr der bereits erläuterten Verfahrensgebühr gem. Nr. 3200 VV RVG in Berufungsverfahren. Vertritt der RA mehrere Auftraggeber, ist auch diese Verfahrensgebühr gem. Nr. 1008 VV RVG erhöhungsfähig. 427

Eine 1,6 Verfahrensgebühr entsteht nur in Nichtzulassungsverfahren, die nicht vor dem BGH geführt werden (z.B. vor dem Bundesarbeitsgericht). Die 1,6 Verfahrensgebühr entsteht regelmäßig nicht vor Gerichten anderer Gerichtsbarkeiten, wenn dort z.B. Betragsrahmengebühren vorgesehen sind (z.B. vor dem Bundessozialgericht). 428

Wird das Nichtzulassungsbeschwerdeverfahren vor dem BGH geführt, entsteht die 2,3 Verfahrensgebühr Nr. 3508 VV RVG. 429

3. Reduzierte Verfahrensgebühr im Revisionsverfahren

Nr. 3507 430

Nr.	Gebührentatbestand	Gebühr oder Satz der Gebühr nach § 13 RVG
3507	**Vorzeitige Beendigung des Auftrags:** **Die Gebühr 3506 beträgt** Die Anmerkung zu Nummer 3201 ist entsprechend anzuwenden.	1,1

Im Nichtzulassungsbeschwerdeverfahren erhält der RA eine 1,6 Verfahrensgebühr. Endet der Auftrag vorzeitig, ermäßigt sich die Gebühr auf 1,1. 431

Nach der Anm. zu Nr. 3507 VV RVG sind die Regelungen über die reduzierte Verfahrensgebühr im Berufungsverfahren Nr. 3201 VV RVG und aufgrund der dortigen Verweisung auf Nr. 3101 Nr. 1 VV RVG die dortigen Regelungen zur reduzierten Verfahrensgebühr einschlägig. Auf die dortigen Ausführungen wird verwiesen (Rdn 291). 432

4. Nichtzulassungsbeschwerde vor dem BGH

433 **Nr. 3508**

Nr.	Gebührentatbestand	Gebühr oder Satz der Gebühr nach § 13 RVG
3508	**In dem Verfahren über die Beschwerde gegen die Nichtzulassung der Revision können sich die Parteien nur durch einen beim Bundesgerichtshof zugelassenen Rechtsanwalt vertreten lassen:** **Die Gebühr 3506 beträgt**	2,3

434 Die Nichtzulassungsbeschwerde ist beim **BGH einzulegen**. Dies muss durch einen beim BGH zugelassenen RA erfolgen.

Der BGH-Anwalt erhält eine erhöhte 2,3 Verfahrensgebühr.

435 Bei Beendigung des Berufungsrechtszuges (mit Ausnahme der selten stattfindenden Sprungrevision nach Abschluss der ersten Instanz) hat das Berufungsgericht zwei Möglichkeiten: Es kann die Revision zulassen mit der Folge, dass das Verfahren nur mit der Einlegung der Revision fortgeführt wird. Es kann aussprechen, dass die Revision nicht zugelassen wird. Dann ist entscheidend, ob der für die Nichtzulassungsbeschwerde erforderliche Wert von 20.000 EUR überschritten wird.

5. Vorzeitige Erledigung Nichtzulassungsbeschwerde BGH-Anwalt

436 **Nr. 3509**

Nr.	Gebührentatbestand	Gebühr oder Satz der Gebühr nach § 13 RVG
3509	**Vorzeitige Beendigung des Auftrags, wenn sich die Parteien nur durch einen beim Bundesgerichtshof zugelassenen Rechtsanwalt vertreten lassen können:** **Die Gebühr 3506 beträgt** Die Anmerkung zu Nummer 3201 ist entsprechend anzuwenden.	1,8

437 Endet ein Nichtzulassungsbeschwerdeverfahren, in welchem sich die Partei durch einen beim BGH zugelassenen RA vertreten lassen muss, vorzeitig, reduziert sich die Verfahrensgebühr des BGH-Anwalts auf 1,8. Dies kann z.B. dann der Fall sein, wenn der Auftraggeber den BGH-Anwalt mit seiner Vertretung beauftragt hat, dann aber (z.B. aus Kos-

tengründen) von seinem Auftrag wieder Abstand nimmt, ehe der BGH-Anwalt einen Schriftsatz einreicht, der einen Sachantrag oder Sachvortrag enthält.

Für die vorzeitige Beendigung des Auftrags bleibt es bei den Ausführungen zur Nr. 3201 Nr. 1 VV RVG und Nr. 3101 Nr. 1 VV RVG. 438

6. Prüfung der Erfolgsaussichten der Nichtzulassungsbeschwerde durch den BGH-Anwalt

Wie bereits im Kapitel zum Revisionsverfahren erläutert, ist es für den Auftraggeber günstiger, wenn er dem BGH-Anwalt einen **bedingten Auftrag** erteilt, zunächst **die Erfolgsaussichten der Nichtzulassungsbeschwerde** zu prüfen. Verneint der BGH-Anwalt die Erfolgsaussichten, so ist die für die Prüfung entstandene Gebühr Nr. 2100 VV RVG wesentlich geringer als die Gebühr Nr. 3509 VV RVG für die vorzeitige Erledigung der Angelegenheit. 439

7. Anrechnung der Verfahrensgebühr, wenn der Nichtzulassungsbeschwerde stattgegeben wird.

Nach der Anm. zu Nr. 3506 VV RVG ist die Verfahrensgebühr für das Nichtzulassungsbeschwerdeverfahren auf die Verfahrensgebühr des sich anschließenden Revisionsverfahrens anzurechnen. Dies gilt auch für die Verfahrensgebühr der Nr. 3508 VV RVG im Nichtzulassungsbeschwerdeverfahren vor dem BGH, weil die Nr. 3508 VV RVG auf Nr. 3506 VV RVG verweist. Nur die Verfahrensgebühr wird angerechnet. Auslagen und etwaig andere entstandene Gebühren bleiben bestehen. 440

8. Terminsgebühr

Nr. 3516 441

Nr.	Gebührentatbestand	Gebühr oder Satz der Gebühr nach § 13 RVG
3516	Terminsgebühr in den in Nummer 3502, 3504, 3506 und 3510 genannten Verfahren	1,2

Findet in den Nichtzulassungsbeschwerdeverfahren der Nrn. 3506 VV RVG oder 3508 VV RVG eine **mündliche Verhandlung** statt, entsteht dafür nach Nr. 3516 VV RVG zusätzlich eine 1,2 **Terminsgebühr**. 442

Für die Terminsgebühr gelten die allgemeinen Grundsätze der Vorb. 3 Abs. 3 VV RVG. Die Terminsgebühr kann demnach entstehen, wenn der RA mit oder ohne Mitwirkung des 443

Gerichts Besprechungen zur Erledigung das Verfahrens führt. Sie kann daher für jeden am Verfahren beteiligten RA entstehen. Es ist nicht zwingend erforderlich, dass der RA auch Prozessbevollmächtigter ist.

F. Mehrere Rechtsanwälte

444 **Vorbemerkung 3.4:**

Für in diesem Abschnitt genannte Tätigkeiten entsteht eine Terminsgebühr nur, wenn dies ausdrücklich bestimmt ist.

I. Allgemeines

445 Teil 3 Abschnitt 4 VV RVG vergütet die Einzeltätigkeiten des RA. Übliche Einzeltätigkeiten sind der **Unterbevollmächtigte** bzw. Terminsvertreter, der anstelle des Prozessbevollmächtigten den Termin für den Auftraggeber vor Gericht wahrnimmt. Die Tätigkeit des RA als **Verkehrsanwalt** ist ebenfalls in Teil 3 Abschnitt 4 VV RVG geregelt.

1. Unterbevollmächtigter

446 Ein RA als Unterbevollmächtigter wird oftmals dann beauftragt, wenn der RA als Prozessbevollmächtigter des Auftraggebers (in diesem Zusammenhang auch oft **Hauptbevollmächtigter** genannt) den Gerichtstermin nicht selbst für den Auftraggeber wahrnimmt. Der Auftraggeber kann grds. so viele Anwälte mit seiner Vertretung beauftragen, wie er will (und bezahlen kann). Mehrere voneinander unabhängige (also nicht als Sozietät verbundene) RAe erwerben dadurch einen eigenständigen und unabhängigen Vergütungsanspruch gegen den Auftraggeber. Zu beachten ist aber, dass nur in ganz wenigen Ausnahmefällen die gegnerische Prozesspartei verpflichtet ist, die Kosten mehrerer RAe zu erstatten.

2. Verkehrsanwalt

447 Wird ein Verfahren z.B. vor dem BGH geführt, kann der bisherige Prozessbevollmächtigte aufgrund der Singularzulassung vor dem BGH nicht für seinen Auftraggeber auftreten. Nur der BGH-Anwalt kann den Auftraggeber wirksam vertreten und ist deshalb als Prozessbevollmächtigter des Auftraggebers dort tätig. Der bisherige Prozessbevollmächtigte kann in diesem Fall aber als **Verkehrsanwalt** beauftragt sein. Er vermittelt in beide Richtungen die Korrespondenz zwischen dem BGH-Anwalt und dem Auftraggeber, beschafft Informationen und führt Besprechungen mit dem Auftraggeber.

3. Wer erhält welche Gebühr?

Eine Verfahrensgebühr entsteht in den Fällen der sog. **Einzeltätigkeit** grds. immer bei jedem der beteiligten RA. Während der Prozessbevollmächtigte die Verfahrensgebühr nach Teil 3 Abschnitt 1 oder 2 VV RVG erhält, entsteht für den Unterbevollmächtigten und den Verkehrsanwalt ausschließlich die Verfahrensgebühr nach Teil 3 Abschnitt 4 VV RVG. 448

II. Die Vertretung durch einen Unterbevollmächtigten

Nr. 3401 449

Nr.	Gebührentatbestand	Gebühr oder Satz der Gebühr nach § 13 RVG
3401	Der Auftrag beschränkt sich auf die Vertretung in einem Termin im Sinne der Vorbemerkung 3 Abs. 3: Verfahrensgebühr	in Höhe der Hälfte der dem Verfahrensbevollmächtigten zustehenden Verfahrensgebühr

Für die Tätigkeit als Unterbevollmächtigter bzw. Terminsvertreter entsteht als sog. Betriebsgebühr die Verfahrensgebühr Nr. 3401 VV RVG. Dieser vertritt die Partei anstelle ihres Verfahrensbevollmächtigten in der mündlichen Verhandlung, wird dadurch aber nicht zu ihrem Verfahrensbevollmächtigten. Der Höhe nach entsteht die Gebühr in Höhe der Hälfte der dem Verfahrensbevollmächtigten zustehenden Gebühr. Steht dem Verfahrensbevollmächtigten z.B. eine 1,3 Gebühr zu, entsteht für den Unterbevollmächtigten damit eine 0,65 Verfahrensgebühr.

Es ist **nicht erforderlich**, dass der RA als Verfahrensbevollmächtigter dem **Unterbevollmächtigten den Auftrag erteilt**. Auch der Auftraggeber selbst kann diesen Auftrag erteilen. 450

Da insbesondere bei größeren Entfernungen zwischen dem Wohn- und Gerichtsort im Regelfall davon auszugehen ist, dass der RA berechtigt ist, den Terminsvertreter im Namen seines Auftraggebers zu beauftragen, wird von einem konkludenten Einverständnis des Auftraggebers auszugehen sein. Sind die voraussichtlichen Reisekosten des RA zum Gerichtstermin aber geringer, ist der RA nicht berechtigt, einen Unterbevollmächtigten im Namen seines Auftraggebers zu beauftragen. Um hier späterem Streit vorzubauen, sollte der RA eine klare Regelung mit seinem Auftraggeber treffen, insbesondere im Hinblick auf die ggf. fehlende Kostenerstattung (s. Rdn 459 ff.). 451

452 Wird ein **Terminsvertreter beauftragt**, erfolgt das im Regelfall **im Namen** des Auftraggebers, nicht im eigenen Namen des Verfahrensbevollmächtigten. Da die Beauftragung im eigenen Namen oder im Namen des Auftraggebers auch vergütungs- und erstattungsrechtlich unterschiedliche Auswirkungen hat, sollte zur Vermeidung eines späteren Streites in dem Auftragsschreiben an den Terminsvertreter der Auftraggeber ausdrücklich genannt werden.

III. Mehrere Auftraggeber

453 Vertritt der Terminsvertreter mehrere Auftraggeber, erhöht sich auch für ihn gem. Nr. 1008 VV RVG die Verfahrensgebühr entsprechend den allgemeinen Grundsätzen (s. Rdn 290).

454 Der Wortlaut der Nr. 3401 VV RVG ist insoweit etwas missverständlich, wenn von „zustehender" Verfahrensgebühr und damit der konkreten Gebühr gesprochen wird. Für die Berechnung der hälftigen Gebühr des Unterbevollmächtigte ist daher von der nicht erhöhten Verfahrensgebühr des Hauptbevollmächtigten auszugehen und danach der Gebührensatz um 0,3 je Auftraggeber zu erhöhen.

> *Beispiel:*
> *In der ersten Instanz vertritt der Verfahrensbevollmächtigte drei Auftraggeber.*
> Sein Gebührenanspruch beziffert sich auf
> 1,9 Verfahrensgebühr gem. §§ 1, 2, 13, Nrn. 3100, 1008 VV RVG.
> Wird der Unterbevollmächtigte nun beauftragt, berechnet dieser:
> die Hälfte der (nicht erhöhten) 1,3 Verfahrensgebühr und damit eine
> 0,65 Verfahrensgebühr gem. §§ 1, 2, 13, Nr. 3401, 3100 VV RVG
> und erhöht diese um 2 × 0,3 für die weiteren beiden Auftraggeber. Der Unterbevollmächtigte erhält damit insgesamt somit eine 1,25 Verfahrensgebühr.

IV. Terminsgebühr

455 **Nr. 3402**

Nr.	Gebührentatbestand	Gebühr oder Satz der Gebühr nach § 13 RVG
3402	**Terminsgebühr in dem in Nummer 3401 genannten Fall**	**in Höhe der einem Verfahrensbevollmächtigten zustehenden Terminsgebühr**

Ob eine Terminsgebühr entsteht, hängt davon ab, ob dies ausdrücklich durch das Gesetz bestimmt ist. 456

Im Allgemeinen erhält der Unterbevollmächtigte zusätzlich zur Verfahrensgebühr eine Terminsgebühr Nr. 3402 VV RVG. Erscheint eine Partei in dem Termin nicht oder ist sie nicht ordnungsgemäß vertreten oder wird lediglich ein Antrag auf Versäumnisurteil oder zur Prozess- oder Sachleitung gestellt, kann der Unterbevollmächtigte dagegen nur die reduzierte Terminsgebühr Nr. 3105 VV RVG fordern.

In welcher Höhe für den Unterbevollmächtigten eine Terminsgebühr entsteht, hängt davon ab, in welchem Rechtszug seine Beauftragung erfolgte. Er erhält eine Terminsgebühr in der Höhe, die einem Verfahrensbevollmächtigten zustehen würde. Endet der Auftrag vorzeitig, bevor der RA den Termin wahrgenommen hat, entsteht für ihn keine Terminsgebühr. 457

V. Einigungsgebühr

Wirkt der Unterbevollmächtigte am **Abschluss eines Vergleichs** mit, kann er dadurch die **Einigungsgebühr** verdienen. Oftmals wird er aber einen Widerrufsvorbehalt vereinbaren, damit er die erzielte Einigung mit dem Verfahrensbevollmächtigten besprechen kann. Bespricht dann der Verfahrensbevollmächtigte den Widerrufsvergleich mit dem Auftraggeber, entsteht auch für ihn eine Einigungsgebühr, wenn der Vergleich innerhalb der Widerrufsfrist nicht widerrufen wird (s. Anm. Abs. 3 zu Nr. 1000 VV RVG). 458

VI. Erstattungsfähigkeit der Kosten für Hinzuziehung eines Unterbevollmächtigen

Ob Kosten zu erstatten sind, regelt § 91 ZPO. Danach sind nur die zur zweckentsprechenden Rechtsverfolgung oder Rechtsverteidigung notwendigen Kosten zu erstatten. Reisekosten eines RA, der nicht in dem Bezirk des Prozessgerichts niedergelassen ist und am Ort des Prozessgerichts auch nicht wohnt, sind nach § 91 Abs. 2 S. 1 ZPO nur insoweit zu erstatten, als die Zuziehung zur zweckentsprechenden Rechtsverfolgung oder Rechtsverteidigung notwendig war. 459

Als notwendig gelten auch bei Beauftragung eines auswärtigen RA bis zur Höhe der tatsächlich angefallenen Kosten grds. diejenigen fiktiven Reisekosten, die angefallen wären, wenn der Auftraggeber einen am entferntesten Ort des Gerichtsbezirks ansässigen RA beauftragt hätte.[49]

49 BGH v. 4.12.2018 – VIII ZB 37/18.

460 Bei der Berechnung der sog. **„fiktiven" Reisekosten** muss nicht von der kostengünstigsten Anreise des RA zum Gerichtsort ausgegangen werden. So kann es durchaus gerechtfertigt sein, bei weiten Entfernungen anstelle mit dem eigenen Pkw auch mit dem Flugzeug oder der Bahn (1. Klasse) anzureisen. Auch ist nicht der billigste Flug oder Zugverbindung zugrunde zu legen. Der RA ist berechtigt, flexible Tarife in Anspruch zu nehmen.

461 Die Kosten des Unterbevollmächtigten gelten im Regelfall bis zur Höhe von 110 % der ersparten Reisekosten als erstattungsfähig.[50] Verglichen werden muss die Höhe der fiktiven Reisekosten mit der Summe der zusätzlichen Verfahrensgebühr und den Auslagen des Unterbevollmächtigten. Die Terminsgebühr ist insoweit „kostenneutral", weil sie andernfalls beim Hauptbevollmächtigten entstanden wäre. Eine ggf. doppelt entstehende Einigungsgebühr ist dabei ebenfalls nicht zu berücksichtigen, da ihre doppelte Entstehung im Regelfall ex ante nicht voraussehbar und daher auch erstattungsfähig ist.[51]

Beispiel 1:

Für die Anreise des RA zum Gerichtsort würden Reisekosten von rd. 700 EUR entstehen. Die Kosten für die Beauftragung des Unterbevollmächtigten betragen rd. 1.000 EUR. Seine Kosten sind damit bis zu 110 % = 770 EUR erstattungsfähig.

Beispiel 2:

Für die Anreise des RA zum Gerichtsort würden Reisekosten von rd. 700 EUR entstehen. Die Kosten für die Beauftragung des Unterbevollmächtigten betragen rd. 400 EUR. Die Kosten des Unterbevollmächtigten sind somit voll erstattungsfähig.

462 *Hinweis:*

Wo es Regeln gibt, gibt es auch Ausnahmen: Insbesondere gibt es eine Vielzahl an Ausnahmen bei der Erstattungsfähigkeit der Kosten mehrerer RAe z.B., wenn der Auftraggeber ein Unternehmen mit oder ohne eigene Rechtsabteilung ist, wenn das Unternehmen bundesweit tätig ist oder der Steuerberater bzw. ein RA seine eigenen Vergütungsansprüche verfolgt.

VII. Gebührenteilungsabreden

463 Gebührenteilungsabreden liegen vor, wenn zwei RAe in einer Angelegenheit die entstandene Vergütung oder auch nur die Gebühren teilen. Häufig überlässt ein RA dem anderen RA Teile seines Vergütungsanspruchs, den er allein gegenüber dem Auftraggeber besitzt.

50 BGH v. 6.11.2014 – I ZB 38/14.
51 BGH v. 26.2.2014 – XII ZB 499/11.

Dies liegt daran, dass der Unterbevollmächtigte in der Summe oftmals eine höhere Vergütung als der Prozessbevollmächtigte verdient, obgleich der Prozessbevollmächtigte derjenige ist, dem der Auftrag ursprünglich erteilt worden ist. Eine Pflicht zur Teilung der Vergütung oder Gebühren gibt es nicht.

1. Zulässigkeit von Gebührenteilungsabreden

§ 22 BORA 464

Als eine angemessene Honorierung im Sinne von § 49b Abs. 3 Satz 2 und 3 Bundesrechtsanwaltsordnung ist in der Regel eine hälftige Teilung aller anfallenden gesetzlichen Gebühren ohne Rücksicht auf deren Erstattungsfähigkeit anzusehen.

§ 49b Abs. 3 BRAO

(3) Die Abgabe und Entgegennahme eines Teils der Gebühren oder sonstiger Vorteile für die Vermittlung von Aufträgen, gleichviel ob im Verhältnis zu einem Rechtsanwalt oder Dritten gleich welcher Art, ist unzulässig. Zulässig ist es jedoch, eine über den Rahmen der Nummer 3400 der Anlage 1 zum Rechtsanwaltsvergütungsgesetz hinausgehende Tätigkeit eines anderen Rechtsanwalts angemessen zu honorieren. Die Honorierung der Leistungen hat der Verantwortlichkeit sowie dem Haftungsrisiko der beteiligten Rechtsanwälte und den sonstigen Umständen Rechnung zu tragen. Die Vereinbarung einer solchen Honorierung darf nicht zur Voraussetzung einer Mandatserteilung gemacht werden. Mehrere beauftragte Rechtsanwälte dürfen einen Auftrag gemeinsam bearbeiten und die Gebühren in einem den Leistungen, der Verantwortlichkeit und dem Haftungsrisiko entsprechenden angemessenen Verhältnis untereinander teilen. Die Sätze 2 und 3 gelten nicht für beim Bundesgerichtshof zugelassene Prozessbevollmächtigte.

Die Zulässigkeit von Abreden über die Teilung von Gebühren ist in § 49b Abs. 3 BRAO 465
i.V.m. § 22 BORA geregelt. Ist Gebührenteilung vereinbart, darf sie nicht unangemessen sein. Das Gesetz geht für die Angemessenheit grds. von einer hälftigen Teilung aus (§ 49b Abs. 3 S. 2 und 3 BRAO). Auf die Erstattungsfähigkeit der zu erwartenden Gebühren kommt es nicht an bzw. darf nicht abgestellt werden.

Es ist **unzulässig, nur eine Teilung der erstattungsfähigen Gebühren** zu vereinbaren. 466
Wurde eine solche Vereinbarung (Teilung der „festsetzungsfähigen oder erstattungsfähigen Gebühren") aber getroffen, werden mangels gegenteiliger Anhaltspunkte alle bei den beteiligten RAe entstandenen Gebühren unabhängig von deren Erstattungsfähigkeit erfasst und geteilt.

Etwas anderes gilt aber dann, wenn der RA den Unterbevollmächtigten in seinem eigenen Namen beauftragt und das wirtschaftliche Risiko für die Beauftragung allein übernimmt. Ein solches Vorgehen ist zulässig, wie der BGH entschieden hat.[52]

52 BGH v. 9.5.2023 – VIII ZB 53/21; BGH v. 29.6.2000 – I ZR 122/98.

2. Gebührenteilung mit BGH-Anwalt

467 Eine Gebührenteilungsabrede mit einem BGH-Anwalt ist unzulässig (§ 49b Abs. 3 S. 6 BRAO).

VIII. Einschaltung mehrerer Rechtsanwälte bei überörtlicher Sozietät

468 Erhält eine überörtliche Sozietät einen Prozessauftrag, tritt keine Veränderung der Gebührenlage ein, wenn diese Kanzlei (z.B. in Frankfurt) den Auftrag erhält und die notwendigen Informationen an einen anderen RA der überörtlichen Sozietät (z.B. in Hamburg) übermittelt. Fertigt in diesem Fall die Hamburger Kanzlei die erforderlichen Schriftsätze und die Frankfurter Kanzlei nimmt nur die Termine wahr, so hat der Auftraggeber dennoch noch nur einen einzigen RA beauftragt, der die Vergütung als Prozessbevollmächtigter verlangen kann.

G. Verkehrsanwalt

469 **Gekürzte Darstellung der Nr. 3400 VV RVG**

Nr.	Gebührentatbestand	Gebühr oder Satz der Gebühr nach § 13 RVG
3400	**Der Auftrag beschränkt sich auf die Führung des Verkehrs der Partei oder des Beteiligten mit dem Verfahrensbevollmächtigten: Verfahrensgebühr** Die gleiche Gebühr entsteht auch, wenn im Einverständnis mit dem Auftraggeber mit der Übersendung der Akten an den Rechtsanwalt des höheren Rechtszugs gutachterliche Äußerungen verbunden sind.	**in Höhe der dem Verfahrensbevollmächtigten zustehenden Verfahrensgebühr, höchstens 1,0, bei Betragsrahmengebühren höchstens 550,00 EUR**

Nr. 3400 VV RVG regelt den Gebührenanspruch des Verkehrsanwalts.

470 Die Gebühr entsteht, sobald der Verkehrsanwalt im Auftrag der Partei **die Korrespondenz mit dem Verfahrensbevollmächtigten führen** soll. Da allein die Übersendung der Handakte an den Verfahrensbevollmächtigten der höheren Instanz für den bisherigen RA der unteren Instanz durch seine dort entstandene Verfahrensgebühr mit abgegolten ist (§ 19 Abs. 1 S. 2 Nr. 17 RVG), entsteht die Verfahrensgebühr Nr. 3400 VV RVG nach ihrer Anm. aber dann, wenn er im Einverständnis mit dem Auftraggeber die Übersendung mit gutachterlichen Äußerungen verbindet.

Die **Höhe** der Verfahrensgebühr **ist beschränkt**. Der Verkehrsanwalt erhält eine Verfahrensgebühr in der Höhe, wie der Verfahrensbevollmächtigte sie berechnen kann, jedoch nicht mehr als 1,0. Hat der Verkehrsanwalt mehrere Auftraggeber, wird die Verfahrensgebühr nach Nr. 1008 VV RVG aber erhöht (max. um 2,0 auf 3,0). 471

Die Verfahrensgebühr vergütet die **gesamte Tätigkeit des Verkehrsanwalts** während des Gebührenrechtszugs. 472

Der Verkehrsanwalt kann auch eine **Einigungsgebühr** verdienen, wenn er an einer Einigung mit den Parteien mitwirkt (erstattungsfähig ist sie im Regelfall aber nicht, s. nachfolgend zu Rdn 473).

Erhält der Verkehrsanwalt den Auftrag, einen Termin i.S.d. Vorb. 3 Abs. 3 VV RVG wahrzunehmen, verdient er eine Terminsgebühr Nr. 3402 VV RVG. Die Höhe der Terminsgebühr entspricht der Höhe der Terminsgebühr, die der Verfahrensbevollmächtigte fordern könnte.

Die Kosten des Verkehrsanwaltes sind (anders als diejenigen eines Unterbevollmächtigen, s. Rdn 459) im Regelfall nicht erstattungsfähig (nur in seltenen Ausnahmefällen). 473

H. PKH

Die Tabelle zu § 13 RVG und § 49 RVG im Vergleich: 474

Anlage 2 zu § 13 Abs. 1 Satz 3 RVG 475

Gegenstandswert bis … EUR	Gebühr … EUR	Gegenstandswert bis … EUR	Gebühr EUR
500	51,50	50.000	1.357,00
1.000	93,00	65.000	1.456,50
1.500	134,50	80.000	1.556,00
2.000	176,00	95.000	1.655,50
3.000	235,50	110.000	1.755,00
4.000	295,00	125.000	1.854,50
5.000	354,50	140.000	1.954,00
6.000	414,00	155.000	2.053,50
7.000	473,50	170.000	2.153,00
8.000	533,00	185.000	2.252,50
9.000	592,50	200.000	2.352,00
10.000	652,00	230.000	2.492,00
13.000	707,00	260.000	2.632,00

Gegenstandswert bis … EUR	Gebühr … EUR	Gegenstandswert bis … EUR	Gebühr EUR
16.000	762,00	290.000	2.772,00
19.000	817,00	320.000	2.912,00
22.000	872,00	350.000	3.052,00
25.000	927,00	380.000	3.192,00
30.000	1.013,00	410.000	3.332,00
35.000	1.099,00	440.000	3.472,00
40.000	1.185,00	470.000	3.612,00
45.000	1.271,00	500.000	3.752,00

§ 49 Wertgebühren aus der Staatskasse (sog. PKH -Tabelle)

Bestimmen sich die Gebühren nach dem Gegenstandswert, werden bei einem Gegenstandswert von mehr als 4 000 EUR anstelle der Gebühr nach § 13 Absatz 1 die folgenden Gebühren vergütet:

476

Gegenstandswert bis … Euro	Gebühr … Euro	Gegenstandswert bis … Euro	Gebühr … Euro
5.000	319	25.000	449
6.000	330	30.000	488
7.000	341	35.000	527
8.000	352	40.000	566
9.000	363	45.000	605
10.000	374	50.000	644
13.000	389	65.000	692
16.000	404	80.000	739
19.000	419		
22.000	434	über 80.000	786

477 **Nr. 3335**

Nr.	Gebührentatbestand	Gebühr oder Satz der Gebühr nach § 13 RVG
3335	**Verfahrensgebühr für das Verfahren über die Prozesskostenhilfe**	**in Höhe der Verfahrensgebühr für das Verfahren, für das die Prozesskostenhilfe beantragt wird, höchstens 1,0, bei Betragsrahmengebühren höchstens 550,00 EUR**

I. Allgemeines

Das gerichtliche Verfahren beginnt nicht immer unverzüglich mit der Einreichung der Klageschrift. Ist der Auftraggeber nicht in der Lage, die Kosten der Rechtsverfolgung selbst zu tragen, so hat er unter bestimmten Voraussetzungen Anspruch auf Prozesskostenhilfe (PKH), im Rahmen derer der RA bei seiner Beiordnung dann einen Vergütungsanspruch gegenüber der Staatskasse nach der Tabelle des § 49 RVG erwirbt. 478

Im Rahmen des PKH-Bewilligungsverfahrens kann das Gericht den Gegner zum PKH-Antrag anhören (§ 118 Abs. 1 S. 1 ZPO). Eine Kostenerstattung der dem Gegner in diesem Verfahren entstehenden Kosten findet allerdings nicht statt (§ 118 Abs. 1 S. 4 ZPO), sollte dem PKH-Antrag **nicht** stattgegeben werden. Die Bewilligung von „PKH für PKH" für den Antragsteller ist nicht möglich. Bei Zurückweisung seines PKH-Antrags schuldet er dem RA somit die Vergütung für das PKH-Bewilligungsverfahren nach der Tabelle zu § 13 RVG. Die weitaus geringeren Beträge der Tabelle zu § 49 RVG sind nur gegenüber der Staatskasse anzuwenden. 479

II. PKH-Bewilligungsverfahren und Vorschuss

Der RA kann von seinem Auftraggeber einen angemessenen Vorschuss für die zu erwartende Vergütung fordern (§ 9 RVG). Auf die Einzelheiten im Hinblick auf die Anforderung eines Vorschusses wird in einem eigenen Abschnitt unter § 9 Rdn 133 ff. eingegangen. 480

Erteilt der Auftraggeber den Auftrag zur Vertretung im Rechtsstreit unter der Bedingung, dass ihm dafür PKH bewilligt wird, reicht seine finanzielle Leistungsfähigkeit meist nicht aus, um einen angemessenen Vorschuss zahlen zu können. Fordert der RA keinen Vorschuss an, so geht er für den Fall der Zurückweisung des PKH-Antrags das Risiko ein, am Ende mit seiner Vergütung für die Tätigkeit im PKH-Bewilligungsverfahren auszufallen. Ob dann eine gesonderte Rechtsverfolgung dieser Vergütung samt Zwangsvollstreckung Erfolgsaussichten bietet, erscheint fragwürdig. Wurde von der Möglichkeit der Vereinbarung eines Erfolgshonorars nach § 4a RVG kein Gebrauch gemacht (s. die nachfolgenden Ausführungen unter Rdn 482 ff.), ist der RA daher gut beraten, einen Vorschuss einzufordern und seine Tätigkeit von der Zahlung abhängig zu machen. 481

III. PKH-Bewilligungsverfahren und Erfolgshonorar

Ist der Auftraggeber nicht in der Lage einen Vorschuss zu leisten, kann der RA hier ggf. im Wege eines Erfolgshonorars gem. § 4a RVG vorgehen. 482

§ 4a RVG Erfolgshonorar

(1) Ein Erfolgshonorar (§ 49b Absatz 2 Satz 1 der Bundesrechtsanwaltsordnung) darf nur vereinbart werden, wenn

1. sich der Auftrag auf eine Geldforderung von höchstens 2 000 EUR bezieht,
2. eine Inkassodienstleistung außergerichtlich oder in einem der in § 79 Absatz 2 Satz 2 Nummer 4 der Zivilprozessordnung genannten Verfahren erbracht wird oder
3. der Auftraggeber im Einzelfall bei verständiger Betrachtung ohne die Vereinbarung eines Erfolgshonorars von der Rechtsverfolgung abgehalten würde.

Eine Vereinbarung nach Satz 1 Nummer 1 oder 2 ist unzulässig, soweit sich der Auftrag auf eine Forderung bezieht, die der Pfändung nicht unterworfen ist. Für die Beurteilung nach Satz 1 Nummer 3 bleibt die Möglichkeit, Beratungs- oder Prozesskostenhilfe in Anspruch zu nehmen, außer Betracht.

(2) In anderen als den in Absatz 1 Satz 1 Nummer 2 genannten Angelegenheiten darf nur dann vereinbart werden, dass für den Fall des Misserfolgs keine oder eine geringere als die gesetzliche Vergütung zu zahlen ist, wenn für den Erfolgsfall ein angemessener Zuschlag auf die gesetzliche Vergütung vereinbart wird.

(3) In eine Vereinbarung über ein Erfolgshonorar sind aufzunehmen:

1. die Angabe, welche Vergütung bei Eintritt welcher Bedingungen verdient sein soll,
2. die Angabe, ob und gegebenenfalls welchen Einfluss die Vereinbarung auf die gegebenenfalls vom Auftraggeber zu zahlenden Gerichtskosten, Verwaltungskosten und die von diesem zu erstattenden Kosten anderer Beteiligter haben soll,
3. die wesentlichen Gründe, die für die Bemessung des Erfolgshonorars bestimmend sind, und
4. im Fall des Absatzes 1 Satz 1 Nummer 3 die voraussichtliche gesetzliche Vergütung und gegebenenfalls die erfolgsunabhängige vertragliche Vergütung, zu der der Rechtsanwalt bereit wäre, den Auftrag zu übernehmen.

483 Der Gesetzestext zu § 4a Abs. 1 RVG gibt den Rahmen der Zulässigkeit eines Erfolgshonorars vor.

Nach S. 1 Nr. 1 kann es grundsätzlich bei Zahlungsforderungen bis zu 2.000 EUR vereinbart werden. Nach S. 1 Nr. 2 kann es darüber hinaus (wertunabhängig) zulässigerweise bei einer außergerichtlichen Inkassotätigkeit oder im Mahnverfahren bis zur Abgabe an das Streitgericht und im Verfahren der Zwangsvollstreckung wegen Geldforderungen in das bewegliche Vermögen mit Ausnahme von Handlungen, die ein streitiges Verfahren einleiten oder innerhalb eines streitigen Verfahrens vorzunehmen sind (§ 79 Abs. 2 S. 2 Nr. 4 ZPO), vereinbart werden. Zu beachten ist aber, dass sowohl im Fall des S. 1 Nr. 1 als auch Nr. 2 kein Erfolgshonorar vereinbart werden kann, wenn die gegenständliche Forderung unpfändbar ist (§ 400 BGB).

Schließlich ist es nach S. 1 Nr. 3 auch zulässig, wenn „bei verständiger Betrachtung ohne die Vereinbarung eines Erfolgshonorars“ der Auftraggeber von der Rechtsverfolgung abgehalten werden würde. Das muss demnach nicht allein den wirtschaftlich nicht leistungsfähigen Auftraggeber, sondern kann auch einen finanziell ausreichend ausgestatteten Auftraggeber betreffen. Als Kriterien der „verständigen Betrachtung“ kommen z.B.

das finanzielle Risiko und die Erfolgswahrscheinlichkeit (gerade bei hohen Gegenstandswerten) in Betracht. Nach S. 1 S. 3 hat dabei die Möglichkeit der Inanspruchnahme von Beratungs- oder Prozesskostenhilfe außer Betracht zu bleiben.

Nach Abs. 2 darf der RA in anderen als in den in S. 1 Nr. 2 genannten Verfahren nur dann eine geringere als die gesetzliche Vergütung für den Misserfolg vereinbaren, wenn für den Erfolgsfall ein angemessener Zuschlag auf die gesetzliche Vergütung vereinbart wird. Der Zuschlag muss dem Verhältnis der geringeren Vergütung für den Misserfolg entsprechen und bei geringer Erfolgsaussicht auch höher ausfallen. Die Erfolgsaussichten richten sich nach den Vorstellungen des RA und des Auftraggebers. Liegen keine Anhaltspunkte vor, ist von einer 50 %igen Erfolgsaussicht auszugehen. 484

Abs. 3 legt schließlich die Formerfordernisse für das Erfolgshonorar bzw. die Vereinbarung fest. Der Verstoß dagegen führt zur Unwirksamkeit der Vereinbarung und dazu, dass der Auftraggeber nach § 4b RVG die gesetzliche Vergütung schuldet. 485

IV. Gebührenhöhe im PKH-Bewilligungsverfahren

Die Höhe der Verfahrensgebühr im PKH-Bewilligungsverfahren hängt von der Höhe der Verfahrensgebühr ab, die in dem Verfahren geschuldet wird, für das PKH begehrt wird. Sie kann aber höchstens 1,0 betragen. 486

Beispiel 1:

Der RA beantragt für seinen Auftraggeber die Bewilligung von PKH für ein Zwangsvollstreckungsverfahren. Da der Gebührensatz der Verfahrensgebühr Nr. 3309 VV RVG im Zwangsvollstreckungsverfahren nur 0,3 beträgt, beträgt auch die Gebühr im PKH-Bewilligungsverfahren lediglich 0,3.

Beispiel 2:

Der RA beantragt für seinen Auftraggeber die Bewilligung von PKH zur Durchführung eines Klageverfahrens. Da der Gebührensatz der Verfahrensgebühr Nr. 3100 VV RVG im Klageverfahren 1,3 beträgt, ist die Gebühr im PKH-Bewilligungsverfahren auf 1,0 begrenzt.

Die Verfahrensgebühr Nr. 3335 VV RVG wird nach Nr. 1008 VV RVG um 0,3 (max. aber um 2,0) erhöht, wenn der RA mehrere Auftraggeber wegen desselben Gegenstandes vertritt. 487

V. PKH-Bewilligungsverfahren und Terminsgebühr

488 **Teil 3, Abschnitt 3, Unterabschnitt 6: Sonstige besondere Verfahren**

Vorbemerkung 3.3.6:

Die Terminsgebühr bestimmt sich nach Abschnitt 1, soweit in diesem Unterabschnitt nichts anderes bestimmt ist. Im Verfahren über die Prozesskostenhilfe bestimmt sich die Terminsgebühr nach den für dasjenige Verfahren geltenden Vorschriften, für das die Prozesskostenhilfe beantragt wird.

489 Im PKH-Bewilligungsverfahren kann eine Terminsgebühr unter den nach S. 2 der Vorb. 3.3.6 VV RVG genannten Voraussetzungen entstehen. Da auf den Abschnitt 1 verwiesen wird, kann für den RA daher die Terminsgebühr Nr. 3104 VV RVG in Höhe von 1,2 entstehen.

VI. § 16 Nr. 2 RVG – dieselbe Angelegenheit PKH-Bewilligungsverfahren und Hauptsache

490 Wird PKH bewilligt und der RA anschließend im Hauptsacheverfahren als Verfahrensbevollmächtigter tätig, bilden beide Verfahren für ihn – also das PKH-Bewilligungsverfahren und das Hauptsacheverfahren – gem. § 16 Nr. 2 RVG dieselbe Angelegenheit. Den Gebührenanspruch kann der RA insgesamt nur einmal fordern. Denn nach § 15 Abs. 2 RVG kann der RA die Gebühren in **derselben** Angelegenheit insgesamt nur einmal fordern.

491 Die im PKH-Bewilligungsverfahren entstandene Vergütung bleibt demnach nicht gesondert bestehen. Dies gilt aber nur, soweit sich die Gegenstandswerte decken.

Beispiel:

Das PKH-Bewilligungsverfahren wird wegen 50.000 EUR geführt. Es findet ein Termin statt. PKH wird nur wegen 20.000 EUR bewilligt. Das Hauptsacheverfahren wird anschließend auf 20.000 EUR beschränkt durchgeführt, wo auch ein Termin stattfindet.

Vergütungsberechnung

Gegenstandswert: 50.000 EUR und 20.000 EUR

PKH-Bewilligungsverfahren:

1,0 Verfahrensgebühr, §§ 1, 2, 13, Nr. 3335 VV RVG	*1.357,00 EUR*
Gegenstandswert: 50.000 EUR	
1,2 Terminsgebühr, §§ 1, 2, 13, Nr. 3104 VV RVG	*1.628,40 EUR*
Gegenstandswert: 50.000 EUR	
Hauptsacheverfahren:	
1,3 Verfahrensgebühr, §§ 1, 2, 13, Nr. 3100 VV RVG	*1.133,60 EUR*
Gegenstandswert: 20.000,00 EUR	

abzgl. 1,0 Verfahrensgebühr aus PKH-Bewilligungsverfahren	*– 872,00 EUR*
Gegenstandswert: 20.000,00 EUR	
1,2 Terminsgebühr, §§ 1, 2, 13, Nr. 3104 VV RVG	*1.046,40 EUR*
Gegenstandswert: 20.000,00 EUR	
abzgl. 1,2 Terminsgebühr aus PKH-Bewilligungsverfahren	*– 1.046,40 EUR*
Gegenstandswert: 20.000,00 EUR	
Auslagenpauschale, §§ 1, 2, Nr. 7002 VV RVG	*20,00 EUR*
Zwischensumme	*3.267,00 EUR*
19 % Umsatzsteuer, §§ 1, 2, Nr. 7008 VV RVG	*620,73 EUR*
Gesamtsumme	***3.887,73 EUR***

VII. Umfang der bewilligten PKH

§ 48 RVG Umfang des Anspruchs und der Beiordnung (gekürzte Fassung): 492

(1) Der Vergütungsanspruch gegen die Staatskasse ist auf die gesetzliche Vergütung gerichtet und bestimmt sich nach den Beschlüssen, durch die die Prozesskostenhilfe bewilligt und der Rechtsanwalt beigeordnet oder bestellt worden ist, soweit nichts anderes bestimmt ist. Erstreckt sich die Beiordnung auf den Abschluss eines Vertrags im Sinne der Nummer 1000 des Vergütungsverzeichnisses oder ist die Beiordnung oder die Bewilligung der Prozesskostenhilfe hierauf beschränkt, so umfasst der Anspruch alle gesetzlichen Gebühren und Auslagen, die durch die Tätigkeiten entstehen, die zur Herbeiführung der Einigung erforderlich sind.

(2) In Angelegenheiten, in denen sich die Gebühren nach Teil 3 des Vergütungsverzeichnisses bestimmen und die Beiordnung eine Berufung, eine Beschwerde wegen des Hauptgegenstands, eine Revision oder eine Rechtsbeschwerde wegen des Hauptgegenstands betrifft, wird eine Vergütung aus der Staatskasse auch für die Rechtsverteidigung gegen ein Anschlussrechtsmittel und, wenn der Rechtsanwalt für die Erwirkung eines Arrests, einer einstweiligen Verfügung oder einer einstweiligen Anordnung beigeordnet ist, auch für deren Vollziehung oder Vollstreckung gewährt. Dies gilt nicht, wenn der Beiordnungsbeschluss ausdrücklich etwas anderes bestimmt.

(3) (....)

(4) (....).

(5) In anderen Angelegenheiten, die mit dem Hauptverfahren nur zusammenhängen, erhält der für das Hauptverfahren beigeordnete Rechtsanwalt eine Vergütung aus der Staatskasse nur dann, wenn er ausdrücklich auch hierfür beigeordnet ist. Dies gilt insbesondere für

1. die Zwangsvollstreckung, die Vollstreckung und den Verwaltungszwang;
2. das Verfahren über den Arrest, den Europäischen Beschluss zur vorläufigen Kontenpfändung, die einstweilige Verfügung und die einstweilige Anordnung;
3. das selbstständige Beweisverfahren;

4. das Verfahren über die Widerklage oder den Widerantrag, ausgenommen die Rechtsverteidigung gegen den Widerantrag in Ehesachen und in Lebenspartnerschaftssachen nach § 269 Absatz 1 Nummer 1 und 2 des Gesetzes über das Verfahren in Familiensachen und in den Angelegenheiten der freiwilligen Gerichtsbarkeit.

(6) (…)

1. Allgemeines

493 Die Bewilligung von PKH hat nicht zur Folge, dass der RA jede Rechtshandlung für den Auftraggeber vornehmen kann und nach Abschluss der Tätigkeit dann eine Vergütung aus der Staatskasse dafür erhält. § 48 RVG bestimmt den **Umfang** des Vergütungsanspruchs des beigeordneten RA. Mit ihm sind eine Reihe von Einschränkungen bestimmt (die obige Darstellung von § 48 RVG ist gekürzt; vom Abdruck des Gesetzestextes der hier nicht erläuterten Themen ist abgesehen worden). Auch wenn PKH bereits bewilligt worden ist, muss für bestimmte **Verfahrensabschnitte** erneut PKH beantragt werden.

494 Ist dem Auftraggeber PKH bewilligt, so bleibt er zwar Vergütungsschuldner seines ihm beigeordneten RA. Der RA ist aber gehindert, diesen Vergütungsanspruch gegenüber dem Auftraggeber geltend zu machen (§ 122 Abs. 1 Nr. 3 ZPO). Mit der Beiordnung im Wege der PKH erhält der RA aber einen gesonderten Vergütungsanspruch gegenüber der Staatskasse. Die Sperrwirkung der PKH umfasst aber nur den Teil, für den PKH bewilligt wurde. Wurde nur teilweise PKH bewilligt, kann der RA den Differenzbetrag geltend machen, der sich aus der Vergütung nach § 13 RVG der Werte der verschiedenen Gegenstände ergibt.

Beispiel:

Wegen einer beabsichtigten Klage über 50.000 EUR hat das Gericht PKH nur wegen einer Teilforderung von 20.000 EUR bewilligt. Nach Zustellung der Klage über 50.000 EUR und mündlicher Verhandlung ergeht ein Urteil.

Der RA kann den folgenden Differenzbetrag (nach der Tabelle § 13 RVG) von seinem Auftraggeber fordern:

Vergütungsberechnung

Gegenstandswert: 50.000 EUR und 20.000 EUR

1,3 Verfahrensgebühr, §§ 1, 2, 13, Nr. 3100 VV RVG	*1.764,10 EUR*
Gegenstandswert: 50.000,00 EUR	
abzgl. 1,3 Verfahrensgebühr, §§ 1, 2, 13, Nr. 3100 VV RVG	*– 1.133,60 EUR*
Gegenstandswert: 20.000,00 EUR	
1,2 Terminsgebühr, §§ 1, 2, 13, Nr. 3104 VV RVG	*1.628,40 EUR*

Gegenstandswert: 50.000,00 EUR	
abzgl. 1,2 Terminsgebühr, §§ 1, 2, 13, Nr. 3104 VV RVG	*– 1.046,40 EUR*
Gegenstandswert: 20.000,00 EUR	
Zwischensumme	*1.212,50 EUR*
19 % Umsatzsteuer, §§ 1, 2, Nr. 7008 VV RVG	*230,38 EUR*
Gesamtsumme	***1.442,88 EUR***

Gegenüber der Staatskasse kann der RA (nach der Tabelle § 49 RVG) berechnen:

Vergütungsberechnung

Gegenstandswert: 20.000 EUR

1,3 Verfahrensgebühr, §§ 1, 2, 45, 49, Nr. 3100 VV RVG	*564,20 EUR*
1,2 Terminsgebühr, §§ 1, 2, 45, 49, Nr. 3104 VV RVG	*520,80 EUR*
Auslagenpauschale, §§ 1, 2, 45, 46, Nr. 7002 VV RVG	*20,00 EUR*
Zwischensumme	*1.105,00 EUR*
19 % Umsatzsteuer, §§ 1, 2, 45, 46, Nr. 7008 VV RVG	*209,95 EUR*
Gesamtsumme	***1.314,95 EUR***

2. Vorschuss vom Auftraggeber vor PKH-Bewilligung

Der RA ist berechtigt, bis zur Bewilligung von PKH von seinem Auftraggeber einen **Vorschuss** zu fordern. Wegen der Ungewissheit über dessen Leistungsfähigkeit (die ggf. erst mit seiner Erklärung über die persönlichen und wirtschaftlichen Verhältnisse bekannt ist), ist der RA bei fraglicher Erfolgsaussicht der Rechtsverfolgung bzw. -verteidigung gut beraten, einen Vorschuss anzufordern und ggf. seine weitere Tätigkeit von der Zahlung abhängig zu machen. Bei Gegenstandswerten über 4.000 EUR ist eine Vorschussanforderung sinnvoll, da die Tabellen zu § 13 RVG und § 49 RVG bei identischem Gegenstandswert differieren. Den dann von der PKH-Partei gezahlten Vorschuss darf der RA zunächst auf die Differenzvergütung zwischen derjenigen nach der Tabelle zu § 13 RVG und derjenigen nach der Tabelle zu § 49 RVG verrechnen. Nur ein diese Differenzvergütung überschießender Betrag wäre dann auf die PKH-Vergütung gegenüber der Staatskasse anzurechnen. 495

3. Erfolgshonorar bei finanzieller Leistungsunfähigkeit des Auftraggebers

Bestehen erhebliche Zweifel an den Erfolgsaussichten der Rechtsverfolgung bzw. -verteidigung muss der Antragsteller nach entsprechender Beratung des RA entscheiden, ob er das Verfahren dennoch führen will. Zwar besteht in diesem Fall für den RA bei 496 finanzieller **Leistungsunfähigkeit** des Auftraggebers die Möglichkeit, mit dem Auftraggeber ein Erfolgshonorar nach § 4a RVG zu vereinbaren. Eine Verpflichtung dazu besteht für den RA aber nicht (zum Erfolgshonorar s. unter Rdn 482 ff.).

4. Anrechnung von Vorschüssen und Zahlungen

497 **§ 58 RVG Anrechnung von Vorschüssen und Zahlungen (verkürzte Darstellung)**

(1) …

(2) In Angelegenheiten, in denen sich die Gebühren nach Teil 3 des Vergütungsverzeichnisses bestimmen, sind Vorschüsse und Zahlungen, die der Rechtsanwalt vor oder nach der Beiordnung erhalten hat, zunächst auf die Vergütungen anzurechnen, für die ein Anspruch gegen die Staatskasse nicht oder nur unter den Voraussetzungen des § 50 besteht. Ist eine Gebühr, für die kein Anspruch gegen die Staatskasse besteht, auf eine Gebühr anzurechnen, für die ein Anspruch gegen die Staatskasse besteht, so vermindert sich der Anspruch gegen die Staatskasse nur insoweit, als der Rechtsanwalt durch eine Zahlung auf die anzurechnende Gebühr und den Anspruch auf die ohne Anrechnung ermittelte andere Gebühr insgesamt mehr als den sich aus § 15a Absatz 1 ergebenden Gesamtbetrag erhalten würde.

(3) …

498 § 58 RVG regelt die Anrechnung von Vorschüssen und Zahlungen, die der RA von seinem Auftraggeber in derselben gebührenrechtlichen Angelegenheit erhalten hat. Der Auftraggeber selbst muss die Zahlungen nicht selbst geleistet haben. Auch Zahlungen Dritter (z.B. auch der Gegner in Erfüllung eines Kostenerstattungsanspruchs) sind zu berücksichtigen.

a) Anwendungsbereich

499 Die Anrechnung nach § 58 Abs. 2 RVG betrifft nur die Vergütungsansprüche, die sich nach Teil 3 VV RVG richten. Eine etwa vor- bzw. außergerichtlich entstandene Geschäftsgebühr ist in Teil 2 VV RVG geregelt. Sie bzw. ihre Anrechnung nach Vorb. 3 Abs. 4 VV RVG ist von der Anrechnungsbestimmung des § 58 Abs. 2 RVG somit nur dann betroffen, wenn der RA mehr als den sich aus § 15a Abs. 1 RVG ergebenden Gesamtbetrag erhalten würde.

500 Hat der RA von seinem Auftraggeber vor oder nach der **Beiordnung** Zahlungen erhalten, so werden die Vorschüsse zunächst auf die gesamte Vergütung (somit auch auf eine entstandene Geschäftsgebühr, außer bei bewilligter Beratungshilfe) nach der Tabelle § 13 RVG berechnet. Ergibt sich aufgrund der unterschiedlichen Gebührentabellen nach § 13 und § 49 RVG ein Differenzbetrag, wird der Vorschuss zuerst auf den Anspruch des RA auf die **Differenzwahlanwaltsvergütung** angerechnet. Erst wenn diese Differenz voll ausgeschöpft ist, erfolgt eine Anrechnung auf die Vergütung nach Tabelle § 49 RVG.

Beispiel:
Der Vergütungsanspruch nach der Tabelle zu § 13 RVG beträgt *2.500,00 EUR.*
Der Vergütungsanspruch nach der Tabelle zu § 49 RVG beträgt *1.500,00 EUR.*
Die Differenz beträgt: *1.000,00 EUR.*
Der Auftraggeber leistete
a) einen Vorschuss i.H.v. 850,00 EUR oder
b) einen Vorschuss i.H.v. 1.100,00 EUR.

zu a) Der Vorschuss i.H.v. 850,00 EUR wird in voller Höhe auf die Differenz verrechnet, da die Differenz höher oder gleich hoch ist. Es erfolgt keine Anrechnung auf die PKH-Vergütung.

zu b) Der Vorschuss i.H.v. 1.100,00 EUR wird i.H.v. 1.000,00 EUR auf die Differenz verrechnet. I.H.v. 100,00 EUR verringert sich die zu zahlende PKH-Vergütung aus der Staatskasse, ist vom RA also bei seiner PKH-Berechnung in Abzug zu bringen.

b) Geschäftsgebühr und bewilligte PKH

Oftmals hat der RA den Auftraggeber, für den er PKH beantragt, bereits vor- bzw. außer- **501** gerichtlich vertreten. Lagen die Voraussetzungen für die Bewilligung von Beratungshilfe für die vor- bzw. außergerichtliche Vertretung nicht vor, hat der RA einen von der noch zu bewilligenden PKH unabhängigen Vergütungsanspruch in Höhe der **Geschäftsgebühr** Nr. 2300 VV RVG nebst Auslagen, die er von seinem Auftraggeber fordern kann. Nach § 55 Abs. 5 S. 2 RVG hat der RA in seinem Vergütungsfestsetzungsantrag zu erklären, ob, und wenn ja, in welcher Höhe er Zahlungen auf eine anzurechnende Gebühr erhalten hat.

Der vor- bzw. außergerichtlich tätige RA kann daher vom Auftraggeber die Geschäfts- **502** gebühr nebst Auslagen fordern. Die Geschäftsgebühr ist dann entsprechend der Vorb. 3 Abs. 4 VV RVG auf die Verfahrensgebühr des sich anschließenden gerichtlichen Verfahrens anzurechnen (s. die Ausführungen unter Rdn 169).

§ 55 Abs. 5 RVG **503**

(5) (…) Der Antrag hat die Erklärung zu enthalten, ob und welche Zahlungen der Rechtsanwalt bis zum Tag der Antragstellung erhalten hat. Bei Zahlungen auf eine anzurechnende Gebühr sind diese Zahlungen, der Satz oder der Betrag der Gebühr und bei Wertgebühren auch der zugrunde gelegte Wert anzugeben. Zahlungen, die der Rechtsanwalt nach der Antragstellung erhalten hat, hat er unverzüglich anzuzeigen.

Der Vergütungsfestsetzungsantrag des RA (§ 55 Abs. 1 RVG) muss die Erklärung enthal- **504** ten, ob und welche Zahlungen der Auftraggeber auf eine anzurechnende Gebühr geleistet hat.

505 *Beispiel:*

Der RA hat vor- bzw. außergerichtlich wegen einer Forderung von 50.000 EUR vertreten. Er hat daher seinem Auftraggeber berechnet:

2,0 Geschäftsgebühr, §§ 1, 2, 13, 14, Nr. 2300 VV RVG	*2.714,00 EUR*
Auslagenpauschale, §§ 1, 2, Nr. 7002 VV RVG	*20,00 EUR*
19 % Umsatzsteuer, §§ 1, 2, Nr. 7008 VV RVG	*519,46 EUR*
Gesamtbetrag	***3.253,46 EUR***

Der Gesamtbetrag wurde vom Auftraggeber gezahlt.

Nach Vorb. 3 Abs. 4 VV RVG ist die Geschäftsgebühr mit der Hälfte, max. aber mit 0,75 = 1.017,75 EUR auf die im nachfolgenden Verfahren entstandene 1,3 Verfahrensgebühr anzurechnen.

Dem RA steht insgesamt nach der Tabelle § 13 RVG zu:

2,0 Geschäftsgebühr, §§ 1, 2, 13, 14, Nr. 2300 VV RVG	*2.714,00 EUR*
Auslagenpauschale, §§ 1, 2, Nr. 7002 VV RVG	*20,00 EUR*
1,3 Verfahrensgebühr, §§ 1, 2, 13, Nr. 3100 VV RVG	*1.764,10 EUR*
abzgl. 0,75 Geschäftsgebühr, §§ 1, 2, 13, 15a Abs. 1, Vorb. 3 Abs. 4 VV RVG	*– 1.017,75 EUR*
Auslagenpauschale, §§ 1, 2, Nr. 7002 VV RVG	*20,00 EUR*
19 % Umsatzsteuer, §§ 1, 2, Nr. 7008 VV RVG	*665,07 EUR*
Gesamtbetrag	***4.165,42 EUR***

Aus der Staatskasse erhält er nach der Tabelle § 49 RVG:

1,3 Verfahrensgebühr, §§ 1, 2, 45, 49, Nr. 3100 VV RVG	*786,50 EUR*
Auslagenpauschale, §§ 1, 2, Nr. 7002 VV RVG	*20,00 EUR*
19 % Umsatzsteuer, §§ 1, 2, Nr. 7008 VV RVG	*153,24 EUR*
Gesamtbetrag	***959,74 EUR***

Da der RA durch die Zahlungen des Mandanten von 3.253,46 EUR und der Staatskasse von 959,74 EUR insgesamt 4.213,20 EUR erhalten würde und dieser Gesamtbetrag höher als der Gesamtbetrag der Wahlanwaltsvergütung von 4.165,42 EUR ist, ist die Differenz von 47,78 EUR (= 4.213,20 EUR–4.165,42 EUR) auf die PKH-Vergütung aus der Staatskasse anzurechnen.

5. PKH-Bewilligung und Vergütungsvereinbarung

a) Vergütungsvereinbarung vor erfolgter Beiordnung

506 Hat der RA mit dem Auftraggeber z.B. zu Beginn des Auftragsverhältnisses eine Vergütungsvereinbarung getroffen und ergibt sich erst im laufenden Verfahren seine Bedürf-

tigkeit, so dass ihm PKH bewilligt wird, werden Vorschüsse und Zahlungen zunächst auf die Differenz zwischen der vereinbarten Vergütung und derjenigen nach § 49 RVG verrechnet.

b) Vergütungsvereinbarung nach erfolgter Beiordnung

§ 3a RVG (verkürzte Darstellung) 507

(1) (…)

(2) (…)

(3) (…)

(4) Eine Vereinbarung, nach der ein im Wege der Prozesskostenhilfe beigeordneter RA für die von der Beiordnung erfasste Tätigkeit eine höhere als die gesetzliche Vergütung erhalten soll, ist nichtig. Die Vorschriften des bürgerlichen Rechts über die ungerechtfertigte Bereicherung bleiben unberührt.

Nach § 3a Abs. 4 S. 1 RVG kann der RA nach seiner Beiordnung keine wirksame Ver- 508
gütungsvereinbarung mehr mit der PKH-Partei treffen. Eine solche Vereinbarung wäre nichtig. Der RA könnte somit keinen Zahlungsanspruch gegenüber dem Auftraggeber daraus geltend machen. Hat der Auftraggeber dennoch auf diese nichtige Vergütungsvereinbarung Zahlungen geleistet, so finden nach § 3a Abs. 4 S. 2 RVG die Vorschriften des bürgerlichen Rechts über die ungerechtfertigte Bereicherung (§§ 812 ff. BGB) Anwendung. Folge davon ist, dass der Auftraggeber einen Rückforderungsanspruch für seine bereits geleisteten Zahlungen hat.

Dies gilt nur dann nicht, wenn der Auftraggeber Kenntnis davon hatte, dass eine solche 509
Vergütungsvereinbarung mit dem im Wege der PKH beigeordneten RA nichtig ist. Zahlt der Auftraggeber also in **Kenntnis** dieser Nichtigkeit, also mit dem Wissen, dass er nicht zur Zahlung verpflichtet ist, kann er keinen Rückforderungsanspruch geltend machen.

6. Umfang der Bewilligung im Rechtsmittelverfahren

Für jedes Rechtsmittelverfahren muss PKH gesondert beantragt und bewilligt werden 510
(§ 119 Abs. 1 S. 1 ZPO). Ist für ein Rechtsmittelverfahren PKH erst einmal bewilligt, so gilt PKH im Allgemeinen auch für die Anschließung (Anschlussberufung oder Anschlussrevision) durch den Rechtsmittelbeklagten. Für das Rechtsmittel selbst ist aber zunächst PKH zu beantragen (§ 48 Abs. 2 RVG).

Im Rechtsmittelverfahren gibt es eine **Besonderheit**. Obsiegt der Auftraggeber in der ers- 511
ten Instanz und führt der Unterliegende das Verfahren durch Einlegung eines Rechtsmittels fort, so muss im Rechtsmittelverfahren gem. § 119 Abs. 1 S. 2 ZPO nur nachgewiesen werden, dass der Auftraggeber keine hinreichenden Mittel zur Finanzierung des Verfahrens hat. Die Erfolgsaussichten und auch eine etwaige Mutwilligkeit sind nicht mehr durch das Rechtsmittelgericht zu prüfen.

512 Allerdings wird PKH in diesem Fall erst dann bewilligt, wenn der Gegner sein Rechtsmittel begründet hat. Vorher besteht für das Gericht regelmäßig keine Veranlassung, dem Rechtsmittelbeklagten PKH zu bewilligen. Einen Auftrag zur Vertretung im Rechtsmittelverfahren sollte der bedürftige Auftraggeber daher erst dann dem RA erteilen, wenn feststeht, dass der Rechtsmittelführer das Verfahren auch tatsächlich durchführen wird.

7. Umfang der Bewilligung und Zwangsvollstreckung

513 Eine PKH-Bewilligung gilt nur für den jeweiligen Rechtszug. Ist Folge des gerichtlichen Verfahrens, dass ein zur Zwangsvollstreckung geeigneter Titel vorliegt, so muss für die Zwangsvollstreckung gesondert PKH beantragt werden (§ 48 Abs. 5 S. 2 Nr. 1 RVG). Nur wenn lediglich die Vollziehung eines Arrests, einer einstweiligen Verfügung oder einer einstweiligen oder vorläufigen Anordnung betroffen ist, umfasst die bisherige Bewilligung der PKH auch die Zwangsvollstreckung, soweit der Beschluss nichts anderes bestimmt (§ 48 Abs. 2 S. 1 Hs. 2 RVG).

514 Die Bewilligung von PKH für die Zwangsvollstreckung und die Beiordnung eines RA wird von jedem Gericht teilweise anders gehandhabt. Oftmals wird vom Gläubiger verlangt, dass er die Rechtsantragstelle des Gerichts in Anspruch nimmt, damit diese für ihn die Zwangsvollstreckung durchführt. Die Frage nach der Bedürftigkeit und der Notwendigkeit der Beiordnung eines RA wird daher unterschiedlich beantwortet. Nach Auffassung des BGH[53] soll auch bei der eingeschränkten pauschalen Bewilligung der PKH für die Zwangsvollstreckung nach § 119 Abs. 2 ZPO die Notwendigkeit der Beiordnung eines RA in Anwendung des § 121 Abs. 2 ZPO für die jeweilige Maßnahme der Zwangsvollstreckung zu prüfen sein.

Nach der Entscheidung des BGH[54] kann die Beiordnung eines RA für die Lohnpfändung bei einer Unterhaltsvollstreckung nicht pauschal mit dem Verweis auf die Inanspruchnahme der Rechtsantragstelle verwehrt werden. Denn beispielsweise liege es nahe, dass ein juristisch nicht ausgebildeter Antragsteller bei der Pfändung wegen Unterhaltsansprüchen, insbesondere beim Vorhandensein mehrerer Unterhaltsberechtigter, auch mit Hilfe der Rechtsantragsstelle häufig kaum in der Lage sein wird, einen korrekten Antrag zu stellen. Jedenfalls für Verfahren der erweiterten Pfändung von Arbeitslohn oder Lohnersatzleistungen darf dem Gläubiger daher nicht ohne Prüfung des Einzelfalls die Beiordnung eines Rechtsanwalts mangels Erforderlichkeit versagt werden.

In einer weiteren Entscheidung hat der BGH bekräftigt,[55] dass die Notwendigkeit der Beiordnung einerseits von der Schwierigkeit der im konkreten Fall zu bewältigenden Rechts-

53 BGH v. 10.12.2009 – VII ZB 31/09.
54 BGH v. 18.7.2003 – IXa ZB 124/03.
55 BGH v. 25.9.2003 – IXa ZB 192/03.

materie und andererseits von den persönlichen Fähigkeiten und Kenntnissen gerade des Gläubigers abhängt. Nicht entscheidend sei, dass bei der Vollstreckung aus Unterhaltstiteln erfahrungsgemäß in vielen Fällen tatsächliche oder rechtliche Schwierigkeiten auftreten, für deren Bewältigung der Gläubiger anwaltlicher Hilfe bedarf. Ein dem Gerichtsvollzieher erteilter Vollstreckungsauftrag in die körperlichen Sachen des Schuldners lasse tatsächliche oder rechtliche Schwierigkeiten nicht erkennen, so dass anwaltliche Hilfe für die Zwangsvollstreckung nicht erforderlich sei. Ob diese mittlerweile zwei Jahrzehnte alte Begründung der BGH in Anbetracht der gesetzlichen Nutzungspflicht der Formulare noch heute aufrecht erhalten würde, hat er bislang nicht entschieden.

8. PKH und der sog. Mehrvergleich

Beabsichtigen die Parteien einen Vergleich zu schließen, in dem sie nicht rechtshängige Ansprüche mit berücksichtigen wollen (sog. Mehrvergleich), so erstreckt sich die bisher für das Verfahren bewilligte PKH nicht automatisch auf den Mehrvergleich. Vielmehr ist eine ausdrückliche Erstreckung darauf notwendig, damit der RA die durch den Mehrvergleich ausgelösten Gebühren (Differenzverfahrensgebühr, erhöhte Terminsgebühr und Einigungsgebühr) aus der Staatskasse nach §§ 45, 49 RVG erhält. **515**

Eine davon unabhängige Regelung enthält § 48 Abs. 3 RVG für den Bereich des Familienrechts, wo die bewilligte Verfahrenskostenhilfe einen Mehrvergleich über die dort in S. 1 Nr. 1 bis 7 RVG genannten Gegenstände automatisch umfasst.

9. Teilbewilligung von PKH

Wird PKH nur teilweise bewilligt, kann der RA lediglich in Höhe des bewilligten Teils eine Vergütung aus der Staatskasse fordern (s. Rdn 494 ff.). **516**

10. PKH und mehrere Auftraggeber

Vertritt der RA mehrere Auftraggeber und ist nur einem der Auftraggeber PKH bewilligt, ist streitig, in welcher Höhe der RA gegenüber der Staatskasse einen Vergütungsanspruch hat. Grundsätzlich schuldet jeder Auftraggeber nach § 7 Abs. 2 S. 1 RVG die Vergütung, die entstanden wäre, wenn der RA nur ihn vertreten hätte. Hat das Gericht nur einem der Auftraggeber PKH bewilligt, so kommt es für die Höhe des Vergütungsanspruchs des RA gegenüber der Staatskasse nach der PKH-Tabelle des § 49 RVG auf die konkrete Bewilligung im PKH-Beschluss an. Enthält er keine weiteren Einschränkungen, so wird vertreten, dass der RA den vollen Vergütungsanspruch einschließlich der ggf. Erhöhung nach **517**

Nr. 1008 VV RVG zur Festsetzung (§ 55 Abs. 1 RVG) fordern kann.[56] Nach anderer Meinung könne der RA seine Vergütung nur bis zur Höhe nach § 7 Abs. 2 S. 1 RVG aus der Staatskasse fordern.[57] Schließlich wird noch die Meinung vertreten, dass der RA lediglich eine kopfteilige Festsetzung fordern kann.[58]

Unabhängig davon behält der RA aber gegenüber denjenigen Auftraggebern, denen keine PKH bewilligt wurde, seinen Vergütungsanspruch im Umfang von § 7 Abs. 2 RVG nach der Wahlanwaltstabelle des § 13 RVG.

518 Nach Auffassung des BGH kann das Gericht bei der Vertretung mehrerer Auftraggeber durch denselben RA die PKH-Bewilligung allerdings auf die Erhöhung nach Nr. 1008 VV RVG beschränken.[59] Das hat zur Folge, dass der RA in diesem Fall lediglich die Erhöhung nach der PKH-Tabelle des § 49 RVG aus der Staatskasse erhält.

519 Für die Höhe des Vergütungsanspruches des RA gegenüber der Staatskasse ist aber immer der konkrete Umfang im PKH-Beschluss des Gerichtes maßgeblich. Denn die Bewilligung bindet den Urkundsbeamten der Geschäftsstelle bei der Vergütungsfestsetzung (§ 55 Abs. 1 RVG).

11. Abrechnung bewilligter PKH/Formulare

520 Für den RA gibt es keine Pflicht, die Festsetzung seiner PKH-Vergütung mit dem amtlichen Formular zu beantragen (vgl. Teil A Ziff. 1.1 der bundeseinheitlichen „AV Vergütungsfestsetzung“). Die amtlichen Formulare sind u.a. auf dem Justizportal des Bundes und der Länder veröffentlich: https://justiz.de/service/formular/f_kosten_verguetungen/index.php

12. Bewilligung von PKH und obsiegende Beendigung des Verfahrens

521 Obsiegt der Auftraggeber, dem PKH bewilligt worden ist, kann der RA gem. § 126 ZPO den Erstattungsanspruch gegen den unterlegenen Gegner im eigenen Namen geltend machen. Der RA erhält auf diesem Weg einen eigenen Vollstreckungstitel (Kostenfestsetzungsbeschluss) gegen den unterlegenen Gegner. Im Kostenfestsetzungsantrag muss der RA deutlich machen, dass er den Antrag im eigenen Namen stellt (z.B.: „wird beantragt, die Kosten gem. § 126 ZPO festzusetzen.“).

522 Folge der Festsetzung im eigenen Namen des RA ist, dass der unterlegene Gegner nicht mit eigenen Ansprüchen gegen den Auftraggeber gegen den Kostenerstattungsanspruch

56 Vgl. z.B. LSG Sachsen-Anhalt v. 12.12.2024 – L 2 AS 130/22 B.
57 Vgl. Sächs. LSG v. 9.9.2014 – L 8 AS 1192/12 B KO.
58 Vgl. z.B. LSG Niedersachsen-Bremen v. 22.6.2016 – L 7 AS 152/15 B.
59 BGH v. 15.7.2019 – II ZA 17/19.

des RA aufrechnen kann. Er kann gem. § 126 Abs. 2 S. 2 ZPO allein nur mit Kosten aufrechnen, die der Auftraggeber ihm im selben Rechtsstreit schuldet.

Dieser begrenzte Ausschluss des unterlegenen Gegners zur Aufrechnung endet dann, wenn deutlich wird, dass der RA von seinem Einziehungsrecht nach § 126 ZPO keinen Gebrauch macht. Das ist noch nicht der Fall, wenn er den Kostenfestsetzungsantrag nach § 104 ZPO beantragt, sondern erst durch Erlass eines Kostenfestsetzungsbeschlusses für die PKH-Partei.[60] Ergeht ein solcher Kostenfestsetzungsbeschluss für die PKH-Partei, kann der Gegner somit mit sämtlichen Ansprüchen gegen die Kostenerstattungsforderung die Aufrechnung erklären, die ihm (berechtigterweise) gegenüber der PKH-Partei zustehen. 523

Im Kostenfestsetzungsantrag gegen den unterlegenen Gegner ist die ggf. bereits beantragte PKH-Vergütung nicht in Abzug zu bringen. Denn sollte diese niedriger als vom RA beantragt festgesetzt werden, so wäre im Kostenfestsetzungsantrag gegen den unterlegenen Gegner dann ein zu hoher Betrag abgezogen worden. Der RA müsste daraufhin erst eine gesonderte Nachfestsetzung beantragen. Es ist daher ausreichend (aber nicht zwingend notwendig), wenn der RA in seinem Kostenfestsetzungsantrag gegen den Unterlegenen nach seiner Kostenberechnung ggf. nur einen allgemeinen Hinweis mit aufnimmt, dass „ein Betrag von X EUR zur Festsetzung gegen die Staatskasse beantragt" wurde. 524

13. PKH bei Auseinanderfallen von Gerichtsort und Kanzleisitz

In einigen Fällen befinden sich zwar der Wohnsitz des Auftraggebers und der Kanzleisitz am selben Ort, das Prozessgericht ist jedoch an einem anderen Ort. In diesen Fällen kann PKH i.d.R. nur eingeschränkt nach § 121 Abs. 3 ZPO bewilligt werden, indem die Beiordnung des RA „zu den Bedingungen eines RA mit Niederlassung im Bezirk des Gerichts" erfolgt. Es gibt allerdings auch Ausnahmen (z.B. in der Verwaltungsgerichtsbarkeit in auf Familiennachzug gerichteten Visumverfahren[61]). 525

Die eingeschränkte Beiordnung hat zur Folge, dass die Staatskasse nur dann **Reisekosten** und die **Abwesenheitsgelder** zu zahlen hat, wenn der Gerichtsbezirk mehrere politische Gemeinden umfasst. Denn nur dann liegt eine Geschäftsreise i.S.d. Vorb. 7 Abs. 2 VV RVG vor, aufgrund derer Reisekosten usw. entstehen können. Wurde der RA nach § 121 Abs. 3 ZPO beschränkt beigeordnet, so kann er die Erstattung seiner tatsächlichen Reisekosten bis zur höchstmöglichen Entfernung im Gerichtsbezirk aus der Staatskasse verlangen.[62] Ob die eingeschränkte Beiordnung im Tenor des PKH-Beschlusses aus- 526

60 BGH v. 11.11.2015 – XII ZB 241/15.
61 Vgl. OVG Berlin-Brandenburg v. 13.11.2024 – OVG 3 B 69/23.
62 OLG Celle v. 7.6.2016 – 2 W 108/16.

drücklich erfolgen muss oder sie „automatisch“ bei Beiordnung eines auswärtigen RA gilt, ist streitig.[63]

527 Die eingeschränkte Beiordnung hat zur Folge, dass der RA seine Reisekosten usw. auch dann nicht von der PKH-Partei fordern kann, wenn diese Kosten aus der Staatskasse nicht oder nicht vollständig erstattet werden.[64]

VIII. Vorschuss nach bewilligter PKH

528 **§ 47 RVG Vorschuss**

(1) Wenn dem Rechtsanwalt wegen seiner Vergütung ein Anspruch gegen die Staatskasse zusteht, kann er für die entstandenen Gebühren und die entstandenen und voraussichtlich entstehenden Auslagen aus der Staatskasse einen angemessenen Vorschuss fordern. Der Rechtsanwalt, der nach § 138 des Gesetzes über das Verfahren in Familiensachen und in den Angelegenheiten der freiwilligen Gerichtsbarkeit, auch in Verbindung mit § 270 des Gesetzes über das Verfahren in Familiensachen und in den Angelegenheiten der freiwilligen Gerichtsbarkeit, nach § 109 Absatz 3 oder § 119a Absatz 6 des Strafvollzugsgesetzes beigeordnet oder nach § 67a Abs. 1 Satz 2 der Verwaltungsgerichtsordnung bestellt ist, kann einen Vorschuss nur verlangen, wenn der zur Zahlung Verpflichtete (§ 39 oder § 40) mit der Zahlung des Vorschusses im Verzug ist.

(2) Bei Beratungshilfe kann der Rechtsanwalt aus der Staatskasse keinen Vorschuss fordern.

529 Der RA hat nach § 9 RVG einen Anspruch darauf, von seinem Auftraggeber einen Vorschuss zu fordern. Denn nach den Regelungen des BGB ist der RA zur Vorleistung verpflichtet und kann seine Vergütung daher erst nach Erfüllung seines anwaltlichen Auftrages vom Auftraggeber fordern. Der Umfang des Vorschusses bestimmt sich nach dessen Angemessenheit, welche also die voraussichtlichen Gebühren und die voraussichtlichen Auslagen beinhaltet. Bei Bewilligung von PKH ist dieses Vorschussrecht gegenüber der Staatskasse in § 47 RVG geregelt und weicht von der Regelung in § 9 RVG ab.

530 Ist dem Auftraggeber PKH bewilligt und der RA beigeordnet worden, kann dieser zwar einen Vorschuss aus der Staatskasse verlangen. Der Höhe nach ist er aber beschränkt. Während der Vorschuss auch hier die voraussichtlichen Auslagen umfasst (die also noch nicht entstanden sein müssen), kann der RA nur auf die bereits entstandenen (aber noch nicht gem. § 8 Abs. 1 RVG fälligen) Gebühren einen Vorschuss fordern. Der Unterschied zum Vorschuss nach § 9 RVG gegenüber dem Auftraggeber besteht also darin, dass der RA aus der Staatskasse keinen Vorschuss auf voraussichtlich erst noch entstehende Gebühren fordern kann.

63 Vgl. LAG München v. 10.2.2022 – 6 Ta 244/21 m.w.N.
64 OLG Celle v. 1.3.2012 – 10 WF 21/12.

IX. Weitere Vergütung gem. § 50 RVG bei bewilligter PKH

§ 50 Abs. 1 u. Abs. 2 RVG – Weitere Vergütung bei Prozesskostenhilfe (Auszug) 531

(1) Nach Deckung der in § 122 Absatz 1 Nummer 1 der Zivilprozessordnung bezeichneten Kosten und Ansprüche hat die Staatskasse über die auf sie übergegangenen Ansprüche des Rechtsanwalts hinaus weitere Beträge bis zur Höhe der Regelvergütung einzuziehen, wenn dies nach den Vorschriften der Zivilprozessordnung und nach den Bestimmungen, die das Gericht getroffen hat, zulässig ist. Die weitere Vergütung ist festzusetzen, wenn das Verfahren durch rechtskräftige Entscheidung oder in sonstiger Weise beendet ist und die von der Partei zu zahlenden Beträge beglichen sind oder wegen dieser Beträge eine Zwangsvollstreckung in das bewegliche Vermögen der Partei erfolglos geblieben ist oder aussichtslos erscheint.

(2) Der beigeordnete Rechtsanwalt soll eine Berechnung seiner Regelvergütung unverzüglich zu den Prozessakten mitteilen.

(3) …

1. Allgemeines

Wird dem Auftraggeber vom Gericht PKH in der Weise bewilligt, dass er z.B. Ratenzahlungen zu leisten hat, ist der RA berechtigt, seine weitere Vergütung bis zur Höhe der gesetzlichen Vergütung nach der Wahlanwaltstabelle zu § 13 RVG gegenüber der Staatskasse geltend zu machen (§ 50 RVG). Eine Vergütungsdifferenz zwischen den Tabellen des § 13 und § 49 RVG entsteht, sobald der Gegenstandswert 4.000 EUR überschreitet. 532

Die höhere Wahlanwaltsvergütung erhält der RA erst dann von der Staatskasse gezahlt, wenn der Auftraggeber sämtliche Raten geleistet hat und nicht nur die PKH-Vergütung nach § 49 RVG, sondern auch die ggf. zu zahlenden Gerichts- und Gerichtsvollzieherkosten erstattet worden sind. Eine Verzinsung des aus der Staatskasse zu zahlenden Betrages findet nicht statt. 533

2. Frist für den Antrag gem. § 50 RVG

Seine weitere Vergütung wird dem RA nur auf seinen Antrag hin gezahlt (§ 50 Abs. 2 RVG). Wurde dem Auftraggeber PKH mit Ratenzahlung bewilligt, sollte der Antrag zugleich mit demjenigen nach § 49 RVG gestellt werden (das gesetzliche Formular berücksichtigt in einer weiteren Tabelle diese Vergütungsberechnung). 534

§ 55 RVG Festsetzung der aus der Staatskasse zu zahlenden Vergütungen und Vorschüsse (Auszug) 535

(1) Die aus der Staatskasse zu gewährende Vergütung und der Vorschuss hierauf werden auf Antrag des Rechtsanwalts von dem Urkundsbeamten der Geschäftsstelle des Gerichts des ersten Rechtszugs festgesetzt. Ist das Verfahren nicht gerichtlich anhängig geworden, erfolgt die Festsetzung durch den Urkundsbeamten der Geschäftsstelle des Gerichts, das den Verteidiger bestellt hat.

(2) In Angelegenheiten, in denen sich die Gebühren nach Teil 3 des Vergütungsverzeichnisses bestimmen, erfolgt die Festsetzung durch den Urkundsbeamten des Gerichts des Rechtszugs, solange das Verfahren nicht durch rechtskräftige Entscheidung oder in sonstiger Weise beendet ist.

(3) (…)

(4) (…)

(5) § 104 Abs. 2 Satz 1 und 2 der Zivilprozessordnung gilt entsprechend. Der Antrag hat die Erklärung zu enthalten, ob und welche Zahlungen der Rechtsanwalt bis zum Tag der Antragstellung erhalten hat. Bei Zahlungen auf eine anzurechnende Gebühr sind diese Zahlungen, der Satz oder der Betrag der Gebühr und bei Wertgebühren auch der zugrunde gelegte Wert anzugeben. Zahlungen, die der Rechtsanwalt nach der Antragstellung erhalten hat, hat er unverzüglich anzuzeigen.

(6) Der Urkundsbeamte kann vor einer Festsetzung der weiteren Vergütung (§ 50) den Rechtsanwalt auffordern, innerhalb einer Frist von einem Monat bei der Geschäftsstelle des Gerichts, dem der Urkundsbeamte angehört, Anträge auf Festsetzung der Vergütungen, für die ihm noch Ansprüche gegen die Staatskasse zustehen, einzureichen oder sich zu den empfangenen Zahlungen (Absatz 5 Satz 2) zu erklären. Kommt der Rechtsanwalt der Aufforderung nicht nach, erlöschen seine Ansprüche gegen die Staatskasse.

(7) …

536 Der Antrag nach § 50 RVG ist an keine Frist gebunden. Der RA muss aber § 55 Abs. 6 RVG beachten, wonach das Gericht ihn auffordern kann, einen entsprechenden Antrag auf Festsetzung der weiteren Vergütung einzureichen, und ihm dafür eine Frist von einem Monat setzen kann. Reicht der RA dann keinen oder nicht fristgerecht seinen Antrag ein, **erlöschen** die Ansprüche des RA auf weitere Vergütung aus der Staatskasse.

537 *Praxistipp:*

Das vom RA nicht verpflichtend zu nutzende gesetzliche Formular ist auf der Seite des Justizportals des Bundes und der Länder zu finden: https://justiz.de/service/formular/f_kosten_verguetungen/index.php

I. Mahnverfahren

I. Vorbemerkung

538 Hat der Auftraggeber des RA einen Zahlungsanspruch, kann er diesen Anspruch auch im gerichtlichen Mahnverfahren verfolgen (ausführlich zum Mahnverfahren s. § 4). Das Mahnverfahren dient in erster Linie dazu, schnell und kostengünstig einen zur Zwangsvollstreckung geeigneten Titel (Vollstreckungsbescheid) zu schaffen.

539 Das Mahnverfahren ist für den Auftraggeber günstiger als das Klageverfahren. Anstelle einer 3,0 Gerichtsgebühr (die sich unter bestimmten Umständen auf 1,0 reduzieren kann)

entsteht im Mahnverfahren nur eine 0,5 Gerichtsgebühr, die zudem bei Widerspruch gegen den Mahnbescheid oder Einspruch gegen den Vollstreckungsbescheid beim Wechsel in das Klageverfahren angerechnet wird. Auch beim RA wird bei einem Wechsel seine Vergütung zum größten Teil angerechnet.

II. Vergütungsvereinbarung bei Forderungseinzug

§ 4 Erfolgsunabhängige Vergütung (Auszug) 540

(1) …

(2) Ist Gegenstand der Angelegenheit eine Inkassodienstleistung in einem der in § 79 Absatz 2 Satz 2 Nummer 4 der Zivilprozessordnung genannten Verfahren, kann eine niedrigere als die gesetzliche Vergütung vereinbart werden oder kann der Rechtsanwalt ganz auf eine Vergütung verzichten.

Mit dem am 1.10.2021 in Kraft getretenen Gesetz zur Förderung verbrauchergerechter 541 Angebote im Rechtsdienstleistungsmarkt wurde § 4 Abs. 2 RVG geändert. Während bis dahin der RA sich für das gerichtliche Mahnverfahren und Zwangsvollstreckungsverfahren wegen einer Geldforderung in das bewegliche Vermögen einen Teil des Erstattungsanspruchs nur zur Annahme an Erfüllung statt abtreten lassen konnte, ist ihm nunmehr gestattet, eine niedrigere als die gesetzliche Vergütung zu vereinbaren oder insgesamt auf die Vergütung zu verzichten.

Die Annahme des Erstattungsanspruchs „an Erfüllung statt" ist aber weiterhin zulässig. 542 Der RA erhält nur dann seinen Vergütungsanspruch, wenn deren Beitreibung beim Gegner erfolgreich ist. Die Annahme des Erstattungsanspruchs „an Erfüllungs statt" beinhaltet aber nur die Vergütung des RA, nicht die zur Durchsetzung der Forderung des Auftraggebers verauslagten Aufwendungen nach Vorb. 7 Abs. 1 S. 2 VV RVG (z.B. Gerichts- oder Gerichtsvollzieherkosten). Diese Aufwendungen muss der Auftraggeber immer erstatten. Der RA kann ihn davon nicht befreien.

III. Vergütung (Allgemein)

Der RA verdient für seine Tätigkeit im Mahnverfahren die Gebühren aus Teil 3 VV RVG. 543 Neben der **Verfahrensgebühr** für den Antrag auf Erlass des Mahnbescheides kann er demnach auch eine **Terminsgebühr** und/oder auch eine **Einigungsgebühr** verdienen. Vertritt der RA mehrere Auftraggeber wegen desselben Gegenstandes, erhöht sich die Verfahrensgebühr nach Nr. 1008 VV RVG. Die Verfahrensgebühr des RA für den Antragsteller und den Antragsgegner ist unterschiedlich hoch: Vertritt er den Antragsgegner, ist seine Vergütung geringer als für die Vertretung des Antragstellers.

544 Im Mahnverfahren entsteht bei Gericht eine 0,5 Gebühr nach Nr. 1100 KV GKG, welche die gesamte Tätigkeit des Gerichtes im Mahnverfahren abdeckt.

IV. Verfahrensgebühr Nr. 3305 VV RVG (Antragsteller/Mahnbescheid)

545 **Nr. 3305**

Nr.	Gebührentatbestand	Gebühr oder Satz der Gebühr nach § 13 RVG
3305	**Verfahrensgebühr für die Vertretung des Antragstellers** Die Gebühr wird auf die Verfahrensgebühr für einen nachfolgenden Rechtsstreit angerechnet.	1,0

546 Vertritt der RA im Mahnverfahren den Antragsteller, so entsteht eine 1,0 Verfahrensgebühr Nr. 3305 VV RVG. Die Gebühr wird bei der Vertretung mehrerer Auftraggeber wegen desselben Gegenstandes nach Nr. 1008 VV RVG für jeden weiteren Auftraggeber um 0,3 erhöht (max. aber um 2,0 auf insgesamt 3,0).

547 Nach der Anm. zu Nr. 3305 VV RVG wird die Verfahrensgebühr des Mahnverfahrens auf die Verfahrensgebühr für einen nachfolgenden Rechtsstreit angerechnet (wozu ggf. auch das PKH-Bewilligungsverfahren des nachfolgenden Rechtsstreites gehört).

V. Vergleich der Vergütung (Mahn- und Klageverfahren)

548 Ist zu erwarten, dass der Antragsgegner keinen Widerspruch gegen den Mahnbescheid einlegt, so ist es für den Auftraggeber günstiger, wenn die Forderung im Mahnverfahren anstelle eines Klageverfahrens geltend gemacht wird.

549 Um einen zur Zwangsvollstreckung geeigneten Titel zu erwirken, entstehen mindestens:

Mahnverfahren	Klageverfahren
1,0 Verfahrensgebühr Nr. 3305 VV RVG	1,3 Verfahrensgebühr Nr. 3100 VV RVG
0,5 Verfahrensgebühr Nr. 3308 VV RVG	0,5 Terminsgebühr Nr. 3105 VV RVG
(Vollstreckungsbescheid)	(Versäumnisurteil)
0,5 Gerichtskosten	3,0 Gerichtskosten

550 Sowohl die Vergütung des RA als auch die Gerichtskosten sind im Mahnverfahren geringer. Der RA sollte den Auftraggeber daher auf diesen Umstand hinweisen, insbesondere dann, wenn mit keinem Widerspruch des Gegners zu rechnen ist.

VI. Anrechnung der Verfahrensgebühr

Für die Anrechnung einer Gebühr gelten durchweg dieselben Grundsätze: Eine Gebühr ist nur in dem Umfang anzurechnen, wie die Ausgangsgebühr und die Anrechnungsgebühr denselben Gegenstand betreffen. Ist der Gegenstand ganz oder teilweise verschieden, erfolgt keine oder nur eine teilweise Anrechnung. 551

Beispiel:

Der RA beantragt einen Mahnbescheid wegen einer Forderung über 10.000 EUR. Nach Zustellung des Mahnbescheides zahlt der Antragsgegner 3.000 EUR. Wegen der Restforderung von 7.000 EUR erhebt er Widerspruch. Das Verfahren wird nach Klagebegründung und Zahlung der weiteren Gerichtskosten vor dem Prozessgericht erster Instanz fortgeführt.

Mahnverfahren:	
1,0 Verfahrensgebühr, §§ 1, 2, 13, 15a, Nr. 3305 VV RVG	**652,00 EUR**
(Gegenstandswert: 10.000 EUR)	
Auslagenpauschale, §§ 1, 2, Nr. 7002 VV **RVG**	20,00 EUR
Klageverfahren:	
1,3 Verfahrensgebühr, §§ 1, 2, 13, 15a, Nr. **3100 VV RVG**	**615,5**5 EUR
(Gegenstandswert: 7.000 EUR)	
abzgl. 1,0 Anrechnung, §§ 1, 2, 13, Anm. zu Nr. 3305 VV **RVG**	**– 473,50 EUR**
(Gegenstandswert: 7.000 EUR)	
Auslagenpauschale, §§ 1, 2, Nr. 7002 VV RVG	*20,00 EUR*
Zwischensumme:	*834,05 EUR*
19 % Umsatzsteuer, §§ 1, 2, Nr. 7008 VV RVG	*158,47 EUR*
Gesamtsumme	**992,52 EUR**

Nur die Gebühren werden angerechnet, nicht aber die Auslagen (Rdn 553, 152). 552

VII. Mahnverfahren und Geschäftsgebühr bzw. Mehrfachanrechnung

Dem Mahnverfahren geht oft eine vor- bzw. außergerichtliche Tätigkeit des RA voraus. War der RA vor Einleitung des gerichtlichen Mahnverfahrens wegen desselben Gegenstandes für den Auftraggeber bereits auftragsgemäß tätig, dann ist die dort entstandene Geschäftsgebühr Nr. 2300 VV RVG nach Vorb. 3 Abs. 4 VV RVG zur Hälfte (höchstens 553 jedoch mit einem Gebührensatz von 0,75) auf die Verfahrensgebühr Nr. 3305 VV RVG anzurechnen.

554 Dem RA steht nach § 15a Abs. 1 RVG ein Wahlrecht zu: Entweder kürzt er die Geschäftsgebühr um den Anrechnungsbetrag und macht die volle Verfahrensgebühr für das Mahnverfahren geltend oder er kürzt die Verfahrensgebühr für das Mahnverfahren um den Anrechnungsbetrag und macht die vollständige Geschäftsgebühr geltend.

555 Zu beachten hat der RA, dass er bei der weiteren Anrechnung der Mahnverfahrensgebühr nach der Anm. zu Nr. 3305 VV RVG auf die Verfahrensgebühr für das streitige Verfahren nicht etwa den ggf. bereits anrechnungsgeminderten Rest der Mahnverfahrensgebühr (im Regelfall 0,35 = 1,0 abzgl. 0,65), sondern die volle (entstandene) 1,0 Gebühr anzurechnen hat.[65]

VIII. Vorzeitige Erledigung (Mahnbescheid/Antragsteller)

556 **Nr. 3306**

Nr.	Gebührentatbestand	Gebühr oder Satz der Gebühr nach § 13 RVG
3306	**Beendigung des Auftrags, bevor der Rechtsanwalt den verfahrenseinleitenden Antrag oder einen Schriftsatz, der Sachanträge, Sachvortrag oder die Zurücknahme des Antrags enthält, eingereicht hat:** **Die Gebühr 3305 beträgt**	**0,5**

557 Endet der Auftrag, bevor der RA den verfahrenseinleitenden Antrag oder einen Schriftsatz, der Sachanträge oder die Zurücknahme des Antrags enthält, eingereicht hat, entsteht nicht die volle 1,0 Verfahrensgebühr Nr. 3305 VV RVG, sondern nur eine 0,5 Verfahrensgebühr Nr. 3306 VV RVG.

558 Neben der verminderten Verfahrensgebühr kann der RA durchaus auch die **Terminsgebühr** Nr. 3104 VV RVG verdient haben. Hat er bereits den unbedingten Auftrag zur Antragstellung des Mahnbescheids und wirkt er an der Besprechung zur Vermeidung des gerichtlichen Verfahrens mit (z.B. durch ein Telefonat mit dem Antragsgegner), ist nach Vorb. 3 Abs. 3 S. 3 Nr. 2 VV RVG die 1,2 Terminsgebühr Nr. 3104 VV RVG entstanden.

559 Hat der RA dagegen noch keinen unbedingten Auftrag zur Durchführung des Mahnverfahrens erhalten, kann für ihn keine Terminsgebühr entstehen (s. Rdn 152). Die Bespre-

65 BGH v. 28.10.2010 – VII ZB 116/09.

chung mit dem Gegner ist in diesem Fall durch die Geschäftsgebühr Nr. 2300 VV RVG abgegolten. Nach den Kriterien des § 14 Abs. 1 RVG kann die Besprechung bei der Bestimmung des Gebührenrahmens wegen des Umfangs der anwaltlichen Tätigkeit entsprechend erhöhend wirken und zu berücksichtigen sein.

IX. Terminsgebühr

Eine Terminsgebühr kann auch im gerichtlichen Mahnverfahren anfallen und bestimmt sich nach Teil 3 Abschnitt I VV RVG (s. Vorb. 3.3.2 VV RVG). Es kann somit die 1,2 Terminsgebühr der Nr. 3104 VV RVG entstehen. 560

Hat der RA den Mahnbescheid auftragsgemäß beantragt und wirkt er dann an Besprechungen mit, die auf die Erledigung des Verfahrens gerichtet sind (z.B. führt er Besprechungen mit dem Antragsgegner, ggf. um eine Einigung zu finden), so entsteht die 1,2 Terminsgebühr nach Vorb. 3 Abs. 3 S. 3 Nr. 2 VV RVG. Dabei ist es unerheblich, wer den Kontakt zur jeweils anderen Partei aufgenommen hat. 561

Die Terminsgebühr kann für den RA sowohl auf Seiten des Antragstellers als auch auf Seiten des Antragsgegners entstehen. Allerdings ist Voraussetzung dafür beim RA des Antragsgegners, dass ihm ebenfalls bereits ein unbedingter Auftrag zur Vertretung im Mahnverfahren erteilt worden ist. 562

X. Geltendmachung der Terminsgebühr im Mahnverfahren

Die **vor Erlass** des Mahnbescheides entstandene Terminsgebühr muss in den Mahnbescheidsantrag („Sonstige Nebenforderung") mit aufgenommen werden. Denn Kosten, die schon vor oder bei Antragstellung angefallen waren, sollen nach h.M. im späteren Antrag auf Erlass des Vollstreckungsbescheides nicht mehr nachträglich geltend gemacht werden können.[66] 563

Die **nach Erlass** des Mahnbescheids entstandene Terminsgebühr ist im Antrag auf Erlass des Vollstreckungsbescheids (z.B. unter „Weitere Auslagen des Antragstellers für dieses Verfahren, soweit bisher nicht angegeben: / Sonstige Kosten",[67]) zusammen mit dessen Kosten geltend zu machen. Sollte die Aufnahme von Kosten in den Vollstreckungsbescheid übersehen worden sein, können sie auch im Wege der Nachfestsetzung durch das Mahngericht nachträglich noch geltend gemacht werden.[68] 564

66 Vgl. *Enders*, JurBüro 2005, 229.

67 Vgl. z.B. *Enders*, a.a.O.

68 OLG Nürnberg v. 13.10.2005 – 13 W 1484/05.

XI. Anrechnung der Terminsgebühr

565 Das Mahn- und das streitige Verfahren sind gebührenrechtlich verschiedene Angelegenheiten (§ 17 Nr. 2 RVG). Hat der RA bereits im Mahnverfahren die Terminsgebühr verdient, entsteht sie im nachfolgenden Rechtsstreit aber erneut, so kann der RA sie nicht doppelt fordern. Denn die im Mahnverfahren entstandene Terminsgebühr ist nach Anm. 4 zu Nr. 3104 VV RVG auf die Terminsgebühr des nachfolgenden Rechtsstreits anzurechnen (vgl. zum Umfang der Gebührenanrechnung Rdn 551).

XII. Verfahrensgebühr Nr. 3308 VV RVG (Antragsteller/Vollstreckungsbescheid)

566 **Nr. 3308**

Nr.	Gebührentatbestand	Gebühr oder Satz der Gebühr nach § 13 RVG
3308	**Verfahrensgebühr für die Vertretung des Antragstellers im Verfahren über den Antrag auf Erlass eines Vollstreckungsbescheids** Die Gebühr entsteht neben der Gebühr 3305 nur, wenn innerhalb der Widerspruchsfrist kein Widerspruch erhoben oder der Widerspruch gemäß § 703a Abs. 2 Nr. 4 ZPO beschränkt worden ist. Nummer 1008 ist nicht anzuwenden, wenn sich bereits die Gebühr 3305 erhöht.	**0,5**

567 Legt der Antragsgegner gegen den Mahnbescheid keinen Widerspruch ein, so wird auf Antrag der Vollstreckungsbescheid erlassen (zu den verfahrensrechtlichen Besonderheiten, wie Frist und Zulässigkeit für diesen Antrag s. § 4). Vertritt der RA den Antragsteller auch im Verfahren über den Antrag auf Erlass eines Vollstreckungsbescheids, entsteht neben der 1,0 Verfahrensgebühr Nr. 3305 VV RVG eine zusätzliche 0,5 Verfahrensgebühr Nr. 3308 VV RVG.

568 Der Antrag auf Erlass des Vollstreckungsbescheids ist erst zulässig, wenn die Frist zum Widerspruch gegen den Mahnbescheid abgelaufen ist (§ 699 Abs. 1 S. 2 ZPO).

569 Eine Anrechnung der zusätzlichen Gebühr Nr. 3308 VV RVG auf die Verfahrensgebühr des nachfolgenden Rechtsstreites findet nicht statt. Sie bleibt daher anrechnungsfrei und neben den sonstigen Verfahrensgebühren bestehen.

570 Für die Entstehung der zusätzlichen Verfahrensgebühr Nr. 3308 VV RVG kommt es auf die objektive Sachlage an. Legt der Antragsgegner daher Widerspruch ein und hat der RA des Antragstellers davon keine Kenntnis, entsteht die Gebühr Nr. 3308 VV RVG für den

Antrag auf Erlass des Vollstreckungsbescheids neben der Gebühr Nr. 3305 VV RVG nur dann, wenn der Widerspruch nicht innerhalb der Frist erhoben oder nicht nach § 703a Abs. 2 Nr. 4 ZPO beschränkt worden ist.

Legt der Antragsgegner verspätet Widerspruch ein und wird der Vollstreckungsbescheid daraufhin nicht mehr erlassen, bleibt die Verfahrensgebühr Nr. 3308 VV RVG bestehen. Es kommt für die Entstehung nicht darauf an, ob der Vollstreckungsbescheid noch erlassen wird. 571

Praxistipp: 572

Vertritt der RA den Antragsgegner, sollte er den RA des Antragstellers unmittelbar über die Einlegung des Widerspruchs informieren. So kann der RA insbesondere bei verspätetem Widerspruch ggf. vermeiden, dass die Verfahrensgebühr Nr. 3308 VV RVG beim RA des Antragstellers entsteht bzw. mangels Notwendigkeit i.S.v. § 91 ZPO vom Antragsgegner zu erstatten ist.

Sollten die Voraussetzungen der Nr. 3308 VV RVG vorliegen und sich der Auftrag des RA des Antragstellers vorzeitig erledigen, reduziert sich die Verfahrensgebühr Nr. 3308 VV RVG nicht. 573

Die Verfahrensgebühr Nr. 3308 VV RVG entsteht nur für den RA des Antragstellers, nicht aber beim RA des Antragsgegners. Der RA des Antragsgegners kann für seine Tätigkeit im Mahnverfahren (abgesehen von der möglichen Termins- und/oder Einigungsgebühr als sog. Betriebsgebühr) ausschließlich die 0,5 Verfahrensgebühr Nr. 3307 VV RVG fordern. 574

Durch die Verfahrensgebühr Nr. 3308 VV RVG wird die im **Parteibetrieb** veranlasste Zustellung des Vollstreckungsbescheids (§ 699 Abs. 4 ZPO) und das Erwirken einer besonderen Vollstreckungsklausel für oder gegen den Rechtsnachfolger (§ 727 ZPO) mit abgegolten (§ 19 Abs. 1 S. 2 Nr. 13 u. 16 RVG). 575

Vertritt der RA des Antragstellers mehrere Auftraggeber, erhöht sich die Verfahrensgebühr Nr. 3308 VV RVG nach Anm. S. 2 zu Nr. 3308 VV RVG i.d.R. nicht, weil sich bereits die Verfahrensgebühr des RA für die Antragstellung des Mahnbescheides Nr. 3305 VV RVG entsprechend erhöht hat. Nur dann also, wenn der RA erstmals im Verfahren auf Erlass des Vollstreckungsbescheids für die Auftraggeber tätig wird, sie also nicht bereits vorher im Mahnverfahren vertreten hat, erhöht sich die Verfahrensgebühr Nr. 3308 VV RVG nach Nr. 1008 VV RVG, wenn es sich um denselben Gegenstand handelt. 576

Die Gebühr Nr. 3308 VV RVG für den Antrag auf Erlass des Vollstreckungsbescheids wird nicht auf eine Verfahrensgebühr des sich anschließenden Verfahrens angerechnet. 577

XIII. Verfahrensgebühr Nr. 3307 VV RVG (Antragsgegner)

578 **Nr. 3307**

Nr.	Gebührentatbestand	Gebühr oder Satz der Gebühr nach § 13 RVG
3307	**Verfahrensgebühr für die Vertretung des Antragsgegners** Die Gebühr wird auf die Verfahrensgebühr für einen nachfolgenden Rechtsstreit angerechnet.	0,5

579 Für die gesamte Tätigkeit des RA des Antragsgegners im Mahnverfahren (also nicht etwa nur für die Erhebung des Widerspruchs) erhält der RA die 0,5 Verfahrensgebühr Nr. 3307 VV RVG. Diese Gebühr ist bei Vertretung mehrerer Antragsgegner wegen desselben Gegenstandes (z.B. als Gesamtschuldner) nach Nr. 1008 VV RVG erhöhungsfähig. Hat er die Antragsgegner bereits vor- bzw. außergerichtlich vertreten und eine Geschäftsgebühr verdient, ist die Geschäftsgebühr nach Vorb. 3 Abs. 4 VV RVG anzurechnen.

580 Erledigt sich der Auftrag des RA des Antragsgegners vorzeitig, reduziert sich die Verfahrensgebühr Nr. 3307 VV RVG nicht.

581 Hat das streitige Verfahren aufgrund des Teilwiderspruchs einen geringeren Gegenstandswert, erfolgt die Anrechnung nur teilweise, nämlich nach dem Wert, der ins gerichtliche Verfahren übergegangen ist.

582 Zu beachten hat der RA, dass eine Anrechnung der Geschäftsgebühr Nr. 2300 VV RVG nicht dazu führt, dass quasi eine „Minusgebühr" entsteht: Beträgt die Anrechnung der Geschäftsgebühr z.B. im Regelfall der durchschnittlichen vor- bzw. außergerichtlichen Angelegenheit nach Vorb. 3 Abs. 4 VV RVG somit 0,65, reduziert sich die 0,5 Verfahrensgebühr auf null und nicht etwa auf -0,15. Entsteht danach noch eine weitere Verfahrensgebühr (z.B. im nachfolgenden Rechtsstreit die 0,8 Nr. 3101 Nr. 2 VV RVG oder 1,3 Nr. 3100 VV RVG), ist der verbleibende Anrechnungsrest von 0,15 darauf weiter anzurechnen.

583 Nach Anm. zu Nr. 3307 VV RVG ist die Verfahrensgebühr für die Vertretung des Antragsgegners Nr. 3307 VV RVG auf die Verfahrensgebühr eines nachfolgenden Rechtsstreites anzurechnen.

1. Zurücknahme des Mahnbescheids nach Widerspruch/Kostenantrag

584 Nimmt der Antragsteller aufgrund des Widerspruchs des RA des Antragsgegners seinen Mahnbescheidsantrag zurück, hat der Antragsteller die Kosten des Mahnverfahrens zu tragen (§ 269 Abs. 3 ZPO). Stellt der RA des Antragsgegners daraufhin den Antrag auf Kostenentscheidung (§ 269 Abs. 4 ZPO), entsteht für ihn eine 1,3 Verfahrensgebühr

Nr. 3100 VV RVG aus dem **Kostenwert,** der sich aus der Summe der bis zur Rücknahme entstandenen Kosten berechnet. Beide Verfahrensgebühren sind einer Prüfung nach § 15 Abs. 3 RVG zu unterziehen.

Beispiel:

Nach Erlass eines Mahnbescheids über 10.000 EUR und Widerspruches dagegen nimmt der Antragsteller seinen Mahnbescheidsantrag zurück. Der RA des Antragsgegners beantragt daher, dem Antragsteller die Kosten des Mahnverfahrens aufzuerlegen. Das Gericht erlässt antragsgemäß den Beschluss. Der Kostenwert nach einem Gegenstandswert von 10.000 EUR beträgt 1.211,42 EUR und errechnet sich wie folgt:

Gerichtskosten:	
0,5 Gebühr Nr. 1100 KV GKG	*133,00 EUR*
Rechtsanwaltsvergütung (Antragsteller):	
1,0 Verfahrensgebühr, §§ 1,2, 13, Nr. 3305 VV RVG	*652,00 EUR*
Auslagenpauschale, §§ 1, 2, Nr. 7002 VV RVG	*20,00 EUR*
19 % Umsatzsteuer, §§ 1, 2, Nr. 7008 VV RVG	*127,68 EUR*
Rechtsanwaltsvergütung (Antragsgegner):	
0,5 Verfahrensgebühr, §§ 1, 2, 13, Nr. 3307 VV RVG	*326,00 EUR*
Auslagenpauschale, §§ 1, 2, Nr. 7002 VV RVG	*20,00 EUR*
19 % Umsatzsteuer, §§ 1, 2, Nr. 7008 VV RVG	*65,74 EUR*
Summe:	*1.211,42 EUR*

Der RA des Antragsgegners kann daher zur Kostenfestsetzung beantragen:

0,5 Verfahrensgebühr, §§ 1, 2 , 13, Nr. 3307 VV RVG	*326,00 EUR*
(Gegenstandswert: 10.000 EUR)	
1,3 Verfahrensgebühr, §§ 1, 2, 13, Nr. 3100 VV RVG	*174,85 EUR*
(Gegenstandswert: 1.211,42 EUR)	
(Prüfung nach § 15 Abs. 3: insgesamt nicht mehr als 1,3 aus der Hauptsache von 10.000 EUR = 847,60 EUR – hier keine Werteaddition, weil max. der Wert der Hauptsache maßgeblich ist)	
Summe:	*500,85 EUR*

2. Einspruch gegen den Vollstreckungsbescheid

Für den Einspruch gegen den Vollstreckungsbescheid fällt für den RA keine Verfahrens- 585
gebühr Nr. 3307 VV RVG an. Legt der RA des Antragsgegners in dessen Auftrag Ein-

spruch gegen den Vollstreckungsbescheid ein, entsteht für ihn vielmehr die 1,3 Verfahrensgebühr Nr. 3100 VV RVG.

XIV. Widerspruch mit Streitantrag

586 RAe und Inkassodienstleister müssen seit dem 1.1.2020 auch den Widerspruch gegen einen Mahnbescheid in maschinell-lesbarer Form einreichen. Üblicherweise erfolgt die Einlegung des Widerspruchs durch Übermittlung der den Datensatz enthaltenden Datei mit der Endung „eda" (= „**E**lektronischer Fach**d**aten**a**ustausch"). Will der RA den Widerspruch mit dem Antrag auf Durchführung des streitigen Verfahrens verbinden, war bislang in der Rspr. u. Lit. streitig, ob aufgrund dieses Streitantrags nunmehr der Antragsgegner gem. § 22 Abs. 1 GKG zum Kostenschuldner der weiteren Gerichtskosten (3,0 Gebühr abzgl. 0,5 Gebühr für Mahnverfahren) wird. Der Gesetzgeber hat mit dem am 1.6.2025 in Kraft getretenen KostBRÄG darauf reagiert und mit dem neuen S. 2 des § 22 Abs. 1 GKG nunmehr bestimmt, dass auch bei Streitantrag des Antragsgegners weiterhin allein der Antragsteller Kostenschuldner der weiteren Gerichtsgebühren ist.

587 Reicht der RA daher zusammen mit dem Widerspruch (eda-Datei) einen Schriftsatz ein, mit dem er den Antrag auf Durchführung des streitigen Verfahrens stellt (§ 696 Abs. 1 S. 1 ZPO), entsteht für ihn die 1,3 Verfahrensgebühr Nr. 3100 VV RVG. Denn der Streitantrag stellt einen Sachantrag i.S.d. Nr. 3100 VV RVG dar.

J. Vergütung in der Zwangsvollstreckung

588 **Teil 3, Abschnitt 3, Unterabschnitt 3: Vollstreckung und Vollziehung**

Vorbemerkung 3.3.3:

(1) Dieser Unterabschnitt gilt für

1. die Zwangsvollstreckung,
2. die Vollstreckung,
3. Verfahren des Verwaltungszwangs und
4. die Vollziehung eines Arrestes oder einstweiligen Verfügung,

soweit nachfolgend keine besonderen Gebühren bestimmt sind. Er gilt auch für Verfahren auf Eintragung einer Zwangshypothek (§§ 867 und 870a ZPO). (2) (…)

589 **Nr. 3309**

Nr.	Gebührentatbestand	Gebühr oder Satz der Gebühr nach § 13 RVG
3309	**Verfahrensgebühr**	**0,3**

I. Vorüberlegungen vor Einleitung von Vollstreckungsmaßnahmen

Wenn die Voraussetzungen der Zwangsvollstreckung vorliegen, hat der RA oftmals den Auftraggeber bereits im gerichtlichen Verfahren zuvor vertreten, um den zur Zwangsvollstreckung notwendigen Titel zu schaffen. Der Auftraggeber musste dafür meistens bereits erhebliche Vergütungsforderungen begleichen. Auch wenn die Tätigkeit in der Zwangsvollstreckung für den RA selbst keine hohen Vergütungsansprüche auslöst, sind aber die weiteren Kosten der Vollstreckung (RA, Vollstreckungsgericht, Gerichtsvollzieher) ein Ärgernis. Kann die Forderung nebst Kosten dann nicht beigetrieben werden, bleibt beim Auftraggeber ggf. der Eindruck, dass ihm die gesamte Tätigkeit des RA „überhaupt nichts gebracht" habe („Außer Spesen nichts gewesen…"). 590

Praxistipp: 591

Bevor der RA daher Vollstreckungsmaßnahmen einleitet, sollte er den Auftraggeber immer noch einmal daran erinnern, dass er keinen Erfolg garantieren kann und seine Vergütung auch in der Zwangsvollstreckung unabhängig von ihrem Erfolg entsteht. Der RA ist daher gut beraten, mit dem Auftraggeber abzusprechen, welche Kosten dieser noch investieren möchte. Dieses Vorgehen vermeidet ggf. auch späteren Streit mit dem Auftraggeber, wenn es um die Vergütung des RA geht. Für den RA besteht hier insbesondere die Möglichkeit, eine Vergütungsvereinbarung zu treffen, die auch unterhalb der gesetzlichen Vergütung liegen kann (s. Rdn 540).

II. Allgemeines

Aus prozessualer Sicht eines Zivilprozesses gehören Tätigkeiten noch zum Rechtszug, die aus gebührenrechtlicher Sicht bereits zur Zwangsvollstreckung gehören. So erfolgt z.B. die **Zustellung in gerichtlichen Vollstreckungsverfahren** auch an den **bisherigen Prozessbevollmächtigten**. Aus gebührenrechtlicher Sicht gehört die Zwangsvollstreckung dagegen nicht mehr zum bisherigen Rechtszug, so dass eine neue gebührenrechtliche Angelegenheit vorliegt, in der neue Gebühren und Auslagen entstehen können. 592

Allgemeine Voraussetzung für die Zulässigkeit von Zwangsvollstreckungsmaßnahmen ist das Vorliegen eines **Vollstreckungstitels**. 593

Das kann **auch ein Arrest oder eine einstweilige Verfügung** sein, für deren Vollziehung dem RA eine gesonderte Verfahrensgebühr zusteht. Die Vollziehung liegt aber nicht schon dann vor, wenn der Arrest oder die einstweilige Verfügung an den Antragsgegner zugestellt wird, da die Zustellung noch von der Verfahrensgebühr des Hauptverfahrens abgegolten wird (§ 19 Abs. 1 S. 2 Nr. 16 RVG). 594

595 Zu den Vollstreckungsmaßnahmengehören insbesondere

- die Zwangsvollstreckung wegen Geldforderungen (§§ 803 ff. ZPO),
- die Zwangsvollstreckung zur Erwirkung der Herausgabe von Sachen und zur Erwirkung von Handlungen oder Unterlassungen (§§ 883 ff. ZPO),
- das Verfahren auf Abnahme der Vermögensauskunft (§§ 802c, 802f ZPO) und die Erzwingungshaft (§ 802g ZPO),
- das Verfahren auf Einholung von Drittauskünften (§ 802l ZPO),
- die Vollstreckung in das unbewegliche Vermögen (§§ 868 ff. ZPO) sowie
- das Erwirken eines vorläufigen Zahlungsverbotes.

596 Zu unterscheiden ist zwischen der jeweiligen Vollstreckungsmaßnahme und den einzelnen Vollstreckungshandlungen. Denn nach § 18 Abs. 1 Nr. 1 RVG bildet jede Vollstreckungsmaßnahme zusammen mit den durch sie vorbereiteten weiteren Vollstreckungshandlungen bis zur Befriedigung des Gläubigers eine besondere Angelegenheit. Dies hat insbesondere dann Bedeutung, wenn der RA vor Einleitung von Vollstreckungsmaßnahmen eine Vollstreckungsandrohung versendet oder vor (bzw. gleichzeitig oder zeitnah) dem Antrag auf Erlass eines Pfändungs- und Überweisungsbeschlusses ein vorläufiges Zahlungsverbot beantragt.

597 Nach § 19 RVG werden bestimmte Tätigkeiten des RA noch zum gebührenrechtlichen Rechtszug gezählt, die für ihn demnach keine besondere Angelegenheit bilden. Das ist z.B. der Fall bei Verfahren auf einstweilige Einstellung oder Beschränkung der Vollstreckung und die Anordnung, dass Vollstreckungsmaßnahmen aufzuheben sind (§ 93 Abs. 1 FamFG), wenn nicht ein besonderer gerichtlicher Termin (nur) hierüber stattfindet (§ 19 Abs. 1 S. 2 Nr. 12 RVG). Auch die erstmalige Erteilung der Vollstreckungsklausel, wenn deswegen keine Klage erhoben wird, gehört gebührenrechtlich noch zum Rechtszug des Hauptsacheverfahrens (§ 19 Abs. 1 S. 2 Nr. 13 RVG) und löst keine gesonderten Gebühren aus.

III. Gebühren für Tätigkeiten in der Zwangsvollstreckung

1. Verfahrensgebühr Nr. 3309 VV RVG

598 Im Unterabschnitt 3 von Teil 3 VV RVG (Nrn. 3309 ff.) werden die Gebühren geregelt, die der RA als Vertreter des Gläubigers oder Schuldners für seine Tätigkeit im Rahmen der Zwangsvollstreckung erhält. Danach erhält der RA eine **0,3 Verfahrensgebühr** Nr. 3309 VV RVG. Die Gebühr ist nach Nr. 1008 VV RVG erhöhungsfähig, wenn der RA mehrere Auftraggeber wegen desselben Gegenstandes (z.B. Gesamtgläubiger) vertritt. Die **max. Erhöhung** beträgt auch **hier 2,0**, so dass der RA daher bei der Vertretung mehrerer Auftraggeber insgesamt max. 2,3 verdienen kann.

Gesonderte Gebührentatbestände hat das RVG für die Tätigkeit des RA in der Zwangsversteigerung und Zwangsverwaltung und im Insolvenzverfahren vorgesehen. 599

2. Terminsgebühr Nr. 3310 VV RVG

Nr. 3310 600

Nr.	Gebührentatbestand	Gebühr oder Satz der Gebühr nach § 13 RVG
3310	**Terminsgebühr** Die Gebühr entsteht für die Teilnahme an einem gerichtlichen Termin, einem Termin zur Abgabe der Vermögensauskunft oder zur Abnahme der eidesstattlichen Versicherung.	**0,3**

Der RA kann auch eine 0,3 Terminsgebühr Nr. 3310 KV im Vollstreckungsverfahren verdienen. Abweichend von den Voraussetzungen der Vorb. 3 Abs. 3 VV RVG entsteht sie aber nur in den in der Anm. zu Nr. 3310 VV RVG genannten Verfahren, also bei Teilnahme des RA an einem gerichtlichen Termin, einem Termin zur Abgabe der Vermögensauskunft oder zur Abnahme der eidesstattlichen Versicherung. 601

a) Terminsgebühr für die Teilnahme an einem gerichtlichen Termin

Die Terminsgebühr entsteht daher, wenn der RA z.B. in den Vollstreckungsverfahren vor dem Prozessgericht erster Instanz wegen der Ersatzvornahme (§ 887 ZPO), der Zwangsgeldfestsetzung (§ 888 ZPO) oder Duldung bzw. Unterlassung (§ 890 ZPO) einen Termin wahrnimmt. Sie entsteht also z.B. nicht für die Teilnahme des RA am Räumungstermin des Gerichtsvollziehers oder bei Gesprächen außerhalb des Termins mit dem Gericht oder dem Gerichtsvollzieher oder dem RA der Gegenpartei. 602

b) Terminsgebühr für die Teilnahme am Termin zur Abgabe der Vermögensauskunft

Nimmt der RA an einem Termin zur Abgabe der Vermögensauskunft (§§ 802c, 802f ZPO) teil, verdient er ebenfalls die Terminsgebühr. Der RA des Gläubigers wird ggf. dann daran teilnehmen, wenn er dem Schuldner im Termin Fragen stellen möchte, die der RA oder der Gläubiger nicht zuvor schriftlich dem Gerichtsvollzieher zur Befragung des Schuldners eingereicht hat oder einreichen wollte oder die sich möglicherweise erst im Termin selbst ergeben. Zu beachten ist hierbei, dass der Gegenstandswert dieses Verfahrens auf 2.000 EUR begrenzt ist (§ 25 Abs. 1 Nr. 4 RVG). 603

c) Terminsgebühr im Verfahren zur Abgabe der eidesstattlichen Versicherung

604 Ist der Schuldner aufgrund der Vorschriften des BGB zur Abgabe einer eidesstattlichen Versicherung verpflichtet (z.B. Auskunft des Ehegatten zum Zugewinn, § 1379 Abs. 1 S. 4 BGB; Auskunft des Erben gegenüber dem Nachlassgläubiger, § 2006 Abs. 1 BGB; Auskunft des Miterben gegenüber den übrigen Miterben, § 2057 S. 2 BGB) und nimmt der RA an diesem teil, verdient er ebenfalls eine Terminsgebühr – unabhängig von der fehlenden Erstattungsfähigkeit, weil nach § 261 Abs. 2 BGB die Kosten der Abnahme der Gläubiger selbst zu tragen hat. Kommt es aber wegen der Nichtabgabe durch den Schuldner gem. § 889 Abs. 2 ZPO zum Zwangsgeldverfahren (§ 888 ZPO), ist der Schuldner für die nunmehr entstehenden Kosten grds. erstattungspflichtig.

IV. Einigungsgebühr

605 In der Zwangsvollstreckung kann der RA eine Einigungsgebühr nach Nr. 1003 VV RVG verdienen (s. Rdn 248 ff.). Dabei muss der RA insbesondere aber die Besonderheiten beim Gegenstandswert für eine Zahlungsvereinbarung (§ 31b RVG) beachten (s. Rdn 215).

V. Vergütung bei Vollstreckung gegen mehrere Schuldner

606 Vollstreckt der RA auftragsgemäß (auch gleichzeitig oder im selben Antragsformular) gegen mehrere Schuldner, bildet jede Vollstreckungsmaßnahme gegen jeden Schuldner eine **eigene gebührenrechtliche Angelegenheit**. Es entsteht somit pro Schuldner ein **gesonderter Vergütungsanspruch**.[69] Unerheblich ist, ob es sich um verschiedene oder denselben Vollstreckungstitel handelt, in dem also die **Forderung gegen mehrere Schuldner** tituliert wurde.

> *Beispiel:*
>
> *Der RA beantragt für zwei Eheleute als Gläubiger den Erlass eines Pfändungs- und Überweisungsbeschlusses wegen einer Gesamtforderung von 50.000 EUR. Schuldner der titulierten Forderung ist eine aus 4 Personen bestehende Gesellschaft bürgerlichen Rechts.*
>
> Für die Vollstreckung gegen den jeweiligen Schuldner entsteht:

0,6 Verfahrensgebühr, §§ 1, 2, 13, Nr. 3309, 1008 VV RVG	*814,20 EUR*
(Gegenstandswert § 25 Abs. 1 Nr. 1 RVG: 50.000 EUR)	
Auslagenpauschale, §§ 1, 2, Nr. 7002 VV RVG	*20,00 EUR*

69 Vgl. z.B. BGH v. 22.9.2022 – V ZB 2/20, Rn 18 m.w.N.

19 % Umsatzsteuer, §§ 1, 2, Nr. 7008 VV RVG *158,50 EUR*
Summe: *992,70 EUR*
Der RA der Gläubiger kann diesen Betrag von 992,70 EUR insgesamt 4 x = 3.970,80 EUR berechnen. Sind die Schuldner nach dem Vollstreckungstitel als Gesamtschuldner zur Zahlung verpflichtet, haften sie auch für diese Kosten gesamtschuldnerisch (§ 788 Abs. 1 S. 3 ZPO).

VI. Beginn der Zwangsvollstreckung

Die 0,3 Verfahrensgebühr Nr. 3309 VV RVG entsteht mit dem ersten Tätigwerden des RA nach Erteilung des Vollstreckungsauftrages einschließlich der Information. Als sog. Vorbereitungshandlung entsteht die Gebühr z.B. auch für das Schreiben des RA an den Schuldner oder seinen RA, mit dem er die Zwangsvollstreckung androht. 607

1. Vergütung bei der Vollstreckungsandrohung

Oftmals „beginnt" die Zwangsvollstreckung nicht durch Beantragung einer bestimmten Maßnahme. Insbesondere in den Fällen der anwaltlichen Vertretung des Schuldners wird der RA üblicherweise zuvor dem Schuldner über seinen RA eine letzte Zahlungsfrist einräumen, bevor er die Mittel der Zwangsvollstreckung ausschöpft. Dabei kommt es nicht selten vor, dass der Schuldner zwar die titulierte Forderung, nicht aber die Vergütung des RA des Gläubigers für die Vollstreckungsandrohung zahlt. Der Gläubiger kann dann diese Kosten isoliert auf Grundlage des Vollstreckungstitels vollstrecken (§ 788 Abs. 1 S. 1 ZPO) oder sie auch förmlich in einem Kostenfestsetzungsbeschluss festsetzen lassen (§ 788 Abs. 2 ZPO). Für die Kostenfestsetzung bei Gericht entstehen lediglich Zustellungsauslagen von 3,50 EUR je Zustellung nach Nr. 9002 KV GKG, während die Tätigkeit des RA von der 0,3 Verfahrensgebühr Nr. 3309 VV RVG abgegolten ist (§ 19 Abs. 1 S. 2 Nr. 14 RVG). 608

Für die **Vollstreckungsandrohung** kann der RA regelmäßig eine **Vergütung** verlangen, wenn er einen **entsprechenden Auftrag** des Auftraggebers (Gläubigers) erhalten hat. Ob der Schuldner sie zu erstatten hat, hängt von der Notwendigkeit dieser Kosten ab (§§ 91, 788 Abs. 1 S. 1 ZPO). Es ist immer strikt zwischen der Entstehung und der Erstattungsfähigkeit zu unterscheiden: So kann die Vergütung für die Vollstreckungsandrohung zwar unstreitig entstanden sein, ihre Erstattungsfähigkeit aber z.B. bei Verstoß gegen die zweiwöchige Wartefrist des § 798 ZPO fehlen. Die Frage der Notwendigkeit ist immer aus der Sicht eines verständigen und wirtschaftlich denkenden Gläubigers zum Zeitpunkt der kostenauslösenden Maßnahme (sog. ex-ante-Sicht) zu beantworten. Stellt sich die Vollstreckungsmaßnahme später als nutzlos heraus, spielt das keine Rolle. Eine Ausnahme 609 bildet die Rspr. u. Lit. für den Fall, dass die Erstattungsfähigkeit einer verfrühten Maßnahme später „geheilt" wird. Das ist der Fall, wenn zwar verfrühte Maßnahmen ergriffen werden, sie aber zu einem späteren Zeitpunkt noch bestehen, in dem eine Erstattungsfähigkeit gegeben wäre.

2. Erstattungsfähigkeit

a) Keine Zustellung notwendig

610 Im Regelfall ist eine anwaltliche Vollstreckungsgebühr für eine an den Schuldner gerichtete Zahlungsaufforderung mit Vollstreckungsandrohung – abgesehen von den Fällen des § 798 ZPO – bereits dann erstattungsfähig, wenn der Gläubiger eine vollstreckbare Ausfertigung des Titels im Besitz hat und dem Schuldner zuvor ein angemessener Zeitraum zur freiwilligen Erfüllung zur Verfügung stand.[70]

611 Keine Voraussetzung der Erstattungsfähigkeit der Vollstreckungsandrohung des RA ist es daher, dass der Vollstreckungstitel bereits zugestellt worden ist oder gleichzeitig zugestellt wird.

612 *Praxistipp:*

Der Gläubiger ist nicht verpflichtet, mit der Zwangsvollstreckung abzuwarten, bis die Zustellung des Vollstreckungstitels von Amts wegen erfolgt ist. Eine Zustellung durch ihn genügt (§ 750 Abs. 1 S. 2 ZPO). Die Zustellung von Amts wegen ist vielmehr erforderlich, um Rechtsmittel- und Rechtsbehelfsfristen in Gang zu setzen.

b) Vorliegen der Vollstreckungsklausel

613 Für die Erstattungsfähigkeit der Kosten einer anwaltlichen Vollstreckungsandrohung ist es dagegen erforderlich, dass dem Gläubiger die Vollstreckungsklausel bereits erteilt ist. Denn ohne Vorlage einer mit Vollstreckungsklausel versehenen vollstreckbaren Ausfertigung (Ausnahmen z.B. Arrest, einstweilige Verfügung, Vollstreckungsbescheid) ist keine Zwangsvollstreckung möglich, ihre Androhung daher nicht notwendig.

c) Vollstreckung gegen Sicherheitsleistung

614 Hat das Gericht im Vollstreckungstitel angeordnet, dass die Zwangsvollstreckung nur gegen Sicherheitsleistung des Gläubigers möglich ist („Das Urteil ist gegen Sicherheitsleistung in Höhe von … EUR vorläufig vollstreckbar" oder „Das Urteil ist gegen Sicherheitsleistung in Höhe von … % des jeweils beizutreibenden Betrages vorläufig vollstreckbar"), kann der Gläubiger ohne Sicherheitsleistung allenfalls die sog. **Sicherungsvollstreckung** nach § 720a ZPO betreiben. Daher ist eine anwaltliche Vollstreckungsandrohung in diesem

70 BGH v. 18.7.2003 – IXa ZB 146/03.

Fall nur dann erstattungsfähig, wenn er keine Zahlung, sondern die Hinterlegung verlangt und die zweiwöchige Frist des § 720a Abs. 3 ZPO bereits abgelaufen ist. Will der Gläubiger dagegen Zahlung fordern, ist er verpflichtet, zuvor den Nachweis der Sicherheitsleistung (§ 751 Abs. 2 ZPO) gegenüber dem Schuldner zu führen und ihm eine angemessene Frist zur Zahlung zu gewähren. Denn erst mit Kenntnis der Sicherheitsleistung des Gläubigers beginnt für den Schuldner die Zahlungsfrist, so dass eine verfrühte Vollstreckungsandrohung nicht erstattungsfähig ist.

> *Praxistipp:* **615**
>
> Für die Sicherungsvollstreckung nach §§ 720a, 750 Abs. 3 ZPO selbst bedarf es der Zustellung der Vollstreckungsklausel nur in den Fällen des § 750 Abs. 2 ZPO (BGH, Beschl. v. 5.7.2005 – VII ZB 14/05).

d) Ausreichende Frist zur freiwilligen Erfüllung

Dem Schuldner ist stets ein angemessener Zeitraum zu gewähren, innerhalb dessen er freiwillig seine Leistung erfüllen kann. Teilweise legt das Gesetz dem Gläubiger ausdrücklich bestimmte Wartefristen auf (§ 798 ZPO oder § 720a Abs. 3, 750 Abs. 2 ZPO), nach deren ergebnislosem Ablauf im Regelfall die Notwendigkeit von Vollstreckungskosten zu bejahen ist. Teilweise ist die Angemessenheit auch nach dem Einzelfall und der Kenntnis des Schuldners von seiner Verpflichtung zu beurteilen. War der Schuldner z.B. persönlich im Gerichtstermin anwesend, als der Vergleich geschlossen wurde, so fängt die angemessene Frist bereits ab diesem Zeitpunkt an zu laufen. Bei einem Widerrufsvergleich beginnt die angemessene Frist erst nach Ablauf der Widerrufsfrist. Setzt die Kenntnis des Schuldners dagegen die Zustellung des Vollstreckungstitels voraus, kommt es auf den Zeitpunkt der Zustellung an. Steht hinter dem Schuldner eine Rechtsschutzversicherung und ist dem Gläubiger das bekannt, so ist wegen der Bearbeitungszeiten ggf. eine großzügigere Frist zur Erfüllung zu gewähren. **616**

VII. Keine Tätigkeit des RA in der Zwangsvollstreckung

1. Abgabe einer Willenserklärung

Keine Tätigkeit des RA in der Zwangsvollstreckung liegt vor, wenn er für seinen Auftraggeber einen Vollstreckungstitel erwirkt hat, mit dem der Schuldner nach § 894 ZPO zur Abgabe einer Willenserklärung rechtskräftig verurteilt worden ist (z.B. eine Bewilligung auf Eintragung der Löschung eines Rechts im Grundbuch) und diese Willenserklärung nun „vollzieht“. Denn nach § 894 ZPO gilt die Erklärung als abgegeben, sobald das Urteil rechtskräftig geworden ist. Die weitere Tätigkeit des RA (z.B. gegenüber dem Grundbuchamt) wird in diesem Fall durch die Geschäftsgebühr Nr. 2300 VV RVG abgegolten. **617**

2. Tätigkeit des RA des Schuldners bei der Vollstreckungsabwehr

618 Hat der Schuldner seine titulierte Verpflichtung erfüllt, so hat er einen Anspruch darauf, dass ihm der Vollstreckungstitel herausgegeben wird. Weigert sich der Gläubiger und wird der RA des Schuldners daher in diesem Zusammenhang mit der Prüfung der Erfolgsaussichten z.B. einer Vollstreckungsabwehrklage (§ 767 ZPO) oder einer negativen Feststellungsklage beauftragt, unterfällt diese Tätigkeit nicht der Zwangsvollstreckung. Vielmehr wird seine Tätigkeit in diesem Fall durch die Geschäftsgebühr Nr. 2300 VV RVG abgegolten.[71]

619 *Praxistipp:*

Die Herausgabepflicht beinhaltet eine sog. **Holschuld** des Schuldners (§ 269 Abs. 1, 2 BGB). Sie ist somit vom Gläubiger an seinem Wohnsitz bzw. am Geschäftsort seines RA (der den Vollstreckungstitel in seinen Akten verwahrt) zu erfüllen. Der Schuldner hat keinen Rechtsanspruch auf Übersendung des Vollstreckungstitels, auch, wenn das in der Praxis häufig so gehandhabt wird. Denn geht der Vollstreckungstitel z.B. auf dem Postweg verloren, hat der Schuldner einen Anspruch darauf, dass der Gläubiger auf eigene Kosten ein öffentlich beglaubigtes Anerkenntnis über das Erlöschen der Schuld erteilt (§ 371 S. 2 BGB). Der Gläubiger kann dem aber vorbauen, indem er vom Schuldner vor Aufgabe der Briefsendung die Erklärung auf den Verzicht dieses Anspruches einfordert.

3. Erbringung oder Rückgabe der Sicherheit

620 Nach § 19 Abs. 1 S. 2 Nr. 7 RVG gehört die Tätigkeit des RA bei der **Erbringung der Sicherheitsleistung** und das **Verfahren wegen deren Rückgabe** zum gebührenrechtlichen Rechtszug, ist durch die dort entstandene Verfahrensgebühr demnach mit abgegolten. Mit der „Erbringung der Sicherheitsleistung" wird die Tätigkeit des RA gegenüber dem Gericht und die Beratung des Mandanten über die Art der Sicherheitsleistung verstanden. Nicht dazu gehört die Tätigkeit des RA bei der Beschaffung der Sicherheit (z.B. bei Tätigkeit des RA gegenüber der Bank wegen der Bankbürgschaft), die zur Zwangsvollstreckung gehört.[72]

621 Das Verfahren wegen der Rückgabe der Sicherheit umfasst nicht nur das gerichtliche Rückgabeverfahren (§§ 109, 715 ZPO), sondern auch die Aufforderung des RA gegenüber dem Gegner zur Rückgabe (oder nur zur Zustimmung dazu) oder gegenüber der Hinterlegungsstelle.

71 BGH v. 13.1.2011 – IX ZR 110/10.
72 BGH v. 10.2.2016 – VII ZB 56/13.

VIII. Eintragung einer Sicherungshypothek

Die Eintragung einer Zwangssicherungshypothek ist Maßnahme der Zwangsvollstreckung (s. Musterantrag zu § 5 Rdn 409). Gem. § 867 ZPO wird die Zwangssicherungshypothek auf Antrag des Gläubigers in das Grundbuch eingetragen. Es handelt sich bei jedem Antrag auf Eintragung einer Zwangssicherungshypothek nach § 18 Abs. 1 Nr. 11 RVG um eine besondere Angelegenheit für den RA. Die 0,3 Verfahrensgebühr Nr. 3309 VV RVG sowie die Auslagen entstehen daher jeweils gesondert. 622

IX. Hebegebühr

Für die Entgegennahme und Weiterleitung der Zahlung des Schuldners kann der RA die Hebegebühr verdienen (s. Rdn 275). 623

X. Umgang mit Fremdgeld/Verrechnung mit eigener Vergütung

Gerade in der Zwangsvollstreckung gehen oftmals Zahlungen für den Auftraggeber (sog. **Fremdgeld**) auf dem Konto des RA ein. Der RA muss Fremdgelder grds. an den Auftraggeber weiterleiten. 624

Der RA ist bei der Behandlung der ihm anvertrauten Vermögenswerte zu der erforderlichen Sorgfalt verpflichtet (§ 43a Abs. 7 S. 1 BRAO). Fremde Gelder sind unverzüglich, d.h., ohne schuldhaftes Zögern (vgl. § 121 Abs. 1 S. 1 BGB) an den Empfangsberechtigten weiterzuleiten oder auf ein Anderkonto einzuzahlen (§ 43a Abs. 7 S. 2 BRAO). 625

Kommt der RA dem nicht nach, handelt er pflichtwidrig. Dabei kann es sich um eine **vorsätzliche** oder eine **fahrlässige Pflichtwidrigkeit** handeln. Will der RA z.B. einen Liquiditätsengpass überbrücken, so handelt er vorsätzlich. Ist er lediglich nachlässig (z.B. hat er die Weiterleitung vergessen), so handelt er ggf. fahrlässig. 626

Was unter dem Begriff „unverzüglich" zu verstehen ist, kommt auf den Einzelfall (z.B. die Größe der Kanzlei oder ihre Organisationsstruktur) an. Teilweise wird vertreten, dass ein Einzelanwalt innerhalb eines Zeitraums von zwei Tagen das Fremdgeld an den Auftraggeber weiterleiten muss, während einer Großkanzlei ein Zeitraum von bis zu drei Wochen zuzubilligen sei. 627

Ist dem RA eine unverzügliche Weiterleitung nicht möglich (z.B. liegen Hinderungsgründe vor, die nicht in der Person des RA oder der Organisation seiner Kanzlei liegen, wie z.B., dass die Bankverbindung des Auftraggebers unbekannt ist), so hat der RA die Pflicht, das Fremdgeld auf ein extra für diesen Zweck eingerichtetes **Anderkonto** einzuzahlen. Nach § 4 Abs. 1 S. 8 BORA kann der RA mit seinem Auftraggeber wegen der 628

Pflicht zur unverzüglichen Weiterleitung oder Einzahlung auf ein Anderkonto etwas anderes in Textform vereinbaren.

629 Im Umgang mit Fremdgeld ist äußerste Sorgfalt geboten, da der RA andernfalls ggf. strafrechtlich belangt werden kann.[73]

630 Liegen die Voraussetzungen der Aufrechnung vor (§ 387 BGB), kann der RA durch entsprechende Erklärung gegenüber seinem Auftraggeber (§ 388 BGB) **Fremdgeld mit eigenen Vergütungsforderungen aufrechnen**.

631 Hierbei hat der RA allerdings zu beachten, dass eine Aufrechnung ggf. aber auch gegen Treu und Glauben (§ 242 BGB) verstoßen kann.

632 Ein besonderes **Aufrechnungsverbot** enthält § 4 Abs. 2 BORA, wonach der RA eigene Vergütungsforderungen nicht mit Geldern verrechnen darf, die zweckgebunden zur Auszahlung an andere als den Auftraggeber bestimmt sind.

633 *Hinweis:*

Die Zulässigkeit der Aufrechnung hängt davon ab, dass die Vergütung zum Zeitpunkt der Aufrechnungserklärung bereits fällig (§ 8 RVG) ist und dem Auftraggeber eine den Anforderungen des § 10 RVG entsprechende Vergütungsberechnung zugleich erteilt wird oder bereits erteilt worden ist.

XI. Festsetzung der Vollstreckungskosten

634 Führt die Zwangsvollstreckung nicht zum Erfolg oder will der Gläubiger Streit über einzelne Kosten der bisherigen Zwangsvollstreckung vermeiden, hat er die Möglichkeit, sie in einem gesonderten Kostenfestsetzungsbeschluss durch das Gericht festsetzen zu lassen (§ 788 Abs. 2 ZPO). Die Festsetzung bietet dem Gläubiger auch den Vorteil, dass er zukünftig die Vollstreckungsbelege dafür nicht mehr zum Nachweis vorlegen muss und die Vollstreckungskosten verzinst werden.

635 Der BGH[74] hat dazu entschieden, dass der Antrag auf Erlass eines Kostenfestsetzungsbeschlusses den Gegenstand der geltend gemachten Kostenpositionen in hinreichend bestimmter Form bezeichnen muss. Erforderlich sind eine genaue Bezeichnung des zugrunde liegenden Rechtsstreits oder Vollstreckungstitels sowie die nachvollziehbare Angabe von Grund und Höhe der einzelnen Positionen. Wird die Festsetzung von Rechtsanwaltskosten begehrt, so muss die nach § 10 Abs. 2 RVG vorzunehmende Kostenberechnung aus sich heraus verständlich sein. Allein die Bezugnahme auf Vollstreckungsunterlagen genügt hierfür nicht.

73 Vgl. z.B. BGH v. 26.11.2019 – 2 StR 588/18.
74 BGH v. 13.9.2018 – I ZB 16/18.

K. Zwangsversteigerung und Zwangsverwaltung

Nr. 3311 VV RVG 636

Nr.	Gebührentatbestand	Gebühr oder Satz der Gebühr nach § 13 RVG
3311	**Verfahrensgebühr** Die Gebühr entsteht jeweils gesondert 1. für die Tätigkeit im Zwangsversteigerungsverfahren bis zur Einleitung des Verteilungsverfahrens; 2. im Zwangsversteigerungsverfahren für die Tätigkeit im Verteilungsverfahren, und zwar auch für eine Mitwirkung an einer außergerichtlichen Verteilung; 3. im Verfahren der Zwangsverwaltung für die Vertretung des Antragstellers im Verfahren über den Antrag auf Anordnung der Zwangsverwaltung oder auf Zulassung des Beitritts; 4. im Verfahren der Zwangsverwaltung für die Vertretung des Antragstellers im weiteren Verfahren einschließlich des Verteilungsverfahrens; 5. im Verfahren der Zwangsverwaltung für die Vertretung eines sonstigen Beteiligten im ganzen Verfahren einschließlich des Verteilungsverfahrens und 6. für die Tätigkeit im Verfahren über Anträge auf einstweilige Einstellung oder Beschränkung der Zwangsvollstreckung und einstweilige Einstellung des Verfahrens sowie für Verhandlungen zwischen Gläubiger und Schuldner mit dem Ziel der Aufhebung des Verfahrens.	0,4

I. Allgemeines

Verfügt der Schuldner über Grundbesitz, kann der Gläubiger seine Forderung im Wege der Immobiliarvollstreckung, also der Vollstreckung in das unbewegliche Vermögen (§§ 864 ff. ZPO), zwangsweise durchsetzen. Dem Gläubiger bietet die Immobiliarvollstreckung zwei Möglichkeiten: die **Zwangsversteigerung** oder **Zwangsverwaltung**. Bei der Zwangsversteigerung wird das Eigentum des Schuldners an seinem Grundstück verwertet. Bei der Zwangsverwaltung bleibt der Schuldner dagegen weiterhin Eigentümer. Mit ihr werden vielmehr die sog. „Früchte und Nutzungen", die aus dem Grundstück gezogen werden (z.B. Mieteinnahmen), genutzt, um die Forderung des Gläubigers zu befriedigen. 637

Die Zwangsversteigerung ist i.d.R. das kostenträchtigere Vollstreckungsverfahren, da das Gericht zur Festsetzung des Verkehrswertes regelmäßig einen Sachverständigen be- 638 auftragt (§ 74a Abs. 5 S. 1 ZVG), dessen Kosten als Teil der Gerichtskosten (Nr. 9005 KV GKG) regelmäßig in vierstelliger Höhe anfallen. Diese Kosten muss der Gläubiger auf Anforderung des Gerichtes ggf. vorschießen und trägt damit das Risiko des Ausfalls im Falle der erfolglosen Versteigerung.

II. Zwangsversteigerung: Nr. 3311 Anm. Nr. 1 u. Nr. 2 VV RVG

639 Für das Verfahren (auch der Teilungsversteigerung gem. § 180 Abs. 1 ZVG) bis zur Einleitung des Verteilungsverfahrens erhält der RA als sog. Betriebsgebühr eine 0,4 Verfahrensgebühr Nr. 3311 Anm. Nr. 1 VV RVG. Das Verteilungsverfahren wird nach Erteilung des Zuschlags eingeleitet, wenn das Gericht gem. § 105 ZVG einen Termin zur Verteilung des Versteigerungserlöses anberaumt. Der Gegenstandswert bestimmt sich – je nach Auftraggeber des RA – nach § 26 Nr. 1 bis Nr. 3 RVG. So ist für die Vertretung z.B. des Vollstreckungsgläubigers, eines im Grundbuch mit einem Recht eingetragenen oder gesicherten Gläubigers, eines Miteigentümers, des Schuldners oder eines Bieters jeweils ein unterschiedlicher Gegenstandswert anzusetzen.

640 Für die Vertretung im Verteilungsverfahren und im dort stattfindenden besonderen Verteilungstermin erhält der RA eine gesonderte 0,4 Verfahrensgebühr Nr. 3311 Anm. Nr. 2 VV RVG. Der Gegenstandswert im Verteilungsverfahren kann allerdings geringer sein (vgl. § 26 Nr. 1 Hs. 4, Nr. 2 Hs. 2 u. 3 RVG).

641 Ein Zwangsversteigerungsverfahren kann auch erfolglos sein, wenn sich keine Bieterinteressenten finden bzw. das Gericht den Zuschlag versagt. Ist ein Zwangsversteigerungsverfahren auch im zweiten Termin ergebnislos geblieben, so kann der Gläubiger nach § 77 Abs. 2 S. 2 ZVG beantragen, dass das bisherige Zwangsversteigerungsverfahren als **Zwangsverwaltungsverfahren** fortgesetzt wird (s. nachfolgend zu Rdn 646).

642 Vertritt der RA im Zwangsversteigerungsverfahren mehrere Auftraggeber wegen desselben Gegenstandes, erhöhen sich die Verfahrensgebühren der Nr. 3311 VV RVG nach Nr. 1008 VV RVG.

III. Zwangsverwaltung: Nr. 3311 Anm. Nr. 3 u. Nr. 4 VV RVG

643 Die Zwangsverwaltung (§§ 146–161 ZVG) wird i.d.R. durch Antrag eines persönlichen oder dinglichen Gläubigers wegen eines Geldanspruchs oder durch Antrag des Insolvenzverwalters (§ 172 ZVG) gegen den Schuldner als Grundstückseigentümer eingeleitet. Der RA erhält im Verfahren über diesen Antrag oder den Antrag auf Zulassung des Beitritts die 0,4 Verfahrensgebühr nach Nr. 3311 Anm. Nr. 3 VV RVG. Mit ihr wird die gesamte Tätigkeit bis zur Anordnung der Zwangsverwaltung oder Zulassung des Beitritts oder der Antragsablehnung abgegolten. Der Gegenstandswert bestimmt sich – je nach Auftrag-

geber des RA – nach § 27 RVG. So ist für die Vertretung z.B. des Antragstellers, des Schuldners oder eines anderen Beteiligten Bieters ggf. ein unterschiedlicher Gegenstandswert anzusetzen.

Im weiteren Verfahren der Zwangsverwaltung nach ihrer Anordnung erhält der RA die 0,4 Verfahrensgebühr Nr. 3311 Anm. Nr. 4 VV RVG. Mit ihr werden sämtliche Tätigkeiten des RA einschließlich im Verteilungstermin (§ 156 Abs. 2 ZVG) bis zur Aufhebung des Zwangsverwaltungsverfahrens abgegolten.

Hat der RA die Fortsetzung des bisherigen Zwangsversteigerungsverfahrens als Zwangsverwaltungsverfahren (§ 77 Abs. 2 S. 2 ZVG) beantragt, verdient er neben der 0,4 Verfahrensgebühr Nr. 3311 Anm. Nr. 1 VV RVG für die bisherige Vertretung eine gesonderte 0,4 Verfahrensgebühr Nr. 3311 Anm. Nr. 3 VV RVG. Wird der RA dagegen erstmals mit dieser Antragstellung beauftragt und tätig, verdient er lediglich die Verfahrensgebühr Nr. 3311 Anm. Nr. 3 VV RVG. 644

Nicht selten werden beide Verfahren auch gleichzeitig durch den RA beantragt, weil der Vollstreckungsgläubiger bis zur Versteigerung des Grundstücks die „Früchte und Nutzungen" des Grundstücks (z.B. Mieteinnahmen) zur Befriedigung seiner Forderung einsetzen möchte. Auch in diesem Fall der **kombinierten Antragstellung** verdient der RA beide Verfahrensgebühren.

Vertritt der RA im Zwangsverwaltungsverfahren mehrere Auftraggeber wegen desselben Gegenstandes, erhöhen sich die Verfahrensgebühren der Nr. 3311 VV RVG nach Nr. 1008 VV RVG. 645

IV. Schutzanträge im Versteigerungsverfahren

Wird das Grundstück im Wege der Zwangsversteigerung verwertet, so wird der Ersteigerer bereits durch **Zuschlagsbeschluss** Eigentümer (§ 90 ZVG), also nicht erst mit seiner Eintragung im Grundbuch des Grundstücks. Dabei bildet der Zuschlagsbeschluss **zugleich einen Räumungs- und Herausgabetitel**. Denn aus dem Zuschlagsbeschluss findet gegen den Besitzer des Grundstücks oder einer mitversteigerten Sache die Zwangsvollstreckung auf Räumung und Herausgabe statt (§ 93 Abs. 1 S. 1 ZVG). Der neue Eigentümer muss somit keine gesonderte Klage erheben, sondern kann unter Vorlage des Zuschlagsbeschlusses die Zwangsvollstreckung einleiten. Dabei hat er allerdings zu beachten, dass die Vollstreckungsklausel ausdrücklich auszuweisen hat, gegen wen sich die Zwangsvollstreckung richtet. Das kann der bisherige Eigentümer (Schuldner) oder Angehörige seiner Familie (z.B. Ehegatte, Lebensgefährte, Eltern, Geschwister) oder der Berechtigte aufgrund eines Nießbrauchs, Wohnungsrechts oder Erbbaurechts sein. 646

Für einen Mieter der versteigerten Immobilie ändert sich durch die Zwangsversteigerung nichts: Das Mietverhältnis besteht mit dem neuen Eigentümer automatisch fort. Ab

Kenntnis des Eigentumswechsels durch Zuschlagsbeschluss hat er den Mietzins aber nunmehr an den neuen Eigentümer zu leisten.

647 Vertritt der RA seinen Auftraggeber im Verfahren über Anträge auf einstweilige Einstellung (§§ 30–32, 180 Abs. 2 ZVG) oder mit dem Ziel der Beschränkung der Zwangsversteigerung, entsteht eine gesonderte 0,4 Verfahrensgebühr nach Nr. 3311 Anm. Nr. 6 VV RVG. Bei wiederholten Anträgen entsteht sie jedes Mal neu. Der RA erhält diese Gebühr zudem, wenn er Verhandlungen zwischen dem Gläubiger und Schuldner mit dem Ziel der Aufhebung des Verfahrens führt.

V. Terminsgebühr Nr. 3312 VV RVG nur für Versteigerungstermin

648 **Nr. 3312**

Nr.	Gebührentatbestand	Gebühr oder Satz der Gebühr nach § 13 RVG
3312	**Terminsgebühr** Die Gebühr entsteht nur für die Wahrnehmung eines Versteigerungstermins für einen Beteiligten. Im Übrigen entsteht im Verfahren der Zwangsversteigerung und der Zwangsverwaltung keine Terminsgebühr.	0,4

649 Die Zwangsversteigerung eines Grundstücks findet in einem eigens dafür anberaumten Versteigerungstermin statt. Nimmt der RA als Vertreter seines Auftraggebers daran teil, entsteht die 0,4 Terminsgebühr nach Nr. 3312 VV RVG. Da bereits die Teilnahme des RA am Termin die Terminsgebühr entstehen lässt, ist für ihre Entstehung keine besondere Tätigkeit des RA im Termin selbst erforderlich.

650 Nach Anm. S. 2 zu Nr. 3312 VV RVG entsteht im Übrigen im Verfahren der Zwangsversteigerung und der Zwangsverwaltung keine Terminsgebühr. Somit kann sie auch dann nicht entstehen, wenn die Voraussetzungen der Vorb. 3 Abs. 3 S. 3 Nr. 2 VV RVG vorliegen (s. Rdn 328 ff.).

L. Insolvenzverfahren

651 Das Insolvenzverfahren ist im Unterabschnitt 5 von Abschnitt 3 des Teil 3 VV RVG geregelt. Für den RA können die in Nrn. 3313–3321 VV RVG bestimmten Gebühren entstehen. Die Vorb. 3.3.5 Abs. 2 S. 1 und Abs. 3 VV RVG regelt dabei Besonderheiten.

652 Bei den Gebühren ist zu unterscheiden, ob der RA einen oder mehrere Gläubiger (Vorb. 3.3.5 Abs. 2 S. 1, Nrn. 3314, 3316, 3317, 3318, 3320, 3321 VV RVG) oder den Schuldner

(Nrn. 3313, 3315, 3317, 3319, 3321 VV RVG) bzw. den ausländischen Insolvenzverwalter (Vorb. 3.3.5 Abs. 3 VV RVG – im sog. Sekundärinsolvenzverfahren nach Art. 34 EuInsVO und §§ 356–358 InsO) vertritt. Die Erhöhung der jeweiligen Verfahrensgebühr nach Nr. 1008 VV RVG ist möglich, wenn der RA mehrere Auftraggeber wegen derselben Forderung (z.B. eine Erbengemeinschaft) vertritt.

Der Gegenstandswert für die Gebühren ist speziell in § 27 RVG näher geregelt. 653

Die vergütungsrechtlichen Vorschriften des RVG gelten nicht, wenn der RA nicht als Vertreter eines Verfahrensbeteiligten, sondern als Insolvenzverwalter tätig ist. Die Tätigkeit als **Insolvenzverwalter** wird regelmäßig nach der **InsVV** vergütet. 654

I. Eröffnungsverfahren

Nr. 3314 655

Nr.	**Gebührentatbestand**	**Gebühr oder Satz der Gebühr nach § 13 RVG**
3313	**Verfahrensgebühr für die Vertretung des Schuldners im Eröffnungsverfahren** Die Gebühr entsteht auch im Verteilungsverfahren nach der SVertO.	1,0
3314	**Verfahrensgebühr für die Vertretung des Gläubigers im Eröffnungsverfahren** Die Gebühr entsteht auch im Verteilungsverfahren nach der SVertO.	0,5

Vertritt der RA den Gläubiger oder Schuldner im **Eröffnungsverfahren**, so verdient der RA eine 1,0 Verfahrensgebühr Nr. 3313 VV RVG (bei Vertretung des Schuldners) bzw. eine 0,5 Verfahrensgebühr Nr. 3314 VV RVG (bei Vertretung des Gläubigers). 656

Durch die Verfahrensgebühren Nrn. 3313, 3314 VV RVG wird die gesamte Tätigkeit des RA im Eröffnungsverfahren abgegolten. Dazu gehört die Stellung des Antrags (§§ 13, 14 InsO) für den Gläubiger bzw. seine Zurückweisung durch den Schuldner, jegliche Mitwirkungshandlungen im Zulassungsverfahren bis hin zur Entgegennahme des Eröffnungs- oder Zurückweisungsbeschlusses. Keine Bedeutung hat es, ob der Auftrag an den RA bereits das gesamte Insolvenzverfahren umfasst oder der RA nur im Eröffnungsverfahren tätig werden oder im letzteren Fall lediglich Einzeltätigkeiten ausüben soll. 657

Vertritt der RA **mehrere unterschiedliche Gläubiger mit verschiedenen Forderungen**, entsteht die Gebühr mehrfach (Vorb 3.3.5 Abs. 2 S. 1 VV RVG). Dies gilt aber dann nicht, wenn mehreren Personen eine Forderung gemeinschaftlich (als Gesamtgläu- 658 biger oder Gesamthandsgemeinschaft) zusteht. In diesem Fall findet Nr. 1008 VV RVG Anwendung, so dass für jeden weiteren Auftraggeber die Verfahrensgebühr um 0,3 zu erhöhen ist. Da die Erhöhung selbst nicht mehr als 2,0 betragen kann, kann der RA des Gläubigers max. eine 2,5 Gebühr verdienen.

659 Eine Ermäßigung der Gebühren bei vorzeitiger Erledigung des Auftrags ist im RVG nicht vorgesehen. Wird der RA daher vom Gläubiger oder Schuldner für das Eröffnungsverfahren beauftragt und nimmt der RA nach Annahme des Auftrags bereits Informationen entgegen, ist die volle 1,0 (für die Vertretung des Schuldners) bzw. 0,5 (für die Vertretung des Gläubigers) Verfahrensgebühr entstanden.

II. Verfahren über den Schuldenbereinigungsplan

660 **Nr. 3316**

Nr.	Gebührentatbestand	Gebühr oder Satz der Gebühr nach § 13 RVG
3315	**Tätigkeit auch im Verfahren über den Schuldenbereinigungsplan:** Die Verfahrensgebühr 3313 beträgt	**1,5**
3316	**Tätigkeit auch im Verfahren über den Schuldenbereinigungsplan:** Die Verfahrensgebühr 3314 beträgt	**1,0**

661 Ist der Schuldner eine **natürliche Person**, wird das Insolvenzverfahren als sog. **Verbraucherinsolvenzverfahren** bezeichnet. Übt der Schuldner keine oder nur eine geringfügige selbstständige wirtschaftliche Tätigkeit aus (§ 304 InsO), so ist er verpflichtet, zusammen mit dem Antrag auf Eröffnung des Insolvenzverfahrens (§ 311 InsO) oder unverzüglich nach diesem Antrag einen sog. **Schuldenbereinigungsplan** vorlegen (§ 305 Abs. 1 Nr. 4 InsO).

662 Mit dem Schuldenbereinigungsplan unterbreitet der Schuldner einen Vorschlag zur vergleichsweisen Erledigung des Verfahrens in dem Bemühen, das Insolvenzverfahren abzuwenden (§ 308 Abs. 1 S. 2 InsO: *„Der Schuldenbereinigungsplan hat die Wirkung eines Vergleichs im Sinne des § 794 Abs. 1 Nr. 1 der Zivilprozeßordnung*“). Dieser Vorschlag des Schuldners wird regelmäßig an seine Gläubiger zur Stellungnahme weitergeleitet.

663 Vertritt der RA den Schuldner oder den Gläubiger auch im **gerichtlichen Schuldenbereinigungsplanverfahren**, erhöht sich die jeweilige Verfahrensgebühr Nrn. 3313, 3314 VV RVG um 0,5 auf 1,5 (bei Vertretung des Schuldners) bzw. 1,0 (bei Vertretung des Gläubigers).

III. Tätigkeit im eröffneten Insolvenzverfahren

Nr. 3317 664

Nr.	Gebührentatbestand	Gebühr oder Satz der Gebühr nach § 13 RVG
3317	**Verfahrensgebühr für das Insolvenzverfahren** Die Gebühr entsteht auch im Verteilungsverfahren nach der SVertO, in einem Verfahren nach dem StaRUG und im Verfahren über Anträge nach Artikel 36 Abs. 9 der Verordnung (EU) 2015/848.	1,0

Das Vorverfahren ist mit Eröffnung des Insolvenzverfahrens abgeschlossen. Vertritt der RA den Schuldner oder Gläubiger auch im Insolvenzverfahren, verdient er zusätzlich eine weitere 1,0 Verfahrensgebühr Nr. 3317 VV RVG. 665

Die **Verfahrensgebühr** Nr. 3317 VV RVG entsteht nach den allgemeinen Grundsätzen (s. Vorb. 3 Abs. 2 VV RVG). Sobald der RA nach Annahme des Auftrags zur allgemeinen Vertretung im Insolvenzverfahren Informationen entgegennimmt, ist die Gebühr bereits entstanden. Der Umfang der konkreten Tätigkeit spielt dabei keine Rolle. Mit der Gebühr wird u.a. auch die Beratung des Auftraggebers, die Teilnahme an Terminen, die Antragstellung oder sonstiger Vortrag, Verhandlungen mit dem Insolvenzverwalter oder sonstigen Beteiligten, die Prüfung der Forderungen und im Verteilungsverfahren abgegolten. 666

Wird dem RA aber kein allgemeiner Vertretungsauftrag, sondern nur der Auftrag zur Anmeldung der Forderung zur Insolvenztabelle erteilt, entsteht die geringere Verfahrensgebühr Nr. 3320 VV RVG. 667

IV. Anmeldung zur Insolvenztabelle

Nr. 3320 668

Nr.	Gebührentatbestand	Gebühr oder Satz der Gebühr nach § 13 RVG
3320	**Die Tätigkeit beschränkt sich auf die Anmeldung einer Insolvenzforderung:** Die Verfahrensgebühr 3317 beträgt Die Gebühr entsteht auch im Verteilungsverfahren nach der SVertO.	0,5

669 Wird der RA des Gläubigers mit der beschränkten Tätigkeit nur der Anmeldung der Forderung zur Insolvenztabelle beauftragt (§§ 28 Abs. 1, 174 ff. InsO), verdient der RA lediglich eine reduzierte 0,5 Verfahrensgebühr Nrn. 3317, 3320 VV RVG.

670 Der RA kann also nicht daneben noch zusätzlich die 1,0 Verfahrensgebühr Nr. 3317 VV RVG beanspruchen.

V. Verfahren über einen Insolvenzplan

671 **Nrn. 3318, 3319**

Nr.	Gebührentatbestand	Gebühr oder Satz der Gebühr nach § 13 RVG
3318	**Verfahrensgebühr für das Verfahren über einen Insolvenzplan**	1,0
3319	**Vertretung des Schuldners, der den Plan vorgelegt hat:** Die Verfahrensgebühr 3318 beträgt	3,0

Die Befriedigung absonderungsberechtigter Gläubiger und der Insolvenzgläubiger, die Verwertung der Insolvenzmasse und deren Verteilung an die Beteiligten sowie die Haftung des Schuldners nach Beendigung des Insolvenzverfahrens können in einem Insolvenzplan abweichend von den Vorschriften der InsO geregelt werden (§ 217 InsO). Der Plan kann vom Insolvenzverwalter oder Schuldner vorgelegt werden (§ 218 InsO).

672 Vertritt der RA den Gläubiger oder Schuldner in diesem Verfahren, verdient er (ggf. neben den bereits verdienten Gebühren nach Nrn. 3313–3317 VV RVG) eine 1,0 Verfahrensgebühr Nr. 3318 VV RVG. Mit ihr wird die gesamte Tätigkeit des RA in diesem Verfahren (§§ 254–269 InsO) abgegolten, auch die Prüfung eines Rechtsmittels gegen die Bestätigung oder Versagung des Insolvenzplans (§ 253 InsO).

673 Vertritt der RA aber den Schuldner, der den Insolvenzplan vorgelegt hat, verdient er (ggf. neben den bereits verdienten Gebühren nach Nrn. 3313, 3315, 3317 VV RVG) eine erhöhte 3,0 Verfahrensgebühr Nr. 3319 VV RVG. Damit soll der regelmäßig erhöhte Arbeitsaufwand des RA bei Vorlage und Durchsetzung des Plans abgegolten werden. Für die Entstehung der Gebühr kommt es aber nicht auf den Umfang der Tätigkeit im Einzelfall an. Es gelten die allgemeinen Gebührengrundsätze der Verfahrensgebühr (s. Rdn 277 ff.).

VI. Verfahren über einen Antrag auf Versagung oder Widerruf der Restschuldbefreiung

Nr. 3321 674

Nr.	Gebührentatbestand	Gebühr oder Satz der Gebühr nach § 13 RVG
3321	**Verfahrensgebühr für das Verfahren über einen Antrag auf Versagung oder Widerruf der Restschuldbefreiung** (1) Das Verfahren über mehrere gleichzeitig anhängige Anträge ist eine Angelegenheit. (2) Die Gebühr entsteht auch gesondert, wenn der Antrag bereits vor Aufhebung des Insolvenzverfahrens gestellt wird.	0,5

Der Schuldner kann schon mit seinem Insolvenzantrag (oder alsbald danach) den Antrag auf Restschuldbefreiung stellen (§ 287 InsO). Die Insolvenzgläubiger sind bis zum Schlusstermin dazu anzuhören (§ 287 Abs. 4 InsO); sie können ihrerseits die Versagung beantragen (§ 290 Abs. 1 InsO). Beschließt das Gericht die Restschuldbefreiung (§ 287a Abs. 1 InsO) bei Erfüllung der Obliegenheiten des Schuldners (§§ 295, 295a InsO), ist nach Rechtskraft dieses Beschlusses auf Antrag eines Insolvenzgläubigers über die Versagung (§§ 296–297a InsO) oder den Widerruf (§ 303 InsO) der Restschuldbefreiung zu entscheiden.

675 Wird der RA für den Gläubiger oder Schuldner in diesem Verfahren tätig, verdient er eine 0,5 Verfahrensgebühr Nr. 3321 VV RVG. Die Anm. Abs. 1 zu Nr. 3321 VV RVG stellt klar, dass mehrere gleichzeitig anhängige Anträge für den RA dieselbe Angelegenheit darstellen, er die Gebühr daher nur einmal fordern kann (§ 15 Abs. 2 RVG). Ist ein Verfahren über die Versagung oder den Widerruf allerdings bereits rechtskräftig beendet, so kann die Gebühr für ein neues Verfahren erneut anfallen. Die Anm. Abs. 2 zu Nr. 3321 VV RVG wiederum bestimmt, dass die Gebühr auch dann gesondert entsteht, wenn der Antrag bereits vor Aufhebung des Insolvenzverfahrens gestellt wird.

M. Vergütungsvereinbarung

676 **§ 3a Vergütungsvereinbarung (verkürzte Darstellung)**

(1) Eine Vereinbarung über die Vergütung bedarf der Textform. Sie muss als Vergütungsvereinbarung oder in vergleichbarer Weise bezeichnet werden, von anderen Vereinbarungen mit Ausnahme der Auftragserteilung deutlich abgesetzt sein und darf nicht in der Vollmacht enthalten sein. Sie hat einen Hinweis darauf zu enthalten, dass die gegnerische Partei, ein Verfahrensbeteiligter oder die Staatskasse im Falle der Kostenerstattung regelmäßig nicht mehr

als die gesetzliche Vergütung erstatten muss. Die Sätze 1 und 2 gelten nicht für eine Gebührenvereinbarung nach § 34 RVG.

(…)

(4) Eine Vereinbarung, nach der ein im Wege der Prozesskostenhilfe beigeordneter Rechtsanwalt für die von der Beiordnung erfasste Tätigkeit eine höhere als die gesetzliche Vergütung erhalten soll, ist nichtig. Die Vorschriften des bürgerlichen Rechts über die ungerechtfertigte Bereicherung bleiben unberührt.

I. Allgemeines

677 Anstelle der gesetzlichen Vergütung kann der RA mit seinem Auftraggeber auch eine Vergütungsvereinbarung schließen, welche die gesetzliche Vergütung ausschließt oder modifiziert. Für den Abschluss einer solchen Vereinbarung kann es die unterschiedlichsten Gründe geben, die oftmals aber in der Sphäre des RA liegen. Denn im Gegensatz zum Auftraggeber kann dieser die Höhe der voraussichtlichen gesetzlichen Vergütung abschätzen und hat daher insbesondere ein wirtschaftliches Interesse daran, dass seine Tätigkeit auch angemessen höher honoriert wird. Spiegelbildlich bildet meist der Einzelfall für den Auftraggeber das Motiv zum Abschluss einer Vereinbarung, wenn die Erfolgsaussichten bei Verfolgung seiner Ansprüche für ihn in keinem wirtschaftlichen Verhältnis stehen. Dem RA ist es daher in Einzelfällen gestattet, eine niedrige als die gesetzliche Vergütung zu vereinbaren, auf sie zu verzichten oder auch ein sog. Erfolgshonorar mit seinem Auftraggeber zu vereinbaren.

678 Die konkrete Ausgestaltung der Vergütungsvereinbarung ist so vielfältig denkbar, wie es RAe in der Bundesrepublik Deutschland gibt. Der größte Anteil der Vereinbarungen beinhaltet sicherlich eine Stundenvergütung, die je nach Größe der Kanzlei, dem Bundesland, der Stadt oder der anwaltlichen Spezialmaterie und der Leistungsfähigkeit des Auftraggebers unterschiedlich hoch ausfallen kann. Nicht selten werden auch Pauschalhonorare oder Vereinbarungen über die Höhe des Gegenstandswertes oder etwaiger Multiplikatoren des Gegenstandswertes oder gesetzlicher Gebühren vereinbart.

II. Formerfordernis

679 Die Vergütungsvereinbarung zwischen dem RA und seinem Auftraggeber muss mindestens die **Textform** erfüllen.

680 Die Textform ist in **§ 126b BGB** legaldefiniert. Danach muss die Erklärung

- lesbar sein,
- die Person des Erklärenden nennen (braucht also nicht unterschrieben sein) und
- die Erklärung „auf einem dauerhaften Datenträger abgegeben" werden.

Die Lesbarkeit setzt voraus, dass die Erklärung in Schriftzeichen verfasst wurde. Bildsymbole, Smileys usw. reichen ebenso wenig aus wie mündliche Erklärungen auf einem Datenträger (z.B. als Audiofile im Messenger oder einem Anrufbeantworter). 681

Die Benennung der Person des Erklärenden bedeutet, dass die Erklärung nicht unterschrieben sein muss.

Die Abgabe auf einem dauerhaften Datenträger beinhaltet z.B. die Papierform, Festplatten, USB-Sticks, Speicherkarten, Bluray, DVD, CD-ROM, Telefax, E-Mail oder SMS.

Unabhängig von dieser gesetzlich angeordneten Mindestformvorschrift sollte der RA beachten, dass bei einem etwaigen späteren Streit mit dem Auftraggeber über die Abgeltung der gesetzlichen Vergütung durch Abschluss einer Vergütungsvereinbarung dem RA die Beweislast obliegt. Aus Beweisgründen kann daher eine „stärkere" Form niemals schaden. Übersendet der RA die in Textform geschlossene Vereinbarung seinem Auftraggeber auf digitalem Weg, sollte er ggf. daher darum bitten, dass der Auftraggeber ein eigenhändig mit seiner Unterschrift oder einer qualifiziert elektronischen Signatur versehenes Dokument dem RA zurücksendet, der seinerseits gegenüber dem Auftraggeber so verfährt. Damit wäre die Schriftform (§ 126 BGB) bzw. elektronische Form (§ 126b BGB) als „stärkere" Form erfüllt und würde als stärkerer Beweis bei einem etwaigen Streit dienen. 682

III. Bezeichnung

Die Vergütungsvereinbarung ist als solche oder in vergleichbarer Weise zu bezeichnen (§ 3a Abs. 1 S. 2 RVG). Die Bezeichnung z.B. als „Honorarvereinbarung" wäre ausreichend, nicht aber z.B. ein abstraktes „Schuldanerkenntnis" ohne jeglichen Hinweis auf den Schuldgrund. Entscheidend ist, dass mit der Bezeichnung deutlich wird, dass mit der Vereinbarung die gesetzliche Vergütung des RA abweichend geregelt wird. Vermieden werden sollte aber die Bezeichnung als „Gebührenvereinbarung", da sie einerseits in § 34 Abs. 1 S. 1 RVG für die Tätigkeit des RA im Rahmen der Beratung, eines Gutachtens oder der Mediation verwendet wird und zum anderen der Begriff „Gebühren" nach der Legaldefinition des Begriffs „Vergütung" (§ 1 Abs. 1 S. 1 RVG) gerade nicht etwaige Auslagen umfasst. 683

IV. Deutliches Absetzen von anderen Erklärungen

Die Vergütungsvereinbarung muss von anderen Vereinbarungen mit Ausnahme der Auftragserteilung deutlich abgesetzt sein und darf nicht in der Vollmacht enthalten sein (§ 3a Abs. 1 S. 2 RVG). 684

Nach Auffassung des BGH[75] dient das als Schutz- und Warnfunktion. Für ein „Absetzen" genügt es, wenn die Vergütungsvereinbarung in einem gesonderten und entsprechend gekennzeichneten Abschnitt oder Paragraphen geregelt wird. „Deutlich" ist dieses Absetzen, wenn die Vergütungsvereinbarung optisch eindeutig von den anderen im Vertragstext enthaltenen Bestimmungen – mit Ausnahme der Auftragserteilung – abgegrenzt ist. Dies lässt sich durch eine klare räumliche Trennung, aber auch auf andere Art und Weise erreichen, wobei keine bestimmte Gestaltung vorgeschrieben ist. Entscheidend ist, dass die Art der gewählten Gestaltung das gesetzgeberische Ziel erreicht: Der Mandant muss bereits bei einem einfachen Blick auf die Gesamtheit der im Vertrag getroffenen Vereinbarungen unschwer erkennen können, dass sie eine Abrede enthalten, die dem RA einen Vergütungsanspruch auf vertraglicher Grundlage verschafft, der möglicherweise von den gesetzlichen Vergütungen abweicht.

685 **Nicht zulässig** ist es, die Vergütungsvereinbarung mit der Vollmacht zu verbinden. Vollmachtsurkunde und Vergütungsvereinbarung sind somit zwingend in getrennten Urkunden bzw. elektronischen Dokumenten zu errichten.

686 Der RA darf die Vergütungsvereinbarung mit der Auftragserteilung verbinden. Darüber hinaus darf die Vereinbarung Klauseln enthalten, die die Vergütungsvereinbarung selbst (z.B. über die Leistung eines Vorschusses, eines Zeittaktes und der Fälligkeit) betreffen. Hierbei muss der RA beachten, dass solche Klauseln ggf. als AGB nach § 305 Abs. 1 S. 1 BGB zu qualifizieren sind. Insbesondere gegenüber Verbrauchern unterfallen sie – mit Ausnahme des ggf. vereinbarten anwaltlichen Stundensatzes als sog. Preisvereinbarung – der Inhaltskontrolle (§§ 307–309 BGB). Der BGH[76] hat z.B. entschieden, dass eine Vereinbarung über ein Zeithonorar, welches den RA berechtigt, für angefangene 15 Minuten jeweils ein Viertel des Stundensatzes zu berechnen, den Mandanten jedenfalls im Rechtsverkehr mit Verbrauchern entgegen den Geboten von Treu und Glauben unangemessen benachteiligt.

V. Hinweis auf begrenzte Kostenerstattung

687 Ist der Gegner des Mandanten zur Erstattung seiner Kosten verpflichtet, muss er ihm nur die gesetzliche Vergütung erstatten. Vereinbart der RA daher mit seinem Auftraggeber eine Vergütung, die von der gesetzlichen Regelung abweicht, muss die Vereinbarung einen Hinweis darauf enthalten, dass die gegnerische Partei, ein Verfahrensbeteiligter oder die Staatskasse im Fall der Kostenerstattung regelmäßig nicht mehr als die gesetzliche Vergütung erstatten muss (§ 3a Abs. 1 S. 3 RVG). Dem Auftraggeber soll durch diese

75 Vgl. z.B. BGH v. 3.12.2015 – IX ZR 40/15.
76 BGH v. 13.2.2020 – IX ZR 140/19.

Hinweispflicht deutlich gemacht werden, dass er keinen Ersatz der höheren als der gesetzlichen Vergütung erhält.

Was für den erstattungspflichtigen Gegner gilt, gilt auch für die Rechtsschutzversicherung: Verfügt der Auftraggeber über eine Rechtsschutzversicherung, kann er selbstverständlich mit dem RA eine Vergütungsvereinbarung über eine höhere als die gesetzliche Vergütung abschließen. Diese Vereinbarung verpflichtet aber auch in diesem Fall allein nur den Auftraggeber, nicht seine Rechtsschutzversicherung. Diese bleibt nur zur Zahlung der gesetzlichen Vergütung verpflichtet. Daher empfiehlt es sich für den RA bei Vorhandensein einer Rechtsschutzversicherung des Auftraggebers, den verpflichtenden Hinweis in Bezug auf die Rechtsschutzversicherung zu erweitern. **688**

Verstößt der RA gegen seine Hinweispflicht aus § 3a Abs. 1 S. 3 RVG, hat das zwar keine Auswirkungen auf die Wirksamkeit der Vereinbarung, kann aber Schadensersatzansprüche des Auftraggebers auslösen. **689**

Will der RA als Pflichtverteidiger eine Vergütungsvereinbarung mit dem Beschuldigten abschließen, so ist der RA verpflichtet, ihm **vor Abschluss** einer Vergütungsvereinbarung einen **eindeutigen Hinweis** zu erteilen, dass er auch ohne den Abschluss der Honorarvereinbarung zu weiterer Verteidigung verpflichtet ist.[77] Zwar ändert in diesem Fall der unterlassene Hinweis ebenfalls nichts an der Wirksamkeit der Vereinbarung. Dem Beschuldigten kann aber auch hier ein Schadensersatzanspruch nach § 280 Abs. 1 BGB zustehen. **690**

VI. Bestimmbarkeit der Vergütungsvereinbarung

Die Vergütungsvereinbarung muss eindeutig erkennen lassen, welche anwaltliche Tätigkeit die vereinbarte Vergütung abgelten soll. Die Vergütung muss hinreichend bestimmt sein, was bedeutet, dass sie bestimmbar sein muss. Die Höhe der Vergütung muss zwar nicht betragsmäßig angegeben werden (das ist oftmals noch gar nicht möglich). Es muss aber der Maßstab angegeben sein, der es ermöglicht, die Vergütung ziffermäßig zu berechnen. Nicht ausreichend wäre daher z.B. die Vereinbarung einer „angemessenen" Vergütung o.ä. **691**

Die **Bestimmbarkeit der Vergütung** liegt z.B. vor, wenn **692**

- ein Festbetrag,
- ein Mehrfaches der gesetzlichen Gebühren (z.B. das Doppelte oder Dreifache),
- der Wegfall von Anrechnungsvorschriften (z.B. nach Vorb. 3 Abs. 4 VV RVG oder Anm. zu Nr. 3305 VV RVG),

77 BGH v. 13.12.2018 – IX ZR 216/17.

- höhere oder pauschale Auslagen und Spesen (z.B. Erhöhung der Kopierkosten, Wegfall der Freikopien, andere Abwesenheitsgelder usw.),
- höhere als die gesetzlichen Satz- und Betragsrahmengebühren (z.B. Vereinbarung einer 4,0 Geschäftsgebühr Nr. 2300 VV RVG),
- ein höherer Gegenstandswert (z.B. Vereinbarung eines Gegenstandswerts von 50.000 EUR bei Vorliegen eines gesetzlichen Gegenstandswertes von 5.000 EUR),
- das Vorliegen einer gesonderten Angelegenheit (wenn eigentlich dieselbe gebührenrechtliche Angelegenheit vorliegt),
- ein Pauschal- oder Stundenhonorar

vereinbart wurde.

VII. Vergütungsvereinbarung und PKH

693 Eine Vergütungsvereinbarung kann der RA mit dem Auftraggeber, dem PKH bewilligt worden ist, nur begrenzt abschließen. Denn nach § 3a Abs. 4 S. 1 RVG ist eine **Vergütungsvereinbarung nichtig**, wenn der RA für die von der Beiordnung erfasste Tätigkeit eine höhere als die gesetzliche Vergütung erhalten soll. Der RA kann aufgrund einer nichtigen Vereinbarung keine Vergütungsansprüche gegen den Auftraggeber durchsetzen. Hat der Auftraggeber allerdings in Kenntnis dessen, dass er nicht zur Zahlung der vereinbarten Vergütung verpflichtet ist, dennoch an den RA gezahlt, kann er dieses Geld nicht wieder zurückfordern (§ 3a Abs. 4 S. 2 RVG i.V.m. § 814 BGB).

694 Zulässig ist eine Vereinbarung in einer gebührenrechtlichen Angelegenheit trotz der PKH-Bewilligung, wenn keine höhere als die gesetzliche Wahlanwaltsvergütung nach der Tabelle des § 13 RVG (als „gesetzliche Vergütung" i.S.v. § 3a RVG) vereinbart wird. Damit kann max. die Differenz der Vergütung zwischen Wahlanwalts- (§ 13 RVG) und PKH-Tabelle (§ 49 RVG) vereinbart werden. Allerdings gilt insoweit weiterhin die Sperrwirkung des § 122 Abs. 1 Nr. 3 ZPO, wonach der RA daran gehindert ist, „Ansprüche auf Vergütung" gegen den Auftraggeber geltend zu machen. Teilweise wird argumentiert, dass die Sperrwirkung dann aber nur die originäre gesetzliche Vergütung erfasst, nicht aber die vereinbarte Vergütung.[78]

VIII. Vergütungsvereinbarung und Beratungshilfe

695 Das frühere Verbot, mit dem Auftraggeber, dem Beratungshilfe gewährt wurde, eine Vergütungsvereinbarung zu schließen, hat der Gesetzgeber mit Inkrafttreten des Gesetzes zur Änderung des Prozesskostenhilfe- und Beratungshilferechts am 1.1.2024

78 *N. Schneider,* NJW 2021, 3286, 3289.

aufgehoben. Denn wurde die beantragte Beratungshilfe aus anderen Gründen als der Bedürftigkeit abgelehnt, erhielt der RA für seine Tätigkeit keine Vergütung, trug also das Risiko dafür. Seither regelt § 8 Abs. 2 BerHG, dass der RA (mit Ausnahme der Beratungshilfegebühr Nr. 2500 VV RVG, vgl. § 44 S. 2 RVG) keinen Anspruch auf Vergütung gegenüber dem Auftraggeber geltend machen kann, wenn ihm Beratungshilfe bewilligt worden ist. Der RA ist aber nunmehr berechtigt, mit dem Auftraggeber eine Vergütungsvereinbarung zu schließen. Wird die nachträglich beantragte Beratungshilfe (§ 6 Abs. 2 BerHG) abgelehnt oder die bewilligte Beratungshilfe wieder aufgehoben (§ 6a BerHG), kann der RA den Auftraggeber aus der Vergütungsvereinbarung in Anspruch nehmen.

Zu beachten hat der RA hierbei aber seine gesetzliche Hinweispflicht nach § 8a Abs. 2 696
Nr. 2, Abs. 4 BerHG: Bei Übernahme des Mandats muss er den Auftraggeber darauf hingewiesen haben, dass er bei Ablehnung des nachträglichen Antrags auf Gewährung von Beratungshilfe oder Aufhebung ihrer Bewilligung vom Auftraggeber eine Vergütung fordern kann. Hier gilt das zu Rdn 682 Gesagte: Der RA sollte diesen Hinweis zum späteren Beweis schriftlich erteilen bzw. sich quittieren lassen.

IX. Rechtsschutzversicherung

Hat der RA mit einem rechtsschutzversicherten Auftraggeber eine Vergütungsverein- 697
barung getroffen, so muss die Rechtsschutzversicherung nicht diese vereinbarte Vergütung zahlen. Sie schuldet allein die gesetzliche Vergütung. Die darüberhinausgehende Vergütung schuldet der Auftraggeber dem RA.

X. Kostenerstattung

Schließt der RA mit seinem Auftraggeber eine Vergütungsvereinbarung, bindet diese 698
Vereinbarung nur im Innenverhältnis. Im Außenverhältnis gegenüber dem Gegner oder einem an dem Verfahren beteiligten Dritten (z.B. die Gegenpartei oder ein sonstiger Dritter) hat sie keine Bindungswirkung. Einen Vertrag zu Lasten Dritter kennt das deutsche Recht nicht. Das hat zur Folge, dass der Gegner oder Dritte im Falle der Verurteilung zur Kostenerstattung nur verpflichtet ist, die gesetzliche Vergütung des RA zu erstatten. Eine vereinbarte Vergütung muss er grds. nicht erstatten. Im Kostenfestsetzungsverfahren kann der RA für seinen Auftraggeber daher nur die gesetzliche Vergütung berechnen bzw. geltend machen.

N. Erfolgshonorar

699 **§ 4a Erfolgshonorar**

(1) Ein Erfolgshonorar (§ 49b Absatz 2 Satz 1 der Bundesrechtsanwaltsordnung) darf nur vereinbart werden, wenn

1. sich der Auftrag auf eine Geldforderung von höchstens 2 000 EUR bezieht,

2. eine Inkassodienstleistung außergerichtlich oder in einem der in § 79 Absatz 2 Satz 2 Nummer 4 der Zivilprozessordnung genannten Verfahren erbracht wird oder

3. der Auftraggeber im Einzelfall bei verständiger Betrachtung ohne die Vereinbarung eines Erfolgshonorars von der Rechtsverfolgung abgehalten würde.

Eine Vereinbarung nach Satz 1 Nummer 1 oder 2 ist unzulässig, soweit sich der Auftrag auf eine Forderung bezieht, die der Pfändung nicht unterworfen ist. Für die Beurteilung nach Satz 1 Nummer 3 bleibt die Möglichkeit, Beratungs- oder Prozesskostenhilfe in Anspruch zu nehmen, außer Betracht.

(2) In anderen als den in Absatz 1 Satz 1 Nummer 2 genannten Angelegenheiten darf nur dann vereinbart werden, dass für den Fall des Misserfolgs keine oder eine geringere als die gesetzliche Vergütung zu zahlen ist, wenn für den Erfolgsfall ein angemessener Zuschlag auf die gesetzliche Vergütung vereinbart wird.

(3) In eine Vereinbarung über ein Erfolgshonorar sind aufzunehmen:

1. die Angabe, welche Vergütung bei Eintritt welcher Bedingungen verdient sein soll,

2. die Angabe, ob und gegebenenfalls welchen Einfluss die Vereinbarung auf die gegebenenfalls vom Auftraggeber zu zahlenden Gerichtskosten, Verwaltungskosten und die von diesem zu erstattenden Kosten anderer Beteiligter haben soll,

3. die wesentlichen Gründe, die für die Bemessung des Erfolgshonorars bestimmend sind, und

4. im Fall des Absatzes 1 Satz 1 Nummer 3 die voraussichtliche gesetzliche Vergütung und gegebenenfalls die erfolgsunabhängige vertragliche Vergütung, zu der der Rechtsanwalt bereit wäre, den Auftrag zu übernehmen.

I. Allgemeines

700 **§ 49b Abs. 2 S. 2 u. 3 BRAO**

Vereinbarungen, durch die eine Vergütung oder ihre Höhe vom Ausgang der Sache oder vom Erfolg der anwaltlichen Tätigkeit abhängig gemacht wird oder nach denen der Rechtsanwalt einen Teil des erstrittenen Betrages als Honorar erhält (Erfolgshonorar), sind unzulässig, soweit das Rechtsanwaltsvergütungsgesetz nichts anderes bestimmt. Vereinbarungen, durch die sich der Rechtsanwalt verpflichtet, Gerichtskosten, Verwaltungskosten oder Kosten anderer Beteiligter zu tragen, sind nur zulässig, soweit in der Angelegenheit ein Erfolgshonorar nach § 4a Absatz 1 Satz 1 Nummer 2 des Rechtsanwaltsvergütungsgesetzes vereinbart wird.

Aufgrund der Entscheidung des BVerfG[79] sah sich der Gesetzgeber veranlasst, das bis dahin bestehende Verbot der Vereinbarung eines Erfolgshonorars zu modifizieren. Zwar hat

79 BVerfG v. 12.12.2006 – 1 BvR 2576/04.

er das grds. Verbot durch § 49b Abs. 2 BRAO weiter aufrechterhalten. In § 4a RVG hat er aber die Voraussetzungen geregelt, nach denen die Vereinbarung eines Erfolgshonorars zulässig ist.

II. Definition

Ein Erfolgshonorar liegt vor, wenn die Höhe der Vergütung des RA **vom Ausgang der Sache oder dem Erfolg der anwaltlichen Tätigkeit abhängig** gemacht wird oder der RA einen Teil der erstrittenen Forderung als Vergütung erhält. 701

III. Zulässigkeit

Der RA kann nicht grds. in jedem Mandatsverhältnis ein Erfolgshonorar mit seinem Auftraggeber vereinbaren. Vielmehr kann er das nur in den in § 4a Abs. 1 S. 1 RVG genannten Fällen (s. auch Rdn 482): 702

Nach Nr. 1 kann es grundsätzlich bei Zahlungsforderungen bis zu 2.000 EUR vereinbart werden.

Nach Nr. 2 kann es darüber hinaus (wertunabhängig) zulässigerweise bei einer außergerichtlichen Inkassotätigkeit oder im Mahnverfahren bis zur Abgabe an das Streitgericht und im Verfahren der Zwangsvollstreckung wegen Geldforderungen in das bewegliche Vermögen mit Ausnahme von Handlungen, die ein streitiges Verfahren einleiten oder innerhalb eines streitigen Verfahrens vorzunehmen sind (§ 79 Abs. 2 S. 2 Nr. 4 ZPO), vereinbart werden. Zu beachten ist aber, dass sowohl im Fall des S. 1 Nr. 1 als auch Nr. 2 kein Erfolgshonorar vereinbart werden kann, wenn die gegenständliche Forderung unpfändbar ist (§ 400 BGB).

Schließlich ist es nach Nr. 3 im Einzelfall auch zulässig, wenn „bei verständiger Betrachtung ohne die Vereinbarung eines Erfolgshonorars“ der Auftraggeber von der Rechtsverfolgung abgehalten werden würde. Das muss demnach nicht allein den wirtschaftlich nicht leistungsfähigen Auftraggeber, sondern kann auch einen finanziell ausreichend ausgestatteten Auftraggeber betreffen. Als Kriterien der „verständigen Betrachtung“ kommen z.B. das finanzielle Risiko und die Erfolgswahrscheinlichkeit (gerade bei hohen Gegenstandswerten) in Betracht. Nach S. 1 Nr. 3 hat dabei die Möglichkeit der Inanspruchnahme von Beratungs- oder Prozesskostenhilfe außer Betracht zu bleiben.

Nach Abs. 2 darf der RA in anderen als in den in S. 1 Nr. 2 genannten Verfahren nur dann eine geringere als die gesetzliche Vergütung für den Misserfolg vereinbaren, wenn für den Erfolgsfall ein angemessener Zuschlag auf die gesetzliche Vergütung vereinbart wird. Der Zuschlag muss dem Verhältnis der geringeren Vergütung für den Misserfolg entsprechen und bei geringer Erfolgsaussicht auch höher ausfallen. Die Erfolgsaussichten richten sich nach den Vorstellungen des RA und des Auftraggebers. Liegen keine Anhaltspunkte vor, ist von einer 50 %igen Erfolgsaussicht auszugehen.

IV. Inhaltliche Form

703 Die inhaltliche Form der Vereinbarung eines Erfolgshonorars regelt § 4a Abs. 3 RVG.

1. Höhe der Vergütung und ihrer Bedingungen

704 Nach § 4a Abs. 3 Nr. 1 RVG ist anzugeben, welche Vergütung unter welchen Bedingungen der RA verdient haben soll.

2. Definition des Erfolgsfalls

705 Weiter ist anzugeben, was unter dem „Erfolgsfall" zu verstehen ist. Der RA sollte hier möglichst konkret diesen definieren, um sonst später ggf. auftretende Auslegungsschwierigkeiten gleich im Vorfeld zu begegnen. Bei einer Zahlungsklage kann z.B. die Verkündung des obsiegenden Urteils der „Erfolgsfall" sein. Denkbar wäre aber auch, dass erst mit der tatsächlichen Zahlung der Forderung durch den Gegner oder auch der zwangsweisen Beitreibung der „Erfolgsfall" eingetreten sein soll.

706 Die nähere Konkretisierung des „Erfolgsfalls" sollte auch die Möglichkeiten eines nur teilweisen Obsiegens oder des Abschlusses eines Vergleichs berücksichtigen. Hierbei sollte ggf. auch der Begriff „teilweise" näher bestimmt werden.

3. Einfluss der Vereinbarung auf Kostenübernahme

707 Nach § 4a Abs. 3 Nr. 2 RVG ist anzugeben, welchen Einfluss die Vereinbarung auf die ggf. vom Auftraggeber zu zahlenden Gerichtskosten, Verwaltungskosten und die von ihm zu erstattenden Kosten anderer Beteiligter haben soll. Denn nach § 49b Abs. 2 S. 2 BRAO ist es zulässig, dass der RA diese Kosten im Rahmen des Erfolgshonorars übernimmt. In der Vereinbarung ist deshalb anzugeben, ob und in welchem Umfang der RA diese Kosten übernimmt und inwiefern dieser Umstand bei den Konditionen der Vergütungsvereinbarung berücksichtigt worden ist.

4. Wesentliche Gründe für Bemessung des Erfolgshonorars

708 Weiterhin sind nach § 4a Abs. 3 Nr. 3 RVG die wesentlichen Gründe anzugeben, die für die Bemessung des Erfolgshonorars bestimmend sind. Nach dem Willen des Gesetzgebers sollen lediglich die „Geschäftsgrundlagen" angegeben werden, von denen die Ver-

tragsparteien bei der Vereinbarung der erfolgsabhängigen Vergütung ausgegangen sind. Als ausreichend wird hier die Begründung angesehen, dass bestimmte Streitigkeiten ein besonders hohes Prozessrisiko beinhalten, das sich auch im konkreten Einzelfall verwirklichen kann.

5. Angabe der gesetzlichen Vergütung im Einzelfall (§ 4a Abs. 1 Nr. 3 RVG)

Vereinbart der RA mit seinem Auftraggeber für den Einzelfall i.S.v. § 4a Abs. 1 Nr. 3 **709**
RVG ein Erfolgshonorar, muss nach § 4a Abs. 3 Nr. 4 RVG die voraussichtliche gesetzliche Vergütung und ggf. die erfolgsabhängige vertragliche Vergütung, zu der der RA bereit wäre, den Auftrag zu übernehmen, angegeben werden.

An dieser Regelung hält der Gesetzgeber trotz der Kritik der Stimmen in der Literatur weiter fest. Dabei ist die Höhe der gesetzlichen Vergütung nicht immer eindeutig zu bestimmen, weil sie von der Streitwertfestsetzung des Gerichtes oder auch der weiteren Entwicklung des Verfahrens oder Verhalten des Gegners (z.B. durch Widerklage oder hilfsweiser Aufrechnung) abhängig ist. Auch die vereinbarte erfolgsabhängige, meist nach Zeitaufwand vereinbarte Vergütung ist zu Beginn nicht vorhersehbar. Um diesen Unwägbarkeiten zu begegnen, wird dem RA daher empfohlen, dass er in der Vereinbarung angibt, zur Übernahme des Mandates zu einer festgelegten, erfolgsunabhängigen vereinbarten Vergütung nicht bereit zu sein.

V. Sonstige Formvorschriften

Im Übrigen gelten für die Vereinbarung über das Erfolgshonorar die Formvorschriften **710**
des § 3a Abs. 1 RVG, auf die hier verwiesen wird (s. Rdn 679 zum Kap. „Vergütungsvereinbarung").

§ 9 Wertbegriffe, Gegenstandswert im Einzelnen und Anforderung an die Rechnung

Mareike Späth/Gundel Baumgärtel

Inhalt

A. Vorbemerkung

1 **Abschnitt 4: Gegenstandswert**

§ 22 RVG Grundsatz

(1) In derselben Angelegenheit werden die Werte mehrerer Gegenstände zusammengerechnet.

(2) Der Wert beträgt in derselben Angelegenheit höchstens 30 Millionen EUR, soweit durch Gesetz kein niedrigerer Höchstwert bestimmt ist. Sind in derselben Angelegenheit mehrere Personen wegen verschiedener Gegenstände Auftraggeber, beträgt der Wert für jede Person höchstens 30 Millionen EUR, insgesamt jedoch nicht mehr als 100 Millionen EUR.

B. Gegenstandswert

I. Allgemeines

2 Es gibt verschiedene **Wertbegriffe**. Wenn Sie eine Vergütungsberechnung erstellen, so heißt der Wert ausschließlich **Gegenstandswert** (§ 2 Abs. 1 RVG). Der **Streitwert (in Familiensachen der Verfahrenswert)** entscheidet über die sachliche Zuständigkeit des Gerichts, der **Wert der Beschwer** entscheidet über die Zulässigkeit eines Rechtsmit-

tels oder Rechtsbehelfs, der **Gerichtsgebührenwert** wird benötigt, um die zutreffende Höhe der Gerichtskostenzahllast zu bestimmen. Den **Geschäftswert** benötigen Sie zur Abrechnung notarieller Tätigkeiten und der Gegenstandswert ist maßgebend zur Bestimmung der zutreffenden Höhe der Vergütung nach der Tabelle zu § 13 (oder § 49) RVG.

Nicht alle Vergütungsvorschriften erfordern das Ermitteln eines Gegenstandswertes. Ob 3
ein Gegenstandswert benötigt wird, hängt von der Art der Gebühr ab, die entstanden ist. Es gibt

- Festgebühren,
- Betragsrahmengebühren,
- Satzrahmengebühren,
- und Wert- bzw. Regelgebühren

Wenn Sie eine **Festgebühr** (z.B. Beratungshilfe) oder eine **Betragsrahmengebühr** (z.B. 4
Bußgeldverfahren, Strafsachen) abrechnen müssen, brauchen Sie sich i.d.R. über den Gegenstandswert keine Gedanken zu machen, er wird in diesen Fällen nicht benötigt. Wenn Sie aber eine **Satzrahmengebühr** abrechnen (z.B. Prüfung der Erfolgsaussichten gem. Nr. 2100 VV RVG und Geschäftsgebühr gem. Nr. 2300 VV RVG), dann müssen Sie nicht nur den zutreffenden Gebührensatzrahmen ermitteln, sondern auch den Gegenstandswert.

Der **Gegenstandswert** bestimmt sich nach dem Gegenstand der anwaltlichen Tätigkeit 5
(**§ 2 Abs. 1 RVG**). Für den Gegenstand der anwaltlichen Tätigkeit gibt es eine Fülle an Möglichkeiten, das wissen Sie aus der Praxis. Daher gibt das RVG einige Standardmöglichkeiten vor und bestimmt deren Gegenstandswert. Auf alle Fragen werden Sie im RVG mit Sicherheit keine Antwort finden. Sobald es um die sog. **nichtvermögensrechtlichen Streitigkeiten** geht, müssen Sie den Gegenstandswert schätzen. Sie wissen selbst, wie schwierig es ist, etwas zu schätzen, egal ob es sich um eine Entfernung, sonstige Maße oder eben den Wert einer Sache handelt. Gerade letzterer hängt oft vom subjektiven Empfinden jedes Einzelnen ab. So kann es sein, dass Sie einen Sachverhalt bewerten und denken, der Wert wäre mit max. 1.000.000,00 EUR zu bestimmen. Im gerichtlichen Verfahren ergibt sich aber, dass der Richter (oder die Richter) den gleichen Sachverhalt mit nur 20.000.000,00 EUR bewerten.

Abweichungen nach oben im Wert sind natürlich auf der einen Seite erfreulich, denn es 6
wird damit auch der Vergütungsanspruch erhöht. Nicht selten gibt es jedoch bei Abweichungen im Gegenstandswert – egal in welche Richtung – Klärungsbedarf. Im Zuge der folgenden Ausführungen zum Gegenstandswert folgen Hinweise, Tipps und Belehrungen an den Auftraggeber, wie dieser darauf vorbereitet wird, dass der ursprünglich angenommene Wert eben nur eine Annahme bzw. Schätzung war. **Letztlich entscheidet über die Höhe des Gegenstandswertes** im gerichtlichen Verfahren die Festsetzung des **Gerichts**.

II. Einzelne Wertvorschriften

1. § 22 RVG – Allgemeine Vorschrift

7 Im 4. Abschnitt des RVG (§§ 22–33 RVG) sind (fast) alle Wertvorschriften zusammengefasst, die für die anwaltliche Gebührenbemessung maßgebend sind. Teilweise hat der Gesetzgeber dann noch Wertvorschriften im VV des RVG versteckt, oder bei speziellen Sondervorschriften (Verfassungsbeschwerde: § 37 Abs. 2 RVG).

8 Nun ist es nicht immer so, dass der Auftraggeber lediglich ein Anliegen (oder einen Anspruch) verfolgt. Häufig liegen mehrere Ansprüche zugrunde. Handelt es sich um dieselbe Angelegenheit, so werden gem. § 22 Abs. 1 RVG die Werte **mehrerer Gegenstände** zusammengerechnet. Die Gebühren werden aus dem **addierten Gesamtwert** berechnet.

9 *Beispiel 1:*

In einer Verkehrsunfallsache fordert der Auftraggeber ein Schmerzensgeld von 2.000,00 EUR, Reparaturkosten i.H.v. 1.500,00 EUR und Verdienstausfall i.H.v. 220,00 EUR.

Es wird eine einheitliche Gebühr nach einem Gegenstandswert i.H.v. 3.720,00 EUR berechnet, denn es liegt eine Angelegenheit (ein Lebenssachverhalt) vor. Die Ansprüche können in einem gerichtlichen Verfahren vor demselben Gericht verfolgt werden.

10 *Beispiel 2:*

Dem Hauswart, der über eine Dienstwohnung verfügt, ist sowohl das Arbeitsverhältnis (monatlich 1.000,00 EUR brutto) als auch die Wohnung (Miete 250,00 EUR) brutto gekündigt worden. Ihre Kanzlei soll gegen beide Kündigungen vorgehen. Für beide Werte gilt, dass sie multipliziert werden.

Im Kündigungsschutzverfahren – Arbeitsverhältnis bestimmt sich der Gegenstandswert nach einer Wertvorschrift aus dem GKG (§ 42 Abs. 2 GKG) mit dem dreifachen Bruttoeinkommen, somit 3 × 1.000,00 EUR = 3.000,00 EUR.

Für die Vertretung im Verfahren wegen der Kündigung der Hauswartdienstwohnung bestimmt sich der Gegenstandswert ebenfalls aus dem GKG (§ 41 Abs. 2 GK) mit dem Jahresbetrag des Bruttomietzinses, somit 12 × 250,00 EUR.

Die Werte werden im vorliegenden Fall aber nicht addiert. Denn die Verfahren können nicht vor demselben Gericht geführt werden. Es liegen somit zwei Angelegenheiten vor, eine Werteaddition kann nicht erfolgen. Sie erstellen zwei Rechnungen.

2. Höchstwert des § 22 Abs. 2 RVG

In sehr vielen Fällen bemisst sich der Gegenstandswert nach der geltend zu machenden Forderung. Ein Großteil der anwaltlichen Tätigkeit wird aufgewandt, um Geldansprüche durchzusetzen. Als Grundsatz gilt, dass die **Höhe der geltend zu machenden Forderung** die Höhe des Gegenstandswertes bestimmt. Allerdings gibt § 22 Abs. 2 RVG eine sog. **Kappungsgrenze** vor. Der Wert kann nicht höher sein als 30 Mio. EUR. 11

Beispiel 1:

Sollen Sie eine Forderung i.H.v. 60 Mio. EUR geltend machen, so endet die Tabelle zu § 13 RVG bei 30 Mio. EUR. Ab 30 Mio. EUR bis unendlich ist die Gebühr immer gleich hoch. Dies kann nur über eine Vergütungsvereinbarung abweichend geregelt werden. Wie Sie aus dem Kapitel „Vergütungsvereinbarung" bereits wissen, beschränkt sich aber eine Kostenerstattung auf die gesetzliche Vergütung.

Im Hinblick auf die Wertbegrenzung hat das Bundesverfassungsgericht festgestellt, dass diese Wertbegrenzung mit der Verfassung vereinbar ist.[1] 12

III. Besondere Auslagen bei Gegenstandswerten über 30 Mio. EUR

Höchst selten wird man eine Akte abrechnen, bei der der Gegenstandswert 30 Mio. EUR übersteigt. Die sehr hohen Gegenstandswerte ergeben sich nicht selten aus bestimmten Rechtsgebieten (Urheberrecht, Patentrechte, Grundstücksrechte), sodass die Allgemeinheit der RAe kaum dazu kommt § 22 Abs. 2 RVG anwenden zu müssen. Übersteigt der Gegenstandswert dann tatsächlich einmal 30 Mio. EUR, hat der Gesetzgeber einen eigenen Auslagentatbestand geschaffen. 13

Bei einem Gegenstandswert von besonderer Höhe ist es nicht unüblich, eine eigene **fallbezogene Haftpflichtversicherung** abzuschließen. Von den generellen Haftpflichtversicherungspolicen sind Forderungen in dieser Höhe mit Sicherheit nicht abgedeckt. Gem. Nr. 7007 VV RVG kann der RA daher die im Einzelfall für eine Vermögensschadenshaftpflichtversicherung gezahlte Prämie vom Auftraggeber erstattet verlangen. 14

Praxistipp: 15

Bitte achten Sie aber unbedingt darauf, dass das Versicherungsunternehmen in der Prämienrechnung ausweist, welcher Anteil der Vermögensschadenhaftpflichtversicherung allein dafür zu zahlen ist, dass der Wert der Angelegenheit 30 Mio. EUR übersteigt. Denn nur diesen Teil der Prämie dürfen Sie nach der Vorschrift der Nr. 7007 VV RVG auf den Aufraggeber abwälzen. Die Prämie, die gezahlt wird,

1 BVerfG v. 13.2.2007, RENOpraxis 2007, 156 = RVGreport 2007, 311–312.

bis der gesetzliche Gegenstandswert erreicht ist, kann dem Auftraggeber nicht in Rechnung gestellt werden (es sei denn, es wurde entsprechend vereinbart).

IV. Gegenstandswert bei Zahlungsvereinbarungen

16 **§ 31b RVG Gegenstandswert bei Zahlungsvereinbarungen**

Ist Gegenstand der Einigung eine Zahlungsvereinbarung (Gebühr 1000 Nr. 2 des Vergütungsverzeichnisses), beträgt der Gegenstandswert 50 Prozent des Anspruchs.

17 § 31b RVG regelt den Gegenstandswert für das Entstehen einer Einigungsgebühr nach der Nr. 1000 Nr. 2 VV RVG, wenn die Erfüllung des Anspruches bei gleichzeitigem vorläufigen Verzicht auf die gerichtliche Geltendmachung gegeben ist. § 31b RVG ist weiterhin anzuwenden, wenn bereits ein zur Zwangsvollstreckung geeigneter Titel vorliegt und ein gleichzeitiger (ggf. auch vorläufiger) Verzicht auf Vollstreckungsmaßnahmen erfolgt.

Dies gilt auch dann, wenn der Anspruch zum Zeitpunkt der Zahlungsvereinbarung zwar rechtshängig, aber noch nicht tituliert ist.[2]

V. § 23 RVG – Allgemeine Wertvorschrift

18 **§ 23 RVG Allgemeine Wertvorschrift (verkürzte Darstellung)**

(1) Soweit sich die Gerichtsgebühren nach dem Wert richten, bestimmt sich der Gegenstandswert im gerichtlichen Verfahren nach den für die Gerichtsgebühren geltenden Wertvorschriften. In Verfahren, in denen Kosten nach dem Gerichtskostengesetz oder dem Gesetz über Gerichtskosten in Familiensachen erhoben werden, sind die Wertvorschriften des jeweiligen Kostengesetzes entsprechend anzuwenden, wenn für das Verfahren keine Gerichtsgebühr oder eine Festgebühr bestimmt ist. Diese Wertvorschriften gelten auch entsprechend für die Tätigkeit außerhalb eines gerichtlichen Verfahrens, wenn der Gegenstand der Tätigkeit auch Gegenstand eines gerichtlichen Verfahrens sein könnte. [4]§ 22 Abs. 2 Satz 2 bleibt unberührt.

(…)

(3) Soweit sich aus diesem Gesetz nichts anderes ergibt, gelten in anderen Angelegenheiten für den Gegenstandswert die Bewertungsvorschriften des Gerichts- und Notarkostengesetzes und die §§ 37, 38, 42 bis 45 sowie 99 bis 102 des Gerichts- und Notarkostengesetzes entsprechend. [2]Soweit sich der Gegenstandswert aus diesen Vorschriften nicht ergibt und auch sonst nicht feststeht, ist er nach billigem Ermessen zu bestimmen; in Ermangelung genügender tatsächlicher Anhaltspunkte für eine Schätzung und bei nichtvermögensrechtlichen Gegenständen ist der Gegenstandswert mit 5.000 Euro, nach Lage des Falles niedriger oder höher, jedoch nicht über 500.000 Euro anzunehmen.

2 OLG München v. 18.2.2014 – 11 W 457/14.

§ 23 Abs. 1 und 3 RVG sind die **zentralen Wertvorschriften** des RVG. Wenn Sie den Gegenstandswert bestimmen wollen, müssen Sie sich immer fragen: 19

- Gibt es eine besondere Wertvorschrift (z.B. §§ 25, 31b RVG) im RVG selbst, die den Wert bestimmt?
- Dann bestimmt diese den Wert.
- Ermittelt sich der Gegenstandswert nach § 23 Abs. 1 S. 1 RVG?
  Wenn es einen **Wert für das gerichtliche Verfahren** gibt und keine vorrangige Wertvorschrift im RVG einen anderen Wert vorgibt, dann bestimmt sich der Gegenstandswert nach den Wertvorschriften für das gerichtliche Verfahren. Dies gilt aber nur dann, wenn die Tätigkeit des RA überhaupt Gegenstand eines gerichtlichen Verfahrens sein könnte. Immer dann, wenn der RA bestehende Ansprüche verfolgt oder abwehrt, dann könnte seine Tätigkeit auch Gegenstand eines gerichtlichen Verfahrens sein. Oft handelt es sich dann um Tätigkeiten, die einem gerichtlichen Verfahren üblicherweise vorausgehen (so z.B. Mahnungen, Zahlungsaufforderungen etc.). Ein gerichtliches Verfahren liegt immer dann vor, wenn das Verfahren bei einem Gericht anhängig ist. Hierzu zählen auch Verfahren der freiwilligen Gerichtsbarkeit sowie die Verfahren vor den Sozial-, Verfassungs-, Verwaltungs- und Finanzgerichten.
- Liegt eine Tätigkeit vor, die nicht Gegenstand eines gerichtlichen Verfahrens sein kann?
  Dann bestimmt sich der Gegenstandswert nach **§ 23 Abs. 3 RVG**. § 23 Abs. 3 RVG verweist auf einige Wertvorschriften der GNotKG (im Allgemeinen berechnen Notare ihre Vergütung nach dem GNotKG). Die Werte, die sich bei der Anwendung des GNotKG ergeben, sind oft deutlich höher als die Werte, die sonst vorgegeben werden. Trotzdem wendet der RA die Tabelle zu § 13 RVG an. Denn ein Verweis auf die GNotKG-Tabelle ist in § 23 Abs. 3 RVG nicht enthalten. Man nennt diese Tätigkeit des RA auch häufig **„rechtsbegründende Tätigkeit“**. Zwischen den Parteien gibt es noch keine Ansprüche, sie schließen erst Verträge ab und lassen sich vor Vertragsabschluss anwaltlich beraten. Dann ergibt sich der Gegenstandswert regelmäßig aus § 23 Abs. 3 RVG.
- Ergibt sich der Wert nicht aus § 23 Abs. 3 RVG und steht er auch sonst nicht fest, dann muss der Wert anhand des vorgegebenen Sachverhaltes geschätzt werden.
- Hat der RA nicht genügend Anhaltspunkte für eine Schätzung und grds. bei nichtvermögensrechtlichen Streitigkeiten, gibt § 23 Abs. 3 S. 2 Hs. 2 RVG vor, dass der Gegenstandswert regelmäßig mit 5.000,00 EUR bestimmt wird (sog. **Auffangwert**). Der Wert kann höher oder niedriger bestimmt werden, er kann allerdings 500.000,00 EUR nicht übersteigen.

Von einer detaillierten Darstellung über die Wertermittlung nach dem GNotKG und die Einzelheiten zu § 23 Abs. 3 S. 2 Hs. 2 RVG wird hier abgesehen, hier hilft ein Blick in 20 einen ausführlichen Kommentar; Kurzkommentare sind an dieser Stelle leider etwas knapp.

21 In vielen Fällen ist es einfach. Der Mandant begehrt eine Forderung von einem Dritten, diese Forderung bestimmt den Gegenstandswert. Jeder rechnet so ab, aber kaum einer weiß, dass es tatsächlich richtig ist und es sich aus § 23 Abs. 1 S. 1 RVG (oder S. 2 RVG – je nach Sachverhalt) ergibt, weil sowohl § 43 GKG als auch § 4 ZPO bestimmen, dass **maßgebend** für die Wertermittlung **der Hauptgegenstand** des Geschäfts ist. Zinsen und Nebenforderungen bleiben unberücksichtigt, sofern diese nicht selbstständig Gegenstand eines Geschäfts (Verfahrens, Angelegenheit, etc.) sind.

22 In allen anderen Fällen gibt es viele Unsicherheiten. Häufig hängt die Wertermittlung (gerade im gerichtlichen Verfahren und damit auch für die vor- bzw. außergerichtliche Tätigkeit) davon ab, welches Verfahren Sie führen. Es gibt für das familienrechtliche Verfahren eine Reihe von feststehenden Werten im RVG, GKG und FamGKG. Das arbeitsrechtliche Verfahren und das mietrechtliche Verfahren (wenn das Verfahren ein Wohnraummietverhältnis betrifft) sind demgegenüber im GKG geregelt, für viele andere Verfahren (Zwangsversteigerung, Insolvenz) gibt es Wertvorschriften im RVG. Hier empfiehlt es sich einfach immer wieder zu lesen und zu prüfen:

- §§ 39–60 GKG,
- §§ 33–52 FamGKG
- §§ 3–9 ZPO,
- die Wertvorschriften des RVG (§§ 22–33 RVG) sowie
- diverse Einzelvorschriften für verschiedene Rechtsgebiete.

23 Hinsichtlich der Wertvorschriften des RVG hat eine Auswahl und Beschränkung stattgefunden. Nicht jede Wertvorschrift kann hier dargestellt werden. Wenn eine Wertvorschrift ausgelassen wurde, heißt das nicht, dass diese unwichtig sei. Einige spezielle Wertvorschriften sind aber nur in wenigen spezialisierten Kanzleien anwendbar. Bei speziellen Einzelfragen müssen Sie weitere Fachlektüre als Unterstützung benutzen oder auf bereits ähnlich gelagerte Fälle zurückgreifen.

24 Die intensive Beschäftigung mit dem Thema Gegenstandswert gäbe genug Material für ein eigenes umfangreiches Buch.

VI. Abweichende Vereinbarung des Gegenstandswertes

25 Bei den Darstellungen zu den Vergütungsvorschriften konnten Sie bereits sehen, dass im Wesentlichen im gerichtlichen Verfahren die Verfahrensgebühr, die Terminsgebühr und unter Umständen die Einigungsgebühr entsteht.

26 Von den Gebühren hängt es nicht ab, ob die Vergütungsberechnung „hoch“ oder niedrig ausfällt.

Praxistipp: 27

Sie sollten für sich eine Statistik führen:

- Welche Anzahl von Rechnungen endet mit einem Betrag von bis zu 200,00 EUR?
- Welche Anzahl von Rechnungen endet mit einem Betrag von bis zu 500,00 EUR?
- Welche Anzahl von Rechnungen endet mit einem Betrag von bis zu 1.000,00 EUR?

usw.

Sie werden je nach Tätigkeitsfeld der Kanzlei feststellen können, dass es nur wenige Rechnungen (wenn überhaupt) gibt, die auf einen Rechnungsbetrag von über 10.000,00 EUR lauten. Die dazu gehörigen Akten fallen Ihnen üblicherweise sofort ein. 28

Eine Anwaltskanzlei ist nichts anderes als ein Wirtschaftsunternehmen. Von den erzielten Bruttoerlösen muss zunächst die Umsatzsteuer abgeführt werden (fast 20 % des Ergebnisses verbleibt nicht für Ihre Kanzlei). Dann sind die laufenden Kosten für Büroräume und -ausstattung, Personalkosten sowie sonstige Kosten (Wartungen, Leasingraten, Softwarekosten, diverse Versicherungen, Reparaturen, Instandhaltungen, Büromaterial, Fachliteratur, etc.) zu finanzieren. Weiter abgezogen werden die Kosten der RAe für die Altersvorsorge, Krankenversicherungen, Verdienstausfallversicherung, Haftpflichtversicherung, Berufsunfähigkeitsversicherungen u.v.m. Nach Ermittlung der für die Einkommenssteuer abzugsfähigen Kosten (nicht alle Aufwendungen sind bei der Berücksichtigung des zu versteuernden Einkommens in voller Höhe zu berücksichtigen) ergibt sich dann irgendwann der Nettoertrag aus einer Akte. 29

Und genau dies ist der Zeitpunkt, wo man auf dem Boden der Tatsachen ankommt. Viele Akten sind für die Kanzlei ein sog. Zuschussgeschäft. Der Umsatz in der Akte ist so gering, dass für den RA trotz oft sehr hohen Arbeitseinsatzes nichts verbleibt. Es hört sich vielleicht merkwürdig an, aber auch Sie haben ein Interesse daran, dass die erzielte Vergütung einen Gewinn erwarten lässt. Nur, wenn der RA genügend Einnahmen erzielt, kann er Ihr Gehalt zahlen und regelmäßig erhöhen.

Eine weitere Regel, die gerne vergessen wird: Erzielt ein RA nicht genügend Einnahmen, 30
dann muss er Sparmaßnahmen ergreifen. Dies kann er auf verschiedene Weise machen, wie z.B. andere Räumlichkeiten, weniger Fachliteratur, geringere Büroausstattung. Aber die meisten setzen den Rotstift an ganz anderer Stelle an: Sie trennen sich von Personal und nicht selten werden diese freigewordenen Stellen nicht neu besetzt, sondern die Aufgaben auf verbliebenes Personal verteilt. Die dann meist anfallenden Überstunden werden häufig auch nicht vergütet, denn es muss ja gespart werden.

Wenn also ein Auftraggeber Ihnen ein Mandat anträgt, das über einen gesetzlichen Gegenstandswert von 100,00 EUR verfügt, dann wissen Sie spätestens jetzt: Der RA erzielt mit diesem Mandat keine Vergütung, die auch nur ansatzweise angemessen ist, und Sie verweisen den potenziellen Mandanten bitte an eine andere Kanzlei. 31

32 Sie können aber im vorstehenden Beispiel auch (selbstverständlich nur nach Rücksprache mit dem RA, je nachdem wie selbstständig Sie Entscheidungen treffen dürfen) dem Auftraggeber eine Vergütungsvereinbarung vorschlagen und den Gegenstandswert abweichend vereinbaren. Sie können auch einen pauschalen Festbetrag vereinbaren, den der Auftraggeber zusätzlich zur gesetzlichen Vergütung zu zahlen hat.

33 Natürlich kann es sein, dass der Auftraggeber Ihnen den Auftrag dann nicht erteilt. Die Frage ist: Haben Sie dann wirklich etwas verloren? Wohl eher nicht.

34 Viele RAe übernehmen ein Mandat in der Hoffnung, dass der Auftraggeber ihnen irgendwann ein gewinnbringendes Mandat übertragen wird. Hält Ihr Arbeitgeber Ihnen diesen Einwand entgegen, wenn Sie ihm raten, eine Vergütungsvereinbarung abzuschließen oder das Mandat nicht zu übernehmen, dann bitten Sie ihn (oder sie) doch einfach, Ihnen auch nur einen einzigen Fall zu nennen, der zu Ihren Lebzeiten bei ihm in der Kanzlei eingetreten ist, bei dem dies geschehen ist. Glauben Sie mir, er wird nur in den seltensten Fällen einen finden. Es ist weitaus günstiger, ein Mandat nicht anzunehmen, als ein Mandat zu führen, bei dem von Anfang an klar ist, dass es die Kosten nicht decken wird und bei dem man seinem Geld womöglich noch hinterherlaufen muss.

35 Viele RAe denken auch, sie könnten das Mandat ja auch schnell nebenbei erledigen. Dies bewahrheitet sich in der Praxis ebenfalls nicht. Wenn Sie eine Statistik führen, welche Auftraggeber am anspruchsvollsten sind und einen extrem hohen Zeitaufwand verursachen und dies mit den dahinter stehenden Gegenstandswerten in Relation bringen, werden Sie feststellen, dass ausgerechnet das Mandat, das nichts einbringt, auch noch besonders arbeitsintensiv ist und genau diese Auftraggeber regelmäßig mit irgendwelchen (unsinnigen) Rückfragen und Ideen um die Ecke kommen, die Sie und den RA von der Bearbeitung lukrativerer Mandate abhalten.

36 Für Auftraggeber, die bereits viele „gute" Mandate übertragen haben, führt man auch eine geringwertige Streitigkeit durch – und zwar gerne.

37 Viele RAe scheuen vor der Vereinbarung einer Vergütung zurück. Dies liegt vielleicht daran, dass dies nicht im Studium gelehrt wird. Aber eben auch die Schwierigkeit, die eigene Leistung angemessen „zu verkaufen" spielt eine Rolle. Wenn es die Struktur Ihrer Kanzlei zulässt, dann versuchen Sie hier auch aus ganz eigennützigen Motiven, dem RA diese Verhandlungen abzunehmen – oder diese zumindest vorzubereiten. Es besteht auch die Möglichkeit, gemeinsam mit den RAe zu erarbeiten, für welche Mandate/Rechtsgebiete eine Tätigkeit nur noch unter der Voraussetzung einer Vergütungsvereinbarung in Betracht kommt. Es gibt z.B. Kanzleien, die in erb- und familienrechtlichen Angelegenheiten nur nach Abschluss einer Vergütungsvereinbarung tätig werden. Eine Abrechnung nach RVG kommt für Sie in diesen Fällen nicht in Betracht.

38 Sie können sich auch fragen, warum sich der Auftraggeber auf eine solche Vereinbarung einlassen soll – ganz einfach – weil gute Leistung entsprechend honoriert werden muss.

Wenn er Ihnen den Auftrag dann nicht überträgt, wird er mit Sicherheit einen RA finden, der bereit ist, das Mandat auch zu den Bedingungen der gesetzlichen Vergütung zu führen. Der RA, der diesem Ansinnen zu oft nachgibt, muss entweder sehr sparsam wirtschaften – oder aber er befindet sich irgendwann in der Situation, dass er selbst ein Fall für den Insolvenzrechtler wird.

§ 14 Abs. 2 Nr. 7 BRAO (verkürzte Darstellung) 39

Gemäß § 14 Abs. 2 Nr. 7 BRAO ist die Zulassung eines Rechtsanwalts zu widerrufen, (…)

7. wenn der Rechtsanwalt in Vermögensverfall geraten ist, es sei denn, daß dadurch die Interessen der Rechtsuchenden nicht gefährdet sind; ein Vermögensverfall wird vermutet, wenn ein Insolvenzverfahren über das Vermögen des Rechtsanwalts eröffnet oder der Rechtsanwalt in das Schuldnerverzeichnis (§ 882b der Zivilprozessordnung) eingetragen ist;

(…)

Zur Bestimmbarkeit der Vergütungsvereinbarung s. auch § 8 Rdn 691 f. 40

VII. Geltendmachung der Geschäftsgebühr neben der Hauptsache

Bereits unter § 8 Rdn 180 wird erläutert, dass die Geschäftsgebühr im gerichtlichen Verfahren neben der Hauptsache geltend gemacht werden muss. Hierbei kann die Geschäftsgebühr eine nicht unbeträchtliche Höhe erreichen. Trotzdem beeinträchtigt die Geschäftsgebühr nicht den Gegenstandswert. Nach der h.M. ist die **Geschäftsgebühr** eine **Nebenforderung** (i.S.v. § 4 ZPO). 41

Wird neben der Hauptsache ein vorgerichtlich entstandener materiellrechtlicher Kostenerstattungsanspruch eingeklagt, führt dies nicht zu einer Erhöhung des Streitwerts. Da gem. § 32 Abs. 1, § 23 Abs. 1 S. 2 RVG der „Streitwert" den Gegenstandswert bestimmen kann, gilt für den Gegenstandswert nichts anderes. Nebenforderungen werden beim Gegenstandswert nicht berücksichtigt, es sei denn, das RVG bestimmt etwas anderes (z.B. § 25 Abs. 1 RVG für die Zwangsvollstreckung). 42

VIII. Gegenstandswert in der Zwangsvollstreckung

§ 25 RVG Gegenstandswert in der Vollstreckung und bei der Vollziehung 43

(1) In der Zwangsvollstreckung, in der Vollstreckung, in Verfahren des Verwaltungszwangs und bei der Vollziehung eines Arrests oder einer einstweiligen Verfügung bestimmt sich der Gegenstandswert

1. nach dem Betrag der zu vollstreckenden Geldforderung einschließlich der Nebenforderungen; soll ein bestimmter Gegenstand gepfändet werden und hat dieser einen geringeren Wert, ist der geringere Wert maßgebend; wird künftig fällig werdendes Arbeitseinkommen nach § 850d Abs. 3 der Zivilprozessordnung gepfändet, sind die noch nicht fälligen Ansprüche nach § 51 Abs. 1 Satz 1 des Gesetzes über Gerichtskosten in Familiensachen

und § 9 der Zivilprozessordnung zu bewerten; im Verteilungsverfahren (§ 858 Abs. 5, §§ 872 bis 877 und 882 der Zivilprozessordnung) ist höchstens der zu verteilende Geldbetrag maßgebend;

2. nach dem Wert der herauszugebenden oder zu leistenden Sachen; der Gegenstandswert darf jedoch den Wert nicht übersteigen, mit dem der Herausgabe- oder Räumungsanspruch nach den für die Berechnung von Gerichtskosten maßgeblichen Vorschriften zu bewerten ist;
3. nach dem Wert, den die zu erwirkende Handlung, Duldung oder Unterlassung für den Gläubiger hat, und
4. in Verfahren über die Erteilung der Vermögensauskunft (§ 802c der Zivilprozessordnung) sowie in Verfahren über die Einholung von Auskünften Dritter über das Vermögen des Schuldners (§ 802l der Zivilprozessordnung) nach dem Betrag, der einschließlich der Nebenforderungen aus dem Vollstreckungstitel noch geschuldet wird; der Wert beträgt jedoch höchstens 2 000,00 Euro.

(2) In Verfahren über Anträge des Schuldners ist der Wert nach dem Interesse des Antragstellers nach billigem Ermessen zu bestimmen.

1. Allgemeines

44 § 25 RVG regelt abweichend von den sonstigen Vorschriften im GKG und der ZPO den Gegenstandswert für die Anwaltsgebühren des RA, wenn er im Rahmen der Zwangsvollstreckung tätig ist.

2. Vollstreckung einer Geldforderung

45 Hat der RA den Auftrag, wegen einer Geldforderung zu vollstrecken, bestimmt sich der Wert für die Anwaltsgebühren nach dem **Betrag der zu vollstreckenden Geldforderung** einschließlich Nebenforderungen (§ 25 Abs. 1 Nr. 1 Hs. 1 RVG). Der RA muss nicht wegen der gesamten titulierten Forderung beauftragt sein, er kann auch nur wegen einer Teilforderung gegen den Schuldner vorgehen (z.B. um die Kosten zu begrenzen). Bei der Vollstreckung einer Teilforderung bestimmt diese Teilforderung (zuzüglich Nebenleistungen) den Gegenstandswert.

46 Unter den **Nebenforderungen** sind besonders die titulierten Zinsen zu verstehen. Diese beeinflussen den Gegenstandswert bis zum Tag der Ausführung der Zwangsvollstreckung. Da der RA dies bei der Erteilung des Auftrags i.d.R. nicht beeinflussen kann (denken Sie nur daran, wie lange es dauert, bis ein Vollstreckungsauftrag durch den Gerichtsvollzieher bearbeitet worden ist), sollten Sie bei großen täglichen Zinsansprüchen Alternativberechnungen für den Gerichtsvollzieher beifügen. Dies lohnt sich nur, wenn aufgrund der Höhe des Zinsanspruchs zu erwarten ist, dass sich der Gegenstandswert so verändert, dass eine höhere Vergütung am Beitreibungstag als am Antragstag entsteht.

Der Gegenstandswert wird auch durch die bisher entstandene Anwaltsvergütung beeinflusst, wenn der RA diese geltend macht (oft in Form eines eigenen Titels, wie z.B. KFB, oder gleichzeitige Titulierung im Vollstreckungsbescheid). Die Kosten für bisherige Vollstreckungsmaßnahmen (Anwalts-, Gerichts- und Gerichtsvollzieherkosten u.a.) erhöhen ebenfalls den Gegenstandswert. Hierzu bedarf es keines besonderen Titels. 47

Beispiel 1: 48

Die Hauptforderung beträgt	*10.000,00 EUR*
Die Zinsen bis zur Antragstellung	*500,00 EUR*
Die festgesetzten Kosten	*2.500,00 EUR*
Die Zinsen auf die festgesetzten Kosten	*75,00 EUR*
Kosten für bisherige ZV-Maßnahmen	*550,00 EUR*
Gesamtforderung	***13.625,00 EUR***

Wegen dieser Forderung beantragt der RA einen Pfändungs- und Überweisungsbeschluss. Daher beträgt der Gegenstandswert 13.625,00 EUR. Dieser könnte sich noch erhöhen um die weiteren Zinsen. Ein Wechsel in der Tabelle zu § 13 RVG von einer Wertstufe zur nächsten ist nicht zu erwarten, sodass dies hier unerheblich ist.

3. Pfändung eines bestimmten Gegenstandes/Forderungspfändung

Wird der Gerichtsvollzieher durch den RA mit der Pfändung eines bestimmten Gegenstandes (Sache, Forderung, sonstiges Recht) beauftragt, so bestimmt der Wert dieses Gegenstandes den Gegenstandswert. Problematisch ist in vielen Fällen die Bestimmung des Wertes des Gegenstandes. Generell (h.M.) wird hierbei der Wert angenommen, der sich nach der Durchführung der Zwangsvollstreckung herausstellt. 49

Dies führt aber nicht dazu, dass ein Wert von 0,00 EUR anzunehmen ist, wenn die Zwangsvollstreckung erfolglos blieb, es ist auch nicht nur der Mindestwert von 15,00 EUR gem. § 13 Abs. 3 RVG anzusetzen. Hierzu gibt es bedauerlicherweise in der Rechtsprechung und auch Literatur zum Teil unterschiedlich vertretene Auffassungen. Eine Reduzierung des Gegenstandswertes nach Erfolglosigkeit der Zwangsvollstreckung verkennt, dass die **Zwangsvollstreckungsgebühr** gem. Nr. 3309 VV RVG **keine Erfolgsgebühr** ist. Die Gebühr wird unabhängig vom Erfolg geschuldet, sie entsteht mit dem Auftrag. Für eine Reduzierung des Wertes bei Erfolglosigkeit der Zwangsvollstreckung lässt sich im Gesetz keine Grundlage finden. 50

Aus den gleichen Gründen kommt eine Wertreduzierung auch nicht bei der Forderungspfändung in Betracht, wenn die Pfändung ergibt, dass die gepfändete Forderung nicht besteht, wertlos ist oder die Pfändung aus anderen Gründen erfolglos bleibt. 51

Die Meinungen hierzu gehen in der Rechtsprechung und Literatur auseinander:

- Der Gegenstandswert wird gem. § 25 Abs. 1 Nr. 1 RVG aus der gepfändeten Forderung einschließlich der Nebenforderungen gebildet (u.a. LG Koblenz, AGS 2005, 510; OLG Karlsruhe, AGS 2010, 539)
- Es ist der Mindestwert i.H.v. 15,00 EUR gem. § 13 Abs. 3 RVG zu berechnen (u.a. AG Hamburg-Altona, AGS 2007, 100 ff. m. abl. Anm. von *Mock* – die Anmerkungen von Mock überzeugen).
- Gegenstandswert ist der Wert, den sich der Gläubiger von der Pfändung erhofft (u.a. OLG Naumburg, AGS 2014, 516).

Es bleibt m. M. hier aber dabei, dass die beizutreibende Forderung den Gegenstandswert bestimmt.

4. Pfändung von künftig fällig werdendem Arbeitsentgelt

52 Wird künftig fälliges Arbeitsentgelt nach § 850d Abs. 3 ZPO (**verschärfte Pfändung**, unbedingt beachten, gilt nicht für die reguläre Pfändung gem. § 850c ZPO) gepfändet, sind die noch nicht fälligen Ansprüche auf das Arbeitsentgelt nach § 9 ZPO und § 51 Abs. 1 S. 1 FamGKG zu bewerten (§ 25 Abs. 1 Nr. 1 Hs. 3 RVG). Maßgebend für die Ermittlung des Gegenstandswertes ist das **Arbeitseinkommen**, welches der Schuldner nach den Angaben des Gläubigers **zum Zeitpunkt der Antragstellung** bezieht. Abzuziehen sind die Beträge, welche dem Schuldner nach § 850d Abs. 1 S. 2 ZPO zu belassen sind. Die bei Antragstellung bereits fälligen Ansprüche werden nach § 42 Abs. 3 GKG hinzuaddiert, die noch nicht fälligen Ansprüche nach § 42 Abs. 1, 2 GKG bewertet. Wird der RA im Verteilungsverfahren nach §§ 858 Abs. 5, 872 bis 877, 882 ZPO tätig, bemisst sich der Wert grds. nach dem Betrag der zu vollstreckenden Forderung einschließlich Nebenforderung. Es ist aber höchstens der zu verteilende Geldbetrag (= hinterlegter Betrag zuzüglich Zinsen) maßgebend (§ 25 Abs. 1 Nr. 1 Hs. 4 RVG).

5. Vollstreckung zur Herausgabe einer Sache

53 In vielen Fällen hat der Gläubiger nicht nur das Interesse an der Zahlung einer Geldsumme. So wird der Vermieter nach einem Räumungsrechtsstreit regelmäßig nicht nur die titulierte Miete vom Mieter verlangen, sondern auch die **Räumung der gemieteten Räumlichkeiten** (Wohn- und/oder Gewerbemieträume). Dieses Räumungsbegehren ist nichts anderes als ein **Herausgabebegehren**.

54 Ist die Zwangsvollstreckung auf Herausgabe oder Leistung einer Sache (**§§ 883 bis 885 ZPO**) gerichtet, bemisst sich der **Gegenstandswert** grds. nach dem **Wert der Sache** (§ 25 Abs. 1 Nr. 2 Hs. 1 RVG). Damit wäre bei einer Räumungsvollstreckung der Wert

des gemieteten Grundstücks oder der Wohnung maßgebend und es würden sehr hohe Kosten entstehen. § 25 Abs. 1 Nr. 2 Hs. 2 RVG sieht für diese Fälle daher eine **Wertbegrenzung** vor: Der Gegenstandswert darf den Wert des Jahresbetrags der zu entrichtenden Miete bzw. des zu entrichtenden Nutzungsentgelts nach § 41 Abs. 2 GKG nicht übersteigen.

6. Zwangsvollstreckung zur Erwirkung einer Handlung, Duldung oder Unterlassung

Für einige Vollstreckungsverfahren ist das Prozessgericht erster Instanz auch für die Zwangsvollstreckung zuständig (§§ 887 bis 890 ZPO). Dies liegt darin, dass bestimmte Urteilssprüche schwer vollstreckbar sind. 55

Für den Fall, dass der Schuldner bestimmte **Handlungen (oder Äußerungen) unterlassen** muss, können Sie sich ja schlecht hinter den Schuldner stellen und diesem bei jedem Fall einer Zuwiderhandlung gegen eine im Urteil festgestellte Verpflichtung einen entsprechenden „züchtigenden" Hinweis verpassen. Das Gericht übernimmt diese Aufgabe für Sie in der Form von Zwangsgeld, Zwangshaft, Ordnungsgeld, Ordnungshaft usw. 56

Für die Zwangsvollstreckung ist dann ein geringerer Wert als der, den die Hauptsache hatte, maßgebend. Hier muss gem. **§ 25 Abs. 1 Nr. 3 RVG** der Gegenstandswert nach dem Wert bestimmt werden, den die Handlung, Duldung oder Unterlassung für den Gläubiger hat. Dieses Interesse kann nur geschätzt werden (§ 3 ZPO).

Eine weitere Möglichkeit der Vollstreckung vor dem Prozessgericht sind Anträge auf **Ersatzvornahme** gem. § 887 ZPO (s.a. § 5 Rdn 450 ff.). Betreibt der RA z.B. die Vollstreckung eines nach § 887 Abs. 2 ZPO festgesetzten Vorschusses, ist dessen Betrag maßgebend. Regelmäßig beantragt der RA nicht die Ersatzvornahme, sondern die Zahlung eines bestimmten Betrags, um die erforderliche Ersatzvornahme ausführen zu können. Hier müssen Sie nach Abschluss der Angelegenheit eine Abrechnung der beigetriebenen und aufgewandten Beträge gegenüber dem Schuldner vornehmen. 57

IX. Verfahren zur Abgabe der Vermögensauskunft

Ist der RA im Verfahren zur Abgabe der Vermögensauskunft tätig (**§§ 802c, 807 ZPO**), ist der Forderungsbetrag (zuzüglich der üblichen Nebenleistungen) für die Wertbestimmung nur dann maßgebend, wenn dieser Betrag 2.000,00 EUR nicht überschreitet. Ist der Wert geringer als 2.000,00 EUR, so ist der geringe Betrag maßgebend, ist der Betrag höher (oder gleich) 2.000,00 EUR, ist der Wert auf 2.000,00 EUR begrenzt (§ 25 Abs. 1 Nr. 4 RVG). 58

X. Gegenstandswert in der Zwangsversteigerung

59 **§ 26 RVG Gegenstandswert in der Zwangsversteigerung**

In der Zwangsversteigerung bestimmt sich der Gegenstandswert

1. bei der Vertretung des Gläubigers oder eines anderen nach § 9 Nr. 1 und 2 des Gesetzes über die Zwangsversteigerung und die Zwangsverwaltung Beteiligten nach dem Wert des dem Gläubiger oder dem Beteiligten zustehenden Rechts; wird das Verfahren wegen einer Teilforderung betrieben, ist der Teilbetrag nur maßgebend, wenn es sich um einen nach § 10 Abs. 1 Nr. 5 des Gesetzes über die Zwangsversteigerung und die Zwangsverwaltung zu befriedigenden Anspruch handelt; Nebenforderungen sind mitzurechnen; der Wert des Gegenstands der Zwangsversteigerung (§ 66 Abs. 1, § 74a Abs. 5 des Gesetzes über die Zwangsversteigerung und die Zwangsverwaltung), im Verteilungsverfahren der zur Verteilung kommende Erlös, sind maßgebend, wenn sie geringer sind;
2. bei der Vertretung eines anderen Beteiligten, insbesondere des Schuldners, nach dem Wert des Gegenstands der Zwangsversteigerung, im Verteilungsverfahren nach dem zur Verteilung kommenden Erlös; bei Miteigentümern oder sonstigen Mitberechtigten ist der Anteil maßgebend;
3. bei der Vertretung eines Bieters, der nicht Beteiligter ist, nach dem Betrag des höchsten für den Auftraggeber abgegebenen Gebots, wenn ein solches Gebot nicht abgegeben ist, nach dem Wert des Gegenstands der Zwangsversteigerung.

60 Im Zwangsversteigerungsverfahren kann der RA eine Vergütung (Verfahrens- und Terminsgebühr) nach den Nrn. 3311, 3312 VV RVG verdienen.

61 Der Wert im Zwangsversteigerungsverfahren bestimmt sich grds. nach dem Wert des dem Gläubiger oder Beteiligten zustehenden Rechts. Hinzuzurechnen sind die Nebenforderungen wie Zinsen etc.

XI. Gegenstandswert in der Zwangsverwaltung

62 **§ 27 RVG Gegenstandswert in der Zwangsverwaltung (verkürzte Darstellung)**

In der Zwangsverwaltung bestimmt sich der Gegenstandswert bei der Vertretung des Antragstellers nach dem Anspruch, wegen dessen das Verfahren beantragt ist; Nebenforderungen sind mitzurechnen; bei Ansprüchen auf wiederkehrende Leistungen ist der Wert der Leistungen eines Jahres maßgebend.

63 Im Verfahren der Zwangsverwaltung können ebenfalls die Gebühren gem. Nrn. 3311, 3312 VV RVG (Verfahrens- und Terminsgebühr) entstehen. Der für die Anwaltsgebühren maßgebende Gegenstandswert bestimmt sich i.d.R. nach dem Anspruch, dessentwegen das Verfahren beantragt worden ist.

XII. Gegenstandswert im Insolvenzverfahren

§ 28 RVG Gegenstandswert im Insolvenzverfahren (verkürzte Darstellung) 64

(…)

(2) Ist der Auftrag von einem Insolvenzgläubiger erteilt, werden die in Absatz 1 genannten Gebühren und die Gebühr nach Nummer 3314 nach dem Nennwert der Forderung berechnet. Nebenforderungen sind mitzurechnen.

(…)

Vertritt der RA einen Insolvenzgläubiger, werden die Gebühren der Nr. 3314 VV RVG (Verfahrensgebühr für die Vertretung des Gläubigers im Eröffnungsverfahren) und der Nr. 3317 VV RVG (Verfahrensgebühr für das Insolvenzverfahren) nach dem **Nennwert der Forderung** des Gläubigers berechnet. 65

Zum Nennwert der Forderung sind nach § 28 Abs. 2 S. 2 RVG die **Nebenforderungen hinzuzurechnen.** Das sind die bisherigen Kosten sowie Zinsen bis zur Eröffnung des Insolvenzverfahrens. Hier müssen Sie auf das **Datum der Eröffnung des Verfahrens im Eröffnungsbeschluss** achten. Weitere Zinsen dürfen beim Gegenstandswert nicht berücksichtigt werden.

C. Wertfestsetzung im gerichtlichen Verfahren

I. Allgemeines

§ 32 RVG Wertfestsetzung für die Gerichtsgebühren 66

(1) Wird der für die Gerichtsgebühren maßgebende Wert gerichtlich festgesetzt, ist die Festsetzung auch für die Gebühren des Rechtsanwalts maßgebend.

(2) Der Rechtsanwalt kann aus eigenem Recht die Festsetzung des Werts beantragen und Rechtsmittel gegen die Festsetzung einlegen. Rechtsbehelfe, die gegeben sind, wenn die Wertfestsetzung unterblieben ist, kann er aus eigenem Recht einlegen.

Waren Sie im gerichtlichen Verfahren tätig, erfolgt häufig durch das Gericht nach Abschluss des Verfahrens eine Wertfestsetzung. Das Gericht beschließt: 67

„Der Streitwert wird auf … EUR festgesetzt".

Diese **Wertfestsetzung** ist **für den Gegenstandswert maßgebend** (s. Rdn 20).

Nicht immer aber entspricht der Wert des gerichtlichen Verfahrens auch dem Wert, den die anwaltliche Tätigkeit hatte. Dies ist z.B. dann nicht der Fall, wenn bei einem vor- bzw. außergerichtlichen Vergleich der Prozess- und der Vergleichsgegenstand nicht übereinstimmen. In diesem Fall ist der Wert nach **§ 33 RVG** zu bestimmen. 68

69 In einigen Akten kann es auch sein, dass Sie nach Lektüre der Akte immer noch keine Vorstellung davon haben, wie der Wert zu bestimmen ist (insbes. bei gerichtlichen Verfahren). In diesen Fällen ist ein Antrag auf „Streitwertfestsetzung" an das Gericht hilfreich.

70 ▼

Muster 9.1: Antrag auf Festsetzung des Streitwerts zum Zwecke der Vergütungsberechnung

Gericht

(das Gericht, das zuletzt über die Sache entschieden hat)

In Sachen

./.

Az.:

wird aus eigenem Recht gem. § 32 Abs. 2 RVG beantragt,

den Streitwert zum Zwecke der anwaltlichen Vergütungsberechnung auf EUR festzusetzen.

Begründung

Dem streitigen Sachverhalt liegt eine nicht vermögensrechtliche Streitigkeit zugrunde. Unter Berücksichtigung des Interesses des Klägers am Erfolg in der Sache gehen wir von einem Streitwert in Höhe von EUR aus und bitten um entsprechende Festsetzung. Sollte das Gericht von einem geringeren oder höheren Streitwert ausgehen, wird höflichst um kurze Wiedergabe einer Begründung gebeten.

Rechtsanwalt

▲

71 Wenn Sie wirklich gar keine Vorstellung haben, welchen Wert Sie in Ihrem Antrag angeben können und sollen, können Sie auch lediglich einen flotten Einzeiler bei Gericht einreichen und allgemein gehalten *„um Streitwertfestsetzung bitten"*, ohne einen konkreten Betrag anzugeben. In manchen Fällen kann es dann passieren, dass das Gericht Ihnen mitteilt, wie es beabsichtigt, den Streitwert festzusetzen und Ihnen Gelegenheit zur Stellungnahme hierzu gibt. Ich habe selbst schon in komplizierteren Angelegenheiten erlebt, wie auf diese Weise das Gericht und die Parteien gemeinsam zu einer Lösung auf der Suche dem richtigen Streitwert kamen.

72 Über den Antrag wird durch Beschluss entschieden. Gegen diesen Beschluss kann Beschwerde eingelegt werden. Nach § 63 Abs. 2 i.V.m. § 68 Abs. 1 GKG muss der Wert des Beschwerdegegenstandes 200,00 EUR übersteigen Der Wert der Beschwer ergibt sich aus der Vergütungsdifferenz, die sich ergibt, wenn man aufgrund des von Ihnen

gewünschten Streitwerts die Vergütung berechnet und diese mit der Vergütung, die sich aufgrund der Streitwertfestsetzung des Gerichts ergibt, vergleicht.

Beispiel: Ermittlung des Wertes der Beschwer bei Streitwertbeschwerden

Sie haben die Festsetzung eines Streitwerts i.H.v. 20.000,00 EUR beantragt. Angenommen der Vergütungsanspruch, der sich daraus ergäbe beträgt 2.000,00 EUR. Das Gericht hat den Streitwert mit 18.000,00 EUR festgesetzt. Der Vergütungsanspruch, der sich daraus ergibt, beträgt (fiktiv) 1.850,00 EUR. Eine Beschwerde ist nicht möglich. Die sich ergebende Vergütungsdifferenz, die den Wert der Beschwer bestimmt, ist geringer als 200,00 EUR.

II. Antrag gem. § 32 Abs. 2 RVG – Wertfestsetzung aus eigenem Recht

Der RA benötigt in vielen Fällen die Festsetzung des Streitwertes, weil dieser sich nicht 73
eindeutig ergibt. Daher kann er gem. § 32 Abs. 2 RVG aus eigenem Recht die Festsetzung des Streitwerts (und damit Gegenstandswerts) beantragen. **Jeder RA**, der am Verfahren beteiligt war, kann einen solchen **Antrag stellen**.

Erfolgt eine Wertfestsetzung und findet der festgesetzte Wert nicht das Einverständnis 74
des RA, so kann er gegen die Wertfestsetzung **Beschwerde** einlegen **(§ 32 Abs. 2 S. 1 RVG)**. Die Beschwerde ist vom Erreichen des Wertes der Beschwer abhängig. Dieser muss 200,00 EUR übersteigen (zur Ermittlung des Wertes der Beschwer s. das Beispiel Rdn 72) In eigenem Namen kann er gegen die Wertfestsetzung nur Beschwerde einlegen, wenn er den Wert für zu gering erachtet.

Ist nach Auffassung des RA ein zu hoher Wert festgesetzt worden, wird die Beschwerde nur im Auftrag der Partei eingelegt. Der RA hat mit Sicherheit kein eigenes Interesse daran, dass der Wert niedriger festgesetzt wird.

III. Wertfestsetzung gem. § 33 RVG

§ 33 RVG Wertfestsetzung für die Rechtsanwaltsgebühren 75

(1) Berechnen sich die Gebühren in einem gerichtlichen Verfahren nicht nach dem für die Gerichtsgebühren maßgebenden Wert oder fehlt es an einem solchen Wert, setzt das Gericht des Rechtszugs den Wert des Gegenstands der anwaltlichen Tätigkeit auf Antrag durch Beschluss selbstständig fest.

(2) Der Antrag ist erst zulässig, wenn die Vergütung fällig ist. Antragsberechtigt sind der Rechtsanwalt, der Auftraggeber, ein erstattungspflichtiger Gegner und in den Fällen des § 45 die Staatskasse.

(3) Gegen den Beschluss nach Absatz 1 können die Antragsberechtigten Beschwerde einlegen, wenn der Wert des Beschwerdegegenstands 200 Euro übersteigt. Die Beschwerde ist auch zulä-

sig, wenn sie das Gericht, das die angefochtene Entscheidung erlassen hat, wegen der grundsätzlichen Bedeutung der zur Entscheidung stehenden Frage in dem Beschluss zulässt. Die Beschwerde ist nur zulässig, wenn sie innerhalb von zwei Wochen nach Zustellung der Entscheidung eingelegt wird.

(4) Soweit das Gericht die Beschwerde für zulässig und begründet hält, hat es ihr abzuhelfen; im Übrigen ist die Beschwerde unverzüglich dem Beschwerdegericht vorzulegen. Beschwerdegericht ist das nächsthöhere Gericht, in Zivilsachen der in § 119 Abs. 1 Nr. 1 des Gerichtsverfassungsgesetzes bezeichneten Art jedoch das Oberlandesgericht. Eine Beschwerde an einen obersten Gerichtshof des Bundes findet nicht statt. Das Beschwerdegericht ist an die Zulassung der Beschwerde gebunden; die Nichtzulassung ist unanfechtbar.

(5) War der Beschwerdeführer ohne sein Verschulden verhindert, die Frist einzuhalten, ist ihm auf Antrag von dem Gericht, das über die Beschwerde zu entscheiden hat, Wiedereinsetzung in den vorigen Stand zu gewähren, wenn er die Beschwerde binnen zwei Wochen nach der Beseitigung des Hindernisses einlegt und die Tatsachen, welche die Wiedereinsetzung begründen, glaubhaft macht. Ein Fehlen des Verschuldens wird vermutet, wenn eine Rechtsbehelfsbelehrung unterblieben oder fehlerhaft ist. Nach Ablauf eines Jahres, von dem Ende der versäumten Frist an gerechnet, kann die Wiedereinsetzung nicht mehr beantragt werden. Gegen die Ablehnung der Wiedereinsetzung findet die Beschwerde statt. Sie ist nur zulässig, wenn sie innerhalb von zwei Wochen eingelegt wird. Die Frist beginnt mit der Zustellung der Entscheidung. Absatz 4 Satz 1 bis 3 gilt entsprechend.

(6) Die weitere Beschwerde ist nur zulässig, wenn das Landgericht als Beschwerdegericht entschieden und sie wegen der grundsätzlichen Bedeutung der zur Entscheidung stehenden Frage in dem Beschluss zugelassen hat. Sie kann nur darauf gestützt werden, dass die Entscheidung auf einer Verletzung des Rechts beruht; die §§ 546 und 547 der Zivilprozessordnung gelten entsprechend. Über die weitere Beschwerde entscheidet das Oberlandesgericht. [4]Absatz 3 Satz 3, Absatz 4 Satz 1 und 4 und Absatz 5 gelten entsprechend.

(7) Anträge und Erklärungen können ohne Mitwirkung eines Bevollmächtigten schriftlich eingereicht oder zu Protokoll der Geschäftsstelle abgegeben werden; § 129a der Zivilprozessordnung gilt entsprechend. Für die Bevollmächtigung gelten die Regelungen der für das zugrunde liegende Verfahren geltenden Verfahrensordnung entsprechend. Die Beschwerde ist bei dem Gericht einzulegen, dessen Entscheidung angefochten wird.

(8) Das Gericht entscheidet über den Antrag durch eines seiner Mitglieder als Einzelrichter; dies gilt auch für die Beschwerde, wenn die angefochtene Entscheidung von einem Einzelrichter oder einem Rechtspfleger erlassen wurde. Der Einzelrichter überträgt das Verfahren der Kammer oder dem Senat, wenn die Sache besondere Schwierigkeiten tatsächlicher oder rechtlicher Art aufweist oder die Rechtssache grundsätzliche Bedeutung hat. Das Gericht entscheidet jedoch immer ohne Mitwirkung ehrenamtlicher Richter. Auf eine erfolgte oder unterlassene Übertragung kann ein Rechtsmittel nicht gestützt werden.

(9) [1]Das Verfahren über den Antrag ist gebührenfrei. [2]Kosten werden nicht erstattet; dies gilt auch im Verfahren über die Beschwerde.

76 Grds. richten sich die Anwaltsgebühren nach dem für die Gerichtsgebühren maßgeblichen Wert. Natürlich hat dieser Grundsatz auch Ausnahmen. So richten sich in vielen Fällen die Gerichtsgebühren nicht nach einem Wert (die Gerichtskosten entstehen z.B.

als Festgebühren), in diesen Fällen ist § 33 RVG einschlägig. § 33 RVG ergänzt insoweit die Regelung des § 32 RVG. Die Kernvorschrift ist in § 32 RVG zu sehen. Anwendbar ist § 33 RVG nur, wenn der RA in einem gerichtlichen Verfahren tätig war.

Das Gericht entscheidet nur auf Antrag und nie von Amts wegen. Einen **Wertfestsetzungsantrag** können der RA, der Auftraggeber, der Gegner u.a. am Verfahren Beteiligte (Staatskasse) stellen. 77

Setzt das Gericht in seinem Beschluss den Streitwert zu gering fest, kann der RA gem. § 33 Abs. 3 RVG gegen den Beschluss innerhalb einer **Notfrist von zwei Wochen** nach Zustellung des Beschlusses Beschwerde einlegen. Die Beschwerde ist bei dem Gericht einzulegen, welches den Beschluss erlassen hat (§ 33 Abs. 7 RVG). Sie ist nur zulässig, wenn der Wert der Beschwer 200,00 EUR übersteigt, oder aber das Gericht, welches die angefochtene Entscheidung erlassen hat, nach § 33 Abs. 3 S. 2 RVG die Beschwerde zugelassen hat; zur Ermittlung des Wertes der Beschwer vgl. die Ausführungen unter Rdn 72 ff. und unter § 7 Rdn 117. 78

Die Beschwerde muss begründet werden. Das Erstgericht (also das Gericht, das den angefochtenen „Streitwertbeschluss" erlassen hat) kann der Beschwerde abhelfen, sofern es sie für zulässig und begründet hält. Wird der Beschwerde durch das Erstgericht nicht abgeholfen, ist die Beschwerde unverzüglich dem Beschwerdegericht vorzulegen (§ 33 Abs. 4 S. 1 RVG). Hierbei ist das nächst höhere Gericht entsprechend § 33 Abs. 4 S. 2 Hs. 1 RVG zuständig. Die Besonderheiten von § 119 Abs. 1 Nr. 1, Abs. 2, 3 GVG (Besondere Zuständigkeit in Berufungssachen für Familiensachen) gelten auch hier. Für die Beschwerde, die ihren Ursprung in einem solchen (familienrechtlichen) Verfahren hat, ist das OLG zuständig. Eine Beschwerde zum BGH ist nicht möglich, allerdings kann das Beschwerdegericht eine Rechtsbeschwerde zum BGH zulassen. 79

Das Beschwerdegericht entscheidet gem. § 572 Abs. 4 ZPO erneut durch Beschluss und kann die Rechtsbeschwerde zulassen. Durch die Beschwerde darf aber kein geringerer Wert festgesetzt werden, als er ursprünglich festgesetzt wurde. Im Beschwerdeverfahren gilt das sog. **Verschlechterungsverbot** (umstritten, a.A. werden in der Kommentarliteratur vertreten). 80

Praxistipp: 81

Wenn Sie eine Beschwerde gegen einen Streitwertbeschluss einlegen, beantragen Sie doch gleichzeitig, dass das Gericht eine Entscheidung über die Zulässigkeit der Rechtsbeschwerde trifft.

82 ▼

Muster 9.2: Antrag auf Entscheidung über die Zulässigkeit der Rechtsbeschwerde
wird des Weiteren beantragt,

für den Fall, dass der Beschwerde nicht abgeholfen werden sollte, eine Entscheidung über die Zulässigkeit der Rechtsbeschwerde zu treffen.

▲

D. Rechnungsstellung gem. § 10 RVG

I. Form der Rechnung

1. Allgemeines

83 Der Auftraggeber ist nicht verpflichtet, den Vergütungsanspruch des RA zu erfüllen, wenn er keine ordentliche Rechnung erhalten hat. So kann der RA dem Auftraggeber selbstverständlich telefonisch mitteilen, dass seine Vergütung sich in der Angelegenheit auf eine bestimmte Summe belaufe und den Auftraggeber zur Zahlung auffordern. Eine Verpflichtung zur Zahlung ergibt sich aber nicht, weil diese „Rechnung“ nicht den Anforderungen aus § 10 RVG entspricht.

84 Neben § 10 RVG sind noch weitere Anforderungen zu beachten (z.B. Anforderungen nach dem Umsatzsteuerrecht). Diese Anforderungen haben aber regelmäßig auf die Wirksamkeit der Vergütungsberechnung keinen Einfluss. Der RA könnte seine Vergütung einklagen, auch wenn die umsatzsteuerrechtlichen Auflagen an die Erstellung einer Rechnung (z.B. § 14 UStG) nicht erfüllt sind. Auch die Übermittlung der Rechnung kann auf unterschiedlichen Wegen erfolgen. Im sog. digitalen Zeitalter kann die Rechnung auch elektronisch übermittelt werden. Hierbei sind aber enge Voraussetzungen an die Zulässigkeit dieser Übermittlung vorgegeben.

85 Nach dem UStG ist eine Rechnung ein Dokument mit dem eine Lieferung oder sonstige Leistung abgerechnet wird (§ 14 Abs. 1 UStG i.V.m. § 31 Abs. 1 UStDV). Hierbei muss die Rechnung nicht als Rechnung bezeichnet sein. Ebenso ist es möglich, diese als „Zahlungsaufforderung“ zu bezeichnen. Sie könnten Ihre Rechnungen daher mit dem Zusatz überschreiben:

„Zahlungsaufforderung gem. § 10 RVG (§ 14 Abs. 1 UStG, § 31 Abs. 1 UStDV)“. Dies ist in der Praxis jedoch völlig unüblich.

2. Anforderung an die Rechnung gem. § 14 UStG

Gem. § 14 Abs. 4 UStG muss eine Rechnung, auch eine elektronisch übermittelte, folgende Angaben enthalten: 86

- Name und Anschrift des leistungserbringenden Unternehmers und des Leistungsempfängers (RA);
- die dem leistenden Unternehmer vom Finanzamt erteilte Steuernummer oder die ihm vom Bundesamt für Finanzen erteilte Umsatzsteuer-Identifikationsnummer (USt-ID-Nr.),
- das Ausstellungsdatum,
- eine fortlaufende Nummer mit einer oder mehreren Zahlenreihen, die zur Identifizierung der Rechnung vom Rechnungsaussteller einmalig vergeben wird (Rechnungsnummer),
- die Menge und die Art (handelsübliche Bezeichnung) der gelieferten Gegenstände oder den Umfang und die Art der sonstigen Leistung (z.B. Vertretung im gerichtlichen Verfahren erster Instanz),
- den Zeitpunkt der Lieferung oder sonstigen Leistung oder der Vereinnahmung des Entgelts oder eines Teils des Entgelts für eine noch nicht ausgeführte Lieferung oder sonstige Leistung, sofern dieser Zeitpunkt feststeht und nicht mit dem Ausstellungsdatum der Rechnung identisch ist,
- den anzuwendenden Steuersatz sowie den auf das Entgelt entfallenden Steuerbetrag oder im Fall einer Steuerbefreiung einen Hinweis darauf, dass für die Lieferung oder sonstige Leistung eine Steuerbefreiung gilt.
- einen Hinweis auf die Aufbewahrungspflicht des Leistungsempfängers nach § 14b Abs. 1 S. 5 UStG.

Rechnungen können auf Papier oder, vorbehaltlich der Zustimmung des Empfängers, auf elektronischem Weg übermittelt werden.

3. Zustimmung des Empfängers zur elektronischen Rechnungsübermittlung

An die Zustimmung des Empfängers zur elektronischen Rechnungsübermittlung werden keine hohen Anforderungen gestellt. Zwischen RA und Auftraggeber muss lediglich Einvernehmen darüber bestehen, dass der RA die Rechnung elektronisch übermitteln soll. 87

> *Praxistipp:* 88
>
> Nehmen Sie eine solche Einverständniserklärung in die Allgemeinen Mandatsbedingungen mit auf.

89 ▼

Muster 9.3: Zustimmung des Auftraggebers zur Übermittlung der Rechnung in elektronischer Form

9.3

Hiermit stimme ich – der Auftraggeber – in Kenntnis der rechtlichen Tragweite dieser Erklärung der ausschließlichen elektronischen Versendung der Berechnungen über die Rechtsanwaltsvergütung an meine hinterlegte E-Mail-Adresse zu. Auf ein etwaiges Widerrufsrecht bin ich von den Rechtsanwälten hingewiesen worden. Ein Widerruf der Einverständniserklärung wird nicht erfolgen.

▲

90 Die elektronische Übermittlung der Rechnung spart Zeit und Kosten, die bei dem üblichen Versand der Rechnung entstehen. Allerdings hat die elektronische Übermittlung der Vergütungsberechnung einen erheblichen Nachteil. Der RA kann bei elektronischer Übermittlung den Nachweis über den Zugang der Rechnung nicht führen. Dies gelingt ihm aber üblicherweise auch dann nicht, wenn er die Rechnung mit einfacher Post versandt hat. Ein weiterer Nachteil auf Aufraggeberseite liegt darin, dass die Vergütungsberechnung des RA sich nur dann für die Berechtigung zum **Vorsteuerabzug** eignet, wenn die **Rechnung die Bedingungen in § 14 Abs. 3 UStG** erfüllt.

4. Garantie der Echtheit bei der elektronischen Übermittlung, § 14 Abs. 3 UStG

91 Nach § 14 Abs. 3 UStG sind bei elektronischer Übermittlung der Vergütungsberechnung die Echtheit der Herkunft der Rechnung und die Unversehrtheit des Inhalts der Rechnung zu gewährleisten. Dies kann auf zwei Arten erfolgen:

- mit qualifizierter elektronischer Signatur bzw. mit qualifizierter elektronischer Signatur mit Anbieter-Akkreditierung nach dem Signaturgesetz oder
- im EDI-Verfahren (elektronischer Datenaustausch) mit einer zusätzlichen zusammenfassenden Rechnung in Papierform oder in elektronischer Form, wenn diese zusammenfassende Rechnung mindestens mit einer qualifizierten elektronischen Signatur versehen wurde.

92 Eine „Signatur" ist nicht gleichzusetzen mit einer handschriftlichen Unterschrift (= Signatur). Üblicherweise ist davon auszugehen, dass beim Unterschriftserfordernis das Schriftstück vom RA (Aussteller) eigenhändig unterschrieben sein muss.

Die **eigenhändige Unterschrift** ist **im elektronischen Rechtsverkehr nicht ausreichend**. Diese kann zwar als eingescannte Grafik unter eine Willenserklärung gesetzt werden. Die Unterschriftsgrafik lässt sich von jedem Empfänger beliebig oft vervielfältigen. Missbrauch kann nicht ausgeschlossen werden. Aus diesem Grund fordert § 14 Abs. 3

UStG, dass **elektronisch übermittelte Rechnungen mit einer qualifizierten elektronischen Signatur** zu versehen sind.

5. Qualifizierte Signaturen

Die elektronische Signatur ist eine Art **Siegel oder Stempel** (ähnlich den Siegeln und Stempeln, die Notare für Beurkundungen und Beglaubigungen benutzen) für digitale Daten. Zur Erstellung der Signatur benötigt der RA ein qualifiziertes Zertifikat, das ein Zertifizierungsdienstanbieter ausstellt und mit dem sich die Identität des RA als Zertifikatsinhabers nachweisen lässt. Ein Zertifikat kann gem. § 2 Nr. 8 SigG nur für natürliche Personen ausgestellt werden. 93

Informationen zu diesem Thema finden Sie insbes. auf der Internetseite der Bundesnetzagentur (www.elektronische-vertrauensdienste.de). Auskünfte und Hilfestellung hinsichtlich der elektronischen Signatur geben auch die örtlichen Industrie- und Handelskammern.

Durch das Wachstumschancengesetz wurde die Pflicht zur Übermittlung elektronischer Rechnungen (sog. E-Rechnung) im B2B-Bereich (Business to Business) eingeführt und betrifft auch Kanzleien (s. hierzu auch § 3 Rdn 68 ff.) 94

Gem. § 27 Abs. 38 UstG n.F. ist die Einführung der Pflicht zur Übermittlung von E-Rechnungen im B2B-Bereich in folgende Stufen unterteilt:

- bis Ende 2026 können noch Rechnungen in Papierform oder (vorbehaltlich der Zustimmung des Auftraggebers) in elektronischer Form (z.B. PDF) übermittelt werden.
- ab 1.1.2027 gilt diese Ausnahme nur noch für Unternehmer (Kanzleien), deren Gesamtumsatz im vorigen Kalenderjahr nicht mehr als 800.000,00 EUR betragen hat.
- Ab 1.1.2028 besteht die Pflicht zur elektronischen Rechnung im B2B-Bereich uneingeschränkt für alle Unternehmer (Kanzleien).

Von dieser Pflicht ausgenommen sind Kleinbetragsrechnungen. Dies sind nach § 33 UStDV Rechnungen mit einem Gesamtbetrag, der 250,00 EUR nicht übersteigt. Solche Rechnungen können auch weiterhin in den bisherigen Formaten (z.B. Papierform) erstellt werden.

Da die Auftraggeber der meisten Kanzleien sowohl aus dem B2B- als auch aus dem B2C-Bereich (Verbraucher) kommen, ist es zur Arbeitserleichterung ratsam, zu gegebener Zeit komplett auf den elektronischen Versand der Rechnungen umzusteigen. Auftraggeber aus dem B2C-Bereich müssen dann entsprechend darauf hingewiesen und vor allem deren Zustimmung zum elektronischen Rechnungsversand eingeholt werden.

II. Anforderungen an die Vergütungsberechnung gem. § 10 RVG

95 **§ 10 RVG Berechnung**

(1) Der Rechtsanwalt kann die Vergütung nur aufgrund einer von ihm oder auf seine Veranlassung dem Auftraggeber mitgeteilten Berechnung fordern; die Berechnung bedarf der Textform. Der Lauf der Verjährungsfrist ist von der Mitteilung der Berechnung nicht abhängig.

(2) In der Berechnung sind die Beträge der einzelnen Gebühren und Auslagen, Vorschüsse, eine kurze Bezeichnung des jeweiligen Gebührentatbestands, die Bezeichnung der Auslagen sowie die angewandten Nummern des Vergütungsverzeichnisses und bei Gebühren, die nach dem Gegenstandswert berechnet sind, auch dieser anzugeben. Bei Entgelten für Post- und Telekommunikationsdienstleistungen genügt die Angabe des Gesamtbetrags.

(3) Hat der Auftraggeber die Vergütung gezahlt, ohne die Berechnung erhalten zu haben, kann er die Mitteilung der Berechnung noch fordern, solange der Rechtsanwalt zur Aufbewahrung der Handakten verpflichtet ist.

1. Allgemeines

96 Wenn es um das Erstellen einer Vergütungsberechnung geht, müssen Sie verschiedene Begrifflichkeiten unterscheiden:

- der Vergütungsanspruch **entsteht**,
- der Vergütungsanspruch wird **fällig**,
- der Vergütungsanspruch wird **einforderbar**.

97 Der Vergütungsanspruch des RA entsteht mit seiner ersten Tätigkeit nach Übernahme des Auftrags. Er kann die Vergütung dann aber noch nicht einfordern, weil die Vergütung noch nicht fällig ist. Deshalb gibt der Abschluss des Anwaltsvertrags dem RA gleichzeitig das Recht (und nach meiner Auffassung auch die Pflicht), die Zahlung eines **angemessenen Vorschusses** gem. § 9 RVG vom Auftraggeber zu verlangen.

98 **Fällig** wird die Vergütung nach den Vorgaben in § 8 Abs. 1 RVG.

99 **§ 8 RVG Fälligkeit, Hemmung der Verjährung (verkürzte Darstellung)**

(1) Die Vergütung wird fällig, wenn der Auftrag erledigt oder die Angelegenheit beendet ist. Ist der Rechtsanwalt in einem gerichtlichen Verfahren tätig, wird die Vergütung auch fällig, wenn eine Kostenentscheidung ergangen oder der Rechtszug beendet ist oder wenn das Verfahren länger als drei Monate ruht.

(…)

100 Damit der RA die Vergütung auch einfordern kann (im Zweifel auch mit Einschaltung gerichtlicher Organe), ist es erforderlich, dass der RA dem Auftraggeber eine Berechnung seiner Vergütung übermittelt.

2. Bezeichnung der Rechnung

Wie der RA seine Rechnung nennt, gibt das Gesetz entgegen vieler Meinungen nicht vor. Zulässig ist es, die Rechnung etwa mit Vergütungsberechnung, Vergütungsrechnung, Gebührenberechnung, Kostenberechnung, Honorarrechnung, Honorarnote u.v.m. zu bezeichnen. 101

3. Formerfordernis an die Vergütungsberechnung

Der Gesetzgeber hat die Formvorschriften an die Anwaltsrechnung aufgestellt, damit für den Auftraggeber eine Nachprüfbarkeit gegeben ist. Dies ist natürlich dem juristisch nicht versierten Auftraggeber nicht möglich, was im Büroalltag zuweilen zu äußerst amüsanten Begebenheiten führt. Nicht selten werden Sie es erleben, dass der Auftraggeber auf eine Rechnung in voller Verzweiflung ausführt: 102

„Der RA hat doch nur einmal geschrieben und dafür soll ich jetzt so viel zahlen", oder aber: „Der RA hat im Termin doch gar nichts gesagt, warum erhält er dann trotzdem eine Gebühr". Oder „Ich dachte, das erste Schreiben/die erste Beratung eines Anwalts kostet nichts."

Sicher kennen Sie auch diesen Auftraggeber: Egal wie hoch die Rechnung ausfällt, der Auftraggeber hat immer etwas auszusetzen, der zu zahlende Betrag ist ihm immer zu hoch und er ist leidenschaftlicher „Händler". Hier können Sie vorbeugen und bereits mit Ihren Rechnungsanschreiben dem Auftraggeber die Möglichkeit nehmen bzw. einschränken, mit Ihnen zeitintensive Diskussionen über die Höhe des Vergütungsanspruchs zu führen. 103

Praxistipp: 104

Der Auftraggeber hat oft von der möglichen Vergütung und der Zusammensetzung des Gegenstandswertes keine Vorstellung. Erläutern Sie ihm doch die geltend gemachten Gebühren in einem gesonderten Anschreiben und fügen diesem Anschreiben nur noch die Rechnung ohne Erläuterung bei. Sie können dann jederzeit darauf verweisen, dass Sie den Vergütungsanspruch erläutert haben. Denn immer wieder kommt es auch vor, dass ein Auftraggeber mit der Überprüfung Ihrer Rechnung einen anderen Anwalt beauftragt. Für diesen ist dann offensichtlich, wie Sie die Vergütung ermittelt haben, die Angelegenheit ist oft erledigt, ohne dass es einer ausufernden Korrespondenz bedarf.

Ein weiterer Grund für eine begründete Vergütungsberechnung ist die sog. Aktentransparenz. Wenn Sie eine Rechnung erstellt haben, kann ein Dritter (Ihre Kollegin oder Ihr Arbeitgeber nicht ohne Weiteres nachvollziehen, wie Sie zu Ihrem Ergebnis gekommen sind. Oberste Regel: Je schwieriger die Rechnung, umso wichtiger ist zumindest eine Aktennotiz in der Akte, wie Sie zu Ihrem Ergebnis gekommen sind. So müssen Sie bei Rückfragen des Auftraggebers nicht noch lange überlegen, sondern haben selbst auf einen Blick vor sich, warum Sie genau so abgerechnet haben. Und auch Ihre Kollegin wird es Ihnen danken, wenn sie sich mit dem Anruf des Auftraggebers herumschlagen muss, während Sie Ihren Urlaub in der Sonne genießen.

105 ▼

Muster 9.4: Erläuterungsanschreiben an den Auftraggeber bei der Übersendung der Vergütungsberechnung

Anrede,

in der Anlage überreichen wir Ihnen unsere Vergütungsberechnung. Wir bitten um Ausgleich binnen der in der Anlage gesetzten Zahlungsfrist.

Zur Vergütung möchten wir zum besseren Verständnis wie folgt ausführen:

Wir berechnen die gesetzliche Vergütung nach dem Rechtsanwaltsvergütungsgesetz (im Folgenden: RVG).

Das RVG gilt immer dann, wenn der RA und der Auftraggeber keine abweichende Vereinbarung getroffen haben. Treffen die Parteien eine vom RVG abweichende Vereinbarung, dann wird in der Regel eine höhere als die gesetzliche Vergütung vereinbart.

Die Geschäftsgebühr gem. Nr. 2300 VV RVG ist entstanden, da wir vorgerichtlich für Sie tätig waren und uns entsprechend dem erteilten Auftrag um die vorgerichtliche Bereinigung der Angelegenheit bemüht haben (Vorb. 2.3. Abs. 3 VV RVG). Die Geschäftsgebühr wird nach der Tabelle zu § 13 RVG berechnet. Die genaue Höhe der Geschäftsgebühr ergibt sich aus dem gesetzlichen Gegenstandswert und der in Ansatz gebrachten Rahmengebühr. Den Rahmen der Geschäftsgebühr haben wir unter Berücksichtigung von § 14 RVG (Umfang und Schwierigkeit der anwaltlichen Tätigkeit, Bedeutung der Angelegenheit für den Auftraggeber, Vermögensverhältnisse des Auftraggebers, Haftungsrisiko des Rechtsanwalts) mitbestimmt.

Der Gegenstandswert ergibt sich gem. § 23 Abs. 1, § 32 RVG aus den entsprechenden Wertvorschriften des Gerichts (*oder zum Beispiel: der Wertfestsetzung des Gerichts u.a.*).

Für das gerichtliche Verfahren ist eine

- 1,3 Verfahrensgebühr gem. Nr. 3100 VV RVG
- 1,2 und eine Terminsgebühr gem. Nr. 3104 VV RVG entstanden.

Die Verfahrensgebühr ist für sämtlichen Schriftverkehr im gerichtlichen Verfahren entstanden (sowie für das allgemeine Betreiben der Angelegenheit). Die Terminsgebühr ist für die Wahrnehmung des Gerichtstermins entstanden *(oder eine andere Alternative aus Vorbemerkung 3 Abs. 3 VV RVG)*.

In unserer Rechnung ist die **Geschäftsgebühr** gekürzt. Anstelle von 1,3 sind nur 0,65 ausgewiesen. Dies liegt daran, dass die Geschäftsgebühr gem. Vorbemerkung 3 Abs. 4 VV RVG auf die Verfahrensgebühr angerechnet wird. Die Anrechnung erfolgt üblicherweise mit einem Gebührensatz von 0,65 *(wenn der Gebührensatz höher ist, dann hier entsprechend vermerken).* Daher ergibt sich eine restliche Geschäftsgebühr von 0,65 (1,3–0,65).

Bei den Auslagen haben wir ebenfalls nur den gesetzlichen Anspruch geltend gemacht. Wir erlauben uns angesichts der Höhe der gesetzlichen Auslagen auf weitere Ausführungen zu verzichten.

Wir haben uns bemüht, das komplexe gesetzliche Vergütungssystem übersichtlich darzustellen. Für evtl. weitere Rückfragen stehen wir Ihnen gerne zur Verfügung.

Grußformel

▲

4. Einfordern der Vergütung

Der RA fordert seinen Vergütungsanspruch ein, wenn er den Vergütungsanspruch geltend 106
macht.

Der RA fordert die Vergütung ein, wenn er den Auftraggeber zur Zahlung auffordert, eine Mahnung fertigt, die Aufrechnung mit einem Geldbetrag (Fremdgeld) oder die Zurückbehaltung erklärt.

5. Aufrechnung der Vergütung

Will der RA etwa eine Fremdgeldforderung mit der Vergütungsforderung aufrechnen, so 107
kann er dies in zulässiger Weise nur, wenn er den Vergütungsanspruch gem. § 10 RVG abgerechnet hat. Eine **Aufrechnung gem. § 387 BGB** ist nur möglich, wenn der Aufrechnende (also der RA) die ihm gebührende Leistung (also die Vergütung) fordern darf. Solange der RA keine ordnungsgemäße Vergütungsberechnung erstellt hat, ist die Aufrechnung nicht zulässig. Die **Vergütungsberechnung kann gleichzeitig mit der Erklärung der Aufrechnung** erteilt werden.

6. Auslagen für die Übersendung der Rechnung

Für die Übersendung der Rechnung an den Auftraggeber kann der RA keine Entgelte für 108
Post- und Telekommunikationsdienstleistungen gem. Nrn. 7001 oder 7002 VV RVG fordern.

7. Inhalt der Vergütungsberechnung

109 Die Vergütungsberechnung muss **schriftlich** erteilt werden (§ 10 Abs. 1 RVG).

§ 10 Abs. 2 RVG verlangt als **Inhalt** der Vergütungsberechnung weiter, dass diese

- eine kurze Bezeichnung des jeweiligen Gebührentatbestandes,
- die angewandten Nummern des Vergütungsverzeichnisses,
- bei Wertgebühren die Angabe des Gegenstandswertes,
- die Bezeichnung der Auslagen und Gerichtskosten (Aufwendungen),
- und die geleisteten Vorschüsse enthält

110 Das Gesetz verlangt nicht mehr **ausdrücklich**, dass der **RA die Rechnung unterschreibt**. Dennoch erscheint dies weiterhin sinnvoll. Ob dies eigenhändig, oder durch eine Signatur erfolgt, hängt von der Form der Versendung ab (s. Ausführungen zur Signatur der Rechnung unter Rdn 91). In vielen Kapiteln finden Sie bereits an verschiedenen Stellen Muster, Beispiele etc. für Vergütungsberechnungen.

111 Sind **Wertgebühren** Teil der Vergütungsberechnung, muss der RA in der Vergütungsberechnung auf die Tabelle zu **§ 13 RVG** verweisen. Nur aus der Tabelle ergibt sich die Höhe seiner Vergütung. Ergibt sich die Gebühr aus dem VV des RVG, sollte der RA dies kennzeichnen, indem er in der Vergütungsberechnung zusätzlich § 2 Abs. 2 RVG zitiert.

112 *Praxistipp:*

Wenn Sie bei Wertgebühren den Hinweis auf die Tabelle zu § 13 RVG sowie auf die Anwendung des VV gem. § 2 Abs. 2 RVG nicht bei jeder Gebühr wiederholen wollen, ist es einfacher, eine weitere Überschrift über der Rechnung zu bilden: z.B.

- Vergütungsberechnung – Rechnungsnummer,
- Leistungszeitraum/Umsatzsteuernummer,
- Gegenstandswert,
- Berechnet gem. §§ 2 Abs. 2, 13 VV RVG.

8. Erläuterungen in der Rechnung bei Rahmengebühren

113 Berechnet der RA eine Rahmengebühr (Betrags- oder Satzrahmengebühr), muss aus der Vergütungsberechnung erkennbar sein, wie der RA den Gebührenrahmen im konkreten Einzelfall bestimmt hat. Fehlen dazu Ausführungen, ist die Vergütungsberechnung nicht nachvollziehbar.

114 Berechnet der RA bei Rahmengebühren nur die Mittelgebühr oder bspw. bei der Geschäftsgebühr gem. Nr. 2300 VV RVG die sog. **Schwellengebühr**, müssen keine besonderen Ausführungen zur Bestimmung des Gebührenrahmens in der Vergütungsberech-

nung durch den RA erfolgen. Sinnvoll ist es aber, hier den Auftraggeber darauf hinzuweisen, dass die Gebühr in der normierten gesetzlichen Höhe gefordert wird.

▼ 115

Muster 9.5: Formulierung bei Geltendmachung der Regelgebühr/Schwellengebühr

Die von uns erhobene Geschäftsgebühr gem. Nr. 2300 VV RVG entsteht nach dem ausdrücklichen Willen des Gesetzgebers regelmäßig i.H.v. 1,3. Wir sind von der gesetzlichen Vorgabe nicht abgewichen, da sich aus dem Sachverhalt keine Gründe für ein Abweichen nach oben oder unten ergeben haben.

▲

Soll mehr als die Mittel- oder Schwellengebühr geltend gemacht werden, ist die Ver- 116
gütungsberechnung nur dann ordnungsgemäß, wenn der RA dies unter Berücksichtigung von § 14 RVG erläutert (s. das Muster unter Rdn 121).

Hat der Auftraggeber bereits Vorschüsse auf die zu erwartende Vergütung gezahlt, ist es 117
erforderlich, dass sich die gezahlten Vorschüsse in der Vergütungsberechnung wiederfinden. Aus der Rechnung muss hervorgehen, **von wem, wann – also der Zahlungszeitpunkt – und in welcher Höhe ein Vorschuss** gezahlt wurde.

9. Unterzeichnung der Rechnung

Bislang musste der RA seine Vergütungsberechnung unterzeichnen. Dies wurde durch 118
das Gesetz zur weiteren Digitalisierung der Justiz geändert. Nunmehr genügt für die Vergütungsberechnung die Textform. Weiter genügt es, dass der RA die Mitteilung der Vergütungsberechnung an den Auftraggeber veranlasst.

Trotz dieser Vereinfachung ist jedoch die verpflichtende elektronische Rechnungsstellung für B2B-Auftraggeber unter Berücksichtigung der Vorschriften des § 14 UstG nebst entsprechender Übergangsfristen zu beachten.

10. Versand der Rechnung an RSV

Hat eine RSV die sog. Kostendeckungszusage erteilt, sollte ihr ein Exemplar der Ver- 119
gütungsberechnung gesandt werden.

Die Rechnung selbst ist dabei **adressiert an den Auftraggeber**. I.d.R. übersendet der RA in 120
diesen Fällen gleichzeitig eine Rechnung an den Auftraggeber und teilt dem Auftraggeber mit, dass er die Zahlung der Vergütung mit gleicher Post bei der Versicherung angefordert hat. Geht der RA so vor, dann fordert er die Vergütung vom Auftraggeber (die RSV erfüllt eine Verbindlichkeit des Auftraggebers). Der Anspruch bleibt gegenüber dem Auftraggeber auch dann bestehen, wenn die Rechtschutzversicherung nicht zahlen sollte.

121 ▼

9.6

Muster 9.6: Anforderung der Rechnung von der Rechtsschutzversicherung

Anrede,

in der Anlage überreichen wir unsere Vergütungsberechnung vom heutigen Tage, direkt adressiert an Ihren Versicherungsnehmer. Ihren Versicherungsnehmer haben wir von der erfolgten Rechnungslegung informiert und diesem ferner mitgeteilt, dass wir uns wegen des Ausgleichs der Rechnung unmittelbar mit Ihnen in Verbindung gesetzt haben.

Wir bitten Sie, Ihren Versicherungsnehmer unverzüglich von der geschuldeten Vergütungsforderung freizustellen. Auf die gesetzliche Verzinsungspflicht gem. §§ 286, 288 BGB verweisen wir.

Etwaige geleistete Vorschüsse haben wir von dem Rechnungsbetrag in Abzug gebracht.

Für den Fall, dass Sie Einwände gegen einzelne Rechnungspositionen erheben sollten, weisen wir daraufhin, dass wir uns unverzüglich an den Vergütungsschuldner (= Ihr Versicherungsnehmer) wegen aller ausstehenden Zahlungen wenden werden. Eine Teilzahlung nicht bestrittener Positionen erwarten wir dann selbstverständlich.

Für den Fall, dass sich klärungsbedürftige Sachverhalte telefonisch klären lassen, verzichten wir darauf, einen gesonderten Vergütungsanspruch diesbezüglich gegenüber dem Versicherungsnehmer geltend zu machen.

Die Höhe und die Zusammensetzung unseres Vergütungsanspruchs entnehmen Sie bitte der Anlage.

Grußformel

▲

122 ▼

9.7

Muster 9.7: Anschreiben an Auftraggeber – Rechnung wurde an Versicherung gesandt

Anrede,

wir haben mit gleicher Post unsere in der Anlage beigefügte Vergütungsberechnung an Ihre Versicherung mit der Bitte um Zahlungsausgleich weitergeleitet. Unser entsprechendes Anschreiben ist diesem ebenfalls als Abschrift beigefügt. Eine Zahlung ist zurzeit für Sie noch nicht zu veranlassen.

Der guten Ordnung halber weisen wir noch einmal darauf hin, dass, für den Fall, dass Ihre Versicherung nicht oder nur zum Teil leistet, wir dann hinsichtlich des (restlichen) Rechnungsausgleichs auf Sie als Auftraggeber und Vergütungsschuldner zurückkommen werden.

Etwaige Selbstbeteiligungen die Sie mit Ihrer Versicherung vereinbart haben, haben wir in der Regel bereits eingefordert, nachdem uns Ihre Versicherung von der vereinbarten Selbstbeteiligung informiert hat.

Grußformel

▲

11. Lauf der Verjährungsfrist

§ 10 Abs. 1 S. 2 RVG regelt eindeutig, dass der Lauf der Verjährungsfrist von der Mitteilung der Berechnung unabhängig ist. Mit der Übersendung der Rechnung kann der RA den Lauf der Verjährungsfrist nicht hemmen. Trotz Übersendung einer Rechnung tritt die Verjährung bei drohendem Ablauf der Verjährungsfrist ein. Die Verjährung der Vergütungsforderung des RA ist von der Fälligkeit des Vergütungsanspruchs gem. § 8 RVG abhängig. Die Verjährungsfrist beginnt mit der Fälligkeit des Vergütungsanspruchs zu laufen und zwar unabhängig davon, ob der RA dem Auftraggeber seine Vergütungsberechnung übersandt hat. 123

12. Weitere Anforderungen an die Rechnung aus umsatzsteuerlicher Sicht

Seit dem 1.1.2004 bedürfen alle Rechnungen, die den Rechnungsempfänger zur Geltendmachung des **Vorsteuerabzugs** berechtigen sollen, weitere Angaben, die ihre Grundlage nicht im RVG haben. 124

In jeder Rechnung und Gutschrift ist gem. § 14 Abs. 4 UStG die 125

- Steuernummer oder die
- Umsatzsteuer-Identifikationsnummer (USt-ID-Nr.) anzugeben. Das Fehlen der Steuernummer bzw. der USt-ID-Nr. führt zur Versagung des Vorsteuerabzugs.

Welche weiteren Angaben eine **Rechnung** gem. § 14 Abs. 4 UStG enthalten muss, wurde bereits unter Rdn 86 aufgeführt. 126

Durch die fortlaufende Nummer (**Rechnungsnummer**) soll sichergestellt werden, dass die Rechnung einmalig ist. Bei der Erstellung der Rechnungsnummer ist es zulässig, eine oder mehrere Zahlen- oder Buchstabenreihen zu verwenden. Auch eine Kombination von Ziffern mit Buchstaben ist möglich. 127

> *Praxistipp:* 128
>
> Nicht jeder RA möchte unbedingt nach außen tragen, wie viele Rechnungen er im Kalenderjahr bereits erteilt hat. Es ist nicht zwingend vorgeschrieben, dass der RA seine Rechnungsnummern mit 1 beginnt und mit 1.000 am Jahresende abschließt. Ein RA der am Jahresende 100 Rechnungen erstellt hat, kann einen größeren Gewinn erzielt

haben, als ein RA der 10.000 Rechnungen erstellt hat. Die Anzahl der Rechnungen sagt nicht automatisch etwas über den Gewinn. Aber sie kann natürlich ein Anzeichen sein. Nutzen Sie die gem. § 14 Abs. 4 UStG zulässigen anderen Darstellungsformen.

Die Angabe des Leistungszeitraumes in der Rechnung erschreckt viele Auftraggeber. Wer sich mit dem anwaltlichen Vergütungsrecht nicht auskennt, der glaubt, dass inhaltsgleiche Rechnungen immer wieder erstellt werden. Sie sollten daher eine kurze Erläuterung im Rechnungsanschreiben mit aufnehmen:

129 ▼

Muster 9.8: Erläuterung des Begriffes Leistungszeitraum

Aufgrund steuerrechtlicher Vorschriften sind wir gehalten, in jeder Rechnung einen Leistungszeitraum zu nennen. Unsere Gebühren entstehen jedoch aufgrund des sog. Pauschcharakters der Gebühren in jeder Angelegenheit nur einmal. Sie müssen nicht damit rechnen, in dieser Angelegenheit erneut eine Rechnung über die gleichen Vergütungsziffern zu erhalten.

▲

13. Muster einer Vergütungsberechnung

130 Da der Auftraggeber nicht selten die Rechnung zur Geltendmachung des Vorsteuerabzugs benutzt, haben nach meiner Auffassung Erläuterungen zur Ermittlung des Gegenstandswerts, der Höhe des Rahmens einer Gebühr, zum Gegenstandswert etc. nichts in der Rechnung selbst zu suchen. Diese Ausführungen haben das FA nicht zu interessieren. Der Auftraggeber erhält bei Rechnungsstellung daher **zwei Schreiben**: Das Rechnungsanschreiben mit allen erforderlichen Erläuterungen und die eigentliche Rechnung.

131 ▼

Muster 9.9: Rechnung an den Auftraggeber

(vollständige Absenderangaben, ggf. hier Steuernummer oder Umsatzsteuer-Identifikationsnummer, falls diese nicht anderweitig auf dem Briefkopf erscheint)

(vollständige Rechnungsanschrift, bei juristischen Personen mit Angabe der gesetzlichen Vertreter)

Betreff:

(Kurzbeschreibung der Tätigkeit, z.B.: Berufungsverfahren vor dem OLG zum Az., eigenes Aktenzeichen)

Anrede,

nachstehend erlauben wir uns, wegen der Fälligkeit der Vergütungsforderung gem. § 8 Abs. 1 RVG unsere Rechnung zu übermitteln:

Rechnungsnummer: *(Beispiel: 150003100/ggf. kombiniert mit Aktenzeichen)*

Leistungszeitraum: *(Beispiel: Beginn des Berufungsverfahrens – Abschluss des gebührenrechtlichen Berufungsverfahrens)*

Gegenstandswert: EUR *(Angabe der gesetzlichen Vorschriften nicht erforderlich)*

Berechnet nach der Tabelle zu § 13 RVG, Vergütungsverzeichnis gem. § 2 Abs. 2 RVG

1,6 Verfahrensgebühr gem. Nr. 3200 VV RVG	EUR
1,2 Terminsgebühr gem. Nr. 3202 VV RVG	EUR
Entgelte für Post- und Telekommunikationsdienstleistungen gem. Nr. 7002 VV RVG	EUR
Zwischensumme netto	EUR
19 % Umsatzsteuer gem. Nr. 7008 VV RVG	EUR
Summe	EUR

Wir bitten um Überweisung des Rechnungsbetrages in Höhe von EUR bis spätestens auf eines unserer aus dem Briefbogen ersichtlichen Konten unter Angabe unseres Aktenzeichens: „ “.

Bitte beachten Sie, dass gem. §§ 284, 286 BGB eine gesetzlich vorgeschriebene Verzinsung des obigen Vergütungsanspruchs eintritt, wenn eine fristgerechte Zahlung nicht erfolgt.

Wir fügen diesem Schreiben ein Doppel bei (Abschrift). Die Rechnung wollen Sie bitte sorgfältig aufbewahren und zu Ihren Steuerunterlagen nehmen.

Für den Fall einer Vorsteuerabzugsberechtigung Ihrerseits können Sie die in dieser Rechnung enthaltene Umsatzsteuer von Ihrer eigenen Vorsteuerzahllast in Abzug bringen. Die Abzugsberechtigung ist erst nach erfolgter Zahlung zulässig.

Grußformel

▲

Praxistipp: 132

In manchen Fällen weiß man mit Sicherheit bereits bei der Erstellung der Vergütungsberechnung, dass es mit dem Auftraggeber (gerichtliche) Auseinandersetzungen geben wird. In einem solchen Fall sollten Sie für den Nachweis des Zugangs der Rechnung Vorsorgemaßnahmen ergreifen.

Entweder Sie stellen die Rechnung durch Einschaltung eines Gerichtsvollziehers oder über einen Boten zu, der in seiner Zustellquittung bescheinigt, dass und vor allem welches Schriftstück er wann zugestellt hat.

E. Vorschuss

I. Vorschuss gem. § 9 RVG

133 **§ 9 RVG Vorschuss**

Der Rechtsanwalt kann von seinem Auftraggeber für die entstandenen und die voraussichtlich entstehenden Gebühren und Auslagen einen angemessenen Vorschuss fordern.

134 Aus dem zwischen dem RA und dem Auftraggeber geschlossenen Vertrag ergibt sich die Anspruchsgrundlage für die Vergütungsforderung des RA. **Anspruchsgrundlage** für die anwaltliche Vergütung ist nicht das RVG, sondern i.d.R. der **geschlossene Vertrag**, meist ein Geschäftsbesorgungsvertrag (§ 675 Abs. 1 BGB). Dass der RA das Recht hat, einen Vorschuss zu fordern, ergibt sich aus dem RVG. Sein Recht einen Vorschuss zu fordern, ergibt sich bereits aus § 669 BGB. Das Vorschussrecht nach dem BGB ist jedoch eingeschränkt. Nach dem BGB könnte der RA nur einen Vorschuss für die erforderlichen Aufwendungen (Auslagen entsprechend Teil 7 VV RVG) fordern. Daher gibt § 9 RVG dem RA das Recht auf einen **Vorschuss für seine Vergütungsansprüche** (Gebühren und Auslagen, § 1 Abs. 1 RVG). Der RA darf einen Vorschuss auf die voraussichtlich entstehende Vergütung erheben.

135 *Praxistipp:*

Jeder RA kann einen Vorschuss anfordern. Dieses Recht steht daher auch dem Unterbevollmächtigten zu. Trägt Ihnen ein anderer RA ein Mandat an, kennen Sie i.d.R. den Auftraggeber und dessen Zahlungsmoral bzw. finanziellen Verhältnisse nicht. Daher sollten Sie von Ihrem Vorschussrecht auch dann Gebrauch machen, wenn Sie lediglich Unterbevollmächtigter sind.

136 ▼

9.10 **Muster 9.10: Anforderung eines Vorschusses des Unterbevollmächtigten gegenüber dem Hauptbevollmächtigten**

Anrede,

wir bedanken uns für die Übertragung des Mandats und die überlassene Vollmacht zur Wahrnehmung des Gerichtstermins vor dem Gericht zum Az. am (Datum). Der Termin ist hier entsprechend notiert. Allerdings machen wir die Übernahme des Auftrags vom Ausgleich des aus der Anlage ersichtlichen Vorschussbetrages abhängig.

Wir erlauben uns hier als potenzieller Unterbevollmächtigter von unserem Recht auf die Anforderung eines Vorschusses gem. § 9 RVG Gebrauch zu machen. Eine auf den Auftraggeber ausgestellte Rechnung finden Sie in der Anlage. Wir haben in der Rechnung den Auftraggeber ausdrücklich darauf hingewiesen, dass eine Vertretung seiner Interessen durch uns nur erfolgt, wenn der angeforderte Vorschuss rechtzeitig vor dem anberaumten Termin hier eingeht. Selbstverständlich ist es auch ausreichend, wenn der Vorschuss zunächst zweckgebunden bei Ihnen eingeht und Sie uns über den Zahlungseingang des Vorschusses informieren. Auf eine zweckgebundene Vorschussleistung zum Zwecke der Weiterleitung an uns legen wir dann aber explizit wert.

Sollte eine Rechtsschutzversicherung Kostendeckung erteilt haben, bitten wir Sie, zur Vereinfachung und Beschleunigung der Angelegenheit, an die Versicherung unsere Rechnung zum Zwecke des Ausgleichs weiterzureichen. In diesem Fall ist es ausreichend, wenn Sie uns vor dem Termin eine entsprechende Zahlungsankündigung der Versicherung überlassen.

Wir gehen davon aus, dass Sie den Auftraggeber bereits auf die kostenerstattungsrechtlichen Folgen der Beauftragung mehrerer unabhängig voneinander tätiger Rechtsanwälte hingewiesen haben und unterlassen entsprechende Ausführungen daher.

Unsere anhängende Rechnung ist mit zwei Abschriften versehen. Das Original bitten wir Sie, an den Auftraggeber weiterzuleiten.

Unsere Bankverbindung entnehmen Sie bitte unserem Briefbogen.

Grußformel

137

Muster 9.11: Vorschussrechnung an den Hauptbevollmächtigten 9.11

___ *(Vollständige Anschrift des Auftraggebers)*

Betreff: ___ *(Gericht, gerichtliches Az.)*

Wahrnehmung des Gerichtstermins

Anrede,

die Rechtsanwälte ___ aus ___ haben uns in Ihrem Namen beauftragt, den Gerichtstermin in ___ vor dem ___ Gericht ___ zum Aktenzeichen ___ am ___ wahrzunehmen.

Aus diesem Grunde erlauben wir uns, Ihnen nachstehend unsere Vorschussrechnung zu überreichen.

Rechnungsnummer: ___

Leistungszeitraum: ___

Gegenstandswert: ___

Berechnet nach der Tabelle zu § 13 RVG, Vergütungsverzeichnis gem. § 2 Abs. 2 RVG

0,65 Verfahrensgebühr gem. Nr. 3100, 3401 VV RVG	___	EUR
1,2 Terminsgebühr gem. Nr. 3104, 3402 VV RVG	___	EUR

Entgelte für Post- und Telekommunikationsdienstleistungen gem. Nr. 7002 VV RVG EUR

Zwischensumme netto EUR

19 % Umsatzsteuer gem. Nr. 7008 VV RVG EUR

– *(Steuernummer)*

Summe EUR

Bitte überweisen Sie den Rechnungsbetrag rechtzeitig vor dem Gerichtstermin. Wir weisen ausdrücklich darauf hin, dass wir die Annahme des Auftrags und unsere Tätigkeit von dem rechtzeitigen Ausgleich der Vorschussrechnung abhängig machen.

Unsere Bankverbindung entnehmen Sie bitte dem Briefbogen. Bei der Überweisung wollen Sie bitte unser Aktenzeichen „ “ angeben.

Grußformel

▲

II. Vorschuss gem. § 1360a BGB

138 In einigen Familiensachen hat der Auftraggeber das Recht auf einen Vorschuss zur Führung des Verfahrens gegenüber dem Antragsgegner. Gegen diese Dritten, deren Vorschusspflicht nur gegenüber dem Auftraggeber besteht (§ 1360a BGB), hat der RA kein eigenes Vorschussrecht. Der RA kann die Zahlung eines Vorschusses nicht im eigenen Namen geltend machen. Er muss den Vorschuss für den Auftraggeber geltend machen, eine eigene Anspruchsgrundlage zur Forderung des Vorschusses steht dem RA nicht zu. Dies gilt auch für die gesetzliche Unterhaltspflicht des Minderjährigen. Im Rahmen dieser Unterhaltspflicht kann der RA den Vorschuss nur von dem oder den gesetzlichen Vertretern im Namen des Minderjährigen geltend machen, ihn aber nicht für sich selbst fordern.

III. Form der Vorschussrechnung

139 Die Vorschussrechnung muss nicht den Formvorschriften des § 10 RVG genügen (z.B., wenn der RA einen Gesamtbetrag einfordert, etwa 1.500,00 EUR o.Ä.). Bei der Vorschussrechnung sind hingegen die Vorgaben des Zweiten Gesetzes zur Änderung steuerrechtlicher Vorschriften (Steueränderungsgesetz 2003 v. 15.12.2003, BGBl I, S. 2645) insbes. die Vergabe einer erforderlichen Rechnungsnummer etc. zu beachten. Für die Vorschussrechnung ist die Einhaltung der Anforderungen aus § 14 Abs. 4 UStG i.V.m. § 14 Abs. 5 UStG erforderlich.

Praxistipp: 140

Halten Sie sich so weit wie möglich an die Anforderungen in § 10 RVG. Es ist für eine spätere Abrechnung sowieso erforderlich, dass Sie sich damit auseinandersetzen, welche Gebühren entstanden sind und welchen Gegenstandswert die Angelegenheit hat. Auch das häufig in der Praxis anzutreffende Argument, den Auftraggeber durch „hohe" Vorschussforderungen nicht verschrecken zu wollen, führt dann bei der Schlussrechnung dazu, dass Sie ggf. lange Zeit benötigen um noch verbliebene Vergütungsansprüche durchzusetzen. Der Vorschuss dient in erster Linie der Sicherung des gesamten Vergütungsanspruchs.

IV. Vorschuss und Übernahme des Auftrags

In der Annahme eines Auftrags ist der RA grds. frei. Er kann regelmäßig nicht gezwungen 141 werden, einen bestimmten Auftrag anzunehmen und diesen auszuführen. Auch wird vom RA nicht verlangt, dass er unentgeltlich tätig ist. Der RA kann, darf, sollte und muss in heutigen Zeiten die Annahme des Auftrags von der Zahlung eines Vorschusses abhängig machen. Die Annahme des Auftrags hängt dann von einer Bedingung ab – nämlich der Zahlung des Vorschusses durch den Auftraggeber. Selbstverständlich kann der RA den Auftrag annehmen und zunächst keinen Vorschuss geltend machen. In diesen Fällen geht er aber das Risiko ein, dass sein Vergütungsanspruch nicht erfüllt wird.

Selbstverständlich gibt es Auftraggeber, die schon lange Jahre durch den RA vertreten 142 werden. Hat sich bereits ein besonderes Vertrauensverhältnis herausgebildet und der Auftraggeber durch sein bisheriges Zahlungsverhalten bewiesen, dass keine Ausfälle zu befürchten sind, muss kein Vorschuss gefordert werden. Aber achten Sie einmal darauf, wie schnell man sich in der Einschätzung des Zahlungsverhaltens eines Auftraggebers irren kann. Häufig zahlt gerade der Auftraggeber, bei dem man davon ausging, er würde sicher zahlen, bei Beendigung der Angelegenheit dann nicht. Auch können Mandate aus bestimmten Bereichen (z.B. Vertretung in Betrugsverfahren, etc.) einen Vorschuss mehr als nötig machen. Mein Ausbilder hatte hierzu den passenden Spruch: *„Traue niemals einem Betrüger"*.

Vorsicht ist geboten, wenn der Auftraggeber Ihnen nach einem Anwaltswechsel das Man- 143 dat überträgt. Selbstverständlich kann es gute Gründe dafür geben, dass der Mandant den RA gewechselt hat. Können Sie aber sehen, dass dies nicht das erste Mal der Fall ist und Sie in einer Reihe von Kollegen nur eine weitere beauftragte Kanzlei sind, sollten Sie hier vor einem Tätigwerden einen angemessenen Vorschuss fordern.

Will der Auftraggeber Ihnen ein Mandat übertragen, bei dem innerhalb kürzester Zeit 144 Fristen abzulaufen drohen (insbesondere Rechtsbehelfs- und Rechtsmittelfristen), sollten Sie ohne Vorschuss nicht tätig werden. In solchen Fällen droht neben dem Vergütungsausfall auch noch ein erhebliches Haftungsrisiko. Nicht selten überlassen Ihnen potenzielle Auftraggeber unaufgefordert Unterlagen zum Verfahren, ohne dass bereits ein Auftragsverhältnis zustande gekommen ist. Hier sollten Sie unverzüglich reagieren. Ihre zeitliche Reaktion sollte so erfolgen, dass der Auftraggeber noch Gelegenheit zu zahlen hat oder aber einen anderen RA mit seiner Vertretung beauftragen kann.

145 ▼

Muster 9.12: Vorschussanforderung bei drohendem Fristablauf – Neumandat

Versand des Schreibens per E-Mail und mit einfacher Post, wenn möglich

Anrede,

wir danken für die ohne unsere Aufforderung zur Verfügung gestellten Unterlagen. Diesen Unterlagen konnten wir entnehmen, dass in Ihrer Angelegenheit bis zum beim Gericht das Rechtsmittel der einzulegen ist. Diese Frist kann nicht verlängert werden.

Das Rechtsmittel ist innerhalb einer Frist von zwei Monaten ab Zustellung beim bisherigen Prozessbevollmächtigten zu begründen.

Bitte haben Sie Verständnis dafür, dass wir hier die Auftragsübernahme von der Zahlung eines Vorschusses abhängig machen. Aus der in der Anlage beigefügten Vorschussrechnung können Sie einen Vorschuss in Höhe von EUR entnehmen.

Da die Frist bereits am abläuft, müssen Sie bitte sicherstellen, dass uns dieser Vorschuss vorher zugeht. Der Nachweis einer bankbestätigten Überweisung ist ausreichend (nicht jedoch ein Auszug aus dem Online-Banking). Sie können den Vorschussbetrag auch bar in unserer Kanzlei während der aus dem Briefbogen ersichtlichen Öffnungszeiten leisten.

Ohne erfolgten Zahlungsausgleich wird keine Tätigkeit durch uns erfolgen, denn es liegt noch kein wirksames Auftragsverhältnis vor. Eine Tätigkeit gegenüber dem Gericht muss innerhalb der Rechtsmittelfrist erfolgen. Weiter besteht für dieses Verfahren Anwaltszwang.

Wird die Rechtsmittelfrist versäumt, können Sie unter bestimmten Voraussetzungen Wiedereinsetzung in den vorigen Stand beantragen.

Wir werden hier auch nicht im Rahmen der sog. Prozesskostenhilfe tätig. Denn bis zum Bewilligungsbeschluss des Gerichts ist eine Sicherung unserer Vergütung nicht gegeben. Auch vermögen wir die Erfolgsaussichten eines weiteren Vorgehens nicht einzuschätzen, da auch eine diesbezügliche Tätigkeit unsererseits von der Zahlung eines Vorschusses abhängig gemacht wird.

Sollten Sie jetzt davon Abstand nehmen, uns beauftragen zu wollen, bitten wir um entsprechende Information. Ihre Unterlagen können Sie jederzeit nach vorheriger Ankündigung in unserer Kanzlei abholen. Sollten Sie sich nicht innerhalb von sechs Monaten wieder mit uns in Verbindung gesetzt haben, würden wir diese Unterlagen vernichten. Eine Aufbewahrungspflicht gibt es nicht, da noch kein Mandatsverhältnis zustande gekommen ist.

Grußformel

▲

Hinweis: 146

Denken Sie bitte daran, die Vorschussrechnung beizufügen und sinnvollerweise die Verfahrens- und Terminsgebühr nebst Auslagen zu berechnen.

Kann der Auftraggeber eine Vorschusszahlung nicht mehr rechtzeitig leisten, sollte der RA den Auftrag unverzüglich ablehnen. Vom RA kann nicht verlangt werden, anwaltliche Tätigkeiten auszuüben und dafür auch zu haften, ohne dass sichergestellt wäre, dass er eine Vergütung für seine Tätigkeit erhält. 147

Wichtig ist es, zu unterscheiden, ob der RA den Auftrag annimmt und anschließend einen Vorschuss fordert oder ob er die Annahme des Auftrags von der Zahlung des Vorschusses abhängig macht. Nimmt der RA den Auftrag an und fordert dann einen Vorschuss, so muss der RA unaufschiebbare Tätigkeiten vor Eingang des Vorschusses ausführen. Es kommt daher darauf an, dass der RA eindeutig erklärt, ob er den Auftrag annimmt und einen Vorschuss fordert, oder ob er die Annahme des Auftrags von der Zahlung eines Vorschusses abhängig macht. Sollte das entsprechende Anschreiben unsauber formuliert/diktiert sein, zögern Sie bitte nicht, Ihren RA darauf hinzuweisen und das Anschreiben entsprechend zu korrigieren. 148

Praxistipp: 149

In vielen Kanzleien wird erst einmal das Mandat angenommen, eine Tätigkeit ausgeführt und dann ein Vorschuss angefordert. Hier sollten Sie sich fragen, was Sie zu verlieren haben, wenn Sie von dieser Routine abweichen. Wenn Sie das fristgebundene Mandat nur gegen Zahlung eines Vorschusses annehmen und der Auftraggeber nicht zahlt, haben Sie Zeit gewonnen, die in Akten investiert werden kann, in denen der Vergütungsanspruch geleistet wird. Sie haben Stress vermieden. Der Auftraggeber, der Ihre Vorschussanforderung nicht leistet, hätte auch später nicht geleistet. Das Mandat, das auf diese Weise nicht zustande kommt, ist kein verlorenes Mandat, sondern in jeder Hinsicht ein Gewinn.

V. Höhe des Vorschusses

Erlaubt ist hier nicht, was gefällt und einem gerade so in den Sinn kommt. Der RA darf einen angemessenen Vorschuss auf die entstehende oder bereits entstandene Vergütung 150 fordern. Der Höhe nach ist der Vorschuss daher an der Gesamtvergütung zu orientieren. Der Vorschuss kann bis zur Höhe der zu erwartenden Gesamtvergütung geltend gemacht werden.

151 *Praxistipp:*

Vor- bzw. außergerichtlich wird der RA daher in vielen Fällen zunächst eine Geschäftsgebühr gem. Nr. 2300 VV RVG fordern.

Weisen Sie den Auftraggeber bei der Vorschussanforderung bereits auf die Anrechnungsproblematik hin (s. Muster unter Rdn 166 und die Ausführungen in § 8).

152 ▼

Muster 9.13: Vorschussanforderung bei Rahmengebühren

9.13 Mit dem Vorschuss berechnen wir eine sog. Rahmengebühr. Die Bestimmung des Gebührenrahmens erfolgt im Wege des Vorschusses nur vorläufig. Eine endgültige Bestimmung des Gebührenrahmens erfolgt bei Abschluss der Angelegenheit und Fälligkeit der Vergütung im Sinne von § 8 RVG unter Berücksichtigung von § 14 RVG.

▲

Ein solcher Zusatz stellt sicher, dass Sie in der Schlussrechnung bei Rahmengebühren von dem in der Vorschussrechnung bestimmten Gebührenrahmen nach oben abweichen können. Zudem können Sie bei einer möglichen Beschwerde des Auftraggebers, warum die Gebühr plötzlich höher ausfällt, diesen auf den entsprechenden Zusatz verweisen.

Auch bei Vorschussanforderungen gegenüber Rechtsschutzversicherungen ist dieser Zusatz angemessen.

153 Der RA hat auch einen Anspruch auf Geltendmachung eines Vorschusses, wenn eine Vergütungsvereinbarung vorliegt, unabhängig vom Inhalt der Vereinbarung. Dies wird allerdings für den Fall der Vereinbarung eines Erfolgshonorars nicht gelten, außer der RA hat eine entsprechende Vereinbarung getroffen.

VI. Angeforderter Vorschuss wird nicht gezahlt

154 Zahlt der Auftraggeber die Vorschussforderung nicht, so hat der Verstoß gegen diese Zahlungsverpflichtung verschiedene Rechtsfolgen. Der RA ist nicht verpflichtet, ohne eine Vorschusszahlung tätig zu werden. Er ist auch nicht verpflichtet, die Vorschusszahlung in Raten anzunehmen. Der Vorschuss kann als Ganzes gefordert werden. Der RA kann sich mit der Ratenzahlung einverstanden erklären, er muss es aber nicht.

155 Zahlt der Auftraggeber den Vorschuss nicht, muss der RA nicht weiter tätig werden. Der RA hat das Recht zur **fristlosen Kündigung des Mandatsvertrags**. Der RA ist nach der fristlosen Kündigung des Vertrags wegen nicht erfolgter Vorschusszahlung nach § 671 Abs. 2 S. 1 BGB auch nicht mehr verpflichtet, sog. unaufschiebbare Geschäfte für den

Auftraggeber vorzunehmen. Nimmt er diese unaufschiebbaren Geschäfte für den Auftraggeber nach Kündigung nicht mehr vor, haftet er nicht für einen etwaigen Schaden (§ 671 Abs. 2 S. 2 BGB).

Das **Kündigungsrecht des RA** und seine Untätigkeit dürfen, wenn unaufschiebbare Ge- 156
schäfte zu tätigen wären (z.B. bei Notfristablauf), **nicht zur Unzeit ausgeübt** werden. Der RA ist daher verpflichtet, die beabsichtigte Kündigung bzw. Untätigkeit anzukündigen. Sinnvollerweise wird der RA den Auftraggeber bereits in der Vorschussanforderung darauf hinweisen, welche Folgen eine Nichtzahlung des Vorschusses hat. Ferner ist es sinnvoll, den Zugang der Vorschussanforderung, die eine Ankündigung der Untätigkeit oder Androhung der Kündigung enthält, sicherzustellen (§§ 130, 132 BGB).

▼ 157

Muster 9.14: Kündigung bei nicht gezahltem Vorschuss 9.14

Anrede,

bedauerlicherweise haben Sie den mit Schreiben vom ______ angeforderten Vorschuss in Höhe von ______ EUR nicht geleistet.

Bereits in unserer Vorschussanforderung vom ______ hatten wir darauf hingewiesen, dass wir eine weitere Tätigkeit unsererseits und eine Vertretung Ihrer rechtlichen Interessen von dem Ausgleich der Vorschussforderung abhängig machen werden. Wir hatten Sie weiter darüber in Kenntnis gesetzt, dass bei fruchtlosem Fristablauf das Mandatsverhältnis von uns gekündigt werden wird.

Aus diesem Grunde

kündigen

wir hiermit das Mandatsverhältnis mit sofortiger Wirkung. Weitere Tätigkeiten werden wir auch dann nicht ausführen, wenn unsere Untätigkeit einen erheblichen rechtlichen Nachteil für Sie bedeuten würde.

Die Kündigung des Mandatsverhältnisses befreit Sie nicht von der Verpflichtung, die bisher entstandene Anwaltsvergütung zu begleichen.

Unsere Schlussrechnung haben wir beigefügt und mit gleicher Post gerichtliche Schritte zur Durchsetzung der Vergütungsforderung ergriffen.

Ihre Unterlagen können Sie nach vollständigem Ausgleich unserer Rechnung ausgehändigt erhalten. Bis dahin machen wir von unserem Zurückbehaltungsrecht Gebrauch.

Abschließend weisen wir darauf hin, dass sich die gegen Sie gerichtete Vergütungsforderung aus der beigefügten Schlussrechnung durch Zinsen und weitere Kosten erhöhen wird, sollte ein fristgerechter Ausgleich nicht erfolgen.

Für die weitere Verfolgung Ihres Anliegens wünschen wir Ihnen trotz allem viel Erfolg.

Grußformel

▲

158 *Hinweis:*

- Die Schlussrechnung ist beizufügen.
- Unbedingt auf den Zugang der Kündigung achten – ggf. (bei absehbarem Fristablauf) Zustellung über den Gerichtsvollzieher/Boten
- Bei Vergütungsforderungen aus einem gerichtlichen Verfahren können Sie gleichzeitig Vergütungsfestsetzung gem. § 11 RVG beantragen.
- Ggf. muss Gebührenklage erhoben werden.

VII. Vorschuss und Rechtsschutzversicherung

159 Der RA hat keinerlei Vertragsverhältnis mit der Rechtsschutzversicherung des Auftraggebers. Der Auftraggeber hat den Vertrag mit der Versicherung abgeschlossen; daher kann nur der Auftraggeber Ansprüche gegenüber der Rechtsschutzversicherung geltend machen. Die Auseinandersetzung mit der Rechtsschutzversicherung, das Einholen der Kostendeckungszusage, die Übersendung der Rechnung usw. geschehen nur aufgrund eines besonderen Auftrags, den der Auftraggeber dem RA erteilt. Dieser Auftrag ist völlig unabhängig vom eigentlichen Auftrag zu sehen.

160 Eine Beziehung zwischen beiden Aufträgen besteht nur dann, wenn der Auftraggeber die Vertretung im Hauptanliegen davon abhängig macht, dass die Versicherung Kostendeckung erteilt. Der RA hat einen eigenen besonderen Vergütungsanspruch für seine Tätigkeit gegenüber der Rechtsschutzversicherung (s. Ausführungen unter § 8 Rdn 42). Der RA kann jederzeit dem Auftraggeber seine Rechnung und Vorschussrechnung direkt übersenden und den Auftraggeber auffordern, für eine Zahlung durch die Versicherung zu sorgen.

161 Hat die Rechtsschutzversicherung Kostendeckungszusage erteilt, so hat der Auftraggeber einen Anspruch auf Freistellung von Vorschussforderungen des RA (§ 1 Abs. 2 Allgemeine Rechtsschutzbedingungen – ARB).

162 Eine Vorschussforderung auch bei Auftraggebern, die über eine Rechtsschutzversicherung verfügen, sollte auf alle Fälle erfolgen. Da die Rechtsschutzversicherung nur den Freistellungsanspruch des Versicherungsnehmers (Auftraggebers) erfüllt, kann sie die an den RA geleisteten Vorschüsse nicht zurückverlangen, wenn die Kostendeckungszusage nach Zahlung widerrufen wird oder aus sonstigen Gründen Ersatzansprüche der Rechtsschutzversicherung gegenüber ihrem Auftraggeber (Versicherungsnehmer) beste-

hen. Dies kann der Fall sein, wenn der Auftraggeber Folgeprämien nicht leistet, oder aber der Verfahrensgegner die Aufrechnung mit Kostenerstattungsansprüchen erklärt.

Darüber hinaus hat der Auftraggeber gegenüber der Rechtsschutzversicherung ein Wei- 163
sungsrecht. Er kann seine Versicherung anweisen, nicht (oder nicht mehr) an den RA zu leisten. Selbstverständlich kann der RA dann seine Vergütungsansprüche direkt gegenüber dem Auftraggeber geltend machen. Hat der RA bereits einen angemessenen Vorschuss erhalten, betrifft ihn eine anschließende Zahlungsanweisung des Auftraggebers nicht mehr (häufig insbes. im Fall eines Anwaltswechsels), auch Ersatzansprüche der Versicherung kann diese nur gegenüber dem Auftraggeber geltend machen. War der von der Versicherung angeforderte Vorschuss höher, als die tatsächlich entstandene Vergütung, kann die Rechtsschutzversicherung verlangen, dass nicht verbrauchte Vorschüsse erstattet werden. Das Bestehen einer Rückzahlungspflicht gegenüber der Rechtsschutzversicherung ist abhängig vom Rückforderungsgrund.

In vielen Kostendeckungszusagen finden Sie den Zusatz, dass die RSV darum bittet, von 164
einer Vorschussforderung abzusehen. Dieser Bitte sollten Sie auf keinen Fall nachkommen (s.o.).

VIII. Angabe des Vorschusses in der Schlussrechnung

Der erhaltene Vorschuss muss gem. § 10 Abs. 1 RVG in der Schlussrechnung genannt 165
sein. Sie haben auch bei der **Vorschussanforderung die USt ausgewiesen**. In der Schlussrechnung sollten Sie daher von der Vergütung den Nettobetrag des bereits geleisteten Vorschusses und von der USt den anteilig darin enthalten USt-Betrag abziehen. Hier gibt es erhebliche Unterschiede der Darstellung je nachdem, ob, und wenn ja, welche Software Sie für die Erstellung der Vergütungsberechnung nutzen. Bitte denken Sie daran: Nur weil ein Softwareunternehmen etwas als Lösungsvorschlag anbietet, heißt das noch lange nicht, dass dieser Vorschlag richtig ist. Anhand der umfangreichen Rechtsprechung zu fast allen Themen, die wir kennen, wissen wir: „Wo zwei sich streiten, gibt es meist sogar noch eine dritte und eine vierte Auffassung". Hier rate ich jedem, einen Steuerberater zu befragen, ob die Darstellung der Rechnung durch die eingesetzte Software den steuerrechtlichen Anforderungen standhält. Richtig ist nämlich, was der zuständige Finanzbeamte als richtig gelten lässt.

▼ 166

Muster 9.15: Abzug der gezahlten Vorschüsse 9.15

Den von Ihnen geleisteten Vorschuss haben wir in der Rechnung in Abzug gebracht. Der Abzug ist aufgeteilt in den Nettovorschuss und die darin enthaltene Umsatzsteuer.

Zwischensumme Vergütungsbetrag netto	EUR
Abzüglich netto gezahlter Vorschuss	EUR

Zwischensumme netto		EUR
19 % Umsatzsteuer auf Vergütungsbetrag netto	EUR	
abzüglich gezahlter Vorschuss auf Umsatzsteuer	EUR	
Zwischensumme Vorsteuer nach Abzug Vorschuss		EUR
Summe: (= Vergütung + Umsatzsteuer)		EUR

▲

§ 10 Die gerichtliche Geltendmachung der Vergütung

Mareike Späth/Gundel Baumgärtel

Inhalt

A. Vorbemerkung

1 **§ 11 RVG Festsetzung der Vergütung (verkürzte Darstellung)**

(…)

(2) Der Antrag ist erst zulässig, wenn die Vergütung fällig ist. Vor der Festsetzung sind die Beteiligten zu hören. Die Vorschriften der jeweiligen Verfahrensordnung über das Kostenfestsetzungsverfahren mit Ausnahme des § 104 Abs. 2 Satz 3 der Zivilprozessordnung und die Vorschriften der Zivilprozessordnung über die Zwangsvollstreckung aus Kostenfestsetzungsbeschlüssen gelten entsprechend. Das Verfahren vor dem Gericht des ersten Rechtszugs ist gebührenfrei. In den Vergütungsfestsetzungsbeschluss sind die von dem Rechtsanwalt gezahlten Auslagen für die Zustellung des Beschlusses aufzunehmen. Im Übrigen findet eine Kostenerstattung nicht statt; dies gilt auch im Verfahren über Beschwerden.

(…)

(4) Wird der vom Rechtsanwalt angegebene Gegenstandswert von einem Beteiligten bestritten, ist das Verfahren auszusetzen, bis das Gericht hierüber entschieden hat (§§ 32, 33 und 38 Abs. 1).

(5) Die Festsetzung ist abzulehnen, soweit der Antragsgegner Einwendungen oder Einreden erhebt, die nicht im Gebührenrecht ihren Grund haben. Hat der Auftraggeber bereits dem Rechtsanwalt gegenüber derartige Einwendungen oder Einreden erhoben, ist die Erhebung der Klage nicht von der vorherigen Einleitung des Festsetzungsverfahrens abhängig.

(…)

(7) Durch den Antrag auf Festsetzung der Vergütung wird die Verjährung wie durch Klageerhebung gehemmt.

(8) Die Absätze 1 bis 7 gelten bei Rahmengebühren nur, wenn die Mindestgebühren geltend gemacht werden oder der Auftraggeber der Höhe der Gebühren ausdrücklich zugestimmt hat. Die Festsetzung auf Antrag des Rechtsanwalts ist abzulehnen, wenn er die Zustimmungserklärung des Auftraggebers nicht mit dem Antrag vorlegt.

B. Allgemeines

2 Auch in Kanzleien kommt es immer wieder vor, dass Auftraggeber ihre Rechnung nicht begleichen. Der RA muss dann, wie jeder andere, der eine Dienstleistung erbringt, die Gerichte zur Durchsetzung seiner Vergütung einschalten. Vor der gerichtlichen Geltendmachung wird der RA den Auftraggeber an die Bezahlung der offenen Rechnung erinnern bzw. mahnen. Zahlt der Auftraggeber auch dann nicht, kann der RA die gerichtliche Geltendmachung betreiben. Hierfür gibt es zwei Möglichkeiten:

I. Ursprung der Vergütungsforderung im Gerichtsverfahren

3 Stammt die Vergütungsforderung aus einem gerichtlichen Verfahren, wird der RA die Vergütungsfestsetzung (nicht: Kostenfestsetzung!) nach § 11 RVG betreiben.

Dabei muss unterschieden werden, ob der RA **Wertgebühren** oder **Rahmengebühren** geltend macht.

II. Ursprung der Vergütungsforderung außerhalb gerichtlicher Verfahren

Stammt die Vergütungsforderung nicht aus einem gerichtlichen Verfahren (z.B. sämtliche Ansprüche aus Teil 2 VV RVG), kann der RA entweder das Mahnverfahren oder aber die streitige gerichtliche Auseinandersetzung wählen. Man nennt die Klage, die ein RA einreicht, wenn er einen solchen Anspruch verfolgt, auch **Gebührenklage** (oder Vergütungsklage). 4

C. Vergütungsfestsetzung

I. Zulässigkeit des Vergütungsfestsetzungsverfahrens gem. § 11 RVG

§ 11 RVG ermöglicht dem RA, der in irgendeinem gerichtlichen Verfahren tätig gewesen ist, ein einfaches, kostengünstiges und schnelles Verfahren zur Titulierung seiner Vergütungsforderung. 5

Bevor der RA gerichtliche Schritte zur Geltendmachung seiner Forderung ergreift, ist davon auszugehen, dass der Auftraggeber sich mit der Zahlung der Vergütung in Verzug befindet, oder auf andere Weise deutlich eine Zahlung der Vergütung verweigert. Bei Eintritt des Zahlungsverzugs wird der RA den Auftraggeber mahnen. Im Fall einer sonstigen eindeutigen Leistungsverweigerung ist zu überlegen, ob der Antrag auf Vergütungsfestsetzung überhaupt noch sinnvoll und erforderlich ist, oder aber gleich andere (teurere) gerichtliche Maßnahmen zur Geltendmachung der Forderung ergriffen werden sollten.

1. Mahnung der Vergütung

Während meiner Ausbildung vor fast 30 Jahren und in den Anfangsjahren meiner Berufstätigkeit kam es äußerst selten vor, dass man einen Mandanten an eine ausstehende Rechnung erinnert hat, geschweige denn eine Vergütungsforderung titulieren und anschließend vollstrecken musste. Dies hat sich in den letzten Jahren deutlich geändert. Es ist heute leider fast tägliches Geschäft, offene Vergütungsforderungen anzumahnen, zu titulieren und beizutreiben. Auch die Ausreden der Mandanten, warum Rechnungen nicht beglichen wurden, werden immer kreativer. Sie reichen von verschollener Post über Bankfehler bis zur Krankheit des Haustiers etc. Eine sehr schöne Geschichte musste sich auch 6 eine Kollegin anhören: Deren Auftraggeber teilte auf Zahlungserinnerung mit, in seinem Briefkasten würden Vögel nisten, deshalb hätte er die Rechnung nicht zahlen können.

7 *Praxistipp:*

Die richtige Mahnung ist schwierig. Auf der einen Seite möchten Sie den Auftraggeber halten und Folgemandate von diesem erhalten (natürlich nur, wenn er auch zahlt und es sich lohnt). Auf der anderen Seite möchten und können Sie auf bestehende Vergütungsansprüche nicht verzichten. Vor einer ersten schriftlichen Mahnung können Sie telefonisch mit dem Auftraggeber Kontakt aufnehmen. Sicher, das ist nicht immer leicht. Aber sehen Sie es so: Sie rufen nicht einfach so an, sondern Sie bzw. Ihr Arbeitgeber hat eine berechtigte Forderung, für die auch eine Leistung erbracht wurde. Bleiben Sie freundlich und stellen Sie den Sachverhalt so dar, als ob es sich ganz offensichtlich nur um ein Versehen handeln kann. Eröffnen Sie dem Auftraggeber eine Brücke, etwa indem Sie etwa fragen:

„(Name Auftraggeber), es geht um unsere Rechnung vom … in Höhe von … EUR. Nachdem wir noch keinen Zahlungseingang feststellen konnte, wollte ich mich erkundigen, ob Sie die Rechnung evtl. gar nicht erhalten haben?

Häufig wird sich herausstellen, dass „tatsächlich" zufälligerweise die Rechnung beim Auftraggeber nicht eingegangen ist (ob Sie daran glauben oder nicht, spielt keine Rolle. Aber der Auftraggeber hat einen Zahlungsaufschub erhalten). Sie werden dann das Gespräch fortführen und dem Auftraggeber die Rechnung nochmals übermitteln. Denken Sie daran, das Gespräch wie folgt zu schließen:

„Ich wäre Ihnen dankbar, wenn Sie mich informieren könnten, wenn die Zweitausfertigung der Rechnung bei Ihnen eingeht, damit ich Gewissheit habe. Ich mache gleich eine entsprechende Notiz zur Akte, dass ich die Rechnung nochmals postalisch an Sie übermittelt habe."

Der Auftraggeber kann auch antworten, dass er Bedenken im Hinblick auf den Rechnungsausgleich hat, dann können Sie auch diese ggf. gleich telefonisch ausräumen. Möglichkeiten gibt es viele. Die persönliche Ansprache schadet nie.

Will der Auftraggeber allerdings über die Höhe des Vergütungsanspruchs mit Ihnen in Verhandlungen treten, so verhandeln Sie bitte nie über den Vergütungsanspruch (Rabatte, Abschläge etc.) ohne die Absicherung, dass Sie dies im Einverständnis mit dem RA tun.

8 Hilft auch die „telefonische Erinnerung" nicht weiter, sollten Sie den ausstehenden Rechnungsausgleich beim Auftraggeber schriftlich deutlich energischer und unter Fristsetzung anmahnen. Wenn es zulässig ist, Vergütungsfestsetzung zu beantragen, dann mahnen Sie und beantragen parallel Vergütungsfestsetzung.

▼ 9

Muster 10.1: Mahnung wegen des Vergütungsanspruchs des RA

Anrede,

bedauerlicherweise konnten wir den Ausgleich unserer Rechnung vom in Höhe von bis zum heutigen Tage nicht feststellen. Dies obwohl wir zunächst telefonisch um Rechnungsausgleich gebeten haben.

Aus diesem Grunde fordern wir Sie auf, den Vergütungsanspruch in voller Höhe bis zum hier eingehend zu erfüllen.

Da Sie sich in Verzug befinden, haben Sie auch die Zinsen, die bereits entstanden sind, zu tragen. Auf die Geltendmachung des Zinsanspruchs verzichten wir, wenn der Zahlungsausgleich nunmehr innerhalb der gesetzten Nachfrist erfolgt.

Bitte haben Sie Verständnis dafür, dass wir zu Sicherung unseres Vergütungsanspruchs mit gleicher Post das Vergütungsfestsetzungsverfahren gem. § 11 RVG eingeleitet haben. Erfolgt ein rechtzeitiger Zahlungsausgleich werden wir keine Kosten aus diesem Verfahren gegen Sie fordern und dem Gericht die Erledigung mitteilen.

Nach fruchtlosem Fristablauf werden wir das gerichtliche Verfahren fortführen.

Sollten Sie den Ausgleich der Vergütungsforderung bereits veranlasst haben und sich Ihre Anweisung mit unserer Zahlungsaufforderung überschnitten haben, so betrachten Sie unser Schreiben bitte als gegenstandslos.

Bleibt auch nach Titulierung unserer Vergütungsforderung eine Zahlung aus, wären wir leider gezwungen, Zwangsvollstreckungsmaßnahmen gegen Sie einzuleiten. Dies wäre für Sie mit weiteren nicht unerheblichen Kosten sowie Unannehmlichkeiten verbunden.

Im Rahmen einer vergütungsrechtlichen Auseinandersetzung ist der RA im Übrigen nicht an die Schweigepflicht gebunden. Selbstverständlich gilt dies nur für die vergütungsrechtliche Auseinandersetzung zur Darlegung eines entstandenen Vergütungsanspruchs.

Ihre Unterlagen stehen nach Zahlungsausgleich zur Abholung bereit. Bitte holen Sie diese spätestens innerhalb von sechs Monaten seit Zugang dieses Schreibens nach vorheriger Ankündigung in unserer Kanzlei ab. Nach Ablauf von sechs Monaten werden die mandatsbezogenen Unterlagen durch uns vernichtet.

Sollten Ihre finanziellen Mittel der Grund für die bisher nicht erfolgte Zahlung sein, so setzen Sie sich bitte unverzüglich mit uns in Verbindung. Es ist auch in Ihrem Interesse, wenn hier Mehrkosten vermieden werden. Eine sinnvolle, der Leistungsfähigkeit entsprechende Ratenzahlungsvereinbarung lässt sich bestimmt finden.

Grußformel

▲

2. Vergütungsanspruch für die Mahnung der Rechtsanwaltsvergütungsberechnung

10 Vertritt sich der RA im gerichtlichen Verfahren selbst, hat er gem. **§ 91 Abs. 2 S. 3 ZPO** einen Anspruch auf eine Vergütung, in der Höhe, wie sie ein RA erzielen würde, der ihn an seiner statt vertritt. § 91 Abs. 2 S. 3 ZPO bezieht sich auf das gerichtliche Verfahren. Auf eine vor- bzw. außergerichtliche Mahnung lässt sich § 91 Abs. 2 S. 3 ZPO nicht übertragen.

11 Im Allgemeinen wird dem RA **kein Vergütungsanspruch für die Mahnung** (Geschäftsgebühr gem. Nr. 2300 VV RVG) zugebilligt, wenn er den ausstehenden und fälligen Vergütungsanspruch durch Mahnung einfordert. Als Argument wird auf §§ 286, 288 BGB verwiesen. Etwas anderes kann gelten, wenn in den Allgemeinen Mandatsbedingungen der RA und der Auftraggeber vereinbaren, dass der Auftraggeber für Mahnungen eine zusätzliche Vergütung schuldet. Mir sind keine allgemeinen Mandatsbedingungen bekannt, in denen eine zusätzliche Vergütung für eine Mahnung vereinbart worden ist. Sie müssen davon ausgehen, für Mahnungen etc. keine weitere Vergütung gegen den Auftraggeber geltend machen zu können.

II. Vorangegangenes gerichtliches Verfahren

12 Immer dann, wenn das Vergütungsfestsetzungsverfahren zulässig ist, scheidet eine Geltendmachung der Vergütungsforderung durch gerichtliches Mahnverfahren oder Klageverfahren aus. Diesen anderen gerichtlichen Verfahren würde das sog. Rechtsschutzbedürfnis fehlen.[1] Für das Vergütungsfestsetzungsverfahren gem. § 11 RVG ist es zwingende Voraussetzung, dass der RA im gerichtlichen Verfahren tätig war.

III. Vergütungsfestsetzung und Kostenfestsetzung

13 Das Vergütungsfestsetzungsverfahren gem. § 11 RVG weist lediglich Ähnlichkeiten mit dem Kostenfestsetzungsverfahren gem. §§ 103 ff. ZPO auf. Daher verweist § 11 Abs. 2 S. 3 RVG auch nur mit Einschränkungen auf die Regelungen in der ZPO zur Kostenfestsetzung. Das Vergütungsfestsetzungsverfahren gem. § 11 RVG ist generell neben dem Kostenfestsetzungsverfahren gem. §§ 103 ff. ZPO zulässig. Beide Verfahren können unabhängig voneinander und nebeneinander betrieben werden.

> *Beispiel:*
> *Der Auftraggeber hat ein gerichtliches Verfahren obsiegend beendet. Der RA stellt Kostenfestsetzungsantrag gem. § 104 ZPO gegen den unterlegenen Verfahrensgeg-*

1 BGH NJW 1981, 876.

ner. Zahlt der Auftraggeber die Vergütung nicht, so kann der RA seine Forderung durch Vergütungsfestsetzungsantrag gem. § 11 RVG gegen den Auftraggeber geltend machen. Der Vergütungsanspruch besteht immer unabhängig von einem möglichen Kostenerstattungsanspruch.

IV. Erklärung zum Vorsteuerabzug

14 Entsprechend § 11 Abs. 2 S. 3 RVG ist § 104 Abs. 2 S. 3 ZPO im Vergütungsfestsetzungsverfahren nicht anwendbar. Im Vergütungsfestsetzungsverfahren ist keine Erklärung zum Vorsteuerabzug durch den RA abzugeben. Die USt gem. Nr. 7008 VV RVG ist festzusetzen, sobald der RA diese berechnet.

15 *Praxistipp:*

Es ist immer sinnvoll, im Vergütungsfestsetzungsantrag gem. § 11 RVG auf die nicht erforderliche Erklärung zum Vorsteuerabzug explizit hinzuweisen.

16 ▼

Muster 10.2: Keine Erklärung zum Vorsteuerabzug im Vergütungsfestsetzungsgesuch gem. § 11 RVG 10.2

Wir weisen darauf hin, dass eine Erklärung zum Vorsteuerabzug gem. § 11 Abs. 2 S. 3 RVG nicht erforderlich ist. § 104 Abs. 2 S. 3 ZPO ist im Vergütungsfestsetzungsverfahren nicht anwendbar. Um antragsgemäße Festsetzung der Umsatzsteuer gem. Nr. 7008 VV RVG wird daher gebeten.

▲

V. Festsetzbare Vergütung im Vergütungsfestsetzungsverfahren

17 Im Wege der Vergütungsfestsetzung können nur gesetzliche Vergütungsansprüche des RA geltend gemacht werden, die im Rahmen eines gerichtlichen Verfahrens entstanden sind. Es muss sich bei der geltend gemachten Vergütung um Kosten des gerichtlichen Verfahrens handeln. **Vor der Einleitung eines gerichtlichen Verfahrens** entstandene Gebühren (z.B. die Geschäftsgebühr gem. Nr. 2300 VV RVG) sind nicht festsetzbar.

18 Hat der RA mit dem Auftraggeber eine Vergütungsvereinbarung (oder Vergleichbares mit einer anderen Bezeichnung) vereinbart, ist eine Festsetzung gem. § 11 RVG nicht möglich. Weder die höhere noch die niedrigere Vergütung noch das Erfolgshonorar sind festsetzungsfähig.

VI. Parteienbezeichnung im Vergütungsfestsetzungsverfahren

19 § 11 Abs. 1 S. 1 RVG gibt die Parteienbezeichnung vor. Die Parteien werden Antragsteller und Antragsgegner genannt.

20 *Praxistipp:*

Um deutlich zu machen, dass Sie das Vergütungsfestsetzungsverfahren gem. § 11 RVG betreiben, sollten Sie in diesem Verfahren nicht mehr die Bezeichnungen aus dem Ausgangsverfahren verwenden (Kläger und Beklagter).

Auch wenn Ihre Software Ihnen ein Muster für ein Vergütungsfestsetzungsgesuch gem. § 11 RVG anbietet, erstellen Sie sich besser Ihr eigenes Formular (s. Muster Rdn 41), in dem alle Angaben, die Sie für erforderlich erachten, enthalten sind.

VII. Zuständiges Gericht für Antrag auf Vergütungsfestsetzung

21 Unter Verwendung des im rechtlichen Alltag unverzichtbaren Worts „grundsätzlich" gilt, dass grds. das Gericht des ersten Rechtszugs zuständig ist.

22 Für die in einem gerichtlichen Mahnverfahren entstandene Vergütung ist das Gericht des ersten Rechtszugs zuständig, auch wenn keine Abgabe erfolgt ist.[2]

23 Bei Verweisungen ist das Gericht für die Vergütungsfestsetzung zuständig, das letztlich die erstinstanzliche Entscheidung gefällt hat. Dies gilt auch bei Verweisungen zwischen den Rechtswegen.

24 *Beispiel:*

Der vor dem Amtsgericht geführte Rechtstreit wird von diesem an das Sozialgericht verwiesen, welches letztlich auch ein Urteil fällt.

In diesem Fall muss ein Vergütungsfestsetzungsantrag beim Sozialgericht eingereicht werden.

25 Für die Festsetzung der anwaltlichen Vergütung aus Vollstreckungstätigkeiten ist in entsprechender Anwendung der §§ 788 Abs. 2 S. 1, 764 Abs. 2 S. 1, 802 ZPO nicht das Prozessgericht erster Instanz, sondern ausschließlich das **Vollstreckungsgericht** sachlich zuständig.[3] Zuständig für alle in der Vollstreckung entstandenen Ansprüche i.S.v. § 11 Abs. 1 S. 1 RVG ist das Gericht, in dessen Bezirk die letzte Vollstreckungshandlung vorgenommen wurde.

2 *Schneider/Volpert*, AnwaltKommentar RVG, § 11 Rn 151; *Gerold/Schmidt*, § 11 Rn 244, beide unter Hinweis auf BGH NJW 1991, 2084.

3 BGH RVGreport 2005, 184 ff.

VIII. Notwendige Bestandteile des Vergütungsfestsetzungsantrags

Der Vergütungsfestsetzungsantrag gem. § 11 RVG muss eine Berechnung der Vergütung entsprechend den Vorschriften gem. § 10 RVG unter Berücksichtigung der gezahlten Beträge erhalten. Aus dem Antrag muss deutlich hervorgehen, welcher bezifferte Betrag gegen welche(n) Auftraggeber festgesetzt werden soll. 26

Zwar kein Bestandteil, aber eine wesentliche Voraussetzung des Vergütungsfestsetzungsverfahrens ist, dass die Vergütung fällig gem. § 8 RVG ist. 27

IX. Ablauf des Verfahrens

Der Vergütungsfestsetzungsantrag des RA wird dem Antragsgegner (= Auftraggeber) unter Fristsetzung zum Zwecke der Stellungnahme übersandt. Äußert sich dieser nicht und ergibt sich aus dem Antrag eine Berechtigung der Vergütungsansprüche des RA, wird die Vergütung festgesetzt. Es ergeht ein **Vergütungsfestsetzungsbeschluss**, den der RA in vollstreckbarer Ausfertigung erhält. Unter Berücksichtigung der **Wartefrist gem. § 798 ZPO** kann der RA die Vollstreckung gegen den Auftraggeber betreiben. Der Auftraggeber kann gegen den erlassenen Beschluss noch Rechtsbehelfe/Rechtsmittel einlegen. 28

Der Auftraggeber kann aber während des laufenden Vergütungsfestsetzungsverfahrens auch Einreden erheben. Man unterscheidet hier zwischen Einwendungen des Auftraggebers, die im Gebührenrecht ihren Ursprung haben und Einwendungen, die außerhalb des Gebührenrechts ihren Ursprung haben. 29

Eine Festsetzung der Vergütung durch das Gericht erfolgt nicht (§ 11 Abs. 5 S. 1 RVG), wenn der Auftraggeber **Einwendungen oder Einreden** erhebt, die nicht im Gebührenrecht ihren Ursprung haben. Dies sind alle Einwendungen und Einreden, die unmittelbar mit dem Auftrag zusammenhängen (Bestreiten der Auftragserteilung, Einrede der Verjährung, etc.). Dies liegt daran, dass funktional für das Vergütungsfestsetzungsverfahren (meistens) der Rechtspfleger zuständig ist. Erhebt der Auftraggeber Einwendungen, die außerhalb des Gebührenrechts ihren Ursprung haben, hätte eine Klärung durch den Rechtspfleger zur Folge, dass dieser Entscheidungen über materiell-rechtliche Fragen trifft. Dies ist in unserem Rechtssystem nicht zulässig. Der Rechtspfleger kann, darf und soll keine anspruchsbegründenden/materiell-rechtlichen Tatsachen prüfen und bewerten. Diese Aufgabe ist allein dem Richter vorbehalten. 30

Der Auftraggeber kann aber auch gebührenrechtliche Einwendungen oder Einreden (Höhe des Gegenstandswerts, Entstehen einer Gebühr) erheben. Diese führen nicht zur Ablehnung der Vergütungsfestsetzung, sondern sind im Vergütungsfestsetzungsverfahren zu klären. In einem solchen Fall wird das Vergütungsfestsetzungsverfahren fortgesetzt, der Rechtspfleger entscheidet und erlässt einen Beschluss. 31

32 Dem RA ist es bei Einwendungen außerhalb des Gebührenrechts nicht verwehrt, seine Vergütungsansprüche gegen den Auftraggeber geltend zu machen. Er kann dies nur nicht im Wege der Vergütungsfestsetzung tun, sondern muss Gebührenklage erheben.

33 *Praxistipp:*

Es gibt immer wieder den Fall, dass der Auftraggeber nach Erhalt der Vergütungsberechnung mit der Kanzlei Kontakt aufnimmt und z.T. in deutlichen Worten ausführt, dass er die Vergütungsrechnung nicht zahlen wird. Oft beschwert sich der Auftraggeber dann über alle möglichen Fehler, die der RA gemacht haben soll. Auch wenn Sie erwarten können, dass der Auftraggeber diesen Vortrag ggf. im gerichtlichen Verfahren wiederholt, ist dies nicht sicher. Trotz der vom Gesetz in diesem Fall eingeräumten Möglichkeit, die Vergütung gleich im Wege der Gebührenklage weiter zu verfolgen, ist es auch aus Kostengründen sinnvoll, hier zunächst Vergütungsfestsetzung zu beantragen und abzuwarten, ob der Auftraggeber bei seiner eindeutigen Leistungsverweigerung bleibt oder Sie doch schnell und günstig zu einem Titel gelangen.

X. Offensichtlich unhaltbare Einwendung

34 Der RA ist aber nicht rechtlos den Einwendungen der Auftraggeber ausgeliefert. Die Rechtsprechung hat den Begriff der „**offensichtlich aus der Luft gegriffenen**“ Einwendungen entwickelt. Ist eine Einwendung offensichtlich aus der Luft gegriffen, bleibt die Möglichkeit der Vergütungsfestsetzung gem. § 11 RVG bestehen. Eine offensichtlich aus der Luft gegriffene Einwendung muss **vollkommen substanzlos und irrelevant** sein.

Die Literatur und Rechtsprechung zu dieser Frage zeigt, dass es sich bei „offensichtlich aus der Luft gegriffenen“ Einwendungen mehr oder weniger um „sinnloses Geschwätz, querulatorische Tiraden oder Plattheiten“ handelt. Diese führen nicht zu einer Ablehnung der Vergütungsfestsetzung.

35 *Praxistipp:*

Im Vergütungsfestsetzungsantrag sollte zur Vermeidung von Zustellungsmängeln und damit Verzögerungen des Verfahrens der Zusatz enthalten sein, dass die Zustellung des Antrags und des Beschlusses an den Antragsgegner (also der Auftraggeber – hier natürlich nebst Angabe der zustellfähigen Anschrift) erfolgen soll. So verhindern Sie, dass fehlerhaft zugestellt wird.

36 ▼

10.3 **Muster 10.3: Zustellungsanweisung für den Vergütungsfestsetzungsantrag**

Wir bitten bei der Zustellung des Vergütungsfestsetzungsantrags zu beachten, dass die Zustellung an den jetzigen Antragsgegner (ehemaliger Kläger/Beklagter/Sonstiges) erfolgen muss. Die Prozessvollmacht des Antragstellers des Vergütungsfestsetzungsverfahrens bezieht sich gerade nicht auf die Entgegennahme der Zustellung eines Vergütungsfestsetzungsgesuchs. Die Zustellung muss daher an erfolgen.

(Vollständige Anschrift des Antragsgegners = Auftraggeber)

▲

XI. Verjährungshemmung durch Eingang des Gesuchs

Durch Eingang des ordnungsgemäßen Vergütungsfestsetzungsantrags beim zuständigen 37
Gericht wird die Verjährung wie durch Klageerhebung (§ 204 Abs. 1 Nr. 1 BGB) gem. § 11 Abs. 7 RVG gehemmt.

Sollte das Vergütungsfestsetzungsverfahren scheitern, so ist unbedingt die Frage der Verjährung erneut zu prüfen und entsprechende Fristen zu notieren.

XII. Zustellungskosten

Im Vergütungsfestsetzungsverfahren muss der RA Zustellungskosten zahlen. Die Höhe 38
der Zustellungskosten richtet sich nach Nr. 9002 GKG KV (derzeit 3,50 EUR pro Gebührenschuldner). Die vom RA gezahlten Zustellungskosten sind gem. § 11 Abs. 2 S. 5 RVG im Vergütungsfestsetzungsbeschluss festzusetzen.

XIII. Sonstige Gebühren für das Vergütungsfestsetzungsverfahren

Das Festsetzungsverfahren vor dem Gericht des ersten Rechtszugs ist gebührenfrei. Ge- 39
richtskosten werden nicht erhoben. Die im Vergütungsfestsetzungsverfahren im ersten Rechtszug entstehenden Anwaltskosten sind nicht erstattungsfähig.

Ein Beschwerdeverfahren ist nicht gebührenfrei. Im Beschwerdeverfahren entstehen 40
Gerichtskosten. Eine Kostenerstattung findet allerdings nach § 11 Abs. 2 S. 6 RVG auch im Beschwerdeverfahren nicht statt. Im Beschwerdeverfahren kann der RA eine 0,5 Verfahrensgebühr gem. Nr. 3500 VV RVG berechnen. Der Gegenstandswert wird durch den Beschwerdegegenstand bestimmt.

▼ 41

Muster 10.4: Vergütungsfestsetzungsverfahren gem. § 11 RVG 10.4

Prozessgericht I. Instanz

Bisheriges Rubrum *(Altbezeichnung aus der Akte)*

Aktenzeichen:

Vergütungsfestsetzungsantrag gem. § 11 RVG

In dem Verfahren

vollständige Anschrift des Rechtsanwalts,

Antragsteller,

gegen

vollständige Anschrift des Auftraggebers,

(bisherige Position im gerichtlichen Verfahren: Kläger oder Beklagter – jetzt:)

Antragsgegner,

zum Aktenzeichen

wird beantragt,

> die Vergütung des Antragstellers im hier vorliegenden gerichtlichen Verfahren gegen den Auftraggeber gemäß § 11 RVG festzusetzen.

(Rechnung einfügen)

Eine Erklärung zum Vorsteuerabzug ist gem. § 11 Abs. 2 S. 3 RVG nicht erforderlich. § 104 Abs. 2 S. 3 ZPO ist im Vergütungsfestsetzungsverfahren nicht anwendbar. Um antragsgemäße Festsetzung der Umsatzsteuer gem. Nr. 7008 VV RVG wird daher gebeten.

Es wird weiter beantragt,

> den festzusetzenden Betrag verzinslich ab Antragstellung mit 5 Prozentpunkten über dem Basiszinssatz festzusetzen (§ 104 Abs. 1 S. 2 ZPO) und eine vollstreckbare Ausfertigung des Beschlusses mit dem Vermerk des Zustellungsdatums zu erteilen.

Der Auftraggeber hat am (Datum) eine ordnungsgemäße Vergütungsberechnung erhalten, die den Anforderungen des § 10 RVG entspricht. Alle in diesem Verfahren/dieser Angelegenheit etwa geleisteten Zahlungen wurden berücksichtigt.

Die Zustellungskosten für die erforderliche Zustellung sollen hinzugesetzt werden.

Wir bitten bei der Zustellung des Vergütungsfestsetzungsantrags zu beachten, dass die Zustellung an den jetzigen Antragsgegner (ehemaliger Kläger/Beklagter/Sonstiges) erfolgen muss. Die Prozessvollmacht des Antragstellers des Vergütungsfestsetzungsverfahrens bezieht sich gerade nicht auf die Entgegennahme der Zustellung eines Vergütungsfestsetzungsgesuchs. Die Zustellung muss daher an erfolgen.

Grußformel

▲

D. Gerichtliche Geltendmachung des Vergütungsanspruchs

Zahlt der Auftraggeber die ausstehende Vergütung nicht und ist gegen ihn die Vergütungsfestsetzung nicht möglich (oder durch Beschluss abgelehnt worden – vgl. die Ausführungen zu § 11 RVG unter Rdn 30) kann der RA seinen Vergütungsanspruch nur durch die „streitige gerichtliche" Geltendmachung realisieren. 42

Der RA hat die **Wahlmöglichkeit**, entweder das **gerichtliche Mahnverfahren** zu betreiben, oder aber gleich gegen den Aufraggeber **Gebührenklage** (oder auch Vergütungsklage) zu erheben. 43

Sowohl das Mahnverfahren als auch das Klageverfahren kosten Geld. Selbstverständlich sind die Gerichtskosten im Mahnverfahren geringer. Ist aber offensichtlich, dass der Auftraggeber gegen den Mahnbescheid Widerspruch erheben wird, so verlangsamt sich nur das Verfahren. Den Antrag auf Erlass des Mahnbescheides sollte der RA nur wählen, wenn er davon ausgeht, dass sich der Auftraggeber nicht „wehren wird".

I. Mahnung der Anwaltsvergütung

Jeder gerichtlichen Geltendmachung gehen üblicherweise eine oder mehrere Mahnungen voraus. Der RA wird den Auftraggeber zur Leistung auffordern, um mit seinem Auftraggeber nicht eine gerichtliche Auseinandersetzung über die Anwaltsvergütung führen zu müssen. 44

▼ 45

Muster 10.5: Mahnung an den Auftraggeber

Anrede, 10.5

wir haben Ihnen unsere Rechnung vom in Höhe von EUR übersandt. Bereits mit der Rechnung haben wir auf die gesetzliche Fälligkeit der Forderung gem. §§ 286, 288 BGB verwiesen. Leider können wir den Ausgleich unserer Rechnung bislang nicht feststellen.

Wir bitten Sie daher nochmals um Zahlung des ausstehenden Gebührenbetrags in Höhe von EUR bis zum .

Sollten wir den fristgerechten Ausgleich des Rechnungsbetrages wiederum nicht feststellen können, werden wir – ohne weitere Korrespondenz – gerichtliche Schritte gegen Sie zur Durchsetzung unserer Forderung ergreifen. Bitte beachten Sie, dass dadurch weitere Kosten (Anwaltsvergütung und Gerichtskosten) und Zinsen anfallen. Auch wenn der Rechtsanwalt sich selbst im gerichtlichen Verfahren vertritt, kann er gem. § 91 Abs. 2 S. 3 ZPO eine Vergütung berechnen, als wenn er einen anderen Anwalt mit seiner Vertretung beauftragt hätte.

Erfolgt nach Titulierung unserer Forderung weiterhin keine freiwillige Leistung durch Sie, werden wir die Zwangsvollstreckung gegen Sie einleiten.

Sollte Ihnen der vollständige Ausgleich unserer Rechnung derzeit nicht möglich sein, können Sie sich gerne mit uns zur Vereinbarung einer etwaigen Ratenzahlung in Verbindung setzen.

Grußformel

▲

46 *Hinweis:*

Für die Mahnung kann der RA keine Vergütung geltend machen. Wenn er im gerichtlichen Verfahren tätig war, ergibt sich dies aus § 19 Abs. 1 Nr. 14 RVG (das Einfordern der Vergütung gehört noch zum Rechtszug). Wenn er vor- bzw. außergerichtlich tätig war, fehlt es i.d.R. an einer materiell-rechtlichen kostenerstattungsrechtlichen Grundlage, §§ 286, 288 BGB sind einschlägig.

II. Vergütungsklage

47 Der RA kann, wie oben erwähnt, im Wege der Vergütungsklage vorgehen. Er kann seine Forderung auch im Wege des Mahnverfahrens geltend machen.

1. Erfordernis des Antrags auf Vergütungsfestsetzung vor Erhebung der Gebührenklage

48 War der RA im gerichtlichen Verfahren tätig, muss grds. zunächst die **Vergütungsfestsetzung** erfolgen. Wenn die Vergütungsfestsetzung gem. **§ 11 RVG** zulässig ist, fehlt einer Klage das sog. Rechtsschutzbedürfnis, denn mit der Vergütungsfestsetzung gibt es einen billigeren und einfacheren Weg, wie der RA einen zur Zwangsvollstreckung geeigneten Titel erlangen kann (der **Vergütungsfestsetzungsbeschluss** ist gem. § 794 Abs. 1 Nr. 2 ZPO, § 11 Abs. 2 S. 3 RVG ein zur Zwangsvollstreckung geeigneter Titel).

49 Erhebt der Auftraggeber allerdings **Einwendungen**, die ihren **Ursprung außerhalb des Gebührenrechts** haben (z.B. der RA hat PKH trotz Weisung nicht beantragt, der RA hat ohne Auftrag gehandelt), muss der RA nicht erst die Vergütungsfestsetzung beantragen. **§ 11 Abs. 5 S. 2 RVG** erlaubt es dem RA, sofort die **Gebührenklage** zu erheben. Für die Praxis ist es daher wichtig, dass der Einwand des Auftraggebers nicht nur „fernmündlich" erfolgt ist. Der RA muss dies im Zweifel nachweisen. Die Gebührenklage sollte nur unmittelbar erhoben werden, wenn der RA die **Einwendungen und Einreden des Auftraggebers nachweisen** kann, weil diese **schriftlich** erhoben wurden. In allen anderen Fällen läuft der RA Gefahr, dass sich der Auftraggeber im streitigen gerichtlichen Verfahren

plötzlich nicht mehr an seine Einwendungen und Einreden „erinnert“ und daher die Klage ggf. abgewiesen wird.

Praxistipp: 50

Solange keine schriftlichen Einwendungen vorliegen, beantragen Sie im gerichtlichen Verfahren zunächst die Vergütungsfestsetzung. Erhebt der Auftraggeber dann seine Einwendungen, so können Sie die Klage erheben. Der Lauf der Verjährungsfrist wird durch den Vergütungsfestsetzungsantrag so gehemmt, als hätten Sie Klage eingereicht (§ 11 Abs. 7 RVG). Nach Ablehnung der Festsetzung dürfen Sie aber nicht zu lange mit der Klage warten. Die verjährungshemmende Wirkung geht dann verloren. Die Kosten, die Sie für die Zustellung des Antrags aufgewandt haben (3,50 EUR), müssen Sie bei den Klageanträgen dann berücksichtigen. Bei einer Kostenfestsetzung gem. § 104 ZPO nach Abschluss des Verfahrens über die Gebührenklage werden diese Zustellungskosten nicht berücksichtigt.

2. Gebührenklage und Rahmengebühren – Abwägung Vergütungsfestsetzung gem. §§ 11 Abs. 8 RVG

War der RA in einem gerichtlichen Verfahren tätig, in dem Betragsrahmengebühren entstanden sind (z.B. einige sozialgerichtliche Verfahren, Bußgeldsachen sowie ein Großteil der Strafsachen aus Teil 4 VV RVG), so sind diese Betragsrahmengebühren auch gegen den Auftraggeber festsetzbar. 51

a) Einschränkung der Festsetzbarkeit von Rahmengebühren im Rahmen von § 11 Abs. 8 RVG

Allerdings ist die Festsetzbarkeit bei Rahmengebühren eingeschränkt. 52

Der RA benötigt entweder die **Zustimmungserklärung des Auftraggebers (§ 11 Abs. 8 S. 1 RVG)**, oder durch das Gericht werden **lediglich die Mindestgebühren** festgesetzt (§ 11 Abs. 8 S. 1 RVG). § 11 Abs. 8 S. 1 RVG gibt vor, dass die ausdrückliche Zustimmung zur Höhe der Gebühr gemeinsam mit dem Antrag auf Vergütungsfestsetzung vorzulegen ist. Daraus ergibt sich, dass die **Zustimmung schriftlich** zu erfolgen hat. Legt der RA die Zustimmungserklärung nicht vor, ist die Festsetzung von Rahmengebühren abzulehnen. 53

Es ist äußerst unwahrscheinlich, dass ein Auftraggeber seine Zustimmung zur Bestimmung des Betragsrahmens der Gebühren gem. § 14 Abs. 1 RVG bzw. der Höhe der Vergütungsberechnung erteilen wird, wenn er weiß, dass diese Zustimmung Voraussetzung für die gerichtliche Geltendmachung gem. § 11 RVG ist. 54

In vielen Kanzleien wird daher die Zustimmungserklärung bereits zu Beginn des Mandatsverhältnisses (meist gleichzeitig mit der Vollmacht – so geben es sogar einige Softwareunternehmen vor) ausgedruckt und durch den Auftraggeber unterschrieben. Eine **wirksame Zustimmung ist dies nicht**. Der Auftraggeber kann der Höhe der Gebühr nur zustimmen, wenn die Höhe der Gebühr auch bekannt ist; er kann **nur zustimmen, wenn der RA eine bezifferte Forderung** hat.

55 Eine Zustimmungserklärung sollte daher, wenn man dem Gesetz folgt, lauten:

▼

Muster 10.6: Zustimmungserklärung zur Höhe der Vergütung

Hiermit stimme ich (vollständige Anschrift des Auftraggebers) der Höhe der Gebühr(en) in der Vergütungsberechnung von Rechtsanwalt (vollständige Anschrift des RA) vom (Datum der Rechnung), Rechnung Nr. ausdrücklich zu. Vorbehalte gegen die Bestimmung des Betragsrahmens der geltend gemachten Gebühren habe ich nicht. Mir ist bekannt, dass diese Zustimmungserklärung durch den von mir beauftragten Rechtsanwalt dem Gericht gem. § 11 Abs. 8 S. 1 RVG vorgelegt werden wird.

Ort, Datum   Unterschrift

▲

b) Gebührenklage trotz Vergütungsfestsetzungsantrag – Mindestgebühren gem. § 11 Abs. 8 S. 1 RVG

56 Man könnte jetzt auf die Idee kommen, die Mindestgebühren gegen den Auftraggeber gem. § 11 Abs. 8 S. 1 RVG festsetzen zu lassen und die Gebühren, die die Mindestgebühren übersteigen, im Wege der Gebührenklage oder des gerichtlichen Mahnverfahrens zu verfolgen.

Dies ist jedoch nicht möglich. Wenn Sie die Mindestgebühren gem. § 11 Abs. 8 S. 1 RVG festsetzen lassen, können Sie die darüber liegenden Vergütungsdifferenzen nicht weiterverfolgen.

Der RA hat mit der Geltendmachung der Mindestgebühren das Bestimmungsrecht gem. § 14 Abs. 1 RVG ausgeübt und man geht davon aus, dass der RA auf die weitere Gebührenforderung verzichtet.[4]

Die **einmal erfolgte Bestimmung des Rahmens einer Gebühr (Betrags- oder Satzrahmengebühr) ist bindend**. Der RA kann sich hier auch nicht vorbehalten, den Rahmen an anderer Stelle abweichend zu bestimmen.

57 Wer die Festsetzung der Mindestgebühren beantragt, kann keine höhere Vergütung vom Auftraggeber mehr einfordern. Natürlich „kann“ man vieles, und gerade im Mahnverfahren weiß ja niemand, dass Sie bereits die Mindestgebühr gefordert haben. Legt der Gegner

4 BGH JurBüro 2013, 584.

aber Widerspruch ein, dann werden Sie im gerichtlichen Verfahren aus den vorstehend genannten Gründen nicht obsiegen können.

III. Mahnbescheid und Gebührenklage

Der Mahnbescheid wegen der Vergütung ist ein ganz „normaler" Mahnbescheid. Der RA ist der Antragsteller, der Auftraggeber ist als Gebührenschuldner der Antragsgegner. Es entsteht die Anwaltsvergütung, denn das Mahnverfahren ist ein gerichtliches Verfahren, sodass § 91 Abs. 2 S. 3 ZPO maßgebend ist. Allerdings entsteht in diesen Verfahren keine USt. Der RA ist vorsteuerabzugsberechtigt und kann daher keine USt auf die Vergütung im Mahnverfahren fordern. Sein dem Mahnbescheid zugrunde liegender Anspruch, also die ausstehende Vergütung, berechnet sich natürlich mit USt. Wegen des generellen Ablaufs des Mahnverfahrens wird auf die Ausführungen ab § 4 Rdn 77 ff. verwiesen. 58

1. Gebührenklage

Die Gebührenklage eröffnet den Weg zu einem „ganz normalen" Zivilprozess. Unabhängig davon, in welchem Verfahren die Vergütungsforderung entstanden ist (FamG, ArbG, SG etc.), die Klage wird vor einem Zivilgericht geführt. 59

2. Zuständigkeit des Gerichts

Lange Jahre war es möglich, bei der Durchsetzung des Vergütungsanspruchs das Gericht des Erfüllungsorts (§ 29 ZPO) zu wählen und damit die Klage beim Gericht einzureichen, in dessen Bezirk sich die Kanzlei befand. Dies ist nicht mehr möglich. Der BGH hat festgestellt,[5] dass der Gerichtsstand des Erfüllungsorts nicht gewählt werden kann. Der RA muss für das streitige Verfahren das Gericht wählen, in dessen Bezirk der Vergütungsschuldner seinen allgemeinen Wohnsitz (oder Geschäftssitz hat). 60

Ergibt sich unter Berücksichtigung von §§ 23, 71 GVG die Zuständigkeit des LG (die Vergütungsforderung übersteigt 5.000,00 EUR), so ist das entsprechende LG zuständig. Es herrscht dann in dem Verfahren Anwaltszwang, der Beklagte muss sich gem. § 78 Abs. 1 S. 1 ZPO durch einen RA vertreten lassen. 61

3. Verschwiegenheitsverpflichtung in der Gebührenklage

Eine der wesentlichen Pflichten aus dem Anwaltsvertrag ist die Pflicht zur Verschwiegenheit (s. § 1 ff.). Die Verschwiegenheitsverpflichtung gilt nicht, wenn der RA einen Ver- 62

5 BGH v. 11.11.2003 – ARZ 91/03, NJW 2004, 54.

gütungsprozess führt. Gem. § 2 Abs. 3, 4 BORA (Berufsordnung der RA) kann der RA das zur Erfüllung seiner Darlegungs- und Beweislast Notwendige vortragen, auch wenn er dadurch gegen das Verschwiegenheitsgebot verstößt. Ohne diese ausdrückliche Ermächtigung würde die Verschwiegenheitsverpflichtung dazu führen, dass der RA seine berechtigte Vergütungsforderung nicht geltend machen kann. Dies würde gegen das Recht zur freien Berufsausübung verstoßen, da der RA ansonsten niemals seinen Vergütungsanspruch durchsetzen könnte.

4. Obligatorisches Schlichtungsverfahren

63 Es ist durch die Gesetzgebung der Länder nunmehr nahezu ausgeschlossen, dass ein Schlichtungsverfahren gem. **§ 15a EGZPO** erforderlich ist. Von einer Darstellung wird abgesehen.

64 ▼

Muster 10.7: Muster einer Gebührenklage

An das

Gericht

(*Wohnsitz des Beklagten – je nach Streitwert Amtsgericht oder Landgericht*)

Vergütungsklage

der Rechtsanwälte *(komplette Zusammensetzung einer etwaigen Sozietät, GbR o.Ä., vollständige Anschrift)*

Kläger,

gegen

Vor- und Zuname des Auftraggebers *(bei Firma Rechtsform und Vertretungsverhältnisse, vollständige Anschrift*)

Beklagter,

wegen Zahlung in Höhe von EUR

wir erheben in eigenem Namen und im eigenen Auftrag Vergütungsklage gegen den Beklagten. Wir bitten erforderlichenfalls um Anberaumung eines Termins zur mündlichen Verhandlung, in dem wir beantragen werden,

1.

Der Beklagte wird verurteilt an die Kläger als Gesamtgläubiger EUR nebst Zinsen in Höhe von 5 Prozentpunkten über dem jeweils gültigen Basiszinssatz seit dem (*Verzug des Vergütungsschuldners – oder Zustellung der Vergütungsklage*) zu zahlen.

2.

Der Beklagte trägt die Kosten des Rechtstreits.

Für den Fall des Vorliegens der Voraussetzungen werden bereits jetzt die Anträge gem. §§ 307, 331 Abs. 3 ZPO gestellt.

Sollte der Wert der Beschwer 600,00 EUR nicht übersteigen, wird ebenfalls bereits jetzt beantragt, die Berufung zuzulassen.

Begründung:

Der Klageweg ist zulässig, da ein Vergütungsfestsetzungsverfahren gem. § 11 RVG nicht zulässig ist. Gegen den Beklagten wird eine Vergütungsforderung für die vor- bzw. außergerichtliche Tätigkeit der Kläger geltend gemacht.

Der Beklagte beauftragte die Kläger am ___ mit der Wahrnehmung seiner rechtlichen Interessen. Er erteilte den Auftrag, gegen den (Name und Anschrift des „Gegners" des Auftraggebers in der Akte) eine ___ (genaue Beschreibung des Anspruchs) geltend zu machen.

Beweis: Vorlage der Auftragsbestätigung vom ___

Entsprechend dem erteilten Auftrag wurden die Kläger tätig. Zunächst wurde der Gegner des Beklagten zur ___ unter Fristsetzung aufgefordert. Der „Gegner" wandte sich unmittelbar nach Zugang des Schreibens an die Kläger und führte Vergleichsgespräche.

Über diese Vergleichsgespräche wurde der Beklagte informiert, insbesondere erfolgte eine Belehrung über das Kostenrisiko für den Fall einer vergleichsweisen Erledigung der Angelegenheit.

Mit Telefax vom ___ stimmte der Beklagte dem avisierten Vergleich zu.

Beweis: Vorlage der Zustimmungserklärung des Beklagten vom ___

Die Kläger teilten dem Beklagten daraufhin mit, dass der Vergleich zustande gekommen ist und übersandten dem Beklagten ihre Vergütungsberechnung vom ___.

Beweis: Vorlage der Vergütungsberechnung vom ___

Rein vorsorglich und nur hilfsweise wiederholen wir die Vergütungsberechnung an dieser Stelle:

Gegenstandswert:	EUR
1,3 Geschäftsgebühr gem. §§ 2 Abs. 2, 13, Nr. 2300 VV RVG	EUR
1,5 Einigungsgebühr gem. §§ 2 Abs. 2, 13, Nr. 1000 VV RVG	EUR
Entgelte für Post- und Telekommunikationsdienstleistungen gem. Nr. 7002 VV RVG	EUR

Zwischensumme netto EUR

19 % Umsatzsteuer gem. Nr. 7008 VV RVG EUR

Gesamtforderung EUR

Der Gegner des Ausgangsverfahrens hat den Vergleich nicht erfüllt. Der Vergütungsschuldner und hiesige Beklagte wendet mit Schreiben vom nunmehr ein, dass eine Vergütung der Kläger daher von ihm nicht geschuldet sei.

Beweis: Vorlage des Schreibens des Beklagten vom

Mit Schreiben vom wurde dem Beklagten erläutert, dass der Vergütungsanspruch von Rechtsanwälten „erfolgsunabhängig“ geschuldet wird. Auch für das Entstehen der Einigungsgebühr gem. Nr. 1000 VV RVG ist es nur erforderlich, dass eine wirksame Einigung erzielt wird. Die Erfüllung der Einigung ist nicht Voraussetzung für das Entstehen der Einigungsgebühr.

Der Beklagte hat auf dieses Schreiben nicht mehr reagiert. Auch die Mahnung vom blieb unberücksichtigt, sodass Klage geboten ist.

Zur Zusammensetzung der Vergütungsforderung führen wir wie folgt aus:

1. Geschäftsgebühr

Die Geschäftsgebühr der Nr. 2300 VV RVG ist entstanden, da entsprechend Vorbemerkung 2.3 S. 3 VV RVG die Kläger das Geschäft betrieben haben.

Die Geschäftsgebühr entsteht regelmäßig (sog. Schwellen-/oder Regelgebühr) mit einem Gebührensatzrahmen von 1,3 (Anm. zu Nr. 2300 VV RVG). Der Umfang der anwaltlichen Tätigkeit und die Schwierigkeit der anwaltlichen Tätigkeiten waren im zugrundeliegenden Mandat durchschnittlich, sodass der Ansatz der Regelgebühr gerechtfertigt ist.

Da hier lediglich die Regelgebühr geltend gemacht wird, erübrigen sich weitere Ausführungen gem. § 14 Abs. 1 RVG. Ein Gutachten der Rechtsanwaltskammer i.S.v. § 14 Abs. 2 RVG ist ebenfalls nicht einzuholen.

Sollte das Gericht hier weiteren Vortrag für erforderlich halten, wird höflichst um einen entsprechenden richterlichen Hinweis gebeten.

2. Einigungsgebühr

Mit dem Gegner des Beklagten wurde über ein streitiges Rechtsverhältnis eine Einigung unter ursächlicher Mitwirkung der Kläger erzielt. Die Einigung ist wirksam zustande gekommen. Sämtliche Voraussetzungen der Nr. 1000 VV RVG sind erfüllt. Entsprechend Vorbemerkung 1 VV RVG ist neben der Einigungsgebühr die Geschäftsgebühr als sog. Betriebsgebühr entstanden.

Der Beklagte wurde auch ausdrücklich über die Folgen des Vergleichs belehrt (generelle Kostenaufhebung, Verlust eines Teils der Forderung, Vorteil gegenüber gerichtlicher Geltendmachung). Er hat dem Vergleich zugestimmt, sodass das Vorgehen der Kläger in Absprache und unter Berücksichtigung der Belange des Beklagten stattgefunden hat.

Wenn der Vergleichsvertrag anschließend nicht erfüllt wird, ändert dies nichts am Vergütungsanspruch. Dies hätte zur Folge, dass bei jedem erstrittenen Urteil der RA im Zweifel seine Vergütung verlöre, wenn die mit Urteil festgestellte Forderung nicht beitreibbar wäre. Dies widerspricht dem Grundgedanken des § 675 BGB.

Aus sämtlicher Kommentierung zum RVG ergibt sich daher auch, dass die Einigungsgebühr nicht von der Durchsetzung der Forderung abhängig ist.

3. Auslagen – Entgelte für Post- und Telekommunikationsdienstleistungen – Umsatzsteuer

Aus der sog. Legaldefinition der Vergütung in § 1 Abs. 1 RVG (Gebühren und Auslagen) ergibt sich, dass die Kläger einen Anspruch auf die entstandenen Auslagen aus Teil 7 VV RVG haben.

4. Gegenstandswert

Gegenstand der anwaltlichen Tätigkeit war die Forderung des Beklagten auf gegen . Diese Forderung ist zu bewerten entsprechend §§ 23 Abs. 1 S. 1, § 23 Abs. 1 S. 3 RVG. Maßgeblich sind daher die Vorschriften in Abschnitt 7 GKG (§§ 39 bis 60 GKG), oder, in Ermangelung einer maßgebenden Vorschrift im GKG, §§ 3 bis 9 ZPO. (*Hier muss auf den Einzelfall bezogen vorgetragen werden*).

5. Fälligkeit

Die Vergütungsforderung ist unter Berücksichtigung von § 8 Abs. 1 S. 1 Alt. 2 RVG fällig. Der Auftrag war mit dem Abschluss des Vergleichs erledigt.

6. Zinsen

Die geltend gemachten Zinsen ergeben sich daraus, dass sich der Beklagte seit dem unter Berücksichtigung von §§ 286, 288 BGB in Verzug befindet.

Der Beklagte hat eine ordnungsgemäße Vergütungsberechnung erhalten, die den Anforderungen des § 10 RVG entspricht. Vorschüsse hat der Beklagte nicht geleistet.

Nach alledem ist der Beklagte antragsgemäß zu verurteilen.

Es wird gebeten, die Gerichtkosten in Höhe von gem. erteiltem SEPA-Mandat einzuziehen (oder: Die Gerichtskosten werden nach Rechnungstellung einbezahlt).

Rechtsanwalt

▲

65 ▼

10.8

Muster 10.8: Geltendmachung der Gebührendifferenz in der Klage

(*Zuständiges Prozessgericht*)

(*Name und Anschrift des Klägers*)

Kläger,

Prozessbevollmächtigte: RA

gegen

(*Name und Anschrift des Beklagten*)

Beklagter,

voraussichtlicher Prozessbevollmächtigte: RA

wegen

Streitwert: EUR

1.

   (*Hauptanspruch nebst Zinsen*)

2. Der Beklagte wird verurteilt, an den Kläger weitere EUR nebst 5 % Zinsen über dem jeweiligen Basiszinssatz seit dem (spätestens Zustellung der Klage/Widerklage) zu zahlen.

3.

   (*Weitere Ansprüche und Anträge, z.B. Vollstreckbarkeit/Zulassung von Rechtsmitteln/Stellung einer Bankbürgschaft u.Ä.*)

Begründung:

1. (*Begründung zum Hauptanspruch*)

2. Der mit dem Antrag zu 2. geltend gemachte Zahlungsanspruch ergibt sich wie folgt:

Der unbedingte Auftrag zur vorgerichtlichen Tätigkeit ist am erteilt worden und somit nach Inkrafttreten von § 15a RVG.

Der Beklagte ist zur Erstattung des vorgerichtlich bei dem Kläger verbleibenden Rests der entstandenen Geschäftsgebühr verpflichtet. Dem Kläger steht ein materiell-rechtlicher Kostenerstattungsanspruch als Folgeschaden zu. Durch das vorgerichtliche Verhalten des Beklagten war der Kläger veranlasst, anwaltliche Hilfe zur Durchsetzung in Anspruch zu nehmen. Dazu war der Kläger auch berechtigt.

Außer- bzw. vorgerichtlich ist dem Kläger ein Schaden entstanden, der sich wie folgt berechnet:

Als Anwaltsvergütung ist folgende **Geschäftsgebühr** entstanden:

Gegenstandswert: EUR

1,3 Geschäftsgebühr gem. §§ 2, 13 Nr. 2300 VV RVG	EUR
Entgelte für Post- und Telekommunikationsdienstleistungen gem. Nr. 7008 VV RVG	EUR
19 % USt gem. Nr. 7008 VV RVG	EUR
Summe	EUR

Die Geschäftsgebühr in Höhe von EUR wird gemäß der Anrechnungsvorschrift in Vorbemerkung 3 Abs. 4 VV RVG i.V.m. § 15a RVG zur Hälfte angerechnet. Es verbleibt ein Gebührenrest in Höhe von 0,65 Geschäftsgebühr EUR.

Dieser Rest der Geschäftsgebühr ist nach der h.M. nicht vom Kostenerstattungsanspruch umfasst, sodass er klageweise geltend gemacht werden muss. Es handelt sich um eine Nebenforderung.

Der Beklagte hat keine Zahlungen auf den materiell-rechtlichen Kostenerstattungsanspruch erbracht.

Der Beklagte hat sich auch hinsichtlich der außergerichtlich bei dem Kläger verbleibenden Gebührenreste schadensersatzpflichtig gemacht. Aus diesem Grunde steht dem Kläger ein materiell-rechtlicher Kostenerstattungsanspruch als Folgeschaden zu. Durch das außergerichtliche Verhalten des Beklagten war der Kläger veranlasst, anwaltliche Hilfe in Anspruch zu nehmen. Dazu war der Kläger auch berechtigt.

Außergerichtlich sind bei dem Kläger nach Anrechnung der 1,3 Geschäftsgebühr der Nr. 2300 VV RVG auf die Verfahrensgebühr der Nr. 3100 VV RVG folgende Gebührenreste verblieben:

Gegenstandswert: EUR

0,65 Geschäftsgebührrest gem. Vorbemerkung 3 Abs. 4 VV RVG	EUR
Entgelte für Post- und Telekommunikationsdienstleistungen gem. Nr. 7002 VV RVG (Hinweis: Diese bleiben in voller Höhe entsprechend der ersten Rechnung in der Klagebegründung bestehen.)	EUR
19 % USt gem. Nr. 7008 VV RVG	EUR
Summe	EUR

Dieser Gebührenrest folgt daraus, dass entsprechend der Vorbemerkung 3 Abs. 4 VV RVG nur die Hälfte der 1,3 Geschäftsgebühr der Nr. 2300 VV RVG auf die Verfahrensgebühr des gerichtlichen Verfahrens anzurechnen ist. Die Anrechnung der Hälfte der Geschäftsgebühr erfolgt jedoch höchstens mit einem Gebührensatz von 0,75 auf die Verfahrensgebühr des gerichtlichen Verfahrens. Da die Geschäftsgebühr mit einem Gebührensatz von 1,3 geltend gemacht wurde, erfolgt die Anrechnung in Höhe von 0,65.

Dementsprechend verbleibt außergerichtlich die oben bezifferte Gebühr zzgl. der Auslagen und anteiligen Umsatzsteuer als übersteigender nicht anrechenbarer Teil der Geschäftsgebühr. Neben dieser Geschäftsgebühr bleiben die vollen Entgelte für Post- und Telekommunikationsdienstleistungen gem. Nr. 7002 VV RVG bestehen, denn diese werden nicht angerechnet. In Vorbemerkung 3 Abs. 4 VV RVG ist die Anrechnung lediglich der Geschäftsgebühr vorgesehen. Aus der Legaldefinition in § 1 Abs. 1 RVG ergibt sich, dass die Rechtsanwaltsvergütung sich aus Gebühren und Auslagen zusammensetzt.

Dementsprechend sind die Auslagen der Nr. 7002 VV RVG nicht anzurechnen, sodass diese zu dem Rest der Geschäftsgebühr, der nach Anrechnung verbleibt, hinzuzurechnen sind. Insgesamt ergibt sich damit der unter dem Klageantrag zu 2. bezifferte Anspruch in Höhe von EUR, den der Kläger hiermit ausdrücklich beantragt.

Der Kläger ist nicht zum Vorsteuerabzug berechtigt. (Zutreffendes berücksichtigen)

Der Kläger hat die Geschäftsgebühr der Nr. 2300 VV RVG bereits beglichen.

(1. Hinweis: Hat der Kläger nicht geleistet, ist auf Freistellung zu klagen.

2. Hinweis: Die folgenden Ausführungen sind nur erforderlich, wenn der Gebührensatzrahmen der Geschäftsgebühr mit höher als 1,3 bestimmt wird.)

Gleichzeitig wird an dieser Stelle darauf hingewiesen, dass ein Gutachten der Rechtsanwaltskammer gemäß § 14 Abs. 2 RVG nicht erforderlich ist. Sollte der Beklagte die Angemessenheit des Gebührensatzrahmens der Geschäftsgebühr bestreiten, wird der Einholung eines Gutachtens durch die Rechtsanwaltskammer ausdrücklich widersprochen. Ein Gutachten der Rechtsanwaltskammer ist nicht einzuholen, wenn die Auseinandersetzung um die Angemessenheit von Gebühren nicht eine Auseinandersetzung um Gebührenansprüche zwischen Rechtsanwalt und Auftraggeber betrifft. Bereits zur Geltungszeit der BRAGO gab es hinsichtlich der Erstattungsfähigkeit der Gebühren des § 118 BRAGO im Hinblick auf das FGG-Verfahren Kostenrechtsprechung.[6]

Es wird einheitlich die Auffassung vertreten, dass ein Gutachten der Rechtsanwaltskammer nicht erforderlich ist, wenn materiell-rechtliche Kostenerstattungsansprüche Grundlage der Auseinandersetzung im Hinblick auf die Angemessenheit der Ausübung des Ermessens des Rechtsanwalts sind.

6 Insofern wird verwiesen auf: *Baumgärtel/Hergenröder/Houben*, RVG, 16. Aufl., § 14 Rn 18; *Gerold/Schmidt*, RVG, 23. Aufl., § 14 Rn 119; *Mümmler*, JurBüro 1985, 9; BVerwG, JurBüro 1982, 857; BSG, SozSich 1990, 294; OLG Hamm zfs 1992, 23 und 119; AG Düsseldorf AGS 2004, 19; *Schneider/Wolf*, RVG, § 14 Rn 99; *Schneider*, NJW 2004, 193; *Hartmann*, Kostengesetze – RVG, § 14 Rn 28; *Göttlich/Mümmler*, RVG, 7. Aufl. „Rechtsanwaltskammer" Rn 2.2.

Sollte das Gericht der Auffassung sein, dass hinsichtlich der geltend gemachten Gebührenreste ein Gutachten der Rechtsanwaltskammer erforderlich ist, wird bereits jetzt beantragt:

> das Verfahren hinsichtlich des Gebührenrestes abzutrennen und über den geltend gemachten weiteren Anspruch (Ziffer 1. der Klage) vorab besonders zu entscheiden.

▲

§ 11 Besondere Verfahren

Inhalt

A. Allgemeines zu den besonderen Verfahren

Wolf Schulenburg/Michael Brunner-Ovadia

Einige Verfahren der ordentlichen Gerichtsbarkeit, insbesondere die familienrechtlichen Verfahren, der Urkundenprozess sowie das Bußgeld- und Strafverfahren, weisen erhebliche Besonderheiten im Vergleich zum normalen Zivilprozess auf. 1

Daneben gibt es noch die folgenden besonderen Gerichtsbarkeiten: 2

- Arbeitsgerichtsbarkeit,
- Verwaltungsgerichtsbarkeit,
- Sozialgerichtsbarkeit und
- Finanzgerichtsbarkeit.

Für eine effektive Sachbearbeitung in der Praxis werden im Folgenden die Grundzüge und die Besonderheiten dieser besonderen Verfahrensarten bzw. Gerichtsbarkeiten dargestellt. 3

B. Familiengerichtsbarkeit

I. Allgemeines

4 Das Familienrecht ist ein Teil der ordentlichen Zivilgerichtsbarkeit (§ 12 GVG), das jedoch eine eigene Verfahrensordnung besitzt.

Das Verfahrensrecht ist seit dem 1.9.2009 im Gesetz über das Verfahren in Familiensachen und in den Angelegenheiten der freiwilligen Gerichtsbarkeit (FamFG) geregelt. Das FamFG hat somit insbesondere das Gesetz über die Angelegenheiten der freiwilligen Gerichtsbarkeit (FGG) sowie Teile der ZPO ersetzt, soweit dort familienrechtliche Verfahren geregelt waren (z.B. Vaterschaftsanfechtung und Unterhalt). Mit dieser Neuregelung sollte eine einheitliche und vereinfachte familienrechtliche Verfahrensordnung geschaffen werden.

5 Schwerpunkte der Gesetzesänderung waren insbesondere

- die Schaffung des sog. „Großen Familiengerichtes“ (vgl. Rdn 10),
- die Förderung der gerichtlichen und außergerichtlichen Streitschlichtung für Scheidungsfolgesachen,
- Beschleunigung der Umgangs- und Sorgerechtsverfahren,
- Neuregelung der Interessenvertretung von Kindern und Jugendlichen im Gerichtsverfahren durch den sog. Verfahrensbeistand („Anwalt des Kindes“) sowie
- die Einführung eines von der Hauptsache unabhängigen, d.h. verfahrensrechtlich selbstständigen, einstweiligen Rechtschutzes.

6 Das FamFG übernahm auch nicht alle bisher gewohnten Begriffe des Zivilprozesses, sondern ersetzte einige Begriffe (vgl. § 113 Abs. 5 FamFG), z.B.:

- „Verfahren“ anstatt „Prozess“ oder „Rechtsstreit“
- „Antrag“ statt „Klage“,
- „Antragsteller“ statt „Kläger“,
- „Antragsgegner“ statt „Beklagter“,
- Beteiligte statt Parteien sowie
- „Verfahrenskostenhilfe“ (§§ 76–78 FamFG) statt „Prozesskostenhilfe“.

7 Das Familiengericht entscheidet nicht durch Urteil, sondern ausschließlich durch Beschluss (§ 38 FamFG).

II. Zuständigkeit

8 Das Familiengericht ist kein eigenständiges Gericht (wie z.B. das Arbeitsgericht), sondern nach § 23b Abs. 1 GVG eine Abteilung des Amtsgerichts (AG).

9 Das Familiengericht ist für alle Familiensachen ausschließlich sachlich zuständig (§ 23a Abs. 1 S. 2 GVG). In § 111 Nr. 1–11 FamFG werden die Familiensachen abschließend definiert:

- Ehesachen (§§ 121–150 FamFG),
- Kindschaftssachen (§§ 151–168g FamFG),
- Abstammungssachen (§§ 169–185 FamFG),
- Adoptionssachen (§§ 186–199 FamFG),
- Ehewohnungs- und Haushaltssachen (§§ 200–209 FamFG),
- Gewaltschutzsachen (§§ 210–216a FamFG),
- Versorgungsausgleichssachen (§§ 217–229 FamFG),
- Unterhaltssachen (§§ 231–260 FamFG),
- Güterrechtssachen (§§ 261–265 FamFG),
- sonstige Familiensachen (§§ 266–268 FamFG) und
- Lebenspartnerschaftssachen (§§ 269, 270 FamFG).

10 Mit dem Inkrafttreten des FamFG am 1.9.2009 wurde das Vormundschaftsgericht abgeschafft und dessen Zuständigkeiten auf das Familiengericht übertragen. Daneben entscheidet es seither auch über Gewaltschutzsachen und sonstige Familiensachen und damit über alle Streitigkeiten im Zusammenhang mit Scheidung und Trennung, die zuvor den Zivilgerichten vorbehalten waren. Wegen der Vergrößerung seines Zuständigkeitsbereiches wird es auch als sog. „Großes Familiengericht" bezeichnet. Für die früher den Vormundschaftsgerichten obliegenden Aufgaben in Betreuungssachen (§§ 271–341 FamFG) wurden Betreuungsgerichte eingerichtet.

11 Die jeweilige örtliche Zuständigkeit der in § 111 FamFG genannten Verfahren sind geregelt für

- Ehesachen in § 121 FamFG,
- Kindschaftssachen § 152 FamFG,
- Abstammungssachen in § 170 FamFG,
- Adoptionssachen in § 187 FamFG,
- Ehewohnungs- und Haushaltssachen in § 201 FamFG,
- Gewaltschutzsachen in § 211 FamFG,
- Versorgungsausgleichssachen in § 218 FamFG,
- Unterhaltssachen in § 232 FamFG,
- Güterrechtssachen in § 262 FamFG,
- sonstige Familiensachen in § 267 FamFG und
- Lebenspartnerschaftssachen in § 270 FamFG.

12 Über das Justizportal des Bundes und der Länder (www.justizadressen.nrw.de/justiz/suche) kann das zuständige Gericht ermittelt werden.

III. Instanzenzug

13 Der Instanzenzug der Familiengerichtsbarkeit ist wie in Zivilsachen dreistufig.

14 Das erstinstanzliche Gericht ist unabhängig vom Streitwert das AG (§ 23a Abs. 1 S. 2 GVG) als Familiengericht (§§ 13, 23a Abs. 1 Nr. 1 GVG), wo Abteilungen dafür (§ 23b GVG) eingerichtet sind.

15 Über die Beschwerde (§§ 58 ff. FamFG) gegen die Entscheidung des Familiengerichts entscheidet nach § 119 Abs. 1 Nr. 1 a GVG das Oberlandesgericht (OLG). Als somit zweitinstanzliches Gericht in Familiensachen sind Familiensenate beim OLG eingerichtet (§§ 119 Abs. 2, 23b Abs. 1 und 2 GVG), die zugleich auch als Zivilsenate fungieren können (§ 119a Abs. 3 GVG). Ein Senat besteht aus mehreren (meist drei bis fünf) Richtern.

16 Über die Rechtsbeschwerde (§§ 70 ff. FamFG) gegen die Entscheidung des OLG entscheidet nach § 133 GVG der Bundesgerichtshof (BGH). Eine Rechtsbeschwerde in Familiensachen findet aber nur statt, wenn sie vom OLG zugelassen wurde (§ 70 Abs. 1 S. 1, Abs. 2 FamFG). In Verfahren der einstweiligen Anordnung (§§ 49 ff., 246–248 FamFG) ist sie jedoch ausgeschlossen (§ 70 Abs. 4 FamFG).

Anders als die ZPO (§ 544 ZPO) kennt das FamFG keine Nichtzulassungsbeschwerde. Wurde die Rechtsbeschwerde vom OLG nicht zugelassen, ist diese Entscheidung endgültig.

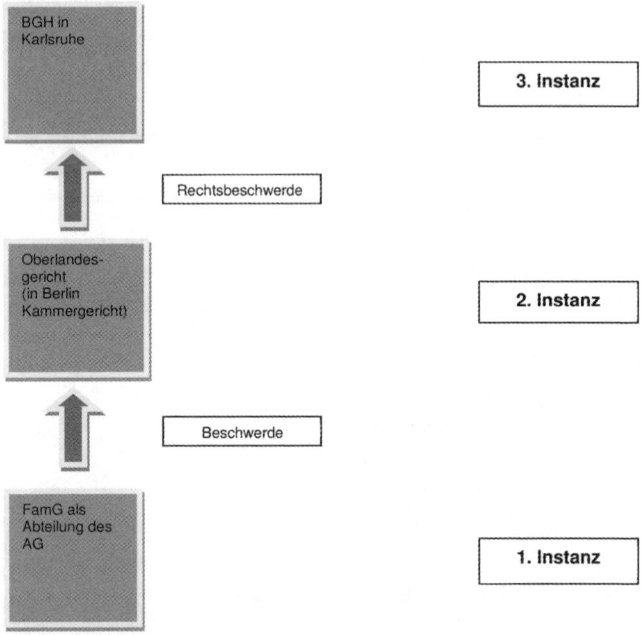

IV. Spruchkörper

Der Spruchkörper in Familiensachen besteht wie im ordentlichen Zivilrecht aus einem Einzelrichter. Die Abteilungen für Familiensachen werden jedoch mit sogenannten Familienrichtern besetzt (§ 23b Abs. 3 S. 1 GVG). Ein Richter auf Probe darf im ersten Jahr nach seiner Ernennung Geschäfte des Familienrichters nicht wahrnehmen (§ 23b Abs. 3 S. 2 GVG). 17

V. Verfahren

1. Anwaltszwang bei Verfahren vor dem Familien- und Oberlandesgericht

Anwaltszwang besteht nach § 114 Abs. 1 FamFG beim AG und OLG in Ehesachen (§§ 121 ff. FamFG) und deren Folgesachen (§ 137 FamFG) sowie in selbstständigen Familienstreitsachen (§ 112 FamFG), wie z.B. selbstständigen Unterhaltssachen oder Zugewinnausgleichsverfahren 18

Kein Anwaltszwang besteht nach § 114 Abs. 4 FamFG z.B. im Verfahren der einstweiligen Anordnung (§§ 49 ff., 246–248 FamFG), in Unterhaltsverfahren, wenn das Jugendamt als Beistand oder Vormund eines Beteiligten auftritt, der Verfahrenskostenhilfe (§§ 76 ff. FamFG) oder für die Zustimmung zur Scheidung. 19

2. Einleitung des Verfahrens

Nach § 24 FamFG kann das Familiengericht Verfahren von Amts wegen einleiten, wenn es Kenntnis von Umständen erhält, die sein Einschreiten erforderlich machen (z.B. Verfahren der elterlichen Sorge bei Kenntnis über Kindeswohlgefährdung). Nicht von Amts wegen, sondern nur auf Antrag werden dagegen Ehesachen (§ 121 FamFG) und Familienstreitsachen (§ 112 FamFG) eingeleitet. Insoweit gelten für diese Verfahren nach § 113 Abs. 1 FamFG dann ein Großteil der Verfahrensvorschriften der ZPO (§§ 1–494a ZPO). 20

Die Verfahrensvollmacht ist schriftlich zu den Gerichtsakten zu reichen (§ 11 S. 1 FamFG). Die Vollmacht muss aber nicht zwingend dem Antrag beigefügt sein, sondern kann auch nachgereicht werden (§ 11 S. 2 FamFG). Tritt ein Rechtsanwalt auf, hat das Gericht den Mangel der Vollmacht nicht von Amts wegen zu berücksichtigen (§ 11 S. 4 FamFG). Im Übrigen gelten für ihren Umfang, Wirkung und ihr Erlöschen die Regelungen der §§ 81–87 und 89 ZPO. 21

Einstweiliger Rechtsschutz wird im FamFG durch einstweilige Anordnung gewährt. Sie ist grundsätzlich ein selbstständiges Verfahren und hängt damit nicht von einem Hauptsacheverfahren oder Antrag auf Verfahrenskostenhilfe ab (§ 51 Abs. 3 S. 1 FamFG). 22

23 Ist eine einstweilige Anordnung erlassen worden, hängt die Einleitung eines Hauptsacheverfahrens davon ab, ob es sich um ein Amtsverfahren oder ein Antragsverfahren handelt. In Amtsverfahren (z.B. elterliche Sorge oder Umgangsrecht) hat das Gericht demnach von Amts wegen die Einleitung eines Hauptsacheverfahrens zu prüfen (§ 52 Abs. 1 FamFG), während es in Antragsverfahren (z.B. Unterhalt oder Ehewohnungs- und Haushaltssachen) dagegen eines Antrags bedarf (§ 52 Abs. 2 FamFG).

24 In Amtsverfahren kann aber auch durch den Antrag eines Beteiligten das Hauptsacheverfahren eingeleitet werden (§ 52 Abs. 1 FamFG). Die Beteiligten sind auf dieses Antragsrecht gem. § 39 FamFG hinzuweisen. Das Gericht kann aber eine Wartefrist von bis zu drei Monaten für den Einleitungsantrag bestimmen.

25 In Antragsverfahren hat auf Antrag des Beteiligten, der durch die einstweilige Anordnung beeinträchtigt ist, das Gericht gegenüber demjenigen, der die einstweilige Anordnung erwirkt hat, anzuordnen, die Einleitung des Hauptsacheverfahrens innerhalb der vom Gericht gesetzten Frist zu beantragen (§ 52 Abs. 2 FamFG). Die Frist darf drei Monate nicht überschreiten (§ 52 Abs. 2 S. 2 FamFG), da andernfalls die einstweilige Anordnung aufzuheben ist (§ 52 Abs. 2 S. 3 FamFG).

26 Das Aufhebungs- und Abänderungsverfahren der einstweiligen Anordnung ist in § 54 FamFG geregelt: Während in Amtsverfahren das Gericht die einstweilige Anordnung jederzeit von Amts wegen aufheben oder abändern kann, erfolgt die Aufhebung oder Abänderung in Antragsverfahren nur auf Antrag (§ 54 Abs. 1 S. 2 FamFG), außer, es fand keine notwendige Anhörung statt (§ 54 Abs. 1 S. 3 FamFG). Nur dann, wenn das einstweilige Anordnungsverfahren beim Beschwerdegericht anhängig ist, ist das Aufhebungs- bzw. Abänderungsverfahren durch das Familiengericht ausgeschlossen (§ 54 Abs. 4 FamFG).

Alternativ kann in dem Fall, dass die einstweilige Anordnung ohne mündliche Verhandlung bzw. Erörterung erlassen wurde, die Durchführung der Verhandlung bzw. Erörterung und Neuentscheidung beantragt werden (§ 54 Abs. 2 FamFG).

Die Anträge nach § 54 Abs. 1 und Abs. 2 FamFG stehen dabei als alternative Möglichkeit nebeneinander; weder der eine noch der andere hat Vorrang.

27 Entscheidungen der einstweiligen Anordnungen sind grundsätzlich nicht anfechtbar (§ 57 S. 1 FamFG). Ausnahmen davon betreffen Verfahren wegen der Genehmigung freiheitsentziehender Unterbringung Minderjähriger oder sonstige freiheitsentziehende Maßnahmen (§ 151 Nr. 6 FamFG) oder ihrer Unterbringung als psychisch Kranke (§ 151 Nr. 7 FamFG). Weitere Ausnahme der Anfechtbarkeit bilden nach § 57 S. 2 FamFG nach mündlicher Verhandlung bzw. Erörterung die Verfahren wegen

- elterlicher Sorge (Nr. 1),
- Herausgabe des Kindes an den anderen Elternteil (Nr. 2),
- eines Antrages auf Verbleiben eines Kindes bei einer Pflege- oder Bezugsperson (Nr. 3),

- eines Antrags nach den §§ 1 und 2 des Gewaltschutzgesetzes (GewSchG) (Nr. 4) oder
- eines Antrags auf Zuweisung der Ehewohnung in einer Ehewohnungssache (Nr. 5).

Sowohl in den Aufhebungs- und Abänderungsverfahren nach § 54 FamFG, als auch im Beschwerdeverfahren nach § 57 FamFG kann von Amts wegen oder auf Antrag durch unanfechtbaren Beschluss das Gericht die Vollstreckung der einstweiligen Anordnung vorläufig einstellen oder beschränken (§ 55 Abs. 1 FamFG). 28

Besonderheit der Vollstreckung einer einstweiligen Anordnung ist, dass sie sie sofort wirksam und vollstreckbar ist und keiner Vollstreckungsklausel bedarf, solange sie für oder gegen die in dem Beschluss bezeichneten Beteiligten erfolgt (§ 53 Abs. 1 FamFG). 29

3. Verfahrensgrundsätze

Sowohl für das einstweilige Anordnungsverfahren als auch für das Hauptsacheverfahren gelten folgende Verfahrensgrundsätze: 30

- die Ermittlung erfolgt von Amts wegen (§ 26 FamFG),
- die Beteiligten wirken dabei an der Aufklärung des Sachverhaltes mit (§ 27 FamFG),
- die Beweiserhebung erfolgt wie in der ZPO, jedoch ist das Gericht nicht an das Vorbringen der Beteiligten gebunden (§ 28 FamFG),
- im Gerichtstermin wird die Sachlage mit den Beteiligten erörtert (§ 32 FamFG),
- das persönliche Erscheinen der Beteiligten zum Termin ist daher grundsätzlich angeordnet (§ 33 FamFG),
- bis auf Gewaltschutzsachen hat das Familiengericht auf eine gütliche Einigung der Beteiligten hinzuwirken, soweit diese über den Verfahrensgegenstand verfügen können (§ 36 Abs. 1 FamFG),
- die Entscheidung ergeht durch Beschluss (§ 38 FamFG), soweit durch die Entscheidung der Verfahrensgegenstand ganz oder teilweise erledigt wird (Endentscheidung),
- die mündliche Verhandlung ist grundsätzlich nicht öffentlich (§ 170 GVG); die Verkündung der Entscheidung muss hingegen immer öffentlich erfolgen (§ 173 GVG)

4. Rechtsmittel

Das einheitliche Rechtsmittel gegen erstinstanzliche Endentscheidungen ist die Beschwerde (§§ 58 ff. FamFG). Einige Zwischenentscheidungen sind nach den Vorschriften der ZPO mit der sofortigen Beschwerde (§§ 567 ff. ZPO) anfechtbar. 31

Anders als im Zivilprozess ist die Beschwerde (§§ 58 ff. FamFG) beim Gericht der I. Instanz (Familiengericht) einzureichen (§ 64 Abs. 1 S. 1 FamFG). Eine Abhilfebefugnis hat das Familiengericht jedoch nur in begrenztem Umfang. Bei Endentscheidungen im einstweiligen Anordnungsverfahren (§ 57 S. 2 FamFG) besteht dann keine Abhilfebefugnis, 32 wenn aufgrund mündlicher Verhandlung entschieden wurde. Dasselbe gilt bei sofortigen Beschwerden (§§ 567 ZPO) gegen Zwischenentscheidungen, die sich nach der ZPO richten (§ 572 Abs. 1 S. 1 Hs. 1 ZPO).

Gegen Endentscheidungen in Familiensachen (§ 111 FamFG) besteht keine Abhilfebefugnis (§ 68 Abs. 1 S. 2 FamFG). Das Familiengericht hat die Beschwerde einschließlich der Akten unverzüglich an das OLG weiterzuleiten (§ 68 Abs. 1 S. 1 Hs. 2 FamFG).

33 Die Frist für die Beschwerde (§ 58 ff. FamFG) in der Hauptsache beträgt einen Monat (§ 63 Abs. 1 FamFG) bzw. zwei Wochen im einstweiligen Anordnungsverfahren und bei Anträgen auf Genehmigung eines Rechtsgeschäfts (§ 63 Abs. 2 Nr. 1 FamFG). Die Frist beginnt jeweils mit der schriftlichen Bekanntgabe (§ 41 FamFG) des Beschlusses (§ 38 FamFG) an die Beteiligten (§ 63 Abs. 3 S. 1 FamFG). Kann die schriftliche Bekanntgabe an einen (förmlich) Beteiligten nicht bewirkt werden, beginnt die Frist spätestens mit Ablauf von fünf Monaten nach Erlass des Beschlusses (§ 63 Abs. 3 S. 2 FamFG).

34 Die Beschwerde soll begründet werden (§ 65 Abs. 1 FamFG), wobei das Gericht hierzu eine angemessene Frist setzen kann (§ 65 Abs. 2 FamFG). Mit der Begründung können auch neue Tatsachen und Beweise vorgetragen werden (§ 65 Abs. 3 FamFG), nicht aber, dass das Familiengericht zur Entscheidung nicht zuständig gewesen sei (§ 65 Abs. 4 FamFG).

35 In Ehesachen (§ 121 FamFG) und Familienstreitsachen (§ 112 FamFG) dagegen muss die Beschwerde grundsätzlich einen bestimmten Sachantrag enthalten und begründet werden (§ 117 Abs. 1 S. 1 FamFG). Die Begründung muss beim OLG eingereicht werden (§ 117 Abs. 1 S. 2 FamFG) und zwar innerhalb von zwei Monaten ab Bekanntgabe des Beschlusses des Familiengerichts, spätestens mit Ablauf von fünf Monaten nach seinem Erlass (§ 117 Abs. 1 S. 3 FamFG). Für etwaige an das OLG zu stellende Fristverlängerungsanträge gelten zudem nach § 117 Abs. 1 S. 4 FamFG die strengeren Vorschriften des Zivilprozesses (§§ 520 Abs. 2 S. 2 und S. 3 ZPO).

36 Gegen die zweitinstanzliche Entscheidung des OLG als Beschwerdegericht ist das Rechtsmittel der Rechtsbeschwerde (§§ 70 ff. FamFG) grundsätzlich dann gegeben, wenn das OLG diese zugelassen hat (§ 70 Abs. 1 FamFG). In Unterbringungssachen und Verfahren nach § 151 Nr. 6 und 7 FamFG sowie Freiheitsentziehungssachen ist die Rechtsbeschwerde auch ohne Zulassung gegeben, sofern sie sich gegen die Anordnung der Unterbringungsmaßnahme oder Freiheitsentziehung richtet (§ 70 Abs. 3 S. 1 Nr. 2 und Nr. 3, S. 2 FamFG).

37 Gemäß § 71 Abs. 1 FamFG ist die Rechtsbeschwerde binnen einer Frist von einem Monat nach der schriftlichen Bekanntgabe des Beschlusses durch Einreichen einer Beschwerdeschrift beim BGH einzulegen und, sofern die Beschwerdeschrift keine Begründung enthält, binnen einer Frist von einem Monat zu begründen (§ 71 Abs. 2 S. 1 FamFG). Die Frist dafür beginnt mit der schriftlichen Bekanntgabe des angefochtenen Beschlusses

(§ 71 Abs. 2 S. 2 FamFG), also nicht erst mit der Einlegung der Beschwerde. Wird die Beschwerde z.B. am letzten Tag der Beschwerdefrist beim BGH eingereicht, so muss sie bereits vollständig begründet sein.

VI. Anwaltsgebühren

In Familien- und Lebenspartnerschaftssachen können grundsätzlich dieselben Gebühren nach Teil 3 VV RVG wie in einem ordentlichen Zivilprozess entstehen. Zu den einzelnen Gebührentatbeständen vgl. § 8 Rdn 138 ff. Besonderheiten bestehen in den Unterbringungs- und Freiheitsentziehungsverfahren (§ 151 Nr. 6 und Nr. 7 FamFG). Dort entstehen in I. und II. Instanz jeweils Betragsrahmengebühren nach Nrn. 6300, 6301 VV RVG bzw. Nrn. 6302, 6303 VV RVG für Verfahren auf Verlängerung oder Aufhebung. 38

Die Schwierigkeit bei der Abrechnung familienrechtlicher Angelegenheiten besteht meist in der Bestimmung des Gegenstandswertes für die wertgebundenen Gebühren nach Teil 3 VV RVG. 39

Zusammen mit dem FamFG ist auch das Gesetz über die Gerichtskosten in Familiensachen (FamGKG) in Kraft getreten. Das FamGKG enthält nunmehr die einheitlich für alle Familiensachen anwendbaren Verfahrenswerte. Mit dem am 1.6.2025 in Kraft getretenen **Kosten- und Betreuervergütungsrechtsänderungsgesetz 2025** (KostBRÄG 2025) erfolgten die letzten Änderungen, die vor allem eine Erhöhung der Gebühren und teilweise Gegenstandswerte mit sich brachten. 40

Nachfolgend eine Kurzübersicht (§§ im FamGKG) über die wichtigsten Gegenstandswerte im familienrechtlichen Verfahren: 41

Geldforderung	Der Verfahrenswert wird durch den Wert der bezifferten Geldforderung (z.B. Zugewinnausgleich) bestimmt (§ 35).
Nebenforderungen	Nebenforderungen (Früchte, Nutzungen, Zinsen, Kosten) werden nicht beim Wert berücksichtigt (§ 37 Abs. 1), solange sie nicht selbst durch Wegfall der Hauptforderung zu einer solchen geworden sind.
Stufenantrag	Wird zunächst Auskunft verlangt und zugleich der sich aus der Auskunft (ggf. unbezifferte) Leistungsanspruch geltend gemacht, ist für die Wertberechnung nur der Leistungsanspruch als der höhere Wert maßgebend (§ 38).
Einstweilige Anordnungen	Der Wert bestimmt sich nach dem Hauptsachewert, beträgt aber nur einen Bruchteil davon, wobei in der Regel von der Hälfte des für die Hauptsache bestimmten Wertes auszugehen ist (§ 41).

Auffangwert (z.B. Auskunft)	Gibt es keine speziellere Wertvorschrift für den Gegenstand einer Familiensache, ist er nach billigem Ermessen (§ 42 Abs. 1, Abs. 2) zu bestimmen, andernfalls mit dem Auffangwert von 5.000 EUR anzusetzen (§ 42 Abs. 3). § 42 findet u.a. bei Auskunftsansprüchen Anwendung: Sie wird nach einem Bruchteil von i.d.R. 1/4 bis 1/10 des mit der Auskunft verfolgten Hauptanspruchs bewertet. Je mehr der Auskunftsberechtigte auf die Auskunft angewiesen ist, desto größer ist der Bruchteil anzusetzen.
Ehesachen (z.B. Scheidung)	Der Wert einer Ehesache wird nach den Umständen des Einzelfalls, insbesondere des Umfangs und der Bedeutung der Sache und Vermögens- und Einkommensverhältnisse bemessen (§ 43 Abs. 1 S. 1). Der Wert muss min. 3.000 EUR betragen, darf aber max. 1 Mio. betragen (§ 43 Abs. 1 S. 2). Für die Einkommensverhältnisse ist auf das Nettoeinkommen der Ehegatten der letzten drei Monate vor Einreichung des Antrags abzustellen. Da insbesondere auch das Vermögen (häufig z.B. in Form des gemeinsamen Familienheims) den Wert der Ehesache bestimmt, hat sich eine umfangreiche und sehr uneinheitliche Rechtsprechung entwickelt. So werden vom Vermögen für jeden Ehegatten (und teilweise auch für ihre bei ihnen noch lebenden gemeinsamen Kinder) Freibeträge zwischen 10.000 EUR und 60.000 EUR berücksichtigt und vom Vermögen abgezogen. Vom so verbleibenden Wert werden dann zwischen 5 % und 10 % angesetzt und mit dem 3-fachen Familieneinkommen addiert.
Verbundverfahren (Folgesachen)	Die Scheidung und Folgesachen nach § 137 FamFG im Verbund geltend als ein Verfahren. Ihre Werte werden addiert (§ 44 Abs. 1). Wenn Kindschaftssachen nach § 151 FamFG Teil des Verbundes sind, erhöht sich der Wert der Scheidung (§ 43) um 20 % je Kindschaftssache, max. aber um je 5.000 EUR – auch dann, wenn mehrere Kinder betroffen sind (§ 44 Abs. 2 S. 1)
Elterliche Sorge, Umgangsrecht, Kindesherausgabe	In isolierten (nicht im Verbund anhängigen) Kindschaftsverfahren beträgt der Wert jeweils 5.000 EUR (§ 45 Abs. 1) – auch dann, wenn mehrere Kinder betroffen sind (§ 45 Abs. 2). Wenn der Wert unangemessen ist, kann das Gericht auch einen davon abweichenden Wert festsetzen (§ 45 Abs. 3).

Ehewohnungs- und Haushaltssachen	In Ehewohnungs- und Haushaltssachen wird für den Wert während der Trennung und der Scheidung bzw. ihrer Rechtskraft unterschieden: In **Ehewohnungssachen** während der Trennung, z.B. nach § 1361b BGB auf Wohnungszuweisung und Zahlung einer Nutzungsentschädigung (§ 200 Abs. 1 Nr. 1 FamFG) beträgt der Wert 4.000 EUR (§ 48 Abs. 1 Alt. 1). Für die Überlassung der Wohnung nach Rechtskraft der Scheidung nach § 1568a BGB (§ 200 Abs. 1 Nr. 2 FamFG) dagegen beträgt der Wert 5.000 EUR (§ 48 Abs. 1 Alt. 2). Das Verfahren wegen der Zahlung einer Nutzungsentschädigung für die Zeit nach Rechtskraft der Scheidung ist keine Ehewohnungssache, sondern eine sonstige Familiensache (§ 266 Abs. 1 Nr. 3 FamFG). Die Bewertung erfolgt nach § 35 (fällige Beträge) und § 42 Abs. 1 (künftige Beträge). Im Rahmen von § 42 Abs. 1 stellt die überwiegende Meinung in der Rechtsprechung in Anlehnung an § 51 Abs. 1 S. 1 dabei auf den Betrag für die nächsten 12 Monate ab. Fällige und künftige Beträge sind zu addieren (§ 33 Abs. 1). In **Haushaltssachen** während der Trennung, z.B. nach § 1361a BGB (§ 200 Abs. 2 Nr. 1 FamFG) wegen der Verteilung der gemeinsamen Haushaltsgegenstände (§ 1361a Abs. 2 BGB), Herausgabe (§ 1361a Abs. 1 S. 1 BGB) oder Gebrauchsüberlassung (§ 1361a Abs. 1 S. 2 BGB) von im Alleineigentum stehenden Haushaltsgegenständen, beträgt der Wert 2.000 EUR (§ 48 Abs. 2 Alt. 1). Das Verfahren wegen Überlassung und Übereignung der gemeinsamen Haushaltsgegenstände (§ 1586b Abs. 1 BGB) und der Anspruch auf Ausgleichszahlung (§ 1568b Abs. 3 BGB) wegen der Scheidung wird mit 3.000 EUR bemessen (§ 48 Abs. 2 Alt. 2). Wenn der Wert unangemessen ist, kann das Gericht auch einen davon abweichenden Wert festsetzen (§ 48 Abs. 3).
Gewaltschutzsachen	In Verfahren wegen Schutz vor Gewalt und Nachstellungen (§ 1 GewSchG) und dem EUGewSchVG beträgt der Wert 3.000 EUR (§ 49 Abs. 1 Alt. 1), während im Verfahren zur Überlassung einer gemeinsam genutzten Wohnung (§ 2 GewSchG) der Wert 4.000 EUR beträgt. Wenn der Wert unangemessen ist, kann das Gericht auch einen davon abweichenden Wert festsetzen (§ 49 Abs. 2).

Versorgungs-ausgleich	Für jedes Anrecht ist als Wert 10 %, bei Ausgleichsansprüchen nach der Scheidung für jedes Anrecht 20 % des in drei Monaten erzielten Nettoeinkommens der Ehegatten (§ 43 Abs. 2) anzusetzen (§ 50 Abs. 1 S. 1). Der Mindestwert beträgt 1.000 EUR (§ 50 Abs. 1 S. 2). „Nach der Scheidung" ist nicht als temporales Kriterium zu verstehen, sondern meint die schuldrechtlichen Ansprüche (Ausgleichsansprüche nach der Scheidung, §§ 20 ff. VersAusglG), über die das Familiengericht nur auf Antrag entscheidet (§ 223 FamFG).
Unterhalt	In Unterhaltssachen (z.B. Ehegattenunterhalt, wie Trennungs- oder nachehelicher Unterhalt, Unterhalt der Kindesmutter aus Anlass der Geburt nach § 1615l BGB oder Kindesunterhalt) berechnet sich der Wert nach den fälligen (§ 51 Abs. 2) und den laufenden Beträgen (§ 51 Abs. 1). Ein Verfahrenskostenhilfeantrag (VKH-Antrag) steht dem Hauptsacheantrag gleich, wenn der Hauptsacheantrag alsbald nach Mitteilung des Beschlusses über den VKH-Antrag oder über eine alsbald eingelegt Beschwerde eingereicht wird (§ 51 Abs. 2 S. 2). Wenn für die Fälligkeit nichts anderes zwischen den Beteiligten vereinbart ist, gilt nach § 1612 Abs. 3 S. 1 BGB, dass der Unterhalt am Ersten eines Monats im Voraus fällig ist. Bei Antragseinreichung ist also der für diesen Monat geforderte Betrag bereits ein fälliger. Bei den künftigen (bei Antragseinreichung noch nicht fälligen) Beträgen ist der Wert für die ersten 12 Monate nach Einreichung maßgeblich, es sei denn, es wird Unterhalt für einen kürzeren künftigen Zeitraum gefordert – dann bestimmt dieser den Wert. Bei dynamisiertem Kindesunterhalt, also in Höhe eines Prozentsatzes des Mindestunterhaltes (§ 1612a BGB), ist auf das 12-fache des Mindestunterhalts abzustellen, der sich aus der Altersstufe bei Antragseinreichung ergibt (§ 51 Abs. 1 S. 2) – spätere Änderungen haben also keinen Einfluss auf den Wert.
Wideranträge Hilfsanträge, Hilfsaufrechnung	Diese regelt § 39 und entspricht den Regelungen des § 45 GKG für den Zivilprozess.
Rechtsmittel	Das Rechtsmittelverfahren ist in § 40 geregelt und entspricht den Regelungen des § 47 GKG für den Zivilprozess. Für den Wert ist primär der Antrag des Rechtsmittelführers entscheidend (§ 40 Abs. 1 S. 1), andernfalls seine Beschwer (§ 40 Abs. 1 S. 2). Der Wert der ersten Instanz begrenzt den Rechtsmittelwert (§ 40 Abs. 2 S. 1), es sei denn, der Antrag wird erweitert (§ 40 Abs. 2 S. 2).

Isolierte Familiensachen sind selbstständige Verfahren. Meist wird nur ein einziger Gegenstand in dem Verfahren geltend gemacht. Nach dem Wert dieses einzelnen Gegenstandes bestimmen sich die Gebühren für den Anwalt (§ 23 Abs. 1 S. 1 RVG). 42

Werden mehrere isolierte Familiensachen gleichzeitig oder nacheinander in gesonderten Verfahren gelten gemacht, sind die Werte nicht zu addieren. Die Verfahren stellen vielmehr auch für den Anwalt verschiedene gebührenrechtliche Angelegenheiten dar und sind daher einzeln abzurechnen. Die Gebühren entstehen mehrfach nach den jeweiligen Einzelgegenstandswerten sowie gesondert die Auslagen (Nr. 7000 ff. VV RVG). 43

Nur ausnahmsweise sind die Gegenstandswerte auch in isolierten Familiensachen zu addieren: Werden mehrere Gegenstände in einem einzigen gerichtlichen Verfahren anhängig gemacht, entstehen die Gebühren aus dem addierten Wert (§ 23 Abs. 1 S. 1 RVG i.V.m. § 33 Abs. 1 FamGKG).

Die Scheidung oder ein Verfahren auf Aufhebung der Lebenspartnerschaft und die Folgesachen stellen für den Anwalt dieselbe gebührenrechtliche Angelegenheit dar (§ 16 Nr. 4 RVG). Das bedeutet, dass die Gebühren für den Anwalt nur aus der Summe der Einzelwerte zu berechnen sind. Werden Folgensachen abgetrennt (§ 140 FamFG), wird der Verbund nicht aufgelöst (§ 137 Abs. 5 S. 1 FamFG). Für den Anwalt bleibt es also weiterhin dieselbe gebührenrechtliche Angelegenheit. 44

Eine Ausnahme davon bilden die Kindschaftssachen (elterliche Sorge, Umgangsrecht, Herausgabe des gemeinschaftlichen Kindes): Werden sie als Folgesache vom Verbund abgetrennt, werden sie als selbstständige Verfahren fortgeführt (§§ 137 Abs. 3, Abs. 5 S. 2 FamFG). Damit sind sie auch für den Anwalt gesonderte gebührenrechtliche Angelegenheiten (§ 21 Abs. 3 RVG). Das bedeutet für die Abrechnung, dass diese Verfahren so zu behandeln sind, als seien sie nie im Verbund gewesen. Der Wert des selbstständigen Verfahrens bleibt also bei der Berechnung des Scheidungsverfahrens unberücksichtigt.

VII. Gerichtsgebühren

Die Gerichtskosten sind mit Einreichung der Antragsschrift fällig (§ 9 FamGKG). 45

Eine Vorschusspflicht besteht nach § 14 Abs. 1 FamGKG in Ehesachen (§ 121 FamFG), mit Ausnahme der Scheidungsfolgesachen, und selbstständigen Familienstreitsachen (§ 112 FamFG). Keine Vorschusspflicht besteht z.B. bei Wideranträgen, Anträgen auf Erlass einer einstweiligen Anordnung oder Anordnung eines Arrestes (§ 14 Abs. 2 FamGKG).

Die Gerichtskosten sind wie folgt geregelt: 46

- für **Ehe- (§ 121 FamFG) und Folgesachen (§ 137 FamFG)** in Nrn. 1110 bis 1140 KV FamGK.

- für **selbstständige Familienstreitsachen** (§ 112 FamFG), wie z.B. Unterhaltssachen (§ 231 Abs. 1 FamFG) oder Güterrechtssachen (§ 266 Abs. 1 FamFG) in Nrn. 1220 bis 1229 KV FamGKG.
- Für **selbstständige Kindschaftssachen** (§ 151 Nr. 1–3 FamFG), wie z.B. Übertragung oder Entzug der elterlichen Sorge, Umgangsrecht, Kindesherausgabe, in Nrn. 1310, 1314 bis 1319 KV FamGKG.

> *Hinweis:*
>
> In den Kindschaftsverfahren ist zu beachten, dass regelmäßig ein **Verfahrensbeistand** für das betroffene Kind bestellt wird (§ 158 Abs. 1 FamFG). Er hat die Interessen des Kindes festzustellen und im Verfahren zur Geltung zu bringen (weshalb er oft auch als „Anwalt des Kindes" bezeichnet wird). Er soll dazu eine schriftliche Stellungnahme abgeben. Ihm wird vom Gericht regelmäßig die Aufgabe übertragen, Gespräche mit den Eltern und weiteren Bezugspersonen des Kindes zu führen sowie am Zustandekommen einer einvernehmlichen Regelung über den Verfahrensgegenstand mitzuwirken (§ 158b Abs. 2 FamFG). Die Vergütung des Verfahrensbeistands ist in § 158c FamFG geregelt: Für seine Tätigkeit erhält er für jeden Rechtszug seit dem KostBRÄG 2025 eine einmalige Vergütung von 690 EUR. Wird er für mehrere in demselben Haushalt lebende Kinder bestellt, erhält er für jedes weitere Kind eine Pauschale von 555 EUR. Seine Vergütung wird in der Gerichtskostenrechnung als Auslage Nr. 2013 KV FamGKG aufgeführt.
>
> Das Familiengericht bestellt meist auch einen **Sachverständigen** zur Erstellung eines Gutachtens (§ 168 FamFG), dessen Kosten (nach JVEG) oftmals ebenfalls im vierstelligen Bereich liegen und als weitere Auslage des Gerichts Nr. 2005 KV FamGKG berechnet werden.

C. Urkundenprozess

Wolf Schulenburg/Ivana Bugarin

I. Allgemeines

47 Der Urkundenprozess ist ein zivilprozessuales Verfahren, das im 5. Buch der ZPO **gesondert geregelt** ist (**§§ 592, 593, 595–600 ZPO**).

48 Der **Wechsel- und Scheckprozess** sind gesonderte Verfahrensarten des Urkundenprozesses und in den §§ 602, 605a ZPO geregelt. Diese gesonderten Verfahrensarten haben mittlerweile aufgrund des immer stärker werdenden unbaren Geldverkehrs in der Praxis erheblich an Bedeutung verloren.

Die Besonderheit und der Zweck des Urkundenprozesses sind, dass der Kläger auf einem schnelleren Weg über einen **vorläufig vollstreckbaren Titel – ohne Sicherheitsleistung** – verfügen kann, wenn er seinen Anspruch durch Urkunden beweisen kann. Gem. § 708 Nr. 4 ZPO kann der Kläger aus dem Urteil ohne Sicherheitsleistung vollstrecken. 49

Der Kläger in diesem Verfahren hat, sofern die Voraussetzungen vorliegen, ein **Wahlrecht** zwischen dem Klageverfahren in dem **Urkundenprozess** oder der Beschreitung des **ordentlichen Verfahrens**. 50

Hinweis: 51

Der Urkundenprozess ist im arbeitsgerichtlichen Verfahren ausgeschlossen (§ 46 Abs. 2 ArbGG).

Der Urkundenprozess ist gegliedert in 52

- das **Vorverfahren** (der eigentliche Urkundenprozess)
  und
- das **Nachverfahren.**

Dem Urkundenprozess kann zudem ein Urkundenmahnverfahren oder – als besondere Art des Urkundenprozesses – ein Wechsel- oder Scheckmahnverfahren vorausgehen (§ 703a ZPO). 53

Für den Beklagten in einem Urkundenprozess bestehen erhebliche Einschränkungen im Vergleich zum ordentlichen Klageverfahren. 54

II. Voraussetzungen/Zulässigkeit

Um einen Urkundenprozess führen zu können, müssen folgende Zulässigkeitsvoraussetzungen vorliegen (§ 592 ZPO): 55

- Es muss sich um einen Anspruch auf **Zahlung einer Geldsumme** handeln (§ 592 S. 1 ZPO), wozu auch Zahlungsansprüche aus Hypotheken, Grundschulden oder Schiffshypotheken gehören (§ 592 S. 2 ZPO).
  Alternativ:
- Es wird die Leistung einer **bestimmten Menge anderer vertretbarer Sachen** oder **Wertpapiere** gefordert.

Die **Definition vertretbarer Sachen** ergibt sich aus § 91 BGB: 56

§ 91 BGB Vertretbare Sachen

Vertretbare Sachen im Sinne des Gesetzes sind bewegliche Sachen, die im Verkehr nach Zahl, Maß oder Gewicht bestimmt zu werden pflegen.

57 Beispiele für vertretbare Sachen:

- Geldscheine und -münzen,
- Wertpapiere (z.B. Aktien),
- landwirtschaftliche Erzeugnisse einer bestimmten Gattung (z.B. Wein),
- Waren oder Maschinen aus Serienfertigung (z.B. Möbel, Wärmepumpe, Kühlanhänger).

58 Beispiele für unvertretbare Sache:

- der maßgeschneiderte Anzug,
- Kunstwerke (z.B. ein Originalgemälde von Dalí),
- eine handgearbeitete Damenuhr mit Gravur,
- individuell gefertigte Möbel oder Maschinen,
- Fotos,
- Tiere.

59 Die **Begründung des Tatsachenvortrags** der unter Rdn 55 genannten Voraussetzungen **muss** in diesem Verfahren ausschließlich durch Urkunden bewiesen werden (§ 592 S. 1 ZPO).

III. Urkunden

60 Bei der Beweiskraft von Urkunden unterscheidet die ZPO zwischen den **öffentlichen** (§ 415, 417, 418 ZPO) und **privaten Urkunden** (416 ZPO).

61 **§ 415 ZPO Beweiskraft öffentlicher Urkunden über Erklärungen**

(1) Urkunden, die von einer **öffentlichen Behörde** innerhalb der Grenzen ihrer Amtsbefugnisse oder von einer mit öffentlichem Glauben versehenen Person innerhalb des ihr zugewiesenen Geschäftskreises in der vorgeschriebenen Form aufgenommen sind (öffentliche Urkunden), begründen, wenn sie über eine vor der Behörde oder der Urkundsperson abgegebene Erklärung errichtet sind, vollen Beweis des durch die Behörde oder die Urkundsperson beurkundeten Vorganges.

(2) Der Beweis, dass der Vorgang unrichtig beurkundet sei, ist zulässig.

62 Öffentliche Urkunden sind Zeugnisse von Behörden oder öffentlich bestellter Personen über Erklärungen Dritter (§ 415 ZPO), behördliche Erklärungen oder Entscheidungen (§ 417 ZPO) oder Wahrnehmungen (§ 418 ZPO). Auch der Ausdruck eines öffentlich beglaubigten elektronischen Dokuments zählt dazu (§ 416a ZPO).

Beispiele für öffentliche Urkunden sind:

- notarielle oder konsularische Urkunden,
- Urkunden der Standesämter,
- Handelsregister- oder Grundbuchauszug,
- gerichtliche Urteile und Beschlüsse, auch als elektronisch beglaubigtes Dokument,
- Protokoll des Gerichtsvollziehers.

§ 416 ZPO Beweiskraft von Privaturkunden 63

Privaturkunden begründen, sofern sie von den Ausstellern unterschrieben oder mittels notariell beglaubigten Handzeichens unterzeichnet sind, vollen Beweis dafür, dass die in ihnen enthaltenen Erklärungen von den Ausstellern abgegeben sind.

Beispiele für private Urkunden: 64

- Verträge (z.B. Kauf-, Darlehens- oder Mietvertrag),
- einseitige Willenserklärungen (z.B. Kündigungs- oder Anfechtungs- oder Empfangserklärungen),
- Schuldscheine, Quittungen,
- Protokolle einer Eigentümer- oder Gesellschafterversammlung,
- Einlieferungsbeleg der Deutschen Post,
- eigenhändiges Testament.

Beispiel: 65

Vermieter V und Mieter M haben am 25.8.2017 einen unbefristeten, schriftlichen Mietvertrag über Wohnräume abgeschlossen. Mietbeginn ist der 1.9.2017. In dem Mietvertrag hat sich der Mieter M u.a. verpflichtet, die Miete i.H.v. 650,00 EUR im Voraus, spätestens zum 3. Werktag eines jeden Monats, porto- und spesenfrei auf das Konto des Vermieters V zu überweisen.

Für die Monate November und Dezember 2017 hat der Mieter M den Mietzins nicht bezahlt, sodass der Vermieter V nach fruchtlosen Zahlungsaufforderungen deshalb gerichtliche Schritte einleiten möchte. Dem Vermieter V liegt eine Mängelanzeige des Mieters M vor, wonach dieser wegen Ungezieferbefall in der Wohnung die Miete für die die Monate November und Dezember 2017 um 100 % gemindert hat.

Der Vermieter V könnte (**wahlweise**) seinen Anspruch wie folgt geltend machen:

- mit Klage im ordentlichen Verfahren (§ 253 ZPO)
  oder
- mit Klage im Urkundenprozess (§ 592 ZPO)
  oder
- im Mahnverfahren (§ 688 ZPO)
  oder
- im Urkundenmahnverfahren (§ 703a ZPO).

Da im vorliegenden Fall damit zu rechnen ist, dass der Mieter M im Urkundenmahnverfahren (§ 703a ZPO) Widerspruch (§ 694 ZPO) gegen Urkundenmahnbescheid bzw. Einspruch (§ 700 ZPO) gegen den Vollstreckungsbescheid einlegen wird, ist zu empfehlen, die Klage sofort im Urkundenprozess (§ 592 ZPO) anhängig zu machen.

66 Sofern das **Urkundenmahnverfahren** (§ 703a ZPO) eingeleitet werden soll, ist der Antrag auf Erlass des Mahnbescheids als solcher zu bezeichnen. Im Online-Mahnantrag ist bei „Angaben zu Hauptforderung und Zinsen" „Urkunden-Mahnverfahren" auszuwählen.

Ob der Urkundenprozess überhaupt statthaft ist, hat das Mahngericht nicht zu prüfen (§ 703a Abs. 2 Nr. 3 ZPO). Wirkung des Urkundenmahnverfahrens ist, dass beim Übergang in das streitige Verfahren der Rechtsstreit als Urkundenprozess anhängig wird (§ 703a Abs. 2 Nr. 1 ZPO).

Die Urkunden sollen in dem Antrag auf Erlass des Mahnbescheids und in dem Mahnbescheid bezeichnet werden; ist die Sache an das Streitgericht abzugeben, so müssen die Urkunden in Urschrift oder in Abschrift der Anspruchsbegründung beigefügt werden (§ 703a Abs. 2 Nr. 2 ZPO).

Besonderheit besteht nach § 703a Abs. 2 Nr. 4 ZPO: Um den besonderen Beweisschwierigkeiten des Urkundenprozesses im Vorverfahren zu entgehen, kann der Antragsgegner seinen Widerspruch darauf beschränken, ihm seine Rechte vorzubehalten. Das hat zur Folge, dass das Mahngericht einen Vollstreckungsbescheid mit diesem Vorbehalt ohne vorherige Urkundeneinreichung oder Prüfung der Statthaftigkeit des Urkundenprozesses zu erlassen hat. Dieser Vollstreckungsbescheid steht aber nicht – wie in einem ordentlichen Verfahren – einem vorläufigen Versäumnisurteil (§ 700 Abs. 1 ZPO), sondern einem Vorbehaltsurteil (§ 599 ZPO) gleich.

IV. Zuständigkeit

1. Örtliche Zuständigkeit

67 Auch im Urkundenprozess gilt der **allgemeine Grundsatz** des § 12 ZPO, wonach die Klage bei dem Gericht einzureichen ist, in dessen Bezirk der Beklagte seinen allgemeinen Gerichtsstand hat, sofern nicht ein besonderer oder ausschließlicher Gerichtsstand begründet ist.

68 Bei Wechsel- und Scheckklagen kann auch der besondere Gerichtsstand des Zahlungsorts als zusätzlicher Gerichtsstand gewählt werden (§§ 603 ZPO, 605a ZPO), allerdings nur dann, wenn in der Klageschrift erklärt wird, dass die Klage als Wechsel- oder Scheckklage geführt wird (§ 604 Abs. 1 ZPO).

69 Gem. **§ 35 ZPO** hat der Kläger ein **Wahlrecht** bei mehreren Gerichtsständen, sofern nicht ein ausschließlicher Gerichtsstand gegeben ist.

2. Sachliche Zuständigkeit

70 Die sachliche Zuständigkeit im Zivilprozess wird durch die Regelungen des GVG bestimmt (§ 1 ZPO).

Je nach Höhe des Streitwerts oder einer ausschließlichen sachlichen Zuständigkeit, ist entweder das AG (§ 23 GVG) oder das LG (§ 71 GVG) in erster Instanz sachlich zuständig.

Für Wechsel- und Scheckklagen ist die Kammer für Handelssachen zuständig, **sofern die sachliche Zuständigkeit des LG gegeben ist** (§ 95 Abs. 1 Nr. 2 und Nr. 3 GVG). 71

Sofern die Wechsel- oder Scheckklage bei der Kammer für Handelssachen anhängig gemacht werden soll, hat der Kläger das in der Klageschrift oder dem Verweisungsantrag (§§ 281, 506 ZPO) ausdrücklich zu beantragen (§ 96 GVG).

Für andere Ansprüche aus Urkunden, die nicht Wechsel oder Scheck sind, gelten die allgemeinen Voraussetzungen über die sachliche Zuständigkeit.

V. Klageverfahren

Gem. § 593 Abs. 1 ZPO **muss** die Klage die Erklärung enthalten, dass im Urkundenprozess geklagt wird. 72

I.Ü. gelten die in der ZPO genannten Vorschriften für die Klage (§§ 253, 261 ZPO). 73

> *Praxistipp:* 74
>
> Es ist zu empfehlen, neben der Erklärung der Klage im Urkundenprozess die Klage selbst als solche entsprechend zu **bezeichnen**, z.B.:
>
> - „Klage im Urkundenprozess“,
> - „Klage im Wechselprozess (Wechselklage)“,
> - „Klage im Scheckprozess (Scheckklage)“.

Fehlt die Angabe bzw. die Erklärung, dass im Urkundenprozess geklagt wird, so wird die Klage im **ordentlichen Verfahren** anhängig. 75

Die in den §§ 592 ff. ZPO enthaltenen Einschränkungen haben keine Auswirkung mehr, wobei insbesondere die Unzulässigkeit der Widerklage (§ 595 Abs. 1 ZPO) und Beweisführung durch Urkunden (§ 592 S. 1, § 595 Abs. 2 und 3 ZPO) keine Berücksichtigung mehr finden, da die Klage wegen der fehlenden Erklärung der Klagerhebung im Urkundenprozess nunmehr als im ordentlichen Verfahren erhoben gilt. 76

Eine spätere Änderung der Klageart und Wechsel in den Urkundenprozess setzt die Zustimmung des Beklagten oder die vom Gericht zu bejahende Sachdienlichkeit voraus (§ 263 ZPO), wobei insbesondere die meist fehlende Sachdienlichkeit der Klageänderung entgegensteht. 77

Zulässig ist aber eine Änderung vom Wechsel- und Scheckprozess zum Urkundenprozess, auch noch in II. Instanz, da § 263 ZPO hier keine Anwendung findet.

Neben der Voraussetzung der Erklärung zur Klageart muss die Urkunde der Klageschrift oder einem vorbereiteten Schriftsatz in Abschrift (nicht in Urschrift) beigefügt werden 78

(§ 593 Abs. 2 ZPO). Die Abschrift selbst muss bei Beifügung nicht beglaubigt sein; erst bei Zustellung an den Gegner muss die Abschrift vom Anwalt oder dem Gericht beglaubigt werden (§ 169 Abs. 2 ZPO).

VI. Vorverfahren

79 Das Vorverfahren ist der faktische Urkundenprozess.

Liegen die Voraussetzungen des Urkundenprozesses (§ 592 ZPO) vor, ist **mit Zustellung der Klageschrift** (in der Form des § 593 ZPO) an den Beklagten das **Vorverfahren rechtshängig**.

80 Die Besonderheit des Urkundenprozesses besteht darin, dass in dem Vorverfahren des Urkundenprozesses **die Widerklage ausgeschlossen** (§ 595 Abs. 1 ZPO) und die **Beweisaufnahme**, anders als im ordentlichen Verfahren, **erheblich eingeschränkt** ist (§ 595 Abs. 2 ZPO).

1. Widerklage

81 Die Widerklage in einem Urkundenprozess ist gem. § 595 Abs. 1 ZPO **nicht statthaft**.

> *Beispiel:*
>
> *Der Beklagte ist im Besitz einer Urkunde, in der eine Forderung auf Zahlung einer Geldsumme gegen den Kläger dokumentiert ist.*
>
> Der Beklagte wird, auch wenn es sich um eine Urkunde handelt, im Wege der Widerklage in dem von dem Kläger rechtshängigen Verfahren im Urkundenprozess keinen Erfolg haben.
>
> Seine Widerklage würde als unstatthaft im Urkundenprozess abgewiesen werden.

82

> *Praxistipp:*
>
> Der Widerkläger könnte vor einer Abweisung seiner Widerklage die Abstandnahme vom Urkundenprozess (§ 596 ZPO) erklären und die Prozessabtrennung (§ 145 Abs. 2 ZPO) beantragen.

2. Beweismittel

83 Vielleicht kennen Sie noch den **Kurzbegriff „SAPUZA"**, den Sie sich während der Ausbildung eingeprägt haben. Diese „Eselsbrücke" stellt die sechs möglichen Beweismittel in einem ordentlichen Verfahren dar.

S = Sachverständigengutachten (§§ 402 ff. ZPO) 84
A = Augenscheinseinnahme (§§ 371 ff. ZPO)
P = Parteivernehmung (§§ 445 ff. ZPO)
U = Urkundenbeweis (§§ 415 ff. ZPO)
Z = Zeugenvernehmung (§§ 373 ff. ZPO)
A = amtliche Auskunft (§ 273 Abs. 2 Nr. 2 ZPO)

Im **Vorverfahren** des Urkundenprozesses reduziert sich „SAPUZA“ auf „UP“. Dort sind als Beweismittel lediglich Urkunden und **auf Antrag** Parteivernehmung zulässig (§ 595 Abs. 2 ZPO). 85

Es findet somit **kein Beweis durch**

- Zeugenvernehmung,
- Augenscheineinnahme,
- Sachverständigengutachten oder
- amtliche Auskunft

statt.

Als **Beweismittel im Vorverfahren** sind gem. § 595 Abs. 2 und 3 ZPO **ausschließlich zulässig:** 86

- wegen der **Echtheit** oder **Unechtheit** der Urkunde nur **Urkunden**;

> *Beispiel 1:* 87
>
> *Der Kläger legt in dem Urkundenprozess ein eigenhändiges Testament des Erblassers vor, aus dem er Zahlungsansprüche gegen B herleiten möchte. B zweifelt die Echtheit des Testamentes an. Beweis könnte er nur damit führen, indem er eine Urkunde vorlegt (z.B. ein öffentliches Testament neueren Datums). Er hätte keinen Erfolg mit dem Antrag, einen Sachverständigen mit der Überprüfung der Echtheit des Testaments zu beauftragen.*
>
> - wegen des in § 592 ZPO aufgeführten **Tatsachenvortrags** nur **Urkunden**.

> *Beispiel 2:* 88
>
> *Der Kläger erhebt Klage im Urkundenprozess und macht Zahlungsansprüche aus einem Mietvertrag geltend. Hier muss der Kläger zum Beweis die Urkunde (Mietvertrag) vorlegen. Er kann nicht beantragen, ihn als Partei zu hören, um Beweis zu führen.*
>
> Er muss Beweis durch Vorlage der Urkunde führen.
>
> - wegen eines anderen ggf. weitergehenden Tatsachenvortrags, der in § 592 ZPO nicht genannt ist, nur **Urkunden** und **auf Antrag Parteivernehmung**.

89 *Beispiel 3:*

Der Beklagte beantragt, die Klage mit der Begründung abzuweisen, dass der Zahlungsanspruch des Klägers erfüllt sei.

Er ist im Besitz einer Quittung, in welcher der Kläger schriftlich bestätigt hat, dass er die Zahlung erhalten hat.

Der Beklagte hat in diesem Fall die Möglichkeit, das Original der Quittung (Privaturkunde) vorzulegen und seine Parteivernehmung zu beantragen.

3. Abstandnehmen vom Urkundenprozess, § 596 ZPO

90 Da auch für den Kläger die Beweisführung im Urkundenprozess erschwert ist, kann er – im Gegensatz zum Beklagten – jederzeit bis zum Schluss der mündlichen Verhandlung in I. Instanz von dem Urkundenprozess Abstand nehmen (§ 596 ZPO).

Folge davon ist, dass das Verfahren im ordentlichen Verfahren weitergeführt wird.

Die Erklärung ist unwiderruflich, eine Rückkehr zum Urkundenprozess also nicht mehr möglich. Die Klage kann auch nicht mehr als im Urkundenprozess unstatthaft oder unzulässig abgewiesen werden.

4. Urteile im Urkundenprozess

a) Urteile bei Klageabweisung

91 Eine Klage im Urkundenprozess kann als

- unzulässig,
- unstatthaft und als
- unbegründet

abgewiesen werden.

92 Für die Abweisung der Klage im Urkundenprozess als **unzulässig** gelten die allgemeinen Verfahrensgrundsätze der ZPO – es gibt insoweit keine Besonderheiten. **Fehlen Prozessvoraussetzungen**, ist die Klage immer als **unzulässig** abzuweisen.

Die Klage wird als **unstatthaft** abgewiesen, wenn der Gegenstand der Klage nicht den Voraussetzungen des § 592 ZPO entspricht, für die klagebegründenden Tatsachen der Beweis durch Urkunden vom Kläger nicht angetreten oder – wenn der Beklagte sie bestreitet – geführt wurde oder er den ihm obliegenden Gegenbeweis nicht mit den eingeschränkten Beweismitteln (§ 595 Abs. 2 ZPO) erbringen konnte.

93 In diesem Fall ergeht ein klageabweisendes Prozessurteil.

Liegen die gesetzlichen Voraussetzungen dafür vor, kann der Kläger gegen das Urteil im Urkundenprozess **Berufung** einlegen. Er hat aber auch die Möglichkeit, unabhängig vom

Prozessurteil seinen Anspruch erneut im Urkundenprozess oder im ordentlichen Verfahren geltend zu machen, wenn der prozessuale Mangel, der zur Klageabweisung führte, behoben ist.

Die Klage wird als **unbegründet** abgewiesen, wenn sie z.B. nicht schlüssig ist. 94

In diesem Fall ergeht ein klageabweisendes Sachurteil, bei dem das Gericht also in der Sache selbst entscheidet.

Liegen die gesetzlichen Voraussetzungen dafür vor, kann der Kläger gegen dieses Urteil **Berufung** einlegen. Aber anders als beim Prozessurteil wegen Unzulässigkeit oder Unstatthaftigkeit kann der Kläger nach Rechtskraft des Sachurteils im Urkundenprozess seinen Anspruch **nicht erneut** gerichtlich verfolgen – weder im Urkundenprozess noch im ordentlichen Verfahren.

b) Urteil bei Obsiegen des Klägers

Obsiegt der Kläger im Vorverfahren, hat der Beklagte dem Anspruch aber widersprochen, 95
ergeht ein **Vorbehaltsurteil (§ 599 Abs. 1 ZPO)** im Urkundenprozess.

Der Rechtsstreit bleibt anhängig: An das Vorbehaltsurteil im Vorverfahren schließt sich 96
das **Nachverfahren (§ 600 Abs. 1 ZPO)** an, das nunmehr im ordentlichen Verfahren fortgesetzt wird.

Das **Vorbehaltsurteil steht** im Hinblick auf seine Vollstreckbarkeit und den Lauf von 97
Rechtsmittelfristen einem **Endurteil gleich** (§ 599 Abs. 3 ZPO).

Der Kläger kann aus einem Vorbehaltsurteil **ohne Sicherheitsleistung Zwangsvollstreckungsmaßnahmen** einleiten (§ 708 Abs. 1 Nr. 4 ZPO). 98

Liegen die gesetzlichen Voraussetzungen dafür vor, kann der Beklagte das Vorbehalts- 99
urteil mit der Berufung angreifen. Andernfalls erwächst das Vorbehaltsurteil in **formeller Rechtskraft**. Die **materielle Rechtskraft** des Vorbehaltsurteils tritt jedoch erst mit dem Schlussurteil im Nachverfahren ein.

Unabhängig von der Möglichkeit der Anfechtbarkeit des Vorbehaltsurteils kann der 100
Beklagte seine Rechte auch in Nachverfahren wahrnehmen.

Sofern das Urteil keinen Vorbehalt zugunsten des Beklagten enthält, dass er seine Rechte 101
im Nachverfahren ausüben kann, ist der Vorbehalt auf Antrag zu ergänzen (§ 599 Abs. 2 ZPO i.V.m. § 321 ZPO).

> *Hinweis:* 102
>
> Der Vorbehalt wird nur dann in das Urteil aufgenommen, wenn der Beklagte dem Anspruch des Klägers in dem Urkundenprozess widersprochen hat. Dies ist dann nicht der Fall, wenn der Beklagte säumig ist oder den Anspruch des Klägers anerkennt.

Der Widerspruch des Beklagten kann entweder schriftlich oder in der mündlichen Verhandlung erklärt, aber nicht begründet werden. Der Vorbehalt muss weder vom Kläger noch vom Beklagten beantragt werden, sondern ist von Amts wegen zu beachten.

103 *Praxistipp:*

Will der Beklagte dem Klageanspruch widersprechen, sollte er neben seinem Klageabweisungsantrag dennoch zusätzlich erklären, dass er auch der vorbehaltslosen Verurteilung widerspricht.

104 ▼

11.1 **Muster 11.1: Klageabweisungsantrag mit Widerspruch gegen vorbehaltloses Urteil**

(...)

zeige ich an, dass ich den Beklagten vertrete.

Namens und in Vollmacht des Beklagten werde ich **beantragen**,

die Klage abzuweisen,

Die Begründung des Klageabweisungsantrags bleibt einem gesonderten Schriftsatz vorbehalten, der fristgerecht eingereicht werden wird.

Der Beklagte widerspricht dem Anspruch des Klägers und einer vorbehaltslosen Verurteilung im Urkundenprozess.

(...)

▲

105 Hat der Beklagte auch der vorbehaltslosen Verurteilung widersprochen, ergeht aber dennoch ein Urteil ohne Vorbehalt, muss der Beklagte die Ergänzung des Urteils beantragen.

106 *Praxistipp:*

Ist der Beklagte verurteilt worden, prüfen Sie zunächst, ob der Vorbehalt – wenn nicht im Urteilstenor – in den Entscheidungsgründen des Urteils enthalten ist. In diesem Fall muss keine Ergänzung (§ 595 Abs. 2 i.V.m. § 321 ZPO), sollte aber eine Berichtigung des Urteils (§ 319 ZPO) beantragt werden.

Eines Vorbehalts bedarf es nicht, wenn die Klage abgewiesen wurde.

107 *Hinweis:*

Für die Urteilsergänzung verweist § 599 Abs. 2 ZPO auf § 321 ZPO.

Gem. § 321 Abs. 2 ZPO muss die Berichtigung innerhalb von zwei Wochen seit Zustellung des Urteils schriftlich beantragt werden.

▼ 108

Muster 11.2: Antrag auf Ergänzung/Berichtigung des Urteils 11.2

(...)

wird **beantragt**,

	das am zugestellte Urteil vom im Urteilstenor gem. § 599 Abs. 2 ZPO i.V.m. § 321 ZPO dahingehend zu ergänzen / § 319 ZPO zu berichtigen, dass dem Beklagten die Ausführung seiner Rechte im Nachverfahren vorbehalten bleibt (§ 599 Abs. 1 ZPO).

Begründung:

Der Beklagte hat dem Klageanspruch des Klägers im Urkundenprozess mit Schriftsatz vom / Antrag in der mündlichen Verhandlung vom widersprochen. Ihm ist die Ausführung seiner Rechte im Nachverfahren vorzubehalten (§ 599 Abs. 1 ZPO). Dieser Vorbehalt ist im Urteilstenor nicht enthalten. Das Urteil ist daher zu ergänzen / berichtigen.

(...)

▲

VII. Nachverfahren

Mit dem Nachverfahren wird der Rechtsstreit nach dem Vorbehaltsurteil von Amts wegen 109
fortgesetzt.

Unabhängig von der Anfechtung des Vorbehaltsurteils mit der Berufung bleibt das Nachverfahren beim **erstinstanzlichen Gericht anhängig**.

Bei diesem Verfahren handelt es sich um ein **ordentliches Verfahren** (§ 600 Abs. 1 ZPO).

Die im Vorverfahren noch gegebenen Einschränkungen (§ 595 ZPO) sind im Nachverfahren jetzt entfallen.

1. Rechte des Beklagten im Nachverfahren

Im Nachverfahren kann der Beklagte nunmehr z.B. die folgende Rechte wahrnehmen: 110

- Er kann sämtliche in der ZPO zugelassenen Beweismittel (Sachverständigen-, Augenscheins- und Zeugenbeweis), die ihm im Vorverfahren noch verwehrt waren, anbieten.
- Er kann Widerklage erheben.
- Er kann die Einrede der Verjährung erheben, sofern er sie im Vorverfahren nicht durch Urkunden oder Parteivernehmung beweisen konnte.
- Er kann neue Angriffs- und Verteidigungsmittel hervorbringen.

2. Rechte des Klägers im Nachverfahren

111 Da auch für den Kläger im Nachverfahren die Einschränkungen des § 595 ZPO entfallen sind, kann er z.B. folgende Rechte wahrnehmen:

- Er kann neue Angriffs- und Verteidigungsmittel hervorbringen.
- Er kann seine Klage ganz oder teilweise erweitern oder ändern.

3. Form/Frist

112 Die Einleitung des Nachverfahrens ist an **keine Form oder Frist** gebunden.

> *Praxistipp:*
>
> Ob das Nachverfahren von Amts wegen oder nur auf Antrag fortgesetzt wird, ist in der Rechtsprechung und Literatur streitig.
>
> Der Beklagte sollte daher zur Sicherheit einen entsprechenden Antrag (s. Rdn 108) stellen, mit dem er seine Rechte im Nachverfahren geltend macht.

4. Zuständigkeit

113 Das Gericht, welches das Vorbehaltsurteil erlassen hat, ist auch für das Nachverfahren zuständig. Im Regelfall ist dieses das Gericht I. Instanz.

Hat aber erst das Berufungsgericht das Vorbehaltsurteil erlassen, ist es auch für das Nachverfahren zuständig. Nur auf Antrag (§ 538 Abs. 2 S. 1 Nr. 5 ZPO) verweist das Berufungsgericht das Verfahren an das Gericht I. Instanz zurück.

> *Beispiel:*
>
> *Das AG hat die Klage des Klägers M im Urkundenprozess abgewiesen, da die Klage nicht statthaft ist. Da der Kläger der Auffassung des Gerichts nicht folgt, legt er form- und fristgerecht Berufung gegen das Urteil bei dem LG ein. Das LG gibt der Berufung statt und verurteilt den Beklagten B antragsgemäß durch Vorbehaltsurteil zur Zahlung. Dem Beklagten bleibt die Ausführung seiner Rechte im Nachverfahren vorbehalten.*
>
> Das für das Nachverfahren zuständige Gericht ist das LG, da der Kläger keinen Antrag auf Zurückverweisung ans AG gestellt hat.

5. Anträge im Nachverfahren

a) Antrag des Beklagten

114 Der Beklagte stellt den Antrag, das Vorbehaltsurteil aufzuheben und die Klage abzuweisen.

▼ 115

Muster 11.3: Antrag auf Aufhebung des Vorbehaltsurteils/Klageabweisung

(…)

wird **beantragt,**

das am ___ verkündete und am ___ zugestellte Vorbehaltsurteil des AG ___, Geschäftszeichen ___, aufzuheben und die Klage abzuweisen.

(…)

▲

b) Antrag des Klägers

Der Kläger stellt den Antrag, das Urteil für vorbehaltlos zu erklären. 116

▼ 117

Muster 11.4: Antrag auf Vorbehaltloserklärung des Urteils

(…)

wird **beantragt,**

das am ___ verkündete und am ___ zugestellte Vorbehaltsurteil des AG ___, Geschäftszeichen ___, für vorbehaltlos zu erklären und den Antrag des Beklagten vom ___ abzuweisen.

(…)

▲

6. Entscheidungen/Rechtsmittel im Nachverfahren

Das Nachverfahren kann entweder ganz oder teilweise zugunsten des Klägers oder Beklagten entschieden werden: 118

- Hält das erstinstanzliche Gericht die **Klage für begründet**, erlässt es ein Schlussurteil. Sein Tenor lautet, dass das Vorbehaltsurteil für vorbehaltlos erklärt wird.
  Gegen dieses Urteil hat der Beklagte die Möglichkeit, Rechtsmittel einzulegen, sofern die gesetzlichen Voraussetzungen für das Rechtsmittel erfüllt sind.
- Hält das erstinstanzliche Gericht die **Klage für unbegründet**, wird es das Vorbehaltsurteil aufheben und die Klage kostenpflichtig abweisen.
  Gegen dieses Urteil hat der Kläger die Möglichkeit, Rechtsmittel einzulegen, sofern die gesetzlichen Voraussetzungen für das Rechtsmittel erfüllt sind.

7. Besonderheiten bei Zusammentreffen von Rechtsmittelverfahren und Nachverfahren

119 Die Urteile im Vor- und Nachverfahren sind gesondert mit Rechtsmitteln (Berufung, Revision) angreifbar. Da das Nachverfahren vor Rechtskraft des Vorverfahrens schon betrieben werden kann, kann die Situation eintreten, dass sich widersprechende Entscheidungen ergehen. Das sind die Folgen:

120 Wird durch das Rechtsmittelgericht ein zugunsten des Klägers ergangenes **Vorbehaltsurteil im Urkundenprozess aufgehoben** und weist es die Klage ab, wird das Nachverfahren damit hinfällig, auch wenn dort bereits eine Entscheidung ergangen sein sollte. Ein Rechtsmittel im Nachverfahren wird damit ebenfalls unzulässig. Wurde es bereits eingelegt, erledigt sich das Rechtsmittel und das Rechtsmittelgericht hat nur noch über die Kosten des Rechtsmittels zu entscheiden.

121 Wird das **Vorbehaltsurteil** durch das Rechtmittelgericht rechtskräftig in der Weise **abgeändert**, dass der Beklagte vorbehaltlos verurteilt wird, so ist auch in diesem Fall das Nachverfahren hinfällig.

122 Wird das **Vorbehaltsurteil im Nachverfahren** durch Abweisung der Klage rechtskräftig **aufgehoben**, endet auch ein noch in höherer Instanz anhängiger Urkundenprozess. Der Kläger ist in diesem Fall verpflichtet, auch die Kosten des Urkundenprozesses zu tragen, selbst dann, wenn das im Schlussurteil nicht ausdrücklich tenoriert ist.

VIII. Anwaltsgebühren

123 Im Urkundenmahnverfahren und Urkundenprozess entstehen für den Anwalt dieselben Gebühren nach Teil 3 VV des RVG wie im ordentlichen Verfahren: Im Urkundenmahnverfahren entstehen die Verfahrensgebühren Nr. 3305 bis 3308 VV RVG, im Urkundenprozess die Gebühren nach Nrn. 3100 ff. VV RVG. Auch die Einigungsgebühr Nrn. 1000, 1003, 1004 VV RVG und der für die Verfahrensgebühr maßgebliche Erhöhungstatbestand nach Nr. 1008 VV RVG bei Vertretung mehrere Auftraggeber (wegen desselben Gegenstandes, vgl. Anm. Abs. 1 zu Nr. 1008 VV RVG) finden Anwendung.

124 Nicht nur das Urkundenmahnverfahren (§ 17 Nr. 2 RVG), sondern insbesondere das Vor- und Nachverfahren (§ 17 Nr. 5 RVG) im Urkundenprozess stellen **jeweils verschiedene gebührenrechtlichen Angelegenheiten** für den Anwalt dar. Die Gebühren und Auslagen fallen also jeweils gesondert an.

125 Die **Verfahrensgebühr**, die der Anwalt im Vorverfahren bereits verdient hat, ist auf diejenige des Nachverfahrens anzurechnen, allerdings nur, soweit der Gegenstand derselbe ist (Vorb. 3 Abs. 7 VV RVG).

Die **Terminsgebühr für den Anwalt des Beklagten** entsteht auch dann in Höhe von 1,2, wenn er dem Anspruch lediglich widerspricht oder unter Vorbehalt der Rechte im Nachverfahren anerkennt und beantragt, dem Beklagten die Rechte im Nachverfahren vorzubehalten. 126

Die **Terminsgebühr für den Anwalt des Klägers** entsteht ebenfalls dann in Höhe von 1,2, wenn er nach Aufruf der Sache erklärt, vom Urkundenprozess Abstand zu nehmen. Wenn das Gericht (insoweit prozessual zulässig) im selben Termin nunmehr das ordentliche Verfahren fortsetzt, entsteht (da für den Anwalt nunmehr eine neue gebührenrechtliche Angelegenheit vorliegt) bei Anwesenheit des Beklagten bzw. seines Anwaltes eine weitere 1,2 Terminsgebühr.

> *Praxistipp:*
>
> Will der Anwalt des Klägers vom Urkundenprozess Abstand nehmen, kann er den doppelten Anfall der Terminsgebühr dadurch verhindern, dass er die Abstandnahme **vor Aufruf der Sache** erklärt.

Da das Vorbehaltsurteil und das Schlussurteil jeweils getrennt mit der Berufung angegriffen werden können, handelt es sich bei beiden **Berufungen gebührenrechtlich um verschiedene Angelegenheiten** für den Anwalt. Eine Anrechnung der Verfahrensgebühren für die Berufungen nach Vorb. 3 Abs. 7 VV RVG findet nicht statt. 127

Bei **Zurückverweisung an das Gericht I. Instanz** durch das Berufungsgericht, nachdem dieses das Vorbehaltsurteil bestätigt hat, stellt das Verfahren in I. Instanz zwar eine neue gebührenrechtliche Angelegenheit für den Anwalt dar (§ 21 Abs. 1 RVG). Die Anrechnungsvorschrift Vorb. 3 Abs. 6 VV RVG bestimmt aber, dass die erneute entstehende Verfahrensgebühr auf die bereits entstandene Verfahrensgebühr anzurechnen ist, allerdings nur, soweit der Gegenstand derselbe ist.

Hat das **Berufungsgericht das Vorbehaltsurteil erstmals erlassen** und wurde kein Zurückverweisungsantrag (§ 538 Abs. 2 S. 1 Nr. 5 ZPO) gestellt, wird der Urkundenprozess beim Berufungsgericht fortgesetzt. In diesem Fall hat die Anrechnung der 1,6 Verfahrensgebühr des Vor- auf diejenige des Nachverfahrens zu erfolgen (Vorb. 3 Abs. 7 VV RVG).

IX. Gerichtsgebühren

Im Urkunden-, Wechsel- und Scheckprozess entstehen die Gerichtskosten wie im ordentlichen Verfahren: 128

- Für das **Urkunden-, Wechsel- oder Scheckmahnverfahren** entsteht eine 0,5 Gebühr (Nr. 1110 KV), die mindestens 38 EUR beträgt.
- Für das **Verfahren in erster Instanz** beim AG fallen 3,0 Gebühren an, die sich auf 1,0 reduzieren können (Nrn. 1210, 1211 KV). Ist ein Mahnverfahren vorausgegan-

gen, wird die Gebühr des Mahnverfahrens nach dem Streitwert angerechnet, der in das Prozessverfahren übergegangen ist (Anm. Abs. 1 S. 1 Hs. 2 zu Nr. 1210 KV).

- Im **Berufungsverfahren in zweiter Instanz** entstehen 4,0 Gebühren, die sich auf 2,0 bzw. 1,0 reduzieren können (Nrn. 1220, 1223 KV).
- Für die **Revision beim BGH** entstehen 5,0 Gebühren, die sich auf 3,0 bzw. 1,0 reduzieren können (Nrn. 1230 bis 1232 KV).
- Für das **Verfahren auf Zulassung der Sprungrevision** (§ 566 ZPO) entsteht eine 1,5 Gebühr (Nr. 1240 KV), wenn der Antrag abgelehnt wird, bzw. 1,0 Gebühr (Nr. 1241 KV), wenn der Antrag zurückgenommen oder das Verfahren durch anderweitige Erledigung beendet wird.
- Für das **Beschwerdeverfahren gegen die Nichtzulassung der Revision** (§ 566 ZPO) entsteht eine 2,0 Gebühr (Nr. 1242 KV), wenn die Beschwerde verworfen oder zurückgewiesen wird, bzw. 1,0 Gebühr (Nr. 1243 KV), wenn die Beschwerde zurückgenommen oder das Verfahren durch anderweitige Erledigung beendet wird.

D. Bußgeldverfahren und Strafbefehlsverfahren

129 In diesem Kapitel werden die Grundzüge des Ordnungswidrigkeitenverfahrens nach der StVO (Straßenverkehrsordnung) und das Strafbefehlsverfahren dargestellt.

I. Bußgeldverfahren

1. Rechtliche Grundlage

130 Für das Bußgeldverfahren findet das **OWiG (Ordnungswidrigkeitengesetz)** Anwendung. Dort finden die **allgemeinen Vorschriften über das Strafverfahren** Anwendung, soweit das OWiG selbst nichts anderes bestimmt (§ 46 Abs. 1 OWiG). Grundsätzlich hat die Verwaltungsbehörde dieselben Rechte und Pflichten wie die Staatsanwaltschaft (StA) bei ihren Ermittlungen (§ 46 Abs. 2 OWiG).

131 Die Person, gegen die ein Ordnungswidrigkeitenverfahren eingeleitet wird, nennt sich **Betroffener** (§§ 65, 66 Abs. 1 Nr. 1 OWiG).

2. Zuständigkeit

132 Sachlich (§ 36 OWiG) und örtlich (§ 37 OWiG) ist die die jeweilige Verwaltungsbehörde zuständig, in deren Bezirk die Ordnungswidrigkeit begangen worden ist oder der Betroffene zur Zeit der Einleitung des Bußgeldverfahrens seinen Wohnsitz hat, bei Änderung seines Wohnsitzes nach Einleitung des Bußgeldverfahrens auch die Verwaltungsbehörde,

in deren Bezirk der neue Wohnsitz liegt. Bei Fehlen eines Wohnsitzes richtet sich die Zuständigkeit nach dem gewöhnlichen Aufenthalt des Betroffenen.

3. Verwaltungsverfahren

Sofern Anhaltspunkte für eine Ordnungswidrigkeit vorliegen, leitet die Verwaltungsbehörde ein **Ermittlungsverfahren** ein (§§ 53–66 OWiG). In diesem soll der Betroffene angehört (§ 55 OWiG) und der Sachverhalt aufgeklärt werden. Regelmäßig erhält der Betroffene zusammen mit der Mitteilung, dass ein Ordnungswidrigkeitenverfahren gegen ihn eingeleitet wurde, einen Anhörungsbogen. 133

Nach Abschluss des Ermittlungsverfahrens kann die Verwaltungsbehörde selbstständig entscheiden. Sie kann 134

- das Verfahren einstellen (§§ 47, 46 Abs. 2 OWiG i.V.m. § 170 Abs. 2 S. 1 StPO);
- eine Verwarnung ohne oder mit Verwarnungsgeld von 5 EUR bis 55 EUR aussprechen (§ 56 OWiG);
- einen Bußgeldbescheid erlassen (§§ 65, 66 OWiG).

a) Verwarnung

Die Verwarnung kann bei Geringfügigkeit des Verstoßes als milderes Mittel zum Bußgeld nach Ermessen der Verwaltungsbehörde ausgesprochen werden. Die Verwarnung bedarf nach h.M. keiner vorherigen Anhörung des Betroffenen, kann aber nur mit seinem Einverständnis (z.B. auch durch Zahlung des Verwarnungsgeldes gem. § 56 Abs. 2 S. 1 OWiG innerhalb von sieben Tagen) zur Erledigung des Bußgeldverfahrens führen; anderenfalls wird das Bußgeldverfahren fortgesetzt. 135

Gegen Verwarnungen kann der Betroffene den (unbefristeten) Antrag auf gerichtliche Entscheidung nach § 62 OWiG bei der Stelle, deren Entscheidung angefochten wird, stellen (§ 62 Abs. 2 S. 2 i.V.m. § 306 Abs. 1 S. 1 StPO). Hilft die Verwaltungsbehörde nicht ab, entscheidet das Amtsgericht (AG) ohne mündliche Verhandlung durch unanfechtbaren Beschluss (§ 62 Abs. 2 S. 2 OWiG i.V.m. § 309 StPO), der formlos mitgeteilt wird (§ 46 Abs. 1 OWiG i.V.m. § 34 StPO). 136

b) Kostenbescheid

Eine besondere Form des Verwarnungsverfahrens stellt der Kostenbescheid gegen den Halter eines Kfz (§ 25a Abs. 1 StVG) dar. Der Kostenbescheid wird bei **Park- und Haltverstößen** erlassen, wenn der Fahrer, der den Verstoß begangen hat, nicht ermittelt werden kann. Der Halter ist vor Erlass des Kostenbescheides anzuhören (§ 25a Abs. 2 Hs. 2 StVG). 137

Gegen den Kostenbescheid kann der Halter Antrag auf gerichtliche Entscheidung bei der Stelle, deren Entscheidung angefochten wird, stellen (§ 25a Abs. 3 StVG, § 62 Abs. 2 S. 2 i.V.m. § 306 Abs. 1 S. 1 StPO). Der **Antrag ist innerhalb von zwei Wochen** nach Zustel- 138 lung des Kostenbescheids zu stellen (§ 25a Abs. 3 S. 1 StVG). Für den weiteren Verfahrensablauf gelten die vorstehenden Ausführungen zum Verwarnungsgeld.

4. Verfahren nach Erlass eines Bußgeldbescheids

139 Erlässt die Verwaltungsbehörde einen Bußgeldbescheid, kann der Betroffene **innerhalb von zwei Wochen** seit der Zustellung des Bußgeldbescheids **Einspruch gem. § 67 OWiG** bei der Verwaltungsbehörde, die den Bußgeldbescheid erlassen hat, erheben.

Der Betroffene kann den Einspruch gegen den Bußgeldbescheid entweder schriftlich oder zur Niederschrift bei der Verwaltungsbehörde erklären. Es besteht kein Anwaltszwang. Eine fristwahrende Übersendung des Einspruchs per Telefax genügt – auch für den Anwalt des Betroffenen (keine Verpflichtung zur Nutzung des beA). Der Einspruch muss nicht begründet werden.

140 ▼

Muster 11.5: Einspruch gegen Bußgeldbescheid mit Akteneinsichtsantrag

11.5 (…)

unter Bezugnahme auf die beiliegende Vollmacht zeige ich die Vertretung des Betroffenen, (*Name*), in dem o.g. Ordnungswidrigkeitenverfahren an.

Namens und in Vollmacht meines Mandanten lege ich gegen den am ____ zugestellten Bußgeldbescheid vom ____,

Einspruch

ein und beantrage, mir

Akteneinsicht

zu gestatten.

Mein Mandant macht zunächst von seinem Recht Gebrauch, sich zu der Sache nicht zu äußern.

(…)

▲

141 Sofern der Betroffene gegen den Bußgeldbescheid **keinen Einspruch** einlegt, ihn zurücknimmt oder er rechtskräftig verworfen wird, wird der Bußgeldbescheid bestands- bzw. rechtskräftig und damit vollstreckbar (§ 89 OWiG).

142 Wird Einspruch eingelegt, erfolgt im sog. **Zwischenverfahren** (§ 69 Abs. 2 OWiG) eine nochmalige sachliche Prüfung des Bußgeldbescheides. Die Verwaltungsbehörde prüft, ob der Einspruch form- und fristgerecht eingelegt wurde. Ist das nicht der Fall, verwirft sie den Einspruch als unzulässig (§ 69 Abs. 1 S. 1 OWiG).

Gegen diese Entscheidung kann der Betroffene innerhalb von zwei Wochen seit Zustellung Antrag auf gerichtliche Entscheidung (§§ 69 Abs. 1 S. 2, 62 OWiG) stellen. 143

Hat der Betroffene die Einspruchsfrist ohne Verschulden versäumt, kann er innerhalb einer Woche einen Antrag auf **Wiedereinsetzung in den vorigen Stand** beantragen (§ 52 OWiG). Der Antrag ist bei der Verwaltungsbehörde zu stellen, die den Bußgeldbescheid erlassen hat. Für die Form des Antrags gelten die vorstehenden Ausführungen zur Einlegung des Einspruchs. Der Einspruch ist mit dem Wiedereinsetzungsantrag zu verbinden (§ 45 Abs. 2 S. 2 StPO). 144

> *Hinweis:*
>
> Innerhalb der Wochenfrist (§ 52 Abs. 1 i.V.m. § 45 Abs. 1 S. 1 StPO) ist der Wiedereinsetzungsantrag auch vollständig zu begründen und nicht nur das fehlende Verschulden an der Fristversäumnis, sondern auch der Zeitpunkt der Kenntniserlangung selbst darzulegen und glaubhaft zu machen.
>
> Die **Glaubhaftmachung** ist zwar nicht auf bestimmte Beweismittel beschränkt. Grundsätzlich sind aber schriftliche Beweismittel vorzulegen (Urkunden, eidesstattliche Versicherungen von Zeugen oder die anwaltliche Versicherung über Umstände, welche dem Anwalt aus eigener Tätigkeit bekannt sind oder seiner Wahrnehmung unterliegen). Können schriftliche Beweismittel nicht vorgelegt werden, müssen sie und ihr Inhalt vom Betroffenen benannt werden und die Unmöglichkeit, sie vorlegen zu können, glaubhaft gemacht werden.

Über den Wiedereinsetzungsantrag entscheidet grundsätzlich die Verwaltungsbehörde (§ 52 Abs. 2 S. 1 OWiG) vor Abgabe der Akten an das Gericht, andernfalls das Gericht, wenn die Fristversäumnis erst dort entdeckt wird oder es feststellt, dass die Verwaltungsbehörde rechtswidrig über den dort gestellten Antrag vor Aktenvorlage an das Gericht nicht entschieden hat. 145

Das Gericht ist auch dann zuständig, wenn es den Einspruch als verspätet zurückgewiesen hat. 146

Die Verwaltungsbehörde kann der Wiedereinsetzung stattgeben, die sie aber nicht ausdrücklich zu begründen braucht (§ 46 Abs. 1 i.V.m. § 34 StPO). 147

Verwirft sie den Wiedereinsetzungsantrag, ergeht ein entsprechend zu begründender Bescheid, der mit einer Rechtsbehelfsbelehrung zu versehen und zuzustellen ist (§ 50 Abs. 1 S. 2, Abs. 2 OWiG). Für den weiteren Verfahrensablauf gelten die vorstehenden Ausführungen zum Verwarnungsgeld. Das Gericht entscheidet abschließend (§ 62 Abs. 2 S. 2 OWiG). 148

Auch das Gericht kann die Wiedereinsetzung durch Beschluss gewähren, der nicht anfechtbar ist (§ 52 Abs. 1 i.V.m. § 46 Abs. 2 StPO). 149

Verwirft das Gericht den Wiedereinsetzungsantrag dagegen, kann der Beschluss innerhalb einer Woche mit der sofortigen Beschwerde (§ 46 Abs. 1 i.V.m. § 311 StPO) ange- 150 fochten werden (§ 52 Abs. 1 i.V.m. § 46 Abs. 3 StPO). Über die sofortige Beschwerde entscheidet gem. § 46 Abs. 1, Abs. 7 i.V.m. § 73 Abs. 1 GVG das Landgericht (Kammer für Bußgeldsachen) endgültig (§ 46 Abs. 1 i.V.m. § 310 Abs. 2 StPO).

151 Der Wiedereinsetzungsantrag hat keine aufschiebende Wirkung, so dass die Vollstreckung des rechtskräftigen Bußgeldbescheides also nicht gehemmt wird. Auf Antrag oder von Amts wegen kann die Verwaltungsbehörde oder das Gericht aber den Aufschub der Vollstreckung anordnen (§ 52 Abs. 1 OWiG i.V.m. § 47 Abs. 2 StPO).

152 Lehnt die Verwaltungsbehörde den Vollstreckungsaufschub ab, kann diese Entscheidung (als selbstständiger Verwaltungsakt) mit dem Antrag auf gerichtliche Entscheidung (§ 62 OWiG) angefochten werden, über den das Gericht dann endgültig entscheidet.

153 ▼

Muster 11.6: Antrag auf Wiedereinsetzung in vorigen Stand/Einspruch

11.6

(...)

unter Bezugnahme auf die beiliegende Vollmacht zeige ich die Vertretung des Betroffenen, (*Name*), in dem o.g. Ordnungswidrigkeitenverfahren an.

Namens und in Vollmacht meines Mandanten beantrage ich wegen der Versäumung der Einspruchsfrist, diesem

Wiedereinsetzung in den vorigen Stand

zu gewähren.

Gegen den am   zugestellten Bußgeldbescheid vom   lege ich namens und in Vollmacht meines Mandanten

Einspruch

ein und beantrage zugleich,

die Anordnung des Aufschubs der Vollstreckung.

Des Weiteren beantrage ich, mir

Akteneinsicht

zu gestatten.

(Begründung des Wiedereinsetzungsantrags und ggf. des Einspruchs)

(...)

▲

5. Gerichtliches Verfahren

Hält die Verwaltungsbehörde an dem erlassenen Bußgeldbescheid fest, übersendet sie die Akten über die StA an das Amtsgericht (AG) (§ 69 Abs. 3 OWiG). 154

Die StA prüft ebenfalls, ob eine Einstellung des Verfahrens erfolgt oder weitere Ermittlungen durchgeführt werden. Andernfalls legt sie die Akten dem Amtsrichter zur Entscheidung vor (§ 69 Abs. 4 S. 2 OWiG).

Der Amtsrichter prüft zunächst die Verfahrensvoraussetzungen und die Beweislage. 155

Bei **offensichtlich ungenügender Sachverhaltsaufklärung** kann der Amtsrichter mit Zustimmung der StA das Verfahren an die Verwaltungsbehörde zurückverweisen (§ 69 Abs. 5 S. 1 Hs. 1 OWiG), die damit für die Verfolgung und Ahndung wieder zuständig wird (§ 65 Abs. 5 S. 1 Hs. 2 OWiG). 156

Die Verwaltungsbehörde kann in diesem Fall den Bußgeldbescheid zurücknehmen oder einen neuen Bußgeldbescheid erlassen. Erlässt die Verwaltungsbehörde einen neuen Bußgeldbescheid, hat sie (erneut) die Verfahrensakte über die StA an das AG weiterzuleiten. 157

Das AG hat die Voraussetzungen des Einspruchs, insbesondere, ob die Frist und Formvorschriften beachtet wurden, selbstständig zu überprüfen (§ 70 Abs. 1 OWiG). 158

Ist der Einspruch gegen den Bußgeldbescheid zulässig, wird das gerichtliche Bußgeldverfahren beim AG durchgeführt. 159

Verwirft das AG den Einspruch als unzulässig, kann der Betroffene den Verwerfungsbeschluss mit der sofortigen Beschwerde (§§ 46 Abs. 1, 70 Abs. 2 OWiG i.V.m. § 311 Abs. 2 StPO) anfechten. 160

Über die sofortige Beschwerde entscheidet gem. § 46 Abs. 1, Abs. 7 i.V.m. § 73 Abs. 1 GVG das Landgericht (Kammer für Bußgeldsachen) endgültig (§ 46 Abs. 1 i.V.m. § 310 Abs. 2 StPO). 161

Das AG kann über den Einspruch ohne Durchführung der Hauptverhandlung durch Beschluss entscheiden, wenn die StA und der Betroffene diesem Vorgehen zustimmen bzw. nicht innerhalb von zwei Wochen seit Ankündigung über das gerichtliche Vorgehen widersprechen (§ 72 OWiG); von einer Zustimmung des Betroffenen kann das AG absehen, wenn es den Betroffenen freispricht. 162

Entscheidet es über den Einspruch im Beschlussverfahren, obwohl die StA oder der Betroffene fristgerecht widersprochen hat oder sein rechtliches Gehör verletzt wurde, kann der Betroffene wegen der Nichtbeachtung seines Widerspruchs (§ 79 Abs. 1 Nr. 5 OWiG) Rechtsbeschwerde einlegen (§ 80 OWiG). 163

Widerspricht der Betroffene oder die StA der Durchführung des Beschlussverfahrens oder hält der Richter die Durchführung einer Hauptverhandlung für erforderlich, findet ein Termin zur **Hauptverhandlung** statt. 164

165 Zu dem Termin zur Hauptverhandlung muss der Betroffene erscheinen, sofern er von dieser Verpflichtung nicht befreit worden ist. Sofern der Betroffene unentschuldigt nicht zu dem Hauptverhandlungstermin erscheint, wird der Einspruch gegen den Bußgeldbescheid durch Urteil verworfen (§ 74 Abs. 2 OWiG). Dagegen kann der Betroffene innerhalb einer Woche seit Zustellung des Urteils **Wiedereinsetzung in den vorigen Stand** beantragen (§ 74 Abs. 4 OWiG – zum Verfahren s. die vorstehenden Ausführungen zur Versäumnis der Einspruchsfrist) oder **Rechtsbeschwerde** (§ 79 Abs. 1 Nr. 4 OWiG) einlegen.

166 Gegen das Urteil oder den Beschluss des AG kann der Betroffene **Rechtsbeschwerde** einlegen, wenn gegen den Betroffenen eine Geldbuße von mehr als 250 EUR festgesetzt worden ist (§ 79 Abs. 1 Nr. 1 OWiG). Die StA kann Rechtsbeschwerde bei Freispruch, Verfahrenseinstellung oder Absehen vom Fahrverbot einlegen, wenn ein Bußgeld von mehr als 600 EUR festgesetzt oder ein Fahrverbot verhängt oder von der StA ein solches Bußgeld oder Fahrverbot beantragt worden war (§ 79 Abs. 1 Nr. 3 OWiG). Auch bei Verwerfung des Einspruchs als unzulässig kann die Rechtsbeschwerde eingelegt werden (§ 79 Abs. 1 Nr. 4 OWiG).

Liegen keine der vorgenannten Gründe für die Rechtsbeschwerde vor, kann bei Vorliegen der Voraussetzungen des § 80 OWiG die Rechtsbeschwerde aber zugelassen werden (§ 79 Abs. 1 S. 2 OWiG).

167 Die **Rechtsbeschwerde** ist beim AG (§ 79 Abs. 3 OWiG i.V.m. § 341 Abs. 1 StPO) zu Protokoll der Geschäftsstelle bzw. schriftlich **innerhalb einer Woche einzulegen**. Die Frist beginnt nach § 79 Abs. 4 OWiG

- bei Urteilen in Anwesenheit des Betroffenen oder seines bevollmächtigten Rechtsanwaltes mit der Urteilsverkündung, andernfalls bei Abwesenheit mit Zustellung des Urteils,
- bei einem Beschluss (§ 72 OWiG) mit Zustellung des Beschlusses.

168 Bei Versäumung der Frist ist die **Wiedereinsetzung** in den vorigen Stand möglich.

169 Die Rechtsbeschwerde ist nur zulässig, wenn sie eine **Begründung** enthält (§ 79 Abs. 3 OWiG i.V.m. § 344 Abs. 1 StPO). Die **Frist zur Begründung** beträgt **einen Monat** und beginnt mit Ablauf der Einlegungsfrist oder mit der Zustellung des angefochtenen Beschlusses (§ 79 Abs. 3 OWiG i.V.m. § 345 Abs. 1 StPO).

170 Werden die Fristen zur Einlegung oder Begründung nicht beachtet, ist das AG befugt, die **Rechtsbeschwerde als unzulässig** zu verwerfen (§ 79 Abs. 3 OWiG i.V.m. § 346 Abs. 1 StPO), nicht aber, wenn zugleich die Wiedereinsetzung in den vorigen Stand wegen der versäumten Frist gestellt wird.

171 Gegen die Verwerfung durch das AG kann innerhalb einer Woche schriftlich beim AG der **Antrag auf Entscheidung des Rechtsbeschwerdegerichts** gestellt werden (§ 79 Abs. 3 OWiG i.V.m. § 346 Abs. 2 StPO).

Über die Rechtsbeschwerde entscheidet das OLG grundsätzlich per Beschluss (§ 79 Abs. 5 S. 1 OWiG), kann aber auch aufgrund mündlicher Verhandlung durch Urteil entscheiden (§ 79 Abs. 5 S. 1 OWiG). 172

6. Anwaltsgebühren

Die Vergütung des Anwaltes im Bußgeldverfahren richtet sich nach den Gebühren des Teil 5 VV RVG. 173

Je nachdem, in welchem Stadium dem Anwalt der Verteidigungsauftrag erteilt wird, fallen die Gebühren an: 174

- Verfahren vor der Verwaltungsbehörde (Nrn. 5101 bis 5106 VV RVG),
- Verfahren vor dem AG (Nrn. 5107 bis 5112 VV RVG),
- Verfahren über die Rechtsbeschwerde beim OLG (Nr. 5113 bis 5114 VV RVG),
- Zusätzliche Gebühren (Nrn. 5115 bis 5116 VV RVG),
- Einzeltätigkeiten (Nr. 5200 VV RVG).

Neben diesen Verfahrensgebühren fällt für den Anwalt als Verteidiger gleichzeitig die **Grundgebühr Nr. 5100 VV** an (Anm. Abs. 1 zu Nr. 5100 VV RVG). Die Grundgebühr kann aber insgesamt **nur einmal entstehen**. Ist die Grundgebühr in einem vorausgegangenen Strafverfahren wegen derselben Handlung oder Tat entstanden, so fällt sie im Bußgeldverfahren nicht erneut an (Anm. Abs. 2 zu Nr. 5100 VV RVG). 175

Die zusätzliche Verfahrensgebühr Nr. 5115 VV RVG kann in den dort in ihrer Anm. Abs. 1 zu Nr. 1 bis 5 genannten Fällen neben der Verfahrensgebühr des jeweiligen Verfahrensabschnitts (Verwaltungsbehörde, AG, OLG) gesondert entstehen. Das gilt nur dann nicht, wenn eine auf die Förderung des Verfahrens gerichtete Tätigkeit des Anwalts nicht ersichtlich ist (Anm. Abs. 2 zu Nr. 5115 VV RVG). Die Höhe der zusätzlichen Verfahrensgebühr richtet sich nach dem Rechtszug, in dem die Hauptverhandlung vermieden wurde und bemisst sich für den Wahlanwalt nach der Rahmenmitte (Anm. Abs. 3 zu Nr. 5115 VV RVG). 176

> *Beispiel:*
>
> *Die Bußgeldbehörde beabsichtigt, ein noch nicht feststehendes Bußgeld (max. 5.000 EUR) gegen den Betroffenen festzusetzen und hört ihn vor Erlass des Bußgeldbescheides an. Der Anwalt des Betroffenen nimmt Stellung zum Tatvorwurf. Die Verwaltungsbehörde stellt daraufhin das Bußgeldverfahren gegen den Betroffenen ein.*
>
> Ist eine Geldbuße nicht festgesetzt, richtet sich die Höhe der Gebühren im Verfahren vor der Verwaltungsbehörde nach dem mittleren Betrag der in der Bußgeldvorschrift angedrohten Geldbuße (Vorb. 5.1 Abs. 2 S. 2 VV RVG). Da ein Bußgeld min. 5 EUR

beträgt (§ 17 Abs. 1 OWiG) und hier max. 5.000 EUR hätten festgesetzt werden können, beträgt der mittlere Betrag 2.502,50 EUR.

Neben der Grundgebühr Nr. 5100 VV RVG und der Verfahrensgebühr Nr. 5103 VV RVG hat der Anwalt die zusätzliche Verfahrensgebühr Nr. 5115 VV RVG nach ihrer Anm. Abs. 1 Nr. 1 verdient, die sich nach der Rahmenmitte der Nr. 5109 VV RVG (= 192 EUR) richtet. Denn „vermieden" wurde die Hauptverhandlung vor dem AG.

177 Die Beschwerdeverfahren werden in der Regel (zu Ausnahmen vgl. Vorb. 5 Abs. 4 VV RVG) von der jeweiligen Verfahrensgebühr des zugrundeliegenden Verfahrens abgegolten. Der Mehraufwand kann sich gem. § 14 Abs. 1 im Betragsrahmen der Gebühr erhöhend niederschlagen.

178 Für Einzeltätigkeiten, bei denen der Anwalt also nicht als Verteidiger des Betroffenen beauftragt ist (z.B. soll er für den Betroffenen nur Einspruch einlegen), entsteht die Gebühr Nr. 5200 VV RVG.

Hinweis:

Der Anwalt hat zu beachten, dass seine Vergütung für mehrere Einzeltätigkeiten und die damit mehrfach entstehenden Einzelgebühren der Höhe nach auf die Vergütung des Vollverteidigers begrenzt sind (§ 15 Abs. 6 RVG). Er muss daher ermitteln, welche Gebühren der Vollverteidiger für dieselbe Tätigkeit erhalten würde. Dabei ist die Verfahrensgebühr des Vollverteidigers für den jeweiligen Verfahrensabschnitt maßgebend und bildet die Höchstgrenze. Auch die Grundgebühr ist zu berücksichtigen und ggf. auch die Terminsgebühr (s. für die Einzeltätigkeit: Nr. 4301 Nr. 4 VV RVG).

179 Da das Bußgeldverfahren vor der Verwaltungsbehörde und das nachfolgende gerichtliche Verfahren (§ 17 Nr. 11 RVG) sowie das Verfahren vor dem AG und dem OLG (§ 17 Nr. 1 RVG) verschiedene gebührenrechtliche Angelegenheiten sind, fällt die Auslagenpauschale Nr. 7002 VV RVG in jeder dieser Angelegenheit erneut an (Anm. Abs. 1 zu Nr. 7002 VV RVG).

7. Gerichtsgebühren

180 Die Gerichtsgebühren für das Bußgeldverfahren sind in **Nrn. 4110 bis 4500 KV GKG** geregelt.

II. Strafbefehlsverfahren

1. Allgemeines

Das Strafbefehlsverfahren ist eine vereinfachte und beschleunigte Verfahrensart im Strafrecht, die bei **Vergehen** (§ 12 Abs. 2 StGB) Erwachsener angewendet werden kann. Gerade bei der „Massenkleinkriminalität“ (z.B. Trunkenheit im Straßenverkehr, Unfallflucht, Fahren ohne Fahrerlaubnis, Diebstahl, Sachbeschädigung, „Schwarzfahren“, Beleidigung) wird in der Praxis von dem Strafbefehlsverfahren oftmals Gebrauch gemacht 181

Das Strafbefehlsverfahren entlastet insoweit die Gerichte, weil es zum einen kostengünstiger und zum anderen ohne Hauptverhandlung schneller ist, sofern der Beschuldigte geständig ist oder den Strafbefehl akzeptiert. Das Gericht muss nicht von der Schuld des Täters überzeugt sein, sondern nur einen hinreichenden Tatverdacht erkennen. Der Strafbefehl entspricht einer rechtskräftigen Verurteilung ohne Hauptverhandlung. 182

2. Gesetzliche Grundlage

Das Verfahren über den Strafbefehl ist in §§ 407 ff. StPO geregelt. 183

3. Verfahren bei Strafbefehl

Der Staatsanwalt prüft die Voraussetzungen für den Erlass eines Strafbefehls. Hält er die Durchführung einer Hauptverhandlung nicht für erforderlich, fertigt er den Strafbefehl und legt diesen dem zuständigen Richter bei dem AG vor mit dem Antrag, den Strafbefehl zu erlassen (§ 407 Abs. 1 StPO). 184

Ausschließlich die in § 407 Abs. 2 StPO genannten Strafen dürfen durch Strafbefehl festgesetzt werden. 185

Der Richter kann nach Prüfung des Sachverhalts und der Rechtslage folgende Entscheidungen hinsichtlich des gestellten Antrages auf Erlass des Strafbefehls treffen: 186

- Er kann dem Antrag der StA zustimmen. In diesem Fall unterschreibt er den vorgefertigten Strafbefehl. Dieser wird mit einem Datum versehen und es erfolgt eine Verfügung zur Zustellung des Strafbefehls an den Beschuldigten; die öffentliche Zustellung des Strafbefehls ist allerdings ausgeschlossen.
- Stellt der Richter keinen hinreichenden Tatverdacht fest, lehnt der den Erlass des Strafbefehls durch Beschluss ab (§ 408 Abs. 2 StPO). Gegen diesen Beschluss kann die StA Beschwerde einlegen.
- Besteht zwar hinreichender Tatverdacht, hat der Richter aber Bedenken, ohne Hauptverhandlung zu entscheiden oder soll eine andere Verurteilung als die im

Strafbefehl genannte erfolgen, beraumt er einen Termin zur Hauptverhandlung an (§ 408 Abs. 3 StPO).

4. Rechtsbehelf/Rechtsmittel

187 Erlässt der Richter den Strafbefehl und wird dieser dem Beschuldigten zugestellt, hat er die Möglichkeit, **innerhalb von zwei Wochen** seit Zustellung des Beschlusses **Einspruch** einzulegen (§ 410 Abs. 1 StPO).

188 Versäumt der Beschuldigte die Einlegung des Einspruchs gegen den Strafbefehl oder legt er den Einspruch verspätet ein, wird der Strafbefehl rechtskräftig und steht einem rechtkräftigen Urteil gleich (§ 410 Abs. 3 StPO).

189 Legt der Beschuldigte verspätet Einspruch gegen den Strafbefehl ein oder ist der **Einspruch** aus sonstigen Gründen **unzulässig**, wird der Einspruch durch Beschluss als unzulässig verworfen (§ 411 Abs. 1 S. 1 Hs. 1 StPO). Gegen diesen Beschluss findet die **sofortige Beschwerde** statt (§§ 411 Abs. 1 S. 1 Hs. 2, 311 StPO).

190 Hat der Beschuldigte die Frist zur Einlegung des Einspruchs nicht schuldhaft versäumt, kann er einen **Antrag auf Wiedereinsetzung in den vorigen Stand** stellen (§ 44 StPO).

Der Antrag auf Wiedereinsetzung in den vorigen Stand muss mit der gleichzeitigen Einlegung des Einspruchs innerhalb einer Frist von einer Woche nach Wegfall des Hinderungsgrundes gestellt werden. Die Tatsachen zur Begründung des Antrags sind bei der Antragstellung oder im Verfahren über den Antrag glaubhaft zu machen (§ 45 StPO).

191 Legt der Beschuldigte rechtzeitig Einspruch gegen den Strafbefehl ein, wird ein Termin zur Hauptverhandlung anberaumt (§ 411 Abs. 1 S. 2 StPO).

192 ▼

Muster 11.7: Einspruch gegen den Strafbefehl

11.7 (...)

lege ich namens und in Vollmacht meines Mandanten gegen den am ______ zugestellten Strafbefehl vom ______

Einspruch

ein.

Gleichzeitig beantrage ich, mir

Akteneinsicht

zu bewilligen und bitte um Übersendung der Akte.

(...)

▲

5. Anwaltsgebühren

Die Vergütung des als Verteidiger beauftragten Anwaltes im Strafbefehlsverfahren richtet sich nach Teil 4 VV RVG. 193

Sofern der Anwalt nicht als Verteidiger, sondern nur mit Einzeltätigkeiten beauftragt ist (z.B. soll er nur Einspruch gegen den Strafbefehl einlegen), entstehen die Gebühren gem. Teil 4 Abschnitt 3 VV RVG. 194

In dem **Strafbefehlsverfahren** können **folgende Gebühren** entstehen: 195

- Grundgebühr Nr. 4100 VV RVG: Sie entsteht für die **einmalige Einarbeitung** in den Rechtsfall.
- Verfahrensgebühr Nr. 4104 VV RVG: Sie entsteht im vorbereitenden Verfahren, also dem **Verfahren über den Strafbefehl** bis zum Eingang des Antrags über seinen Erlass beim AG (Anm. zu Nr. 4104 VV RVG).
- Verfahrensgebühr Nr. 4106 VV RVG: Sie entsteht für die Tätigkeit im **Verfahren vor dem AG** nach dortigem Eingang des Antrags über den Erlass des Strafbefehls.
- Terminsgebühr Nr. 4108 VV RVG: Sie entsteht für die **Teilnahme in der Hauptverhandlung** vor dem AG.

Zusatzgebühr Nr. 4141 VV RVG: Sie entsteht in den dort in Anm. Abs. 1 S. 1 genannten Fällen (Einstellung des Verfahrens, Nichteröffnung des Hauptverfahrens, Rücknahme des Einspruchs, Zustimmung zur Entscheidung durch Beschluss) zusätzlich.

Die zusätzliche Verfahrensgebühr Nr. 4141 VV RVG entsteht nur dann nicht, wenn eine auf die Förderung des Verfahrens gerichtete Tätigkeit des Anwalts nicht ersichtlich ist (Anm. Abs. 2 zu Nr. 4141 VV RVG). Die Höhe der zusätzlichen Verfahrensgebühr richtet sich nach dem Rechtszug, in dem die Hauptverhandlung vermieden wurde und bemisst sich für den Wahlanwalt nach der Rahmenmitte (Anm. Abs. 3 zu Nr. 4141 VV RVG). 196

Sie entsteht z.B.,

- wenn das Strafverfahren nicht nur vorläufig eingestellt wird (Nr. 1),
- das AG das Hauptverfahren nicht eröffnet (Nr. 2 – den Antrag auf Erlass des Strafbefehls ablehnt, vgl. § 408 Abs. 2 S. 2 StPO),
- der Einspruch gegen den Strafbefehl min. zwei Wochen vor der Hauptverhandlung (ggf. vor einem weiteren Hauptverhandlungstermin) vollständig zurückgenommen wird (Nr. 3) oder
- wenn die StA und der Angeklagte, der seinen Einspruch gegen den Strafbefehl auf die Höhe der Tagessätze einer festgesetzten Geldstrafe beschränkt hat, zustimmen, dass das AG ohne Hauptverhandlung per Beschluss entscheidet (Nr. 4 – vgl. § 411 Abs. 1 S. 3 StPO).

Nr. 4 der Anm. Abs. 1 S. 1 zu Nr. 4141 VV RVG ist auch dann anzuwenden, wenn der Anwalt nach Eröffnung des Hauptverfahrens daran mitwirkt, dass in das Strafbefehlsverfahren übergegangen (§ 408a StPO) und somit eine Hauptverhandlung entbehrlich wird.

197 Im **Berufungsverfahren** (§§ 312 ff. StPO) können entstehen:

- Verfahrensgebühr Nr. 4124 VV RVG: Sie entsteht für die **Vertretung vor dem LG**.
- Terminsgebühr Nr. 4126 VV RVG: Sie entsteht für die **Teilnahme in der Hauptverhandlung**.

Im **Revisionsverfahren** (§§ 333 ff. StPO) können entstehen:

- Verfahrensgebühr Nr. 4130 VV RVG: Sie entsteht für die **Vertretung vor dem BGH**.
- Terminsgebühr Nr. 4132 VV RVG: Sie entsteht für die **Teilnahme in der Hauptverhandlung**.

6. Gerichtsgebühren

198 Die Gerichtsgebühren für das Strafbefehlsverfahren sind in Nrn. 3110 bis 3131 KV GKG geregelt:

Im **Verfahren vor dem AG** entsteht für den **Erlass des Strafbefehls** die 0,5 Gebühr Nr. 3118 KV und damit die Hälfte der nach Nr. 3110 und 3111 KV bestimmten Höhe. Wird zugleich die rechtskräftige Anordnung einer Maßregel der Besserung und Sicherung getroffen, entsteht dafür eine gesonderte 0,5 Gebühr Nr. 3116 KV neben derjenigen für die Geldstrafe (Vorb. 3.1 Abs. 4 KV).

> *Beispiel:*
>
> *Es ergeht ein rechtskräftiger Strafbefehl mit einer Geldstrafe von 200 Tagessätzen von je 50 EUR. Weiter wird die Fahrerlaubnis eingezogen.*
>
> Die Gebühr für den Strafbefehl beträgt nach Nr. 3118 KV die Hälfte der Nr. 3111 KV (= 338 EUR), somit also 169 EUR. Weiter entsteht für die Maßregel der Einziehung der Fahrerlaubnis nach Nr. 3118 KV die Hälfte der Gebühr Nr. 3116 KV (= 84 EUR), somit also 42 EUR.

- Im **Verfahren vor dem AG** entsteht **nach Einspruch gegen den Strafbefehl für die Hauptverhandlung mit Urteil** neben der 0,5 Gebühr Nr. 3118 KV (vgl. Anm. S. 1) zusätzlich die 0,5 Gebühr Nr. 3119 KV. Im obigen Beispiel würden die Gebühren also noch einmal (insgesamt also doppelt) entstehen.
- Wird der **Einspruch beschränkt** auf die Maßregel oder die Geldbuße, entsteht die 0,5 Gebühr Nr. 3119 KV dagegen nur wegen der Anordnung der Maßregel oder Geldbuße (Anm. zu Nr. 3119, Vorb. 3.1 Abs. 7 S. 4 KV).

- Wird bei **beschränktem Einspruch** gegen den Beschluss des AG **sofortige Beschwerde** eingelegt und diese verworfen oder zurückgewiesen, entsteht die 0,25 Gebühr Nr. 3600 KV.
- Im **Berufungsverfahren vor dem LG** entsteht **mit Urteil** eine 1,5 Gebühr Nr. 3120 KV, **ohne Urteil** eine 0,5 Gebühr Nr. 3121 KV nach der in Nrn. 3110, 3111 KV bestimmten Gebühr. Das Verfahren ist gebührenfrei, wenn die Berufung vor Ablauf der Berufungsbegründungsfrist zurückgenommen wird.
- Im **Revisionsverfahren vor dem BGH** entsteht **mit Urteil** eine 2,0 Gebühr Nr. 3130 KV, **ohne Urteil** eine 1,0 Gebühr Nr. 3131 KV nach der in Nrn. 3110, 3111 KV bestimmten Gebühr. Das Verfahren ist gebührenfrei, wenn die Revision vor Ablauf der Revisionsbegründungsfrist zurückgenommen wird.

E. Arbeitsgerichtsbarkeit

Wolf Schulenburg/Michael Brunner-Ovadia

I. Allgemeines

Die Arbeitsgerichtsbarkeit gehört zu den besonderen Fachgerichtsbarkeiten und regelt 199
die Streitigkeiten des Arbeitsrechts. Obwohl es sich teilweise mit dem Zivil- und Sozialrecht überschneidet, ist es eine eigenständige Gerichtsbarkeit, dessen Prozessordnung im Arbeitsgerichtsgesetz (ArbGG) geregelt ist.

II. Zuständigkeit

Die Rechtswegzuständigkeit der Arbeitsgerichte muss ausschließlich gegeben sein. Ein 200
umfassender Katalog ist in den §§ 2, 2a ArbGG enthalten. In der Praxis sind die wohl häufigsten Fälle die Streitigkeiten

- zwischen Arbeitnehmer und Arbeitgeber über Rechte und Pflichten aus dem Arbeitsverhältnis sowie
- über den Bestand des Arbeitsverhältnisses (z.B. Kündigungsschutzklagen).

Die örtliche Zuständigkeit wird durch den allgemeinen Gerichtsstand des Beklagten 201
(§§ 12 ff. ZPO) oder wahlweise durch den besonderen Gerichtsstand des Arbeitsortes (§ 48 Abs. 1a ArbGG) bestimmt.

Kommen mehrere Gerichtsstände in Betracht, wird das Wahlrecht durch die Klageerhebung bei einem bestimmten Gericht ausgeübt.

III. Instanzenzug

202 Der Instanzenzug der Arbeitsgerichtsbarkeit ist wie in Zivilsachen dreistufig.

203 Erstinstanzliche Eingangsgerichte sind immer die Arbeitsgerichte (ArbG).

204 Gegen die Urteile der Arbeitsgerichte ist die Berufung zum Landesarbeitsgericht (LAG) möglich. Das LAG entscheidet auch über Beschwerden gegen Beschlüsse der ArbG.

205 Gegen die Entscheidungen der LAG können die Rechtsmittel der Revision (im Urteilsverfahren) und der Rechtsbeschwerde (im Beschlussverfahren) eingelegt werden. Über das jeweils eingelegte Rechtsmittel entscheidet dann das Bundesarbeitsgericht (BAG) in Erfurt. Auch die Sprungrevision vom ArbG zum BAG ist grundsätzlich nach § 76 ArbGG möglich.

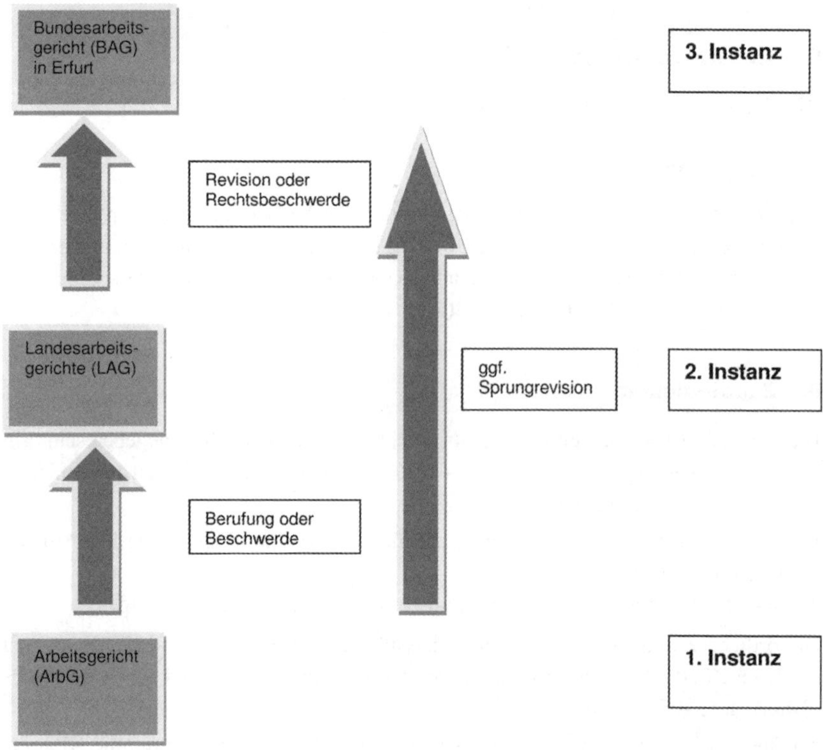

IV. Spruchkörper

In allen Instanzen bestehen sämtliche Spruchkörper der ArbG aus sog. Kollegialgerichten, d.h., sie sind mit Berufsrichtern und ehrenamtlichen Richtern besetzt. Der Vorsitzende ist dabei immer ein Berufsrichter. Die ehrenamtlichen Richter stammen dabei je zur Hälfte aus dem Kreis der Arbeitnehmer und dem Kreis der Arbeitgeber und werden jeweils von den Gewerkschaften und von den Arbeitgeberverbänden vorgeschlagen. 206

V. Verfahren

Das Verfahren vor dem ArbG ist grundsätzlich ähnlich wie der Zivilprozess aufgebaut. 207
Gemäß §§ 46 Abs. 2 ArbGG, 495 ZPO sind die Vorschriften über das Verfahren vor den Amtsgerichten entsprechend anzuwenden, es sei denn, es ist im ArbGG etwas anderes geregelt. So gelten im arbeitsgerichtlichen Verfahren meist kürzere Fristen (siehe Rdn 225).

Die für Arbeitnehmer wohl bedeutendste Frist ist diejenige zur Einlegung der **Kündigungsschutzklage**. Diese beträgt **drei Wochen ab Zugang der schriftlichen Kündigung** (§ 4 KSchG). Bei dieser Frist handelt es sich nicht um eine Zulässigkeitsvoraussetzung, sondern sie dient vielmehr der materiell-rechtlichen Präklusion. Die Kündigung gilt nämlich als von Anfang an rechtswirksam, wenn sie nicht innerhalb der 3-Wochen-Frist angegriffen wird (Wirksamkeitsfiktion gem. § 7 KSchG). 208

Hinweis:

In einer Kündigungsschutzsache muss bereits bei telefonischer Vereinbarung eines Besprechungstermins der Zugang der Kündigung immer erfragt werden, um die Frist für die Kündigungsschutzklage gleichwohl vorläufig zu berechnen und so einer Fristversäumnis möglichst vorzubeugen. Auf die mündliche Auskunft des Mandanten darf sich der Anwalt aber nicht verlassen, sondern ist zur eigenständigen Prüfung des Zeitpunkts des Zugangs verpflichtet.

Im arbeitsgerichtlichen Verfahren unterscheidet man zwischen Urteils- und Beschlussverfahren. 209

1. Urteilsverfahren

Im Urteilsverfahren werden sämtliche individualarbeitsrechtlichen Verfahren entschieden. Das sind i.d.R. die Streitigkeiten zwischen Arbeitgebern und Arbeitsnehmern aus dem Arbeitsverhältnis (z.B. Kündigungsschutzklage) oder zwischen Arbeitgeberverbänden und Gewerkschaften. 210

211 Das Verfahren wird durch Erhebung der Klage eingeleitet: Sie ist schriftlich einzureichen oder mündlich zu Protokoll der Geschäftsstelle des zuständigen ArbG zu erklären. Der Vorsitzende bestimmt sodann einen Termin zur Güteverhandlung. Bei einer Kündigungsschutzklage soll dieser erste Gütetermin zwei Wochen nach Eingang der Klage stattfinden. An der Güteverhandlung nimmt nur der Vorsitzende (nicht die ehrenamtlichen Richter) teil und erörtert mit dem Verfahrensbeteiligten das gesamte Sach- und Rechtsverhältnis. Dabei soll auf eine gütliche Einigung zwischen den Parteien hingewirkt werden.

212 Scheitert eine gütliche Verhandlung oder ist eine Partei zum Gütetermin nicht erschienen, so schließt sich die streitige Verhandlung, der sog. Kammertermin, an. In der Regel wird dafür ein neuer Termin mit dem gesamten Spruchkörper (dem Vorsitzenden und den beiden ehrenamtlichen Richtern) anberaumt. In diesem Termin wird die streitige Verhandlung mit Beweisaufnahme durchgeführt. Das Verfahren endet mit Urteil der Kammer.

213 Erscheint eine Partei in der streitigen Verhandlung nicht, kann auf Antrag gegen sie ein Versäumnisurteil ergehen.

214 Gegen das erstinstanzliche Urteil des ArbG kann die Partei Berufung einlegen (§ 64 Abs. 1 ArbGG),

- wenn sie im Urteil zugelassen ist (§ 64 Abs. 2 a, Abs. 3, Abs. 3a S. 1 ArbGG),
- wenn der Wert des Beschwerdegegenstandes 600 EUR übersteigt (§ 64 Abs. 2 b ArbGG)
- in Rechtsstreitigkeiten über ein Bestehen, Nichtbestehen oder die Kündigung eines Arbeitsverhältnisses (§ 64 Abs. 2 c ArbGG), oder
- wenn es sich um ein Versäumnisurteil handelt, gegen das der Einspruch an sich nicht statthaft ist, wenn die Berufung oder Anschlussberufung darauf gestützt wird, dass der Fall der schuldhaften Versäumung nicht vorgelegen habe (§ 64 Abs. 2 d ArbGG).

215 Gegen das zweitinstanzliche Urteil des LAG ist die Revision gegeben (§ 72 Abs. 1 ArbGG), wenn sie

- bereits im Urteil des LAG oder
- nach erfolgreicher Nichtzulassungsbeschwerde durch Beschluss des BAG (§ 72a Abs. 5 S. 2 ArbGG)

zugelassen wurde.

Bei Nichtzulassung der Revision kann Nichtzulassungsbeschwerde eingelegt werden (§ 72a ArbGG).

216 Wie im Zivilprozess betragen die Notfristen für die Berufung und Revision im Arbeitsrecht jeweils einen Monat ab Zustellung des vollständig abgefassten Urteils, jedoch spätestens mit Ablauf von fünf Monaten nach Urteilsverkündung (§§ 66 Abs. 1 S. 1, 74 Abs. 1 S. 1 ArbGG). Ebenfalls betragen die Begründungsfristen zwei Monate ab Zustellung des vollständig abgefassten Urteils.

Die Nichtzulassungsbeschwerde muss innerhalb einer Notfrist von einem Monat ab Zustellung des in vollständiger Form abgefassten Urteils beim BAG schriftlich eingelegt werden (§ 72a Abs. 2 S. 1 ArbGG) und innerhalb einer weiteren Notfrist von zwei Monaten ab Urteilszustellung begründet werden (§ 72 Abs. 3 S. 1 ArbGG). 217

Auch die Sprungrevision vom ArbG zum BAG ist zulässig, wenn beide Parteien diesem Vorgehen schriftlich zugestimmt haben und das ArbG die Sprungrevision zugelassen hat (§ 76 Abs. 1 S. 1 ArbGG). 218

Das BAG überprüft das Urteil des LAG jedoch nur auf Rechtsfehler und entscheidet ggf. durch Urteil. Ist eine weitere Sachverhaltsklärung erforderlich, so verweist er den Rechtsstreit an das LAG zurück. 219

2. Beschlussverfahren

Im Beschlussverfahren werden alle kollektivarbeitsrechtlichen Verfahren entschieden, die i.d.R. Streitigkeiten aus dem Betriebsverfassungsgesetz oder Entscheidungen über die Tariffähigkeit oder Tarifzuständigkeit von Vereinigungen betreffen. 220

Anders als im Klageverfahren werden die Parteien im Beschlussverfahren als Antragssteller und Antragsgegner bezeichnet. 221

Das Verfahren wird durch Einreichung der Antragsschrift eingeleitet: Sie ist schriftlich einzureichen oder mündlich zu Protokoll der Geschäftsstelle des zuständigen ArbG zu erklären. Im Beschlussverfahren wird der Sachverhalt von Amts wegen durch das erkennende Gericht erforscht, wobei jedoch die Parteien an der Aufklärung des Sachverhaltes mitzuwirken haben. Das Verfahren endet durch Beschluss der Kammer, der schriftlich begründet wird. 222

Gegen die erstinstanzlichen Beschlüsse der ArbG kann Beschwerde zum LAG geführt werden. Die Beschwerdefrist beträgt einen Monat ab Zustellung des begründeten Beschlusses (§§ 87 Abs. 2 S. 1, 66 Abs. 1 S. 1 ArbGG analog). 223

Gegen die zweitinstanzlichen Beschlüsse der LAG ist die Rechtsbeschwerde zulässig (§ 92 ArbGG). Sie wird vom LAG in den Fällen der grundsätzlichen Bedeutung der Rechtssache oder einer abweichenden Entscheidung zur ständigen Rechtsprechung des BAG zugelassen. 224

VI. Besonderheiten

Nach §§ 46 Abs. 2, 80 Abs. 2 ArbGG gelten für das arbeitsgerichtliche Verfahren die Verfahrensvorschriften der ZPO, sofern das ArbGG keine Sonderregelung enthält. Die nachstehende Tabelle stellt einige Besonderheiten in der Arbeitsgerichtsbarkeit dar: 225

Parteifähigkeit (§ 10 ArbGG)	Neben der Parteifähigkeit aus § 50 ZPO sind auch Gewerkschaften und Arbeitgeberverbände sowie Zusammenschlüsse solcher Vereinigungen parteifähig, selbst wenn sie nicht rechtsfähig sind.
Prozessvertretung (§ 11 ArbGG)	Vor dem ArbG und LAG können sich die Parteien durch Vertreter von Gewerkschaften oder Arbeitgeberverbänden vertreten lassen.
verkürzte Einspruchsfrist (§ 59 ArbGG)	Die Frist für die Einlegung eines Einspruches gegen ein Versäumnisurteil oder einen Vollstreckungsbescheid beträgt nur eine Woche.
Mahnverfahren (§ 46 ArbGG)	Die Widerspruchsfrist gegen den Mahnbescheid beträgt nur eine Woche (§ 46a Abs. 3 ArbGG). Die elektronische Nutzungspflicht für Anwälte (§ 46g ArbGG) gilt auch für den arbeitsgerichtlichen Mahnbescheid, der mit dem amtlichen Vordruck (Anlage 1 und 2 der AGMahnVordrV) beim zuständigen ArbG einzureichen ist. Die RAK Braunschweig stellt unter https://www.rak-braunschweig.de/fuer-anwaelte/aktuelles/1546-elektronischer-vordruck-fuer-das-arbeitsgerichtliche-mahnverfahren.html ein am PC ausfüllbares Formular zur Verfügung.
Ladungs- und Einlassungsfristen (§ 47 ArbGG)	Zwischen Zustellung der Klageschrift und Termin muss eine Frist von min. einer Woche liegen (§ 47 Abs. 1 ArbGG).
Kostentragungspflicht (§ 12a ArbGG)	Im Urteilsverfahren I. Instanz hat die obsiegende Partei keinen Anspruch auf Erstattung von Zeitversäumnis und der Kosten des eigenen Anwaltes. Ausnahme: Tatsächliche Anwaltskosten sind in Höhe der fiktiven (ersparten) Reisekosten der Partei erstattungsfähig. Der Anwalt hat eine entsprechende Belehrungspflicht und muss seinen Mandanten darauf (am besten schriftlich) hinweisen.
Gerichtskosten (Teil 8 KV GKG)	Es gibt keine Vorschusspflicht für die Gerichtskosten (§ 11 GKG). Sie werden erst nach Beendigung des Verfahrens erhoben (§ 9 Abs. 3 GKG). Die Gerichtskosten im Urteilsverfahren I. Instanz betragen 2,0 (Nr. 8210 KV GKG) und können sich auf 0,4 (Nr. 8211 KV GKG) reduzieren. Sie können auch vollständig entfallen (Anm. Abs. 2 zu Nr. 8210 KV GKG), insbesondere durch Vergleich (Vorb. 8 VV GKG).

VII. Anwaltsgebühren

In arbeitsrechtlichen Angelegenheiten fallen im Urteils- oder Beschlussverfahren wie im Zivilrecht (bürgerliche Streitigkeiten) die Gebühren nach Teil 2 und 3 VV RVG an. 226

Hinsichtlich der einzelnen Gebührentatbestände (Beratung, Geschäftsgebühr, Verfahrens-, Termins- und Einigungsgebühr) wird auf den vergütungsrechtlichen Teil (vgl. § 8 Rdn 138 ff.) verwiesen. 227

Da in I. Instanz vor dem ArbG vor der streitigen Verhandlung (Kammertermin) zwingend ein Gütetermin vorgeschaltet ist, fällt für den Anwalt bei vertretungsbereiter Anwesenheit bereits im Gütetermin die Terminsgebühr an. Nimmt er danach auch den Kammertermin wahr, so entsteht die Terminsgebühr zwar erneut. Er kann sie insgesamt aber nur einmal fordern (§ 15 Abs. 2 RVG). 228

Im Beschlussverfahren wird oftmals ohne mündliche Verhandlung entschieden, so dass in diesem Fall keine Terminsgebühr entsteht. 229

Schwierigkeiten im arbeitsrechtlichen Verfahren bereitet oftmals die Bestimmung des Gegenstandswertes. Beispielsweise werden bei einer Kündigungsschutzklage neben dem eigentlichen Kündigungsschutz oft noch weitere Ansprüche aus dem Arbeitsverhältnis (z.B. auf ausstehenden Lohn oder Erteilung eines Zeugnisses) geltend gemacht bzw. im Vergleichsweg miterledigt. 230

Hinweis:

Die Streitwertkommission hat unter Auswertung der Stellungnahmen und Vorschläge aus der Anwaltschaft, von Seiten der Gewerkschaften und der Arbeitgeberverbände, von Seiten der Versicherungswirtschaft und aus der Richterschaft einen unverbindlichen **Streitwertkatalog für die Arbeitsgerichtsbarkeit** entwickelt, der zuletzt am **1.2.2024** überarbeitet wurde. Er ist z.B. auf der Seite der Justiz NRW veröffentlicht:

https://www.justiz.nrw/BS/broschueren_hilfen/Streitwertkatalog

Einige Beispiele aus dem Katalog sind: 231

Abfindung (Teil I Nr. 1)	Eine im Vergleich vereinbarte Abfindung in entsprechender Anwendung der §§ 9, 10 KSchG ist nicht streitwerterhöhend. Wird hingegen über eine Sozialplanabfindung, über eine tarifliche Abfindung oder über einen Fall des Nachteilsausgleichs nach § 113 Abs. 1 BetrVG gestritten, richtet sich der Wert nach dem streitigen Betrag (ggf. ist Teil I Nr. 18 zu beachten). Kündigungsschutzklage und Antrag auf Zahlung von Nachteilsausgleich/Sozialplanabfindung sind wirtschaftlich identisch. Der höhere Wert ist maßgebend.

Abmahnung (Teil I Nr. 2)	Der Streit über eine Abmahnung wird (unabhängig von der Anzahl und der Art der darin enthaltenen Vorwürfe und unabhängig von dem Ziel der Klage (Entfernung, vollständige Entfernung, ersatzlose Entfernung, Zurücknahme/Widerruf, Feststellung der Unwirksamkeit)) mit 1 Monatsvergütung bewertet.
Arbeitspapiere (Teil I Nr. 7)	Handelt es sich hierbei nur um reine Bescheinigungen (z.B. hinsichtlich sozialversicherungsrechtlicher Vorgänge, Urlaub oder Lohnsteuer): pro Arbeitspapier 10 % einer Monatsvergütung (Nr. 7.1). Nachweis nach dem Nachweisgesetz: 10 % einer Monatsvergütung (Nr. 7.2).
Kündigung – eine -(Teil I Nr. 20)	Die Vergütung für ein Vierteljahr, es sei denn, unter Auslegung des Klageantrags und der Klagebegründung ist nur ein Fortbestand des Arbeitsverhältnisses von unter drei Monaten im Streit (dann entsprechend geringerer Wert).
Urlaub (Teil I Nr. 24)	Feststellung des fälligen Urlaubsanspruchs, auf Gewährung von Urlaub und/oder von Urlaubsentgelt: Höhe des Urlaubsentgelts (Nr. 24.1)
Zeugnis (Teil I Nr. 29)	Erteilung oder Berichtigung eines einfachen Zeugnisses: 10 % einer Monatsvergütung (Nr. 29.1). Erteilung oder Berichtigung eines qualifizierten Zeugnisses: 1 Monatsvergütung, und zwar unabhängig von Art und Inhalt eines Berichtigungsverlangens, auch bei kurzem Arbeitsverhältnis (Nr. 29.2). Zwischenzeugnis: Bewertung wie beim qualifizierten Zeugnis (Nr. 29.2). Bei Geltendmachung von Zwischen- und Endzeugnis (ggf. auch nur hilfsweise): insgesamt 1 Monatsvergütung (Nr. 29.3).

VIII. Gerichtsgebühren

232 Die Gerichtsgebühren für die Arbeitsgerichtsbarkeit sind in **Nrn. 8100 bis 8235 KV GKG** geregelt.

F. Verwaltungsgerichtsbarkeit

I. Allgemeines

233 Die Verwaltungsgerichtsbarkeit stellt eine der vier Fachgerichtsbarkeiten dar und dient der Kontrolle der öffentlichen Verwaltung. Es handelt sich dabei oftmals um Streitigkeiten zwischen dem Bürger und dem Staat oder zwischen zwei Staatsorganen.

234 Das Verfahrensrecht der Verwaltungsgerichtsbarkeit ist in erster Linie in der Verwaltungsgerichtsordnung (VwGO) geregelt.

II. Zuständigkeit

Zuständig sind die Verwaltungsgerichte (VG) für alle öffentlich-rechtlichen Streitigkeiten nichtverfassungsrechtlicher Art (§ 40 Abs. 1 S. 1 VwGO). Die Abgrenzung zur ordentlichen Zivilgerichtsbarkeit, zur Sozialgerichtsbarkeit und zur Finanzgerichtsbarkeit stellt sich dabei nicht immer als einfach dar. 235

III. Instanzenzug

Die Verwaltungsgerichtsbarkeit ist dreistufig aufgebaut. 236

Für die meisten verwaltungsrechtlichen Verfahren ist dabei als erste Instanz das VG zuständig. 237

Das Oberverwaltungsgericht (OVG) bzw. der Verwaltungsgerichtshof (VGH) ist Berufungs- und Beschwerdeinstanz gegen Entscheidungen der VG sowie Eingangsinstanz (I. Instanz) bei 238

- Normenkontrollen von Satzungen und Rechtsverordnungen (§ 47 Abs. 1 VwGO),
- Verfahren zur Genehmigung bei bestimmten Großprojekten (vgl. § 48 Abs. 1 VwGO) und
- landesrechtlichen Vereinsverboten (§ 48 Abs. 2 VwGO).

Revisions- und Rechtsbeschwerdeinstanz ist das Bundesverwaltungsgericht (BVerwG) in Leipzig. Es ist auch Eingangsinstanz bei 239

- Streitigkeiten der Versicherungsaufsicht und
- bei nichtverfassungsrechtlichen Streitigkeiten zwischen Bund und Ländern oder zwischen verschiedenen Bundesländern.

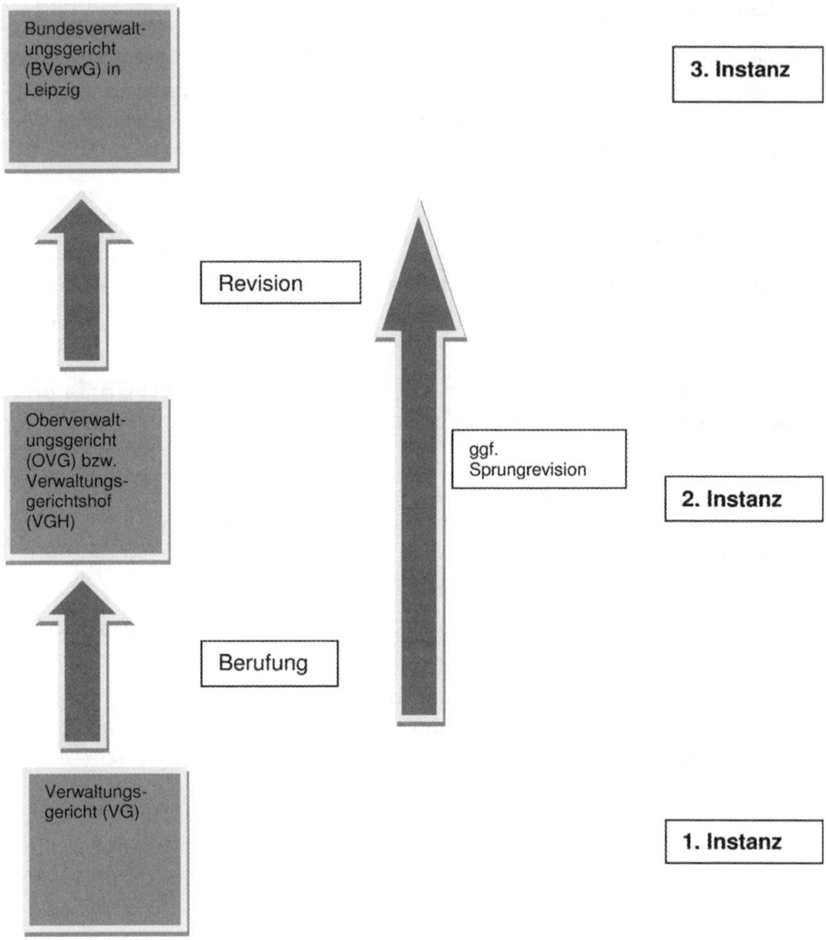

IV. Spruchkörper

240 Beim VG ist Spruchkörper die Kammer, die mit drei Berufsrichtern und bei einer mündlichen Verhandlung mit zwei zusätzlichen Ehrenrichtern besetzt ist.

241 Mit Zustimmung der Parteien kann dem Berichterstatter jedoch der Rechtsstreit als Einzelrichter übertragen werden. In der Praxis wird von dieser Regelung häufig Gebrauch gemacht. Daher stellen Kammerentscheidungen die Ausnahme dar.

Beim OVG (in Bayern, Baden-Württemberg und Hessen historisch bedingt „Verwaltungsgerichtshof" genannt) sind als Spruchkörper Senate gebildet, die – je nach Landesrecht – unterschiedlich besetzt sind. Teilweise sind sie nur mit drei bis fünf Berufsrichtern, teilweise aber auch zusätzlich mit zwei ehrenamtlichen Richtern besetzt. 242

Beim BVerwG sind die Senate die Spruchkörper, die mit jeweils fünf bis sieben Berufsrichter besetzt sind. 243

V. Verfahren

Das Verfahren wird durch den Kläger mit Erhebung einer schriftlichen Klage gegen den Beklagten eröffnet. Beim VG kann die Klage auch zur Niederschrift des Urkundsbeamten der Geschäftsstelle erhoben werden. 244

Neben einem bestimmten Antrag und dem zur Begründung dienenden Tatsachen und Beweismittel sollen der Klage auch die angefochtene Verfügung und der Widerspruchsbescheid in Urschrift oder in Abschrift beigefügt werden (§ 82 Abs. 1 VwGO). 245

Das Gericht kann ohne mündliche Verhandlung durch sog. **Gerichtsbescheid** entscheiden, wenn die Sache keine besonderen Schwierigkeiten tatsächlicher oder rechtlicher Art aufweist und der Sachverhalt geklärt ist (§ 84 Abs. 1 S. 1 VwGO). Die Beteiligten jedoch sind vorher zu hören (§ 84 Abs. 1 S. 2 VwGO). Der Gerichtsbescheid hat die Wirkung eines Urteils (§ 84 Abs. 1 S. 3 VwGO). In berufungsfähigen Sachen wird damit die Instanz beendet, in nicht berufungsfähigen Angelegenheiten kann jeder Beteiligte die mündliche Verhandlung per Antrag erzwingen. 246

Das Gericht erforscht den Sachverhalt von Amts wegen; die Beteiligten haben dabei aber an der Sachverhaltsaufklärung mitzuwirken. Das Gericht ist jedoch an das Vorbringen und an die Beweisanträge der Beteiligten nicht gebunden (§ 86 Abs. 1 VwGO). 247

Nach Klageerhebung wird das Verfahren schriftlich vorbereitet. Der Vorsitzende oder Berichterstatter soll die vorbereitenden Ermittlungen einleiten, z.B. Auskünfte einholen, die Vorlage von Urkunde anordnen oder ein Sachverständigengutachten einholen. Die Ermittlungen sollen so weit vorangetrieben werden, dass der Rechtsstreit in einer einzigen mündlichen Verhandlung erledigt werden kann (§ 87 VwGO). Im schriftlichen Verfahren sind die ehrenamtlichen Richter zunächst nicht beteiligt. 248

Nach Abschluss der Ermittlungen kommt es unter Beteiligung der ehrenamtlichen Richter zur mündlichen Verhandlung, in welcher der Berichterstatter zunächst den Sachverhalt nach Aktenlage vorträgt. Im Anschluss daran wird die Sach- und Rechtslage mit den Beteiligten erörtert und es erfolgt ggf. eine Beweisaufnahme. Am Ende der Sitzung stellen die Beteiligten ihre Anträge. Nach geheimer Beratung der Kammer ergeht ihr Urteil. 249

250 Das Urteil ist nur anfechtbar, wenn das VG die Berufung zugelassen hat. Das VG kann sie zulassen (§ 124a Abs. 1 S. 1 VwGO), wenn

- die Rechtssache besondere tatsächliche oder rechtliche Schwierigkeiten aufweist,
- die Rechtssache grundsätzliche Bedeutung hat,
- das Urteil von einer Entscheidung des OVG, des BVerwG, des Gemeinsamen Senats der obersten Gerichtshöfe des Bundes oder des BVerfG abweicht und auf dieser Abweichung beruht.

251 Wenn die Berufung im Urteil des VG nicht zugelassen wurde, kann ein Antrag auf Zulassung der Berufung gestellt werden (§ 124a Abs. 4 VwGO). Dieser Antrag ist innerhalb einer Frist von einem Monat ab Zustellung des begründeten Urteils beim VG zu stellen und innerhalb von zwei Monaten ab Zustellung des begründeten Urteils zu begründet. Er hemmt die Rechtskraft des Urteils (§ 124a Abs. 3 S. 6 VwGO). Die Begründung des Zulassungsantrags ist, soweit sie nicht bereits mit dem Antrag erfolgt ist, beim OVG einzureichen (§ 124a Abs. 3 S. 5 VwGO).

252 Wird der Antrag abgelehnt oder verworfen, so erlangt das Urteil des VG Rechtskraft. Wird dem Antrag dagegen stattgegeben, so wird das Zulassungsverfahren als Berufungsverfahren beim OVG fortgesetzt.

253 Hat das VG die Berufung zugelassen, so ist sie – anders als im Zivilprozess – beim VG einzulegen (§ 124a Abs. 2 VwGO). Die Frist zur Berufungseinlegung beträgt wiederum einen Monat ab Zustellung des begründeten Urteils, die Frist zur Berufungsbegründung zwei Monate ab Zustellung des begründeten Urteils (§ 124a Abs. 2, Abs. 3 S. 1 VwGO). Die Begründung ist, soweit sie nicht bereits mit der Berufung erfolgt ist, beim OVG einzureichen (§ 124a Abs. 3 S. 2 VwGO).

254 Die Berufungsinstanz ist dabei auch eine Tatsacheninstanz, d.h., das OVG prüft den Streitfall innerhalb des Berufungsantrags im gleichen Umfang wie das VG und berücksichtigt auch neu vorgebrachte Tatsachen und Beweismittel.

255 Eine Sprungrevision vom VG zum BVerwG ist möglich, wenn beide Parteien dem zustimmen und diese vom VG zugelassen wird (§ 134 VwGO).

256 Gegen die Berufungsurteile der OVG in II. Instanz ist das Rechtsmittel der Revision gegeben, wenn das OVG die **Revision** in seinem Urteil zugelassen hat oder diese bei Nichtzulassung aufgrund einer erfolgreichen **Nichtzulassungsbeschwerde** (s. Rdn 258) erzwungen worden ist.

257 Die **Revision** wird jedoch nur zugelassen (§ 132 Abs. 2 VwGO), wenn

- die Rechtssache grundsätzliche Bedeutung hat,
- das Urteil von einer Entscheidung des BVerwG, des Gemeinsamen Senats der obersten Gerichtshöfe des Bundes oder des BVerfG abweicht und auf dieser Abweichung beruht oder

- ein Verfahrensmangel geltend gemacht wird und vorliegt, auf dem die Entscheidung beruhen kann.

Wurde die Revision durch das OVG nicht zugelassen, kann **Nichtzulassungsbeschwerde** 258
innerhalb eines Monats ab Zustellung des begründeten Urteils beim OVG eingelegt werden (§ 133 Abs. 2 VwGO). Die Beschwerde hemmt die Rechtskraft (§ 133 Abs. 4 VwGO). Die Begründung muss innerhalb von zwei Monaten ab Zustellung des begründeten Urteils beim OVG eingereicht werden (§ 133 Abs. 3 VwGO).

Das OVG kann der Beschwerde selbst abhelfen, indem es die Revision zulässt. Hilft es der Beschwerde nicht ab, entscheidet das BVerwG über die Zulassung der Revision durch Beschluss (§ 133 Abs. 5 S. 1 VwGO).

Die Frist für die Einlegung der Revision beträgt einen Monat ab Zustellung des vollstän- 259
digen Urteils oder des Beschlusses über die Zulassung der Revision (§ 139 VwGO). Sie muss schriftlich beim OVG eingelegt werden. Die Begründungsfrist beträgt sodann zwei Monate ab Zustellung des vollständigen Urteils oder des Beschlusses über die Zulassung der Revision und ist beim BVerwG einzureichen (§ 139 Abs. 3 VwGO).

VI. Gebühren

In verwaltungsrechtlichen Angelegenheiten fallen grundsätzlich die gleichen Gebühren 260
wie im Zivilrecht (bürgerlichen Streitigkeiten) an (vgl. § 8 Rdn 138 ff.). Es handelt sich also um Wertgebühren, die sich nach dem Gegenstandswert berechnen (§ 13 RVG).

1. Gegenstandswert

Der Gegenstandwert für die Anwaltsgebühren bestimmt sich grundsätzlich nach der sich 261
aus dem Antrag des Klägers für ihn ergebenden Bedeutung der Sache und ist nach billigem Ermessen zu bestimmen (§ 52 Abs. 1 GKG). Betrifft der Antrag des Klägers eine bezifferte Geldleistung oder einen hierauf bezogenen Verwaltungsakt, ist deren Höhe maßgebend (§ 52 Abs. 3 GKG). Bietet der Sach- und Streitstand für die Bestimmung des Streitwerts keine genügenden Anhaltspunkte, gilt ein Auffangstreitwert von 5.000 EUR (§ 52 Abs. 2 GKG).

> *Praxistipp:* 262
>
> Der **Streitwertkatalog der Verwaltungsgerichtsbarkeit** ist im Jahr 1991 der erste seiner Art gewesen. Die eigens dafür gegründete Streitwertkommission hatte versucht, mit Umfragen beim BVerwG und den OVG bzw. VGH die Streitwertpraxis zu vereinheitlichen. Nachdem er zuletzt am 18.7.2013 überarbeitet worden war, haben die Präsidentinnen und Präsidenten der OVG und der VGH der Länder sowie

der Präsident des BVerwG auf ihrer Jahrestagung im September 2022 eine Kommission aus Richterinnen und Richtern aller Instanzen unter Federführung des BVerwG eingerichtet, um die Streitwertausweisungen des Katalogs zu überprüfen und gegebenenfalls anzupassen. Die Kommission hat sich hierfür – wie schon ihre Vorgängerinnen bei früheren Aktualisierungen des Streitwertkatalogs – an der Streitwertpraxis des BVerwG sowie der OVG und der VGH der Länder orientiert und zudem Anregungen der BRAK und des DAV einbezogen. Er wurde daraufhin zuletzt am **21.2.2025** überarbeitet und am 1.7.2025 z.B. auf der Seite des BVerfG veröffentlicht:
https://www.bverwg.de/user/data/media/streitwertkatalog.pdf

2. Vorgerichtliche Vertretung

263 Vertritt der Rechtsanwalt den Auftraggeber in einer verwaltungsrechtlichen Angelegenheit vorgerichtlich, so entstehen Gebühren nach Teil 2 VV RVG.

264 Eine Besonderheit der verwaltungsrechtlichen Angelegenheit besteht darin, dass

- das Verwaltungsverfahren (Antragsverfahren) und
- das einem gerichtlichen Verfahren vorausgehende und der Nachprüfung der Verwaltungsaktes dienende weitere Verwaltungsverfahren (Vor-, Einspruchs-, Beschwerde-, Abhilfeverfahren)

verschiedene gebührenrechtliche Angelegenheiten darstellen (§ 17 Nr. 1a RVG). Die Gebühren (wie z.B. die Geschäftsgebühr Nr. 2300 VV RVG) und Auslagen (Nr. 7000 ff. VV RVG) entstehen also mehrfach, wobei die Anrechnung zu berücksichtigen ist (Vorb. 2.3 Abs. 4 VV RVG).

265 Im Antragsverfahren entscheidet die Behörde über den vom Bürger gestellten Antrag. Wird der Anwalt bereits in diesem Verfahrensabschnitt tätig, erhält er eine Geschäftsgebühr nach Nr. 2300 VV RVG. Die Gebühr ist innerhalb eines Rahmens von 0,5 bis 2,5 zu bestimmen (§ 14 Abs. 1). Die Schwellengebühr (Anm. Abs. 1 zu Nr. 2300 VV RVG) von 1,3 darf jedoch nur überschritten werden, wenn die Tätigkeit umfangreich oder schwierig war (vgl. § 8 Rdn 155 ff.).

266 Vertritt der Anwalt den Auftraggeber nicht nur im Verwaltungs-, sondern auch Rechtsmittelverfahren, so erhält er hierfür eine weitere Geschäftsgebühr nach Nr. 2300 VV RVG. Die in dem Antragsverfahren entstandene Geschäftsgebühr ist dann allerdings zur Hälfte, max. mit einem Gebührensatz von 0,75, auf die Geschäftsgebühr für die Tätigkeit in dem weiteren Verwaltungsverfahren, das der Nachprüfung des Verwaltungsaktes dient, anzurechnen (§ 15a Abs. 1, Vorb. 2.3 Abs. 4 S. 1 VV RVG). Die Anrechnung erfolgt nach dem Wert des Gegenstandes, der auch Gegenstand des Rechtsmittelverfahren ist (Vorb. 2.3 Abs. 2 S. 2 VV RVG).

Bei der Bestimmung des Gebührensatzes für die weitere Geschäftsgebühr im Rechtsbehelfsverfahren ist diese Gebühr so zu bestimmen, als sei der Anwalt zuvor nicht tätig gewesen (§ 14 Abs. 2 RVG). 267

Neben der Geschäftsgebühr kann eine 1,5 Einigungsgebühr Nr. 1000 VV RVG oder eine 1,5 Erledigungsgebühr Nr. 1002 VV RVG entstehen. Bei der Erledigungsgebühr reicht nicht allein die Erledigung der Rechtssache aus. Der Anwalt muss sich vielmehr um die außergerichtliche Erledigung besonders bemüht haben. 268

Vertritt der RA den Auftraggeber sowohl im Antrags- als auch im Rechtsbehelfsverfahren, so wird nach Vorb. 3 Abs. 4 VV RVG nur die zuletzt entstandene Geschäftsgebühr auf die im gerichtlichen Verfahren entstehende Verfahrensgebühr nach Nr. 3100 VV RVG angerechnet. 269

3. Gerichtliches Verfahren

Die Gebühren im gerichtlichen Verwaltungsverfahren richten sich nach Teil 3 VV RVG. 270

War der Anwalt wegen desselben Gegenstands bereits vorgerichtlich tätig und hat eine Geschäftsgebühr Nr. 2300 VV RVG verdient, wird diese Gebühr zur Hälfte, max. aber mit einem Gebührensatz von 0,75, auf die Verfahrensgebühr des gerichtlichen Verfahrens angerechnet (§ 15a Abs. 1, Vorb. 3 Abs. 4 S. 1 VV RVG). Die Anrechnung erfolgt nach dem Wert des Gegenstands, der auch Gegenstand des gerichtlichen Verfahrens ist (Vorb. 3 Abs. 4 S. 4 VV RVG). 271

Hat der Anwalt seinen Auftraggeber sowohl im verwaltungsrechtlichen Antrags- als auch im Rechtsbehelfsverfahren vertreten und damit zwei Geschäftsgebühren verdient, so wird auf die im gerichtlichen Verwaltungsgerichtsverfahren entstehende Verfahrensgebühr Nr. 3100 VV RVG nur die zuletzt entstandene Geschäftsgebühr des Rechtsbefehlsverfahrens angerechnet (Vorb. 3 Abs. 4 S. 3 VV RVG). 272

Grundsätzlich entstehen die gleichen Gebühren wie im Zivilprozess (vgl. § 8 Rdn 138 ff.), in I. Instanz also z.B. eine 273

- 1,3 Verfahrensgebühr Nr. 3100 VV RVG,
- 1,2 Terminsgebühr Nr. 3104 VV RVG,
- 1,0 Einigungsgebühr Nrn. 1000,1003 VV RVG

Die Einigungsgebühr entsteht jedoch nur bei Ansprüchen, über die vertraglich verfügt werden kann.

Kann über die Ansprüche des öffentlichen Rechts nicht vertraglich verfügt werden, so kann bei besonderem Bemühen des Anwaltes (s. dazu vorstehend zum Anfall im Verwaltungsverfahren) auch eine 1,0 Erledigungsgebühr nach Nrn. 1002, 1003 VV RVG entstehen. 274

4. Einstweiliger Rechtsschutz

275 Sowohl im verwaltungsrechtlichen als auch verwaltungsgerichtlichen Eilverfahren stellen die Verfahren wegen des einstweiligen Rechtsschutzes (§§ 80, 80a, 123 und § 47 Abs. 6 VwGO) im Verhältnis zum jeweiligen Hauptverfahren im Verwaltungs- oder Verwaltungsgerichtsverfahren verschiedene gebührenrechtliche Angelegenheiten für den Anwalt dar (§ 17 Nr. 1a, Nr. 4 b bis d RVG).

276 Davon sind die Abänderungs- und Aufhebungsverfahren im einstweiligen Rechtsschutz zu unterscheiden. Diese stellen für den Anwalt dieselbe gebührenrechtliche Angelegenheit dar (§ 16 Nr. 5 RVG). Es können zwar sämtliche Gebühren des Anwaltes neu entstehen. Er kann sie aber insgesamt nur einmal fordern (§ 15 Abs. 2 RVG).

G. Sozialgerichtsbarkeit

I. Allgemeines

277 Die Sozialgerichtsbarkeit ist eine weitere Fachgerichtsbarkeit und regelt Angelegenheiten des Sozialrechts. Das Verfahrensrecht der Sozialgerichtsbarkeit ist in erster Linie im Sozialgerichtsgesetz (SGG) geregelt, wird aber durch die Vorschriften der ZPO und des GVG ersetzt, wenn das SGG keine nähere Regelung enthält.

Die Sozialgerichtsbarkeit ist von der Arbeits-, Verwaltungs- und Finanzgerichtsbarkeit abzugrenzen.

II. Zuständigkeiten

278 Die sachliche Zuständigkeit des Sozialgerichtes (SG) ist in § 51 SGG abschließend geregelt. Insbesondere ist es für die folgenden öffentlich-rechtlichen Streitigkeiten zuständig:

- in Angelegenheiten der gesetzlichen Renten-, Kranken-, Pflege- und Unfallversicherung,
- in Angelegenheiten der Grundsicherung für Arbeitssuchende und der Arbeitsförderung sowie der übrigen Aufgaben der Bundesagentur für Arbeit,
- in Angelegenheiten der Sozialhilfe und des Asylbewerberleistungsgesetzes.

279 Für alle nicht in § 51 SGG genannten sozialrechtlichen Streitigkeiten ist der Rechtsweg zur Verwaltungsgerichtsbarkeit eröffnet (§ 40 VwGO).

280 In der örtlichen Zuständigkeit gibt es keine Besonderheiten.

III. Instanzenzug

Die Sozialgerichtsbarkeit ist dreistufig aufgebaut. 281

Die I. Instanz ist grundsätzlich das SG, Berufungs- und Beschwerdeinstanz das Landessozialgericht (LSG) und Revisions- sowie Rechtsbeschwerdeinstanz das Bundessozialgericht (BSG) mit Sitz in Kassel. 282

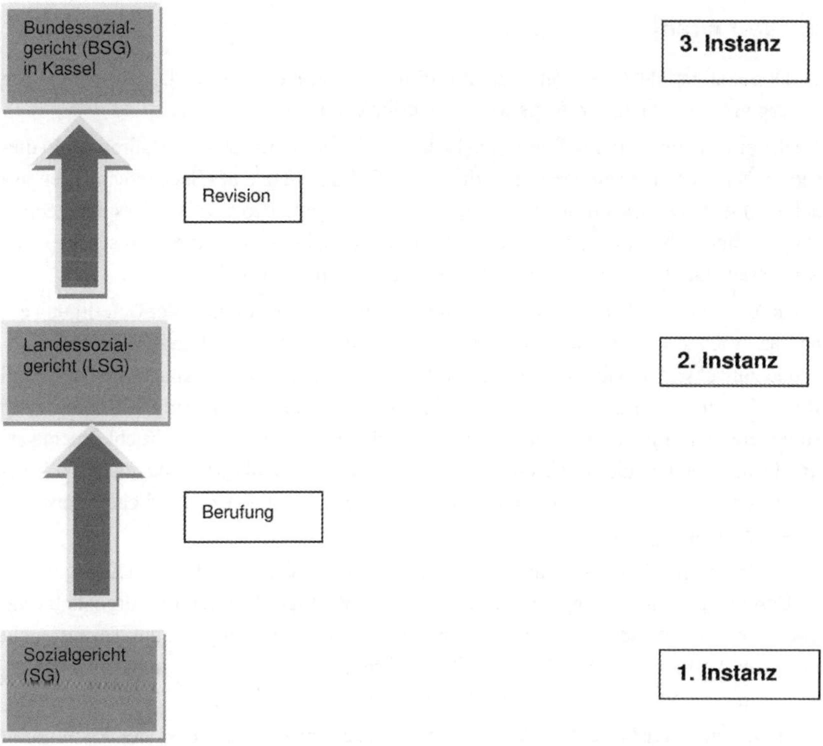

IV. Spruchkörper

Auch die Spruchkörper der SG sind Kollegialgerichte. 283

In I. Instanz beim SG ist als Spruchkörper die Kammer zuständig, die jeweils mit einem Berufsrichter und zwei ehrenamtlichen Richtern besetzt ist. 284

Die ehrenamtlichen Richter bestimmen sich je nach Rechtsgebiet aus unterschiedlichen Personenkreisen: So bestimmt sich in Angelegenheiten der Sozialversicherung und der 285

Bundesagentur für Arbeit je ein ehrenamtlicher Richter aus dem Kreis der Arbeitgeber und einer aus dem Kreis der Versicherten. In Angelegenheiten der Sozialhilfe werden die ehrenamtlichen Richter von den Landkreisen bestimmt.

286 Die Spruchkörper der II. Instanz beim LAG und III. Instanz beim BAG sind Senate, die mit jeweils drei Berufsrichtern und zwei ehrenamtlichen Richtern besetzt sind.

V. Verfahren

287 In der Sozialgerichtsbarkeit gilt der Amtsermittlungsgrundsatz, d.h., das Gericht hat den streitigen Sachverhalt von Amts wegen zu erforschen.

288 Nach der Klageerhebung schließt sich in der Regel ein schriftliches Verfahren an. In diesem finden die vorbereitenden Ermittlungen (z.B. Einholung eines Sachverständigengutachtens) statt. Die Ermittlungen sollen so weit vorangetrieben werden, dass der Rechtsstreit in einer einzigen mündlichen Verhandlung erledigt werden kann. Im schriftlichen Verfahren sind die ehrenamtlichen Richter zunächst nicht beteiligt.

289 Nach Abschluss der Ermittlungen wird die mündliche Verhandlung unter Beteiligung der ehrenamtlichen Richter durchgeführt. In der mündlichen Verhandlung trägt der Vorsitzende zunächst den Sachverhalt nach Aktenlage vor und erörtert danach die Sach- und Rechtslage mit den Beteiligten. Ggf. erfolgt eine Beweisaufnahme. Am Ende der Sitzung stellen die Beteiligten ihre Anträge und nach geheimer Beratung des Spruchkörpers verkündet der Vorsitzende das Urteil, das er in Grundzügen mündlich begründet. Das schriftliche Urteil wird innerhalb von fünf Monaten schriftlich mit den ausführlichen Entscheidungsgründen abgesetzt.

290 Unter bestimmten Voraussetzungen kann aber auch eine schriftliche Entscheidung in voller Besetzung der Kammer bzw. des Senates ohne mündliche Verhandlung ergehen, wenn alle Beteiligten diesem Vorgehen zustimmen. Wenn ein Beteiligter zum Termin nicht erscheint, besteht auch die Möglichkeit, eine Entscheidung nach Aktenlage zu erlassen, sofern in der Ladung hierauf ausdrücklich hingewiesen worden ist.

291 Eine Besonderheit besteht in der Sozialgerichtsbarkeit insoweit, dass der Rechtsstreit durch Gerichtsbescheid entschieden werden kann. Dieser Gerichtsbescheid wird allein durch den Vorsitzenden erlassen und hat die Wirkung eines Urteils. In berufungsfähigen Sachen wird damit die Instanz beendet, in nicht berufungsfähigen Angelegenheiten kann jeder Beteiligte die mündliche Verhandlung per Antrag erzwingen.

292 Eine weitere Besonderheit ist, dass der Kläger zu jeder Zeit die Klage zurücknehmen kann, ohne dass er sanktioniert wird (insbesondere ohne Kostenfolge). Die Sozialgerichtsbarkeit kennt im Übrigen auch keine Versäumnis- oder Anerkenntnisurteile.

VI. Anwaltsgebühren

In sozialrechtlichen Angelegenheiten ist grundsätzlich zu unterscheiden zwischen Angelegenheiten, 293

- in denen Betragsrahmengebühren und
- in denen Wertgebühren

entstehen (zur der Rechtsnatur der einzelnen Gebührenarten vgl. § 8 Rdn 138 ff.).

Die entscheidende Vorschrift zur Unterscheidung bildet § 3 RVG: Ob in einer Sache Wertgebühren nach einem Gegenstandswert oder Betragsrahmengebühren entstehen, richtet sich danach, ob das Gerichtskostengesetz (GKG) Anwendung findet. 294

Findet das GKG Anwendung, entstehen Wertgebühren nach dem Gegenstandswert (§ 3 Abs. 1 S. 2 RVG), andernfalls Betragsrahmengebühren (§ 3 Abs. 1 S. 1 RVG). Das gilt entsprechend auch für die vorgerichtliche Tätigkeit des Anwaltes (§ 3 Abs. 2 RVG). 295

Das GKG verweist in § 1 Abs. 2 Nr. 3 GKG insoweit auf das Sozialgerichtsgesetz (SGG). Dieses regelt in §§ 183, 197a SGG die Verfahren, in denen das GKG anzuwenden ist. Daher ist entscheidend, ob es sich um eine in § 183 SGG genannte Person handelt. Keine Wertgebühren fallen somit an, wenn es sich u.a. um Streitigkeiten von 296

- Versicherten oder Hinterbliebenen-/Leistungsempfängern der Sozialversicherung,
- behinderten Menschen oder
- Rechtsnachfolgern der vorstehend genannten Personen

handelt.

Gehört weder der Kläger noch der Beklagte zu einer der in § 183 SGG genannten Personengruppen, so werden Kosten nach dem GKG erhoben. Somit fallen Wertgebühren im Wesentlichen an bei Streitigkeiten zwischen 297

- Sozialleistungsträgern untereinander,
- Sozialleistungsträgern und Arbeitgebern,
- Sozialleistungsträgern und Vertragsärzten.

Seit 2006 besteht ein unverbindlicher **Streitwertkatalog der Sozialgerichtsbarkeit** für die Wertgebühren. Er wurde letztmalig am 1.2.2023 (6. Auflage) überarbeitet und ist z.B. auf der Seite des LSG Rheinland-Pfalz veröffentlicht (https://lsgrp.justiz.rlp.de/themen/streitwertkatalog). Im Vergleich zu den übrigen Streitwertkatalogen der Fachgerichtsbarkeiten hat er jedoch geringere Bedeutung, da für den größte Teil der sozialgerichtlichen Verfahren das GKG gilt und damit keine wertgebundenen Gebühren entstehen. 298

Soweit die in § 183 SGG genannten Personengruppen am Verfahren als Kläger oder Beklagter beteiligt sind, ist das Verfahren vor dem SG **gerichtskostenfrei und Betragsrahmengebühren** fallen für den Anwalt an (z.B. bei Vertretung eines Arbeitssuchenden wegen der Bewilligung von Bürgergeld). 299

300 Als Betragsrahmengebühren können folgende Gebühren nach dem VV des RVG entstehen:

Verfahrensabschnitt/Gebühren	Betragsrahmen in EUR	Mittel-/ Schwellengebühr in EUR
vorgerichtliche Tätigkeit:		
Geschäftsgebühr Nr. 2302 Nr. 1 Tätigkeit war weder umfangreich noch schwierig (max.):	65–837	451 391
Einigungs- oder Erledigungsgebühr Nrn. 1000, 1002, 1005	in Höhe der Geschäftsgebühr	
I. Instanz beim SG:		
Verfahrensgebühr Nr. 3102	65–719	392
Terminsgebühr Nr. 3106	65–665	365
II. Instanz beim LSG:		
Verfahrensgebühr Nr. 3204	78–889	483,50
Terminsgebühr Nr. 3205	65–665	365
III. Instanz beim BSG:		
Verfahrensgebühr Nr. 3212	105–1.151	628
Terminsgebühr Nr. 3213	105–1.079	592
in sämtlichen drei Instanzen: Einigungs- oder Erledigungsgebühr Nrn. 1000, 1002, 1005, 1006	in Höhe der Verfahrensgebühr	

301 Zum Anfallen der einzelnen Gebühren: vgl. die Gebührentatbestände unter § 8 Kosten und Gebühren.

302 Vertritt der Anwalt den Auftraggeber nicht nur im sozialrechtlichen Verwaltungs-, sondern auch Rechtsmittelverfahren, so erhält er hierfür eine weitere Geschäftsgebühr nach Nr. 2302 Nr. 1 VV RVG. Die in dem Antragsverfahren entstandene Geschäftsgebühr ist dann allerdings zur Hälfte, max. mit 225 EUR, auf die Geschäftsgebühr für die Tätigkeit in dem weiteren sozialrechtlichen Verwaltungsverfahren, das der Nachprüfung des Verwaltungsaktes dient, anzurechnen (§ 15a Abs. 1, Vorb. 2.3 Abs. 4 S. 2 VV RVG).

303 Bei der Bestimmung des Gebührenbetrags für die weitere Geschäftsgebühr im Rechtsbehelfsverfahren ist diese Gebühr so zu bestimmen, als sei der Anwalt zuvor nicht tätig gewesen (§ 14 Abs. 2 RVG).

Hat der Anwalt seinen Auftraggeber sowohl im sozialverwaltungsrechtlichen Antrags- als auch im Rechtsbehelfsverfahren vertreten und damit zwei Geschäftsgebühren verdient, so wird auf die im gerichtlichen Sozialgerichtsverfahren entstehende Verfahrensgebühr Nr. 3102 VV RVG nur die zuletzt entstandene Geschäftsgebühr des Rechtsbefehlsverfahrens angerechnet (Vorb. 3 Abs. 4 S. 3 VV RVG). 304

Die **Wertgebühren** im gerichtlichen Verfahren sind identisch mit denjenigen im normalen Zivilverfahren. Im Antrags- und Rechtsbehelfsverfahren entsteht jeweils (§ 17 Nr. 1a RVG) eine wertgebundene Geschäftsgebühr Nr. 2300 VV RVG (insoweit wird auf die Ausführungen zu Rdn 264 verwiesen). 305

VII. Gerichtsgebühren

Die Gerichtsgebühren in der Sozialgerichtsbarkeit sind in Nrn. 7110 bis 7601 KV GKG geregelt. 306

H. Finanzgerichtsbarkeit

I. Allgemeines

Die Finanzgerichtsbarkeit ist eine weitere der vier Fachgerichtsbarkeiten. Ihre wichtigste Aufgabe ist die Gewährung von Rechtsschutz gegen Verwaltungsakte (i.d.R. Steuerbescheide) der Finanzbehörden. 307

II. Zuständigkeit

Die Finanzgerichte entscheiden über die Streitigkeiten zwischen Bürgern und der Finanzverwaltung, wie z.B. Finanzamt, Zollbehörde, Familienkasse (Kindergeld) oder Deutsche Rentenversicherung Bund (Altersvorsorgezulage). 308

III. Instanzenzug

Anders als bei den übrigen Gerichtsbarkeiten ist die Finanzgerichtsbarkeit nur zweistufig. Eingangsgericht ist das jeweilige Finanzgericht (FG). Einziges Rechtsmittel gegen das Urteil des FG ist die Revision. Wird sie zugelassen, entscheidet über sie der Bundesfinanzhof (BFH) in München. Im Falle der Nichtzulassung der Revision kann die Nichtzulassung mit der Beschwerde (§ 116 Abs. 1 FGO) angefochten werden. 309

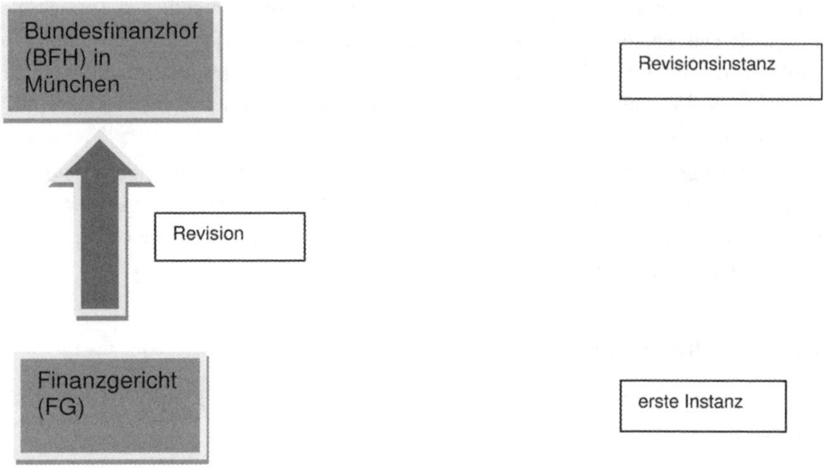

IV. Spruchkörper

310 Beim FG ist der Senat als Spruchkörper eingerichtet, der mit drei Berufsrichtern und zwei ehrenamtlichen Richtern besetzt ist. Möglich ist auch eine Entscheidung durch den Einzelrichter. Dafür muss der Rechtsstreit durch den Senat auf den Einzelrichter übertragen werden oder die Beteiligten müssen sich mit einer Entscheidung durch ihn einverstanden erklären. Bei Entscheidungen des Einzelrichters wirken die ehrenamtlichen Richter nicht mit.

Beim Bundesfinanzhof bestehen die dortigen Senate aus fünf Berufsrichtern. Bei Beschlüssen außerhalb mündlicher Verhandlungen entscheiden nur drei der fünf Berufsrichter.

V. Verfahren

311 Das Verfahren und die Klagearten bestimmen sich nach der Finanzgerichtsordnung (FGO), sind aber im Wesentlichen identisch mit denen der Verwaltungsgerichtsbarkeit.

Eine Ausnahme besteht darin, dass neben Anwälten auch Steuerberater und Wirtschafsprüfer vertretungsbefugt sind, wobei ein Vertretungszwang erst vor dem BFH besteht.

VI. Anwaltsgebühren

1. Gegenstandswert

312 Betrifft der Antrag des Klägers eine **bezifferte Geldleistung** oder einen hierauf gerichteten Verwaltungsakt (z.B. Steuerbescheid), ist deren Höhe für den Gegenstandswert

maßgebend (§ 52 Abs. 3 S. 1 GKG). Hat der Rechtsstreit **Auswirkungen auf die Zukunft** (wiederkehrende und gleichgelagerte Verwaltungsakte), so ist dafür ein gesonderter Wert anzusetzen, der das 3-fache der bezifferten Geldleistung und eines hierauf gerichteten Verwaltungsakts aber nicht überschreiten darf (§ 52 Abs. 3 S. 2 GKG). In **Kindergeldsachen** besteht für die Auswirkungen auf die Zukunft eine Begrenzung auf den 12-fachen Monatsbetrag, wobei Rückstände zu addieren sind (§§ 52 Abs. 3 S. 3, 42 Abs. 1 S. 1, Abs. 3 GKG).

Im Übrigen bestimmt sich der Gegenstandswert nach der sich aus dem Antrag des Klägers für ihn ergebenen **Bedeutung der Sache** und ist nach billigem Ermessen zu bestimmen (§ 52 Abs. 1 GKG).

Als **Mindeststreitwert** sind 1.500 EUR anzusetzen (§ 52 Abs. 4 Nr. 1 GKG), allerdings nicht in Kindergeldsachen (§§ 62 ff. EStG) und Entschädigungsverfahren wegen überlanger Verfahrensdauer (§ 155 S. 2 FGO).

2. Außer- und vorgerichtliche Vertretung

Für die Hilfeleistung bei der Erfüllung allgemeiner Steuerpflichten und bei der Erfüllung steuerlicher Buchführungs- und Aufzeichnungspflichten gelten die §§ 23–39 StBVV i.V.m. §§ 10 und 13 StBVV entsprechend (§ 35 Abs. 1 RVG). 313

Die vorgerichtliche Tätigkeit in einem steuerrechtlichen Verwaltungsverfahren (Besteuerungsverfahren) und in einem anschließenden Rechtsbehelfsverfahren (z.B. Einspruchsverfahren gegen einen Steuerbescheid) sind verschiedene gebührenrechtliche Angelegenheiten für den Anwalt (§ 17 Nr. 1a RVG). 314

Für den Anwalt entstehen im Besteuerungsverfahren die Gebühren nach den vorstehenden Vorschriften der StBVV (§ 35 Abs. 1 RVG) mit Ausnahme der Verfahren auf Aussetzung der Vollziehung; in diesen Eilverfahren entsteht für den Anwalt die 0,5–2,5 Geschäftsgebühr Nr. 2300 VV RVG; sie ist auf 1,3 begrenzt, wenn die Tätigkeit weder umfangreich noch schwierig war (Anm. Abs. 1 zu Nr. 2300 VV RVG). Das Eilverfahren ist eine verschiedene Angelegenheit (§ 17 Nr. 1a RVG), so dass die Gebühren und Auslagen neu entstehen. 315

Eine Besonderheit bildet die Anrechnungsbestimmung in § 35 Abs. 2 S. 1 RVG, wonach die Gebühr nach §§ 23, 24 oder 31 StBVV wie eine Geschäftsgebühr Nr. 2300 VV RVG anzurechnen ist (vgl. Vorb. 2.3 Abs. 4 VV RVG). Sind mehrere Gebühren nach der StBVV entstanden, sind alle Gebühren hälftig anzurechnen, indem die Hälfte der Summe der Gebühren angerechnet wird. Bei der Ermittlung des Höchstbetrags des anzurechnenden Teils der Geschäftsgebühr ist der Gegenstandswert derjenigen Gebühr zugrunde zu legen, auf die angerechnet wird (§ 35 Abs. 2 S. 2 RVG). 316

3. Gerichtliches Verfahren

317 Da es in der Finanzgerichtsbarkeit nur zwei Instanzen gibt, hat dieser Umstand auch im RVG seinen Niederschlag gefunden: Nach Vorb. 3.2.1 Nr. 1 VV RVG entstehen vor dem FG die Gebühren Nr. 3200 ff. VV RVG.

Es fällt somit für die Vertretung eine **1,6 Verfahrensgebühr Nr. 3200 VV RVG** und bei vorzeitiger Beendigung des Auftrags eine 1,1 Verfahrensgebühr Nrn. 3200, 3201 Anm. Abs. 1 Nr. 1 VV RVG an.

318 Für die Wahrnehmung eines Gerichtstermins oder bei Besprechungen zur Vermeidung oder Erledigung des Verfahrens (Vorb. 3 Abs. 3 S. 3 Nr. 2 VV RVG) entsteht die **1,2 Terminsgebühr Nr. 3202 VV RVG**.

319 Im **Revisionsverfahren** vor dem BFH entstehen die Revisionsgebühren nach Teil 3 Abschnitt 2 Unterabschnitt 2 VV RVG.

Für die Vertretung im Revisionsverfahren und auch im Beschwerdeverfahren wegen der Nichtzulassung der Revision entsteht eine **1,6 Verfahrensgebühr Nr. 3206 VV RVG**, bei vorzeitiger Beendigung des Auftrags eine 1,1 Verfahrensgebühr Nrn. 3206, 3207 VV RVG.

Nach Vorb. 3.2.2 Nr. 3 VV RVG entsteht sie ebenso bei **Beschwerden** gegen die Aussetzung der Vollziehung (§ 69 Abs. 3 und 5 FGO) oder eine einstweilige Anordnung (§ 114 Abs. 1 FGO), wenn die Beschwerde vom FG zugelassen worden ist.

Für Beschwerden gegen die Ablehnung der Aussetzung des Verfahrens (§ 128 Abs. 1 FGO) dagegen fällt nur die 0,5 Verfahrensgebühr Nr. 3500 VV RVG an.

320 Für die Wahrnehmung des Gerichtstermins beim BFH oder bei Besprechungen zur Vermeidung oder Erledigung des Verfahrens (Vorb. 3 Abs. 3 S. 3 Nr. 2 VV RVG) entsteht die **1,5 Terminsgebühr Nr. 3210 VV RVG.**

321 Sowohl vorgerichtlich, als auch im Verfahren vor dem FG bzw. BFH, kann zusätzlich eine Erledigungsgebühr entstehen, wenn die besonderen Voraussetzungen hierfür vorliegen (§ 8 Rdn 207). Im vorgerichtlichen Besteuerungs- und im Rechtsbehelfsverfahren entsteht eine **1,5 Erledigungsgebühr Nr. 1002 VV RVG**, während sie im finanzgerichtlichen Verfahren vor dem FG und BFH nur in Höhe von **1,0 nach Nrn. 1002, 1003 VV RVG** entsteht.

Der Anfall einer **Einigungsgebühr** nach Nr. 1000 VV oder Nr. 1003 VV RVG für die Einigung über Ansprüche aus dem Steuerschuldverhältnis dürfte wegen des Grundsatzes der Gesetzesmäßigkeit der Verwaltung grundsätzlich ausgeschlossen sein (vgl. Anm. Abs. 4 zu Nr. 1000 VV RVG).

Praxistipp: 322

Mitte 2009 wurde auch ein unverbindlicher **Streitwertkatalog für die Finanzgerichtsbarkeit** geschaffen, der letztmalig im **Dezember 2021** aktualisiert worden ist. Er enthält eine Zusammenstellung der finanzgerichtlichen Rechtsprechung zur Streitwertfestsetzung und dient zur Vereinheitlichung und Vorhersehbarkeit der Streitwertfestsetzungen. Er ist z.B. auf der Seite des Landesportals Schleswig-Holstein veröffentlicht:

https://www.schleswig-holstein.de/DE/fachinhalte/F/finanzgerichtsbarkeit/Downloads/Streitwertkatalog.pdf

VII. Gerichtsgebühren

Die Gerichtsgebühren in der Finanzgerichtsbarkeit sind in Nrn. 6110 bis 6600 KV GKG 323
geregelt.

§ 12 Das selbstständige Beweisverfahren

Wolf Schulenburg/Ivana Bugarin

Inhalt

A. Allgemeines

Das selbstständige Beweisverfahren ist in den §§ 485 bis 494a ZPO geregelt. Ziel dieses Verfahrens ist es, ohne großen Aufwand und beschleunigt Tatsachen gerichtlich feststellen zu lassen, weshalb weder eine mündliche Verhandlung noch eine abschließende gerichtliche Entscheidung zwingend vorgesehen sind. In der Regel trägt dieses Verfahren auch dazu bei, ein streitiges Hauptsacheverfahren zu vermeiden. 1

Ist ein Rechtsstreit bereits anhängig, kann in diesem ebenfalls ein Beweisantrag gestellt werden. 2

Besondere Bedeutung hat das selbstständige Beweisverfahren insbesondere in Angelegenheiten des Bau- und Mietrechts, der Arzthaftung und bei Streitigkeiten, die den Zustand von Grundstücken oder Gebäuden betreffen. 3

Gem. § 204 Abs. 1 Nr. 7 BGB i.V.m. § 167 ZPO wird die Verjährung eines Anspruchs durch die Einleitung des selbstständigen Beweisverfahrens gehemmt. 4

B. Zulässigkeit

5 Die Zulässigkeitsvoraussetzungen sind in § 485 ZPO geregelt.

6 Zulässigkeitsvoraussetzung gem. **§ 485 Abs. 1 ZPO (1. Alt.):**

Danach ist der Antrag **während oder außerhalb** eines Streitverfahrens zulässig auf

1. Einnahme des Augenscheins,
2. Vernehmung von Zeugen oder
3. Anordnung der Begutachtung durch einen Sachverständigen,

wenn

1. der Antragsgegner zustimmt oder
2. zu besorgen ist, dass das Beweismittel verloren oder seine Benutzung erschwert wird.

7 Die Zustimmung des Antragsgegners ist notwendiger Inhalt des Antrages gem. § 487 ZPO. Sie muss dem Gericht vorgelegt werden oder ist von dem Antragsgegner gegenüber dem Gericht selbst zu erklären, mindestens aber glaubhaft zu machen (§§ 294, 487 Nr. 4 ZPO). Die Zustimmungserklärung des Antragsgegners ist als Prozesshandlung unwiderruflich.

8 Immer dann, wenn die Gefahr besteht, dass ein Beweismittel droht, verloren zu gehen, oder seine Benutzung erschwert wird, ist keine Zustimmung des Antragsgegners erforderlich.

> *Beispiel:*
>
> *Ein in einem streitigen Verfahren benannter Zeuge ist lebensgefährlich erkrankt. Auf Grund seiner ernsthaften Erkrankung besteht die Gefahr, dass der Zeuge nicht mehr gehört werden kann.*

9 Die in § 485 Abs. 1 ZPO genannten Beweismittel sind abschließend aufgezählt; demnach ist ein Urkundenbeweis oder die Parteivernehmung nicht möglich.

10 ▼

Muster 12.1: Antrag auf Anordnung des selbstständigen Beweisverfahrens

12.1 (…)

In dem Rechtsstreit

(…)

beantrage ich namens und in Vollmacht des Klägers,

> **im Wege des selbstständigen Beweisverfahrens gem. § 485 Abs. 1 ZPO – ohne mündliche Verhandlung – die Vernehmung des Zeugen ______, ______ *(Anschrift)*, zu folgendem Beweisthema anzuordnen:**
> **Hat der Beklagte in Anwesenheit des Zeugen ______ zugesichert, dass ein neues Getriebe an dem Fahrzeug mit dem amtlichen Kennzeichen ______, Fahrgestell-Nr. ______, eingebaut worden ist?**

Begründung:

Der Zeuge wird den klägerischen Vortrag bestätigen, wonach der Beklagte im Zuge der Vertragshandlungen in Anwesenheit des Zeugen dem Kläger am zugesichert hat, dass er ein neues Getriebe zu einem Preis in Höhe von eingebaut hat und die Rechnung nachreichen werde.

Da der Zeuge zwischenzeitlich schwer erkrankt ist, ist nicht auszuschließen, dass dieser im Zeitpunkt einer Beweisaufnahme oder in dem Hauptsacheverfahren nicht mehr vernommen werden kann.

(...)

▲

Zulässigkeitsvoraussetzung gem. **§ 485 Abs. 2 ZPO (2. Alt.):** 11

Sofern ein Rechtsstreit **nicht anhängig** ist, kann eine Partei die schriftliche Begutachtung durch einen Sachverständigen beantragen, wenn sie ein berechtigtes Interesse daran hat, dass festgestellt wird (§ 485 Abs. 2 S. 1 ZPO):

1. der Zustand einer Person oder der Zustand oder der Wert einer Sache (z.B. Zustand eines angeblich fertiggestellten Bauwerks),
2. die Ursache eines Personenschadens, Sachschadens oder Sachmangels (z.B. Einholung eines medizinischen Sachverständigengutachtens zur Klärung der Beweisfrage, ob und in welchem Umfang die Verletzung auf den Verkehrsunfall zurückzuführen ist),
3. der Aufwand für die Beseitigung eines Personenschadens, Sachschadens oder Sachmangels (z.B. beim Streit darüber, ob ein Mangel an einem Bauwerk vorliegt und welche Kosten die Beseitigung dieses Mangels verursachen wird).

Das selbstständige Beweisverfahren dient allein zur Klärung von beweiserheblichen Tatsachen, nicht aber von Rechtsfragen, über welche die Parteien streiten. 12

Von einem rechtlichen Interesse des Antragstellers ist immer dann auszugehen, wenn die Feststellung der Vermeidung eines Rechtsstreits dienen kann (§ 485 Abs. 2 S. 2 ZPO). Ausreichend ist demnach bei einem entsprechenden Antrag, dass ein gesetzliches oder vertragliches Rechtsverhältnis zwischen den Parteien besteht und ein Antragsgegner vorhanden ist. 13

Die Zulässigkeitsvoraussetzungen des Antrages nach § 485 Abs. 2 ZPO sind, dass 14

1. der Rechtsstreit in der Hauptsache noch nicht anhängig ist, wobei das Mahnverfahren dem anhängigen Rechtsstreit gleichsteht (nicht aber ein einstweiliges Verfügungs- oder Arrestverfahren).

   Wird nach Einleitung des Verfahrens der Prozess in der Hauptsache anhängig, bleibt das selbstständige Beweisverfahren solange zulässig, bis das Gericht der Hauptsache die Beweisaufnahme durchführen will und dafür die Akten des selbstständigen Beweisverfahrens beizieht. Die Aussetzung oder Unterbrechung der Hauptsache steht der Nichtanhängigkeit gleich – das selbstständige Beweisverfahren wird damit wieder zulässig.

2. ein notwendiges rechtliches Interesse besteht (z.B. droht die Verjährung).
3. ausschließlich ein **schriftliches** Sachverständigengutachten eingeholt wird. Andere Beweismittel sind im Rahmen von § 485 Abs. 2 ZPO nicht zulässig.
4. Beweis ausschließlich zu den in § 485 Abs. 2 Nr. 1 bis 3 ZPO genannten Beweisthemen (s. Rdn 11) erhoben wird.

15 Das selbstständige Beweisverfahren nach **§ 485 Abs. 2 ZPO** dient der Entlastung der Gerichte und ist ausschließlich vorprozessual zulässig; durch ein bereits anhängiges Hauptsacheverfahren ist das selbstständige Beweisverfahren nach § 485 Abs. 2 ZPO somit ausgeschlossen. Anders bei einer erst späteren Anhängigkeit des Hauptsacheverfahrens: Dort bleibt das selbstständige Beweisverfahren bis zur dortigen Anordnung der Beweisaufnahme zulässig.

Allein das schriftliche Sachverständigengutachten ist zulässiges Beweismittel (unzulässig damit also z.B. die Augenscheinnahme oder Zeugenvernehmung).

Für den Antragsteller besteht keine Verpflichtung, einen Sachverständigen zu benennen; er kann jedoch einen Sachverständigen vorschlagen. Ein rechtlicher Anspruch darauf, dass das Gericht den vorgeschlagenen Sachverständigen bestellt, besteht allerdings nicht.

C. Gerichtliche Zuständigkeit

16 Die gerichtliche Zuständigkeit ist § 486 Abs. 1 bis 4 ZPO geregelt:

1. Ist ein Rechtsstreit bereits anhängig, erfolgt die Antragstellung bei diesem Gericht (Prozessgericht).
2. Ist kein Rechtsstreit anhängig, so ist das Gericht zuständig, das nach Darlegung und Behauptung des Antragstellers in der Hauptsache zuständig wäre, wobei sich der Antragsteller im anschließenden Hauptsacheverfahren nicht mehr auf die Unzuständigkeit des angerufenen Gerichts berufen kann.
3. Bei dringender Gefahr kann eine Antragstellung auch bei dem Gericht erfolgen, in dessen Bezirk sich die zu vernehmende oder begutachtende Person aufhält, oder sich eine in Augenschein zu nehmende oder zu begutachtende Sache befindet.
4. Die Antragstellung kann vor der Geschäftsstelle des Gerichts erfolgen. Der Antrag kann wahlweise auch schriftlich eingereicht werden.

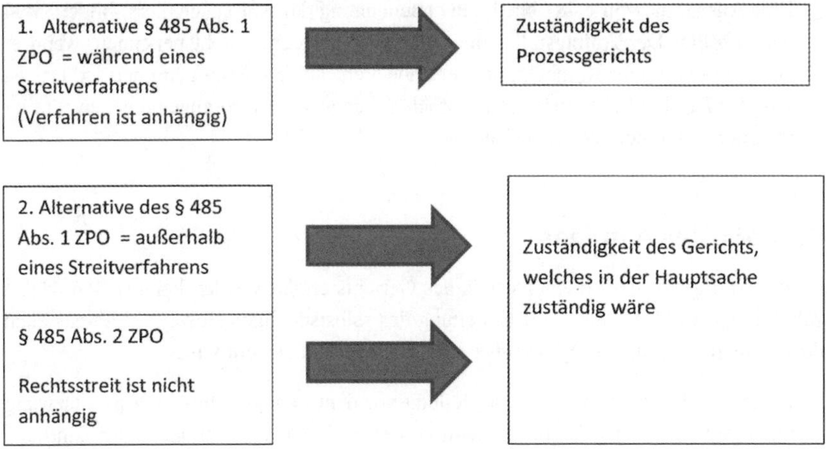

Die sachliche Zuständigkeit bestimmt sich nach §§ 23, 71 GVG, die örtliche Zuständigkeit nach §§ 12 ff. ZPO. 17

Liegen die Voraussetzungen für die funktionelle Zuständigkeit der Kammer für Handelssachen (§ 94 ff. GVG) vor, sollte der Antragsteller den Antrag bei diesem Gericht stellen, da anderenfalls der Sinn und Zweck des selbstständigen Beweisverfahrens konterkariert wird. Durch einen zu erwartenden Verweisungsantrag des Antragsgegners (§ 98 GVG) wird das Verfahren erheblich verzögert, was zu einem Verlust des Beweismittels führen kann.

D. Inhalt des Antrages

Der Antrag muss die in § 487 Nr. 1 bis 4 ZPO genannten Angaben enthalten: 18

1. die Bezeichnung des Antragsgegners,
2. die Bezeichnung der Tatsachen, über die Beweis erhoben werden soll,
3. die Benennung der Zeugen oder die Bezeichnung der übrigen nach § 485 ZPO zulässigen Beweismittel,
4. die glaubhaft zu machenden Tatsachen, welche die Zulässigkeit des selbstständigen Beweisverfahrens und die Zuständigkeit des Gerichts begründen sollen.

Bei den in § 487 ZPO bestimmten Angaben handelt es sich um zwingende Zulässigkeitsvoraussetzungen für den Antrag. Fehlen Angaben kann das Gericht den Antrag als unzulässig abweisen. Zuvor hat es aber den Antragsteller auf die Unzulässigkeit hinzuweisen (§ 139 Abs. 3 ZPO). 19

Eine Ausnahme von § 487 Nr. 1 ZPO (Benennung des Antragsgegners) bildet § 494 Abs. 1 ZPO: Der Antragsteller muss den Antragsgegner nicht benennen, wenn er dem Gericht glaubhaft macht, dass er ohne Verschulden daran gehindert ist. Das ist z.B. der Fall bei Schadensersatzansprüchen, die aus einer vorangegangenen Straftat resultieren und bei denen der Täter noch unbekannt ist.

E. Form des Antrages

20 Da der Antrag vor der Geschäftsstelle des Gerichts erklärt werden kann (§ 486 Abs. 4 ZPO), unterliegt der Antrag auf Einleitung des selbstständigen Beweisverfahrens auch dann keinem Anwaltszwang, wenn er beim Landgericht gestellt wird.

21 Inwieweit die Partei nach Antragstellung vor dem Landgericht dem Anwaltszwang unterliegt, ist streitig. Teilweise wird vertreten, dass nach Antragstellung sämtliche Prozesshandlungen nur noch durch einen Anwalt vorgenommen werden können, unstreitig jedenfalls die Vertretung in der mündlichen Verhandlung (§ 492 Abs. 3 ZPO) dem Anwaltszwang unterliegt.

22 ▼

Muster 12.2: Antrag auf Anordnung des selbstständigen Beweisverfahrens
(Rubrum)

Streitwert (vorläufig): EUR.

Namens und in Vollmacht des Antragstellers **beantrage** ich,

> **im Wege des selbstständigen Verfahrens gem. § 485 Abs. 2 ZPO – ohne mündliche Verhandlung – die Einholung eines schriftlichen Sachverständigengutachtens zu den nachfolgenden Tatsachen anzuordnen:**
>
> 1. **Liegt an dem Fahrzeug , Fahrgestell-Nr. , amtliches Kennzeichen , ein konstruktiver Getriebeschaden vor?**
> 2. **Welche Maßnahmen innerhalb welchen Zeitraums sind erforderlich, um den bestehenden Mangel zu beheben?**
> 3. **War der unter Ziffer 1. genannte Mangel zum Zeitpunkt des Gefahrenübergangs vorhanden?**
> 4. **Welche Kosten fallen für die unter Ziffer 2. genannten Maßnahmen an?**
>
> **Es wird angeregt, den Sachverständigen *(Name, Anschrift)* mit der Erstellung des Sachverständigengutachtens zu beauftragen.**

Begründung:

Der Antragsteller ist Eigentümer und Besitzer des Pkw mit dem amtlichen Kennzeichen . Der Antragsteller kaufte am von dem Antragsgegner das in Ziffer 1) genannte fabrikneue Fahrzeug zu einem Preis in Höhe von EUR. Das Fahrzeug wurde dem Antragsteller am auf dem Geschäftsgelände der Antragsgegnerin übergeben.

Glaubhaftmachung:

1) Vorlage des Kaufvertrags vom sowie Zulassungsbescheinigung Teil II;
2) Eidesstattliche Erklärung der bei der Übergabe anwesenden Ehefrau des Antragstellers.

Nach rd. 4 Monaten ist an dem Fahrzeug des Antragstellers ein Getriebeschaden eingetreten. Der Antragsteller hat das Fahrzeug in einer Fachwerkstatt untersuchen lassen, die ihm nach erfolgter Untersuchung des Fahrzeugs einen Getriebeschaden bestätigte.

Glaubhaftmachung:

Vorlage des Kostenvoranschlags der Fachwerkstatt .

Der Antragsteller hat die Antragsgegnerin mit Schreiben vom zur Mängelbeseitigung aufgefordert.

Glaubhaftmachung:

Vorlage des Schreibens des Antragstellers vom an die Antragsgegnerin.

Die Antragsgegnerin verweigert die Beseitigung des Mangels mit der Begründung, dass der am Fahrzeug festgestellte Getriebeschaden vom Antragsteller selbst durch unsachgemäße Behandlung des Fahrzeugs verursacht worden war.

Glaubhaftmachung:

Vorlage des Schreibens der Antragsgegnerin vom an den Antragsteller.

Trotz der abgelehnten Mängelbeseitigung durch die Antragsgegnerin geht der Antragsteller davon aus, dass nach Vorliegen des Sachverständigengutachtens die Antragsgegnerin sich schließlich bereit erklären wird, den Mangel zu beseitigen und die Reparatur auf ihre Kosten vorzunehmen. Es ist somit zu erwarten, dass das Verfahren zu einer einvernehmlichen Regelung zwischen den Parteien führen wird.

(Ausführungen zur Zuständigkeit des Gerichtes)

(…)

▲

F. Entscheidung über den Antrag

23 Über den Antrag entscheidet das Gericht durch Beschluss (§ 490 Abs. 1 ZPO). Gibt es dem Antrag statt, müssen in dem Beschluss die Tatsachen, über die der Beweis zu erheben ist, und die Beweismittel unter Benennung der zu vernehmenden Zeugen und Sachverständigen bezeichnet sein (§ 490 Abs. 2 S. 1 ZPO). Der stattgebende Beschluss entspricht inhaltlich einem Beweisbeschluss (§ 359 ZPO) und ist unanfechtbar (§ 490 Abs. 2 S. 2 ZPO), kann aber jederzeit auf Gegenvorstellung abgeändert werden.

> Die Gegenvorstellung ist kein förmlicher Rechtsbehelf und gesetzlich nicht weiter geregelt. Sie kann bei unanfechtbarer, aber von Amts wegen abänderbarer Entscheidung des Gerichts erhoben werden.

24 Eine mündliche Verhandlung ist dem Gericht im selbstständigen Beweisverfahren freigestellt (§§ 490 Abs. 1, 128 Abs. 4 ZPO).

25 Aus dem grundgesetzlich geschützten Recht auf rechtliches Gehör (Art. 103 Abs. 1 GG) folgt, dass der Antragsgegner vor Erlass des Beschlusses grundsätzlich anzuhören und ihm Gelegenheit zur Stellungnahme zum Antrag zu gewähren ist. Etwas anderes gilt bei Eilbedürftigkeit und damit Notwendigkeit einer sofortigen Entscheidung über den Antrag. In diesem Fall sind der Antrag und der Beschluss dem Antragsgegner mitzuteilen.

26 Der Antragsgegner hat die Möglichkeit, einen Gegenantrag zu stellen, Beweismittel zu beantragen oder einen Gegenbeweis anzutreten.

27 Eine Begründung des Beschlusses erfolgt, wenn die Entscheidung des Gerichts entweder vom Antrag des Antragsstellers oder des Antragsgegners abweicht, ansonsten bedarf der Beschluss keiner Begründung.

28 Weist das Gericht den Antrag des Antragstellers ab, ist dagegen die **sofortige Beschwerde** (§ 567 Abs. 1 Nr. 2 ZPO) eröffnet. Das Gericht weist den Antrag ab, wenn

- er nach den §§ 485 bis 487 ZPO unzulässig,
- das Gericht nicht zuständig oder
- das Beweismittel ungeeignet ist.

Die sofortige Beschwerde kann auch auf die Verletzung von Grundrechten durch die Ausführung des Beweisbeschlusses gestützt werden.

Gegen den Beschluss, mit dem die sofortige Beschwerde zurückgewiesen wurde, kann die **Rechtsbeschwerde** (§ 574 ZPO) eingelegt werden, wenn sie wegen grundsätzlicher Bedeutung oder Fortbildung des Rechts oder die Sicherung einer einheitlichen Rechtsprechung zur Entscheidung des Rechtsbeschwerdegerichts durch das Beschwerdegericht zugelassen wurde (§ 574 Abs. 1 Nr. 2, Abs. 2, Abs. 3 ZPO).

Ein Beschwerderecht ist unbegründet, wenn das Gericht 29

- nicht den von der Partei vorgeschlagenen Sachverständigen ausgewählt hat,
- eine wiederholte oder nachträgliche Vernehmung eines Zeugen ablehnt hat,
- einen Auslagenvorschusses für den Sachverständigen angefordert hat,
- einen Anhörungstermin bestimmt, anstatt ein beantragtes Obergutachten einzuholen,
- ablehnt, eine Urkundenvorlage anzuordnen oder
- dem Antragsteller aufgibt, Urkunden vorzulegen.

G. Beweisaufnahme

Die Beweisaufnahme erfolgt nach den für die Aufnahme des betreffenden Beweismittels 30 geltenden Vorschriften (§ 492 Abs. 1 ZPO). Damit gelten für die Beweisaufnahme im selbstständigen Beweisverfahren dieselben Vorschriften wie diejenigen für die Beweisaufnahme im streitigen Erkenntnisverfahren, also

- die allgemeinen Vorschriften über die Beweisaufnahme (§§ 355 bis 370 ZPO),
- Augenscheinseinnahme (§§ 371 bis 372a ZPO),
- Zeugenbeweis (§§ 373 bis 401 ZPO),
- Sachverständigenbeweis (§§ 402 bis 414 ZPO),
- Anordnung gegenüber Dritten zur Vorlage (§ 144 Abs. 1 S. 2 ZPO) und Duldung (§ 144 Abs. 1 S. 3 ZPO).

Das Verfahren beinhaltet folgende Regelungen: 31

- Das Gericht wählt den Sachverständigen aus (§§ 492, 404a ZPO).
- Die Parteien haben das Recht, zum Sachverständigengutachten Stellung zu nehmen, Einwendungen zu erheben und Ergänzungsfragen zu stellen (§§ 492, 411 Abs. 4 ZPO), aber auch, ihn mündlich zu befragen (§§ 402, 397 ZPO).
- Das Gericht ist befugt, ein neues Gutachten anordnen (§§ 492, 412 ZPO).
- Das Gericht kann die Parteien zur mündlichen Erörterung laden, wenn eine Einigung zu erwarten ist (§ 492 Abs. 3 Hs. 1 ZPO).

> Besonderheit des selbstständigen Beweisverfahrens ist, dass eine mündliche Verhandlung nicht vorgeschrieben (§§ 490 Abs. 1, 128 Abs. 4 ZPO) und damit auch kein Termin zur Beweiserörterung i.S.v. § 258 ZPO erforderlich ist. 32

Das Protokoll über die Beweisaufnahme ist bei dem Gericht, das sie angeordnet hat, aufzubewahren (§§ 492 Abs. 2, 160 ZPO). Es verbleibt bis zu einer Beiziehung der Akten durch das Prozessgericht und nach Abschluss des Hauptsacheverfahrens bei dem anordnenden Gericht. Das Beweisergebnis ist im Protokoll festzuhalten. Ein Vergleich ist vom 33

Gericht zu protokollieren (§ 492 Abs. 3 Hs. 2 ZPO). Ist er wirksam, stellt er einen eigenständigen Vollstreckungstitel dar (§ 794 Abs. 1 Nr. 1 ZPO).

34 *Hinweis:*

Die Verjährung der Ansprüche, die sich aus den im Verfahren betroffenen Mängeln oder der Mangelerscheinung ergeben, wird durch die Zustellung des Antrags auf Anordnung des selbstständigen Beweisverfahrens gehemmt (§ 204 Abs. 1 Nr. 7 BGB), bei Zustellung demnächst (§ 167 ZPO) bereits durch die Antragstellung. Die Hemmung der Verjährung endet sechs Monate nach Beendigung des selbstständigen Beweisverfahrens (§ 204 Abs. 2 S. 1 BGB).

Da das selbstständige Beweisverfahren nicht förmlich durch eine abschließende Entscheidung endet, ist seine Beendigung durch die sachliche Beweissicherung und bei einem ausschließlich schriftlichen Sachverständigengutachten durch die Zustellung des Gutachtens an die Parteien – soweit das Gericht den Parteien keine Frist zur möglichen Stellungnahme zum Sachverständigengutachten setzt (§ 411 Abs. 4 S. 2 ZPO) oder sie innerhalb eines angemessenen Zeitraums Einwendungen, Ergänzungsfragen oder andere Anträge gestellt haben – zu beachten.

Weiter ist zu beachten, dass die Verjährung nur solche Ansprüche hemmt, die sich aus den zum Gegenstand des Verfahrens gemachten Mängeln oder Mangelerscheinen ergeben, nicht aber Ansprüche wegen anderer Mängel oder solche, die von der Beweissicherung nicht betroffen sind.

H. Benutzung im Prozess

35 Die im selbstständigen Beweissicherungsverfahren erfolgte Beweisaufnahme ist wie ein vor dem Prozessgericht erhobener Beweis zu behandeln (§ 493 Abs. 1 ZPO).

36 Konnten sich die Parteien im selbstständigen Beweisverfahren nicht einigen, so ist das in dem selbstständigen Beweisverfahren festgestellte Beweisergebnis in dem sich ggf. anschließenden Hauptsacheverfahren von Amts wegen zu beachten. Denn das Beweisergebnis im selbstständigen Beweisverfahren dient als Vorbereitung des Hauptsacheverfahrens und soll dessen Verfahrensablauf vereinfachen.

37 Voraussetzung dafür ist allerdings, dass der Beklagte auch als Antragsgegner im selbstständigen Beweisverfahren beteiligt war. War er dort in einem Termin nicht anwesend, kann das dort festgestellte Beweisergebnis nur dann vom Prozessgericht verwertet werden, wenn er rechtzeitig geladen war (§ 493 Abs. 2 ZPO).

38 Damit das Beweisergebnis vom Prozessgericht beachtet wird, ist kein Beweisantrag der Parteien und auch kein förmlicher Beweisbeschluss notwendig. Es reicht aus, dass sich

eine Partei auf Tatsachen beruft, über die im selbstständigen Beweisverfahren Beweis erhoben wurde. Dann ist dieser Beweis von Amts wegen im Prozess zu beachten. Ausreichend ist die im Protokoll festgestellte Beweisverwertung und ggf. eine Beweiserörterung.

Im Interesse der Verfahrensbeschleunigung erfolgt regelmäßig keine Wiederholung oder die Fortsetzung der Beweiserhebung über das bereits im selbstständigen Beweisverfahren festgestellte Beweisergebnis. Das Prozessgericht hat daher z.B. auch nicht (erneut) über die Zulässigkeit des selbstständigen Beweisverfahrens zu entscheiden. 39

Das Prozessgericht kann von der Wiederholung oder Fortsetzung der Beweisaufnahme abweichen, wenn 40

- die Beweisaufnahme (§ 492 Abs. 1 ZPO) fehlerhaft war, z.B. bei Missachtung des Fragerechts (§§ 397, 411 ZPO) oder Anwesenheits- (§§ 491, 493 Abs. 2 ZPO) oder Beteiligtenrechts der Partei,
- es das Beweisergebnis für ergänzungsbedürftig hält (§ 398 ZPO),
- die Beweisaufnahme aus Gründen der Unmittelbarkeit geboten ist (z.B. im Fall der Eilbedürftigkeit nach § 486 Abs. 3 ZPO),
- eine Vereidigung nachzuholen ist (§§ 391, 410 ZPO) oder
- der Sachverständige erfolgreich abgelehnt worden ist.

I. Frist zur Klageerhebung

Ist zum Zeitpunkt der Beendigung der Beweisaufnahme im selbstständigen Beweisverfahren ein Rechtsstreit nicht anhängig, hat das Gericht nach der Beendigung auf Antrag ohne mündliche Verhandlung anzuordnen, dass der Antragsteller binnen einer vom Gericht zu bestimmenden Frist die Klage erhebt (§ 494a Abs. 1 ZPO). 41

Kommt der Antragsteller dieser gerichtlichen Anordnung nicht nach und stellt der Antragsgegner einen Kostenantrag, hat das Gericht durch Beschluss auszusprechen, dass der Antragsteller die dem Antragsgegner in diesem Verfahren erwachsenen Kosten zu tragen hat (§ 494 Abs. 2 S. 1 ZPO). Diese Entscheidung ist mit der sofortigen Beschwerde anfechtbar (§ 494a Abs. 2 S. 2 ZPO). 42

> Beide in § 494a ZPO genannten Anordnungen (Frist zur Klageerhebung und Kostenentscheidung) setzten zwingend einen Antrag des Antragsgegners voraus. Stellt dieser keinen Antrag, erfolgen keine weiteren Maßnahmen des Gerichtes. 43

Das selbstständige Beweisverfahren ist gebührenrechtlich ein eigenständiges Verfahren, kennt aber weder eine obsiegende noch unterlegene Partei i.S.d. § 91 ZPO. Das Verfahren führt zu keiner Streitentscheidung, so dass im Regelfall dort keine Kostenentscheidung ergeht. Die Kosten des selbstständigen Beweisverfahrens gehören zu den Kosten des an- 44 schließenden Hauptsacheverfahrens, wenn dessen Streitgegenstand und der Gegenstand des selbstständigen Beweisverfahrens nur teilweise identisch sind.

45 Da das selbstständige Beweisverfahren auch den Zweck hat, ein Hauptsacheverfahren vorzubereiten oder aber auch im Wege einer vergleichsweisen Erledigung zu verhindern bzw. zu beenden (§§ 485, 492 Abs. 3 ZPO), gilt die in § 494a Abs. 2 ZPO getroffene Regelung der Fristsetzung und Kostenentscheidung primär zugunsten des Antragsgegners, wenn der Antragsteller das Hauptsacheverfahren nicht betreibt.

46 Allerdings hat auch der Antragsgegner die Möglichkeit, Gegen- bzw. Beweisanträge in dem selbstständigen Verfahren zu stellen. Das kann dazu führen, dass auch zugunsten des Antragstellers die Regelungen des § 494a ZPO gelten.

Beispiel:

Nach erfolgter Beweisaufnahme, in deren Verlauf der Antragsteller und der Antragsgegner jeweils Beweisanträge gestellt haben, über die das Gericht Beweis erhoben hat, reicht der Antragsteller Klage ein. Der Antragsteller beantragt im selbstständigen Beweisverfahren, dem Antragsgegner aufgrund dessen eigenen Beweisantrages eine Frist zur Klageerhebung zu setzen.

47 *Tipp:*

Bevor der Antragsteller oder Antragsgegner des selbstständigen Beweisverfahrens den Antrag auf Fristsetzung (§ 494a Abs. 1 ZPO) stellt, sollte er die Gegenpartei auffordern, auf den geltend gemachten Anspruch – gleich aus welchem Grund – zu verzichten. Lehnt er ab, die Verzichtserklärung abzugeben, besteht für den Kostenantrag (§ 494a Abs. 2 ZPO) zweifelsfrei ein Rechtsschutzbedürfnis.

48 Versäumt die Partei die ihr vom Gericht gesetzte Frist zur Klageerhebung (§ 494a Abs. 1 ZPO), erlässt das Gericht auf Antrag den Kostenbeschluss. Eine Ausnahme gilt für den Fall, dass trotz Fristablaufes noch vor Erlass des Kostenbeschlusses der Antragsteller Klage erhebt. Dann kann kein Kostenbeschluss mehr ergehen.

Verzichtet der Antragsteller nach einem für ihn negativen Beweisergebnis zuvor auf seine Ansprüche, ist eine Fristsetzung zur Klageerhebung nicht (mehr) erforderlich. Das Gericht erlässt dann auf Antrag sofort den Kostenbeschluss.

49 Gegen den Erlass des Kostenbeschlusses oder seine Zurückweisung ist die **sofortige Beschwerde** (§§ 494a Abs. 2 S. 2, 567 Abs. 1 Nr. 2 ZPO) eröffnet.

Gegen den Beschluss, mit dem die sofortige Beschwerde zurückgewiesen wurde, kann die **Rechtsbeschwerde** (§ 574 ZPO) eingelegt werden, wenn sie wegen grundsätzlicher Bedeutung oder Fortbildung des Rechts oder die Sicherung einer einheitlichen Rechtsprechung zur Entscheidung des Rechtsbeschwerdegerichts durch das Beschwerdegericht zugelassen wurde (§ 574 Abs. 1 Nr. 2, Abs. 2, Abs. 3 ZPO).

▼ 50

Muster 12.3: Antrag auf Fristsetzung zur Klageerhebung

(...)

beantrage ich namens und in Vollmacht des Antragsgegners:

> **dem Antragsteller eine in das Ermessen des Gerichts gestellte Frist zur Klageerhebung in dem Hauptsacheverfahren zu setzen, die jedoch nicht mehr als 4 Wochen seit Antragstellung überschreiten sollte.**

Für den Fall des fruchtlosen Ablaufs der Frist wird bereits jetzt schon **weiter beantragt,**

> **dem Antragsteller die Kosten des selbstständigen Beweisverfahrens aufzuerlegen.**

Begründung:

Das Beweisverfahren hat nach der vom Gericht gesetzten Stellungnahmefrist zum Gutachten des vom Gericht beauftragten Sachverständigen vom ______ seine Beendigung gefunden.

Die Parteien haben in dem Beweisverfahren keine Einigung erzielt; Ergänzungen wurden ebenfalls nicht gestellt. Die mit diesseitigem Schreiben vom ______ vom Antragsgegner geforderte Verzichtserklärung hat dieser – trotz Fristsetzung – bis zum heutigen Zeitpunkt nicht erteilt.

Nach alledem ist geboten, dem Antrag stattzugeben.

(...)

▲

Dass der Antragsteller von der Klagerhebung absieht, muss nicht zwangsläufig bedeuten, 51
dass das Hauptsacheverfahren keinen Erfolg bietet. Berechtigte Gründe können der Klageerhebung entgegenstehen.

> *Tipp:* 52
>
> Im Hinblick darauf, dass der Antragsteller bei Fristsetzung zur Klageerhebung gezwungen ist und andernfalls die Kosten des Antragsgegners zu tragen hat, ist der Zeitpunkt der durch die Kosten des Antragsgegners ausgelösten Maßnahmen zu überprüfen. Liegt dieser zeitlich nach der Verzichtserklärung des Antragstellers, besteht i.d.R. kein Kostenerstattungsanspruch des Antragsgegners. Der Antragsteller sollte auch prüfen, ob möglicherweise Aufrechnungsansprüche oder andere Gründe einer Klageerhebung entgegenstehen.

53 Der Antragsteller kann von der Klageerhebung absehen, ohne in die Kosten verurteilt zu werden, wenn

- der Antragsgegner nach oder während der Beweisaufnahme den Anspruch des Antragstellers noch vor einer Klageerhebung erfüllt hat,
- ein anderer Gesamtschuldner den Anspruch des Antragstellers erfüllt hat,
- der Antragsgegner eine vorbehaltlose Erklärung abgegeben hat, den Anspruch des selbstständigen Beweisverfahrens zu erfüllen,
- eine Einigung zwischen Antragsteller und Antragsgegner getroffen wurde oder
- die Zahlungsunfähigkeit des Antragsgegners (Insolvenz) feststeht, die bei einer Klageerhebung für den Antragsteller zu einer unzumutbaren Kostenbelastung führen würde.

54 ▼

Muster 12.4: Antrag des Antragstellers auf Verwerfung des Kostenantrages

(...)

beantrage ich namens und Vollmacht des Antragstellers,

> **den Antrag des Antragsgegners vom , dem Antragsteller die Kosten gem. § 494a Abs. 2 ZPO aufzuerlegen, zurückzuweisen.**

Begründung:

Dem Antrag vom fehlt das erforderliche Rechtsschutzbedürfnis.

Ein Kostenerstattungsanspruch gem. § 494a Abs. 2 ZPO wäre dann gegeben, wenn der Antragsteller wegen des für ihn im selbstständigen Beweisverfahren ungünstigen Ergebnisses der Beweisaufnahme auf eine Klageerhebung im Hauptsacheverfahren verzichtet. Diese Voraussetzung ist hier nicht erfüllt. Im Gegenteil bejaht das Ergebnis der Beweisaufnahme geradezu die Erfolgsaussichten des Antragstellers in einem Hauptsacheverfahren, da *(hier ist im Einzelnen auf das für den Antragsteller sprechende Beweisergebnis einzugehen).*

Der Antragsteller verzichtet jedoch auf eine Klageerhebung, da der Antragsgegner nach Abschluss der Beweisaufnahme die Mängel beseitigt/den Anspruch erfüllt hat. *(hier ggf. im Einzelnen begründen)*

Der Kostenantrag ist daher mangels Rechtsschutzbedürfnisses zurückzuweisen.

(...)

▲

> *Tipp:*
> Im Falle der Insolvenz des Antragsgegners muss der Antragsteller darauf achten, die Frist zur Anmeldung der ihm entstandenen Kosten im selbstständigen Beweis- und Hauptsacheverfahren zur Insolvenztabelle zu beachten.

Schematischer Kurzüberblick Verfahrensablauf

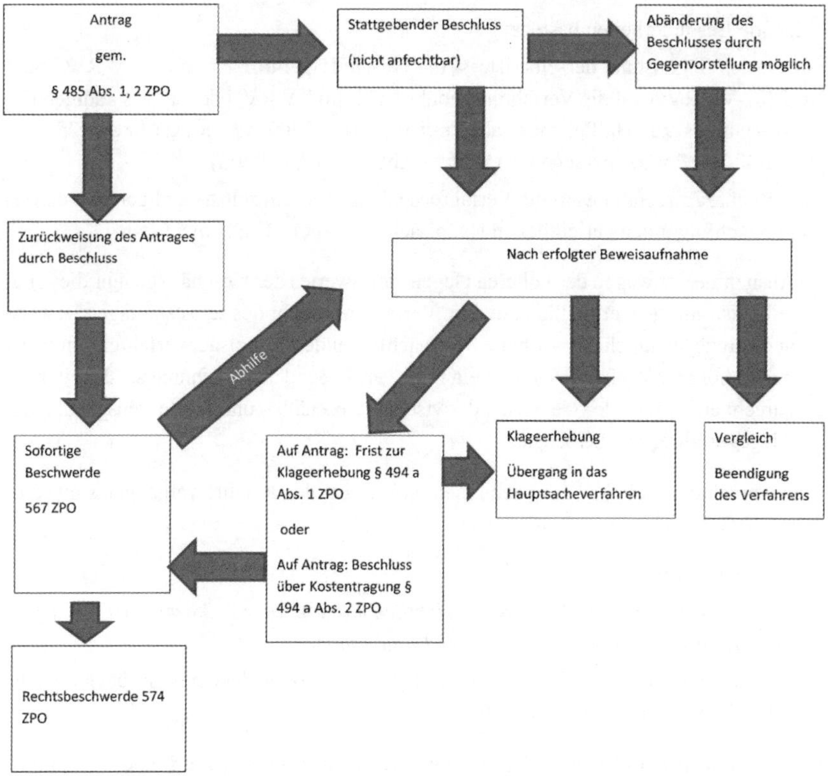

J. Anwaltsgebühren

Im selbstständigen Beweisverfahren erhält der Anwalt die gleichen Gebühren wie in einem ordentlichen Verfahren nach Teil 3 VV RVG. 55

Das selbstständige Beweisverfahren ist eine eigene gebührenrechtliche Angelegenheit im Verhältnis zu einem sich ggf. anschließenden Hauptsacheverfahren. Das folgt zum einen daraus, dass es weder in § 16 RVG noch in § 19 RVG als zum Rechtszug zugehörig genannt wird. Zum anderen folgt das aus der Anrechnungsvorschrift Vorb. 3 Abs. 5 VV. 56

57 Hinsichtlich der einzelnen Gebührentatbestände (Beratung, Geschäftsgebühr, Verfahrens-, Termins- und Einigungsgebühr) wird auf den vergütungsrechtlichen Teil (vgl. § 8 Rdn 138 ff.) verwiesen.

58 Folgende Besonderheiten bestehen:

Soweit der Gegenstand derselbe ist, ist die **Geschäftsgebühr** Nr. 2300 VV RVG oder Nr. 2302 VV RVG auf die Verfahrensgebühr Nr. 3100 VV RVG des selbstständigen Beweisverfahrens zur Hälfte, max. aber mit 0,75 (Nr. 2300 VV RVG) bzw. 225 EUR (Nr. 2302 VV RVG) anzurechnen (Vorb. 3 Abs. 4 S. 1 VV RVG).

Eine erneute Anrechnung auf die Verfahrensgebühr des dem selbstständigen Beweisverfahren nachfolgenden gerichtlichen Hauptsacheverfahrens findet nicht statt.

> Ausnahme: Ist wegen des höheren Gegenstandswertes der Geschäftsgebühr diese nur teilweise auf die wertmäßig geringere Verfahrensgebühr des selbstständigen Beweisverfahrens anzurechnen, ist bei einem nachfolgenden Hauptsachverfahren mit wertmäßig höherer Verfahrensgebühr ein noch verbleibender Anrechnungsrest weiter anzurechnen, sofern der Gegenstand zwischen Geschäfts- und Verfahrensgebühr des Klageverfahrens derselbe ist.

Eine Anrechnung scheidet aus, wenn mehr als zwei Kalenderjahre vergangen sind (§ 15 Abs. 5 S. 2 RVG).

> *Beispiel 1:*
>
> *Der Anwalt ist im Jahr 2020 außergerichtlich tätig. Im Jahr 2023 wird das selbstständige Beweisverfahren eingeleitet bzw. Klage erhoben.*
>
> **Lösung:** Mit Ablauf des Jahres 2022 sind seit 2020 zwei Kalenderjahre abgelaufen. Es findet keine Anrechnung mehr statt.

59 Die **Verfahrensgebühr** des selbstständigen Beweisverfahren ist auf eine Verfahrensgebühr des Hauptsacheverfahrens anzurechnen (Vorb. 3 Abs. 5 VV RVG), sofern es sich um denselben Gegenstand handelt (Vorb. 3 Abs. 4 S. 3 VV RVG analog).

Sind mehrere selbstständige Beweisverfahren geführt worden, sind **mehrere Verfahrensgebühren** auf diejenige des Hauptsacheverfahrens anzurechnen. Hier ist die Kappungsgrenze für die Anrechnung nach § 15a Abs. 2 RVG zu beachten: Danach wird max. eine Gebühr aus dem höchsten Gebührensatz nach dem Gesamtwert beider Verfahrensgebühren angerechnet.

> *Beispiel:*
>
> *Es wurde ein selbstständiges Beweisverfahren mit einem Gegenstandswert von 8.000 EUR und ein weiteres mit einem Gegenstandswert von 10.000 EUR geführt. Im Rechtsstreit wird nun ein Schaden von 22.000 EUR eingeklagt.*

Lösung: Es sind eine 1,3 Verfahrensgebühr Nr. 3100 VV RVG aus 8.000 EUR = 692,90 EUR und eine weitere 1,3 Verfahrensgebühr Nr. 3100 VV RVG aus 10.000 EUR = 847,60 EUR, mithin insgesamt 1.540,50 EUR, aber gem. § 15a Abs. 2 RVG max. eine 1,3 Verfahrensgebühr aus 18.000 EUR = 1.062,10 EUR auf die im Hauptsacheverfahren entstandene 1,3 Verfahrensgebühr Nr. 3100 VV aus 22.000 EUR (= 1.133,60 EUR) anzurechnen.

Folgt dem selbstständigen Beweisverfahren nur ein **PKH-Verfahren**, aber dann keine Klage im Hauptsacheverfahren nach, wird die 1,3 Verfahrensgebühr Nr. 3100 VV RVG nur in Höhe der 1,0 Verfahrensgebühr Nr. 3335 VV RVG des PKH-Verfahrens angerechnet. 60

Wird das **selbstständige Beweisverfahren im Berufungs- oder Revisionsverfahren** durchgeführt, entstehen aufgrund der Zuständigkeit des Berufungsgerichts die erhöhten Gebühren nach Nrn. 3200 ff. VV. 61

Eine **fiktive Terminsgebühr** (Anm. Abs. 1 zu Nr. 3104 VV) kann im selbstständigen Beweisverfahren nicht entstehen, da es sich dabei um kein Verfahren mit obligatorischer mündlicher Verhandlung handelt (§§ 490 Abs. 1, 128 Abs. 4 ZPO). 62

Schließen die Parteien in dem selbstständigen Beweisverfahren einen Vergleich, entsteht die **1,5 Einigungsgebühr Nr. 1000 VV RVG.** Das gilt nur dann nicht, wenn die Hauptsache zum Zeitpunkt der Einigung bereits anhängig ist. In diesem Fall entsteht die **1,0 Einigungsgebühr Nrn. 1000, 1003 VV bzw. 1,3 Einigungsgebühr Nr. 1003, 1004 VV RVG** im Berufungs- oder Revisionsverfahren. 63

Ist kein gerichtliches Hauptsacheverfahren anhängig, lässt eine Einigung der Parteien im Rahmen des selbstständigen Beweisverfahrens die 1,5 Einigungsgebühr Nr. 1000 VV RVG entstehen, weil es kein gerichtliches Verfahren i.S.d. Nr. 1003 VV RVG ist („*Über den Gegenstand ist ein anderes gerichtliches Verfahren als ein selbstständiges Beweisverfahren anhängig*“). 64

K. Gerichtsgebühren

Bei Gericht entsteht mit Einreichung (§ 6 Abs. 1 Nr. 1 GKG) des Beweissicherungsantrags eine 1,0 Gebühr Nr. 1610 KV GKG, unabhängig davon, in welcher Instanz das Verfahren durchgeführt wird. Weder existiert eine Regelung zur nachträglichen Gebührenreduzierung noch eine Anrechnungsvorschrift, nach der die Gebühr auf eine Gebühr des Rechtsstreites anzurechnen wäre. 65

66 Eine Vorschusspflicht besteht nicht, da es an einer konkreten gesetzlichen Regelung (§ 10 GKG) fehlt und die Vorschusspflicht für die Zustellung einer Klage (§ 12 Abs. 1 S. 1 GKG) hier keine Anwendung findet.

67 Die Gebühr kann bei mehreren Anträgen (neue Tatsachen oder Beweismittel) jeweils gesondert neu entstehen, nicht aber bei lediglich Ergänzungsanträgen (z.B. zum eingeholten Gutachten).

§ 13 Arrest und Einstweilige Verfügung

Christoph Rademacher/Gundel Baumgärtel

Inhalt

A. Allgemeines

1 Arrest und einstweilige Verfügung sind zwei besondere Verfahrensarten, die im Achten Buch der ZPO geregelt werden und bei denen in der Praxis immer besondere Eile geboten ist. Sie sind ein verfahrensrechtliches Instrument zur schnellen Sicherung von Ansprüchen. Der Arrest betrifft dabei vor allem Geldforderungen, während die einst-

weilige Verfügung für alle anderen Forderungen wie beispielsweise das Unterlassen einer bestimmten Handlung in Frage kommt. Die Verfahrensabläufe an sich sind zwar nicht von einer besonderen Komplexität geprägt, aber aufgrund des charakteristischen zeitkritischen Aspekts beider Verfahren kann es in der Praxis vorkommen, dass einem das Verfahren schwieriger und komplexer vorkommt, als es eigentlich ist. Beide Verfahren haben zum Ziel, die Durchsetzbarkeit von Forderungsansprüchen des Antragstellers gegenüber dem Antragsgegner zu sichern, bis ein Hauptverfahren abgeschlossen ist.

2 Arrest und einstweiliges Verfügungsverfahren bilden einen Lösungsansatz für den Antragsteller, der im Hauptsacheverfahren Kläger ist, seine möglichen Ansprüche zu sichern, bis das Erkenntnisverfahren abgeschlossen ist. Dem Antragsgegner und damit dem Beklagten im Hauptsacheverfahren wird dabei zugesichert, dass er die Verfügungsgewalt über den gesicherten Anspruch zurückerhält, sollte das Erkenntnisverfahren mit Klageabweisung enden. Diese Verfahrensmöglichkeit ist auch aufgrund des Verbots der Selbsthilfe und der friedenstiftenden Funktion der rechtssprechenden Gewalt geboten. Keinem Kläger wäre vermittelbar, dass er sich keiner Eigenmacht bedienen darf und gleichzeitig auf ein langandauerndes Erkenntnisverfahren verwiesen wird und dabei zusehen müsste, wie der Beklagte reale Tatsachen schafft, die einer Durchsetzung des – möglicherweise nach Jahren erst – zugesprochenen Anspruchs faktisch entgegenstehen.

Durch das Zivilprozessrecht werden als Lösung der **Arrest** und die **einstweilige Verfügung** als besondere Verfahrensarten geboten, um einen schnellen Rechtsschutz zu gewährleisten. Der Gläubiger braucht für diese Maßnahmen keinen zur Zwangsvollstreckung geeigneten Titel zu besitzen, er kann aber auch nur Sicherungsmittel erreichen.

3 An erster Stelle wird durch die ZPO das Arrestverfahren (§§ 916 ff. ZPO) geregelt, und für die einstweilige Verfügung gelten die Vorschriften des Arrestverfahrens gem. §§ 935, 936 ZPO entsprechend, solange in den §§ 937 ff. ZPO keine abweichenden Vorschriften getroffen sind.

4 Nach § 916 ZPO kann ein Arrest beantragt werden, wenn die Realisierung eines auf Geld gehenden Anspruches oder eines Anspruches, der in eine Geldforderung übergehen kann, gefährdet ist. Die einstweilige Verfügung ist zu wählen, wenn ein Individualanspruch gefährdet ist.

5 Durch den Arrest und die einstweilige Verfügung soll der vorläufige Rechtschutz gesichert werden. Daher sind beide Verfahren auch spezielle Erkenntnisverfahren (obwohl sie im Achten Buch der ZPO geregelt sind).

6 Im überwiegenden Maße findet der Arrest gem. § 912 Abs. 1 ZPO zur Sicherung der Zwangsvollstreckung statt und dient als schnellstes Mittel der Befriedigung des Gläubi-

gers, wenn zu befürchten ist, dass ohne einen Arrest der Vollstreckungszugriff nicht mehr möglich ist. Der Arrest ist nur möglich,

- zur Sicherung der Zwangsvollstreckung wegen einer Geldforderung
- oder wegen einer Forderung, die in eine Geldforderung übergehen kann.

Andere Ansprüche werden mittels der einstweiligen Verfügung gem. §§ 935 ff. ZPO gesichert.

Das Ziel dieser Erkenntnisverfahren ist nicht primär eine Vollstreckungshandlung, sondern die Schaffung eines Vollstreckungstitels. Dieser Titel muss, wie jeder andere Titel auch, vollzogen werden. Im Moment der Vollziehung eines Arrestes oder einer einstweiligen Verfügung liegt eine Vollstreckungsmaßnahme vor. 7

Wichtig ist, dass der Arrestbeschluss einen Monat nach Verkündung oder einen Monat nach Zustellung an den Antragsteller seine Wirkung verliert und endgültig nicht mehr vollstreckt werden kann (§ 929 ZPO). Diese Frist ist aus Sicht des Schuldnerschutzes geboten und unter Berücksichtigung des Wesens des einstweiligen Rechtsschutzes auch einleuchtend: Hat der Antragsteller einen Arrest oder eine einstweilige Verfügung erstritten, so kann er zur Sicherung seiner *möglichen* Forderung den Arrest bzw. die einstweilige Verfügung vollziehen. Tut er dies aber nicht binnen eines Monats, darf die Eilbedürftigkeit – eben das Wesen des einstweiligen Rechtsschutzes – zurecht bezweifelt werden. Die Vollziehungsfrist ist aus haftungsrechtlichen Gründen unbedingt im Fristenkalender zu notieren.

B. Parteienbezeichnung

Die Parteien heißen Antragsteller und Antragsgegner. Rechtsanwälte sind Verfahrensbevollmächtigte. 8

C. Mögliche Verfahrensgegenstände

Mit dem Arrest- oder einstweiligen Verfügungsverfahren wird nicht die Hauptsache rechtshängig. Der Antragsteller kann nur eine vorläufige Sicherung bzw. Regelung erwirken. Man nennt dies das Sicherungsbegehren. Da die Hauptsache eben nicht geregelt wird, ist die im Arrest- oder einstweiligen Verfügungsverfahren erfolgte Sicherung der Ansprüche jederzeit durch das Hauptsacheverfahren abänderbar. 9

D. Gegenstands- und Streitwert

Der geringeren Wertigkeit folgt, dass der Wert entsprechend § 3 ZPO i.V.m. § 53 GKG geschätzt wird und zwar auf einen Bruchteil des Wertes eines etwaigen Hauptsachever- 10 fahrens. In jedem ZPO-Kommentar findet sich eine Streitwertübersicht bei § 3 ZPO, die hilft, den Wert zu bestimmen.

11 Arrestverfahren bilden stets eine Angelegenheit (§ 17 Nr. 4 a RVG). Verfahren auf Abänderung oder Aufhebung stellen keine gesonderten Angelegenheiten dar (§ 16 Nr. 5 RVG). Es entsteht in erster Linie die Verfahrensgebühr der Nr. 3100 VV RVG und für den Fall einer mündlichen Verhandlung die Terminsgebühr der Nr. 3104 VV RVG.

12 Die Höhe der Gerichtskosten regelt sich nach Nr. 1410 ff. KV GKG.

E. Verfügungsanspruch

13 Im Antrag auf Erlass eines Arrestes oder einer einstweiligen Verfügung muss der sog. Arrest- oder Verfügungsanspruch dargetan werden. Auch in diesem Verfahren muss eine Anspruchsgrundlage vorhanden sein und vorgetragen werden.

F. Verfügungsgrund

14 Wie in einem Hauptsacheprozess bedarf auch ein Arrest- oder einstweiliges Verfügungsverfahren einer Begründung. Es muss dargelegt werden, aus welchen Gründen die Sicherung des Anspruches im Eilverfahren erfolgen muss (§ 917 ZPO).

15 Davon kann ausgegangen werden, wenn z.B. der Schuldner sein Vermögen ins Ausland bringt (§ 917 Abs. 2 ZPO), sein Vermögen verschleudert, belastet, veräußert, seinen Wohnsitz häufig wechselt oder eine Straftat in Form eines Vermögensdeliktes begangen hat.

Eine allgemein schlechte Vermögenslage des Schuldners, eine drohende Insolvenz und die Befürchtung, andere Gläubiger könnten dem eigenen Zugriff zuvorkommen, reichen nicht für eine Begründung des Arrestes oder der einstweiligen Verfügung. Mittels der besonderen Eilverfahren kann man sich nicht „vordrängeln“.

G. Arten des Arrestes

16 Der Arrest erfordert einen Arrestanspruch und einen Arrestgrund.

17 Arrestanspruch kann jede bestimmte Geldforderung sein (§ 916 ZPO).

18 Man unterscheidet zwei Arrestarten:

- der dingliche und
- der persönliche Arrest.

I. Dinglicher Arrest

Der dingliche Arrest gibt dem Gläubiger das Recht, zur Sicherung seiner Forderung in das Vermögen des Schuldners zu vollstrecken (§§ 929 ff. ZPO). Er darf zwar pfänden, wegen des bloßen Sicherungszwecks aber nicht verwerten. 19

II. Persönlicher Arrest

Die Sicherung des Anspruches erfolgt, indem der Schuldner durch Verhaftung daran gehindert wird, die künftige Vollstreckung in der Form zu vereiteln, dass er sich ins Ausland absetzt. 20

Ein Arrestgrund für den persönlichen Arrest ist wegen der Schwere des mit ihm verbundenen Eingriffs in die persönliche Freiheit des Schuldners gem. § 918 ZPO nur gegeben, wenn eine Freiheitsbeschränkung zur Sicherung der Forderung erforderlich ist. Das ist nur dann der Fall, wenn der dingliche Arrest keinen Erfolg verspricht. 21

H. Zuständigkeit des Gerichts

Entsprechend der §§ 919, 802 ZPO ist das Gericht der Hauptsache (§ 943 ZPO) und das Amtsgericht, in dessen Bezirk sich der Arrestgegenstand bzw. die zu arrestierende Person befindet, zuständig. 22

I. Arrestgesuch

- Das Arrestgesuch muss eine Bezeichnung des Arrestanspruchs unter Angabe des Geldbetrages oder – wertes enthalten (§ 920 Abs. 1 ZPO), 23
- die Bezeichnung des Arrestgrundes (§ 920 Abs. 1 ZPO),
- Angabe, ob ein dinglicher oder persönlicher Arrest beantragt wird,
- eine Glaubhaftmachung der Tatsachen zum Arrestanspruch und zum Arrestgrund (§ 920 Abs. 2 ZPO),
- der Arrest kann schriftlich oder zu Protokoll der Geschäftsstelle des Arrestgerichts erhoben werden (§ 920 Abs. 3 ZPO)
- es besteht kein Anwaltszwang, §§ 78 Abs. 3, 920 Abs. 3 ZPO.

Arrestanträge sind sehr vom Einzelfall und der damit verbundenen materiellen Rechtslage abhängig. Einstweilige Verfügungsanträge sind formularmäßig etwas einheitlicher darstellbar, weshalb hier nur ein Muster für einen Antrag auf Erlass einer einstweiligen Verfügung vorgestellt wird. 24

▼

Muster 13.1: Einstweilige Verfügung

13.1 **Einstweilige Verfügung**

An das

Verfügungsgericht

Antrag auf Erlass einer einstweiligen Verfügung

des – vollständige Bezeichnung

Antragsteller,

Verfahrensbevollmächtigter:

gegen

den – vollständige Bezeichnung -

Antragsgegner,

wegen

Namens und mit Vollmacht des Antragstellers beantragen wir im Wege der einstweiligen Verfügung ohne mündliche Verhandlung,

1. dem Antragsgegner aufzugeben .
2. Dem Antragsgegner wird für jeden Fall der Zuwiderhandlung gegen die Verpflichtungen im Antrag zu 1. ein Ordnungsgeld bis zu 250.000,00 EUR und für den Fall, dass dieses nicht beigetrieben werden kann, Ordnungshaft bis zu 6 Monaten angedroht.

Der Antragsgegner hat die Kosten des einstweiligen Verfahrens zu tragen.

Begründung:

Einleitung

Darlegung Anspruchsgrund ( )

Glaubhaftmachung: eidesstattliche Versicherung

Darlegung Verfügungsgrund ( )

Unterschrift

▲

J. Verfahrensablauf

Es erfolgt durch das Gericht eine **Schlüssigkeitsprüfung** auf der Grundlage des Tatsachenvortrags des Antragstellers. 25

Um zu einer Entscheidung zu kommen, prüft das Gericht die Zulässigkeit und die Begründetheit des Antrags bezogen auf den: 26

- Arrestanspruch
- Arrestgrund
- die Glaubhaftmachung bezogen auf die im Antrag vorgebrachten Tatsachen, vgl. § 920 Abs. 2 ZPO.

Das Arrest- und das einstweilige Verfügungsverfahren haben Besonderheiten gegenüber einem regulären Verfahren und schränken die Rechte des Antragsgegners zum Teil erheblich ein. 27

I. Glaubhaftmachung von Tatsachen: eidesstattliche Versicherung

Im Arrest- und einstweiligen Verfügungsverfahren müssen die vorgetragenen Tatsachen nicht bewiesen werden. Es genügt, wenn diese glaubhaft gemacht werden (§ 920 Abs. 2 ZPO). Die Glaubhaftmachung erfolgt i.d.R. durch eine eidesstattliche Versicherung. 28

▼ 29

Muster 13.2: Eidesstattliche Versicherung
Eidesstattliche Versicherung

In Kenntnis über die Bedeutung einer eidesstattlichen Versicherung als Mittel der Glaubhaftmachung tatsächlicher Angaben in einem geordneten Verfahren vor einer Behörde oder einem Gericht, wobei der Behörde oder dem Gericht vorbehalten ist, darüber zu entscheiden, ob und gegebenenfalls in welchem Umfang die Angaben zur Glaubhaftmachung geeignet sind, sowie belehrt über die strafrechtlichen Folgen einer vorsätzlich oder fahrlässig falschen Abgabe einer eidesstattlichen Versicherung, insbesondere der Strafvorschriften der § 156 und § 161 Strafgesetzbuch (1 Jahr Freiheitsstrafe bei Abgabe einer fahrlässigen bzw. 3 Jahre bei Abgabe einer wissentlich falschen eidesstattlichen Versicherung) erkläre ich:

Zur Person:

Zur Vorlage bei:

Zur Sache:

Die vorstehenden Tatsachen habe ich nach besten Wissen und Gewissen gemacht.

Sie sind richtig und vollständig. Dies versichere ich an Eides statt.

Ort, Datum Unterschrift

▲

II. Keine mündliche Verhandlung erforderlich

30 Die Entscheidung kann ohne mündliche Verhandlung und ohne Anhörung des Antragsgegners ergehen.

III. Arrestentscheidung

31 Die Entscheidung des Gerichts hängt vom Verfahrensverlauf ab.

Sie ergeht entweder:

- durch **Beschluss**, wenn über das Arrestgesuch ohne mündliche Verhandlung entschieden wird (§ 922 Abs. 1 S. 1 ZPO).
- Hier erfolgt die Zustellung des Beschlusses nur im Parteibetrieb.
- Bei **stattgebender Entscheidung**: Zustellung/Übergabe des Beschlusses an den Antragsteller, der diesen Beschluss in Eigenregie an den Antragsgegner zustellen lassen muss (mit Abschriften der Antragsschriften) (§ 922 Abs. 2 ZPO).
- Bei **ablehnender Entscheidung**: Es erfolgt die Zustellung des Beschlusses nur an den Antragsteller (§ 922 Abs. 3 ZPO).
- durch **Urteil**, wenn das Gericht nach mündlicher Verhandlung entschieden hat (§ 922 Abs. 1 ZPO),
- **von Amts wegen erfolgt eine Zustellung des Urteils** nach §§ 310 ff. ZPO. Der Antragssteller muss die Ausfertigung des Urteils im Parteibetrieb zum Zwecke des Vollzugs des Arrestes/der einstweiligen Verfügung vornehmen (Monatsfrist des § 929 Abs. 2 ZPO beachten!)

32 *Hinweis:*

„Begleiten" Sie den Arrest oder die einstweilige Verfügung zum Gericht und lassen Sie sich den erlassenen Arrestbefehl bzw. die einstweilige Verfügung gleich aushändigen. Sie können dann die Verteilerstelle für Gerichtsvollzieheraufträge aufsuchen und sofort die Zustellung des Arrestbefehls bzw. der einstweiligen Verfügung in Auftrag geben.

IV. Schutzschrift

Ahnt der zukünftige Antragsgegner, dass möglicherweise ein Arrest oder eine einstweilige Verfügung beantragt und erlassen wird, so kann er eine Schutzschrift einreichen, mit der er die Gegenargumente vorbringt und von vornherein zumindest eine mündliche Verhandlung erreichen will. 33

Diese Schutzschrift ist zwingend bundesweit einheitlich beim Zentralen Schutzschriftenregister in Hessen elektronisch einzureichen und gilt mit Einstellung im Register bei allen ordentlichen Gerichten der Länder als hinterlegt, § 945a ZPO. Die Gebühr beträgt 83,00 EUR und sechs Monate nach Einstellung der Schutzschrift wird diese automatisch gelöscht und müsste vollständig neu eingereicht werden. Eine Verlängerung der Schutzschrift ist nicht möglich.

Für weitere Details des Schutzschriftverfahrens wird auf die Homepage schutzschriftenregister.hessen.de verwiesen.

Für die Erstellung des notwendigen externen Datensatzes, der mit der Schutzschrift beim Zentralen Register per beA eingereicht werden muss, wird auf die Homepage zssr.justiz.de und auf § 4 dieses Buches verwiesen.

V. Rechtsanwaltsvergütung für die Schutzschrift

Für die Schutzschrift entsteht die 1,3 Verfahrensgebühr gem. Nr. 3100 VV RVG. Erfolgt eine weitere Stellungnahme im Arrest- und einstweiligen Verfügungsverfahren entsteht die Verfahrensgebühr nur einmal (§ 15 Abs. 2 RVG). Im Hauptsacheverfahren, das sich ggf. der einstweiligen Verfügung anschließt, entsteht die Verfahrensgebühr der Nr. 3100 VV RVG erneut (§ 17 Nr. 4 RVG). 34

VI. Widerspruch

Nach Erlass des Arrestes oder der einstweiligen Verfügung ohne mündliche Verhandlung wird diese in der Regel durch den Antragsteller im Parteibetrieb dem Antragsgegner zugestellt. 35

Ist der Arrest oder die einstweilige Verfügung dem Antragsgegner zugestellt worden, kann der Antragsgegner gegen den Arrest oder die einstweilige Verfügung Widerspruch (§ 924 ZPO) einlegen. Der Widerspruch ist an keine Frist gebunden, es liegt aber im Interesse des Antragsgegners hier zügig eine Klärung zu erlangen. 36

Nach Widerspruch ist durch Endurteil zu entscheiden (§ 925 ZPO). Wird nach mündlicher Verhandlung durch Urteil entschieden (Aufrechterhaltung der bisherigen Entschei- 37 dung oder Aufhebung und Abweisung des Antrages), so kann hiergegen Berufung (siehe § 7 Rdn 109) eingelegt werden.

VII. Antrag auf Aufhebung wegen Klagefristversäumung

38 Gem. § 926 Abs. 1 ZPO kann der Antragsgegner dem Gläubiger vom Gericht eine **Frist zur Klageerhebung** in der Hauptsache setzen lassen. Der entsprechende Antrag ist zulässig, solange die Hauptsache noch nicht rechtshängig ist und die Eilmaßnahme noch besteht. Es gibt daher keine starren Fristen für diesen Antrag. Die Frist durch das Gericht, die Hauptsache rechtshängig zu machen, ist üblicherweise sehr kurz und beträgt in der Regel nur zwei Wochen. Innerhalb dieser Frist muss der Antragsteller die Klage beim zuständigen Gericht eingereicht haben, sie muss aber nicht zugestellt sein.

Versäumt der Antragsteller und zukünftige Kläger diese Klagefrist, kann der Antragsgegner gem. § 926 Abs. 2 ZPO die Aufhebung des Arrests bzw. der einstweiligen Verfügung beantragen.

VIII. Aufhebung wegen veränderter Umstände

39 Gem. § 927 Abs. 1 ZPO kann der Antragsgegner auch wegen veränderter Umstände die Aufhebung der Eilmaßnahme beantragen.

Auch dieser Antrag ist, wie der Antrag gem. § 926 Abs. 2 ZPO, zulässig (§ 927 Abs. 1 ZPO), solange der Arrest oder die einstweilige Verfügung besteht und der Antragsgegner eine Vollziehung befürchten muss.

K. Arrestvollziehung (§ 929 Abs. 2, 3 ZPO)

40 Der Arrestbefehl oder die einstweilige Verfügung sind ein zur Zwangsvollstreckung geeigneter Titel (§§ 928 ff. ZPO).

41 Einer Vollstreckungsklausel bedürfen beide nicht (§ 929 Abs. 1 ZPO).

42 Die Vollziehung ist nach § 929 Abs. 3 S. 1 ZPO bereits vor Zustellung zulässig.

43 Ein Arrestbefehl oder eine einstweilige Verfügung sind sofort vollstreckbar; beide benötigen kein Rechtskraftattest, keine Vollstreckungsklausel und keine vorherige Zustellung – sie muss aber binnen Wochenfrist nach Durchführung der Vollstreckungshandlung nachgeholt werden.

44 Die wichtigste Frist im vorläufigen Rechtsschutz ist die Vollziehungsfrist.

Die Vollziehung eines Arrestes oder einer einstweiligen Verfügung ist nicht mehr zulässig, wenn seit seiner **Verkündung** oder der **Zustellung** des Befehls an den **Antragsteller ein Monat** vergangen ist (§§ 929 Abs. 2, 936 ZPO).

Ist die **Vollziehung** erfolgt, bevor der Arrest oder die einstweilige Verfügung zugestellt war, so ist die Vollziehung **wirkungslos**, wenn die **Zustellung** des Arrestes oder der einstweiligen Verfügung nicht innerhalb **einer Woche** nach der Vollziehung und vor Ablauf der Monatsfrist erfolgt (§ 929 Abs. 3 ZPO). 45

L. Kostenfestsetzung

Die Kostenfestsetzung erfolgt gem. § 104 ff. ZPO (siehe § 7 Rdn 68 ff.). Das Gericht setzt die Kosten gegen den Antragsgegner allerdings nur fest, wenn die Zustellung des Arrestbefehls bzw. der einstweiligen Verfügung nachgewiesen ist. Die Kopie der Zustellurkunde müssen Sie daher Ihrem Kostenfestsetzungsantrag beifügen. 46

§ 14 Personalwesen

Katharina Bellmann/Michael Brunner-Ovadia

Inhalt

A. Vorbemerkung

1 Der Personalbereich in diesem Buch richtet sich ausdrücklich an Rechtsanwaltsfachangestellte und nicht an Rechtsfachwirte, die evtl. die gesamte Personalabteilung leiten und somit umfassende arbeitsrechtliche Kenntnisse einsetzen müssen.

B. Anzeigenschaltung

2 Die Suche nach neuen Mitarbeitern gestaltet sich oft schwierig. Die Zeiten, in denen eine knappe – meist wenig aussagekräftige – Stellenanzeige in der örtlichen Tageszeitung ausgereicht hat, sind längst vorbei. Jahrelang sahen Anzeigen wie folgendes Beispiel aus:

> *Beispiel:*
>
> *„Anwaltskanzlei sucht eine junge Rechtsanwaltsfachangestellte bis 35 Jahre, gute Englischkenntnisse erwünscht. Bewerbungen per E-Mail an: bewerbung@kanzlei-xyz.de"*

Auf eine solche Anzeige würden sich heute wohl kaum noch ReFas bewerben. Der heutige Arbeitsmarkt ist ein **Arbeitnehmermarkt**, d.h. Arbeitgeber müssen sich bei potentiellen Arbeitnehmern „bewerben". Kanzleien sollten darauf achten, dass sie mit ihrer Stellenanzeige positiv aus der Masse herausstechen und deutlich zum Ausdruck bringen, was sie als Arbeitgeber zu bieten haben. Etwaige Benefits wären z.B. steuerfreie Zuwendungen zusätzlich zum Gehalt (s. Rdn 98 ff. „Mitarbeitermotivation und Mitarbeiterbindung").

3 Darüber hinaus kann eine solche Stellenanzeige auch rechtlich zu einem Problem werden. Die im Beispiel formulierte Annonce verstößt gegen das **Allgemeine Gleichbehandlungsgesetz** (AGG), welches bereits im Jahr 2006 in Kraft getreten ist. Danach ist eine Benachteiligung aus Gründen der Rasse oder der ethnischen Herkunft, des Geschlechts, der Religion oder Weltanschauung, einer Behinderung, des Alters oder der sexuellen Identität unzulässig, §§ 1, 2 AGG.

4 Lediglich dann, wenn z.B. ein berechtigter Grund wegen der Art der auszuübenden Tätigkeit i.S.d. § 8 AGG vorliegen würde, wäre eine unterschiedliche Behandlung zulässig.

Warum jedoch die Tätigkeit als Rechtsanwaltsfachangestellte/Rechtsanwaltsfachangestellter nur von weiblichem oder jüngerem Personal ausgeübt werden könnte, ist nicht ersichtlich. Eine Ungleichbehandlung wegen des Alters, des Geschlechts oder eines anderen in § 1 AGG genannten Grundes muss daher bereits bei der Formulierung einer Stellenanzeige unterbleiben, auch wenn es sich um ein besonders junges Team handeln sollte. Nur mit einer **neutralen** Anzeige können Sie Ihren RA vor möglichen Entschädigungsansprüchen schützen.

Das Erfordernis von Englisch- oder speziellen Softwarekenntnissen verstößt hingegen nicht gegen das Allgemeine Gleichbehandlungsgesetz und ist lediglich eine geforderte Qualifikation. 5

Sollte sich auf die obige Anzeige ein männlicher Bewerber mit den gewünschten Qualifikationen als Rechtsanwaltsfachangestellter oder eben auch eine ältere Kollegin bewerben, so wäre der RA gem. § 15 Abs. 2 S. 2 AGG zu einer angemessenen Entschädigung von bis zu drei Monatsgehältern verpflichtet, wenn die Bewerberin/der Bewerber die Stelle nicht bekommen würde und sie/er eine Diskriminierung vorträgt. Allein schon die fehlerhafte Anzeige würde bei einer Ablehnung für eine Diskriminierung nach dem AGG sprechen, auch wenn die Ablehnung tatsächlich aus anderen Gründen erfolgt ist. Der RA müsste die anderen Gründe detailliert darlegen und den Beweis für die Ursächlichkeit führen. 6

D.h. er müsste unter Beweis vortragen können, dass die ausgewählte Bewerberin fachlich geeigneter ist als der abgelehnte Bewerber, sowie dass die Kriterien Alter und Geschlecht für seine Entscheidungsfindung nicht relevant waren.

Spätestens seit der Einführung des „dritten Geschlechts" (sog. Dritte Option) Ende 2018 ist bei der Formulierung von Stellenanzeigen ebenso darauf zu achten, dass Personen aller Geschlechtsidentitäten angesprochen werden und niemand in der Stellenausschreibung diskriminiert wird. Als AGG-konforme Formulierung hat sich der Zusatz (m/w/d) etabliert, der nach dem Jobtitel folgt. Die Abkürzung „d" steht für „divers". Die Anzeige sollte dann im Übrigen geschlechtsneutral formuliert werden. 7

> *Hinweis:* 8
>
> Bei der Formulierung von Stellenanzeigen unbedingt das AGG beachten, um Diskriminierung und damit mögliche Entschädigungsansprüche von Bewerber/-innen zu vermeiden.

C. E-Mail-Bewerbungen

Die klassische Bewerbungsmappe sieht man im Berufsalltag nur noch selten. Stattdessen werden üblicherweise Bewerbungen per E-Mail erwünscht. 9

I. Umgang mit E-Mail-Bewerbungen

10 Wie bereits unter § 2 Rdn 171 ff. dargestellt, ist es äußerst hilfreich, sein E-Mail-Postfach zu strukturieren. Es bietet sich hier an, verschiedene Ordner anzulegen. Diese könnten z.B. sein:

- Bewerbungseingänge
- Absagen
- Einladung zum Bewerbungsgespräch

11 Denken Sie daran, dass es der Höflichkeit und der Schnelligkeit des E-Mail-Verkehrs entspricht, wenn der Bewerber zeitnah zumindest eine Eingangsbestätigung erhält. Letztendlich spricht eine schnelle Beantwortung auch für Ihre Kanzlei.

12 Sollte es in Ihrer Kanzlei die Anweisung geben, die Bewerbungen ausgedruckt dem RA vorzulegen, so vergessen Sie bitte nicht sämtliche **Anlagen** mit auszudrucken. Dies wird gelegentlich in der Hektik des Alltags vergessen.

II. Aussehen einer E-Mail-Bewerbung

13 Immer wieder stellt sich die Frage, wie eine E-Mail-Bewerbung aussehen soll. Vom Grundsatz her gilt: wie eine „normale" Bewerbung, nur in elektronischer Form. Die E-Mail selbst kann dabei bereits das eigentliche Anschreiben darstellen oder es wird als Anhang der E-Mail beigefügt. In diesem Fall wird nur ein kurzer E-Mail-Text verfasst und auf die Anlagen verwiesen. Auch ist auf eine aussagekräftige Betreffzeile zu achten (z.B. „Bewerbung als Rechtsanwaltsfachangestellte").

14 Zu vermeiden sind sämtliche Abkürzungen aus dem Privatgebrauch von E-Mails, wie z.B. LG, MfG oder das Einfügen von Emojis. Auch ist eine förmliche Anrede erwünscht und nicht ein bloßes „Hallo, Herr RA XYZ". Dabei ist insbesondere auf die Anrede des korrekten Ansprechpartners zu achten. Ansonsten gelten die allgemeinen Regeln für Anschreiben. Eine mögliche E-Mail könnte daher wie folgt aussehen (selbstverständlich muss der Text immer an die jeweilige Anzeige angepasst werden):

15 ▼

Muster 14.1: E-Mail-Bewerbung

14.1

Sehr geehrte Frau Rechtsanwältin XYZ,

für Ihre Anwaltskanzlei in Bremen suchen Sie auf www.reno-fachkräfte.de eine erfahrene Rechtsanwaltsfachangestellte. Da ich über die gewünschten Kenntnisse, insbesondere im Gebührenrecht und in der Zwangsvollstreckung verfüge, bewerbe ich mich auf diese Position.

Nach meiner erfolgreich abgeschlossenen Ausbildung zur Rechtsanwalts- und Notarfachangestellten war ich zunächst in der Kanzlei A tätig, bis ich vor ca. drei Jahren zu meinem jetzigen Arbeitgeber wechselte.

Mein Aufgabenschwerpunkt liegt derzeit neben der allgemeinen Korrespondenz, dem Erstellen von Kostenrechnungen und der Fristenüberwachung in der Leitung des Zwangsvollstreckungsdezernats.

Ich arbeite sehr gewissenhaft und zuverlässig, auch im Umgang mit den Mandanten trete ich gewandt und sicher auf.

Ich suche derzeit eine neue berufliche Herausforderung und würde mich freuen, wenn Sie mich zu einer persönlichen Vorstellung einladen.

Mit freundlichen Grüßen

Unterschrift

▲

Als Anlagen sollten ein tabellarischer Lebenslauf sowie die Zeugnisse **im pdf-Format** beigefügt werden. 16

In den letzten Jahren wird von den meisten Kanzleien und der freien Wirtschaft ein chronologisch **rückläufiger** Lebenslauf präferiert, d.h. die aktuellste Arbeitserfahrung steht an erster Stelle. Eine Faustregel gibt es jedoch nicht. 17

Aufgrund des Allgemeinen Gleichbehandlungsgesetzes (AGG, s. Rdn 3) dürfen Arbeitgeber kein Foto von Bewerbern verlangen. Es ist jedoch auch heute noch üblich der Bewerbung ein Passfoto von sich beizufügen. In der E-Mail-Bewerbung bietet es sich an, das Passfoto im tabellarischen Lebenslauf rechts oben einzuarbeiten. Eine separate Übersendung als Anhang ist hingegen nicht zu empfehlen. Wenn der Bewerbung ein Foto beigefügt wird, ist darauf zu achten, dass ausschließlich **Pass-** bzw. **professionelle Bewerbungsfotos** zu verwenden sind – auf gar keinen Fall Selfies oder Fotos aus dem letzten Urlaub. Auch auf die Verwendung von Filtern sollte verzichtet werden. 18

> *Praxistipp:*
>
> Die Antidiskriminierungsstelle des Bundes hat bereits 2011 die Ergebnisse eines Pilotprojekts einer sogenannten „anonymen Bewerbung“ vorgestellt, wonach sich die Wahrscheinlichkeit etwa für Frauen und Migranten, zum Vorstellungsgespräch eingeladen zu werden, erhöht, wenn die Bewerbung anonym ist. (Im konservativen Berufsfeld der ReNos würde dies eher die Wahrscheinlichkeit einer Einladung zum Vorstellungsgespräch für männliche Bewerber erhöhen.)
>
> Fotos dürfen von Bewerbern nicht mehr verlangt werden und auch Angaben wie Familienstand, Nationalität oder Alter sind keine Pflicht mehr. Was in den USA und in anderen Ländern schon längst Standard ist, setzt sich in Deutschland jedoch nur schwer durch. Gerade in kleineren oder mittelständischen Unternehmen (Kanzleien) führt ein fehlendes Bewerbungsfoto schnell zur Irritation und sollte daher weiterhin beigefügt werden.

19 Bei den Zeugnissen gilt – wie auch bei der schriftlichen Bewerbung – der Grundsatz: Es sind nur die Zeugnisse beizufügen, die wirklich benötigt werden.

Dabei handelt es sich grundsätzlich um:

- das Schulabschlusszeugnis (z.B. Abiturzeugnis),
- das Ausbildungszeugnis (Fachangestelltenbrief),
- ggf. das Prüfungszeugnis zum/zur geprüften Rechtsfachwirt/in,
- (i.d.R.) die letzten beiden Arbeitszeugnisse sowie
- sonstige Zertifikate (z.B. Fremdsprachenabschlüsse).

20 Die Zeugnisse werden dabei üblicherweise in umgekehrt chronologischer Reihenfolge sortiert, d.h. das älteste Zeugnis (Schulabschlusszeugnis) zuletzt, das neueste Arbeitszeugnis zuerst.

D. Einladung zum Bewerbungsgespräch

21 Hat sich der RA für einen engeren Kreis von Bewerbern entschieden, so werden diese meist durch das Sekretariat zum Vorstellungsgespräch eingeladen. Auch hier ist besondere Sorgfalt erforderlich, um die Kanzlei vor unerwarteten Kosten zu bewahren.

22 Wird der Bewerber durch die Kanzlei zu einem Gespräch eingeladen, so sind die Vorstellungskosten nach §§ 662, 670 BGB vom Arbeitgeber zu erstatten. Insbesondere bei Bewerbern, die von auswärts anreisen, können hier größere Beträge auf die Kanzlei zukommen. Zu den Vorstellungskosten gehören nämlich Fahrt-, Übernachtungs- und Verpflegungskosten – jeweils im angemessenen Rahmen. Der Erstattungsanspruch steht sowohl dem erfolgreichen, als auch dem erfolglosen Bewerber zu.

23 In den meisten Kanzleien werden jedoch Vorstellungskosten gar nicht oder nur z.T. übernommen. Dieser Ausschluss ist trotz der Gesetzeslage möglich, wenn das Sekretariat bereits bei der Einladung die Begrenzung/den Ausschluss der Kostenerstattung wie folgt klarstellt:

> *Formulierungsbeispiel: Ausschluss von der Erstattung von Reisekosten (Bewerbungsgespräch)*
>
> **Formulierungsvorschlag für einen kompletten Ausschluss:**
>
> *„Wir möchten Sie freundlichst darauf hinweisen, dass Anreisekosten nicht von uns übernommen werden."*
>
> oder
>
> **Formulierungsvorschlag für eine Begrenzung:**
>
> *„Wir möchten Sie freundlichst darauf hinweisen, dass Ihnen lediglich Anreisekosten bis zu einer Höhe von 50,00 EUR bei Nachweis entsprechender Belege von uns erstattet werden."*

Bewerber, die sich in einem gekündigten Arbeitsverhältnis befinden, haben gegenüber ihrem Arbeitgeber einen Anspruch auf (bezahlte) Freistellung für die Wahrnehmung von Vorstellungsgesprächen, §§ 629, 616 BGB. Der Freistellungsanspruch ist dabei unabdingbar, während die Lohnfortzahlung vertraglich ausgeschlossen sein kann. 24

E. Arbeitsvertrag

Das Erstellen von Arbeitsverträgen gehört grds. nicht zu den Aufgaben einer Rechtsanwaltsfachangestellten. Die Arbeitsverträge werden von den RA selbst entworfen. Einige Grundlagen sollten dennoch allen Rechtsanwaltsfachangestellten bekannt sein. 25

Der Abschluss eines Arbeitsvertrags unterliegt keinerlei Formvorschrift. Somit ist auch der mündliche, formfreie Arbeitsvertrag wirksam. Es gilt aber auch für diese formfreien Arbeitsverträge, dass Kündigungen und Aufhebungsverträge das Schriftformerfordernis des § 623 BGB erfüllen müssen, d.h. die Urkunde muss von dem Aussteller gem. § 126 BGB eigenhändig durch Namensunterschrift oder mittels notariell beglaubigten Handzeichens unterzeichnet werden. Die elektronische Form ist in § 623 BGB ausdrücklich ausgeschlossen. Kündigungen, die nicht der Schriftform entsprechen (z.B. E-Mail, Fax, SMS, WhatsApp), sind unwirksam. 26

Gemäß § 2 Abs. 1 Nachweisgesetz (NachwG) hat der Arbeitgeber jedoch die wesentlichen Vertragsbedingungen innerhalb der in S. 4 genannten Fristen niederzulegen, die Niederschrift zu unterzeichnen und dem Arbeitnehmer auszuhändigen. Mit Wirkung zum 1.8.2022 wurde das Nachweisgesetz geändert. Neben der Verkürzung der Fristen für die Niederschrift wurde in § 4 NachwG eine Bußgeldvorschrift eingefügt: Der Verstoß gegen die Nachweispflicht stellt nun eine Ordnungswidrigkeit dar und kann mit Bußgeld bis zu 2.000 EUR bestraft werden. 27

Zudem wurde in der seit 1.1.2025 geltenden Fassung das Schriftformerfordernis im Nachweisgesetz durch die Textform gem. § 126b BGB ersetzt, sodass die Niederschrift zukünftig auch digital erfolgen kann.

Die wesentlichen Vertragsbedingungen gem. § 2 NachwG sind dabei u.a.: 28

1. vollständige Parteibezeichnung und Beginn des Arbeitsverhältnisses,
2. Arbeitsort,
3. kurze Beschreibung der vom Arbeitnehmer zu leistenden Tätigkeiten,
4. Arbeitszeit und Ruhepausen,
5. Urlaubstage,
6. Arbeitsentgelt (Höhe und Zusammensetzung),
7. Kündigungsfristen,
8. Dauer der Probezeit (sofern vereinbart),
9. bei Befristung: Dauer der Befristung.

Hinweis:

Solange kein Arbeitsvertrag bzw. keine Niederschrift nach § 2 Abs. 1 NachwG vorliegt, unterliegt die Kanzlei der Gefahr der Beweislastumkehr. Der Arbeitnehmer könnte z.B. die Vereinbarung eines höheren Gehalts oder eine längere Dauer des vereinbarten jährlichen Erholungsurlaubs behaupten. Zudem droht ein Bußgeld (s. Rdn 27).

29 Befristungen müssen immer vor Aufnahme der Arbeit durch den Arbeitgeber und den Arbeitnehmer unterschrieben werden, ansonsten ist die Befristung nichtig und das Arbeitsverhältnis ist ein unbefristetes.

30 An dieser Stelle möchte ich ferner noch auf die unterschiedlichen maximalen Probezeiten hinweisen:

Für Auszubildende gilt § 20 Bundesbildungsgesetz (BBiG), demnach muss die Probezeit mindestens einen Monat und darf höchstens vier Monate betragen.

Für sonstige Arbeitnehmer gilt § 622 Abs. 3 BGB: Eine Probezeit kann, muss jedoch nicht vereinbart werden. Die Probezeit darf längstens sechs Monate betragen. Während dieser Zeit kann das Arbeitsverhältnis mit einer reduzierten Kündigungsfrist von zwei Wochen ohne bestimmten Endpunkt gekündigt werden.

31 *Exkurs: Mindestlohn*

Seit dem 1.1.2015 gilt in Deutschland das Mindestlohngesetz (MiLoG). Die gesetzlich festgelegte Lohnuntergrenze darf nicht unterschritten werden. Diese gilt auch für Gehaltsempfänger. ReFas erhalten üblicherweise keinen Stundenlohn, sondern ein monatlich gleichbleibendes Gehalt. In diesem Fall ist ein verstetigtes Arbeitsentgelt zu zahlen, welches sich bei Einhaltung des aktuellen Mindestlohns (ML) i.H.v. 12,82 EUR pro Stunde (im Jahr 2025) bei einer 40-Stunden-Woche wie folgt berechnet:

$$\frac{\text{Wöchentliche Arbeitsstunden} \times 13 \text{ Wochen} \times \text{ML}}{3 \text{ Monate}} = \text{verstetigtes Monatsgehalt}$$

$$\frac{40 \text{ Stunden} \times 13 \text{ Wochen} \times 12{,}82 \text{ EUR}}{3 \text{ Monate}} = 2.222{,}\text{– EUR Monatsgehalt}$$

32 *Hinweis:*

Die Höhe des Mindestlohns wird von der Mindestlohnkommission festgelegt und in regelmäßigen Abständen überprüft. An dieser Stelle möchte ich jedoch betonen, dass der gesetzliche Mindestlohn keine angemessene Entlohnung für ausgebildete Fachkräfte darstellt.

Auch für Azubis gilt eine gesetzliche Mindestausbildungsvergütung, deren Höhe jährlich angepasst wird. Diese beträgt für im Jahr 2025 begonnene Ausbildungsverhältnisse 682 EUR / 805 EUR / 921 EUR / 955 EUR (1./2./3./4. Ausbildungsjahr). Daneben können die örtlichen Rechtsanwaltskammern (verbindliche) Vergütungsempfehlungen herausgeben, welche die gesetzlichen Mindestsätze überschreiten. 33

F. Urlaub

Besonders bei Kolleginnen und Kollegen, die nicht gerade in einer arbeitsrechtlichen Kanzlei arbeiten, gibt es immer wieder Unsicherheiten beim Thema Urlaub. 34

I. Dauer

Gemäß § 3 Abs. 1 Bundesurlaubsgesetz (BUrlG) beträgt der gesetzliche Urlaubsanspruch 24 Werktage. Unter **Werktagen** versteht man dabei die Wochentage von Montag bis Samstag, sodass es letztendlich einen gesetzlichen Mindestanspruch von vier Wochen Urlaub gibt. Dies gilt auch für Mitarbeiter, deren Arbeitstage lediglich Montag bis Freitag sind. Ist hingegen im Arbeitsvertrag von **Arbeitstagen** als Urlaub die Rede, so sind die tatsächlichen Arbeitstage (Montag bis Freitag) gemeint. 35

Vertraglich können selbstverständlich mehr Urlaubstage vereinbart werden. Bei den gesetzlichen Regelungen handelt es sich immer nur um den **Mindesturlaubsanspruch**. 36

Der Mindesturlaubsanspruch von 24 Werktagen = 4 Wochen gilt auch für **Halbtagskräfte**. Der Anspruch wird dabei an die Anzahl der Arbeitstage angepasst, sodass auch die Halbtagskraft einen vierwöchigen Mindesturlaubsanspruch erhält. 37

> *Praxistipp:* 38
>
> Achten Sie immer genau auf die konkrete Formulierung im Arbeitsvertrag. Wurde der Urlaub in Form von Werktagen oder in Form von Arbeitstagen geregelt? Sollte der Urlaub in Form von Werktagen geregelt sein, so muss der Urlaubsanspruch um die Samstage bereinigt werden.
>
> Bei einem Urlaubsanspruch von 24 Werktagen berechnen sich die Anzahl der Urlaubstage wie folgt:
>
> bei einer 5-Tage-Woche: 20 Arbeitstage,
> bei einer 4-Tage-Woche: 16 Arbeitstage,
> bei einer 3-Tage-Woche: 12 Arbeitstage,
> bei einer 2-Tage-Woche: 8 Arbeitstage,
> bei einer 1-Tages-Woche: 4 Arbeitstage.

39 Sollte eine **Schwerbehinderung** vorliegen, so erhöht sich der Mindesturlaubsanspruch um eine weitere Woche gem. § 208 Sozialgesetzbuch (SGB) IX.

II. Wartezeit

40 Der Anspruch auf den vollen Jahresurlaub wird gem. § 4 BUrlG erst nach sechsmonatigem Bestehen des Arbeitsverhältnisses erworben. Während dieser Wartezeit „sammelt" sich ein anteiliger Urlaubsanspruch an.

III. Teilurlaub

41 § 5 BUrlG sieht in folgenden drei Fällen einen Anspruch auf Teilurlaub vor:

- Der Arbeitnehmer scheidet innerhalb der Wartezeit aus.
- Der Arbeitnehmer erfüllt die Wartezeit im Kalenderjahr nicht.
- Der Arbeitnehmer scheidet nach Erfüllen der Wartezeit in der ersten Hälfte eines Kalenderjahres aus.

42 In allen o.g. Fällen entsteht 1/12 des Jahresurlaubs je vollen Kalendermonat, die der Arbeitnehmer in der Kanzlei beschäftigt war. Zur Berechnung wird der Urlaubsanspruch durch die Zahl 12 geteilt und das Ergebnis mit der Anzahl der Beschäftigungsmonate multipliziert.

43 *Beispiel:*

Frau M ist seit mehreren Jahren in der Kanzlei K angestellt und hat einen jährlichen Urlaubsanspruch von 30 Arbeitstagen. Sie scheidet aufgrund einer betriebsbedingten Kündigung zum 30.4.2025 aus. Der Arbeitsvertrag enthält keine Regelung zum Teilurlaub.

Sie hat für das Jahr 2025 einen gesetzlichen Teilurlaubsanspruch erworben. Dieser berechnet sich wie folgt:

$$\frac{\text{30 Urlaubstage}}{12} = \text{Urlaubsanspruch von 2,5 Tagen pro Monat}$$

Da Frau M vier Monate gearbeitet hat, hätte sie demnach einen Urlaubsanspruch von zehn Tagen (2,5 × 4).

44 *Alternative:*

Wie wäre es jedoch, wenn das Arbeitsverhältnis erst am 31.7.2025 enden würde?

Ein Teilurlaub kommt hier nicht in Betracht. §§ 4, 5 Abs. 1 e BUrlG ist hier eindeutig. Bei einem Ausscheiden des Arbeitsnehmers in der zweiten Jahreshälfte – nach erfüllter Wartezeit – ist grundsätzlich der volle Jahresurlaub zu gewähren.

Das Vorgesagte gilt jedoch nur uneingeschränkt für den gesetzlichen Mindesturlaubsanspruch nach § 5 BUrlG und darüber hinaus auch für den vertraglichen „Mehr"-Urlaub, soweit eine Quotelung bei Ausscheiden in der zweiten Jahreshälfte **nicht** vereinbart worden ist (wie im obigen Fallbeispiel). 45

In der Praxis kommt es jedoch häufig vor, dass eine Quotelung hinsichtlich des den gesetzlichen Urlaubsanspruch übersteigenden vertraglichen Urlaubsanspruches beim Ausscheiden in der zweiten Jahreshälfte vereinbart wird. Eine solche Vereinbarung ist zulässig und könnte wie folgt aussehen:

> *Formulierungsbeispiel: Quotelung „Mehrurlaub" für den Arbeitsvertrag*
>
> Endet das Arbeitsverhältnis im zweiten Kalenderhalbjahr, steht dem/der Arbeitnehmer/in im Hinblick auf seinen/ihren den gesetzlichen Urlaubsanspruch übersteigenden (vertraglichen) Urlaubsanspruch nur ein anteiliger Urlaubsanspruch zu. Dasselbe gilt hinsichtlich des gesamten Urlaubsanspruchs (gesetzlich und vertraglich) für den Fall eines Ausscheidens im ersten Kalenderhalbjahr oder wenn das Arbeitsverhältnis insgesamt kürzer als sechs Monate besteht. Die Parteien sind sich darüber einig, dass der/die Arbeitnehmer/in zunächst den gesetzlichen Urlaubsanspruch und erst nachdem dieser vollständig genommen wurde, den vertraglichen Urlaub in Anspruch nimmt, der den gesetzlichen Urlaubsanspruch übersteigt.

Zunächst ist hier der vertragliche „Mehr"-Urlaub von zehn Arbeitstagen (von insgesamt 30 Urlaubstagen) nach Monaten zu quoteln:

$$\frac{\text{10 (vertragl.) Urlaubstage}}{12} = \text{Urlaubsanspruch von 0,83 Tagen pro Monat}$$

Für den Zeitraum Januar bis Juli 2025 ergibt dies 5,83 = aufgerundet 6 Urlaubstage.

Der gesamte Urlaubsanspruch der Frau M. würde sich bei einem Ausscheiden zum 31.7.2025 bei einer solchen getroffenen Vereinbarung somit wie folgt berechnen:

1. Gesetzlicher Urlaubsanspruch in voller Höhe	=	20 Arbeitstage (24 Werktage)
2. Vertraglicher Mehrurlaub (gequotelt, 7 Monate)	=	6 Arbeitstage
Gesamturlaub für 2025		26 Arbeitstage

Die restlichen 4 Tage fallen im Beispiel wegen der vertraglich vereinbarten Quotelung weg.

IV. Übertragung des Urlaubs

Grundsätzlich gilt, dass der Urlaubsanspruch nur für das jeweilige Kalenderjahr besteht und nicht für die Folgejahre „angespart" werden kann (§ 7 Abs. 3 BUrlG). 46

Lediglich in folgenden Fällen ist eine Übertragung bis zum 31.03. vorgesehen:

- Es liegen dringende betriebliche oder in der Person des Arbeitnehmers liegende Gründe vor.
- Im Urlaubsjahr ist lediglich ein Teilurlaubsanspruch entstanden.

47 Nach neuster Rechtsprechung[1] darf nicht genommener Urlaub jedoch nicht mehr automatisch zum Jahresende bzw. zum Ende des Übertragungszeitraum (31.3. des Folgejahres) verfallen. Der Arbeitgeber muss seine Mitarbeiter über den möglichen Verfall von Urlaubstagen aufklären und dazu auffordern, den Urlaub zu nehmen. Den Arbeitgeber trifft insoweit eine Mitwirkungspflicht, dass Mitarbeiter ihren Urlaub tatsächlich nehmen (können).

48 *Praxistipp:*

Rechtzeitig vor Jahresende sollten alle Mitarbeiter über die Anzahl ihrer Resturlaubstage informiert und schriftlich (!) dazu aufgefordert werden, diesen Resturlaub zu nehmen, verbunden mit dem Hinweis, dass nicht genommener Urlaub zum Jahresende bzw. zum Ende des Übertragungszeitraum (31.3. des Folgejahres) verfällt.

V. Urlaubsgewährung

49 Der Zeitraum des Urlaubs wird vom Arbeitgeber festgelegt und darf nicht in Form einer Selbstbeurlaubung stattfinden.

50 Bei der Festlegung des Urlaubs hat der Arbeitgeber jedoch nach billigem Ermessen die Urlaubswünsche der Arbeitnehmer zu berücksichtigen.

Billiges Ermessen ist dabei ein unbestimmter Rechtsbegriff und meint so viel wie pflichtgemäßes Ermessen.

Der Arbeitgeber sollte bei der Urlaubsgewährung auf Ausgewogenheit zwischen den einzelnen Mitarbeitern achten sowie die Schulpflicht der Kinder berücksichtigen.

51 So soll nicht nur ein Mitarbeiter alle „Brückentage" (Definition gemäß Wikipedia: *„Brückentage sind Tage, die zwischen einem Feiertag und einem [zumeist in den Kanzleien] ohnehin arbeitsfreien Tag (Samstag oder Sonntag) liegen, demzufolge also entweder ein Montag oder ein Freitag"*) nutzen dürfen. Den Auszubildenden in der Anwaltskanzlei ist i.d.R. Urlaub in den Schulferien zu gewähren.

52 In der Regel funktioniert diese Urlaubsgewährung in den meisten Kanzleien recht gut. Letztendlich muss Urlaub aber immer **gewährt** werden. Auf keinen Fall darf der Arbeitnehmer eigenmächtig in den Urlaub fahren. Dies könnte durchaus ein Grund für eine Kündigung sein.

1 BAG v. 19.2.2019 – 9 AZR 541/15, NZA 2019, 982; BAG v. 20.12.2022 – 9 AZR 266/20, NZA 2021, 413.

Die Urlaubsgewährung ist grds. formfrei und kann daher auch mündlich erfolgen. Es bietet sich jedoch durchaus an, für jeden Mitarbeiter pro Jahr eine Urlaubsliste anzulegen, in der der Arbeitgeber die Genehmigung des gewünschten Urlaubs abzeichnet: 53

Eine mögliche Liste könnte wie folgt aussehen: 54

▼

Muster 14.2: Urlaubsgewährung

Name Mitarbeiter: Frau M

Anzahl der Urlaubstage im Jahr 2025: 30 Tage

Resturlaub 2024: 2 Tage

Gesamt: 32 Tage

Zeitraum beantragter Urlaub	verbrauchte Urlaubstage	Resturlaub	genehmigt
2.1.2025	1	31	Unterschrift RA

▲

VI. Urlaubsabgeltung

Die Urlaubsabgeltung kommt lediglich dann in Betracht, wenn der Urlaubsanspruch besteht, der Urlaub jedoch wegen Beendigung des Arbeitsverhältnisses nicht mehr genommen werden kann. Ist der Urlaubsanspruch jedoch erloschen, gibt es auch keine Urlaubsabgeltung mehr, da diese lediglich den Ersatz (Surrogat) für den eigentlichen Urlaub darstellt. 55

Die Berechnung erscheint zunächst schwierig, mit der nachstehenden Formel ist sie jedoch recht einfach. Man muss zunächst einmal den Durchschnittsverdienst je Urlaubstag berechnen. Dabei werden die letzten 13 Wochen zugrunde gelegt. 56

$$\frac{\text{Verdienst der letzten 13 Wochen (= 3 Monate)}}{\text{Arbeitstage (AT) der letzten 13 Wochen}} = \text{Durchschnittsverdienst je Urlaubstag}$$

Beispiel 1: 57

Frau S verdient 2.500,00 EUR brutto monatlich bei einer 4 Tage-Woche. Sie hätte demnach einen durchschnittlichen Tagesverdienst von

$$\frac{3 \times 2.500{,}00 \text{ EUR} = 7.500{,}00 \text{ EUR}}{4 \text{ (AT)} \times 13 \text{ (Wochen)} = 52 \text{ AT}} = 144{,}23 \text{ EUR brutto je Tag.}$$

58 *Beispiel 2:*

Frau M verdient 3.400,00 EUR brutto bei einer 5 Tage-Woche. Sie hätte demnach einen durchschnittlichen Tagesverdienst von

$$\frac{3 \times 3.400{,}00\ \text{EUR} = 10.200{,}00\ \text{EUR}}{5\ (\text{AT}) \times 13\ (\text{Wochen}) = 65\ \text{AT}} = 156{,}92\ \text{EUR brutto je Tag}$$

59 Der durchschnittliche Tagesverdienst ist sodann nur noch mit der Anzahl der abzugeltenden Urlaubstage zu multiplizieren.

G. Berechnung Umlage U 1 (Krankheit)

60 Arbeitnehmer haben grds. im Krankheitsfall Anspruch auf **Lohnfortzahlung** für maximal sechs Wochen. Um kleine bzw. mittelständische Betriebe finanziell zu entlasten, wurde die sog. Umlage U1 eingeführt. An diesem Umlageverfahren nehmen alle Arbeitgeber mit regelmäßig bis zu 30 Beschäftigten teil, sodass die meisten Kanzleien umlagepflichtig sind. Die umlagepflichtigen Arbeitgeber müssen neben den allgemeinen Sozialversicherungsbeiträgen einen Umlagebeitrag entrichten und können dafür im Krankheitsfall einen Erstattungsantrag stellen und erhalten bis zu 80 % des fortgezahlten Arbeitsentgelts von der Krankenkasse erstattet.

61 Die Teilnahme am Ausgleichverfahren entsteht dabei kraft Gesetzes und ist nicht von einem förmlichen Feststellungsbescheid abhängig. Der Arbeitgeber hat lediglich Einfluss darauf, seine Umlagekosten zu minimieren, indem er einen häufig von den Krankenkassen angebotenen geminderten U1-Beitrag entrichtet, was jedoch auch eine Reduzierung des Erstattungssatzes zur Folge hat.

Die Beiträge für die Umlage U1 berechnen sich nach dem laufenden Arbeitsentgelt bis zur Beitragsbemessungsgrenze in der Rentenversicherung; einmalig gezahltes Arbeitsentgelt bleibt unberücksichtigt.

62 Das Stellen dieses **Erstattungsantrags** fällt meist in die Zuständigkeit der ReFa.

Auch hier bedarf es wieder einiger arbeitsrechtlicher Grundlagen:

Die Kanzlei hat nur einen Erstattungsanspruch auf Umlage U1, wenn die Voraussetzungen nach dem Entgeltfortzahlungsgesetz vorliegen:

1. Das Arbeitsverhältnis muss seit mindestens vier Wochen ununterbrochen bestehen, da gem. § 3 Abs. 3 Entgeltfortzahlungsgesetz erst dann ein Fortzahlungsanspruch des Arbeitsnehmers im Krankheitsfall existiert.
2. Eine U1-Erstattung erfolgt für einen maximalen Zeitraum von sechs Wochen (wegen derselben Erkrankung), da der Arbeitnehmer nur so lange einen Anspruch auf Lohnfortzahlung gegen seinen Arbeitgeber hat.

Dabei gilt der Grundsatz, dass die Zeiten zusammengerechnet werden, wenn der Arbeitnehmer innerhalb von zwölf Monaten infolge derselben Krankheit wiederholt arbeitsunfähig war. War der Arbeitnehmer zwischen zwei Arbeitsunfähigkeitszeiten jedoch infolge derselben Krankheit mindestens sechs Monate wieder arbeitsfähig, so erwirbt der Arbeitsnehmer einen neuen Anspruch auf Entgeltfortzahlung bis längstens sechs Wochen (§ 3 EFZG).

3. Die ärztliche Krankschreibung (AU) muss vor Antragstellung an die Krankenkasse übermittelt worden sein, ansonsten kommt es zu einer entsprechenden Zwischenverfügung. Ist jedoch der Arbeitnehmer nur ein bis drei Tage krank, kann auch ein U1-Erstattungsantrag ohne das Vorliegen einer Krankschreibung bei der Krankenkasse gestellt werden, da er nach § 5 Abs. 1 Entgeltfortzahlungsgesetz eine ärztliche Bescheinigung grundsätzlich erst vorlegen muss, wenn die Arbeitsunfähigkeit länger als drei Kalendertage (Achtung: nicht Arbeitstage) andauert.

> *Hinweis:* **63**
>
> Seit Einführung der elektronischen Arbeitsunfähigkeitsbescheinigung (eAU) im Jahr 2023 muss die AU-Bescheinigung nicht mehr vom Arbeitnehmer beim Arbeitgeber eingereicht werden. Vielmehr erfolgt die Übermittlung an die Krankenkasse auf elektronischem Wege direkt durch die Arztpraxis. Der Arbeitgeber kann die eAU sodann elektronisch bei der Krankenkasse abrufen. Dies entbindet den kranken Mitarbeiter jedoch nicht von seiner Verpflichtung, seinen Arbeitgeber über seine Erkrankungen und die voraussichtliche Dauer zu informieren.

Die entsprechenden Erstattungsanträge können an die jeweilige Krankenkasse nur noch in **elektronischer Form** z.B. über das SV-Meldeportal (welches das kostenlose Programm sv.net zum 29.2.2024 abgelöst hat) oder über eine Lohnsoftware wie Lexware oder DATEV übermittelt werden. **64**

Beim Ausfüllen der entsprechenden Anträge im SV-Meldeportal ergibt sich meist das Problem, wie man das fortgezahlte Entgelt berechnet. Bei den gängigen Softwarelösungen erfolgt die Berechnung der Erstattungsbeträge jedoch automatisch auf der Grundlage des hinterlegten Gehalts und der eingetragenen Fehlzeiten. **65**

Zunächst gilt das **Bruttoarbeitsentgeltprinzip**, d.h. es ist das Bruttoarbeitsentgelt (einschließlich der Lohn- und Kirchensteuer und des Versichertenanteils zu den Sozialversicherungen) im arbeitsrechtlichen Sinne anzusetzen. Leistungen für Aufwendungen des Arbeitnehmers werden nur berücksichtigt, wenn dem Arbeitnehmer diese Aufwendungen auch während der Arbeitsunfähigkeit tatsächlich entstehen (§ 4 Abs. 1a EFZG). **Überstunden** gehören in der Regel nicht zum fortzuzahlenden Entgelt. **66**

Die Berechnung des U1-Erstattungsbetrages erfolgt entweder nach Arbeitstagen oder nach Kalendertagen – je nachdem, welche Berechnung in der Kanzlei für die Entgeltfort- **67** zahlung gewählt wurde. Das für die krankheitsbedingt ausgefallenen Arbeitstage fortzuzahlende Entgelt berechnet sich wie folgt:

Berechnung der Entgeltfortzahlung nach Arbeitstagen:

$$\frac{\text{Monatsgehalt}}{\text{Arbeitstage (AT) des jeweiligen Monats}} \times \text{ausgefallene Arbeitstage (AT)}$$

Berechnung der Entgeltfortzahlung nach Kalendertagen:

$$\frac{\text{Monatsgehalt}}{\text{Kalendertage (KT) des jeweiligen Monats}} \times \text{ausgefallene Kalendertage (KT)}$$

Beispiel:

Frau M ist zwei Arbeitswochen im Zeitraum vom 10.6. bis 21.6.2024 krank. Sie verdient monatlich 3.500,00 EUR brutto bei einer 5-Tage-Woche. Je nach gewählter Berechnungsart für die Entgeltfortzahlung ergibt sich ein anderer Betrag.

Berechnung nach Arbeitstagen:

Der Monat Juni hat 20 Arbeitstage, von denen Frau M krankheitsbedingt 10 Arbeitstage ausgefallen ist.

$$\frac{\text{3.500 EUR}}{\text{20 Arbeitstage}} \text{ x 10 Arbeitstage = 1.750 EUR}$$

Berechnung nach Kalendertagen:

Der Monat Juni hat 30 Kalendertage, von denen Frau M krankheitsbedingt 12 Kalendertage ausgefallen ist.

$$\frac{\text{3.500 EUR}}{\text{30 Kalendertage}} \text{ x 12 Kalendertage = 1.400 EUR}$$

Dies ist jedoch nicht der Erstattungsbetrag. Je nachdem, welchen Erstattungssatz der Arbeitgeber bei der jeweiligen Krankenkasse gewählt hat, ergibt sich eine Erstattung zwischen 50 % bis max. 80 % des fortgezahlten Entgelts.

H. Umlage U2 (Mutterschaft) und Exkurs Schwangerschaft

68 Neben der Umlage U1 stellt die Umlage U2 (Mutterschaft) eine weitere finanzielle Entlastung für Arbeitgeber dar. Über die Umlage U2 erhalten Arbeitgeber eine Erstattung ihrer Aufwendungen, die sie nach dem Mutterschutzgesetz (MuSchG) zahlen müssen.

Im Jahre 2006 wurden folgende Punkte hinsichtlich der Umlage U2 neu geregelt: 69

- Alle Arbeitgeber sind unabhängig von der Größe ihres Betriebs (anders als bei der Umlage U1) zur Entrichtung der Umlage U2 an die entsprechenden Krankenkassen ihrer Arbeitnehmer verpflichtet. (Diese Änderung war notwendig geworden, da das BVerfG die Altregelung als nicht verfassungskonform ansah, da damals nur Kleinbetriebe – bis zu 20 Arbeitnehmer – eine Erstattung der Arbeitgeberaufwendungen erhielten. Das Gericht sah hierin eine Gefahr, dass Frauen evtl. bei größeren Betrieben bei der Einstellung benachteiligt werden könnten.)
- Die Umlage U2 muss nunmehr auch für männliche Arbeitnehmer abgeführt werden, obwohl diese natürlich nicht selbst schwanger werden können. (Das BVerfG hat jedoch die Ungleichbehandlung von männlichen und weiblichen Beschäftigten bei der Abführung der Beiträge beanstandet, da die Umlage U2 nach der Altregelung nur für weibliche Arbeitnehmerinnen abgeführt werden musste. Um eine geschlechtsspezifische Benachteiligung zu verhindern und unter dem Gesichtspunkt der Solidargemeinschaft war die Neuregelung geboten.)

Die Beiträge für die Umlage U2 werden aus der Summe aller rentenversicherungspflichtigen Entgelte der Arbeitnehmer berechnet und mit den monatlichen Sozialversicherungsmeldungen an die Krankenkassen gemeldet. 70

Im Gegensatz zu den anderen Sozialversicherungsbeiträgen (wie Kranken-, Pflege-, Arbeitslosen- und Rentenversicherungsbeiträge) sind die Umlagebeiträge U1 und U2 alleine vom Arbeitgeber zu tragen. 71

Anders als bei der Umlage U1 (Krankheit) gibt es bei der Umlage U2 (Mutterschaft) keine unterschiedlichen Erstattungssätze. Die Erstattungsleistung beträgt immer 100 %. 72

Dabei werden gem. § 1 Abs. 2 AAG folgende Arbeitgeberaufwendungen erstattet: 73

- Entgeltfortzahlungen bei individuellen Beschäftigungsverboten sowie die hierauf entfallenden Arbeitgeberanteile zum Gesamtsozialversicherungsbetrag und
- der ausgezahlte Zuschuss zum Mutterschaftsgeld, der während des allgemeinen Beschäftigungsverbots (Mutterschutz: grds. sechs Wochen vor der Geburt bis acht Wochen nach der Geburt) vom Arbeitgeber zu zahlen ist.

Die Erstattungsanträge für die Umlage U2 können ebenfalls nur in elektronischer Form an die Krankenkassen übermittelt werden (s. Rdn 64). 74

Exkurs: Schwangerschaft 75

Das Gesetz sieht für schwangere Arbeitnehmerinnen umfangreiche Schutzrechte und Leistungen vor. Hierfür ist es jedoch erforderlich, dass der Arbeitgeber möglichst umgehend über die Schwangerschaft informiert wird, da nur so umfassend die Schutzrechte wirken können.

Dabei gelten sämtliche Schutzvorschriften und Leistungen sowohl für befristete wie auch für unbefristete Arbeitsverhältnisse. Die Größe der Kanzlei ist unbeachtlich.

Kündigungsschutz:

§ 17 Abs. 1 Mutterschutzgesetz (MuSchG) enthält ein weitreichendes Kündigungsverbot, das während der gesamten Schwangerschaft bis zum Ablauf von vier Monaten nach der Entbindung bzw. nach einer Fehlgeburt nach der zwölften Schwangerschaftswoche gilt. In diesem Zeitraum sind Kündigungen (egal ob ordentlich oder außerordentlich) der schwangeren Arbeitnehmerin grds. ausgeschlossen.

Das Verbot gilt jedoch nicht, wenn das Arbeitsverhältnis aus anderen Gründen endet (z.B. durch Ablauf der vereinbarten Frist bei einem befristeten Arbeitsvertrag oder durch einen Aufhebungsvertrag), da es sich hierbei nicht um eine Kündigung handelt.

Das Verbot setzt voraus, dass die Schwangerschaft bei Zugang der Kündigung bestand bzw. die Kündigung in dem Zeitraum der Schutzfrist von vier Monaten nach Entbindung bzw. Fehlgeburt erklärt wurde. Der weitere Verlauf richtet sich dabei danach, wann der Arbeitgeber von der Schwangerschaft Kenntnis erlangt hat:

Hatte der Arbeitgeber **keine Kenntnis** von der Schwangerschaft zum Zeitpunkt der Kündigung, so kann die Arbeitnehmerin die Mitteilung über die Schwangerschaft innerhalb von zwei Wochen ab Zugang der Kündigung nachholen. Die Kündigung wäre zunächst zwar unzulässig, die Arbeitnehmerin müsste in diesem Fall jedoch nach § 4 S. 1 KSchG eine entsprechende Kündigungsschutzklage innerhalb von drei Wochen ab Zugang der Kündigung einreichen. Legt die Arbeitnehmerin keine entsprechende Klage fristgerecht ein, so würde die ausgesprochene Kündigung gem. § 7 KSchG von Anfang an rechtswirksam werden.

Hatte der Arbeitgeber jedoch **Kenntnis** von der Schwangerschaft zum Zeitpunkt der Kündigung, so hätte er die schwangere Arbeitnehmerin nur aus besonderen Gründen (z.B. wegen Diebstahls) und nur mit Zustimmung der für den Arbeitsschutz zuständigen obersten Landesbehörde kündigen dürfen. In diesen Fällen beginnt die 3-wöchige Frist zur Erhebung der Kündigungsschutzklage gem. § 4 S. 4 KSchG erst mit Bekanntgabe der Entscheidung der Behörde an die Arbeitnehmerin. Hat der Arbeitgeber noch gar keine Zustimmung eingeholt, so kann auch keine Frist laufen.

Schutz am Arbeitsplatz:

Die Verordnung zum Schutze der Mütter am Arbeitsplatz (MuSchArbV) regelt zusammen mit dem MuSchG umfangreich die Rechte der Mütter am Arbeitsplatz.

Nach dem Gesetz sind keine Arbeiten zu verrichten, die die Gesundheit des Kindes bedrohen könnten, dies gilt insbes. für Tätigkeiten, bei denen Kontakt mit gesundheitsgefährdenden Stoffen besteht.

In der Praxis dürfte jedoch die normale Bürotätigkeit keine Gefährdung des Kindes darstellen. Das Heben von schweren Kartons mit Leitzordnern kann jedoch verweigert werden.

In Kanzleien ist vielmehr darauf zu achten, dass ausreichende **Erholungspausen** ermöglicht werden. Der Arbeitgeber muss ferner die Arbeitnehmerin für Arztbesuche und das Stillen des Kindes freistellen (Ein Nacharbeiten dieser Zeiten ist gem. § 7 Abs. 2 S. 2 MuSchG nicht erforderlich).

Mutterschutzfrist und Mutterschaftsgeld:

Die Mutterschutzfrist beginnt gem. § 3 Abs. 1 MuSchG sechs Wochen vor dem errechneten Geburtstermin. Ab diesem Zeitpunkt dürfen Arbeitnehmerinnen nur noch beschäftigt werden, wenn sie dies ausdrücklich wünschen. Die Erklärung kann jedoch jederzeit widerrufen werden.

Die Mutterschutzfrist endet grds. gem. § 3 Abs. 2 MuSchG acht Wochen nach der Entbindung, es sei denn, es liegt eine Früh- oder Mehrlingsgeburt vor. In diesen Fällen endet die Frist erst zwölf Wochen nach der Entbindung. Mit Wirkung ab 1.6.2025 wurde zudem der Mutterschutz bei Fehlgeburten ausgeweitet.

Während der gesamten Mutterschutzfrist hat die Arbeitnehmerin einen Anspruch auf **Mutterschaftsgeld**, das bei der Krankenkasse von der Arbeitnehmerin selbst beantragt werden muss und von der Krankenkasse ausgezahlt wird. Daneben hat die Arbeitnehmerin noch einen Anspruch auf Zuschuss zum Mutterschaftsgeld gem. § 20 MuSchG gegenüber ihrem Arbeitgeber.

Zusammen betragen Mutterschaftsgeld und Arbeitgeberzuschuss i.d.R. etwa so viel wie das letzte Nettoarbeitseinkommen.

Mutterschutz für Auszubildende, Schülerinnen und Studentinnen:

Seit der Neuregelung im Jahr 2018 gilt das Mutterschutzgesetz nunmehr auch für Studentinnen und Schülerinnen, die z.B. Klausuren in der Mutterschutzfrist – ohne negative Folgen für die Ausbildung – nicht mitschreiben müssen. Allerdings gilt der Mutterschutz hier etwas modifiziert, so ist die absolute Schutzfrist nach der Entbindung im Unterschied zu einer normalen Arbeitnehmerin nicht verbindlich. Eine Fortsetzung der schulischen bzw. hochschulischen Ausbildung ist auf Verlangen der Mutter möglich, kann jedoch jederzeit mit Wirkung für die Zukunft widerrufen werden.

Für Auszubildende galt das Mutterschutzrecht jedoch bereits vor der Neuregelung uneingeschränkt. Hier noch einmal der Hinweis, dass Berufsausbildungsverhältnisse befristete Beschäftigungsverhältnisse sind, die mit Ablauf der vertraglich vereinbarten Ausbildungszeit oder – bei vorzeitigem Bestehen der Abschlussprüfung – mit Bekanntgabe der Prüfungsergebnisse durch den Prüfungsausschuss enden, ohne dass es einer gesonderten Kündigung bedarf. Die Auszubildende kann jedoch vor der Abschlussprüfung beantragen, dass die Ausbildungszeit aufgrund der Fehlzeiten wegen der Schwangerschaft verlängert wird, so dass das Ausbildungsziel erreicht werden kann. Beim Nichtbestehen der Abschlussprüfung ist auch eine Verlängerung des Ausbildungsverhältnisses bis zur nächstmöglichen Abschlussprüfung, maximal ein Jahr, auf Antrag möglich. Die Anträge sind bei der für das Ausbildungsverhältnis zuständigen Rechtsanwaltskammer zu stellen.

Elternzeit und Elterngeld:

Bereits seit 2007 haben Eltern gemäß dem Bundeselterngeld- und Elternzeitgesetz (BEEG) einen Anspruch auf Elternzeit und Elterngeld.

Elternzeit ist die unbezahlte Auszeit vom Beruf und unabhängig vom Bezug von Elterngeld.

Die Elternzeit kann nach dem Ablauf der gesetzlichen Mutterschutzfrist oder später genommen werden und beträgt für jeden Elternteil (also auch den Vater des Kindes) höchstens drei Jahre.

Mütter und Väter können 24 Monate Elternzeit auf den Zeitraum zwischen dem dritten Geburtstag und der Vollendung des achten Lebensjahres des Kindes übertragen. Eine Zustimmung des Arbeitgebers ist **nicht erforderlich**.

Jeder Elternteil kann seine gesamte Elternzeit in **drei Zeitabschnitte** aufteilen. Der Arbeitgeber kann jedoch den dritten Abschnitt der Elternzeit aus dringenden betrieblichen Gründen ablehnen, wenn er zwischen dem dritten Geburtstag und der Vollendung des achten Lebensjahres des Kindes liegt.

Eine Verteilung auf weitere beziehungsweise mehr als drei Zeitabschnitte ist nur mit Zustimmung des Arbeitgebers möglich.

Diese Aufteilung in verschiedene Zeitabschnitte wird insbes. von Eltern favorisiert, die ihr Kind im ersten Schuljahr intensiv betreuen möchten.

Beide Elternteile können auch gleichzeitig bis zu drei Jahre Elternzeit in Anspruch nehmen.

Die Elternzeit muss gem. § 16 BEEG **vor Beginn** durch schriftliche Erklärung beim Arbeitgeber verlangt werden und die Erklärung enthalten, für welche Zeiten innerhalb von zwei Jahren Elternzeit genommen werden soll.

Hierbei gelten jedoch unterschiedliche Fristen:

- Für den Zeitraum bis zum vollendeten dritten Lebensjahr des Kindes beträgt die Frist für die Beanspruchung sieben Wochen vor Beginn der Elternzeit.
- Für den Zeitraum zwischen dem dritten Geburtstag und dem vollendeten achten Lebensjahr des Kindes muss die Elternzeit spätestens 13 Wochen vor Beginn der Elternzeit verlangt werden.

Die Elternzeit bedarf jedoch nicht der Zustimmung des Arbeitgebers. Der Arbeitgeber soll durch die Erklärung nur eine gewisse Planungssicherheit erhalten. Eltern müssen ihre Elternzeit grds. auch nur für zwei Jahre anmelden. Die restliche Zeit kann flexibel gestaltet werden. Es bedarf jedoch einer weiteren Ankündigung gegenüber dem Arbeitgeber.

Während der Elternzeit erhält die Arbeitnehmerin kein Gehalt vom Arbeitgeber, sondern vielmehr eine unbezahlte Freistellung. Das Arbeitsverhältnis ruht. Urlaubsansprüche werden in der Elternzeit trotzdem erworben. Der Arbeitgeber kann den Erholungsurlaub jedoch für jeden vollen Kalendermonat der Elternzeit um 1/12 kürzen (§ 17 Abs. 1 BEEG).

Gem. § 18 BEEG besteht während der gesamten Elternzeit ein Kündigungsschutz, die Arbeitnehmerin/der Arbeitnehmer kann jedoch selbst das Arbeitsverhältnis während der Elternzeit kündigen.

Während der Elternzeit ist es möglich Teilzeit (max. 32 Wochenstunden) zu arbeiten. In Kanzleien mit mehr als 15 Vollzeitbeschäftigten hat der Arbeitnehmer/Arbeitnehmerin einen Rechtsanspruch auf Verringerung der Arbeitszeit in der Elternzeit im Rahmen von 15 bis 32 Wochenstunden, der allerdings ausgeschlossen ist, wenn dringende berufliche Gründe dem entgegenstehen.

Um die Eltern wirtschaftlich abzusichern, haben diese Anspruch auf Elterngeld. Die Dauer des Elterngeldbezugs richtet sich nach der gewählten Elterngeld-Variante. Für die ab 1.4.2024 geborenen Kinder gelten diesbezüglich neue Regelungen.

Zunächst wird unterschieden zwischen Basiselterngeld und Elterngeld Plus. Anspruch auf **Basiselterngeld** besteht gemäß § 4 BEEG für bis zu 14 Lebensmonate des Kindes **(12 Grundmonate + 2 Partnermonate).** Bei dem Elterngeld handelt es sich um eine Familienleistung des Staates, die insbes. nur dann gewährt wird, wenn sich ein Elternteil vorrangig selbst der Betreuung des Kindes widmen will und deshalb nicht voll erwerbstätig ist.

Gem. § 2 BEEG beträgt das Elterngeld i.d.R. 67 % des entfallenden Nettoeinkommens, mindestens jedoch 300,00 EUR und höchstens 1.800,00 EUR (67 % von max. 2.700,00 EUR, die als Einkommen berücksichtigt werden) für mindestens zwölf Lebensmonate des Kindes.

Die Eltern haben ferner einen Anspruch auf weitere zwei sog. Partnermonate gem. § 4 Abs. 2 BEEG, wenn sich der andere Partner auch vorrangig um die Kinderbetreuung für mindestens zwei Monate kümmert. Für Alleinerziehende gibt es eine entsprechende Anpassungsregelung, sie erhalten die vollen 14 Monate bezahlt.

Dabei steht das Elterngeld sowohl erwerbstätigen Eltern wie auch Eltern ohne Erwerbseinkommen (wie z.B. Hausfrauen und Arbeitslosen) zu.

Während der Elternzeit darf der Elternteil, der Elterngeld bezieht, **nicht mehr als 32 Stunden** (bei vor dem 1.4.2024 geborenen Kindern: 30 Stunden) wöchentlich einer Erwerbstätigkeit nachgehen.

Soll die Teilzeittätigkeit bei einem anderen Arbeitgeber erfolgen, so ist unbedingt die Einholung einer Genehmigung des ursprünglichen Arbeitgebers erforderlich. Dieser kann die Genehmigung aus dringenden betrieblichen Gründen (z.B. wegen Wettbewerbsschutz) versagen.

Neben dem Basiselterngeld gibt es die Möglichkeit, das sogenannte **Elterngeld Plus** in Anspruch zu nehmen. Dies wurde insbesondere für die Eltern geschaffen, die schon während des Elterngeldbezuges wieder in Teilzeit arbeiten möchten, um so den Anschluss an die Arbeitswelt nicht zu verlieren bzw. um die Haushaltskasse aufzufüllen. Es soll der Vereinbarkeit von Beruf und Familie dienen und hilft auch den Kanzleien auf motivierte Mitarbeiter und Mitarbeiterinnen nicht längere Zeit gänzlich zu verzichten.

Beim Elterngeld Plus bekommen die Eltern **doppelt solange** Elterngeld jedoch nur **in halber Höhe** (mindestens 150,00 EUR und höchstens 900,00 EUR). Aus einem bisherigen Elterngeldmonat werden somit quasi zwei Elterngeld-Plus-Monate (24 Grundmonate + 4 Partnermonate).

Darüber hinaus besteht die Möglichkeit, den **Partnerschaftsbonus** in Anspruch zu nehmen, wenn beide Elternteile während des Bezugs von Elterngeld Plus in Teilzeit (24 bis 32 Wochenstunden) arbeiten.

Bei Mehrlingsgeburten wird darüber hinaus ein **Mehrlingszuschlag** von 300 EUR (150 EUR bei Elterngeld Plus) für jedes weitere neugeborene Kind gezahlt.

Für Geburten nach dem 1.4.2024 gelten außerdem neue Einkommensgrenzen für den Bezug von Elterngeld. Der Elterngeldanspruch entfällt für Elternpaare und Alleinerziehende, die im Kalenderjahr vor der Geburt ihres Kindes ein zu versteuerndes Einkommen von mehr als 200.000 EUR hatten. Zum 1.4.2025 wurde die Einkommensgrenze nochmal gesenkt auf 175.000 EUR.

I. Feedbackgespräche und Umgang mit Mobbing

76 Feedbackgespräche sind in vielen deutschen Unternehmen zur festen Größe geworden und halten in immer mehr Kanzleien ihren Einzug. Das Gespräch soll dabei in erster Linie dazu dienen, die Ist-Situation zu überdenken und Zukunftsprojekte zu entwickeln.

I. Solide Vorbereitung

Es ist dabei für Kolleginnen äußerst wichtig, sich auf dieses Gespräch vorzubereiten und sich ggf. auch zu hinterfragen. 77

Praxistipp: 78

Beantworten Sie sich selbst die nachstehenden Fragen:

Ist- Zustand:

- Wie zufrieden sind Sie mit der Arbeit?
- Welche Situationen führten zu Stress? Gibt es Lösungsvorschläge von Ihnen?
- Welche Aktenbearbeitungen sind Ihnen im letzten Jahr gut in Erinnerung geblieben? (z.B., weil Sie weitere Gebühren von der Rechtsschutzversicherung erstritten haben, erfolgreich vollstreckt haben o.ä.)
- Gab es auch Aktenbearbeitungen, wo es zu Problemen kam? Gibt es Lösungsvorschläge von Ihnen hierzu?

Zukunft:

- Welche Seminare möchten Sie im nächsten Jahr besuchen? (evtl. wird sogar ein Rechtsfachwirtstudium angestrebt.)
- Welchen Rechtsbereich könnte Ihnen Ihr Rechtsanwalt vermitteln und damit Ihre Arbeit unterstützen?
- Sehen Sie Möglichkeiten, wo Sie Ihren Chef unterstützen und somit entlasten könnten?

Die Liste könnte endlos weitergeführt werden und soll hier lediglich einen Anstoß für eigene Überlegungen geben. 79

II. Zeit nehmen

Ein weiterer Grundsatz hört sich banal an, ist aber für das Gelingen eines Feedbackgesprächs äußerst wichtig: sich Zeit zu nehmen. 80

Planen Sie für das Feedbackgespräch eine gute Stunde ein und legen es, wenn es in Ihren Möglichkeiten liegt, an einen der nicht ganz so stressigen Tage. Nichts ist schlimmer, als wenn der Chef aus einer „langwierigen Besprechung“ mit einem Mandanten kommt und Sie auch angespannt sind, da noch diverse Fristen anstehen und das Telefon andauernd klingelt. Jede Kanzlei hat auch ihre ruhige Zeit. Sie kennen bestimmt den besten Zeitpunkt.

Sollte das Gespräch zum Ende des Arbeitstags stattfinden, nehmen Sie sich am besten nichts direkt danach vor, denn so setzen Sie sich nur selbst unter Zeitdruck und letztendlich geht es um Ihre Zukunft.

III. Gesprächsprotokoll

81 Über das Gespräch sollte der Vorgesetzte ein Protokoll schreiben, dass Sie kommentieren können, bevor beide durch Unterschrift ihre Zustimmung signalisieren. Beide Gesprächspartner wissen so nach einem Jahr beim nächsten Feedbackgespräch, was sie vereinbart haben.

IV. Gesprächsverlauf

82 Nach der Gesprächseröffnung sollte zunächst das Feedback des Mitarbeiters an den Chef erfolgen. Infolgedessen könnten einige der nachstehenden Fragen beantwortet werden:

- Wie wohl fühlen Sie sich in der Kanzlei?
- Wie lief das letzte Jahr aus Ihrer Sicht?
- Was muss sich Ihrer Meinung nach ändern?
- Was können Sie dazu beitragen?
- Welche Perspektiven sehen Sie für sich in der Kanzlei?
- Was wünschen Sie sich von Ihrem RA?

83 Anschließend sollte der Chef das Gehörte kurz zusammenfassen, jedoch ohne Wertung.

84 Danach folgt das Feedback des Chefs an die Mitarbeiterin. Hier könnten z.B. folgende Fragen beantwortet werden:

- Wie lief das letzte Jahr bei Ihnen aus Sicht Ihres Chefs?
- Wie weit konnten Sie seine Erwartungen erfüllen?
- Was erwartet er von Ihnen in nächster Zeit?
- Wo sieht Ihr Chef Ihre Stärken, wo Ihre Schwächen?
- Welche Entwicklungsperspektiven sieht er für Sie?

85 Auch hier sollte eine Zusammenfassung des Gehörten diesmal durch den Mitarbeiter ohne Wertung erfolgen.

86 Im letzten Schritt, dem Gesprächsabschluss, einigen sich die Gesprächspartner auf konkrete Ziele und Maßnahmen für das nächste (halbe) Jahr und terminieren das nächste Feedbackgespräch (z.B. im Mai nächsten Jahres).

87 *Praxistipp:*

Da das Feedbackgespräch eine emotionale Ausnahmesituation ist, können Menschen in dieser Situation nur eine begrenzte Zahl von Informationen mit einer begrenzten Kompliziertheit verarbeiten. Ein Feedbackgespräch sollte sich daher auf die wesentlichen Punkte (drei bis fünf) beschränken.

V. Kein Beschwerdeinstrument

Das Feedbackgespräch soll grds. nicht als Beschwerdeinstrument benutzt werden, da es dazu dienen soll, die Kanzlei und den entsprechenden Mitarbeiter voranzubringen. 88

Eine Stellungnahme über das allgemeine Büroklima ist erlaubt, reden Sie jedoch nie schlecht über Kollegen oder lästern gar.

Eine einzige Ausnahme sei hier erlaubt, wenn Sie Opfer von Mobbing geworden sind. 89

Untersuchungen haben ergeben, dass es zu Mobbing meist aus einer Mischung von verschiedenen Gründen kommt. Diese lassen sich in folgende Bereiche einteilen: 90

- die Organisation der Arbeit,
- das Führungsverhalten des Vorgesetzten und
- die besondere soziale Stellung des Betroffenen.

Typische Mängel in der Arbeitsorganisation, die Mobbing befördern, können z.B. 91

- unbesetzte Stellen,
- hoher Zeitdruck,
- starre Hierarchie,
- hohe Verantwortung bei geringem Handlungsspielraum oder auch
- geringe Bewertung der Tätigkeit

sein.

In den meisten Fällen geht Mobbing von den Kollegen aus. In diesen Fällen ist eindeutig der Chef gefragt. Er hat sowohl die Weisungsbefugnis als auch die Fürsorgepflicht für alle Mitarbeitenden. Je früher der Chef eingreift, desto besser sind die Chancen, den Mobbing-Prozess im Ansatz zu stoppen. 92

Es kann auch durchaus vorkommen, dass besondere Merkmale oder Eigenarten einer Person den Mobbing-Prozess auslösen. Dies heißt jedoch nicht, dass der Betroffene selbst schuld ist. Manche Kollegen geraten wegen ihrer Persönlichkeit, ihres Geschlechts, ihrer Hautfarbe oder sonstiger Eigenheiten in eine sozial hervorgehobene Stellung und lösen so den Mobbing-Prozess aus. Die gleichen Leute können jedoch in einer anderen Gruppe völlig akzeptiert sein. 93

Untersuchungen haben ferner ergeben, dass Frauen in typischen Männerberufen, aber auch Männer in typischen Frauenberufen häufig von Mobbing betroffen sind. 94

Mobbing-Attacken unter Kollegen werden nur selten von wirklich bösartigen Menschen ausgeführt. Viel häufiger entwickelt sich aus verschiedenen Situationen ein schleichender Mobbing-Prozess, in dem sich die „Täter" nur wenig Gedanken über die Auswirkungen ihres Handels machen. Aber auch bei gezielten Mobbing-Handlungen einzelner gehört das Dulden durch die Mehrzahl der Kollegen dazu. 95

96 Daher sollte Mobbing, bereits in den Anfängen, im Feedbackgespräch angesprochen werden, sodass der Prozess beendet werden kann.

97 Ein geeignetes Instrument ist ein Gesamtkanzleimeeting mit den betroffenen Mitarbeitern, wo gemeinsame Leitsätze zur kanzleiinternen Moral entwickelt werden sollten. Es muss ein Konsens erzielt werden, der Mobbing-Handlungen in der Kanzlei inakzeptabel erscheinen lassen. Es soll hier noch einmal ausdrücklich darauf hingewiesen werden, dass damit nicht gemeint sein kann, „Konflikte zu verbieten", denn Konflikte sind notwendig und lassen sich auch nicht verbieten. Die Gefahr besteht jedoch in Konflikten, die ungelöst sind und daher in einen Mobbing-Prozess wuchern. Eine rechtzeitige Konflikt-Kommunikation zwischen Kollegen ist daher immer ratsam.

J. Mitarbeitermotivation und Mitarbeiterbindung

98 Immer weniger Schulabgänger entscheiden sich für eine Ausbildung zur/zum ReFa oder ReNo, so dass die Mitarbeitermotivation und vor allem die Mitarbeiterbindung eine immer größere Rolle in den Kanzleien spielen, da auch hier ein Fachkräftemangel herrscht.

99 Zunächst könnte man meinen, ein entsprechend hohes Gehalt würde ausreichen, um Mitarbeiter zufriedenzustellen und langfristig an die Kanzlei zu binden. Dies ist jedoch nicht so.

100 Diverse Untersuchungen von Unternehmensberatern haben ergeben, dass das Gehalt für einen Arbeitnehmer nur nachrangig wichtig ist. Natürlich muss ein gewisser Lohn-Grundbetrag erreicht sein, den der Arbeitnehmer für seine Leistung als „angemessen" erachtet. Denn wer sich als „unterbezahlt" ansieht, wird nie die volle Arbeitsleistung erbringen.

101 Für eine erfolgreiche Mitarbeiterbindung/Motivation sind aber vielmehr die **Soft-Features einer Kanzlei** entscheidend.

Unter anderem sind dies:

- gutes Arbeitsklima,
- gute Arbeitsbedingungen,
- weitestgehende Autonomie und Mitbestimmung,
- Anerkennung und Förderung.

102 Die **Förderung eines guten Arbeitsklimas** sollte dabei äußerste Priorität haben. Nur ein Arbeitnehmer der morgens aufsteht und gerne zur Arbeit geht, kann längerfristig an die Kanzlei gebunden werden. In kleinen Kanzleien herrscht meistens ein familiäres Betriebsklima, so dass das Betriebsklima hier i.d.R. stimmt, da Streitigkeiten schnell beigelegt werden und sich jeder zugehörig fühlt. Aber bereits in mittleren Kanzleien kann es zu Problemen kommen, wenn sich Gruppen bilden und einzelne Mitarbeiter als Außen-

seiter gelten. Hier ist es Aufgabe des Rechtsanwalts und der Büroleitung eine Ausgrenzung einzelner Mitarbeiter zu verhindern und ein allseitiges gutes Miteinander zu ermöglichen. Hierzu können außerbetriebliche Veranstaltungen wie z.B. eine Weihnachtsfeier, ein Bowlingabend oder ein Ausflug helfen, damit sich die Mitarbeiter auch einmal außerhalb der Dienstzeit kennen lernen.

Auch **gute Arbeitsbedingungen** werden von Mitarbeitern sehr geschätzt, wobei das 103
„Gut" im Auge des Betrachters liegt und individuell abweichen kann. Die Bedürfnisse der Mitarbeiter sollten daher Berücksichtigung finden.

Zu den Arbeitsbedingungen gehört zunächst einmal die **allgemeine Büroausstattung**. Nie- 104
mand hat Spaß daran mit veralteten und noch schlimmer mit fehlerhaften Ausstattungen dauerhaft zu arbeiten. Dies gilt auch für das Home Office. Stundenlanges Arbeiten am Laptop ohne externe Tastatur und Maus sowie einen (oder besser zwei) große Bildschirme ist nicht gesund, weshalb auch der Arbeitsplatz zuhause voll ausgestattet sein sollte. Ergonomische Bürostühle und **höhenverstellbare Schreibtische** sorgen für ein gesundes Arbeiten.

Daneben gehören auch die **Arbeitszeiten** zu den Arbeitsbedingungen, die immer wichti- 105
ger für die Mitarbeiter werden. Gerade in etwas größeren Kanzleien gibt es zwischenzeitlich – u.a. auch wegen einer Internationalisierung – eine Erreichbarkeit von morgens 8 Uhr bis abends 20 Uhr oder länger. Dies kann ein einzelner Mitarbeiter nicht mehr abdecken, so dass es zu einem „kleinen" Schichtplan von Früh- und Spätdiensten kommt. Hier muss die Büroleitung äußerst umsichtig handeln. Zum einem muss den Bedürfnissen der Eltern mit schulpflichtigen Kindern Rechnung getragen werden, zum anderen darf aber auch nicht bei den kinderlosen Mitarbeitern der Eindruck entstehen, dass die Last der „verlängerten" Bürozeiten nur auf ihren Schultern liegt. Hier muss aktiv der Dialog zwischen den einzelnen Mitarbeitergruppen erfolgen, um eine tragfähige und für alle zufriedenstellende Lösung zu finden.

Es sollte jedoch auch überlegt werden, ob eine Rund-um-die-Uhr-Erreichbarkeit in der 106
Kanzlei wirklich notwendig ist und die Telefonzeiten stattdessen nicht lieber begrenzt werden können. **Telefonfreie Zeiten** ermöglichen konzentriertes und fokussiertes Arbeiten.

Des Weiteren wünschen sich Mitarbeiter eine weitestgehende **Autonomie**. In Rechts- 107
anwaltskanzleien ist diese Umsetzung nicht immer ganz so einfach. Es besteht aber eindeutig ein Unterschied, ob der Mitarbeiter anhand seines Wissens eine eigene Kostenrechnung erstellen soll oder ob diese auch vom Anwalt mit diktiert wird. Je mehr Eigenverantwortung ein Mitarbeiter besitzt, umso engagierter ist er. Dies setzt jedoch voraus, dass der Anwalt auf die Fähigkeiten seiner Mitarbeiter vertraut und diese permanent fördert und auch schult.

Hierzu gehört es jedoch auch, **Fehler seiner Mitarbeiter** von Seiten der RA auszuhalten. 108
Denn jeder Mensch macht mal Fehler. Sollte ein Fehler auftreten, so sollte eine Problemlösung gesucht werden und nicht der Fehler an sich „abgestraft" werden. Dies hat auch

den Vorteil, dass Fehler von Mitarbeitern sofort gemeldet werden und nicht verschleiert werden, um einer „Bestrafung“ zu umgehen. Eine **positive Fehlerkultur** in der Kanzlei ist daher unerlässlich.

109 **Organisatorische Prozesse** sollten ferner für die Mitarbeiter nachvollziehbar sein und so gestaltet sein, dass die Mitarbeiter eigene Anliegen und Vorschläge einbringen können. Hierzu ist es erforderlich die Mitarbeiter frühzeitig in Änderungsvorhaben einzubinden. Soll z.B. ein neues Dezernat ausgebaut werden, so würde es sich anbieten, die Mitarbeiten hierüber frühzeitig zu informieren und zu erfragen, welche Mitarbeiter sich grundsätzlich eine Mitarbeit in diesem Dezernat vorstellen könnten. Die freiwillig gemeldeten Mitarbeiter sind dabei deutlich motivierter, als wenn sie einfach nur auf Dienstanweisung „versetzt“ werden. Als Instrument für die Weitergabe von gesamtorganisatorischen Prozessen könnte z.B. eine wöchentlich stattfindende Teamsitzung dienen.

110 **Anerkennung** und **Förderung** wird als letzter Punkt für eine Arbeitszufriedenheit von vielen Mitarbeitern genannt. Dabei ist die Anerkennung meist wichtiger als die eigentliche Bezahlung. Und wer wünscht es sich nicht, dass seine Arbeit wertgeschätzt wird. Die unter Rdn 88 ff. dargestellten Feedbackgespräche können hierbei behilflich sein. Aber auch außerhalb der turnusmäßigen Gespräche sollte „sehr gute“ Arbeit anerkannt werden und der Mitarbeiter ein entsprechendes Lob erhalten.

111 Die **Fähigkeiten des Mitarbeiters** sollten durch interne und externe Fortbildungen gefördert werden, wobei diese nicht immer einen direkten Zusammenhang mit der Arbeit besitzen müssen. Auch ein Yoga-Kurs kann zur inneren Ausgeglichenheit eines Mitarbeiters führen, die dieser gleichfalls in seine Arbeitsleistung mit einbringt.

112 Für eine gute Arbeitsleistung im vergangenen Jahr erhalten Mitarbeiter häufig auch einen „**Bonus**“. Auch hier gilt: Geldprämien bleiben nicht so lange im Gedächtnis des Mitarbeiters wie individuelle Geschenke, bei denen sich der RA Gedanken über seinen Mitarbeiter gemacht hat. Schenkt man z.B. seiner reiseliebenden ReNo einen Wochenendtrip nach Barcelona, so ist dieser wohl unvergesslicher als ein Bonus i.H.v. 300,00 EUR.

K. Steuerliche Behandlung von Zuwendungen an Mitarbeiter

113 Zur Herstellung eines besonders guten Arbeitsklimas gewähren einige Kanzleien ihren Mitarbeitern diverse „Annehmlichkeiten“. Obwohl diese einen guten Zweck verfolgen, müssen hier die steuerlichen und sozialversicherungsrechtlichen Vorschriften beachtet werden, damit es zu keiner finanziellen Mehrbelastung des Arbeitnehmers oder des Arbeitgebers führt.

114 Grds. gelten alle Zuwendungen, die der Arbeitgeber seinen Mitarbeitern im Rahmen seines Arbeitsverhältnisses macht, als Einnahmen des Mitarbeiters und wären demnach steuer- und sozialversicherungspflichtig. Unter bestimmten Voraussetzungen kann der

Arbeitgeber seinen eigenen Mitarbeitern jedoch Zuwendungen zukommen lassen, ohne dass diese zum Arbeitslohn zählen.

Unabhängig von der Bewertung der Steuer- und Sozialversicherungsfreiheit sind alle Zuwendungen, die der Arbeitgeber seinen Mitarbeitern gegenüber macht, immer als **Betriebsausgabe** abzugsfähig. 115

Anders ist es z.B. bei Geschenken an Geschäftspartner, die die jährliche Freigrenze von derzeit 50,00 EUR (bis 31.12.2023: 35 EUR) übersteigen. Diese sind bei Überschreitung nicht mehr als Betriebsausgabe geltend zu machen.

Nachstehend sollen die Besonderheiten der nachstehenden Zuwendungen an Mitarbeiter kurz erläutert werden. 116

I. Kaffee und Gebäck

Vielfach werden den Mitarbeitern Kaffee und kalte Getränke wie Wasser oder Säfte zum Verzehr zur Verfügung gestellt. Gemäß § 19.6 Abs. 2 LStR gehören diese Getränke und Genussmittel, die der Arbeitgeber den Arbeitnehmern zum Verzehr im Betrieb unentgeltlich oder teilentgeltlich überlässt, als **sog. Aufmerksamkeiten** nicht zum Arbeitslohn und sind daher weder steuer- noch sozialversicherungspflichtig. 117

Hierzu gehören i.Ü. auch Gebäck und unbelegte, „trockene" Brötchen. Stellt der Arbeitgeber jedoch auch einen Belag für die Backwaren zur Verfügung, handelt es sich um ein Frühstück i.S.d. § 2 Abs. 1 S. 2 Nr. 1 SvEV und ist als Mahlzeit steuer- und sozialversicherungspflichtig (s. Rdn 118 ff.).

II. Mahlzeiten

Mahlzeiten, die arbeitstäglich oder routinemäßig (z.B. einmal pro Woche anlässlich zu einer Besprechung) unentgeltlich oder verbilligt an die Mitarbeiter abgegeben werden, sind als Arbeitsentgelt zu bewerten und somit steuer- und sozialversicherungspflichtig. 118

Versteuert wird jedoch nur der jeweilige **Sachbezugswert**. Die Sachbezugswerte werden jährlich erneut von der Finanzverwaltung festgesetzt. Im Jahr 2025 gelten folgende Sachbezugswerte: 119

- Frühstück 2,30 EUR
- Mittag- oder Abendessen 4,40 EUR

Wenn die Mahlzeiten jedoch nicht als Lohnbestandteil vereinbart sind, sondern „zusätzlich" gewährt werden, besteht die Möglichkeit der **Pauschalierung der Lohnsteuer** mit 25 % gem. § 40 Abs. 2 S. 1 Nr. 1 EStG. Die Mahlzeiten werden dabei nicht auf die einzelnen Mitarbeiter verteilt, sondern vielmehr pauschal für alle Mitarbeiter abgeführt. 120

121 Dies hat auch den Vorteil, dass gem. § 1 Abs. 1 S. 1 Nr. 3 SvEV (Sozialversicherungsentgeltverordnung) bei der Pauschalierung der Lohnsteuer **keine Sozialabgaben** anfallen. Bei der Pauschalierung ist der Arbeitgeber Steuerschuldner.

122 Arbeitsessen während eines außergewöhnlichen Arbeitseinsatzes können dagegen lohnsteuerfrei zur Verfügung gestellt werden. Hierbei handelt es sich um ein eigenbetriebliches Interesse des Arbeitgebers. Der Wert der abgegebenen Speisen und Getränke darf jedoch 60,00 EUR pro Ereignis und Arbeitnehmer nicht überschreiten.

III. Jobticket

123 Das sog. Jobticket bezeichnet Monats- und Jahresfahrkarten für den öffentlichen Personennahverkehr (ÖPNV). Hierzu gehört auch das Deutschlandticket. Seit dem 1.1.2019 fallen Jobtickets nicht mehr unter die Sachbezugsgrenze von monatlich 50 EUR (bis 31.12.2021: 44 EUR). Arbeitgeberleistungen für die Nutzung des ÖPNV zwischen Wohnung und erster Tätigkeitsstätte des Arbeitnehmers sind seitdem von der Steuer befreit (§ 3 Nr. 15 EStG).

124 Die Arbeitgeberleistung muss dabei in Form von unentgeltlich oder verbilligt überlassenen Fahrberechtigungen oder in Form von Zuschüssen zu den von den Arbeitnehmern selbst erworbenen Fahrberechtigungen erfolgen.

125 Damit die Steuerbefreiung greift, müssen die Leistungen zusätzlich zum ohnehin geschuldeten Arbeitslohn gewährt werden (keine Gehaltsumwandlung!).

126 Steuerfrei gewährte Jobtickets sind auch beitragsfrei in der Sozialversicherung.

127 Die Zahlungen an das Verkehrsunternehmen sind als Betriebsausgaben des Arbeitgebers abziehbar. Da es sich jedoch um einen „Lohnbestandteil“ handelt, darf hieraus **nicht die Vorsteuer** gezogen werden.

128 Der Zuschuss zum Jobticket ist auf der Lohnsteuerbescheinigung gesondert auszuweisen.

129 Die steuerfreien Leistungen des Arbeitgebers sind im Rahmen der Einkommensteuererklärung auf die Entfernungspauschale anzurechnen. Der Arbeitnehmer kann dann seine Fahrten zwischen Wohnung und Arbeitsstätte in seiner Lohnsteuererklärung nicht mehr als Werbungskosten geltend machen.

IV. Kindergartenzuschuss

130 Steuerfrei sind zusätzlich zum ohnehin geschuldeten Arbeitslohn erbrachte Leistungen des Arbeitgebers zur Unterbringung und Betreuung (inkl. Verpflegungskosten) von nicht schulpflichtigen Kindern der Arbeitnehmer in Kindergärten oder vergleichbaren Einrichtungen (§ 3 Nr. 33 EstG).

Die Überweisung an den Kindergarten mindestens in Höhe des gewährten Zuschusses muss dem Arbeitgeber vom Mitarbeiter nachgewiesen werden. Die steuerfreie Leistung ist auf der Lohnsteuerbescheinigung aufzuführen. 131

V. Betriebsveranstaltungen

Zuwendungen des Arbeitgebers an seinen Arbeitnehmer und dessen Begleitpersonen anlässlich einer Betriebsveranstaltung zählen grundsätzlich zu den Einkünften aus nichtselbstständiger Arbeit (§ 19 Abs. 1 S. 1 Nr. 1a EStG). 132

Unter Betriebsveranstaltungen fasst man dabei alle Veranstaltungen, die zwar gesellschaftlichen Charakter haben, darüber hinaus aber auch betrieblich veranlasst worden sind. Die Teilnahme muss daher grds. allen Betriebsangehörigen offenstehen. 133

Insbesondere gehören zu den Betriebsveranstaltungen 134

- Weihnachtsfeiern,
- Sommerfeste oder
- sonstige sportliche Aktivitäten.

Ausnahmsweise werden Betriebsveranstaltungen auch für Veranstaltungen angenommen, die nur für einen beschränkten Kreis interessant sind, sofern die Begrenzung nicht als Bevorzugung dieser bestimmten Gruppe erscheint. 135

Die Veranstaltung selbst und die erbrachten Zuwendungen müssen „üblich" sein. 136

Dabei wird die Üblichkeit der Veranstaltung durch die Herkömmlichkeit (Häufigkeit) sowie die besondere Ausgestaltung der Betriebsveranstaltung abgegrenzt. Eine Betriebsveranstaltung ist dabei üblich, wenn nicht mehr als **zwei gleichartige Veranstaltungen jährlich** durchgeführt werden. Dabei wird nicht die Teilnahme des einzelnen Mitarbeiters betrachtet, sondern die Anzahl der Veranstaltungen in der gesamten Kanzlei. Auf die Dauer der Veranstaltung kommt es nicht an, auch eine mehrtägige Veranstaltung wäre denkbar.

Werden mehr als zwei Veranstaltungen von der Kanzlei erbracht, z.B. ein Sommerfest, ein Bowlingabend und eine Weihnachtsfeier, so hat die Kanzlei das **Wahlrecht**, welche beiden Veranstaltungen als übliche Betriebsveranstaltung geltend sollen. 137

Die **Kosten einer Betriebsveranstaltung** führen demnach beim Arbeitnehmer nur dann nicht zum Lohnzufluss, 138

- soweit der Freibetrag in Höhe von 110,00 EUR – inklusive Umsatzsteuer – pro Veranstaltung und teilnehmendem Arbeitnehmer nicht überschritten ist und
- soweit nicht mehr als zwei begünstigte Veranstaltungen pro Jahr durchgeführt werden.

Der Gesetzgeber hat sich bewusst für einen **Freibetrag** anstatt der bis 2015 geltenden Freigrenze entschieden.

In der Vergangenheit führte die Überschreitung um nur einen Cent dazu, dass der gesamte Betrag versteuert werden musste. Nunmehr wird nur der darüber hinausgehende Betrag steuer- und sozialversicherungspflichtig und muss grundsätzlich nach den individuellen Steuer- und Sozialversicherungsmerkmalen des jeweiligen Arbeitnehmers abgerechnet werden.

Dieser Paradigmenwechsel von der Freigrenze zum Freibetrag führt zu einer deutlichen Lohnsteuer-Erleichterung, da z.B. bei Kosten von 200,00 EUR/Mitarbeiter nur noch 90,00 EUR anstatt wie bislang die vollen 200,00 EUR versteuert werden müssen.

139 Als **übliche Zuwendungen**, die erbracht werden können, gelten

- Speisen und Getränke,
- Übernachtungs- und Fahrtkosten,
- Eintrittskarten für kulturelle und sportliche Veranstaltungen, wenn die Veranstaltung sich nicht nur auf das kulturelle oder sportliche Event beschränkt und
- Ebenfalls einbezogen werden Geschenke. Während bis zum 31.12.2014 nur sogenannte übliche Geschenke bis zum Wert von 40,00 EUR (seit dem 1.1.2015: 60,00 EUR) betroffen waren, sind zukünftig auch größere Gaben einzubeziehen, zum Beispiel Verlosungsgewinne.

140 Der Entwurf des Wachstumschancengesetzes sah für das Jahr 2024 eine Erhöhung des Freibetrags von 110,00 EUR auf 150,00 EUR vor. Der Gesetzesentwurf konnte sich in diesem Punkt jedoch nicht durchsetzen.

141 Gerade die „Betriebsveranstaltungen" stehen immer wieder im Visier der steuerrechtlichen Gesetzgebung, so dass es ratsam ist, sich **stets zu Beginn eines Kalenderjahres** über die aktuelle Rechtslage zu informieren.

142 Nach § 40 Abs. 2 Nr. 2 EStG gibt es zumal die Möglichkeit einer Pauschalbesteuerung i.H.v. 25 % (zuzüglich Solidaritätszuschlag und Kirchensteuer) für eine nicht übliche Betriebsveranstaltung (z.B. die dritte Veranstaltung im Jahr) oder für den Überschussbetrag bei Überschreiten des Freibetrages.

143 Diese Pauschalierung muss allerdings beim Finanzamt gemäß § 40 Abs. 1 EStG beantragt werden und dieses muss der Pauschalierung zustimmen. Erfolgt eine Zustimmung nicht, so muss individuell versteuert werden.

144 Wird im Rahmen einer Lohnsteuerprüfung festgestellt, dass eine Betriebsveranstaltung nicht ordnungsgemäß versteuert wurde, werden die entsprechenden Aufwendungen i.d.R. gleichfalls mit einer Pauschalsteuer von 25 % (zuzüglich Solidaritätszuschlag und Kirchensteuer) gemäß § 40 EStG versteuert.

145 Gemäß § 40 Abs. 3 EStG ist der Arbeitgeber Schuldner der pauschalen Steuer und muss diese wiederum bis zum 10. des Folgemonats dem Finanzamt melden und abführen.

146 Wird die Betriebsveranstaltung pauschal nach § 40 EStG versteuert, so ergibt sich hieraus der Vorteil, dass **Beitragsfreiheit in der Sozialversicherung** auslöst wird.

147 Der BFH hat festgestellt,[2] dass bei unüblichen Betriebsveranstaltungen der Arbeitgeber keinen Anspruch auf Vorsteuerabzug hat, da der private Vorteil des Arbeitnehmers überwiegt. Die Vorsteuer ist daher entsprechend auf 0 % zu korrigieren.

Werden die Weihnachtsgeschenke außerhalb der Weihnachtsfeier übergeben, so gilt die Freigrenze für sonstige Sachbezüge i.H.v. 50,00 EUR für die Geschenke (vgl. Rdn 163) und man hätte noch den vollen Freibetrag für Betriebsveranstaltungen von 110,00 EUR für die eigentliche Feier zur Verfügung. Beide Leistungen wären steuer- und sozialversicherungsfrei.

148 Mit zwei Entscheidungen hatte der BFH damals die Höchstgrenze von 110,00 EUR indirekt erhöht,[3] indem Aufwendungen für die Ausgestaltung der Veranstaltung (z.B. Raummiete) unberücksichtigt bleiben und bei der Teilnahme von Familienangehörigen an der Feier deren Anteil nicht dem Arbeitnehmer zugerechnet worden ist. Beides hat der Gesetzgeber nunmehr wieder anders geregelt.

149 Aus Vereinfachungsgründen wird der 110,00 EUR-Freibetrag ab 2015 wieder nach den insgesamt für die Betriebsveranstaltung angefallenen Aufwendungen und dem sich rechnerisch ergebenden Pro-Kopf-Anteil für den teilnehmenden Arbeitnehmer bestimmt. Dabei ist es unerheblich, ob die Kosten dem Arbeitnehmer individuell zugerechnet werden können. Die **Ausgestaltungskosten** (wie Raummiete) sind jetzt wieder **zu berücksichtigen**.

150 Der auf **Familienangehörige entfallende Aufwand** ist dem Arbeitnehmer bei der Berechnung, ob die Freigrenze überschritten ist, **zuzurechnen**.

151 Des Weiteren muss pro Veranstaltung eine **Teilnehmerliste** gem. § 4 Abs. 2 Nr. 8 Lohnsteuerdurchführungsverordnung angelegt werden. In dieser sollten dann aber auch die Angehörigen als Teilnehmer aufgenommen werden und als solche gesondert gekennzeichnet und dem entsprechenden Mitarbeiter zugeordnet werden.

VI. Geschenke an Mitarbeiter

152 Grundsätzlich gelten Geschenke als Einnahmen des Mitarbeiters und sind demnach steuer- und sozialversicherungspflichtig.

Unter bestimmten Voraussetzungen kann der Arbeitgeber seinen eigenen Mitarbeitern jedoch außerhalb von Betriebsveranstaltungen Geschenke zukommen lassen, ohne dass

2 BFH v. 9.12.2010 – V R 17/10.
3 Vgl. BFH v. 16.5.2013 – VI R 7/11 und VI R 90/10.

diese zum Arbeitslohn zählen. Hierbei unterscheidet man in **Geschenke aus besonderem persönlichem Anlass und sonstige Sachbezüge/Geschenke**.

153 Erhält der Arbeitnehmer ein Geschenk aus besonderem persönlichem Anlass und ist dieses nicht mehr als **60,00 EUR wert**, so spricht man auch von einem sogenannten Gelegenheitsgeschenk oder einer Aufmerksamkeit, die nicht zum Arbeitslohn zählt (gem. Lohnsteuerrichtlinie R 19.6 Abs. 1 LStR). Bei derartigen Geschenken wird angenommen, dass die Zuwendung nicht für die Beschäftigung selbst gewährt wird, sondern weil sie im gesellschaftlichen Verkehr üblich ist.

Der Wert wurde übrigens 2015 nach langer Zeit deutlich von ehemals 40,00 EUR auf nunmehr 60,00 EUR erhöht, wurde seitdem aber auch nicht mehr angepasst.

154 Ein besonderer persönlicher Anlass ist beispielsweise

- der Geburtstag,
- die Hochzeit,
- die Geburt des Kindes, aber auch
- das Dienstjubiläum.

155 Zunächst einmal gilt diese Regelung nur für Sachzuwendungen (z.B. für ein Buch oder T-Shirt). Geldzuwendungen sind von dieser Regelung gänzlich ausgenommen und damit stets – unabhängig vom Wert – steuer- und sozialversicherungspflichtig.

156 **Geschenkgutscheine** waren in der Vergangenheit umstritten, unterliegen nunmehr aber auch der Regelung für Gelegenheitsgeschenke. In der Vergangenheit fielen hierunter lediglich Gutscheine, die keine Wertangabe besaßen. Der Bundesfinanzhof hat jedoch bereits im November 2010 in drei Urteilen entschieden, dass eine Wertangabe auf dem Gutschein nicht hinderlich für die Anwendung dieser Regelung ist,[4] soweit der Gutschein **sachbezogen** ist (z.B. Benzingutschein). Die Gutscheine dürfen nur für den Erwerb von Waren und Dienstleistungen eingesetzt werden und keine Barauszahlungsfunktion besitzen. Anderenfalls wäre steuer- und sozialversicherungspflichtiger Arbeitslohn gegeben.

157 Bei dem Betrag von 60,00 EUR handelt es sich dabei um eine **Freigrenze** und nicht um einen Steuerfreibetrag. D.h. übersteigt der Wert des Geschenkes die Freigrenze auch nur um einen Cent, so ist das Geschenk im vollen Umfang steuer- und beitragspflichtig und zwar grundsätzlich nach den individuellen Besteuerungsgrundlagen des entsprechenden Arbeitnehmers. Wichtig ist auch, dass bei dieser Freigrenze immer der **Bruttobetrag** (einschließlich Umsatzsteuer) maßgeblich ist, da der Arbeitnehmer nicht vorsteuerabzugsfähig ist und somit um den Gesamtbetrag bereichert ist.

158 Insbesondere zu besonderen persönlichen Anlässen wie Hochzeiten und Dienstjubiläen wird die Wertgrenze häufig überschritten, um eine erhöhte Wertschätzung an den Mit-

4 Vgl. BFH v. 11.10.10 – VI R 21/09; VI R 27/09 und VI R 41/10.

arbeiter auszudrücken. Für den Arbeitgeber ist dabei besonders wichtig, dass er jedwede Geschenke an seine Mitarbeiter – unabhängig vom Wert – als **Betriebsausgabe** geltend machen kann. D.h. die Ausgabe für das Geschenk wirkt gewinnmindert.

In der Regel möchte man jedoch den beschenkten Mitarbeiter auch bei größeren Geschenken von der Steuerpflicht befreien, denn im Alltag geht kein Beschenkter von einer Steuerverpflichtung aus. Es besteht daher seit 1.1.2007 die Möglichkeit einer Pauschalversteuerung nach § 37b Abs. 2 EStG. mit einem **Pauschalsteuersatz von 30 %** (zzgl. Solidaritätszuschlag und Kirchensteuer). Die pauschale Lohnsteuer wird dabei alleine vom Arbeitgeber getragen und muss wie die sonstige individuell berechnete Lohnsteuer für die Gehälter bis zum 10. des Folgemonats an das Finanzamt gemeldet werden. 159

Geschenke, die wegen ihres Wertes pauschal nach § 37b EStG versteuert werden, sind dennoch Arbeitsentgelt i.S.v. § 14 Abs. 1 SGB IV und somit **weiterhin sozialversicherungspflichtig** (anders als bei Geschenken an Dritte)! 160

Das Wahlrecht, ob Geschenke über 60,00 EUR individuell oder pauschal versteuert werden, kann der Arbeitgeber innerhalb eines Wirtschaftsjahres nur einheitlich für alle Arbeitnehmer ausüben. Es ist daher ausgeschlossen, dass Mitarbeiter ungleich behandelt werden. Das Wahlrecht wird dabei durch die Anmeldung der Pauschalsteuer ausgeübt und kann innerhalb eines Jahres nicht widerrufen werden. In einem neuen Wirtschaftsjahr kann sich der Arbeitgeber jedoch wieder einheitlich für eine andere Versteuerungsmöglichkeit entscheiden. 161

Bei Weihnachten handelt es sich jedoch **nicht** um einen besonderen persönlichen Anlass, obwohl Geschenke zu diesem Anlass allgemein gesellschaftlich üblich sind. Der Anlass selbst wird jedoch nicht durch die Person des Arbeitnehmers ausgelöst, sondern ist vielmehr allgemeiner Art. Somit ist das Weihnachtsgeschenk als Einnahme i.S.d. § 8 EStG anzusehen, wonach Einnahmen alle Güter sind, die in Geld oder Geldeswert bestehen und dem Steuerpflichtigen (hier dem Arbeitnehmer) im Rahmen seiner Einkunftsart zufließen. 162

§ 8 Abs. 2 letzter Satz EStG regelt jedoch eine **allgemeine Sachbezugsgrenze von 50,00 EUR monatlich**. Übersteigt der Wert für ein Sachgeschenk ohne besonderen persönlichen Anlass (z.B. ein Weihnachtsgeschenk) diese Wertgrenze nicht, so gehört dieser Wertvorteil nicht zum Arbeitslohn und somit ist auch dieses Geschenk damit ebenfalls steuer- und sozialversicherungsfrei. 163

Auch bei diesem Grenzbetrag ist der Bruttowert maßgeblich, da der Arbeitnehmer nicht vorsteuerabzugsfähig ist und für den theoretischen Kauf sowohl den Nettobetrag als auch die hierauf entfallende Umsatzsteuer aufwenden müsste. 164

Die Freigrenze für sonstige Sachbezüge kann **jeden Monat** ausgeschöpft werden – ein Anlass ist nicht erforderlich. Der Arbeitgeber könnte z.B. jeden Monat seinen Mitarbeitern einen Tankgutschein über 50,00 EUR steuer- und beitragsfrei zukommen lassen. Die 165

Sachbezüge müssen jedoch zusätzlich zum Arbeitslohn gewährt werden, eine Gehaltsumwandlung ist daher nicht zulässig. Im Dezember hätte man zudem dann das Problem, dass die Freigrenze bereits ausgeschöpft wäre.

166 Ein „**Ansparen“ der monatlichen Freigrenze** ist nicht möglich. Es kann monatlich maximal ein Sachbezug in Höhe von 50,00 EUR gewährt werden. Wird dieser in einem Monat nicht ausgeschöpft, so verfällt der restliche Betrag und es erhöht sich nicht die Freigrenze für den Folgemonat. Die Monatsfreigrenze von 50,00 EUR kann also nicht auf einen einmaligen Jahresbetrag von 600,00 EUR angespart werden.

167 Die Freigrenze für Gelegenheitsgeschenke aus persönlichem Anlass und diejenige für sonstige Sachbezüge ohne besonderen persönlichen Anlass können jedoch **nebeneinander** angewendet werden. D.h., dem Mitarbeiter, der im Dezember Geburtstag hat, kann sowohl ein Geburtstagsgeschenk bis zur Höhe von 60,00 EUR brutto sowie ein Weihnachtsgeschenk (außerhalb der Weihnachtsfeier) bis zur Höhe von 50,00 EUR brutto steuer- und beitragsfrei im gleichen Monat zugewendet werden.

168 Wird die Freigrenze jedoch um nur einen Cent überschritten, so ist wiederum die Sachzuwendung im vollen Umfang steuer- und sozialversicherungspflichtig. Will der Arbeitgeber eine individuelle Versteuerung auf der Lohnabrechnung seines Mitarbeiters vermeiden, so ist auch hier eine Pauschalierung nach § 37b EStG mit einem Pauschalsteuersatz von 30 % möglich.

169 Auch hier gilt: alle Geschenke an eigene Mitarbeiter zuzüglich der evtl. hierauf entrichteten pauschalen Lohnsteuer sind stets als Betriebsausgabe abzugsfähig, unabhängig ob sie innerhalb der Freigrenze liegen oder diese übersteigen.

170 Für die abzugsfähigen Geschenke ist jedoch die Vorsteuer zu berichtigen, da es sich um lohnsteuerpflichtige Sachzuwendungen an Arbeitnehmer handelt und der Arbeitgeber auf diese Leistungen keinen Anspruch auf Vorsteuerabzug hat.

VII. Exkurs: Geschenke an Geschäftspartner (Mandanten)

171 Geschenke an andere Personen, die nicht Arbeitnehmer der Kanzlei sind, sind vom Grundsatz her gem. § 4 Abs. 5 EStG vom **Betriebsausgabenabzug ausgeschlossen**, und wirken daher nicht gewinnmindert, auch wenn sie aus betrieblichen Gründen erfolgen.

172 Das Gesetz sieht lediglich eine einzige **Ausnahme** vor und zwar für Geschenke an Geschäftspartner, die betrieblich veranlasst sind und einen **Gesamtwert von 50,00 EUR pro Jahr und Empfänger** nicht übersteigen (§ 4 Abs. 5 Nr. 1 EStG). Die Freigrenze wurde zum 1.1.2024 von 35,00 EUR auf 50,00 EUR erhöht.

173 Als betrieblich veranlasst werden grundsätzlich alle Werbegeschenke angesehen. Des Weiteren aber auch Geschenke ohne Werbeaufdruck, wenn diese als Geste für gute Zu-

sammenarbeit oder zur Förderung der Zusammenarbeit verschenkt worden sind. Hierunter fallen zum Beispiel Präsentkörbe, Champagner oder Süßigkeiten zu Weihnachten oder zum Jahreswechsel. Abzugrenzen sind hier alle Privatgeschenke an Freunde und Verwandte, sofern sie in keiner Geschäftsbeziehung zur Kanzlei stehen.

Zu den **Kosten des Geschenkes** gehören sowohl die tatsächlichen Anschaffungskosten der Sache selbst als auch die anteiligen Kosten für eine evtl. Werbeanbringung (z.B. Grafikkosten). **Verpackungs-** und **Versandkosten** können hingegen herausgerechnet werden. 174

Hinzu kommt evtl. noch die Umsatzsteuer. Anders als bei der Freigrenze für Mitarbeiter, die sich immer nach dem Bruttoanschaffungswert des Geschenkes richtet, unterscheidet man jedoch bei Geschäftspartnern, ob diese zum Vorsteuerabzug berechtigt sind oder nicht. Kostet ein Geschenk also 59,50 EUR brutto (= 50,00 EUR netto + 19 % USt i.H.v. 9,50 EUR), so kann es sein, dass das Geschenk an den Malerbetrieb als Betriebsausgabe abzugsfähig ist, bei dem nicht vorsteuerabzugsfähigen Zahnarzt als Klienten jedoch nicht. 175

Da es sich bei dem Betrag von 50,00 EUR wiederum um eine **Freigrenze** und um keinen Steuerfreibetrag handelt, führt das Überschreiten der Freigrenze um nur einen Cent dazu, dass das Geschenk im vollen Umfang nicht als Betriebsausgabe geltend gemacht werden kann und somit auch nicht mehr den Gewinn mindert. Im Übrigen hat dies auch zur Folge, dass die Kanzlei den Vorsteuerabzug auch nicht ziehen darf. Die kompletten Anschaffungskosten des Geschenkes (netto + Umsatzsteuer) sind nicht im Kanzleiergebnis zu berücksichtigen 176

Anders als bei eigenen Mitarbeitern gilt die **Freigrenze pro Empfänger** für ein ganzes Jahr. Sämtliche Zuwendungen in einem Kalenderjahr sind also zusammenzurechnen. Erhielt ein Geschäftspartner bereits ein Geburtstagsgeschenk für 30,00 EUR, so kann er nur noch ein Weihnachtsgeschenk über 20,00 EUR bekommen. Hat das Weihnachtsgeschenk jedoch auch einen Wert von 30,00 EUR, so liegt hier ein Gesamtwert von 60,00 EUR pro Empfänger vor und beide Geschenke können nicht mehr als Betriebsausgabe abgesetzt werden. In diesem Fall muss eine entsprechende Korrekturbuchung in der Vorsteuer und in den Betriebsausgaben vorgenommen werden. Beim Jahresabschluss werden also diese Geschenkaufwendungen außerhalb der Bilanz bzw. Einkommensüberschussrechnung dem Gewinn hinzugerechnet. 177

Zur Vermeidung würde es sich in diesen Fällen anbieten, das zweite Geschenk als Privatentnahme zu verbuchen, um so zumindest die erste Betriebsausgabe zu sichern.

Um den Steuerabzug sicher zu bekommen, müssen die Empfänger zu den Geschenken zusätzlich in der Buchführung erfasst werden. In der Praxis hat sich eine gesonderte Geschenkeliste bewährt, in dem der entsprechende Zahlungsbeleg dem jeweiligen Empfänger zugeordnet wird. Die Geschenke sind darüber hinaus auf einem gesondert dafür einzurichtenden Buchführungskonto zu verbuchen. 178

179 Nach der ständigen Praxis gibt es jedoch zwei Ausnahmen von der 50,00 EUR-Grenze:

- Können **Gegenstände ausschließlich beruflich und nicht privat genutzt werden**, so findet die 50,00 EUR-Grenze keine Anwendung und das Geschenk könnte auch bei höheren Werten als Betriebsausgabe abgezogen werden (z.B. ein Rechtsanwalt verschenkt Fachliteratur an Kollegen, mit denen er ständig zusammenarbeitet).
- Des Weiteren zählen **Kränze und Blumen** anlässlich von **Beerdigungen von Geschäftspartner/Klienten** nicht zu Geschenken im eigentlichen Sinne. Das Einkommenssteuergesetz enthält keine Definition vom Geschenk, so dass man sich der Definition des BGB bedienen muss. Nach § 516 Abs. 1 BGB erfolgt eine Schenkung durch die unentgeltliche Zuwendung an jemanden, der dann in seinem Vermögen bereichert ist. Beide Teile müssen sich darüber einig sein, dass die Zuwendung unentgeltlich erfolgt (Schenkungsvertrag). Ein Schenkungsvertrag mit einem Toten ist jedoch nicht möglich.

180 Neben der Frage des Betriebsausgabenabzuges ist es für die Kanzlei auch wichtig, die Geschenke richtig zu versteuern. Da der Beschenkte die Zuwendung im Berufsleben erhalten hat, muss er den Wert grds. als Einnahme versteuern lassen. Wird die Steuer dann nicht von der Kanzlei übernommen, so bleibt weiterhin der Beschenkte (Mandant/Geschäftspartner) steuerpflichtig und hat hierdurch Unannehmlichkeiten in Form von Nachversteuerung. Dies widerspricht jedoch dem Grundgedanken des Schenkens, da man dem Mandanten durch das (Weihnachts-) Geschenk eine Freude bereiten will und ihm nicht noch weitere Schwierigkeiten mit der Finanzbehörde aufbürden möchte.

181 Auch hier gibt es seit dem 1.1.2007 die Möglichkeit, dass der Schenker die Steuer des Empfängers bei Geschenken durch eine **Pauschalierung nach § 37b EStG i.H.v. 30 %** (zuzüglich Solidaritätszuschlag und Kirchensteuer) übernimmt, diese zusammen mit der sonstigen Lohnsteuer seiner eigenen Mitarbeiter abführt und somit den Beschenkten von seiner Steuerpflicht freistellt.

182 Lange Zeit war es dabei umstritten, ob die Pauschalierung nach § 37b EStG erst ab einem Überschreiten der Wertgrenze von 35,00 EUR (jetzt: 50,00 EUR) Anwendung findet und somit kleinere Geschenke an Geschäftspartner steuerfrei sind. In seiner Entscheidung vom 16.10.2013 stellte der BFH[5] jedoch unmissverständlich klar, dass hierunter alle Geschenke an Geschäftspartner fallen – unabhängig vom Wert.

183 Von der Übernahme der Steuer ist der Empfänger gem. § 37b Abs. 3 S. 3 EStG zu unterrichten, damit er das Geschenk nicht selbst doppelt versteuert.

184 Die Pauschalsteuer kann jedoch nur als Betriebsausgabe geltend gemacht werden, wenn das Geschenk selbst betriebsausgabenfähig ist. Wird die Freigrenze von 50,00 EUR überschritten, so ist auch die für dieses Geschenk übernommene Pauschalsteuer nicht abzugsfähig und mindert nicht den Gewinn.

5 BGH – VI R 52/11.

Eine Pauschalierung ist jedoch ausgeschlossen, wenn die Zuwendungen je Empfänger und Wirtschaftsjahr den Bruttobetrag von 10.000,00 EUR übersteigt. Diese Regelung kommt jedoch wohl eher in Großkonzernen als in Rechtsanwaltskanzleien zum Tragen. 185

Anders als bei eigenen Arbeitnehmern führt die Pauschalierung nach § 37b EStG bei Geschenken an Geschäftspartner zu einer **Beitragsfreiheit in der Sozialversicherung**. Dies ist nur zweckdienlich, da die Kanzlei nicht die sozialversicherungstechnischen Daten des Beschenkten wissen kann (anders als bei eigenen Mitarbeitern). 186

L. Social Media und Arbeitsrecht

Nicht nur in der freien Wirtschaft sind Social Media-Anwendungen wie Facebook, Instagram, TikTok, Xing, LinkedIn, Youtube oder eigene Blogs mittlerweile fester Bestandteil und dienen zum einem dem Marketing von Produkten und zum anderen der Mitarbeitersuche. 187

Auch immer mehr Anwaltskanzleien nutzen Social Media um auf sich und ihre Dienstleistung aufmerksam zu machen, wobei m.E. jedoch auch Vorsicht geboten scheint. Zwar sollten sich Kanzleien immer auch als Wirtschaftsunternehmen verstehen, dennoch dürfen die Pflichten der Anwälte als Organ der Rechtspflege nicht vergessen werden. Insbesondere die **Verschwiegenheitspflicht** aus dem Mandatsverhältnis muss zu jeder Zeit sowohl vom RA als auch von der ReFa **zwingend beachtet werden**.

Dies im Hinterkopf kommt man jedoch nicht daran vorbei, sich mit dem Thema Social Media in der Kanzlei zu beschäftigen. Neben der offiziellen Website der Kanzlei wird das Image im zunehmenden Maße durch **indirekte Äußerungen** von Mandanten, Geschäftspartnern und Arbeitnehmern im Internet geprägt. Vor Mandatserteilung wird die Kanzlei unter Umständen von einem potentiellen Neumandanten oder zukünftigen Arbeitnehmer „gegoogelt". 188

Zum Teil ist es daher ratsam, dass die Kanzlei **indirekt für positives Feedback** sorgt und sich z.B. zu aktuellen Urteilen oder Gesetzesänderung äußert. Die Äußerung zu einem konkreten Mandat darf jedoch in keinen Fall geschehen.

Ferner kann **negatives Feedback** im Rahmen von Aufhebungsverträgen **aktiv unterbunden** werden, um so ein negatives öffentliches Nachhacken von ausgeschiedenen Mitarbeitern zu verhindern.

In der freien Wirtschaft gibt es **spezielle Social Media-Teams**, die gezielt positive Informationen über das Unternehmen verbreiten. In der klassischen Anwaltskanzlei gibt es ein solch gut ausgebildetes Team meist leider nicht. Unter Umständen ist es daher ratsam, sich Hilfe bei einem externen Spezialisten zu besorgen, der sich mit Sozialen Netzwerken auskennt.

Nichtsdestotrotz sind viele Mitarbeiter auch privat im Internet unterwegs und gerade hier liegt das Problem. Nicht alle Mitarbeiter wissen, wie sie sich dort als Mitarbeiter einerseits oder als Privatperson andererseits verhalten sollen.

189 Deshalb ist es umso notwendiger, den Mitarbeitern eine sogenannte **„Social Media-Richtlinie“** an die Hand zu geben, die Hinweise zum Verhalten in Sozialen Netzwerken enthalten soll.

Zunächst muss der RA die Grundentscheidung treffen, ob die **Kanzleizugehörigkeit** überhaupt vom Mitarbeiter genannt werden darf.

> *Praxistipp:*
>
> Da grds. auch **Privatäußerung** von Mitarbeitern zu einem negativen Feedback für die Kanzlei führen können, sollte eine Nennung der Kanzleizugehörigkeit am besten bereits im Arbeitsvertrag ausgeschlossen werden.

Sollte jedoch eine Nennung der Kanzleizugehörigkeit erlaubt sein, so sollten folgende Grundsätze in der Social Media-Richtlinie enthalten sein:

- Der Mitarbeiter soll – wie auch in der Kanzlei – stets **höflich und freundlich** sein.
- Auf keinen Fall sollte er den Gesprächspartner **beschimpfen oder bedrohen**.
- Der Mitarbeiter sollte immer klarstellen, dass es sich bei seiner Aussage um die **eigene Meinung** handelt und er nicht für die Kanzlei spricht.
- Er soll keine Behauptungen aufstellen, die er nicht nachweisen kann.
- Er soll **keine Zusagen oder Versprechungen** im Namen der Kanzlei abgegeben.
- Der Mitarbeiter darf keineswegs **kanzleiinterne oder mandantenbezogene Vorgänge** diskutieren.
- **Kritik an Kollegen und Vorgesetzten** ist auf keinen Fall über soziale Netzwerke, sondern kanzleiintern zu äußern.
- **Sensible Themen** wie Religion oder Politik sollten vermieden werden.

Die vorstehende Liste kann natürlich individuell von der Kanzlei angepasst werden.

190 *Praxistipp für Arbeitnehmer:*

> Auch wenn ein „Ausgooglen“ eines Bewerbers nach dem Bundesdatenschutzgesetz grundsätzlich verboten ist, so sollte jedem Arbeitnehmer bewusst sein, dass dies in der Praxis dennoch erfolgen kann.
>
> Jeder sollte daher von Zeit zu Zeit einmal selbst reflektieren, welches öffentliche Bild er mit seinen Postings in den Sozialen Netzwerken von sich kreiert.
>
> § 32 BDSG sieht vor, dass personenbezogene Daten eines Beschäftigten für Zwecke des Beschäftigungsverhältnisses erhoben, verarbeitet oder genutzt werden dürfen, wenn dies für die Entscheidung über die Begründung eines Beschäftigungsverhältnisses oder nach Begründung des Beschäftigungsverhältnisses für dessen Durchführung

oder Beendigung erforderlich ist. Diese dehnbare Formulierung lässt durchaus Ausnahmen zu. Bewirbt sich z.B. eine 28 Jahre alte ReFa in der Kanzlei und gibt an, fünf Jahre Auslandserfahrung gesammelt zu haben, so kann die Kanzlei im Netz durchaus nach Hinweisen auf die Auslandsaufenthalte suchen, falls Bedenken hieran bestehen und dies für die Einstellung entscheidend wäre.

Die Nutzung von Social Media **während der Arbeitszeit** ist grundsätzlich **unzulässig**, es sei denn, der Arbeitgeber hat diese ausdrücklich gestattet. 191

Auch wenn die private Nutzung des Internets (z.B. E-Mail-Empfang) teilweise vom Arbeitgeber frei gegeben worden ist, so erstreckt sich dies nicht automatisch auf die Nutzung von Social Media. Hierfür ist immer eine **gesonderte Gestattung** notwendig.

M. Arbeitszeugnis

Der Anspruch auf ein Arbeitszeugnis ergibt sich für Arbeitnehmer aus § 109 GewO (Gewerbeordnung), für sonstige Personen (z.B. den Geschäftsführer einer GmbH) aus § 630 BGB. Die Zeugniserteilung lässt sich zudem auch aus den allgemeinen Fürsorgepflichten des Arbeitgebers ableiten. 192

Gem. § 109 Abs. 1 S. 1 GewO hat der Arbeitnehmer **erst mit Beendigung des Arbeitsverhältnisses** den Anspruch auf das Zeugnis. Zwischen dem Zeitpunkt des Ausspruchs der Kündigung und dem endgültigen Beendigungszeitpunkt hat der Arbeitnehmer allerdings nach der Rechtsprechung einen Anspruch auf ein vorläufiges Zeugnis. 193

Ein Zwischenzeugnis wird nirgends im Gesetz ausdrücklich erwähnt und ergibt sich nur aus der allgemeinen Fürsorgepflicht. Nach der ständigen Rechtsprechung kann man ein Zwischenzeugnis insbesondere dann verlangen, wenn 194

- sich die berufliche Position verändert,
- der Vorgesetzte wechselt oder
- wenn man in Mutterschutz/Elternzeit geht.

Grundsätzlich muss das Zeugnis nur **die Art und die Dauer** der Tätigkeit enthalten (sogenanntes einfaches Zeugnis). 195

Nach § 109 Abs. 1 S. 3 GewO kann der Arbeitnehmer jedoch verlangen, dass das Zeugnis auch Angaben zur **Leistung und zum Verhalten** im Arbeitsverhältnis enthält (sogenanntes qualifiziertes Zeugnis).

Der Arbeitgeber muss jedoch nicht von sich aus das Arbeitszeugnis erstellen. Es obliegt vielmehr dem Arbeitnehmer dieses ausdrücklich zu verlangen, egal ob er ein einfaches oder qualifiziertes Zeugnis wünscht. 196

197 Der **Anspruch auf Zeugniserteilung** verjährt gem. § 195 BGB innerhalb von drei Jahren. Nach der Rechtsprechung kann jedoch dieser Anspruch vorzeitig verwirkt werden, wenn er längere Zeit nicht geltend gemacht worden ist. So nimmt das LAG Hamm dies nach einem Jahr an.[6]

198 Evtl. gelten auch tarifvertragliche oder einzelvertragliche Ausschlussfristen. Eine einzelvertragliche Ausschlussklausel von zwei Monaten nach Beendigung des Arbeitsverhältnisses, die „alle Ansprüche, die sich aus dem Arbeitsverhältnis ergeben" betrifft, ist zulässig und erfasst auch den Anspruch auf Erteilung des qualifizierten Arbeitszeugnisses.

199 Grundsätzlich besteht auch eine **Abholpflicht des Arbeitnehmers**. Nur wenn sich der Arbeitgeber in Verzug befindet oder wenn es die äußeren Umstände gebieten (z.B. weil der Arbeitnehmer von Berlin nach München umgezogen ist), ist der Arbeitgeber verpflichtet, das Arbeitszeugnis postalisch an seinen ehemaligen Mitarbeiter zu versenden.

200 Gem. § 109 Abs. 2 GewO muss das Zeugnis **klar und verständlich formuliert** sein. Es darf keine Merkmale oder Formulierungen enthalten, die den Zweck haben, eine andere als aus der äußeren Form oder aus dem Wortlaut ersichtliche Aussage über den Arbeitnehmer zu treffen.

201 Die Rspr. hat hieraus auch Kriterien für die äußere Form eines Zeugnisses entwickelt, damit die „positive" Wortaussage nicht durch die äußere Form negiert wird. Die Kriterien sind:

- Das Zeugnis muss unversehrt sein, d.h. es soll nicht gefaltet sein.
- Das Zeugnis soll auf sauberem Qualitätspapier erteilt werden, insbesondere darf es keine Flecken enthalten und soll dem gängigen Format DIN A4 entsprechen.
- Es soll der Original-Briefkopf des Arbeitgebers verwendet werden, d.h. u.a. auch keine Kopien des Briefkopfes (z.B. keine schwarz-weiß Kopie eines farbigen Briefkopfes).
- Es darf keine Streichungen und Korrekturen enthalten.
- Rechtschreib- und Ausdrucksfehler dürfen nicht enthalten sein.
- Daneben sind auch Unterstreichen, Kursiv- oder Fettdruck sowie Ausrufe- und Fragezeichen nicht erlaubt.

202 Als Ausstellungsdatum des Zeugnisses sollte der **letzte Tag des Arbeitsverhältnisses** gewählt werden, um Streitigkeiten mit dem Arbeitnehmer zu vermeiden.

203 Der Beurteilungszeitraum muss dabei das **gesamte vertraglich festgelegte Arbeitsverhältnis** umfassen, auch bei einer Freistellung nach Ausspruch der Kündigung bis zur endgültigen Beendigung des Arbeitsverhältnisses.

6 Vgl. LAG Hamm v. 9.9.1999 – 4 Sa 714/99.

Das Zeugnis muss ferner eine **Originalunterschrift** besitzen. Eine Übermittlung per Telefax, E-Mail oder dergleichen ist nicht rechtsgültig. Die Erteilung des Zeugnisses in elektronischer Form ist ausdrücklich in § 109 Abs. 3 GewO ausgeschlossen. 204

Das Zeugnis soll der Wahrheit entsprechend und dennoch **wohlwollend verfasst** sein. Hier besteht das eigentliche Streitpotential. Tätigkeiten, die nicht erbracht worden sind, dürfen auch nicht bescheinigt werden. 205

Hinsichtlich der Bewertung von Leistung und Verhalten des Arbeitnehmers im Vertragsverhältnis hat sich im Laufe der Jahre eine eigenständige Zeugnissprache (auch Zeugniscode genannt) entwickelt, die von den meisten Arbeitgebern nunmehr standardisiert verwendet wird. Hierzu gibt es diverse Fachbücher und auch die meisten Softwareprogramme der Lohnbuchhaltung erleichtern die Erstellung eines dem Zeugniscode entsprechenden Arbeitszeugnisses. 206

Wichtig ist dabei nur, sich etwas von der **Deutschen Grammatik zu distanzieren**. So wird die Gesamtnote üblicherweise in einem Satz ausgedrückt, der in etwa lautet: „Seine Leistungen waren stets zu unserer vollsten Zufriedenheit." Laut deutscher Grammatik lässt sich „voll" jedoch nicht steigern. Verwendet man jedoch „volle Zufriedenheit" bedeutet dies nur noch die Bewertung „gut" im Gegensatz zur Bewertung „sehr gut" mit „vollster Zufriedenheit". Wird dagegen das „stets" oder „jederzeit" weggelassen, sinkt die Bewertung allgemeinhin nur um eine halbe Stufe. 207

Ist der Arbeitnehmer nicht zufrieden mit dem ausgestellten Zeugnis, so sollte er dieses noch einmal von einem Fachmann (insbesondere einen Fachanwalt für Arbeitsrecht) überprüfen lassen und ggf. seinen Zeugnisberichtigungsanspruch einklagen, falls nicht bereits außergerichtlich eine Einigung erzielt werden kann. 208

Grundsätzlich sollte man heutzutage als Arbeitnehmer immer ein **qualifiziertes Zeugnis** vom Arbeitgeber verlangen, es sei denn, es handelt sich um nur eine sehr kurzfristige Anstellung. Legt man für ein langjähriges Anstellungsverhältnis nämlich bei einer Bewerbung nur ein einfaches Zeugnis vor, wird der potentielle neue Arbeitgeber mutmaßen, dass nur ungenügende Leistungen im alten Arbeitsverhältnis vorlagen, und deshalb kein qualifiziertes Zeugnis vorgelegt wird. 209

N. Ausbildung zur ReFa

Am 29.8.2014 wurde die novellierte Fassung der ReNoPat-Ausbildungsverordnung nebst Ausbildungsrahmenplan ausgefertigt und am 11.9.2014 im Bundesgesetzblatt verkündet. Die novellierte Ausbildungsordnung trat sodann für alle Ausbildungsverhältnisse in Kraft, die nach dem 1.8.2015 begründet worden sind. 210

211 Die Ausbildung soll nunmehr handlungsorientiert erfolgen und es wird mehr Wert auf die **Mandanten- und Beteiligtenbetreuung** gelegt. Den Auszubildenden sollen dabei Grundzüge des **elektronischen Rechtsverkehrs** und des Wirtschaftsrechts nähergebracht werden, zudem wird erstmalig die **Anwendung von englischen Sprachkenntnissen** gefordert.

212 Dies hat zunächst erhebliche Auswirkung auf die **berufsschulische Ausbildung**. Die bisherigen klassischen Fächer Rechts- und Wirtschaftskunde, Verfahrensrecht, Kostenrecht, Rechnungswesen und Textverarbeitung gibt es so nicht mehr.

Vielmehr wird das Wissen in **sogenannten Lernfeldern**, die sich an Situationen aus dem beruflichen Alltag orientieren, vermittelt. Daneben werden neuerdings aber auch **Softskills** wie z.B. Beschwerde- und Zeitmanagement vermittelt.

213 Die Lernfelder 1 bis 8 sind dabei für die angehenden ReFas, ReNos und NoFas identisch und vermitteln allgemeine Grundkenntnisse und Lerntechniken:

1. Ausbildungsjahr:

Lernfeld 1: Beruf und Ausbildungsbetrieb präsentieren

Lernfeld 2: Arbeitsabläufe im Team organisieren

Lernfeld 3: Schuldrechtliche Regelungen bei der Vorbereitung und Abwicklung von Verträgen anwenden

Lernfeld 4: Ansprüche außergerichtlich geltend machen

2. Ausbildungsjahr (1. Halbjahr):

Lernfeld 5: Aufgaben im Personalbereich wahrnehmen

Lernfeld 6: Geschäftsprozesse erfassen, kontrollieren und bewerten

Lernfeld 7: Wirtschaftliche Einflüsse auf betriebliche Entscheidungen beurteilen

Lernfeld 8: Sachenrechtliche Regelungen bei der Auftragsbearbeitung anwenden

Ab Mitte des zweiten Ausbildungsjahres erfolgt dann bis zum Ende des dritten Ausbildungsjahres eine Spezialisierung in den einzelnen Ausbildungsberufen mit unterschiedlichen Schwerpunkten bei den ReFas, ReNos und NoFas. Exemplarisch wird im Folgenden der Unterschied zwischen ReFa und ReNo dargestellt:

	Rechtsanwalts-fachangestellte	**Rechtsanwalts- und Notar-fach-angestellte**
Lernfeld 9:	Aufgaben im gerichtlichen Mahnverfahren selbstständig bearbeiten	Dienstordnungs- und beurkundungsrechtliche Vorschriften anwenden
Lernfeld 10:	Zivilrechtliches Mandat im erstinstanzlichen Verfahren bearbeiten	Zivilrechtliche Zahlungsansprüche gerichtlich geltend machen

3. Ausbildungsjahr:

Lernfeld 11:	Rechtsbehelfs- und Rechtsmittelverfahren begleiten	Rechtsbehelfs- und Rechtsmittelverfahren begleiten
Lernfeld 12:	Vorgänge in der Zwangsvollstreckung bearbeiten (intensiv)	(nur) Vorgänge in der Zwangsvollstreckung wegen Geldforderung bearbeiten
Lernfeld 13:	In familien- und erbrechtlichen Angelegenheiten tätig werden	Ehe- und Partnerschaftsverträge vorbereiten und abwickeln
Lernfeld 14:	Besondere Verfahren bearbeiten	Urkunden in erbrechtlichen Angelegenheiten bearbeiten
Lernfeld 15:		Liegenschaftliche Angelegenheiten vorbereiten und abwickeln
Lernfeld 16:		Erstanmeldungen im Handels- und Gesellschaftsrecht vorbereiten und abwickeln

Die klassischen Unterrichtsfächer wie Kostenrecht oder Verfahrensrecht wurden dabei „aufgebrochen" und wieder **fallbezogen** in den Lernfeldern zusammengeführt. So werden z.B. in einem Lernfeld die rechtlichen Grundlagen für eine außergerichtliche Geltendmachung von Ansprüchen zusammen mit den jeweiligen Gebührenvorschriften (Beratungsgebühr, Geschäftsgebühr) unterrichtet.

Die Arbeitsabläufe im Lernfeld werden somit der Aktenbearbeitung im Kanzleialltag nachgebildet. Dies kann jedoch dazu führen, dass der Auszubildende teilweise nicht mehr den **„roten Faden"** im einzelnen Fach – z.B. im RVG – sieht. Hier muss evtl. von den Kanzleien nachgearbeitet werden.

Die Ausbildung zur ReFa/ReNo erfolgt wie vorher auch – **im dualen System** – und nicht 214
nur durch die Berufsschule. Es gilt dabei das Prinzip, dass die **Berufsschule die fachtheoretische und der Betrieb/die Kanzlei die fachpraktische** Ausbildung übernimmt, wobei es in unserem Beruf auch in der Vergangenheit häufig zu Überschneidungen kam.

Es hat sich jedoch der Ausbildungsansatz bewährt, dass die kanzleiinterne Ausbildung mit der berufsschulischen Ausbildung korrespondiert. Von daher sind ggf. **kanzleiinterne Ausbildungspläne** an die neuen Lernfächer **anzupassen**.

Mit der Novellierung sind jedoch auch bisherige schulische Ausbildungsinhalte ersatzlos weggefallen. Neben den Grundzügen des Bußgeld- und des Strafrechts ist dies vor allem die **Textverarbeitung, die kein eigenständiges Prüfungsfach** mehr ist. In der Berufsschule werden nun die Grundzüge des elektronischen Rechtsverkehrs unterrichtet sowie rudimentär die Formatierung von Schriftsätzen nach DIN-Norm. Sollte eine Kanzlei auf schnelles „Maschineschreiben" weiterhin wertlegen, so müsste ein eigener Kurs in der Kanzlei angeboten werden oder extern organisiert werden.

Nach der Novellierung soll die Abschlussprüfung auch **englische Sprachkenntnisse** abfragen. Hier sollten die Kanzleien eigenverantwortlich das Niveau der Auszubildenden einschätzen und ggf. die Sprachkompetenz durch ein Auslandspraktikum oder einen externen Sprachkurs fördern.

Das EU-Projekt Erasmus+ bietet Auszubildenden die Möglichkeit, ein Auslandspraktikum in Europa zu absolvieren und vergibt hierfür Stipendien.

215 Auch die Prüfungsordnungen der einzelnen Rechtsanwaltskammern wurden im Zuge der Novellierung angepasst.

Dabei ist auffällig, dass nunmehr die **Prüfungsbereiche nicht mehr gleichwertig** sind, sondern vielmehr **prozentual gewichtet** werden. Obwohl die schulische Ausbildung jetzt fallbezogen in Lernfeldern erfolgt, werden die Prüfungen sodann wieder in zusammengefassten Prüfungsbereichen abgenommen.

Die **schriftliche Prüfung** erfolgt in vier Bereichen:

Prüfungsbereich (für Refas, bei Renos leicht abgewandelt)	**Dauer der Prüfung**	**Gewichtung an Gesamtnote**
Geschäfts- und Leistungsprozesse (fallbezogene Aufgaben)	60 min	15 %
Rechtsanwendung im Rechtsanwaltsbereich (fallbezogene Aufgaben, Berücksichtigung der englischen Sprache)	150 min	30 %
Vergütung und Kosten (fallbezogene Aufgaben)	90 min	30 %
Wirtschafts- und Sozialkunde (fallbezogene Aufgaben)	60 min	10 %

Daneben gibt es noch einen **weiteren, eigenständigen** Prüfungsteil, der in mündlicher Form abgenommen wird.

Mandanten- und Beteiligtenbetreuung (fallbezogenes Fachgespräch, Berücksichtigung der englischen Sprache)	Ca. 15 min	15 %

Die Form des „Fachgesprächs" ist gesetzlich nicht vorgeschrieben, sodass es unterschiedliche Ansätze in den jeweiligen Rechtsanwaltskammern gibt. Vom Rollenspiel bis zur Einzelprüfung mit und ohne Vorbereitungszeit (Aktenvortrag) ist alles dabei.

Die Abschlussprüfung ist bestanden, wenn die Leistungen wie folgt bewertet worden sind:

- in keinem der Prüfungsbereiche mit „ungenügend";
- im Gesamtergebnis mit mindestens „ausreichend" (hier kommt die Quotelung zu tragen);

- im Prüfungsbereich Rechtsanwendungen mit mindestens „ausreichend“ und
- in mindestens drei weiteren Prüfungsbereichen mit mindestens „ausreichend“
- (es müssen also somit mindestens vier von fünf Prüfungsbereichen „ausreichend“ sein).

Wurde die Prüfung jedoch nicht bestanden, so können Prüfungsbereiche, die mit mindestens ausreichend benotet worden sind, für die **Wiederholungsprüfung stehengelassen werden**.

Stichwortverzeichnis

fette Zahlen = Paragrafen, magere Zahlen = Randnummern

Benutzerhinweise für den Download

Zur Nutzung des PDF-Musterverzeichnisses benötigen Sie einen **lokal installierten PDF-Reader**, da die Funktionalität über das reine Anzeigen einer PDF-Seite hinausgeht.

Den Download-Link (URL) finden Sie auf der Seite 4 (IV) des Werks (Impressum). Über diesen Link stellen wir Ihnen sämtliche im Werk enthaltenen Muster und Formulierungsbeispiele zur Verfügung. Zur Nutzung der Muster/Formulierungsbeispiele gehen Sie auf den Download-Link und laden die dort abgelegte zip-Datei auf Ihr Laufwerk herunter. Um den Ordner zu entpacken, klicken Sie mit der rechten Maustaste auf die Datei, wählen „**Alle extrahieren**" und folgen dann den Anweisungen. Die Nutzung der Muster ist unabhängig vom Betriebssystem Ihres Rechners.

Durch das Extrahieren werden ein **PDF-Musterverzeichnis** sowie die **Worddateien** der jeweiligen Muster auf dem von Ihnen gewählten Laufwerk Ihres Rechners abgelegt.

Zur Nutzung des PDF-Musterverzeichnisses benötigen Sie einen kostenlosen PDF-Reader. Das Musterverzeichnis gibt Ihnen einen Überblick über die enthaltenen Muster und erleichtert Ihnen den Zugang zu den Mustertexten. Beim Anklicken des gewünschten Musters in dem PDF-Musterverzeichnis öffnet sich der Text direkt in Microsoft Word oder in dem bei Ihnen eingesetzten Textverarbeitungsprogramm. Dann können Sie die Word-Datei direkt bearbeiten und unter einem neuen Dateinamen abspeichern. Bei Nutzern von Microsoft Word können Sicherheitshinweise auf dem Bildschirm erscheinen. Dort müssten Sie die Nutzung ggf. zulassen. Dies wird in den verschiedenen Wordversionen und Textverarbeitungsprogrammen unterschiedlich gehandhabt. In den einzelnen Word-Dateien sind keine Makros o.ä. eingebunden. Damit die Navigation über das PDF-Musterverzeichnis funktioniert dürfen der Ordner „Muster-Doks" und die ursprünglich gelieferten Dateien nicht umbenannt werden. Speichern Sie die bearbeiteten Worddateien daher stets unter einem neuen Dateinamen ab.

Die in einigen Word-Mustertexten vorhandenen **Formularfelder** können Sie markieren und überschreiben. Sie können sich die Bearbeitung erleichtern, indem Sie diese Formularfelder mit dem Default-Tastaturkürzel Ihres Textbearbeitungsprogrammes ansteuern. Für Microsoft Word ist dies i.d.R. das Tastaturkürzel F11, um zum nächsten Feld zu springen und „UMSCHALT+F11", um zum vorherigen zu springen. Diese Tastaturkürzel werden von der Arbeitsumgebung Ihres Textverarbeitungsprogramms und nicht durch die bereitgestellten Word-Muster-Dateien definiert. Daher können die Tastaturkürzel in alternativen Betriebssystemen und/oder Textbearbeitungsprogrammen (z.B. Libre-Office Writer) abweichen.

Bearbeiten der Muster/Formulierungsbeispiele mit einer anderen Textverarbeitung und/oder einem anderen Betriebssystem

Wenn Sie kein Microsoft Word, sondern ein anderes Textverarbeitungsprogramm auf Ihrem Rechner installiert haben, können Sie die Dateien trotzdem aufrufen und bearbeiten. Gehen Sie dazu direkt auf das gewünschte Muster in dem abgelegten Ordner „Muster-Doks". Über diesen Weg können Sie auch auf die Word-Dateien zugreifen, wenn Sie nicht über das mitgelieferte PDF-Musterverzeichnis navigieren möchten. Jedem Mustertext ist eine Nummer zugewiesen, die in dem Download-Symbol neben dem jeweiligen Formular/Mustertext im Buch abgedruckt ist. Über den Dateinamen (p = Paragraf und m = Muster) lässt sich die gewünschte Mustertext-Datei auffinden.